Über die Herausgeber

Dr. Nicolas Pethes, geboren 1970, ist Literaturwissenschaftler. Studium in Köln und Hamburg, gegenwärtig im Rahmen des Emmy-Noether-Programms der DFG als *visiting scholar* an der Stanford University; Arbeitsschwerpunkte: Literatur- und Medientheorie sowie literarische Anthropologie. – Bücher: *Mnemographie. Poetiken der Erinnerung und Destruktion nach Walter Benjamin,* Tübingen 1999; *Mediale Anatomien. Menschenbilder als Medienprojektionen,* Bielefeld 2001 (Hg. zus. mit Annette Keck).

Jens Ruchatz, geboren 1969, ist Medienwissenschaftler. Studium in Köln und Paris, gegenwärtig Stipendiat im Graduiertenkolleg *Intermedialität* der Universität-GH Siegen; Forschungsschwerpunkte: Theorie und Geschichte der Medien im Schnittpunkt zwischen Technik und Kultur sowie Mediengeschichte des Personenkults. – Bücher: *Zur Kritik der Archäologie des Kinos,* Siegen 1996; Themenheft *Projektion* der Zeitschrift *Fotogeschichte,* Marburg 1999 (Hg. zus. mit Timm Starl).

PD Dr. Martin Korte, geboren 1964, ist Neurobiologe. Studium in Münster, Tübingen und am *National Institute of Health,* Bethesda (USA), Promotion 1995 am Max-Planck-Institut (MPI für Psychiatrie) in München-Martinsried. Gegenwärtig wissenschaftlicher Assistent am MPI für Neurobiologie in München-Martinsried, seit 2000 Mitglied der Jungen Akademie (an der Berlin-Brandenburgischen Akademie der Wissenschaft zu Berlin und an der Leopoldina zu Halle), Privatdozent an der LMU München im Fachbereich Zoologie. Forschungsgebiet: Zelluläre und biochemische Grundlagen von Lernen und Gedächtnis.

PD Dr. Jürgen Straub, geboren 1958, ist Psychologe. Mitglied des Vorstands des Kulturwissenschaftlichen Instituts Essen und Leiter der Studiengruppe *Lebensformen im Widerstreit* (zus. mit Burkhard Liebsch); lehrt am Institut für Psychologie der Universität Erlangen-Nürnberg sowie an der Universität Witten-Herdecke. – Bücher (Auswahl): *Psychologie in der Praxis. Anwendungs- und Berufsfelder einer modernen Wissenschaft,* München 2000 (Hg. mit Alexander Kochinka und Hans Werbik); *Handlung, Interpretation, Kritik. Grundzüge einer textwissenschaftlichen Handlungs- und Kulturpsychologie,* Berlin/New York 1999; *Erzählung, Identität und historisches Bewußtsein. Die psychologische Konstruktion von Zeit und Geschichte,* Frankfurt/M. 1998 (Hg.); *Die dunkle Spur der Vergangenheit. Psychoanalytische Zugänge zum kulturellen Gedächtnis,* Frankfurt/M. 1998 (Hg. zus. mit Jörn Rüsen).

Nicolas Pethes/Jens Ruchatz (Hg.)

Unter Mitarbeit von Martin Korte und Jürgen Straub

Gedächtnis und Erinnerung

Ein interdisziplinäres Lexikon

rowohlts enzyklopädie
im Rowohlt Taschenbuch Verlag

rowohlts enzyklopädie
Herausgegeben von Burghard König

Originalausgabe
Veröffentlicht im Rowohlt Taschenbuch Verlag GmbH,
Reinbek bei Hamburg, Oktober 2001
Copyright © 2001 by Rowohlt Taschenbuch Verlag GmbH,
Reinbek bei Hamburg
Umschlaggestaltung Jens Kreitmeyer
Satz Minion und Syntax PostScript, PageMaker;
Pinkuin Satz und Datentechnik, Berlin
Druck und Bindung Clausen & Bosse, Leck
Printed in Germany
ISBN 3 499 55636 7

Zur Einführung –
anstelle der Stichworte «Gedächtnis» und «Erinnerung»

«Interdisziplinarität ist nicht länger mehr eine Sache des guten Willens, sondern eine Folge angemessener Textaufbereitung.»[1] Dieses Diktum von Wolf Lepenies, das auf die kommende Wissensordnung gemünzt ist, die sich mit der hypertextuellen Struktur des Internets einstellen soll, markiert auch das Programm des vorliegenden Lexikons. Es beabsichtigt – im nur scheinbar überholten Medium des Buchs –, die ausdifferenzierte Forschung zum Phänomen Gedächtnis und Erinnerung in einer Präsentationsform zu bündeln, die zugleich der Diversität dieser Ansätze gerecht wird.

Gedächtnisforschung, die in der Neurobiologie ebenso beheimatet ist wie in der Medienwissenschaft, in den Philologien gleichermaßen wie in der Psychologie und deren Horizont sich zwischen dem historischen Interesse von Philosophen und dem pragmatischen der Pädagogik erstreckt, ist ein Paradebeispiel dafür, wie weit Methoden und Fragestellungen trotz der engen Verwandtschaft des Gegenstands in den einzelnen Disziplinen voneinander entfernt sein können. Gerade angesichts des Forschungsbooms der letzten Dekade, der zwangsläufig die – im Einzelnen durchaus fruchtbare – Spezialisierung der jeweiligen Paradigmen und Diskurse zur Folge hatte, steht dem Wunsch, die diversen Perspektiven zu vermitteln, die Einsicht entgegen, dass eine integrale Theorie darüber, was ‹das› Gedächtnis ‹ist›, sich kaum mehr verfassen lässt. Was haben konnektionistische Modelle des Gehirns mit den Untersuchungen zur rhetorischen Mnemotechnik zu schaffen, was verbindet die *false memory*-Debatte aus amerikanischen Gerichtssälen mit den Methoden der Lernoptimierung, welche Schnittmenge bilden die Inszenierungen des kulturellen Gedächtnisses mit pathologischen Demenz-Befunden? Handelt es sich hier nur noch um eine unter dem weit ausgreifenden Rubrum ‹Gedächtnis› subsumierte *nominelle* Identität, oder liegt dieser eine allen Fachdisziplinen gleichermaßen als Bezugsgröße dienende *substanzielle*

---

[1] W. Lepenies, Gutenbergs Reisen. Über die fortlaufende Faszination des Buchs in den Zeiten des Internets, in: Süddeutsche Zeitung, Nr. 208, 9./10. September 2000, Wochenendbeilage, S. 1.

Einheit zugrunde? Oder beschränkt sich der Zusammenhang des Phänomens auf ein *funktionales* Moment, das es dann in den vielfältigen Untersuchungsgegenständen der Ethnologie, der Psychoanalyse, der Semiotik oder der Kognitionsforschung aufzusuchen und zu beschreiben gilt? Wie auch immer man sich entscheidet: Gedächtnis und Erinnerung bilden einen Themenkomplex, der verschiedene wissenschaftliche Diskurse kreuzt, ohne sie zu verbinden.

Dass eine solche Synthese ausgeblieben ist, trägt der gebotenen Vorsicht gegenüber metaphorischen Analogien oder semantischen Kontinuitätsunterstellungen Rechnung. Die argumentative Einheit einer monographischen Überblicksdarstellung würde zwangsläufig über viele Differenzierungen hinwegzugehen haben. Die Suche nach einer der diversifizierten Gedächtnistheorie «angemessenen Textaufbereitung» ist also die Suche nach einem Medium, das die verschiedenen Zugänge zu Gedächtnis und Erinnerung zusammenführt, ohne ihre Unterschiede zu tilgen. Genau das, so das Angebot des vorliegenden Buchs, scheint in Form eines Lexikons möglich, das als Plattform für alle betroffenen Wissensgebiete die Anknüpfungsmöglichkeiten zwischen den Disziplinen ebenso deutlich zeigt, wie es ihre Differenzen konturiert. Das interdisziplinäre Lexikon *Gedächtnis und Erinnerung* reiht sich damit nicht einfach in die aktuelle Konjunktur von Nachschlagewerken ein, die sich als Navigationshilfen durch eine ins Unüberschaubare ausdifferenzierte Wissenslandschaft andienen. Vielmehr steht die Wahl der Darstellungsform ‹Lexikon› in einem direkten Zusammenhang mit dem Problem einer vielfältigen, kaum noch in Gänze überschaubaren Gedächtnisforschung.

I. Gedächtnis und Erinnerung

Die Gedächtnisforschung ist ein Paradebeispiel für ein Feld, innerhalb dessen die jeweils fachspezifischen Erklärungsansätze immer nur Teilaspekte des Phänomens erläutern, ohne dass deutlich wäre, ob mögliche Berührungspunkte der Konzepte existieren, auf deren Basis man die Teile zu einem Ganzen zusammenfügen könnte. Existieren tatsächlich Strukturanalogien zwischen den verschiedenen als ‹Gedächtnis› bezeichneten Phänomenen? Bauen die Konzepte der einen Disziplin in der Sache auf Ergebnissen anderer Fachgebiete auf? Oder handelt es sich um Terminologien, die aus einem Wissensbereich entliehen sind, um die eigenen Modelle zu kommentieren? Können die Erkenntnisse der verschiedenen Gebiete dann aber zumindest noch dazu dienen, die Leerstellen des eigenen Ansatzes zu erhellen und anzudeuten, wo die Grenzen der jeweiligen Modelle zu suchen sind? Betrachtet man, um ein Beispiel zu wählen, die Relation zwischen der psychologischen Gedächtnisforschung und der technologischen Entwicklung von Speichermedien, so wird rasch deutlich, dass es zu kurz greifen würde, die Psychologie als Modellwissenschaft zu begreifen, die für sich reklamieren könnte, Gedächtnis und Erinnerung ‹eigentlich› zu erklären. Stattdessen macht man rasch die erstaunliche Beobachtung, dass zwar die Psychologie die der Erinnerung zugrunde liegenden Prozesse erforscht, dabei aber nie das Phänomen in seiner funktionalen Ganzheit in den Blick bekommt. Hier ist sie es, die auf Anleihen aus anderen Diskursen angewiesen ist: Denn sosehr Medien wie die Schrift, die Fotografie oder der Computer Techniken sind, die Informationen bewahren und daher durchaus über ihre – im sozialen Gebrauch praktisch nachweisbare – ‹Gedächtnisfunktion› beschrieben werden können, so sehr wurden in der Geschichte der Gedächtnistheorie Speichertechniken herangezogen, um die Beobachtungen zum menschlichen Gedächtnis in eine anschauliche und überzeugende Erklärung zu überführen. Der niederländische Psychologiehistoriker Douwe Draaisma hat jüngst gezeigt, wie diese metaphorischen Erklärungsversuche in der psychologischen und neurophysiologischen Forschung stets die aktuellsten Medientechniken aufgreifen.[2] Gegenwärtig ist es folgerichtig der Computer, der der konnektionistischen Hirnforschung als Modellmedium dient, um die Transformation neuronalen Geschehens in kognitiv-psychologisches Geschehen simulierbar und somit erklärbar zu machen. Die bloße Metapher wird hier freilich durch die *Analogsetzung* von Nervenzelle und Computerschaltung überschritten.

Solche Verklammerungen zwischen natürlichen und medialen Gedächtnissen illustrieren vor allem eines: Es gibt keinen sicheren Fixpunkt, von dem aus Gedächtnis und Erinnerung privilegiert beobachtet werden könnten. Die Medienwissenschaft konstruiert Medien unter Rückgriff auf Vorstellungen des individuellen Gedächtnisses; die Psychologie wiederum bedient sich der Medien, um die psychischen Erinnerungsprozesse zu modellieren. Die Metaphernlogik der Gedächtnisforschung wandert also zwischen den Disziplinen. Die Vorstellung von der Funktionsweise des menschlichen Gedächtnisses ist auf Umwege angewiesen, da es selbst eine *black box* darstellt, deren Resultate und Effekte wir deutlich sehen, ohne die konkreten Vermittlungsoperationen erklären zu können.

Welche Stelle nimmt dann Gedächtnis und Erinnerung im vorliegen-

---

[2] D. Draaisma, Die Metaphernmaschine. Eine Geschichte des Gedächtnisses, Darmstadt 1999.

den Lexikon ein? Der Leser wird vergeblich nach den betreffenden Einträgen suchen. Gäbe es eine Position, von der aus verbindlich dargestellt werden könnte, *was* Gedächtnis und Erinnerung wirklich *sind*, dann wäre die Idee, die Gedächtnisdiskurse in Form des Lexikons zusammenzubringen, ohne produktiven Mehrwert. Der Verzicht auf so grundlegende Einträge scheint – wie die zahlreichen Verweisangebote auf ein solches Zentralstichwort in den Artikelmanuskripten dokumentiert haben – zunächst irritierend. So evident das Bedürfnis nach einem Fixpunkt zunächst ist: Gerade dass es uneinlösbar ist, bildet den Ansatzpunkt des vorliegenden Bandes. Die einzelnen Artikel gravitieren gleichsam um das ‹leere Feld› *Gedächtnis und Erinnerung*. Dieses verleiht ihnen einerseits einen gemeinsamen Bezugspunkt; insofern dieser aber allererst durch die Erläuterung der vielfältigen Phänomene und Funktionen innerhalb der Artikel konturiert wird, ist er ihnen andererseits als vorausgehende Kategorie entzogen.[3] Die Artikel tragen lediglich Facetten zusammen, die als Teil eines Komplexes betrachtet werden können, ohne dass sich dieser zu einem einheitlichen Bild fügte. Auf diese Weise bildet gewissermaßen das Lexikon in seiner Gesamtheit den zersplitterten Artikel *Gedächtnis und Erinnerung*.

Dennoch existiert selbstredend eine behutsame Vorannahme: Unabhängig von der Disziplin, der Methode und dem Erkenntnisinteresse sind für das vorliegende Buch alle diejenigen Phänomene von Interesse, innerhalb deren sich ein *Bezug zwischen einer Gegenwart und einer Vergangenheit* artikuliert.[4] Diesen Bezug zu konkretisieren, obliegt aber keinem vorangehenden Definitionswissen, sondern wird von jedem Artikel je eigen ausgestaltet. Nichtsdestotrotz dokumentiert die Forschung aus den verschiedenen Fachgebieten, dass neben dieser strukturellen Basis quer

---

[3] Vgl. zum leeren Zentrum jeder Strukturbildung G. Deleuze, Woran erkennt man den Strukturalismus? (1973), Berlin 1992, S. 44f.: «Wenn die Serien, die das Objekt = x durchläuft, notwendige Verschiebungen darstellen, die im Verhältnis zueinander *relativ* sind, so weil die *relativen* Orte ihrer Glieder in der Struktur zunächst von dem *absoluten* Ort eines jeden, in jedem Moment, im Verhältnis zum Objekt = x abhängen, das beständig zirkuliert, beständig im Verhältnis zu sich selbst verschoben ist. Eben in diesem Sinne bildet die Verschiebung, und allgemeiner alle Austauschformen, kein von außen hinzugefügtes Merkmal, sondern die grundlegende Eigenschaft, die es ermöglicht, die Struktur als Ordnung der Orte unter wechselnden Verhältnissen zu definieren.»

[4] «Man könnte die Frage aufwerfen, wie man denn in Gegenwart der Affektion und in Abwesenheit des Dinges des nicht Gegenwärtigen gedenkt» (Aristoteles, De memoria et reminiscentia, in: ders., Parva Naturalia, 450a).

zu den Disziplinen eine Vielzahl verwandter Konzepte diskutiert wurde. Probleme der Zeitlichkeit, der Konstruktivität oder der Löschung beschäftigen die Bemühungen der Hirnforscher ebenso sehr wie die der Medientheoretiker; die Frage nach der Übertragbarkeit individueller Erinnerungsstrukturen auf kollektive Gedächtnisordnungen ist ein Beispiel für die transdisziplinäre Berührung psychologischer mit kulturwissenschaftlichen Interessen. Das soll aber nicht heißen, dass diese Konzepte an sich einen höheren Grad an Definierbarkeit aufwiesen als das ‹leere Feld› der beiden Zentralkonzepte. Selbstredend können Artikel wie *Zeit, Vergessen, Tradierung* oder *Speichermedien*, die mit dem Anspruch auftreten, die Definition von Erinnerung und Gedächtnis zu fundieren, mit gleichem Recht für sich in Anspruch nehmen, definitorisch offen zu bleiben.[5] Fokussiert man sie aber mit ihren jeweiligen Definitionsangeboten um den hier zur Diskussion stehenden Themenkomplex, dann gewinnt man aus dieser ihrer Juxtaposition und Vernetzung einen *strukturellen* Definitionswert, der im besten Fall in beide Richtungen wirkt.

II. Interdisziplinarität

Es gibt folglich ebenso wenig *das* Gedächtnis wie *die* Gedächtnisforschung: «Das Phänomen des Gedächtnisses ist in der Vielfalt seiner Erscheinungen nicht nur transdisziplinär in dem Sinne, daß es von keiner Profession aus abschließend und endgültig zu bestimmen ist, es zeigt sich auch innerhalb der einzelnen Disziplinen widersprüchlich und kontrovers.»[6] Dennoch entscheiden sich konkrete Forschungsbemühungen immer wieder für einzelne Methoden, um spezifische Erkenntnisse über den Gegenstand zu gewinnen. In dieser Hinsicht stellen Gedächtnis und Erinnerung nicht nur ein *trans*disziplinäres Forschungsfeld dar, das keine Disziplin für sich allein zu reklamieren vermag, sondern ein *inter*disziplinäres, das zwischen den verschiedenen Forschungsbereichen Interaktionen ermöglicht und erfordert.

Interdisziplinarität ist ein schillernder Begriff, der oft im Munde geführt, aber nur selten konzeptuell mit Inhalt gefüllt wird. Historisch setzt

---

[5] Das dokumentiert aber nur einmal mehr, wie sehr das leere Zentrum der Definition in Bewegung ist. Für die Belange des vorliegenden Buchs war es eine strategische Entscheidung, das Konzept ‹Gedächtnis› offen zu lassen und alle anderen um es herum zu setzen. Für ein mögliches interdisziplinäres Lexikon *Zeit* wäre dann entsprechend umgekehrt ein Definitionsartikel *Gedächtnis und Erinnerung* denkbar.

[6] A. Assmann, Erinnerungsräume. Formen und Wandlungen des kulturellen Gedächtnisses, München 1999, S. 16.

er die funktionale Ausdifferenzierung des Wissenschaftssystems und die Ausbildung voneinander getrennter Disziplinen voraus. Insofern diese disziplinäre Binnendifferenzierung ermöglicht, die Gegenstände in einer höheren Auflösungsdichte zu erforschen, ist sie produktiv. Die Kehrseite der Spezialisierung ist allerdings, dass bestimmte Untersuchungsgegenstände durch das Raster der Wissenschaften fallen, weil sie in der neuen Aufteilung der Wissenslandschaft entweder marginalisiert werden oder in die Zuständigkeit verschiedenster Disziplinen fallen.[7] Das ‹transdisziplinäre› Forschungsfeld *Gedächtnis und Erinnerung* ist das prototypische Beispiel für eine solche disziplinäre Aufsplitterung. Anhand der Gedächtnistheorie lässt sich exemplarisch die Polarisierung zwischen den zwei ‹Superdisziplinen› Geisteswissenschaft und Naturwissenschaft nachzeichnen, mit der die ausdifferenzierten Disziplinen seit der zweiten Hälfte des 19. Jahrhunderts gebündelt werden. Die von Johann Gustav Droysen und Wilhelm Dilthey ins Spiel gebrachte Unterscheidung zwischen einer *erklärenden* und einer *verstehenden* Wissenschaft belegt dabei vor allem, dass diese Polarisierung weniger auf der Ebene der Gegenstände als auf der Ebene der Methoden stattfindet.[8] Das Projekt der Interdisziplinarität reagiert auf das Problem dieses Grabens zwischen den Wissenschaftsformen. Dessen Daseinsberechtigung wird allerdings so lange vergeblich in Frage gestellt, wie keine Möglichkeiten angeboten werden, ihn zu überbrücken. Der allgegenwärtigen Forderung nach wissenschaftlicher Kooperation über die Disziplingrenzen hinweg steht die Skepsis entgegen, interdisziplinäre Forschungsbemühungen lieferten wenig mehr als den Nachweis ihrer eigenen Unmöglichkeit. Wer wie der Psychologe Heinz Heckhausen empfiehlt, vor voreiligen Engführungen zunächst das jeweilige «theoretische Integrationsniveau» der Einzeldisziplinen zu prüfen, endet doch wieder bei der Einsicht, dass «[e]in hermeneutisches und ein molekulares Integrationsniveau […] nur schwer auf-

---

[7] Vgl. N. Luhmann, Die Wissenschaft der Gesellschaft, Frankfurt/M. 1990, S. 457: «Sobald die Disziplinen wie Eisschollen auseinanderbersten und, wenn auch im Wasser, ihre eigenen Wege dümpeln: was wird dann aus dem ‹dazwischen›? Was wird aus ‹übergreifenden Fragestellungen›, die nur beantwortet werden können, wenn das Fachwissen mehrerer Disziplinen zusammenkommt?»

[8] Vgl. O. G. Oexle, Naturwissenschaft und Geschichtswissenschaft. Momente einer Problemgeschichte, in: ders. (Hg.), Naturwissenschaft, Geisteswissenschaft, Kulturwissenschaft: Einheit – Gegensatz – Komplementarität?, Göttingen 1998, S. 99–151. Dass sich die Geisteswissenschaften mittlerweile wieder in Kulturwissenschaft umzubenennen beginnen, hat ihre Grenze zu den Naturwissenschaften nicht zu verschieben, geschweige denn aufzulösen vermocht.

einander beziehbar sein, geschweige denn zusammenkommen [dürften].»[9]

Hat Charles Percy Snows so schlichtes wie erfolgreiches Diktum von den «zwei Kulturen»[10] also Recht behalten? Wenn sich die Wissenschaft in diese unvermittelbaren Bereiche getrennt haben sollte, die eigene Forschungsstandards, Fachsprachen und Methodensets entwickelt haben, wie lässt sich dann überhaupt die – beispielsweise für das Feld der Gedächtnisforschung – durchaus wünschenswerte Begegnung von Natur- und Geisteswissenschaften realisieren? Eine erste Möglichkeit ist es, die Geschichte der Ausdifferenzierung als Parabel zu lesen, an deren anderem Ende, also in der unmittelbaren Zukunft, die neue Einheit der Wissenschaftskulturen zu begrüßen sein wird. Vor allem der Computer scheint das mediengeschichtliche Korrelat einer derartigen Re-Integration darzustellen, insofern er alles in Datenform zu übersetzen und zu simulieren vermag: «Nicht umsonst beginnen die Geisteswissenschaften, ihren Diltheyschen Namen abzulegen. Als Kulturwissenschaften haben auch sie mit Techniken (der Kultur, des Körpers, der Überlieferung) zu tun, also mit Sachverhalten, die ihrer digitalen Simulation grundsätzlich offen stehen. Der einheitlichen Benutzeroberfläche, die Computer allen Wissenschaften gleichermaßen zuwenden, mögen daher in Bälde die Methoden selber nachfolgen.»[11] Diesem informatischen Einheitsprogramm stehen die Angebote für eine kulturwissenschaftliche *one culture* gegenüber, die den Computer nicht als Methode der Einheit verstehen, sondern als Gegenstand integrieren: «Der Computer als ein simuliertes, ausgelagertes Gedächtnis bildet ebenso wie die Hirnforschung mit ihren neuen Erkenntnissen über den Aufbau und Abbau neuronaler Netzwerke einen signifikanten Horizont kulturwissenschaftlicher Fragestellungen.»[12] Al-

---

[9] H. Heckhausen, ‹Interdisziplinäre Forschung› zwischen Intra-, Multi- und Chimären-Disziplinarität, in: J. Kocka (Hg.), Interdisziplinarität. Praxis – Herausforderung – Ideologie, Frankfurt/M. 1987, S. 129–145, hier S. 135f.

[10] Auch wenn Snows polemisches Essay *The two cultures* (1959) die Formen von naturwissenschaftlicher und literarischer (und nicht strikt geistes- und kultur*wissenschaftlicher*) Tätigkeit einander gegenüberstellt, ist seine Unterscheidung auf die zwei Wissenschafts*kulturen* fokussiert worden. Vgl. H. Kreuzer (Hg.), Die zwei Kulturen. Literarische und naturwissenschaftliche Intelligenz. C. P. Snows Thesen in der Diskussion, München 1987.

[11] F. Kittler, Von der Zukunft des Wissens, in: H. Bude/G. Sievernich (Hg.), Sieben Hügel. Bilder und Zeichen des 21. Jahrhunderts, Bd. 6, Berlin 2000, S. 59–61, hier S. 61.

[12] Assmann, Erinnerungsräume, S. 16.

lerdings wird hier deutlich, dass die Betonung nicht auf ‹eine›, sondern auf ‹Kultur› liegt. Subsumiert man die Fragestellungen der Informatik und Neurobiologie unter einem kulturwissenschaftlichen Interessenhorizont, so impliziert das ein Modell der Interdisziplinarität, innerhalb dessen eine Disziplin zur übergeordneten Kategorie für alle anderen wird. Der Proteste aus den Reihen der derart Subsumierten kann man sich gewiss sein.

Damit sind aber noch nicht alle Hoffnungen auf die eine Gedächtniskultur begraben. Der von sich aus als transdisziplinäres Paradigma eingeführte Konstruktivismus[13] hat eines der bestfundierten disziplinenübergreifenden Projekte der Gedächtnisforschung ermöglicht: Der 1991 von dem Literatur- und Medienwissenschaftler Siegfried J. Schmidt herausgegebene Sammelband *Gedächtnis. Probleme und Perspektiven der interdisziplinären Gedächtnisforschung* nimmt seinen Ausgang von der Zustandsbeschreibung, dass «trotz hundertjähriger experimenteller Forschung zum Gedächtnis eine *Theorie* des Gedächtnisses noch» ausstehe, und zwar in den Neurowissenschaften genauso wie in der Psychologie und in der Philosophie.[14] Das «Panorama», das der Band anstelle einer solchen Theorie bietet, entwickelt eine integrative Logik von Gedächtnisprozessen, die von Nervenzellen zu kognitiven Prozessen und von dorthin zu Identität und Kultur aufsteigt.[15]

Lassen sich aber aus der Perspektive einer solchen Supertheorie tatsächlich alle als Gedächtnis behandelten Phänomene trennscharf fassen? Wenn die diversen Diskurse aus der Perspektive des Konstruktivismus integriert werden, dann entsteht der Eindruck, dass alle Disziplinen unter dem Stichwort ‹Gedächtnis› genau dasselbe – zumindest dieselbe Funktion – abhandeln. Zwischen Platon und Halbwachs, zwischen Psychoanalyse und Cognitive Sciences, zwischen Philosophie und Medientheorie sind aber sehr unterschiedliche Konzeptionen darüber zu finden, was den Kern von Erinnerung ausmacht. Gegen eine Supertheorie gleich welcher Art wäre das Bedenken anzumelden, dass sie den diversen Zugriffen auf

[13] Vgl. Luhmann, Wissenschaft der Gesellschaft, S. 462.
[14] S. J. Schmidt, Gedächtnisforschungen: Positionen, Probleme, Perspektiven, in: ders. (Hg.), Gedächtnis. Probleme und Perspektiven der interdisziplinären Gedächtnisforschung, Frankfurt/M. 1991, S. 9–55.
[15] Vgl. zur notwendigen Interaktion zwischen den Paradigmen etwa G. Roth, Die Konstitution von Bedeutung im Gehirn, in: S. J. Schmidt, Gedächtnis, S. 360–370, hier S. 369: «Mein Fazit ist, daß wir in der Tat bei der Beschreibung von Gehirnprozessen nicht ohne die Begriffe ‹Bedeutung› und ‹Bewertung›, also nicht-physikochemische Begriffe, auskommen.»

das Gedächtnis die Schärfe nimmt, um stattdessen ihr eigenes Profil zu konturieren.

Das alternative Lösungsangebot zu solchen Bestrebungen, wieder zu *einer* Kultur der wissenschaftlichen Beschreibung vorzudringen, stellt der Zweig des interdisziplinären Programms dar, der auf eine *third culture* setzt, aus der heraus Natur- und Kulturwissenschaften gleichberechtigt beobachtet werden können.[16] Diese dritte Kultur wird oft mit den so genannten Verhaltenswissenschaften Psychologie und Soziologie identifiziert, und in der Tat stammen aus diesen Disziplinen zentrale Gedächtniskonzeptionen, die gerade in jüngerer Zeit als Schaltstellen für kulturwissenschaftliche und neurophysiologische Erkenntnisse fungieren konnten. Der Versuch, das Problem individueller Erinnerung durch die These von deren sozialer Determiniertheit zu lösen, verschiebt jedoch bei aller Plausibilität die Frage auf die ebenfalls ungeklärte Interaktion des Sozialen und des Psychischen; und gerade die Psychologie erscheint als eine in sich selbst höchst heterogene Disziplin, die je nachdem entweder kultur- *oder* naturwissenschaftliche Kenntnisse heranzieht. Wie in jeder anderen Disziplin werden auch hier die disziplinexternen Theorien nur nach Maßgabe des selbst gesteckten Rahmens rezipiert und damit das Kennzeichen disziplinärer Differenzierung weiter fortgeschrieben.

Sowohl das Vorhaben, die zwei Kulturen auf eine Kultur zu reduzieren, als auch dasjenige, eine dritte Kultur hinzuzufügen, haben die Gedächtnisforschung nicht interdisziplinär gemacht, sondern nur das Feld der Zugänge erweitert. Gemeinsam ist ihnen das Bestreben, die Differenz zwischen den Methoden, Fächern und Disziplinen zu homogenisieren, anstatt diese Pluralität als produktives Moment ‹auszuhalten›. Wäre es aber nicht viel sinnvoller, von vornherein von einer Vielzahl von Sprachen und Entwürfen auszugehen, die sich zwar an einem geteilten Gegenstand, aber unterschiedlichen Antwortmöglichkeiten abarbeiten? Das bedeutet zwar, sich von einer wie auch immer gearteten Vorstellung zu befreien, das Gedächtnis sei so und so verfasst; es erlaubt aber, das Gedächtnis als ein *diskursives Konstrukt* zu begreifen, das auf unterschiedlichste Weise problematisiert, erforscht und beschrieben wurde und wird. Eine solche Perspektive würde die disziplinären Grenzen weniger überwinden als sie von beiden Seiten exakt konturieren wollen. Man muss, um noch einmal

---

[16] Vgl. W. Lepenies, Die drei Kulturen. Soziologie zwischen Literatur und Wissenschaft, München 1985; K. Immelmann, Interdisziplinarität zwischen Natur- und Geisteswissenschaften – Praxis und Utopie, in: Kocka, Interdisziplinarität, S. 82–91; E. Shaffer, The Third Culture: Literature and Science, Berlin/New York 1998.

Heckhausen zu zitieren, «die so gewonnenen Erkenntnisse facettenartig zusammensetzen, aber nicht irgendwie amalgamieren.»[17] Auch interdisziplinäre Forschung bleibt damit an die ausdifferenzierten Disziplinen gebunden, die gerade durch ihre Differenz wissenschaftliche Erfolge ermöglicht haben: «[I]nterdisziplinäre Forschung kann nur heißen, daß man die damit gegebenen Sichtbehinderungen, so weit möglich, thematisiert und in die Forschung wiedereinbringt.»[18]

III. Lexikon

Das vorliegende Lexikon versteht sich als ‹technische› Einlösung dieses Programms, indem es nicht den Standpunkt einer gegenüber allen anderen bevorzugten Disziplin voraussetzt, sondern die Diversität der wissenschaftlichen Diskurse zu wahren beabsichtigt. Es präsentiert die Pluralität der Zugangsweisen und damit die Kenntnisse der verschiedenen Disziplinen gleichberechtigt nebeneinander und setzt sie gleichzeitig zueinander in Beziehung, ohne sie in den Rahmen einer als Standpunkt gewählten Position zu übersetzen. Diese Möglichkeit beruht auf zwei Strukturelementen der lexikographischen Wissenspräsentation: der alphabetischen Gliederung und dem Querverweis.

Die Ordnung des Wissens nach dem Alphabet steht am Beginn der Karriere des Lexikons, die einsetzt, als systematische Darstellungen die Menge des verfügbaren Wissens nicht mehr fassen können.[19] Es ersetzt die sinnhafte durch eine sinnfreie Organisation des Materials, wählt also ein rein formales, aber gerade dadurch transparentes und generalisierbares Kriterium. Das Lexikon richtet sich nach der Struktur der Worte, nicht nach derjenigen der Dinge. Dies hat gleichermaßen zu negativen wie positiven Wertungen des Mediums geführt: Die Karriere der Konversationslexika im 19. Jahrhundert dokumentiert, wie die gezielte Abrufbarkeit einzelner Wissenssegmente vor allem einen enormen pragmatischen Vorteil mit sich bringt. Als ein solches Servicemedium gerät es allerdings auch in die Kritik: «Hier sind die großen Lexika, die großen Krambuden der Literatur, wo jeder einzeln sein Bedürfnis pfennigweise nach dem Alphabet abholen kann!»[20] Lexikonwissen ist eine aus allen

[17] Heckhausen, Interdisziplinäre Forschung, S. 139.
[18] Luhmann, Wissenschaft der Gesellschaft, S. 460.
[19] Vgl. A. zum Hingst, Die Geschichte des Großen Brockhaus. Vom Conversationslexikon zur Enzyklopädie, Wiesbaden 1995, S. 22f.
[20] J. W. Goethe, Die Vögel, in: ders., Sämtliche Werke, Münchner Ausgabe Band 2.1, hg. von Hartmut Reinhardt, München 1987, S. 312–337, hier S. 324.

methodischen und inhaltlichen Zusammenhängen gerissene Häppchen-
kost und scheint gerade der interdisziplinär geforderten Bezüge und Kontexte zu entbehren.

Das Lexikon *Gedächtnis und Erinnerung* beabsichtigt aber, gerade diese pessimistischen Einschätzungen der Lexikonstruktur positiv umzudeuten: Die Gliederung in einzelne Stichwörter ermöglicht es zum einen,
das heterogene Wissen der einzelnen Disziplinen zusammenzustellen,
ohne die methodischen und theoretischen Unterschiede einebnen zu
müssen. Zum anderen trägt diese Aufteilung – anders als im Handbuch –
dazu bei, die einzelnen Disziplinen auch intern nicht zu homogenisieren
und zu kohärenten Erklärungsmethoden von Gedächtnis zu deklarieren.
In diesem Sinn verabschiedet das vorliegende Lexikon jegliche Objekti-
vitätsillusion, die dieser Buchform sonst oft eignet. An die Stelle der Vorstellung, die Fakten sprächen selbst zum Leser, wird die Standortgebun-
denheit der Wissensvermittlung nicht verborgen, indem die Autoren zu
Kontroversen und Thesenhaftigkeit ermuntert wurden und folglich auch
ihre Texte mit vollem Namen – der sonst in Lexika oft verklausuliert erscheint – zeichnen.

Wenn das Wissen über das Gedächtnis in seiner jeweiligen Spezifität
zusammengetragen wird, dann ist Disziplinarität gewahrt, aber noch keine *Inter*disziplinarität erreicht. Als rein additive Sammlung wäre das Lexikon vielmehr multi-disziplinär.[21] Einige Stichwörter, so genannte Sammellemmata, stellen allerdings bereits innerhalb der alphabetischen
Ordnung interdisziplinäre Begegnungen her, insofern sie unter demselben Begriff Beiträge verschiedener Disziplinen versammeln: So besteht
etwa zwischen dem *Echo* und dem *Echogedächtnis* eine metaphorische
Verbindung; zwischen *Autobiographie* und *Autobiographischem Gedächtnis* liegen genetische Interdependenzen vor; *Vergessen* schließlich verbindet sämtliche Gegenstandsbereiche durch Strukturanalogie.

Das Lexikon verfügt darüber hinaus über ein strukturelles Mittel, das
– gleichsam als Residuum der systematischen Ordnung – die durch die
alphabetische Gliederung aufgelösten Verbindungen zwischen den Begriffen auf neue Weise schafft: Diese Aufgabe der Vernetzung kommt den
Querverweisen zu, die innerhalb der einzelnen Artikel auf sachverwand-
te, strukturanaloge oder bloß assoziativ anbindbare Artikel der gleichen
oder anderer Disziplinen verweisen. Querverweise gehorchen seit ihrer
systematischen Etablierung durch Chambers und Zedler im 18. Jahrhun-

---

[21] Zur Differenz von Interdisziplinarität und Multidisziplinarität vgl. J. T. Klein, In-
terdisciplinarity. History, Theory, & Practice, Detroit 1990, S. 56–63.

dert[22] der Ökonomie der Redundanzvermeidung. Ihr innovatives Potential liegt jedoch in der Montage: Ohne in die verbundenen Elemente materiell einzugreifen, stellen sie Konnexe her, die dennoch beide beteiligten Seiten in ihrer Bedeutung verändern. Der Querverweis ermöglicht es, die zufällige alphabetische Benachbarung der Wörter durch systematische, sinnhafte Verknüpfungs*angebote* zu ergänzen, die aber – solange mehrere Querverweise angeboten werden – nicht in eine erneute Linearität münden.

Zur Realisierung eines Konzepts von Interdisziplinarität, das die Eigenheit der Diskurse zu wahren beabsichtigt, stellen Querverweise die ideale Lösung dar. Zwar werden auch hier Ergänzungen angezeigt, daneben stehen jedoch Metaphern und Assoziationen, Strukturanalogien oder Überschüsse und sogar Konfrontationen. Es geht dabei nicht nur darum, bereits vollzogene Verbindungen nachzuzeichnen, sondern aus der Begegnung noch unverknüpften Wissens neue Funken zu schlagen. Hiervon sind intradisziplinäre wie interdisziplinäre Beziehungen gleichermaßen betroffen.

Durch die Verweise ist das weitere Forschungsfeld *Gedächtnis und Erinnerung* in die einzelnen Artikel hineingezogen und damit umgekehrt jeder Artikel nach außen hin geöffnet. Jeder Eintrag ist Teil eines Netzes von Verweisen, die zu ihm hin- und von ihm wegführen. Von jedem Artikel führen Verzweigungen zu anderen Artikeln; jeder Artikel ist von anderen aus zu ‹erreichen›, sodass – wie in einem Netzwerk – keine Sackgassen und Leerräume entstehen. Per Querverweis ist das Phänomen, im Text zugleich hier und woanders zu sein, auch im Medium des Lexikons zu haben und nicht erst eine der viel beschworenen neuen Errungenschaften des hypertextuellen Mediums Computer. In diesem Sinn hat J. Conklin gedruckten Enzyklopädien, Wörterbüchern oder Karteikartensystemen zugestanden, «manuelle Hypertexte» darzustellen.[23] Und auch wenn es nicht gleichgültig ist, ob eine hypertextuelle Struktur im Computer realisiert wird oder im Buch: Die grundlegende Charakteristik des Hypertextes, Informationsknoten – also die einzelnen Artikel – durch Links nicht-linear zu verknüpfen, ist im Lexikon vollständig realisiert. Lepenies' Einsicht, dass interdisziplinäre Forschung sich zunächst einmal eines angemessenen Darstellungsmodus zu versichern habe, ist daher vielleicht weniger an den Computer als technische Voraussetzung gebun-

---

[22] Vgl. zum Hingst, Die Geschichte des Großen Brockhaus, S. 13–14.
[23] J. Conklin, Hypertext: An introduction and survey, in: IEEE Computer, Bd. 20, Nr. 9, 1987, S. 17–41.

den als an die neuen Perspektiven, die seine Technik auf bestehende Medien und Präsentationsformen anzuwenden erlaubt.

Das alphabetisch gegliederte und durch Querverweise vernetzte Lexikon ist damit die exakte *mediale* Entsprechung zu einer Interdisziplinarität, die die Disziplinen offen hält, statt sie zu einer notwendig simplifizierenden Synthese zu führen. Auf Positionen, die in den einzelnen Artikeln bezogen, auf Argumente, die angeboten werden, antwortet es mit dem Verweispfeil: der Aufforderung zum Weiterlesen. Der Gefahr der Schließung begegnet es, indem es immer neue Anschlüsse anbietet. Wie der interdisziplinäre Gewinn im Einzelnen aussieht, lässt sich nicht von vornherein bestimmen; er hängt sowohl vom disziplinären Vorverständnis wie von dem eingeschlagenen Leseweg ab. Man kann ein solches Buch von vorn nach hinten lesen und im Verlauf der Lektüre in Form einer gewissermaßen kumulativen Form von Interdisziplinarität immer wieder auf überraschende Beziehungen stoßen; oder man folgt der Spur der Querverweise, die eher sinnhafte Verbindungen produzieren, oft auch innerhalb einer Disziplin bleiben und eher sanfte Übergänge als Sprünge vollziehen. In das vorliegende Buch gibt es auf diese Weise 450 mögliche Einstiege: Jeder Artikel ist einer, von dem aus sich jeweils wieder verschiedene weiterführende Wege eröffnen, sodass die Querverweise systematische Wegweiser für letztlich unzählige Lektürepfade bilden.

Als formale Lösung für das Problem, die der Gedächtnisforschung inhärente Interdisziplinarität zu realisieren, ohne Differentes zu vermengen, versteht sich das Lexikon *Gedächtnis und Erinnerung* weniger als autoritative Überschau, sondern ist vielmehr in seiner Gesamtheit als Diskussionsbeitrag *innerhalb* der – interdisziplinären – Gedächtnisforschung zu verorten. Mit diesem Anspruch wandelt es sich aber auch von einem Medium der reproduktiven Verwaltung bestehenden Wissens zu einem produktiven Instrument für die zukünftige Forschung. Andererseits sperrt es sich nicht prinzipiell dagegen, auch als Nachschlagewerk in Anspruch genommen zu werden, beansprucht es doch, einen Überblick über die wichtigsten Forschungsfelder der Gedächtnistheorie zu leisten. Sein Hauptanliegen ist jedoch nicht die erschöpfende inhaltliche Bearbeitung der einzelnen Konzepte, sondern ihre Vernetzung.

Jeder Artikel stellt das Stichwort als Konzept für eine Theorie des Gedächtnisses vor und überlässt alle darüber hinausgehenden Bedeutungen den einschlägigen Fachlexika. Daher sollte man von den einzelnen Einträgen keinen Gesamtüberblick über das jeweilige Stichwort erwarten. Jeder Artikel konzentriert sich auf diejenigen Aspekte des Konzepts, die seine Gedächtnisfunktion betreffen. Bei Artikeln wie *Kulturelles Gedächtnis*, *Vergessen* oder *Langzeitgedächtnis* scheint diese Einschränkung folgenlos; Einträge wie *Porträt*, *Buße*, *Emotion* oder *Gehirn* weisen jedoch ein weit über Erinnerungsfragen hinausgehendes Bedeutungsfeld auf. In solchen Fällen musste nicht nur der jeweilige Begriff um viele Aspekte reduziert, sondern die Gedächtnisrelevanz überhaupt erst deutlich herausgearbeitet werden. Das Augenmerk liegt also nicht darauf, die gesamten Forschungsstände zu rekapitulieren und den Begriff damit zu ‹schließen›, sondern darüber hinausweisend jeden Artikel auf die Thematik zu fokussieren und als diskursives Angebot zu verstehen, das theoretische Anschlüsse eröffnet.

Als Lemmata wurden im Allgemeinen Sachbezeichnungen und theoretische Konstrukte gewählt, nicht die Disziplinen und Ansätze, denen sie entstammen. Um die Bedeutung theoretischer Positionen für derartige Konzeptbildungen aber nicht ganz zu negieren und die Historizität der Forschung zu akzentuieren, ist eine kleine Auswahl von Theoretikern und Theoretikerinnen aufgenommen worden, deren Texte als Ausgangspunkt für die Forschung eine zentrale Rolle einnehmen oder eingenommen haben. Da es dabei, wie gesagt, um die diskursive Konstruktion des jeweiligen Gedächtniskonzepts geht, darf in dieser Reihe auch ein literarischer Autor wie Marcel Proust nicht fehlen. Dass eine Auswahl gerade bei dieser Kategorie dennoch unvermeidlich war, stellt diese wie jede Selektion vor das Problem ihrer Begründung. Im Sinne interdisziplinärer Vernetzung konnte sie für das vorliegende Buch nur operativ lauten: Anschließbarkeit für die weitere Theoriebildung.

Das interdisziplinäre Lexikon *Gedächtnis und Erinnerung* vereinigt über 400 Stichworteinträge aus sechs übergeordneten Disziplinen – Kulturwissenschaften, Medienwissenschaften, Neurobiologie, Pädagogik, Philosophie und Psychologie. Diese heuristisch bestimmten Fachgebiete werden allerdings in der alphabetischen Einteilung, die quer zu den Disziplinen verläuft, aufgelöst. Da das Spezifizierende, nicht aber das Spezifizierte, im Vordergrund stehen soll, werden zusammengesetzte Stichwörter nicht unter dem Substantiv rubriziert, sodass man beispielsweise Informationen zum *Kollektiven Gedächtnis* nicht unter «Gedächtnis, kollektives», sondern unter dem Buchstaben K findet. Neben dem alphabetischen Zugriff auf disziplinär ungeordnete Sachbegriffe, der dem Anliegen des Lexikons entspricht, halten verschiedene Register alternative Formen der Wissensorganisation verfügbar. Die Auswahlbibliographie versammelt gemäß der sechs übergreifenden Disziplinen zentrale Publikationen der vergangenen Jahre. Ein erstes Register erschließt die diszi-

plinäre Zugehörigkeit der einzelnen Stichwörter und ordnet die Suchbe-
griffe den sechs Disziplinen und innerhalb dieser den einzelnen Fachgebieten zu. Stichwörter, die aus mehr als einer Disziplin heraus abgehan-
delt wurden (‹Sammellemmata›) bzw. von vornherein zwischen den
Disziplinen wandern, tauchen konsequenterweise in mehreren Kategorien auf. Das Autorenverzeichnis ordnet die einzelnen Texte den Mitarbeitern des Lexikons zu. Das Personenregister beschließt das Buch und
enthält alle im Fließtext der Artikel behandelten Forschernamen.

Den 150 Autoren gilt der Dank der Herausgeber an erster Stelle; dass
das Buch ohne ihre Unterstützung, ihr Engagement und vor allem ihre
kreativen Angebote für unerwartete Querverbindungen und Engführungen nicht zustande gekommen wäre, muss kaum eigens erwähnt werden.
Besonderen Dank schulden wir unseren redaktionellen Mitarbeitern
Martin Korte (für den Bereich Neurobiologie) und Jürgen Straub (für
den Bereich Psychologie). Ihre Arbeit, die von der Stichwortauswahl bis
zum Artikellektorat reichte, hat gezeigt, dass ernst genommene Interdisziplinarität auf Aufgabenteilung nicht verzichten kann. Schließlich gilt
unser Dank dem Herausgeber der Reihe *rowohlts enzyklopädie*, Burghard
König, der dem Projekt von Beginn an mit viel Sympathie begegnet ist
und es mit dem notwendigen Vertrauensvorschuss unterstützt hat.

Köln, im April 2001   Die Herausgeber

Ce livre n'exige pas une lecture suivie; mais à quelque endroit qu'on l'ouvre on trouve de quoi réfléchir. Les livres les plus utiles sont ceux dont les lecteurs font eux-mêmes la moitié; ils étendent les pensées, dont on leur présente le germe; ils corrigent ce qui leur semble défectueux, et fortifient par leurs réflexions ce qui leur paraît faible.

Voltaire, *Dictionnaire philosophique*

Abfall

Erzeugnisse, die ihre Funktion oder ihren Wert verloren haben oder in Produktionsvorgängen ausgeschieden worden sind und keine unmittelbare weitere Verwendung (→ Recycling) finden. Aus dem bergmännischen Sprachgebrauch herrührend, setzt sich A. in dieser Bedeutung im Verlauf des 19. Jh.s durch. Im A.-Recht wird dem objektiven ein subjektiver A.-Begriff zur Seite gestellt, der auf den Willen zur Entledigung abhebt. Die gesetzliche Definition trägt der Einsicht Rechnung, dass A. physisch *und* kulturell definiert ist. Mit der Anthropologin M. Douglas (1966/1992) lässt sich A. als Begriff für unklare oder ungeordnete Objekte verstehen, die die Normen und Kategorien einer Gesellschaft herausfordern (vgl. → Selektion). Solche «Anomalien» können in ihrer Wirkung stillgestellt werden, indem sie innerhalb einer Kultur eine besondere Kategorie bilden, sie können aber auch das Kategoriensystem einer → Kultur insgesamt in Bewegung bringen. Stellt sich doch, was als A. gilt, nicht nur zu verschiedenen Zeiten und in verschiedenen Gesellschaften unterschiedlich dar, sondern auch unter verschiedenen Akteuren einer Gesellschaft. M. Thompson (1981) hat in diesem Sinn beschrieben, wie sich verabfallte Gegenstände in Aushandlungsprozessen in dauerhafte, wertvolle Gegenstände verwandeln können. Während A. so zum Ansatzpunkt wird, die «soziale Kontrolle von Werten» zu erforschen (S. 25), eröffnet sich A. im Zugriff der → Archäologie als wertvolles kulturelles Monument (vgl. → Spur).

   Artefakte, die auf historischen Müllhalden gesichert werden, liefern ergiebige Hinweise auf vergangene Lebensformen und treten als unintendiert überlieferte Reste in Konkurrenz zur historischen → Rekonstruktion vornehmlich aus Schriftquellen (→ Dokument, → Quellen vs. → Relikt, → Überrest). Das Anfang der 1970er Jahre gestartete Projekt einer «garbage archaeology» (Rathje/Murphy 1994) überträgt die archäologischen Methoden auf die zeitgenössischen Deponien. Die statistische Analyse des Mülls setzt sich mit Konsumgewohnheiten auseinander und bringt im Abgleich mit Verbraucherangaben ein → Unbewusstes der modernen Konsumentenkultur hervor. Die Wiedergewinnung von A. als «gegenwärtige Vergangenheit des Jetzt» (W. Ernst) ersetzt in dieser Hinsicht die Fixierung auf die → Geschichte als privilegierte Form der Verständigung über die → Gegenwart. Tiefenschärfe erhält diese Opposition bei V. Flusser: Abfall ist danach die → Vergangenheitsform des → Vergessenen und stellt die andere Seite von Kultur als Vergangenheitsform des Aufgehobenen dar. Entsprechend dehnen Kulturwissenschaften den Bereich des Aufgehobenen aus und treiben zugleich neue «Wissenschaften vom Müll» hervor, die dem → kulturellen Gedächtnis sein Verdrängtes nachtragen (Flusser 1993, S. 19f.; → Verdrängung). Mit Flussers Begriff von A. als «desinformierte[m]» Ding lässt sich dieses Tun auch als Informierung verstehen (→ Information, → Schrott). Es stellt sich allerdings die Frage, ob unter der Perspektive der Informationstheorie ein grundsätzlicher Unterschied zwischen Erzeugnis und A. noch vorausgesetzt werden kann. Wenigstens ist die Rede von ‹Datenabfällen› irreführend, da es sich nicht um formlose Datenreste handelt, sondern um Muster in Datenmengen, deren Information erst noch zu finden ist.

W. Rathje/G. Murphy, Müll. Eine archäologische Reise durch die Welt des Abfalls, München 1994; V. Flusser, Dinge und Undinge. Phänomenologische Skizzen, München 1993; M. Thompson, Die Theorie des Abfalls. Über die Schaffung und Vernichtung von Werten, Stuttgart 1981; M. Douglas, Reinheit und Gefährdung. Eine Studie zu Vorstellungen von Verunreinigung und Tabu (1966), 5. Aufl. Frankfurt/M. 1992.

Christoph Hoffmann

Abruf

Vorgang des Wiedererlangens gespeicherter → Information (vgl. → Encodierung). Begriffsgeschichtlich geht A. aus dem Begriff der → Reproduktion hervor. Nach → H. Ebbinghaus *(Abriß der Psychologie)* ist Reproduktion die generelle Äußerungsform des Gedächtnisses und wird in ihrer Güte von der → Aufmerksamkeit und der häufigen → Wiederholung von Gedächtnisinhalten beeinflusst. In der experimentellen Psychologie werden direkte und indirekte Verfahren der Gedächtnisprüfung unterschieden, die verschiedene Teilaspekte des A.s erfassen (→ Prüfung). Mit direkten Verfahren lässt sich A. in Form von Reproduktionsleistung und Wiedererkennensleistung messen, die jeweils wieder Subformen aufweisen können (z. B. freie Reproduktion oder geförderte Reproduktion; vgl. → Wiedererkennen, → explizites Gedächtnis). Bei indirekten Verfahren der Gedächtnisprüfung besteht kein expliziter Bezug zu einer vorhergehenden Lernphase (→ Lernen), d. h., die gespeicherte Information wird ungewollt und automatisch wiedererlangt. Indirekte Verfahren messen perzeptuelles oder konzeptuelles → Priming, d. h. die erleichternde Auswirkung vormaliger Präsentation eines → Ereignisses auf die aktuelle Verarbeitung. *Perzeptuelles Priming* bezieht sich auf das automatische

Wiedererlangen von *Episoden* (→ episodisches Gedächtnis), während *konzeptuelles Priming* das Wiedererlangen abstrakten *Konzeptwissens* zum Gegenstand hat. Die Unterscheidung zwischen perzeptuellem und konzeptuellem Priming wird durch neuropsychologische Studien unter- mauert, die zeigen, dass bestimmte Gehirnverletzungen zu einem Ausfall des konzeptuellen Priming bei intaktem perzeptuellem Priming führen können (Gabrieli 1999), was dafür spricht, dass beide Formen des Pri- mings durch unterschiedliche Gedächtnissysteme realisiert werden. Auch die Unterscheidung zwischen direkten und indirekten Verfahren der Ge- dächtnisprüfung ist gedächtnispsychologisch von großer Bedeutung, da amnestische Patienten (→ Amnesie) mit Gehirnläsionen im mediobasa- len Schläfenlappen nur dann beeinträchtigte Gedächtnisleistungen für neu erworbene Inhalte zeigen, wenn diese direkt geprüft werden, nicht aber, wenn sie indirekt geprüft werden (Cohen/Squire 1980).

Da die Reproduktionsleistung in der Regel anspruchsvoller ist als die Wiedererkennensleistung, nehmen eine Reihe von Theorien an, dass der direkte A. zwei Prozesse umfasst: das Generieren von Information und das Wiedererkennen. Freie Reproduktion erfordert das Generieren von Information, die dann wiedererkannt oder zurückgewiesen werden kann. Beim Prüfen der Wiedererkennens-Leistung ist keine Informationsgene- rierung erforderlich, da diese während der Gedächtnisprüfung dargebo- ten wird. Neben dem Abruf über das Generieren von Items auf der Basis von Inter-Item-Assoziationen werden auch andere Abrufstrategien, wie direkter Itemzugriff, postuliert (Zimmer/Helstrup/Engelkamp 2000).

Auch beim Wiedererkennen selbst werden zwei Teilprozesse unter- schieden. Wiedererkennen kann ausschließlich auf Vertrautheit basieren, oder aber den A. des Kontexts, in dem ein Ereignis gelernt wurde, bein- halten (Mandler 1980; vgl. → Encodierung, → Quellengedächtnis). Zur besseren Illustration dieser beiden Teilaspekte spricht man auch von kontextfreiem bzw. kontextabhängigem Wiedererkennen. In einigen Mo- dellen wird kontextfreies, auf Vertrautheit basierendes Wiedererkennen als automatischer Prozess betrachtet und mit perzeptuellem Priming gleichgesetzt. Allerdings zeigen neuropsychologische Studien, dass Be- einträchtigungen des perzeptuellen Primings nicht zu Ausfällen des kon- textfreien Wiedererkennens führen müssen. Dies spricht dafür, dass kon- textfreies Wiedererkennen nicht auf perzeptuelles Priming reduziert werden kann.

H. D. Zimmer/T. Helstrup/J. Engelkamp, Pop-out into Memory: A retrieval mecha- nism that is enhanced with the recall of subject-performed tasks, in: Journal of Experimental Psychology, Learning, Memory, and Cognition, Bd. 26, 2000, S. 658–670; J. D. E. Gabrieli, The architecture of human memory, in: J. K. Foster/M. Jelicic (Hg.), Memory: Systems, Process, or Function, New York 1999; N. J. Cohen/L. R. Squire, Preserved learning and retention of pattern-analyzing skill in amnesia: Dissociation of knowing how and knowing that, in: Science, Bd. 210, 1980, S. 207–210; G. Mandler, Recognizing: the judgment of previous occurrence, in: Psychological Review, Bd. 87, 1980, S. 252–271.

Axel Mecklinger

Absenz → Präsenz, → Tod, → Vergänglichkeit

Abwehr

Als Teil des psychoanalytischen Konfliktmodells (→ S. Freud) die Antagonistin einer Bereitschaft, etwas wahrzunehmen, erinnernd zu vergegenwärtigen und zielgerichtet zu handeln. Eine Wahrnehmung, Erinnerung oder ein Handlungsimpuls verfällt der A., weil die bewusste Konfrontation damit Unlust bereitet. A. antwortet auf Provokation, Drang und Regulierungsbedarf: Ein Individuum wehrt die voll entwickelte Rezeption, → Vergegenwärtigung oder Aneignung eines physischen, psychophysischen, psychischen oder psychosozialen → Ereignisses ab, sofern dieses Ereignis ein unverträgliches Maß an Unlust provoziert. Ein Individuum begegnet einer drängenden Bedürfnisregung mit A., wenn der Weg zur Befriedigungshandlung äußerer, vor allem aber innerer Hindernisse wegen versperrt ist. A.-Maßnahmen, die zur körperlichen, seelischen und kommunikativen Bedarfsregulierung quer stehen, können die physische, psychische und soziale Existenz eines Individuums gefährden (Mentzos 1997).

A. weist bezüglich der Begriffe Kontrolle und → Bewältigung Gemeinsamkeiten und Unterschiede auf. Die Gemeinsamkeit mit Kontrolle besteht im aktiven Wirksamwerden und im manipulativen Einfluss auf Realgeschehen in der Perspektive eigener, bewusster oder unbewusster Interessen und Ziele. Der Unterschied zu Kontrolle besteht darin, dass A. sich durch Unlustintoleranz auszeichnet, hingegen der Akteur bei der Kontrolle der Situation im Dienst der erfolgreichen Reibung am Widerstand Unlust in Kauf nimmt. Die Gemeinsamkeit mit Bewältigung besteht im Interesse an Selbsterhaltung angesichts der Herausforderung durch Destabilisierung des biopsychosozialen Gleichgewichts und entsprechenden Maßnahmen der Wahrung oder der Restitution der eigenen Integrität (Mentzos 1993). Der Unterschied zur Bewältigung besteht darin, dass A.-Maßnahmen notorisch auf Flucht, Meidung und Beseitigung der Herausforderung zielen, das Moment der Integration also keinen Platz hat.

Weder Kontrolle noch Bewältigung arbeiten mit motivierter Entstellung. Für A. ist kennzeichnend, dass sie entstellt. A. ist im Dienst der Unlustmeidung funktional, wenn sie die Wahrnehmung der unangenehmen Konfrontation umgeht. Das gelingt durch → Verdrängung als der zentralen Leistung des Unbewusstmachens sowie durch Leugnung, Isolierung, Ungeschehenmachen, Projektion, → Regression, Rationalisierung und durch den Einsatz von Handlungen oder Verhaltensweisen, welche die Latenz des Abgewehrten sicherstellen sollen (→ Unbewusstes). Wenn das Erleben der frühen → Kindheit bei misslungener Verarbeitung destabilisierender → Erfahrungen der motivierten Entstellung unterliegt und sich daraus eine lebensbegleitende Neigung zur Meidung individuell unlustträchtiger Erlebensbereiche (→ Erlebnis) ergibt, so sind das persönliche Gedächtnis und die → Konstruktion der eigenen geschichtlichen → Kontinuität und des eigenen Lebensentwurfs (→ autobiographisches Gedächtnis, → Identität, → Narration) notorisch blind für jene Ereignis- und Entwicklungszusammenhänge, die als fragilisierend oder gefährdend der Artikulation entzogen wurden.

S. Mentzos, Psychoanalyse. Geschichte und Methoden, München 1997; ders., Abwehr, in: W. Mertens (Hg.), Schlüsselbegriffe der Psychoanalyse, Stuttgart 1993, S. 191–199.

Brigitte Boothe

Abwesenheit → Melancholie, → Nostalgie, → Präsenz, → Vergänglichkeit

Agieren

(lat. *agere*: handeln, betreiben). In der Psychoanalyse Zwang zur → Wiederholung (→ Wiederholungszwang) einer «vergessenen Vergangenheit» (Freud 1914/1946) in Gestalt einer Handlung, einer Geste, eines Affektausdrucks usw. Dem Betreffenden wird dabei nicht bewusst, dass er signifikante Erinnerungen, → Phantasien, Impulse o. Ä.

reproduziert (→ Unbewusstes). Das A. gilt als hinderlich für die therapeutische Arbeit und als Zeichen eines extremen Widerstands gegen
das Erinnern des Verdrängten (→ Abwehr, → Verdrängung). Entgegen
einer oft negativen Bewertung wird das A. heute zunehmend als zumeist einzige Ausdrucksmöglichkeit für traumatische → Erfahrungen
betrachtet (→ Trauma). Als A. bezeichnet → S. Freud 1905 im *Fall Dora*
den Behandlungsabbruch, mit dem die Patientin eine frühere Konstellation wiederhole: «wegen des X, in dem ich [Freud] sie an Herrn K.
erinnerte, rächte sie sich an mir, wie sie sich an Herrn K. rächen wollte» *(Bruchstück einer Hysterie-Analyse)*. Das A. innerhalb des therapeutischen Settings (bei starker positiver oder negativer Übertragung)
kann von dem A. außerhalb unterschieden werden, welches etwa die
Berufs- und Partnerwahl bestimmen kann. Als *acting out* bezeichnet
man insbesondere das A. in Form motorischer, oft impulsiver Handlungen.

H. Thomä/H. Kächele, Lehrbuch der psychoanalytischen Therapie: 1. Grundlagen,
Berlin/Heidelberg/New York 1996; S. Freud, Erinnern, Wiederholen und Durch-
arbeiten (1914), in: ders., Gesammelte Werke, Bd. 10, London/Frankfurt/M. 1946,
S. 126–136.

Michael Schödlbauer

Ahnen

I. *In der Kulturwissenschaft:* Verstorbene, Vorfahren, die, zwischen Göttern und Menschen angesiedelt, deren Verwandtschaft bezeugen und
über das Leben im Diesseits wachen. Wie Helden und Heilige unterscheiden sich A. von gewöhnlichen Verstorbenen darin, dass sie durch → Riten der Inkorporation in die Gemeinschaft der → Toten aufgenommen
werden. Solche elementaren Riten, wohl in keiner → Kultur für alle Verstorbenen und in vielen für nur sehr wenige durchgeführt, reinigen die
Erinnerung von allen → Spuren des Menschlich-Allzumenschlichen. In
die Gemeinschaft der A. wird initiiert, wer bei seinem Tod die besondere
Achtung der Gemeinschaft genießt und lebende Nachkommen hat. Die
Existenzbedingung von A. und die Voraussetzung dafür, dass diese nicht
in Vergessenheit geraten oder ruhelos umherirren (→ Gespenster), besteht im fortwährend praktizierten Angedenken durch die Lebenden, im
A.-Dienst, der je nach Kultur und Glaubenssystem unterschiedliche Formen annehmen kann. Dazu zählen ursprünglich Gebete für die Toten-

seelen, Opfergaben, aber ebenso das Erstellen von Ahnentafeln
(→ Stammbaum) und → Genealogien.

M. Mitterauer, Ahnen und Heilige. Die Namengebung in der europäischen Geschichte, München 1993; P. Metcalf/R. Huntington, Celebrations of Death. The Anthropology of Mortuary Ritual (1979), Cambridge 1991.

Stefanie Peter

II. *In der Ethnologie:* Verstorbene Angehörige der eigenen Verwandtschaftsgruppe gelten in vielen Gesellschaften als Ankerpunkt für die Familiengeschichte und damit auch für die soziale → Identität der Lebenden. A. können zur Legitimation von Territorialansprüchen und Status
angeführt werden, sie definieren die Gruppenzugehörigkeit und begründen zahlreiche elementare Regeln für das Handlungsspektrum der
Lebenden. Abstammungsbeziehungen stehen im Kontext von verwandt-
schaftlichen Terminologiesystemen, deren innere Logik auf den Prinzipien von Abstammung, Geschlecht und Ehe beruht. Während in vielen
stratifizierten Gesellschaften, etwa in Polynesien, die Rezitation von langen Deszendenzreihen signifikant für Hierarchiebeziehungen ist, verschwinden in zahlreichen egalitären Gesellschaften Melanesiens die A.
schon nach wenigen Generationen im Nebel der oralen → Traditionen
(→ Oral History). Diese mythischen A., deren Lebensleistung narrativ
(in Ursprungsmythen) tradiert wird (→ Mythos, → Narration, → Ursprung), legitimieren als Gründer von Verwandtschaftsgruppen insbesondere Landrechte und Nahrungstabus ihrer Nachkommen (→ Gesetz,
→ Gründung). Diese Verwandtschaftsbeziehungen, etwa Erscheinungs-
ort der A., Wanderweg und Clanzugehörigkeit, werden in oftmals geheimen → Ritualen manifestiert (→ Knotenschnur, → Songlines).
    Die Vererbung von Objekten und das Bewahren von → Relikten ver-
storbener Gruppenmitglieder trägt zur Gedächtnisleistung der Wissens-
weitergabe bei (→ Erbe, → Tradierung, vgl. → Reliquie). So ist etwa der
Schädelkult, eine im pazifischen Raum verbreitete Form der A.-Vereh-
rung, als Form der physischen Manifestation immaterieller, mythisch
konstruierter Zusammenhänge zu nennen. Erbstücke, z. B. Schmuck-
objekte, bieten ebenfalls Assoziationsmöglichkeiten mit A. Symbolkräf-
tige Objekte, z. B. Masken, Tanzgeräte und A.-Figuren, sind in Initiations-
und Totenfeste integriert und erlauben im rituellen Rahmen die Verschmelzung von A. und Lebenden (→ Fest, → Geistmedien, → Ritus).
Auch Orte sind oftmals Träger von Informationen über die A. (→ Land-

schaft). Die Weitergabe von → Namen kann in zahlreichen Gesellschaften als Methode der Erinnerung angesehen werden, insbesondere wenn Eigennamen von A. ein Konzept zeitlicher → Kontinuität fundieren oder im Rahmen einer Reinkarnationsideologie stehen (→ Wiederholung).

Im Ritual des A.-Kults manifestieren und reinterpretieren die Lebenden sowohl vergangene als auch gegenwärtige Beziehungen. Auf der Insel Dobu (Papua-Neuguinea) werden alle zehn bis 20 Jahre Totenerinnerungsfeste (*Sagali*) begangen, deren Abfolge den Wechsel der Generationen markiert. Die langfristige Vorbereitung eines *Sagali* beinhaltet individuelles Streben nach Wiederbeleben aller Tauschbeziehungen und verstärkter Subsistenzproduktion. Eine hölzerne Plattform wird errichtet, von der die Festgeber große Mengen Schweinefleisch und Yamswurzeln nach komplexen Regeln verteilen, sodass die A. vom immateriellen Gehalt der Speisen satt und zufrieden werden (→ Geschmack). Denn A. gelten als mächtig, sie beeinflussen die → Gegenwart sowohl indirekt als Stifter von Sitte und Recht als auch direkt als A.-Geister, die Fruchtbarkeit, Gesundheit und wirtschaftliches Wohlergehen ihrer Nachkommen manipulieren können.

S. Kuehling, The Name of the Gift, Diss. Canberra 1998; J. Wassmann, Der Gesang an den Fliegenden Hund, Basel 1982.

Susanne Kühling

Akten → Archiv, → Dokument, → Organisationsgedächtnis, → Zettelkasten

Aktives Formgedächtnis

Begriff aus der Gestaltpsychologie, mit dem die Annahme autonomer Veränderungen einer Gedächtnisspur (→ Engramm, → Spur) hin zu einer guten → Gestalt verbunden wird. Diese Hypothese wurde in experimentellen Studien in Bezug auf das Behalten von Figuren überprüft. Dabei ging man im Einklang mit gestaltpsychologischen Vorstellungen zur Formwahrnehmung davon aus, dass eine bestimmte Figur im Lauf der Zeit als eine immer gleichmäßigere und symmetrischere erinnert werden würde. Der am häufigsten herangezogene Stimulus bei diesen Experimenten war ein Kreis mit einer kleinen Öffnung. Gemäß der Hypothese sollte dieser immer mehr in Richtung einer sog. guten Gestalt im Sinne eines zunehmend vollständigeren, lückenloseren Kreises erinnert werden. Sah F. Wulf (1922), der die ersten Experimente hierzu durchführte, die Richtigkeit der gestaltpsychologischen Annahme in seinen Studien noch bestätigt, so sind von anderen Forschern in späteren Anschlussuntersuchungen eine Reihe an Fehlern dieser Arbeit aufgedeckt sowie prinzipielle Zweifel an der Fruchtbarkeit des Konzepts des a.n F.ses als solchem angemeldet worden. Dabei wurde etwa bemängelt, bei Wulf fände sich eine Konfundierung mnestischer Prozesse (→ Reproduktion) und der begrenzten Fähigkeit seiner Versuchspersonen, die Figur, die er ihnen zunächst vorgelegt und später abgefragt hatte, richtig zeichnerisch wiederzugeben (Zangwill 1937; → Zeichnung).

O. L. Zangwill, An Investigation of the Relationship between the Process of Reproducing and Recognizing Simple Figures with Special Reference to Koffka's Trace Theory, in: British Journal of Psychology, Bd. 27, 1937, S. 250–276; F. Wulf, Über die Veränderung von Vorstellungen, in: Psychologische Forschung, 1, 1922, S. 333–373.

Carlos Kölbl

Aktivierung

(lat. *activus*: tätig). Begriff aus der Psychophysiologie, der einen allgemeinen, unspezifischen und durch ein eindimensionales Maß beobachtbaren geistigen und körperlichen Erregungszustand beschreibt. In der Gedächtnispsychologie spielt die A. im Rahmen der Aktivierungsausbreitungstheorie des → semantischen Gedächtnisses eine zentrale Rolle (Collins/Loftus 1975). A. spiegelt in diesem Ansatz das Ausmaß der assoziativen Beziehung zwischen einzelnen Konzepten eines semantischen → Netzwerks wider (→ Assoziation, → Organisation). In Mehrspeicherkonzeptionen gelten Gedächtnisinhalte als deaktiviert, solange sie nicht durch sensorische Einflüsse oder andere Verarbeitungsprozesse aktiviert werden. In älteren Konzeptionen wird der Begriff A. zur Beschreibung des Transfers von Gedächtnisinhalten zwischen *Speichersystemen*, d. h. dem → Langzeitgedächtnis, → Kurzzeitgedächtnis und → Arbeitsgedächtnis genutzt. Neuere Ansätze hingegen definieren das Kurzzeitgedächtnis häufig als einen *Zustand* der temporären A. von Teilen des Langzeitgedächtnisses (Cowan 1995).

N. Cowan, Attention and Memory, New York 1995; A. M. Collins/E. F. Loftus, A spreading activation theory of semantic processing, in: Psychological Review, Bd. 82, 1975, S. 407–428.

Axel Mecklinger

Alkohol

I. *In der Neurobiologie:* gängige Kurzbezeichnung für Äthylalkohol (Ethanol). A. führt bereits in kleineren Mengen zu messbaren kognitiven Leistungsminderungen. Neben einer Reduzierung der Reaktionsgeschwindigkeit, der Konzentration, der Aufmerksamkeit, der Problemlösungsfähigkeit und des Abstraktionsvermögens, der räumlichen Wahrnehmung, der psychomotorischen Koordination und der Informationsverarbeitungsgeschwindigkeit sind besonders Gedächtnisfunktionen beeinträchtigt (→ Amnesie, → Filmriss, → Korsakow-Syndrom). Eine mögliche gesteigerte → Assoziationsbereitschaft bei leichterer A.-Beeinflussung ist auf die zunächst entspannende und enthemmende Wirkung von A. zurückzuführen. Chronischer A.-Missbrauch führt zu diffusen und spezifischen Veränderungen des Nervensystems. Die dabei in Mitleidenschaft gezogenen Gedächtnisfunktionen können in früheren Stadien der Erkrankung auf subklinischem Niveau bleiben, die zwar neuropsychologisch messbar, aber im Alltag nicht unbedingt offensichtlich sind. In späteren Stadien der Erkrankung können Gedächtnisstörungen derart gravierende Ausmaße erreichen, dass eine selbständige Alltagsbewältigung nicht mehr möglich ist.

H.-P. Steingass, Kognitive Funktionen Alkoholabhängiger, Geesthacht 1994.

Hans-Peter Steingass

II. *In der Kulturgeschichte:* Seit der Antike (z. B. im Dionysoskult) zentrales Rauschmittel des Abendlandes (→ Drogen), im 16. Jh. schichtenübergreifender Höhepunkt v. a. des Bierkonsums als zentrales Genuss- und Nahrungsmittel, danach Gegenstand einer vernunftgeprägten, allerdings weitgehend auf den bürgerlichen Mittelstand beschränkten Propaganda gegen den A.-Konsum. Mit der Industrialisierung und parallel zum Wachsen des Arbeiterelends tritt zu den Funktionen, den Einzelnen zu enthemmen bzw. Gemeinschaft unter den Trinkenden zu stiften, das eskapistische Moment des A.-Konsums in den Vordergrund: ein intendiertes → Vergessen der alltäglichen Umwelt. Verstärkt wurde diese Vergessensfunktion des A.s durch das Aufkommen des Branntweins im 16. Jh. und die damit verbundenen neuen Qualitäten des Rausches. Ursprünglich zur leichten, disziplinsteigernden Betäubung der Soldaten verwendet, beschleunigten Destillate die Berauschung der Arbeiter in sprichwörtlich modernem Sinn und förderten einsames Trinken. Sinnfällig wird diese Beschleunigung durch den Tresen, welcher einen quasi verzögerungslosen Ausschank und damit eine fast augenblickliche Berauschung ermöglicht.

Ungeachtet der eindeutig destruktiven Folgen des Alkoholismus ist der A. ein wichtiges Element der Kulturgeschichte westlicher Zivilisationen. So lässt sich zum einen in den → Ritualen des A.-Konsums (Verbrüderung, Wettkampf, Aussetzung des Tauschprinzips usw.) ein Fortbestehen archaischer → Traditionen sehen; es verliert z. B. im Rundengeben das Schenken den Charakter, die Autonomie des Beschenkten zu bedrohen. Insofern kann im ritualisierten Vollzug des A.-Konsums eine kulturelle Aufbewahrung archaischer Sozialrelikte gesehen werden. Zum anderen steht die Droge – im Gegensatz zum → Korsakow-Syndrom, welches den Symptomkomplex des Alkoholismus (Gedächtnis- und Orientierungsstörungen sowie Konfabulieren) aus medizinischer Sicht als unintendiert begreift – kulturgeschichtlich in erster Linie für ein *intendiertes* Vergessen konkreter Alltagsweltlichkeit. Die Mechanismen eines solchen Vergessens begründen sich in der drogenbedingten Veränderung bis Aussetzung der raum-zeitlichen Ordnungsstruktur von Wahrnehmungen und Erinnerungen. Die einseitige Bewertung des A.s als reine Vergessensdroge relativiert sich jedoch insofern, als im Vergessen immer zugleich auch erinnert wird: Indem die räumliche wie zeitliche Adressierung von Erinnerungen durch den A.-Genuss eine außergewöhnliche Variabilität erhält, können weit auseinander liegende → Ereignisse zusammenrücken, intensiviert oder überhaupt erst erinnert werden, ja eine eigene Wirklichkeit konstituieren. Die charakteristische Dialektik von Vergessen und Erinnern kennzeichnet auch den Alkoholrausch.

A. Kupfer, Die künstlichen Paradiese. Rausch und Realität seit der Romantik. Ein Handbuch, Stuttgart, Weimar 1996; W. Schivelbusch, Das Paradies, der Geschmack und die Vernunft. Eine Geschichte der Genußmittel, Frankfurt/M. 1990.

Christian Kassung

Allegorie → W. Benjamin, → Melancholie, → Trope

Alter

Physische und psychische Veränderungsprozesse, die zwischen dem 50.
und 65. Lebensjahr eintreten. Gedächtnis, → Intelligenz und kognitive
Fähigkeiten verändern sich keineswegs einheitlich (→ Gedächtnisentwicklung). Nicht nur altern Personen unterschiedlich, auch die einzelnen
Fähigkeiten, die eine Person besitzt, verändern sich in unterschiedlicher
Art und Weise: So nehmen mit zunehmendem A. die Präzision und Geschwindigkeit ab, mit der Wahrnehmungs- und Denkaufgaben gelöst
werden, während auf der anderen Seite Fähigkeiten, die auf → Wissen
und Lebenserfahrung beruhen, bis in späte Lebensphasen erhalten bleiben. Entsprechend wird auch im «Zwei-Komponenten Modell» für kognitive Fähigkeiten bzw. Intelligenz von R. B. Cattell, J. Horn und → D. O.
Hebb diesem Umstand Rechnung getragen: Es wird eine fluide (pragmatische) und eine kristalline (mechanische) Intelligenz unterschieden. Die
Mechanik soll vor allem biologisch bestimmt sein und steht für die Mechanismen und Funktionen unseres → Gehirns, quasi für seine grobe
Verschaltung. Mit *Pragmatik* fasst man die mit der menschlichen Indivi-
dualentwicklung einhergehende → Bildung und → Erfahrung.

Bei älteren Menschen (über 65 Jahren) nehmen das → Kurzzeit- und
→ Arbeitsgedächtnis ab, was vor allem mit dem Sterben von → Nervenzellen im → Hippocampus zusammenhängt. Lernaufgaben können aber
auch im hohem A. noch gelöst werden, man muss den Personen nur
mehr Zeit geben und sie von Störungen fern halten (vgl. → Alzheimer
Demenz, → Demenz).

P. B. Baltes/U. Lindenberger/U. M. Staudinger, Die zwei Gesichter der Intelligenz im
Alter, Spektrum der Wissenschaft, 1995, S. 52–61.

Martin Korte

Altstadt

Historisch-topographisch bestimmt im Gegensatz zur planmäßig angelegten ‹Neustadt›; später allgemein zur Unterscheidung des historischen
Zentrums von den Erweiterungen des 19. und 20. Jh.s. Als steinernes Ge-

dächtnis (→ Denkmal) einer im Prozess der Industrialisierung zunehmend bedrohten → Vergangenheit vergegenwärtigt die A. in historischer Bebauung, Parzellenstruktur und Straßenraster die → Geschichte der Stadt (→ Denkmalpflege). In der Auseinandersetzung um die Moderne wird A. zum ideologisch aufgeladenen Sehnsuchtsbegriff, der im Pittoresken das organisch Gewachsene, Ungeregelte zum ästhetischen Leitmotiv erhebt und politisch oft als Bekenntnis zu → Heimat und Herkunft ummünzt (→ Gründung, → Hauptstadt, → Nostalgie). Seit der Krise funktionalistischer und verkehrsgerechter Stadtplanung in den 1970er Jahren ist A. erneut Kampfbegriff gegen die ‹Unwirtlichkeit› moderner Städte; Altstadtkneipe und Altstadtfest werden zu Rückzugsräumen alternativer Lebensentwürfe.

Altstadt, City, Denkmalort. Jahrestagung der Vereinigung der Landesdenkmalpfleger in der BRD 1995, Vortragsband, Hamburg 1997; W. Benjamin, Über einige Motive bei Baudelaire (1936), in: ders., Gesammelte Schriften, Bd. 1, Frankfurt/M. 1974, S. 605–654.

Gerhard Vinken

Alzheimer Demenz

Häufigste Form einer → Demenz, die zumeist in fortgeschrittenem → Alter auftritt. Sie ist nach A. Alzheimer benannt, der 1907 folgenden Fall einer 51-jährigen Patientin veröffentlichte: Die Frau «zeigte als erste auffällige Krankheitserscheinung Eifersuchtsideen gegen ihren Mann. Bald machte sich eine rasch zunehmende Gedächtnisschwäche bemerkbar, sie fand sich in ihrer Wohnung nicht mehr zurecht, schleppte die Gegenstände hin und her, versteckte sie, zuweilen glaubte sie, man wolle sie umbringen und begann laut zu schreien. In der Anstalt trug ihr ganzes Gebaren den Stempel völliger Ratlosigkeit. Sie ist zeitlich und räumlich gänzlich desorientiert. [...] Nach 4jähriger Dauer tritt der Tod ein. Die Kranke war schließlich völlig stumpf, mit angezogenen Beinen zu Bett gelegen [...]. Die Sektion ergab ein gleichmäßig atrophisches Gehirn ohne makroskopische Herde. [...] An Präparaten [...] zeigen sich sehr merkwürdige Veränderungen der Neurofibrillen. [...] Die Umwandlung der Fibrillen scheint Hand in Hand zu gehen mit der Einlagerung eines noch nicht näher erforschten pathologischen Stoffwechselprodukts in die Ganglienzelle. Über die ganze Rinde zerstreut [...] findet man miliare Herdchen, welche durch Einlagerung eines eigenartigen Stoffes in die Hirnrinde bedingt sind» (Alzheimer 1907, S. 146).

In dieser Erstbeschreibung der Krankheit nennt Alzheimer die Aspekte, nach denen bis heute diese Demenz definiert wird: klinische Zeichen, Neurofibrillen und senile Plaques.

1. *Klinische Diagnostik:* Über 90 Prozent der Fälle von A. D. sind sporadische Formen, die meist im → Alter von über 65 Jahren auftreten. Davon abzugrenzen sind die familiären, autosomal-dominant vererbten Formen, die häufig schon zu präsenilen → Demenzen führen. Die Differenzialdiagnose zwischen A. D. und anderen Demenzformen ist häufig schwierig. Neben dem gesicherten Vorliegen einer Demenz ist der Verlauf durch schleichenden Beginn und fortgesetzten kognitiven Abbau gekennzeichnet. Andere Erkrankungen, die diese fortschreitenden Defizite erklären könnten, müssen ausgeschlossen werden. Eine definitive Diagnose, die jedoch klinisch meist nicht erforderlich ist, ist nur unter Einbeziehung der Histologie möglich.

2. *Tau-Protein und Neurofibrillen:* → Nervenzellen besitzen wie andere Zellen auch ein Netzwerk von Strukturproteinen. Eine Veränderung in der Anordnung dieses Zytoskeletts bei Alzheimerpatienten wurde schon früh histologisch als Neurofibrillen beschrieben. Sie werden als grobfädige, intrazytoplasmatische Verdichtung in geschwollenen und verkürzten Neuriten sichtbar. Es konnten auf molekularer Ebene helikal gewundene Doppelfilamente (*paired helical filaments*, PHF) als Korrelat gefunden werden. Auch wurde das Strukturprotein identifiziert, das diese PHF bildet. Es handelt sich um das mikrotubulus-assoziierte Protein Tau (Chromosom 17). Es wird heute angenommen, dass eine zu starke Phosphorilierung (das Anhängen von stark negativ geladenen Phosphatgruppen an bestimmte Aminosäuren eines Proteins) des Tau seine physiologischen Funktionen verhindert und zu unlöslichen Filamenten führt. Unklar ist jedoch bislang, durch welche Einflüsse dieser Schritt angestoßen wird.

3. *ß-Amyloid und senile Plaques:* Senile Plaques sind die pathologischen Veränderungen, die neben den Neurofibrillen die A. D. histologisch definieren. Sie bestehen aus einem sog. Amyloidkern, der von dystrophen, degenerierten Nervenzellen und aktivierten Gliazellen umgeben wird. Als Amyloid wird gewöhnlich eine heterogene Gruppe von Peptiden bezeichnet, die meist von Vorläuferproteinen abgespalten werden. Unter physiologischen Bedingungen aggregieren diese Peptide zu unlöslichen Filamenten. Das Peptid, das bei der A. D. die Amyloidablagerungen bildet, wird ß-Amyloid genannt und ist das Spaltungsprodukt eines Vorläufer-Proteins (Amyloid-Precursor-Protein, APP), von dem heute

drei Formen bekannt sind. Die eigentliche Funktion des APPs ist derzeit noch ungeklärt.

Die Erforschung der Pathogenese der A. D. hat sich überwiegend auf das ß-Amyloid als mögliches pathogenetisches Agens konzentriert. Hierfür sprachen neben den histologischen Befunden die Tatsache, dass ß-Amyloid *in vitro* neurotoxische Eigenschaften zeigte. In den letzten Jahren zeigte sich auch, dass viele in Familien vererbte Formen dieser → Demenz, die oft schon im präsenilen → Alter beginnen, in den Stoffwechsel des APPs oder des ß-Amyloids einzugreifen scheinen. Diese familiären Formen machen zwar weniger als zehn Prozent aller A.-D.-Fälle aus, doch erhofft man sich durch ihre Erforschung und die Nachahmung dieser genetischen Defekte im Tiermodell Aufschluss auch über die sporadische, meist senile A. D. Im Mittelpunkt der molekulargenetischen Forschung standen über Jahre Genloci auf Chromosom 21. Da Patienten mit Trisomie 21, dem Down-Syndrom, gehäuft eine A. D. im präsenilen → Alter entwickeln, gab es klinische Anhaltspunkte für die pathogenetische Involvierung von Abschnitten dieses Chromosoms. Auf dem langen Arm des Chromosoms wurde schließlich auch das für die Produktion von APP verantwortliche Gen gefunden. Es konnte bei ca. 25 Familien mit erblicher A. D. gezeigt werden, dass die betreffenden Mutationen im Bereich der ß-Amyloid-Sequenz liegen und wohl auch zu einer erhöhten Expression des ß-Amyloids führen. Zwei weitere Genloci für familiäre A. D. wurden auf Chromosom 14 bzw. 1 gefunden, deren Genprodukte die Namen Presenilin 1 bzw. 2 erhielten und homologe Membranproteine darstellen (Sherrington u. a. 1995; Rogaev u. a. 1995). Insbesondere Mutationen im Presenilin-1-Gen scheinen für 30 bis 50 Prozent der nicht auf Geschlechtschromosomen liegenden, dominanten und früh beginnenden Formen der Krankheit verantwortlich zu sein. Die Funktion der Preseniline ist derzeit noch ungeklärt, doch gibt es Anhaltspunkte dafür, dass sie am Stoffwechsel des APPs beteiligt sind. Neben Mutationen im APP und den Presenilinen gibt es einen erblichen Risikofaktor für die spät einsetzenden A.-D.-Formen: Das Apolipoprotein E4-Allel (Chromosom 19) erhöht deutlich das Risiko, im Laufe des Lebens an A. D. zu erkranken (Saunders 1993). Pathogenetisch ist hierbei wohl die Aggregation und möglicherweise der Abbau des Amyloids.

Die A. D. führt zu einer generellen Gehirnatrophie, sie beginnt aber oft in Gehirnarealen, die für Gedächtnisprozesse (vor allem für das → deklarative Gedächtnis) von größter Bedeutung sind: der → Hippocampus und das basale Vorderhirn, deren cholinerge Fasern (Axone, die Acetylcholin als → Neurotransmitter benutzen) die Aktivität der → Nervenzellen im Hippocampus modulieren.

D. J. Selkoe, Translating cell biology into therapeutic advances in Alzheimer's disease, in: Nature, Bd. 399, 1999, S. A23–A31; R. Sherrington u. a., Cloning of a novel gene bearing missense mutations in early onset familial Alzheimer disease, in: Nature, Bd. 375, 1995, S. 754–760; E. I. Rogaev u. a., Familial Alzheimer's disease in kindreds with missense mutations in a gene on chromosome 1 related to the Alzheimer's disease type 3 gene, in: Nature, Bd. 376, 1995, S. 775–778; A. M. Saunders u. a., Association of apolipoprotein E allel epsilon 4 with late-onset familial and sporadic Alzheimer's disease, in: Neurology, Bd. 43, 1993, S. 1467–1472; A. Alzheimer, Über eine eigenartige Erkrankung der Hirnrinde, in: Allgemeine Zeitschrift für psychiatrische und psychologische Gerichts-Medizin, Bd. 64, 1907, S. 146–148.

Clemens Cohen

Amnesie

(griech. *mnéme*: Gedächtnis). Während → Mnemosyne, die griechische Muse des Gedächtnisses, die gesunde Erinnerungsfähigkeit verkörpert, stellt A. das krankhafte Gegenstück, den Gedächtnisverlust, dar (→ Vergessen). Früher als die allgemeine Unfähigkeit, neue → Informationen aufzunehmen und alte wiederzugeben (‹globale A.›), angesehen, wird A. heute weit differenzierter betrachtet, was u. a. mit der gängigen Unterteilung in verschiedenartige → Gedächtnissysteme zusammenhängt (Tulving/Markowitsch 1998). Man unterscheidet zwischen domänen-, material- und modalitätsspezifischen A.n, zwischen Gedächtnisverlust, der sich auf die → Zukunft (anterograde A.: gestörte Neugedächtnisbildung, Merkschwäche) oder die → Vergangenheit (retrograde A.: gestörte Erinnerungsfähigkeit) bezieht, zwischen partieller und globaler, zeitlich begrenzter (‹transiente globale A.›) und zeitlich unbegrenzter A., zwischen A. bezüglich des → Kurzzeit- oder des → Langzeitgedächtnisses sowie zwischen organisch und funktionell bedingter A. (Markowitsch 1999).

Früher meinte man mit A. die völlige Unfähigkeit, Information wiederzugeben oder neu zu erlernen, heutzutage spricht man von A. auch dann, wenn es sich nur um unvollständige Gedächtnisstörung handelt. Merkschwäche, Vergesslichkeit, → Abrufversagen, spontaner Verfall, fehlerhafte → Reproduktion, → Interferenzvergessen, Konfusionsvergessen, motiviertes Vergessen, Zungenphänomene, Gedächtnisblockaden und Konfabulationen (→ *false memory*) lassen sich zum weiteren Umfeld amnestischer Zustände zählen. In aller Regel beziehen sich A.n auf Störungen des → Langzeitgedächtnisses; es gibt aber auch Einzelfallbeispiele für massive Kurzzeitgedächtnisstörungen bei erhaltenem Langzeitgedächtnis (Markowitsch u. a. 1999).

A.n unterscheiden sich durch ihre Selektivität von → Demenzen: Bei Demenzen sind weitere Dimensionen der Persönlichkeit betroffen, während bei amnestischen Patienten in der Regel nur das Gedächtnis, nicht aber die → Intelligenz und andere Persönlichkeitsvariablen betroffen sind. A.n mit direkten organischen Ursachen sind durch unterschiedliche Formen von Hirnschäden verursacht, während sog. funktionelle A.n durch psychische → Traumata oder Stresssituationen (→ Stress, → Blockade) bedingt sind. Manchmal existiert auch eine Mischung in der Form, dass leichtere somatische Störungen (die im Regelfall untypisch für anhaltende Gedächtnisstörungen sind) zu andauernden A.-Zuständen führen können (Markowitsch 1999).

Entsprechend der Vielzahl von A.n sind die zugrunde liegenden Hirnschäden oder Funktionsunterbrechungen sehr unterschiedlich und können sowohl corticale wie subcorticale Regionen betreffen (vgl. → Schlaganfall). Strukturen des → limbischen Systems sind als Flaschenhalsstrukturen (Markowitsch 2000) vorwiegend für die Einspeicherung neuer Information essenziell, während Strukturen im Stirnhirn (→ Gehirn, → Großhirn) und im vorderen Schläfenlappen (→ Großhirn) für den Abruf zentral sind (Markowitsch 1999). Hierbei scheint normalerweise die rechtshirnige Kombination dieser beiden Regionen für den Abruf der persönlichen Vergangenheit, des → episodischen Gedächtnisses, relevant zu sein, während die gleiche Regionenkombination der linken → Großhirnhemisphäre für den Abruf aus dem Wissenssystem oder → semantischen Gedächtnis von ausschlaggebender Bedeutung ist (Markowitsch 1999). Ist das → prozedurale Gedächtnis gestört, werden Schädigungen im Bereich der → Basalganglien und des → Kleinhirns angenommen. Störungen der → Priming-Form des Gedächtnisses sind dagegen meist corticaler Natur.

Bezeichnung/Begriff	Beschreibung/Defizit
Globale A.	früher geläufige, heute eher unübliche Bezeichnung für den totalen Gedächtnisverlust
Partielle A. (Lakunäre A.)	Gedächtnisverlust für bestimmte Arten von Information oder für bestimmte Zeitabschnitte im Leben («Epochen»)

Bezeichnung/Begriff	Beschreibung/Defizit
Modalitätsspezifische A.	z. B. visuelle Agnosie, auditive Agnosie
Materialspezifische A.	Benennstörung
Anterograde A.	Unfähigkeit, neue Information langfristig abzuspeichern
Retrograde A.	Unfähigkeit, bereits abgespeicherte Information wieder hervorzuholen
Episodische A.	A. für den Bereich des episodischen Gedächtnissystems
Semantische A.	A. für den Bereich des semantischen Gedächtnissystems
Reduplikative Paramnesie	gestörter Sinn für Vertrautheit oder Bekanntheit; der Patient ist davon überzeugt, dass eine Person, ein Ort oder ein Objekt doppelt existiere (i. d. R. organische Grundlage)
Capgras-Syndrom	gestörter Sinn für Vertrautheit oder Bekanntheit; der Patient ist davon überzeugt, dass eine Person einen Doppelgänger hat (i. d. R. psychiatrisches Krankheitsbild; wahnhafte Verkennung)
Topographische A.	Störung des Ortsgedächtnisses
Farb-A. (Achromatopsie)	Farbgedächtnisdefizit
Infantile A.	Unfähigkeit, Ereignisse der ersten Lebensjahre abzurufen (vermutlich aufgrund fehlenden Bewusstseins über die eigene Person und mangelnder Sprachfertigkeiten; → Kindheit)
→ Korsakow-Syndrom	Durch – meist bei chronischem Alkoholismus (→ Alkohol) vorkommende – Fehlernährung (Thiaminmangel) bedingte A., die mit Degenerationen im Zwischenhirn einhergeht
Mnestisches Blockadesyndrom	Gedächtnisblockade, bedingt durch psychische Einwirkungen wie Stress und → Traumata
Pseudodemenz	Krankheitsbild, das als → Demenz erscheint, aber in der Regel durch einen Depressionszustand ausgelöst ist

Bezeichnung/Begriff	Beschreibung/Defizit
Psychogene A.	auf autobiographische → Ereignisse eingegrenzte Gedächtnisstörung (→ autobiographisches Gedächtnis)
Psychogene Fugue; dissoziative Fugue	eine Form der psychogenen A., bei der eine Entfernung vom normalen Wohnsitz oder Aufenthaltsort stattfindet, wobei gleichzeitig die sonstige Symptomatologie der psychogenen A. zu finden ist
Posthypnotische A.	Unfähigkeit, unter → Hypnose Erlebtes abzurufen
Transiente globale A.	eine vorübergehend auftretende massive Gedächtnisstörung meist älterer Personen. Ihre Dauer ist auf weniger als 24 Stunden begrenzt. Die A. umfasst stärker den anterograden als den retrograden Gedächtnisbereich (Markowitsch 1990)
Multiple Persönlichkeitsstörung; dissoziative Identitätsstörung	Existenz von zwei oder mehr Persönlichkeiten in einem Individuum, wobei die Persönlichkeiten in der Regel füreinander amnestisch sind (→ Identität)
Ganser-Syndrom	Hysterischer Semi-Trance-Zustand mit Tendenz, nur näherungsweise korrekte Antworten zu geben; zur A. können Bewusstseinsstörungen und Halluzinationen hinzutreten
Lügen, Täuschen, Simulieren	Vorspiegelung von Gedächtnisproblemen, wobei die Übergänge zu (anderen) funktionellen A.n fließend sein können

H. J. Markowitsch, Memory and amnesia, in: M.-M. Mesulam (Hg.), Principles of Cognitive and Behavioral Neurology, New York 2000, S. 257–293; ders., Gedächtnisstörungen, Stuttgart 1999; ders. u. a., Short-term memory deficit after focal parietal damage, in: Journal of Clinical and Experimental Neuropsychology, Bd. 25, 1999, S. 784–796; E. Tulving/H. J. Markowitsch, Episodic and declarative memory: Role of the hippocampus, in: Hippocampus, Bd. 8, 1998, S. 198–204; H. J. Markowitsch (Hg.), Transient Global Amnesia and Related Disorders, Toronto 1990.

Hans J. Markowitsch

Amygdala

(griech. *amýgdala*: Mandelkern). Evolutionsgeschichtlich striataler, d. h. den → Basalganglien zugehöriger Kern, gegenwärtig primär limbische Hirnstruktur (→ limbisches System). Diese Zwitterrolle spiegelt sich z. B. darin wider, dass die eher dorsolateralen Teile der Primaten-A. stark mit dem ventrocaudalen Striatum verbunden sind, der mediobasale amygdaloide Kern aber vor allem mit dem perirhinalen → Cortex und damit mit einer limbischen Hirnstruktur (Stefanacci 1999). Die A. moduliert die Informationsverarbeitung auf emotionaler und bewertender Ebene und trägt somit in hohem Maß zur Speicherung oder Nichtspeicherung von → Information bei (Markowitsch 1998/99; → Emotion, → Selektion). Dadurch, dass die A. von allen Sinnesmodalitäten stark vorverarbeitende Informationen erhält, ist sie für eine emotionale Bewertung einkommender Reize prädestiniert (→ Emotion). Hierbei scheint sie in erster Linie furcht- und angstbesetzte Informationen zu verarbeiten; positive Reize werden jedoch auch von amygdaloider Aktivität begleitet. Daneben hat die A. aber auch eine motivationale Rolle (→ Motivation), nämlich hinsichtlich der Nahrungsaufnahme. Die olfaktorische Modalität ist nochmals speziell in amygdaloiden Teilkernen repräsentiert, was eine → Assoziationsbildung zwischen Geruchsreizen und der mit ihnen verbundenen Futterbelohnung oder Speisenbewertung ermöglicht.

Bekannt wurde die A.-Region vor allem durch die Ergebnisse von H. Klüver und P. C. Bucy an Affen, die nach Schädigung in diesem Hirnbereich eine Reihe emotionaler, motivationaler und gedächtnisbezogener Änderungen aufwiesen, die nach diesen beiden Wissenschaftlern als Klüver-Bucy-Syndrom (KBS) benannt wurden und inzwischen auch vielfach beim Menschen beschrieben wurden. Das KBS ist gekennzeichnet durch visuelle Agnosie, → Amnesie, überbordende orale Aktivitäten (beispielsweise alle möglichen Objekte in den Mund zu stecken), Hypersexualität, «Hypermetamorphose» (auf alle und jede Art von Reizen zu achten und zu reagieren), Zahmheit und Änderungen in den Essgewohnheiten (jede Art von Nahrung in großen Mengen zu sich zu nehmen). Amnesie als eine durch A.-Läsionen ausgelöste Komponente des KBS wird bis heute kontrovers diskutiert. Es herrscht dennoch weitgehend Übereinstimmung darin, dass der A. eine Mediatorfunktion zukommt, vor allem in Bezug auf die Bewertung und → Erfahrung emotionaler → Ereignisse auf der einen Seite, ihrer Einspeicherung und → Konsolidierung (in das → Langzeitgedächtnis) auf der anderen. Diese Funktion der A. wird deutlich, wenn man Patienten mit selektiven, aber beidseitigen A.-Schäden untersucht. Dies ist vor allem bei Patienten mit Urbach-Wiethe-Krankheit der Fall, einer neurologischen Störung, die zu einer selektiven Mineralisierung beider A.e führt. Derartigen Patienten gelingt es nicht mehr, bedeutende von unbedeutender Information zu differenzieren (→ Selektion), weswegen sie auch nicht mehr in der Lage sind, signifikante Information neu und bleibend aufzunehmen (Cahill u. a. 1995).

L. Stefanacci, Amygdala, primate, in: R. Wilson/F. Keil (Hg.), The MIT Encyclopedia of the Cognitive Sciences, Cambridge MA, 1999, S. 15–17; H. J. Markowitsch, Differential contribution of the right and left amygdala to affective information processing, in: Behavioural Neurology, Bd. 11, 1998/99, S. 233–244; L. Cahill u. a., Involvement of the amygdaloid complex in emotional memory, in: Nature, Bd. 377, 1995, S. 295–296.

Hans J. Markowitsch

Anamnesis

(griech. *anámnesis*: Schein-Erinnerung). In → Platons Dialog *Menon* die Herkunft eines (z. B. geometrischen) → Wissens, das man besitzt, ohne es erlernt zu haben. Nach Platon zeigt sich hier die → Wiederholung eines vorgeburtlichen Wissens der Seele (vgl. auch → intrauterines Gedächtnis), das sie in den Ideen erschaut hat und nun repräsentiert (→ Repräsentation): Wissen ist Wiedererinnerung (insofern Schein-Erinnerung), sofern es im Prozess der Geburt nicht den Störungen des → Vergessens ausgesetzt worden ist. Die ‹Hebammenkunst› der sokratischen Methode (die Maieutik) hilft dabei, dieses eingeborene Wissen wieder freizulegen. In der christlichen Theologie bezeichnet A. die Wiedererinnerung an → Tod und Auferstehung Jesu Christi. Im → Ritus der → Eucharistie soll die Erinnerung der Gemeinde an das, was sie schon weiß (dass Christus gestorben und auferstanden ist), lebendig bleiben. Die Theologie spricht deshalb an dieser Stelle auch weniger von Memoria als von Realpräsenz (→ Präsenz): Das Vergangene wird in der Erinnerung leibhaftig gegenwärtig (vgl. → Augustinus), es wird gleichzeitig zur → Gegenwart (S. Kierkegaard). In der katholischen Theologie von J. B. Metz (1972) bezeichnet A. darüber hinaus im Anschluss an Überlegungen von → W. Benjamin und M. Horkheimer die Erinnerung an die Opfer der → Geschichte und ihre vergangene, uneingelöste → Zukunft. In Erinnerung an die Unabgeschlossenheit der → Vergangenheit plädiert Metz für eine anamnetische Solidarität mit den Untergegangenen (P. Levi), für eine

Rettung des Hoffnungslosen (T. W. Adorno) in der Hoffnung darauf, zumindest die Erinnerung an die unschuldig Vernichteten in anamnetischer Solidarität lebendig zu erhalten (→ Eingedenken, → Shoah).

G. C. Tholen, Anamnesen des Undarstellbaren. Zum Widerstreit um das Vergessen, in: ders./E. Weber (Hg.), Das Vergessen(e). Anamnesen des Undarstellbaren, Wien 1997, S. 225–238; H. Weinrich, Lethe. Kunst und Kritik des Vergessens, München 1997; P. Brunner, Zur Lehre vom Gottesdienst der im Namen Jesu versammelten Gemeinde, Neudruck Hannover 1993; J. Coleman, Ancient and medieval memories. Studies in the reconstruction of the past, Cambridge 1992; J. B. Metz, Zukunft aus dem Gedächtnis des Leidens, in: Concilium, Jg. 8, 1972, S. 399–407.

Stefan Hesper

Andenken → Souvenir

Annalen

(lat. *annus*: das Jahr). Grundlegende Form der Darstellung von → Geschichte nach Jahreszahlen (→ Kalender), die vollständig auf erzählende Elemente verzichtet; heute vor allem Jahrbücher, die geschichtliches Geschehen aus jeweils verschiedenen Bereichen – aus Geographie, Geologie, Soziologie, Ökonomie, → Politik, aus Vereinskunde und Institutionen – anhand des → Datums festhalten und es nach Jahren ordnen. Annalistische Geschichtsdarstellung reicht bis in die griechische und römische Antike zurück. A. listen Fakten der Lokal-, Regional- sowie Nationalgeschichte auf. Sie sichern damit grundlegende → Informationen (→ Quelle) für jede nachfolgende Geschichtswissenschaft und bilden ein unter Umständen durch → Bibliotheken zugängliches → Archiv.

Sprachlich haben die Aufzeichnungen der A. einen stark formelhaften Charakter. Geschichtsphilosophisch haben A. den Charakter der Unabgeschlossenheit (→ Geschichtsphilosophie). Sie gehen von der endlosen Fortsetzbarkeit der Geschichte und von der prinzipiellen Offenheit historischer Prozesse aus.

Mit den A. eng verwandt ist die → Chronik, die ebenfalls geschichtliches Material linear an der Zeitachse aufzählt, jedoch einen thematischen Rahmen hat und sich den Inhalten von → Ereignissen mehr zuwendet. A. gehen strikt von der Jahreszahl aus, sie beschränken sich auf das Sammeln von Daten und unterlassen jedwede Kontextualisierung oder

Erklärung. H. White (1990) fasste die annalistische und die chronistische Geschichtsschreibung unter die diachronische, elementare Darstellungsform von Geschichte zusammen und ordnete diese der Fabel als synchronische «Form der narrativen Strukturierung» von Geschichte unter.

Im 19. Jh. wurde die Annalistik in Deutschland von vaterlandsverbundenen Historikern und Gelehrten in dem Projekt der *Sammlung der Quellen deutscher Geschichten des Mittelalters* aufgegriffen und in der Edition deutscher Geschichtsquellen verwirklicht. 1826 erschien der erste Band der *Monumenta Germaniae Historica* (MGH), der A. und Chroniken der karolingischen Zeit veröffentlichte und denen das ursprünglich zutiefst positivistische Geschichtsverständnis des 19. Jh.s zugrunde liegt. Die MGH werden bis heute herausgegeben, das Projekt wurde über verschiedene Stationen der Institutionalisierung gegenwärtig zum *Institut zur Erforschung des deutschen Mittelalters* (www.mgh.de).

In der zweiten Hälfte des 20. Jh.s wurde die Bezeichnung der A. durch die von den französischen Historikern M. Bloch und F. Braudel gegründete *École des Annales* aufgegriffen. Aus ihrer Perspektive sollte die Ereignisgeschichte *(histoire événementielle)* abgelöst werden durch eine Geschichtsschreibung, die geschichtliche Prozesse über den Zeitraum vieler Jahre und Jahrzehnte durch die Mikrostruktur ihrer langen → Dauer *(longue durée)* erfasst.

H. White, Die Bedeutung von Narrativität in der Darstellung der Wirklichkeit, in: ders., Die Bedeutung der Form. Erzählstrukturen in der Geschichtsschreibung, Frankfurt/M. 1990, S. 11–39; H. Coutau-Bégarie, Le phénomène nouvelle histoire. Grandeur et décadence de l'école des «Annales», 2. Aufl. Paris 1989.

Eva Erdmann

Antike

(lat. *antiquus*: alt). Vergessen war die A. in der Kulturgeschichte Europas eigentlich nie, wenngleich sie durchaus nicht immer Objekt des Erinnerns gewesen ist. Das Mittelalter über – unterbrochen von Schüben des Eingedenkens – lief sie ganz einfach mit in Leben und Vorstellen. Erst als das Ungenügen an der eigenen ‹finsteren› Gegenwart zur Wahrnehmung des Anachronismus führte, wurde die Differenz der Zeiten sogleich zum Unterschied von Qualitäten. Von nun an war Erinnerung an die A. ausgezeichnete, weil schöpferische *memoria*. Der Titel, den erst das 19. Jh. der

→ Renaissance verliehen hat, trifft ihr Selbstverständnis deshalb nur halb: Dies zielte auf die → Wiedergeburt der A. *und* auf ihre Erneuerung zugleich.

Man wird die Auszeichnung dieses Erinnerns also im paradoxen Neu- und *Anders*werden des Alten sehen müssen. Dem widerstreitet zwar die Ansicht, nach der die A. die *arché* der europäischen → Kultur schlechthin sei – ihr → Ursprung und kontinuierendes Prinzip (→ Kontinuität). Wie noch in H.-G. Gadamers Lehre vom «Überlieferungsgeschehen» kann die A. aber nur durch Leugnung aller Neuformung des Tradierten ‹klassisch› sein (→ Klassik). Spontanes Fortwirken des Vergangenen ist nur denkbar, wenn Konjunktion und Disjunktion der Zeiten zwei verschiedenen Ordnungen zugerechnet und behauptet wird, dass von einer *wesenhaften* → Identität des *historisch* Besonderten zu sprechen sei. Das ‹Klassische› braucht eine «substanzialistische Metaphysik» (H. R. Jauß, *Literaturwissenschaft als Provokation*). Die Kulturtheorie muss sich mithin der *Dialektik* des Phänomens stellen. Aufzeigen lässt sie sich an zahllosen Einzelleistungen, in welchen die Anknüpfung an das antike Modell – durch die Dynamik zahlreicher Missverständnisse hindurch – unverwechselbar eigene → «Dokumente» (P. Szondi) einer je *neu* verstandenen menschlichen Existenz hervorbringt. Dialektik bewährt sich aber auch am → Epochenverhältnis von A. und Neuzeit selbst. An der in der Erinnerungspraxis ‹zurückkehrenden› A. kann entweder das Aktual-Werden des Alten als dessen Neudeutung, oder es kann darin die Beharrlichkeit des Substrats hervorgehoben werden.

H. Blumenbergs Begründung der «Legitimität der Neuzeit» setzt den ersten Akzent. Ihr Recht beruht auf der Emanzipation von den Belastungen, die dem Verhältnis von Mensch und Welt im spätmittelalterlichen Denken erwachsen waren. Der Rückgriff auf antike Philosophie ermöglicht mithin eine epochale Befreiung gegenüber A. *und* Mittelalter. Wo Epikur dem Menschen die Gleichgültigkeit einer zufälligen Welt demonstriert, tritt in der Wendung seiner Argumente gegen die ‹nominalistische› Doppelverpflichtung auf gleichzeitige Weltannahme und -absage etwas bis dahin Undenkbares hinzu: Die Welt wird zum tätigen Eingriff verfügbar. Dagegen akzentuiert → A. M. Warburg das «Nachleben» der A. in der Rückeroberung der antiken *Bild*welt – und zwar im dauernden Grund ihrer Notwendigkeit. Er liegt in den die Zivilisationsgeschichte grundierenden einfachsten menschlichen Affekten («Habenwollen, Gebenwollen, Tötenwollen, Sterbenwollen», E. Panofsky 1998). Solche Elementarenergien müssen in ikonischen «Pathosformeln» immer wieder neu ausgedrückt *und* gebändigt werden. Der Kampf von Entfesselung und Formgebung wird in der A. paradigmatisch durchgekämpft. Reaktualisierung der A. bedeutet seitdem den je und je gleichen Kampf der Befreiung aus der Nötigung durch innere und äußere Gewalten, um ihnen gegenüber die Distanz eines ‹Denkraums› zu gewinnen. Nur sie eröffnet die Spielräume für die Selbstbehauptung des Menschen.

T. Girshausen, Ursprungszeiten des Theaters. Das Theater der Antike, Berlin 1999; H. Blumenberg, Legitimität der Neuzeit (1966), Frankfurt/M. 1996; H.-G. Gadamer, Wahrheit und Methode, Tübingen 1960; E. Panofsky, A. Warburg (Nachruf) (1929), in: ders.: Deutschsprachige Aufsätze, Bd. 2, Berlin 1998.

Theo Girshausen

Antiquitäten

(lat. *antiquitates*: Altertümlichkeiten). Als → Relikte früherer Zeiten repräsentieren A. das Vergangene oder vergegenständlichen selbst metonymisch → Vergangenheit. Seit dem 16. Jh. bezeichnet der Begriff zunächst Erzeugnisse der klassischen Kulturen Griechenlands und Roms. Hederichs *Gründliches A.-Lexicon* von 1743 spiegelt als «Verzeichnis der Alterthümer», das Kunst, Literatur und Rechtsquellen gleichermaßen umfasst, den Sprachgebrauch des Worts wider, der sich bis Ende des 19. Jh.s fortsetzt. 1892 verzeichnet der *Brockhaus* aber unter A.-Handel bereits ein erweitertes Spektrum an Gegenständen, dessen stetige Ausdehnung auf die Errichtung kunstgewerblicher → Museen und die «Zunahme der Sammelliebhaberei» zurückzuführen sei (→ Sammlung). Im Zuge dieser graduellen Erweiterung gelten seit dem 19. Jh. als A. auch Möbel, Textilkunst, Schmuck und weitere Gegenstände des Alltagslebens, die nicht der Antike entstammen müssen. Heutige Standards legen das Mindestalter von A. auf etwa 100 Jahre fest.

Das wachsende Interesse am → Sammeln von A. äußert sich im 19. Jh. in der Entstehung eines privaten Sammlertypus, der als ‹Liebhaber› eine emotionale Beziehung zu den gesammelten Gegenständen entwickelt und eine individuelle Gedächtniskultur mittels ‹nostalgischer› Bezüge herstellt (→ Nostalgie). Paradigmatisch skizziert H. v. Hofmannsthal die Gefühlskultur des *Fin de Siècle* als «Möbelpoesie». Die Möbelstücke selbst transferieren die Erinnerung an das 19. Jh. in die Boudoirs der Jahrhundertwende: «Es ist, als hätte die ganze Arbeit dieses feinfühligen, eklektischen Jahrhunderts darin bestanden, den vergangenen Dingen ein unheimliches Eigenleben einzuflößen. Jetzt umflattern sie uns, Vampire, lebendige Leichen» (*Gabriele D'Annunzio*; → Gespenster). Das «sentimentale [...] Gedächtnis» der Generation verkörpert sich in den A. aus vergangenen Epochen: «Dann ist uns ein Antiquitätenladen die rechte Insel Cythera; wie andere Generationen sich in den Urwald hinaus-, ins Goldene Zeitalter zurückgeträumt haben, so träumen wir uns auf gemalte Fächer» (ebd.). Auch der von → W. Benjamin beschriebene Zusammenhang von Interieur, Spätbürgertum und Erinnerungskultur erhellt den wachsenden Stellenwert der A. im 19. Jh.: «Das Interieur ist nicht nur das Universum sondern auch das Etui des Privatmanns. Wohnen heißt Spuren hinterlassen» *(Das Passagen-Werk)*. Indem die Wohnung zum «Futteral des Menschen» (ebd.) wird, erwächst den Objekten ein magisches Eigenleben, das imstande ist, Erinnerungen zu vergegenständlichen.

Während Hofmannsthal und Benjamin den spät- bzw. großbürgerlichen Typus am Ende des 19. Jh.s skizzieren, begegnet zu Beginn des 20. Jh.s auch ein klein- bzw. wirtschaftsbürgerlicher A.-Sammler, der mit dem Marktwert der Objekte und der Problematik von Fälschungen vertraut ist. Die wachsende Bedeutung des Kunst- und A.-Sammelns äußert sich im theoretischen Interesse von Publikationen wie L. Brieger, *Das Kunstsammeln* (1918), A. Donath, *Psychologie des Kunstsammelns* (1911), W. v. Bode, *Von der Kunst des Sammlers* (1914) und der seit 1889 existierenden Straßburger *Antiquitäten-Zeitschrift*, denen der kontinuierliche Verweis auf die «Kulturmission» (→ Konservierung) des A.-Sammelns gemein ist.

H. P. Thurn, Der Kunsthändler. Wandlungen eines Berufes, München 1994; K. Pomian/A.-F. Laurens (Hg.), L'Anticomanie: la collection d'antiquités aux 18e et 19e siècles, Paris 1992; K. Pomian, Collectionneurs, amateurs et curieux. Paris, Venise: XVIe – XVIIIe siècles, Paris 1987; H. Sachs, Sammler und Mäzene: Zur Entwicklung des Kunstsammelns von der Antike bis zur Gegenwart, Berlin u. a. 1971.

Jutta Person

Arbeitsgedächtnis

Kognitives System zur temporären Speicherung (→ Speichern), Analyse und Manipulation von → Informationen. Das A. wird zur Bewältigung sehr vieler kognitiver Aktivitäten (→ Einprägen, Schlussfolgern, Problemlösen, Bewerten, Veranschaulichen, Verstehen, Sprechen usw.) permanent benötigt. Historisch geht das A.-Konzept auf das Konzept des Kurzzeitspeichers (KZS) im Mehrspeichermodell von R. C. Atkinson und R. M. Shiffrin (1968) zurück (vgl. → Kurzzeitgedächtnis). Die Schwächen des KZS-Konzepts wurden vor allem durch Untersuchungen von A. D. Baddeley und G. H. Hitch (1974) deutlich. Sie zeigten, dass Personen visuell präsentierte Verständnis- bzw. Schlussfolgerungsaufgaben auch dann lösen können, wenn sie parallel dazu als Zweitaufgabe eine bis zu acht Ziffern lange zufällige Ziffernsequenz memorieren müssen. Der Zeitbedarf für die Erstaufgabe steigt zwar mit der Länge der zu memorierenden Ziffernfolge, überraschenderweise jedoch nicht die Fehlerrate.

Baddeley und Hitch ersetzten deshalb das Konzept eines einheitlichen KZS durch ein Mehrkomponenten-A.-Konzept. Es besteht aus einer «zentralen Exekutive» *(central executive)*, die Aufmerksamkeitssteuerungs- und Kontrollfunktionen übernimmt, sowie zwei «Sklavensystemen», der phonologischen Schleife *(phonological loop)* und dem visuellräumlichen Notizblock *(visuo-spatial sketch pad)*. In der phonologischen Schleife werden sprachbasierte Informationen gespeichert und manipuliert. Sie besteht aus einem phonologischen Speicher, in dem phonologische Information maximal 2 Sekunden verbleibt, sofern sie nicht durch einen artikulatorischen Kontrollprozess, der auf ‹innerer Sprache› basiert, aufgefrischt wird. Gesprochene Sprache gelangt automatisch in den phonologischen Speicher, gelesene Sprache nur über den artikulatorischen Kontrollprozess. Zum visuell-räumlichen Notizblock (VRN) hat visuelle Information obligatorischen Zugang, sprachliche Information nur nach geeigneter imaginaler Codierung. Im VRN kann Information in analoger Form kurzfristig gespeichert und visuell oder räumlich manipuliert (z. B. auf Zielinformation hin abgesucht oder vorstellungsmäßig verändert; vgl. → Objektkonstanz, → Scanning) werden. Doppeltätigkeiten sind nach diesem A.-Konzept dann relativ leicht zu bewältigen, wenn sie verschiedene Sklavensysteme beanspruchen. Geschwindigkeitseinbußen beruhen auf der zusätzlichen Belastung der zentralen Exekutive, welche die Aktivitäten der Sklavensysteme koordinieren muss (Baddeley 1997).

Stützende Befunde zum A.-Konzept liegen vorwiegend zum Konzept der phonologischen Schleife vor. Der *Effekt irrelevanter Sprache* meint das Phänomen, dass sprachliche Hintergrundgeräusche das Memorieren phonologischer Zielinformationen beeinträchtigen, nichtsprachliche Geräusche dagegen kaum. Dies kann durch den automatischen Zugang irrelevanter Sprache zum phonologischen Speicher erklärt werden, wobei die eigentliche Zielinformation verdrängt wird. Der *phonologische Ähn-*

lichkeitseffekt besteht in der besseren Reproduzierbarkeit (→ Reproduktion) phonologisch unähnlicher im Vergleich zu phonologisch ähnlichen Wörtern. Die Erklärung ist nahe liegend: Da phonologisch ähnliche Wörter im phonologischen Speicher auch ähnlich codiert werden, sind sie schwerer zu diskriminieren. Der *Wortlängeneffekt* bezeichnet die größere → Gedächtnisspanne für kurze im Vergleich zu langen Wörtern. Ebenso wie der *Effekt der Leserate* (je schneller die Leserate, desto höher die Gedächtnisspanne) kann dies auf die höhere Auffrischungsgeschwindigkeit des Kontrollprozesses bei kurzen Worten bzw. schneller Leserate zurückgeführt werden.

Schließlich bleibt noch der *artikulatorische Unterdrückungseffekt* zu erwähnen: Wenn eine Person permanent irgendein Wort laut aussprechen muss (z. B. den eigenen Namen), dann beeinträchtigt das ihre Gedächtnisspanne für andere Informationen erheblich. Erklären lässt sich dies in erster Linie durch die partielle Blockierung des artikulatorischen Kontrollprozesses, welche die Auffrischung des phonologischen Speichers behindert. Interessanterweise verschwindet bei artikulatorischer Unterdrückung der phonologische Ähnlichkeitseffekt und auch der Effekt irrelevanter Sprache, sofern die Zielinformation visuell dargeboten wird. Dies ist zu erwarten, da durch die artikulatorische Unterdrückung die phonologische Codierung der Zielinformation verhindert wird. Folglich kommt nur eine Speicherung im VRN in Frage, wo akustische Störgeräusche und phonologische Ähnlichkeit keine Rolle spielen.

A. D. Baddeley, Human memory. Theory and practice, rev. edition, Hove 1997; A. D. Baddeley/G. H. Hitch, Working memory, in: G. A. Bower (Hg.), Recent advances in learning and motivation, Bd. 8, New York 1974, S. 47–89; R. C. Atkinson/R. M. Shiffrin, Human memory: A proposed system and its control processes, in: K. W. Spence/J. T. Spence (Hg.), The psychology of learning and motivation, Bd. 2, London 1968, S. 89–195.

Edgar Erdfelder

Archäologie

(griech. *arché*: Ursprung, *lógos*: Wort, Wissen). Wissenschaft von den materiellen Hinterlassenschaften menschlicher → Vergangenheit, die sich im 19. Jh. etabliert hat. Die Entstehung der A. markierte einen Bruch mit dem antiquarischen Interesse an antiken Monumenten (→ Denkmal), wie es seit der Renaissance von Reisenden und Sammlern verfolgt worden war und einen lukrativen Markt für Raubgräberei und Antikenhandel hervorgebracht hatte (→ Antiquitäten). Als archäologische Objekte waren die Monumente nicht mehr über ihren Kunstwert, sondern über ihren Aussagewert für die → Rekonstruktion vergangener → Kultur definiert (→ Quellen): Archäologische *Kunstwissenschaft*, die sich im 19. Jh. in der Nachfolge J. J. Winckelmanns etablierte, sah den Kunst- und den Aussagewert von Monumenten miteinander verknüpft und nahm vor allem ästhetische → Zeugnisse antiker Kultur in den Blick; A. als stärker positivistisch ausgerichtete *Wissenschaft der Ausgrabung* hingegen löste seit der Mitte des 19. Jh.s den Aussagewert der Monumente von ihrer Ästhetik ab und erweiterte das Spektrum archäologischer Objekte, zu denen nun auch einfache Gebrauchsgegenstände, gelegentlich sogar → Abfall zählen konnte. Konstitutiv für die Entfaltung der Grabungswissenschaft waren das Wissen und die Verfahrensweisen der Geologie und der Anthropologie. Die Geologie erbrachte eine erdgeschichtliche Vertiefung historischer Zeiten und trug mit ihrer Unterscheidung geologischer Schichten zur Etablierung archäologischer Datierungstechniken (→ Datum) bei. Die anthropologische Perspektive dehnte den archäologischen Gegenstandsbereich in die → Prähistorie aus. Zunehmend nationalstaatlich protegiert, genoss die A. seit der zweiten Hälfte des 19. Jh.s erhebliches Prestige.

Sowohl dieses Prestige als auch die doppelte (kunst- und grabungswissenschaftliche) Ausrichtung der A. sind für die (in den Theoriediskussionen bis heute folgenreiche) Aufnahme der A.-Metapher in das Gedächtniskonzept von → S. Freud wichtig gewesen. Mit ihrer Hilfe wurden die – sich eigentlich per definitionem entziehenden – Sachverhalte des → Unbewussten in die Nähe archäologisch bedeutsamer Kunstschätze gerückt und gewissermaßen vergegenständlicht und nobilitiert. Über solche historistischen Vereinfachungen hinaus aber hat Freud auf der Basis der Vorstellung einer Topik des Unbewussten zentrale gedächtnistheoretische Annahmen ‹grabungswissenschaftlich› verdeutlicht. Dazu gehören: (1) das Prinzip der Wiederkehr des → Verdrängten im Verdrängenden (als archäologischer Zusammenhang von Verschüttung und → Konservierung); (2) das Prinzip der Zeitlosigkeit des Unbewussten (benachbarte Lagerung von Monumenten unterschiedlichsten Alters); (3) das mnemotechnische Prinzip der Analyse als Verfahren der → Konstruktion (Herstellung von Monumenten durch die ‹Arbeit des Spatens› und durch Zusammenfügung verstreut gefundener Bruchstücke; → Rekonstruktion, → Relikt); (4) das kathartische Prinzip des Erinnerns, dem zufolge Bewusstwerdung und Hinterlassung einer Gedächtnisspur miteinander unverträglich sind (→ Zerfall der aus ihrer konservierenden Verschüttung geborgenen Monumente; vgl. → Wunderblock).

Von der bei Freud noch kenntlichen historistischen Orientierung hat M. Foucault seine Verwendung der A.-Metapher kategorisch abgegrenzt. Sie wird bei ihm vom Begriff des → Archivs abgeleitet und gegen den des Gedächtnisses ausgespielt. A. meint hier die Beschreibung eines Archivs (als System der Formation und Transformation von Aussagen einer → Epoche), die keine kontinuitätsstiftende Gedächtnisfunktion erfüllt. Ausgehend von «Diskursen, die gerade aufgehört haben, die unsrigen zu sein», siedelt sie sich stattdessen in einer «Gegenwart» an, die sie durch → Brüche zu vergangenen Wissensordnungen konturiert (Foucault 1973, S. 189; → Wissen). In der programmatischen Beschränkung darauf, das Vorkommen von Diskursen zu konstatieren, anstatt sie zu deuten, klingt der positivistische Zug archäologischer Grabungswissenschaft an.

C. Zintzen, Von Pompeji nach Troja. Archäologie, Literatur und Öffentlichkeit im 19. Jahrhundert, Wien 1998; W. Davis, The deconstruction of intentionality in archaeology, in: Antiquity, Bd. 66, 1992, S. 334–347; F. G. Maier, Von Winckelmann zu Schliemann – Archäologie als Eroberungswissenschaft des 19. Jahrhunderts, Opladen 1992; M. Foucault, Archäologie des Wissens, Frankfurt/M. 1973.

Dietmar Schmidt

Archetyp

(griech. *arché*: Anfang, Ursprung, *týpos*: Gestalt). Im Sinne von C. G. Jungs Urformen oder Grundformen menschlichen Erlebens und Erinnerns, wie sie aus dem → Unbewussten kommen. Jung vertieft durch dieses Konzept den Gedanken → S. Freuds, dass in unseren → Träumen Erinnerungen aus der Tiefe der unbewussten → Vergangenheit unseres Lebens oft in symbolischer Form aufsteigen. Wenn ich von meinem Vater träume, muss das nicht nur eine Beziehung zu meinem realen Vater bedeuten, sondern es kann zugleich eine Beziehung zum Väterlichen überhaupt sein, gleichsam zur Idee des Vaters. Jung gibt eine Fülle lebensnaher Beispiele für solche archetypischen Konstellationen. So kann das Auftreten einer großen anonymen weiblichen Figur, gleichsam einer Göttin, im Traum eines Mannes nicht nur reale Partnerinnen bedeuten, sondern auch eine Beziehung zum Weiblichen in der Seele überhaupt – auch in der eigenen Seele –, was er die Anima nennt. Denn im Unbewussten des Mannes gibt es auch weibliche Züge sowie männliche Züge im Unbewussten der Frau. Beide enthalten in ihrem Unbewussten also gleichsam die Polarität des Männlichen und Weiblichen, die Jung mit den Figuren ‹Animus und Anima› bezeichnet, die immer wieder in den → Träumen auftreten.

Das Archetypische ist für Jung eine Urform des Erlebens, Erkennens und Erinnerns. Besonderes Gewicht legt er darauf, dass das Unbewusste, wie es sich in den Träumen äußert, nicht nur eine Beziehung zur Vergangenheit hat, wie sie von Freud betont wird, sondern auch eine wesentliche Beziehung zur → Zukunft. Der Weg in die Zukunft ist für ihn ein Weg des Suchens nach der Mitte zwischen dem → Bewusstsein und dem Unbewussten, den er Individuation nennt. Das Selbst, das wir auf diesem Weg suchen, ist nicht mit dem bewussten Ich allein identisch, aber auch nicht nur mit der Tiefe des Unbewussten, sondern es ist eine Mitte zwischen beiden. Darum sieht er es verkörpert in Symbolen der Mitte, wie dem Kreis und dem Quadrat.

Der Gedanke des Archetypischen gibt der Tiefenpsychologie Jungs den Anschein einer gewissen Zeitlosigkeit in der Tiefe des Unbewussten. In Wahrheit handelt es sich aber eher um eine vertiefte Zeitlichkeit, gleichsam um die Wurzeln der Zeit. Überhaupt ist die → Zeit und damit auch das Erinnern ein Gebiet, in dem man die Gedanken Jungs und Freuds vereinen kann. Auch Freud betont die hohe Bedeutung der Erinnerung ja im Zusammenhang mit der Zukunft, insofern als die Erinnerung und Bewusstmachung des Unbewussten den Menschen frei machen soll für die Zukunft, indem sie ihn von der Störung durch Verdrängtes und nicht Verarbeitetes aus der Vergangenheit befreit. Jung hat diesen Gedanken in gewisser Weise verbunden mit dem platonischen Gedanken, dass alles Erkennen und tiefere Verstehen im Grunde wie ein Erinnern ist, was → Platon mit → «Anamnesis» bezeichnet. Im archetypischen Erleben und Verstehen ist etwas im Spiel, das sich im Sinne Platons so darstellt, als ob die Seele sich an die schon vor der Geburt erschauten Ideen erinnert. Evidenz ist ein inneres Aufleuchten, als ob die Seele sich an etwas erinnert, das sie schon gewusst hat. In analoger Weise muss man auch das Auftauchen archetypischer Gestalten, Konfigurationen und Konstellationen im Traum und im Leben so sehen, als ob etwas wie eine Erinnerung aus der Tiefe der Seele auftaucht.

C. G. Jung, Vom Wesen der Träume (1945), in: Grundwerk, Bd. 1, 2. Aufl. Olten 1988; ders., Psychologie und Alchemie (1944), Grundwerk Bd. 5/6, 2. Aufl. Olten

1987; ders., Die Beziehungen zwischen dem Ich und dem Unbewußten (1928), in: Gesammelte Werke, Bd. 7, 4. Aufl. Olten 1989; ders., Allgemeine Gesichtspunkte zur Psychologie des Traumes (1928), in: Grundwerk, Bd. 1, 2. Aufl. Olten 1988.

Detlev von Uslar

Architektur

(griech. *architékton*: Oberzimmermann, Baumeister). A. und Gedächtnis stehen seit der Antike in enger Verbindung. Die antike → Mnemotechnik lehrt als Teil der → Rhetorik, die Ordnung einer Rede dem Gedächtnis einzuprägen, indem *imagines agentes* in einem vorgestellten, aber architektural konkreten Raum anzuordnen sind (Eco 1986). In der Folge wird A. zu einer Leitmetapher für die Organisation des Gedächtnisses, deren räumliche Struktur beiden – bei H. Weinrich in Opposition zueinander gesetzten – Typen von → Gedächtnismetaphern, Magazin und Tafel, zugrunde liegt (A. Assmann 1991). Im Anschluss an die antike Lehre von der Baukunst, Vitruvs *De architectura*, bilden in der frühen Neuzeit Gebäude wie Tempel, → Bibliotheken und Kunstkammern, aber auch Containervorstellungen wie der → Thesaurus die beliebtesten architektonischen Gedächtnismodelle. Als konkrete bauliche Memorialräume gelten neben dem von → F. A. Yates untersuchten Gedächtnisraum des *Theaters* (vor allem das → Gedächtnistheater des G. Camillo) der Landschaftsgarten und die Stadt (Martini 2000, Oesterle/Tausch 2001; → Altstadt).

Der *Garten* ist ein räumlich gestalteter Ort der Rezeption der → Antike (→ Renaissance), insofern er sich aus Memorialarchitekturen (Grotte, Labyrinth, Tempel, Pantheon, Grab, Einsiedelei, Denkstein, → Porträtgalerie) zusammensetzt, die der Besucher auf dieselbe Weise abschreiten kann wie der antike Redner die imaginäre A. seiner Rede. Mit der Ablösung des formalen, geometrischen Gartens durch den Landschaftsgarten im 18. Jh. treten neben die bislang vorherrschende Erinnerungsleistung des Gesichtssinns weitere Sinne. Die Dominanz lesbarer, emblematischer Erinnerungsträger (z. B. A.-Inschriften), stereotyper Figuren (vor allem im Landschaftsgarten) und allegorischer Bauten (→ Ruine) tritt hinter den Ausdruck pittoresker A. zurück. A. wird damit zum Träger individueller Erinnerungen und → Assoziationen.

Die *Stadt* ist einerseits der Raum einer sich architektonisch artikulierenden Erinnerungskultur in Form zentraler, als Merkzeichen fungierender und unter Umständen für die jeweilige Stadt charakteristischer Bauten (z. B. Brunnen, → Denkmal, Wahrzeichen; vgl. → Hauptstadt), andererseits Ort der Passagen und Übergänge, die – etwa in der spezifisch modernen Bewegungs- und Wahrnehmungsweise des Flaneurs – immer auch als zeitliche Übergänge in die Vergangenheit des Stadtraums empfunden werden können: «Den Flanierenden leitet die Straße in eine entschwundene Zeit. Ihm ist eine jede abschüssig. Sie führt hinab, wenn nicht zu den Müttern, so doch in eine Vergangenheit, die um so bannender sein kann als sie nicht seine eigene, private ist» (→ W. Benjamin, *Passagenwerk*).

Neue Bauformen des 19. Jh.s, die dem Betrachter Wahrnehmungsweisen der Überschau erlauben (Panorama, Aussichtsturm, → Museum, → Denkmal), haben entsprechend modifizierte architektonische Gedächtnismetaphern zur Folge (Hess 1977), die das mnemotechnische Reproduktionsmodell der Erinnerung überschreiten. Zeitgenössische Entwürfe für explizite Memorialbauten – etwa D. Libeskinds *Jüdisches Museum* in Berlin, aber auch die A.-Theorie P. Eisenmans – haben hingegen auf die Infragestellung metaphysischer Konzepte wie Einheitlichkeit und Geschlossenheit reagiert, die → J. Derrida unter Rückgriff auf die A.-Metapher ‹Dekonstruktion› für die Methode einer kritischen Theorie der Erinnerung angeregt hat (Wigley 1995).

G. Oesterle/H. Tausch (Hg.), Der imaginierte Garten, Göttingen 2001; W. Martini (Hg.), Architektur und Erinnerung, Göttingen 2000; Monique Mosser/Philippe Nys (Hg.), Le jardin, art et lieu de mémoire, Besançon 1995; M. Wigley, The Architecture of Deconstruction, Cambridge 1995; A. Assmann, Zur Metaphorik der Erinnerung, in: A. Assmann/D. Harth (Hg.), Mnemosyne, Frankfurt/M. 1991, S. 13–35; U. Eco, Architecture and memory, in: Via, Nr. 8, 1986, S. 88–95; G. Hess, Panorama und Denkmal, in: A. Martino (Hg.), Literatur in der sozialen Bewegung, Tübingen 1977, S. 130–206.

Harald Tausch

Archiv

(spätlat. *archivum* von griech. *archeíon*: Amtsgebäude). Ort für das Einstellen und Aufbewahren von nicht-veröffentlichten Urkunden, Akten und Materialien (→ Dokument) – im Unterschied zur → Bibliothek, die in der Regel publizierte → Bücher und Schriften aufnimmt. Seit dem 17. Jh. wird A. auch metonymisch für eine → Sammlung von Schriftstücken

dieser Art gebraucht. A.e verstehen sich als Einrichtungen, die die Überlieferung dokumentieren (→ Tradierung). Dazu sammeln, verzeichnen
und bewahren sie relevantes, also rechtlich, politisch, ökonomisch oder
kulturell bedeutendes Material. Bibliothek, → Museum und A. unterscheiden sich hinsichtlich der von ihnen zusammengetragenen Objekte –
Bücher, Artefakte, Dokumente –, aber nur unwesentlich hinsichtlich ihrer Praktiken des → Sammelns und Erschließens. Gemeinsam ist ihnen,
dass sie die → Vergangenheit über Materialien, also gegenständlich greifbare, meist originale oder authentische Objekte, zugänglich machen
(→ Spur). Insbesondere die in A.en aufbewahrten und erschlossenen
Materialien genießen den Status von → Quellen: Anders als bloße Anekdoten (→ Narration), Legenden (→ Sage) oder Gemeinplätze (→ Topos)
gelten Quellen als verlässliche Zeugen für Vergangenes. Erst über den
Rückbezug auf die im A. aufbewahrten Materialien können konkurrierende, also voneinander abweichende Interpretationen geprüft und
anhand ihrer Vereinbarkeit mit den vom A. bereitgehaltenen Quellen bewertet und korrigiert werden. A.e sollen so die Willkür in der Interpretation des Vergangenen verhindern.

So plausibel eine solche Überprüfung konkurrierender Deutungen anhand archivierten Materials sein mag, das ausschließliche Vertrauen auf
die Arbeit der A.e ist zugleich naiv. M. Foucault hat in seiner *Archäologie
des Wissens* argumentiert, dass die A.e keineswegs einen einmal ergangenen Aussagestrom neutral festhalten. Die vertraute Vorstellung, wonach
das A. uns zu einer objektiven → Rekonstruktion des Vergangenen befähigen soll, setzt jedoch genau diese ungefilterte Aufzeichnung voraus. Zentraler Einwand Foucaults ist, dass Aussagen erst mit Hinblick auf ihre spätere Archivierung generiert werden. Zwischen A. und Aussage regiert eine
fortwährende Rückkopplung. Foucault kündigt daher das gewohnte Verständnis von A. auf: Es sei weder die «Summe aller Texte, die eine Kultur
als Dokumente ihrer eigenen Vergangenheit [...] bewahrt hat», noch steht
das A. für die «Einrichtungen, die in einer gegebenen Gesellschaft gestatten, die Diskurse zu registrieren und zu konservieren, die man im Gedächtnis [...] haben will» (1973, S. 187). Foucaults positive Definition von
A. steht im Rahmen seiner historischen Transzendentallehre, der Diskurstheorie und ihrer Leitfrage nach den Realitätsbedingungen für Aussagen.
Das A. sei «das Gesetz dessen, was gesagt werden kann, das System, das das
Erscheinen der Aussagen als einzelner Ereignisse beherrscht» (ebd.). Nach
diesem Verständnis ist A. als *historisches Apriori* zu verstehen; es ist also
weder gegenstandsneutral noch vollständig. A. und strategische Mechanismen einer ‹diskursiven› Macht sind immer schon miteinander verbun

den. Eine archivierte Aussage, die ohne Interventionen wie Verknappung, → Selektion, Ausschluss (→ Zensur) oder Disziplinierung zustande gekommen sein soll, ist für Foucault nicht vorstellbar. Bleibt die Frage, was über die Desillusionierung hinaus mit dieser Einsicht für den Archivbenutzer gewonnen ist. Will er nicht gleich Diskursanalytiker werden, bleibt ihm nur der Weg in eine über die philologische Quellenkritik noch hinausgehende bzw. diese dann ergänzende ‹Archivkritik›.

M. Espagne, De l'archive au texte, Paris 1998; M. Foucault, Archäologie des Wissens, Frankfurt/M. 1973.

Nikolaus Wegmann

Ariadnefaden

Aus der griech. Mythologie hergeleitete Bezeichnung für einen ‹Leitfaden› oder ein Orientierungsmittel in einer aussichtslos erscheinenden Situation. Ariadne, Tochter des Königs Minos und der Pasiphae, verliebt sich in den athenischen Königssohn Theseus, der nach Kreta gekommen ist, um den Minotauros in seinem Labyrinth zu bezwingen. Auf den Rat des Baumeisters Daidalos verschafft sie Theseus ein Garnknäuel, mit dessen Hilfe er nach der Tötung des Minotauros den Ausgang des Labyrinths wiederfinden kann: Indem dieser das Garn beim Hineingehen entrollt, hinterlässt er eine sichtbare → Spur des gewählten Wegs, der er beim Rückweg folgen kann. Der A. dient so als → Gedächtnisstütze, die es in der Konfrontation mit kontingenten Wahlmöglichkeiten erlaubt, bereits getroffene Entscheidungen umgekehrt zu wiederholen (→ Wiederholung). Nachdem Theseus ihren Halbbruder mit dem Stierkopf getötet hat, flüchtet Ariadne mit ihm auf dessen Schiff in Richtung Athen. Auf der Insel Dia trennen sich ihre Wege allerdings: entweder weil Ariadne von Dionysos entführt wurde oder weil Theseus sie in seiner Untreue schlafend am Strand zurücklässt, wo sie dann Dionysos findet. In R. Calassos (1990) fiktionaler Deutung des Mythos verlässt Theseus Ariadne, weil er sie vergisst, d. h. sich nicht mehr an sie und ihre Tat erinnert.

R. Calasso, Hochzeit von Kadmos und Harmonia, Frankfurt/M. 1990.

Kirsten von Hagen

ars memoriae → Mnemotechnik

Assoziation

(lat. *associare*: beigesellen, verbinden). Bezeichnung eines allgemeinen, mechanistischen Prinzips der regelmäßigen oder gesetzesartigen Verknüpfung elementarer psychischer Inhalte (wie Vorstellungen, Gedanken, Gefühle, kurz: Gedächtnisinhalte jedweder Art). Zahlreiche psychologische Lern- und Gedächtnistheorien (→ Lernen) sind diesem elementaristischen oder assoziationistischen Ansatz verpflichtet (z. B. → H. Ebbinghaus; zu neueren Modellen Anderson/Bower 1973, Strube 1984). A.s-Gesetze determinieren den strikt sequenziellen Ablauf von Erinnerungen. *Primäre* A.s-Gesetze folgen Kriterien der zeitlichen oder räumlichen Nähe (Kontiguität), der Ähnlichkeit, des Kontrasts von Elementen oder auch der Kausalität; *sekundäre* A.s-Gesetze formulieren förderliche Bedingungen für A.en und beziehen sich u. a. auf die Auftretenshäufigkeit, Intensität, Dauer, Bekanntheit, Neuheit, Anschaulichkeit oder die Relevanz/Bedeutung von Elementen.

In der empirischen Psychologie bezeichnet A. auch ein experimentelles Paradigma für den methodischen Aufbau von Versuchen, z. B. von behavioristischen → Konditionierungsversuchen oder den in der Gedächtnispsychologie – erstmals von F. Galton Ende des 19. Jh.s durchgeführten, sodann in zahlreichen methodisch kontrollierten Studien eingesetzten – Wortassoziationsexperimenten. Einen exemplarischen Befund bietet etwa die Untersuchung von J. J. Jenkins und W. A. Russel (1952), die ihre Versuchspersonen zur freien → Reproduktion einer aus 48 Wörtern bestehenden Liste aufforderten und dabei feststellten, dass (nachweislich) stark miteinander assoziierte Wortpaare (vgl. → Elaboration) – wie etwa Messer/Gabel, Mann/Frau – gemeinsam vergessen werden, obwohl die dargebotenen Wörter in zufälliger Reihenfolge präsentiert wurden. Als – problematischer – Nachweis der A.s-Stärke von Wortpaaren galt lange Zeit die relative Häufigkeit, mit der das eine Wort als Reaktion auf das andere genannt wurde. Nachdem mechanistisch konzipierte A.s-Experimente in der Gedächtnispsychologie der 1950er Jahren ihren Zenit erreichten, um dann an Relevanz einzubüßen, behält der A.s-Begriff auch in neueren Gedächtnistheorien, so etwa in Netzwerkmodellen (→ Konnektivität, → Netzwerk, → Proposition), eine wichtige, wenngleich in seiner Erklärungskraft oft ausdrücklich limitierte Stellung.

In der Psychoanalyse (→ S. Freud) werden sog. freie A.en im Kontext der klinisch-therapeutischen Praxis systematisch unter der Annahme ge-nutzt, dass spontane fortgesetzte A.en zu beliebigen Erinnerungselemen-ten unwillkürlich erfolgen. Als unbewusst motivierte Äußerungen stellen sie das Ausgangsmaterial für psychoanalytische Deutungen bzw. die → Rekonstruktion latenter Motive des Klienten dar (→ Motivation). Auf demselben Grundgedanken bauen sog. projektive Assoziationstests auf, die (trotz mancher Vorbehalte) vor allem in Psychiatrie und klinischer Psychologie zu diagnostischen Zwecken genutzt werden.

G. Strube, Assoziation. Der Prozeß des Erinnerns und die Struktur des Gedächtnis-ses, Berlin u. a. 1984; J. R. Anderson/G. H. Bower, Human Associative Memory, Wa-shington 1973; J. J. Jenkins/W. A. Russel, Associative clustering during recall, in: Journal of abnormal and social psychology, Bd. 47, 1952, S. 818–821.

Jürgen Straub

Attraktor

(lat. *attrahere*: herbeiziehen, anlocken). Stabile Zustände eines dynami-schen Systems, auf die hin das System ausgehend von einer Menge von Ausgangszuständen (dem Attraktionsbecken: *basin of attraction*) konver-giert. Gedächtnistheoretisch bedeutsam sind A.en im Zusammenhang mit distribuierten Assoziativspeichern als einer Klasse konnektionisti-scher → Netzwerke (→ Assoziation, → Distributivität). Wie J. J. Hopfield (1982) gezeigt hat, kann das dynamische Verhalten von Netzwerken, in denen Knoten untereinander über symmetrische bidirektionale Konnek-tionen verknüpft sind, in Analogie zu thermodynamischen Systemen (den sog. Spingläsern) beschrieben werden. Insbesondere haben diese Netze die Eigenschaft, stabile Aktivierungszustände aufzusuchen, die möglichst viele der Randbedingungen (*constraints*), die durch die Ver-knüpfungsstruktur (→ Konnektivität) des Netzes gesetzt werden, gleich-zeitig erfüllen (*multiple constraint satisfaction*).

Betrachten wir zur Illustration ein Netz aus lediglich zwei Knoten, die wechselseitig über hemmende Konnektionen verknüpft sind (→ Hem-mung). Die beiden Knoten könnten beispielsweise inkompatible Merk-male eines Objekts wie ‹eckig› und ‹rund› codieren, wobei die hemmen-de Konnektion als Randbedingung interpretiert werden kann, die besagt, dass ein Objekt nicht gleichzeitig rund und eckig sein kann. Ist einer der beiden Knoten aktiv und der andere inaktiv, ist diese Randbedingung erfüllt. Sind dagegen beide Knoten gleichzeitig aktiv, ist die Randbedingung verletzt. Jedem möglichen Aktivierungszustand kann also ein Wert zugeordnet werden, der angibt, in welchem Ausmaß alle durch die Konnektivität gesetzten Randbedingungen simultan verletzt werden (dieser Wert wird als *Energie* bezeichnet). Allgemein betrachtet spannen die Knoten eines Netzwerks einen n-dimensionalen Aktivierungsraum auf, wobei jeder Punkt in diesem Raum einem möglichen Aktivierungszustand mit einer bestimmten Energie entspricht. Als Reaktion auf ein Eingabemuster wird das Netz einen Aktivierungszustand aufsuchen, der einem (lokalen) Minimum der Energiefunktion entspricht (in unserem simplen Zwei-Knoten-Beispiel wäre dies einer der beiden Zustände, in denen jeweils nur einer der beiden Knoten aktiv ist). Diese stabilen *A.-Zustände* können als gespeicherte Muster interpretiert werden, d. h., indem die Verknüpfungsgewichte in geeigneter Weise gewählt werden, kann die Energiefunktion so geformt werden, dass jedem Exemplar aus einer Menge zu lernender Muster jeweils ein Aktivationszustand mit lokal minimaler Energie entspricht. Diese Form der Gedächtnisspeicherung hat den Vorteil, dass gespeicherte Muster auch bei unvollständigen oder verrauschten Eingabemustern rekonstruiert werden können, solange der durch das Eingabemuster erzeugte Ausgangszustand im Attraktionsbecken des A.s liegt. Ebenfalls gedächtnistheoretisch interessant ist die Eigenschaft von A.-Netzen, auch bei inkonsistenten oder widersprüchlichen Eingaben Aktivierungszustände aufzusuchen, die einer möglichst kohärenten ‹Interpretation› des Eingabemusters entsprechen.

D. E. Rumelhart u. a., Schemata and sequential thought processes in PDP models, in: J. L. McClelland/D. E. Rumelhart/The PDP Research Group, Parallel distributed processing. Explorations in the microstructure of cognition, Bd. 2, Cambridge MA 1986, S. 7–57; J. J. Hopfield, Neural networks and physical systems with emergent collective computational abilities, in: Proceedings of the National Academy of Sciences, USA, Bd. 79, 1982, S. 2554–2558.

Thomas Goschke

Auditives Gedächtnis → Echogedächtnis, → Musik, → Ohrwurm

Aufmerksamkeit

Geistige Hinwendung auf äußere oder innere Vorgänge und Objekte, die – wie der Wortbestandteil ‹Merken› bereits andeutet – konstitutiv für das Erinnern ist. Der einprägende Charakter der A. beruht auf intentionaler Fokussierung (→ Einprägen), d. h. der willkürlichen Verengung des Wahrnehmungsfeldes, bei der alle anderen Eindrücke zugunsten des selektierten ausgeblendet werden (z. B. «Cocktail-Party-Phänomen»; → Kanalisierung, Selektion), was je nach Intensität zu einer mehr oder weniger elaborierten → Encodierung führt (→ Elaboration). Zwar speichern wir auch solche Eindrücke, die unserer Apperzeption entzogen sind. Doch während diese ausschließlich dem → impliziten Gedächtnis angehören, das einem gezielten → Abruf nicht zugänglich ist, kann ein → explizites Gedächtnis nur durch A. zustande kommen. Fokussierende A. ist freilich immer zugleich eine Form der A.s-Störung, da sie mit Unaufmerksamkeit für anderes einhergeht. Diese *inattentional blindness* kann, wie Laborexperimente zeigen, geradezu groteske Wahrnehmungsausfälle mit sich bringen (Simons/Chabris 1999). Aber auch das A.s-Objekt selbst diffundiert nach einer bestimmten Expositionszeit durch nachlassende Sensitivität (Habituation). Von einer pathologischen Überfokussierung spricht man, wenn es den Betroffenen aus Gründen einer affektiven Besetzung nicht mehr gelingt, sich vom A.s-Objekt zu lösen – was etwa bei traumatisierten oder depressiven Personen vorkommt (→ Emotion, → Trauma).

Die Natur der unwillkürlichen A. ist es hingegen, beständig ihr Objekt zu wechseln. Verantwortlich hierfür sind neuronale Impulse, die fortwährend auf der ‹Suche› nach Ungewöhnlichem sind. Normalerweise wird ein Großteil dieser Impulsfrequenzen im Frontalhirn ausgefiltert (vgl. → Großhirn). Ist der Botenstoffwechsel dieser Region durch einen Dopaminmangel im synaptischen Spalt beeinträchtigt, kommt es zu einer A.s-Defizit/Hyperaktivitätsstörung (ADHD; → Neurotransmitter, → Synapse). Obwohl das Symptombild also organische Ursachen hat, wird es heute oft als Beleg für die schädlichen Auswirkungen der Multimedia-Kultur angeführt (→ Beschleunigung, → Reizüberflutung), in der eine polyfokal zerstreute A. geradezu überlebensnotwendig scheint. Das Problem der A.s-Überforderung indessen ist kulturgeschichtlich weit älter, was die heutigen Appelle, auf eine überhitzte ‹A.s-Ökonomie› mit einer restringierenden ‹A.s-Ökologie› zu reagieren, wenig aussichtsreich erscheinen lässt. Schon die ältesten Kontemplationstechniken verfolgten oft die umgekehrte Strategie des reinen Beobachtens. Die buddhistische

Satipatthana-Methode z. B. empfiehlt, den Strom der wechselnden Wahr-
nehmungsinhalte selbst zum Meditationsobjekt zu machen. Das Pali-
Wort für A. *(sati)* hat dabei ebenfalls die Nebenbedeutung des Merkens,
allerdings nicht im Sinne des Einprägens, sondern des Innewerdens – was
auch dem lateinischen *religio* («sorgsam beachten») entspricht und noch
in der Etymologie des Wortes Erinnerung bei → G. W. F. Hegel («Sich-
innerlich-machen») oder dem niederländischen Sprachgebrauch *(aan-
dacht)* nachlebt. Diese reflexive Qualität einer auf vorurteilslosem → Eingedenken beruhenden Geistesgegenwart kommt in den profanen
Erleuchtungstechniken der modernen → Kunst dadurch zum Ausdruck,
dass sie im Rezipienten eine «attentiveness to attention itself» (Crary
1999, S. 359) evozieren – eine sich selbst beobachtende allgemeine Auf-
nahmebereitschaft, die → H. Bergson als Selbst-A. bzw. «Aufmerksamkeit auf das Leben» umschrieben hatte.

A. Assmann/J. Assmann (Hg.), Aufmerksamkeiten, München 2001; D. J. Simons/
C. F. Chabris, Gorillas in our midst: sustained inattentional blindness for dynamic
events, in: Perception, Bd. 28, 1999, S. 1059–1074; J. Crary, Suspensions of Perception. Attention, Spectacle, and Modern Culture, Cambridge MA/London 1999; G.
Franck, Ökonomie der Aufmerksamkeit, München 1998; Nyanaponika, Geistestrai-
ning durch Achtsamkeit. Die buddhistische Satipatthana-Methode, 6. Aufl. Stamm-
bach 1997.

Peter Matussek

Aufzeichnung → Speichermedien, → Speichern, → Zeichnung

Augustinus

(354–430), Bischof der nordafrikanischen Stadt Hippo, Vermittler zwischen heidnischer und christlicher Gedankenwelt und einflussreichster
Denker des frühen Christentums. Die vor allem im X. und XI. Buch seiner *Confessiones* vorgebrachten Überlegungen zu → Zeit, Erinnern und
→ Vergessen blieben in der Rezeption längere Zeit vernachlässigt zugunsten der narrativen, autobiographischen Kapitel (I–IX), in denen ein-
dringlich A.' sündiges Vorleben und Bekehrungsprozess zum neuen
Glauben geschildert werden. Gleichzeitig setzt in diesem religiös adres-
sierten ‹Gründungsdokument› der → Autobiographie (vgl. → Gründung, → Pionier) eine theoretische Reflexion des Erinnerungsproblems

ein, die die Zukunft dieser Textgattung entscheidend bestimmt hat. Für A. stellt sich das Problem des Gedächtnisses im Ausgang von der Frage nach dem «Platz» Gottes in der Seele. In klassisch gewordenen Bildern im Rahmen der räumlichen Metaphorik (→ Gedächtnismetaphern) des Speichers preist er die «gewaltige Macht», den «ungeheuren Raum», die «weiten Hallen des Gedächtnisses» voller «geheimer, unfaßbarer Winkel» (Conf. X, 8,13–15). Aber trotz dieser Verräumlichung des Gedächtnisses, die an die ältere, topologisch konzipierte *ars memoriae* (→ Mnemotechnik) erinnert, figuriert das Gedächtnis bei A. in dezidierter Absetzung von der antiken → Auswendigkeit als gewaltiges «Innen», in das, protoempiristisch gedacht (vgl. → J. Locke), Gegenstände und Sinneseindrücke in der Form geistiger Bilder eintreten und in «wunderbaren Kammern» als «Erinnerungsschatz» (Conf. X, 8,14; *thesaurus memoriae*) verwahrt werden. Der aktive Vorgang der Speicherung durch mnemotechnische Symbolisierung spielt für A. keine Rolle; Erinnerung ist für ihn zunächst nichts anderes als der geistige Akt des Ordnens und Zusammenlesens *(colligere)* der abgelegten Bilder und schon vorhandenen Wissenselemente (Zahlen, Begriffe usw.).

Bei der Erinnerung an Stimmungen und Gefühle stößt A. auf die transformierende Kraft des Gedächtnisses, des «Magens der Seele» (Conf. X 14,21): Vergangener → Schmerz kann mit erleichterter Freude, vergangenes Glück mit schmerzlicher Wehmut erinnert werden (→ Melancholie, → Nostalgie). Er schlägt als Erster vor, das Gedächtnis als reflexives oder rekursives Vermögen zu begreifen (→ Rekursivität): Erinnern umfasst das Speichern der Bilder oder Sinneseindrücke und ein Bewusstsein ebendieser Tätigkeit, ein Erinnern des Erinnerns (vgl. → Metagedächtnis). So kann er in einer Exposition des logischen (Schein-)Paradoxes der Erinnerung an etwas Vergessenes bzw. an das Vergessen als solches die später vielfach aufgenommene These vorschlagen, Vergessen als integrales und irreduzibles Moment von Erinnerung zu verstehen.

Der Zielpunkt von A.' Gedächtnislehre ist allerdings theologisch. In deutlicher Alternative zur → Anamnesis-Lehre → Platons, der zufolge eine Wiedererinnerung an vor der Geburt geschaute, überzeitliche Ideen möglich ist (vgl. auch → intrauterines Gedächtnis), ist für A. das individuelle menschliche Gedächtnis selbst der Ort, an dem ein Übersteigen des Endlichen zu erreichen ist. So wie jeder Mensch ein im irdischen Leben noch unerfülltes Bild vom seligen Leben besitzt, ohne es durch Wahrnehmung erlangt zu haben, ist die Erkenntnis Gottes als des unergründlichen Grundes der *memoria*, jeden Erkennens und → Wiedererkennens allen zugänglich. Ideen- und religionsgeschichtlich markieren diese Überlegungen eine transformierende Aneignung und Christianisierung platonischer Motive. Auch wenn die eigentliche theologische Dimension des Gedächtnisbegriffs ihre Überzeugungskraft verloren hat, hallt doch A.' innerlichkeitsrhetorische Korrelation von Seligkeit und Erinnerung bzw. sein Theorem der Erlösung durch *memoria* bis weit in die Moderne nach und hat, mit anderen Traditionen und semantischen Aufladungen verstärkt, ihr Echo z. B. in den emphatischen Gedächtnislehren von → M. Proust und → W. Benjamin gefunden.

Als ein außerordentlich anschlussfähiges Motiv hat sich A.' berühmte, im XI. Buch der *Confessiones* entworfene Theorie der → Zeit erwiesen, die von der prinzipiellen Unfassbarkeit von Zeit und Ewigkeit ausgeht und die seinerzeit gängigen Erläuterungen des Entstehens, der Messbarkeit und des ontologischen Status der Zeit kritisiert. A. verwirft die Rede von den «drei Zeiten» → Vergangenheit, → Gegenwart und → Zukunft. In einer radikalen Wendung zur subjektiven Zeitlichkeit lässt sich nur von drei verschiedenen Weisen der Gegenwärtigkeit sprechen. Vergangenheit und Zukunft ‹sind› nicht, sondern erlangen ihre Gegenwärtigkeit für das → Bewusstsein im Akt des Sich-Beziehens auf Vergangenheit (Erinnerung) und auf Zukünftiges (→ Vorausschau). Vergangenheit, Gegenwart und Zukunft, «eine Art Dreiheit in der Seele» (Conf. XI, 20,26), sind Modalitäten des Geistes; Zeit selbst konstituiert sich in der → Differenz und im Wechsel dieser Phasen. Diese subjektivitätstheoretische Grundlegung der Zeit als einer «Dehnung des Geistes» fand ihre Weiterführung in I. Kants Transzendentalphilosophie, in → H. Bergsons radikaler Subjektivierung der Zeit und hat vor allem für die phänomenologische Zeittheorie E. Husserls, dessen Begriffe der → Retention und Protention genau die erwähnte Gegenwärtigkeit von Vergangenheit bzw. Zukunft bezeichnen, und für → M. Heideggers frühe Existenzialontologie entscheidende Impulse geliefert. In einer solchen Perspektive auf Erinnerung als «Seinsweise» oder Realisierung von Vergangenheit bedeutet Gedächtnis dann mehr als Speicher, → Abruf und Verwaltung von → Erlebnissen und Eindrücken, es bedeutet gelebte Zeit.

Augustinus, Bekenntnisse/Confessiones, Frankfurt/M. 1987. – J. Kreuzer, Pulchritudo – Vom Erkennen Gottes bei Augustin. Bemerkungen zu den Büchern IX, X und XI der Confessiones, München 1995; K. Flasch, Was ist Zeit? Augustinus von Hippo. Das XI. Buch der Confessiones, Frankfurt/M. 1993; G. O'Daley, Remembering and Forgetting in Augustine, Confessions X, in: A. Haverkamp/R. Lachmann (Hg.), Memoria. Vergessen und Erinnern, München 1993, S. 31–46.

Martin Saar

Auslöser, Auslösereize → Abruf, → Assoziation, → Bewältigung, → Gedächtnisstütze, → Geschmack, → Hypnose, → Konditionierung, → *mémoire involontaire*, → Prägung, → Priming, → Reproduktion, → Schlüsselreiz

Auswendigkeit

I. Resultat eines intentionalen, gedächtnisgestützten Sich-Einprägens von Zahlen, Formeln, Wörtern, Sätzen oder Texten (→ Einprägen). Insbesondere im Kontext von Pädagogik und Lerntheorie (→ Lernen) sind die Vor- und Nachteile der A. diskutiert worden. Der Wert des Auswendiglernens wird in der → Übung bzw. im Training des Gedächtnisses und im Erwerb deklarativen → Wissens gesehen (→ deklaratives Gedächtnis; vgl. → Prüfung, → Quiz). Dagegen wird unverstandenes Auswendigwissen (vgl. → Repetieren) – im Gegensatz zum durchdrungenen, ‹inwendigen› Wissen – als nachteilig für die praktische Anwendung des Wissens – im Hinblick auf Transferleistungen, Problemlösekompetenz und kreatives Denken – angesehen (→ Intelligenz, → Phantasie, → Transfer).

P. Matussek, In- und auswendig lernen. Zur Dialektik von Bildung und Information, in: B. Dieckmann/S. Sting/J. Zirfas (Hg.), Gedächtnis und Bildung. Pädagogisch-anthropologische Zusammenhänge, Weinheim 1998, S. 285–300.

Yvonne Ehrenspeck

II. *In der Musik:* → Reproduktion einer gelernten → Struktur ohne Zuhilfenahme von Aufzeichnungstechniken (→ Notation). Analog zu den darstellenden Künsten ist auch für viele solistisch tätige Musiker der auswendige Vortrag selbstverständlich. Wesentlichen Anteil am Gelingen der A. besitzt in Theater wie → Musik unbewusst (meist als Körperbewegung) abrufbares → Wissen (→ prozedurales Gedächtnis), das die bewusste Imagination des Vorzutragenden ergänzt (→ Method, → Verzierung). Das Spiel ‹aus dem Gedächtnis› macht den Interpreten von visueller Zeichenverarbeitung unabhängig und erlaubt eine größere Konzentration auf die Darstellung. Die Schwierigkeit der A. für den Musiker steigt, wenn die zu spielende Stimme ihren → Sinn vorwiegend innerhalb eines größeren Zusammenhangs erhält. In komplexen, hierarchisch strukturierten Interaktionsformen wie der Oper und dem Symphoniekonzert ist A. daher unüblich. Auch erscheint A. durchaus nicht immer als ideale Reproduktionssituation. Plötzliche Gedächtnisausfälle (sog. Hänger oder Aussetzer; vgl. → Blockade) sind gefürchtet. Manche Interpreten spielen daher nie ohne Noten (z. B. der russische Pianist S. Richter).

Christian Bielefeldt

Autobiographie

(griech. *aútos*: selbst, *bíos*: Leben, *gráphein*: schreiben). Ende des 18. Jh.s entstandener Begriff für die retrospektiv (re-)konstruierende Verschriftlichung des eigenen Lebens (→ Rekonstruktion), wobei der Akzent auf der Darstellung der *inneren* Entwicklung liegt und somit narrative Ich-Konstruktion (→ Identität, → Narration) als Problem individueller Erinnerung ins Zentrum rückt. Im weiteren Sinn Sammelbegriff für das gesamte Spektrum von Selbstdarstellungsformen, wird A. im engeren Sinn von benachbarten, historisch älteren Formen unter Rekurs auf bestimmte definitorische Merkmale schematisch abgegrenzt: (1) von der Bekenntnisschrift (in religiöser Form bei → Augustinus, säkularisiert bei J.-J. Rousseau; vgl. → Buße), deren formelhafte Lebensdarstellung auf ein ‹Bekehrungserlebnis› zentriert ist; (2) von den Memoiren, die an äußeren → Ereignissen orientiert zur politisch-kulturellen Zeitzeugenschaft tendieren (O. v. Bismarck, *Gedanken und Erinnerungen*, 1894); (3) von → Tagebuch und → Chronik (→ Kalender), deren chronologischer Ordnung, punktueller Darstellung sowie Augenblicksperspektive in der A. der narrativ zu gestaltende Sinnzusammenhang des ganzen Lebens gegenübersteht, der den (erhöhten) Standpunkt erinnernder Rückschau verlangt (→ Sinn, → Retrospektive) und die Relevanz des individuell Erinnerten in der zeit- bzw. kulturgeschichtlichen Bedeutung oder Popularität des Autobiographen voraussetzt (→ prospektives Gedächtnis, → Ruhm); (4) vom literarischen Selbstporträt, dessen zeitlose Gültigkeit beanspruchendem Charakterbild die A. eine bewertend reflektierte Entwicklung der Persönlichkeit entgegensetzt. Darüber hinaus ist sie von der historiographischen Darstellungsform der Biographie zu unterscheiden, deren *Distanz* zum beschriebenen Leben der durch die Selbstdarstellung begründete *Authentizitätsanspruch* der A. gegenübersteht.

In der A.-Forschung (Niggl 1998) – deren Interesse sich historisch von *bíos* über *aútos* zu *gráphein* verschoben hat (Olney 1980) – dominieren zunächst *geschichtliche* Darstellungen der A. als sozial- und geistesgeschichtliche Repräsentationen und somit → kulturelles Gedächtnis einer bestimmten Zeit (G. Misch, *Geschichte der A.*, 1907f.). Eine nach immanenten *Formgesetzen* fragende Forschung setzt mit R. Pascals *Design and Truth in Autobiography* (1960) ein. Durch Thematisierung der sog. Zweckformen ab 1970 rücken *gattungstheoretische* (Abgrenzungs-)Fragen in den Vordergrund, deren Fluchtpunkt ein als Prototyp verstandenes Modell der A. des 18. Jh.s ist (Merkmale: ‹Ich›-‹Welt›-Bezug, narrative Vergangenheitskonstruktion, Sinnzusammenhang des Ganzen, Vollständigkeit, ‹teleologische Tendenz› der Entwicklung, Ichform, Identität von Autor/Erzähler/Protagonist usw.). Dabei lässt sich das spezifische Problem der Erinnerung in der A. gerade deshalb an der Gattungsproblematik plastisch konturieren, da hier der Status der A. als Frage nach dem Verhältnis von Authentizität und → Konstruktion bzw. → Dokument und Fiktion diskutiert wird. Abhängig vom Bezugspunkt wird dieses Verhältnis verschieden bewertet: Setzten ältere Darstellungen die A. aufgrund ihrer Nähe zur Fiktion den ‹echten› → Quellen der Historiographie noch entgegen, so rückt A. bei der Abgrenzung vom fiktiven Roman auf die Seite des Authentischen. Angesichts der den Prototyp durchbrechenden A. des 20. Jh.s (Merkmale: Rückzug aufs Ich, Fragmentierung, Kontingenz, Polyperspektivität usw.) wird (erneut) von einer ‹Fiktionalisierung› der A. gesprochen, was entweder als Auflösung der Gattung selbst oder als Repräsentation der Zerrissenheit moderner Subjektivität verstanden wird. Doch nicht erst → W. Benjamins *Berliner Kindheit um 1900* (1932/33), G. Steins *Jedermanns Autobiographie* (1937) oder Experimente des *Nouveau Roman* machen das Verhältnis von Realität und Textualität in der A. zum Problem. Dies gilt bereits für K. Ph. Moritz' *Anton Reiser* (1785) und J. W. v. Goethes *Dichtung und Wahrheit* (1811–14/1833). Denn alle prototypischen Merkmale der A. liefern letztlich kein Unterscheidungskriterium gegenüber einem Roman, der sich derselben Mittel bediente. Die Abgrenzung funktioniert ausschließlich über den von Pascal formulierten ‹ontologischen› Bezug der A. zur Kategorie der *Wahrheit* bzw. Wahrhaftigkeit. Dass dieser Bezug nicht durch Konstruktionen wie ‹subjektive Wahrheit› für den Autor oder Verzicht auf Detailgenauigkeit zugunsten eines ‹Grundwahren› zu entparadoxieren ist, liegt an der spezifischen Erinnerungsstruktur der A. Nicht nur soll eine Durchdringung von Innerem und Äußerem (‹Ich› und ‹Welt›) stattfinden, sondern das Ich selbst hat in einer Spannung von Gegenwart und Vergangenheit (→ Zeit), erinnerndem und erinnertem Ich, der (nicht nur zeitlichen) → Differenz von erzählendem und erzähltem Ich sein Innen selbst zum Außen zu machen und umgekehrt. Uneinholbarer Abstand wie erforderliche Identität beider Pole führen zu der paradoxen Situation, dass Erinnerung einerseits als Garant von Wahrheit gilt (der A.-Diskurs verlangt genau nicht ‹Einbildung› oder ‹Vorstellung›), sie andererseits Wahrheit kontaminiert, denn von Anfang an wird das Funktionieren von Erinnerung als → Selektion, Wertung, ja: nachträgliche → Konstruktion (→ Nachträglichkeit) beschrieben. Dieses Wahrheitsproblem autobiographischer Erinnerung reformuliert die zeitgenössische Theorie als Frage nach der spezifischen *Referenz* der A.

P. Lejeune beantwortet sie rezeptionsästhetisch: Autor und Leser gehen einen sprechakttheoretisch gedachten Lektürevertrag – «autobiographischen Pakt» – ein, der auf der Namensidentität von Autor, Erzähler und Protagonist auf dem Titelblatt basiert (Lejeune 1975/1994). P. de Man (1979/1993) zufolge führen Lejeunes Versuche erneuter Gattungsdefinition ebenso wie der Gebrauch der Unterscheidung A./Fiktion zu «hausgemachten Problemen». A. als gegenüber Fiktion «einfachere Form der Referentialität» anzusehen, verkenne jene grundsätzlich tropologische Struktur jeder Form von (Selbst-)Erkenntnis (vgl. → Trope), aufgrund deren A. als allgemeine «Lese- oder Verstehensfigur» von Texten angesehen werden kann (S. 131, 132 und 134). Dennoch empfiehlt es sich, an einer auf Referenz setzenden Gattungsdefinition festzuhalten. Trotz des Dilemmas von Gattungsdefinitionen, zu allgemein oder zu spezifisch zu sein, bleibt das Phänomen bestehen, dass bestimmte Texte als A.n gelesen werden und andere nicht. Deshalb gilt es, die Unterscheidung von Referenz/ Fiktion *innerhalb* der A. anzusetzen und die spezifische Art dieser Referenz zu thematisieren: Der A. ist ein (uneinholbares) *Versprechen* auf Referenz inhärent. J. Grattons Bestimmung der A. als «referiali*zing* mode of discourse» *(Autobiography and the Notion of Expression)* reformulierend, wäre sie als ‹referentializing genre› zu fassen. Das von ihr ausgestellte *Begehren* nach Referenz findet textintern nur in *Topoi* der Referenz Erfüllung – jenen prototypischen Formeln der → Kindheit, Identität, Ganzheit, Entwicklung usw. (→ Topos). Die Gattung markiert sich zugleich gattungsfremd an ihrem Rand, einem Ort der Paratextualität (G. Genette), der immer auch die Stelle *(text-)externer* Zuschreibungen ist. Nach → J. Derrida *(Das Gesetz der Gattung)* manifestiert sich hier das (parasitäre) *Gesetz der Gattung* als «Teilhabe ohne Zugehörigkeit», was auf A. bezogen bedeutet: Die Markierung der Gattung – z. B. die Bezeichnung ‹Autobiographie› auf dem Titelblatt – ist selbst nie autobiographisch, d. h. Teil der Gattung.

Die Gattung A. im Ganzen wiederholt jene Funktionsweise von Erinnerung, die diese hinsichtlich Prozess wie Ergebnis zwischen Konstruktion und Referenz stehen lässt. Dabei ist die Erinnerung ebenso zentral für die A. wie die A. für die Erinnerung, insofern die A. als schriftliche Manifestation eine Form der Entäußerung darstellt (→ Schrift), welche Erinnerung allererst konstituiert.

G. Niggl (Hg.), Die Autobiographie. Zu Form und Geschichte einer literarischen Gattung, 2. Aufl. Darmstadt 1998; G. Genette, Fiktionale Erzählung, faktuale Erzählung, in: ders., Fiktion und Diktion, München 1992, S. 65–94; J. P. Eakin, The Referential Aesthetic of Autobiography, in: Studies in the Literary Imagination, Bd. 23, Nr. 2, 1990, S. 129–144; J. Olney (Hg.), Autobiography. Essays Theoretical and Critical, Princeton 1980; P. de Man, Autobiographie als Maskenspiel (1979), in: ders., Die Ideologie des Ästhetischen, Frankfurt/M. 1993, S. 131–146; P. Lejeune, Der autobiographische Pakt (1975), Frankfurt/M. 1994.

Gabriele Schabacher

Autobiographisches Gedächtnis

Das a. G. wird im Allgemeinen mit der Erinnerung an vergangene Lebensereignisse einer Person gleichgesetzt. Damit konstituiert es die individuelle Lebensgeschichte (→ Narration) und bestimmt letztendlich die → Identität dieser Person mit. Das a. G. umfasst aber nicht nur die Speicherung und den → Abruf von wesentlich auf das Individuum bezogenen → Ereignissen, sondern auch von Alltagserlebnissen, öffentlichen Ereignissen (z. B. die erste Mondlandung) und von autobiographischen Wissensbeständen im Sinne von Fakten (z. B. persönliche Daten). Innerhalb der Gedächtnispsychologie fand die systematische Untersuchung des a.n G.ses erst in den 1970er Jahren verstärkt Beachtung. Im Mittelpunkt der empirischen Gedächtnisforschung standen bis dahin eher das Behalten und Erinnern elementaren Materials (z. B. sinnloser Silben oder Wortlisten), mit dem Ziel, das «reine Gedächtnis» (→ H. Ebbinghaus) zu untersuchen und explizit alle personbezogenen Faktoren auszuschließen. Erst die sog. kognitive Wende sowie die Forderung nach ökologisch valider Gedächtnisforschung (Neisser 1978; → Kognition) trugen dazu bei, dass auch die Erinnerung an komplexe (Lebens-)Ereignisse das Forschungsinteresse fand und Zweifel aufkamen, ob die Ergebnisse und Gesetzmäßigkeiten des Behaltens und Erinnerns von sog. sinnlosem Material ohne weiteres auch auf das Behalten und Erinnern von autobiographischen Inhalten übertragbar sind.

In der Literatur gibt es bis dato keine einheitliche Definition des a.n G.ses. Oftmals wird es mit den Begriffen *Ereignisgedächtnis, Alltagsge-*

dächtnis oder *episodisches Gedächtnis* gleichbedeutend verwendet. Ausgehend von der weitgehend akzeptierten, heuristischen Unterscheidung unterschiedlicher Gedächtnisspeicher betrifft das a. G. das → Langzeitgedächtnis. Die Bezeichnung a. G. suggeriert dabei, dass es sich um ein eigenständiges Gedächtnissystem handelt. E. Tulving (1972) führte die Unterscheidung von → episodischem Gedächtnis und → semantischem Gedächtnis als zwei funktional unabhängige → Gedächtnissysteme ein. Da für den Abruf autobiographischer Inhalte die Identifikation des in Frage stehenden Ereignisses über Zeit und Ort bzw. der Kontext des Geschehens unabdingbar ist, ist das a. G. klar dem episodischen Gedächtnis zuzuordnen. Tulving (1983) selbst zog zunächst in Erwägung, das von ihm später episodisches Gedächtnis genannte System als a. G. zu bezeichnen. Dagegen spricht, dass es auch autobiographische Gedächtnisinhalte mit semantischem Charakter gibt (etwa personbezogene Fakten wie Geburtsdatum, Familienstand), für deren Abruf aus dem Gedächtnis die Erinnerung an den speziellen Kontext nicht notwendig bzw. nicht möglich ist. Vor dem Hintergrund einer systemorientierten Betrachtung des Gedächtnisses betrifft das a. G. damit sowohl episodisches als auch semantisches Gedächtnis. Dieser systemorientierten Betrachtung steht eine prozessorientierte Sichtweise gegenüber («Komponenten-Prozess-Modell»; Moscovitch 1994), die annimmt, dass je nach Art des Gedächtnismaterials ganz unterschiedliche Komponenten des Gedächtnisses beteiligt und Speicherung und Abruf jeweils als konstruktive (→ Konstruktion) und integrative Prozesse zu betrachten sind (Foster/Jelicic 1999).

Autobiographische Gedächtnisinhalte unterscheiden sich durch ihren hohen Selbstbezug, ihre persönliche und speziell emotionale Bedeutsamkeit wesentlich von den üblicherweise in Gedächtnisexperimenten verwendeten Materialien (→ Emotion). Wenn es um die Speicherung und Erinnerung von Lebensereignissen geht, weisen die Inhalte zudem einen hohen Grad an Komplexität auf. Nicht hinreichend geklärt ist die Frage, ob und inwiefern diese spezifischen Merkmale besondere Anforderungen an die Speicherung und den Abruf von Gedächtnisinhalten beinhalten. Vor dem Hintergrund der Annahme unterschiedlicher Gedächtnissysteme und der Betrachtung des a.n G.ses als episodisches bzw. semantisches Gedächtnis sollten sich die Gesetzmäßigkeiten, die für andere Gedächtnismaterialien gefunden wurden, weitgehend auch auf autobiographische Inhalte übertragen lassen. Vor dem Hintergrund des Komponenten-Prozess-Modells wäre dagegen zu erwarten, dass sich aufgrund der spezifischen Merkmale autobiographischer Inhalte auch spezifische Speicherungs- und Abrufvorgänge identifizieren lassen.

Die Forschung zum a. G. hat sich in der Vergangenheit mit sehr unterschiedlichen Fragestellungen befasst. In den Anfängen waren die Untersuchungen überwiegend tiefenpsychologisch orientiert und konzentrierten sich vor allem auf frühe Kindheitserinnerungen und deren → Verdrängung bzw. auf die Vorhersage von Persönlichkeitsstörungen auf der Grundlage der Erinnerung frühkindlicher Erlebnisse (→ Kindheit, → Trauma, → Unbewusstes, → Urszene). Ein Schwerpunkt der aktuellen A.-G.-Forschung ist die Frage nach der Güte autobiographischer Erinnerungen. So interessiert beispielsweise, welche Aspekte eines Ereignisses besser oder schlechter erinnert werden (Personen, Handlungen, Details, Kontext usw.), wie genau (im Sinne von objektiv) ein Ereignis wiedergegeben werden kann (Veridikalität), welche Faktoren die Güte der Erinnerungsleistung beeinflussen (zeitlicher Abstand, Wiederholung, Bedeutsamkeit usw.) oder in welchem Ausmaß Kinder in der Lage sind, vergangene Ereignisse zu erinnern. Diese Fragen sind im Rahmen angewandter Gedächtnispsychologie insbesondere für die Augenzeugenforschung (→ *false memory*, → Zeugenaussage) von Bedeutung. Ein weiterer Forschungsschwerpunkt bezieht sich auf den Einfluss von emotionalen Zuständen (z. B. positive bzw. negative Stimmung, → Stress, Angst, Trauma usw.), von Persönlichkeitsmerkmalen oder von individueller Wissensbasis auf Speicherung und Abruf autobiographischer Inhalte. Schließlich befasst sich eine Gruppe von Autoren auch mit der Erforschung von Struktur und Prozessen des a.n G.ses (Thompson u. a. 1998).

Insgesamt nimmt die Erforschung des a.n G.ses innerhalb der Gedächtnispsychologie immer noch geringen Raum ein. Ein Grund hierfür sind neben der Komplexität des Forschungsgegenstandes die methodischen Probleme, die sich bei der systematischen Untersuchung des a.n G.ses stellen. So ist z. B. die Veridikalität einer Erinnerung oft nicht einzuschätzen, da keine objektiven Informationen über das zu erinnernde (Lebens-)Ereignis vorliegen. Auch sind die genauen Bedingungen beim → Encodieren der → Information nicht bekannt. Schafft man andererseits die Möglichkeit einer experimentellen Kontrolle, indem man ein Ereignis *inszeniert*, stellt sich die Frage der ökologischen Validität. Ein weiteres Beispiel ist die Erforschung der *Entwicklung* des a.n G.ses (→ Gedächtnisentwicklung). Hier entziehen sich viele Einflussfaktoren gänzlich der experimentellen Kontrolle.

J. K. Foster/M. Jelicic, Memory. Systems, process, or function?, New York 1999; P. Thompson u. a. (Hg.), Autobiographical Memory. Theoretical and applied perspectives, Mahwah 1998; M. Moscovitch, Memory and working with memory: evaluation of a component process model and comparison with other models, in: D. L. Schacter/E. Tulving (Hg.), Memory systems, Cambridge MA 1994, S. 269–310; E. Tulving, Elements of episodic memory, New York 1983; U. Neisser, Memory – What are the important questions? In: M. M. Gruneberg/P. E. Morris/R. N. Sykes (Hg.), Practical aspects of memory, New York 1978, S. 3–24; E. Tulving, Episodic and semantic memory, in: ders./W. Donaldson (Hg.), Organization of memory. New York 1972, S. 382–403.

Angelika Weber

Bahnung

Neurophysiologisches Konzept im Frühwerk → S. Freuds, das die dauerhafte, in der Verringerung von Leitungswiderständen bestehende Veränderung des Psychismus durch den Weg des Erregungsablaufs bei Außenreizen bezeichnet, die zukünftige Abläufe bestimmt. B.en stellen das Gedächtnis dar. Schon vorher gebräuchlich (Exner 1894/1999), wird B. in Freuds *Entwurf einer Psychologie* zentrale Kategorie des Gedächtnismodells, das unbegrenzte Aufnahmefähigkeit mit dauerhafter Speicherung zu vereinbaren hat (vgl. → Wunderblock). Freud nimmt deshalb topisch geschiedene (Neuronen-)Systeme für Wahrnehmung und Gedächtnis sowie zwei Funktionen an: den an Energie*abfuhr* orientierten Primär- und den auf Energie*speicherung* ausgerichteten Sekundärvorgang. Fließt die Energie im Wahrnehmungssystem frei, setzen im ‹dahinter› liegenden System sog. «Kontaktschranken» zwischen den → Nervenzellen der Übertragung Widerstände entgegen, die aus deren Energie-Besetzung (Sekundärfunktion) resultieren. Jedes Neuron hat mehrere Kontaktschranken mit unterschiedlich hohen Widerständen, weshalb je nach Reizintensität andere Schranken passierbar sind (B. als ‹Wegbevorzugung›). Bahnend wirken zwei Faktoren: die Höhe des (erstmaligen) Energiedurchflusses (→ Schmerz hinterlässt starke B.en) und das Zusammentreffen der Besetzung von Neuronen (Befriedigung erzeugt eine B. zwischen Drang, Objekt und Abfuhr). Diese «Assoziation durch Gleichzeitigkeit» macht sich das Ich im Dienst der Sekundärfunktion zunutze: Durch gleichzeitige Besetzung angrenzender Neuronen kann es die Richtung des ‹ursprünglichen› Erregungsablaufs («Bahnungszwang») derart abändern, dass die Entbindung von Unlust (z. B. bei Schmerz-Erinnerung) gehemmt wird (→ Hemmung).

Auch nach Abkehr von der Neurologie gibt Freud den Begriff B. nie ganz auf, wenngleich er B. auf den physiologischen Vorgang einschränkt (Verringerung des Leitungswiderstands) und ihr Resultat als «Erinnerungsspur» oder «Dauerspur» bezeichnet (→ Engramm, → Spur). Jede Wahrnehmung erfährt mehrere solcher «Niederschriften» an verschiedenen Orten des psychischen Apparats, wobei nachträgliche Umschriften dieser ‹Erinnerungen› möglich sind (→ Nachträglichkeit, → Trauma, → Urszene). Die Originalität des Freud'schen Gedächtniskonzepts beruht erstens darauf, dass B. nicht über eine Ähnlichkeit zwischen Objekt und Spur motiviert wird, sondern über Topik (Orte/Wege), quantitative → Differenzen und Koordination von Elementen (→ Assoziation). Zweitens sind B.en dauerhaft und somit nicht dem → Vergessen unterworfen (→ Unbewusstes, → Verdrängung). Drittens schließt Gedächtnis entgegen dem Alltagsverständnis → Bewusstsein grundsätzlich aus, was auf den notwendig konstruierten Status ‹bewusster› Erinnerung verweist.

Auch die moderne Neurophysiologie situiert B. in der neuronalen Architektur (→ D. O. Hebb), jedoch nicht als Dauerspur, sondern als Förderung von Erregungsprozessen (→ Lernen), bei der Reizsummation (nicht Reizstärke) das Aktionspotenzial von → Synapsen erhöht (→ Neurotransmitter). Daran anschließend betont die informatische Theorie neuronaler Netze (→ Konnektivität, → Künstliche Intelligenz, → Netzwerk) den Aspekt quantitativer, nicht-symbolisch organisierter Informations-Distribution für komplexe künstliche → Strukturen (Mustererkennung; Rumelhart 1986), was die Bedeutung der Nicht-Ähnlichkeit des Gedächtnisses sowie von B. als binär gedachtem Verzweigungssystem für kybernetische Speichermodelle im Allgemeinen unterstreicht.

D. E. Rumelhart u. a., Parallel distributed processing. Explorations in the microstructure of cognition, 2 Bde., Cambridge MA/London 1986; J. Derrida, Freud und der Schauplatz der Schrift, in: ders., Die Schrift und die Differenz, Frankfurt/M. 1972, S. 302–350; S. Freud, Entwurf einer Psychologie (1895), in: ders., Gesammelte Werke, Nachtragsband, Frankfurt/M. 1999, S. 373–486; S. Exner, Entwurf zu einer physiologischen Erklärung der psychischen Erscheinungen (1894), Frankfurt/M. 1999.

Gabriele Schabacher

Bartlett, Frederic Charles

(1886–1969), britischer Psychologe. In zahlreichen Rückblicken auf das ungleichzeitige Wirken der besonders einflussreichen Klassiker der modernen Gedächtnispsychologie wird B. als Antipode von → H. Ebbinghaus charakterisiert. B. erprobte und verwarf dessen Ansatz, mit sog. sinnlosen Silben zu experimentieren und auf diesem Weg allgemeine, von soziokulturellen und pragmatisch-situativen Erinnerungskontexten unabhängige Strukturen und Funktionsweisen des Gedächtnisses zu identifizieren. Seine bahnbrechende Studie *Remembering: A study in experimental and social psychology* (1932) kommt weitestgehend ohne statistische Verfahren aus. B.s Werk kann – im Gegensatz zu Ebbinghaus – nicht umstandslos als Beitrag zu einer auf die Erkenntnis von ‹Naturgesetzen› abzielenden, nomologischen Psychologie des Gedächtnisses aufgefasst werden. Ebbinghaus' Erforschung des reproduktiven Gedächtnisses (→ Reproduktion) lässt sich B.s Modell eines produktiven, aktiven, dynamischen oder kreativen Gedächtnisses gegenüberstellen, wobei letzteres insbesondere die soziokulturell vermittelte Sinn- oder Bedeutungsstruktur von Erinnerungsgegenständen und -aktivitäten hervorhebt. Nach B. sind ‹Gedächtnisspuren› (→ Engramm, → Spur) keine Abdrücke eines Originals, sondern flexible, in variablen Kontexten perspektivisch konstruierte, prinzipiell also veränderliche Phänomene (→ Konstruktion). Sie zerfallen nicht allein mit der → Zeit (→ Vergänglichkeit, → Zerfall), sondern sind auch spontanen, erfahrungsabhängigen Bearbeitungen und Modifikationen unterworfen. Damit verwirft B. – wenngleich nicht ganz konsequent (W. F. Brewer in: Saito 2000) – die Theorien mentaler → Repräsentation, die Gedächtnisspuren als mental/physiologisch gespeicherte Abbilder von Ereignissen bzw. Eindrücken begreifen.

B.s Theorie des Gedächtnisses und der Erinnerung ist sozial- und kulturpsychologisch angelegt, insofern subjektive mnestische Strukturen, Funktionen und Leistungen generell in ihrer Abhängigkeit von soziokulturellen Praktiken, Institutionen, Konventionen, → Erwartungen und – in der Regel keineswegs bewussten – Schematisierungen des kollektiv verfügbaren → Wissens analysiert werden (→ kollektives Gedächtnis, → M. Halbwachs). Die Sinn- und Bedeutungsstrukturiertheit von Gedächtnis und Erinnerung kommt in dem von B. geprägten Zentralbegriff des → Schemas zum Ausdruck. Dieser Begriff wurde häufig kritisiert, nicht zuletzt wegen des impliziten theoretischen ‹Abstraktionismus›, der dabei hinderlich ist, konkrete Erinnerungen von Individuen an singuläre → Ereignisse (→ autobiographisches Gedächtnis, → episodisches Gedächtnis) angemessen zu beschreiben und zu erklären. Dennoch gehört der Schema-Begriff in verschiedenen Modifizierungen seit den 1970er Jahren zu den unverzichtbaren Termini kognitionspsychologischer Ansätze (→ Kognition), so etwa in narratologischen oder skripttheoretischen Modellen

(Mandler 1984, Wyer 1995; → Geschichtsbewusstsein, → Narration, → Skript). Allerdings wird neuerdings davor gewarnt, andere für B.s Gedächtnistheorie ebenfalls wichtige Begriffe – etwa *attitude* oder *image* – zu marginalisieren (S. F. Larsen/D. Berntsen in: Saito 2000).

B. arbeitete in vielen seiner in methodischer Hinsicht innovativen, ‹qualitativen› Untersuchungen in möglichst alltagsnahen Settings und benutzte dabei sog. ökologisch valide Aufgaben, deren Bearbeitungen er protokollierte und – zum Zweck einer empirisch fundierten Begriffs- und Theoriebildung – interpretierte. In seiner berühmtesten experimentellen Studie wurden den Probanden (B.s Studenten) Geschichten vorgelegt, und zwar – aus der Sicht seiner Versuchspersonen – eigenartige Erzählungen aus fremden, nicht-europäischen → Kulturen, so etwa die indianische Erzählung *The War of the Ghosts*. B. bediente sich dabei zweier Methoden zur Untersuchung der Gedächtnisleistungen: Bei der seriellen Reproduktion las ein Proband die Geschichte, erzählte sie einer zweiten Versuchsperson weiter, diese einer dritten usw. Bei der Methode der wiederholten Reproduktion wurde ein einzelner Proband nach vorgegebenen Intervallen zur Reproduktion der rezipierten Erzählung aufgefordert, wobei die Zeiträume zwischen den Reproduktionszeitpunkten bis zu mehreren Jahren umfassen konnten. Unabhängig von der gewählten Methode wich die jeweils erinnerte Geschichte in bezeichnender Weise vom Original ab. Charakteristisch war nicht allein der bekannte Befund, dass die Nacherzählungen in der Regel kürzer waren, Namen nicht richtig wiedergegeben wurden und sich zahlreiche andere ‹Reproduktionsfehler› finden ließen. Von besonderem Interesse war nämlich die wegweisende Erkenntnis, dass die britischen Versuchspersonen das Indianermärchen systematisch an ihren eigenen, soziokulturell geprägten und von Relevanzstrukturen bestimmten Verstehenshorizont anglichen und «in ihren Worten» wiedergaben. So wiesen die Nacherzählungen eine eher logisch-rationale Ordnung als das Original auf, die Versuchspersonen ließen ‹verwirrende›, unvertraute oder ihnen unwichtig erscheinende Details weg oder fügten ‹Zusatzinformationen› und (rationalisierende) Plausibilisierungen hinzu. Gerade das Fremdartige wurde nicht mehr als solches erinnert, sondern an verfügbare soziokulturelle Schemata und stilistische Schablonen der eigenen Sprache angepasst. Es wurde im Zuge assimilierenden Verstehens nostrifiziert und in dieser Form wiedergegeben (vgl. → J. Piagets Konzept der Assimilation). Genau dies begriff B. als allgemeinen Funktionsmechanismus des menschlichen Gedächtnisses, der ohne → Bewusstsein der Akteure *(unwitting)* wirksam war.

B.s Ansatz fand in Zeiten, als der Behaviorismus die Psychologie dominierte, keine gebührende Aufmerksamkeit. Erst im Zuge der sog. kognitiven Wende seit den 1950er Jahren – im Bemühen um eine ökologische, an alltagsweltlichen Praktiken interessierte Gedächtnisforschung (U. Neisser), aber auch im Rahmen der → Künstliche-Intelligenz-Forschung (M. Minsky) – wurden B.s Überlegungen wiederentdeckt und zu Wegweisern zahlloser empirischer Studien. In jüngster Zeit werden auch seine Forschungen zum rekonstruktiven Gedächtnis stärker rezipiert und mit Untersuchungen der Gedächtnisleistungen von Experten, des → *false memory syndromes* und anderer Phänomene verknüpft. Schließlich gilt B. mittlerweile als einer der bedeutenden Wegbereiter der rezenten Handlungs- und Kulturpsychologie, die nicht zuletzt die in der kollektiven Praxis und Sprache verwurzelten Aspekte von Gedächtnis und Erinnerung ins Zentrum ihrer Forschungen rückt und damit eine Brücke zu kulturwissenschaftlichen Konzeptionen schlägt.

F. C. Bartlett, Psychology and primitive culture, Cambridge 1923; ders., Remembering: A study in experimental and social psychology, Cambridge 1932; ders., Thinking: An experimental and social study, Cambridge 1953. – A. Saito (Hg.), Bartlett, culture and cognition, Hove 2000; R. S. Wyer (Hg.), Knowledge and memory. The real story, Hillsdale 1995; J. M. Mandler, Storys, scripts and scenes: Aspects of schema theory, Hillsdale 1984.

Carlos Kölbl, Jürgen Straub

Basalganglien

(griech. *básis*: Sockel, Fundament, *gánglion*: Knoten, Nervenknoten). Graue Kernmasse (dichte Ansammlung von Nervenzellkörpern) in der Tiefe der → Großhirn-Hemisphären, die sich zum Teil aus dem frühen embryonalen Endhirnbläschen (vgl. → Zentrales Nervensystem) entwickelt hat. Ihre einzelnen Kernkomplexe unterscheiden sich erheblich bezüglich ihrer Entwicklung, Morphologie und Funktion. Im Allgemeinen zählt man zu den B. das Striatum, bestehend aus Nucleus caudatus und Putamen, dem Pallidum, dem Nucleus subthalamicus (STN) und der Substantia nigra (SN). Oft werden die B. und vor allem das Striatum in einen oberen (dorsalen) und einen unteren (ventralen) Anteil unterteilt. Sie unterscheiden sich kaum in Morphologie und den internen Verbindungen, jedoch sind sie durch ihre Ein- und Ausgänge in unterschiedliche funktionelle Systeme eingebunden. Aufgrund dessen wird der dorsale Anteil auch als somatisch, der ventrale als limbisch bezeichnet. Der *somatische* Abschnitt ist in zwei neuronale Schleifen eingebunden: die somatische, skelettomotorische Schleife, bei der das Striatum Nervenfasern aus motorischen sowie aus somatosensorischen Zentren der Großhirnrinde (Cortex) erhält. Die sehmotorische Schleife besteht aus einer Verbindung von den frontalen Augenfeldern der Großhirnrinde in das Striatum und über die SN und den Thalamus zurück zur Großhirnrinde. Die *limbischen* Anteile (→ limbisches System) erhalten Projektionen (Nervenfasern aus anderen Gehirngebieten) vor allem aus dem limbischen Cortex und der → Amygdala (vgl. → limbisches System). Die somatischen Anteile der B. wirken an der Auswahl und Initiation von Bewegungen mit, abhängig von der gegenwärtigen sensorischen, motorischen und motivationellen Konstellation («Kontext»; → Motivation).

Ein bestimmter Typ von → Nervenzellen (*spiny* Neuron) im Striatum erhält Eingänge aus vielen Bereichen der Großhirnrinde. Sie sind auf Mustererkennung (erleichtertes → Lernen; vgl. → Objektkonstanz, → Wiedererkennen) spezialisiert und dadurch entscheidend beteiligt an → prozeduralen Gedächtnisvorgängen. Erkennt ein *spiny* Neuron ‹seinen› Kontext, so beginnt es in Salven zu feuern. Diese phasische Entladung initiiert über Disinhibition (Aufhebung der → Hemmung) des Thalamus eine in der Schleife Thalamus – Cortex – Thalamus sowie in intracorticalen Schleifen fortbestehende Erregung. Diese aufrechterhaltende Nervenzellaktivität stellt die Grundlage des → Arbeitsgedächtnisses dar, d. h., die → Nervenzellen sind so lange aktiv, wie etwas in diesem Zwischenspeicher abgelegt ist. Diese Erregung springt auf eine cerebrale Schleife über, in der ein genaues räumliches und zeitliches Muster generiert wird, bevor die Bewegung schließlich ausgeführt wird. Das Striatum initiiert also bei gegebenem Kontext aus der gelernten → Erfahrung heraus eine bestimmte Handlung (→ Konditionierung). Die Auswahl dieser Handlung wird durch den dopaminergen Input (→ Neurotransmitter) aus der SN trainiert *(reinforcement learning)*. Die Grundlage der dopaminergen Wirkung ist die Bewertung von Kontext und Handlungen im Hinblick auf die erwartete Belohnung. Es ist vor allem dieser Eingang, der bei der → Parkinson'schen Erkrankung geschädigt ist. Die dopaminergen Nervenzellen verstärken bei gegebenem Kontext im Nachhinein diejenigen Handlungen, deren Effekt besser war als erwartet. Im Cortex (→ Großhirn) entstehen durch den Einfluss der beiden Schleifen mit B. und → Kleinhirn bestimmte Aktivitätsmuster. Sie werden durch Hebb'sches Lernen (→ D. O. Hebb, → Synapse) über assoziative Mechanismen gefestigt (→ Assoziation).

L. R. Squire/E. R. Kandel, Gedächtnis – Die Natur des Erinnerns, Heidelberg 1999; E. R. Kandel/J. H. Schwartz/T. M. Jessell (Hg.), Neurowissenschaften – Eine Einführung, Heidelberg 1996.

Martin Korte

Behalten → Auswendigkeit, → Lernen, → Merkfähigkeit

Benjamin, Walter

(1892–1940), deutscher Philosoph, Literaturkritiker und Kulturwissenschaftler, der in seinen Schriften zur barocken und frühromantischen Literatur, zu C. Baudelaire und → M. Proust sowie zum Paris des 19. Jh.s eine ästhetische, politische und theologische Theorie der Erinnerung skizziert hat. Ihre Leistung ist es, das Problem der → Tradierung von → Kultur, → Wissen und → Geschichte der Beobachtung anzupassen, dass die moderne Wirklichkeit der Gewissheiten von → Kontinuität, → Identität und Geschlossenheit in Erinnerungsprozessen verlustig gegangen ist. B. begründet diesen Verlust in expliziter Anbindung an → S. Freud und → H. Bergson durch die schockartige → Reizüberflutung, der der Mensch seit dem Ersten Weltkrieg ausgesetzt sei. Diese «Chocks» der technischen Moderne verhindern die Ausbildung eines Kontinuums aus tradierbaren → *Erfahrungen* und lassen an ihre Stelle isolierte → *Erlebnisse* treten, die zwar exakt datiert seien (→ Datum), gerade in dieser Zuweisung eines präzisen Zeitpunkts aber aller sinnhaften Zusammenhänge (→ Sinn) entbehrten. B.s Gedächtniskonzeption ist der Versuch, dieses Moment des → Bruchs nicht als Defizit, sondern als einzig angemessene Möglichkeit der Erinnerung in der Moderne zu verstehen.

Dieser Versuch kulminiert in B.s geschichtsphilosophischen Thesen (1940/1974), die – obgleich Fragment geblieben – für die weitere Theoriebildung der Frankfurter Schule ebenso große Bedeutung gewonnen haben wie zuletzt für die Versuche des Poststrukturalismus, eine → Ethik der Erinnerung zu etablieren (→ J. Derrida, *Gesetzeskraft*). Im Zentrum steht dabei das der jüdischen Theologie entlehnte Konzept des → Eingedenkens, das B. in einer gewagten Engführung mit dem Modell der → Revolution aus der marxistischen → Geschichtsphilosophie als diejenige Form der historischen Erinnerung kennzeichnet, die den Opfern der → Geschichte gewidmet ist. Allen Versuchen des → Historismus, Vergangenes, «wie es wirklich gewesen ist», summarisch aneinander zu reihen (→ Rekonstruktion), stellt B. die Einsicht entgegen, dass auf diese Weise nur dasjenige zur Darstellung gelange, was sich im Geschichtsverlauf behaupten konnte – die ‹Sieger der Geschichte› also. Eine Historiographie des Eingedenkens hingegen habe sich gerade um das zu kümmern, was deren Siegeszug zum Opfer gefallen und ohne jede → Spur geblieben sei. Ist alle überlieferte Geschichte und Kultur also allein aufgrund der Tatsache, dass sie überliefert wurde, ein Dokument der Gewalt gegenüber demjenigen, was an ihrer Stelle nicht überliefert werden konnte (→ Selektion, → strukturelle Amnesie, → Vergessen), so verlangt B. nach einer historischen Erinnerung, die es als ihre Aufgabe betrachtet, «Geschichte gegen den Strich zu bürsten» (1940/1974, S. 697) und dabei dem «Gedächtnis der Namenlosen» gewahr zu werden. Dieses Gegenmodell zu jeder einfühlenden, totalisierenden oder ‹benennenden› historischen Erinnerung stellt die paradoxe Forderung, das «Kontinuum der Geschichte aufzusprengen» (S. 702) und Stummes *als Stummes* – also außerhalb der geltenden Überlieferungsordnung – hörbar bzw. erinnerbar zu machen: «Das Kontinuum der Geschichte ist das der Unterdrücker. Während die Vorstellung des Kontinuums alles dem Erdboden gleichmacht, ist die Vorstellung des Diskontinuums die Grundlage echter Tradition.»

Diese Denkfigur heißt bei B. «Rettung», und sie ist dasjenige Motiv, vor dessen Hintergrund seine Theorie mit einer gewissen Stringenz gelesen werden kann: Im Bereich der *Kunst* konzipiert B. die barocke Allegorie als Stilmittel, die Vergangenes durch die → Zerstörung seiner zeitgebundenen Bezüge bewahrt (1928/1974; vgl. → Ruine, → Trope); B.s Theorie des *Erzählens* reflektiert die medienhistorischen Bedingungen der Überlieferung, indem er der offenen Tradition der → Oralität, des → Epos und der → Chronik das isolierte, abgeschlossene und nicht mehr pragmatisch anwendbare Wissen der schriftkulturellen Moderne entgegensetzt (1936/1977; → Narration); Ausgangspunkt der *Geschichtsschreibung* ist nicht länger das vergangene Ereignis, sondern diejenige «Jetztzeit», in der eine spezifische → Vergangenheit überhaupt erst erkennbar wird. Zwar ist der gegenwärtige Augenblick historischer Erkenntnis damit radikal aufgewertet, insofern nur er definiert, welche geschichtlichen Daten überhaupt «aufgerufen» werden, und sie zugleich aufgrund dieser Aktualität auch an der eigenen → Vergänglichkeit partizipieren lässt. Letztlich ist aber auch die «Jetztzeit» nicht mehr als das Medium einer historischen «Dialektik im Stillstand»: «Nicht so ist es, daß das Vergangene sein Licht auf das Gegenwärtige oder das Gegenwärtige sein Licht auf das Vergangene wirft, sondern Bild ist dasjenige, worin das Gewesene mit dem Jetzt blitzhaft zu einer Konstellation zusammentritt» *(Das Passagen-Werk)*. Die produktive Seite dieser Ephemerität ist, dass sie Vergangenes in der emphatischen Bejahung der Techniken des → Zitats und der Montage «handhabbar» macht, anstatt es fixierend zu musealisieren.

B. selbst hat diese Konzeption in zwei Projekten umzusetzen versucht: zum einen in seiner → Autobiographie *Berliner Kindheit um 1900*, die an die Stelle der Entwicklungsgeschichte eines Subjekts die Reihung einzelner, nicht zusammenhängender Textminiaturen setzt. Zum anderen in seiner monumentalen Exzerptensammlung zur «Urgeschichte des 19. Jahrhunderts», dem *Passagen-Werk*, die nicht nur aufgrund von B.s Flucht vor den Nationalsozialisten unvollendet geblieben ist, sondern in der Geste des exzessiven Exzerpts aller → Quellen zur Geschichte von Paris im 19. Jh. von vornherein auf Unabschließbarkeit angelegt war (Pethes 1999).

W. Benjamin, Über den Begriff der Geschichte (1940), in: ders., Gesammelte Schriften, Bd. 1, Frankfurt/M. 1974, S. 691–704; ders., Der Erzähler (1936), in: ders., Gesammelte Schriften, Bd. 2, Frankfurt/M. 1977, S. 438–465; ders., Ursprung des deutschen Trauerspiels (1928), in: ders., Gesammelte Schriften, Bd. 1, Frankfurt/M. 1974, S. 203–430. – N. Pethes, Mnemographie. Poetiken der Erinnerung und Destruktion nach Walter Benjamin, Tübingen 1999; S. Moses, Eingedenken und Jetztzeit – Geschichtliches Bewußtsein im Spätwerk Walter Benjamins, in: A. Haverkamp/R. Lachmann (Hg.), Memoria. Vergessen und Erinnern, München 1993, S. 385–405.

Nicolas Pethes

Bergson, Henri

(1859–1941), franz. Philosoph. B.s Auseinandersetzung mit dem Positivismus A. Comtes und H. Spencers mündet in umfängliche Kritik des mechanistischen Rationalismus und die Formulierung einer modernen, monistischen Geistphilosophie, die zu einer elaborierten Theorie des Gedächtnisses führt. In seinem Hauptwerk *Matière et mémoire* definiert B. (1896/1908) alles Seiende als «Bild», als das dieses Seiende gegeben ist, eingeschlossen das Subjekt selbst. Dies ermöglicht ihm, die Subjekt-Objekt-Problematik umzulegen auf das Verhältnis verschiedenartiger «Bilder» zueinander. Subjektfähige Organismen besitzen demnach Selektionsfähigkeit, d. h., sie interagieren nicht mechanisch mit allen anderen

«Bildern», deren Einfluss sie ausgesetzt sind, sondern wählen bestimmte Einwirkungen aus, die sich in physische Reaktionen und selegierte Handlungen lösen. Dieser Selektionsvorgang produziert die Wahrnehmung (→ Selektion). Er wird gesteuert von früher selegierten, dem Gedächtnis zugänglichen Wahrnehmungen. So wird die aktuelle Wirklichkeitsanschauung vom Gedächtnis determiniert, bis schließlich die Wahrnehmung nur mehr ein Anlass zur Erinnerung ist, eine Gelegenheit, der Erinnerung «einen Körper zu geben» (S. 53ff.); «praktisch nehmen wir nur Vergangenheit wahr» (S. 145). Insofern verschmelzen in allen «Bildern» stets die «subjektive» Seite des Gedächtnisses und die «objektive» Seite materialer Gegebenheit, «in der Materie mehr ist als das aktuell Gegebene, aber nichts Andersgeartetes» (S. 59). Das biologisch-materielle → Gehirn sei dabei keineswegs als Speicher, als «Behälter mit Erinnerungen» (S. 62; → Speichern, → Gedächtnismetapher) aufzufassen, sondern vielmehr als ein Instrument zur Bewerkstelligung der Erinnerung, als Organ zur (nochmaligen) Wahrnehmung vergangener Wahrnehmungen. Diese besitzen eine Eigenrealität vergleichbar derjenigen der wahrgenommenen Außenbilder, sodass vergangene, erinnerte Bilder und gegenwärtige, wahrgenommene als unmittelbar koexistent in einer umfassend vorgestellten Gesamtgegenwart (→ Gegenwart) oder → Dauer aufgehoben sind. Umgekehrt kann die → Vergangenheit ausschließlich als vergegenwärtigte, d. h. auf die praktisch-physischen Erfordernisse gegenwärtigen Handelns gerichtete Verbildlichung wirksam werden (→ Vergegenwärtigung), wohingegen die «reine Erinnerung», aus der die erstere schöpfen muss, frei bleibt «von jeder Vermengung mit der Empfindung, ohne Zusammenhang mit der Gegenwart und folglich unausgedehnt» (S. 135), d. h. körperlos, immateriell ist. Zusätzlich sind zwei Varianten des Gedächtnisses zu unterscheiden, ein intuitives Gedächtnis, dem einmalige Eindrücke unmittelbar unvergesslich bleiben, und ein bewegungs- oder gewohnheitsgestütztes Gedächtnis (→ Gewohnheit, → Körper), das Selektions-, Reaktions- und Handlungssequenzen durch → Wiederholung einübt und so inkorporiert, materialisiert. Auch diese Unterscheidung mündet in das Postulat einer zugleich immateriellen wie bewusstseinsäußerlichen Realität des Vergangenen als eines «virtuellen Zustandes» (S. 239 f.), die, ähnlich wie die materielle Realität mit Hilfe der Sinnesorgane, mit Hilfe des Gedächtnisses im Vorgang der Erinnerung geschaut werden kann. Diese Realität, B.s ‹Geist›, begründet mithin die traditionell dem → Bewusstsein zugeschriebenen Subjektivierungsleistungen außerhalb des Bewusstseins in einem unabhängigen Raum der Virtualität.

Daneben befasst sich B. mit den Problemen des Determinismus und der Handlungsfreiheit sowie immer wieder mit dem Phänomen der Kreativität und der Emergenz, die er aus seiner Theorie einer nicht-mechanistischen, nicht-linearen → Zeit heraus bearbeitet. Zu Lebzeiten trotz der scharfen Kritik etwa H. Rickerts und → M. Heideggers auch in Deutschland und England von weitreichendem Einfluss, verfiel die Rezeption B.s in der zweiten Hälfte des 20. Jh.s rasch und nachhaltig unter dem Vorwurf eines biologistischen Irrationalismus. In jüngerer Zeit ist die B.'sche Zeitphilosophie insbesondere als Beitrag zur Mediendebatte neu gelesen worden, so in Bezug auf den → Film sehr ergiebig von G. Deleuze, in Bezug auf die elektronischen Medien von H. U. Reck. Während für Reck dabei das Motiv des Gedächtnisses und der Erinnerung im Fokus bleibt, dehnt Deleuze seine Filmphilosophie auf den Gesamtbereich der Zeitgründung aus und definiert den Film als Medium einer genuinen Bewegungs- und Zeitwahrnehmung im Sinne B.s (vgl. → Flashback). Die Zeitperspektiven der elektronischen Medien (→ Fernsehen, → Video, → Computer) werden dagegen von beiden Autoren kritisch beurteilt.

H. Bergson, Materie und Gedächtnis. Essays zur Beziehung zwischen Körper und Geist (1896), Jena 1908; ders., Denken und schöpferisches Werden (1946), Frankfurt/M. 1985; ders., Schöpferische Entwicklung (1907), Jena 1912. – H. U. Reck, Erinnern und Macht, Wien 1997; G. Deleuze, Kino, Bd. 1: Das Bewegungsbild, Bd. 2: Das Zeitbild, Frankfurt/M. 1989, 1991; K. P. Romanos, Heimkehr. Henri Bergsons lebensphilosophische Ansätze zur Heilung von erstarrtem Leben, Frankfurt/M. 1988; G. Deleuze, Le Bergsonisme, Paris 1956; V. Jankélévich, Henri Bergson, Paris 1959.

Lorenz Engell

Beschleunigung

Relationierungskategorie, die die Zunahme bzw. Verdichtung von → Ereignissen in einem Zeit-Raster kognitiv operationalisiert (→ Zeit). In kulturhistorischer Perspektive erscheint B. als phänotypisches Merkmal steigender gesellschaftlicher Komplexität und Handlungsvernetzung im Zuge des Zivilisationsprozesses (Kirchmann 1998), steht dabei aber in strukturhomologer Interdependenz zu anderen Teilprozessen gesellschaftlicher Modernisierung (Rationalisierung, Technisierung, Medialisierung usw.). Kontroversen über die B. gesellschaftlicher Handlungsabläufe erweisen sich daher im Kern als Debatten für und wider Modernisierung, sodass sozialutopisch-teleologische wie kulturpessimistisch-apokalyptische Deutungsmuster gleichermaßen den Diskurs über B. bis in die Gegenwart hinein determinieren. Im europäischen Kontext findet B. seit der Renaissance verstärkten und – als ‹Zeitdruck› oder -‹diktat› erlebt – oft krisenhaften Eingang ins kollektive Zeitbewusstsein, bevor B. dann an der Schwelle zum 20. Jh. zum Insignium der Moderne schlechthin avanciert. Dabei wird B. zunehmend als Auswirkung von ‹Fremdbewegtheit› erfahren (und substanzialisiert), wofür vor allem die technischen Transportmittel und Kommunikationsmedien in Haftung genommen werden, wie nicht zuletzt die anhaltende Prominenz des B.s-Topos in den kultur- und medientheoretischen Diskursen von → W. Benjamin und F. T. Marinetti (→ Futurismus) über H. M. McLuhan bis hin zu P. Virilio (1980) verdeutlicht. Der menschlichen Wahrnehmung manifestiert sich B. als zunehmende Reiz- und Informationsdichte bis hin zur → Reizüberflutung, die zur Fragmentierung vorgängiger Perzeptions- und Sinneinheiten und zum Verlust von Differenzierbarkeit und Gegenständlichkeit tendiert. Hierzu strukturisomorphe mediale und ästhetische Gestaltungsparadigmen der Moderne wie Montage, Abstraktion, Instantaneität oder Datenkompression können dabei als Affirmation wie auch als kompensatorische Mimikry der durch beschleunigte Alltagserfahrungen affizierten Wahrnehmungsmuster verstanden werden. Ähnlich ambivalent erweisen sich die Auswirkungen der B. auf individuelle wie kollektive Gedächtnisprozesse: Heutzutage eine fundamentale Krise sämtlicher Tradierungs- und Memorierungsfunktionen zu konstatieren, erscheint angesichts einer exponentiell ansteigenden Flut potenziell gleichwertiger Sinnesdaten, der Nivellierung der Zeithorizonte zur endlos gestreckten → Gegenwart und der notorischen Kurzlebigkeit selbst jüngster Wissensbestände zunächst nahe liegend. Eine dergestalt induzierte → Kultur des → Vergessens kann unter Ausrufung der → Posthistoire als Auflösung hierarchischer → Tradierungs- und → Selektionskonventionen emphatisch *begrüßt* (Weibel 1987; vgl. → Kanon) oder als «zivilisatorisch erzwungene Einpassungsleistung» an eine erinnerungsfeindliche Apparate- und Verwertungslogik vehement *kritisiert* werden (Reck 1992). Doch bleibt zu fragen, ob B. und Gedächtnis nicht vielmehr dialektisch aufeinander bezogen sind und bleiben, sodass die durch B. bewirkte → strukturelle Amnesie antithetisch kollektive Erinnerungsbedürfnisse vielleicht gar erst generiert, wenigstens aber massiv verstärkt. Wohl nicht von ungefähr haben gerade die als B.s-Instrumente inkriminierten Medientechnologien und -dramaturgien ihrerseits immer auch Speicherungs- und Wiederholungsfunktionen ausdifferenziert und implementiert (z. B. → Video).

K. Kirchmann, Verdichtung, Weltverlust und Zeitdruck. Grundzüge einer Theorie der Interdependenzen von Medien, Zeit und Geschwindigkeit im neuzeitlichen Zivilisationsprozeß, Opladen 1998; H. U. Reck (Hg.), Zur Zukunft des Erinnerns in der Medienkultur, Wien 1992; P. Weibel, Die Beschleunigung der Bilder. In der Chronokratie, Bern 1987; P. Virilio, Geschwindigkeit und Politik. Ein Essay zur Dromologie, Berlin 1980.

Kay Kirchmann

Bewältigung

Auch: *coping*; Problemlösestrategien, die einsetzen, wenn sich eine Person in einer bedrohlichen oder allgemein herausfordernden Situation (→ Stress) befindet, welche ihre Handlungs- und Adaptionsfähigkeit in Frage stellt (Lazarus 1966). Das Ziel von B. ist entweder, die Situation handelnd zu meistern (Assimilation) oder sich mittels intrapsychischer Prozesse erfolgreich anzupassen (Akkommodation). Letzteres verweist auf das psychoanalytische Konzept der → Abwehr.

Eine traumatische Situation (→ Trauma) übersteigt die B.s-Möglichkeiten einer Person. Sie ist mit Hilf- und Hoffnungslosigkeit sowie negativen Affekten verbunden (→ Emotion). Erinnerungen an traumatische → Ereignisse können auch nach jahrelangem → Vergessen durch Auslösereize aktiviert und als sog. Intrusionen erlebt werden. Sie haben Realitätscharakter und werden metaphorisch mit → Fotos und → Videos verglichen oder als ‹wie eingebrannt› beschrieben (→ Gedächtnismetapher). Bei der B.s-Motivation (*mastery*; → Motivation) wird eine basale Tendenz angenommen, die Erinnerung an traumatische Situationen so lange zu aktivieren, bis eine → Repräsentation gefunden worden ist, welche die Hilflosigkeit der Person in Aktivität umwandelt und damit eine Integration in bestehende → Schemata ermöglicht. Die → Wiederholung kann als Erinnerung, → Phantasie, wiederkehrender → Traum oder situative Reinszenierung (→ Inszenierung) erfolgen. Dieser → Wiederholungszwang ist als Veränderungsversuch zu interpretieren. Nach Volkart (1993) werden bei der Verarbeitung traumatischer Erinnerungen Ursachen der traumatischen Situation dem Selbst attribuiert. Diese dysfunktionalen Selbst- und Beziehungskonzepte werden als pathogene Überzeugungen (Weiß/Sampson 1986) gespeichert. Ihre Funktion ist die Vermeidung ähnlicher traumatischer Erfahrungen mittels rigider Abwehr. Es gibt also eine gegenläufige Tendenz zwischen der → Motivation, die traumatische

Erinnerung zu vermeiden, und der Motivation, die traumatische Erinnerung fokussierend zu verarbeiten.

Für J. Weiß und H. Sampson ist die B.s-Motivation auch für die Psychotherapie zentral. Danach testen Patienten in der therapeutischen Beziehung durch Probehandlungen, ob der Therapeut ihre pathogenen Überzeugungen widerlegt oder bestätigt. Die Entkräftung von pathogenen Überzeugungen durch therapeutische Interventionen gilt als wichtigster Faktor bei der B. von psychischen Störungen.

R. Volkart, Fiebriges Drängen, erstarrender Rückzug. Emotionen, Fantasien und Beziehungen bei Borderline-Persönlichkeitsstörung und Depression, Bern 1993; J. Weiß/H. Sampson & the Mount Zion Psychotherapy Research Group, The Psychoanalytic Process. Theory, Clinical Observation & Empirical Research, New York 1986; R. S. Lazarus, Psychological Stress and the Coping Process, New York 1966.

Reto Volkart

Bewusstsein

Alle Zustände, die von einem Individuum erlebt werden (→ Erlebnis). B. tritt in einer Vielzahl unterschiedlicher Zustände auf: (1) Sinneswahrnehmungen von Vorgängen in der Umwelt und im eigenen → Körper, (2) mentale Zustände und Tätigkeiten wie Denken, Vorstellen und Erinnern, (3) → Emotionen, Affekte, Bedürfniszustände, (4) Erleben der eigenen → Identität und → Kontinuität, (5) ‹Meinigkeit› des eigenen Körpers, (6) Autorenschaft und Kontrolle der eigenen Handlungen und mentalen Akte, (7) Verortung des Selbst und des Körpers in Raum und → Zeit, (8) Realitätscharakter von Erlebtem und Unterscheidung zwischen Realität und Vorstellung (→ Realitätsüberwachung). Diese verschiedenen Inhalte von B. können nach Schädigungen bestimmter Gehirnteile, insbesondere solcher der assoziativen → Großhirnrinde, mehr oder weniger unabhängig voneinander ausfallen.

Eine besondere Rolle für das B. spielt das → Arbeitsgedächtnis (→ Kurzzeitgedächtnis). Es hält für wenige Sekunden einen bestimmten Teil der Wahrnehmungen und damit verbundener Gedächtnisinhalte und Vorstellungen im B. Es ist stark modularisiert, d. h., wir können verschiedene Dinge umso besser für kurze Zeit in unserem Gedächtnis behalten, je unähnlicher sie in ihren physikalischen Eigenschaften und Inhalten sind. Generell ist das Arbeits-B. inhaltlich und zeitlich sowie in seiner Verarbeitungsgeschwindigkeit stark begrenzt. Dem B. zugänglich, wenn auch in seinen Inhalten nicht kontinuierlich bewusst, ist das → explizite oder → deklarative Gedächtnis. Es arbeitet überwiegend seriell, langsam (d. h. im Bereich von Sekunden und Minuten), ist in seiner → Kapazität beschränkt und fehleranfällig, auf die Verarbeitung komplexer und bedeutungshafter Inhalte ausgerichtet, flexibel und kann entsprechend neue oder neuartige Leistungen vollbringen. Es ist beim Menschen eng mit der Fähigkeit zum sprachlichen Bericht verbunden. Der andere Grundtyp von Gedächtnis, das implizite, → prozedurale oder nicht-deklarative Gedächtnis, ist in seiner Kapazität nahezu unbeschränkt, arbeitet überwiegend parallel, schnell und weitgehend fehlerfrei, ist aber in der Verarbeitung komplexer neuer Inhalte beschränkt. Zwischen beiden Systemen bestehen allerdings beliebig feine Übergänge: Die Leistungen und Fertigkeiten aus dem expliziten System ‹sinken› gewöhnlich mit zunehmender Vertrautheit und Übung in das implizite System ‹ab› und werden zunehmend unbewusst, können mit entsprechendem Aufwand jedoch zumindest teilweise wieder bewusst gemacht werden.

Am Entstehen von B. wirken viele → Gehirnzentren mit, allerdings können Geschehnisse uns nur dann bewusst werden, wenn sie von der Aktivität der sog. assoziativen Großhirnrinde begleitet sind, d. h. dem hinteren und unteren Scheitellappen (parietaler Cortex), dem mittleren und unteren Schläfenlappen (temporaler Cortex) und dem Stirnlappen (Frontallappen; → präfrontaler Cortex). Die vom verlängerten Mark über die Brücke bis zum vorderen Mittelhirn (Mesencephalon; vgl. → Zentrales Nervensystem) sich hinziehende *Formatio reticularis* kontrolliert Grundzustände von B. und → Aufmerksamkeit. Schon kleine Verletzungen führen zu tiefer Bewusstlosigkeit. Eine wichtige Rolle bei der Steuerung des Aufmerksamkeits-B.s, des Kurzzeitgedächtnisses und des Erfassens bedeutungshafter Ereignisse spielt das basale Vorderhirn (vor allem der Nucleus basalis Meynert). Die → Hippocampusformation wird als Organisator des Wissensgedächtnisses (deklaratives Gedächtnis) angesehen, dessen Inhalte in der Großhirnrinde niedergelegt sind, und zwar an unterschiedlichen Orten je nach Art und Inhalt des Gedächtnisses. Offenbar legt die Hippocampusformation fest, *wo* in der Großhirnrinde *was* in welchem *Kontext* beim → Lernen abgespeichert wird. Sie ist aber selbst nicht der Ort des Gedächtnisses und wird auch nicht beim → Abruf von → Wissen benötigt, das gut eingeprägt ist. Das Abspeichern und das bewusste Abrufen von Gedächtnisinhalten hängen wesentlich von emotionalen Begleitumständen ab. Die → Amygdala auf der Innenseite des Schläfenlappens ist der Organisator bzw. der Speicherort vornehmlich negativer Bewertungen, der Nucleus accumbens als Teil des ventralen Striatums und das ventrale tegmentale Areal des Mittelhirns sind die Organisatoren der positiven Bewertungen; diese drei Zentren bilden wesentliche Teile des emotionalen Gedächtnisses (vgl. → Method). Während der B.s-Zustände finden Umstrukturierungen bereits vorhandener corticaler neuronaler Netzwerke statt – wahrscheinlich durch anatomische oder funktionale Veränderung der synaptischen Verknüpfungsstruktur (→ D. O. Hebb, → Konnektivität, → Synapse), oder es werden → Netzwerke in neuer Weise vorübergehend (eventuell unter Kontrolle des Arbeitsgedächtnisses) oder auf Dauer zusammengeschlossen. Derartige Vorgänge sind sehr stoffwechselintensiv und führen zu einem überdurchschnittlichen Verbrauch an Glukose und Sauerstoff, was wiederum den lokalen corticalen Blutfluss erhöht. Dies macht man sich bei → bildgebenden Verfahren wie Positronenemissionstomographie (PET) oder funktioneller Kernspinresonanztomographie (fMRI) zunutze.

M. S. Gazzaniga (Hg.), The Cognitive Neurosciences, Cambridge MA/London 2000; M. Pauen, Das Rätsel des Bewußtseins. Eine Erklärungsstrategie, Paderborn 1999; L. Weiskrantz, Consciousness Lost and Found, Oxford 1997; T. Metzinger (Hg.), Bewußtsein. Beiträge aus der Gegenwartsphilosophie, 2. Aufl. Paderborn 1996; R. J. Nieuwenhuys/J. van Voogd/Chr. Huijzen, Das Zentralnervensystem des Menschen, Berlin/Heidelberg/New York 1991; O. D. Creutzfeldt, Cortex Cerebri. Leistung, strukturelle und funktionelle Organisation der Hirnrinde, Berlin/Heidelberg/New York 1983.

Gerhard Roth

Bibliothek

(griech. *bibliothéke*: Bücherablage, Büchersammlung). Ort für das Einstellen und Aufbewahren von veröffentlichten Büchern und Schriften, im Unterschied zum → Archiv, das in der Regel die nicht publizierten → Urkunden und Akten aufnimmt. Das Wort ‹B.› umfasst neben dem Raum der Bücheraufbewahrung auch eine größere → Sammlung von Büchern. Große B.en sammeln universal: Sie nehmen Bücher auf, gleich aus welcher Entstehungs- oder Produktionszeit, unabhängig von ihrer thematischen Ausrichtung, ohne Ansehen der jeweils benutzten Sprache oder Schrift und ohne Rücksicht auf die Qualität oder Korrektheit des Inhalts (→ Sammeln). Gesammelt wird auch ohne eine Begrenzung der Menge.

Die größten B.en *(Library of Congress, British Library)* überschreiten heute die Grenze von 100 Millionen Büchern bzw. Medieneinheiten. Und nicht zuletzt wird ohne ein konkretes Zeitlimit gesammelt. B.en sind damit der Totalspeicher der Gutenberg-Galaxis und versuchen gleichzeitig, mit der medialen Entwicklung Schritt zu halten, indem sie auch Bild- und Tonmedien in ihren Fundus aufnehmen.

B.en gibt es schon sehr lange, mindestens seit der Tontafelsammlung des Assurbanipal in Assyrien aus dem 7. Jh. v. Chr. Die erste staatliche B.s-Gründung geht zurück auf Ptolemaios I. in Alexandria um 280 v. Chr. Allgemein zugänglich war zuerst eine von G. Asinius Pollio in Rom begründete B. um 50 v. Chr. Die antike B.s-Tradition wurde von den christlichen Kloster-B.en weitergeführt. Mit der Aufhebung der Klöster um 1800 wurde der größte Teil dieser Sammlungen in regionale B.en überführt, aus denen die späteren Staats- und Landes-B.en der deutschen Länder entstanden. Erst 1911 wurde in Leipzig mit der Deutschen Bücherei eine Einrichtung geschaffen, die – wie in den National-B.en Frankreichs und Englands bereits länger üblich – sämtliche Neuerscheinungen des deutschen Sprachraums sammeln sollte (→ Erbe, → Nation, → kulturelles Gedächtnis). Mit diesen äußeren Daten und Ereignissen liegt noch keine *Geschichte* der B. vor. Die B.s-Wissenschaft – der erste Lehrstuhl für «Bibliotheks-Hülfswissenschaft» wird 1886 in Göttingen eingerichtet – kommt in der Regel nicht über die → Geschichte einzelner B.en oder Bestände hinaus. Was eine B. ist bzw. sein soll, beantwortet vor allem eine hehre Semantik der Aufgaben. Sie liefert als eigentliche Bestimmung der B. den übergreifenden → Sinn, der über das bloße Bereitstellen von Literatur hinausreicht und daher ohne größere Akrobatik an traditionelle Wertungsformeln wie die von der B. als Schatzhaus (→ Thesaurus) oder als Verkörperung von → Tradition und → Kultur anknüpfen kann. Stets geht es um ein Verständnis, das die B. als soziale und kulturelle Stabilitätsgarantie begreift (→ Dauer, → Kontinuität): Solange die B. besteht, gibt es weder einen Rückfall in eine kulturlose Zeit, noch mutiert die gesellschaftliche Dynamik zur vollkommenen Beliebigkeit. Als «humane Anstalt» (P. Raabe) rückt die B. zugleich in die kulturkritische Gegenstellung zu einer von schierer Aktualität und bloßer Oberflächlichkeit bestimmten Welt des Banalen und Kommerziellen. Nicht minder ideal ist ein Verständnis, das die B. von der Idee des → Buchs aus denkt. Hier ist die B. Inbegriff von → Bildung und Aufklärung und damit eine Instanz des gesellschaftlichen Fortschritts und der individuellen Emanzipation.

Gegenwärtig scheint die B. ihre alte Unauffälligkeit zu verlieren. Verantwortlich ist dafür einmal die laufende Transformation der ‹alten› in die ‹neue› B. der elektronischen Informationstechnologien (→ Computer, → Datenbank). Ob das → Internet Konkurrenz oder nur Fortsetzung der B. mit anderen Mitteln ist, bleibt abzuwarten, doch schon jetzt erhält auch die B. etwas von jener gesellschaftsweiten Aufmerksamkeit, die unter Titeln wie Wissensgesellschaft gegenwärtig von → Politik und Wirtschaft organisiert wird. Auch die Forschung orientiert sich nicht länger am alten Bild von der B. als einem wohl organisierten Apparat, der schlichtweg funktioniert bzw. immer noch weiter optimiert werden kann, im Übrigen aber über seine technische Rationalität hinaus kein Problem darstellt (→ Katalog, → Organisationsgedächtnis). Die neue, kulturwissenschaftliche Forschung akzeptiert, dass sich in der B. Vorgaben der Technik, Probleme der Organisation sowie Fragen des Verstehens und der kulturellen Bedeutung auf komplexe Weise kreuzen. Diese Gemengelage hat noch keine Theorie auf den Begriff gebracht. Produktiver ist die Konzentration auf den *Gang* in die B., auf das, was ein Benutzer macht, wenn er ein Buch sucht und findet. Solche benutzerorientierte Forschung ist heute neu, doch G. E. Lessing, Bibliothekar in Wolfenbüttel, wusste schon im 18. Jh., dass ein Begriff der B. nur über die Taten der B., also nur über ihre Nutzung gefunden werden kann.

N. Wegmann, Bücherlabyrinthe. Suchen und Finden im alexandrinischen Zeitalter, Köln 2000; G. v. Busse/H. Ernestus, Das Bibliothekswesen der BRD. Ein Handbuch, Wiesbaden 1999; M. Baratin/C. Jacob (Hg.), Le pouvoir des bibliothèques. La mémoire des livres en Occident, Paris 1996; U. Jochum, Kleine Bibliotheksgeschichte, Stuttgart 1993.

Nikolaus Wegmann

Bild → H. Bergson, → Bildgebende Verfahren, → Bildung, → Eidetik, → Fernsehen, → Film, → Fotografie, → G. W. F. Hegel, → Ikonisches Gedächtnis, → Ikonographie, → Kunst, → Locitechnik, → Memory, → Metapher, → Mnemosyne-Atlas, → Mnemotechnik, → Phantasie, → Porträt, → Rhetorik, → Schweißtuch der Veronika, → Vergegenwärtigung, → Video, → A. M. Warburg, → Zeichnung

Bildgebende Verfahren

Methoden, die Strukturen und Aktivitätsmuster im → Gehirn zwei- oder dreidimensional sichtbar machen (→ Aktivierung). Das erste Mittel, mit dem anatomische Strukturen im → Körper sichtbar gemacht werden konnten, waren Röntgen-Strahlen. Die Computer-Tomographie (CT) stellt eine Weiterentwicklung dieses Verfahrens dar, ist aber ebenfalls auf die Darstellung von Zuständen beschränkt. Im Gegensatz dazu konnten mit Positronenemissionstomographie (PET) erstmalig Hirnaktivitäten bildlich wiedergegeben werden, wodurch das Studium kognitiver Prozesse revolutioniert wurde (→ Kognition). PET beruht auf der Messung des radioaktiven Zerfalls bestimmter Isotope unter Freisetzung von Positronen. Hierfür wird der Versuchsperson ein radioaktiv markierter Zucker, Deoxyglukose, intravenös injiziert. Aktive Hirnregionen nehmen diesen Zucker verstärkt auf, der jedoch nicht verstoffwechselt werden kann. PET macht die sich anreichernde schwache Radioaktivität sichtbar.

Dieses Verfahren erreicht jedoch weder die räumliche noch die zeitliche Auflösung der Kernspinresonanz-Tomographie oder MRI *(nuclear magnetic resonance imaging)*. Hierbei beruht das gemessene Signal auf den magnetischen Eigenschaften verschiedener Atomkerne, insbesondere von Protonen, welche sich in einem Magnetfeld an diesem ausrichten. Die Rate, mit der die Atomkerne in einem Magnetfeld ihren Gleichgewichtszustand erreichen, variiert stark zwischen unterschiedlichen Gewebsarten; dies bildet die Grundlagen klinischer Anwendungen von MRI und erlaubt die räumliche Darstellung von Hirnstrukuren mit hoher Auflösung. Im Gegensatz dazu ist die Rate, mit der das Magnetresonanzsignal abklingt, für die Darstellung von Hirnaktivität in funktioneller Kernspinresonanz-Tomographie (fMRI) entscheidend. Diese Rate wird insbesondere durch den Sauerstoffgehalt des Bluts beeinflusst und ist in sauerstoffarmem Blut höher als in sauerstoffreichem. In Hirnbereichen verstärkter Aktivität nimmt der Blutfluss und damit die Sauerstoffzufuhr zu; diese Regionen weisen daher ein erhöhtes *blood oxygenation-level dependent*(BOLD)-Signal im Vergleich zu weniger aktiven Bereichen auf. Die räumliche Auflösung liegt bei etwa 1 mm, die zeitliche bei einigen Sekunden. Die erst 1992 entwickelte Methode des fMRI hat trotz der sehr hohen Kosten einen schnellen Siegeszug insbesondere in der Untersuchung des menschlichen Gehirns angetreten. Mit fMRI können reizspezifische Aktivitätsmuster in sensorischen Hirnbereichen und aufgabenspezifische Aktivitäten in motorischen Arealen sichtbar gemacht werden, aber auch Aktivitäten, die mit verschiedenen Formen von Gedächtnis verbunden sind. So konnte gezeigt werden, dass bei bestimmten Lernaufgaben während der initialen Lernphase eines Wortpaartests weite Bereiche des Gehirns aktiv waren, während nach dem Erlernen des Tests nur noch wenige Gehirnareale, wie die → Basalganglien, aktiv waren. Auch in der Diagnostik von Gedächtnisstörungen sind bildgebende Verfahren von großer Wichtigkeit. Allerdings ist bei der Interpretation der Ergebnisse größte Vorsicht geboten. Alle fMRI-Aktivitätsmuster stellen Differenzbilder zwischen einer Test- und einer Kontrollmessung dar; ihre Aussagekraft hängt daher in starkem Maße von geeigneten Kontrollen ab.

S. E. Gathercole/M. A. Conway (Hg.), Neuroimaging and memory, in: Memory, Bd. 5/6, 1999, S. 513–739; L. G. Ungerleider, Functional brain imaging studies of cortical mechanisms for memory, in: Science, Bd. 270, 1995, S. 769–775; M. S. Cohen/ S. Y. Bookheimer, Localization of brain function using magnetic resonance imaging, in: Trends in Neurosciences, Bd. 17, 1994, S. 268–277; L. Sokoloff, Modeling metabolic processes in the brain in vivo, in: Annals of Neurology, Bd. 15 (Suppl.), 1984, S. S1–S11.

Frank Sengpiel

Bildung

Bis ins 18. Jh. hinein ist der Begriff der B. eng an das menschliche Erinnerungsvermögen gebunden. Geknüpft an den Vorgang des Einbildens bezieht er sich auf drei verschiedene Bedeutungsvarianten des Bildbegriffs (Vierhaus 1972): erstens *imago* im platonischen Sinne von Bild, Abbild, Ebenbild (→ Platon, → Repräsentation). Auf dieses Verständnis lässt sich die mystische Vorstellung des Vorgangs der B. zurückführen, wie Meister Eckhart sie mit dem Dreischritt des Entbildens, Einbildens und Überbildens entwickelt. In der mühevollen Arbeit des → Vergessens soll der Gläubige seine Seele von allen weltlichen Bildern reinigen, um so in einem als schöpferisch vorgestellten Prozess der Erinnerungsarbeit das immer schon in ihn eingelassene Bild Gottes freizulegen. Erst die Schau dieses Bildes, der eigentliche Akt des Überbildens, steht jenseits von Raum und Zeit – und damit auch jenseits von jeder Vergessens- und Erinnerungsarbeit. Die zweite Bedeutungsvariante des B.s-Begriffs leitet sich von *imitatio* im Sinne der aristotelischen Nachbildung, Nachahmung her. B. wird hier, weit weniger abstrakt als in der B.s-Theorie Eckharts, vor allem als ein mimetisches Verfahren verstanden, als Nachbildung des Lebens Christi in der eigenen Lebensführung. Die dritte Variante des B.s-

Begriffs knüpft an *forma* im Sinne von Gestalt und *formatio* im Sinne von Gestaltung an; beide Begriffe werden in der Bedeutung von ‹bilden› bis in die Mitte des 18. Jh.s verwendet. Diese Bedeutungsvariante bezieht sich, anders als die beiden vorangegangenen, auf von außen angeleitete Vorgänge des Wissenserwerbs und der Persönlichkeits-B.

Erst Mitte des 18. Jh.s verliert die Einbildungskraft – einst sinnliche Voraussetzung von der auf die Erinnerung an die inneren Bilder angewiesenen B. – ihre Bedeutsamkeit zugunsten des abstrakten Denkens. Durch J. G. Herder erfährt der Begriff der B. eine Bedeutungsverengung auf seine organologischen Implikationen und hebt nun die keimhaft im Menschen angelegten Eigenschaften und Fähigkeiten, die sich unter günstigen Bedingungen entfalten, hervor. Sowohl das ‹natürliche› organologische Auswickeln angelegter Eigenschaften als auch die ästhetische, sprachlich nicht zu fassende und erzieherisch nicht zu kalkulierende Kunsterfahrung, wie J. F. Herbart sie in Abgrenzung zu Herder entwickelt, sind Gegenmodelle zu einem erinnerungsgebundenen B.s-Begriff, in dessen Zentrum ‹unmittelbar› sinnlich wirkende Bilder stehen, die auf die formbare Seele des Rezipienten einwirken und von diesem erinnert werden. Der moderne B.s-Begriff konstituiert sich damit jenseits von jeder Erinnerungstätigkeit. Er steht dem Vergessen im Sinne M. de Montaignes, der sich in seinen *Essays* schon früh gegen eine «Meublierung des Kopfes» ausgesprochen hatte, näher als der Wertschätzung enzyklopädischer Wissensanhäufung, wie sie das Ideal des Gelehrten im 17. Jh. noch verkörpert (→ Lexikon, → Wissen); gegen ‹männliche› *Ver*bildung stellt er die ‹weibliche› *Gemüts*-B. Erst die neuere Forschung knüpft über die Zusammenführung von Aisthesis und Ästhetik wieder an die alten, bildgebundenen B.s-Vorstellungen an (Mollenhauer/Wulf 1996).

K. Mollenhauer/Ch. Wulf (Hg.), Aisthesis/Ästhetik. Zwischen Wahrnehmung und Bewußtsein, Weinheim 1996; R. Vierhaus, Bildung, in: O. Brunner u. a. (Hg.), Geschichtliche Grundbegriffe, Bd. 1, Stuttgart 1972, S. 508–551; I. Schaarschmidt, Der Bedeutungswandel der Worte ‹Bilden› und ‹Bildung› in der Literaturepoche von Gottsched bis Herder, in: F. Rauhut (Hg.), Beiträge zur Geschichte des Bildungsbegriffs, Weinheim 1965, S. 25–87; G. Dohmen, Bildung und Schule. Die Entstehung des deutschen Bildungsbegriffs und die Entwicklung seines Verhältnisses zur Schule, Bd. 1: Der religiöse und der organologische Bildungsbegriff, Weinheim 1964.

Bettina Bannasch

Bindung

Integration von distribuiert verarbeiteten Detailaspekten zu kohärenten Informationseinheiten (vgl. → Distributivität). Unter dem Begriff der B. wird die Frage diskutiert, wie in verteilten → Netzwerken die an einem Prozess beteiligten Elemente identifiziert und als kohärente Teilmengen markiert werden können. Neurophysiologische Befunde zur hochgradig verteilten und funktionell spezialisierten Verarbeitungsweise des → Gehirns (→ neuronale Karten) haben das Forschungsinteresse auf das Problem gerichtet, wie die parallel und parzelliert verarbeiteten Einzelinformationen zu kohärenten Wahrnehmungs- bzw. Erinnerungszuständen synthetisiert werden.

Für den neurowissenschaftlichen Diskurs sind insbesondere zwei B.s-Konzepte bestimmend, die mit je unterschiedlichen Gedächtnisauffassungen einhergehen: In den 1970er und 1980er Jahren dominierten Modellbildungen, die von einem eher räumlichen Integrationsmechanismus ausgehen. Demnach wird B. von Einzelinformationen dadurch erzielt, dass Signale kaskadenhaft weitergeleitet und über konvergierende Verschaltungen in einzelnen → Nervenzellen oder lokalen Zellverbänden zusammengeführt werden. Nach der sog. Einzelzelldoktrin von H. B. Barlow reicht die Strategie der lokalen Integration so weit, dass auf den oberen Verarbeitungsebenen Einzelneuronen, sog. «Großmutterzellen», die komplexen Merkmalkombinationen spezifischer Objekte repräsentieren (→ Repräsentation). Empirische Evidenz deutet darauf hin, dass etwa bei der Synthetisierung von Mikrokomponenten zu Merkmalen lokale Integrationsstrategien wirksam sind. Als genereller und alleiniger Integrationsmechanismus wirft ein solches B.s-Prinzip jedoch neben der vorauszusetzenden strikt seriellen und diskreten Verarbeitung das Problem der ‹kombinatorischen Explosion› auf, weil für die Codierung jeder spezifischen Merkmalkombination auch je eigene Neuronen angenommen werden müssen.

Als alternatives B.s-Konzept in verteilten Netzwerken wird gegenwärtig die vor allem durch C. von der Malsburg und durch die Forschergruppe um W. Singer entwickelte Hypothese eines zeitlichen Integrationsmechanismus diskutiert. Dieser Annahme zufolge wird Kohärenz dadurch erzeugt, dass die jeweils an der Detailverarbeitung beteiligten Neuronen ihre elektrischen Entladungsmuster in einem spezifischen → Zeitfenster synchronisieren und hierdurch im jeweiligen Aktionsmoment zu dynamischen Zell-Assemblies (vgl. → D. O. Hebb) gebunden werden. Anders als die lokale Integration stellt die zeitliche Korrelierung neuronaler Ak-

tivität einen dynamischen B.s-Mechanismus dar, der aus gedächtnistheoretischer Perspektive weder zur Annahme statischer Repräsentationsein-
heiten noch zur Postulierung diskreter Speicherorte zwingt. Zeitliche B.s-
Verfahren legen vielmehr eine Organisationsform des → deklarativen
Gedächtnisses nahe, bei der → Wissen grundsätzlich in fragmentarisier-
ter und desintegrierter Form gespeichert wird. So gesehen sind Wissens-
abruf und Erinnerungen keine Zugriffsoperationen auf identische Gedächtnisinhalte, sondern Rekonstruktionsakte ehemaliger neuronaler
Aktivität, die aufgrund zwischenzeitlicher Transformationen der Netz-
strukturen und kontextueller Einflüsse immer nur näherungsweise Re-
aktualisierungen vergangener Syntheseprozesse erlauben (→ Rekonstruktion).

Reviews on the binding problem, in: Neuron, Bd. 24, Sept. 1999, S. 7–125; A. M.
Treisman, The binding problem, in: Current Opinion in Neurobiology, Bd. 6, 1996,
S. 171–178; W. Singer/C. M. Gray, Visual feature integration and the temporal cor-
relation hypothesis, in: Annual Review of Neuroscience, Bd. 18, 1995, S. 555–586;
A. R. Damasio/H. Damasio, Cortical systems for retrieval of concrete knowledge:
The convergence zone framework, in: C. Koch/J. L. Davis (Hg.), Large-scale neuro-
nal theories of the brain, Cambridge MA/London 1994, S. 61–74.

Erika Linz, Gisela Fehrmann

Biographie → Autobiographie, → Narration

Blockade

Es ist aus dem Alltag bekannt (z. B. Prüfungsstress; vgl. → Prüfung,
→ Quiz), dass psychische Erregung (→ Stress) kurzfristig eine Blockierung der → Abruf- oder Einspeicherfähigkeit von → Information auslösen kann. Auch kann der Zugang zu bestimmten Erinnerungen langfristig blockiert sein, was – wie schon in den Schriften der Psychoanalyse
(→ Unbewusstes) aufgeführt (Repression, → Trauma, → Verdrängung,
→ Vergessen) – durch die Art der zu erinnernden → Ereignisse oder
durch die psychische Situation des Erinnernden bedingt sein kann.
Bezieht sich die Unfähigkeit der Informationsaufnahme oder des Infor-
mationsabrufs (Ekphorie) auf weite Teile der eigenen Biographie (→ autobiographisches Gedächtnis, → episodisches Gedächtnis) und dauert sie
länger an, so kann man von einem «mnestischen Blockadesyndrom»

(Markowitsch 1998; Markowitsch u. a. 1999) sprechen. Der vermutete Mechanismus auf Hirnebene basiert auf einer massiven Freisetzung von Stresshormonen, die den normalen neuronalen Informationsfluss unterbinden.

H. J. Markowitsch u. a., Mnestic block syndrome, in: Cortex, Bd. 35, 1999, S. 219–230; ders., The mnestic block syndrome: Environmentally induced amnesia, in: Neurology, Psychiatry, and Brain Research, Bd. 6, 1998, S. 73–80.

Hans J. Markowitsch

Brauch

B. verweist auf eine Sphäre menschlichen Verhaltens, in der durch vorgeprägte Handlungsformen die Normen von Gruppen dargestellt werden. B.e vergegenwärtigen jene → Sinn- und Bedeutungsdimensionen, die im Alltag als dem Bereich routinisierten Handelns (→ Gewohnheit, → Routine) nicht aufzugehen vermögen. Damit bestimmt sich ein B. stets aus dem Verhältnis zum Alltag seiner Akteure, dessen Regelwerk während der B.-Ausübung ausgesetzt, bestätigt und erneuert wird (→ Erwartung, → Fest). B.e machen als soziale Handlungen und Gebärden die Muster sozialer Ordnung und Handlungsnormen sichtbar. Als ungeschriebene Handlungsorientierung kann B.en der Status der Rechtsverbindlichkeit eingeräumt werden (→ Gesetz). Ihre Ausübung lässt Individuen sich als Teil von Gruppen erfahren und verpflichtet sie auf eine spezifische Herkunft: B.e wirken nach außen abgrenzend und nach innen bestätigend (→ Kultur). Im Vollzug des B.s wird ein in der Vergangenheit verbindliches Normsystem vergegenwärtigt und für die Gegenwart bestätigt, sodass er als kulturelle Erinnerungstechnik → Vergangenheit, → Gegenwart und → Zukunft verknüpft. B.e sind keine unmittelbaren Handlungen, sondern unterliegen einer festen Form, einem gefügten Handlungsablauf und einer spezifischen Dramaturgie (→ Inszenierung) zu bestimmten Anlässen (→ Jahrestag). Die Anlässe Fasnacht, Ostern, Weihnachten, Erntedank oder Maibräuche sind an den Jahreslauf gebunden und strukturieren diesen (→ Kalender). Übergangsriten wie Taufe, Geburtstag, Konfirmation, Jugendweihe und Kommunion, Hochzeit oder Totenbräuche begleiten und deuten als religiöses oder säkulares B.tum den Lebensgang (→ Riten). An das Arbeitsleben gelagert sind Arbeitsbräuche einzelner Berufsgruppen. B.e wirken als Regulierungssysteme schließlich auch im sozialen Umgang von Menschen (Grüßen, Artikulation von → Emotionen, Nahrungsaufnahme usw.).

Der Begriff des B.s ist gegenüber Kategorien wie → Ritual, Sitte, Konvention oder Fest nicht klar abzugrenzen. In Ethnologie, Anthropologie oder Religionswissenschaft ist es eher der übergeordnete Begriff des → Rituals, der standardisierte und wiederholbare Handlungsabläufe benennt. M. Weber nannte die nur durch tatsächliche Ausführung gegebene Regelmäßigkeit sozialen Handelns ‹B.› und trennte den Begriff so gegenüber Sitte ab. Sitte und B. als mittlerweile prekär gewordene wissenschaftliche Begriffe der Volkskunde bezeichneten zum einen eher verinnerlichte moralische Normen einer sozialen Gruppe (Sitte), zum anderen deren Darstellung im äußeren Vollzug (B.). Mit der sozialwissenschaftlichen Neuorientierung des Fachs wurde Abschied genommen von der Vorstellung geschlossener Werthaltungen in homogenen Kulturen wie Dorfgemeinschaften. Während mythologische Schulen in B.en archaische → Relikte erachteten, die im historischen Wandel überdauert haben sollen, und sie als Belege für kulturelle → *Kontinuitäten* heranzogen, lenkte die neuere Forschung die Aufmerksamkeit auf den *Wandel* von Form und Funktion. Die Wiederbelebung alter B.e und deren Etikettierung als ‹uralt› verweist auf neue Funktionen alter B.e, auf das Spannungsfeld von ‹Fund und Erfindung›. Aufbereitet zur folkloristischen Kulisse, verlieren sie ihre formierende und normierende Prägekraft für den Alltag und sind als gemachte und versteinerte → Traditionen Symptom eines diffusen Unbehagens in der modernen Welt.

M. Scharfe, Brauchforschung, Darmstadt 1991; A. C. Bimmer, Brauchforschung, in: R. W. Brednich (Hg.), Grundriß der Volkskunde. Einführung in die Forschungsfelder der Europäischen Ethnologie, Berlin 1988, S. 311–328; F. Tönnies, Die Sitte, Frankfurt/M. 1908.

Friedemann Schmoll

Bruch

Denkfigur, mittels deren das Denken von → Kontinuität und Totalität, wie es vor allem geschichtsphilosophisch orientierte moderne Erkenntnis- und Wissenschaftslehren charakterisiert, in Frage gestellt wird. Sie richtet sich gegen die Vorstellung, dass menschliche → Geschichte sich auf einen idealen Endzustand hin entwickelt und die historischen

→ Epochen retrospektiv als kontinuierlich auf ihn hinführende Phasen verstanden werden (z. B. als Evolution oder Fortschritt). Während → Geschichtsphilosophien seit dem Ende des 18. Jh.s die Formen individueller und kollektiver Erinnerung (→ kollektives Gedächtnis) also in einem geschlossenen Ordnungssystem konzipieren, markiert die Thematisierung des B.s in der Wissenschaftsgeschichtsschreibung seit den 1960er Jahren (→ Wissen) eine Wende in der Selbstbeschreibung der Moderne: M. Foucaults Projekt einer → Archäologie der Humanwissenschaften stellt die traditionelle geistesgeschichtlich und hermeneutisch verfahrende Forschung (→ Hermeneutik) in Frage, indem sie in Anlehnung an G. Bachelards Konzept des *epistemologischen B.s* die Geschichte der Neuzeit als eine Reihe von B.en beschreibt, die einzelne Epochen voneinander trennen, insofern ihnen eine jeweils spezifische Erkenntnisordnung (Episteme) zugrunde liegt (Foucault, *Die Ordnung der Dinge*). Der Wissensarchäologe fasst das Material, mit dem er sich beschäftigt, nicht als → ‹Dokument› auf, das in Entstehungs- und Deutungszusammenhänge eingelassen ist, sondern als stummes und bedeutungsloses ‹Monument›, das es aus den → Archiven der Epochen ‹auszugraben› gilt. Geschichtsschreibung meint dann nicht die Konstruktion eines Sinnzusammenhangs, sondern schieres Registrieren, → Sammeln und Ordnen (Foucault 1969/1973). Analog zu Foucaults Wissensgeschichte der B.e geht die postempiristische Wissenschaftstheorie davon aus, dass wissenschaftliche Paradigmen einander sprunghaft ablösen (T. Kuhn, *Die Struktur wissenschaftlicher Revolutionen*).

Ähnlich wie Wissenschaftstheorie und -geschichtsschreibung richten sich auch die dekonstruktive Philosophie (→ J. Derrida) und Literaturtheorie (P. de Man) insbesondere gegen das von → G. W. F. Hegel geprägte dialektische Modell von Erinnerung, das totale → Vergegenwärtigung von Vergangenem durch *Verinnerlichung* beansprucht *(Phänomenologie des Geistes)*. Der Einwand ist, dass der Erinnerungsprozess immer schon von künstlichen oder mechanischen Bewusstseinsleistungen unterbrochen wird: Figuren des B.s *(rupture*, vgl. Derrida 1986/1988) bzw. der Diskontinuität (Allegorie und Ironie, vgl. de Man 1971/1993) fungieren als Bausteine einer *Rhetorik des Gedächtnisses* (→ Rhetorik, → Mnemotechnik), die das Erinnern mit seinem Gegenteil, dem → Vergessen, konfrontiert. Darin destabilisiert sie den Anspruch restloser Vergegenwärtigung von Geschichte als «Er-*Innerung*» (Hegel) und öffnet den Blick auf eine *äußerliche*, auf bloße → Auswendigkeit zielende Gedächtniskunst (→ Mnemotechnik, → Repetieren), die die von → Platon bis zu → Heidegger und zur Hermeneutik (H.-G. Gadamer, *Wahrheit und Methode*,

Frank 1983) abgewertete technische Dimension des → Einprägens in der Philosophie rehabilitiert (Derrida 1986/1988).

J. Derrida, Mémoires. Für Paul de Man (1986), Wien 1988; M. Frank, Was ist Neostrukturalismus?, Frankfurt/M. 1983; M. Foucault, Die Archäologie des Wissens (1969), Frankfurt/M. 1973; P. de Man, Die Rhetorik der Zeitlichkeit (1971), in: ders., Die Ideologie des Ästhetischen, Frankfurt/M. 1993, S. 83–130.

Toni Tholen

Buch, Buchdruck

Das physische Objekt aus Papier und Leim ist ein Gedächtnis besonderer Art, dessen Vorzüge als Langzeitspeicher für Rede, → Schrift, Bilder, → Wissen oder Geschichten nach wie vor unerreicht sind (→ Speichermedium). Schon Martial benennt im spätantiken Kontext des Medienwechsels von der Schriftrolle *(volumina)* zum B. *(codex)* die Vorteile des ‹neuen Mediums› exakt: höhere Speicherkapazität bei größerer Handlichkeit. Die Schichtung von Blättern in einem Umschlag ermöglicht kleinere Formate sowie Textsammlungen als *corpus*, als organischer → ‹Körper›, von Werken (z. B. *Odyssee*). Der Name ‹Bibel› (= Buch) markiert sowohl das Paradigma homogenisierter Textsammlung sowie das historische Objekt eines geheimen, transportablen Gedächtnisses des Frühchristentums. In der historischen Form des Kodex wird das B. privates Gut, dessen Gebrauch nicht mehr ausschließlich an rituelle Funktionen (→ Ritus) kollektiver Lektüre gebunden ist. Erst der Kodex generiert einen durch Schichtung optimierten und zugleich dynamisierten Speicher (Bickenbach 1999), der nicht mehr nur der Linearität der Schrift gilt, sondern durch Paginierung und Indizes sowohl Überblick als auch gezielten Zugriff und somit eine Erinnerung an konkrete Stellen ermöglicht (→ Lesezeichen). Schon Plinius d. Ä. argumentiert mit dem Inhaltsverzeichnis der *Historia Naturalis* gegen die Notwendigkeit durchgehender Lektüre. Erste Indizes korrelieren die Stellen des Alten und des Neuen Testaments. In der Folge werden → Zitate durch mehrstufige Gliederung zunehmend genauer adressiert. Schon Handschriften entwickeln – mit Ausnahme der Fußnote – alle Mittel zur übergreifenden Orientierung des Leseflusses.

Die Evolution des B.s ist die Form der Seite *(pagina)*, die den Text als mnemotechnische Gestalt hervorbringt und zugleich die Navigation des

Blätterns ermöglicht. Die Seite ist nicht nur gattungstypisches Format (Folio/Oktav), sondern auch mnemotechnische Schnittstelle der Lektüre. Schrifttype, Spatiierung und Absatzgliederung erleichtern nicht nur die lineare Lektüre, sondern ermöglichen zugleich in Form der individuellen Gestaltung einer jeden Seite die Ausbildung eines visuellen Stellengedächtnisses (Carruthers 1990). Um sich im B. zu orientieren und bestimmte Stellen herauszugreifen, reicht es nun aus zu blättern.

Der Buchdruck etabliert die Form B. als öffentliches Gedächtnis (→ Bibliothek). Die Kombination der Form des B.s mit der Reproduktionstechnik des Drucks hat in der frühen Neuzeit das verfügbare Wissen *vermehrt* und zugleich in neuer Form *organisiert* (→ Lexikon, → Wissen; Giesecke 1991). Aber erst durch die Entwicklung elektronischer Textverarbeitung (Hypertext; vgl. → Internet) ist das B. als historische Form des Textes wieder bewusst geworden. Die Hypertexttheorie kann dabei an poststrukturalistische Positionen anschließen, die das B. als Form der Totalität gegen einen offenen Schrift- und Textbegriff setzen (Wetzel 1993). Das Modell B. wird als Modell hierarchischer, statisch angeordneter linearer Strukturen gewertet, welches jedoch sein Gedächtnis nicht einfach im Inneren aufbewahrt, sondern inter- und kontextuell durch Lektüre vernetzt ist (→ Intertextualität). Das so aufgefasste B. speichert nicht nur Inhalte, sondern zugleich Zeitkontext und Rezeptionsgeschichte seiner Texte. Es ist daher nicht Gedächtnis im Sinne eines als Speicher gedachten Mediums, sondern Medium multipler Gedächtnisse, deren Verlässlichkeit bezweifelt werden kann (‹totes Bücherwissen›), dessen Organisationsaufwand (‹gutes Buch›) jedoch öffentlich als Autorität anerkannt wird (→ Kanon).

M. Bickenbach, Von den Möglichkeiten einer ‹inneren› Geschichte des Lesens, Tübingen 1999; M. Wetzel, Die Enden des Buches und die Wiederkehr der Schrift, München 1993; M. Giesecke, Der Buchdruck in der frühen Neuzeit. Eine historische Fallstudie über die Durchsetzung neuer Informations- und Kommunikationstechnologien, Frankfurt/M. 1991; M. Carruthers, The Book of Memory. A Study of Memory in Medieval Culture, Cambridge MA 1990; R. Darnton, What is the History of Books?, in: C. Davidson (Hg.), Reading in America. Literature and Social History, Baltimore/London 1989, S. 27–51.

Matthias Bickenbach

Buße

(ahd./mhd. *buoz*: Besserung). Handlung oder Haltung, die darauf abzielt, ein gestörtes Verhältnis zwischen der Sphäre des Göttlichen und einem sündhaften Individuum bzw. Kollektiv im Rückbezug auf eine Verfehlung wiederherzustellen. Wesentlich für die B. ist, dass die Wiedererinnerung einer früheren Übertretung einhergeht mit dem Verlangen nach Vergebung, Genugtuung (Sühne) oder Reinigung. Abgegrenzt werden muss B. gegenüber Praktiken des → Verdrängens oder → Vergessens (z. B. ‹Sündenbock›).

Im katholischen Verständnis ist die Verankerung der B. in der Trias *wahre* Reue, B. und *Umkehr* zentral. Umkehr als Neugestaltung des Lebens erzeugt erst den signifikanten Unterschied vom inhaltslosen → Ritual zum glaubwürdigen Akt (→ Augustinus, → Autobiographie). Die Beichte, in der die wiedererinnerte Sünde ausgesprochen und bekannt wird, ist hier von großer Bedeutung. Für das Entstehen moderner introspektiver Praktiken – mit dem Ziel der Selbsterkenntnis *und* Selbstkontrolle – werden einerseits Reformbewegungen des Katholizismus verantwortlich gemacht (Einrichtung der individuellen jährlichen Ohrenbeichte im Zuge des IV. Laterankonzils, B.-Predigten der Bettelorden), andererseits die Auflösung des B.-Sakraments im Protestantismus zugunsten eines privaten Dialogs mit Gott. So optierte Luther für eine lebenslange B.-Haltung, die nicht an Reue und B.-Akte geknüpft ist. Wichtig ist hierbei, dass die Glaubwürdigkeit der individuellen B.-Haltung mitkommuniziert wird und intersubjektiv (zumindest vor Gott) überprüfbar ist.

Kollektive, stellvertretende und öffentliche B.-Praktiken werden heute wieder gegenüber privaten Praktiken aufgewertet. Hierbei muss, bei Verzicht auf ein Korrektiv ‹Gott›, B. in der medialen Öffentlichkeit Glaubwürdigkeit und Vertrauen erzeugen. Dies gilt vor allem im Zusammenhang mit Vergangenheitsbewältigung. So machte die Walser-Debatte deutlich, dass die Verlagerung von öffentlichen rituellen B.-Akten hin zur subjektiven Wiedererinnerung ebenso als Verdrängung interpretiert werden kann (→ Gewissen, → Schlussstrich). Die katholische Kirche setzte mit Papst Johannes Paul II. zum Jahr 2000 auf ein öffentliches Schuldbekenntnis zwecks «Reinigung des Gedächtnisses». Im Zusammenhang mit öffentlichen Entschuldigungen für Rassismus und Sklaverei diskutiert der amerikanische Kommunitarismus die Restaurierung ursprünglich religiöser Konzepte wie B. und Reue. Vollends formalisiert und nicht mehr von einer → Strafe zu unterscheiden ist die B. in Form des Bußgeldes.

A. Etzioni (Hg.), Repentance in civic and religious traditions, in: American Behavioral Scientist, Jg. 41, Nr. 6, 1998; Artikel Buße, in: Theologische Realenzyklopädie, Bd. 7, Berlin/New York 1981, S. 430–496.

Dirk Müller

Chronik

(lat. *chronica*, nach griech. *chrónos*: Zeit). Früher auch: ‹Zeitbuch›. Historische Überlieferungsform von Zeitgeschichte *(historia sui temporis)* oder, in einem retrospektiven Überblick über das Gesamt gewesenen Geschehens, von Weltgeschichte (→ Geschichte). Von ihrer Bedeutungswurzel her verstanden, verfährt die C. im Sinne einer sukzessiv registrierenden, seriellen Auflistung von Geschehnissen (Danto 1982), um sie, in identitätsstiftend normativer Funktion, durch Aufschreiben vor ihrem Vergessenwerden zu bewahren (→ Dokument). Im Unterschied zur → Ereignisse verknüpfenden Plotstruktur narrativer Geschichtserklärung ist es die logische Struktur der C., im Fehlen narrativer Geschlossenheit nicht mehr wiederzugeben, als *dass* ein Ereignis geschah (H. White, *Die Bedeutung der Form. Erzählstrukturen in der Geschichtsschreibung*; → Narration). Bereits bei Thukydides wird mit dem Anspruch, die *Geschichte des Peloponnesischen Krieges* wahr darzustellen, das methodologische Problem jedweder Historiographie und Geschichtswissenschaft benannt, wie eine C. überhaupt objektiv kundgegeben werden kann, wenn ein Chronist aufgrund der Selektion der Ereignisse, wertender Beurteilung und mangelndem Gedächtnis bei ihrer Rekonstruktion unweigerlich in die aufzuzeichnenden Ereignisse involviert ist.

Im Mittelalter wird die C. von Welt- und Zeitgeschichte in nicht immer klarer Abtrennung von den → Annalen (Zeittafeln) zu einer literarischen Gattung erhoben: Ihrer formalen Struktur entgegen, entstehen hier durch narrative Synchronisation von Welt- und Heilsgeschehen dabei als Gegenbild zur profanen Volksgeschichte die vom christlichen Geschichtsbild dominierten Welt-C.en. Der Lebensaltermetapher folgend, konzipieren sie Geschichte phasenweise vom Weltanfang bis zum Kommen des Antichristen als Weltende. Die *chronicorum canones* (325 n. Chr.) von Eusebius von Caesarea, die biblische Geschichte mit Antike synchronisiert, fungiert dabei als «Grundlage mittelalterlicher Weltgeschichtsschreibung» (Grundmann 1967). In der Neuzeit wird die C. durch den Zerfall der Vorherrschaft des christlichen Weltbildes durch Historiographie und aufkommende → Geschichtsphilosophie der Aufklärung ersetzt. Im 20. Jh. entwickelt → W. Benjamin (1936/1977) einen Begriff des Erzählens unter Bezug auf die mittelalterliche C. Verdankt sich Erzählen grundsätzlich der Struktur des → Bewusstseins von → Zeit, so erzählt der Chronist subjektive Erinnerungen an eine gerade erst vergangene → Gegenwart (→ Erfahrung). Die von Benjamin für falsch erachtete Sinntotalität ‹großer Erzählungen›, die sich erst im historischen Rückblick ergibt, kann so nicht zustande kommen. Im Hintergrund steht für Benjamin die geschichtsphilosophische Auffassung, dem Geschichte-*Erzählen* vor jeder objektiven Geschichts-*Erklärung* den Vorzug zu geben.

Wie C. Hein, der sich als *Chronist ohne Botschaft* versteht *(Horns Ende)*, oder R. Goetz, der Alltag im Medium des hypertextuellen Internettagebuchs weltweit als → *Abfall für alle* zur Verfügung stellt (→ Internet, → Tagebuch), entwickelt im späten 20. Jh. auch B. Strauß ein poetologisches Konzept *literarischer* C.: In spezifischer Ausprägung und Interpretation der abendländischen Erinnerungskonzeption wird es durch das Philosophem «Einstweh» bestimmt. Der Chronist fungiert dabei als «Schriftfortsetzer», als traditionsbewahrender Kopist und Überschreiber von ihm zum → Kanon erhobener Texte (→ Intertextualität, → Palimpsest). Insofern die selbst kanonisierte → Tradition zum Maßstab einer Charakterisierung von *Zeitgeschichte* avanciert, wird der Chronist durch die für den Zeitgeist ungemäßen Beurteilungen zum «militanten Anachronisten» (B. Strauß, *Die Fehler des Kopisten*).

R. Wansing, Geschicht, Geschichte und Geschichten. Geschichtsbildung im poetologischen Konzept *Literarischer Chronik* bei Botho Strauß, in: Journal of the Faculty of Letters, The University of Tokyo, Aesthetics, Bd. 23/24, 1998/99, S. 43–65; A. C. Danto, Erzählung, Erkenntnis und die Philosophie der Geschichte, in: E. Lämmert (Hg.), Erzählforschung, Stuttgart 1982, S. 643–659; H. Grundmann, Geschichtsschreibung im Mittelalter, in: W. Stammler (Hg.), Deutsche Philologie im Aufriß, Bd. 3, 2. Aufl. Berlin 1967, S. 2221–2284; W. Benjamin, Der Erzähler (1936), in: ders., Gesammelte Schriften, Bd. 2, Frankfurt/M. 1977, S. 438–465.

Rudolf Wansing

Chronologie → Autobiographie, → Chronik, → Datum, → Narration, → Tagebuch, → Vergangenheit, → Zeit, → Zeitreise, → Zerfall

Chunking

(engl. *chunk*: Brocken, Klumpen). Spezifische Organisationsform von Gedächtnisinhalten, bei der einzelne Gedächtnisitems zu festen Gruppen *(chunks)* verbunden sind. Die Chunkbildung wird durch verschiedene Mechanismen unterstützt, z. B. durch kategoriale → Organisation und durch Rhythmisierung (vgl. → Reim, → Versmaß). Das C. von Elementen in größere Einheiten ist eine Codierungsstrategie, mit Hilfe deren die Gedächtniskapazität (→ Kapazität) erheblich gesteigert werden kann, da bei der freien Wiedergabe von Gedächtnisinhalten anstatt einer Vielzahl von Einzelelementen nur eine Einheit aktiviert wird.

Der Begriff des C. wurde 1956 von G. A. Miller (1956) eingeführt. Die C.-Hypothese beinhaltet Aussagen über den Umfang der Kurzzeitgedächtnisspanne, die nach Miller etwa 7 ± 2 *chunks* beträgt (*magical number seven*; → Gedächtnisspanne, → Kurzzeitgedächtnis). Dabei wird der spezifische Inhalt einzelner *chunks* als unbedeutend für das Kurzzeitbehalten gesehen, d. h., die Gedächtnisspanne beträgt unabhängig von Reizmaterialien wie Binärzahlen, Dezimalzahlen, Buchstaben oder Wörtern in etwa fünf bis neun *chunks*, während der → Informationsgehalt *(bits)* dieser Materialien sehr unterschiedlich sein kann. Neuere Arbeiten zeigen jedoch, dass die Gedächtnisspanne reizabhängig ist. Sie ist z. B. für Wörter größer als für Nichtwörter (Hulme u. a. 1997). Der klassische Aufsatz von Miller ist historisch bedeutsam, weil die Ergebnisse seiner Untersuchungen belegen, dass Maße der informationstheoretischen Psychologie nicht auf die Messung der Kurzzeitgedächtnisspanne anwendbar sind.

Die Bildung von *chunks* sieht Miller als das Ergebnis längerfristiger Lernprozesse (→ Lernen, → Übung), eine Annahme, die insbesondere von der Problemlöseforschung aufgegriffen und untersucht wurde. Experten unterscheiden sich von Novizen in der Ausbildung von *chunks*, mit der eine größere Menge an Information zur Lösung eines Problems verfügbar wird (Chase/Simon 1973). Beispielsweise unterscheiden sich erfahrene von unerfahrenen Schachspielern wesentlich in der Verfügbarkeit größerer → Wissenseinheiten und können durch die → Aktivierung von *chunks* den Informationsgehalt vorgegebener Schachkonfigurationen erheblich reduzieren.

Obwohl sich Millers C.-Hypothese lange Zeit behaupten konnte, ist sie aus Sicht der heutigen Gedächtnispsychologie unzureichend. Unumstritten bleibt, dass für das kurzfristige Behalten von Information die Wahrnehmung von Reizen als Einheiten eine entscheidende Rolle spielt, welche letztlich die Obergrenze des Kurzzeitgedächtnisses bestimmt. Heutige Ansätze vermeiden den Begriff der Kapazität des Kurzzeitgedächtnisses und heben hervor, dass das Behalten von *chunks* vor allem von optimalen Bedingungen, d. h. von den Aufgabenanforderungen, abhängig ist (vgl. Kintsch 1982).

C. Hulme u. a., Word frequency effects in short-term memory tasks: Evidence for a reintegration process in immediate serial recall, in: Journal of Experimental Psychology, Learning Memory and Cognition, Bd. 23, 1997, S. 1217–1253; W. Kintsch, Gedächtnis und Kognition, Berlin 1982; W. Chase/H. A. Simon, Perception in chess, in: Cognitive Psychology, Bd. 4, 1973, S. 55–81; G. A. Miller, The magical number seven plus or minus two: Some limits on our capacity for processing information, in: Psychological Review, Bd. 63, 1956, S. 81–97.

Jutta Kray, Axel Mecklinger

Code

I. (lat. *caudex*: Schreibtafel, Buch, Verzeichnis). *In der Semiotik:* Übertragungsregel, die eine Zeichenebene mit einer Bedeutungsebene verbindet und deren Regelhaftigkeit synchron wie diachron notwendige Vorbedingung von → Kommunikation ist. C.s tradieren und garantieren die Lesbarkeit von Zeichensystemen (→ Zeichen, vgl. → Zeitkapsel) und präformieren durch ihren «tiefenstrukturellen» (A. Greimas) Charakter → kulturelle Gedächtnisse. Dabei lassen sich C.s nach syntaktischen (Vereinbarkeiten und Unvereinbarkeiten festlegenden) und semantischen (Verweisungszusammenhänge betreffenden) Regeln bestimmen (Eco 1985). Ob und wie die fundamentalen C.s einer → Kultur überhaupt sichtbar gemacht und beschrieben werden können, ist umstritten (Foucault 1972).

U. Eco, Semiotik und Philosophie der Sprache, München 1985; M. Foucault, Die Ordnung der Dinge, Frankfurt/M. 1972.

Peter Risthaus

II. *In der Systemtheorie:* binäre Disjunktion kommunikativer Präferenzgesichtspunkte (z. B. wahr/unwahr oder schön/hässlich), die der Ausdifferenzierung von sozialen Systemen (z. B. des Wissenschaftssystems oder des Kunstsystems) zugrunde liegt. Der C. dient dabei als Leitunterscheidung, welche die Kommunikationsmöglichkeiten eines sozialen Systems zugleich begrenzt und ermöglicht (→ Struktur). Funktionsbedingungen eines C.s sind seine Besonderheit, Wiederholbarkeit, Begrenztheit, Generalisierbarkeit und Reflexivität (→ Rekursivität). Neben der *Codierung* durch den binären Schematismus ihrer Leitunterscheidung bedürfen Kommunikationssysteme ferner einer entsprechenden *Programmierung*, welche die aktuelle Operationalisierbarkeit der Disjunktion (z. B. bei der Herstellung, Beurteilung und Bewertung von Kunstwerken) gewährleistet. Wie das Gelingen von → Kommunikation auf der binären Disjunktion des C.s als solcher beruht, operiert auch das Systemgedächtnis mit einer binären Unterscheidung von *Erinnern* (Anschlussfähigkeit, Gedächtnisbildung) und → *Vergessen* (Ausschlussfähigkeit, Gedächtnisentlastung).

N. Luhmann, Die Gesellschaft der Gesellschaft, Frankfurt/M. 1997; ders., Ist Kunst codierbar?, in: ders., Soziologische Aufklärung 3, Opladen 1981, S. 245–266.

Christoph Neubert

III. *In der Psychologie:* → Encodierung/Decodierung

Computer

I. (lat. *computare*: zusammenrechnen). Programmierbare Rechenmaschine, deren Funktionsprinzip in der Eingabe, der Verarbeitung und der Ausgabe von Daten besteht. Das → Speichern von → Informationen kann als eine Grundoperation des C.s angesehen werden. Die Möglichkeit, sie zu einem späteren Zeitpunkt wieder ‹erinnern› und ‹verarbeiten› zu können (→ Abruf), motiviert dazu, das menschliche Gedächtnis in Analogie zur universellen Maschine, dem C., zu beschreiben. Die Validität dieses → Vergleichs wird durch die Frage bestimmt, inwieweit die Begriffe Information, Erinnerung und Verarbeitung ähnliche Funktionen und Prozesse beschreiben.

C. zeichnen sich dadurch aus, dass sie keinen strukturellen Unterschied zwischen Daten kennen, die als Anweisungen für Rechenoperationen (Programme) dienen, und Anwendungsdaten, deren Verarbeitung den Zweck von Programmen bildet. Während Programmierer und Benutzer von C.n die von ihnen erzeugten oder abgerufenen Daten als deutungstragende Wissenselemente (semantische bzw. pragmatische Informationen) betrachten, verarbeitet sie der Rechner als quantisierte, binäre (digitale) physikalische Signale, die zur Steuerung von Operationen dienen, die ihrerseits wiederum die Veränderungen von anderen Signalen (Daten) bewirken. Informationen, die aus der Sicht des Anwenders in verschiedener Gestalt vorliegen (Bilder, Texte, Töne, Zeichnungen, physikalische Messwerte, statistische Auswertungen usw.), müssen vor der Verarbeitung durch den C. deshalb zunächst in die Form von prozessierbaren Daten (In-Formation) überführt, d. h. digitalisiert werden. Neben dieser Vereinheitlichung muss ihnen ein Bedeutungskontext auf der Basis von standardisierten Datenformaten (ASCII, DOC, EXE usw.) zugewiesen werden, damit sie korrekt zugeordnet und verarbeitet werden können.

Zur Grundarchitektur eines Digitalrechners gehören heute drei unterschiedliche Speicherbereiche: das ROM *(Read Only Memory)*, das RAM *(Random Access Memory)* sowie interne und externe Massenspeicher. Diese Einteilung lässt erkennen, dass die Verarbeitung und Speicherung von Anwenderdaten nur einen Bruchteil der Rechenoperationen ausmachen. Beim Einschalten eines C.s (Kaltstart) wird aus einem Festspeicherbereich, dem ROM, das BIOS *(Basic Input Output System)* aktiviert. Es dient dazu, die wesentlichen Systemkomponenten des Rechners zu erkennen, zu testen und zu aktivieren. Anschließend lädt es das Betriebssystem, das OS *(Operating System)*, von einem Massenspeichermedium in den Arbeitsspeicher. Wenn dies abgeschlossen ist, wird über ein Ausgabegerät – z. B. über den Bildschirm – die Funktionsbereitschaft des Rechners gemeldet und auf Eingaben des Nutzers gewartet bzw. der automatische Start von weiteren Programmen initiiert.

Technisch ist das BIOS auf der Hauptplatine des C.s in PROM-Bausteinen *(Programmable Read Only Memory)* permanent gespeichert. ROM-Chips werden nicht nur für das BIOS des C.s eingesetzt, sondern finden sich in vielen Funktionen und Komponenten, z. B. in der Tastatur, in Druckern, auf Sound- und Graphikkarten oder in SCSI-Erweiterungskarten *(Small Computer System Interface Hostadapter)*. PROM-Chips verbinden den Vorteil einer permanenten Speicherung von Programmroutinen (→ Routine) mit der Möglichkeit, die ‹fest eingebrannten› Programme löschen *(Electrically Erasable PROM)* und durch Upgrades ersetzen zu können *(Flash-Memory, Flash-BIOS)*.

Die einzelnen Speicherzellen des Arbeitsspeichers des C.s, die RAM-Chips, können in Form einer Matrix von Zeilen und Spalten *(pages)* direkt adressiert, d. h. vom Rechner angesprochen werden. Da es keine festen Adressen (Orte) von Datenfiles im Arbeitsspeicher gibt, werden in einen speziellen Speicherbereich, die FAT *(File Allocation Table)*, die Sprungadressen für die dynamische Speicherverwaltung des RAM-Bereichs abgelegt. Beginnend mit dem Kaltstart und während des gesamten Betriebs des C.s laufen im Hauptprozessor des C.s parallele Speicheroperationen auf unterschiedlichen Ebenen ab. Daten werden über die internen BUS-Systeme (Datenbus, Adressbus und Steuerbus) aus dem Arbeitsspeicher des Rechners angefordert, in Zwischenspeichern, den Registern der ALU *(Arithmetic and Logic Unit)* bzw. im Daten-Cache (Pufferspeicher) der FPU *(Floating Point Unit)* oder im Programmcache abgelegt, verarbeitet und in den RAM-Bereich zurückgespeichert. Input- und Outputgeräte wie Tastatur, optische Maus, Modem, Scanner oder Bildschirme können ebenfalls RAM-Bausteine enthalten, die den Hauptprozessor durch ihre eigenen, dezentralen Speicherkapazitäten entlasten (→ Kapazität) und eine ‹intelligente Kommunikation› mit anderen Komponenten des Rechners erlauben.

Steuerungsbefehle durch den Nutzer oder interne Programmanweisungen z. B. zum automatischen Zwischenspeichern von Daten regeln den Zugriff auf die Massenspeicher des C.s. Sein wichtigstes Speichermedium ist derzeit die Festplatte *(Harddisk)*, in deren staubdichtem Gehäuse eine oder mehrere beschichtete Aluminiumscheiben mit einer Umdrehungsgeschwindigkeit bis zu 12 000 UpM rotieren. Die Daten werden durch elektrisch induzierte Impulse der Schreibköpfe gespeichert, die die Oberfläche der Platte magnetisieren. Die zu speichernden Datenfiles werden nicht kontinuierlich auf der Festplatte gespeichert, sondern möglichst zugriffsoptimiert in unterschiedlichen → Spuren *(Tracks)* und Sektoren auf allen verfügbaren Oberflächen abgelegt. Informationen über die Verknüpfung der File-Segmente in den Sektoren werden zusammen mit den Anwendungs- bzw. Programmdaten abgespeichert (vgl. → Organisation). Disketten und andere magnetische Wechselspeichermedien arbeiten nach dem gleichen Funktionsprinzip.

Wesentliche Bedeutung für eine platzsparende Speicherung von digitalisierten Daten verschiedenster Formate haben optische Speichermedien erlangt. Die Compact Disc, z. B. die CD-ROM, wird in nächster Zeit durch die entsprechenden Nachfolgetechnologien der DVD *(Digital Versatile Disk* oder *Digital Video Disk)* mit wesentlich erhöhter Speicherkapazität verdrängt werden. Beide Datenträger ermöglichen prinzipiell sowohl Lese- als auch Schreibzugriffe und beruhen auf dem Prinzip der seriellen Speicherung bzw. Abtastung einer spiralförmigen Spur, die im Gegensatz zur herkömmlichen Schallplatte von der Mitte zum Rand gelesen bzw. beschrieben wird (vgl. → Phonograph). Die Daten werden in sehr kleinen Vertiefungen (*pits*) in dieser Spur gespeichert und können durch einen Laserstrahl abgetastet bzw. eingebrannt werden. Ein Mikroprozessor transformiert sie während des Lese- bzw. Schreibprozesses in das gewünschte Datenformat. Analoge Audiosignale, Videodaten oder digitale Informationen zur Übertragung in den Arbeitsspeicher eines C.s lassen sich somit gleichermaßen auf einer CD abspeichern.

Die Analogie zwischen C. und Gedächtnis ist aufgrund der verteilten und in den unterschiedlichen Komponenten des C.s parallel stattfindenden Rechenoperationen zu differenzieren. Die geläufige Vorstellung vom C. als abgeschlossener Einheit, die sich durch seine Programmoperationen selbst organisiert, ist zu ersetzen durch das Konzept eines operationalen → Netzwerks von Gerätekomponenten, in denen eigenständige, spezialisierte Rechenleistungen erbracht werden, auch wenn dies für den Anwender nur teilweise ersichtlich ist. Das in der Neurologie diskutierte Modell eines modularisierten Gedächtnisses – aufbauend auf vorbewussten neuronalen Operationen – kommt deshalb der technischen Komplexität des C.s ebenso wie der neuronalen Komplexität des → Gehirns näher (vgl. → Konnektivität).

O. Rosenbaum, Expert-Praxislexikon EDV-Abkürzungen. 11.111 Begriffe aus Elektronik, Computertechnik und Telekommunikation, Renningen 2000; W. Schiffmann/O. Schmitz, Grundlagen der Computertechnik. Technische Informatik, Bd. 3, 3. Aufl. Berlin u. a. 1999.

Peter M. Spangenberg

II. Eine Verbindung zwischen C. und Gedächtnis wird meist sehr kurzschlüssig hergestellt: in den 1960er Jahren in der Metapher des ‹Elektronengehirns› und gegenwärtig, wenn vom Datennetz als einem ‹Weltgedächtnis› die Rede ist (→ Internet). Weil C. über Speicherfunktionen verfügen, schließen sie medienhistorisch an die → Schrift und ihre → Archiv-Logik an; der Begriff des Pro*gramms* hält die Tatsache fest, dass eine Nieder*schrift* – niedergelegte → Vergangenheit – aktuelle Vorgänge, → Gegenwart und → Zukunft, determiniert. Und umgekehrt ist unsere Auffassung vom menschlichen Gedächtnis von Computermetaphern tief gehend geprägt (→ Gedächtnismetapher): So sprechen wir im Alltag von ‹Speichern› und ‹Abrufen›, und die Neuropsychologie hat sich zumindest zeitweilig an Forschungsmodellen der → Künstlichen Intelligenz orientiert (→ Kognition). Gegenüber dem hinfälligen menschlichen Gedächtnis müssen Schrift und elektronische Speicher als überlegen er-

scheinen; quantitativ nahezu unbegrenzt geben sie präzise und zuverlässig wieder, was einmal abgelegt wurde. Ist das Gedächtnis immer vom
→ Vergessen bedroht, kennen C. solche Probleme, zumindest idealtypisch, nicht. Allerdings ist die Gleichsetzung von Gedächtnis und mechanischen Speichern auch fundiert kritisiert worden. Die Gedächtnistheorie hat hervorgehoben, dass das menschliche Gedächtnis seine Inhalte
selbständig-unbewusst selektiert, bewertet, integriert und bearbeitet
(→ F. C. Bartlett, → Konstruktion); dass es Differenzen zwischen ‹Input›
und ‹Output› gibt, ist insofern nicht Defekt, sondern Anzeichen für die
Arbeit, die das Gedächtnis zwischen ursprünglicher Wahrnehmung und
Erinnerung leistet.

Dies zwingt möglicherweise dazu, das Vergessen neu und positiver zu
bewerten; vor allem erscheint die Präzision mechanischer Speicher dadurch in anderem Licht. Dass C. einer additiven Grundlogik folgen, die
nur Bewahren oder Löschen kennt, erscheint als eine relativ schlichte Lösung, die maßlose Aufhäufung von Daten und die Klage, dass im → Internet das weiße Rauschen die → Information zunehmend verschlingt,
als deren notwendige Folge. Es entsteht die Frage, welche spezifische Art
der → Traditionsbildung im Diskurs der Rechner sich herausbilden wird;
die schnelle Entwicklung immer größerer Speicher hat zur Utopie geführt, überhaupt nichts zu löschen und alle vergangenen Zustände in die
Gegenwart hinein zu bewahren. Damit wäre die historische Bewegung
des Diskurses in einer allumfassenden → Gegenwart zum Stillstand gebracht; dass die C.-Entwicklung gleichzeitig in einer hektischen Folge
von Updates, Versionen und Generationen vorwärts stürmt, zeigt, wie
wenig die Utopie den tatsächlichen Verhältnissen entspricht.

Als eine → ‹Externalisierung› des menschlichen Gedächtnisses aber
hat man den C. noch aus einem anderen Grund betrachtet. Netzförmige
Verweise, wie sie als ‹Links› die Oberfläche von Hypertextsystemen bestimmen (vgl. → Internet), sind schon sehr früh in den Termini der Assoziationspsychologie beschrieben worden (→ Assoziation). Da auch das
Gedächtnis seine Inhalte zu Ketten verknüpft und diese zu Netzen verdichtet, liegt es nahe, den C. als eine Externalisierung dieser Struktur und
als ein Gedächtnis – nun auf kollektiver Ebene – zu fassen. Auch der Bezug auf die Assoziationspsychologie allerdings ist kurzschlüssig. Als Glied
der Vermittlung kämen Theorien zu anderen Medien in Frage; die Se-
mantiktheorie z. B. beschreibt den Wortschatz der Sprache in ähnlicher
Weise als ein Netz, das in negativ-differenziellen Verweisen sich artikuliert. Eher als auf das Gedächtnis verweist der C. insofern auf das Kollektivgedächtnis der Sprache zurück (vgl. → Zeichen).

H. Winkler, Docuverse. Zur Medientheorie der Computer, München 1997; G. A. Miller, Wörter. Streifzüge durch die Psycholinguistik, Heidelberg 1993; V. Bush, As We May Think (1945), in: Formdiskurs, 1. Jg., Nr. 2, 1997, S. 136–147.

Hartmut Winkler

Cortex → Großhirn

Dachboden

Auch: Speicher; der höchste Aufbewahrungs- oder auch Wohnort in einem Haus direkt unter dem Dach. Als realer Aufbewahrungsort ist der D. ein Ort für die unverderblichen, weder temperatur- noch lichtempfindlichen Dinge (Möbel, Kleider) im Gegensatz zum Keller, wo sowohl verderbliche Dinge (Lebensmittel, Wein) als auch Brennstoffe gelagert werden (→ Konservierung). Zugleich ist der D. ein symbolischer Ort: In Kontrast zum Keller ist hier der Ort der Rationalität, der Klarheit und der Verbindung zum Himmel. «Im Dachboden sieht man mit Vergnügen das starre Gerippe des Balkenwerks bloßgelegt. Man hat Teil an der soliden Geometrie des Zimmermanns» (Bachelard 1987, S. 43). Der Keller ist demgegenüber ein Ort der Dunkelheit, der Ängste und der Verbindung zum Unterirdischen: «Im Keller ist die Rationalisierung [...] niemals endgültig. Im Speicher kann die Erfahrung des Tages immer wieder die Ängste der Nacht auslöschen» (S. 44). Die topophilen Analysen G. Bachelards haben in diesem Sinn eine Karte des Hauses als → Gedächtnisort gezeichnet, der in sich hoch differenziert und kulturell ebenso differenziert konnotiert ist. Für → J. Derrida ist der D. der Ort des Erhabenen, an dem → Bücher und Manuskripte (→ Dokument, → Tagebuch) aufbewahrt werden können (→ Archiv). In der Geschichte des Judentums wurde der D. auf dem Lande immer wieder als Versammlungsort und Aufbewahrungsort für die Kultgegenstände der Gemeinde benutzt. In der Perspektive der Ökopsychologie besteht der D. aus Sedimenten vergangener Zeiten, aus Objekten, die, obwohl nutzlos geworden, dennoch aufbewahrt werden. «Das Aufräumen eines Speichers gleicht dem Kramen in Erinnerungen» (Habermas 1999, S. 121; → Abfall, → Sammeln). Der D. ist ein Ort für → Souvenirs, d. h., in der Sprache der Objekttheorie, für Erinnerungsobjekte. In der Literatur wird der D. ganz in diesem Sinn zum Ort der Gleichzeitigkeit vergangener Zeiten mit der → Gegenwart, der wie ein → Gehirn in verschiedene Kammern und Funktionsräume unterteilt sein kann und darüber hinaus das Innere des Hauses mit einem Außen verbindet (Modick 1994).

T. Habermas, Geliebte Objekte. Symbole und Instrumente der Identitätsbildung, Frankfurt/M. 1999; K. Modick, Die Schrift vom Speicher. Roman, Frankfurt/M. 1994; H. Blumenberg, Höhlenausgänge, Frankfurt/M. 1989; G. Bachelard, Poetik des Raumes, Frankfurt/M. 1987; P. Korosec-Serfaty, The home from attic to cellar, in: Journal of Environmental Psychology, Bd. 4, 1984, S. 303–321.

Stefan Hesper

damnatio memoriae

(lat. *damnatio*: Verurteilung, *memoria*: Gedächtnis). Allgemein versteht man heute unter *d. m.* die bewusst vorgenommene (meist politisch motivierte) Tilgung der Erinnerung an Personen oder → Ereignisse. Die spezielle Bedeutung des Begriffs in den Altertumswissenschaften wird in den Quellen des römischen Rechts als *memoria damnata* bezeichnet. Nach der Hinrichtung eines Angeklagten im Hochverratsprozess konnten über diesen umfassende ‹Memoriastrafen› verhängt werden (→ Strafe), d. h., das übliche Trauer- und Gedenkgebot wurde in sein Gegenteil verkehrt (→ Ruhm, → Tod). Besondere Bedeutung nimmt die *d. m.* im Rahmen des durch den Senat abgehaltenen Totengerichts über den verstorbenen Kaiser ein. Neben der → Zerstörung aller Bildnisse des Verurteilten im öffentlichen und privaten Raum (Bildstrafen; → Porträt), dem Verschweigen seines → Namens und dessen Tilgung in Inschriften (Namensstrafen; vgl. → Epitaph) reichen die Formen der *d. m.* im kaiserzeitlichen Rom bis zum Verbot der ehrenhaften Bestattung (→ Grabmal) sowie der (öffentlich inszenierten) → Trauer und schließlich der Verfluchung des Geburtstages des Verstorbenen (→ Jahrestag).

C. Gizewski, *damnatio memoriae*, in: Der Neue Pauly. Enzyklopädie der Antike, Bd. 3, Stuttgart 1997, S. 300; F. Vittinghoff, Der Staatsfeind in der römischen Kaiserzeit. Untersuchungen zur «damnatio memoriae», Berlin 1936.

Marc von der Höh

Datenbank

Integrierte Ansammlung einer großen Menge persistenter, strukturierter und elektronisch verarbeitbarer Daten (→ Computer), die einer Vielzahl von Anwendern (z. B. in einem Unternehmen) als gemeinsame Informationsbasis zur Erreichung bestimmter aktueller Zwecke dient (→ Organisationsgedächtnis). Daten lassen sich dabei als formalisierte Beschreibungen der für einen Anwendungsbericht relevanten realen Entitäten und ihrer natürlichen Beziehungen auffassen. Jede D. repräsentiert somit das Modell eines Ausschnitts der realen Welt. Benutzerschnittstelle einer D. ist das D.-Management-System (DBMS), das zusammen mit der D. (DB) das übergreifende D.-System (DBS) bildet. D.-Systeme werden über das zugrunde liegende *Datenmodell*, d. h. die abstrakte Konzeptualisierung von Informationseinheiten und ihren Beziehungen, klassifiziert. Am verbreitetsten ist das relationale Datenmodell (Codd 1970), bei dem man sich den Datenbestand in Form verknüpfter Tabellen vorstellen kann. Daneben existieren hierarchische, netzwerkorientierte, objektrelationale und objektorientierte Datenmodelle.

Die Architektur moderner D.en beinhaltet drei Abstraktionsschichten mit einem jeweils assoziierten *Datenschema* (ANSI/X3/SPARC 1975): Das *interne* → Schema definiert die physische Organisation der Daten auf materiellen → Speichermedien. Das *konzeptuelle* Schema beschreibt die logische Gesamtheit der Daten sowie ihrer Beziehungen (→ Struktur). Das *externe* Schema definiert unterschiedliche Zugriffsmöglichkeiten für Anwendergruppen bzw. -programme (→ Katalog). Entsprechend lassen sich D.en aus einer intern-physischen Sicht, einer konzeptuell-logischen Gesamtsicht und mehreren externen Benutzersichten betrachten. Repräsentiert die konzeptuelle Sicht der D. das vollständige Gedächtnis aller potenziellen Anwender, so stellen externe Sichten jeweils einen Ausschnitt der D. und damit eine Art individuelles Benutzergedächtnis dar.

Die Trennung zwischen internem und konzeptuellem Datenschema garantiert die *physische Unabhängigkeit* der Daten von Anwendungsprogrammen, die Trennung zwischen konzeptuellem und externem Schema ihre *logische Unabhängigkeit* von spezifischen Benutzeranforderungen. Die Integration der Ebenen ist Aufgabe des DBMS, das über geeignete Abbildungsregeln zur Übersetzung zwischen internem, konzeptuellem und jeweiligem externen Schema verfügt. Daneben ist das DBMS für die Integrität, Konsistenz und Sicherheit der Daten, Redundanzvermeidung, Abfrageoptimierung sowie für die Koordination gleichzeitiger Zugriffe zuständig.

Kernstück jedes D.-Systems ist somit nicht die eigentliche Datenbasis, sondern das DBMS, das diese gegenbüber der Umwelt isoliert, indem es alle Benutzerzugriffe abfängt, interpretiert und bearbeitet. In Ermanglung einer direkten Interaktion zwischen Benutzer und Datenbasis stellt ein D.-System keinen ‹Gedächtnisbehälter›, sondern eine Menge von Operationsmöglichkeiten dar, die das DBMS bestimmten Benutzergruppen im Rahmen spezifischer externer Schemata zur Verfügung stellt (vgl. → Netzwerk). Die physische und logische Vorhandenheit von → Information innerhalb der D. ist notwendige, nicht jedoch hinreichende Zugriffsbedingung. Entsprechend sind die Funktionen von Erinnern und → Vergessen nicht mit den Operationen des → Speicherns und der → Löschung von Daten, sondern mit den Erfolgsmöglichkeiten zu identifizieren, die eine Abfrage bezogen auf den jeweils ‹sichtbaren› Ausschnitt der D. hat.

C. J. Date, An Introduction to Database Systems, 7. Aufl. Reading MA u. a. 2000; ANSI/X3/SPARC Study Group on Data Base Management Systems. Interim Report 75-02-08, FDT (Bulletin of ACM-SIGMOD), Bd. 7, Nr. 2, 1975; E. F. Codd, A Relational Model of Data for Large Shared Data Banks, in: CACM, Bd. 13, Nr. 6, 1970, S. 377–387.

Christoph Neubert

Datum

(lat. *datum*: gegeben, ausgefertigt am). Ursprünglich als Formel zur Angabe des Ausstellungszeitpunkts einer Urkunde oder eines Briefs (→ Dokument) verwendet, bezeichnet ein D. einen bestimmten Tag nach dem → Kalender. Dieser stellt ein System zur Gliederung von → Zeit dar, wobei der planetarische Erdumlauf um die Sonne und die Umlaufzeit des Mondes um die Erde als Perioden einer Anzahl von ganzen Tagen ausgedrückt werden müssen. Die rund elftägige Differenz zwischen Sonnen- und Mondjahr hat zu einer Vielzahl kulturell verschiedener, teilweise konkurrierender Kalendersysteme und d. h. auch Ordnungs- und Machtzusammenhänge geführt. Daneben steht das D. in dem konstruktiven Spannungsfeld, vergangene → Ereignisse dadurch erinnerbar wie historisierbar zu machen, indem es für diese in Form von → Chroniken, → Jahrestagen usw. eine Rahmung erzeugt, welche der faktischen, internen Diffusität und Kopräsenz aller Erinnerungsverortungen eine chronologische Ordnung zugrunde legt. Das wohl zentrale Beispiel des 9. November (Ausrufung der Republik 1918, Reichspogromnacht 1938, Mauerfall 1989) demonstriert augenfällig, dass Daten nicht vorrangig → Ereignisse, sondern zugleich diachrone wie synchrone Datierungen codieren: Keineswegs ein ‹deutsches Schicksalsdatum›, stellt dieser → Jahrestag eine kulturelle wie kalenderpolitische → Konstruktion dar.

T. Macho, Der 9. November. Kalender als Chiffren der Macht, in: Merkur, Nr. 611, 2000, S. 231–242; M. Halbwachs, Das kollektive Gedächtnis (1950), Frankfurt/M. 1985, v. a. S. 78–126.

Christian Kassung

Dauer

In *objektiver Hinsicht* die zeitliche Ausdehnung der Existenz von Dingen und Prozessen. Als solche steht sie zwischen dem Zeitpunkt und der Unendlichkeit. D. setzt das Vergehen dessen, von dem eine D. ausgesagt wird, voraus (→ Vergänglichkeit). D. ist also sowohl das Fortbestehen einer Entität im Sinne von Dauerhaftigkeit (absolute D.) als auch eine Relation zum Fluss der → Zeit (objektive D.). Thomas von Aquin identifiziert D. *(duratio)* mit Sein *(esse).* → H. Bergson (1896/1994) unterscheidet die quantifizierbare D., die ein Zählen von Simultaneitäten ist (z. B. das Messen der Zeit mit einer Uhr), von der subjektiven, nicht-quantifizierbaren D., die gefühlt wird. So stellt sich eine unterbewusst erlebte Folge von Glockenschlägen dem Bewusstsein zunächst als qualitative Einheit dar. Die Einbildungskraft kann in der konzentrierenden Erinnerung an die qualitative Einheit des Erlebens die Folge der Töne retrospektiv nachbilden, sie so nebeneinander stellen und damit mess- und zählbar machen. D. in *subjektiver Hinsicht* ist unmittelbare Beharrlichkeit im Erleben (→ Erlebnis). D. in diesem Sinn wird als Aspekt des Erlebens intuitiv erfasst und kann nicht gemessen werden. Subjektive D. unterscheidet sich von der Zeit dadurch, dass sie im «Dasein der Erscheinungen in der Zeit» (I. Kant) besteht und «sich von der Wahrnehmung der Vorstellungen, die sich einander in der Seele folgen, ableitet» (→ J. Locke). «Der Begriff der D. ist also ganz relativ» zum aktuellen Erleben des Subjekts (E. B. Condillac). Die D. eines Erlebnisses verändert sich daher in der Erinnerung, weil das Erleben der D. bei einer Erinnerung sich nicht auf die früher erlebte D. bezieht, sondern auf das aktuale Erleben des Sich-Erinnerns.

H. Bergson, Zeit und Freiheit (1896), Hamburg 1994.

Andreas Vieth

Deckerinnerung

Psychoanalytischer Begriff zur Bezeichnung von – wiederholt auftretenden, beharrlichen und häufig sehr detaillierten – Erinnerungen an scheinbar irrelevante → Erlebnisse aus der frühen → Kindheit. Ihre psychische Bedeutung erhalten sie durch ihre Funktion, andere unbewusste (sexuelle oder aggressive) → Erfahrungsinhalte, → Phantasien und Wünsche zu ‹überdecken› und zugleich – analog zu Symptomen, → Träumen, → Fehlleistungen und sonstigen Kompromissbildungen – in entstellter Form zum Ausdruck zu bringen (→ Unbewusstes, → Urszene). Die dem Subjekt als nebensächlich, ja grundlos und völlig indifferent geltende D. ist unbewusst motiviert. Sie basiert auf einer Verschiebung und fungiert als Ersatz für assoziativ mit ihr verbundene Gedächtnisinhalte, die abgewehrt, verdrängt und aus der Erinnerung ausgeschlossen wurden (→ Abwehr, → Assoziation, → Verdrängung).

J. Laplanche/J.-B. Pontalis, Deckerinnerungen, in: dies., Das Vokabular der Psychoanalyse, Bd. 1, Frankfurt/M. 1972, S. 113–114; S. Freud, Über Deckerinnerungen (1899), in: ders., Gesammelte Werke, Bd. 1, London/Frankfurt/M. 1952, S. 531–554.

Jürgen Straub, Carlos Kölbl

Decodierung   → Encodierung/Decodierung

Déjà vu

(franz., schon gesehen). Zustand extremer Vertrautheit gegenüber einer neuen Situation; das Gefühl, soeben Erlebtes (→ Erlebnis) früher schon einmal in gleicher Weise erlebt zu haben. Im Unterschied zu anderen → Gedächtnistäuschungen ist man sich der Illusion sofort bewusst. Abgesehen von intracraniellen Stimulationen lässt sich D. v. nicht künstlich induzieren; der Zustand tritt spontan und plötzlich auf, dauert zumeist nur wenige Sekunden an und klingt dann langsam aus. Affektiv wird er in der Regel als neutral bis positiv erlebt (→ Emotion). Beschreibungen des D. v. findet man u. a. bereits bei → Augustinus («*falsae memoriae*»; vgl. → *false memory*) und Ovid (Findler 1998). Viele Quellen behaupten eine hohe Inzidenz von D. v.s bei Psychotikern und Temporallappenepileptikern (vgl. → Großhirn), besonders im Vorfeld eines Anfalls. Bei Gesunden sei D. v. selten und auf Zustände der Müdigkeit beschränkt. Epidemiologische Studien stützen diese Auffassungen jedoch kaum. Für Stichproben aus der Gesamtbevölkerung wurden Jahresprävalenzen bis zu 78 Prozent und Lebensprävalenzen über 90 Prozent berichtet. Ältere Personen scheinen seltener betroffen zu sein (→ Alter). Es gibt keine Hinweise auf Geschlechtsunterschiede und Zusammenhänge mit spezifischen Persönlichkeitsmerkmalen. Lediglich die Neigung zu kognitiven Fehlern im Alltag und Fehler bei visuellen Figur-Grund-Unterscheidungen korrelieren etwas stärker mit D. v. (Jansen 1991).

Über Ursachen des D. v.s wurde viel spekuliert, aber nur wenig geforscht. Eine fehlerhafte Koordination der Aktivitäten beider Hirnhemisphären wurde häufig vermutet. Untersuchungen an Temporallappenepileptikern ergaben ein gemischtes Bild. Während einige Autoren höhere D.-v.-Inzidenzen bei Beginn des Anfalls in der nichtdominanten Hemisphäre berichteten, fanden andere Studien keine Zusammenhänge zum Anfallsfokus. Mittels Positronen-Emissions-Tomographie (PET; → Bildgebende Verfahren) gewonnene Befunde zeigen für D.-v.-erfahrene Epileptiker unabhängig vom Fokus eine Dysfunktion in solchen linkstemporalen Strukturen, die für die Integration von Gedächtnisfunktionen und → Emotionen verantwortlich gemacht werden (Adachi u. a. 1999).

Kognitionspsychologisch (→ Kognition) lässt sich D. v. im Rahmen von Zwei-Prozess-Theorien erklären, welche automatische und kontrollierte Gedächtnisprozesse (Vertrautheit im Sinne perzeptueller Flüssigkeit vs. bewusste Erinnerungen) als unabhängige Gedächtnisfunktionen unterscheiden. Ist eine Situation durch perzeptuelle Flüssigkeit ausgezeichnet, die nicht anders erklärbar erscheint als durch vergangene Erfahrungen, so kann dies zu einem starken Vertrautheitsgefühl führen, auch wenn bewusste Einsichten dem widersprechen. Die faktische Ursache der perzeptuellen Flüssigkeit ist hierbei irrelevant (Jacoby/Whitehouse 1989). Umgekehrt sollten perzeptuell schwer verarbeitbare Reize zu einem Fremdheitseindruck führen, auch wenn die Reize als gut bekannt identifiziert werden. Derartige Erfahrungen sind ebenfalls dokumentiert *(jamais vu)*.

N. Adachi u. a., Interictal 18 FDG PET findings in temporal lobe epilepsy with deja vu, in: Journal of Neuropsychiatry and Clinical Neurosciences, Bd. 11, 1999, S. 380–386; N. V. Findler, A model-based theory for deja vu and related psychological phenomena, in: Computers in Human Behavior, Bd. 14, 1998, S. 287–301; J. Jansen, Das Déjà vu-Erlebnis. Frankfurt/M. 1991; L. L. Jacoby/K. Whitehouse, An illusion of memory: False recognition influenced by unconscious perception, in: Journal of Experimental Psychology: General, Bd. 118, 1989, S. 126–135.

Edgar Erdfelder

Deklaratives Gedächtnis

(lat. *declarare*: erklären). Im Unterschied zu anderen bekannten Gedächtnis-Klassifikationen – wie den zeitabhängigen Mehrspeichermodellen (→ sensorisches Gedächtnis, → Kurzzeitgedächtnis, → Langzeitgedächtnis) – handelt es sich beim d.n G. um eine *inhaltsabhängige* Gedächtnisform, die dem → prozeduralen Gedächtnis gegenübergestellt wird (Tulving 1985). Das d. G. beinhaltet → Wissen, das die symbolische Beschreibung von Fakten, Objekten, Situationen oder → Ereignissen umfasst (nicht aber den Erwerb, die Veränderung oder Anwendung von Fertigkeiten). Das *knowing that* des d.n G.ses lässt sich in das → autobiographische (bzw. → episodische) und das → semantische Gedächtnis gliedern (Tulving 1972). Dabei werden je nach Gedächtnisinhalt verbalisierbare Erinnerungen in Akten bewusster Anstrengung oder in quasiautomatisierter Weise abgerufen (→ Abruf). Evolutionsgeschichtlich betrachtet stellt das d. G. eine neuere Entwicklung dar und ist wohl an bestimmte Subsysteme des → Gehirns, wie den → Hippocampus und benachbarte Hirnregionen sowie den Neocortex (→ Großhirn), gebunden. Dies legen neuropsychologische Gedächtnisstudien, die mit amnestischen Patienten (→ Amnesie) und Versuchstieren unterschiedlicher Säugetierarten (→ Tiere) durchgeführt wurden, nahe. Was die neurobiologische Fundierung der Unterscheidung innerhalb des d.n G.ses anbelangt, ist die Befundlage uneindeutig.

E. Tulving, How many memory systems are there?, in: American Psychologist, Bd. 40, 1985, S. 385–398; ders., Episodic and semantic memory, in: ders./W. Donaldson (Hg.), Organization of memory, New York 1972, S. 382–403.

Carlos Kölbl

Demenz

(lat. *dementia*: Unsinn, Wahnsinn, Raserei). Eine D. ist durch multiple kognitive Beeinträchtigungen gekennzeichnet, wobei Gedächtnisstörungen als wichtiges Frühsymptom vorliegen. Für die Diagnose einer D. muss zur Störung des Gedächtnisses mindestens eines der folgenden Defizite hinzukommen: Aphasie (Störung der Sprache), Apraxie (Störung der motorischen Aktivität), Agnosie (Störung des → Wiedererkennens oder Identifizierens) oder eine Beeinträchtigung der Exekutivfunktionen (Planen, Abstrahieren u. a.). Historisch wurde der Begriff D. auf viele Formen geistiger Störungen ausgedehnt (z. B. Dementia praecox für die Schizophrenie).

Die Häufigkeit (Prävalenz) von D. nimmt mit dem → Alter zu (→ Gedächtnisentwicklung) und liegt in westlichen Industriestaaten im Alter zwischen 65 bis 70 Jahren bei 2 bis 6 Prozent, bei Über-85-Jährigen bei 20 bis 30 Prozent. Eine Vielzahl von Ursachen können einer D. zugrunde liegen: In der westlichen Welt stellen die primär degenerativen D.en mit 55 bis 75 Prozent den größten Anteil dar, wobei die D. vom → Alzheimer-Typ hierbei die weitaus häufigste Form ist (andere Formen sind u. a. Morbus Pick, Chorea Huntington, → Parkinson'sche Erkrankung). Als zweithäufigste Ursache mit 15 bis 25 Prozent finden sich Veränderungen der hirnversorgenden Blutgefäße (vaskuläre D.en). Des Weiteren können D.en infektiöse (Syphilis, HIV und Prionen), toxische (→ Alkohol, Schwermetalle), metabolische (Leber- oder Schilddrüsenerkrankungen), nutritive (Mangel an Vitamin B12, Folsäure, Thiamin) oder raumfordernde (intracranieller Tumor, subdurale Blutung) Ursachen haben.

American Psychiatric Association: Diagnostic and Statistical Manual of Mental Disorders: DSM-IV, Washington DC 1994.

Clemens Cohen

Denkmal

Auch: Monument (lat. *monere*: ermahnen). – 1. Jedes Zeugnis der kulturellen Entwicklung, dem eine besondere Bedeutung zur Dokumentation ebendieser Entwicklung beigemessen wird und das daher bewahrt werden soll (→ Dokument). Hierzu können Werke der Bau- und bildenden

Kunst, der Literatur, Technik und des Kunsthandwerks zählen sowie Stätten historischen Geschehens oder Objekte der Natur (→ Naturschutz). Was als D. eingestuft wird, unterliegt historisch sich verändernden Kriterien. In der westlichen Zivilisation entwickelt sich der D.-Gedanke im 18. Jh. im Zuge der Herausbildung der bürgerlichen Gesellschaft, die sich nicht zuletzt durch die Kategorien Herkunft (→ Genealogie) und Leistung legitimiert. In der Romantik wird dieser Gedanke in Form der → D.-Pflege institutionalisiert. Während zunächst vor allem auf die Stilreinheit und Authentizität von D.ern Wert gelegt wird, setzt sich in der zweiten Hälfte des 19. Jh.s ein prozessualer D.s-Begriff durch, der → Spuren der Veränderungen in das D. einbezieht. In Deutschland gilt ab dem Beginn des 20. Jh.s die von G. Dehio geprägte Formel «Konservieren, nicht Restaurieren» zusammen mit einem prozessual und kategorial differenzierten D.s-Begriff (→ Konservierung, → Restaurierung). Dieser wird in den 1970er Jahren erweitert und zu einem «postmodernen D.-Kultus» entwickelt (Lipp 1993). Es kommt zur zunehmenden Musealisierung, die aus einer kulturpessimistischen Perspektive als Kompensation für den Verlust von Orientierung in der Gegenwart gedeutet wird (H. Lübbe, *Zeit-Erfahrungen*). Im Kontext der Stadtforschung wird die Betonung von → Altstädten und die damit einhergehende Rekonstruktion historischer D.er als Teil der post-fordistischen Strategie symbolischer Ökonomie gedeutet, um die Besonderheit von Orten herauszustellen und diese mit Hilfe ihrer → Geschichte zu vermarkten (Kearns/Philo 1993). Mit dieser Entwicklung einher geht eine Pluralisierung des D.-Begriffs, der dessen eigentlichem Anspruch auf Heraushebung substanzieller Erinnerungswerte zumindest in Teilen entgegenläuft, zugleich aber Ausdruck einer pluralisierten Gesellschaft ist, die nicht mehr durch die D.er einer sozialen Gruppe repräsentiert werden kann.

2. Im engeren Sinn bezeichnet D. all jene plastischen Werke, die – im Gegensatz zu den unintentionalen D.ern der ersten Gruppe – bewusst zur Wahrung des Andenkens an eine Person bzw. Personengruppe (→ Ruhm) oder an ein historisches → Ereignis (z. B. Völkerschlachtdenkmal, Leipzig) errichtet wurden. Mit D.ern werden im öffentlichen Raum Gedenkorte geschaffen (z. B. Neue Wache, Berlin) oder → Gedächtnisorte markiert (z. B. D. der Bücherverbrennung, Berlin). D.er können je nach Erinnerungsanlass unterschiedliche Erinnerungshaltungen provozieren (→ Mahnmal, → Gedenkstätte, Siegessäule). Eine besondere Gruppe stellen die explizit dem Totengedenken dienenden D.er dar (→ Epitaph, → Friedhof, → Mausoleum, → Tod, → Trauer), die besonders eng mit den Anfängen des D.s verbunden sind. In Europa waren in der griechisch-

römischen Antike die Hauptformen der Darstellungsformen entwickelt, wobei D.er vor allem der Herrschaftslegitimation (in Hinblick auf Personen und Ideen) dienten. Seit der → Renaissance kommt es zur zunehmenden Individualisierung der Darstellung und des Dargestellten (vgl. → Porträt). Die Entwicklung der bürgerlichen Gesellschaft und der Legitimationsverfall des Absolutismus sind letztlich die Voraussetzung für die Nutzung von D.ern als bürgerliche Gedächtnisorte. Nun treten neue Initiatoren für die Errichtung von D.ern ein, und die D.-Würdigkeit wird zur sozialen Größe, die nicht mehr an einen Stand, sondern in erster Linie an Kategorien wie Leistung und historische Bedeutung gebunden ist. Demzufolge ist seit dem 19. Jh. eine immer weitere Auffächerung des D.-Würdigen und der im D. manifest werdenden Erinnerungsintentionen zu beobachten – von D.ern für berühmte Herrscher hin zu Personen unterschiedlicher sozialer Gruppen, z. B. Denkmal der Vertriebenen, oder auch Namenloser, z. B. Denkmal für den unbekannten Soldaten. In Deutschland kommt es im 19. Jh. zu einem regelrechten ‹D.s-Kult› (→ Historismus), der nach der Reichsgründung von 1871 kulminiert und sich in der D.s-Debatte um Fragen der Konservierung und des kulturell Bedeutsamen und daher Bewahrenswerten zu Beginn des 20. Jh.s einen legitimatorischen Rahmen gibt, indem Grundsätze der D.-Pflege theoretisch zu fassen versucht werden. In der Postmoderne erleben D.er eine → Renaissance, wobei neue Konzepte den veränderten Bedingungen für die Konstruktion des gesellschaftlichen Selbstverständnisses Rechnung tragen – etwa ephemere und transitorische ‹Gegen-D.er›, die auf die → Vergänglichkeit von Erinnerungsgemeinschaften aufmerksam machen (z. B. Harburger Mahnmal gegen den Faschismus, Krieg, Gewalt – für Frieden und Menschenrechte; vgl. → Kunst).

Die D.-Forschung, die nach dem Zusammenhang von Gedächtnis und D. fragt, ist im Wesentlichen um zwei Fragestellungen gruppiert. Zum einen interessiert der Beitrag von D.ern zur Konstruktion von Gruppenidentitäten, insbesondere von nationalen Gemeinschaften (→ Identität, → Nation, → Politik). In diesem Sinn ist D.-Forschung ein zentraler Bestandteil der (historischen) Analyse von Geschichtspolitik. Da D.er in «sozialen Räumen» (C. Tacke) entstehen und ihre Errichtung – zumal in pluralen Gesellschaften – eine Verständigung über Gedächtnisinhalte und deren Darstellung verlangt, bieten D.er einen Zugang zu Konstruktionsprozessen wie -bedingungen von Erinnerungsräumen und dem jeweils dominanten Selbstbild einer Gesellschaft. In den letzten Jahren werden bei der Erforschung von D.ern aus historischer und kulturgeschichtlicher Sicht unterschiedliche Wege beschritten. Im Unterschied zur Kunstgeschichte, die lange von der Kongruenz und ahistorischen Verbindung von Form und Inhalt, Gestaltung und symbolischer Bedeutung ausgeht, steht dabei – häufig unter Berufung auf kulturanthropologische Konzepte der Praxis (C. Geertz, P. Bourdieu) – der sozial-historische Kontext von D.ern im Mittelpunkt. Demzufolge können der Sinn von D.ern, die ihnen zugrunde liegenden Ordnungsvorstellungen und Gedächtniskonstruktionen sowie deren Wandel erst durch das auf die manifesten Symbole ausgerichtete soziale *Handeln* erschlossen werden. Wenn nach den Entstehungsbedingungen, den Interaktionen zwischen Betrachter und D. (→ Inszenierung) sowie den auf das D. bezogenen Praxen der Erinnerung gefragt wird, wird – durch internationalen Vergleich – die in D.ern manifestierte nationale «Textur der Erinnerung» greifbar (Young 1997).

D.er markieren einen symbolischen Raum, der häufig auch Ort ritualisierter Erinnerungsfeiern ist, bei denen die Bedeutung von D.ern genutzt und zugleich erneuert wird (→ Fest). Hier knüpft der zweite Hauptstrang der D.-Forschung an, der sich für den Erhalt bzw. Wandel von (verbindlichen) Erinnerungsräumen interessiert und nach den Faktoren für die Stabilisierung, Reifizierung und Modifikation des → kollektiven Gedächtnisses fragt. Die unterschiedlichen gesellschaftlichen Formen des Umgangs mit einem nicht mehr opportun erscheinenden D. geben beispielsweise Aufschluss über die Dynamik der Erinnerungskultur sowie über differierende Formen des kulturellen Umgangs mit den → kollektiven Gedächtnisinhalten: Während etwa in Osteuropa nach dem Sturz des Sozialismus D.er meistens geschliffen (Ost-Berlin; → Zerstörung) oder musealisiert (Errichtung eines D.-Parks z. B. in Budapest; → Museum) wurden, wurden in Südafrika die D.er der Apartheid an ihrem Standort belassen und gelegentlich kommentiert.

W. Speitkamp (Hg.), Denkmalsturz, Göttingen 1997; J. E. Young, Formen des Erinnerns. Gedenkstätten des Holocaust, Wien 1997; C. Tacke, Denkmal im sozialen Raum: nationale Symbole in Deutschland und Frankreich im 19. Jh., Göttingen 1995; J. R. Gillis (Hg.), Commemorations. The Politics of National Identity, Princeton 1994; R. Koselleck (Hg.), Der politische Totenkult. Kriegerdenkmäler in der Moderne, München 1994; W. Lipp (Hg.), Denkmal – Werte – Gesellschaft. Zur Pluralität des Denkmalbegriffs, Frankfurt/M./New York 1993; G. Kearns/C. Philo (Hg.), Selling Places. The City as Cultural Capital, Past and Present, Oxford u. a. 1993.

Beate Binder

Denkmalpflege

Bezeichnung für alle Maßnahmen, die geeignet sind, den monumentalen Nachlass der → Vergangenheit vor → Zerstörung und entstellenden Veränderungen (→ Konservierung vs. → Restaurierung) zu bewahren; seit dem 19. Jh. institutionalisiert im staatlichen Denkmalschutz (Frankreich 1837, Preußen 1843). Der moderne Begriff des Baudenkmals (→ Altstadt, → Denkmal) als durch keine andere Quellengattung (→ Quelle, → Überrest) ersetzbares und als solches besonders schützenswertes historisches Gemeingut entsteht um die Wende zum 20. Jh. (vgl. → Naturschutz). Voraussetzung war die Herausbildung der → Geschichte als neues Paradigma auch der Kunstwissenschaft. Seit der Romantik galt zumal mittelalterliche Baukunst als Träger nationaler → Identität; ihre Pflege und Erhaltung wurde zunehmend als nationale (→ Nation) bzw. staatliche Aufgabe verstanden. Die Idee des kulturellen → Erbes, das es aus Verantwortung für kommende Generationen zu sichern gilt, hat sich auch in den einschlägigen neueren Charten niedergeschlagen (Charta von Athen, 1931; Unesco «Weltkulturerbe», 1954/1972).

Anlass organisierter Anstrengungen zur Erhaltung historischer Baudenkmäler war in Frankreich wie in Deutschland die Bedrohung des gerade erst entdeckten ‹nationalen Erbes› im Gefolge der Französischen → Revolution und der napoleonischen Feldzüge, zumal nach der Säkularisation des Kirchenguts. Von Anfang an umstritten war das zulässige Ausmaß restauratorischer Eingriffe. Besonders in England, wo die D. allerdings erst spät eine institutionelle Verfestigung erlebte, war die Position des *non tocare*, die jede Restaurierung im Sinne von Ergänzung oder Purifizierung als → Zerstörung begreift (Ruskin 1849/1994), weit verbreitet (→ Ruine). Dagegen vertritt der historistische Architekturtheoretiker E. E. Viollet-le-Duc (→ Historismus) die Gegenposition eines schöpferischen Restaurators, der im Namen der Stilreinheit und der Wahrheit für die Herstellung eines oftmals fiktiven Idealzustandes plädiert. In Absetzung von dieser Praxis wird seit der Wende zum 20. Jh. ‹sichtbares Altsein› als eine zentrale Eigenschaft von Denkmalen aufgefasst. A. Riegl begreift den «Alterswert» als wichtigsten der «Erinnerungswerte», in dem die einzigartige emotionale Wirksamkeit der Baudenkmale ebenso begründet liege wie ihre Allgemeinverständlichkeit, während der «historische Wert» nur durch Wissen und Bildung vermittelbar sei. Der neue alte Schlachtruf: «konservieren, nicht restaurieren» (G. Dehio, *Denkmalpflege und Denkmalschutz im 19. Jh.*, 1905) ist Ausdruck der Auffassung, dass der Quellenwert des Baudenkmals eben in seiner als zeug-

nishaft, vielfältig befragbar und unwiederholbar aufgefassten Original-
substanz gründet (→ Zeugnis), woraus als denkmalpflegerische Kernfor-
derung neben der Substanzerhaltung die Reversibilität aller Maßnahmen
folgt.

Durch den Verlust ihres geschichtlichen Paradigmas in der → Posthistoire ist die D. heute oft in der Defensive. Der Primat der Substanz wird
durch die Neubelebung von Begriffen wie → Zitat, Surrogat oder Simu-
lacra unterhöhlt. Die Krise des Realen, das von seinen ursprünglichen
Gegenbildern wie Beschreibung, Deutung, Abbildung ununterscheidbar
wird (J. Baudrillard), schwächt den Widerstand gegen historische Kopie-
bauten oder Komplettrekonstruktionen.

W. Lipp/M. Petzet (Hg.), Vom modernen zum postmodernen Denkmalkultus?
Denkmalpflege am Ende des 20. Jahrhunderts, München 1994; N. Huse (Hg.),
Denkmalpflege. Deutsche Texte aus drei Jahrhunderten, München 1984; A. Riegl,
Der moderne Denkmalkultus, sein Wesen und seine Entstehung, Wien/Leipzig
1903; J. Ruskin, Die sieben Leuchter der Baukunst (1849), Dortmund 1994.

Gerhard Vinken

Derrida, Jacques

(geb. 1930), französischer Philosoph, dessen Verfahren der ‹Dekonstruktion› sich vor allem mit der dichotomischen → Struktur (etwa: Sein/
Schein, → Identität/→ Differenz) des abendländischen Denkens auseinander setzt. Deren interne Hierarchisierung versucht D. nicht umzukeh-
ren, sondern gerade den entscheidenden Beitrag der jeweils als negativ
vorausgesetzten Kategorie zur Stabilisierung der positiv bewerteten zu
beschreiben. Im Rahmen seiner Lektüren ist D. dabei nicht nur immer
wieder auf die konkrete Frage nach Erinnerung und Gedächtnis eingegangen, sondern hat Dekonstruktion ‹selbst› als einen Akt des ‹Ins-Ge-
dächtnis-Rufens› beschrieben: einerseits als «Sinn für eine grenzenlose
und folglich notwendig übermäßige, unberechenbare Verantwortung
gegenüber dem Gedächtnis», andererseits als »Aufgabe eines geschichtlichen und auslegenden Gedächtnisses» (J. Derrida, *Gesetzeskraft*;
→ Ethik). Diese doppelte Beschreibung deutet auf zwei verschiedene ‹Stile› der Dekonstruktion. Zum einen erinnert Dekonstruktion an die «Geschichte ‹der› Philosophie, der Literaturen, der Wissenschaften, der Techniken, der kulturellen und universitären Institutionen, die Geschichte

von Gesellschaft und Staat» (Derrida 1988, S. 30); zum anderen unterwirft sie die Texte dieser → Geschichte(n) einer genauen Lektüre zur Aufdeckung ihnen eingeschriebener logisch-formaler Paradoxien, die dazu führen, dass die Texte gerade nicht zu ihren eigenen Bedingungen widerspruchsfrei aufzugehen vermögen.

Dabei denkt die Dekonstruktion die Uneinlösbarkeit des Anspruchs, das ‹Ganze› der abendländischen → Tradition erinnernd zu übersehen, wie die Tatsache, dass auch ihre eigenen Texte den nachgewiesenen Widersprüchen nicht entgehen, als Bedingung der eigenen (Un-)Möglichkeit. Dezidiert schreibt D., dass die Dekonstruktion nichts verliere, «wenn sie sich für unmöglich erklärt»; die Gefahr liege eher in der Behauptung ihrer Möglichkeit als eines «verfügbare[n] Ganze[n] geregelter Vorgehensweisen, methodischer Praktiken, begehbarer Wege» (J. Derrida, *Psyché*). Dieser immer auch selbstreflexive Umgang mit der eigenen Theoriebildung (→ Rekursivität) lässt sich nicht nur mit der unhintergehbaren Selbstreflexivität und der daraus abzuleitenden ‹Unfassbarkeit› des Gedächtnisses parallelisieren, sondern prägt auch die dekonstruktive Auseinandersetzung mit diesem ‹Thema›. So äußert D. in seinem Text *Mémoires*, einer Auslotung der ‹Fassung› des Gedächtnisses im Denken P. de Mans, des anderen Protagonisten der Dekonstruktion, dass, wenn «das Wesen des Gedächtnisses zwischen dem Sein und dem Gesetz» gerade intrigiere, die Suche «nach Sein und Gesetz *des* Gedächtnisses» eine Frage sei, «die man außerhalb der Sprach(ordnung)en *(hors de langues)* und ohne sie den Übersetzungen und Übertragungen – über den Abgrund – anzuvertrauen, nicht stellen kann»; sie fordere «unmögliche Übergänge – von einer Sprache zur anderen» und somit die «schwankende Beständigkeit einer Anlegerbrücke» (Derrida 1988, S. 25). Das heißt, dass sich unter den Prämissen der Dekonstruktion über das Gedächtnis keine widerspruchsfreie Aussage machen lässt – und dies in wiederum doppelter Hinsicht: Es lässt sich nichts *über* das Gedächtnis (an sich) sagen, weil jede Rede vom Gedächtnis ihrerseits den → ‹Gesetzen› des Gedächtnisses und darum notwendigerweise einem infiniten Regress unterliegt – und es lässt sich nichts über ‹das› Gedächtnis sagen, weil jede Rede vom Gedächtnis diesem Grenzen zuschreiben muss, die sich bei näherem Zusehen nicht rechtfertigen lassen, da das Ausgegrenzte das als vermeintlich Ganzes und Einheitliches Begrenzte notwendigerweise heimsucht und sich als in ihm Wirksames zeigt.

Diesen Nachweis unternimmt D. – neben vielen anderen Lektüren – auch an der Theuth-Legende in → Platons *Phaidros*, in dem ein angemessenes Erinnern *(mnéme)* durch eine abwertende Ausgrenzung der

→ Schrift als externalisiertes Gedächtnis *(hypomnésis)* legitimiert werden soll (→ Externalisierung, → Vergessen). Der Gegensatz von *mnéme* und *hypomnésis* entspricht dabei den benannten hierarchisierten Dichotomien: *mnéme* ist stimmlich, wahr, eindeutig (→ Oralität); *hypomnésis* ist schriftlich, falsch und zumindest zweideutig. Platons ambivalente Benennung der Schrift als *phármakon* (Gift und/oder Heilmittel) postuliert D. dabei als eben nicht zufällig, sondern als notwendige Folge des Versuchs, ein ‹eigentliches› Erinnern durch die Ausgrenzung der Schrift zu stabilisieren, die die Ambivalenzen ‹des› Gedächtnisses gerade auf das Ausgegrenzte verschieben müsse. Die platonische Opposition von *mnéme* und *hypomnésis* bilde dabei nicht nur «mit all den großen strukturalen Oppositionen des Platonismus ein System», sondern die von Platon zwischen den beiden Begriffen gezogene Grenze stelle «so etwas wie die Grundsatzentscheidung der Philosophie [dar], diejenige, in der sie sich errichtet, aufrechterhält und ihren Gegen-Grund zügelt» (Derrida 1991, S. 124). Solche stets von neuem zu unternehmende ‹Zügelung› eines aus sich herausgestellten ‹Gegen-Grundes› – die sich in den Texten (nicht nur) der Philosophiegeschichte immer von neuem lesen lässt – kann auch als Vergessen(-Machen) der zugrunde liegenden Ambivalenzen beschrieben werden. Die Philosophie hätte dementsprechend vergessen, dass sie auf einem zuletzt nicht zu rechtfertigenden Ausschluss gründet, den Dekonstruktion zwar wieder ins Gedächtnis rufen will, ohne jedoch für sich noch zu reklamieren, dass sie selbst dabei den in den Texten nachgewiesenen Widersprüchen entgehen könne.

J. Derrida, Dissemination, Wien 1991; J. Derrida, Mémoires. Für Paul de Man, Wien 1988; J. Derrida, Grammatologie, Frankfurt/M. 1974. – G. Bennington/J. Derrida, Jacques Derrida. Ein Porträt, Frankfurt/M. 1994; S. Kofman, Derrida lesen, Wien 1988.

Manfred Weinberg

Differenz

(lat. *differentia*: Verschiedenheit). Leitbegriff der neueren linguistischen (F. de Saussure), informationstheoretischen (G. Bateson), soziologischen (N. Luhmann) und philosophischen (insbesondere → J. Derrida, G. Deleuze und J.-F. Lyotard) Theoriebildung. Seine Bedeutung für die Gedächtnistheorie liegt vor allem in der Betonung der Produktivität und Selektivität von Erinnerungsvorgängen sowie in der Kritik an repräsentationistischen Modellierungen (→ Repräsentation) dieser Prozesse. Anders als es die ‹Behälter›- oder ‹Karten›-Theorien des Gedächtnisses (→ Gedächtnismetaphern) nahe legen, werden Erinnerungen nicht als mehr oder weniger originalgetreue → Reproduktionen einer ursprünglichen Wahrnehmung oder Anschauung begriffen, sondern als informationserzeugende und reflexionsermöglichende Einschnitte (→ Information) in den sensomotorischen, also Wahrnehmung und Verhalten verbindenden, Prozess eines Lebens. Mit → H. Bergson kann man davon sprechen, dass die Leistung des Gedächtnisses darin besteht, die Aktivität eines Individuums mit «Zonen von Indeterminiertheit» zu versehen (1896/1991, S. 17), die ihm gestatten, zwischen mehreren Möglichkeiten der Situationsbewältigung auszuwählen, wobei das Anwachsen dieses Möglichkeitsüberschusses zu einer Hypertrophierung des Gedächtnisses und damit im Grenzfall auch zum Zerreißen des sensomotorischen Bandes, also zur Handlungslähmung (träumerische Zustände, → Melancholie) führen kann.

Ein solcher, an der D. von Redundanz (→ Wiederholung) und Varietät orientierter Gedächtnisbegriff liegt auch der neueren soziologischen Systemtheorie zugrunde, deren fundamentales Axiom besagt, dass sich zwischen ausdifferenzierten Systemen und ihrer Umwelt keine Punkt-für-Punkt-Übereinstimmungen herstellen lassen, da Systeme durch den Zwang zur → Selektion von Komplexität definiert sind und von ihrer Umwelt überhaupt nur durch den Aufbau von Eigenkomplexität, also Reaktionsspielraum, unterschieden werden können (→ Rekursivität). Solche immer nur in der jeweiligen Gegenwart operierenden Systeme sind daher nicht auf ein möglichst umfassendes, möglichst perfektes Erinnern angewiesen, sondern müssen auch mit ihrer eigenen Systemgeschichte selektiv umgehen, und das heißt: *vergessen* können, um ihre Kapazitäten zur Informationsverarbeitung nicht zu blockieren: «Durch dieses hochselektive Erinnern wird erreicht, dass nur das erinnert wird, was wiederholt benötigt wird» (→ strukturelle Amnesie) und dadurch der Bewahrung der Systemidentität dient – mit der möglicherweise fatalen Konsequenz einer zunehmenden «sozialen oder ökologischen Schlechtanpassung» (Luhmann 1995). Selbst dort, wo die → Kultur als Gedächtnis der Gesellschaft deren Operationen mit anderen, latent mitgeführten Möglichkeiten konfrontiert und dadurch Varietät statt Redundanz betont, kann sie ihren Einwand gegen die → Strukturen der Gesellschaft nur jeweils aktuell, und das heißt: selektiv zur Geltung bringen.

Die ontologiekritische Stoßrichtung des D.-Begriffs (J. Derrida im Anschluss an → M. Heidegger) betont den Entzugscharakter der D. (als ‹*dif-*

férance›), die niemals präsent werden oder anschaulich gegeben sein kann. Die D. markiert die Unmöglichkeit, jemals der Sache selbst zu begegnen. Indem sie die → Präsenz kontinuierlich aufschiebt, konstituiert sie allererst jene spezifisch moderne → Zeit, die nicht im Hinblick auf ein gutes Ende, also teleologisch organisiert ist (→ Geschichtsphilosophie), sondern die sich im disruptiven Moment des Neuen (→ Bruch), in der Nichtübereinstimmung von → Vergangenheit und → Zukunft, zu der die → Gegenwart geworden ist, manifestiert.

N. Luhmann, Kultur als historischer Begriff, in: Gesellschaftsstruktur und Semantik. Studien zur Wissenssoziologie der modernen Gesellschaft 4, Frankfurt/M. 1995, S. 31–54; J. Derrida, Die différance, in: ders., Randgänge der Philosophie, Wien 1988, S. 29–52; G. Bateson, Form, Substanz und Differenz (1970), in: ders., Ökologie des Geistes. Anthropologische, psychologische, biologische und epistemologische Perspektiven, Frankfurt/M. 1985, S. 576–597; H. Bergson, Materie und Gedächtnis (1896), Hamburg 1991.

Friedrich Balke

Distraktor

(lat. *distractio*: Trennung, Zwiespalt). Reizmaterialien oder Aufgaben, die in Verfahren zur Gedächtnisprüfung benutzt werden, um eine Ablenkung von einer Hauptaufgabe zu erzeugen (→ Prüfung). Bei der Methode des → Wiedererkennens werden den Versuchsteilnehmern vormals gelernte Ereignisse zusammen mit D.en präsentiert, wobei die Versuchspersonen anzugeben haben, welches Ereignis vormals gelernt wurde (→ explizites Gedächtnis). Beim Messen der Wiedererkennens-Leistung mit der Ja-Nein-Prozedur werden zuvor gelernte Ereignisse und D.en alternativ in zufälliger Reihenfolge präsentiert. Wird hingegen die Wiedererkennens-Leistung mit der Methode der erzwungenen Wahl gemessen, werden gelernte Ereignisse und D.en simultan dargeboten. Bei Verfahren zur Prüfung der Gedächtniskapazität (→ Kapazität) kann eine Ablenkung von der Hauptaufgabe dadurch erzielt werden, dass beim → Einprägen einer Wort- oder Buchstabenfolge gleichzeitig in Dreierschritten rückwärts gezählt oder eine Kopfrechenaufgabe ausgeführt wird.

Axel Mecklinger

Distributivität

(lat. *distribuere*: verteilen). Bezeichnet in konnektionistischen → Netzwerken eine Form der → Repräsentation, bei der Entitäten als Aktivierungsmuster über einer Menge einfacher Verarbeitungseinheiten (Knoten) dargestellt werden, wobei einzelne Knoten mehr oder weniger elementare Merkmale *(microfeatures)* codieren. Mitunter lässt sich dabei die Bedeutung der Merkmalsknoten sprachlich beschreiben (z. B. wenn Knoten in einem Netz zur visuellen Worterkennung graphemische Merkmale wie Kanten und Bögen codieren). In komplexeren Fällen kann es dagegen schwierig sein, den semantischen Inhalt einzelner Knoten sprachlich zu beschreiben, insbesondere wenn Verknüpfungen zwischen Knoten das Ergebnis selbstorganisierender Lernprozesse sind (→ Lernen). Aufgrund der zumeist nichtlinearen Dynamik konnektionistischer Netzwerke ist es zudem oft kaum möglich, den Beitrag einzelner Knoten zur Gesamtbedeutung einer distribuierten Repräsentation eindeutig zu bestimmen *(subsymbolische Repräsentation)*. Distribuierte Repräsentationen zeichnen sich dadurch aus, dass ein Knoten an der Repräsentation mehrerer Konzepte beteiligt sein kann und dass in einem Verknüpfungsmuster (→ Konnektivität) gleichzeitig mehrere Konzepte gespeichert werden können. Distribuierte Repräsentationen führen zu einigen gedächtnistheoretisch interessanten Eigenschaften wie automatischer Generalisierung auf ähnliche Muster, spontaner Ergänzung unvollständiger Muster und Extraktion von Prototypen aus einer Menge von Exemplaren (→ Prototypenrepräsentation).

T. Goschke/D. Koppelberg, The concept of representation and the representation of concepts in connectionist models, in: W. Ramsey/D. E. Rumelhart/S. Stich (Hg.), Philosophy and connectionist theory, Hillsdale 1991, S. 129–162; P. Smolensky, On the proper treatment of connectionism, in: The Behavioral and Brain Sciences, Bd. 11, 1988, S. 1–74; G. E. Hinton/J. L. McClelland/D. E. Rumelhart, Distributed representations, in: D. E. Rumelhart/J. L. McClelland/The PDP Research Group, Parallel distributed processing: Explorations in the microstructure of cognition, Bd. 1, Cambridge MA, 1986, S. 77–109.

Thomas Goschke

Dokument

(lat. *docere*: lehren, belehren). Datenmenge, die als Urkunde, Beweismittel oder Beleg *für etwas* Verwendung findet. Die Funktion von D.en liegt allgemein in der dauerhaften Fixierung von relevanten → Informationen auf einem materiellen Träger (→ Schrift, → Speichermedien). Dabei lassen sich *primäre* D.e (etwas wird *als* D. verfasst; → Quelle) von *sekundären* D.en (etwas wird im Dokumentationsprozess *ex post* zum D. erklärt; → Überrest) unterscheiden. Die Historiographie (→ Geschichte) interpretiert dokumentarische Materialitäten mit dem Ziel einer objektiven → Rekonstruktion von → Geschichte. Dem D. wird dabei seit Aufkommen der positiven Geschichtsschreibung (→ Historismus) Authentizität in Bezug auf die → Vergangenheit zugesprochen, die von der glaubwürdigen Zeugenschaft (→ Zeugnis) bis zur ‹Realspur› (→ Relikt, → Spur) reicht. Letztere bekommt vor allem durch den Wechsel zu analogen Medien seit Mitte des 19. Jh.s (→ Fotografie, → Phonograph, → Film) besondere Bedeutung. Als Genres treten besonders der Dokumentarfilm und die Fotodokumentation mit dem Anspruch auf Faktizität im Gegensatz zur Fiktionalität auf.

Durch die Ausweitung des Textbegriffs in der poststrukturalistischen Theoriebildung wird die Textualität von D.en betont und die Eigengesetzlichkeit ihrer Materialität (und Medialität) im Kommunikationsprozess analysiert. D.e werden dabei nicht mehr als transparente und verlässliche Informationsquellen über die Vergangenheit verstanden, sondern als Zeugnisse der Bedingungen ihrer Herstellung. M. Foucault setzt in diesem Sinne dem D., wie es in der Geschichtsschreibung traditionell als Quelle und Beleg eingesetzt wird, die Methode der → Archäologie entgegen, die die Zeugnisse einer → Epoche «nicht als Zeichen für etwas» liest, sondern sich «[...] an den Diskurs in dem ihm eigenen Volumen als *Monument* [wendet]» (1973, S. 198).

M. Foucault, Archäologie des Wissens, Frankfurt/M. 1973; K. Laisiepen u. a., Grundlagen der praktischen Information und Dokumentation. Eine Einführung, München/Berlin 1972.

Peter Risthaus

Dreamtime

(engl. Traumzeit). Bezeichnung aus der Kosmologie der indigenen Bevölkerung Australiens für die Schöpfungsperiode, in welcher mythische Wesen die Erde in ihrer gegenwärtigen Gestalt mit ihren Landschaftsformationen sowie der Tier- und Pflanzenwelt erschufen (→ Songlines). Diese

→ Ahnen waren für ihre menschlichen Nachkommen, die Aborigines, auch Vorbilder im sozialen, geistigen und moralischen Leben. Sie legten gesellschaftliche und religiöse Institutionen, Normen und Praktiken fest, welche bis in die Gegenwart ihre Gültigkeit behalten haben (→ Gesetz). Diese betreffen zum Beispiel Heirat und Familienleben, die Beschaffung des Lebensunterhaltes durch Jagen und Sammeln sowie insbesondere die komplexen religiösen Zeremonien. Verhaltensregeln und Wertvorstellungen wurden – und werden teilweise noch heute – den Aborigines von den Ahnen in → Träumen überliefert. In Form von Geschichten, Liedern, Tänzen und Bildern sind sie Bestandteil des religiösen Wissens und ritueller Handlungen und werden über Generationen hinweg tradiert (→ Narration, → Oral Poetry, → Ritus, → Tradierung). Sie sollen an die Geschehnisse aus der Urzeit erinnern, aber auch daran, dass diese ‹Urzeit› nicht abgeschlossen ist, sondern dass die mythischen Wesen auch weiterhin Einfluss auf irdische Vorgänge und damit auf menschliche Schicksale nehmen.

W. Stanner, The Dreaming (1958), in: W. Edwards (Hg.), Traditional Aboriginal Society, Melbourne 1987, S. 225–236.

Gabriele Weichart

Drogen

Pflanzliche, mineralische, tierische oder synthetisch erzeugte Rohstoffe für Heil-, Schmerz- und Rauschmittel. Seit den Experimenten der Opiumesser (T. De Quincey, S. Coleridge) im 19. Jh. rückt im Okzident die Bedeutung der D. als bewusstseinserweiternde Rauschmittel, negativ als Rausch*gifte*, in den Vordergrund. Die Wirkung von D. auf → Bewusstsein und Wahrnehmung ist ambivalent in Hinblick auf Betäubung und Anregung der Sinne (vgl. → Alkohol). Bereits De Quincey beschreibt den Zusammenhang von D. und Erinnerung: Demnach ermöglicht z. B. das Opium die Freilegung tiefer Gedächtnisschichten (→ Palimpsest), die in imaginären Traumbildern (→ Phantasie, → Traum) zur Darstellung gelangen. C. Baudelaire stellt in *Die künstlichen Paradiese* (→ Paradies) die Analogie zwischen Haschischrausch und «natürlichem Traum» heraus, der an die persönliche Erinnerung gebunden bleibt und kein transzendentes Erlebnis (Vision) ermöglicht. → S. Freud hat Kokain als Mittel erkannt, blockierte Kindheitserinnerungen freizusetzen (→ Kindheit). Diese erinnerungsförderliche Wirkung des Drogenkonsums bleibt bis in die Hippiekultur der 1960er Jahre prägend: «Outside a broom is drearily sweeping/Up the broken pieces of yesterday's life» (J. Hendrix, *The Wind Cries Mary*).

A. Kupfer, Die künstlichen Paradiese. Rausch und Realität seit der Romantik, Stuttgart 1996; G. Völger/K. v. Welck (Hg.), Rausch und Realität. Drogen im Kulturvergleich, 3 Bde., Reinbek 1981, 1982.

Peter Risthaus

Ebbinghaus, Hermann

(1850–1909), experimenteller Psychologe, mit A. König Gründer der *Zeitschrift für Psychologie und Physiologie der Sinnesorgane* (ab 1890). Im Anschluss an die Psychophysik G. T. Fechners (*Elemente der Psychophysik*, 1860) und damit im Anschluss an die Psychologie von Fechners Lehrer J. F. Herbart unternimmt es E., quantifizierende und formalisierende Verfahren auf ‹höhere geistige Verfahren› anzuwenden. Experimentelle Anordnungen und damit das Labor als institutioneller Ort standardisierter, wiederholbarer und im Selbstverständnis der Wissenschaftler objektiver Untersuchungen geraten so zunehmend ins Zentrum der Psychologie. Signifikant nicht zuletzt für die unterschiedlichen Bezugnahmen auf diese Form der Psychologie sind bestimmte technische Verfahren, die vor allem in E.' Hauptschrift *Über das Gedächtnis* (1885) deutlich werden. Ziel dieser experimentellen Selbstversuche ist es, die Wirkungen von Reizmaterial auf das Gedächtnis möglichst unter Umgehung («Ausschaltung») von Kontexteffekten abzugreifen. Um diese Entkopplung der Versuchspersonen von ihrer Lebenswelt und ihrer kulturellen Topik (→ Topos) zu gewährleisten, um sie also mit kontextlosen, weil unwahrscheinlichen Reizen zu konfrontieren, greift E. zur Verwendung von sog. *Unsinnssilben* – willkürlich hergestellten Buchstabenanordnungen ohne jegliche Semantik (→ Information vs. → Sinn), deren Verwendung möglichst unverzerrte, weil ablenkungsfreie Ergebnisse liefern soll (→ Auswendigkeit).

Ziel von E.' reproduktiver Gedächtnisforschung war das Erstellen von Gesetzmäßigkeiten, mit denen er das Programm von Herbarts mathematischer Psychologie mustergültig einlöst. Das Setzen auf quantitative Kriterien findet seine deutlichsten Niederschläge in der *Vergessenskurve*, mit der das Behalten von Information als Funktion der → Zeit anschreibbar wird, und in der *Ersparnismethode*. Diese bezeichnet beim Auswendiglernen von Silbenlisten ein Maß, das die Ersparnis zwischen dem ersten → Lernen und seinen → Wiederholungen als Prozentwert angibt. Diese rein reproduktive Ausrichtung (→ Reproduktion) und die Isolierung individuell gleichermaßen bedeutungsloser Reizsilben wurde zum Ansatzpunkt einer Kritik an E., die vor allem das produktive Potenzial des Gedächtnisses betont und mit dem Anschluss an komplexere Gegenstände des Merkens und Erinnerns den Anschluss an eine Lebenswelt jenseits des Labors absichert. Prominent für diese Kritik sind die Arbeiten → F. C. Bartletts, die dazu Kriterien wie Komplexität, Bedeutung und Sinnhaftigkeit ins Spiel bringen. Die Differenzierung nach Gedächtnistypen (aktiv, konstruktiv u. a.) durch Bartlett wird die informationstheoretisch ausgerichtete Gedächtnisforschung (→ Kognition) weiter durch die Unterscheidung von → Kurz- und → Langzeitgedächtnis ergänzen, die in E.' ‹Ein-Speicher-Modell› nicht vorgesehen war (→ Gedächtnissysteme).

Im Rahmen eines weiteren Arbeitsschwerpunktes, der Intelligenzforschung, setzt E. wieder an der Ordnung der Buchstaben an – allerdings mit anderer Zielrichtung. Ausgehend von der Geläufigkeit des → Wissens werden dabei Versatzstücke dieser Alltagssemantik in sog. *Lückentests* abgefragt. Dazu werden semantisch kohärente Texte mit Aussparungen unterschiedlicher Länge versehen, deren Erschließung als einer der vielen Gradmesser für die Konzeptualisierung von → Intelligenz benutzt wird. Ob mit Lücken oder mit Unsinn konfrontiert: Es sind in beiden Fällen Manipulationen an kulturell eingespielten → Codes und deren Wahrscheinlichkeiten sowie der im Experiment und mit seinen Dispositiven hergestellte An- bzw. Ausschluss kultureller Geläufigkeit, der über den Menschen das Sagen hat und im Fall von Intelligenz- und Gedächtnisbemessungen konkrete Differenzierungskriterien bereitstellt (S. Rieger, *Speichern/Merken*). Mit ihnen und an ihnen wird der Mensch unterscheidbar.

Vor dem Hintergrund seiner Arbeiten über das Gedächtnis und in den entsprechenden experimentellen Anordnungen wird zugleich das anthropologische Potenzial und damit auch eine entsprechende Irritation sichtbar, die von einem solchen Ansatz ausgeht und deren Relevanz weit über die Eigenlogik der Psychologie hinausreicht. An der Rolle, die dem Menschen in solchen Anordnungen zukommt, nämlich ein teilweise intentionslos Daten verarbeitender Prozess zu sein, durch den man in Anordnungen (Expositionen) Daten (Reize) schickt, deren Auswirkungen

u. a. auf Gedächtnis, Wahrnehmung oder → Bewusstsein man testet, nehmen unterschiedliche Denkansätze Anstoß. Diese Auseinandersetzung kulminiert in einem prominenten Schlagabtausch mit dem Philosophen W. Dilthey um Ort und Zugehörigkeit der Psychologie zu den Geistes- oder Naturwissenschaften. Dieser Richtungsstreit zwischen dem naturwissenschaftlichen Paradigma der *erklärenden* (E.) und dem geisteswissenschaftlichen Paradigma der *verstehenden* Psychologie (Dilthey; → Hermeneutik) macht stellvertretend und über die Einzelanliegen der psychologischen Ausdifferenzierung hinaus grundlegende Möglichkeiten und Aporien der Wissenschaften vom Menschen deutlich (Rieger 2001). Dabei steht mit den Oppositionspaaren Labor und Leben, Artefakt und Natürlichkeit, Elementarismus und Geschlossenheit das Sein des Menschen selbst zur Disposition.

Zu einer Wiederentdeckung von E. trug F. Kittler (1985) bei. Er zeichnet eine diskursive Formation nach, bei der die Gedächtnisuntersuchungen unter Verwendung von Unsinnssilben spezifische Überschneidungen mit Entwicklung und Einsatz technischer Medien (wie der Schreibmaschine) in der literarischen Produktion um 1900 aufweisen.

H. Ebbinghaus, Über das Gedächtnis. Untersuchungen zur experimentellen Psychologie, Leipzig 1885; ders., Grundzüge der Psychologie, Leipzig, 1897. – S. Rieger, Die Individualität der Medien. Eine Geschichte der Wissenschaften vom Menschen, Frankfurt/M. 2001; F. Kittler, Aufschreibesysteme 1800/1900, München 1985; W. Dilthey, Ideen über eine beschreibende und zergliedernde Psychologie (1894), in: ders., Gesammelte Schriften, Bd. 5, Stuttgart 1968.

Stefan Rieger

Echo

(griech. *eché*: Schall). Akustisches Phänomen der verzögerten Schallreflexion. Der Begriff bezeichnet im engeren Sinn das abgeschwächte Wiederaufleben des evozierenden Lauts nach dessen Verklingen, metaphorisiert aber auch als Strukturvorbild das Wiederauftauchen vergessener Erinnerungen. Meist verzerrte Wiederkehr, besteht der Reiz des E.s in seiner Ambivalenz zwischen Identischem und Differentem. Als Strukturmodell spielt das E. u. a. in der europäischen Vokal- und Instrumentalmusik (vor allem 1550–1750) eine große Rolle, oft in Verbindung mit E.-Gedichten, in der Kirchenmusik mit liturgischen Texten (Praetorius, Scheidt). In der → Musik stellt das E. entweder eine meist dynamisch herabgestufte

→ Wiederholung oder aber eine → Differenzbildung (Beantwortung, *riposta*) einer kurzen Figur *(proposta)* dar. In der barocken Emblematik erhält die Musik selber den Status eines E.s des göttlichen Kosmos (Harsdörffer 1645) und der «Liebe Gottes» (Vetter 1928, S. 289). In außereuropäischen Mythen wird dagegen die Welt vielfach als E. des Schöpfungsworts dargestellt. Als → Urzsene von Differenzierung und Verkörperung sichert das E. so die Erinnerung an die Herkunft des Differenten aus dem Einen, dem Atem Gottes. Das erste Erscheinen Brahmas etwa wird als Wiederkehr eines goldenen Embryos des Tons beschrieben (→ Wiedergeburt).

J. J. Berns, Die Jagd auf die Nymphe Echo. Künstliche Echoeffekte in Poesie, Musik und Architektur der Frühen Neuzeit, in: ders./H. Möbius (Hg.), Die Mechanik in den Künsten. Studien zur ästhetischen Bedeutung von Naturwissenschaft und Technologie, Marburg 1990, S. 67–82; W. Vetter, Das frühdeutsche Lied, Bd. 1, Münster 1928; G. P. Harsdörffer, Frauenzimmer Gesprächspiele, Bd. 5, o. O. 1645.

Christian Bielefeldt

Echogedächtnis

Von U. Neisser (1967) in Analogie zum → ikonischen Gedächtnis hypothetisch angenommenes Gedächtnis zur kurzzeitigen Speicherung auditiver sensorischer → Information. Anders als beim ikonischen Gedächtnis steht die ökologische Bedeutung des E.ses außer Frage: Da auditive Information über ihren Zeitverlauf definiert ist, z. B. als Abfolge von Phonemen in der Sprache, bedarf es einer vorsemantischen Speicherung sensorischer Information, um Verstehen überhaupt erst zu ermöglichen. N. Cowan (1984) zitiert über 160 Arbeiten, die sich direkt oder indirekt mit dem E. beschäftigen. Er teilt die Ergebnisse in zwei Klassen ein, die zwei unterschiedliche Zeitbereiche betreffen und daher auf einen kurzen und einen langen auditiven Speicher hindeuten. Der kurze auditive Speicher umfasst Gedächtnisphänomene bis 200 ms und ist verantwortlich für Maskierungseffekte (→ rückwirkende Maskierung) oder die empfundene Minimaldauer von Schallereignissen. Der lange auditive Speicher hat eine Lebensdauer von mehreren Sekunden und hilft beim Erinnern von gehörten Silben und Tönen. Aber auch völlig strukturlose Reize wie z. B. gleichmäßiges auditives Rauschen (Wasserfall) können vom langen auditiven Speicher erinnert werden: Wird mittels digitaler Manipulation weißes Rauschen exakt repliziert, sodass es periodisch wird, dann ist dieses Rauschen von nichtperiodischem Rauschen leicht zu unterscheiden (Guttman/Julesz 1963; www.periodic-noise.de). Das liegt daran, dass das E. die ‹wörtliche› Wiederkehr des Rauschens bemerkt. Das Erinnern derart strukturloser Reize stellt den besten Test für das E. dar, da hier das Gedächtnis mangels semantischer Information auf vorsemantische Information angewiesen ist. In späteren Arbeiten übertrug N. Cowan (1995) die Einteilung in kurze und lange sensorische Speicher auch auf die visuelle und taktile Modalität und schuf aufbauend auf dem Einspeichermodell eine Theorie des → sensorischen Gedächtnisses, die Befunde aus der Forschung zur → Aufmerksamkeit, zum → Arbeitsgedächtnis und zum → Kurzzeitgedächtnis integriert.

N. Cowan, Attention and memory: An integrated framework, Oxford 1995; ders., On short and long auditory stores, in: Psychological Bulletin, Nr. 96, 1984, S. 341–370; U. Neisser, Cognitive psychology, New York 1967; N. Guttman/B. Julesz, Lower limits of auditory periodicity analysis, in: Journal of the Acoustical Society of America, Nr. 35, 1963, S. 610.

Christian Kaernbach

Eidetik

(griech. *eídos*: Bild). Abweichend von der dominanten Begriffsverwendung in der Phänomenologie E. Husserls ist die psychologische E. ein Ansatz, Besonderheiten im Erinnern mentaler Bilder festzuhalten. Als Begründer der E. gilt der Marburger Psychologe E. R. Jaensch, der ab den 1920er Jahren dem Phänomen subjektiver Anschauungsbilder systematisch nachstellt. In Breitenuntersuchungen versucht er u. a. über das Verfahren des kontrollierten Experiments die Frage zu lösen, wie und was Menschen sehen, wie und was Menschen von einem optisch Wahrgenommenen reproduzieren und welcher zeitlichen Dynamik die jeweiligen Bilder unterliegen (→ Vergessen). Wie in anderen Fällen (Gedächtnis, → Assoziation, → Intelligenz) sollen Kriterien abgeleitet werden, mit denen *psychische* → *Selektion* in einer arbeitsteilig organisierten und auf Steigerung abzielenden Lebenswelt umgesetzt wird (vgl. → H. Ebbinghaus).

E. er sind nach einem Begriffsvorschlag Jaenschs (1922) Individuen mit einer besonderen Befähigung zur → Vergegenwärtigung optischer Anschauungsbilder (vgl. → Mnemopath). Diese Fähigkeit ist sowohl nach Graden der Deutlichkeit als auch nach Graden der Bewegtheit abstufbar. Jaensch unterscheidet vor allem zwischen der → Reproduktion von bewegten und nicht-bewegten Vorstellungsbildern, leitet daraus den *tetanoiden T-Typ* und den *basedowoiden B-Typ* ab. Auffallend ist der Befund, dass in den induktiv gewonnenen Bildbeschreibungen seiner Versuchspersonen fast im Wortlaut die deduktiven Bildvorschriften der → Mnemotechnik aufscheinen. Probanden, die eine exponierte Vorlage – z. B. die → Fotografie des Matterhorns, der Wüste Sahara oder eines ruhigen Baums – anschaulich erinnern und vorstellen sollten, geben zu Protokoll, dass sich unmotiviert im innern Bild die Wolken rapid bewegen, dass sich in der Wüste ein Sandsturm erhebt, der Baum vom Wind geschüttelt wird und Vögel hinzufliegen. Aber auch die → Auswendigkeit bloßer Buchstaben, Hauptbetätigungsfeld der klassischen Gedächtniskunst, findet eigens Berücksichtigung: «Der vorzustellende ‹Buchstabe A› wird bewegt gemalt, der ‹Baum› vom Winde geschüttelt, an den ‹Tisch› setzen sich Personen» (Henning 1923, S. 388).

Die E. erhebt im Experiment induktiv, was sonst Gegenstand deduktiver Vorschriften einer ganzen Kulturtechnik und ihrer Traktate ist. Es sind *vollkommene* Bilder, die dem Merken und der Auswendigkeit Vorschub leisten: «[S]olche Bilder entstehen auf der Stelle, wenn man irgendeine merkwürdige Sache durch Dichtung hinzufügt. Zum Beispiel: der Wind weht – unvollkommenes Bild –, aber so heftig, daß alle Dörfer überschwemmt werden, und man trockenen Fusses nirgends gehen kann – jetzt ein vollkommenes Bild; die Sonne geht auf – unvollkommen – aber sehr gross, roth oder grünlicht – nun vollkommen» (Klüber 1804, S. 30 f.). Im E.er des tetanoiden T-Typs hat sich eine latent gewordene Kulturtechnik verselbständigt und zugleich einem neuen Analogmedium, der Kinematographie, angenähert (→ Film): Bestimmte Probanden erleben ihre inneren Bilder als bewegt und damit nach Maßgabe jener Bildabfolge, die im kinematographischen Dispositiv erstmalig auch *technisch* implementiert ist, nachdem sie in der Mnemotechnik ausschließlich im *Imaginären* angesiedelt war (Rieger 2000).

S. Rieger, Eidetik. Ein psychologisches Bildkonzept zwischen Gedächtniskunst, Literatur und technischen Medien, in: Deutsche Vierteljahrsschrift für Literaturwissenschaft und Geistesgeschichte, Jg. 74, Heft 2, 2000, S. 305–332; H. Henning, Neue Typen der Vorstellungsbilder und die Entwicklung des Vorstellens, in: Zeitschrift für angewandte Psychologie, Bd. 22, 1923, S. 387–392; E. R. Jaensch, Über die subjektiven Anschauungsbilder (mit Vorführung und Versuchen), in: K. Bühler (Hg.), Bericht über den VII. Kongreß für experimentelle Psychologie in Marburg, Jena

1922, S. 3–49; J. L. Klüber, Compendium der Mnemonik oder Erinnerungswissen-
schaft aus dem Anfange des siebzehnten Iahrhunderts von Lamprecht Schenckel
und Martin Sommer, Erlangen 1804.

Stefan Rieger

Eingedenken

Theologische Form der Erinnerung an den Bund Gottes mit den Menschen. Der Vorgang des E.s ist im Judentum wechselseitig: Gott gedenkt
des Volkes Israel (Jes. 44, 20: «Jisrael, du wirst mir niemals vergessen werden») ebenso sehr, wie das Volk seiner zu gedenken hat (Mos. 5, 15: «Gedenke, daß du Knecht warst im Land Ägypten»). Die Zusage Gottes und
der Gehorsam Israels bilden die beiden Seiten des Bundes. Die Praxis des
E.s scheint dabei gegen die «Katastrophen des Vergessens» (J. Assmann)
aus der Situation des Babylonischen Exils, gegen die erfahrenen Katastrophen (Deportation der zehn Stämme Israels; Zerstörung des Tempels 587
v. Chr.) formuliert worden zu sein. Der wechselseitige Bund ist eine kontrapräsentische Erinnerungsfigur (G. Theißen 1988, J. Assmann 1999). In
Analogie zum Bund Gottes mit Israel gedenkt die christliche Gemeinde
im Abendmahl an Jesus Christus (Mk 14, 24: «Das ist mein Blut des Bundes, das für viele vergossen wird»; → Eucharistie). Aktualisiert und säkularisiert wurde die theologische Rede vom E. im 20. Jh. vor allem durch
Arbeiten T. W. Adornos und → W. Benjamins. Anlass des E.s ist dabei die
Bedrohung der inneren Natur des Menschen durch ihre soziale Disziplinierung (Schmidt-Noerr 1990), so wie generell die Erinnerung an die Geschichte als Leidensgeschichte von namenlosen Opfern (Benjamin 1928/
1974; → Ethik). Anders als in der theologischen Konstruktion des E.s
nach der Katastrophe radikalisiert sich in der Theorie von Adorno und
Benjamin die Gegenwart selbst zur Katastrophe in Permanenz (→ Zerstörung), angesichts deren das E. zum Akt des Überlebens der Idee eines
versöhnten, unversehrten Lebens wird.

S. Mosés, Eingedenken und Jetztzeit – Geschichtliches Bewußtsein im Spätwerk
Walter Benjamins, in: A. Haverkamp/R. Lachmann (Hg.), Memoria. Vergessen und
Erinnern, München 1993, S. 385–405; J. Assmann, Das kulturelle Gedächtnis.
Schrift, Erinnerung und politische Identität in frühen Hochkulturen, München
1992; G. Schmidt-Noerr, Das Eingedenken der Natur im Subjekt, Darmstadt 1990;
G. Theißen, Tradition und Entscheidung. Der Beitrag des biblischen Glaubens
zum kulturellen Gedächtnis, in: J. Assmann und T. Hölscher (Hg.), Kultur und

Gedächtnis, Frankfurt/M. 1988, S. 170–196; W. Benjamin, Ursprung des deutschen Trauerspiels (1928), in: ders., Gesammelte Schriften, Bd. 1, Frankfurt/M. 1974, S. 203–430.

Stefan Hesper

Einprägen

1. *Aktiv:* lerntheoretisch im Sinne von ‹*sich* etwas einprägen› der erste Schritt einer bewusst vollzogenen Gedächtnisleistung, die auf das Einspeichern von Information zielt (→ Encodierung, → Gedächtnisstrategie). Auf ihn folgt das Behalten (→ Retention) und, auf bestimmte → Schlüsselreize (→ Assoziation) hin, schließlich die → Reproduktion des erinnerten → Wissens.

2. *Passiv:* Orientiert am aristotelischen Wachstafelmodell, das den Vorgang der → Bildung als eine von außen geleistete Stichel- und Grabarbeit an der *memoria* vorstellt, rekurriert der Vorgang des E.s stärker als jener des Ein*bildens* auf die Wirkmacht des äußeren sinnlichen Eindrucks. Suggeriert Aristoteles' → Gedächtnismetapher, dass sich Bilder selbst ins Gedächtnis einprägen, so geht R. Descartes' Wahrnehmungstheorie davon aus, dass sich der sinnliche Eindruck einem Nagelbrett vergleichbar in das menschliche → Gehirn einsenkt und dort ein abstraktes Lochmuster produziert, durch das erst in einem ‹Impulsverfahren› ein inneres Bild hergestellt wird. Auf der Grundlage sensualistischer Rezeptionstheorien wendet D. Hume diese abstrakte wieder in eine anschauliche Vorstellung des ‹unmittelbaren› E.s der gesehenen äußeren Bilder um.

Als *Vorgang* spielt das E. insbesondere in religiösen Kontexten eine entscheidende Rolle. In dem seit der Mystik geläufigen Modell der Herzenseinritzung verbindet sich in dem als schmerzhaft vorgestellten Rezeptionsvorgang des Gesehenen die Bearbeitung der *memoria* durch Gott mit dem zentralen Ereignis der christlichen Heilsgeschichte, der Passion Christi. Formuliert wird hier eine Techno-Theologie des E.s, in der die Punktion oder das Stechen des Papiers im schmerzhaften Rezeptionsvorgang seine Entsprechung findet (→ Schmerz).

F. Kittler, Die Heilige Schrift, in: D. Kamper/C. Wulf (Hg.), Das Heilige. Seine Spur in der Moderne, Frankfurt/M. 1987, S. 154–162.

Bettina Bannasch

Eklektizismus

Kalkulierte Auswahl (→ Selektion) aus überlieferten Wissensordnungen, künstlerischen Formen oder Stilen der → Vergangenheit (→ Erbe). E. in philosophischer Bedeutung beschreibt eine u. a. bei M. T. Cicero und in der europäischen Aufklärung geprägte Maxime des freien Umgangs mit den tradierten philosophischen Systemen, aus denen nach Maßgabe einer undogmatischen und auf praktischen Nutzen zielenden natürlichen Vernunft das nach eigener → Erfahrung Überzeugendste ausgewählt werden sollte. Im ästhetischen Kontext – in der → Architektur, aber auch in der bildenden → Kunst, → Musik und Literatur etwa des → Historismus des späten 19. Jh.s. oder der Postmoderne des 20. Jh.s – zielt die eklektizistische Aufnahme von Form- und Stilelementen vergangener → Epochen, die als solche erkennbar bleiben (→ Sample, → Zitat), auf eine «reiche Mischung von Bedeutungen» (C. Jencks), die mit historischem Entwicklungsdenken und klassischen Originalitätserwartungen bricht (→ Bruch, → Posthistoire).

M. Albrecht, Eklektik. Eine Begriffsgeschichte mit Hinweisen auf die Philosophie- und Wissenschaftsgeschichte, Stuttgart-Bad Cannstatt 1994; W. Welsch (Hg.), Wege aus der Moderne. Schlüsseltexte der Postmoderne-Diskussion, 2. Aufl. Berlin 1994.

Joachim Jacob

Elaboration

(lat. *elaborare*: ausarbeiten). Verknüpfende, beziehungsaufbauende Verarbeitung von Lernmaterial (→ Lernen, → Sinn). Dabei werden Verbindungen innerhalb des zu lernenden Materials einerseits, zu bereits vorhandenen Gedächtnisinhalten andererseits erzeugt. Schon 1890 sah W. James in *Principles of Psychology* eine E. der Gedächtnisassoziationen (→ Assoziation) als wichtigen Faktor, um die Behaltensleistung zu verbessern. Die Wirksamkeit vieler Lerntechniken beruht darauf, dass sie eine elaborierte Verarbeitung erzwingen. Experimentell lässt sich eine E. typischerweise durch die Anweisung herbeiführen, zu lernende Items daraufhin zu beurteilen, ob sie zu bestimmten vorgegebenen Sätzen passen. Das Konzept der E. wurde in Erweiterung des Modells der → Verarbeitungstiefe eingeführt, als sich herausgestellt hatte, dass nicht allein die Verarbeitungs*tiefe*, sondern auch die *Reichhaltigkeit* der dabei aufgebauten Verknüpfungen die Erinnerungsleistung beeinflusst. Kritisiert wird jedoch, dass der Grad der E. nur schwer empirisch messbar ist (F. I. M. Craik/E. Tulving).

A. D. Baddeley, Human Memory. Theory and Practice, 2. Aufl. Hove 1997; J. A. Anderson, Kognitive Psychologie, Heidelberg 1989.

Thomas Krüger

Elefant

Größtes lebendes Landtier aus der Familie der Rüsseltiere mit voluminösem Schädel. Von alters her kultisch verehrt, gilt der E. als stark und weise: Sein sprichwörtliches (vgl. → Mem) Gedächtnis lässt ihn zum Sinnbild enormer Erinnerungsfähigkeit (→ Tiere; vgl. → Gedächtniskünstler) aufgrund entsprechender Speicherkapazitäten werden (→ Kapazität). J. C. Lavater versucht mit Hilfe der Physiognomik, der zufolge die Schädelform Rückschlüsse auf die geistigen Fähigkeiten bei Mensch und Tier zulässt, die günstige Disposition des E.en zu beweisen: «Seine erhabene gewölbte Stirn zeuget von dem Vorzuge seines Verstandes vor allen anderen vierfüßigen Thieren – besonders von seinem starken Gedächtnisse» *(Physiognomische Fragmente)*. Dieses Kausalverhältnis von ‹äußeren› Körperzeichen und ‹inneren› Eigenschaften gewinnt während des 18. und 19. Jh.s an Popularität und kann sich zeitweise in den Naturwissenschaften etablieren. So spielt in F. J. Galls phrenologischen Untersuchungen *(Des Herrn Dr. F. J. Gall Schreiben ... über die Verrichtungen des Gehirns der Menschen und der Thiere)* die Schädelform eine zentrale Rolle bei der Bestimmung der Gedächtnisleistung. Mit dem guten Gedächtnis geht motivgeschichtlich die → Rache des E.en einher: «Die Dickhäuter schwören, wir vergessen nichts» (A. Kluge, *Die Artisten in der Zirkuskuppel: ratlos*, 1968).

Staatliches Museum für Völkerkunde in München (Hg.), Mensch und Elefant, Innsbruck 1994; J. Baltrušaitis, Tierphysiognomik (1957), in: ders., Imaginäre Realitäten. Fiktion und Illusion als produktive Kraft, Köln 1984, S. 9–52.

Jutta Person

Emotion

(lat. *emovere*: aufwühlen, erschüttern). Umfassende Bezeichnung für den gefühlsmäßigen Aspekt des Erlebens und Verhaltens. Die E.en sind die subjektivsten psychischen Erscheinungen und wurden deshalb lange Zeit von der psychologischen Forschung vernachlässigt. Soweit sie nicht wegen mangelnder intersubjektiver Zugänglichkeit gleich ganz aus dem Bereich möglicher Untersuchungsgegenstände ausgeklammert wurden, unterlag ihre Erforschung charakteristischen Beschränkungen. Zum einen führte die Bevorzugung von Labor-Experimenten zu einer korrespondierenden Bevorzugung leicht auslösbarer E.en, sodass es sehr viel mehr Untersuchungen über Angst als über Traurigkeit oder Freude gab, zum anderen führte der behavioristische Hintergrund dieser Experimente zu der Annahme, dass emotionale Reaktionen ausschließlich als unbewusste, automatische Prozesse ablaufen. Damit war zunächst der Weg verstellt, E.en auch als subjektive Erfahrungstatsachen anzuerkennen, die auf der Ebene bewussten Erlebens angesiedelt sind (→ Bewusstsein).

Auch wenn eine eindeutige Bestimmung des E.s-Begriffs bis heute nicht in Sicht ist, lassen sich folgende Komponenten unterscheiden: (1) die subjektive Komponente als vom Individuum *erlebter und kommunizierbarer Gefühlszustand*; (2) die physiologische Komponente im Sinne von *psychophysiologischer Erregung und Reaktion*; (3) die Verhaltenskomponente umfasst sowohl *motorisches Verhalten* (Flucht oder Angriff) als auch *Ausdrucksverhalten* (Mimik und Gestik); (4) die kulturelle Komponente im Sinne gelernter Regeln dafür, *was und wie gefühlt und zum Ausdruck gebracht werden kann*.

Schon frühzeitig wurde in der Psychoanalyse der Zusammenhang zwischen E. und Gedächtnis thematisiert, der oftmals auf die zu stark verkürzte Formel gebracht wurde, das Unlustvolle werde vergessen. Angemessener erscheint es aus analytischer Sicht, von einer *Tendenz* zu sprechen, die durch Erinnerung hervorgerufene Unlust zu vermeiden. Die insbesondere von D. Rapaport (1942/1977) gehegte Hoffnung auf eine → Revolution der Gedächtnistheorie, nach der sich nicht nur die → Reproduktion einzelner Gedächtnisinhalte als durch emotionale Faktoren beeinflusst erweisen lässt, sondern das Gedächtnis insgesamt als durch in erster Linie emotional-affektive Organisationsprinzipien strukturiert aufgezeigt werden kann, ist nicht eingetroffen.

Einen auch außerhalb der Psychoanalyse gut belegten Zusammenhang zwischen E. und Gedächtnis stellt der Befund dar, dass Gedächtnismaterial umso besser behalten wird, je mehr es geschätzt oder abgelehnt wird, je größer also seine affektive Intensität ist. Außerdem gilt, dass Menschen sich besser an Inhalte erinnern können, wenn sie sich in einem emotional ähnlichen Zustand wie bei der Speicherung der Inhalte befinden (→ Encodierung). Dieser Sachverhalt wird als «stimmungsabhängiges Gedächtnis» bezeichnet.

M. W. Battachi/T. Suslow/M. Renna, Emotion und Sprache, Frankfurt/M. u. a. 1996; H. Fink-Eitel/G. Lohmann (Hg.), Zur Philosophie der Gefühle, Frankfurt/M. 1993; D. Ulich, Das Gefühl. Eine Einführung in die Emotionspsychologie, München 1982; D. Rapaport, Gefühl und Erinnerung (1942), Stuttgart 1977.

Dirk Hartmann, Walter Zitterbarth

Encodierung, Decodierung

(lat. *caudex*: Schreibtafel, Buch, Verzeichnis). Prozesse der Übersetzung (E.) einer → Information in ein anderes Format sowie der entsprechenden Rückübersetzung (D.) gemäß eines → Codes (d. h. einer Übersetzungsregel). Die Begriffsbildung geht auf die frühe Nachrichten- und Computertechnologie sowie die zugrunde liegende Informationstheorie zurück, deren gemeinsames Thema die Übermittlung von Daten von einer Eingabe- zu einer Zieleinheit darstellte (C. E. Shannon/W. Weaver, N. Wiener). Im Zusammenhang mit Nachrichtenübertragung oder → Kommunikation handelt es sich bei der Eingabeeinheit um einen Sender, der eine mitzuteilende Information als Signal (Symbol; vgl. → Zeichen) encodiert, das nach seiner Übertragung durch einen Kanal bzw. ein Medium von einem Empfänger, also der Zieleinheit, erst decodiert werden muss, bevor es als anschlussfähige Information verfügbar wird.

Auch die kommunikative Übermittlung von Informationen zu vergangenen → Ereignissen bzw. von Erinnerungen kann mit Hilfe des Sender-Empfänger-Modells beschrieben werden. In diesem Zusammenhang haben Linguisten und Sprachpsychologen kontrovers diskutiert, inwiefern Gedächtnisinhalte und Erinnerungsprozesse von der Art der sprachlichen Codierung abhängig sind (vgl. Hardin/Banaji 1993). Dabei stand anfangs die Codierbarkeit von Wahrnehmungsinhalten im Mittelpunkt: Die klassischen Studien von R. Brown waren der Frage gewidmet, ob Probanden eine Farbe umso besser wiedererkennen, je leichter sie sich auf eine sprachliche Bezeichnung einigen können (→ Wiedererkennen). Kritik hat das Sender-Empfänger-Modell vor allem erfahren, weil es nicht bzw. nur unzureichend berücksichtigt, dass die durch D. gewonnene Bedeutung vom situativen Kontext sowie von den spezifischen Merkmalen des Empfängers abhängig sein kann (Dietrich/Graumann 1989).

Betrachtet man das psychische System des Menschen in Analogie zum → Computer als eine Informationsverarbeitungseinheit (→ Kognition, → Künstliche Intelligenz), so stellt die E. einen Vorgang dar, durch den ein Individuum Inhalte der sinnlichen Wahrnehmung (Input) in ein intern verarbeitbares → Repräsentationsformat übersetzt; entsprechend ist unter D. ein Prozess zu verstehen, durch den intern repräsentierte Informationen in physische bzw. motorische Aktivität (Output) transformiert werden (vgl. Newell/Rosenbloom/Laird 1989). Falls sich der Input nicht ausschließlich auf unmittelbare, reflexartige Weise auf den Output auswirkt, werden Gedächtnisleistungen erforderlich, die encodierte Information für eine spätere Verarbeitung und D. verfügbar halten.

Seit Anfang der 1970er Jahre thematisierte die kognitionspsychologische Gedächtnisforschung zunehmend die E. von Erfahrungsinhalten (→ Erfahrung). F. I. M. Craik und R. S. Lockhart postulierten in ihrer Theorie der *Levels of Processing* (→ Verarbeitungstiefe), dass ein Individuum Informationen umso besser behalten kann, je ‹tiefer› es sie ursprünglich encodiert, d. h. je mehr sinnhafte Verknüpfungen es zwischen neuen, einzuprägenden Inhalten und bereits bestehendem → Wissen herstellt. Dass jedoch auch die situativen Umstände zum Zeitpunkt der Erinnerung (beim → Abruf von Informationen) eine Rolle spielen, haben E. Tulving und D. M. Thomson (1973) in ihrem Ansatz zur Encodierspezifität *(Encoding Specificity)* deutlich zu machen versucht. Andere Ansätze gehen in dieser Hinsicht noch weiter, indem sie davon ausgehen, dass Erinnerungen im Wesentlichen erst in der → Gegenwart, also unter den jeweils aktuellen Bedingungen, konstruiert werden (→ Zeit; vgl. → Konstruktion, → Zitat).

S. C. Hardin/M. R. Banaji, The Influence of Language on Thought, in: Social Cognition, Bd. 11, 1993, S. 277–308; R. Dietrich/C. F. Graumann (Hg.), Language Processing in Social Context, Amsterdam 1989; A. Newell/P. S. Rosenbloom/J. E. Laird, Symbolic Architectures for Cognition, in: M. I. Posner (Hg.), Foundations of Cognitive Science, Cambridge MA 1989, S. 93–131; E. Tulving/D. M. Thomson, Encoding Specificity and Retrieval Processes in Episodic Memory, in: Psychological Review, Bd. 80, 1973, S. 352–373.

Gerald Echterhoff

Engramm

(griech. *grámma*: Buchstabe). Auch Gedächtnisspur; ein von → R. W. Semon geprägter und von K. Lashley und → D. O. Hebb bekannt gemachter Begriff (vgl. → Spur), der immer noch von großer aktueller Bedeutung ist. Unter E.en versteht man sowohl die flüchtigen wie die dauerhaften Veränderungen im → Gehirn, die sich aus der neuronalen Codierung eines → Erlebnisses ergeben. Das Gehirn, so nimmt man heute an, soll hierbei Ereignisse einspeichern, indem es die Verbindungen zwischen bestimmten Neuronengruppen verstärkt (vgl. → Bahnung, → Bindung, → Konnektivität, → Synapse), und zwar nur an solchen, die an der Codierung des → Ereignisses beteiligt sind. In diesem neuen Verbindungsmuster konstituiert sich das E. als Aufzeichnung des Ereignisses. E.e tragen dabei wesentlich dazu bei, das zu repräsentieren, was wir subjektiv als Erinnerung an etwas erleben (→ Repräsentation). Aber sie können nicht die einzige Ursache unserer Erinnerungen sein, da es zu jedem beliebigen Zeitpunkt in unserem Gehirn Millionen von E.en gibt, die alle ins → Bewusstsein dringen können. Die meisten E.e befinden sich aber in einem Zustand der Inaktivität, entsprechend sind sie nur potenzielle Faktoren der Erinnerung. Eine angemessene Beschreibung des Gedächtnisses muss deshalb erklären, welche Einflüsse es E.en ermöglichen, im Bewusstsein manifest zu werden (→ Abruf, → Selektion). Noch können die Neurowissenschaften hierauf keine Antwort geben.

D. Schacter, Wir sind Erinnerung, Reinbek 1999.

Martin Korte

Entropie   → Attraktor, → Zerfall

Episodisches Gedächtnis

(griech. *ep eís ódion*: das Hinzukommende). Die Unterteilung des → Langzeitgedächtnisses (LZG) in drei Komponenten – e. G., → semantisches Gedächtnis, → prozedurales Gedächtnis – geht auf E. Tulving (1972) zurück. Das Gedächtnis für räumlich und zeitlich datierbare → Ereignisse (→ Datum) wird als e. G. bezeichnet. Es bewahrt persönliche → Erfahrungen (→ autobiographisches Gedächtnis). Ruft man die

→ Information aus dem Gedächtnis ab, dass die → Hauptstadt von Italien Rom ist, fehlt dieser persönliche Bezug. Es handelt sich hier um einen → Abruf aus dem semantischen Gedächtnis *(knowing that)*. Versucht man zu erinnern, wann und wo man gelernt hat, dass Rom die Hauptstadt von Italien ist, dann wird das e. G. beansprucht (vgl. auch → Quellengedächtnis). Die Erinnerungen an das ‹Wie, Wo, Wann und in welcher Reihenfolge man etwas erlebt hat› sind charakteristische Leistungen des e.n G.ses. Auch wenn Personen z. B. Wortlisten erinnern sollen, die sie zuvor gelernt haben, handelt es sich um einen Abruf aus dem e. G., denn in solchen Situationen werden nicht die Wörter an sich gelernt und behalten, sondern *welche* Wörter im Kontext der Untersuchung dargeboten wurden. Werden Wörter nicht erinnert, dann sind nicht die Wörter selbst vergessen, denn sie gehören ja weiterhin zum Vokabular. Vergessen wurde vielmehr, dass bestimmte Wörter in einer bestimmten Situation vorgekommen sind. Episodische Informationen sind nur dann abrufbar, wenn der Kontext, in dem sie gelernt wurden, verfügbar bleibt.

E. G. und semantisches Gedächtnis erlauben beide einen bewussten Zugang zu den Inhalten (→ Bewusstsein, → explizites Gedächtnis). Eine eindeutige empirische Absicherung der verschiedenen Komponenten des LZG ist schwierig. So ist z. B. die Reihenfolge des Informationsflusses im Rahmen einer Mehrspeicherkonzeption des Gedächtnisses strittig. Es gibt Hinweise darauf, dass das e. G. ohne Umweg über das → Kurzzeitgedächtnis von den → sensorischen Registern angesprochen werden kann. Trotz der funktionalen Trennung zwischen den drei Typen des LZG gibt es zahlreiche Wechselwirkungen zwischen ihnen. Unser gesamtes → Wissen leitet sich ursprünglich aus Lernerfahrungen her (→ Lernen), wobei das Erinnern dieser Inhalte nicht unbedingt die Erinnerung der Lernereignisse selbst erfordert. So ist es möglich, dass die Bedeutung eines neu gelernten Worts am Anfang nur unter Rückgriff auf das e. G. erinnert werden kann, das etwas über den semantischen Gehalt des Worts aussagt. Im Verlauf der Zeit wird die Wortbedeutung in das semantische Gedächtnis aufgenommen, sodass dem e.n G. bezüglich des semantischen Inhaltes keine Bedeutung mehr zukommt.

J. Bredenkamp, Lernen, Erinnern, Vergessen, München 1998; A. Parkin, Gedächtnis: Ein einführendes Lehrbuch, Weinheim 1996; E. Tulving, Episodic and semantic memory, in: ders./W. Donaldson (Hg.), Organisation of memory, New York 1972, S. 381–402.

Bianca Vaterrodt-Plünnecke

Epitaph

(griech. *épi*: darauf, *tápheios*: zum Grab gehörig). In der Antike öffentliche Grab- oder Trauerrede zur Ehrung im Krieg Gefallener (→ Trauer, → Nachruf), außerdem das zum Gedächtnis an einen → Toten aufgestellte → Denkmal (meist in Form einer Schrifttafel), das sich nicht an dessen Grabstätte selbst, aber oft in deren unmittelbarer Nähe befindet. Besonders im Mittelalter verweist das E. als *dignitatis insignium*, als an den Kirchenaußenwänden angebrachtes Würdezeichen, auf die Boden- oder Wandgräber hoch gestellter weltlicher und geistlicher Personen im Kircheninneren. Die Darstellungen auf dem E. (z. B. Anbetung Christi durch den Verstorbenen, Kreuzigung oder Schmerzensmann) dienen der *pietatis monumentum* (Weckwerth 1952) und rufen die Hinterbliebenen zur Fürbitte auf. Als Gedächtnismal nutzt das E. außerdem die kommemorative und moralisch-didaktische Funktion des → Porträts zur mehrfigurigen Darstellung, deren oft allegorischer Gehalt im Anmahnen der Vanitas (→ Memento mori) besteht. Im Kontext des höfisch-dynastischen → Ahnenkults sucht das E. den Verstorbenen als einen ewig Präsenten in das Bildgedächtnis der Nachkommen einzuschreiben (Stifterporträts).

M. Burkhard-Meier, Spätmittelalterliches Wanddenkmal in Deutschland und den Niederlanden, Freiburg 1955; A. Weckwerth, Ursprung des Bildepitaphs, Göttingen 1952.

Johanna Dahm

Epoche

(griech. *epoché*: Anhalten der Rede oder des Laufs). Bis in die frühe Neuzeit generell Kategorie für Diskontinuität (→ Bruch), etwa im Begriff der Konstellation als Ausdruck für das Zusammentreffen zweier Himmelskörper. In der Neuzeit wird der Begriff auf die Zeitrechnung übertragen (→ Kalender), bezeichnet aber zunächst nur den Anfangspunkt einer zeitlichen Reihe, der selbst der historischen → Zeit entzogen ist (→ Prähistorie). An der Wende vom 17. zum 18. Jh. treten → Vergangenheit als ‹Erfahrungsraum› und → Zukunft als ‹Erwartungshorizont› auseinander (Koselleck 1979; → Erfahrung, → Erwartung), die Bedeutung verschiebt sich vom Zeit-Punkt zum Zeit-Abschnitt: Nicht mehr der Anfang eines historischen Geschehens, sondern dieses selbst wird nun zur

E. Der moderne E.n-Begriff ist ein Produkt des 18. und 19. Jh.s: Die E.n, die ihre Einheit und → Kontinuität erst durch bestimmte diskrete → Ereignisse bzw. Brüche, die sog. E.n-Schwellen, herstellen und die sich durch einen Pool gemeinsamer Merkmale voneinander unterscheiden, schreiten nicht nur fort, sie lassen sich auch auseinander ableiten. E. wird zum Signum für historische Kontinuität, am deutlichsten bei → G. W. F. Hegel und im → Historismus (→ Geschichte, → Geschichtsphilosophie). Doch während sich in den E.n bei Hegel das Bewusstsein seiner Vorstufen erinnert, wobei die früheren und die späteren einen kontinuierlichen Zusammenhang der Entwicklung des Geistes bilden, bezieht der Historismus die E. nicht mehr auf eine Totalität, sondern denkt sie selbst als Totalitäten, die sämtlich «gleich unmittelbar zu Gott» (L. v. Ranke) sind. Schärfste Kontur bekommt der Begriff im Marxismus, wo die E.n an ökonomische Gesellschaftsformationen gekoppelt und mit der Vorstellung einer Emanzipation der Menschheit verbunden werden. Die E.n-Einteilung wird in den verschiedensten Konzepten zum privilegierten kulturellen Verfahren, das kollektive → Identität konturiert (Gumbrecht/Link-Heer 1985). Sie gilt als die Form, in der die Einheit des historischen Prozesses sich herstellt bzw. erkannt werden kann (→ Rekonstruktion).

Mit dem ‹Ende der Geschichte› im Sinne eines zielgerichteten Prozesses, wie er von Hegel und K. Marx konzipiert wurde, scheint auch das Ende der E. eingeläutet. Die Periodisierung in ein striktes Nacheinander kann das Phänomen der Gleichzeitigkeit des Ungleichzeitigen nicht erfassen und bedarf eines Fortschrittsmodells, das im 20. Jh. nicht mehr formulierbar ist. Ein «geschichtlicher Begriff von Geschichte» (J. Taubes, *Zur Konjunktur des Polytheismus*) erscheint jedoch gerade unter Bedingungen der → Posthistoire unverzichtbar, nicht nur als heuristisches Instrumentarium zur Selbstbeschreibung von Gesellschaften in ihrem zeitlichen Verlauf (N. Luhmann), sondern vor allem auch zur überfälligen Umschrift der ‹Geschichte der Sieger› in eine ‹Geschichte der Besiegten›: Dazu ist nach → W. Benjamin eine Konstruktion von E.n erforderlich, die – an der ursprünglichen Bedeutung der *epoché* als Stillstellung orientiert – aus dem historischen Kontinuum herausgesprengt werden und mit der Gegenwart in eine Konstellation eintreten, sodass sich die Gegenwart in der Vergangenheit erkennen kann (→ Eingedenken).

H. U. Gumbrecht/U. Link-Heer (Hg.), Epochenschwellen und Epochenstrukturen im Diskurs der Literatur- und Sprachhistorie, Frankfurt/M. 1985; R. Koselleck/H. Lutz/J. Rüsen (Hg.), Formen der Geschichtsschreibung, München 1982; R. Koselleck, Vergangene Zukunft – Zur Semantik geschichtlicher Zeiten, Frankfurt/M. 1979; W. Benjamin, Über den Begriff der Geschichte (1940), in: ders., Gesammelte Schriften, Bd. 1.2, Frankfurt/M. 1980, S. 691–704.

Manuela Günter

Epos

(griech. *épos*: Wort, Erzählung). Großform erzählerischer Dichtung (→ Narration), gebildet aus gleich bleibenden Strophen oder Versen (→ Versmaß), meist gegliedert in Gesänge, Bücher, Fitten, *Aventiuren* oder Gesänge. Charakteristisch für das mündlich und auswendig von Rhapsoden, Spielleuten oder Barden aufgeführte E. (→ Oral Poetry) sind der Musenanruf, reihende Episodentechnik, Formelhaftigkeit und Topik (→ Oralität, → Topos). Das E. entsteht aus älteren, zunächst mündlich überlieferten Heldensagen und -liedern. K. Lachmanns und F. A. Wolfs ‹Liedtheorie›, die besagt, dass das E. aus einzelnen, nur lose aneinander gereihten Liedern bestehe, ist durch A. Heusler und W. P. Ker widersprochen worden, die dem bloßen Kompilator die schöpferische Dichterpersönlichkeit entgegenstellen.

Das E. thematisiert, beglaubigt und überwindet den → Mythos, indem es zwar vom Wirken der Götter erzählt, dieses jedoch als geschichtliches Geschehen deutet, um so das historische Selbstverständnis einer → Kultur daraus ableiten zu können. So erinnert vor allem das anonym und mündlich überlieferte Helden-E. an Landnahme und Grenzkämpfe, Eroberungen und Ruhmestaten eines oft (halb)göttlichen Gründungs-Heroen und Ur-Ahnen, über den kulturelle → Identität bzw. Herrschaftsansprüche legitimiert werden, gibt aber auch in epischer Breite Heerschauen, Sterbe- und Abschiedsszenen wieder, um jene historischen → Ereignisse, die das → kollektive Gedächtnis begründen, zu überliefern und zu vergegenwärtigen (→ Vergegenwärtigung). Wichtig für die Herrschaftslegitimation und die Selbstvergewisserung, die über den (fiktiven) ‹Spitzen-Ahn› hergestellt werden sollen, ist der Nachweis einer lückenlosen → Genealogie vom mythischen Zeitpunkt der erzählten Handlungen an bis zur jeweiligen → Gegenwart (→ Ahnen, → Gründung).

Soziale Voraussetzung und Publikum des E. ist die stratifikatorisch organisierte Feudalgesellschaft, jene «von sich aus geschlossene Lebenstotalität» (G. Lukács), wodurch das E. besonders vom Roman unterschieden werden kann, der kein kollektiv-objektives, sondern ein subjektives

Welt- und Ordnungsverständnis artikuliert. Die epische Form entfaltet sich zunächst bei den indo-europäischen Völkergruppen (*Gilgamesch-Epos*, Babylon, 18. Jh. v. Chr., *Mahabharata*, Indien, 5. Jh. v. Chr.), dann in der europäischen Antike (*Ilias, Odyssee*, Griechenland, 8. Jh. vor Chr., *Äneis* des Vergil, 29–19 v. Chr.). Das Mittelalter kennt ein breites Spektrum von mittellateinischer Versepik, Tierepik, Bibel-Epik, allegorischer Epik und Heldenepik, aber auch volkssprachlicher (germanischer) Helden-Epik und höfischer Epik (*Erec* 1170, *Yvain* 1177, *Perceval* 1182, *Rolandslied* 1150). Dantes *Divina Commedia* (1307–21) kennzeichnet den Übergang zu genuin als Lesetext konzipierten E.en. Sobald die Merkmale der mündlichen Überlieferung wegfallen, erodiert die Gattung in parodistische Kleinformen, konkurrierende Formen der Verserzählung, vor allem in den Prosa- oder den Versroman.

G. Lukács, Die Theorie des Romans. Ein geschichtsphilosophischer Versuch über die Form der großen Epik, Frankfurt/M. 1988; A. T. Hatto (Hg.), Traditions of heroic and epic poetry, 2 Bde., London 1980–89; E. R. Haymes, Das mündliche Epos, Stuttgart 1977; G. Dumézil, Mythe et épopée, 3 Bde., Paris 1968–73; C. M. Bowra, From Vergil to Milton, London 1945.

Silke-Katharina Philipowski

Erbe

Produkt einer Kulturtechnik, die auf Kontinuierung durch Bewahrung und → Tradierung zielt, zugleich Ausdruck für Übernommenes, Hinterlassenes, Überdauerndes. Im ursprünglichen Wortsinn (ahd. 9. Jh.) bezog sich der Begriff E. auf den innerfamiliär zu übertragenden Grund und Boden, bevor sich die Bedeutung auf mobilen Besitz, Ämter, Titel, Geisteshaltungen u. Ä. ausweitete. Grundsätzlich wird als E. klassifiziert, was im Kontext einer → Kultur für wertvoll bzw. bedeutsam befunden wird und deshalb tradiert werden soll (→ Kanon). Die im E. gespeicherten Werte sind von identitätsbestimmender Kraft und können sich materiell-ökonomisch (Immobilien, Vermögen) oder ideell-ethisch (Wertvorstellungen) ausformulieren. Je nach Definition des kulturellen Kontextes kann das E. räumlich spezifiziert werden – das E. einer Region (Küche, Dialekt), einer → Nation (Goethe, Auschwitz), das Weltkulturerbe (Akropolis, Schlosspark Sanssouci). Es kann zeitlich bestimmt werden – das E. der Reformation, des Stalinismus. Der Kontext eines E.s kann auch sozialer Art sein – das E. der 68er, der Stasi.

Aufgrund der Werte, die im E. repräsentiert sind, geht es nicht nur um Bewahrung, sondern um Belehrung und die Verpflichtung, das Ererbte selbst weiterzutragen. Insofern das Vermächtnis der normativen Orientierung dient, ist es ein paradigmatischer Ort, an dem die ethischen Grundlagen einer Kultur verdichtet zutage treten, produziert und reproduziert werden. Weil das E. Besitz oder Werte bezeichnet, die intergenerativ übertagen werden, stellt es außerdem eine kulturelle Praxis zur Selbstkontinuierung sozialer Einheiten dar (→ Tradierung). In dieser Funktion bewahrt das E. die Erinnerung an die eigene Geschichte und die Vorfahren und erweist sich als Gedächtnisstrategie und Form des Totengedächtnisses (→ Tod, → Trauer).

Von der sozialanthropologischen Familienforschung (Goody/Thirsk/Thompson 1976) wurde die familienkonstitutive Rolle des Besitzes und der Zusammenhang von E. und sozialer Reproduktion herausgearbeitet, die im Erbprozess auf zwei Ebenen geschieht: Der Reproduktion der Familie entspricht die der sozialen Klasse. Die Funktion des E.s ist aber nicht nur, die Anciennität und → Kontinuität eines Familiengeschlechts sachlich zu bestätigen, wie der Kultursoziologe P. Bourdieu (1982) zeigt. Der Besitz dient der moralisch-geistigen Reproduktion der Familie, d. h. der Weitergabe von Werten und Kompetenzen. Jedes materielle E. ist ein kulturelles. Die Soziologin M. Segalen (1993) stellt dar, dass Dinge, die vererbt werden, Kontinuität stiften sollen. Sie sind → *Zeichen der Familientradition* (→ Souvenir, → Tradition), weil sie Verbindungen zwischen den Generationen herstellen (→ Ahnen). Sie sind *Träger des Familiengedächtnisses*, weil sie → Identität und → Geschichte verkörpern. Segalen weist nach, dass das E. als Kontinuitätsgarant dort beschworen wird, wo Diskontinuität existiert, wo soziale oder geographische Mobilität erfahren wurde. Der Verlust der *heimatlichen Wurzeln* (→ Heimat) führt zu einem → Bruch in Gedächtnis und Erinnerung, was Strategien ihrer Rekonstruktion motiviert.

M. Segalen, Die Tradierung des Familiengedächtnisses in den heutigen französischen Mittelschichten, in: K. Lüscher/F. Schultheis (Hg.), Generationenbeziehungen in «postmodernen» Gesellschaften. Analysen zum Verhältnis von Individuum, Familie, Staat und Gesellschaft, Konstanz 1993, S. 157–169; P. Bourdieu, Die feinen Unterschiede. Kritik der gesellschaftlichen Urteilskraft, Frankfurt/M. 1982; J. Goody/J. Thirsk/E. P. Thompson (Hg.), Family and Inheritance. Rural Society in Western Europe 1200–1800, New York/Melbourne 1976:

Ulrike Langbein

Ereignis

Auf einen Zeitpunkt datierbares, momenthaftes Vorkommnis, das durch Bedeutung, Folgenreichtum oder die bloße Tatsache seiner → Selektion aus einem Horizont gleichförmiger Vorkommnisse herausgehoben wird. E.se sind an den Gegenwartspunkt ihres Auftretens gebunden und daher vergänglich und einmalig, weder als Zustand stabilisierbar noch reproduzierbar (→ Gegenwart, → Präsenz). Ohne Zusammenhang sind E.se deshalb weder kommunizier- noch erinnerbar (→ Sinn). Daher bleiben sowohl biographische als auch geschichtliche E.se auf entsprechende Überformungen angewiesen (→ Geschichte, → Narration). Historische E.se werden traditionell nach ihrer Bedeutsamkeit für nachfolgende Entwicklungen begriffen. Für → M. Heidegger dagegen setzt die Kette von Ursache und Wirkung im Augenblickserleben des E.ses gerade aus; öffnet sich im E., das er als «Er-Eignung» im Sinne eines «Zu-sich-selbst-Kommens» deutet, die → Erfahrung des Seins des im E. begegnenden Seienden. Durchaus vergleichbar liest die poststrukturale Ästhetik das Kunst-E. als ein das Werk transzendierendes Phänomen (J.-F. Lyotard, G. Deleuze).

Rein funktional bestimmt die Systemtheorie N. Luhmanns das ephemere E. eines → Kommunikationsakts als Basiselement des sozialen Systems. Der gesellschaftliche Systembildungsaufwand dient demnach in Sonderheit der Konditionierung von E.sen und der Steuerung von E.-Abfolgen (vgl. → Rekursivität). Die → Vergänglichkeit des E.ses zwingt das System einerseits zu ständigem Wandel, andererseits zur Stabilisierung in der Zeit (→ Struktur). Dabei kommt insbesondere der → Erwartung von E.sen sowie der reflexiven und reziproken Erwartung ebensolcher E.-Erwartungen grundlegende Bedeutung zu. Dieser zukunftsgerichteten Konditionierung wäre jedoch eine entsprechende vergangenheitsbezogene Konditionierung zur Seite zu stellen (→ Zukunft). Je stärker sich die nachmoderne, mediengestützte Gesellschaft in ihrer Selbstreproduktion auf gegenwartszentrierte E.-Bildung statt auf → Tradition und → Gewohnheit sowie auf utopische Horizonte des zu Verwirklichenden bezieht, desto größer wird ihr Bedarf an kommunizierten E.sen (→ Beschleunigung). Sozialer Zusammenhalt wird nicht mehr aus tradierten Sachzusammenhängen (z. B. Arbeit) erfahrbar, sondern durch gemeinsame Anteilhabe an E.sen (Mondlandung 1969, Sportereignisse; → Erlebnis). Statt auf E.se zu warten oder E.se durch Beeinflussung der Umstände wahrscheinlicher zu machen, werden deshalb Vorkommnisse systematisch produziert und durch Selektion und nachträgliche Aufladung mit Bedeutung zu «synthetischen» E.sen transformiert («Pseudo-E.se», D. Bell). Daher wird auch → Kultur heute weniger als wohldefinierter, stabilisierter und kanonisierter Zustand aufgefasst denn als Modus der Produktion erinnerbarer E.se («Event-Kultur»). Dagegen spricht J. Baudrillard vom «Streik der E.se», da sich in der medial überdeterminierten Welt Unvorhersehbares, Überraschendes nicht mehr Bahn brechen könne.

F. Zourabichvili, Deleuze – La philosophie de l'évènement, Paris 1998; J. Baudrillard, Die Illusion des Endes oder der Streik der Ereignisse, Berlin 1994; N. Luhmann, Soziale Systeme, Frankfurt/M. 1984; M. Heidegger, Identität und Differenz, Pfullingen 1957.

Lorenz Engell

Erfahrung

Grundbegriff der Erkenntnis- und Wissenschaftslehre, der den Erwerb von → Wissen, → Erlebnis- und Handlungsmustern beschreibt. E. richtet sich einerseits auf Vergangenes, dessen Erinnerung zur Handlungsorientierung in der → Gegenwart beiträgt (vgl. → Prudentia). Erinnert werden dabei bereits gemachte E.en, die sich im Laufe der Zeit zu Kenntnissen und → Gewohnheiten verfestigt oder als Handlungsrezepte bewährt haben und in unterschiedlicher Weise, z. B. als Lebens-E.en (→ Autobiographie) oder in Lehrbüchern (→ Archiv), gesammelt werden. Ihre Aktualisierung vollzieht sich in der kontinuitätsstiftenden Arbeit der historischen Wissenschaften ebenso wie auf den verschiedenen Ebenen der kulturellen Praxis als → *Vergegenwärtigung* von → Vergangenheit (Koselleck 1979). Andererseits sind Erinnerung und Gedächtnis *Voraussetzung* für die Möglichkeit von E. In diesem Sinn definiert schon Aristoteles: «Aus der Erinnerung geht bei den Menschen die Erfahrung hervor; erst viele Erinnerungen ein und derselben Sache bewirken das Vermögen *einer* Erfahrung» (*Metaphysik* 980b). E. meint danach ein theoretisches wie praktisches Vermögen, das sich erst aus vielen im Gedächtnis bleibenden Wahrnehmungen eines Gegenstandes bildet: Man muss immer wieder auf ihn zurückkommen, ihn in möglichst vielen Aspekten betrachten, sich mit ihm vertraut machen, um ihn richtig erkennen und beurteilen zu können. E. setzt somit → Übung, Geduld, → Aufmerksamkeit und Lernbereitschaft (→ Lernen) voraus.

Während der über Erinnerung bestimmte E.s-Begriff in der neuzeitlichen Wissenschaftstheorie zunächst unberücksichtigt bleibt, erlangt er in der → Geschichtsphilosophie des 19. Jh.s wieder Bedeutung: Für → G. W. F. Hegels Konzept *dialektischer E.* ist Erinnerung wesentlich, insofern sich dem erkennenden Subjekt (Geist) Wahrheit erst aus der bewegenden Entfaltung und Aneignung ihrer geschichtlichen Gestalten ergibt. Die Zielgestalt des E.s-Prozesses ist das absolute Wissen, das sich als «Er-Innerung» des Geistes zu sich selbst vollzieht *(Phänomenologie des Geistes)*. Hegels dialektische Bestimmung von E. prägt die philosophische Diskussion des Begriffs bis in die Gegenwart: Unter Berücksichtigung der Kritik an der Subjektzentriertheit dialektischer E. (Heidegger 1950) schließt die → Hermeneutik sich der Bestimmung von E. als Erinnerung an, insofern ein angemessenes Verständnis von historischen oder sozialen Phänomenen nur durch ein «Einrücken in ein Überlieferungsgeschehen» (Gadamer 1960, S. 295) möglich ist. Erfahren ist derjenige, der sich im ‹Gespräch› mit der → Tradition belehren lässt und darin → Kontinuität sichert. Demgegenüber insistiert die Kritische Theorie, insbesondere im Hinblick auf die → Shoah, auf einem Kontinuitätsbruch in der menschlichen Selbst-E. Deshalb ist E. nur negativ formulierbar: als → *Eingedenken* nicht eingelöster Humanität (M. Horkheimer/T. W. Adorno, *Dialektik der Aufklärung*). Gegenwärtig werden dialektische und hermeneutische Konzepte von E. vor allem durch die Dekonstruktion in Frage gestellt (Tholen 1999).

T. Tholen, Erfahrung und Interpretation. Der Streit zwischen Hermeneutik und Dekonstruktion, Heidelberg 1999; R. Koselleck, Vergangene Zukunft. Zur Semantik geschichtlicher Zeiten, Frankfurt/M. 1979; H.-G. Gadamer, Wahrheit und Methode. Grundzüge einer philosophischen Hermeneutik, Tübingen 1960; M. Heidegger, Hegels Begriff der Erfahrung, in: ders., Holzwege, Frankfurt/M. 1950, S. 111–204.

Toni Tholen

Erlebnis

Unmittelbare Inhalte des Erlebens, in denen einem Subjekt ein Gegenstand unmittelbar und nicht durch Reflexion gegeben ist. E.se bilden zwar einen objektiven Gehalt ab, färben ihn aber subjektiv. Man kann daher ein E. weder aus zweiter Hand noch zwei E.se gleichzeitig haben. Das Verbum ‹erleben› hat nicht nur den passiven Sinn, dass ein Gegenstand subjektiv gegeben ist (Ich erlebe ein rauschendes Fest), sondern auch einen aktiven Sinn (Ich bin tanzend, essend, mich unterhaltend usw. mit dabei). Im Erleben wird der erlebte Gegenstand ein Aspekt des subjektiven Lebens. Als intentionale Phänomene werden gegenwärtige E.se zu einer erlebten Einheit, indem sie sich abgrenzend auf die Vergangenheit (→ Retention) und die Zukunft (Protention) beziehen (E. Husserl). Die → Erfahrung des Weinkenners bestimmt den E.-Charakter in der → Präsenzsphäre (d. h., wenn er Wein auf der Zunge erspürt): Ein E. wird reichhaltiger aufgrund der Erinnerung an verschiedene Weine unterschiedlichen Charakters (also an vorherige Geschmackserlebnisse), es erzeugt zudem eine bestimmte → Erwartung für die Geschmackstönung im Abgang (→ Geschmack). E.se werden jedoch nicht nur durch Erinnerung gefärbt, sondern sie rufen auch Erinnerungen an andere E.se, aber auch → Assoziationen hervor (z. B. kann ein Geschmackserlebnis den Weinkenner an ein Rendezvous erinnern). Das Erleben (z. B. eines unbestimmten → Schmerzes) als ein Modus des unmittelbaren Gewahr-Werdens muss vom E. abgegrenzt werden (z. B. das E. einer durch einen Sturz zugefügten schmerzenden Wunde am Bein). Im Gegensatz zum Erleben sind E.se kein bloßes Gestimmt-Sein.

R. Reininger (Hg.), Philosophie des Erlebens, Wien 1976; W. Dilthey, Das Erlebnis und die Dichtung. Lessing, Goethe, Novalis, Hölderlin, Leipzig 1906.

Andreas Vieth

Ersparnismethode → H. Ebbinghaus

Erwartung

I. → Struktur, mit der mögliche Wirklichkeiten unter dem Gesichtspunkt ihrer zeitlichen, sozialen und sachlichen Kontingenz zum Ausdruck gebracht werden. Man erwartet eine bestimmte, noch unbekannte → Zukunft; ein bestimmtes, auch anders mögliches Verhalten; oder dass Dinge bleiben, was sie sind, obwohl sie sich ändern könnten (und umgekehrt). E.en werden entweder bestätigt oder enttäuscht. In diese Differenz zeichnet sich ein, was von der Wirklichkeit erfahren werden kann (→ Erfahrung).

Man kann normative und kognitive E.en danach unterscheiden, wie sie mit Enttäuschungen umgehen. Normative E.en werden auch im Enttäuschungsfall aufrechterhalten und vielfach zu Recht und → Moral ausdifferenziert. Dass nicht gemordet wird, erwartet man auch dann, wenn es immer wieder vorkommt. Kognitive E.en hingegen reagieren auf Enttäuschungen mit Lernbereitschaft (→ Lernen), d. h. mit der Umstellung von E.en. Ein kognitiver Umgang mit Erwartungen kennzeichnet vor allem die Wissenschaft. Man stellt fest, dass die Erde rund ist, und leitet daraus die Erwartung ab, wieder am Ausgangspunkt ankommen zu können, wenn man lange genug geradeaus geht. Gedächtnisleistungen werden hierbei auf asymmetrische Weise in Anspruch genommen: Die normativen E.en erinnern die Norm und diskontieren, inwieweit die Verletzung der Norm selbst normal ist. Die kognitiven E.en diskontieren die eigenen Inhalte und halten nur den Strukturwert der E. selber fest.

N. Luhmann, Soziale Systeme, Grundriß einer allgemeinen Theorie, Frankfurt/M. 1984; G. Spencer Brown, Probability and Scientific Inference, London 1957.

Dirk Baecker

II. *In der Psychologie:* Im Allgemeinen Bezeichnung für einen inneren Zustand oder eine Disposition (vgl. → Vorausschau). Doch L. Wittgenstein weist darauf hin, dass dies nicht zwangsläufig der Fall sein muss: Ich kann jemanden auch erwarten, ohne damit beschäftigt zu sein; ich wäre dann nur erstaunt, wenn er nicht käme – «und das wird man nicht die Beschreibung eines Seelenzustands nennen» (1960, S. 577).

In der streng auf den Zusammenhang von Stimuli und Reaktionen beschränkten behavioristischen Lerntheorie bedeutete es eine Revolution, als E. Tolman (1932) meinte, die Ratte im Labyrinth bilde E.en nach Futter in der Zielbox aus (→ Tiere). Nach orthodoxer Lehrmeinung wurde durch das belohnende Futter am Ende des Labyrinths die Verknüpfung von aktueller Situation und Verhaltenssequenz verstärkt (→ Konditionierung). Dagegen musste Tolman so etwas wie rudimentäre Erinnerungen annehmen, wenn er behauptete, dass die Ratte lernt, dass das Ziel mit Futter assoziiert ist und dass gewisse Wendungen zu diesem Ziel führen (→ Lernen). Allgemein gesprochen lernt der Organismus bei Tolman, ‹was zu was führt›, und damit finden kognitive Funktionssysteme wie das Gedächtnis Eingang in die behavioristische Lerntheorie. Die kognitive Wahrnehmungspsychologie (→ Kognition) sieht E.en als aufgrund früherer → Erfahrungen zustande gekommene → Schemata, die bei aktuellen Wahrnehmungserlebnissen als gespeicherte → Information aus dem

Gedächtnis abgerufen werden und die Wahrnehmung leiten, ohne sie völlig zu bestimmen.

U. Neisser, Kognition und Wirklichkeit, Stuttgart 1979; L. Wittgenstein, Philosophische Untersuchungen, Frankfurt/M. 1960; E. Tolman, Purposive behavior in animals and men, New York 1932.

Dirk Hartmann, Walter Zitterbarth

Eselsbrücke

(mittellat.: *pons asinorum*, entsprechend franz.: *pont aux ânes*). → Gedächtnisstütze zum Behalten und Erinnern von Sätzen, Abfolgen oder Regeln. Bei der *pons asinorum* handelt es sich um eine von dem französischen Philosophen P. Tartaretus eingeführte logische Schlussfigur, die so einfach war, dass sie selbst ein ‹Esel› behalten konnte. Im Weiteren stand die E. allgemein für einfache Merkhilfen. Dabei arbeitet die E. mit Mitteln, die in keinem direkten Zusammenhang zum Merk*inhalt* stehen müssen, aber schnell erlernt werden können (→ Merkfähigkeit, → Mnemotechnik).

Wie im Fall der bekannten E. «333, bei Issos Keilerei» können E. n. rhythmische Strukturen (→ Versmaß) oder → Reime nutzen. Oder man reduziert den Informationsumfang des zu Merkenden und stellt es in einen sinnfremden Kontext, in dem es leichter zu merken ist. Dies geschieht etwa, indem man eine zu erlernende Wortfolge auf die jeweiligen Anfangsbuchstaben verkürzt und aus dieser Reihe einen Lehrsatz oder einen Merkbegriff bildet. So kann man mit dem Merkvers «*Me*in *V*ater *er*klärt *Ma*ria *je*den *S*onntag *u*nsere *ne*un *Pl*aneten» die Abfolge der Planeten im Sonnensystem, mit «*Ch*ristoph *d*er *E*sel *f*risst *g*erne *a*ltes *Heu*» die Tonleiter behalten. Da solche Merkverse eine semantische Struktur ausbilden, kompensieren sie die Arbitrarität von Begriffszuweisungen in nicht anschaulichen Gegenstandsfeldern. E.n kommen nicht nur als verbale Merkverse vor, sondern auch als Handlungsanweisungen, mit denen das zu Merkende erschlossen werden kann, so in der Möglichkeit, die Monate mit 31 Tagen von den Handrücken ‹abzulesen›.

A. D. Baddeley, Human Memory. Theory and Practice, 2. Aufl. Hove 1997; W. Wippich, Lehrbuch der angewandten Gedächtnispsychologie, Stuttgart 1984.

Thomas Krüger

Ethik

(griech. *ethikós*: sittlich). *In der Geschichtsschreibung*: Aristoteles' *Nikoma-
chische Ethik* leitet die Reflexion einer ethischen Dimension individueller
Lebenszeit als eines auf das Gute oder auf das Glück ausgerichteten Geschehens ein. Ethische Implikationen des Berichtens über geschichtliches
Geschehen (→ Geschichte) kommen in den Anfängen der Historiographie zum Ausdruck (in der Frage der Wahrhaftigkeit von Augenzeugen, in
der Verpflichtung auf ‹unparteiliche› Wahrheit oder in Bestimmungen des
→ Sinns der Historie). Während der Gegenstandsbereich der Erkenntnis
des Historischen zunächst plural verfasst erscheint, kommt in der Aufklärung der Kollektivsingular Geschichte auf, auf den I. Kant das → Gewissen bezieht: Es antizipiert eine Rechenschaftspflicht nach dem → Tod, situiert sich aber auch in der ‹weltzeitlichen› Dimension einer Geschichte,
die die → Zukunft aller, auch künftig lebender Menschen betrifft. Die Idee
einer kosmopolitischen Welt-Geschichte überwindet die Disproportion
zwischen Lebens- und Weltzeit zwar nicht, doch bleibt das individuelle
Gewissen auf einen Beitrag zur künftigen Pazifizierung der menschlichen
Verhältnisse verpflichtet. In diesem Sinn soll vergangene und künftige
Geschichte daran gemessen werden, was sie zum moralischen Fortschritt
beigetragen haben wird. Erst der geschichtsphilosophische Idealismus
(→ Geschichtsphilosophie) verlegt eine entsprechende Teleologie in die
Geschichte hinein, die den letztendlichen Sieg der Vernunft herbeiführen
soll. Selbst Kriege erscheinen nun als integrale Bestandteile einer geschichtlichen Ökonomie, in der sich das Böse amortisieren wird. Gegen
diese Rationalisierung der Geschichte protestiert von S. Kierkegaard über
F. Rosenzweig bis hin zu E. Levinas ein radikal anti-geschichtliches, an einen inneren ethischen Sinn *individueller* Existenz erinnerndes Denken,
das aber eine Trennung von E. und Geschichte heraufbeschwört.

Dem stehen Versuche einer (Wieder-)Annäherung beider Begriffe gegenüber, die aber nicht auf eine Subsumtion des Ethischen unter eine ‹geschichtsphilosophische› Ökonomie der Vernunft hinauslaufen sollen. So
sucht man E. und Geschichte aus ihrer szientifischen Verkürzung auf die
Erkenntnis des Historischen (→ Historismus) zu befreien (E. Troeltsch,
H. Rickert), bleibt aber auf Fragen der Sicherung von *Geltungsansprüchen*
fixiert. Der Erste Weltkrieg provoziert aber eine Rückbesinnung auf *Erfahrungsansprüche* wie den ‹Anspruch› der Opfer geschichtlicher Gewalt
auf trauerndes → Eingedenken oder auf Weitergabe ihres → Zeugnisses.
Im Namen dieser Opfer verlangt → W. Benjamin der Geschichte → Gerechtigkeit ab, ohne diese aber einer historischen «Rechtsprechung» zu-

zutrauen. Eine radikale Geschichtsskepsis ist die Folge, die an der Vermittelbarkeit einer gegenüber dem Anspruch der Toten responsiven Geschichtlichkeit mit einer Perspektive praktischer Vernunft zweifelt, welche den Sinn der geschichtswissenschaftlichen Arbeit mit ihrer kulturellen Orientierungsfunktion verbinden würde.

So lassen sich E. und Geschichte verschieden aufeinander beziehen: (1) im Rahmen einer ethischen Sinndimension geschichtlicher Existenz, die mit Phänomenen wie → Trauer, gelebtem oder schriftlichem Zeugnis oder mit verantwortlicher Erinnerung verbunden ist; (2) im Sinn einer Verknüpfung ‹responsiv› erschlossener Erfahrungsansprüche mit Geltungsansprüchen, die auf eine Vorstellung geschichtlicher Gerechtigkeit hinauslaufen; (3) im kulturellen Horizont als Verknüpfung der uns affizierenden → Vergangenheit mit einer ethisch darauf ‹antwortenden› praktischen Vernunft, die Orientierungsfunktion übernimmt; (4) im Sinn einer Bestimmung des entsprechenden kulturellen Sinns der Historiographie, der sich nicht in einer methodischen → Moral historischer Forschung erschöpft; (5) in einer die Pluralität der Geschichten *lateral* verflechtenden Universalität, die uns mit dem Anspruch selbst ‹fremder› Opfer geschichtlicher Gewalt und mit der *Unmöglichkeit der Indifferenz* ihrem Schicksal gegenüber konfrontiert.

B. Liebsch, Geschichte als Antwort und Versprechen, Freiburg 1998; P. Ricœur, Das Rätsel der Vergangenheit, Göttingen 1998.

Burkhard Liebsch

Etymologie

(griech. *étymos*: wahr, *lógos*: Wort). Zum einen, wie aus der E. von E. ersichtlich, die wahre, ursprüngliche, gewissermaßen wörtliche Bedeutung eines Worts (→ Ursprung), zum anderen die Lehre von der Herkunft und Entwicklung von Wörtern und ihren Bedeutungen. Zielpunkt etymologischer Fragestellungen ist das Ursprungswort. In der älteren philosophischen und rhetorischen E. erhofft man sich von diesem Aufschluss über die Benennungsmotive der «Gesetzgeber» (Platon, *Kratylos*; → Gesetz) und die Eigenschaften der bezeichneten Sache. Die jüngere, sprachwissenschaftliche E. versteht darunter die im frühesten Beleg vorliegende, auch rekonstruierte, ursprüngliche Form und Bedeutung eines Worts, das sog. Etymon. Beide Richtungen sind in dem Bestreben verbunden, durch die Sprache hindurchzusehen: im einen Fall über die Bezeichnungen auf die Begriffsinhalte, auf die Bedeutung der Wörter für Gegenwart und Zukunft, im anderen auf die Vergangenheit der Wörter und auf die Wörter als Teil des kulturellen → Erbes.

E. als Verfahren der philosophischen Erkenntnisgewinnung und -vermittlung findet sich schon in der Antike bei → Platon und den Stoikern, aber auch in der neueren Philosophie bei → M. Heidegger, der z. B. über die – sprachwissenschaftlich nicht haltbare – etymologische Verbindung von *wahr* und *bewahren* eine spezifische Konnotation zu *Wahrheit* aufruft. Im Mittelalter ist die Suche nach dem Ursprung der Wörter *(origo vocabulorum)* Hilfsmittel für die Anschauung der Sachen. Da der *origo*-Begriff eher auf den gedanklichen Zusammenhang als auf die historische Ableitung zielt, können Deutungen kumulieren: *Mors* ‹Tod› wird gleichzeitig hergeleitet von *amarus* ‹bitter›, dem Kriegsgott Mars und *morsus*, dem ‹Biss› in den verbotenen Apfel (Isidor von Sevilla). Ab dem 12. Jh. wird die Ableitung als eigene Disziplin *(derivatio)* abgetrennt. Der E. bleibt die Auslegung *(expositio)* nach den Gesetzen der Sachangemessenheit und Lautähnlichkeit *(proprietas rei* und *litterarum similitudo)*. Das Wort wird zur Chiffre theologischer Lehrmeinungen oder zur Merkformel (→ Eselsbrücke) durchaus weltlicher Auffassungen: *wîp* als *wunne irdisch pârâdîs*. Ab dem 16. Jh. entwickelt sich die E. im Kontext der historisch-vergleichenden Sprachforschung. Erst mit der Entwicklung der historischen Lautlehre im 19. Jh. (F. Bopp, F. Diez, J. Grimm, K. Verner) kann sie aber zu halbwegs gesicherten Ergebnissen gelangen.

Als sprachwissenschaftliche Disziplin grenzt sich die E. von der früheren, aus philosophischer oder rhetorischer Nutzbarkeit legitimierten ab. Insbesondere als Einzelwortgeschichte und Namenkunde gewinnt die E. Bedeutung als Hilfswissenschaft von Ethnologie, Kulturgeschichte und → Archäologie.

Vorstellungen, E. könne die Nähe zu einem reineren, ursprünglicheren Sprachzustand bewahren oder das «Volk wieder mit historischem Sinn» erfüllen (Bismarck, zit. E. Wasserzieher, *Leben und Weben der Sprache*), sind in der Diskussion um orthographische Normen (*einbleuen* oder eingedeutet *einbläuen*) nach wie vor aktuell. Der Sprachwissenschaft dagegen gelten sie als antiquiert, was neben der Dominanz der strukturalistischen Sprachauffassung, die Bedeutung von Sprachzeichen nicht aus ihrer Herkunft (→ Zeichen), sondern aus ihrer Beziehung zu anderen Sprachzeichen innerhalb eines Zeichensystems zu erschließen, in der zweiten Hälfte des 20. Jh.s zur wissenschaftlichen Randständigkeit der E. geführt hat.

Diese Randständigkeit steht im Widerspruch zur Popularität etymologischer Wörterbücher (Duden: *Das Herkunftswörterbuch*; F. Kluge, *Etymologisches Wörterbuch der deutschen Sprache*) und der ungebrochenen Präsenz etymologischer Verfahren etwa in Philosophie (M. Heidegger) und Literatur (A. Schmidt, *Zettels Traum*). In der → Rhetorik findet sie sich als Erinnerung an in der Sprache bewahrtes angeblich Eigentliches («Kunst kommt von können!»). Die zur Erklärung von populärem Etymologisieren und Popularität der E. angeführten Formeln vom «Sprachbewustsein [sic], welches sich dagegen sträubt, daß der Name leerer Schall sei» (Andresen 1878, S. 2) oder «etymological hunger» (Malkiel 1993, S. 120), sind selbst erklärungsbedürftig. Möglicherweise gewinnt der diesen Hunger nährende Gedanke, «das Wahre müsse durch das Wort, auf dem Weg über das Wort auffindbar sein» (Trier 1981, S. 30), seine Plausibilität daraus, dass Wahrheit letztlich ist, was die Sprache gewährt, und das Wirken, woraus sich Wirklichkeit ergibt, wesentlich ein sprachliches.

Y. Malkiel, Etymology, Cambridge 1993; J. Trier, Wege der Etymologie, Berlin 1981; H. Fromm/W. Harms/U. Ruberg (Hg.), Verbum und Signum. Beiträge zur mediävistischen Bedeutungsforschung, München 1974; K. G. Andresen, Über Deutsche Volksetymologie, 3. Aufl. Heilbronn 1878.

Björn Laser

Eucharistie

(griech.-lat. *euchairistía*: Dankbarkeit, Danksagen). Gedächtnishandlung, die das letzte Abendmahl Christi formelhaft erinnert und dabei das *Gebot* der → Wiederholung – «Tut dies zu meinem Gedächtnis!» – rituell einlöst *und* wiederholt. Ihre Auffassung war und ist Gegenstand der konfessionellen Auseinandersetzung zwischen Katholizismus und Protestantismus um die Lehre von der Wesensverwandlung (Transsubstantiation): um die sakramentale → Präsenz Christi gegenüber seiner bloßen → Repräsentation in den Zeichenhandlungen, um die Realisierung im → Ritus gegenüber dem unvermeidbaren Aufschub, für den Worte und → Zeichen stehen.

Spätestens, nachdem sich ein realpräsentisches Verständnis der E. durchgesetzt hatte (auf der Synode 1050, seit 1264 durch das Fronleichnamsfest im Kirchenjahr instituiert), gründete das Christentum auf der E. als dem «semontologischen Sakrament von unüberbietbarer Substan-

tialität» (Hörisch 1992, S. 16). Es handelt sich hierbei um eine hochpara-
doxe Konstruktion, denn in Brot und Wein ist «der Erlöser real und alles
bloß Zeichenhafte überwindend anwesend», und doch sind «priesterliche
Symbole, Worte und Zitate notwendig», «um diese Realität zu bewirken».
Die «Kraft wandelnder» Priesterworte ist «bloßes Zitat der ursprünglichen Einsetzungsworte des Herrn» und soll doch mehr sein als → Zitat
und Wort (S. 16f., 101f.). Gleichermaßen paradoxal und konstitutiv ist
die Zeitlichkeit des Abendmahls, das gegenwärtiges → Ereignis, Memo-
rial-Akt und eschatologisches Mahl zugleich ist.

   Während die protestantische Lehre, Christus sei nur im Akt des Brot-
empfangs gegenwärtig, das Konzept der Transsubstantiation negiert, setzt
die katholische Lehre auf die Einwirkung des Transzendenten selbst im
Medium der Dinge und stellt demgegenüber den Vollzug von Erinnerung
zurück. Sogar die katholische Hypostasierung der Transsubstantiation
(in der Hostie) vermag aber den in die Zeichenlogik der E. selbst eingelassenen Gegensatz zwischen realer Wirkkraft in der E. und Zeichenhaftigkeit der E. nicht aufzuheben. Doch auch die Umgewichtung des Verhältnisses von testamentarischen «Worten» und wirkenden «Zeichen»,
die M. Luther gegenüber dem ‹ritualistischen Missverständnis› zugunsten
der Worte selbst vornahm, ist der Paradoxie von mittelbarer Mitteilung
und unmittelbarer Wirksamkeit nicht entzogen: Sind die «Worte Christi,
wenn er sagt: Das ist mein Leib», auf die es eigentlich ankomme, sein
«Testament», so sind – in Ausführung dieses metaphorischen Modells –
«Sakramentsbrot und -wein, unter denen sein wahrer Leib und wahres
Blut sind», «Siegel oder Wahrzeichen» dieses Testaments (M. Luther, *Ser-
mon von dem hochwürdigen Sakramente des heiligen wahren Leichnams
Christi*). Die testamentarischen Worte, die über den Tod des Einsetzenden (Christus) hinaus zum Vollzug verpflichten, bedürfen der wirkungs-
vollen Zeichen als Siegel ihrer Beglaubigung. Während also in der katholischen Lehre die rituelle Handlung stets einen memorialen Aspekt
aufweist, kann umgekehrt der Protestantismus nicht umhin, die Performanz der Gedächtnisakte zu implizieren.

J. Hörisch, Brot und Wein. Die Poesie des Abendmahls, Frankfurt/M. 1992; L. Ma-
rin, Un Chapitre dans L'Histoire de la Théorie Sémiotique: La Théologie Eucharis-
tique dans ‹La Logique de Port Royal›, in: A. Eschbach/J. Trabant (Hg.), History of
Semiotics, Amsterdam/Philadelphia 1983; Handbuch der Kirchengeschichte, Bd. 4,
Freiburg/Basel/Wien 1967; Die Religion in Geschichte und Gegenwart, Bd. 1, Tübingen 1957.

Bettine Menke

Explizites/Implizites Gedächtnis

E. G. manifestiert sich in expliziten Gedächtnisaufgaben, in denen Personen aufgefordert werden, sich an → Ereignisse einer vorhergehenden Lernphase zu erinnern (→ Lernen). Es lässt sich mit direkten Verfahren der Gedächtnisprüfung, wie freie oder geförderte → Reproduktionsleistung oder → Wiedererkennen, messen (→ Prüfung). Während bei expliziten Gedächtnisaufgaben eine bewusste Entscheidung erfolgen muss, ob ein Ereignis vormals gelernt wurde, ist dies bei impliziten Gedächtnisaufgaben nicht der Fall. I. G. wird mit indirekten Verfahren der Gedächtnisprüfung gemessen, in denen Gedächtnisleistungen für Ereignisse erhoben werden, ohne dass ein Bezug zu einer vorangegangenen Lernphase hergestellt werden muss. Man spricht von i.m G. (oder auch → Priming), wenn eine verbesserte Verarbeitung für vormals gelerntes Material auftritt, ohne dass eine Entscheidung gefordert wird, ob das Ereignis früher gelernt wurde. Beispielsweise werden Bilder schneller klassifiziert, wenn sie schon einmal gesehen worden sind, wobei sich die Teilnehmer der → Wiederholung nicht bewusst zu sein brauchen.

Implizite Gedächtnisphänomene wurden auch beim Erwerb künstlicher Grammatiken (symbolbasierte Regelsysteme) und bei der Steuerung komplexer Systeme intensiv untersucht. Nach Schacter (1992) existieren für verschiedene Ereignisse wie Objekte oder Wörter unterschiedliche implizite → Gedächtnissysteme.

D. L. Schacter, Understanding implicit memory, in: American Psychologist, Bd. 47, 1992, S. 559–569.

Axel Mecklinger

Externalisierung

(lat. *externus*: äußerlich, auswärtig). Auslagerung von Gedächtnisinhalten oder -strukturen in → Speichermedien. Der Zusammenhang zwischen Medien und Gedächtnis ist zumeist auf die Formel der Erweiterung des ‹natürlichen› Gedächtnisses gebracht und in zwei unterschiedlichen Fassungen formuliert worden. Der *ersten* Auffassung zufolge werden Speichermedien als funktionale Äquivalente – sei es als Entlastung oder als Bedrohung – des menschlichen Gedächtnisses angesehen; als Kehrseite wird aber im selben Zug ein struktureller Unterschied zum menschlichen

Gedächtnis – sei es als Überbietung oder Defizit – impliziert. Während die einen begrüßen, dass Medien die Unzulänglichkeiten menschlicher Erinnerungsfähigkeit überbrücken, bewerten andere dieses medial gespeicherte Wissen als starr und entfremdet. Klassisches Beispiel für diese pessimistische Deutung ist → Platons Thematisierung der → Schrift: Weil einerseits eine funktionale Äquivalenz von natürlichem und technischem Gedächtnis angenommen wird, ist Schrift in der Lage, an die Stelle innerer Erinnerung zu treten; indem die Schrift andererseits als Gefährdung der Erinnerungsfähigkeit bezeichnet wird, ist diese Äquivalenz aber wieder zurückgezogen. Nicht als Gedächtnis selbst, nur als → Gedächtnisstütze wird die Schrift im *Phaidros* anerkannt. Wenn Medien in dieser Weise als E. des Gedächtnisses konzipiert werden, scheint es darum zu gehen, eine Vergleichsebene zu schaffen, vor deren Hintergrund die Spezifika menschlicher Erinnerung umso deutlicher erscheinen.

Wenn auch die *zweite* Position die E. zur Erklärung des menschlichen Gedächtnisses heranzieht, so forciert sie jedoch die Gemeinsamkeiten, um per Analogieschluss von der E. auf ihr vorgebliches Modell zu schließen. Durch die gesamte Forschungsgeschichte wurden die zur Ergänzung des menschlichen Gedächtnisses ausgedachten Speichertechniken in dieser zirkulären Logik als Modell herangezogen, um die einzelnen Befunde zum Gedächtnis in eine kohärente Erklärung zu überführen (Draaisma 1999). Als heuristische → Gedächtnismetaphern drängten sich die jeweils aktuellsten Medien auf. Noch die jüngste konnektionistische Gehirnforschung (→ Konnektivität) ist auf den → Computer angewiesen, um die Entstehung kognitiver Phänomene aus neuronaler Aktivität zu simulieren. Selbst wenn in diesem letzten Fall nicht allein der Vorgang des → ‹Speicherns› berücksichtigt wird, so ist doch auffällig, dass als Modell Techniken bevorzugt werden, die hinsichtlich ihrer Informationsaufnahme und -bewahrung dem menschlichen Gedächtnis überlegen sind. Die Wahl der Metapher weist demnach auf eine bestimmte Idealvorstellung von Gedächtnis hin, die in dem jeweils gewählten Medium realisiert ist. Wenngleich Medien und Gedächtnis – als technische E. einerseits, als Erklärungsmodell andererseits – zirkulär aufeinander bezogen sind, geht der → Vergleich nicht völlig auf. Weil das Gedächtnis nicht aus der *black box* entfernt werden kann, nehmen beide Positionen den Umweg über die E., um es erklärbar zu machen, sei es *ex negativo* – als Kontrastfolie – oder *ex positivo* – als Modell.

Es ist allerdings nicht von der Hand zu weisen, dass es zwischen Speichermedien und Gedächtnissen funktionale Überschneidungen gibt. Am überzeugendsten zeigt sich die funktionale Äquivalenz im individuellen

Gebrauch von Speichermedien: Der Einkaufszettel, das Vortragsskript, das Urlaubsfoto verdeutlichen exemplarisch, wie Medien ihren Nutzern ersparen, sich Daten umständlich einzuprägen oder auswendig zu lernen (→ Auswendigkeit, → Einprägen, → Gedächtnisstütze). Andererseits erleichtern medial gespeicherte Informationen kulturelle → Tradierung, insofern sie von ihrem ‹Sender› abgetrennt werden können und folglich nicht mehr an dessen Gegenwart gebunden sind, sich also synchron wie diachron über die Anwesenheit des Senders hinaus verbreiten können. Gedachtes verfällt nicht mehr mit dem Tod des Wissensträgers und dessen Gedächtnis. A. Leroi-Gourhan (1964/1965/1980) hat darauf hingewiesen, dass die kulturelle Evolution des Menschen vor allem darauf beruht, das hauptsächlich genetisch fixierte Artengedächtnis der Tiere durch ein medial gespeichertes soziales Gedächtnis ersetzt zu haben: «Die ganze menschliche Evolution läuft darauf hinaus, all jenes, was in der übrigen Tierwelt der Anpassung der Arten unterliegt, außerhalb des Menschen zu stellen» (S. 295). Erst die externe Speicherung ermöglicht, Wissen sozial zu akkumulieren, und somit eine schnellere und flexiblere Anpassung an Umweltbedingungen.

Als kulturelle Vorstufe der E. ist die funktionale Ausdifferenzierung von Gedächtnisspezialisten (vgl. → Griot) anzusehen, die ihre Gedächtnisleistung mnemotechnisch optimieren und die Gemeinschaft von der individuellen Erinnerung alltagsfernen Wissens weitgehend freistellen. Selbst in sog. oralen Kulturen existieren jedoch bereits rudimentäre externe Speichermöglichkeiten (→ Knotenschnur, → Lukasa, Höhlenmalerei, Steinskulptur). Das erste externe Speichermedium, dass mit der Flexibilität der Verbalsprache mithalten kann, ist die Schrift (E. A. Havelock, W. J. Ong, J. Goody). Dass Schrift – potenzielle – Gedächtnisinhalte aufzubewahren vermag, ist offensichtlich; was für die analogen Speichermedien → Fotografie, → Phonographie und → Film jedoch nicht mehr ohne weiteres gilt. Während das schriftlich Fixierte auf die Subjektivität der schreibenden Person zurückgeht, speichern analoge Medien Daten, die nicht einmal mehr subjektiv gefiltert worden sind: Sie zeichnen physikalische Phänomene (Lichtstrahlen, Schallwellen) auf, sodass – wenn man die Analogie beibehalten will – nicht nur der Speicher, sondern auch die Wahrnehmung externalisiert wird. Dass analoge Speichermedien auch das Zufällige und jenseits der → Aufmerksamkeit Liegende aufzeichnen (vgl. → Spur), ist ein sinnfälliges Indiz für diesen Zustand.

H. Winkler (1997) hat zu Recht moniert, dass über die Fokussierung des → Speicherns die Interaktion der E.en mit dem natürlichen Gedächtnis vernachlässigt würde. Als probate Gedächtnismetapher wählt er daher die Sprache, die als mentales Vermögen intern, in Form von Texten extern gegeben sei. Im Gebrauch von Sprache («Diskurs») affizieren die mentale Struktur und die textuelle Aktualisierung einander wechselseitig. Von Sprache als Gedächtnismetapher ausgehend sieht Winkler in der hypertextuellen Struktur der neuen Computernetze den Wunsch, diese sprachlich-assoziative Struktur des Gedächtnisses zu externalisieren (vgl. → Internet). Visionäre eines künftigen Computerzeitalters, in dem menschliche → Intelligenz und Computer verschmelzen, haben das Problem der E. auf eine technische Weise zugleich radikalisiert und gelöst, in der die Medien in keiner Weise mehr als Modell und Vergleichspunkt fungieren. Wenn die Entwicklung der Mikroprozessoren erst einmal weit genug fortgeschritten sei, so die Vision, könne das Gehirn ‹gescannt› werden (→ Scanning) und sein gesamter ‹Speicherinhalt› als ‹Download› auf einem Computerchip gespeichert werden, dessen Gehalt wiederum in einen anderen → Körper implantiert werden kann (Kurzweil 1999). Dann würde das Mentale nicht nur im Wortsinn *externalisiert*, sondern anschließend wieder *internalisiert* und damit auch das vernachlässigte Problem hinfällig, wie die ausgelagerten Speicherinhalte wieder ins Bewusstsein integriert werden. Das Gedächtnis zu verstehen wäre hierzu allerdings nicht mehr erforderlich.

An diesem Punkt zeigt sich deutlich, warum die Frage nach der Möglichkeit, das Gedächtnis zu externalisieren, seit Platon so starke Virulenz hat: Im Spannungsfeld zwischen Mensch und Technik ist die Frage nach den Möglichkeiten und Grenzen der E. untrennbar verbunden mit der anthropologischen Frage nach dem Menschen.

D. Draaisma, Die Metaphernmaschine. Eine Geschichte des Gedächtnisses, Darmstadt 1999; R. Kurzweil, Homo S@piens. Leben im 21. Jahrhundert – Was bleibt vom Menschen?, Köln 1999; H. Winkler, Docuverse. Zur Mediengeschichte des Computers, München 1997; F. Kittler, Aufschreibesysteme 1800/1900 (1985), 3. Aufl. München 1995; A. Leroi-Gourhan, Hand und Wort. Die Evolution von Technik, Sprache und Kunst (1964/1965), Frankfurt/M. 1980.

Jens Ruchatz

Falschinformationseffekt

(engl. *misinformation effect*). Beeinträchtigung von Gedächtnisurteilen über ein beobachtetes → Ereignis durch nachträglich dargebotene Falschinformation. In einer klassischen Studie zeigten E. F. Loftus u. a.

(1978) Personen Bilder, auf denen u. a. ein Sportwagen vor einem Stopp-Schild zu sehen war. Ein Teil dieser Personen erhielt später eine versteckte Falschinformation zum Verkehrsschild («Welche Farbe hatte der Sportwagen, der vor dem *Vorfahrt-achten-Schild* stand?»), während andere Personen keine Falschinformation bekamen. Die Falschinformationsgruppe konnte später wesentlich schlechter rekognoszieren, ob der Sportwagen vor einem Stopp-Schild oder vor einem Vorfahrt-achten-Schild gestanden hatte.

Obwohl der F. allgemein als robuste → Gedächtnistäuschung anerkannt wird, ist seine Erklärung nach wie vor kontrovers. Loftus selbst nahm eine Beeinträchtigung der Gedächtnisspur (→ Engramm) für das beobachtete Ereignis als Ursache an (z. B. Vermischung von Gedächtnisspuren, sog. *memory blends*); andere Autoren vermuteten lediglich eine Beeinträchtigung des Gedächtnisabrufs (→ Abruf) oder des → Quellengedächtnisses. Wieder andere argumentierten, dass weder die Gedächtnisspur noch der Gedächtnisabruf durch nachträgliche Falschinformation beeinträchtigt wird; ursächlich für den F. sei allein eine Beeinflussung des Rateverhaltens im Falle fehlender Erinnerung an das beobachtete Ereignis (vgl. → Konstruktion). Die experimentellen Befunde hierzu sind nicht eindeutig, favorisieren jedoch mehrheitlich die zuletzt genannte Erklärung (Hell 1993).

Dem F. verwandt sind *Suggestibilitätseffekte*, die durch die Wortwahl bei Gedächtnisbefragungen induziert werden. Wird z. B. nach dem Tempo zweier Autos gefragt, die ‹ineinander krachten›, so fallen Geschwindigkeitsurteile von Augenzeugen größer aus als bei Verwendung des Worts ‹zusammenstießen›. Ein ebenfalls verwandtes Phänomen ist der *verbale Überschattungseffekt*: Hierunter versteht man eine Beeinträchtigung der Wiedererkennbarkeit von Reizen durch verbale Beschreibungen im Anschluss an die Reizbetrachtung, auch wenn diese zutreffend sind (→ Kommunikation, → Wiedererkennen). Verbale Überschattungseffekte findet man besonders bei schwer verbalisierbaren komplexen Reizen (z. B. Gesichtern).

W. Hell, Gedächtnistäuschungen, in: ders./K. Fiedler/G. Gigerenzer (Hg.), Kognitive Täuschungen, Heidelberg 1993, S. 13–38; E. F. Loftus u. a., Semantic integration of verbal information into a visual memory, in: Journal of Experimental Psychology: Human Learning and Memory, Bd. 4, 1978, S. 19–31.

Edgar Erdfelder

false memory

(engl., verfälschte Erinnerung, → Scheinerinnerung). Begriff, der in jüngerer Zeit vor allem in den USA zunehmende Verwendung gefunden hat, um Unterschiede zwischen → Erfahrungen und den sie betreffenden Erinnerungen zu bezeichnen, die *nicht* auf zwischenzeitliche Prozesse der → Selektion oder des Informationsverlusts (→ Vergessen) zurückzuführen sind, sondern mit einer Verfälschung oder → Verzerrung einhergehen (→ Gedächtnistäuschung). Die verfälschende Veränderung wird dabei mit nachträglich wirksamen Faktoren in Zusammenhang gebracht (Schacter 1995). Als Musterbeispiel gilt die Beeinflussung der Erinnerungen eines Augenzeugen durch nachträgliche Suggestivfragen oder andere Gesprächstechniken (→ Falschinformationseffekt, → Kommunikation, → Zeugenaussage).

Der Bezeichnung *f. m.* liegt stets die Annahme einer → Differenz von Input (→ Encodierung) und Output (→ Abruf bzw. Erinnerung) von Informationen zugrunde. Dabei ist keineswegs geklärt, wie sich sowohl Input als auch Output zuverlässig beobachten und beschreiben lassen. Zudem ist die Beobachtung der anschließenden Erinnerung auf bestimmte Manifestationen wie sprachliche Äußerungen angewiesen; und dass diese die subjektive mentale → Repräsentation des vergangenen → Erlebnisses nicht unbedingt angemessen wiederspiegeln, ist ein notorisches Thema der Psychologie. Schließlich stellt sich das grundsätzliche Problem der Bestimmung der Wahrheit bzw. Falschheit von Aussagen (oder mentalen Zuständen) auch für die Beurteilung von Erinnerungen.

In der aktuellen kognitiven Psychologie wird *f. m.* oft als Folge der Zuschreibung (Attribution) einer erinnerungsrelevanten Information zu einer falschen Quelle gesehen (→ Quellengedächtnis). Eine solche Fehlattribution liegt beispielsweise dann vor, wenn ein Augenzeuge einer Information, die nur einer nachträglichen Suggestivfrage entstammt, irrtümlich die ursprüngliche eigene Wahrnehmung als Quelle zuordnet. Alternativ hat Fiedler (2000) vorgeschlagen, dass ‹falsche› Informationen allein deshalb erinnert werden, weil ihre vorherige mentale Repräsentation bereits ein subjektives Gefühl von Bekanntheit und Wahrheit zur Folge hat (vgl. → Déjà vu).

Seit → F. C. Bartletts Gedächtnisstudien aus den 1930er Jahren sind verfälschte Erinnerungen als Folge (re-)konstruktiver Prozesse in der Psychologie bekannt (→ Konstruktion). Jedoch hat der Begriff *f. m.* in der Fachliteratur erst nennenswerte Verwendung gefunden, seit in den späten 1980er Jahren in den USA die Wiederherstellbarkeit von Erinnerungen an sexuellen Missbrauch in der → Kindheit öffentlich diskutiert wurde (→ Verdrängung). Den Ausgangspunkt hierfür bildete u. a. die Publikation von *The Courage to Heal* von E. Bass und L. Davis, ein Ratgeberwerk, das die Bedeutung der *Memory Recovery* für die Überwindung traumatischer sexueller Missbrauchserlebnisse hervorhob (→ Trauma). Eine Gegenreaktion auf die große Resonanz des Themas war die Gründung der *False Memory Syndrome Foundation* im Jahre 1992 durch eine Gruppe von Eltern, die sich gegen ungerechtfertigte Anschuldigungen schützen wollte. Diese Kontroverse ging einher mit einer Polarisierung der klinisch-therapeutischen Psychologen, die die Notwendigkeit und Validität der Memory Recovery verteidigten, und der grundlagenwissenschaftlich arbeitenden Kognitionspsychologen, die anhand vielfältiger experimenteller Befunde darauf hinwiesen, wie leicht unzutreffende Erinnerungen (auch solche an emotional belastende oder schmerzhafte Erfahrungen) durch nachträgliche Mitteilungen erzeugt werden können (Loftus/Ketcham 1994; → wiederbelebte Erinnerungen). Dieser Gegensatz ist mittlerweile einem gemeinsamen Interesse an einer eingehenderen Erforschung beider Phänomenfelder gewichen (Williams/Banyard 1999).

K. Fiedler, On Mere Considering: The Subjective Experience of Truth, in: H. Bless/ J. P. Forgas (Hg.), The Message Within. The Role of Subjective Experience in Social Cognition and Behavior, Philadelphia 2000, S. 13–36; L. M. Williams/V. L. Banyard, Trauma and Memory, Thousand Oaks 1999; D. L. Schacter (Hg.), Memory Distortion. How Minds, Brains, and Societies Reconstruct the Past, Cambridge MA 1995; E. F. Loftus/K. Ketcham, The Myth of Repressed Memory: False Memories and Allegations of Sexual Abuse, New York 1994.

Gerald Echterhoff

Falten

F. entstehen durch Alterung der Haut im Gesicht und am Körper: Die Haut trocknet aus, verliert an Elastizität, wird dünner und schuppiger. Faltige Haut ist, zusammen mit dem Grauwerden der Haare, markantestes physisches Kennzeichen des → Alters. In Literatur und bildender Kunst fungieren F.n daher als Spiegel der individuellen Lebensgeschichte einer Figur (→ Autobiographie), aber auch allgemeiner als Allegorie der → Vergänglichkeit oder der Weisheit. In der Physiognomik spielen Gesichts-F.n eine bedeutsame Rolle, durch sie gilt der menschliche Charakter oder das Temperament als ablesbar (z. B. durch Zornes-F.n auf der

Stirn, durch tiefe F.n in den Mundwinkeln als Zeichen fortwährenden Leidens). Es ist besonders die Literatur des Realismus, die F.n und Runzeln
als psychologisch entlarvende Male einsetzt. So heißt es etwa in H. de Bal-
zacs Roman *La femme de trente ans* (1842), dass sich im Alter «die Leidenschaften in das Gesicht eingekerbt haben», und über die Hauptfigur heißt
es: «Die Eigentümlichkeiten ihrer Falten und Furchen endlich, der erlo-
schene schmerzumflorte Blick, all das legte beredtes Zeugnis ab von Trä-
nen, die, da sie vom Herzen heruntergewürgt werden, niemals zu Boden
fallen.» Sich dieser prägenden «Biographie» (Serres 1994, S. 372) – im
Wortsinn einer ‹Einschreibung des Lebens› – entgegenzustellen, ist das
Ziel nicht nur der heutigen Kosmetikindustrie (→ Konservierung), sondern zunehmend auch der Schönheitschirurgie (→ Restaurierung). Der
Alterungsprozess wird so nicht nur als aufhaltbar, sondern geradezu als
reversibel aufgefasst: Die → Spuren der → Zeit sollen aus dem Gesicht ge-
tilgt werden – ob sie auch aus dem Gedächtnis verschwinden können,
bleibt hingegen offen.

M. Serres, Die fünf Sinne. Eine Philosophie der Gemenge und Gemische, Frank-
furt/M. 1994; P. Fritsch, Die Haut, in: A. Benninghoff (Hg.), Makroskopische und
mikroskopische Anatomie des Menschen 2, München 1985, S. 565–586.

Claudia Benthien

Fehlleistung

Unbeabsichtigte, unsystematische Störungen von Alltagshandlungen,
z. B. Versprechen, Vergessen, Verschreiben, Verlegen. → S. Freud vertiefte
in *Zur Psychopathologie des Alltagslebens* (1901) als Erster und Einziger
das psychoanalytische Verständnis der F.en. Er versteht sie als sinnreiche
und deutbare psychische Akte. Unvollkommen verdrängtes mnestisches
Material findet in F.en über Verdichtungen und Kompromissbildungen
Ausdruck (→ Abwehr, → Verdrängung). Als Motiv wirkt dabei die Un-
lustvermeidung – vor allem beim → Vergessen bzw. zeitweiligen Entfallen deutlich – bzw. die unbewusste Wunscherfüllung, wie etwa beim Versprechen erkennbar (→ Unbewusstes).

L. Miller, Freud's brain: neuropsychodynamic foundations of psychoanalysis, New
York 1991.

Agnes von Wyl

Fernsehen

Apparatur zur elektronischen Generierung und Übertragung bewegter Bilder; seit ca. 1880 in der Entwicklung, seit ca. 1930 verfügbar, seit ca. 1950 verbreitet; zunächst in allen Industriestaaten, ab ca. 1970 weltweit standardsetzendes, flächendeckendes Leit- und Schlüsselmedium mit zwei bis vier Milliarden Nutzern täglich.

Bis weit in die 1950er Jahre bewahrt F. seinen ausgeprägten Präsenzcharakter (Prinzip der Live-Übertragung in allen Sendeformen). Ab 1953 Übergang zur systematischen Vorproduktion auf Zelluloid (*filmed series*; Vertrag ABC-Warner, → Film). Die seit 1952 allmählich verfügbare elektromagnetische Bildaufzeichnung dient F. als Speicher-, Verarbeitungs- und Archivierungstechnik (→ Video, → Archiv, → Speichermedium). Besondere Form der Vergangenheitserschließung und -verarbeitung wird das *Instant Replay*, das die sofortige und verlangsamte Wiederholung eines gerade aufgenommenen und «live» gesendeten Bildes gestattet; erster spektakulärer Einsatz beim Mord an dem Präsidentenmörder L. H. Oswald 1963, seither standardmäßig insbesondere in der Sportübertragung. *Instant Replay* lässt die Gegenwärtigkeit des Bildes und seine Reproduktion zu einer «vollendeten Gegenwart» des Bildes bzw. des übertragenen Ereignisses im Sendefluss verschmelzen. Zweite Sonderform der Vergangenheitsproduktion des F.s ist die → Wiederholung mit heute bis zu 50 Prozent Sendeanteil. Dadurch ergibt sich ein Zeitgefüge, in dem weite Teile der → Vergangenheit des Bildschirmgeschehens ständig präsent gehalten werden. F. nimmt die Zeitform eines prozessualen Gedächtnisses, («Gedächtnis ohne Aufzeichnung», H. v. Foerster) an, in dem Erinnerung als ständig erneuerte Zirkulation und Rekombination audiovisueller Datensätze erfahrbar wird.

Aufgrund seiner enormen Verbreitung und seiner sehr zeitintensiven Nutzung verbindet sich F. mehr als jedes andere Medium mit der persönlichen Biographie der Nutzer. Erinnerungen an frühere Lebensphasen werden signifikant mit früheren Fernseh-Erfahrungen (z. B. prägend empfundenen Serien oder Fernseh-Persönlichkeiten) verbunden (→ autobiographisches Gedächtnis, → episodisches Gedächtnis). So gewinnt F. erinnerungsstützenden und -steuernden Charakter. Darüber hinaus fungiert F. wegen seiner thematischen Breite und seiner Omnipräsenz sowie seiner Eingelassenheit in die alltägliche Sinnzirkulation als kulturelles Gesamtgedächtnis ganzer Gesellschaften und Kulturkreise. In der vom F. induzierten kollektiven Erinnerung wird kulturelle Vergangenheit und mit ihr → Identität in spezifischer Weise erfahrbar (→ kollektives Gedächtnis). F. besitzt eine privilegierte Funktion im Umgang mit der → Geschichte, speziell der Zeitgeschichte (Genre der historischen Dokumentation). Hier wird sowohl ein entscheidender Beitrag des Fernsehens zur Trivialisierung und Enthistorisierung des Geschichtlichen (→ Posthistoire) ausgemacht als auch die Möglichkeit zur Verbreitung historischen Wissens und Bewusstseins in der Massengesellschaft gesehen. Entscheidend in dieser Hinsicht dürfte die Analyse der dem Medium eigenen, jenseits des aufs Schriftliche fixierten traditionellen Geschichtsbegriffs (→ Schrift) operierenden Historizität sein.

E. Barnouw, Tube of Plenty. The Evolution of American Television, New York u. a. 1990; L. Engell, Vom Widerspruch zur Langeweile. Logische und temporale Begründungen des Fernsehens, Frankfurt/M. u. a. 1989; G. Knopp/S. Quandt (Hg.), Geschichte im Fernsehen. Ein Handbuch, Darmstadt 1988; J. Meyrowitz, Die Fernsehgesellschaft, 2 Bde., Weinheim 1987.

Lorenz Engell

Fest

(lat. *festus*: festlich, feierlich). Außeralltägliches Handeln, das nach M. Weber den Menschen den Zwängen der Arbeitswelt enthebt und als Ausdruck kulturellen Erinnerns innerhalb sozialer und religiöser Gruppen kollektive → Identität stiftet und stärkt. F.e stehen im Dienst zeremonialisierter ‹Kommunikation› mit Natur, Göttern und Gottheiten, kollektiver Vergangenheit oder → Ahnen. Ihre Geformtheit und Wiederholbarkeit sichert kollektive Erinnerungsinhalte (→ kollektives Gedächtnis).

Der hohe Geformtheitsgrad von F.en wird durch zeitliche, räumliche, rituelle und personelle Fixierung konstituiert. Hieraus resultiert die Nahstellung von F. und → Ritus. Jedes F. hat sein spezifisches → Datum im Festkalender in der liturgischen Praxis (→ Kalender, Kirchenjahr) oder dem Zyklus der Natur und zeichnet sich folglich durch den Modus der → Wiederholung aus. Selbst F.e mit Einmaligkeitscharakter (Taufe, Silberhochzeit) sind in ihrem Erinnerungsmodus repetitiv (Erinnerung an Taufe Jesu, grüne Hochzeit). Durch Wiederholbarkeit werden alltäglichen → Vergänglichkeitserfahrungen Ewigkeitsvorstellungen gegenübergestellt. F.e implizieren einerseits Vorstellungen vergangener (goldener) Zeitalter, andererseits Vorwegnahmen paradiesischer Zustände (→ Paradies). Die Arbeitsniederlegung an (christlichen) Feiertagen steht im Zusammenhang mit der negativen Konnotation von Arbeit, die als Folge des Sündenfalls aufgefasst wird (*Genesis* 2f.). Nach der Vertreibung aus dem Paradies als einer Welt des F.es muss Adam die Nahrungsgrundlage durch Landarbeit selbst erwirtschaften. Der Sonntag erinnert somit nicht nur an die Schöpfungsgeschichte, sondern auch an den Sündenfall.

F.e haben grundsätzlich drei Aufgaben, die sich als Ventilfunktion, Identitätsstabilisierung und Erinnerungsfunktion beschreiben lassen. Ihre *Ventilfunktion* zielt auf Leidenschaftlichkeit und Emotionalität des Menschen. Als Kontrast zu Arbeit und Entbehrung des Alltags inszenieren F.e Zeitinseln des Überflusses (an Kleidung, Speisen, Getränken, Ausgelassenheit). Die römischen Saturnalien (Teilnahme von Bauern und Sklaven) oder der Karneval in Mittelalter und Neuzeit bestätigen gesellschaftliche Verhältnisse dadurch, dass sie sie zeitlich und rituell begrenzt außer Kraft setzen. F.e können also gerade in ihrer Opposition zur Alltagsordnung stützend für die gesellschaftliche Ordnung sein.

Identitätsbildend sind F.e durch Anlassgebundenheit (→ Jahrestag, → Klassentreffen) und besondere Partizipationsstruktur. F.e zelebrieren naturhafte Übergangssituationen wie Wechsel der Gestirne (Sommersonnenwende = Johannistag), Eröffnung und Beendigung der Jagd, Aussaat und Ernte, aber auch existenzielle Übergänge des menschlichen Lebens wie Geburt, Hochzeit und → Tod. Individuen werden durch F.e entscheidend geprägt und auf kulturelle Werte und Inhalte festgelegt. Kulturübergreifend haben Weihefeste (Ritter-, Priester-, Rekrutenweihe) und Initiationsrituale (Erstkommunion, Konfirmation, Jugendweihe) zentrale Bedeutung. In der feierlichen Aufnahme des Einzelnen in eine kulturelle Gemeinschaft, d. h. in einen geteilten Lebens-, Erfahrungs- und Erinnerungszusammenhang, dokumentiert sich der Vorstellungshorizont der Gruppe, den das neue Mitglied durch rituelle Praktiken wie Eidesleistung und Opferhandlungen bekräftigt. Seit der Französischen Revolution ist das prägend-integrative Potenzial von F.en (14. Juli) vermehrt von politischen Gruppierungen zur gesellschaftlichen Verankerung ihrer Ziele funktionalisiert worden. Zur Konstituierung von Wir-Identitäten sozialer wie religiöser Gemeinschaften sind F.e geeignete Medien. Kulturelle Identität bildet sich dabei größtenteils durch das *kollektive* Erinnern an *kollektive* Gedächtnisinhalte.

Die *Erinnerungsfunktion* von F.en äußert sich darin, dass sie zäsurhafte → Ereignisse im Leben sozialer Gruppen in der kollektiven Erinnerung wachhalten (→ Gründung, → Ursprung, → Bruch, → Revolution). Sie beziehen sich als Gedächtnis-, Gedenk- und Erinnerungsfeiern auf identitätsstiftende Fixpunkte (Friedensschlüsse, Verfassungstag, Nationalfeiertag) der kollektiven Vergangenheit (→ Nation). Diese wird durch F.e als identitätsbildendes → Wissen tradiert. Identitätsstiftende Potenziale kultureller Erinnerung werden durch geeignete Medien realisiert, die sowohl formative (humanisierende) als auch normative (handlungssteuernde) Kraft entfalten können. Weil das → kulturelle Gedächtnis Wissensbestände jenseits gelebter → Erfahrung und alltagskommunikativer → Tradierung umfasst, ist es auf institutionalisierte Formen zeremonialisierter Kommunikation (Erinnerungsfiguren) angewiesen. Alltagsferne und rituelle Formung von F.en lassen diese als prominenteste Erinnerungsfiguren und «primäre Organisationsformen des kulturellen Gedächtnisses» fungieren (Assmann 1992, S. 56). Dessen grundlegende Aspekte (Speicherung, Abrufung, Mitteilung), von J. Assmann als «poetische Form, rituelle Inszenierung und kollektive Partizipation» beschrieben (ebd.), verweisen auf das F. als rituelle, multimediale, wiederholte → Inszenierung. In Kulturen relativer Schriftarmut (Mittelalter) stellen F.e die einzige Partizipationsmöglichkeit am kulturellen Gedächtnis dar. Als Erinnerungsfiguren zeichnen sie sich → A. M. Warburg zufolge durch *mnemische Energie* aus: Sie vergegenwärtigen mythische bzw. historische Ereignisse als appräsentierte Vergangenheit (Assmann 1988). Im Spätmittelalter erinnern beispielsweise Gedächtniskapellen, -kirchen oder -klöster auf dem Schlachtfeld an kriegerische Auseinandersetzungen. Die an diesen Erinnerungsstätten jährlich stattfindenden Gedenkfeiern schlossen die Erinnerungsgemeinschaft als Sakralgemeinschaft zusammen (→ Gedächtnisort, → Gedenkstätte, → Topographie). Allgemein steht bei Gedenkfeiern weniger historische ‹Wahrheit› als normative und formative Erinnerungsbedeutung im Vordergrund. Deshalb sind symbolhaltige Erinnerungsfiguren wie F.e für die → Repräsentation von Gedächtnisinhalten geeignet. Ihre durch Festkalender fixierte Folge und Wiederkehr zeitigt das kulturelle Gedächtnis als alltagskontrastiven Lebensrhythmus und garantiert dessen → Kontinuität und hat somit für das kulturelle Gedächtnis Speicherfunktion (→ Kultur, → Speichern).

P. Dinzelbacher, Europäische Mentalitätsgeschichte, Stuttgart 1993, S. 326–362; J. Assmann, Das kulturelle Gedächtnis. Schrift, Erinnerung und politische Identität in frühen Hochkulturen, München 1992, S. 48–59; D. Altenburg/J. Jarnut/H.-H. Steinhoff (Hg.), Feste und Feiern im Mittelalter. Paderborner Symposion des Mediävistenverbandes, Sigmaringen 1991; J. Assmann (Hg.), Das Fest und das Heilige. Religiöse Kontrapunkte zur Alltagswelt, Gütersloh 1991; ders., Kollektives Gedächtnis und kulturelle Identität, in: ders./T. Hölscher (Hg.), Kultur und Gedächtnis, Frankfurt/M. 1988, S. 9–20; U. Schultz (Hg.), Das Fest. Kulturgeschichte von der Antike bis zur Gegenwart, München 1988.

Peter Glasner

Fetisch

(*fetisso*, Pidgin von portug. *feitiço*: Magie). Ursprünglich aus unterschiedlichen Materialien wie Perlen, Ton, Federn usw. zusammengesetztes Objekt, mit dessen Beschwörung Handelskontakte zwischen Europäern und Afrikanern besiegelt wurden, um deren dauerhafte Gültigkeit zu sichern. Der F. fungierte somit als Garant und materieller Erinnerungsträger einer Einigung. In den kolonialistisch geprägten westlichen Diskursen des 19. Jh.s wird der F. zum Inbegriff der Verwechslung von Religion und Ökonomie (K. Marx: «Warenfetisch»; vgl. → Vergessen). In der Psychoanalyse erscheint der F. als quasireligiös ‹verehrtes› Ersatzobjekt für die «in den frühen Kinderjahren» so wichtige Vorstellung vom «Phallus des Weibes, [...] an die das Knäblein geglaubt hat» (Freud 1927/1948, S. 312). Als dessen Ersatz leugnet er die narzisstische Kränkung des mütterlichen ‹Mangels› und macht den «Kastrationsschreck» vergessen. Doch bewahrt bzw. erinnert der F. gerade mit der *Notwendigkeit* seiner → Konstruktion den Moment dieser Erkenntnis. S. Freud spricht von dem ‹untilgbaren Stigma›, «*stigma indelebile* der stattgehabten Verdrängung» (1927/1948, S. 313; → Verdrängung). Der doppelten Logik von Behauptung und Verleugnung folgend, erscheinen beispielsweise Kleidungsstücke privilegiert, die den geschlechtlichen Körper zugleich ausstellen und verbergen, um den Moment der Erkenntnis zu suspendieren.

W. Pietz, The problem of the fetish I–III, in: RES. Anthropology and Aesthetics, Jg. 9, 1985, S. 5–17; Jg. 13, 1987, S. 23–45; Jg. 16, 1988, S. 105–123; P. Spyer, Border Fetishisms: Material Objects in Unstable Spaces, New York/London 1998; S. Freud, Fetischismus (1927), in: ders., Gesammelte Werke, Bd. 14, London/Frankfurt/M. 1948, S. 309–318.

Annette Keck

Film

Visuelles Speichermedium für Bewegung. Der Begriff F. bezieht sich einerseits auf das Material (den belichteten Filmstreifen), andererseits auf ein kulturelles Artefakt und schließlich auf ein industriell gefertigtes Produkt, dessen Bilder vermittels Projektion vorgeführt werden können. Kinos sind bis zur Entstehung des → Fernsehens und der → Videotechnologie die exklusiven Distributionsorte für F.e.

F.e können als → Speichermedien begriffen werden, die Bilder, später auch synchron Ton und Geräusche speichern und in einem zweiten Schritt bearbeiten. Die Bearbeitung, vor allem durch Montage, macht den F. unabhängig von linearer Räumlich- und Zeitlichkeit und gibt ihm die Möglichkeit zur Rück- wie zur Vorblende (→ Flashback, vgl. → Filmriss, → Routine). Diese Struktur ermöglicht → Vergleiche zwischen F. und Gedächtnis, etwa durch seine dem → Traum verwandten Bearbeitungstechniken von → Zeit. Bereits unmittelbar nach der Erfindung des Kinematographen (1895) hatte z. B. → H. Bergson das Kino als → Gedächtnismetapher diskutiert. Während er den «kinematographischen Apparat» in *Materie und Gedächtnis* (1896) aber noch als Erinnerungsmodell ablehnt, da der F. Bewegung aus isolierten Einzelbildern zusammensetzt, revidiert er wenig später in *Schöpferische Entwicklung* (1907) seine Haltung und findet nun in dem Modus, durch den der Kinoprojektor die Bilder wieder in Bewegung versetzt, eine perfekte Analogie zur Funktionsweise des → Bewusstseins.

A. Bazin (1945/1975) hat in seinen Überlegungen zur *Ontologie des fotografischen Bildes* den Zusammenhang von F., Gedächtnis und Erinnerung aus einer kollektivpsychologischen Perspektive verfolgt. Es gibt, so seine Argumentation, ein «fundamentales Bedürfnis der menschlichen Psyche», «Schutz gegen den Ablauf der Zeit» (S. 21; → Vergänglichkeit) zu finden. Die Mumifizierung im alten Ägypten ebenso wie → Porträtmalerei, → Fotografie und F. sind für Bazin Medien, die entwickelt wurden, um dieses anthropologische Bedürfnis zu befriedigen. Der F. erweist sich aus dieser Perspektive als «sich bewegende Mumie» (ebd., S. 25; → Konservierung). Der F. referiert als Projektion immer auf etwas Vergangenes, das er als → Gegenwart präsentiert (→ Spur). Die Referenz auf Vergangenes und die Suggestion von → Präsenz generiert eine Spannung, in die das → Memento mori inhärent eingeschrieben ist. Der Filmzuschauer wird zum Zeit-Touristen, der nostalgisch Vergangenes, das ihm als Gegenwärtiges vorgeführt wird, wahrnimmt, nach Ablauf des F.s jedoch in seine ‹eigene Zeit› zurückfinden muss (→ Nostalgie, → Zeitreise). Diese Ausgangslage, Vergangenes als Gegenwärtiges aufscheinen zu lassen, macht den Film als Medium der Geschichtsdarstellung – sei es im fiktionalen Historienfilm oder im historischen Dokumentarfilm – attraktiv (→ Geschichte). Im Besonderen der fiktionalen Nachinszenierung historischen Geschehens ist andererseits vorgeworfen worden, den für das → Geschichtsbewusstsein konstitutiven → Bruch zur → Vergangenheit durch → Vergegenwärtigung zu tilgen (Rother 1990).

Obgleich der F. in den jüngeren Debatten um einen digitalen Medienumbruch eher am Rande geblieben ist, hat seine Form wichtige Auswirkungen auf die gegenwärtige Umgestaltung des → kulturellen Gedächtnisses. Der Film hat das 20. Jh. in Bilder gefasst; er kann als Medium zur historischen → Quelle werden; er hat das kulturelle → ‹Archiv› visualisiert (Matuszewski 1898/1998). Vermutet werden darf, dass die Selbstbeschreibungen einer Gesellschaft mittlerweile maßgeblich durch ein Bilderreservoir geprägt sind, das sich in den letzten 100 Jahren formiert hat. Die Print-Sozialisation, die bis ins 20. Jh. hinein an erster Stelle stand, wird zunehmend durch eine audio-visuelle Sozialisation wenn nicht abgelöst, so doch ergänzt. Die → Beschleunigung der Bilder, die in der weit verbreiteten Metapher der ‹Bilderflut› zum Ausdruck kommt, verändert das ‹topographische Gedächtnis› (P. Virilio) und führt zu einer vitalen Reflexion über «Erinnerungskulturen» (A. Assmann).

H. Klippel, Gedächtnis und Kino, Frankfurt/M. 1997; R. Rother, Die Gegenwart der Geschichte. Ein Versuch über Film und zeitgenössische Literatur, Stuttgart 1990; A. Bazin, Ontologie des fotografischen Bildes (1945), in: ders., Was ist Kino? Bausteine zur Theorie des Films, Köln 1975, S. 21–27; B. Matuszewski, Eine neue Quelle für die Geschichte. Die Einrichtung einer Aufbewahrungsstätte für die historische Kinematographie (1898), in: montage/av, 7. Jg., Nr. 2, 1998, S. 6–12.

Irmela Schneider

Filmriss

Wörtlich Riss eines Filmstreifens bei der Vorführung im Projektor (→ Film). Metaphorisch (→ Gedächtnismetapher) wird der Begriff verwendet, um eine Unterbrechung des Gedankenflusses, also das vorübergehende Abreißen der als → Kontinuität gedachten → Bewusstseinsprozesse (mit negativen Folgen für das Erinnerungsvermögen; → Löschung, → Vergessen) zu benennen. Als F.e bezeichnet man medizinisch insbesondere «Gedächtnislücken nach Alkoholkonsum» (Schmidt 1997, S.

182; → Alkohol, → Korsakow-Syndrom). Es handelt sich um «psychiatrische Hinweise» auf das Vorliegen einer Alkoholkrankheit, um «anamnestische Episoden», die auch als ‹Blackouts› (→ Blockade) bezeichnet werden und denen innerhalb der Diagnostik des Alkoholismus besondere Bedeutung zukommt (Daunderer 1990ff., 8/1997, Alkohol III-3.3, S. 51; → Blockade). Die medizinische Forschung betrachtet F.e als psychophysische Krankheitssymptome, deren tiefenpsychologische Bedeutung und Dynamik (z. B. im Sinne der → Verdrängung) weitgehend ungeklärt ist.

L. Schmidt, Alkoholkrankheit und Alkoholmißbrauch, 4. Aufl. Stuttgart u. a. 1997; M. Daunderer, Drogenhandbuch für Klinik und Praxis, o. O. [München] 1990ff.; W. Kotzwinkle, Filmriß, Frankfurt/M. 1987; R. und H. Methe, Filmriß, Berlin 1982.

Kai Luehrs-Kaiser

Flashback

(engl. Rückblende, von engl. *flash*: Blitz). Begriff aus der Filmanalyse für eine Erzählkonstruktion, bei der die Geschehensabfolge verändert ist: In die erzählte → Gegenwart werden Ereignisse aus deren jeweiliger → Vergangenheit eingefügt. Die erzählte Gegenwart fungiert dabei als zeitliche Referenz und Rahmung für die Vermittlung vergangener Geschehnisse. Häufig wird dies als persönliche Erinnerung eines Charakters der → Narration motiviert. Dass diese Erzähltechnik besonders mit dem → Film verbunden wird, beruht auf dessen zentralem Stilmittel der Montage, die das umstandslose Umschalten zwischen den Zeitachsen gestattet. Der Begriff F. wurde in andere Wissensfelder übernommen. Die Erzähltechnik war aus der Literatur bekannt, wurde aber erst infolge des Films als narratologisches Phänomen wahrgenommen; im medizinisch-psychologischen Bereich wurde die visuelle Komponente des Begriffs *flash* als kurzes Lichtintervall zur Modellierung spontaner und unmotivierter Erinnerung verwendet (Turim 1989). Umgekehrt gingen populär-psychoanalytische Erinnerungsmodelle, die das Erinnerte als Interpretationsgrundlage für gegenwärtige Zustände verstehen (→ Unbewusstes), in die filmische Realisierung des F.s ein. Durch den Einschub von ‹Vergangenheit› werden gegenwärtige → Motivationen einer Figur plausibel.

Die Veränderung der Geschehensabfolge, wie sie beim F. geschieht, legt grundsätzlich die Vorstellung einer kontinuierlichen Temporalität zugrunde, die rekonstruierbar ist (Deleuze 1991, S. 349), und referiert im Normalfall auf eine Ursache-Wirkungskette, wobei der F. eine Darstellung der Ursache erst im Anschluss an die Darstellung der Wirkung, also die filmische Gegenwart, bedeutet. M. Turim sieht darin die Vermittlung der Logik einer Unvermeidlichkeit des Effekts durch die festgeschriebene Vergangenheit. G. Deleuze, dem es in *Das Zeit-Bild* gerade um filmische Konzeptionen jenseits der Ursache-Wirkungskette geht, verwendet für die Darstellung der Unvermeidlichkeit den Terminus ‹Schicksal›, der allerdings weniger einen Determinismus bezeichnet als auf das Fortwirken einer *nicht*-erinnerbaren Vergangenheit in der Gegenwart verweist. Da Deleuze zufolge kein Gedächtnis das Vergangene vergegenwärtigen kann (→ Vergegenwärtigung), stellt das filmische Erinnerungsbild Vergangenes als Augenblick der Gedächtnisbildung dar oder führt das Misslingen von Erinnerung überhaupt vor (Deleuze 1991).

F.s stellen häufig individuelle Erinnerung eines Charakters der Erzählung dar, sind aber nicht notwendig an eine restriktive, subjektive Wissensvermittlung gebunden. So berichten die Vergangenheitssegmente in *Citizen Kane* (O. Welles 1941), einem der berühmtesten Beispiele für die Verwendung von F.s, über das Leben der verstorbenen Titelfigur teilweise ohne jegliche Vermittlung über einen Erinnerungsvorgang (Bordwell/Thompson 1997). Wird das Erinnerte als verbale Erzählung eines Charakters eingeführt und bildlich dargestellt, entsteht ein visueller Informationsüberschuss, insofern eine Einstellung meist mehr Details enthält, als in Worten zu fassen wären. In den Fällen, in denen der filmische F. als subjektive Äußerung ausgegeben wird, konterkariert seine Visualisierung diese subjektive Perspektive, da das Bild stets mehr Einzelheiten festschreibt, als für eine persönliche, nicht mediengestützte Erinnerung verfügbar wären.

D. Bordwell/K. Thompson, Film Art. An Introduction, 5. Aufl. New York 1997; G. Deleuze, Das Zeit-Bild. Kino 2, Frankfurt/M. 1991; M. Turim, Flashbacks in Film. Memory and History, New York/London 1989.

Christina Bartz

FMRI → Bildgebende Verfahren

Fossil

(lat. *fossa*: Graben, Grube, *fossire*: graben). Durch Einschluss eines organischen Körpers oder seiner → Spuren entstandene Versteinerung. Seiner → Etymologie entsprechend wurde das Wort lange unspezifisch synonym zu ‹Mineral› gebraucht. Noch im 17. Jh. wurden F.ien vor allem als steinerne Gebilde (‹Naturspiele›) betrachtet. Die Naturgeschichte des 18. Jh.s ging zwar von der organischen Herkunft der F.ien aus, versuchte jedoch, sie in das klassifikatorische System rezenter Gattungen zu integrieren. Erst um 1800 konstituierte sich ein (den Beginn der modernen Historisierung von Natur markierendes) Wissen von F.ien als ausgestorbenen Lebensformen (→ Geschichte, → Tod). F.ien fungierten dabei zunächst als ‹Gedächtnis› einer von Katastrophen unterbrochenen Erdgeschichte (→ Speichern); erst für die Evolutionstheorie hat sich in den F.ien ein kontinuierliches Werden dokumentiert. Als Zeitmarke von Erdschichten (Leit-F.ien) bilden sie eine Kippfigur der verschiedenen Hinsichten von Bio- und Geologie: Sie sind einerseits Spur (vgl. → Relikt, → Überrest) eines zu rekonstruierenden Organismus, andererseits der Index einer Gesteinsformation, dessen Fundort wichtiger ist als der fossile Gegenstand selbst.

M. J. S. Rudwick, The Meaning of Fossils. Episodes in the History of Palaeontology, 2. Aufl. Chicago/London 1985; W. Lefèvre, Die Entstehung der biologischen Evolutionstheorie, Frankfurt/M./Berlin/Wien 1984.

Dietmar Schmidt

Fotoalbum

→ Sammlung einzelner fotografischer Bilder in Buchform (→ Fotografie, → Buch). Erst das fotografische Papierbild bringt die buchförmige Anordnung der Bilder hervor, die als Sammlung Anteil an der «praktizierten Erinnerung» (Benjamin) des Sammlers haben. Das F. ist eine Antwort auf die Produktion des fotografischen Mediums und organisiert Privat- wie Sammelbilder zu lokalen, variablen visuellen Gedächtnissen (→ Sammeln). Das Massenmedium Fotografie bedient sich des Konzepts ‹Album› als unverbindlicher Sammlung (Starl 1989), entwickelt jedoch genuin eine eigene, zunächst prächtig ausgestattete, Buchform (Maas 1977). Einmal als Einsteckalbum entwickelt, hat sich die Form des F.s nicht verändert, auch wenn mittlerweile Fotoecken die Einsteckschlitze ersetzt haben.

Das F. wird vor allem als Familienalbum, als ein privates Gedächtnis der Amateurfotografen thematisiert (Frizot 1998). Erstmals ermöglichte es bürgerlichen Kreisen, die Erinnerungen an Lebensstationen und familiäre Abstammung (→ Genealogie) visuell zu fixieren. Diese → Narration der Bilder im F. ist meist nach chronologischen Ritualen (Einschulung, Heirat, Reisen usw.) geordnet. Doch im F. zirkulieren auch öffentliche Bilder ‹berühmter Zeitgenossen› und ferner Länder. Sammelalben gelangen schon zwischen 1860 und 1890 zu einer enormen Ausdifferenzierung von Themen – ferne Länder, Königshäuser bis Tänzerinnen – und werden zu einem tele-visionären Medium. Das F. ist ein variables Bildgedächtnis, das Austauschbarkeit und Reorganisation ermöglicht. In seiner Erinnerungsfunktion schließt das F. das private an das öffentliche (Bild-)Gedächtnis an. In dieser Hinsicht ist es dem → Fernsehen verwandt, insofern es Öffentlichkeit in den häuslichen Kontext einführt und eine analoge privatisierte Öffentlichkeit inszeniert. Der Fotografie gegenüber erscheint das Album als nur marginaler Rahmen. Doch dem unscheinbaren Medium der Sammlung kommt in der → Organisation des fotografischen Gedächtnisses eine bedeutende Rolle zu. Das F. stabilisiert die durch das Massenmedium Fotografie hervorgerufene Zirkulation öffentlicher Bilder und stellt in seiner Form zeitoffener Anordnung einen Paradigmenwechsel des → kulturellen Gedächtnis selbst dar, da es → Kultur von seinen exklusiven Orten löst (Bickenbach 2001). Das Album kann als «konsubstantielles» Medium (V. I. Stoichita) des Fotografischen angesehen werden, weil es eine Anordnungsform der Bilder bietet, die ihre medienspezifische Serialität und Kontextabhängigkeit reflektiert. War das kulturelle Gedächtnis der Bilder, vor allem des → Porträts, in der Tradition der Bildnisreihen *(viri illustres)* als autoritative und traditionelle Auswahl zur Erinnerung an das Vorbild bestimmt, führt das F. die privat interessierte Vorliebe ein.

M. Bickenbach, Das Dispositiv des Photoalbums: Mutation kultureller Erinnerung, in: J. Fohrmann/W. Voßkamp (Hg.), Medien der Präsenz, Köln 2001; M. Frizot, Familienalbum, in: ders. (Hg.), Neue Geschichte der Fotografie, Köln 1998, S. 679; T. Starl, Welt-Geschichten. Fotoalben aus der Sammlung Herzog, Zürich 1989; E. Maas, Die goldenen Jahre der Photoalben, Köln 1977.

Matthias Bickenbach

Fotografie

(Bildung des 19. Jh.s aus griech. *phós*: Licht, *gráphein*: schreiben). Technisches Aufzeichnungsverfahren, das nach dem Prinzip der Camera obscura erzeugte Bilder auf einem lichtempfindlichen chemischen Träger fixiert. Die technische Bildgenese – und das Wissen um sie – begründet die herausragende Bedeutung der F. als Medium des Gedächtnisses: Weil das fotografische Bild statt durch künstlerische Umsetzung durch Einzeichnung des Lichts entsteht, ist es von Anfang an – wie in der berühmten Metapher der F. als «pencil of nature» (W. H. F. Talbot) – als Selbstdarstellung der Wirklichkeit aufgefasst worden. Wenn bei vortechnischen Abbildungsverfahren (→ Zeichnung) die Wahrnehmung der abzubildenden Wirklichkeit und die Übertragung auf das Papier nicht zeitgleich erfolgen, sondern durch das Gedächtnis – und damit verbundene subjektive Gewichtungen – vermittelt werden, formiert sich das fotografische Bild simultan und ohne menschliche Einflussnahme. Weil F.n – wohlgemerkt innerhalb des gewählten Bildausschnitts, nach Maßgabe der Fotochemie und der aktuellen Lichtbedingungen – ohne → Selektion alles einfangen, werden Gedächtnisleistungen, die nicht nur das Offensichtliche, sondern auch Details bewahren, ehrfürchtig als ‹fotografisches Gedächtnis› bezeichnet (→ Gedächtnismetapher). Umgekehrt ist die F. selbst häufig in Analogie zum Gedächtnis charakterisiert worden, so prominent von O. Wendell-Holmes als «Spiegel mit Gedächtnis» (*Das Stereoskop und der Stereograph*, 1859). Am Modell der F. konkretisiert sich ein Ideal, das Gedächtnis als immensen, perfekt funktionierenden Speicher auffasst, der eine Unmenge von Daten einsaugen und unverändert wieder verfügbar machen kann.

Die zweite gedächtnisrelevante Facette des technischen Speicherverfahrens der F. liegt in seiner besonderen Zeitlichkeit, die aus der Simultanität von Geschehen und Aufzeichnung hervorgeht. So fixiert jede F. im Zeitkontinuum einen präzisen Augenblick, nämlich den ihres Entstehens, der, wenn man das Bild in Händen hält, immer schon → Vergangenheit ist. Die «anthropologische Revolution», die die F. nach R. Barthes *(Die Rhetorik des Bildes)* bewirkt hat, liegt darin, dass sie erstmals ein → Bewusstsein nicht mehr des Daseins, sondern des «Dagewesenseins» stiftet. Die «unlogische» Verbindung eines räumlich unmittelbaren ‹Hier› mit einem zeitlich irrealen ‹Früher›, die Vereinigung von → Präsenz und Absenz, kennzeichnet freilich nicht allein die F., sondern eine ganze Klasse von Zeichen: die → Spuren. Das fotografische Bild kombiniert die zeitlich-örtliche Spezifik der Spur mit der informationsreichen Genauigkeit der ähnlichen Abbildung oder – um es mit der Zeichentheorie von C. S. Peirce zu formulieren – *Index* und *Ikon* (→ Zeichen).

Am Anfang steht die *ikonische* Seite im Zentrum fotografischer Praxis und Theorie. Die einfache Herstellung und Genauigkeit fotografischer Bilder bildet den Ausgangspunkt für diverse Projekte, zum wissenschaftlichen → Vergleich an verschiedenen Orten verstreute Objekte fotografisch zu versammeln (→ Archiv, → Sammlung), wobei die → Konservierung des von Veränderung Bedrohten nicht selten als Ziel hinzutrat (z. B. in der Ethnologie und der → Denkmalpflege). Die Euphorie für das Gedächtnismedium F. bleibt jedoch nicht lange unumstritten. Die Überlegenheit der F. gegenüber der manuellen Aufzeichnung wird bereits im 19. Jh. von der Ästhetik in Frage gestellt, der Vergleich mit dem menschlichen Gedächtnis vor allem im 20. Jh. problematisiert. Das kritische Argument hebt in beiden Fällen darauf ab, dass die mechanische Speicherung der F. nicht der menschlichen Subjektivität Rechnung trage. Solange das menschliche Gedächtnis nach dem Vorbild von → Speichermedien konzipiert wird, muss es im Vergleich schlecht abschneiden. Was das Gedächtnis eigentlich modellieren soll, wird so *de facto* sein – unerreichbares – Ideal (vgl. → Externalisierung). Die ohne subjektiven Filter aufgezeichnete Wirklichkeit analoger Medien dient psychologischen Versuchsanordnungen noch heute als Maßstab, um → Verzerrungen der natürlichen Erinnerung zu messen (vgl. → Konstruktion). Der Vergleich mit den technischen Speichern pointiert jedoch letztlich nur, dass das natürliche Gedächtnis nicht schlechter, sondern völlig anders verfährt. In diesem Sinn ist die F. nicht mehr ein Ideal, sondern die Kontrastfolie, vor der das natürliche Gedächtnis Konturen gewinnt. Die → Differenz zwischen der fotografisch bezeugten Vergangenheit und der eigenen Erinnerung hat z. B. S. Kracauer (1927/1977) dazu bewegt, die Selektivität und Wandelbarkeit der Gedächtnisbilder von der Lückenlosigkeit und Stasis der fotografischen Aufzeichnung abzusetzen. Während F. (und → Historismus) auf das unbearbeitete *factum brutum* abzielen, filtere das Gedächtnis die Wahrnehmung durch den Filter der Bedeutung: «Die Photographie erfasst das Gegebene als ein räumliches oder zeitliches Kontinuum, die Gedächtnisbilder wahren es, insofern es etwas meint» (S. 25). Auch Barthes (1985) unterscheidet die lebendige Erinnerung vom toten Speicher, wenn er die F. als eine «Gegen-Erinnerung» (S. 102) bezeichnet, die eigene Erinnerungen brutal überschreiben kann. F. erinnert nicht Vergangenheit, sondern bestätigt lediglich *indexikalisch* deren faktische Gewesenheit. Gerade weil sie darauf beschränkt ist, als Spur Vergangenes in → Präsenz zu überführen (vgl. → Gespenst), kann sie jedoch zu einer Projektionsfläche auch für Erinnerungen werden, vor allem aber → Vergänglichkeit und die eigene Sterblichkeit begreifbar machen.

Auch wenn die F. als Gedächtnis theoretisch diskreditiert sein mag, kommt sie praktisch nach wie vor in Prozessen der Erinnerung zum Einsatz – wobei mal ihre indexikalische, mal ihre ikonische Seite akzentuiert ist. Der Speicheraspekt steht im Vordergrund, wo die F. als → Dokument und historische → Quelle für vergangene → Ereignisse, mittlerweile verloren gegangene oder veränderte Kulturgüter oder Naturwunder fungiert. Einige Reportage-F.n haben sich als Chiffren historischen Geschehens ins → kollektive Gedächtnis eingeschrieben (etwa R. Capas *Tod eines spanischen Legalisten*). In der individuellen Erinnerungspraxis vermischen sich ikonische und indexikalische Aspekte. Nicht nur in der westlichen Kultur hat es sich eingebürgert (Wendl 1998), die wesentlichen biographischen Stationen fotografisch zu dokumentieren. Nicht selten ist heute der Vorgang des Fotografierens in den Ablauf von Übergangsriten integriert (Taufe, Hochzeit; → Ritus). Noch das Ende des Lebens wird in der vor allem im 19. Jh. praktizierten *Post-mortem*-Fotografie in einem letzten Porträt festgehalten (→ vgl. Totenmaske). Über die großen Lebensstationen hinaus verzeichnen private Erinnerungsbilder → Erfahrungen (Urlaub), Gemeinschaften (Klassenfoto) und Begegnungen (→ Porträt). Oft werden diese Bilder in → Fotoalben versammelt und zu einer bildlichen → Autobiographie geordnet, deren Bedeutung sich allerdings nur ihren eingeweihten Nutzern erschließt (Starl 1995). Während für einen fremden Betrachter auf der ikonischen Ebene opake Stereotypie vorherrschen mag, ermöglicht dem intimen Nutzer die indexikalische Bindung der Aufnahme an ihren Anlass, über das Sichtbare hinauszuschweifen und das Bild narrativ zu ergänzen und zu kontextualisieren. F.n stellen nicht bereits fertige Erinnerung bereit, sondern sind ein materieller Aufhänger, um solche Besetzungen vorzunehmen oder aus dem Gedächtnis aufzurufen (Keenan 1998). Fixe und flexible Komponenten verbinden sich demnach im fotografischen Erinnerungsbild. Als visuelles Gedächtnis wie als Erinnerungsanlass bildet die F. den Auftakt für die fortschreitende Prägung und Überlagerung individueller und kollektiver Erinnerungsprozesse durch mediale Bilder (Lury 1998).

C. Lury, Prosthetic Culture. Photography, Memory and Identity, London/New York 1998; C. Keenan, On the Relationship between Personal Photographs and Individual Memory, in: History of Photography, 22. Jg., Nr. 1, 1998, S. 60–64; T. Wendl, ‹God never sleeps›. Fotografie, Tod und Erinnerung, in: ders./H. Behrend (Hg.), Snap me one! Studiofotografie in Afrika, München/London/New York 1998, S. 42–

50; T. Starl, Knipser. Die Bildgeschichte der privaten Fotografie in Deutschland und Österreich von 1880 bis 1980, München/Berlin 1995; R. Barthes, Die helle Kammer, Frankfurt/M. 1985; S. Kracauer, Die Photographie (1927), in: ders., Das Ornament der Masse, Frankfurt/M. 1977, S. 21–39.

Jens Ruchatz

Freud, Sigmund

(1865–1939), Begründer der Psychoanalyse als allgemeiner Theorie des psychischen Lebens, als Krankheits- und Behandlungslehre und Kulturwissenschaft. F. praktizierte zunächst ein mit J. Breuer entwickeltes, auf der Anwendung der → Hypnose beruhendes kathartisches Heilverfahren, durch das vergangene (traumatische) → Ereignisse (→ Trauma) erinnert, wiedererlebt und im Sinne einer therapeutisch wirksamen Abfuhr unverarbeiteter Affekte abreagiert und überwunden werden sollten.

F. ersetzt die hypnotischen Verfahren bald durch bloße Suggestionen, schließlich durch die bereits spezifisch psychoanalytische Technik der freien → Assoziation. Allerdings hat F. nie eine systematisch explizierte Theorie des Gedächtnisses formuliert, jedoch zentrale Bausteine einer solchen (vgl. → Wunderblock), so etwa bereits in seinem 1895 verfassten, jedoch erst posthum erschienenen *Entwurf einer Psychologie*. In dieser noch der Neurophysiologie verpflichteten Schrift entfaltet F. u. a. das in allen psychoanalytischen Arbeiten erhaltene Konzept der Erinnerungsspur (auch: Erinnerungsrest, Erinnerungsbild; → Spur). Erinnerungsspuren bahnen die neuronale Erregungsleitung (→ Bahnung). Schon 1895 verwirft F. die Annahme der Ähnlichkeit oder gar Gleichheit zwischen Spuren und Erinnerungsobjekten. Er vertritt also zeitlebens eine – mit dem abbildtheoretischen Begriff des → Engramms nicht verträgliche – Konzeption aktiver und dynamischer, in psychoanalytischer Perspektive wesentlich *unbewusst* motivierter Gedächtnis- und Erinnerungsprozesse (→ Unbewusstes). Wie alles Verhalten (→ Agieren, → Fehlleistung, → Traum, → Wiederholungszwang) besitzen auch (mentale) → Repräsentationen von Vergangenem unbewusste, latente Bedeutungen.

F.s innovativer Beitrag zur Erforschung des Erinnerns und der autobiographischen Selbstvergewisserung (→ autobiographisches Gedächtnis, → Identität) besteht in der theoretischen Darstellung und dem klinischen Aufweis des einerseits adaptiven, andererseits egozentrisch motivierten Gestaltungs- und Darstellungscharakters der Gedächtnistätigkeit. Erinnern ist nicht als Mechanik der → Reproduktion zu fassen, sondern vielmehr eine Form des Handelns: Aktualisieren – Vergegenwärtigen – Bekennen – Aneignen. Wegweisend für diese seinerzeit bahnbrechenden, jetzt im Rahmen systemischer Ansätze korrigierten und weiterentwickelten psychoanalytischen und hirnphysiologischen Forschungen (Edelman 1989; Koukkou/Leuzinger-Bohleber/Mertens 1998) sind die Theorie des Wunsches, der psychischen → Abwehr und der → Inszenierung, wie F. sie erstmals am Modell des Ödipuskomplexes ausarbeitete. Diese theoretischen Konzepte sind eingebettet in F.s Triebtheorie, deren letzte Form vom Antagonismus zwischen Lebenstrieben und den – auf vollkommene Aufhebung psychischer Spannungszustände abzielenden – Todestrieben ausgeht.

Die Fähigkeit, ein vergangenes → Ereignis mental zu vergegenwärtigen, entwickelt sich in den kindlichen Primärerfahrungen aus einer unlustvollen Bedürfnisspannung, die nicht durch gezieltes Handeln unmittelbar zu beseitigen ist (→ Gedächtnisentwicklung). An die Stelle der körperlichen Bedürfnisstillung tritt die mentale Evokation (→ Phantasie) einer hedonistischen Verfassung, die das Kind in der → Vergangenheit als lustvoll entspannende Aufhebung der Mangellage erlebt hatte (Freud 1900/1942). F. geht davon aus, dass sich diese spannungsregulative Leistung der szenischen → Vergegenwärtigung hedonistischen Erlebens bereits vorsprachlich vollzieht. Das szenische oder → episodische Gedächtnis fungiert somit, im Zeichen des Lustprinzips, als Spannungsregulativ. Es bedarf aber der Anpassung an die Bedingungen der Handlungswelt und damit nachträglicher Korrekturarbeit.

Der erinnernden Vergegenwärtigung des Unangenehmen steht grundsätzlich die psychische → Abwehr entgegen, d. h. die nachträgliche Entstellung, Verfremdung, Unkenntlichmachung und Distanzierung von Erlebtem (→ Erlebnis). Das gilt insbesondere für die Trieb- und Beziehungsschicksale der frühen → Kindheit, die allenfalls über → «Deckerinnerungen» (Freud 1899/1952) punktuell zugänglich werden. Die nachträgliche Umarbeitung, Umordnung oder «Umschrift» ausgewählter ehemaliger Erlebnisse – vor allem traumatischer Erlebnisse – folgt nach F. einem Prinzip der Aneignung (→ Nachträglichkeit, → Urszene). Dieses Prinzip macht die Erinnerung zu einem durch neue → Erfahrungen und Entwicklungsschübe möglich gewordenen «Durcharbeiten» der Vergangenheit, womit diese eine neue Qualität annimmt und neue psychische Wirkungen freisetzen kann.

F. bestimmt spekulativ für die infantile ödipale Dynamik einen phylogenetischen Ursprungsort in möglichen Realereignissen einer prähistorischen Zeit. In *Totem und Tabu* (1912) konstruiert er eine prähistori-sche Urhordentat kollektiven Vatermordes und Mutterinzests als Ur-sprungsmythos, dem sich die Heredität entsprechender Urphantasien in der Ontogenese verdanke (vgl. → Erbe, → Mem, → Mythos, → Prähisto-rie, → Ursprung): Das Kind erbringt im Dienst elterlicher Anerkennung im Lauf seiner Entwicklung zum Erwachsenen eine Leistung der Dezen-trierung, d. h. das zärtlich-sinnliche Eltern-Kind-Verhältnis zu verwan-deln in mild-submissive Familiarität (seitens des Kindes). Die ödipale Motivierung des Einzelnen bleibt in der Folge latent und wird allenfalls im Rahmen einer analytischen Behandlung artikuliert und neu erlebt. Der Analytiker ist freilich gehalten, die Denkfigur von → Wiederholung, Neuauflage und Aktualisierung in der Übertragungsbeziehung nicht schematisch oder dogmatisch zu verwenden, um dem Argument vom Suggestionsverdacht (vgl. → Falschinformationseffekt), mit dem sich bereits F. intensiv auseinander setzte (Grünbaum 1988), zu begegnen.

F.s wegweisende Forschungsergebnisse sind bekanntlich vielfach auf-gegriffen und weiterentwickelt worden, und zwar in unterschiedlichsten thematischen Feldern, in denen sowohl die an Triebschicksale gekoppelte Lebensgeschichte (→ Autobiographie, → Narration) und (psychosexuel-le, psychosoziale) Entwicklung von Individuen als auch → transgenera-tionelle Tradierungen oder die (der sozialen und kulturellen Tabuisie-rung oder → Verdrängung unterworfene) → Geschichte von Kollektiven zur Debatte stehen (→ kollektives Gedächtnis). Seine Beiträge zu einer Theorie des Gedächtnisses wurden in verschiedensten Richtungen fort-geführt, angefangen von F.s unmittelbaren Schülern wie C. G. Jung (→ Archetyp) bis hin zu neueren Entwicklungen wie etwa den viel dis-kutierten Arbeiten J. Lacans (→ Verwerfung).

S. Freud, Über Deckerinnerungen (1899), in: Gesammelte Werke, Bd. 1, London/ Frankfurt/M. 1952, S. 531–554; ders., Die Traumdeutung (1900), Gesammelte Wer-ke, Bde. 2/3, London/Frankfurt/M. 1942. – M. Koukkou/M. Leuzinger-Bohleber/W. Mertens (Hg.), Erinnerung von Wirklichkeiten. Psychoanalyse und Neurowissen-schaften im Dialog, Bd. 1, Bestandsaufnahme, Stuttgart 1998; G. Edelman, The re-membered present, New York 1989; A. Grünbaum, Die Grundlagen der Psychoana-lyse, Stuttgart 1988.

Brigitte Boothe, Jürgen Straub

Friedhof

Umgrenztes Areal zur Bestattung und Beweinung der → Toten (→ Trauer), Gräberfeld, das sich ursprünglich direkt an eine Kirche anschließt (Kirchhof). In zahlreichen Kulturen gibt es gemeinsame Orte, meist außerhalb der bewohnten Anlagen, an denen die Körper(reste) Verstorbener beigesetzt werden (→ Körper, → Relikt). Gemeinsame christliche Begräbnisstätten entstehen zunächst im Umkreis von Märtyrergräbern, die die Gründungsstätten für Kirchen werden (→ Gründung, → Märtyrer, → Reliquie). Seit dem 18. Jh. entstehen parkartige F.e im und außerhalb des städtischen Wohnraums. Das Wort F. bezieht sich auf die Einfriedung des Gräberfelds durch Hecke, Mauer oder Zaun. Diese Einfriedung soll einerseits die Toten kultisch verorten und so die Lebenden vor ihnen schützen; andererseits markiert sie den rechtlichen Status des F.s als ‹befriedeten› Raum des Asyls. Die betonte Abgrenzung des F.-Raums macht diesen zu einer Heterotopie (Foucault 1967/1990, S. 41f.), ein «Ort außerhalb aller Orte», der die Toten aus dem Raum der Lebenden ausschließt, in dieser Ausschließung aber die Bedingung der Möglichkeit für einen Bezug der Lebenden auf die Toten ist. Der F. ist aber nicht nur eine Exklave, sondern auch das Spiegelbild des Alltagsraums: In der Ordnung der Gräber wiederholen sich die Ordnungen der Lebenden (arme und reiche Grabstätten, Familiengräber, uniformierte Gräber bei Soldatenfriedhöfen, Ausschluss sozialer/religiöser Außenseiter).

Die wichtigste Funktion des F.s ist die Verortung des Toten in seiner Grabstätte (vgl. → Gedächtnisort, → Grabmal). Diese Verortung und Identifizierung des Verstorbenen ist die Grundlage jedes abendländischen Totenkults, mit wenigen Ausnahmen (Seebestattung, Kriegsgräber). Der Grabstein verzeichnet → Namen und Lebensdaten (→ Datum) des unterliegenden Toten und bindet ihn so in ein Geflecht der Zeitgenossenschaft und Verwandtschaft. Vor allem aber markiert er den Platz des Leichnams in seinem ‹Gewesensein›: die Stelle, wo ein Körper (als Asche, als verwesendes Fleisch) zugleich ist und nicht ist. Diese indexikalische Funktion des «Hier ruht» stiftet einen Typus von Gedächtnis, der gleichermaßen → Präsenz und Absenz des Verstorbenen evoziert. In dieser Hinsicht ist er das architektonische und semiotische Pendant der Ambivalenzen neuzeitlichen → Trauerns und Totengedenkens. Mit dem Verschwinden des Grabsteins gilt der Tote als endgültig und unwiderruflich vergessen (vgl. → *damnatio memoriae*).

Im Verlauf des 18. Jh.s wurden die F.e – zunächst in Dörfern und Städten als Kirchhöfe angelegt – aus dem bewohnten Raum an den Rand der

Städte verlegt (z. B. *Père Lachaise*, Paris). So entstehen die weitläufigen, parkartigen F.e der Moderne, die mittlerweile wieder vom Wohnraum umsiedelt sind. Grund für diese Auslagerung der F.e sind einerseits die hygienischen Gefährdungen durch steigende Bevölkerungs- und damit auch Sterberaten, andererseits die zunehmende Verdrängung von Tod und Toten aus dem Kulturraum der Lebenden. Diese geht einher mit der administrativen Erfassung und Medikalisierung des Todes, die den Prozess des Sterbens aus dem Kompetenzbereich der Kirche und der Familie in die Hände amtlich approbierter Ärzte verlegt hat (Totenschein, Leichenschauhäuser). Nur die endgültige Beisetzung obliegt noch heute weitgehend den Kirchen.

B. Happe, Die Entwicklung der deutschen Friedhöfe von der Reformation bis 1870, Tübingen 1991; Ph. Ariès, Der Besuch auf dem Friedhof, in: ders., Geschichte des Todes, München 1982, S. 603–712; M. Foucault, Andere Räume (1967), in: C. Barck (Hg.), Aisthesis, Leipzig 1990, S. 34–46; J. Schweizer, Kirchhof und Friedhof, Linz 1956.

Eva Horn

Frontallappen → Gehirn, → Großhirn

Futurismus

(ital. *futuro*: Zukunft). Selbstbezeichnung einer europäischen, zunächst italienischen, Avantgarde-Bewegung, die an die Stelle der üblichen (fiktiven) Anbindung einer → Kultur an ihre → Vergangenheit radikale Zukunftsorientierung treten lässt (→ Zukunft). F. T. Marinetti übernimmt den Begriff von G. Alomar (*El Futurismo*, 1903). Futuristische Aktivitäten finden sich in Dichtung, Malerei und Skulptur, beanspruchen dabei aber stets eine politische, kulturrevolutionäre Funktion. Marinetti ruft den F. bereits 1908 in einem programmatischen Manifest aus, also vor aller Realität futuristischer Kunstwerke. Damit gehört der Begriff zu jenen ‹Ismen›, die die Differenz von → Erfahrung und → Erwartung überspannen, sodass «Zukunftsbegriffe» (R. Koselleck, *Begriffsgeschichte und Sozialgeschichte*) entstehen.

In ihren Darstellungen bemüht sich futuristische Kunst um eine Mythisierung der Technik: Automobil und Eisenbahn werden zu Kultobjekten. In diesem Sinn wird der → Mythos als erfüllt und damit zugleich als überholt betrachtet: So lösen etwa die Aeroplane den Ikarus-Mythos ebenso sehr ein, wie sie seinen mythologischen Gehalt überwinden. Dieser doppelten Bewegung liegt ein heilsgeschichtliches Schema von Erwartung und Erfüllung zugrunde (→ Typologie), das im Zustand seiner → Präsenz die *Erinnerung* an den Mythos obsolet macht (Marinetti, *Manifest des F.*). Die Sprache wird von der Syntax befreit, die nur als → Gewohnheit und die Realität verstellender Ballast verstanden wird. Der F. richtet sich gegen jegliche → Tradition und ihr Prinzip der → Kanonbildung: → Bibliotheken sollen brennen. Entsprechend ist auch das politische Programm des F. reine Negation: Der «Kult der Museen, Ruinen und Denkmäler» und der «[t]raditionelle Gedächtnispatriotismus» (Marinetti u. a., *Politisches Programm des F.*) werden zu neuen nationalen Feindbildern. Alle Tradition und Erinnerung wird als «Passatismus» verworfen. Dagegen wird der Krieg im *Manifest des F.* zur «Hygiene» der Welt erklärt, die ein aktives → Vergessen durch → Zerstörung vollzieht. An die Stelle dieses Vergessens tritt allerdings die Vorstellung einer reaktualisierten ‹Natur›: Marinetti beansprucht, die «göttliche Intuition», als vergessene «Gabe der romanischen Völker» *(Technisches Manifest der futuristischen Literatur)*, reaktiviert zu haben. Dies soll nicht als Erinnern verstanden werden, sondern als Re-Präsentation einer Natur, die von der Kultur verschüttet war (vgl. → Paradies). Politisch setzt der F. daher auf die gewöhnlich unmarkierte Seite der Unterscheidung von Erinnern und Vergessen. Indem sich der F. am zu Vergessenden abarbeitet, wird aller positiven Gedächtnisbildung entgegengetreten; auch die futuristische Kunst soll keinen Kanon ausbilden. Vielmehr beansprucht der F., durch die Totalisierung des Vergessens die adäquate Weltanschauung der Dynamik der Gegenwart zu sein, also die → Beschleunigung selbst zur Form zu erheben.

H. Schmidt-Bergmann, Futurismus. Geschichte, Ästhetik, Dokumente, Reinbek 1993; P. Demetz, Worte in Freiheit. Der italienische Futurismus und die deutsche literarische Avantgarde (1912–1934), München/ Zürich 1990; P. Hulten (Hg.), Futurismo & Futurismi, Milano 1986.

Torsten Hahn

Gedächtnisdiagnostik

(griech. *diágnosis*: unterscheidende Beurteilung, Erkenntnis). Verfahren zur qualitativen und quantitativen Einschätzung von Lern- und Behaltensleistungen als Bestandteil der psychologischen Leistungsdiagnostik (z. B. bei der Schullaufbahnberatung; → Prüfung) sowie der neuropsychologischen Diagnostik. Sie wird je nach Art der Fragestellung durch erfahrene Diplompsychologen oder Klinische Neuropsychologen durchgeführt. Aufgaben der G. liegen in der Feststellung und Beschreibung des aktuellen Status der Gedächtnisleistung sowie sich daraus ergebender sozialer und beruflicher Konsequenzen. Im Falle neuropsychologischer Fragestellungen kann unter Berücksichtigung neuroradiologischer und anderer medizinischer Befunde sowie der Anamnese untersucht werden, ob Gedächtnisstörungen mit hoher Wahrscheinlichkeit auf eine organische Ursache (Hirnschädigung oder Hirnfunktionsstörung) zurückzuführen sind oder ob es sich um sekundäre Folgen anderer, z. B. psychischer Beeinträchtigungen handelt. Die G. dient darüber hinaus der Beurteilung von Rehabilitationsmöglichkeit, der Planung und Evaluation von → Gedächtnisrehabilitation sowie der Verlaufsmessung z. B. bei fortschreitenden Erkrankungen. Informationsquellen für die G. sind die Anamnese, medizinische Befunde (neuroradiologische Befunde), die Erfassung beeinflussender Faktoren (z. B. Medikation), psychometrische Verfahren, experimentelle Untersuchungsverfahren, Verhaltensbeobachtungen, klinische Interviews einschließlich Fremdeinschätzung der Leistung, Fragebögen oder Gedächtnistagebücher (→ Tagebuch). Untersucht werden Gedächtnisleistungen *in der Zeit* (→ Kurzzeitgedächtnis, → Arbeitsgedächtnis, Aufnahme neuer Informationen ins → Langzeitgedächtnis, längerfristige Behaltensleistung, → prospektive Gedächtnisleistungen, episodische und semantische Altgedächtnisleistungen), *modalitätsspezifische* Gedächtnisleistungen (verbales, figurales Gedächtnis) sowie *Gedächtnisprozesse* (→ Encodierung, → Konsolidierung, → Abruf). Die Gedächtnisleistung kann stets nur im Zusammenhang mit anderen kognitiven Funktionen (z. B. → Aufmerksamkeit, → Intelligenz, sprachliche Leistungen, → Motivation) beurteilt werden. Als psychometrische Untersuchungsinstrumente stehen zum einen Gedächtnis-Testbatterien zur Verfügung, die auf der Basis unterschiedlicher Subtests Kennwerte z. B. für verbale und nonverbale Gedächtnisleistungen liefern (Wechsler Memory Scale Revised WMS-R; Berliner Amnesietest [→ Amnesie] BAT, Lern- und Gedächtnistest LGT 3). Zum anderen wurden Testverfahren entwickelt, mit denen gezielt Gedächtnisteilfunktionen untersucht werden, so die verbale Lernleistung (z. B. California Verbal Learning Test CVLT) oder die Wiedererkennensleistung für Gesichter (Recognition Memory Test RMT).

Die Untersuchung des Kurzzeit- oder Arbeitsgedächtnisses beinhaltet die Testung von → Gedächtnisspannen, d. h. die Informationsmenge, die ein Individuum kurzfristig zu speichern in der Lage ist (→ Merkfähigkeit). Die Testung erfolgt über die unmittelbare Wiedergabe vorgegebener Informationsreihen (z. B. Zahlenfolgen), welche in ihrer Länge gesteigert werden. Neben der einfachen Wiedergabe wird in der Regel auch das gleichzeitige Halten und Manipulieren der Informationen untersucht (z. B. Zahlenreihen rückwärts nachsprechen; → Distraktor). Die längerfristige Behaltensleistung wird mit → Informationen untersucht, welche die → Kapazität des Kurzzeitgedächtnisses hinsichtlich des Umfangs an Informationen oder hinsichtlich der → Dauer der Behaltensleistung übersteigen. Hier unterscheidet man Verfahren, bei denen Informationen einmalig dargeboten und unmittelbar wiedergegeben werden (z. B. Geschichten WMS-R; geometrische Figuren Rey Complex Figure Test), von solchen, bei denen Informationen mehrmals dargeboten werden und der Lernzuwachs verfolgt wird. Hierzu werden häufig Paarassoziationen verwendet oder Listen von Einzelinformationen (Wörter: CVLT, Verbaler Lerntest VLT, Figuren: Diagnostikum für Cerebralschäden DCS, Nonverbaler Lerntest NVLT). Einzelne Verfahren erlauben es, neben der Testleistung über die Analyse von Fehlern oder des Vorgehens des Probanden, Informationen über zugrunde liegende Prozesse zu gewinnen (z. B. semantische Gruppierung oder Interferenzanfälligkeit beim CVLT). Die längerfristige Behaltensleistung wird in der Regel im Abstand von 15 bis 30 Minuten nach der erstmaligen Darbietung untersucht (z. B. WMS-R, BAT). Nur wenige Verfahren erlauben allerdings, die sofortige und verzögerte Reproduktion miteinander in Beziehung zu setzen und so die Beurteilung des Vergessensprozesses. Die Beurteilung über Tage oder Wochen erfolgt fast ausschließlich in der klinischen Beobachtung, da hierzu Vergleichsnormen fehlen. Ähnliches gilt für die Erfassung → prospektiver Gedächtnisleistungen. Zur Untersuchung von Altgedächtnisleistungen werden folgende Aspekte erfragt: → autobiographisches Gedächtnis für Episoden (z. B. der erste Schultag; → episodisches Gedächtnis, → Kindheit) und semantische Informationen (z. B. → Namen von Lehrern oder Klassenkameraden; → Klassentreffen) oder das Gedächtnis für öffentliche → Daten wie berühmte Ereignisse oder Personen (z. B. Kieler Altgedächtnistest). Eine standardisierte Untersuchung ist hier kaum möglich, da der Untersucher oft die relevanten Informationen des Untersuchten nur unzureichend kennt und unklar ist, inwieweit die Informationen überhaupt gelernt wurden (vgl. → explizites Gedächtnis). Auch spielen Bildungsniveau, persönliche Interessen und kulturelle Einflüsse eine erhebliche Rolle. Von funktioneller Relevanz ist die Erfassung domänenspezifischen Wissens, etwa Kenntnisse des bisherigen Berufs.

Ein Verfahren, das speziell zur Untersuchung kognitiver Leistungen im → Alter entwickelt wurde, stellt das Nürnberger Altersinventar (NAI) dar. Es enthält neben Subtests zur Erfassung der Gedächtnisleistung auch solche zur Erfassung anderer kognitiver Funktionen wie Informationsverarbeitungsgeschwindigkeit. Das NAI liegt in mehreren Paralleltestversionen vor und erlaubt den Vergleich der Testergebnisse mit unterschiedlichen Stichproben z. B. bei selbständig lebenden Älteren, Älteren aus Heimen, Älteren mit Diagnose einer → Demenz.

Da einige der klinisch verwendeten Verfahren Übersetzungen englischsprachiger Originalversionen sind, fehlen zum Teil Vergleichsnormen deutschsprachiger Stichproben. Für Verlaufsuntersuchungen ist ein weiteres Problem, dass nur selten Paralleltestversionen vorliegen. Schließlich wird häufig die fehlende Alltagsnähe vieler Verfahren bemängelt. Diesbezüglich erhebt der RBMT den Anspruch, Gedächtnisleistungen alltagsnah zu erfassen; die enthaltenen Aufgaben sind jedoch von einem so geringen Schwierigkeitsgrad, dass er nur für die Untersuchung von Patienten mit mittel- bis schweren Gedächtnisstörungen geeignet ist. Darüber hinaus müssen alltagsrelevante Gedächtnisleistungen über Interviews, Verhaltensbeobachtungen, Gedächtnistagebücher objektiviert werden.

Neben der standardisierten Erfassung der Gedächtnisleistung zur Statuserhebung dient die psychometrische Untersuchung dem erfahrenen Kliniker als standardisierte Beobachtungssituation. Dabei interessiert nicht nur die erreichte Punktzahl, sondern beispielsweise auch, wodurch die Gedächtnisleistung des Probanden verbessert *(testing the optimum)* oder gestört wird *(testing the limits)*. Hieraus können wichtige Informationen für die Planung der → Gedächtnisrehabilitation abgeleitet werden.

O. Spreen/E. Strauss, A compendium of neuropsychological tests, Oxford 1998; M. D. Lezak, Neuropsychological assessment, 3. Aufl. New York 1995; U. Schuri, Gedächtnis, in: D. Y. v. Cramon/N. Mai/W. Ziegler (Hg.), Neuropsychologische Diagnostik, Weinheim 1993, S. 91–122.

Übersicht der angegebenen Testverfahren: D. Wechsler, Wechsler Memory Scale Revised WMS-R, San Antonio 1987; W. Sturm/K. Willmes, Verbaler Lerntest, Nonverbaler Lerntest VLT/NVLT, Göttingen 1999; J. E. Meyers/K. R. Meyers, Rey Complex

Figure Test and Recognition Trial RCFT, Odessa 1995; W. D. Oswald/U. M. Fleischmann, Nürnberger Altersinventar NAI, Göttingen 1995; S. Weidlich/G. Lamberti, Diagnostikum für Cerebralschäden DCS, Bern 1993; B. Leplow u. a., Kieler Altgedächtnistest, Diagnostica, Bd. 39, 1993, S. 240–256; P. Metzler/J. Voshage/P. Rösler, Berliner Amnesietest BAT, Göttingen 1992; M. Kopelman/B. Wilson/A. Baddeley, Autobiographisches Gedächtnis-Interview AGI, Bury St. Edmunds 1990; C. C. Delis u. a., California Verbal Learning Test CVLT, New York 1987; B. A. Wilson/J. Cockburn/A. Baddeley, Rivermead Behavioural Memory Test RBMT, Bury St. Edmunds 1985; E. Warrington, Recognition Memory Test RMT, Windsor 1984; G. Bäumler, Lern- und Gedächtnistest LGT 3, Göttingen 1974.

Angelika Thöne-Otto

Gedächtnisentwicklung

Gedächtnis ist ein in der Fauna universelles Phänomen (→ Tiere), manche Naturwissenschaftler sprechen auch der Flora und selbst Teilen der unbelebten Natur (z. B. Magnetstreifen, Tonbändern; → Externalisierung, → Speichermedien) Gedächtnis zu, während Geisteswissenschaftler auch vom → kollektiven oder → kulturellen Gedächtnis reden. Im Humanbereich wird – je nach Autor – zwischen einem halbem und einem Dutzend → Gedächtnissystemen unterschieden: Für die G. am wichtigsten ist die Einteilung in ein → Kurzzeit- und vier → Langzeitgedächtnissysteme, die im Grundsatz der von E. Tulving (2000) seit Jahrzehnten vorgeschlagenen entspricht. Entsprechend dieser Aufteilung sind die vier Gedächtnissysteme das → episodische Gedächtnis (→ autobiographisches Gedächtnis), das Kenntnissystem (→ semantisches Gedächtnis), das → prozedurale Gedächtnis und die ‹Priming›-Form des Gedächtnisses (Markowitsch 1999). Diese vier Systeme sind hierarchisch aufeinander bezogen. Das Primingsystem stellt die niedrigste oder einfachste – primär unbewusst ablaufende – Form des Gedächtnisses dar, das episodische Gedächtnis die höchste. Episodisches Gedächtnis verlangt eine vorhergehende Codierung im Kenntnissystem, geht dann aber über dieses hinaus, indem es eine zusätzliche Kontexteinbettung enthält und damit jederzeit (und im Unterschied zum rein gegenwartsbezogenen Kenntnissystem) eine mentale → Zeitreise ermöglicht (→ Geschichtsbewusstsein, → Narration).

Die vier Gedächtnissysteme entwickeln sich auf der Basis des ausreifenden → Gehirns: Die kindliche Entwicklung führt, nachdem angeborene Reflexe in den Hintergrund getreten sind, zuerst zu unbewussten

Vertrautheitsurteilen (→ Priming), dann zur Aneignung prozedural-motorischer Fertigkeiten, zu ausgeprägtem Nachahmungslernen (→ Lernen) und dann zu einem exponentiell anwachsenden → Wissen, was an die Erwerbsfähigkeiten außerordentlich intelligenter Lernmaschinen erinnert (→ Künstliche Intelligenz). Dieses Stadium geht mit einem ausgeprägten Vokabelerwerb einher (Kenntnissystem). Erst auf dieser breiten Wissensbasis entwickeln sich im späten Vorschulalter Selbstbewusstsein, Selbstreflexion und das autobiographische Gedächtnis (→ Bewusstsein, → Identität). Erinnerungen an die Zeit vor dem vierten, fünften Lebensjahr sind außerordentlich spärlich und meist hochgradig emotional besetzt (→ Emotion).

Neben den Leistungszuwächsen auf Verhaltensebene ist die Entwicklung des autobiographischen Gedächtnisses wesentlich von der Ausreifung der Hirnebene abhängig. → Nervenzellen sind zwar bei Geburt in nahezu maximaler Anzahl vorhanden, ihre Verknüpfungen untereinander – → Synapsen- und Dendritenbildung – sind nachgeburtlich und durch die ersten Lebensjahre hindurch aber massiven Änderungen unterworfen. Auch die axonale Myelinisierung und axonale und dendritische Aussprossungs- und Pruning-Vorgänge (*pruning*: Zurückbildung; Bourgeois/Goldman-Rakic/Rakic 2000, Rakic 2000) und – auf biochemischer Ebene – hormonale Schübe (die in den ersten Lebensjahren und dann wieder in der Pubertät auftreten) bestimmen die Hirnentwicklung und damit auch die des Gedächtnisses.

Selbst die als sexueller Dimorphismus bezeichneten Mann-Frau-Unterschiede auf Hirnebene liefern die Grundlage für die im späteren Lebensalter manifesten kognitiven Präferenzen und Unterschiede zwischen den Geschlechtern (Pritzel/Markowitsch 1997). Während der zehn bis zwölf Jahre dauernden unterschiedlichen Entwicklung der beiden Geschlechter werden bestimmte Verhaltensweisen, z. B. kognitive Strategien (→ Kognition), erworben, die in ihrem zellulären Substrat mit unterschiedlichen morphologischen Vorgaben interagieren, d. h. die Plastizität des Gehirns unterschiedlich nutzen. Auf Gedächtnisebene haben diese geschlechtsspezifischen Unterschiede beispielsweise zur Folge, dass Mädchen eher emotionale und Jungen eher handlungsbetonte Erinnerungen haben.

Anpassungen und Reifungsprozesse finden sich insbesondere in sog. limbischen Hirnstrukturen (→ limbisches System), die für die Übertragung vom Kurzzeit- ins Langzeitgedächtnis essenziell sind, und sowohl zeitlich als auch im Ausmaß noch stärker in das Erwachsenenalter hineinreichend im → präfrontalen Cortex. Innerhalb des präfrontalen Cortexes kommt der rechten Stirnhirnhälfte eine besondere Bedeutung für die Ausbildung und Kontrolle des Selbst zu. Unabhängig von der Hemisphäre sind innerhalb des präfrontalen Cortexes dorsolaterale Anteile für allgemein zeitliche, insbesondere prospektive Komponenten des Gedächtnisses relevant, orbitofrontale für die der Persönlichkeitsformung (→ prospektives Gedächtnis).

Das autobiographische Gedächtnis als die hierarchisch höchste Form menschlichen Erinnerns ist an eine Reihe Komponenten gebunden, die seine Entstehung, Aufrechterhaltung und Ausweitung ermöglichten. Ein hoch entwickeltes Sozialverhalten (→ Sozialisation), ein ausgeprägter Spieltrieb (→ Spiel) und ein stark entwickelter Intellekt (→ Intelligenz) stellen Komponenten dar, wobei aber nur durch die Kombination dieser und weiterer Elemente Selbstbewusstsein und damit das Vorhandensein von Zeitbewusstsein und die Möglichkeit, die → Gegenwart auf → Vergangenheit und → Zukunft zu beziehen, entstehen (→ Zeit). Eine wesentliche Voraussetzung für die Entwicklung des autobiographischen Gedächtnisses ist die Fähigkeit, neu gelernte → Information flexibel einzuordnen und abzurufen («repräsentationale Flexibilität»).

Die Betonung, dass autobiographisches Gedächtnis an eine Reihe von Voraussetzungen gebunden ist, lässt deutlich werden, dass Individuen mit durchaus gut entwickelten Einzelkomponenten trotzdem noch nicht in der Lage sind, sich selbst zu begreifen, sich auf eine theoretische Zeitreise zu begeben und sich von anderen zu unterscheiden. Dies bedeutet, dass man – bedingt schon durch das isolierte Fehlen einer Komponente – sowohl bei Dementen (→ Demenz) wie bei Kleinkindern oder aber auch bei den meisten (wahrscheinlich sogar bei allen) Tieren das Fehlen von autobiographischem Gedächtnis konstatieren muss. Neuerdings wird zunehmend herausgestrichen, dass das genetisch angelegte Reifungsprogramm des → Gehirns durch → Erfahrung und diese wiederum durch Intersubjektivität (→ Kommunikation) ausgeformt wird. Soziale Austauschprozesse und Beziehungserfahrungen bedingen, welche neuronalen Verbindungen jeweils neu etabliert, beibehalten, verstärkt oder aufgrund von Inaktivität abgebaut werden. In dieses Konzept fügen sich auch Ergebnisse, die zeigen, dass selbst das erwachsene Hirn ‹plastisch› ist, d. h., dass sich erfahrungs- und umweltabhängig über das ganze Leben hinweg neuronale Verbindungen auf- und abbauen. Inzwischen wird selbst die Doktrin, dass sich Nervenzellen nachgeburtlich im Säugetiergehirn nicht neu bilden, angezweifelt. Dies bedeutet aber auch, dass nicht nur, wie früher angenommen, nur intern oder extern induzierte Hirnschäden Hirnbereiche wesentlich schädigen können, sondern dass dies ebenso durch → Stress- und → Traumasituationen geschehen kann

(Markowitsch 2001). Ein integratives Modell der Gedächtnisverarbeitung und Gedächtnisrepräsentation über die Lebensspanne muss folglich Ausreifungsprozesse auf Hirnebene, die soziale und kulturelle Umwelt, das Geschlecht der Person und spezifische → Erlebnisse und durch diese (und durch genetische Prädispositionen) hervorgerufene Informationsverarbeitungscharakteristika einbeziehen.

H. J. Markowitsch, Mnestische Blockaden als Stress- und Traumafolgen, in: Zeitschrift für Klinische Psychologie und Psychotherapie, 2001; J. P. Bourgeois/P. S. Goldman-Rakic/P. Rakic, Formation, elimination, and stabilization of synapses in the primate cerebral cortex, in: M. S. Gazzaniga (Hg.), The New Cognitive Neurosciences, 2. Aufl. Cambridge MA 2000, S. 45–53; P. Rakic, Setting the stage for cognition: Genesis of the primate cerebral cortex, in: M. S. Gazzaniga (Hg.), The New Cognitive Neurosciences, 2. Aufl. Cambridge MA 2000, S. 7–21; E. Tulving, Concepts of memory, in: ders./F. I. M. Craik (Hg.), The Oxford Handbook of Memory, New York 2000, S. 33–44; H. J. Markowitsch, Gedächtnisstörungen, Stuttgart 1999; M. Pritzel/H. J. Markowitsch, Sexueller Dimorphismus: Inwieweit bedingen Unterschiede im Aufbau des Gehirns zwischen Mann und Frau auch Unterschiede im Verhalten?, in: Psychologische Rundschau, Bd. 48, 1997, S. 16–31.

Hans J. Markowitsch

Gedächtniskünstler

Person, die ihr überdurchschnittliches Erinnerungsvermögen öffentlich vorführt. Die Faszinationskraft von G.n äußert sich nicht erst in jüngster Zeit in einer eigenen Weltmeisterschaft (1995), regelmäßigen Auftritten in → Quiz-Shows und dem Eintrag von Menschen, die ganze Telefonbücher (G. Yan-ling), Lottozahlen aus zehn Jahren (H. Bäuerle) oder bis zu 40 000 Stellen der Zahl Pi (H. Tomoyori) auswendig wissen (→ Auswendigkeit), im *Guinness-Buch der Rekorde*. Bereits in der Antike genossen Vorträger mündlicher Dichtung (→ Oral Poetry) sowie eine Reihe von Staatsmännern und Rednern Ansehen aufgrund der → Kapazität und Zuverlässigkeit ihres Gedächtnisses. Plinius nennt etwa den Perserkönig Kyros, Scipio Africanus, den Redner Charmadas oder den Begründer der → Mnemotechnik, Simonides, und etabliert damit einen lange Zeit gültigen → Kanon von G.n. Im Mittelalter gelten vor allem Heilige als G. (Papst Gregor III., hl. Antonius), die besonders für ihre Kenntnis der Heiligen Schrift gerühmt werden, aber auch → Tiere wie der → Elefant oder das Kamel werden für ihr vermeintlich unfehlbares Gedächtnis bewundert. In der Frühen Neuzeit treten dann in der Figur des Polyhistors (G. Pico della Mirandola, J. C. Scaliger) Wissenschaftler wie Juristen, Astronomen oder Mathematiker als G. auf. In den jeweils geltenden Figuren des G.s spiegeln sich die Wissensideale einer Zeit, «so daß die kanonbildenden Prozesse in nuce ein Stück Wissenschafts- und Kulturgeschichte reflektieren» (Ernst 1997, S. 105).

Das Motiv, der G. habe eine → Bibliothek im Kopf oder sei ein wandelndes → Lexikon, hält sich bis ins 20. Jh. (J. L. Borges, E. Canetti). Dass im 19. Jh. die Redeweise vom ‹fotografischen Gedächtnis› an seine Seite tritt, hat nicht nur medienhistorische Gründe oder metaphorische Konsequenzen: Zeitgleich mit der experimentellen Erforschung der Gedächtnisleistung im 19. Jh., die im Behalten von *sinnfreiem* Material ein objektives Maß gefunden zu haben glaubt (→ H. Ebbinghaus), verschiebt sich das Interesse am G. vom Inhalt des jeweils gespeicherten → Wissens auf das schiere Ausmaß des quantitativ Speicherbaren, die Gedächtnisleistung ‹an sich›. So wird nun das Memorieren von Zahlenreihen zum Inbegriff der Gedächtniskunst: Die Bewunderung gilt dem Vermögen, Material, das erfahrungsgemäß schwierig exakt zu erinnern ist (z. B. Telefonnummern), fehlerfrei zu reproduzieren (→ Reproduktion). Entgegen der Vermutung des Publikums, solche G. operierten ohne sinnhafte → Gedächtnisstützen, wird allerdings beobachtet, dass sie ihre Items «ähnlich wie die Mnemotechniker des Altertums» (1922, S. 119) in Bilder umwandeln, die sie räumlich anordnen (→ Loci-Methode), dass sie Zahlenreihen in Gruppen bündeln («Komplexverbände», S. 118; vgl. → Chunking), mit elaborierten → Eselsbrücken (→ Elaboration) arbeiten und über ein besonderes eidetisches Vermögen verfügen (→ Eidetik). Das Gedächtnis wird entsprechend als aktives Vermögen der → Phantasie und nicht als passiver Speicher verstanden, «bleibt doch für alle Gedächtniskünstler das Gemeinsame zurück, daß sie während der Einprägung den gegebenen, an und für sich außerordentlich gleichförmigen Lernstoff umgestalten und beleben» (S. 119).

In der Hirnforschung werden G. – teilweise als → Mnemopathen – analysiert, deren Hirnstruktur (→ Gehirn) und → Gedächtnisstrategien Aufschlüsse über die Funktionsweise menschlicher Erinnerung gestatten (A. D. Baddeley, *Human Memory*). Ob als Autisten mit pathologischer Einfachbegabung oder als Artisten mit Medienpräsenz, im 20. Jh. markieren die spektakulären Darbietungen der G. vor allem das Interesse an den Grenzen menschlichen Leistungsvermögens angesichts der wachsenden Leistungsfähigkeit externalisierter Speichertechniken (→ Externalisierung).

U. Ernst, Die Bibliothek im Kopf: Gedächtniskünstler in der europäischen und amerikanischen Literatur, in: Zeitschrift für Literaturwissenschaft und Linguistik, Bd. 105, 1997, S. 86–123; Wie Gedächtniskünstler lernen, in: Umschau, Bd. 26, 1922, S. 117–120.

Nicolas Pethes, Jens Ruchatz

Gedächtnismetapher

Übertragene Verwendung eines sprachlichen Ausdrucks, die dazu dient, Theorien über die Struktur und die Funktionsweise von Gedächtnis und Erinnerung zu veranschaulichen (→ Metapher, → Trope). Im Unterschied zum → Vergleich, der den Modellcharakter seiner semantischen oder bildlichen Hilfskonstruktion ausstellt, suggerieren G.n den Eindruck einer organischen Verbindung zu ihrem Gegenstand: Da erst die Neurowissenschaften des 20. Jh.s konkretere Einsichten in die Abläufe im → Gehirn erlaubt haben, ohne dabei jedoch jemals ‹das Gedächtnis› aufzufinden, lagen über die Funktion des Gedächtnisses keine metaphernunabhängigen Vorstellungen vor: «Theorien der Memoria» schienen auf Metaphern als heuristische «Denkmodelle» angewiesen (Weinrich 1976, S. 291). G.n sind daher ‹absolute Metaphern› (H. Blumenberg), insofern sie das → Wissen über ihren Gegenstand ermöglichen und konstituieren und nicht bloß bestehendes Wissen veranschaulichen.

H. Weinrich hat die Bildfelder der G.n in Magazinmetaphern und Wachstafelmetaphern unterteilt: Erstere stützen die Vorstellung, das *Gedächnis* sei ein Komplex abgelegter und potenziell abrufbarer Wissensdaten, letztere modellieren die *Erinnerung* als Aktualisierung eingespeicherter Daten. *Magazinmetaphern* folgen dem Prinzip der Verräumlichung aus der rhetorischen → Mnemotechnik; eines der frühesten Beispiele hierfür, → Platons Bild vom Gedächtnis als Taubenschlag, differenziert zwischen dem ‹Besitzen› und dem faktischen ‹Ergreifen› von Gedächtnisinhalten (Platon 1966, 197d). Die Problematik, inwieweit das Magazinierte verfügbar sei und welcher Wert ihm zugesprochen wird, schwingt in allen späteren Magazinmetaphern mit: Höhle oder Magen (→ Augustinus; → Ruminatio), Schatzkammer (Thomas von Aquin; → Thesaurus), Geldbeutel (Hugo von St. Victor), Lagerhaus (→ J. Locke; → Archiv), Minenschacht (→ G. W. F. Hegel), Labyrinth (C. G. Carus; → Ariadnefaden), → Bibliothek (E. Spenser, J. L. Borges) oder → Gedächtnistheater. Diesen heterogenen Modellen des → Speicherns stehen die *Schriftmetaphern* gegenüber: Wieder ausgehend von einem platonischen Bild, einer Wachstafel in der Seele (Platon 1966, 191d), erlebt die Vorstellung vom Gedächtnis als Prägemasse, in die sich die → Erlebnisse einschreiben, eine beispiellose Karriere als G.: als → Schrift (→ J. Locke, → S. Freud), → Palimpsest (T. De Quincey), → Buch (Novalis) usw. Gegenüber den Magazinmetaphern scheint das Bild des → Einprägens den Vorzug zu haben, die Selbsteinschreibung der Vergangenheit ohne künstliche Ordnungssysteme darzustellen (vgl. → Speichermedien); sie ist daher – wie in → F. Nietzsches These einer schmerzhaften Erinnerung – auch als Einschreibung in den → Körper denkbar (→ Narbe, → Schmerz). Nicht zuletzt deshalb konnte sich die Schriftmetapher auch bis hinein in die Terminologie der modernen Naturwissenschaften retten, am deutlichsten im Fall des → Engramm-Modells bei → R. W. Semon.

Allerdings stellt die Schriftmetapher – im Gegensatz zur Vorstellung einer → Spur – die Frage nach dem → Abruf des Eingeprägten als Frage nach der Lesbarkeit der Erinnerungsschrift. Die Einschreibemetapher kann so auch zur Metapher der Ungewissheit der Erinnerung werden: Im Anschluss an → J. Derrida hat D. F. Krell (1990) die Schrift zum einen als Universalmetapher aller abendländischen Gedächtniskonzepte beschrieben, zum anderen aber nachgezeichnet, wie sich die entsprechenden Theorien der Erinnerung stets an einem Umschlagpunkt zum → Vergessen befinden. Die Leistung von S. Freuds G. vom → Wunderblock ist es, alle angesprochenen Komplexe – die Speicherung im Magazin («Aufnahmsfähigkeit»), die Bewahrung der Einschreibung («Dauerspur») und ihren Umschlag ins Unlesbare («Verschwinden») – in einen gemeinsamen Bildkomplex zu fassen und darüber hinaus noch die moderne Vorstellung vom Gedächtnis als einer Apparatur – und nicht eines statischen Speichers – ins Modell zu integrieren.

Dennoch wird die Behauptung, Schrift diene als universell gültige G., der Pluralität der Metaphernangebote kaum gerecht. A. Assmann hat den räumlichen bzw. schriftlichen Metaphernfeldern «zeitorientierte […] Metaphern» (Assmann 1991, S. 14) hinzugefügt (Erwachen, Erwecken). Es existieren aber auch G.n, die sich in keines dieser Schemata einpassen lassen, etwa akustische oder optische Bilder für Erinnerungsprozesse (→ Echo, Spiegel, Hologramm). Technische Metaphern folgen zwar etymologisch ebenfalls Einschreibungsmodellen (→ Fotografie, → Phonograph), zeigen aber, wie G.n sich an den jeweils neuen Medien der Technikgeschichte ausrichten. D. Draaisma (1999) hat gezeigt, wie jede medientechnische Innovation eine unmittelbare Resonanz in der Theoriebildung über das Gedächtnis erfährt: «Unsere Auffassungen über den

Hergang des Erinnerns werden von den Verfahren und Techniken gespeist, die wir für das Konservieren und Reproduzieren von Informationen erfunden haben» (S. 11). Es scheint also so zu sein, dass eine Metaphorologie der G.n vor allem über die «geschichtliche[n] Sinnhorizonte» (H. Blumenberg, *Paradigmen einer Metaphorologie*) der Epoche, die sie formuliert hat, Aufschluss zu geben vermag: Draaisma weist nach, dass die Entwicklung der Gedächtnisforschung weniger in einem Zuwachs an Wissen über den Gegenstand zu sehen ist als in einem jeweils epochenbedingten Wechsel der G.n, die stets mehr Auskunft über den Stand technischen Wissens ihrer Zeit und den lebensweltlichen Horizont ihres Erfinders geben als über Gedächtnis und Erinnerung.

Auf diese Weise verdeckt der Wandel der G.n im Spiegel der Technikgeschichte, dass die jeweiligen metapherninduzierten Vorstellungen vom Gedächtnis historisch relativ stabil bleiben. Der zeitgenössische Einwand, es nütze wenig zu wissen, wie ein Foto ‹behält›, solange keine Kenntnis darüber bestehe, wie das Gehirn Erinnerungen festhalte (T. Ribot), trifft dabei alle Versuche, das Gedächtnis mit seinen Metaphern zu identifizieren. Zudem ist fraglich, inwieweit das Verhältnis zwischen technischen und kognitionswissenschaftlichen Begriffen – z. B. zwischen neuronalen und digitalen → Netzwerken – überhaupt noch metaphorisch zu nennen ist. Als der amerikanische Physiker J. J. Hopfield 1982 das → Gehirn selbst zur G. erklärte (→ Konnektivität), relativierte er die technikhistorisch scheinbar zwingende Computermetapher insofern, als er nachweisen konnte, dass zwischen Bild und Abbild weniger ein Verhältnis der Analogie oder Simulation bestehe als ein struktureller Zusammenhang.

Vor diesem Hintergrund verdeckt H. Weinrichs grundsätzliche These, «[w]ir können einen Gegenstand wie die Memoria nicht ohne Metaphern denken» (1976, S. 294), die Möglichkeit formaler oder funktionaler Beschreibungen von Gedächtnisprozessen. Diese Ansätze, wie sie zuletzt etwa von N. Luhmann (→ Rekursivität) bzw. P. Ricœur, T. R. Sarbin oder J. Straub (→ Narration) formuliert wurden, fragen nach der, z. B. narratologischen, Organisation des Gedächtnisses als einer → Struktur und versuchen dabei, *ohne* Rückbezug auf G.n auszukommen. Das Problem der Beschreibbarkeit scheint angesichts solcher Modelle sowie dem Fortschritt der Hirnforschung auf die andere Seite gewechselt und das Gedächtnis selbst zu einer Metapher geworden zu sein, die sowohl kulturelle (→ Kultur) wie technische (→ Computer) Prozesse illustriert. Anstelle der bildlichen Inanspruchnahme von Apparaturen für das Verständnis von Gehirnprozessen sind wir Zeugen der Inanspruchnahme eines kognitiven Vermögens für die Beschreibung von Maschinenprozessen (R. Kurzweil, *Homo s@piens*; vgl. → Externalisierung, → Künstliche Intelligenz). G.n sind damit ein Erinnerungsmodell zweiter Ordnung, das → Quellen für die Geschichte von Wissenschaft und Technik und weniger für die Funktion der Erinnerung zur Verfügung stellt.

D. Draaisma, Die Metaphernmaschine. Eine Geschichte des Gedächtnisses, Darmstadt 1999; A. Assmann, Zur Metaphorik der Erinnerung, in: dies./D. Harth (Hg.), Mnemosyne. Formen und Funktionen der kulturellen Erinnerung, Frankfurt/M. 1991, S. 13–35; D. F. Krell, On Memory, Reminiscence and Writing. On the Verge, Bloomington 1990; H. Weinrich, Metaphora Memoriae, in: ders., Sprache in Texten, Stuttgart 1976, S. 291–294; Platon, Theaitetos, in: ders., Werke, Bd. 6, Darmstadt 1966, S. 1–217.

Nicolas Pethes

Gedächtnisort

I. Auch: Erinnerungsort; Kristallisationspunkt bzw. narrative Abbreviatur (J. Rüsen) des → kollektiven Gedächtnisses; materieller (→ Archiv, → Denkmal), symbolischer (→ Jahrestag, Pilgerfahrten) und funktionaler (→ Autobiographie, Gemeinschaften) Ort, in dem eine Gruppe sich bzw. ihre Geschichte wiedererkennen kann. In ihrer Gesamtheit konstituieren G.e den ‹Raum› der Erinnerung einer Gruppe bzw. einer Gesellschaft. Der Begriff *lieu de mémoire* wurde von P. Nora geprägt, der in der Auflösung selbstverständlicher Gedächtnisgemeinschaften den Grund für die Entstehung von G.en sieht. Laut Nora wird mittels G.en seit dem Übergang von der traditionalen zur modernen Gesellschaft die immer weiter werdende Kluft zwischen Erfahrungsraum und Erwartungshorizont zu schließen versucht (→ Erfahrung, → Erwartung). Nora beschreibt G.e als zwischen → Geschichte und Gedächtnis changierend. Als → Relikte der → Vergangenheit sind sie zugleich das Ergebnis eines Willens, etwas zu bewahren (→ Konservierung, → Tradierung, → Tradition). Sie müssen über einen Bedeutungsüberschuss verfügen, der eine Metamorphose von Bedeutungszuschreibungen ermöglicht. Wenn das Gedächtnis in dieser Weise selbst historisch wird, ist auch nach dem Beitrag der Geschichtswissenschaft an der Konstruktion von G.en zu fragen. Durch die synchrone Analyse von G.en einer Gruppe kann deren Erinnerungs- und Bezugsraum rekonstruiert werden (→ M. Halbwachs, → kollektives Gedächtnis). In der diachronen Analyse werden semantische Verschiebungen der G.e sichtbar, die Aufschluss über die Entwicklung von Gruppengedächtnissen geben.

Obwohl G.e immer zugleich materielle, funktionale und symbolische Dimensionen haben, organisieren sie Erinnerung im Besonderen aufgrund ihrer Materialität, indem sie diese lokalisieren (→ Mnemotop, → Topographie). Zwar sind auch physische G.e lediglich → Relikte, die nur durch eine deutende Geschichte → Sinn gewinnen (→ Narration), dennoch wird gerade ihnen eine besondere Fähigkeit zugesprochen, Erinnerungsleistungen hervorzurufen. K. M. Michel (1987) spricht in diesem Zusammenhang von einer «Topolatrie», einem nahezu manischen Glauben an die Kraft von Orten, als Vermittlungsinstanz für authentische Erfahrung zu wirken. Da die Distanz zu dem zu erinnernden → Ereignis konstitutiver Bestandteil der Materialität von G.en ist, können diese insofern auch im Sinne von → W. Benjamins Begriff der Aura als «einmalige Erscheinung einer Ferne, so nah sie sein mag» *(Das Kunstwerk im Zeitalter seiner Reproduzierbarkeit)* verstanden werden. G.e verweisen zwar auf authentische Erfahrungen, ermöglichen aber nicht deren → Wiederholung.

Noras Projekt, mit *Les lieux de mémoire* (7 Bde., 1984–1992) eine «Topologie der Symbolik Frankreichs» (1995, S. 83) nachzuzeichnen, löste in anderen Ländern Nachfolgeprojekte aus, so auch in Deutschland. Problematisch an dieser Art der Betrachtung erscheint die Ausrichtung auf das ‹nationale → Erbe› (→ Nation), das den Blick auf die konfligierenden Gedächtnisse und G.e differenter sozialer Gruppen *innerhalb* einer Gesellschaft zu verstellen droht.

E. François/H. Schulze (Hg.): Deutsche Erinnerungsorte, Bd. 1–3, München 2001ff.; K. Große-Kracht, Gedächtnis und Geschichte: Maurice Halbwachs – Pierre Nora, in: Geschichte in Wissenschaft und Unterricht, Jg. 46, 1995, S. 21–31; P. Nora, Das Abenteuer der Lieux de Mémoire, in: E. François (Hg.), Nation und Emotion, Göttingen 1995, S. 83–92; P. Nora, Zwischen Geschichte und Gedächtnis, Berlin 1990; K. M. Michel, Die Magie des Ortes, in: Die Zeit vom 11.9.1987.

Beate Binder

II. Die Analyse von G.en, die nicht nur Orte des Gedenkens sind, findet in den 1990er Jahren Aufnahme in eine Medien- und Kulturwissenschaft. M. de Certeau und M. Augé haben die Rede von funktionalen Orten des Gedenkens um den Begriff des *Nicht-Ortes* ergänzt: Nicht-Orte entstehen für de Certeau aus dem Versuch, die funktionale → Identität eines Orts zu verändern, um mit ihm in einen *individuellen* Dialog zu treten,

z. B. durch eine persönliche Assoziation. Es geht hier, wie in der Ökologischen Psychologie seit den 1970er Jahren, um die Personalisierung und Aneignung von Räumen. M. Augé hat im Anschluss an de Certeau beschrieben, wie Transiträume (Hotels, Lager, Flughäfen, Bahnhöfe, Metro) im 20. Jh. zu Möglichkeits-Orten einer provisorischen und riskanten Identität werden können: «So hat jede Gesellschaft ihre Metro und schreibt dadurch dem Individuum Wege vor, auf denen es in singulärer Weise den Sinn seiner Beziehungen zu den anderen erlebt» (Augé 1988, S. 95). Deutlicher als de Certeau betont Augé die Schwierigkeiten und tendenzielle Unmöglichkeit einer Aneignung vollständig funktionaler Orte, und seien es Orte der Erinnerung (vgl. die Diskussion um das Berliner → Mahnmal für den Holocaust).

M. Augé, Orte und Nicht-Orte. Vorüberlegungen zu einer Ethnologie der Einsamkeit, Frankfurt/M. 1994; C. F. Graumann, Aneignung, in: L. Kruse/C. F. Graumann/E. D. Lantermann (Hg.), Ökologische Psychologie, München 1990; M. de Certeau, Kunst des Handelns, Berlin 1988; M. Augé, Ein Ethnologe in der Metro, Frankfurt/M./New York 1988.

Stefan Hesper

Gedächtnisrehabilitation

(mittellat. *rehabilitatio*: Wiedereinsetzung in den früheren Stand). Maßnahmen, deren Ziel die Verbesserung von Gedächtnisleistungen oder die Reduzierung der Folgen von Gedächtnisstörungen im Alltag sein kann (Kompensation). Zielgruppen sind Patienten mit Gedächtnisstörungen nach Hirnschädigung (→ Amnesie, → Schlaganfall) sowie gesunde ältere Menschen. Die verbreitete Annahme, das → Gehirn sei wie ein Muskel trainierbar und hinreichende → Übung könnte zur Erhaltung bzw. Wiederherstellung der Gedächtnisfunktionen beitragen (‹Gehirnjogging›; vgl. → Memory), konnte wissenschaftlich bislang nicht bestätigt werden. Fehlt geistige Anregung im Alltag (z. B. bei allein lebenden älteren Menschen), so ist allerdings jede Art der geistigen Auseinandersetzung zur Erhaltung der Leistungsfähigkeit sinnvoll. In der Behandlung hirngeschädigter Patienten können übende Funktionstrainings in der Frühphase der Rehabilitation über eine unspezifische Aktivierung des Gehirns sowie über eine Verbesserung der → Aufmerksamkeitsleistungen indirekt auch die Gedächtnisleistungen verbessern. Neben übenden Verfahren wurden vor allem Lernstrategien Gesunder für den Einsatz in der G. untersucht

(→ Lernen). Dabei handelt es sich um internale Strategien (Baddeley u. a. 1995) wie das Nutzen visueller Vorstellungen *(imagery)*, der Einsatz von → Mnemotechniken (→ Loci-Technik) oder verbale → Elaboration von → Information, d. h. die intensive Auseinandersetzung mit Textmaterial. Visualisierungstechniken erleben zurzeit in der Literatur zu → Gedächtnisstrategien für Gesunde einen regelrechten Boom (z. B. *mindmapping*). Obwohl positive Effekte sowohl bei Patienten als auch bei gesunden älteren Menschen nachgewiesen wurden, fehlt häufig der → Transfer auf den Alltag (Thöne/Cramon 1999), da die Strategien nicht zu einer Verbesserung der automatischen oder inzidentellen Lernfähigkeit führen, sondern nur wirken, wenn der Patient sie aktiv verwendet. Einsatzmöglichkeiten im Alltag sind begrenzt auf die Vermittlung umschriebener Wissensinformationen (z. B. Lernen neuer Namen), wobei es sich als wichtig erwiesen hat, beim → Lernen das Auftreten von Fehlern zu vermeiden, da vor allem schwer gestörte Patienten diese kaum korrigieren können (*errorless learning*; Wilson u. a. 1994).

Von besonderer Alltagsrelevanz sind Störungen des → prospektiven Gedächtnisses (Erinnern verzögerter Intentionen, Einhalten von Terminen usw.), welche durch den Einsatz externer Hilfsmittel (z. B. Notizzettel, → Terminkalender; → Gedächtnisstütze) kompensiert werden können, was allerdings ein intensives und individuell angepasstes Training erfordert. Moderne Telekommunikationsmedien stellen hierfür zwar eine große Erleichterung dar, die spezifischen Einbußen der Patienten stellen jedoch besondere Anforderungen an die Mensch-Maschine-Schnittstelle, sodass der Umgang mit kommerziellen Organizersystemen (z. B. Palmpilot, Erinnerungsfunktion von Handys) von den Patienten häufig nicht erlernt werden kann. Ein erstes, speziell für hirngeschädigte Patienten entwickeltes System ist der sog. *NeuroPage*, ein Pager, den der Patient bei sich trägt und welcher über Satellit versendete Nachrichten empfangen kann (Hersh/Treadgold 1994). Neuere Entwicklungen arbeiten an einem interaktiven Austausch zwischen Patient und einer Betreuungseinheit. Bei gesunden Älteren spielt neben der Verbesserung der Gedächtnisleistung die differenzierte Einschätzung der eigenen Leistungsfähigkeit sowie die Vermittlung von Strategiewissen (→ Metagedächtnis) eine zentrale Rolle. Auch der Verbesserung sozialer Kompetenzen und der Vermeidung von Isolation kommt eine große Bedeutung zu.

A.Thöne/D. Y. v. Cramon, Gedächtnisstörungen, in: P. Frommelt/H. Grötzbach (Hg.), Neurorehabilitation, Berlin 1999, S. 293–305; A. Baddeley/B. A. Wilson/F. N. Watts (Hg.), Handbook of Memory Disorders, Chichester 1995; N. A. Hersh/L. G.

Treadgold, NeuroPage: The rehabilitation of memory dysfunction by prothetic memory and cueing. Neuropsychological Rehabilitation, Bd. 4, 1994, S. 187–197; B. A. Wilson u. a., Errorless learning in the rehabilitation of memory impaired people, in: Neuropsychological Rehabilitation, Bd. 4, 1994, S. 307–326.

Angelika Thöne-Otto

Gedächtnisspanne

Quantitativer oder zeitlicher Umfang eines hypothetischen, passiven Gedächtnisspeichers (→ Gedächtnissystem). Frühe Gedächtnisforscher (→ H. Ebbinghaus, W. James) verstanden unter G. die Anzahl ohne Mühe frei abrufbarer Merkinhalte. In neueren Arbeiten wurde der Begriff um prozessuale Ressourcen der Informationsverarbeitung (→ Information) erweitert. In diesem Sinn setzt z. B. A. D. Baddeley (1997) die G. mit der Zeitspanne eines phonologischen Subsystems des sog. → Arbeitsgedächtnisses gleich, über die hinweg Informationen zur weiteren Verarbeitung zur Verfügung stehen. Die Unterscheidung einer verbalen von einer visuell-räumlichen G. geht mit der Annahme separater Subsysteme des Gedächtnisses einher (→ Gedächtnissystem). Spezifische Beeinträchtigungen bei Hirnverletzten unterstützen diese Unterscheidung.

Die G. vergrößert sich vom frühen Kindesalter (→ Gedächtnisentwicklung) bis ins Erwachsenenalter stetig und gilt bis ins hohe Lebensalter als relativ stabil. Die psychometrische Erfassung der G. erfolgt häufig mit Hilfe serieller Behaltensprüfungen. Die längste abfolgerichtig nachgesprochene Reihe einstelliger Zahlen («Zahlennachsprechen vorwärts») hat sich als Spannenmaß etabliert. Die klassische Publikation zur G., die Arbeit von G. A. Miller (1956), geht von einer Aufnahme von durchschnittlich 7 (+/– 2) Informationseinheiten aus. Abgesehen von individuellen Unterschieden der G. lässt sich auf dem Weg einer Informationsbündelung und -strukturierung (→ Chunking, → Organisation) eine beträchtliche Steigerung der G. herbeiführen (→ Gedächtnisstrategie).

A. D. Baddeley, Human memory. Theory and practice, 2. Aufl. Hove 1997; G. A. Miller, The magical number seven, plus or minus two: Some limits on our capacity for processing information, in: Psychological Review, Bd. 63, 1956, S. 29–35.

Ulrich M. Fleischmann

Gedächtnisstrategie

Steuerungsprozess beim → Speichern (→ Encodierung) in das oder beim → Abruf aus dem Gedächtnis. Der Ansatz der Informationsverarbeitung (→ Information) unterscheidet zwischen strukturellen Komponenten und strategischen Kontrollprozessen (wie G.n). R. C. Atkinson und R. M. Shiffrin nahmen in ihrem Modalen Gedächtnismodell von 1968 (→ Zwei-Komponenten-Theorie) an, dass einfaches Wiederholen *(rote rehearsal)* eine effektive G. zur langfristigen Speicherung *(storage)* sei: Je länger das zu memorierende Item im Kurzzeitspeicher (→ Kurzzeitgedächtnis) verweilt, desto höher sei die Wahrscheinlichkeit, dass dieses Item in den Langzeitspeicher (→ Langzeitgedächtnis) übertragen werde (→ Konsolidierung). Diese Ansicht wurde im Rahmen des Modells der → Verarbeitungstiefe kritisiert. Eine G. ist demnach umso erfolgreicher, je ‹tiefer› das Item dabei in der Lernphase verarbeitet werde (→ Lernen). Eine nur oberflächliche Verarbeitung führt bei gleicher Bearbeitungszeit zu einer schlechteren Reproduktionsleistung (→ Reproduktion), als wenn die Items semantisch verarbeitet werden. Es zeigte sich jedoch, dass der Erfolg einer G. positiv durch die Ähnlichkeit der Prozesse bei Speicherung und Abruf beeinflusst werden (transferangemessene Verarbeitung; → Encodierung, → Transfer). Für die Verbesserung der Gedächtnisleistung sind Abrufstrategien oft genauso wichtig wie Encodierstrategien. Häufig lösen das zu lernende Material und dessen Struktur automatisch bestimmte G.n aus. Eine zu lernende Liste, die aus verschiedenen semantischen Kategorien (z. B. Tier- und Pflanzennamen) besteht, wird beispielsweise automatisch zu strukturierter Speicherung und Abruf führen: Die Exemplare einer Kategorie werden unabhängig von der Abfolge der Darbietung nacheinander reproduziert. Spezielle G.n sind die → Mnemotechniken, die erst erlernt werden müssen. Das Wissen um G.n und deren Wirksamkeit ist Bestandteil des → Metagedächtnisses. Die Entwicklung von G.n über die Lebensspanne wurde besonders in diesem Kontext untersucht (→ Gedächtnisentwicklung). Bis zum Alter von zwei Jahren wenden Kinder keine intentionalen G.n an. In den folgenden Lebensjahren werden teilweise uneffektive G.n verwendet (z. B. ‹einfaches Wiederholen›; → Repetieren). Die Kindergarten- und Grundschulzeit ist durch den Erwerb effektiver G.n und deren allgemeineren Gebrauch gekennzeichnet. Schließlich werden die G.n zunehmend automatisiert. In dem Maß, in dem Kenntnis und Gebrauch von effektiven G.n zunehmen, reduziert sich der Einfluss der strukturellen Gedächtniskapazität auf die Gedächtnisleistung. Interindividuelle Leistungsunterschiede zwischen

Erwachsenen bei Material, auf das sich erfolgreich G.n anwenden lassen, gehen hauptsächlich auf Unterschiede in der Anwendung von G.n zurück.

Problematisch am Ansatz der G.n ist das Fehlen einer allgemein akzeptierten, präzisen Definition. So subsumieren einige Forscher nur bewusste Prozesse, andere auch unbewusste unter G.n. Nur letztere Position vermag auch automatisch ablaufende Gedächtnisprozesse, z. B. beim Lesen eines Textes, einzuschließen.

A. D. Baddeley, Human Memory: Theory and Practice, 2. Aufl. Hove 1997; W. Schneider, Zur Entwicklung des Meta-Gedächtnisses bei Kindern, Bern 1989.

Thomas Krüger

Gedächtnisstütze

Merkhilfe (→ Gedächtnisstrategie, → Merkfähigkeit), die vermittels eines Objekts oder eines → Schemas versucht, Gedächtnisinhalte zu bewahren bzw. abrufbar zu machen. G.n werden im Alltag vor allem angewendet, um auf Aufgaben, Verabredungen und Wissensinhalte aufmerksam zu machen (→ Aufmerksamkeit, → prospektives Gedächtnis), die sonst im alltäglichen Vollzug der Vergessenheit anheim zu fallen drohen. Die der Anwendung von G.n zugrunde liegende Annahme ist, dass sich das Gedächtnis leichter ein Hilfsmittel dafür merken kann, *dass* überhaupt etwas zu erinnern sei, als dasjenige, *was* man behalten will. Das Misstrauen gegenüber der eigenen Gedächtnisleistung wird durch das Vertrauen in die → Assoziationsfähigkeit kompensiert: Man bedient sich eines mehr oder weniger arbiträren Objekts oder «Hinweisreizes» (Baddeley 1979, S. 165) – eines Knotens im Taschentuch oder eines Rosenkranzes –, das im Kontinuum alltäglicher Wahrnehmungen so sehr auffällt, dass es zur intendierten Erinnerung führt bzw. die vorgesehene Abfolge von Handlungen garantiert. Der geringeren Anschaulichkeit dieser Objekte steht der Vorzug der Arbitrarität entgegen, dass für die verschiedensten Anlässe immer wieder ein und dieselbe G. – eben der Knoten im Taschentuch – verwendet werden kann.

Neben diesen arbiträren und subjektiv codierten *trigger*-Objekten existieren G.n, deren Auslösefunktion einen anschaulichen Zusammenhang zum Merkinhalt aufweist. Zu unterscheiden sind: (1) *reduktive Codierungen*, die einen Sachverhalt durch die Elimination alles Überflüssigen leichter verfügbar machen sollen. Schriftliche G.n (→ Schrift) wie Post-it, → Lesezeichen, → Terminkalender oder Spick- und Einkaufszettel sind pragmatische Kurzzeitspeicher, die nach ihrem Einsatz keine Funktion mehr haben und daher auch in kein langfristiges → Archiv eingehen (→ Abfall). Sie koppeln die Appellfunktion, sich an ein in der → Zukunft liegendes → Ereignis zu erinnern, mit einer Kurzfassung des zu erinnernden Wissens und bedürfen daher bei Anwendung der Lückenfüllung. (2) *Elaborative Codierungen* (→ Elaboration) hingegen sind auf Übersetzung angewiesen, insofern sie die Komplexität des zu Merkenden durch Hinzufügung von Komplexität visueller, semantischer oder verbaler Natur reduzieren: Der Merkinhalt wird über imaginäre Raumordnungen (→ Loci-Technik), → Eselsbrücken bzw. Merkverse (→ Versmaß, → Reim) in eine einprägsame Form gebracht, aus der er dann wieder rückübersetzt werden muss. Die antike → Mnemotechnik bietet ein Beispiel, wie elaborative und reduktive Codierung verbunden werden können, insofern sie empfiehlt, in den vorgestellten Gedächtnisräumen imaginäre Objekte als G.n anzuordnen. Im Unterschied zum Umgang mit den konkreten Objekten geht es hier jedoch um ein diffiziles System der → Auswendigkeit und nicht mehr um die bloß situationsgebundene Orientierung in Handlungszusammenhängen.

T. Buzan, Nichts vergessen. Kopftraining für ein Supergedächtnis, München 2000; A. D. Baddeley, Die Psychologie des Gedächtnisses, Stuttgart 1979.

Nicolas Pethes

Gedächtnissystem

(griech. *sýstema*: aus Teilen zusammengesetztes Ganzes). Lange ging man davon aus, dass das Gedächtnis ein monolithischer, einheitlicher Block sei. Erst in jüngerer Zeit erfolgten verschiedene Ausdifferenzierungen des Gedächtnisses. So unterscheidet man etwa visuelles und auditives Erinnern (→ Echogedächtnis) oder → explizites und implizites Gedächtnis. D. L. Schacter und E. Tulving (1994) schlagen vor, dann von einem G. zu sprechen, wenn folgende Kriterien erfüllt sind: Es existiert erstens ein bestimmtes Gefüge untereinander verknüpfter Hirnprozesse (→ Gehirn), die die Speicherung und den → Abruf einer Klasse von Informationen erlauben; es kann zweitens durch Eigenschaften beschrieben werden, die ihren typischen Funktionsmodus zu charakterisieren vermögen; und es kann drittens dadurch von anderen G.en unterschieden werden, dass für sein Vorhandensein konvergierende empirische Evidenz aus Psychologie und Neurowissenschaften beigebracht werden kann. Schacter/Tulving zufolge erfüllen diese Kriterien etwa das → deklarative und das → prozedurale sowie das → semantische Gedächtnis. Als G.e werden häufig aber nur das → sensorische (→ sensorische Register), das → Kurzzeit- und das → Langzeitgedächtnis unterschieden.

D. L. Schacter/E. Tulving, What are the memory systems of 1994?, in: dies. (Hg.), Memory Systems 1994, Cambridge MA 1994, S. 1–38.

Carlos Kölbl

Gedächtnistäuschungen

Erinnerungen an vergangene Situationen oder → Ereignisse, die von den Tatsachen *substanziell* (Roediger 1996) und *systematisch* (Hell 1993) abweichen. Zu G. im weiteren Sinne zählen auch Vertrautheitsillusionen wie → *déjà vu* oder *jamais vu*. Nicht zu G. zählen Gedächtnisfehler, die mit dem Gefühl der Erinnerungsunsicherheit behaftet sind, z. B. unsystematisch auftretende falsche Alarme in Rekognitionstests (→ Gedächtnisdiagnose, → Wiedererkennen). G. wurden vor dem 20. Jh. nur vereinzelt in der Literatur erwähnt (Hell 1993). → S. Freud (*Psychopathologie des Alltagslebens*, 1903) hat einige G. analysiert und als Abwehrmechanismen interpretiert (→ Abwehr), allerdings ohne empirische Grundlage. Experimentell werden G. erst seit ca. 30 Jahren erforscht.

G. können durch (1) Kontexteffekte, (2) Interferenzeffekte und (3) Quellenverwechslungen ausgelöst werden. Zur ersten Gruppe gehören Erinnerungen, die in Richtung auf ein bestimmtes → Schema oder Stereotyp verzerrt sind (*schemainduzierte G.*; → Verzerrung). Ein Ereignis wird nicht exakt reproduziert, sondern so rekonstruiert, wie Ereignisse im gleichen Kontext (Restaurantbesuch, Einkauf usw.; → Rekonstruktion, → Skript) typischerweise ablaufen. Ein verwandtes Phänomen sind → Scheinerinnerungen an Ereignisse, die faktisch nicht stattgefunden haben (vgl. → Urszene), jedoch im Kontext des sonstigen → Wissens plausibel erscheinen. Zur zweiten Gruppe interferenzbedingter G. (→ Interferenz) zählen Beeinflussungen von Gedächtnisurteilen durch → Informationen, die vor oder nach dem zu erinnernden Ereignis aufgenommen wurden (z. B. → Falschinformationseffekt, → Rückschaufehler).

Quellenverwechslungen schließlich dürften die häufigsten Auslöser für G. im Alltag sein (→ Quellengedächtnis). Hierzu zählen nicht nur Verwechslungen zwischen externen Quellen (z. B. Personen oder Orten), sondern auch Verwechslungen zwischen bloß vorgestellten und tatsächlich eingetretenen Ereignissen (→ Realitätsüberwachung), hervorgerufen beispielsweise durch → Hypnose (→ Scheinerinnerungen).

H. L. Roediger III, Memory illusions, in: Journal of Memory and Language, Bd. 35, 1996, S. 76–100; W. Hell, Gedächtnistäuschungen, in: ders., K. Fiedler/G. Gigerenzer (Hg.), Kognitive Täuschungen, Heidelberg 1993, S. 13–38.

Edgar Erdfelder

Gedächtnistheater

(griech. *théatron*: Schauplatz, Theater). Schon immer gab es Bestrebungen, durch performative → Inszenierung von → Wissen das ‹tote› Speicherwissen der → Mnemotechnik (→ Auswendigkeit) in die lebendige Erinnerung der Subjekte zurückzuverwandeln. G. sind eine spezifische Erscheinungsform solcher Reanimationsbemühungen, die im 16. Jh. große Beachtung fanden und danach zunächst fast vollständig in Vergessenheit gerieten, in der Computermoderne jedoch eine auffällige Renaissance erfahren.

In Abhebung von den statuarischen Merksätzen der scholastischen Summenliteratur konstruierte G. Camillo ein hölzernes *Theatro della Memoria*, in dem das Weltwissen szenisch imaginiert werden sollte. Grundlage dieser Wissensinszenierung war die neuplatonische Kosmologie des *Corpus Hermeticum*, die in Verbindung mit der lullistischen *ars combinatoria* der mittlerweile in Verruf geratenen klassischen *ars memoriae* zu einer eigenwilligen Neuaneignung verhalf: Die zentrale Anweisung der römischen Gedächtnistraktate, *imagines agentes* zu verwenden – Bilder also, die einen emotional ‹bewegenden› Charakter haben (→ Emotion) –, wurde nicht mehr nur als bloßes Mittel zur besseren → Einprägung verstanden, sondern als Medium der Steigerung von → Aufmerksamkeit im Interesse eines emphatischen Er-Innerns. Anspielend auf jene Anweisung, ordnete Camillo die Memorabilia in seiner amphitheatralischen Konstruktion (→ Architektur) dergestalt an, dass sie «das Gedächtnis erschütterten» (1550, S. 11). Der auf der Bühne stehende Besucher sah sich einem entsprechend evokatorischen Arrangement von emblematischen Bildern und kabbalistischen → Zeichen gegenüber (→ Kabbala), die ihn von den Zuschauerrängen gleichsam anblickten. Die solcherart aktivierte Erinnerung makro- und mikrokosmischer Zusammenhänge wurde in einem Prozess magischer Selbsttransformation zum Erlebnis der Teilhabe am göttlichen *mens*, ja der Identität mit diesem. Ähnliche Appellstrukturen einer divinatorischen *scientia universalis* kennzeichnen auch die G.-Systeme von G. Bruno und R. Fludd.

Demgegenüber scheint es fraglich, ob die seit den einschlägigen Untersuchungen von → F. A. Yates zunehmend diskutierte These einer Parallelität von historischen G.n und digitalen Informationsinszenierungen stimmig ist, da diese weniger auf reflexive Kontemplation als vielmehr reflexartigen Konsum von Wissen abzielen. Bemerkenswert ist aber die Tatsache, dass zahlreiche Künstler sich heute durch die traditionellen Vorbilder inspiriert fühlen, ebendiese reflexive Qualität, wie sie bei Camillo durch die funktionale Inversion von Bühne und Zuschauerraum sinnbildlich zum Ausdruck kam, mit modernen Animationstechniken zu restituieren – so in B. Violas *Theatre of Memory* (1985), R. Edgars *Memory Theatre One* (1985), A. Hegedüs' *Memory Theater VR* (1997) oder E. Hrvatins *Camillo*-Projekten (1998ff.).

P. Matussek, Computer als Gedächtnistheater, in: G.-L. Darsow (Hg.), Metamorphosen. Gedächtnismedien im Computerzeitalter, Stuttgart-Bad Cannstatt 2000, S. 81–100; L. Bolzoni, Il Theatro della Memoria. Studi su Giulio Camillo, Padua 1984; L. B. Wenneker, An Examination of «L'Idea del theatro» of Giulio Camillo, Pittsburgh 1970; G. D. Camillo, L'Idea del Theatro, Florenz 1550.

Peter Matussek

Gedenkstätte

Ort, an dem historischer Geschehnisse (z. B. KZ-G.) oder Persönlichkeiten (z. B. Reichspräsident-Friedrich-Ebert-G.) gedacht wird (→ Gedächtnisort). In einem weiten Verständnis lassen sich unter G. *alle* räumlich umgrenzten Orte des Gedenkens subsumieren. Gebräuchlich ist der Begriff für groß angelegte Institutionen, die unterschiedliche Elemente miteinander kombinieren, z. B. ‹authentische› → Relikte, → Denkmäler, → Friedhöfe, Ausstellungen oder → Museen sowie → Archive, → Bibliotheken und Forschungseinrichtungen, in denen materielle, ästhetische, pädagogische, wissenschaftliche und hermeneutische (→ Hermeneutik)

Dimensionen aufeinander treffen. Diese Vielgliedrigkeit korrespondiert mit einer Pluralität von Formen und Funktionen des Erinnerns: → Überreste und → Dokumente sollen als verdinglichte → Spuren des Vergangenen → Erfahrungen und Erinnerungen festhalten und abstützen; G.n können das Ziel verfolgen, über die → Vergangenheit aufzuklären und zukünftige Generationen zu erziehen (→ Mahnmal); sie können der Selbstaufwertung und nationalen Identitätsstiftung dienen (Young 1997; → Identität, → Nation).

Die G. kann an einem bedeutungsarmen Ort (z. B. Yad Vashem) oder einem Ort des Geschehens errichtet sein (z. B. Auschwitz), der häufig als ‹authentischer› Ort aufgefasst wird. Doch schon der Akt des Bewahrens impliziert eine Veränderung des Orts. Alle Elemente einer G. sind in eine narrative Matrix integriert, die sich mit dem jeweiligen politischen und gesellschaftlichen Kontext wandelt (→ Narration). Die Relikte in G.n sind nicht eindeutig und können verschiedene → Assoziationen hervorrufen. Erst der Akt des Erinnerns interpretiert und definiert die G. (Hoffmann 1998). Dies wird zunehmend in der Konzeption von G.n reflektiert. So wurden in den 1990er Jahren die Historizität und Erinnerungsstrategien von G.n, die Überlagerungen verschiedener Ereignisse an einem Ort, in den Ausstellungen von G.n sichtbar gemacht (z. B. in Buchenwald).

D. Hoffmann (Hg.), Das Gedächtnis der Dinge. KZ-Relikte und KZ-Denkmäler 1945–1995, Frankfurt/M./New York 1998; J. E. Young, Formen des Erinnerns. Gedenkstätten des Holocaust, Wien 1997; U. Puvogel (Red.), Gedenkstätten für die Opfer des Nationalsozialismus. Eine Dokumentation, Bd. 1, 2. Aufl. Bonn 1995, Bd. 2, Bonn 1999.

Simone Derix

Gegenwart

I. Grundelement der → Zeit (neben → Vergangenheit und → Zukunft), sofern diese als gerichtete, lineare Zeit, die aus der Vergangenheit durch die G. in die Zukunft fließt, betrachtet wird. Aus dieser Perspektive erscheint G. als der Wendepunkt, an dem der Prozess der Zeit von Vergangenheit in Zukunft umschaltet (N. Luhmann, *Die Zukunft kann nicht beginnen*). Zugleich ist G. der zeitliche Modus der Realitätserfahrung (vgl. → Präsenz). Jede Wahrnehmung von Realität und Zeit findet in der G. statt. Auch *Handeln* ist stets gegenwärtiges Handeln, wenngleich es durch die Vergangenheit bestimmt und auf die Zukunft gerichtet bleibt. G. hat dabei im Hinblick auf Gedächtnis und Erinnerung eine doppelte Funktion: Das je gegenwärtige Handeln und Erleben bestimmt zum einen (wenngleich niemals vollständig) den möglichen Inhalt zukünftiger Erinnerung als Erinnerung an eine dann vergangene G., zum anderen ist G. der Ort, von dem aus Erinnerung aktiviert und als Vergangenheit konstruiert wird. Vergangenheit und Zukunft sind dabei als → Retention und Protention (E. Husserl) stets Horizonte der G., sie erscheinen als Vergangenheit und Zukunft der G. Durch Erinnerung und Erwartung wird so die Einheit von Vergangenheit, G. und Zukunft in jeder G. neu konstituiert. Die Existenz vergangener und zukünftiger G.en, Zukünfte und Vergangenheiten bleibt davon unberührt. Gewiss ist, dass die je jetzige G. als Vergangenheit der Zukunft in der Erinnerung erscheinen wird (→ Vergänglichkeit).

G. bezeichnet jedoch nicht nur, wie schon bei → Augustinus, eine Grenzlinie, sondern ebenso einen Zeitraum der → Dauer bzw. Stabilität, in dem → Erfahrungsraum und → Erwartungshorizont deckungsgleich sind, sodass Erinnerung und Erfahrung als Handlungsorientierungen fungieren können. Vergangenheit bezeichnet aus dieser Perspektive all das, was (bezogen auf → Wissen, Werte, → Traditionen usw.) *nicht mehr gilt*, Zukunft wird definiert als das, was *noch nicht gilt*. Dies führt zu einer Pluralisierung bzw. Ausdifferenzierung der G. in verschiedene Wert-, Handlungs- und Erfahrungsbereiche; es kommt zur «Ungleichzeitigkeit des Gleichzeitigen» (Koselleck 1979): Was in einem geographischen oder sozialen Raum noch gilt, hat in einem anderen seine Gültigkeit verloren; was hier schon realisiert ist, steht dort noch im Horizont der Zukunft. Für die Spätmoderne gibt es dabei widersprüchliche Diagnosen: Während die einen vermuten, dass Simulation und virtuelle Realitätstechniken vergangene und zukünftige Optionen so gegenwärtig zu machen vermögen, dass «Vergangenheit und Zukunft zu kaum wahrnehmbaren Spuren des Vorher und Nachher im erweiterten Gegenwartsfeld der Simulationen» werden (G. Großklaus, *Medienzeit*), konstatieren die anderen eine *Gegenwartsschrumpfung* (Lübbe 1992) als Folge geschichtlicher → Beschleunigung: Die Zeiträume der genannten Deckungsgleichheit nehmen in nahezu allen Lebens- und Erfahrungsbereichen ab; Erinnerung und Gedächtnis werden wirkungslos in ihrer handlungsorientierenden und zukunftsleitenden Funktion (Musealisierung der Vergangenheit, Reliktmengenwachstum); Erfahrungen werden entwertet, Lernprozesse erschwert (→ Reizüberflutung), Zukunft unvorhersagbar (→ Vorausschau).

A. Nassehi, Die Zeit der Gesellschaft. Auf dem Weg zu einer soziologischen Theorie der Zeit, Opladen 1993; H. Lübbe, Im Zug der Zeit. Verkürzter Aufenthalt in der Gegenwart, Berlin u. a. 1992; R. Koselleck, Vergangene Zukunft. Zur Semantik geschichtlicher Zeiten, Frankfurt/M. 1979.

Hartmut Rosa

II. *In der Psychologie:* → Präsenzzeit

Gehirn

Das menschliche G. ist ein gelatineartiges, etwa drei Pfund schweres Organ. Es bildet in seiner Gesamtheit ein → Netzwerk von 100 Milliarden → Nerven- und noch mehr Gliazellen. Es ist Bestandteil des → Zentralen Nervensystems. Das älteste Schriftstück, in dem das G. mit einem eigenen Namen benannt wurde, stammt aus dem alten Reich Ägyptens (3000 v. Chr.). Es heißt dort u. a., dass ein Kranker, dessen Schläfen eingedrückt sind, der Sprache nicht mehr mächtig ist. Somit hat dieser Patient eine gelernte Eigenschaft – Sprechen – verloren, und damit liegt hier das erste Schriftstück vor, das etwas Erlerntes mit dem G. in Verbindung bringt. Hippokrates (460–370 v. Chr.) untersuchte ebenfalls Schädelverletzungen. Er glaubte, dass → Träume im G. entstehen und Epilepsie eine Erkrankung des G.s ist. Aristoteles dagegen nahm an, dass das Herz der Sitz der Empfindungen und des Verstandes sei. Das G. diene nur dazu, Blut zu kühlen und → Schlaf zu bringen. Ungeachtet dieses Irrtums hatte Aristoteles einen richtigeren Gedanken zur Wahrnehmung und Erinnerung: «Die Seele denkt nie ohne Bilder» – diese Bilder sollen in den Sinnesorganen entstehen und sind ‹Abbilder› der sie hervorgerufenen Gegenstände (→ Repräsentation). Wahrnehmungen sollen eine ‹materielle → Spur› im → Körper hinterlassen (vgl. → Engramm). Herophilos (300 v. Chr.) und Erasistratos (300–240 v. Chr.) unterschieden erstmals zwischen → Kleinhirn, → Großhirn und dem Rückenmark. Sie zeigten, dass das G. mit Flüssigkeit gefüllte Kammern (sog. Ventrikel) aufweist. Der in Rom arbeitende griechische Arzt Galen (120–199 n. Chr.) zeigte, dass das G. eine entscheidende Rolle für Körperbeherrschung und geistige Tätigkeit spielt und vermutete, dass Letztere ihren Ursprung in den Ventrikeln habe. Die These von Galen war die erste Lokalisationshypothese geistiger Funktion in einem bestimmten Gebiet des G.s.

Galens Position wurde von den Kirchenvätern → Augustinus und Nemesius im 4. und 5. nachchristlichen Jh. noch geteilt: Auch sie lokalisierten drei Fähigkeiten in den Hirnkammern: das Vorstellungsvermögen in der vorderen, die Vernunft in der mittleren und das Gedächtnis in der hinteren. So falsch dies auch aus heutiger Sicht sein mag, das Prinzip ist richtungsweisend und zutreffend: Hier werden unterschiedliche Funktionen des Gehirns auf verschiedene Hirngebiete verteilt. Die im Prinzip richtige, im Detail aber völlig falsche Vorstellung einer Lokalisation spezifischer Fähigkeiten des Menschen in der Großhirnrinde (Cortex) hatte dann der österreichische Arzt F. J. Gall. Er vertrat die Ansicht, dass der Mensch über eine große Anzahl von moralischen und intellektuellen Fähigkeiten verfügt, die nicht weiter reduzierbar und im G. lokalisiert sind: 27 psychische Fakultäten, die angeboren, aber durch Erfahrung modifizierbar sind. All diese Eigenschaften lokalisierte er in definierten Großhirnarealen. Im Grunde ist Galls Phrenologie eine Fortsetzung der Lokalisationsansätze der Kirchenväter (wie Augustinus), nur dass er der Großhirnrinde und nicht den Hirnventrikeln die entscheidende Rolle einräumt. Der endgültige Durchbruch der Lokalisationstheorie geistiger Eigenschaften gelang erst dem französischen Arzt P. Broca (1861), der spezifische Sprachstörungen mit einer Großhirnläsion eines Patienten in Verbindung brachte. In seiner strikten Form kann die Lokalisationstheorie besonderer psychischer Fähigkeiten in eng umgrenzten G.-Gebieten nicht mehr bestätigt werden. Bei jeder Aufgabe – also auch bei Erinnerungen – arbeiten stets mehrere G.-Areale zusammen, und erst dieses Zusammenspiel ermöglicht die erbrachte Leistung. Andererseits arbeitet das G. nicht als holistisches Ganzes, sondern bestimmte G.-Gebiete sind an der Ausführung *bestimmter* kognitiver wie nicht-kognitiver Fähigkeiten stärker beteiligt als andere.

Aus heutiger Sicht ergibt sich folgender anatomischer und funktioneller Aufbau des G.s: Der Hirnstamm ist eine Erweiterung des Rückenmarks. Es hat vor allem lebenserhaltende Funktionen. Im Zentrum des Hirnstamms liegt das sog. retikuläre Aufmerksamkeitssystem (RAS). Es bildet einen Komplex aus mehreren Kernen, die in fast alle Areale der Großhirnrinde projizieren. Es regelt die generelle → Aufmerksamkeit und Wachheit und schafft damit die Voraussetzung, neue → Informationen aufzunehmen und zu speichern (→ Speichern).

Beim Menschen besonders stark ausgebildet ist das auf dem Stammhirn aufsitzende → Kleinhirn, welches für motorisches → Lernen, den Gleichgewichtssinn und motorische Koordination unserer Bewegung zuständig ist. Über dem Hirnstamm liegt das Zwischenhirn. Den Hauptteil nimmt der Thalamus ein. In ihm kommen fast alle sensorischen Informationen an und werden umgeschaltet zu den entsprechenden Großhirnarealen. Unterhalb der Großhirnrinde liegt das → limbische System, dessen Strukturen zum Zwischenhirn und zum → Großhirn gehören. Eine wichtige Funktion nimmt hier der Hypothalamus ein. Er reguliert den Appetit, Durst und → Schlaf, die Körpertemperatur, den Herzschlag, den Blutdruck und den Hormonhaushalt. Zudem reguliert er mit chemischen und elektrischen Signalen die einzige Drüse des G.s, die Hirnanhangsdrüse (Hypophyse). Zum → limbischen System gehören auch die Strukturen → Hippocampus und → Amygdala (Mandelkern), welche von großer Bedeutung für bestimmte Gedächtnisprozesse und für → Emotionen sind. Zu den Hirnkernen des → Großhirns gehören die → Basalganglien, die sowohl bei der Planung als auch bei der Initiierung von Bewegungen beteiligt sind; deren Beschädigung ist eine der Ursachen für die → Parkinson'sche Krankheit. Diese Gehirnkerne sind entscheidend an → prozeduralen Gedächtnisprozessen beteiligt.

Über den Basalganglien liegt die Großhirnrinde (Cortex). Der Cortex ist gewissermaßen das Kontroll- und Exekutivorgan des G.s. Vor allem deklarative Gedächtnisinhalte (Fakten- und autobiographisches Wissen; → deklaratives Gedächtnis) scheinen distributiv über die Großhirnrinde verteilt gespeichert zu werden (→ Distributivität). Das → Großhirn ist in zwei Hemisphären geteilt. Jede Hirnhälfte verarbeitet dabei die Information, die von der anderen Körperseite kommt. Beide Hemisphären sind miteinander durch mehrere Stränge von Nervenfaserbündeln verbunden; die größte dieser Verbindungsbahnen ist der Balken (Corpus callosum). Jede der Hirnhälften ist nun ihrerseits wieder durch sichtbar tiefere Furchen, den Stirn- bzw. Frontal-, Scheitel- bzw. Parietal-, Schläfen- bzw. Temporal- sowie den Hinterhaupts- bzw. Occipetallappen, unterteilt. Zwischen den Hemisphären liegen Asymmetrien vor (Lateralität). Bei Rechtshändern gilt die linke Hirnhälfte als sprachbegabt und analytisch; sie kategorisiert die Welt und bewältigt komplexe motorische Aufgaben. Die rechte hingegen gilt als die synthetische und holistische Hälfte. Teile des rechten Stirn- und Schläfenlappens sind mehr für → autobiographisches Gedächtnis zuständig, während die linke Seite stärker beteiligt ist an Faktenwissen (→ deklaratives Gedächtnis). Beide Hemisphären kommunizieren aber ständig und vielseitig miteinander. Fast jede der Funktionen wird auch von der anderen Hirnhälfte ausgeführt, wenngleich meist in geringerem Ausmaß.

J. Dudel/R. Menzel/R. F. Schmidt (Hg.), Neurowissenschaft – Vom Molekül zur Kognition, Berlin 1996; E. R. Kandel/J. H. Schwartz/T. M. Jessell (Hg.), Neurowissenschaften – Eine Einführung, Heidelberg 1996; R. F. Thompson, Das Gehirn, Heidelberg/Berlin/Oxford 1994; E. Florey/O. Breidbach (Hg.), Das Gehirn – Organ der Seele? Zur Ideengeschichte der Neurobiologie, Berlin 1993.

Martin Korte

Gehirnwäsche

Irreführender Begriff, insofern das Produkt der G. nicht das ‹gesäuberte›, d. h. von Erinnerungen befreite → Gehirn ist (→ Löschung), sondern eines, das vollkommen anders operiert als zuvor: Im Prozess der G. werden Erinnerungsgegenstände ausgewechselt und politische oder religiöse Orientierungen radikal verändert. Zeichen einer erfolgreichen G. ist u. a., dass dieser Prozess selbst nicht erinnert wird. Der Begriff der G. wird in der Zeit des Kalten Krieges geprägt und seitdem vor allem mit dem Milieu der Sicherheits- und Nachrichtendienste assoziiert. Zu unterscheiden sind dabei zwei Paradigmen: (1) das behavioristische, nach dem die G. durch Reizentzug (sensorische Deprivation) oder → Reizüberflutung (Folter) eingeleitet wird; (2) das mnemotechnische, bei dem das Installieren und De-Installieren von → Informationen und damit die vermutete Analogie von Gehirn und elektronischen → Speichermedien im Vordergrund steht (→ Externalisierung, → Gedächtnismetapher). Die zahlreichen literarischen (G. Orwell, *1984*) und filmischen (P. Verhoeven, *Total Recall*) Darstellungen der G. rekurrieren auf beide Paradigmen.

D. Winn, Brainwashing, Conditioning and Indoctrination, London 1983.

Stefanie Diekmann

Geistmedien

Frauen und Männer, aber auch Dinge und Tiere, die von einem Geist (oder einer Gottheit), der sich in ihnen verkörpert, temporär oder permanent ergriffen bzw. besessen werden. Gegenüber einer schriftlichen Objektivierung, wie sie im → kulturellen Gedächtnis westlicher Prägung vorherrscht, sind G. ein Beispiel für eine Gedenkpraxis, die dialogisch und sozial verfasst ist und von der → Gegenwart ausgehend → Vergangenheit immer wieder *neu* rekonstruiert. Dieses eher «kommunikative Gedächtnis» (J. Assmann) findet sich in vielen außereuropäischen, aber

nicht unbedingt schriftlosen Kulturen, die u. a. in → Ritualen der Geistbesessenheit historische und mythische Personen wie Könige, → Ahnen
oder Kulturheroen als ‹lebende → Porträts›, aber auch Ereignisse in einer
Art → Gedächtnistheater vergegenwärtigen (→ Inszenierung, → Präsenz,
→ Vergegenwärtigung). Insbesondere im Kontext der Wiederkehr der
→ Toten (vgl. → Wiedergeburt) im Besessenheitsritual wird Erinnerung
im wahrsten Sinne des Worts lebendig und aktiv (→ Körper); das Erinnerte ist nicht entmächtigt, denn die Toten ‹leben› und wirken in der Gegenwart, so wie umgekehrt die Lebenden durch die Interaktion mit den
Toten auf das vergegenwärtigte Vergangene Einfluss nehmen.

Geister verkörpern nicht nur die Toten, sondern sie können auch historische, oft traumatische Erfahrungen zur Darstellung bringen (→ Erfahrung, → Trauma), die in einem Augenblick der Disjunktion in der Zeit
(→ Bruch), in der plötzlichen Konfrontation mit etwas Unbekanntem
entstehen. So wurde 1954 eine Frau in Sambia vom Geist eines Flugzeugs
ergriffen, als dieses zum ersten Mal das Dorf überflog (Colson 1969); in
Kenia fielen Frauen beim Anblick von Zigaretten in den Zustand der Besessenheit, und im Hauka-Kult in Ghana ergriffen die Geister der Loko-
motive, des Gouverneurs und des Generals ihre Medien und zwangen sie,
eine «Ethnographie der kolonialen Gesellschaft» zu tanzen.

Geister können also einem plötzlichen kontingenten Eindruck einer
äußeren Macht auf eine Person entspringen. Diese Ergriffenheit von ei-
ner äußeren Macht wird meist als Krankheit, Leiden oder Krise erfahren,
die erst durch die Initiation in den Kult des Geistes geheilt werden kann.
In der Initiation lernt der oder die Besessene dann, den Geist als äußere
Macht anzuerkennen und in einem Wechselspiel von Unterwerfung und
Ermächtigung zu domestizieren. Das Erinnerte tritt hier als eine äußere
Macht auf, die sich dem Besessenen aufzwingt. G. Lienhardt (1961) und
F. Kramer (1987) haben mit der Theorie der *passiones* gerade diesem
Aspekt Aufmerksamkeit geschenkt. Bestimmte Erfahrungen, Ereignisse
oder Dinge, die eine Person treffen, beeindrucken oder ergreifen, erschei-
nen als Darstellungen von *passiones*, von äußeren Mächten, die als Geister bei der ergriffenen Person Anerkennung finden. Der Wille zur Ähnlichkeit und die westliche Vorstellung von Mimesis und dem kreativen
Menschen verkehren sich hier: Nicht die Besessenen imitieren, sondern
sie sind dem Zwang zur Hervorbringung von Ähnlichkeit ausgeliefert
(Kramer 1987, S. 188). Geister wären somit «Erinnerungsfiguren» (J. Assmann; → Gespenster), deren Macht sich in der Gegenwart in der Verkörperung immer noch beweist, gleichzeitig aber in der rituellen → Wiederholung auch zu bannen gesucht wird (Behrend 1998).

Doch ist es – zumindest nach dem lokalen Verständnis – nicht das Geistmedium, das sich erinnert. In vielen lokalen Theorien der Geistbesessenheit bildet das Besessensein einen radikalen Bruch im Selbst des Mediums; das dem Medium eigene → Bewusstsein schwindet, und an seine Stelle tritt der Geist. Wenn der Geist ein Medium verlassen hat, kann (und darf) es sich nicht erinnern; es benötigt einen Übersetzer, der mitteilt, was der Geist aus ihm sprach und tat. Bedingung für die Darstellung des Vergangenen im Zustand der Geistbesessenheit ist also die Selbstvergessenheit des Mediums und damit die Behauptung der Nicht-Identität von Geist und Medium. Nur so kann sich die Autonomie der Geister von menschlichen Interessen beweisen und ihre Wahrheit, ihre Version eines vergangenen Ereignisses, Autorität gewinnen (Behrend 1998).

H. Behrend, Geschichte und Geistbesessenheit in Afrika. Geister als Repräsentationen von Vergangenem, in: J.-G. Deutsch/A. Wirz (Hg.), Geschichte in Afrika. Einführung in Probleme und Debatten, Berlin 1998, S. 283–297; Fritz Kramer, Der rote Fez, Frankfurt 1987; G. Lienhardt, Divinity and Experience, Oxford 1961.

Heike Behrend

Genealogie

(griech. *génos*: Geschlecht, Gattung). – 1. In Stammes- und Adelsgesellschaften ist die genealogische Situierung ihrer Mitglieder ein zentrales Mittel sozialer und kultureller Integration. Als systematisch betriebene Familiengeschichtsforschung (→ Ahnen, → Stammbaum) reagiert die G. vor allem auf die politische Entmachtung der adligen Oberschichten und ihrer ‹internationalen› Verwandtschaftsnetze im Zuge der sich vollziehenden Auflösung der europäischen Standesgesellschaften. Insbesondere die neuere ethnologische Forschung zu den Verwandtschaftsstrukturen in segmentären Gesellschaften – also unter Bedingungen der Abwesenheit von Instanzen, die Personenstandswissen zentral sammeln und verwalten (→ Archiv) – belegt, in welchem Ausmaß genealogische Klassifikationen auf performativen Akten beruhen, also in keiner vorausgesetzten, der sozialen Konstruktion entzogenen Natürlichkeit fundiert sind und unter Umständen sogar nichtmenschliche Wesen integrieren. Insbesondere → J. Derrida hat darauf hingewiesen, dass selbst der demokratischen Gleichheit, die den Begriff des Politischen seit der antiken Phi-

losophie bestimmt, ein genealogisches Phantasma zugrunde liegt, nämlich die Brüderlichkeit (→ Politik).

2. → F. Nietzsche wendet sich mit dem Konzept der G. gegen die geschichtsphilosophische Unterstellung linearer Genesen und monotoner
Teleologien (→ Geschichte, → Geschichtsphilosophie, → Historismus).
Die G. bewegt sich im Medium des «Urkundlichen» und des «Wirklich-
Feststellbaren» (Nietzsche 1887/1988, S. 254), weil sie nicht, wie ihr Wortsinn vermuten lässt, auf der Suche nach den Gattungsmerkmalen eines
Individuums, eines Gefühls oder einer Idee ist, sondern an der Freilegung
der → Spuren arbeitet, die sich in einem Ding kreuzen und ihm seine
spezifische Signatur verleihen. Der Genealoge im Sinne Nietzsches hält
sich zwar bei den Anfängen auf, aber diese Anfänge liegen gerade nicht
vor dem Fall der historischen Zeit, sondern sind durch das irreduzible
Spiel dokumentierbarer Einzelheiten, Kontingenzen und Ereignisse markiert. Diese von Nietzsche auf genuin philosophische, vermeintlich zeitenthobene Gegenstände angewandte Analysetechnik wurde im 20. Jh. vor
allem von M. Foucault als folgenreicher Versuch verstanden, «die Historie
für immer vom – zugleich metaphysischen und anthropologischen –
Modell des Gedächtnisses zu befreien», aus ihr ein «Gegen-Gedächtnis»
zu machen und «in ihr eine ganz andere Form der Zeit zu entfalten»
(1974, S. 104). Der Genealoge stellt, wie Nietzsche im Fall des → ‹Ursprungs› der → Moral formuliert, «Herkunfts-Hypothesen» über die von
ihm untersuchten Phänomene auf, statt sie an vermeintlich grundlegende anthropologische Vermögen zu knüpfen (also im Fall der Moral: die
Leitunterscheidung gut/böse als Ausdruck altruistischer/egoistischer
Empfindungen zu verstehen). Für den Genealogen entziffert sich die
Herkunft eines Dings immer nur als «Herkunft aus etwas anderem» als
es selbst. Als «Haupt-Gesichtspunkt der historischen Methodik», die die
G. sein will, hebt Nietzsche hervor, dass sie sich die Frage nach den
Zweckursachen der Dinge verbietet und stattdessen ihre laufende Um-
prägung durch die jeweils zwecksetzenden Mächte erforscht: «die ganze
Geschichte eines ‹Dings›, eines Organs, eines Brauchs kann dergestalt
eine fortgesetzte Zeichen-Kette von immer neuen Interpretationen und
Zurechtmachungen sein, deren Ursachen selbst unter sich nicht im Zusammenhang zu sein brauchen, vielmehr unter Umständen sich bloß zufällig hintereinander folgen und ablösen» (1887/1988, S. 314).

Zum → Ereignis vorzudringen heißt für den Genealogen weder, es auf
einen Ursprung zu beziehen, von dem es abstammt und mit dem es in
ununterbrochener → Tradition verbunden bleibt, noch, es auf eine
→ Zukunft zu beziehen, die ihm seinen gegenwärtig verborgenen → Sinn

zuweisen wird, noch auch, es einfach in seiner chronikalischen Positivität aufzuzeichnen. Es heißt vielmehr, den Punkt der *Umkehrung eines bestimmten Kräfteverhältnisses* bzw. die Mechanismen der Reorganisation einer bestehenden Machtökonomie freizulegen. In seinen groß angelegten Monographien zu den Systemen der Geisteskrankheit, der Strafjustiz und der Sexualität demonstriert Foucault, dass die Befreiung der Wahnsinnigen, die Humanisierung des Strafvollzugs und die diskursive Entfesselung des Sex keineswegs ebenso viele Beispiele einer endlichen Rückkehr zur ursprünglichen Erfahrung oder Wahrheit des Wahnsinns, der Strafe oder der Sexualität sind, sondern Belege für komplexe Prozesse der kulturellen Neuauslegung und Neuinterpretation von elementaren Praktiken des Umgangs mit ‹dem Anderen›, die um 1800 in ein völlig verändertes System von Zwecken und Zielen eingeordnet werden.

J. Derrida, Politik der Freundschaft, Frankfurt/M. 2000; G. Deleuze, Nietzsche und die Philosophie, Frankfurt/M. 1991; M. Foucault, Nietzsche, die Genealogie, die Historie, in: Von der Subversion des Wissens, München 1974; F. Nietzsche, Zur Genealogie der Moral. Eine Streitschrift (1887), in: ders., Kritische Studienausgabe, Bd. 5, 2. Aufl. Berlin/New York 1988, S. 245–412.

Friedrich Balke

Gerechtigkeit

Die normative Idee, den Adressaten von Unrecht und den Opfern der → Geschichte wenn schon nicht Wiedergutmachung, so doch zumindest nachträgliche G. in der Form von Erinnerung schuldig zu sein, ist einer der ältesten kulturell wirksamen Imperative (von der *Orestie* bis zur → Mahnmalsdebatte; vgl. → Ethik). Sie geht zurück auf die Entstehung der Memorialpraktiken aus dem Totenkult (→ Tod), der das persönliche Gedenken (→ Eingedenken, → Ahnen) entweder magisch-religiös zur Bedingung der Seligkeit des Verstorbenen macht oder es moralisch einfordert. So werden Nicht-Vergessen und Gedenken als Formen des Abtragens einer Schuld und als Erfüllung einer am Verstorbenen selbst unerfüllbaren Pflicht begriffen (→ Moral). Im 20. Jh. wurden verschiedene Versuche unternommen, dieser Intuition ohne religiöse oder metaphysische Aufladung Rechnung zu tragen (z. B. durch → W. Benjamin, T. W. Adorno) oder sie in einen säkularen und verallgemeinerbaren Begriff der historischen G. oder Verantwortung zu überführen (vgl. Wingert 1991).

Aus Sicht der Dekonstruktion (→ J. Derrida) liegt andererseits die Annahme nahe, dass in der paradoxen Struktur des nachträglich-unmöglichen Bewahrens des Verlorenen das Modell schlechthin für ‹gerechtes›, d. h. seinem Adressaten gerecht werdendes, angemessenes Verhalten und Verstehen überhaupt zu finden ist. Diese → Nachträglichkeit könnte auch bedeuten, dass gerechtes Gedenken immer den Umweg über die Sprache nehmen muss und dass deshalb bewahrender Text, erinnernde Erzählung und verpflichtete Zeugenschaft (→ Zeugnis) die eigentlichen Medien des Zugangs zu diesem nichtformalisierbaren Grenzwert G. sein könnten.

A. Haverkamp, Die Gerechtigkeit der Texte, in: A. Haverkamp/R. Lachmann (Hg.), Memoria. Vergessen und Erinnern, München 1993, S. 17–27; L. Wingert, Haben wir moralische Verpflichtungen gegenüber früheren Generationen?, in: Babylon, 9, 1991, S. 78–94; S. Goldmann, Statt Totenklage Gedächtnis. Zur Erfindung der Mnemotechnik durch Simonides von Keos, in: Poetica, Bd. 21, 1989, S. 43–66.

Martin Saar

Geschichte

Geschichtsschreibung (Historiographie) und Gedächtnis sind von jeher diskursiv miteinander verbunden; im gleichen Maße aber, wie das Gedächtnis im 20. Jh. als Gegenstand der Reflexion reüssierte, geriet die G. in die Krise. Ein Problem ist die Vieldeutigkeit des Worts G.: Es kann erstens das bezeichnen, *was* einmal geschah; zweitens die *Erforschung* dessen, was einmal geschah; und drittens die sinnstiftende *Erzählung* dessen, was einmal geschah (→ Narration). Meist meint G. alles zugleich in jeweils unterschiedlicher Gewichtung. Die erste Bedeutung behauptet sich allerdings nur noch umgangssprachlich. Die Einsicht, dass das, was geschieht, nur selektiv wahrgenommen und erinnert werden kann (→ Selektion), hat zum Vorschlag geführt, das Geschehene nicht mehr als G. zu bezeichnen: «Geschichte ist nicht die Summe der Geschehnisse, nicht aller Verlauf aller Dinge, sondern ein Wissen von dem Geschehen und so das gewußte Geschehene» (J. G. Droysen, *Historik*; → Rekonstruktion). → Wissen aber ist nach A. C. Danto narrativ organisiert, gleichgültig ob es mündlich oder schriftlich tradiert wird (→ Tradierung). Solange gilt, dass «Erinnerungskultur vor allem Vergangenheitsbezug ist» (J. Assmann), ist G. umgekehrt auch ein zentraler Begriff des Erinnerungsdiskurses. Dieser Bezug kann sich als archivalisches Aufbewahren von Zeugnissen (→ Archiv, → Dokument, → Spur) vergangenen Geschehens realisieren; als gegenwartsorientiertes Aufrufen des Vergangenen; oder als aus der → Vergangenheit schöpfende Prognose der → Zukunft (→ Erwartung, → Vorausschau).

In Europa sind drei Perioden der Geschichtserzählung zu unterscheiden: erstens G. in Form einzelner Geschichten; zweitens die Bündelung der einzelnen Geschichten im Kollektivsingular G.; und drittens der Zerfall des Kollektivsingulars im 20. Jh. Modell der G. in Form einzelner Geschichten sind Herodots *Historien*. Sie zeichnen sich durch den Verzicht auf systematische und begründende Zusammenhänge aus. Aristoteles nannte daher G. die Wissenschaft vom Konkreten und stufte sie als unphilosophisch ein. Der Historiograph ist in Herodots Augen zum Hüter der Erinnerung an einzelne → Ereignisse bestellt. Dieses Modell beherrschte die Geschichtsschreibung bis in die Neuzeit hinein (→ Chronik), trotz der Ansätze zu einer auf Zusammenhänge und Gesetzmäßigkeiten wertlegenden Historiographie z. B. schon bei Thukydides. Die Entstehung der Geschichtswissenschaft als eigenständiges Universitätsfach ab dem 17. Jh. ging einher mit der Herausbildung des Kollektivsingulars G., der die einzelnen Geschichten in ein universaltheoretisches Konzept band und die Formulierung geschichtsphilosophischer Entwürfe provozierte. Die Universalgeschichte wurde als objektiv sinnvoller und kohärenter Zusammenhang begriffen. Damit wurde G. begrifflich zum Gegenteil des Gedächtnisses, das an Erinnerungen eines Individuums oder Kollektivs gebunden ist. «Es gibt kein universales Gedächtnis», meinte → M. Halbwachs (1950/1985) und setzte den Beginn der G. dort an, wo das «soziale Gedächtnis erlischt und sich zersetzt». Im 20. Jh. wurden universalgeschichtliche Entwürfe zunehmend in Zweifel gezogen. G. wurde «als Sinngebung des Sinnlosen» (T. Lessing) dekuvriert, die von der klassischen → Geschichtsphilosophie verdeckte Historizität des Geschichtsbegriffs selbst freigelegt: Aus der Universalgeschichte wird die «Multiversalgeschichte» (E. Schulin).

Bereits in der Antike gab es zwei differierende Ansichten des Verhältnisses von G. und Gedächtnis: Die eine begreift Geschichtsschreibung als Verlängerung oder Verewigung der Erinnerung; in diesem Sinn rühmte Cicero die G. als das, was das flüchtige Gedächtnis lebendig erhalte («historia vita memoriae»). Geschichtsschreibung entsteht demnach im Übergang der Erinnerung aus dem kommunikativen ins → kulturelle Gedächtnis, das – von jenem gespeist – sich von den individuellen Erinnerungsträgern emanzipiert; aufgeschrieben kann sich G. vom kulturellen Gedächtnis emanzipieren. Daraus schließt die zweite Ansicht, dass die Verschriftlichung der Erinnerung (→ Oralität, → Schrift) auf lange Sicht das Gedächtnis zerstöre und «Vergessenheit einflöße», wie es nach → Platon der ägyptische König Thamus und nach G. J. Caesar die gallischen Druiden befürchteten. Beide Ansichten bleiben so lange unversöhnt, wie G. als diskontinuierliche Fortsetzung oder gar Entgegensetzung des (individuellen und kollektiven) Gedächtnisses gesehen wird. In diesem Sinn trennte Halbwachs scharf zwischen dem sozialen Konstrukt des → kollektiven Gedächtnisses und der von ihm als objektiv aufgefassten G. Inzwischen hat sich jedoch die Einsicht durchgesetzt, dass auch die Historiographie interessengeleitet ist. Ein Zugang zur Vergangenheit ist nur über kollektive Vorstellungen der je eigenen → Kultur und über Zeugnisse möglich, die interpretiert werden müssen bzw. selbst schon kulturell geprägte Interpretationen sind. G. ist, besser gesagt: G.n sind also ein Produkt von «Erinnerungsgemeinschaften» (P. Burke).

Die Ansicht, dass G. eine objektivierende Verlängerung des Gedächtnisses sei, provozierte P. Nora (1990) angesichts des Verlusts universalhistorischer Konzepte zur These, dass die Differenz zwischen Gedächtnis und G. unhintergehbar sei. Gedächtnis sei eine subjektiv absolute Instanz, während G. als Wissenschaft jegliche Subjektivität relativiere. Während Gedächtnis → Kontinuität stifte, zerstöre G. dieselbe. Dahinter stand die Forderung nach einer nicht mehr narrrativen Wissenschaft (→ Historismus). Einen Ausweg aus dem Dilemma der Historie, nicht erzählen zu dürfen, aber gleichwohl sinnstiftend wirken zu sollen (Stichwort: Geschichtspolitik), fand Nora im Konzept der → Gedächtnisorte: einer Instanz, die «wahre Erinnerung» unter der Bedingung moderner Diskontinuitätserfahrung des Subjekts beglaubigen könne. Das Problem dieses Konzepts ist die Referenzlosigkeit bzw. Selbstreferenzialität des Gedächtnisorts, dessen vorsprachliche Evidenz historiographisch nicht einzuholen ist. Die resurrectio des definitiv Vergangenen im ebenso aktualisierenden wie aktuellen Bild ist ohne außergeschichtliche Instanz nicht zu haben.

Dagegen schlug P. Ricœur (1998) vor, Geschichtsschreibung und Gedächtnis dialektisch zu integrieren. Um dem erkenntnistheoretischen Problem zu entgehen, dass die Differenz zwischen subjektiv-individuellem und kollektivem Gedächtnis bei Preisgabe universalhistorischer Objektivität kaum zu begründen ist, schlug er vor, dem «Begriff des kollektiven Gedächtnisses jede Ursprünglichkeit abzusprechen und ihm den Status eines operativen Begriffs zu verleihen». Einen Vorrang des einen vor dem andern gebe es nicht, sondern die «gleichzeitige, wechselseitige, überkreuzte Konstitution von individuellem und kollektivem Gedächtnis», womit die fundamentale Differenz zwischen kollektivem Gedächtnis und G. fällt (Ricœur 1998). Beide sind intersubjektiv begründbar; G. hat dann in Hinblick auf die Defizite des subjektiven Gedächtnisses (Mangel an Verlässlichkeit) eine korrigierende Funktion; das lebendige Gedächtnis hingegen verleiht der G. eine lebensweltlich verbürgte Tiefe (→ Geschichtsbewusstsein). So kann die zukunftsorientierte Potenz des Gedächtnisses der retrospektiv abstrahierenden G. ohne Rückgriff auf geschichtsphilosophische Konzepte zurückgewonnen werden. Der historische «Erfahrungsraum» und der subjektive «Erwartungshorizont» (R. Koselleck) werden im intersubjektiv begründeten Gedächtnisraum zusammengeführt.

P. Ricœur, Das Rätsel der Vergangenheit. Erinnern – Vergessen – Verzeihen, Göttingen 1998; C. Conrad/M. Kessel (Hg.), Geschichte schreiben in der Postmoderne, Stuttgart 1994; A. Assmann/D. Harth (Hg.), Mnemosyne. Formen und Funktionen der kulturellen Erinnerung, Frankfurt/M. 1991; P. Nora, Zwischen Geschichte und Gedächtnis, Berlin 1990; T. Butler (Hg.), Memory. History, Culture and Mind, Oxford 1989; J. LeGoff, Geschichte und Gedächtnis (1977), Frankfurt/M. 1992; M. Halbwachs, Das kollektive Gedächtnis (1950), Frankfurt/M. 1985.

Arnd Beise

Geschichtsbewusstsein

I. *In der Geschichtstheorie:* Ensemble derjenigen mentalen Formen, Inhalte, Operationen und Prozeduren, in denen die → Vergangenheit deutend vergegenwärtigt wird und dabei den Charakter einer sinn- und bedeutungsvollen →‹Geschichte› gewinnt (→ Rekonstruktion, → Sinn, → Vergegenwärtigung). Es macht durch Deutung der → Vergangenheit gegenwärtige Lebensverhältnisse verständlich und ermöglicht die Entwicklung von Zukunftserwartungen als Handlungsperspektiven (→ Erwartung, → Vorausschau, → Zukunft).

Alltagssprachlich sind Erinnerung und Gedächtnis auf → Erfahrungen gerichtet, die Individuen in ihrem eigenen Leben machen, während G. überwiegend eine Vergangenheit thematisiert, die jenseits der Grenzen der eigenen Lebensspanne angesiedelt ist. Beides jedoch, die persönliche Erinnerung, über die sich Individualität und soziale Zugehörigkeit des Einzelnen mental aufbauen, wie auch der Ausgriff über die Grenzen der eigenen Lebenszeit zurück in die Vergangenheit, sind zwei Seiten ein und derselben Sache: Menschen tendieren dazu, ihre eigene → Identität in zeitlich übergreifende geistige Gebilde hinein ‹aufzuheben› (z. B. eine → Nation oder eine → Kultur), um in ihrem Selbstwertgefühl und in der zeitlichen Orientierung ihrer eigenen Lebenspraxis die Grenzen der eigenen Lebensspanne zu überschreiten, also den → Tod im Leben des eigenen Selbst zumindest tendenziell zu ‹transzendieren› (→ Vergänglichkeit). Man fügt sich erinnernd in eine Gemeinschaft ein, in der die für das eigene Leben bedeutsamen Faktoren (Grundüberzeugungen, Werte usw.) auf → Dauer gestellt werden, Ewigkeitswert haben oder ihnen zumindest eine durch die Kette der Generationen hindurch sich erstreckende Zukunft zugesprochen werden (→ Kontinuität). Entsprechend weit wird zumeist in die Vergangenheit zurückgegriffen.

Das G. macht aus den Geschehnissen der Vergangenheit eine Geschichte für die → Gegenwart. Dadurch erhält das, was in der → Zeit ereignishaft-kontingent geschieht, einen durch den Wandel der Zeit sich hindurch erstreckenden ‹Sinn›. Dieser Sinn geht in der Form einer Zeitverlaufsvorstellung in die kulturellen Orientierungen aktuellen individuellen und gesellschaftlichen Handelns ein. Die für das G. maßgebende geistige Tätigkeit ist das Erzählen einer Geschichte (→ Narration). Allerdings ist nicht jeder Vorgang des Erzählens schon eine Leistung des G.s, wohl aber ist jeder mentale Akt des G.s Teil einer narrativen Prozedur. Spezifisch historisch ist Erzählen dann, wenn es sich auf die Erfahrung der Vergangenheit bezieht, wie sie in der Erinnerung lebensmächtig wirksam ist. Aufgrund dieses Erfahrungsbezuges ist G. grundsätzlich mehr als nur eine fiktionale → ‹Konstruktion› oder ‹Erfindung›, wenn auch die für das historische Erzählen maßgeblichen Sinnkriterien eine erfahrungsüberschreitende normative Seite haben.

Die kulturelle Funktion des G.s stellt eine nur ihm mögliche Orientierung von Handlungssubjekten (Individuen und Kollektiven) dar, die die zeitliche Dimensionierung ihres Handelns nach innen und außen als sinnhafte, also der Absichtsgeleitetheit des menschlichen Handelns zugeordnet, erscheinen lässt. Als Orientierung ‹nach außen› bestimmt sie die Zeitperspektive, in der das menschliche Handeln zweckbestimmt – bewusst und unbewusst – vollzogen wird (bestes Beispiel einer solchen Perspektive in der Moderne ist die Fortschrittskategorie; → Geschichtsphilosophie); ‹nach innen› dient sie der Selbstvergewisserung der Subjekte im Wandel der Zeit, der Formierung ihrer → Identität als Synthese faktischen Gewesenseins und normativer Selbstentwürfe im Verhältnis zu anderen (paradigmatisch für die Moderne ist das historische Konzept der Nation).

Beide Orientierungsleistungen werden sinn-rational (also nicht mit instrumenteller Rationalität) geregelt. Diese Sinnrationalität hat verschiedene Dimensionen: eine ästhetisch-imaginative, eine kognitiv-rationale und eine politisch-moralische. Diese Dimensionen sind nicht aufeinander reduzierbar und stehen in einem engen und komplexen Bedingungs- und Abhängigkeitsverhältnis. Sie folgen je spezifischen Gesichtspunkten der Praktikabilität und Plausibilität: in der ästhetischen Dimension dem Gesichtspunkt poetischer Kohärenz (‹Schönheit›), in der kognitiven dem Gesichtspunkt logischer Stimmigkeit und der Erfahrungskontrolle (‹Wahrheit›) und in der politisch-moralischen dem Gesichtspunkt rhetorischer Überzeugungskraft für die Belange der Legitimität menschlicher Lebensordnungen (‹Macht›; → Gesetz, → Moral, → Politik, → Rhetorik).

In den kulturellen Praktiken gesellschaftlichen Lebens realisieren sich die Leistungen des G.s in der komplexen Verflechtung dieser Dimensionen zum Gesamtphänomen der *Geschichtskultur*. Sie bringt in sozialen Kämpfen um Anerkennung Geltungsansprüche der jeweiligen Subjekte zum Ausdruck und orientiert den politischen Machtkampf an Gesichtspunkten der Legitimität (vor allem an dem der Anschlussfähigkeit von Herrschaft an lebenspraktisch wirksame → Traditionen). Sie ist wie jede kulturelle Leistung medial gebunden, bezieht alle Möglichkeiten menschlicher Sinnbildung (Ton, Bild und Wort) ein und differenziert sich in eine Fülle unterschiedlicher Praktiken und Institutionen aus. Je nach der epochalen Vorherrschaft der mündlichen Rede (→ Oralität), der → Schrift oder der neuen bildlichen und digitalen Medien (→ Computer, → Fernsehen, → Film, → Fotografie) prägt sie sich unterschiedlich aus. Sie folgt in der Vielfalt ihrer Gestaltungen übergreifenden Sinnkriterien, die elementare Gesichtspunkte des Erzählens und seiner praktischen Bedeutung der lebenspraktischen Orientierung darstellen.

Wenn man G. als narrative Sinnbildung über Zeiterfahrung definiert, dann ist es anthropologisch universal. Es prägt sich freilich immer kulturspezifisch aus, sodass man z. B. ein ‹mythisches› von einem (im engeren Sinn) ‹historischen› Zeitbewusstsein unterscheiden kann (→ Mythos, → Sage). Im ersten Fall liegt die für die lebenspraktische Orientierung wesentliche Zeit außerhalb innerweltlicher Ereignisfolgen (‹ursprüngliche› oder göttliche Zeit), im letzteren Fall innerhalb ihrer (weltliche Zeit). Systematisch angelegte Kulturvergleiche gibt es wenige, und auch die Erforschung kulturübergreifender Entwicklungen der historischen Sinnbildung ist noch wenig fortgeschritten. Ein besonderes Forschungsdesiderat stellt die Ontogenese des G.s dar. Eine entsprechende Ausrichtung der Entwicklungspsychologie, wie auch der Psychoanalyse, steckt noch in den Anfängen.

J. Rüsen (Hg.), Geschichtsbewusstsein. Psychologische Grundlagen, Entwicklungskonzepte, empirische Befunde, Köln 2001; M. Angvik/B. v. Borries, Youth and History. A Comparative European Survey on Historical Consciousness and Political Attitudes among Adolescents, 2 Bde., Hamburg 1997; B. v. Borries/J. Rüsen (Hg.), Geschichtsbewußtsein im interkulturellen Vergleich, Pfaffenweiler 1994; J. Rüsen, Was ist Geschichtsbewußtsein?, in: ders., Historische Orientierung. Über die Arbeit des Geschichtsbewußtseins, sich in der Zeit zurechtzufinden, Köln 1994, S. 3–24; J. Assmann, Das kulturelle Gedächtnis. Schrift, Erinnerung und politische Identität in frühen Hochkulturen, München 1992; P. Ricœur, Zeit und Erzählung, 3 Bde., München 1988–1991.

Jörn Rüsen

II. *In der Psychologie:* Das G. einer Person umfasst das erworbene → Wissen um historische Sachverhalte (Ereignisse, Prozesse und Zusammenhänge), kann aber nicht darauf reduziert werden. Als theoretischer, im Kern psychologischer Begriff, der in neuerer Zeit maßgeblich von Vertretern der Geschichtstheorie und -didaktik, sodann auch innerhalb der Psychologie und ihrer Nachbardisziplinen entwickelt wurde (Straub 1998), bezieht er sich nur in zweiter Linie auf historische Wissensbestände, die sich in Abhängigkeit von soziokulturell dominierenden Standards (→ Kanon, → Kultur, → Selektion), sozialer und biographischer Lage, Entwicklungs- und → Erfahrungsstand des Individuums bekanntlich beträchtlich ändern. Primär bezeichnet der psychologische Terminus die ebenso fundamentale wie komplexe kognitive Kompetenz, Vergangenheitsdeutung, Gegenwartsverständnis und Zukunftsperspektive sinnvoll miteinander zu verknüpfen (Jeismann 1988; → Kognition, → Bewusstsein, → Zeit). Die Fähigkeit, eine Abfolge singulärer → Ereignisse als sinnhaft strukturierten Zeitverlauf und Zeitzusammenhang zu artikulieren und zu reflektieren, setzt die gedächtnisbasierte «Analyse vergangener Prozesse oder Verhältnisse», die «einordnende Deutung in historische Zusammenhänge» sowie die «Herstellung einer wertenden Beziehung zur Gegenwart» voraus (S. 15). Die an Standpunkt und Perspektive einer → Gegenwart sowie ein spezifisches Selbstverhältnis gebundene → Konstruktion von → Geschichte macht das G. zum «historischen Selbstbewußtsein», das für die praktische Orientierung und Identitätsbildung reflexiver Subjekte höchst bedeutsam ist (Straub 1998, S. 124ff.).

Als spezifischer Modus der kognitiven Organisation kollektiver Erfahrungen und Erwartungen begreift das G. die Wirklichkeit prinzipiell als kontingent und «im Horizont ihrer Veränderlichkeit» (H. Leitner, *Gegenwart und Geschichte*). Das G., das sich in der einen oder anderen Weise auf das → kollektive Gedächtnis einer Gesellschaft bzw. Gemeinschaft sowie deren (institutionalisierte und informelle) Erinnerungspraktiken stützen muss, kann psychologisch als eine Form des Denkens bestimmt und von anderen Formen menschlicher → Intelligenz unterschieden werden, namentlich etwa von der theoretischen und praktisch-moralischen Vernunft sowie der ästhetischen Urteilskraft. Da für die gedächtnisbasierte Konstruktion historischer Zeitverläufe und Zeitzusammenhänge das Erzählen von Geschichten (→ Narration) unerlässlich ist, kann das G. kompetenz- und strukturtheoretisch wie folgt definiert werden: G. ist die orientierungsbildende, narrative Konstruktion einer als sinnstrukturierte Verlaufsgestalt konzipierten Einheit zeitlicher Differenzen, wobei – im Unterschied zum → autobiographischen Gedächtnis – grundsätzlich kollektiv bedeutsame Erfahrungen und Erwartungen artikuliert werden; der Begriff fasst diese Konstruktion zugleich als Handlungsergebnis, als symbolische Praxis und als kognitiv-strukturelle Voraussetzung, die Individuen erfüllen müssen, um an dieser Praxis teilhaben zu können; Individuen, die diese Voraussetzungen entwickelt haben, verfügen entsprechend über historisch-narrative Kompetenz. Die Entwicklung des G.s ist – sowohl im Zusammenhang mit der Entwicklung anderer Kompetenzen als auch im Hinblick auf sozialisatorische Strukturen und Praktiken – bislang nur in Ansätzen erforscht (P. Seixas in: Straub 1998; → Sozialisation). Häufiger werden zu diesem Zweck systematisch angelegte Typologien des G.s entwicklungspsychologisch interpretiert. Generell ist die empirische Untersuchung des G.s noch immer defizitär, wobei zu Recht auch weitere kulturvergleichende Studien gefordert werden (S. Wineburg in: Straub 1998; v. Borries 1997). Weitgehende Einigkeit besteht nicht zuletzt darüber, dass sich die theoretische Bestimmung und empirische Erforschung historischer Sinnbildungsprozesse nicht allein auf die Untersuchung des G.s als Statthalter der lebensweltlichen und wissenschaftlich-methodischen historischen Vernunft beschränken darf. Ob diesbezüglich weitere terminologische Unterscheidungen eingeführt werden (so grenzt K.-E. Jeismann Geschichtsverlangen, Geschichtsbild, historisches Verstehen und das G. voneinander ab) oder nicht: Es steht außer Frage, dass die gedächtnisbasierte Konstruktion historischer ‹Wirklichkeiten› von manifesten emotionalen und affektiven Faktoren ebenso geprägt sein kann (→ Emotion) wie von partikularen Sichtweisen und Interessen, schließlich von nicht-rationalen, unbewussten und demzufolge latenten Motiven und Wünschen – sowohl im psychodynamischen Sinne der Psychoanalyse (→ S. Freud) als auch im Sinne soziokultureller Utopien oder Tabus (Rüsen/Straub 1998).

J. Rüsen/J. Straub (Hg.), Die dunkle Spur der Vergangenheit. Psychoanalytische Zugänge zum Geschichtsbewußtsein, Frankfurt/M. 1998; J. Straub (Hg.), Erzählung, Identität und historisches Bewußtsein. Die psychologische Konstruktion von Zeit und Geschichte, Frankfurt/M. 1998; B. v. Borries, Geschichtsbewußtsein – Empirie, in: K. Bergmann u. a. (Hg.), Handbuch der Geschichtsdidaktik, 5. Aufl. Seelze-Velber 1997, S. 45–51; K.-E. Jeismann, Geschichtsbewußtsein als zentrale Kategorie der Geschichtsdidaktik, in: G. Schneider (Hg.), Geschichtsbewußtsein und historisch-politisches Lernen, Pfaffenweiler 1988, S. 1–24.

Jürgen Straub, Carlos Kölbl

Geschichtsphilosophie

In der Philosophie die Erkenntnis der → Geschichte in theoretischer, moralischer oder ästhetischer Absicht; historisch im Kontext der europäischen Aufklärung des 17. und 18. Jh.s entstehende Systementwürfe, die sich programmatisch um die Konstruktion von ‹Geschichte› als Erkenntnisgegenstand in theoretischer, moralischer oder ästhetischer Absicht bemühen. Grundlegend ist dabei die Herausbildung des Geschichtsbegriffs als «Kollektivsingular» (Koselleck 1979), der historiographisch die Ablösung der *res gestae* durch die *historia rerum gestarum* entspricht. Im Rahmen von G. erhält ‹Erinnerung› den Status einer philosophischen Spekulation, die nicht auf die bewahrende → Tradierung der → Vergangenheit, sondern auf die (prospektive) Konstruktion von Zusammenhang, Ganzheit und Geschlossenheit zielt. Im Unterschied zur Ereignisreihung in Form von → Annalen oder → Chroniken unterstellt die G. dabei eine erkennbare und analog zu den Naturwissenschaften beschreibbare Gesetzmäßigkeit der Geschichte, die somit als ‹Universal›- bzw. ‹Gattungsgeschichte› (im Unterschied zu Partikulargeschichten einzelner → Nationen, Individuen oder Ereignisverläufe) und als deren Subjekt bzw. Movens der Mensch als rationales Wesen (im Unterschied zu Gott, Natur oder Zufall) erscheint.

Neben dem systematischen und universalistischen Geschichtsbegriff ist für G. die Ersetzung antiker und mittelalterlicher Kreislaufmodelle des Geschichtsverlaufs durch die Idee des historischen Fortschritts konstitutiv, die sich etwa in dem von J.-J. Rousseau geprägten Begriff der *perfecti-bilité* manifestiert (vgl. → Kontinuität). Obwohl bei Rousseau skeptisch beurteilt, wird die Annahme einer zunehmenden Vervollkommnung der menschlichen Gattung vor allem in Deutschland überwiegend optimistisch diskutiert (C. M. Wieland, J. G. Herder, M. Mendelssohn, I. Kant, F. Schlegel, J. G. Fichte; in Frankreich: M.-J.-A. Condorcet). Auf der Ebene der Metaphorik treten dabei zunehmend mathematische Modelle (Linearität, Progression, Asymptote) an die Stelle von organischen Kreislaufmetaphern (Jahreszeiten, Menschenalter, Vegetationszyklen). Unter dem Aspekt der Teleologie lässt sich G. als säkularisierte Form von Geschichtstheologie beschreiben, wobei semantisch von göttlicher Vorsehung auf vernunftgeleitete Praxis, von religiöser Heilserwartung auf die Zunahme wissenschaftlicher Erkenntnis und von apokalyptisch-transzendenten Konzepten auf die Erreichung eines immanenten, politisch-ökonomischen Idealzustands (Freiheit, Mündigkeit, allgemeine Wohlfahrt) umgestellt wird.

Die Affirmation des Fortschrittskonzepts impliziert theoretisch eine radikale Entwertung des → kulturellen Gedächtnisses, insofern die Kontingenzerfahrung der → Gegenwart nicht in der Besinnung auf überkommenes Handlungs- und Orientierungswissen, sondern im Hinweis auf eine zukünftige Vervollkommnung bewältigt wird. Die normative Kraft sittlicher oder ästhetischer Vorbilder wird grundlegend relativiert: Der projektierte Gattungszweck ist aktuell im Zustand der Entäußerung; seine Aneignung ist historisch nicht verwirklicht, sondern bleibt Aufgabe jeweils folgender Generationen. Die Operation der Erinnerung verlagert sich somit von der → Vergangenheit auf die → Zukunft (→ Erwartung, → Vorausschau): Beim frühen Schlegel etwa erscheint die → (Re-)Konstruktion antiker Vorbilder (→ Antike) selbst als Ziel eines erst noch zu beginnenden und prinzipiell unabschließbaren ‹Studiums›.

R. Koselleck, Vergangene Zukunft. Zur Semantik geschichtlicher Zeiten, Frankfurt/M. 1979; P. Szondi, Poetik und Geschichtsphilosophie, 2 Bde., Frankfurt/M. 1974; F. Schlegel, Vom Wert des Studiums der Griechen und Römer (1795/96), in: Kritische Friedrich-Schlegel-Ausgabe, Bd. 1, Paderborn 1979, S. 621–642; M.-J.-A. Condorcet, Entwurf einer historischen Darstellung der Fortschritte des menschlichen Geistes (1795), Frankfurt/M. 1976.

Christoph Neubert

Geschmack

I. *In der Psychologie:* G. und Geruch stellen die beiden ältesten Sinnessysteme dar, wobei der G.s-Sinn ein reiner Nahsinn ist (Seiden 1997; Doty 1995). Die Differenzierung zwischen schmackhafter, bekömmlicher und krank machender Nahrung stellt eine wichtige Überlebensstrategie dar. Hinzu kommt, dass – gerade beim Menschen – die geschmackliche Verarbeitung mit dem Trieb der Nahrungsbefriedigung einhergeht und dem psychischen Wohlbefinden dient. Die Nahrungsprüfung, die Steuerung der Nahrungsaufnahme und Nahrungsverarbeitung charakterisieren die Aufgaben des G.s-Sinns; weiterhin die Steuerung der Sekretion der Verdauungsdrüsen und auch das Erbrechen.

G. wird in der Mundhöhle und hier vor allem auf der Zunge über sekundäre (axonlose), sich beim Menschen etwa im Wochenrhythmus regenerierende Sinneszellen registriert. Man unterscheidet im Grundsatz fünf primäre Geschmacksqualitäten: süß, sauer, salzig, bitter und umami (Mononatrium-Glutamat). Die früher behauptete regionale Aufteilung der Grundgeschmacksqualitäten hält neuen Forschungen nicht stand. Im → Alter hat man nur noch etwa ein Drittel so viel Geschmackszellen wie in der Kindheit. Trägerstrukturen für die Geschmacksorgane (Geschmacksknospen) sind Schleimhautfalten, die sog. Papillen. Der adäquate Reiz für die Geschmackszellen sind organische und anorganische, meist nichtflüchtige Stoffe. Da die Geschmacksbahnen vor allem auf limbischer Hirnebene ihren direkten Abschluss finden (→ limbisches System), ist eine Ankoppelung an die vorwiegend limbisch gesteuerten Vorgänge von → Emotion und Gedächtnis impliziert: Die Bewertung von Nahrung und das langfristige Assoziieren bestimmter Nahrung mit positiven oder negativen Gefühlen haben evolutionär betrachtet einen Überlebenswert (Schutz vor Vergiftung, Selektion gesunder Kost). Zentrale Hirnregionen für die Evaluation und für die auf die langfristige Abspeicherung ausgerichtete → Selektion (→ Kanalisierung) vorverarbeiteter perzeptueller → Information sind die → Amygdala und der insuläre Cortex. Ihre Verbindung mit dem Geschmackssinn unterstreicht die Verflechtung von Erinnerung und Affekt auch schon für ein Sinnessystem, das zumindest im Humanbereich selten Erwähnung findet.

A. M. Seiden (Hg.), Taste and Smell Disorders, New York 1997; R. L. Doty (Hg.), Handbook of Olfaction and Gustation, New York 1995.

Hans J. Markowitsch

II. *In der Kulturwissenschaft:* G. und → Geruch bilden die Komponenten eines gemeinsamen Oralsinns, der mit dem für → Emotion, Synästhesie und Gedächtnis wichtigen → limbischen System direkt verbunden ist. Die Alltagserfahrung bestätigt die engen Zusammenhänge von Schmecken und Riechen mit Affekten, → Assoziationen und Erinnerungen. Die oralsinnlichen Eindrücke sind in besonderem Maß dazu prädestiniert, vergangene Situationen ins Gedächtnis zu rufen, wobei zumeist deren atmosphärische (Tellenbach 1968) und emotionale Gehalte in den Vordergrund treten. Dieser psychische Sachverhalt korreliert mit physiologischen Dispositionen (→ Hippocampus). Die an G.s-Empfindungen geknüpften Erinnerungsbilder können sich gelegentlich zur Intensität unmittelbarer Sinneswahrnehmungen steigern, der Einzelne erlebt dies als eine Art → Zeitreise in die Milieus und zu den Körpergefühlen seiner → Vergangenheit, oft seiner → Kindheit. Prominentes literarisches Beispiel für einen solchen geschmacklichen Erinnerungsauslöser ist der Genuss eines Madeleine-Gebäcks bei → M. Proust (→ *mémoire involontaire*). G.s-Prägungen sind am Aufbau sozialer Orientierungen und privater Weltbilder beteiligt, G.s-Erinnerungen stiften dementsprechend lebensgeschichtliche Ordnung und Kontinuität. Sie liefern häufig – weniger rational als affektiv verbürgte – langlebige Gewissheiten über (bereits in frühkindlichem Entwicklungsstadium erworbene) Kategorien wie gut und schlecht, nah und fern, vertraut und fremd, → Identität und Alterität. Demzufolge eignen sie sich auch für die Begründung von Lebensmaximen (z. B. Fragen der Erziehung, der Selbstbehauptung, der → Moral oder des Umgangs mit Dingen betreffend). Obwohl in seinen Anmutungen als individuell und unveräußerlich erlebt, ist G. zugleich ein sozialer Sinn, der intersubjektiv geteilte Erfahrung in Selbstwahrnehmung umwandelt. Die mit ihm assoziierten Erinnerungen beschwören in situativen Gestaltungen den sozialen Mikrokosmos (z. B. Familie, Freundeskreis) wie auch den zeitgeschichtlichen Makrokosmos (z. B. Notzeiten, Wirtschaftswunder) herauf und haben deshalb trotz ihrer Intimität teil am kommunikativen, → kulturellen und → sozialen Gedächtnis. Empirische Erhebungen (Hartmann 1994) haben gezeigt, dass G.s-Erinnerungen zumeist episodisch (→ episodisches Gedächtnis), hierbei aber vielfach paradigmatisch sind: Oft repräsentieren sie elementare → Erfahrungen bzw. Gefühle (z. B. Geborgenheit, Verrat, Aufbegehren, Demütigung) und verknüpfen diese mit Empfindungen von kulinarischem Genuss bzw. Ekel. Der soziale Prestigewert der genossenen Speisen spielt für die Bewertung der jeweiligen G.s-Erinnerung eine lediglich untergeordnete Rolle, entscheidend ist die Prägnanz der kulinarischen Situation und damit verbunden ihre Memorierbarkeit. Die memorierten G.s-Erlebnisse (→ Erlebnis) verteilen sich über das gesamte Bedeutungsfeld zwischen der randständigen Episode und dem essenziellen Symbol biographischer und sozialer Sinnstiftung (→ Autobiographie). In ihrer Eigenschaft als Schlüsselsymbole sind sie enorm zeitresistent und oftmals von großer Genauigkeit. Was sie auf den Punkt bringen, sind vorrangig die affektiven Lebensbindungen: Stimmungen, Wünsche, Ängste, Zuneigung, Abneigung usw.

A. Hartmann (Hg.), Zungenglück und Gaumenqualen. Geschmackserinnerungen, München 1994; H. Tellenbach, Geschmack und Atmosphäre. Medien menschlichen Elementarkontaktes, Salzburg 1968.

Andreas Hartmann

Gesetz

Feste Regel, die entweder die Norm gesellschaftlichen oder religiösen ‹Sollens› *vorschreibt* oder den ‹vorgeschriebenen› Ablauf und die Beziehung von Sachverhalten induktiv *beschreibt*. Außerhalb der Religion spielen G.e in den Natur-, Rechts-, Sozial- und Geisteswissenschaften eine Rolle. Naturwissenschaftliche G.e sind Ausdruck eines Geschehens, das sich unabhängig von der Beschreibung vollzieht; im Feld der → Kultur hingegen sind jene G.e entscheidend, die allererst etwas geschehen machen, deren → Vergessen also feste Ordnung destabilisiert und transformiert. In der jüdisch-christlichen Religion zeigt die Stiftung des G.es seine komplexe Form von Erinnern und Vergessen im Buch *Exodus*. Die durch Moses von Gott empfangenen Zehn Gebote stiften einen neuen Raum (→ Gründung), der sich zwischen einer einzigartigen Wahrheit und ihrer Verfehlung erstreckt und der Verehrung eines einzigen Gottes dient. Der *absolute* Grund des G.es des Neuen Bundes setzt die Normen des Staates außer Kraft und begründet damit eine unhintergehbare → Tradition. In der Offenbarungsreligion ist der Grund des G.es nicht hinterfragbar, es bleibt allein, die G.e zu überliefern und ihren Bestand zu sichern (→ Tradierung). Aufgrund dieser Unantatstbarkeit taugt der Exodus selbst als politisch zitierbare Grundlage revolutionärer Neuordnungen (→ Revolution). Die Gebote wurden auch als ‹normative Inversion› gewertet, als Kontradistinktion zu einem gesellschaftlichen Raum, von dem es sich abzusetzen gilt: So versteht W. Warburton das Zweite Gebot, «Du sollst dir kein Bildnis machen», als Bruch mit der ägyptischen → Mnemotechnik und ägyptischem → Wissen. Dadurch entsteht im neuen G. eine «Mnemotechnik des Vergessens» (J. Assmann, *Moses der Ägypter*).

Die Gefahr bei der Einsetzung von positiven G.en, d. h. G.en, die nicht ursprünglich durch eine transzendentale Macht begründet wurden, beschreibt I. Kant, der die ‹Anfangslosigkeit› der bürgerlichen Gesellschaft und die Unvollständigkeit ihrer «Geschichtsurkunde» anmerkt und es als «sträflich» erachtet, dem fehlenden Grund mit dem Ziel nachzuforschen, die bestehende Verfassung zu ändern: Der aufgeschobene → Ursprung wird hier als Gefährdung verstanden und muss daher geschützt werden *(Metaphysik der Sitten)*. Da positives Recht den Rückgriff auf eine unhintergehbare Ordnung (z. B. die Natur) aufgibt, d. h. in umfassendem Sinn kontingent ist, wird es zum potenziellen Objekt von Negation, Veränderung und Vergessen (N. Luhmann, *Die Gesellschaft der Gesellschaft*). In der Weimarer Republik bringt C. Schmitt die These von quasi-kanonischen Regeln der Verfassung ein, deren Reproduktion ebendieser Kanonregel, also der Nicht-Veränderbarkeit, unterliegen soll (→ Kanon). Gegenstück dieses affirmativen Erinnerns ist das radikale Vergessen (→ Zerstörung), das bei einer neuen Aktivität des Grundes der Verfassung, des *pouvoir constituant*, in Kraft tritt (C. Schmitt, *Verfassungslehre*). Im gegenwärtigen Grundgesetz der Bundesrepublik Deutschland sind die Artikel 1 bis 20 durch den Artikel 79, Abs. 3 vor Veränderungen geschützt. Damit sind sie formal ‹verewigt› und der Problematik der Kontingenz entzogen; die Praxis zeigt hier allerdings die Differenz von Anspruch und Realität auf (D. Conrad, *Zum Normcharakter von «Kanon» in rechtswissenschaftlicher Perspektive*).

M. Schneider, Das Gesetz des Vergessens – Das Vergessen des Gesetzes, in: Ch. Klammerer u. a. (Hg.), Die totale Erinnerung. Sicherung und Zerstörung kulturhistorischer Vergangenheit und Gegenwart in den modernen Industriegesellschaften, Bern u. a. 1997, S. 27–42; H. D. Gondek/P. Widmer (Hg.), Ethik und Psychoanalyse. Vom kategorischen Imperativ zum Gesetz des Begehrens: Kant und Lacan, Frankfurt/M. 1994.

Torsten Hahn

Gespenster

Im europäischen Volksglauben gelten G. als Totengeister von Verstorbenen, deren Seelen aufgrund eines Unrechts, das sie zu Lebzeiten entweder selbst erfahren oder anderen zugefügt haben, nicht erlöst werden können

(→ Tod; vgl. → Rache, → Wiedergeburt). Um dieses Unrecht erinnerbar zu halten (→ Gerechtigkeit), suchen sie die Lebenden mit insistierender Regelmäßigkeit an spezifischen Orten sowie zu bestimmten Jahres- und Nachtzeiten heim. G. markieren demnach den Einbruch einer unabgeschlossenen → Vergangenheit in die → Gegenwart.

Müssen Geister erst beschworen und durch Intervention besonders begabter Medien stets aufs Neue adressiert werden (vgl. → Geistmedien), erscheinen G. hingegen selbst als Adressaten, die, gleichsam unaufgefordert, in der spukenden Wiederkehr Kontaktaufnahme mit den Lebenden erzwingen. Aber nur selten leitet dieser Kontakt eine erfolgreiche – Mitteilung und Information im Verstehen unterscheidende – Kommunikation ein. Denn anders als Geister, deren Kommunikation aus dem Jenseits ins Diesseits ‹übersetzt› wird, äußert sich eine gespenstische Heimsuchung als bloße Beharrlichkeit einer Mitteilung ohne erkennbaren Informationsbezug, einer Mitteilung, die nichts auszusagen scheint, außer dass sie eine Mitteilung ist und als solche wahrgenommen werden will: Während bei der Beschwörung von Geistern eine Kommunikation zwischen Toten und Lebenden gelingen kann, weil ein Medium zwischengeschaltet wird, entgrenzen G. die Unterscheidung zwischen Medium und Kommunikand, Mitteilung und Information, um so zwar ein Interpretations*desiderat* auszulösen, letztlich aber immer auf eine «Interpretationssperre» (Barthes 1985, S. 117) zuzusteuern. So erhält der Heimgesuchte nie Gewissheit über die Bedeutung dessen, was der Spuk meint.

Als «Da-Sein eines Abwesenden oder eines Entschwundenen» (Derrida 1996, S. 22) können G. nur mehr »als Möglichkeit» (ebd., S. 30) gedacht werden. Sie widerlegen eine Zeitauffassung, die den Zeithorizont als vergangene und zukünftige Modalisierungen der → Gegenwart differenziert, indem sie als Totengeister unerlöster Seelen aus der → Vergangenheit heraus – nur selten als Verkünder des Bevorstehenden aus der → Zukunft (→ Vorausschau) – in die präsente Aktualität einbrechen, um diese als gleichzeitige Ungleichzeitigkeit unterschiedlicher Zeithorizonte und -schichten zu spalten. «Wenn es so etwas gibt wie die Spektralität, das Gespenstige, dann gibt es Gründe, die […] beruhigende Ordnung der Gegenwarten anzuzweifeln, und vor allem die Grenze zwischen der Gegenwart, der aktuellen oder präsenten Realität der Gegenwart, und allem, was man ihr gegenüberstellen kann» (ebd., S. 69 f.). Die gespenstische Öffnung des präsenten Augenblicks ist unheimlich, denn sie nötigt, die (tote) Vergangenheit als ebenso unabgeschlossen wie unabgegolten (lebendig) zu denken. Doch wird in der

→ Wiederholung des Spuks die Erinnerung an ihre Unabgeschlossenheit nicht nur aufrechterhalten, sondern auch eingefordert (vgl. → Eingedenken).

Die Sichtbarkeit eines Gespensts ist im europäischen Kontext weitgehend an die individuell identifizierbaren, aber nur als immaterielle Erscheinungsbilder gedachten → Körper von Verstorbenen gebunden. Im Unterschied zu Vampiren jedoch werden G. als immaterielle Erscheinungsbilder gedacht, die von jeder organischen Reproduktion ausgeschlossen sind. Lediglich über die Fernsinne des Sehens, seltener des Hörens, wahrnehmbar, halten sie so die Erinnerung an einzelne Seelen in Form von stets unerwartet auftauchenden Bildern wach. Diese figürliche Immaterialität prädestiniert sie als → Metapher zur Beschreibung analoger Medien, die in der Projektion der Aufzeichnung das reale Bild eines vergangenen Augenblicks aktualisieren (→ Fotografie, → Phonograph).

A. F. Gordon, Ghostly Matters. Haunting and the Sociological Imagination, 2. Aufl. Minneapolis 1998; J. Derrida, Marx' Gespenster. Der Staat der Schuld, die Trauerarbeit und die neue Internationale, 2. Aufl. Frankfurt/M. 1996; ders., Die Tode des Roland Barthes, in: H.-H. Henschen (Hg.), Roland Barthes, München 1988, S. 31–73; R. Barthes, Die helle Kammer, Frankfurt/M. 1985.

Natalie Binczek

Gestalt

Zentraler Begriff der G.-Psychologie; Form oder → Struktur einer wahrgenommenen oder erinnerten Reizkonfiguration, ein Ganzes, das mehr ist als die Summe seiner Teile. Das anti-elementaristische Erkenntnisinteresse der Gestalt-Psychologen war auf die Bedingungen von Reizsituationen und auf die Ergebnisse ihrer Verarbeitung gerichtet. Unterschiede zwischen Reizstrukturen und deren → Reproduktionen wurden als aktive Umstrukturierungen (→ aktives Formgedächtnis), als Ausdruck der eigendynamischen Organisationstendenz des Organismus erklärt. Daraus erschlossene Veränderungen während des Behaltens werden auf G.-Gesetze zurückgeführt: Komplexere Muster neigten nach mehrfacher → Reproduktion zu einer allmählichen Veränderung in Richtung auf mehr Geordnetheit, Vollständigkeit und relative Einfachheit, d. h. Prägnanz. Prägnanztendenzen wurden auch bei der Reproduktion sprachlicher Inhalte beschrieben: → Ereignisse werden beim Wiedererzählen von Geschichten (→ Narration) in eine chronologische Abfolge gebracht, Störungen wie nicht zugehörige Einzelheiten ausgeschieden und ‹wesentliche› Merkmale hervorgehoben, sodass die Nacherzählung im Vergleich zum Original eine bessere G. aufweist. Als gut belegt gelten folgende allgemeine Behauptungen: Das Gedächtnis ist für geordnetes Material besser als für ungeordnetes (→ Gedächtnisstrategie, → Mnemotechnik), für bedeutungsvolles besser als für bedeutungsloses (→ Sinn, → Verarbeitungstiefe) und für Material mit persönlichem Bezug besser als für gleichgültiges Material (→ Autobiographie), d. h., gute G.en werden besser erinnert. Zu den Befunden der Gestalt-Psychologie gehört außerdem der Zeigarnik-Effekt: B. Zeigarnik, eine Schülerin K. Lewins, konnte im Experiment zeigen, dass unvollendete Handlungen besser behalten werden als vollendete (Metzger 1986). Dieser (mittlerweile durch eine uneindeutige Befundlage relativierte) Effekt wurde dadurch erklärt, dass die unvollendete G. willenspsychologisch in Richtung auf ihre Vervollständigung weiterwirke.

Dass gespeichertes Material eine aktive Umorganisation in Richtung auf Bedeutung erfährt, behauptete auch → F. C. Bartlett, der annahm, dass ein aus vergangenen Erfahrungen und Reaktionen immer wieder aktiv reorganisiertes → Schema derartige Prozesse bestimmt. Mit der G.-Psychologie teilte er damit die Ablehnung assoziationistischer (→ Assoziation) Gedächtniskonzeptionen. Wiederaufgegriffen wurde die Annahme von aktiven, konstruktiven (→ Konstruktion) Gedächtnisprozessen zur Entwicklung neuer, gut integrierter Strukturen von der kognitiven Psychologie und ihrer Kritik am behavioristischen Reiz-Reaktionsparadigma, wobei dort das Erkenntnisinteresse stärker auf die Prozesse und Operationen gerichtet ist, durch die bestimmte Ergebnisse zustande kommen. Kritisiert wurde am gestaltpsychologischen Ansatz, dass er aus Beschreibungen von geeigneten Reizkonfigurationen und deren Reproduktionen Erklärungen im Nachhinein ableite, also Zustandekommen und Wirken von G.en eher beschreibe als erkläre. Die kognitive Psychologie (→ Kognition) stelle insofern einen theoretischen Fortschritt dar, als sie sich den zugrunde liegenden Verarbeitungsprozessen zuwende (Flores d'Arcais 1975).

M. Stadler/P. Kruse, Visuelles Gedächtnis und das Problem der Bedeutungszuweisung in kognitiven Systemen, in: S. J. Schmidt (Hg.), Gedächtnis – Probleme und Perspektiven der interdisziplinären Gedächtnisforschung, Frankfurt/M. 1991, S. 250–266; W. Metzger, Gestaltpsychologie – ausgewählte Werke aus den Jahren 1950 bis 1982, Frankfurt/M. 1986; G. B. Flores d'Arcais, Einflüsse der Gestalttheorie auf die moderne kognitive Psychologie, in: S. Ertel/L. Kemmler/M. Stadler (Hg.), Gestalttheorie in der modernen Psychologie, Darmstadt 1975.

Barbara Keller

Gewissen

Begriffsgeschichtlich zunächst Mit-Wissen der Tat eines anderen, dann ein das eigene Verhalten begleitendes → Wissen, das sich vorwiegend auf mit den moralischen Normen nicht zu vereinbarende Handlungen bezieht (→ Moral). Das G. ist nicht als bloße Begriffskonstruktion aufzufassen, sondern hat unabhängig von seiner jeweiligen historischen Ausprägung einen «anthropologischen Kernbestand» (Kittsteiner 1991, S. 18). Als schlechtes G. erinnert es an begangene Vergehen und erhält so einen zeitlichen Bezug, dessen Reichweite unterschiedlich eingeschätzt wurde. Während die mittelalterliche Scholastik Erbsünde, ewige Höllenstrafe und letztes Gericht lehrt, entwickelt sich nach der Reformation die Auffassung einer schon zu Lebzeiten möglichen → Buße. Dies geht einher mit einer Verlagerung der Kontrollfunktion: Diese liegt nicht mehr bei der göttlichen Strafgewalt (→ Strafe), die von außen an Sünden erinnert, sondern im Gedächtnis und G. des Einzelnen, der nun aus sich selbst heraus auf seinen Lebenswandel zu achten hat. Hinsichtlich der Bewertung einzelner Handlungen hat das G. nicht nur die Aufgabe, rückblickend zu urteilen *(conscientia consequens)*, sondern auch – auf ein künftiges Gericht – vorausschauend *(conscientia antecedens*; → Erwartung, → Vorausschau).

Dass sich das G. subjektiv-willentlicher Steuerung weitgehend entzieht, zeigt sich in seiner Zuweisung an das Gewitter als Erinnerungs- und Strafinstanz in der Tradition des Mittelalters genauso wie in seiner häufigen Figurierung als Stachel, nagendes G., G.s-Biss. Die mahnende Stimme ist seit → Augustinus bevorzugte Metapher für das G., entspricht allerdings darüber hinaus einer Affinität mit dem Akustischen, die sich vom alttestamentarischen, bei der Übergabe der Gebote am Berg Sinai donnernden Gott, über das verinnerlichte G. und die Vorstellung der Predigt als Donnerwort bis hin zu → S. Freud (1923/1940) verfolgen lässt, der die Inhalte des G.s auf das von den Eltern Gehörte zurückführt. Nach Freud entsteht das teilweise → unbewusste Überich aus der Überwindung des Ödipuskomplexes, d. h. der Verwandlung der auf die Eltern gerichteten libidinösen Wünsche in die Verinnerlichung elterlicher Gebote. Es inspiriert Schuldgefühle, die zwar angemessen ausbalanciert, aber nie ganz abgegolten werden können, da sie sich in lebenslanger Abhängigkeit vom mit zivilisatorischen Forderungen konfligierenden Trieb befinden. Das Überich identifiziert sich mit dem der Elterngeneration und wird so zum Träger von weit zurückreichenden sozialen und kulturellen → Traditionen.

Der moderne G.s-Begriff ist eng mit Personalität assoziiert. Dies belegen auch andere psychologische G.s-Theorien (z. B. E. Spranger, G. W. Allport, L. Kohlberg). Die Verbindung zwischen G. und Personalität zeigt sich auch daran, dass der geläufige Ausdruck «G. der Nation» immer auf eine einzelne herausragende Persönlichkeit bezogen ist. Dennoch steht die identitätsstiftende Funktion des G.s-Urteils immer unter der Bedingung des Sozialen und entscheidet über die Stellung des Einzelnen zur Gesellschaft. 1998 wird dies Gegenstand einer Debatte, nachdem M. Walser das Recht auf privates und subjektives Gedenken an die Verbrechen der NS-Zeit gegenüber einem öffentlich angemahnten fordert (Eshel 2000; → Mahnmal).

A. Eshel, Vom eigenen Gewissen. Die Walser-Bubis-Debatte und der Ort des Nationalsozialismus im Selbstbild der Bundesrepublik, in: DVjs, Jg. 74, 2000, S. 333–360; H. D. Kittsteiner, Die Entstehung des modernen Gewissens, Frankfurt/M. 1991; S. Freud, Das Ich und das Es (1923), in: ders., Gesammelte Schriften, Bd. 13, London/Frankfurt/M. 1940, S. 235–290.

Michael Eggers

Gewohnheit

Verhaltensmuster, das aus der vielfachen → Wiederholung bestimmter Handlungen hervorgeht und eine *dauerhafte* Reaktion des Individuums auf bestimmte Situationen oder Anforderungen darstellt. In graduellen Abstufungen kommt G. in → Brauch, Konvention, Sitte oder → Habitus zum Ausdruck. Im Unterschied zum Habitus können G.en allerdings intentional angestrebt, gewusst und vor allem leichter verändert werden. Weiterhin sind G.en weniger Element des → kollektiven Gedächtnisses als ein Ergebnis der individuellen → Bildung. Sie sind Gedächtnis, umfassen aber nicht «die Erinnerung seiner Bildungsakte» (Liebau 1998, S. 149). G.s-Handlungen werden in der Gesellschaft sowohl negativ als auch positiv bewertet: Zum einen werden sie als bewusstlose → Routinen angesehen, die eine kritische Bewertung von Handlungen behindern, zum anderen als notwendige Strategie, die den Menschen in der Komplexität alltäglicher Handlungsnotwendigkeiten entlastet.

E. Liebau, Gewohnheit, in: B. Dieckmann/S. Sting/J. Zirfas (Hg.), Gedächtnis und Bildung, Weinheim 1998, S. 142–152; G. Funke, Gewohnheit, in: K. Gründer/J. Ritter (Hg.), Historisches Wörterbuch der Philosophie, Bd. 3, Basel 1974, S. 598–616.

Yvonne Ehrenspeck

Gliazelle → Nervenzelle

Glukokortikoide → Stress

Grabmal

Meint *Grabbau* den architektonisch gestalteten, Raum schaffenden Begräbnisort, fungiert das G. als Erinnerungsstätte (Grabdenkmal, → Denkmal), welche den Standort eines Grabes bezeichnet oder in Loslösung davon auch auf dieses verweist (→ Epitaph). Im antiken Griechenland und in Indien werden Grabtempel als reine Denkmalsbauten errichtet (→ Kenotaph), in Ägypten fungiert die → Pyramide als Königs-G. Die in der Totenehrung (→ Trauer, → Tod) durch Bestattung am häufigsten vertretene Form des G.s ist der Grabstein über der Begräbnisstätte, der eine Formenvielfalt von unbearbeiteten Natursteinen früher Kulturen bis zu kunstvoll ausgearbeiteten, reliefverzierten oder architektonische Formen aufgreifenden Grabsteinen oder Statuen in klassisch-griechischer Zeit aufweisen kann. Auf meist blockförmigen Steinplatten angebrachte Inschriften, Szenen aus dem Leben des Verstorbenen, sein individuelles → Porträt sowie vielfältige Ornamente halten die Erinnerung an ihn lebendig. In römischer Zeit wird der Formenbestand um Säulen, altarartige Überbauungen, Bänke usw. erweitert. Außerdem finden sich porträtverzierte Nischengräber, welche den Toten als ewig Jugendlichen darstellen und damit zum Glauben an die Auferstehung mahnen.

Diese G.-Formen wurden im europäischen Mittelalter aufgenommen und weiterentwickelt. Die an Kircheninnen- und -außenwänden über

Nischengräbern angebrachten, meist in der Aufschrift auf Namen und Kreuz reduzierten Memoriensteine, die besonders im Mittelmeerraum zu höchster Vollendung (z. B. Michelangelos G. für Papst Julius II., Rom) gelangten, zeugen zunehmend von der Präferenz für das Wort gegenüber der figürlichen Repräsentation. Im Barock tritt die Vanitassymbolik hervor, die den G.-Besucher an die eigene Vergänglichkeit erinnert (→ Memento mori). Bis zum Neoklassizismus tendiert man zur Errichtung von G.en auf → Friedhöfen. Über den Gräbern entstehen Denkmalsbauten und Grabkapellen, die Grabstatuen, Stelen und Säulen aufweisen. Die rundplastischen Darstellungen von Engelsfiguren, Porträts des Verstorbenen und Kruzifixen wurden von zum Teil namhaften Bildhauern (z. B. J. G. v. Schadow oder A. v. Hildebrandt) ausgeführt, deren individuelle Formensprache sich zugleich mit der Erinnerung an den Toten ins Gedächtnis einschreibt (→ Ruhm).

Das 20. Jh. löst sich von der figürlichen Darstellung und bildet das G. als kleine Einheit aus, das sich in das größere Ganze des Friedhofs integriert. Nur noch → Name und Lebensdaten (→ Datum) des Bestatteten verweisen auf den Verstorbenen. Auf einer kollektiven Ebene fungieren G.er als Erinnerungsträger beispielsweise an Kriege (Völkerschlachtdenkmal in Leipzig, 1913) oder als historisches → Mahnmal (z. B. Judenfriedhöfe). Zu allen Zeiten finden sich Zeugnisse der G.-Schändung (→ *damnatio memoriae)*, welche die genuine Funktion des G.s, nämlich dem Vergessen und der Daseinsflüchtigkeit zu wehren, durch → Zerstörung auszulöschen sucht.

H. M. Kätsch/T. Klie, Todeszeichen: Grabmale, Loccum 1998; E. Panofsky, Grabplastik, 1962.

Johanna Dahm

Grammophon → Phonograph

Griot

In vielen Gesellschaften, in denen nicht-schriftliche Formen der Informationsweitergabe vorherrschen (→ Oralität), wird die → Tradierung von kulturellem → Erbe, von → Traditionen und geschichtlichen → Ereignissen in die Hände von Spezialisten gegeben. Ein Beispiel dafür sind die sog. G.s, die in Westafrika (u. a. Senegal, Gambia, Guinea, Mali) leben und die aufgrund ihrer Geburt in eine Familie von G.s mit diesen Aufgaben betraut werden. Bis spät in die Zeit der europäischen Kolonisation hinein lebten G.s als Klienten von reichen und mächtigen Familien, von denen sie Unterhalt und Geschenke (so etwa Getreide, Vieh und Sklaven) als Entlohnung für die Überlieferung von deren Familiengeschichte und -traditionen erhielten. Bei festlichen Anlässen (→ Fest) rezitierten männliche G.s die Familiengeschichte ihrer Herren, wobei sie sich selbst mit einem Instrument begleiteten, welches einen die Rezitation und Erinnerung strukturierenden Rhythmus vorgab (→ Musik, → Oral Poetry, → Versmaß). Frauen priesen in Lobgesängen ihre Patronfamilie, indem sie deren prestigebesetzte Abstammung (→ Genealogie, → Stammbaum) und ruhmreiche Taten (→ Ruhm) ihrer → Ahnen hervorhoben. Dabei ließen sie bestimmte Details aus und passten ihre Wiedergabe vergangener Ereignisse der jeweiligen politischen Konjunktur und den Erwartungen des Publikums an. Während G.s von den materiellen Zuweisungen ihrer Patrone abhängig waren, gab ihnen die Kenntnis der Familiengeschichte ihrer Patrone eine erhebliche Macht. Selbst wenn G.s nur in Ausnahmefällen der Reputation ihrer Patrone abträgliche Ereignisse öffentlich erwähnten, so machte sie allein die Befugnis, darüber in der Öffentlichkeit zu reden, zu Klienten, deren Dienste – und gelegentliches Stillschweigen – großzügig entlohnt werden mussten.

Im Zuge der radikalen ökonomischen und politischen Veränderungen, die die europäische Fremdherrschaft mit sich brachte, verwandelte sich das Verhältnis der G.s als Bewahrer von Familientraditionen. Die neuen Machthaber waren in der kolonialen Administration und Wirtschaft zu Reichtum, Macht und Würden gekommen. Da sie aber oft von niederer sozialer Herkunft waren, bezahlten sie G.s dafür, ihre Herkunft zu besingen oder eine noble Familiengeschichte zu erfinden. Obwohl eine prestigebesetzte Herkunft noch wichtig für das öffentliche Ansehen ist, mindert die Käuflichkeit einer ‹noblen› Familientradition den Wert des öffentlichen Lobpreises und zugleich das Ansehens der G.s.

Ihre heutige Rolle veranschaulicht außerdem, welche einschneidenden Veränderungen elektronische Medien in Gesellschaften mit vormals vorwiegend mündlichen Kommunikationsformen bewirken. Gleichzeitig hat aber die Einführung von Radio, → Fernsehen und Audiokassetten seit den 1950er Jahren dazu beigetragen, dass G.-Lieder und -Rezitationen zur populären Unterhaltung geworden sind. In einigen Ländern sind ‹orale Traditionen›, welche von der nationalen Fernseh- und Rundfunkstation ausgestrahlt werden, zum Emblem einer nationalen und ‹authentisch afrikanischen› → Kultur geworden. Einige G.-Frauen, deren Genre ja schon traditionell der Gesang war, sind dank der elektronischen Medien zu Popidolen geworden. Ihr Erfolg ist so groß, dass ihr Stil von Musikern imitiert wird, die in der internationalen Presse häufig als G.s bezeichnet werden, in Wahrheit aber nicht als solche geboren wurden.

D. Schulz, Pricey Publicity, Refutable Reputations. Jeliw and the Economics of Honour in Mali, in: Paideuma, Bd. 45, 1998, S. 275–292; T. Hale, Griots and Griottes. Masters of Words and Music, Bloomington 1998; C. Zobel, Das Gewicht der Rede. Kulturelle Reinterpretation, Geschichte und Vermittlung bei den Mande Westafrikas, Frankfurt/M. 1997; L. Duran, Jelimusow: the superwomen of Malian music; in: G. Furniss/L. Gunner (Hg.), Power, marginality and African oral literature, Cambridge 1995; C. Bird, Poetry in the Mande. Its Form and Meaning, in: Poetics, Bd. 5, 1976, S. 89–100.

Dorothea E. Schulz

Großhirn

Trivialname für Telencephalon (Endhirn, von griech. *télos*: Ende, griech. *enképhalos*: Gehirn), das beim Menschen besonders groß ausgebildet ist (vgl. → Gehirn). Es besteht aus zwei Hemisphären, die in palliale (lat. *pallium*: Mantel) und subpalliale Strukturen eingeteilt werden. Subpalliale Strukturen sind das Septum und das Striatum. Letzteres besteht aus den → Basalganglien-Kernen und der → Amygdala. Sie entstehen aus ventralen Teilen der Hirnanlage. Die Basalganglien sind sowohl an der Planung als auch an der Initiierung von Bewegungen beteiligt. Funktionsstörung oder Beschädigung der Basalganglien sind eine der Ursachen für die → Parkinson'sche Krankheit. Die Amygdala ist Teil des → limbischen Systems und ist eine der Strukturen, die unseren emotionalen Zustand kontrollieren und so bei der Gedächtnisbildung eine große Rolle spielen.

Das Pallium entsteht dagegen aus dorsalen Bereichen und setzt sich bei Landwirbeltieren aus drei Komponenten zusammen: Paleopallium (Riechhirn), Archipallium (→ Hippocampus und Gyrus dentatus) und Neopallium. Bei Säugern sind die Zellkörper der → Nervenzellen aller Palliumteile in mehreren unterscheidbaren Schichten angeordnet und werden dementsprechend als Cortizes (lat. *cortex*: Rinde) bezeichnet: Paleocortex (entspricht dem Riechcortex), Archicortex (Hippocampusformation) und Neocortex («graue Rinde»). Die drei Bereiche werden auch als *Cortex cerebrum* (lat. *cerebrum*: Gehirn) zusammengefasst. Vor allem der Neocortex hat bei höher stehenden Säugern eine Größe erreicht, die alles andere übertrifft bzw. die anderen Hirnteile überwächst, sodass bei erster Betrachtung das Gehirn fast ausschließlich aus ihm zu bestehen scheint. Bei Eidechsen und Vögeln sind die corticalen Bereiche der Endhirnhemisphären sehr viel weniger stark entwickelt (→ Tiergedächtnis). Dafür dominiert hier eine ungeschichtete Struktur, der DVR *(dorso ventricular ridge)*, dessen Einordnung umstritten ist. Er wurde ursprünglich als striatal, später als pallial interpretiert. Vermutlich entwickelt er sich aus der Grenzregion zwischen Neopallium und Basalganglien und hat möglicherweise keine Entsprechung im Säugergehirn.

Fälschlicherweise wurde lange angenommen, das Endhirn sei ursprünglich nur Riechhirn gewesen. Tatsächlich erhält das Pallium bei allen Wirbeltieren Eingänge von allen sensorischen Systemen und ist stets höchstes Integrationszentrum. Allerdings hat die Bedeutung des G.s für das Verhalten im Laufe der Evolution der Wirbeltiere deutlich zugenommen. Dies spiegelt sich zum einen in der Entstehung des Neopalliums bei Landwirbeltieren mit besonderer Ausprägung bei Säugetieren und in der Entstehung des DVR der Reptilien und Vögel wider. Zudem wächst der Einfluss des Neocortex auf die Motorik, vor allem bei Primaten. Direkte Verbindungen ziehen vom Neocortex als Pyramidenbahn bis hin zu den Spinalnerven und unterwerfen so die Muskeln direkter willkürlicher Kontrolle. Mit komplexeren und vor allem flexibleren Verhaltensweisen einher geht die Zunahme sog. Assoziationszentren des Neocortex, die weder primär sensorische noch motorische Information verarbeiten. Vor allem die frontalen Bereiche des Neocortex der Primaten sind wichtig für die Integration unterschiedlicher → Information, beim → Lernen und bei der Planung von Handlungen (→ Erwartung, → prospektives Gedächtnis). Neben neopallialen Bereichen spielt das Archipallium eine wesentliche Rolle bei der → Konsolidierung von Gedächtnisinhalten.

Beim Menschen überdeckt der Neocortex alle anderen Hirnstrukturen. Der Cortex ist gewissermaßen das Kontroll- und Exekutivorgan des Gehirns, es macht beim Menschen den Großteil des Gehirnvolumens aus. Im Vergleich zu anderen Säugetieren hat er viele Furchungen und Ausstülpungen, die zu einer enormen Oberflächenvergrößerung führen. Das G. ist in zwei Hemisphären geteilt. Beide Hälften sind im Wesentlichen symmetrisch, d. h. von ähnlichem Aufbau und ähnlicher Struktur. Jede Hirnhälfte verarbeitet dabei überwiegend die → Information, die von der anderen Körperseite kommt – die rechte Hand ist in ihrer Sensorik und Motorik in der linken Hemisphäre abgebildet bzw. gesteuert und umgekehrt. Die beiden Hemisphären sind durch mehrere Stränge von Nervenfaserbündeln miteinander verbunden; die größte dieser Verbindungsbahnen ist der Balken (Corpus callosum). Jede der Hirnhälften ist nun ihrerseits wieder durch sichtbar tiefere Furchen in Hirnlappen oder Loben aufgeteilt: Der Stirnlappen (Frontallappen) wird mit höheren kognitiven Prozessen in Verbindung gebracht und ist beim Menschen der größte der vier Großhirnlappen. Er überwacht und kontrolliert viele der anderen Hirnfunktionen und hat auch die stärksten corticalen Verbindungen zum → limbischen System; so ist er maßgeblich am → Arbeitsgedächtnis und neben dem → Hippocampus an der Ausbildung und Erhaltung des → deklarativen Gedächtnisses beteiligt. Die motorische Rinde, die sich an der Grenze zum Scheitellappen befindet, enthält die komplette → Repräsentation des menschlichen Muskelapparats – man spricht vom «Homunculus» – und löst durch ihre Aktivitäten die Muskelbewegungen aus und übernimmt deren Koordinierung (→ neuronale Karte). Hier gilt, dass die linke Rinde die Motorik der rechten Körperseite kontrolliert und umgekehrt. Der Stirnlappen enthält auch einen Teil unseres Sprachzentrums, das Broca'sche Sprachareal, das für die motorische Koordination unseres Sprechens und für eine schnelle grammatikalische Analyse der Muttersprache zuständig ist. Der → präfrontale Cortex ist entscheidend an der Handlungsplanung und an bewussten Entscheidungen beteiligt.

Der Scheitellappen (Parietallappen) hilft uns, ein Modell unseres eigenen Körpers wie des extrapersonalen Raums zu konstruieren und damit ein stabiles Bild der Umwelt zu erzeugen und zu erhalten. Er enthält u. a. den somatosensorischen Rindenanteil und wertet dort die Tastinformationen unserer Haut aus. Schädigungen in einem der beiden Scheitellappen können zu einer Form der Agnosia (griech. *agnosía*: nicht wissen) führen. Ist der rechte Scheitellappen geschädigt, kommt es oft vor, dass damit einhergehende Defizite von den Patienten geleugnet werden. Der Scheitellappen enthält weiterhin das Lesezentrum, in dem Buchstaben zu Wörtern zusammengefügt werden (vgl. → Buch).

Der Schläfenlappen (Temporallappen) wird aktiv, wenn wir Gesichter erkennen, und ist auch das Gebiet, in dem unser Gedächtnis für Gesichter liegt. Er verarbeitet auditorische Informationen und enthält das sensorische Sprachverarbeitungszentrum, das sog. Wernicke-Sprachareal. Patienten, bei denen das in der linken Hemisphäre liegende Wernicke-Zentrum geschädigt ist, sind zwar zu einem normalen Satzaufbau fähig, gebrauchen die Wörter jedoch falsch. Hier scheint also ein Teil des lexikalischen Wortgedächtnisses zu liegen. Der Hinterhauptslappen (Occipitallappen) wird fast vollständig von der Sehrinde ausgefüllt und dient der visuellen Bildverarbeitung.

Die Großhirnrinde (Cortex) scheint der Ort für das → Langzeitgedächtnis zu sein. Wo aber und wie in der Großhirnrinde Gedächtnisinhalte abgespeichert werden, ist bis heute nicht geklärt. Kurzfristige Erinnerungen (→ Kurzzeitgedächtnis), so vermutet man, werden in den sensorischen Gehirnarealen selbst gespeichert, in denen die → Nervenzellen, die durch bestimmte Sinnesreize aktiviert wurden, ihre neuronale Aktivität aufrechterhalten (vgl. → Konnektivität, → Synapse).

A. B. Butler/W. Hodos, Comparative vertebrate neuroanatomy – Evolution and Adaptation, New York 1996; E. R. Kandel/J. H. Schwartz/T. M. Jessell (Hg.), Neurowissenschaften – Eine Einführung, Heidelberg 1995.

Benedikt Grothe

Gründung

Zunächst Gebäudefundament (vgl. → Zeitkapsel), Bedeutungserweiterung zur juristisch relevanten Bezeichnung für Einrichtung und Stiftung einer sozialen Institution wie Stadt, Kloster, Universität, Unternehmen, Staat, Orden, Partei usw. Eine G. wandelt Unstrukturiertes in Strukturiertes um (durch Mauern und → Gesetze geschützter Bezirk); → Mythen und → Dokumente überliefern die Programmatik (Gründername, Zeitpunkt, Anlass, Gegner, Konkurrenten, Zielsetzung) als Verpflichtung für die → Zukunft und Gegenstand erinnerungspolitischer Gedenkrituale (→ Ritual; → Jahrestag).

Idealtypisch sind folgende Merkmale einer G. zu isolieren: Zeugung, Geburt, (oft privilegierte) → Genealogie des Gründers; Aussetzung, Auszug in die Wildnis; Rettungswunder (z. B. durch → Tiere); Bestehen aussichtsloser Kämpfe oder Krankheiten; G.s-Gelübde als Dank für göttlichen Beistand; Suche nach geeignetem Platz (Orakelspruch, Anwesenheit eines Märtyrers oder Heiligen, Entdeckung einer Quelle); G.s-Vollzug. → Topographie und → Architektur privilegierter G.en (z. B. Rom, Himmlisches Jerusalem) werden von späteren G.en nachgeahmt.

Die Gründung der Stadt. Mesopotamien – Griechenland – Rom, Barcelona 2000.

Burckhard Dücker

Habitus

(lat. *habitus*: Körperhaltung, Aussehen, Zustand). Haltung, → Gewohnheit, Lebensweise. Der Begriff, der bei bei Thomas von Aquin, G. F. W. Hegel, E. Husserl, M. Weber oder M. Mauss verschiedene Fassungen erhalten hat, ist besonders umfassend in der soziologischen Theorie von P. Bourdieu ausgearbeitet worden. H. ist bei Bourdieu ein analytisches Konstrukt zur Bezeichnung eines Systems «dauerhafter Dispositionen, strukturierter Strukturen, die geeignet sind, als strukturierende Strukturen zu wirken», als «Erzeugungs- und Strukturierungsprinzip von Praxisformen und Repräsentationen» (1970, S. 165). Der H. ist damit ein System der Generierung spezifischer Denk-, Wahrnehmungs- und Handlungsschemata und verweist auf eine Transformationslogik materieller wie symbolischer → Strukturen. Er ist leiblich inkarnierter → Sinn, der in einer in sozialen Feldern erworbenen → Erfahrung und Praxis Ergebnis einer unbewussten – dem individuellen wie → kollektiven Gedächtnis nicht mehr zugänglichen – leiblich sedimentierten Geschichte bzw. Genese ist (→ Sozialisation). Von besonderer Bedeutung für die Entstehung des H. ist das Prinzip der Inkorporierung praktischer Schemata, die «immer auch mit der Verinnerlichung von Zeit- und Raumstrukturen verbunden» ist (Fröhlich 1994, S. 39). Der → Körper fungiert dabei als das Gedächtnis eingenommener Haltungen, in deren unbewusst strukturierten Erfahrungsmodi sich gesellschaftliche Verhältnisse vermitteln. Die *Verinnerlichung von Praxis* ist bei Bourdieu insofern eine Inkorporation «kollektiver, generativer Schemata und Dispositionen in die Menschenkörper» (ebd.), und die H.-Theorie ist die Theorie einer individuell wie kollektiv vergessenen «Leib und Ding» gewordenen Geschichte des Sozialen (Bourdieu 1985, S. 69).

G. Fröhlich, Kapital, Habitus, Feld, Symbol, in: I. Mörth/G. Fröhlich (Hg.), Das symbolische Kapital der Lebensstile, Frankfurt/M. 1994, S. 31–55; P. Bourdieu, Sozialer Raum und Klassen, Frankfurt/M. 1985; ders., Der Habitus als Vermittlung zwischen Struktur und Praxis, in: ders., Zur Soziologie der symbolischen Formen, Frankfurt/M. 1970, S. 125–159.

Yvonne Ehrenspeck

Halbwachs, Maurice

(1877–1945), französischer Soziologe, entfaltete seinen Begriff der *mémoire collective* (→ kollektives Gedächtnis) vor allem in drei Büchern: *Les cadres sociaux de la mémoire* (1925); *La topographie légendaire des évangiles en terre sainte* (1941) und *La mémoire collective* (posthum 1950, abgefasst weitgehend in den 1930er Jahren; dt. 1985). H. zufolge ist das Gedächtnis wie → Bewusstsein, Sprache und Personalität ein *soziales* Phänomen. Es wächst von außen in uns hinein und bildet sich durch Sprache, Handeln, → Kommunikation und affektive Bindungen an die Konstellationen des sozialen Lebens. Das Gedächtnis ist ein sozialer Ordnungsparameter – H. sagt «Rahmen» und nimmt damit E. Goffmans Begriff vorweg (*Rahmen-Analyse*, 1977) –, der dem Einzelnen durch den Umgang mit anderen vermittelt wird und → Struktur in seine chaotische Innenwelt bringt. Sich erinnern ist ein ordnender Vorgang der Selbstobjektivierung und Selbststrukturierung. In den → Träumen löst sich diese Ordnung wieder auf, das träumende Ich ist asozial. Bei dieser Ausweitung des Gedächtnisbegriffs aus dem Raum des Psychischen in den Raum des Sozialen und der kulturellen Überlieferungen handelt es sich nicht um Metaphorik: Es geht nicht um die (illegitime) Übertragung eines individualpsychologischen Begriffs auf soziale und kulturelle Phänomene, sondern um die *Interaktion* zwischen Psyche, Bewusstsein, Gesellschaft und → Kultur.

Daher ist es schwierig oder geradezu unmöglich, zwischen einem ‹individuellen› und einem ‹sozialen› Gedächtnis zu unterscheiden. Das individuelle Gedächtnis ist als solches eminent sozial. Dabei spielen die Affekte die entscheidende Rolle (→ Emotion). Liebe, Interesse, Anteilnahme, Gefühle der Verbundenheit, der Wunsch dazuzugehören, aber auch Hass, Feindschaft, Misstrauen, → Schmerz, Schuld und Scham geben unseren Erinnerungen Prägnanz und Horizont. Ohne Prägnanz würden sie sich nicht → einprägen, ohne Horizont besäßen sie keine Relevanz und Bedeutung innerhalb einer gegebenen kulturellen Welt. In diesem Sinn ist in H.' Gedächtnistheorie das → Vergessen ebenso wichtig wie das Erinnern: Erinnern heißt, anderes in den Hintergrund treten lassen, Unterscheidungen treffen, vieles ausblenden, um manches auszuleuchten (→ Selektion). So kommen Horizont und Perspektive in *individuelle* Erinnerungsräume; und diese Perspektiven sind affektiv und *sozial* vermittelt.

Mit der Gruppenbezogenheit hängt ein weiteres Merkmal des Kollektivgedächtnisses engstens zusammen: seine Rekonstruktivität (→ Konstruktion, → Rekonstruktion). Damit ist gemeint, dass sich in keinem

Gedächtnis die → Vergangenheit als solche zu bewahren vermag, sondern dass nur das von ihr bleibt, «was die Gesellschaft in jeder Epoche mit ihrem jeweiligen Bezugsrahmen rekonstruieren kann» (1925/1985, S. 390). Die Vergangenheit existiert nur als soziale Konstruktion. Sie wird nur erinnert rekonstruiert, insoweit sie gebraucht wird. H. besteht – übrigens ohne Hinweis auf → M. Proust – auf dem Unterschied zwischen *reconstruire* und *retrouver*: Die Vergangenheit wird nicht «wiedergefunden», sie wird rekonstruiert.

Lange vor H. hatte bereits → F. Nietzsche auf die soziale Bedingtheit des Gedächtnisses hingewiesen. So wie H. gezeigt hat, dass der Mensch Bindungen braucht, um ein Gedächtnis auszubilden und sich erinnern zu können, hat Nietzsche gezeigt, dass der Mensch ein Gedächtnis braucht, um sich binden zu können. Dabei denkt Nietzsche allerdings nicht an das selbstregulative, diffuse ‹kommunikative› Gedächtnis (vgl. → kulturelles Gedächtnis), das H. beschrieb, bei dem Erinnern und Vergessen zusammenspielen.

Ungefähr gleichzeitig mit H. verwendete der Kunsthistoriker → A. M. Warburg den Begriff des ‹sozialen Gedächtnisses› in Bezug auf sein Projekt der Erforschung des ‹europäischen Bildgedächtnisses›. Um die beiden Ansätze auf eine bündige Formel zu bringen, könnte man sagen, dass Warburg die Kultur als Gedächtnisphänomen und H. das Gedächtnis als Kulturphänomen untersuchte. Warburg sprach von «mnemischen Wellen», die von der Vergangenheit ausgehen und jede → Gegenwart prägen, auch von → «Engrammen» und prägenden Impulsen, H. umgekehrt von Rekonstruktionen, die von der Gegenwart ausgehend in die Vergangenheit zurückgriffen. Für H. gab es keine Objektivationen von → Vergangenheit. Vergangenes, das nicht länger im Gedächtnis lebender Individuen gegenwärtig, sondern in Texten und anderen symbolischen Formen objektiviert war, nannte H. → «Tradition», worin er nicht eine Form, sondern das Gegenteil des Gedächtnisses sah (vgl. → Geschichte). In seinem letzten von ihm selbst veröffentlichten Buch *Topographie légendaire* (1941) hat H. jedoch selbst die Grenze zwischen *mémoire vécue* und *tradition* überschritten und den Gedächtnisbegriff auf → Denkmäler und Symboliken aller Art angewendet. Darin beschreibt er anhand von Pilgeritinerarien die christlichen Gedächtnisorte im Heiligen Land und zeigt, in welchem Umfang die byzantinische und westliche Erinnerungspolitik von theologischen Voraussetzungen bestimmt war (→ Mnemotop, → Topographie). Von diesem Ansatz aus führt eine direkte Linie sowohl zu P. Nora und der von ihm koordinierten Erforschung der → Gedächtnisorte als auch zu den verschiedenen Forschungen zum → kulturellen Gedächtnis.

M. Halbwachs, La topographie légendaire des évangiles en terre sainte. Étude de mémoire collective, Paris 1941; M. Halbwachs, Das Gedächtnis und seine sozialen Bedingungen (1925), Frankfurt/M. 1985. – J. Assmann, Das kulturelle Gedächtnis, München 1992; G. Namer, Mémoire et société, Paris 1987; R. Heinz, Maurice Halbwachs' Gedächtnisbegriff, in: Zeitschrift für philosophische Forschung, Bd. 23, 1969, S. 73–85.

Jan Assmann

Halluzination

(lat. *alucinatio*: gedankenloses Reden). Trugwahrnehmung, Wahrnehmung ohne äußere Reizung der Sinnesorgane bzw. ohne gegenständliches Korrelat in der Außenwelt (vgl. → Realitätsüberwachung). H.en werden in der Psychiatrie seit J. E. D. Esquirol (1838) von illusionären Verkennungen dahin gehend unterschieden, als Letztere etwas sinnlich Gegebenes umbilden (im Dunkel wird ein Strauch für einen geduckten Mann gehalten). Pseudo-H.en fehlt der für die (Trug-)Wahrnehmungen typische Charakter des Leibhaftigen (K. Jaspers), der Realitätsglaube. Eine negative H. liegt bei völligem Ausblenden eines Wahrnehmungsobjekts vor, wenn etwa eine in das Gesichtsfeld tretende Person nicht gesehen wird. H.en können u. a. bei psychiatrischen Erkrankungen (z. B. Schizophrenie, organischen Psychosen), bei Drogenintoxikation (z. B. LSD; → Drogen), in → Hypnose, bei sensorischer Deprivation (Reizarmut) oder Monotonie auftreten. H.en lassen sich der Sinnesmodalität nach als akustische, optische, taktile, olfaktorische, gustatorische spezifizieren. I. Kant sieht in H.en Bildungen einer zügellosen Einbildungskraft, welche nur den Stoff von früheren Wahrnehmungen reproduzieren kann; dieser philosophischen Annahme scheinen Berichte zu widersprechen, wonach etwa im Bereich der Leib-H.en (zönästhetische H.en; → Körper) völlig neue und unbekannte Empfindungen auftreten; fraglich ist allerdings, was taub Geborene erleben, die von akustischen H.en berichten.

Die Bedeutung der Gedächtnisinhalte für den Inhalt von H.en wird in der Forschung immer wieder diskutiert. E. Bleuler führt H.en auf eine abnorme Weckung von Komplexen sinnlicher → Engramme, also auch auf frühere Wahrnehmungen, zurück. Bei experimenteller Stimulation bestimmter Gehirnregionen (Temporallappen; vgl. → Großhirn) lassen sich zum Teil H.en bei wachem → Bewusstsein auslösen; W. Penfields These, dass dabei Gedächtnisinhalte getreu abgespielt würden, sowie sei-

ne an die empirischen Befunde anschließenden Hypothesen zur Gedächtnisfunktion und deren Lokalisation im Gehirn sind aber umstritten. Die Psychoanalyse spricht den Bildern im → Traum halluzinatorischen Charakter zu und führt H.en generell auf den rückwärtigen Fluss
der Erregung von den Vorstellungen zum sensorischen Wahrnehmungs-
apparat zurück (→ Regression). Bevor in der kindlichen Entwicklung die
Realitätsprüfung etabliert ist, wird → S. Freud zufolge das Erwünschte,
das frühere Befriedigungsobjekt, halluziniert, so «daß die primäre Erinnerung einer Wahrnehmung stets Halluzination ist» (S. Freud, *Entwurf
einer Psychologie*). D. W. Winnicott hat diese Überlegungen weiter klinisch fruchtbar gemacht. In hysterischen Anfällen kann eine pathogene
Szene aus der Erinnerung halluzinatorisch wiederbelebt werden, bei der
posttraumatischen Belastungsstörung kehrt das → Trauma häufig in
→ Flashbacks wieder, die auch den Charakter von H.en haben können.

M. Spitzer, Halluzinationen: ein Beitrag zur allgemeinen und klinischen Psychopathologie, Berlin u. a. 1988; K. Jaspers, Allgemeine Psychopathologie, Berlin/Heidel-
berg/New York 1973.

Michael Schödlbauer

Hauptstadt

Stadt, in der die zentralen Institutionen eines Staats konzentriert sind
und die diesen symbolisch repräsentiert (→ Nation, → Politik). H.e können als kulturell konstruierte symbolische Räume verstanden werden, in
die das nationale Selbstverständnis eingeschrieben ist. Sie stellen in der
Regel komplexe und meist auch widersprüchliche Geschichts- und Ge-
dächtnislandschaften dar (→ Topographie). Häufig konzentrieren sich
hier die wichtigsten nationalen → Gedächtnisorte (z. B. Nationaldenk-
mäler, Nationalmuseen, als Kulturerbe klassifizierte Bauten; vgl.
→ Denkmal, → Museum, → Erbe) und – damit zum Teil im Widerspruch stehend – → Spuren vergangener nationaler Selbstbilder (z. B.
Siegessäulen, Königsdenkmäler) sowie auch räumlich manifestierte Erinnerungen divergierender sozialer Gruppen, regionaler wie globaler,
partikularer wie universaler Entwicklungen. Nach der deutschen Wieder-
vereinigung und dem Beschluss, den gesamtdeutschen Regierungssitz
nach Berlin zu verlegen, wurde mit der Recodierung des Berliner Stadtraums im Sinne des veränderten nationalen Selbstverständnisses des wie-

dervereinigten Deutschlands begonnen (z. B. Einrichtung einer nationalen Gedenkstätte in der Neuen Wache), wobei sowohl Form als auch Inhalt der Darstellung des ‹Nationalen› im Stadtraum umstritten sind (z. B. Proteste gegen den Abriss des Lenindenkmals, Debatte um die Errichtung des Denkmals für die ermordeten Juden Europas, Debatte um die Rekonstruktion des Stadtschlosses). Die Bedeutung von H.en als Fokus des nationalen Selbstverständnisses wird durch die auf Symbole verkürzte Abbildung etwa in Nachrichtensendungen (z. B. Reichstagskuppel als Emblem für den Regierungsstandort), durch die Einbindung von Bauten und Plätzen in die historische Erzählung der Nationswerdung etwa in Reiseführern sowie bei Besuchen vor Ort erfahren (z. B. Stadtrundfahrten zu nationalen Gedächtnisorten). In der Forschung kontrovers diskutierte Fragen sind, wie sich die repräsentative Funktion nationaler Hauptstädte im Zuge zunehmender Globalisierung verändern wird und wie die machtvollen Prozesse verlaufen, in denen (haupt-)städtischen Räumen (historische) Bedeutungen eingeschrieben werden.

B. Ladd, The Ghosts of Berlin. Confronting German History in the Urban Landscape, Chicago/London 1997.

Beate Binder

Hebb, Donald O.

(1904–1985), kanadischer Psychologe und Hirnforscher, der den physiologischen Grundlagen von Lern- und Gedächtnisprozessen nachging. H. war ein Schüler von K. Lashley, der als einer der Ersten das gesamte Verhalten von Menschen und Tieren aus der Gehirnphysiologie heraus zu erklären versuchte. Ein entscheidender konzeptioneller Vorschlag von H. bestand darin, einzelne Zellen in sog. Zell-Ensembles *(cell assembly)* zusammenzuführen. Da H. sich vor allem auf das Sehen spezialisierte, entwickelte er seine Theorien auch an diesem sensorischen System. So postulierte er, dass parallele Fasern mit Sinnesreizen (z. B. aus der Netzhaut) zu korrespondierenden Punkten in der Sehrinde führen. Von dort wiederum ziehen Axone zu → Nervenzellen in benachbarte → Großhirngebiete. Zellen, an denen die Nervenimpulse zusammenlaufen, feuern ihrerseits und aktivieren auf diese Weise in sich geschlossene Neuronenschleifen. Dadurch werden Veränderungen an → Synapsen bewirkt, die die zusammengeschalteten Zellen zu einem Zell-Ensemble machen, die

252 Hegel, Georg Wilhelm Friedrich

auch bei schwachen Eingangsreizen feuern und einen Output produzieren können, der das Gesehene im → Gehirn repräsentiert (→ Repräsentation). Dieses Konzept ließ sich auf viele Prozesse der Informationsverarbeitung im Gehirn übertragen (→ Netzwerk), vor allem auf Mechanismen von → Lernen und Gedächtnis und der Theorie von Gedächtnisspuren (→ Engrammen) im Gehirn.

Als zelluläre Korrelate für Lernvorgänge in den Zell-Ensembles postulierte H. 1949 entsprechend die berühmte Lernregel, dass bei wiederholter oder dauerhafter Aktivierung der Nervenzelle B durch ein Axon der Nervenzelle A ein Wachstumsprozess oder eine metabolische Änderung in einer oder beiden Zellen geschehen müsse, sodass die Effizienz anwächst, mit der eine Zelle A eine Zelle B aktiviert. Als mögliches Korrelat, bei dem eine solche synaptische Plastizität, wie sie H. postuliert hatte, beobachtet wird, dient häufig die sog. Langzeit-Potenzierung (engl. *longterm potentiation*, LTP). Bei diesem Prozess wird durch gleichzeitige Reizung der vor- und nachgeschalteten Nervenzelle die Übertragung an den Synapsen (vgl. → Neurotransmitter) zwischen diesen Zellen gesteigert. Informationen werden demnach abgespeichert, indem neuronale Verschaltungen sich in ihrer Stärke aufgrund einer einfachen → Assoziationsregel verändern und damit ihre Input/Output-Charakteristika bei einem Lernvorgang dauerhaft verändern. Die Theorien von H. über neuronale Netze und synaptische Verstärkungsregeln sind die auch heute noch aktuellsten Theorien über die physiologischen Grundlagen für Lern- und Gedächtnisvorgänge.

D. O. Hebb, The organization of behavior: A neuropsychological theory, New York 1949. – F. Engert/T. Bonhoeffer, Verschwommene Erinnerungen – Synaptische Verstärkung und ihre lokalen Effekte, in: Neuroforum, Bd. 1, 2000, S. 157–164; E. R. Kandel/J. H. Schwartz/T. M. Jessell (Hg.), Neurowissenschaften – Eine Einführung, Heidelberg 1995; P. M. Milner, Donald O. Hebb und der menschliche Geist, in: Spektrum der Wissenschaft, Nr. 11, 1993, S. 54–60; P. M. Milner, Donald O. Hebb (1904–1985), Trends in Neuroscience, Bd. 98, 1986, S. 347–51.

Martin Korte

Hegel, Georg Wilhelm Friedrich

(1770–1831), deutscher Philosoph. H.s Philosophie ist der markanteste Ausdruck jenes Vorgangs, den M. Foucault als den Beginn des «Zeitalters der Geschichte» beschrieben hat – Geschichte verstanden als die fundamentale «Seinsweise all dessen, was uns in der Erfahrung gegeben wird», als «Entstehungsort des Empirischen» selbst (Foucault 1971, S. 271; vgl. → Geschichte, → Historismus). Das neue, sich um 1800 konstituierende → Wissen wird überhaupt erst möglich, weil sich eine spezifisch evolutive Geschichtlichkeit durchzusetzen beginnt, die grundsätzlich zu unterscheiden ist von der chronikalen Erinnerungs-Geschichte der Haupt- und Staatsaktionen (→ Chronik): eine «‹Dynamik› der steten Entwicklungen» verdrängt die «‹Dynastik› der überragenden Ereignisse» (M. Foucault, *Überwachen und Strafen*). Die → Zeit der welthistorischen Heroen, diagnostiziert H. daher folgerichtig, ist abgelaufen. Dort, wo sie, wie in der → Geschichtsphilosophie, ihren Platz behalten, werden sie konsequent zu «Geschäftsführern des Weltgeistes» depotenziert, deren ‹überragende› Taten einen ihnen in der Regel undurchsichtigen historischen → Sinn, nämlich den «Fortschritt im Bewußtsein der Freiheit», befördern. H. introjiziert in sämtliche Gegenstände seines philosophischen Interesses diesen neuen Typ evolutiver Historizität, dessen Leitbegriffe Bewegung, Entwicklung, Prozess, → Bildung und (dialektischer) Stufengang sind. Sein Denken besteht in der fortgesetzten Anstrengung, das Gedächtnis der abendländischen Kultur so zu reorganisieren, dass es mit den Anforderungen der neuen, ‹durchlaufenden› und teleologisch akzentuierten Geschichte, die in der Gegenwart zu einem prinzipiellen Abschluss kommt, kompatibel wird. Mit dem Konzept der *Bildung* spezifiziert er dieses radikal verzeitlichte Gedächtnis terminologisch als «Er-Innerung»: Die Vollendung des an die Zeit entäußerten Geistes besteht darin, «das was *er ist*, seine Substanz, vollkommen zu *wissen*» und es sich so ganz zu Eigen zu machen, Subjekt seiner Substanz zu werden (Hegel 1807/1952, S. 563).

In der *Enzyklopädie der philosophischen Wissenschaften* (1830/1979) platziert H. seine Überlegungen zur individuellen Erinnerung im Rahmen der ‹Psychologie›. Mit der Erinnerung im psychologischen Sinn – nicht zu verwechseln mit der spekulativen «Er-Innerung» – emanzipiert sich das Denken vom Zwang der Bewährung seiner Vorstellungen durch Anschauungen oder Empfindungen. Zu diesem Zweck bedient sie sich des *Bildes*, dessen charakteristisches Merkmal es ist, die erinnerten Dinge aus der «*Besonderheit* der Zeit und des Raumes», an die sie gebunden sind, herauszuheben und sie in die «Innerlichkeit der Intelligenz» zu setzen (→ Intelligenz). Diese Erinnerungsbilder lokalisiert H. in einem «nächtlichen Schacht», «in welchem eine Welt unendlich vieler Bilder und Vorstellungen aufbewahrt ist, ohne daß sie im Bewußtsein wären» (S. 260; → Gedächtnismetapher). Solange sie in diesem Schacht ruhen, ‹schlafen› die Bilder. Der weitere Fortgang der Erinnerungsarbeit besteht darin, diese Bilder, die zunächst nur unwillkürlich und aus Anlass ähnlicher konkreter Wahrnehmungen ‹aufsteigen›, *willkürlich* reproduzieren zu können (→ Abruf, → Reproduktion). Die Funktion des Gedächtnisses bei H. besteht in der fortgesetzten Abstraktion des Bildes und der auf dem Bild fußenden Zeichensysteme zum reinen, unanschaulichen Gedanken.

Weil für H. das Gedächtnis wesentlich Aktivität und Entwicklung ist, weist er jede repräsentationale Beschreibung seiner Leistung zurück (→ Repräsentation). Dass Vorstellungen in «besonderen *Fibern* und *Plätzen*» aufbewahrt und mittels einer Hirnkarte (vgl. → Gehirn) lokalisiert werden könnten, erscheint aus dieser Sicht ebenso als bloßes «Gerede» wie die Ansätze zu einer Wiederbelebung der «*Mnemonik* der Alten» (ebd., S. 279; → Mnemotechnik), die an dem fundamentalen Faktum der Unauslotbarkeit und Produktivität des Vorstellungsschachts vorbeigeht. Das Gedächtnis ist daher auf ein unendlich bildsames Medium angewiesen, das sich in jedem Moment den fortwährend wechselnden Zuständen im Schacht der Intelligenz anzupassen vermag, ohne sich selbst in seinem Eigenwert störend zu manifestieren, und daher nur ein Minimum an Arbitrarität aufweisen darf. Das Wort bzw. das Sprachzeichen ist das eigentliche Medium des Gedächtnisses, weil es eine solche Äußerlichkeit ist, «die zugleich das Gepräge der höchsten *Innerlichkeit* trägt» (ebd., S. 280).

Wenn wir uns, einem Ratschlag Foucaults zufolge, dafür interessieren sollten, «was in unserem Denken gegen H. vielleicht noch von H. stammt» (M. Foucault, *Die Ordnung des Diskurses*), dann darf man nicht nur an die Unwillkürlichkeit einer ersten, dem → Bewusstsein entzogenen Erinnerung denken, die sich gerade von der Anschauung getrennt hat, sondern auch an den Endpunkt des Gedächtnisses, dort, wo es den Übergang zum reinen Denken vollzieht. Ausgerechnet das Wort nämlich, das ein «so innerliches Äußerliches» ist, weist die Tendenz auf, sich im Gedächtnis so weit von der Bedeutung, die es belebt, zu trennen, dass es «zu etwas ganz Leerem» wird (→ Zeichen). Das Gedächtnis sieht sich also bei H. einer doppelten Gefährdung ausgesetzt, die zugleich zwei Wege der zeitgenössischen Gedächtnisforschung im Ausgang von Psychoanalyse und den Techniken der Informatisierung des Wortes markieren. Dem ‹Versinken› des Gedächtnisses im Schacht der Intelligenz – ein Vorgang, der die von → H. Bergson am Ende des 19. Jh.s beschriebene träumerische → *mémoire involontaire* vorwegnimmt – steht das mechanische Gedächtnis gegenüber, das den Geist, der wesentlich bei sich selbst zu sein hat, ausgerechnet in dem ihm eigenen Medium seiner Selbstpräsenz, der

Sprache, in eine äußerste Selbstentfremdung treibt (→ Auswendigkeit, → H. Ebbinghaus).

G. W. F. Hegel, Phänomenologie des Geistes (1807), Hamburg 1952; ders., Enzyklopädie der philosophischen Wissenschaften im Grundrisse (1830). Dritter Teil. Die Philosophie des Geistes, Frankfurt/M. 1979. – J. Derrida, Der Schacht und die Pyramide. Einführung in die Hegelsche Semiologie, in: ders., Randgänge der Philosophie, Wien 1988, S. 85–118; M. Foucault, Die Ordnung der Dinge. Eine Archäologie der Humanwissenschaften, Frankfurt/M. 1971.

Friedrich Balke

Heidegger, Martin

(1889–1976), deutscher Philosoph. Mit der Zusammengehörigkeit von Zeitlichkeit und Geschichtlichkeit als Grundstruktur des Daseins erfährt das Konzept der *Erinnerung* durch H. eine nicht-bewusstseinsphilosophische Begründung. H. setzt sich dabei sowohl von den lebensphilosophischen Tendenzen → F. Nietzsches und der Existenzphilosophie S. Kierkegaards als auch von der Transzendentalphilosophie I. Kants und der Phänomenologie seines Lehrers E. Husserl ab. In Husserls *Vorlesungen zur Phänomenologie des inneren Zeitbewußtseins*, die von H. herausgegeben wurden, wird Erinnerung, ohne Rekurs auf → Geschichte, in einer Analyse der «immanenten Zeit des Bewußtseinsverlaufes», d. h. in den Aufweis der zeitkonstitutiven apriorischen Leistungen des → Bewusstseins eingebettet. Husserl unterscheidet zur Darlegung seines linearen Zeitkonzeptes eines Bewusstseinskontinuums eine primäre von einer sekundären Erinnerung. Die Leistung der primären Erinnerung, die als retentionales Bewusstsein auf eine vorauszusetzende Wahrnehmung («Urimpression») folgt, besteht darin, ein Geschehen, einem ‹Kometschweif› vergleichbar, als gerade vergangen im → Bewusstsein präsent zu halten (→ Retention; vgl. → Merkfähigkeit, → sensorisches Gedächtnis). Sie wird von der repräsentierenden, sekundären Erinnerung als «Reproduktion von Zeitobjekten» unterschieden, die als Wiedererinnerung oder «nacherzeugende, wiederholende Erinnerung» charakterisiert wird (Husserl 1966; → Repräsentation).

Der frühe H. kontrastiert diesem Ansatz eine Erinnerungskonzeption, die in ein nicht-lineares Zeitlichkeitskonzept eingebunden wird, und begründet Phänomenologie als temporal-wissenschaftliche → *Hermeneutik des Daseins*. In seiner späteren Philosophie wird die Erinnerungskonzeption im Sinne des seinsgeschichtlichen und ereignisbewegten Denkens weiteren Umwendungen unterzogen und zunehmend in den Kontext philosophischer Selbstbestimmung gerückt (*Beiträge zur Philosophie. Vom Ereignis*, 1936–38, und *Zeit und Sein*, 1962). Bei H., der das «Dasein» in *Sein und Zeit* als Sein verstehendes, d. h. in seiner Existenz sich immer schon *zu sich* verhaltendes Seiendes konzipiert, wird Erinnerung innerhalb der durch Zeitlichkeit strukturierten Verstehensleistungen relevant. Im Rekurs auf das Zeitlichsein des Daseins, d. h. dessen Endlichsein als nicht selbst verfügtes Geworfensein (→ Vergänglichkeit), steht dabei der Terminus → Wiederholung im Fokus des Interesses. Der funktionale Stellenwert der Erinnerungsthematik als Wiederholung, der innerhalb der Zeitlichkeitsstruktur als Geschichtlichkeit des Daseins verortet wird, gilt dabei zwei miteinander verflochtenen Zielen: Einerseits wird der Terminus innerhalb der ontologischen Struktur der Zeitlichkeit des Daseins zur temporal-wissenschaftlichen Darlegung der zeitlichen Seinsweise des Daseins grundgelegt. H. bestimmt Existieren dabei strukturell, indem sich das Dasein angesichts von Existenz*möglichkeiten* vom eigenen Ende her als ein zukünftiges versteht und «eigentlich» oder «uneigentlich» entwirft: Ein antizipativer Selbstentwurf des Daseins kommt dabei für eine jeweilige Gegenwart gleichursprünglich auf sich als dasjenige zurück, was es bereits in der → Vergangenheit für eine zukünftige → Gegenwart (→ Zukunft) projektiert hatte, d. h. auf dasjenige, was es gewesen und durch das es das geworden ist, was es jeweilig faktisch jetzt *ist*. Im «eigentlichen Gewesensein», das H. mit dem Terminus der «Wiederholung» fasst, *holt* sich das Dasein ausdrücklich antizipativ in das eigenste Seinkönnen *wieder* vor; im uneigentlichen Gewesensein ist es in Bezug auf dieses Seinkönnen selbstvergessen. Philosophieren wird nun durch das Existenzial eigentlichen Gewesenseins als konkrete Ausprägung eigentlichen Geschichtlichseins gefasst. Daraus hergeleitet gilt der Terminus «Wiederholung» andererseits dem systematisch vorrangigen Interesse H.s, durch die Analyse der Zeitlichkeit und Geschichtlichkeit des Daseins das Problem der Destruktion (→ Zerstörung) einer seinsvergessenen Tradition zu argumentieren. In einem Akt positiver Aneignung soll → Tradition anverwandelt, gleichzeitig jedoch in einer Verwandlung durch seine, H.s eigene Philosophie *widerrufen* werden. In Bezug auf geschichtlich-kulturelle Welten überhaupt oder auf repräsentative Teile dieser Welten bezogen, die als kanonisierte Texte für H. im Augenmerk seiner Auseinandersetzung mit Tradition liegen, soll Vergangenes so für eine jeweilige Gegenwart im Modus *produktiver Erwiderung* überschrieben sein. In diesem Anliegen einer Geschichtsgründung verbindet sich das Bestreben, den christlich-abendländisch-technischen → Code umprägen zu wollen, mit dem Anspruch, gleichwohl eine geschichtliche Auseinandersetzung mit ihm zu unterhalten. Für eine kritisch-produktive Auseinandersetzung mit H.s früher Erinnerungskonzeption sind vor allem E. Levinas *(Die Zeit und der Andere)*, → J. Derrida und P. Ricœur *(Das Rätsel der Vergangenheit)* zu nennen. Allen ist dabei eine Ablehnung des ontologischen Begründungsanspruchs von H.s Denken gemeinsam.

M. Heidegger, Sein und Zeit (1927), 16. Aufl. Tübingen 1986; ders., Beiträge zur Philosophie. Vom Ereignis (1936–38), Frankfurt/M. 1989. – R. Wansing, ‹Was heißt Denken?› Geschichtlichkeit und Verbindlichkeit als Problem philosophischer Selbstbestimmung im Denken Martin Heideggers, Freiburg/München 2002; J. Derrida, Aporien. Sterben – Auf die «Grenzen der Wahrheit» gefaßt sein, München 1998; E. Husserl, Zur Phänomenologie des inneren Zeitbewußtseins (1893–1917), Husserliana, Bd. X, Den Haag 1966.

Rudolf Wansing

Heimat

Subjektiv von Einzelnen oder kollektiv von Gruppen erlebte, primär territoriale, Einheit, zu der ein Gefühl besonders enger Verbundenheit besteht. Dabei bezeichnet H. einen «Erfahrungsraum der Vertrautheit» (v. Krockow 1990, S. 56). In Verbindung mit → Brauchtum und → Tradition wird H. wesentlich aus der → Vergangenheit bezogen und ist somit *gelebte* → Zeit im Modus der Erinnerung. Dies zeigt sich vor allem darin, dass das Erleben der H. in zeitlicher Dimension im besonderen Maße an Kindheitserlebnisse gekoppelt ist (Piepmeier 1990; → Erlebnis, → Kindheit, → Klassentreffen, → Reminiszenz).

Im Gegensatz zum Fortschrittsgedanken, der auf Veränderung abhebt, erinnert H. an eine – oftmals zeitlich begrenzte – soziale, zeitliche und räumliche Verankerung. Durch den industriegesellschaftlichen Modernisierungsprozess entwickelte sich im 19. Jh. ein subjektiver, sentimentaler, somit ideologischer H.-Begriff. H. wurde zum Kompensationsraum für den *Verlust* einer geschlossenen Lebenswelt. Damit ist die *Entdeckung* der H. überwiegend gebunden an den defizitären Zustand der Heimatlosigkeit und so verwandt mit dem *Heimweh* (→ Nostalgie). «Der Schwund dessen, was mit ‹Heimat› bezeichnet wird und was bis dahin unreflektiert gelebte Wirklichkeit war, ist Bedingung dafür, daß dezidiert und emphatisch von ihr die Rede ist. Es ist das Bewußtsein des Verlustes oder des drohenden Verlustes, nicht das Bewußtsein selbstverständlicher Wirklichkeit, das von Heimat sprechen läßt» (Piepmeier 1990, S. 95). Die Auffassung der H. als vertrautem Erfahrungsraum wurde in implizierter Abgrenzung zur Fremde vor allem durch die Dichtung der Romantik (etwa J. v. Eichendorff) geprägt. Während des Nationalsozialismus wurde H. mit den Termini *Volkstum, Rasse* und *Raum* verknüpft und diente zur Exklusion bestimmter Gruppen, z. B. der als heimat- bzw. «vaterlandslos» gekennzeichneten Juden und ‹Zigeuner›. Weitere politische Brisanz erfuhr der H.-Begriff nach dem Zweiten Weltkrieg durch die sog. H.-Vertriebenen, die das Gefühl, der H. beraubt worden zu sein, zum Anlass nahmen, sich als Gemeinschaft in Verbänden zu organisieren.

H. realisiert sich also nicht nur in der Erinnerung von Individuen, sondern ist ein wesentlicher Bezugspunkt für die Geschichte von Gruppen und Ethnien und erfährt entsprechende Institutionalisierungen. So werden in *H.-Vereinen* vergessene Traditionen oder Dialekte wiederbelebt und *H.-Museen* (→ Museum) eingerichtet; außerdem tragen H.-Dichtung, -Filme und -Lieder zur Verklärung des Erfahrungsraums bei. Als wissenschaftliche Entsprechung rekurriert die Regionalforschung auf den H.-Begriff und die damit verbundene Vorstellung eines → kollektiven Gedächtnisses oder einer kollektiven → Identität.

R. Piepmeier, Philosophische Aspekte des Heimatbegriffs, in: S. Althoetmar-Smarczyk/J. Henrich/A. Klein (Hg.): Heimat. Analysen, Themen, Perspektiven, Bonn 1990, S. 91–108; C. Graf von Krockow, Heimat – Eine Einführung in das Thema, in: S. Althoetmar-Smarczyk/J. Henrich/A. Klein (Hg.): Heimat. Analysen, Themen, Perspektiven, Bonn 1990, S. 56–69; ders., Heimat – Erfahrungen mit einem deutschen Thema, Stuttgart 1989; W. von Bredow/H.-F. Foltin, Zwiespältige Zufluchten. Zur Renaissance des Heimatgefühls, Berlin/Bonn 1981.

Martina Borgschulze

Hemmung

Begriff aus der Neurophysiologie und Psychologie, der neben Wahrnehmungs- auch mit Gedächtnisphänomenen in Verbindung gebracht wird. In der Neurophysiologie wird von H. (auch Inhibition) dann gesprochen, wenn das Aktivitätsniveau von Neuronen (→ Nervenzelle) durch die Aktivität anderer Neurone herabgesetzt wird. Dabei wird grundsätzlich unterschieden zwischen *präsynaptischer* und *postsynaptischer* H.: Bei präsynaptischer H. setzen die → Synapsen der hemmenden Neurone an den Axonen oder Synapsen der zu hemmenden Neurone an (axo-axonische Synapsen) und sorgen bei Aktivierung für eine verminderte Transmitterfreisetzung an den Synapsen der gehemmten Neurone (→ Neurotransmitter). Bei postsynaptischer H. setzen die Synapsen hingegen an den Dendriten oder den Somata der zu hemmenden Neurone an (axo-dendritische bzw. axo-somatische Synapsen) und bewirken eine Herabsetzung ihrer Erregbarkeit. Vorgänge prä- und postsynaptischer H. stellen möglicherweise eine physiologische Grundlage von → Vergessen durch → Interferenz dar. Am besten untersucht ist H. im physiologischen Sinn allerdings im Zusammenhang mit Wahrnehmungsphänomenen: Paradigmatisch ist hier die sog. *laterale H.*, die insbesondere zur Erklärung von Kontrastphänomenen wie dem Phänomen der ‹Machstreifen› herangezogen wird. Dieses tritt z. B. auf, wenn man ein gleichmäßig schwarzes Rechteck auf gleichmäßig weißem Papier betrachtet. Dort, wo die schwarze Rechtecksfläche an die weiße Fläche des Papiers grenzt, erscheint entlang der Grenzlinie auf der weißen Seite ein relativ zum Weiß des Papiers hellerer Streifen, auf der schwarzen Seite hingegen ein relativ zum Schwarz des Rechtecks dunklerer Streifen.

In der Verhaltenstheorie ist H. das Gegenstück zu Verstärkung (vgl. → Konditionierung): Verringert sich die Wahrscheinlichkeit der Aktualisierung eines Verhaltensschemas R durch einen Organismus O in einer Situation S_1, nachdem das Aktualisieren des Schemas R durch O in S_1 regelmäßig von dem Eintreten einer Situation S_2 gefolgt wurde, so heißt S_2 auch ein «Hemmer» oder «Inhibitor». Ein Beispiel wäre die Applikation von Stromschlägen. Das *Herausnehmen* eines Inhibitors aus einer Situation stellt wiederum einen Verstärker dar, welchen man als «negativen Verstärker» bezeichnet und den übrigen, den «positiven Verstärkern» gegenüberstellt. Hier ergibt sich ein wichtiger Zusammenhang zum Gedächtnis dadurch, dass Inhibitoren (→ Strafe) zur → Löschung und damit zum ‹Verlernen› von Reaktionen eingesetzt werden können. Vergessen von Sachverhalten wird in diesem Rahmen oft als ein Sonderfall des Verlernens von Reaktionen aufgefasst.

In der Gedächtnispsychologie im engeren Sinn schließlich bedeutet H. dasselbe wie → Interferenz. So wird etwa statt von proaktiver oder retroaktiver Interferenz auch von proaktiver bzw. retroaktiver H. gesprochen, da in solchen Fällen früher Gelerntes das Erlernen weiterer → Information ‹hemmt› (proaktive H.) bzw. später Erlerntes den → Abruf des früher Erlernten.

N. Birbaumer/R. F. Schmidt, Biologische Psychologie, Berlin u. a. 1989; G. H. Bower/E. R. Hilgard, Theorien des Lernens, 2 Bde., Stuttgart 1983/1984.

Dirk Hartmann, Walter Zitterbarth

Herkunft → Ahnen, → Dreamtime, → Etymologie, → Genealogie, → Heimat, → Intrauterines Gedächtnis, → Prähistorie, → Recycling, → Ruine, → Tradition, → Ursprung

Hermeneutik

(griech. *hermeneutiké téchne*: Auslegungskunst). Im engeren Sinn Lehre von der Kunstfertigkeit der methodisch richtigen Textinterpretation, im weiteren Sinn (etwa der philosophischen H.-Konzepte F. Schleiermachers, W. Diltheys, → M. Heideggers und H.-G. Gadamers) Theorie des Verstehens und Auslegens mit universalem Anspruch. Insofern die hermeneutische Interpretationspraxis seit ihren Anfängen in der Antike über ihre zunehmende Theoretisierung in Mittelalter und Neuzeit (Bibel-H., philologische H.) bis ins 20. Jh. maßgeblich die → Selektion, → Tradierung und → Kanonisierung eines begrenzten Korpus an «Wiedergebrauchstexten» (J. Assmann) ermöglicht und steuert, trägt die H. als eine sich institutionalisierende Überlieferungsmethode und Speichertechnik, die Lesestrategien gegen das → Vergessen konstituiert (Kittler 1979), zur Bildung eines jeweils gesellschafts- und epochenspezifischen → kulturellen Gedächtnisses bei. In Abgrenzung vom Methodenideal eines naturwissenschaftlich orientierten Positivismus konzipiert als eine genuin geisteswissenschaftliche Erkenntnisweise (Dilthey), stellt die H. eine vor allem für die Religions-, Literatur-, Kunst- und Geschichtswissenschaften (→ Geschichte, → Historismus) des 19. und 20. Jh.s paradigmatische Methode bereit, welche die Entzifferung und Rekonstruktion des codierten → Sinns (→ Code) historischer Kommunikationen ermöglichen soll. Mittels der Technik der «Horizontverschmelzung» (Gadamer 1962), deren Grundmodell der «hermeneutische Zirkel» ist, soll die Konstruktion eines Traditionskontinuums zwischen rekonstruierendem Subjekt und den prinzipiell als rekonstruierbar gedachten historischen Objekten, mithin das ‹richtige› Erinnern und Bewahren, gelingen (→ Kontinuität, → Rekonstruktion, → Tradierung): So wird etwa bei der Sinnrekonstruktion historischer Texte zunächst das im Rekonstruierenden vorhandene

Vorwissen (über einen Text und seinen Verfasser, die allgemeinen Zeitumstände, den allgemeinen Sprachgebrauch) mit einzelnen Teilen des Textes konfrontiert und gegebenenfalls korrigiert. Anschließend wird das Textganze auf die Bedeutung seiner Teile bezogen, sodass ein konsistenter Sinn des gesamten Textes ermittelbar sein soll. Schließlich führt die Wiederholung dieses Vorgangs bei erneuter Lektüre zur Differenzierung des Vorwissens und zu einer schrittweisen Optimierung der Sinnrekonstruktion. Ungeachtet der unüberwindbaren Prozess- bzw. Zirkelhaftigkeit und der prinzipiellen Unabschließbarkeit des voraussetzungsreichen hermeneutischen Decodierungsaktes, der «zwischen methodischen Verfahrensweisen und genialer Interpretation» (Jung 1997, S. 162) oszilliert, verspricht gerade die H. im engeren Sinn ihren Anwendern einen privilegierten Zugang zum ‹richtigen› Sinn kanonisierter Texte und macht das Wissen um deren ‹Wahrheiten› den unterschiedlichen Gruppen von Interpretatoren (juristischen, theologischen, philologischen) verfügbar.

Bis in die 1970er Jahre bleibt unbestritten, dass eine wie auch immer geartete H. der ‹Königsweg› des Verstehens sei. Erst die im Zuge der poststrukturalistischen und dekonstruktivistischen Überlegungen artikulierte Skepsis und Opposition gegenüber der abendländischen Metaphysik und Identitätsphilosophie, die Autoren wie M. Foucault, J. Lacan, → J. Derrida und P. de Man in einem dezidiert anti-hermeneutischen Impetus vereint, haben diesen Grundkonsens aufgekündigt. Die Versuche, diese Kritik in neuere H.-Konzepte einzuarbeiten (Jung 1997), stehen der antihermeneutischen Wende dennoch relativ dialoglos gegenüber. Gerade für den vermeintlichen Prototyp einer hermeneutischen Wissenschaft, für die Literaturwissenschaft, kann daher von einer «Horizontverschmelzung» gegenwärtig nicht mehr die Rede sein.

W. Jung, Neuere Hermeneutikkonzepte, in: K. M. Bogdal (Hg.), Neue Literaturtheorien, Opladen 1997, S. 159–180; P. Rusterholz, Hermeneutische Modelle, in: H. L. Arnold/H. Detering (Hg.), Grundzüge der Literaturwissenschaft, München 1996, S. 101–136; F. A. Kittler, Vergessen, in: U. Nassen (Hg.), Texthermeneutik: Aktualität, Geschichte, Kritik, Paderborn u. a. 1979, S. 195–221; H. G. Gadamer, Wahrheit und Methode. Grundzüge einer philosophischen Hermeneutik, Tübingen 1962.

Gerhard Kaiser

Hexameter → Oral Poetry, → Versmaß

Hippocampus

(griech.-lat. *hippocampus*: fischschwänziges Seepferd der antiken Sage). Phylogenetisch alte → Großhirnstruktur, die im medialen (inneren) Bereich des menschlichen Schläfenlappens liegt (→ Gehirn), wo sie sich in den eigentlichen H. (H. proper oder Ammonshorn) und benachbarte Gebiete aufteilt, die zusammen als Hippocampale Formation bezeichnet werden. Bekanntheit erreichte die Struktur vor allem durch die Publikation des Falls H. M. (→ Mnemopath), eines Patienten, der aufgrund andersartig nicht kontrollierbarer epileptischer Anfälle als junger Mann eine beidhemisphärische Resektion des medialen Schläfenlappenbereichs erhielt und dadurch hochgradig anterograd amnestisch wurde (Markowitsch 1985). Seine → Amnesie wurde auf die fehlenden Hippocampi zurückgeführt, in denen man das Zentralorgan für die Übertragung von → Information aus dem → Kurzzeit- in das → Langzeitgedächtnis sah. Die neuronale Geometrie des H. und die Eigenschaften seiner → Nervenzellen zu anhaltender Aktivität nach Reizung (→ D. O. Hebb, → Synapse) verstärken diese Idee. Das Eingebettetsein des H. in das → limbische System unterstreicht gleichzeitig eine Vielfalt weiterer Funktionen, die dieser Struktur zugesprochen werden; hierzu zählen u. a. eine Involviertheit in Neuigkeitsanalysen, die räumliche Orientierung und Aufmerksamkeitsfunktionen. Die hippocampale Formation ist ferner eine gegenüber Sauerstoffunterversorgung (Hypoxie) und toxischen Einflüssen (z. B. Kohlenmonoxidvergiftung) besonders sensible Struktur, wodurch es nach Herzinfarkten, Tauchunfällen oder Selbstmordversuchen häufig zu H.-Degenerationen und Gedächtnisstörungen bis hin zu bleibender anterograder und teilweiser retrograder → Amnesie kommt. Auch degenerieren hippocampale → Nervenzellen schon in den Anfangsstadien der → Alzheimer Demenz.

Die Bedeutung des H. proper für die Einspeicherung autobiographischer Episoden (→ autobiographisches Gedächtnis, → episodisches Gedächtnis) wurde durch die Studie von F. Vargha-Khadem u. a. (1997) deutlich, die drei Kinder mit selektiven H.-Degenerationen untersuchten, die diese bei Geburt oder im Kindheitsalter erhielten. Trotz massiver anterograder → Amnesie für Episoden des täglichen Lebens konnten die Kinder Sprache erwerben, die Schule besuchen und sich bis zu einem gewissen Grad auch Faktenwissen bleibend aneignen (→ Lernen). Damit spricht diese Studie zum einen stark für eine Dissoziation von → episodischen und → semantischen Gedächtnissystemen (Tulving/Markowitsch 1997, 1998), zum anderen für eine wichtige Rolle des H. beim Erwerb von episodischem Gedächtnis.

F. Vargha-Khadem/D. G. Gadian/K. E. Watkins/A. Conelly/W. Van Paesschen/M.
Mishkin, Differential effects of early hippocampal pathology on episodic and semantic memory, in: Science, Bd. 277, 1997, S. 376–380; E. Tulving/H. J. Markowitsch,
Episodic and declarative memory: Role of the hippocampus, in: Hippocampus, Bd.
8, 1998, S. 98–204; dies., Memory beyond the hippocampus, in: Current Opinion in
Neurobiology, Bd. 7, 1997, S. 209–216; H. J. Markowitsch, Der Fall H. M. im Dienste
der Hirnforschung, in: Naturwissenschaftliche Rundschau, Bd. 38, 1985, S. 410–416.

Hans J. Markowitsch

Historiographie → Geschichte

Historismus

I. (lat. *historia*: Forschung, Bericht, Erzählung, Geschichte). *In der Geschichtswissenschaft* immer schon ein unterdefinierter, von widersprüchlichen Argumentationsfiguren geprägter Begriff. Zunächst meinte H. eine
Methode der historischen Prozessualisierung von → Wissen. Während
historicism international einen weiten konzeptionellen Rahmen eröffnet,
meint H. in Deutschland eine spezifische Ausprägung von Geschichtswissenschaft, welche den Zustand der Dinge aus ihrer Genese (→ Ursprung)
nachzuvollziehen und in ihrer ästhetischen Individualität anzuerkennen
sucht. Das heißt Absage an metahistorische Gesetzmäßigkeiten einerseits
(→ Geschichtsphilosophie, → G. W. F. Hegel) und die Vermutung eines
verborgenen Zusammenhangs der Dinge andererseits – weshalb die narrative Darstellungsform (→ Narration) den Gegenstand des H. im Kern-
begriff der Entwicklung mitkonstituiert. Ihr Charakteristikum ist die
Akzentverschiebung von der literarisch offensichtlichen narrativen Kompetenz zur scheinbaren Selbstbewegung der → Geschichte – eine ab-
sichtsvolle Transformation des Mediums zur Botschaft.

J. J. Winckelmann hat die griechische Kunst 1764 in ihren politischen
Entstehungsbedingungen kontextualisiert und damit den Raum des H.
eröffnet; J. W. v. Goethe unterstreicht, dass «kein Urteil möglich» ist, «als
wenn man es historisch entwickeln kann». Der historiographische → Ariadnefaden durchs Labyrinth der → Quellen ist damit zur hermeneutischen Leitlinie geworden. In diesem Kontext taucht der Begriff vermutlich erstmals auf: In einem Fragment von 1798/99 zur geplanten
Enzyklopädie kreiert Novalis die Wortkette: «Das ConfusionsSystem.
Mysticism. Historism.» Der revolutionäre Systemeinbruch (→ Revolution) von 1789 hat Geschichte an die Stelle von → Tradition treten las-

sen: das Bedürfnis, sich des Gesammelten historisch zu bemächtigen, während Herders Entdeckung der Nationalkulturen (→ Nation) das romantische Interesse an der Kunst aller Völker und Zeiten förderte. Die Texthalluzination vom Gang der Dinge wird im → Museum, insofern es durch eine Abfolge epochaler Säle darauf angelegt ist, vom sukzessiven Durchgang des Betrachters räumlich eingeholt.

Wo die Erfahrung des Traditionsbruchs (→ Bruch) die akademische Wiederaneignung von Gedächtnis verstärkt (J. Burckhardt), wird H. eine diskursive Strategie zur Bewältigung beschleunigter Veränderungserfahrung. Doch der individualisierende Relativismus in der historistischen Geschichtsschreibung (L. v. Ranke) schließt mit der Austreibung expressiver Autorschaft im Dienste der Objektivität auch Standortbindung und diskursive Parteilichkeit aus, die von J. G. Droysens *Historik* dagegen im Namen der Erinnerung verteidigt wird. In die Krise gerät der auf politische Geschichte fixierte H., als sich mit dem 20. Jh. und seinen Kriegserschütterungen sozial- und wirtschaftsgeschichtliche Daten in den Vordergrund schieben, die nicht mehr hermeneutisches Verstehen (→ Hermeneutik), sondern kalkulierende Analyse erfordern (E. Troeltsch, O. Hintze, M. Weber). Dagegen steht die mediale Ekstase des H. Tatsächlich haben die audiovisuellen Medienapparaturen als Gedächtnismaschinen die → Zeit verfügbar gemacht. Die technische Organisation der Weltöffentlichkeit durch Rundfunk und Presse ist die eigentliche Herrschaftsform des H. (→ M. Heidegger). Die technischen Verfahren der Reproduktion führten zu einer musealen Verfügbarkeit von Kultur. Der italienische Aktualismus (G. Gentile, B. Croce) setzt dem eine dezidiert antihistoristische Philosophie entgegen, wie auch → W. Benjamin in seinen Thesen *Über den Begriff der Geschichte* einer ästhetisch-passiven historistischen Ästhetik das aktive Funkenschlagen aus der Vergangenheit vonseiten des historischen Materialismus vorzieht. Die scheinbare Rückkehr des ästhetischen H. heißt Postmoderne mit ihrem Hang zur arbiträren Zitierbarkeit (→ Zitat) des Vergangenen – eine Art H. abzüglich des emphatischen Geschichtsbegriffs. Mit dem Zerfall in Fragmente, nicht einmal mehr Teilgeschichten, bleibt am Ende kein Mikro-H., sondern das multiple → Archiv.

J. Rüsen, Konfigurationen des Historismus. Studien zur deutschen Wissenschaftskultur, Frankfurt/M. 1993; M. Brix/M. Steinhauser (Hg.), «Geschichte allein ist zeitgemäß». Historismus in Deutschland, Lahn-Gießen 1978; F. Meinecke, Die Entstehung des Historismus (1936), München 1959.

Wolfgang Ernst

II. *In der Kunstgeschichte:* Stilrichtung der bildenden → Kunst, die über weite Teile des 19. Jh.s das europäische Kunstschaffen dominiert und durch explizite Bezugnahme auf den Stilfundus der Kunstgeschichte charakterisiert ist (→ Ikonographie). Unterschieden von anderen Phänomenen der *renovatio* älterer Kunststile (z. B. der → Renaissance; vgl. → Revival) ist die historistische Kunst dadurch, dass sie sich nicht lediglich die → Antike oder eine andere → Epoche zum Vorbild nimmt, sondern die gesamte vor ihr liegende Entwicklung der Kunst als Material wählt. In dieser historischen Relativierung aller Epochen ist der künstlerische dem historiographischen H. verbunden. Wie der historiographische H. auf die Inventarisierung von → Quellen angewiesen ist, so werden auch die Zeugnisse vergangener künstlerischer Formbildung gesammelt und als Vorbilder entweder in druckgraphischer respektive fotografischer Reproduktion oder als Objekt in Kunst- und Kunstgewerbemuseen verfügbar gemacht (→ Archiv, → Denkmalpflege, → Museum, → Sammeln, → Sammlung).

Die früher verbreitete Lesart, als reiner → Eklektizismus zeuge der H. von mangelnder Einfallskraft und einem Verfall der Kunst, ist heute verabschiedet. Der Aufgriff alter Kunststile kann vielmehr als bewusste Strategie verstanden werden, mit dem die jungen → Nationen sich ihres kulturellen → Erbes versichern und dieses als lebendige → Tradition in die Gegenwart integrieren. Die Referenz auf → Geschichte erfolgt zumeist gezielt und spezifisch: So soll z. B. das in klassizistischem Stil errichtete Parlamentsgebäude in Wien an das Vorbild antiker ‹Demokratien› erinnern (Fillitz 1997). Geschichte wird also nicht nur stilistisch, sondern auch thematisch adressiert. Die repräsentative Kunst kann unter der Idee des → Denkmals zusammengefasst werden: Historische Ereignisse werden zu bevorzugten Themen der Malerei; Denkmäler erinnern nicht mehr nur an Herrscher und Heerführer (Hermanndenkmal), sondern auch an wichtige Kulturgründer (Goethe-Schiller-Denkmal in Weimar, Walhalla) oder an die Nationwerdung selbst (Niederwalddenkmal, Bavaria). Die Fertigstellung des Kölner Doms als deutschen Nationaldenkmals reklamiert die Gotik als deutsche Baukunst und stellt die nationalistischen Bestrebungen des 19. Jh.s in → Kontinuität zum mittelalterlichen Kaiserreich deutscher Nation.

Der exzessive Anruf der → Vergangenheit steht in Gegensatz zu dem radikalen sozialen Wandel, der sich im Rahmen der Industrialisierung vollzieht. Am sinnfälligsten äußert sich die Absicht, die Veränderungen symbolisch zu mildern, in dem Verfahren, architektonische Stahlkonstruktion und technische Industriegüter in einen Mantel von Geschichte zu kleiden. In den ausufernden Stilzitaten der sog. postmodernen Kunst der 1980er und 1990er Jahre, primär in der → Architektur, kann man ein neo-historistisches Verfahren erkennen, das sich allerdings in der Regel durch eine Ironie des → Zitats von seinem historischen Vorläufer unterscheidet.

H. Fillitz, Der Traum vom Glück. Die Kunst des Historismus in Europa, Wien/München 1997.

Jens Ruchatz

Holocaust → Shoah

Hypermnesie → Hypnose, → Mnemopath

Hypertext → Computer, → Internet

Hypnose

(griech. *hýpnos*: Schlaf). Von J. Braid 1842 geprägter Begriff, der zumeist einen schlafähnlichen Bewusstseinszustand bezeichnet, welcher durch Suggestionen herbeigeführt und im Wachzustand nicht erinnert wird (posthypnotische → Amnesie). Im Verlauf des 19. Jh.s verdrängt der Begriff der H. bzw. des Hypnotismus die mesmeristische Konzeption eines ‹tierischen Magnetismus›, die auf ein unsichtbares Fluidum als Erklärung für die psychischen und somatischen Effekte des magnetischen → Schlafs zurückgriff. Eine besondere Konjunktur erlebt die medizinische Verwendung der H. am Ende des 19. Jh.s im ‹Schulenstreit› zwischen J.-M. Charcot (Salpêtrière, Paris) und H. Bernheim (Nancy), welche die H. als *physiologisches* Epi-Phänomen der Hysterie bzw. als *psychischen* Zustand einer erhöhten Suggerierbarkeit definieren. → S. Freuds psychoanalytische Umdeutung der H. als libidinöse Übertragung geht mit einer Abwendung von der H. als therapeutischem Mittel einher. In den letzten Jahrzehnten lässt sich jedoch eine eklektische Wiederaufnahme der H. in sehr divergenten Therapie- und Theorieansätzen beobachten, die von der differenziellen Psychologie bis zum Neurolinguistischen Programmieren

(NLP) reichen. Eine den verschiedenen theoretischen und therapeutischen Ansätzen gerecht werdende, allgemein gültige Definition der H. ist auch heute nicht möglich.

In der H. lässt sich zum einen eine Hypermnesie, eine gesteigerte Gedächtnisleistung bzw. Erinnerungsfähigkeit beobachten, in der das hypnotisierte Medium sich an ein vergessenes oder verdrängtes → Trauma sowie an andere → Erlebnisse der → Vergangenheit erinnern kann – ein Vorgang, der in psychologischen und medizinischen Texten häufig in Analogie zum → Flashback im → Film beschrieben wird. Zum anderen lässt sich, wie bereits von P. Janet und Bernheim gezeigt wurde, die H. zur Gedächtnismodifikation oder Erinnerungsfälschung verwenden (vgl. → Gehirnwäsche). So lässt sich eine Amnesie für bestimmte Zeitabschnitte und → Ereignisse befehlen. Oder es wird durch retroaktive → Halluzinationen (Bernheim) eine künstliche Vergangenheit erzeugt, von der die hypnotisierte Person auch nach dem Erwachen aus der H. glaubt, sie habe sich tatsächlich ereignet (vgl. → Konstruktion). Der prekäre Status der unter H. wiedergewonnenen Erinnerung, z. B. an sexuellen Missbrauch in der → Kindheit oder an eine Entführung durch Aliens, der derzeit insbesondere in den USA in heftigen *Memory Wars* (Showalter 1997) deutlich wird (→ *false memory*, → wiederbelebte Erinnerungen), wird auch schon in medizinischen und literarischen Texten der Jahrhundertwende verhandelt (A. Schnitzler, *Paracelsus*). Ob eine unter H. wiedergewonnene Erinnerung tatsächlich auf einer gesteigerten Gedächtnisleistung (Hypermnesie) oder aber auf den Suggestionen des Hypnotiseurs beruht, bleibt damit unentscheidbar.

S. Andriopoulos, Besessene Körper. Hypnose, Körperschaften und die Erfindung des Kinos, München 2000; E. Showalter, Hystorien. Hysterische Epidemien im Zeitalter der Medien, Berlin 1997; I. Hacking, Rewriting the Soul. Multiple Personality and the Sciences of Memory, Princeton 1995; A. Gauld, A History of Hypnotism, Cambridge 1992.

Stefan Andriopoulos

Identität

I. (spätlat. *identitas*: Wesenseinheit). *In der Philosophie:* völlige Gleichheit, Übereinstimmung oder Wesensgleichheit. Neben seiner logischen Verwendung als numerische I. unterscheidet man die qualitative (I. hinsichtlich von Eigenschaften), die synchrone (Einheit zu einem Zeitpunkt) und die diachrone I. (Einheit über ein Zeitintervall). Zu diesen ontologischen Verwendungen des Identitätsbegriffs tritt eine aus der Sozialpsychologie und -philosophie stammende Konzeption, bei der I. das individuelle oder kulturelle Selbstverständnis oder -bild von Personen oder Gruppen meint. Darin gehen neben Annahmen über Tatsachen auch Vorstellungen darüber ein, wer oder was man sein will; deshalb wird I. in diesem Sinne als evaluativ praktisches Selbstverhältnis charakterisiert (E. Tugendhat, *Selbstbewußtsein und Selbstbestimmung*).

Im Kontext der personalen I. geht es um die Bedingungen, unter denen eine Person zu verschiedenen Zeitpunkten ein und dieselbe ist. → J. Locke definiert in der zweiten Auflage seines *Versuchs über den menschlichen Verstand* personale I. unter Rekurs auf Erinnerung: Eine Person ist «ein denkendes, verständiges Wesen, das Vernunft und Überlegung besitzt und sich selbst als sich selbst betrachten kann. Das heißt, es erfasst sich als dasselbe Ding, das zu verschiedenen Zeiten und an verschiedenen Orten denkt.» Personen zeichnen sich dadurch aus, dass sie nicht nur über die Zeit hinweg existieren, sondern auch ein → Bewusstsein ihrer eigenen I. zu einem Zeitpunkt und über die → Zeit hinweg haben. Dafür sind die Speicherung vergangener → Erlebnisse und Handlungen (Gedächtnis) sowie das Bewusstsein vergangener Erlebnisse und Handlungen *als* vergangene (Erinnerung) notwendige Voraussetzungen. Diese Fähigkeiten sind zum einen für die ontologische Frage (synchrone, diachrone I.) von grundlegender Bedeutung, weil die kausale Verknüpfung psychischer Zustände die diachrone Identität konstituiert. Zum anderen sind für das evaluative praktische Selbstverhältnis Selbst- und Zeitbewusstsein grundlegend, weil es Personen ermöglicht, sich zu ihrer eigenen Existenz kognitiv und willentlich zu verhalten (K. Düsing, *Selbstbewußtseinsmodelle*).

Im Anschluss an Locke hat der *ontologische* Hauptstrang der Diskussion versucht, die diachrone I. von Personen zu klären als Sonderfall der diachronen Identität raum-zeitlicher Gegenstände. Dabei wird das I.s-Bewusstsein von Personen entweder als nicht weiter analysierbares metaphysisches Faktum, welches sich im Selbstbewusstsein manifestiert, angesehen (R. G. Swinburne, R. M. Chisholm). Oder es wird die These vertreten, dass sich die I. der Person in informativer Weise auf grundlegendere Kausalrelationen zurückführen lässt. Für eine solche Analyse werden drei Kriterien vorgeschlagen: Dem psychologischen Kriterium zufolge besteht diese Kausalrelation zwischen psychischen Zuständen (D. Parfit, J. Perry, S. Shoemaker); dem → Körper- oder → Gehirnkriterium

zufolge dagegen in der diachronen Kontinuität des Körpers der Person
(B. Williams). Außerdem gibt es drittens Theorien mit kombiniertem
Kriterium (D. Wiggins).

Der *praktisch-evaluative* Hauptstrang versteht das I.s-Bewusstsein von
Personen primär als praktisches und stets wertendes Willensverhältnis
(R. Rorty, C. Taylor, E. Tugendhat). Personen erzeugen aus der Interpretation eigener Erinnerungen und Absichten eine biographische oder narrative Identität (→ Narration, → Autobiographie). Dieser Prozess, einen
kohärenten Eigenentwurf zu erreichen, findet im sozialen Raum statt, zu
dessen Wert- und Sinnangeboten (→ Sinn) sich eine Person reflexiv verhält. Damit kommt neben dem aktivischen Charakter auch die durch
wechselseitige Anerkennungsbeziehungen konstituierte soziale Dimension personaler Identität zum Vorschein.

M. Quante (Hg.), Personale Identität, Paderborn 1999; D. Sturma, Philosophie der
Person, Paderborn 1997; H. Noonan (Hg.), Personal Identity, Aldershot 1993; L.
Siep (Hg.), Identität der Person, Basel 1983.

Michael Quante

II. *In der Psychologie:* Der seit den Arbeiten des Psychoanalytikers E. H.
Erikson in den Sozial- und Kulturwissenschaften, insbesondere in der So-
zial- und Entwicklungspsychologie etablierte I.s-Begriff hat sich von traditionellen, aus der Logik, Mathematik und Philosophie stammenden
Bedeutungen weitgehend gelöst. Nicht nur die damit verbundene semantische Transformation, sondern auch der bis heute sehr uneinheitliche
Gebrauch des modischen Wortes hat zu häufig beklagten Begriffsverwir-
rungen geführt. Im Hinblick auf Gedächtnis und Erinnerung bezieht sich
der psychologische bzw. sozialwissenschaftliche Begriff allein auf Menschen: Zu unterscheiden sind Verwendungsweisen, die entweder auf einzelne Personen (personale I.) oder aber auf Kollektive (kollektive I.,
Gruppen-I.) Bezug nehmen. Hinsichtlich einzelner Personen ist Eriksons
im Rahmen der analytischen Ich-Psychologie geprägter, von ihm selbst
bald aufgegebener Begriff der Ich-I. nach wie vor gebräuchlich. Zwischen
dem psychoanalytischen, aber auch dem interaktionistischen, hand-
lungs- und kommunikationstheoretischen Begriff der I. (E. Goffman, A.
Strauss, R. Döbert, J. Habermas, L. Krappmann, G. Nunner-Winkler u. a.)
sowie dem pragmatistischen Begriff des Selbst (W. James, J. Cooley, G. H.
Mead; H. Joas 1997) gibt es weitgehende semantische Übereinstimmun-
gen. Generell gilt, dass die Entwicklung der I. selbstreflexiver Personen

von sozialen Kontexten und Vermittlungsprozessen abhängig ist. Die im engeren Sinne psychodynamischen Aspekte, die den I.s-Begriff mit dem → Unbewussten, speziell mit dem Abwehrmechanismus der Identifizierung (→ Abwehr), in Zusammenhang bringen, sind an theoretische Vorgaben → S. Freuds bzw. seiner Nachfolger gebunden.

Der Begriff der *qualitativen I.* einer Person umfasst zentrale und periphere, fundamentale oder akzidentelle Merkmale eines Subjekts in unterschiedlichen Definitionsräumen der I. (z. B. → Körper/Leib, *sex/gender*, Familie, Arbeit, Werte usw.). Er hat eine primär deskriptive Funktion und steht stellvertretend für die Antwort reflexiver Subjekte auf die qualitative I.s-Frage «wer bin ich (geworden) und wer möchte ich sein?». Dabei ist zu beachten, dass diese ‹Antwort› nicht allein sprachlich artikuliert werden kann, sondern auch im Handlungsvollzug gegeben wird. Neben qualitativen Merkmalen einer Person gerät mit dem I.s-Begriff die einheitliche Form oder Struktur des praktischen Selbst- und Weltverhältnisses einer nämlichen Person in den Blick. Dies ist seine zentrale theoretische Bedeutung, nicht der auf Einzigartigkeit bzw. Individualität abhebende Aspekt der *numerischen I.* Als Begriff ist I. ein formaltheoretisches Konstrukt, das unabhängig von den variablen qualitativen Bestimmungen personaler I. definierbar ist. Der formaltheoretische Begriff bezeichnet eine als Einheit ihrer → Differenzen bestimmbare ‹Gestalt›. Theoretisch präzisierbar ist diese vor allem in zwei Hinsichten (Straub 1991, 1996): I. impliziert die (nicht auf logische Konsistenz reduzierbare) Kohärenz moralischer und ästhetischer Maximensysteme sowie der von einem Subjekt übernommenen sozialen Rollen. Diese Kohärenz gewährleistet synchrone I.

Außerdem bedarf I. der → Kontinuität. Diesbezüglich sind bestimmte Handlungen von herausragender Bedeutung, beispielsweise der Sprechakt «ein Versprechen geben» oder aber nachträgliche (Selbst-)Erzählungen (→ Nachträglichkeit, → Narration). Die durch Kontinuität gewährleistete *diachrone I.* wird in hohem Maße narrativ erzeugt. Sie ist, da sie den mit Gedächtnis- und Erinnerungsleistungen sowie antizipativen Entwürfen verwobenen, temporalen Aspekt *personaler I.* erfasst, auf die Erzählung als eine die menschliche → Zeit konstituierende Praxis angewiesen. In ihrer diachronen Dimension wird die I. deswegen auch als *narrative I.* bezeichnet, die als umfassendster Rahmen identitätsrelevanter, auf die Synthesis des Heterogenen abzielender Selbstthematisierungen eines Menschen gilt (Angehrn 1985, Ricœur 1996). Die narrative I. basiert wesentlich auf Leistungen des → episodischen bzw. → autobiographischen Gedächtnisses und des → Geschichtsbewusstseins. Sie ist das stets vorläufige (und in gewissem Maße auch situationsabhängige) Produkt einer Erinnerung, die – wie bereits W. Dilthey betonte – die gesamte eigene Lebensgeschichte umfassen und außerdem die kollektive → Geschichte einbeziehen kann. In ihrer diachronen Dimension basiert I. auf Gedächtnis- und Erinnerungsleistungen und ermöglicht → Erwartungen, Antizipationen und allgemein die Orientierung in der Zeit (→ Vorausschau). I.s-Störungen bzw. I.s-Pathologien gehen dementsprechend mit Gedächtnis- und Erinnerungsstörungen sowie einem beeinträchtigten Zeitsinn und zeitlichen Orientierungsvermögen einher (vgl. → Melancholie). Wie pragmatistische, psychoanalytische, interaktions- und kommunikationstheoretische Ansätze übereinstimmend darlegen, sind die I. und die Autonomie handlungsfähiger Personen – logisch und psychologisch – voneinander abhängig. Demgemäß steht die Frage nach der Autonomie eines Subjekts seit jeher mit im Zentrum der theoretischen und empirischen I.s-Forschung.

Gegen den Begriff der personalen I. wurden insbesondere in jüngerer Zeit gravierende – oft an → F. Nietzsche und M. Foucault anknüpfende – Einwände vorgetragen, die weit über die übliche terminologische und theoretische Kritik oder die methodischen Bedenken gegen die empirische I.s-Forschung hinausgehen. So wird z. B. konstatiert, dass der I.s-Begriff unter ‹postmodernen› Lebensbedingungen, die durch vielfältige Fragmentierungen in der Sach-, Sozial- und Zeitdimension gekennzeichnet werden, seine «Paßform» (H. Keupp) verloren habe. Der Begriff und die damit verbundene politische, psychologische oder pädagogische Praxis der ‹Verordnung›, Zuschreibung oder Bildung von I. wird nicht nur (in deskriptiver Absicht) als anachronistisch, sondern (in normativer Absicht) auch hinsichtlich impliziter Gewaltpotenziale kritisiert (Straub 1991, 2000).

Sehr viel umstrittener als das Konzept personaler I. sind seit jeher alle Spielarten *kollektiver I.* (Niethammer 2000). Neben gravierenden terminologischen und theoretischen Ungereimtheiten, die durch die analogisierende Übertragung des I.s-Begriffs auf Kollektive aller Art – von Gruppen über die Geschlechter, Klassen, → Nationen, Nationenverbände und → Kulturen bis hin zur Menschheit – entstehen, werden ideologische, praktisch-politische Funktionen im Dienste von Macht- und Herrschaftsinteressen hinterfragt. Die breite Palette untersuchter Strategien zur Herstellung bzw. Verteidigung kollektiver I.en umfasst z. B. die an Institutionen und Praktiken des → kollektiven Gedächtnisses gekoppelte Berufung auf vermeintlich vorhandene und zu bewahrende → Traditionen, die Propagierung verbindlicher Zukunftsorientierungen und nicht zuletzt die offen polemische Abgrenzung von Anderen als ‹Feinden› (→ Differenz).

L. Niethammer, Kollektive Identität, Reinbek 2000; J. Straub, Identitätstheorie, Identitätsforschung und die postmoderne armchair psychology, in: Zeitschrift für Qualitative Bildungs-, Beratungs- und Sozialforschung, Jg. 1, 2000, S. 167–194; H. Joas, Die Entstehung der Werte, Frankfurt/M. 1997; P. Ricœur, Das Selbst als ein Anderer, München 1996; J. Straub, Identität und Sinnbildung. Ein Beitrag aus der Sicht einer handlungs- und erzähltheoretischen Sozialpsychologie, in: Zentrum für interdisziplinäre Forschung der Universität Bielefeld (Hg.), Jahresbericht 94/95 des ZiF, Bielefeld 1996, S. 42–90; ders., Identitätstheorie im Übergang? Über Identitätsforschung, den Begriff der Identität und die zunehmende Beachtung des Nicht-Identischen in subjekttheoretischen Diskursen, in: Sozialwissenschaftliche Literatur Rundschau, Jg. 14, 1991, S. 49–71; E. Angehrn, Geschichte und Identität, Berlin/New York 1985.

Jürgen Straub

Ikonisches Gedächtnis

(griech. *eíkon*: Bild). Von U. Neisser (1967) geprägter Begriff für kurzzeitige Speicherung visueller sensorischer → Information. Aufbauend auf Befunden von G. A. Sperling (1960; vgl. → sensorische Register) postulierte er das i. G. als ein Speichersystem, das für ca. eine Viertelsekunde die visuelle sensorische, an der Netzhaut anliegende Information quasi ‹wörtlich› erinnert, vor jeder semantischen, ‹verstehenden› Weiterverarbeitung. Neisser postulierte darüber hinaus ein → Echogedächtnis für auditive sensorische Information, und diese sensorischen Register bilden die Eingangsstufe in der Komponententheorie des Gedächtnisses (‹Mehrspeichermodell›; vgl. → Kurzzeitgedächtnis, → Zwei-Komponenten-Theorie) von R. C. Atkinson und R. M. Shiffrin (1968). Das i. G. weist im Gegensatz zur semantischen Verarbeitung eine sehr hohe → Kapazität auf. Es ist allerdings anfällig gegen Störungen durch weitere visuelle Information, wobei visuell ähnliche Muster die Speicherung am meisten beeinträchtigen. R. N. Haber (1983) kritisierte das Konzept des i.n G.ses als ökologisch irrelevant: Polemisch formulierte er, das i. G. könne einem dabei helfen, im Freien bei Gewitter die Zeitung zu lesen. In neueren Theorien zum → sensorischen Gedächtnis findet das i. G. als sog. kurzer visueller Speicher seinen Platz.

R. N. Haber, The impending demise of the icon: A critic of the concept of iconic storage in visual information processing, in: Behavioral and Brains Sciences, Nr. 6, 1983, S. 1–11; R. C. Atkinson/R. M. Shiffrin, Human memory: a proposed system and its control processes, in: K. W. Spence/J. T. Spence (Hg.), The psychology of learning and motivation: Advances in research and theory, Bd. 2, New York 1968, S. 89–195; U. Neisser, Cognitive psychology, New York 1967; G. A. Sperling, The information available in brief visual presentations, in: Psychological Monographs, Bd. 74, Nr. 498, 1960.

Christian Kaernbach

Ikonographie

(griech. *eíkon*: Bild, *gráphein*: schreiben). Häufig wörtlich als Bildbeschreibung verstanden, wie sie als literarische Gattung seit der Antike existiert, als anschauliche Schilderung von Kunstwerken (Ekphrasis) etwa bei Philostrat, in der Neuzeit z. B. bei G. P. Bellori. Im weiteren Sinn kann I. als visueller Speicher verstanden werden, der sich verschiedener Sprachmodi wie Allegorie, Personifikation, Symbol oder Emblem bedient (vgl. → Trope) und bestimmten Personenkreisen zukommt (z. B. die ‹I. der Jesuiten›), ebenso als kodifiziertes und lexikalisch verwaltetes Bildgedächtnis (z. B. C. Ripa, *Iconologia*); im engeren Sinn bildet I. einen Zweig der Kunstwissenschaft, der sich mit Themen und Bedeutungen der bildenden → Kunst beschäftigt, mit eigener, ebenfalls I. genannter Methode (A. M. Warburg, E. Panofsky).

Die Funktion der I. als visueller Speicher hängt von der → Kapazität der verschiedenen Sprachmodi (→ Code) ab: Personifikationen etwa eignen sich besonders zur Vermittlung abstrakter Inhalte, während Allegorien umfänglichere Erzählstränge verbildlichen können; Symbole verdichten Inhalte in der Regel, Embleme fächern sie dagegen auf. Die Erkenntnis, die bildende Kunst funktioniere als Zeichensystem, das Inhalte speichert und zugleich organisiert, ist allerdings erst jüngeren Datums (→ Zeichen). Die *aktive* Rolle der I. hierbei, das ‹Schreiben› mittels Bildern, hat noch wenig Beachtung gefunden, da die einzelnen ikonographischen Modi selten über die Inhalte hinaus in den Blick genommen werden. Offen sind auch die normierenden Kriterien, nach denen die Bildkompendien in der frühen Neuzeit kanonisiert wurden.

E. Kaemmerling (Hg.), Bildende Kunst als Zeichensystem. Ikonographie und Ikonologie, Köln 1979; E. Panofsky, Ikonographie und Ikonologie (1955), in: ders., Sinn und Deutung in der Bildenden Kunst, Köln 1996, S. 36–67.

Andreas Köstler

imagines agentes → Gedächtnistheater,   → Mnemotechnik,
→ Rhetorik, → F. A. Yates

Implizites Gedächtnis → Explizites Gedächtnis, → Priming

Index → Spur, → Zeichen

Indiz

(lat. *indicare*: anzeigen, entdecken, verraten). Klasse von → Zeichen, die
auf einen verborgenen Sachverhalt hindeuten. Im kriminalistischen bzw.
juristischen Kontext verweisen I.ien wie unabsichtlich hinterlassene
→ Spuren oder Partikel von Gegenständen auf den möglichen Täter eines Verbrechens, der durch sog. I.ien-Beweise überführt werden kann.
Diese Technik des Spurenlesens geht auf das Fährtenlesen des Jägers und
die Mantik zurück, die ihr Erfahrungswissen auf → Rekonstruktion und
→ Vergleich aufbauen. In C. Ginzburgs (1988) wissenschaftsgeschicht-
lichem Konzept der Spurensicherung rangiert neben der Kriminalistik
auch die Medizin als I.ien-Wissenschaft. Insbesondere die Psychoanalyse
rekonstruiert die pathologischen Ursachen psychischer → Traumata anhand der von Patienten in der *talking cure* beiläufig erzählten biographischen Details, die dort den Status von enthüllenden I.ien einnehmen
(→ Narration).

C. Ginzburg, Spurensicherungen. Über verborgene Geschichte, Kunst und soziales
Gedächtnis, München 1988.

Petra Löffler

Information

I. (lat. *informatio*: Vorstellung, Begriff, Abbild, Deutung). *In der Psychologie:* Was gelernt, erinnert und vergessen werden kann, kann als I. konzeptualisiert werden. Unterschieden wird grundsätzlich zwischen einem
syntaktischen und einem semantischen Begriff von I. Der *syntaktische*
Begriff entstammt der I.s-Theorie, einem Teil der Kybernetik. Grundle-

gend sind hier die Arbeiten von N. Wiener (1948) und C. Shannon/W. Weaver (1949), wo der «Informationsgehalt» einer Nachricht definiert wird als der zur Klassifizierung der gesendeten Zeichen nötige Aufwand. Diese Klassifizierung erfolgt in der Regel über eine Abfolge von Binärentscheidungen, sodass sich für den I.s-Gehalt die Maßeinheit *bit* ergibt. In der Anwendung der I.s-Theorie geht es vor allem um die Begrenzung von Fehlern bei der Nachrichtenfernübertragung und um die Verminderung von Redundanzen bei der Codierung (→ Code).

Während der syntaktische I.s-Begriff keinerlei Bezug auf die *Bedeutung* von → Zeichen nimmt, lässt sich der *semantische* Begriff von I. mit der Bedeutung identifizieren. Bedeutung ist dabei weder metaphysisch als dem → Zeichen an sich inhärenter oder zugeordneter Gegenstand, noch psychologistisch als mit dem Zeichen assoziierte Vorstellung aufzufassen (→ Assoziation). Vielmehr ist die Rede über ‹die Bedeutung› eines Zeichens eine *façon de parler*, mit der angezeigt werden soll, dass über ein Zeichen Z eine Aussage formuliert wird, die auch von allen anderen Zeichen Z' gilt, die denselben Verwendungsregeln wie Z unterliegen, also zu Z *synonym* sind. Dabei wird von der zufälligen Gestalt des Zeichens sowohl innerhalb eines Mediums (in der Rede etwa von der Lautgestalt) als auch über die verschiedenen Medien (Rede, → Schrift, Gestensprache usw.) ‹abstrahiert›. Die durch synonyme Aussagesätze dargestellte Bedeutung bzw. I. wird auch als → *Proposition* bezeichnet.

Der Begriff der I. war namengebend für die *Informatik* (Computerwissenschaft). Insbesondere wird dort neben dem Ausdruck ‹Datenverarbeitung› für die vom → Computer als *Automat* verrichtete Transformation des Inputs in den Output (Daten sind damit das, was dem Computer als Input ‹gegeben› wird) auch der Terminus ‹I.s-Verarbeitung› gebraucht. Datenverarbeitung ist dabei genau in dem Sinne I.s-Verarbeitung, als Input und Output von den Benutzern als Zeichen semantisch *interpretiert* werden können. Bedeutung für die *Psychologie* erhielt der I.s-Begriff insbesondere über den Ansatz des Kognitivismus, dem zufolge → Kognition (und damit auch → Lernen und Gedächtnis) nichts anderes als I.s-Verarbeitung im Sinne des Computerparadigmas ist: Der Erwerb von → Wissen kann als I.s-Aufnahme und -Speicherung (→ Encodierung), Erinnern als I.s-Abruf (Decodierung, → Abruf) beschrieben werden. Dabei werden psychologische Begriffe oft mit computerwissenschaftlichen Begriffen analogisiert, etwa → Kurzzeitgedächtnis mit Arbeitsspeicher (→ Arbeitsgedächtnis) und → Langzeitgedächtnis mit Massenspeicher (Festplatte). Obwohl diese Analogisierungen heuristisch für die Forschung sehr fruchtbar waren, wird ihre Adäquatheit heute allerdings wieder verstärkt in Frage gestellt, z. B. durch den Ansatz des Konnektionismus, der in Abkehr vom klassischen Computerparadigma (mit sequenzieller Verarbeitung) wieder stärker auf hirnanaloge Erklärungsstrategien setzt (Parallelverarbeitung, neuronale Netze; → Konnektivität, → Netzwerk).

Ein Teilgebiet der theoretischen Informatik, welches einen indirekten Bezug zum Thema Gedächtnis aufweist, ist die *Kryptologie*, die Wissenschaft von der Verschlüsselung (Chiffrierung/Codierung) und Entschlüsselung (Dechiffrierung/Decodierung) von Nachrichten. Das Konzept der in einem chiffrierten Text verschlüsselten I. wird aktuell insbesondere in der Genetik aufgegriffen, wobei DNA-Sequenzen als Chiffren behandelt werden, in welchen I.en über phänotypische Eigenschaften von Lebewesen ‹codiert› sind: Die Aufgabe des Wissenschaftlers besteht darin, herauszufinden, welche DNA-Abschnitte (als Gene) unter sonst gleichen Randbedingungen kausal verantwortlich für die Herausbildung bestimmter phänotypischer Eigenschaften sind. Relativ zur kryptologischen Terminologie ist dann allerdings die Behauptung falsch, man habe (J. Craig-Venter, Firma *Celera Genomics*) den genetischen Code ‹entschlüsselt›, da es zunächst nur um die erstmals vollständige Erfassung der menschlichen DNA (als Chiffre*text*) geht. Der Rede von der DNA als Träger codierter I. entspricht auch die aktuelle metaphorische Rede von der DNA als einem ‹(Langzeit-)Gedächtnis der Art›, aus welchem die Erbinformationen immer wieder neu abgerufen werden können.

P. Janich, Die Naturalisierung der Information, Stuttgart 1999; F. Klix, Information und Verhalten, Bern 1981; C. E. Shannon/W. Weaver, The Mathematical Theory of Communication, Urbana 1949; N. Wiener, Kybernetik. Regelung und Nachrichtenübertragung in Lebewesen und Maschine (1948), Reinbek 1968.

Dirk Hartmann, Walter Zitterbarth

II. *In der Informationstheorie:* Mit der umgangssprachlichen Verwendung von I. als Nachricht geht die Vorstellung bzw. das Missverständnis von der semantischen Sättigung und inhaltlichen Füllung von I. einher, die aber dem Wortgebrauch in der I.s- und Kommunikationstheorie fast diametral entgegensteht. Bezeichnet I. dort einen relationalen Zusammenhang (→ Struktur), ist die Verwendung außerhalb der I.s-Theorie durch absolute Zuschreibungen gekennzeichnet (→ Repräsentation). Damit steht der Begriff der I. für eine Speicherung von Inhalten, die als absolute Daten der individuellen oder kollektiven Speicherung zur Verfügung stehen (→ Archiv, → Datenbank, → Speichermedien). Diese im Wortsinn merkwürdigen Gegenstände unterliegen der Dynamik von → Tradierung, Erinnern, Latent-Werden oder → Vergessen. Als kollektives oder als individuelles Gedächtnis werden sie nicht zuletzt dazu herangezogen, Prozesse des – historischen, lebensweltlichen oder alltagspragmatischen – Verstehens zu organisieren.

Nach N. Wiener, einem der Begründer der I.s-Theorie, bezeichnet I. dagegen eine eigenständige, von Masse und Energie unabhängige Größe, die eine Maßzahl für die Komplexität von Systemen auf der Grundlage von *Bits* zur Verfügung stellt. Als technisches Maß ist die I. damit unabhängig von semantischen Kategorien, sie ist, auf eine für hermeneutische und auf → Sinn fixierte Denkgewohnheiten provozierende Weise (→ Hermeneutik), frei von Sinn oder Unsinn oder ähnlichen, an Inhalt, Semantik oder geglückter → Kommunikation ausgerichteten Kategorien. Erzeugt wird sie durch Auswahl aus einem Zeichensatz (→ Zeichen). I. ist damit eine Größe bezogen auf und damit relativ zu einem → Code, wird also nicht über → Identitäten, sondern über → Selektionen und Wahrscheinlichkeiten bestimmt. «Nur wenn Systemelemente die Chance haben, da oder fort, anwesend oder abwesend, offen oder geschlossen zu sein, erzeugt das System Information» (Kittler 1993, S. 164).

In der einschlägigen Formel C. E. Shannons (1949) H = $-\sum$ p$_i$ log p$_i$ wird die I. ‹H› zum Maß für die Wahlfreiheit von möglichen → Ereignissen bzw. für die Wahlfreiheit nachfolgender Zeichen. Weil im Fluss der Zeichenfolge – konstitutiv – unklar ist, welches Zeichen als nächstes kommt, kann I. als beseitigte Ungewissheit bestimmt werden. Mit dieser Annäherung an Wahrscheinlichkeiten ist eine Entkopplung der Sprache vom Sinn verbunden, die in Bereichen operativer Codierung etwa in der Gedächtnispsychologie mittels Unsinnssilben (→ H. Ebbinghaus), in der Gedächtniskunst bei Verwendung künstlicher Codes (→ Mnemotechnik) oder in der militärischen Kryptographie längst praktiziert werden. Shannon jedenfalls benutzt das Wissen um die Häufigkeiten der einzelnen Buchstaben und das Wissen um ihre Übergangswahrscheinlichkeiten zur künstlichen Spracherzeugung (→ Künstliche Intelligenz). In seinen Experimenten über Wahrscheinlichkeiten werden geisteswissenschaftliche Leitwerte (→ Hermeneutik, → Sinn, Verstehen) durch mathematische Äquivalente ersetzt, wird I. in ihrem Verhältnis zum Rauschen und nicht zu einer Sprecherintention bestimmt. I.s-Theorie ist nach der frühen Einschätzung Wieners eine die Ingenieurswissenschaften übergreifende Disziplin mit engen Verbindungen zu Physiologie, Biologie, Psychologie, Soziologie und Anthropologie geworden. Als Bindeglied zwischen den unterschiedlichen Disziplinen spielt die Speicherung von I.en in natürlichen und künstlichen Gedächtniseinrichtungen eine Hauptrolle.

F. Kittler, Signal-Rausch-Abstand, in: ders., Draculas Vermächtnis. Technische Schriften, Leipzig 1993, S. 161–181; C. E. Shannon/W. Weaver, The Mathematical Theory of Communication, Urbana 1949; ders., Communication Theory of Secrecy Systems, in: Bell System Technical Journal, 1949, S. 656–715; N. Wiener, Kybernetik. Regelung und Nachrichtenübertragung in Lebewesen und Maschine (1948), Reinbek 1968.

Stefan Rieger

Inszenierung

(griech. *skené*: Bühne). In der Gedächtnisforschung wird der Begriff der I. für visuell-räumliche, körperlich-materielle, sprachliche und klangliche Strategien zur → Organisation des Gedächtnisses verwendet. Er entstammt der Theaterwissenschaft, wo er ähnlich dem franz. Begriff der *mise en scène* (in Szene setzen) in einer engeren produktionsästhetischen Tradition die Gesamtheit der Mittel szenischer Interpretation wie Dekoration, Beleuchtung, Musik, Schauspielkunst bezeichnet, in einer erweiterten Definition die Art der Umsetzung eines dramatischen Werks in Zeit und Raum (Pavis 1986). Daneben umfasst er die Analyse rezeptionsästhetischer Aspekte, so die Fragen, welche Rolle dem Zuschauer in einer bestimmten I. zugewiesen wird (z. B. passiv oder aktiv) und ob der I.s-Charakter als das ‹Gemacht-Sein› einer I. jeweils akzentuiert ist oder – wie in der → Tradition des bürgerlichen ‹Illusions-Theaters› – möglichst überspielt werden soll. Wie die Begriffe der Theatralität und Performativität wurde die Kategorie I. in jüngster Zeit in den Rang eines neuen kulturellen Paradigmas erhoben. I. gilt dabei allgemein als Bezeichnung für Kulturtechniken, die ‹etwas zur Erscheinung bringen›, und für das, was ‹zur Erscheinung gebracht› wird.

In der Forschung zu Gedächtnis und Erinnerung reicht die Spannbreite der Verfahren, die mit dem I.s-Begriff belehnt werden, von Erinnerungsstrategien in → Schrift und Bild über → Rituale bis zur Anlage von → Gedächtnisorten und -räumen (Fischer-Lichte/Lehnert 2000). Die Kritik an der Ausweitung des I.s-Begriffs, die verschiedentlich mit Hinweis auf eine zunehmende Unschärfe vorgebracht wird, hat angesichts dieses vielfältigen Gebrauchs eine gewisse Berechtigung. Es ist etwa fraglich, ob jede topographisch angelegte Erinnerungstechnik (→ Topographie, → Mnemotop) bereits eine I. darstellt. Da der I.s-Begriff in der Theatertheorie fundiert ist und noch in alltagssprachlichen Verwendungen Bezüge zum Theater impliziert, sollte an einer Kerndefinition festgehalten werden, der zufolge I.en intentionale Handlungen oder ästhetische Arrangements von Körpern und Materialien sind, die in Zeit und Raum einem Publikum dargeboten werden. Nur in solcher Einschränkung wird der I.s-Begriff für die Gedächtnisforschung fruchtbar: Er benennt treffend die unterschiedlichen szenischen Aktualisierungen von Geschichte durch Freilichtmuseen und nachgestellte historische Ereignisse, die zur → Living History gehören, erfasst auch die davon grundverschiedene Form der → Vergegenwärtigung von (Heils-)Geschichte durch die christliche → Liturgie und kann schließlich allgemein auf all jene Techniken angewendet werden, mit denen Vergangenes präsent gemacht und Erinnerung eingeholt werden soll (→ Präsenz, → Ritus). Die Reflexion auf die Zuschauerhaltung, die aus dem I.s-Begriff folgt, kann als Frage nach der intendierten Betrachter-‹Rolle› in die Analyse eines → Denk- oder → Mahnmals integriert werden. Da es beim I.s-Begriff unerheblich ist, ob er sich auf reale oder virtuelle Räume und Körper bezieht, auf einen oder mehrere Zuschauer, eröffnet er Möglichkeiten der komparatistischen Analyse von Gedächtnisinszenierungen. In diesem Sinn werden gegenwärtig in der Kulturwissenschaft Überschneidungen und historische Differenzen zwischen den → Gedächtnistheatern der Renaissance und der Interface-Gestaltung des modernen Computer-Designs erforscht (Matussek 2000).

E. Fischer-Lichte/G. Lehnert, Inszenierungen des Erinnerns, in: Paragrana. Internationale Zeitschrift für Historische Anthropologie, Berlin 2000; P. Matussek, Computer als Gedächtnistheater, in: G.-L. Darsow, Metamorphosen. Gedächtnismedien im Computerzeitalter, Stuttgart-Bad Cannstatt 2000, S. 81–100; P. Pavis, Inszenierung, in: M. Brauneck/G. Schneilin (Hg.), Theaterlexikon. Begriffe und Epochen, Bühnen und Ensembles, Reinbek 1986, S. 423–425.

Jutta Eming

Intelligenz

(lat. *intellectus*: Erkenntnis, Einsicht). Die unterschiedliche Fähigkeit von Menschen, geistige Leistungen zu erbringen, neue Aufgaben zu lösen und sich in neuen Situationen aufgrund von Einsichten zurechtzufinden (vgl. → Prudentia). Allen Definitionsversuchen liegen unterschiedliche Perspektiven zugrunde. In allen I.-Tests und -Theorien spielen Gedächtnisleistungen, die das Arbeitsgedächtnis, das → semantische oder das → episodische Gedächtnis betreffen, eine zentrale Rolle. So auch im ersten I.-Test von A. Binet (1905), dessen Aufgaben Kindern unterschiedlichen Alters vorgelegt wurden. Zu den Aufgaben gehörte das Wiedergeben von → Zeichnungen (→ Reproduktion) und das Definieren von Begriffen, wobei die erstgenannte Aufgabe eine episodische und die zweite eine semantische Gedächtnisleistung erfordert. Die Leistungsfähigkeit einer Person wurde als I.-Alter (IA) beschrieben, das sich darauf bezieht, wie viele Aufgaben des Tests gelöst wurden. W. Stern definierte 1911 als Erster den I.-Quotienten (IQ), der I.-Alter und Lebensalter in Beziehung setzt. Der IQ als Verhältnis des mentalen Alters zum Lebensalter ist jedoch nur bei Kindern sinnvoll anzuwenden. Gelöst wurde dieses Problem 1932 von D. Wechsler. Er ermittelte den IQ über die Abweichung zwischen individuellem Leistungswert und dem Leistungsmittelwert der entsprechenden Altersgruppe. Bei der intellektuellen Entwicklung spielen sowohl ererbte als auch erlernte Komponenten eine Rolle. Der Vergleich der I. von Menschen, die in verschiedenen Kulturen leben, ist problematisch, da weder I.-Tests noch andere Leistungstests kulturunabhängig sind.

Die Abhängigkeit der *fluiden*, aber auch der *kristallinen* I. von der Gedächtnisleistung scheint ein gut bestätigtes Phänomen zu sein. R. B. Cattell (1957) entwickelte die Theorie der fluiden und kristallinen I. Die fluide I. soll auf der ererbten Funktionstüchtigkeit hirnphysiologischer Prozesse basieren, die kristalline Komponente soll dagegen auf Lernerfahrungen (→ Lernen, → Wissen) beruhen. Gute I.-Leistungen setzen die Funktionsfähigkeit des → Arbeitsgedächtnisses voraus. Es gibt Hinweise darauf, dass der → Kurzzeitspeicher, dessen begrenzte → Kapazität durch die Verarbeitungsgeschwindigkeit determiniert wird, das I.-Niveau mitbestimmt. Die → Kapazität des Kurzzeitspeichers wird von einigen Forschern als Kennzeichen der fluiden I. angesehen. Demnach können Messverfahren zur Bestimmung dieser Kapazität auch zur Messung der (fluiden) I.-Leistung genutzt werden. Bezogen auf die gängigen I.-Tests kommen dazu Unteraufgaben des Typs «Zahlenreihen» (IST-70-Amthauer, 1973) oder Maße der fluiden I. wie der *Culture Fair Test* (CFT) von Cattell zum Einsatz. Eine spezielle Gedächtnisstörung, nämlich die fehlende Möglichkeit zur längerfristigen Speicherung von → Informationen, scheint keine negativen Auswirkungen auf die I.-Testleistung bei erwachsenen Menschen zu haben. Dafür gibt es mehrere Fallbeispiele

(Milner 1970; Baddeley 1997). Berühmt wurde der Patient H. M., der im Alter von 27 Jahren einer Hirnoperation unterzogen wurde, bei der Teile des Temporallappens (→ Großhirn) entfernt wurden, um die Häufigkeit der epileptischen Anfälle zu reduzieren (→ Mnemopath). Die Operation hatte zwar eine Verbesserung des Anfallsleidens zur Folge, sie führte jedoch auch zu massiven Gedächtnisstörungen: Neue Informationen konnten nicht längerfristig behalten werden (anterograde → Amnesie). Wenn zwischen der Darbietung des Lernmaterials (z. B. Gesichter oder Wörter) und dessen Reproduktion mehr als eine Minute vergingen, konnte H. M. nichts wiedergeben, auch nicht nach 100-maliger Darbietung. Das → Kurzzeitgedächtnis und das → Langzeitgedächtnis für → Ereignisse, die vor der Operation stattgefunden hatten, sowie das Sprachverständnis und die Sprachproduktion waren jedoch vollkommen intakt. Motorische und kognitive Fertigkeiten konnten noch erlernt werden, obwohl der Patient vom Lernvorgang selbst nichts behielt. Trotz Lernfortschritt wurde jede Aufgabe als neu erlebt. Bei den I.-Testleistungen war ebenfalls keine Verschlechterung im Zeitverlauf zu konstatieren (118 Wechsler-IQ-Punkte).

Intelligentes Verhalten ergibt sich immer aus dem Zusammenwirken mehrerer Faktoren. Dies kommt auch in den verschiedenen Modellen der I. zum Ausdruck. So postulierte L. L. Thurstone (1938) sieben Primärfähigkeiten, die auch durch andere Forscher bestätigt wurden. Hierzu gehören: (1) verbales Verständnis, (2) Leichtigkeit der Wortfindung, (3) schlussfolgerndes Denken, (4) räumliches Vorstellungsvermögen, (5) → Merkfähigkeit, (6) Rechenfähigkeit und (7) Wahrnehmungs- und Auffassungsgeschwindigkeit. Einige moderne I.-Konzeptionen beziehen auch Fähigkeiten ein, die nicht bloß kognitiver Natur sind. H. J. Eysenck (1986) geht von der biologischen, der psychometrischen und der sozialen I. aus. R. J. Sternberg (1996) unterscheidet drei Komponenten des intelligenten Verhaltens: (1) Komponenten, die bei Planung und Überwachung erforderlich sind, (2) Komponenten, die zur Ausführung erforderlich sind, und (3) Komponenten, die den Wissenserwerb, also Lern- und Gedächtnisleistungen steuern. Während Sternberg das Zusammenwirken dieser verschiedenen Komponenten betont, gibt es nach H. Gardner (1985) sechs eigenständige Fähigkeiten bzw. I.en, zu denen neben den bekannten (sprachliche, logisch-mathematische und räumliche I.) auch musikalische, motorische und personale I. gehören. Ein wesentliches Kennzeichen der neueren Ansätze ist die Betonung der sozialen Aspekte der I. Ein funktionierendes Arbeitsgedächtnis wird jedoch (mehr oder weniger explizit) in allen Modellen vorausgesetzt.

J. Funke/B. Vaterrodt-Plünnecke, Was ist Intelligenz?, München 1998; A. D. Baddeley, Human Memory: Theory and Practice, 2. Aufl. Hove 1997; R. J. Sternberg,
Cognitive Psychology, Philadelphia 1996; K.-M. Klein, Experimentelle Untersuchungen zu zwei Invarianzhypothesen des Kurzzeitgedächtnisses, Bonn 1995; A. C.
Neubauer, Intelligenz und Geschwindigkeit der Informationsverarbeitung: Stand
der Forschung und Perspektiven, in: Psychologische Rundschau, Bd. 44, 1993, S.
90–105; H. J. Eysenck, Intelligence: The new look, in: Psychologische Beiträge, Bd.
28, 1986, S. 332–365; H. Gardner, Abschied vom IQ. Die Rahmentheorie der vielfachen Intelligenzen, Stuttgart 1985; B. Milner, Memory and the medial temporal re-
gions of the brain, in: K. H. Broadbent/D. Pribram (Hg.), Biology of memory, New
York 1970, S. 29–50.

Bianca Vaterrodt-Plünnecke

Interferenz

(lat. *interferre*: dazwischenkommen, unterbrechen). Störung durch die
Gleichzeitigkeit von → Ereignissen. In der Physik bezeichnet man mit I.
die Überlagerung von Wellen (z. B. Wasser oder Licht), in der Medizin
die → Hemmung einer Virusinfektion durch einen anderen Virus, in der
Linguistik die störende Einwirkung einer gegebenen Sprache durch eine
neu hinzukommende Sprache auf der Ebene des Wortschatzes, der
Grammatik oder der Aussprache (z. B. Anglizismen). In der Lern- und
Gedächtnispsychologie beschreibt die I.-Theorie, als wichtigste Theorie
des → Vergessens, den Vorgang des Vergessens als Konkurrenz von si-
multanen Reizen bzw. als Form einer generalisierten Antwortkonkur-
renz (vgl. → Kanalisierung). Vergesslich macht bei der Konkurrenz von
widerstreitenden Antworten weniger die Situation der Konkurrenz selbst
oder der Zeitdruck als die Unfähigkeit, Reize bzw. Antworten in der Situation bestimmten Listen zuzuordnen und damit unterscheid- und
hierarchisierbar zu machen. Die I.-Theorie des Vergessens, die es seit der
Jahrhundertwende gibt (G. E. Müller/A. Pilzecker, *Experimentelle Beiträge zur Lehre vom Gedächtnis*, 1900), kann zum einen zeigen, dass Vergessen analog zum Erinnern ein aktiver Vorgang ist und nicht durch den
→ Zerfall von Gedächtnisspuren (→ Engramm, → Spur) hervorgerufen
wird. Zum anderen ist Vergessen, wie auch die Psychoanalyse gezeigt hat,
keineswegs ein endgültiger Vorgang: Viele vergessene Eindrücke können
nachträglich durch (analytische) Differenzierung wiedererinnert werden
(→ Unbewusstes). Vergessen heißt folglich nicht Verschwinden oder Ver-
nichten. U. Eco hat in diesem Sinn Vergessen nicht als Streichung, son-

dern als Überlagerung durch die Multiplizierung von → Gegenwarten beschrieben. In der Philosophie von M. Serres wird die I. zur Inter-Referenz, zur wechselseitigen Beziehung und Grundvoraussetzung von Entwicklung, Kreativität und Lebendigkeit. «Das Leben ist vielzeitig, polychron, es ist Syrrhese. Es badet im Fluß mehrerer Zeiten» (Serres 1994, S. 104).

F. J. Schermer, Lernen und Gedächtnis, 2. Aufl. Stuttgart u. a. 1998; M. Serres, Hermes V. Nordwest-Passage, Berlin 1994; ders., Hermes II. Interferenz, Berlin 1992; L. Postman/K. Stark/J. Fraser, Temporal changes in interference, in: Journal of Verbal Learning and Verbal Behavior, Bd. 7, 1968, S. 672–694; B. J. Underwood, Interference and forgetting, in: Psychological Review, Bd. 64, 1957, S. 49–60.

Stefan Hesper

Internet

(lat. *inter*: zwischen, engl. *net*: Netz). Das I. ist *technisch* gesehen eine Vernetzung von → Computern bzw. Computernetzwerken – d. h., es besteht aus Computern und Verbindungen zwischen diesen, die über standardisierte Protokolle geregelt werden. Das I. umfasst verschiedene Dienste, zu denen u. a. E-Mail-Kommunikation, Newsgroups und vor allem das *World Wide Web* (WWW) gehören. Sog. Server fungieren als Knotenpunkte, in die sich Benutzer über ihren Privatcomputer (Clients) einwählen, um die I.-Dienste zu nutzen. Auf diesen Servern werden ebenfalls die im WWW zugänglichen → Dokumente abgelegt. Aufgrund seiner relationalen, dezentralen und dynamischen Struktur ist das I. nicht mit analogen → Speichermedien zu vergleichen. Die Verbindungswege, die von den Servern aufgebaut werden, sind flexibel – je nach der Belastung der Leitungen werden die zu übertragenden Daten umgeleitet; zudem kommen ständig neue Server und Clients hinzu, während andere verschwinden. Die beiden Elemente des Gedächtnisses – → Speichern (*storage*; → Encodierung) und Wiederauffinden von Informationen (*retrieval*; → Abruf) – scheinen im I. einer extremen Instabilität zu unterliegen.

Die Auswahl und → Organisation der gespeicherten → Informationen erfolgt – im Gegensatz zu den → Archiven der analogen Medien (→ Bibliotheken, Mediotheken usw.) – im I. nicht zentral und nach normierten Strukturen, sondern dezentral und individuell. Demzufolge ändern sich Speicherorte (Dateiordner auf den Servern, die mit ‹Adressen›, sog.

URLs – *Unique Resource Locators* – gekennzeichnet sind) täglich. Eine Instabilität des *information retrieval* ist die Folge, die auch die zahlreichen Suchmaschinen nicht bewältigen können (vgl. → Scanning). Derzeit wird daher dazu übergegangen, sich auf die Speicherung der Wege, mit denen Dokumente untereinander verbunden sind, und nicht mehr der Serveradressen zu konzentrieren (z. B. bei der derzeit zuverlässigsten Suchmaschine im Netz, Google: www.google.com). Damit stehen die Vernetzungsstrukturen, also die Relationen, und nicht die Speicherorte im Mittelpunkt des *information retrieval*, das dann – entsprechend dem Medium – dynamisch auf Veränderungen reagieren kann. Insofern hat das I. strukturelle Ähnlichkeit mit der konnektionistischen Funktionsweise von → Gehirn und Gedächtnis (→ Konnektivität, → Netzwerk). Auch hier geht es primär um dynamische Verknüpfungen, die je nach der Intensität der Erregungsmuster abgeschwächt oder verstärkt werden. Das Gedächtnis ist in diesem Sinn niemals datenreproduzierend, sondern informationsverarbeitend angelegt (→ Konstruktion) und baut in erster Linie auf der → Struktur der neuronalen Verbindungen und den Eigenschaften ihrer ‹Knoten› auf, die einer stetigen Veränderung und Entwicklung unterworfen sind.

Diese informationsverarbeitende Eigenschaft des Gedächtnisses spiegelt sich auch im I., wenn man es als *soziales Phänomen* betrachtet. Insbesondere in der hypertextuellen Struktur des WWW sind die Daten durch individuelle Auswahl der Benutzer und von diesen eingefügte Verknüpfungsstrukturen schon interpretiert. Als → ‹kollektives Gedächtnis› kann man das I. nur insoweit bezeichnen, als die dezentrale (und daher unkontrollierbare) Praxis der Informationsdistribution und -aufbereitung Rückschlüsse auf Paradigmenwechsel im Umgang mit der Verarbeitung und Darstellung von Informationen zulässt. In diesem Punkt besteht eine Analogie zur sozialen Dimension des Konnektionismus, in der Formen kollektiver → Intelligenz untersucht werden. Eine soziale Gemeinschaft entwickelt idealerweise eine Dynamik, die über die Koordination individueller Bedürfnisse weit hinausgeht und überindividuelle Gemeinschaftsziele verfolgt (vgl. → unsichtbare Hand). In diesem Sinn wird das I. in den transdisziplinären wissenschaftlichen Diskursen im Hinblick auf Fragen der sozialen (Struktur virtueller Gemeinschaften und Kommunikationsformen), politischen (Dezentralität und Demokratisierung), wirtschaftlichen (*e-commerce* und Copyright) und ästhetischen (neue Darstellungs- und Kunstformen) Auswirkungen diskutiert. Es geht dabei in erster Linie einerseits um Fragen der sozialen Informationsverarbeitung und -darstellung, andererseits um kollektive Dynamiken, die sich aus der global angelegten, technischen Verbindung von Individuen ergeben. Das I. ist insofern kein speicherndes Archiv, sondern ein flexibles Netzwerk, in dem ständig Informationen generiert, verarbeitet, distribuiert, genauso aber auch wieder → vergessen und damit gelöscht werden (→ Löschung).

Das I. stellt selber ein Untersuchungsfeld für die Veränderungen von kulturellen Gedächtnisformen dar – es geht damit auch um die Frage nach der Archivierung von I.-Dokumenten, die durch die allgemeine Diskussion um die ‹Haltbarkeit› von digitalen Formaten zusätzlich verschärft wird. Gerade das WWW oszilliert aufgrund der Individualisierung der Informationsdistribution unkontrollierbar zwischen Speichern und Löschen. Symptomatisch für Initiativen gegen das ‹Vergessen› von Webseiten ist das *Internet Archive* (www. Archive.org), das seit 1996 – allerdings nur ausgewählte – Webseiten speichert und mittlerweile über 43 Terabyte an Daten angesammelt hat. Die Fragen, wie lange solche exorbitanten Datenmengen bewältigt werden können, ob sie mittelfristig noch lesbar sein werden und wie eine Balance zwischen Speichern und Vergessen hergestellt werden kann, sind damit jedoch nicht beantwortet. Es ist zu vermuten, dass neue Konzepte der Archivierung entwickelt werden müssen, die angemessene Selektionskritierien anlegen und in der Lage sind, die Dynamik des I.s zu repräsentieren (→ Selektion, → strukturelle Amnesie).

Eine weitere Dimension erhält die Beziehung I. und Gedächtnis durch die technische Struktur des *Hypertextes*. Einerseits basiert der Hypertext auf dem Versuch, die Funktionsweise des menschlichen Gehirns und dessen Strategien der Wissensrepräsentation in technische Systeme umzusetzen, wie es zunächst in der Kybernetik, später in der → Künstliche-Intelligenz-Forschung betrieben wurde. Zum anderen hat der Hypertext wiederum eine soziale Dimension, die von seinen geistigen ‹Vätern›, V. Bush und T. Nelson, formuliert wurde. Konzipierte Bush 1945 sein Gerät MEMEX *(Memory Extender)* noch für den individuellen Gebrauch als Dokumentenverweissystem, so träumte Nelson in den 1960er Jahren von einer umfassenden → Datenbank, einem «Docuverse», das alle jemals veröffentlichten Dokumente in ihren unterschiedlichen Versionen einerseits speichert, andererseits für den individuellen Gebrauch (durch Integration von Annotationen und Verknüpfungen) zugänglich macht.

Insofern unterliegt die Idee des Hypertextes einer konzeptionellen Ambivalenz: Einerseits wird er in Analogie zur Gehirnstruktur als mentales Konzept gefasst, das auch gedruckten Texten schon immer inhärent war (→ Intertextualität, Assoziativität des Schreibens), andererseits hat er eine strikt technische Bedeutung in Bezug auf digitale Hypertextsysteme. Besteht das WWW aus einer extrem simplen, unidirektionalen und flachen Hypertextstruktur, so haben spezielle – meist für pädagogische Zwecke entwickelte – Hypertextsysteme häufig schon ausgefeilte Linkklassifikationen und mehrere Komplexitätsstufen. Hinzu tritt die Interaktion von Text mit anderen Zeichensystemen (Multi- bzw. Hypermedialität). Doch die Effektivität von Hypertext als Wissensrepräsentations- und Lerntechnik ist umstritten (→ Lernen). Diese Problematik scheint in der Paradoxie beider Hypertextkonzepte begründet zu sein: Hypertext als *mentales* und als *technisches* Konzept befindet sich insofern in Widerspruch, als die → Assoziationen und damit die Struktur der Delinearität individuell verschieden sind, technische Umsetzungen genau diese Individualität aber zu standardisieren versuchen. Darüber hinaus stehen wir mit der Hypertextualität und -medialität vor einer epistemologischen Herausforderung: Die jahrhundertelange Konditionierung auf lineare und weitgehend sprachfixierte Wahrnehmung und dementsprechend konzipierte → Mnemotechniken wird nun durch andere Formen ergänzt – erst die Zukunft wird zeigen, ob wir hypertextuelle und -mediale Konzepte zur Effektivitätssteigerung von Erinnerung und Lernen entwickeln können.

M. Giesecke, Von den Mythen der Buchkultur zu den Visionen der Informationsgesellschaft, Frankfurt/M. 2001; C. Heibach, Literatur im Internet. Theorie und Praxis einer kooperativen Ästhetik, Berlin 2000; W. Hall/D. Lowe, Hypermedia & the Web. An Engineering Approach, Chichester u. a. 1999; T. Nelson, Literary Machines. Edition 87.1, South Bend 1987; V. Bush, As We May Think (1945), in: Formdiskurs, 1. Jg., Nr. 2, 1997, S. 136–147.

Christiane Heibach

Intertextualität

(lat. *inter*: zwischen, *textus*: Gewebe, Text). Zentralbegriff einer Literaturbetrachtung, die den Beziehungen zwischen Texten bzw. den Modi der Verarbeitung älterer Texte in einem neuen gilt (→ Zitat). Zu unterscheiden sind: die Einlagerung fremder Texte in einen Text, die Kontamination einer Vielzahl heterogener Texte oder die Wieder- und Gegenschrift eines bekannten Textes. Gegenstand der I.s-Forschung ist die durch die Verarbeitungsstrategien, denen der neue Text die alten unterzieht, erwirkte komplexe Sinnkonstruktion (→ Sinn). → Wiederholungen, Nachahmungen, Anspielungen, das Aufnehmen von Fragmenten fremder Texte, das Weiterschreiben, Ab- und Umschreiben, das Übersetzen und das Zusammenfügen eines neuen Textes aus Elementen anderer prägen nicht nur Texte der Moderne, sondern sind von jeher Bestandteil poetischer Praxis gewesen.

Der Begriff I. lässt sich in drei Perspektiven sehen: einer texttheoretischen, einer textanalytischen und einer literaturkritisch-kulturologischen. I. erscheint als Kategorie, die eine generelle Dimension von Texten, ihre Implikativität, benennt. Zum anderen wird sie im Sinne einer reinen Beschreibungstheorie für Texte profiliert, deren → Struktur durch die → Interferenz von Texten oder Textelementen organisiert ist. Und drittens entfaltet sie ein literaturkritisches Potenzial, indem sie bestehende Konzepte zur Literatur (Einmaligkeit, Abgeschlossenheit, strukturale Totalität, Systemhaftigkeit) verrückt. Um die Arbeit der Assimilation, Transposition und Transformation fremder Textzeichen in einem gegebenen Text zu beschreiben, werden Begriffe unterschiedlicher Provenienz herangezogen: → Palimpsest, → Anagramm, Dialog, Überdeterminierung, Doppelcodierung u. a. Diese suggerieren die *Latenz* des fremden Textes und, aufgrund bestimmter Signale und → Spuren im gegebenen Text, zugleich dessen → *Präsenz*.

Der Umgang mit den vorhandenen Texten der Kultur, den ein neuer Text reflektiert – Abstoßung oder Verschmelzung –, steht in einem Wechselverhältnis mit dem Gedächtniskonzept der jeweiligen → Kultur. Um dieses Wechselverhältnis näher zu bestimmen, kann man von drei Modellen der I. ausgehen: dem der Partizipation, der → Abwehr und Überbietung sowie der Transformation. *Partizipation* ist das im Schreiben sich vollziehende dialogische Teilhaben an den Texten der Kultur und schließt im Wiederholen und Erinnern der vergangenen Texte ein Konzept ihrer Nachahmung ein. *Abwehr* ist ein Wegwenden des Vorläufertextes, der sich als Kampf gegen die sich in den eigenen Text notwendig einschreibenden fremden Texte, als Versuch der Überbietung und → Löschung der Spuren des Vorläufertextes manifestiert. *Transformation* dagegen ist als eine über Distanz, Souveränität und zugleich usurpierende Gesten sich vollziehende Aneignung des fremden Textes zu verstehen, die diesen verbirgt, verschleiert, mit ihm spielt und durch komplizierte Verfahren unkenntlich macht. Die Pointe des Konzepts der I. ist dabei, dass dieses Beziehungsgeflecht zwischen den Texten nicht als intentional gestiftet gedacht werden muss (vgl. → Mem). Stattdessen ist jeder Text *selbst* die Erinnerung an alle Texte, die in ihm Spuren hinterlassen haben, sodass I. als Bezeichnung für ein dem Text eigenes Gedächtnis gelesen werden kann.

J. Clayton/E. Rothstein (Hg.), Influence and Intertextuality in Literary History, Madison 1991; R. Lachmann, Gedächtnis und Literatur. Intertextualität in der russischen Moderne, Frankfurt/M. 1990; M. Bachtin, Probleme der Poetik Dostoevskijs, München 1971; J. Kristeva, Le mot, le dialogue et le roman, in: dies., Semeiotiké. Recherches pour une sémanalyse, Paris 1969, S. 143–173.

Renate Lachmann

Intrauterines Gedächtnis

(lat. *intra*: innerhalb, *uterus*: Gebärmutter). Ob der Mensch Erinnerungen an sein Dasein im Mutterleib haben kann, ist sowohl hinsichtlich ihrer Form wie ihrer Verfügbarkeit ungewiss (Prechtel 1987). Während → Platon vorgeburtliche Erinnerungen außerhalb aller irdischen Räumlichkeiten ansiedelt (→ Anamnesis; vgl. → Wiedergeburt), zieht → J. Locke in Erwägung, ob sein Modell der seelischen *Tabula rasa*, in die sich die → Erfahrungen sukzessive einschreiben, bereits für den Fötus Gültigkeit beanspruchen darf: «Ich bezweifle darum nicht, daß Kinder, wenn sie ihre Sinne an den im Mutterleib auf sie einwirkenden Objekten betätigen, dadurch schon vor der Geburt einige wenige Ideen erlangen.» Allerdings «sind doch diese einfachen Ideen weit von den *angeborenen Prinzipien* entfernt, für die manche eintreten, während wir sie oben verworfen haben. Die hier erwähnten Idee, die nur die Ergebnisse von Sensationen sind, rühren von bestimmten, im Mutterleib erfahrenen Einwirkungen auf den Körper her, hängen also von etwas ab, was sich außerhalb des Geistes befindet» *(Versuch über den menschlichen Verstand)*.

Die gegenwärtige Forschung ist an der Sicherung empirischer Befunde für solche Annahmen interessiert. Als sicher gilt, dass der Fötus ab dem fünften Monat Sinneswahrnehmungen hat, die bereits zu Lernprozessen führen können (→ Lernen). F. Kruse unterscheidet zwischen *eutropen Ersterfahrungen* (Verhaltensmuster, → Körperbezug), *pathogenen Früherfahrungen* (→ Emotion, → Schmerz) und *pathoplastischen Ur-Erfahrungen* (Lusterlebnisse, auf die die Kompensationsstrategie der → Regression zielt). Als Königsweg zu solchen potenziellen Erinnerungen gelten in der Psychotherapie → Träume, die als Niederschlag bzw. Wiederkehr pränataler Eindrücke gelesen werden können (Groß 1991). Dabei gelten Träume, in denen die Patienten von spannungsfreien und geborgenen Zuständen im Mutterleib berichten, als Beleg für das ontogenetische Korrelat von → Paradies-Mythen. Das Geburtsereignis mit seinen negativen Konnotationen, die sich als Platzangst (im Falle von Frühgeburten) bzw. Klaustrophobie (zurückgeführt auf die Enge und Atemnot im Geburtskanal) niederschlagen, bricht mit diesem Idealzustand und ist das zugrunde liegende → Trauma für spätere Neurosenbildungen. Die Therapieformen des *Rebirthing* (auch: Primärtherapie; L. Orr) oder der Versuch, den Akt der eigenen Zeugung zu erinnern (R. D. Laing), verstehen sich als Versuche der Heilung solcher Neurosen durch die Evokation des Geburtserlebnisses vermittels Atemtechnik, → Hypnose oder → Drogen (vgl. → wiederbelebte Erinnerungen).

Im Gegensatz zu dieser Vorstellung eines Paradieses, das wiederzugewinnen sei, sieht der amerikanische Psychohistoriker L. deMause den intrauterinen Zustand selbst als traumatisch an. DeMause versucht, makrohistorische Ereignisse und Konflikte auf Gruppenphantasien zurückzuführen, deren Wurzeln nicht nur in einem natalen, sondern bereits *prä*natalen Trauma liegen. Der Fötus mache die Erfahrung der Abhängigkeit und Unterversorgung durch die Plazenta, wodurch diese zur Urform aller späteren Feindprojektionen wird; kriegerische und andere Auseinandersetzungen seien Regressionen der Psyche in den Befreiungskampf des Fötus aus der Gebärmutter, der Geburt: «Das Seelenleben im Mutterleib beginnt mit einem fötalen Drama, welches der Erinnerung zugänglich ist und durch spätere Kindheitsereignisse ausgearbeitet wird» (1991, S. 230). Dieses Drama wiederhole sich vor allem auf kollektiver Ebene, insofern die Zyklen der modernen politischen Geschichte ebenso wie die Verschmutzungsängste und Wiedergeburtsrituale indigener Kulturen das fötale Schicksal reinszenieren. «Das liegt nun nicht nur daran, daß Individuen in Gruppen leichter auf fötale Ebenen regredieren können, sondern *weil Individuen Gruppen bilden, um das fötale Drama zu wiederholen und zu überwinden*» (S. 254; → Ritual).

Diesen Großdimensionen setzen pädagogische Ansätze Versuche entgegen, die mögliche Lernfähigkeit des Fötus zu nutzen (Chamberlain 1988). Aber die Generation von Vätern, die bemüht ist, ihren Nachwuchs durch Blockflötespielen vor dem schwangeren Bauch mit Melodien vertraut zu machen, deren → Wiedererkennen nach der Geburt beruhigende Wirkung auf den Säugling haben soll (→ Musik, → Wiederholung), kann den → Bruch zwischen prä- und postnataler Erfahrungswelt nicht grundsätzlich überwinden.

W. Groß, Was erlebt ein Kind im Mutterleib. Ergebnisse und Folgerungen der pränatalen Psychologie, Freiburg/Basel/Wien 1991; L. deMause, Die fötalen Ursprünge der Geschichte, in: ders., Grundlagen der Psychohistorie, Frankfurt/M. 1989, S.

230–349; D. Chamberlain, Babies remember birth, Los Angeles 1988; H. F. R. Prechtel, Wie entwickelt sich das Verhalten vor der Geburt?, in: C. Niemitz (Hg.), Erbe und Umwelt. Zur Natur von Anlage und Selbstbestimmung des Menschen, Frankfurt/M. 1987, S. 141–155; H. G. Graber (Hg.), Pränatale Psychologie, München 1974.

Nicolas Pethes, Jens Ruchatz

Jahrestag

Tag, an dem sich ein → Ereignis jährt, dessen gedacht bzw. an das erinnert werden soll. J.e verankern Individuen (individuelle J.e, z. B. Geburtstage) und Gruppen (kollektive J.e, z. B. Tag der Staatsgründung) symbolisch in der Zeit, wobei die Grenze zwischen privaten und öffentlichen Gedenkfeiern historisch nicht immer eindeutig ist. J.e bilden einen zentralen Bestandteil des → kollektiven Gedächtnisses (→ Identität). Mittels der mit den Tagen verbundenen Herkunftserzählungen (→ Gründung) bzw. durch ritualisierte Feiern wird die Vergangenheit an J.en gegenwärtig gehalten und auf diese Weise ‹heilige Zeit› vom Alltag abgekoppelt. J.e unterscheiden sich von anderen → Festen durch ihren zweifachen Bezug auf die Logik des → Kalenders, indem sowohl das → Ereignis als auch die Erinnerung daran an ein festes → Datum gebunden sind. J.e werden entweder jährlich (Anniversarien; z. B. Geburtstag) oder anlässlich einer ‹runden› Zahl (Jubiläen; z. B. → Klassentreffen) begangen.

Insbesondere den Feiern wird eine zentrale Rolle bei der Festigung von Gruppenidentitäten zugesprochen. P. Connerton (1989) betont, dass mittels solcher Feiern das kollektive Gedächtnis kontrolliert und reglementiert werden kann. D. Handelman (1990) unterscheidet zwischen Feiern, die als Modelle für gesellschaftliches Zusammenleben fungieren, die als Spiegel für die Gesellschaft dienen oder die Prozesse der Selbstreflexion anstoßen. Die historische Entwicklung dieser Feiern ist eng verknüpft mit der spezifischen Bedeutung des Erinnerns in den unterschiedlichen Religionen, wobei das Feiern von J.en kulturspezifisch und kein in allen Kulturen gleichermaßen verbreitetes Phänomen ist. Im Zuge der Nationsbildung hatte die Feier von J.en Anteil an der Herstellung der «imagined community» der → Nation (B. Anderson). In pluralen Gesellschaften der Gegenwart sind J.e und die mit ihnen verbundenen Mythen und Erinnerungsfeiern «politisch-ästhetische Handlungsfelder» (P. Reichel), die oft einen Kumulationspunkt öffentlicher Debatten über das (nationale)

Selbstverständnis bilden. Eine synchrone Analyse bringt die neben- und gegeneinander existierenden Gehalte des kollektiven Gedächtnisses und damit gesellschaftliche Konfliktfelder ins Blickfeld. Mittels Längsschnitt-analysen können Veränderungen der Semantik des Erinnerns verfolgt werden. Historische Vergleichsebenen bieten Texte (Reden, Zeitungen usw.), kulturelle Formen des Gedenkens und die Gestaltung der Feier (Gedenkstunde, Gottesdienst, Volksfest usw.) sowie die beteiligten Akteursgruppen (Politiker, kirchliche Repräsentanten, Zuschauergruppen usw.). Ungeklärt ist bislang das Verhältnis von → Tradition und Wandel, da J.e trotz politischer → Brüche weiterbestehen können (→ Kontinuität, → Mem). Größeren Einfluss scheinen Konzeptionen von Öffentlichkeit und Fest auf die Ausgestaltung von J.en zu haben, weshalb J.e auch Auskunft über Fortbestand und Wandel kultureller Bezugsräume geben. Umstritten ist die grundsätzliche Bedeutung des aufgrund von Jahreszahlen wiederkehrenden Erinnerns: Handelt es sich nur um einen leeren, formelhaften Verweis auf die Vergangenheit, oder stehen die Feiern für ein in der Gesellschaft verankertes → Geschichtsbewusstsein?

E. Brix/H. Stekl (Hg.), Der Kampf um das Gedächtnis. Öffentliche Gedenktage in Mitteleuropa, Wien 1997; D. Handelman, Models and Mirrors: towards an anthropology of public events, Cambridge 1990; P. Connerton, How Societies Remember, Cambridge 1989.

Beate Binder

Jubiläum → Fest, → Jahrestag, → Klassentreffen

Kabbala

(hebr. *Kabbala*: Überlieferung, Tradition). Überlieferung der rabbinischen → Tradition (→ Tradierung). Im engeren Sinn bezeichnet K. die jüdische Mystik, die sich als geistige Bewegung im 13. Jh. gebildet und in unterschiedliche Richtungen entwickelt hat. Die erste kabbalistische Schrift, das Buch *Bahir*, entstand im späten 12. Jh. in Frankreich. Die K. entstand zunächst als Geheimlehre weniger Gelehrter in Auseinandersetzung des traditionellen Judentums mit den Ideen des Neuplatonismus, nach denen Gott als absolut jenseitig, unpersönlich und in wesenhafter Einfachheit zu denken war. Gemeinsames Ziel der unterschiedlichen

Ausprägungen der K. ist die Annäherung an Gott durch ein Vertiefen in die Geheimnisse der «göttlichen Dinge», die in der von Gott geoffenbarten Thora verborgen sind.

Die K. wiederholt nicht die Inhalte der rabbinischen Theologie, sondern interpretiert deren Haupttexte (Bibel, rabbinische Literatur) aufgrund ihres eigenen Sprach-, Welt- und Gottesverständnisses neu. Einzelne Kabbalisten beanspruchten dabei, das Wissen Adams, der als der erste Mensch noch direkten Umgang mit Gott im → Paradies gepflegt hatte, zu tradieren. Von zentraler Bedeutung ist dabei die hebräische Sprache, die, wie der Schöpfungsbericht in *Genesis 1* schildert, Schöpfungskraft besitzt: Gott spricht, und Welt und Leben entstehen. Die Kabbalisten sprechen daher der hebräischen Sprache, insbesondere dem Eigennamen Gottes (JHWH), Schöpfungskraft zu. Als Sprache Gottes verfügt das Hebräische über das göttliche Attribut der Unendlichkeit, das sich in einer unendlichen Sinnfülle ausdrückt. Aufgabe der Kabbalisten ist es daher, den tieferen Sinn, das Geheimnis, die unendliche Sinnfülle des geoffenbarten Gotteswortes in der Bibel zu entschlüsseln. In ihrer Textdeutung benutzen sie bestimmte hermeneutische Regeln (→ Hermeneutik), die unerwartete Querbezüge innerhalb der Bibel produzieren. Da beispielsweise die Buchstaben des hebräischen Alphabets jeweils auch Zahlenwerten entsprechen, kann jedes Wort auch als Zahl gelesen und z. B. Wörter mit gleichen Zahlenwerten auf der Textebene aufeinander bezogen werden *(Gematria)*. Die Regel der Schnellschrift *(Notarikon)* erlaubt darüber hinaus, jeden einzelnen Buchstaben eines Worts als Abkürzung für ein anderes Wort zu lesen. Die Kabbalisten gingen außerdem davon aus, dass alle hebräischen Buchstaben magische Kräfte besitzen und zugleich kosmologische Elemente sind. Ihre Texte sind daher bewusst kryptisch, um die Exklusivität des → Wissens zu sichern. Dieses geheime Wissen wurde zunächst nur mündlich von einem Lehrer an seine Schüler weitergegeben, der das 40. Lebensjahr erreicht haben sollte (→ Oralität). Dies geschah vor allem aus Vorsicht, die Wirkkräfte, die mit dem Studium der Texte verstanden und angewendet werden können, in den richtigen Händen zu wissen.

Kritik an der K. wird aufgrund der rationalistischen Bestrebungen der Juden im Zuge der Aufklärung laut. Erst im 20. Jh. wird die K. als Gegenstand der historisch-kritischen Forschung wiederentdeckt. Verdienst gebührt hier vor allem G. Scholem, der in zahlreichen Veröffentlichungen eine historische Darstellung der Kabbala als eine Abfolge von Schulen und Texten zu rekonstruieren versuchte.

J. Maier, Die Kabbalah. Einführung – Klassische Texte – Erläuterungen, München 1995; M. Idel, Kabbalah: New Perspectives, New Haven 1988; G. Scholem, Ursprung und Anfänge der Kabbala, Berlin 1962.

Dagmar Börner-Klein

Kalender

(lat. *calendarium*: Schuldbuch für die jeweils am *calendae*, dem ersten Tag des Monats, zu zahlenden Schulden im alten Rom). Apparatur zur → Zeit-, → Fest- und → Wissensordnung. Entstanden aus dem Bedürfnis nach Planbarkeit und Synchronisation sozialer Abläufe, nutzt der K. die natürlichen Hell-Dunkel-Wechsel und das Regelmaß der Planetenumläufe in kulturell verschiedener Ausprägung zur überschaubaren Strukturierung der Zeit. Diese Zyklizität ermöglicht auch die Verwendung des K.s als Gedächtnisapparatur: Der Name eines natürlichen Tages (→ Datum) wird dazu als Erinnerungszeichen markiert und somit zu einem signifikanten Termin erhoben. Das → Zeichen bahnt als eine Art Wegweiser den Zugang zu jenem Wissenskomplex, der in einem früheren Zyklus mit ebendiesem Zeichen verknüpft wurde. Der verlässliche Zyklus der Natur garantiert die quasi selbständige Wiederkehr der exponierten Zeichen. K. strukturieren also nicht nur Zeit, sondern ebenso Wissen und bedienen sich dazu der Kulturtechniken → Jahrestag und Jubiläum.

Aus gedächtnistheoretischer Sicht lassen sich zwei Funktionen des K.s unterscheiden: 1. *Identitätsfunktion:* K. nehmen einen Sonderplatz unter jenen Verbindlichkeitstechniken ein, die die Evidenz von → Identitäts-Wissens sichern und es vor Kritik und Reflexion schützen sollen. So stellt sich die Geschichte des K.s als eine einzige Konfliktgeschichte dar, garantierte doch die Macht über den K. langfristig die Macht über wichtige Bestände des → kollektiven Gedächtnisses. Durch den K. wird die *Gruppenidentität* gleichsam zum Naturereignis: Als naturgestütztes ‹Perpetuum mobile› fundiert er Produktion, Weitergabe und Sicherung von kollektivem Identitätswissen, indem er dieses zyklisch zur beharrlichen Einübung bereitstellt. K. gehören zu jenen Gedächtnismedien, die die leibliche Existenz der Gruppenmitglieder *überdauern*: Sie ermöglichen es als selbstlaufende Repetitoren, Gedächtnisräume zu vereinheitlichen und auf → Dauer ohne Wandel zu stellen (→ Code). K. erzeugen gefühls- und wertbesetzte *Gruppenzeiten*. Mit Hilfe ihrer Festkreise produzieren sie langfristig haltbare *temporal maps*, auf deren Basis Identitätswissen effizient zur Geltung kommt. Wenn ein Datum zum fixen Orientierungspunkt im zeitlichen Verlauf wird, dann ist das kalendarische Erinnern auf einen externen Anstoß nicht angewiesen und bindet den Einzelnen – selbst wenn er das Konventionale und Arbiträre am K. durchschaut und das regenerierte Wissen ablehnt – an den kollektiven Zeitrhythmus. In modernen, funktional differenzierten Gesellschaften, in denen die *temporal maps* eher individualisiert sind, sorgt die Legalisierung der alten Festkreise in staatlichen Feiertagen für ein Fortbestehen der kulturell dominierenden Gruppenzeit.

2. *Administrationsfunktion:* Mit seinen Hunderten von Speicheradressen eignet sich der K. bestens zum Verwalter und Transporteur unterschiedlichster Wissensbestände. Diese Fähigkeit, die auch der *Identitätsfunktion* zugrunde liegt, verselbständigt sich in der Moderne. In modernen Gesellschaften, die ihr Wissen stetig aktualisieren und neu strukturieren, schwindet die Verbindlichkeit des kalendarischen Erinnerns. Der K. aktualisiert das einstige Identitätswissen nun jährlich als Problemwissen. An die Stelle der Norm tritt die Offerte. Ganz auf die Medienöffentlichkeit abgestellt, binden solche problemaktualisierenden Jahrestage (z. B. *Christopher Street Day*) marginalisierte Wissensbestände, um sie einmal im Jahr unverbindlich ins öffentliche → Bewusstsein zu rufen. Inzwischen nimmt sich das kalendarische Erinnern jedes erdenklichen Themas an und erstreckt sich ebenso auf pures Sachwissen («Heute vor hundert Jahren»). Gerade das Zeitalter unbegrenzt speicherbarer Wissensmassen scheint auf das Administrationstalent des K.s nicht verzichten zu können, und das nicht zuletzt, weil die zyklische Wissensaktivierung der kulturellen → Beschleunigung in der Neuzeit ein Maß an Stabilität entgegensetzt.

T. Schmidt, Kalender und Gedächtnis. Erinnern im Rhythmus der Zeit, Göttingen 2000; J. Rüpcke, Kalender und Öffentlichkeit. Die Geschichte der Repräsentation und religiösen Qualifikation von Zeit in Rom, Berlin 1995; P. Harnoncourt, Der Kalender, in: H. B. Meyer u. a. (Hg.), Feiern im Rhythmus der Zeit II/1, Regensburg 1994, S. 9–63; M. Meinzer, Der französische Revolutionskalender (1792–1805). Planung, Durchführung und Scheitern einer politischen Zeitrechnung, München 1992.

Thomas Schmidt

Kanalisierung

(lat. *canalis*: Röhre, Rinne). Verengung, Fokussierung oder Konzentration auf etwas, das notwendigerweise einen Ausschluss von etwas anderem impliziert; in der Gedächtnispsychologie im Besonderen auf die → Selektion unter Wahrnehmungseindrücken bezogen (→ Aufmerksamkeit). Äußere Stimuli gelangen durch die Reizung von Sinnesrezeptoren und ihrer dortigen Transformation in biochemische Prozesse ins → sensorische Gedächtnis, wo sie jedoch nur sehr kurz gehalten werden, um dann ins → Kurz- bzw. → Langzeitgedächtnis weitergeleitet zu werden (→ Konsolidierung). Allerdings werden niemals alle auf eine bestimmte Sinnesmodalität (also Gesichts-, Gehörs-, Geruchs-, Geschmacks- und Hautsinne; → auditives Gedächtnis, → ikonisches Gedächtnis, → Echogedächtnis, → olfaktorisches Gedächtnis, → Geschmack) eintreffenden Reize einer weiterführenden Verarbeitung durch den Organismus unterzogen, sondern stets selektiert. Je nach Dringlichkeit wird die → Information in einem sensorischen Kanal verstärkt, während andere Informationen in den sonstigen Kanälen ignoriert oder unterdrückt werden (sensorische K.). Ein Beispiel, an dem das Prinzip der K. unmittelbar deutlich wird, wäre etwa eine Person, die verletzt wurde und nunmehr vor allem den dadurch hervorgerufenen → Schmerz wahrnimmt, nicht aber simultane ‹konkurrierende› Stimuli. Der Terminus der sensorischen K. verdankt sich einer Analogiebildung aus der Informationstheorie bzw. Nachrichtentechnik (vgl. → Information, → Kognition).

Carlos Kölbl

Kanon

(griech. *kanón*: Richtschnur, Regel). Liste der für überlieferungswürdig erachteten und damit verbindlichen Kulturgüter, im Besonderen literarischer Texte (→ Erbe, → Tradierung). Der K. ist das operationalisierte Gedächtnis der → Kultur. Das Erstellen von K.s ist dabei schon lange nicht mehr ausschließlich Technik der Machtausübung, sondern aufgrund von immer effektiveren medialen Vervielfältigungstechniken unvermeidliche Komplexitätsreduktion (→ Selektion). Ein Blick in die → Bibliothek zeigt: Man braucht Empfehlungen, Listen, einen K., um sich der Literatur als «Buchstabenmenge» (V. Flusser) zu nähern. Unstrittig ist ein Minimal-K. der Weltliteratur, den man aus Homer, Dante, W. Shakespeare, M.

de Cervantes und J. W. v. Goethe zusammensetzt (→ Ruhm). Der Streit beginnt, wenn man einzelne Texte aus dem Gesamtwerk auszuwählen hat. K.s sind häufig metonymisch angelegt, indem der Autorname die Texte vertritt. Jeder K. ist eine in untergründiger Bewegung befindliche Liste von Autornamen oder Buchtiteln, die sich im Zeitraffer als Turbulenz erweist. Man muss den Prozess, den diese Diskussionen abbilden – Kanonisierung und Dekanonisierung –, als einen dynamischen Vorgang reflektieren. Schon die angrenzenden Wortbildungen wie Kanonisierung zeigen dort Bewegung an, wo man Ruhe erwartet, und erweisen ‹K. als Prozess›.

Der *Begriff* K. erscheint in der Bedeutung einer geschlossenen Autoren- oder Textliste erst in der Kirchengeschichte des Eusebius um 320 und meint die biblischen Bücher. Unter dem Titel K. erschien in der Mitte des 5. vorchristlichen Jh.s eine Lehrschrift des Polyklet, die «die Maßstäbe für die ideale Proportionierung des menschlichen Körpers darlegte» (Assmann 1992, S. 107). Der Begriff ‹K.› wird durch Paulus in der Bibel legitimiert und mit ‹Maßstab› im übertragenen ethischen Sinn übersetzt (Gal. 6,16). In der Folge etabliert er sich im Kirchenrecht des 4. Jh.s, der Kanonistik, als Begriff für juridisch gefasste Normen des Glaubens und der Gemeindeordnung (→ Liturgie).

Auch die *Bibel*, das Buch der Bücher, ist kein ‹richtiges› → Buch, sondern eine kleine Bibliothek, ein K., eine komplizierte Selektion aus einer größeren Menge von Texten. Zwischen den kanonischen und den apokryphen – wörtlich: den verworfenen – Büchern verläuft eine prekäre Grenze zwischen Orthodoxie und Heterodoxie, zwischen Gemeinschaft und Ketzerei. Um die Zusammenstellung der Texte des Neuen Testaments gibt es bis zum Ende des 4. Jh.s Auseinandersetzungen. Hierbei geht es entweder um die Frage der Zugehörigkeit einzelner Texte oder um eine mögliche Uminterpretation und Umstrukturierung des gesamten Textcorpus. Aus dieser identitätspolitischen Sicht ist der K. Symbol und Medium des kollektiven Selbstverständnisses einer (Religions-)Gemeinschaft. Der K. der biblischen Texte – festgelegt auf mehreren Synoden um das Jahr 400 – hat eine für die Gemeinschaft (→ kollektives Gedächtnis, → Identität) verbindliche Autorität. Die Macht und Autorität des synodalen Gremiums geht auf die Bücherliste über.

Der *säkulare Literatur-K.* ist im Vergleich zur Bibel als offen in der Geschlossenheit anzusehen. Die Kanonisierung von Werken kennt Zu- und Abgänge. Die Abgänge sind dabei zumeist unbekannt, weil sie den möglichen Kursverlust ‹ewiger› Werke dokumentieren und das endgültige Urteil der Zeit als Vorurteil entlarven. Die Erinnerung an die Vielzahl der

Abgänge gefährdet das ‹Prinzip K.›. Kritiker des K.s vermuten die Geschlossenheit auf einer untergründigen politischen Ebene (→ Politik). Zu- und Abgänge spielen sich in einer begrenzten Buchmenge ab. Bestimmte, nach Rasse, Klasse und Geschlecht spezifizierbare soziale Gruppen sollen vom K. ausgeschlossen sein (Guillory 1995, S. 234). Aus dieser Perspektive ist der K. ein politisch-repressives Instrument, ein ideologisch verwaltetes Gedächtnis. Doch das bekämpfte konservative Gegenargument – ‹Große Literatur muss nur als solche erkannt werden› – kehrt beim liberalen Plädoyer für die Öffnung des K.s wieder, denn die Werke der Minderheiten können nur mit demselben Argument in den ihnen verschlossenen K. integriert werden. Die zentrale Frage lautet somit: Wie wissen die Verteidiger der K.s, dass ein Werk *zeitlos* ist, wenn sie keine Kriterien für ihre Entscheidung angeben können? Die Antwort bleibt eine kühne Tautologie: Das kanonische Werk muss großartig-zeitlos sein, unabhängig von der Tatsache, ob ein einzelner Leser seine Größe feststellt. Doch jeder Richter gehört einer gesellschaftlichen Gruppe, einer Epoche und einem politischen Raum an, und damit wird die Debatte zirkulär. Den Ausweg bietet die Semantikanalyse.

Allen K. genannten *Phänomenen* wird eine spezifische Kraft zugesprochen. Im Literaturstreit, in den juridischen Normen des Kirchenrechts oder in der autoritativen Zusammenstellung eines geschlossenen geheiligten Textcorpus geht es um die Ausschaltung von → Zeit. Durch das kanonische Recht wird eine der göttlichen Inspiration zugeschriebene Ordnung in einer sich wandelnden sozialen Ordnung festgeschrieben, durch die Festlegung der Bibel wird ein Konglomerat heiliger Texte gegen aktualisierende Lektüren weitestgehend abgedichtet. In allen Fällen muss eine Gründungsautorität (→ Gründung) für die Nachfahren über und gegen die Zeit gerettet werden. Der K. ist die zentrale Realität, in der Literatur sich ereignet. Wann immer von ‹Literatur› gesprochen wird, wird sie als zeitenthobene Zeitlichkeit formuliert. Das Sich-Berufen auf diesen K. der ‹Großen› ist ein Sich-Bekennen gegen die ‹Mode›. Die «lebendige Dauer» der Literatur gilt als Eigenleistung der Werke. Die zentrale Tautologie lautet auch hier: ‹Große Literatur ist zeitüberdauernd – und zeitüberdauernd ist Literatur nur, wenn sie groß ist.› Dass kanonische Qualität einem Text permanent aufs Neue semantisch zugewiesen werden muss, zeigt, dass die temporale Sonderrolle kanonisierter Literatur ein Produkt dieser Rhetorik ist und keine stabile Seite des Gegenstands. Man findet hinter der Rhetorik der Dauer eine Praxis, die diese → Dauer garantiert. Die Analyse muss die Indifferenz der unzähligen nicht-kanonischen Werke wieder ins Spiel bringen. Das Verhältnis zwischen den vorhandenen, da materiell überlieferten, und den langfristig gelesenen Texten ist extrem asymmetrisch. Der Unterschied zwischen kanonischen und nicht-kanonischen Büchern ist der Unterschied zwischen einmal und mehrfach gelesenen Büchern. Die Wiederholungslektüre sprengt mit jeder Wiederholung einen weiteren aktuellen Kontext ab. Man muss die Perspektive umdrehen und fragen, wie die Wiederholungslektüre den Wert des Buchs begründet. Erst wenn bestimmte Entzeitlichungsoperationen erfolgreich durchgeführt wurden, rückt das Werk in den K. ein. Das einmalige → Ereignis der einmaligen Lektüre muss ritualisiert werden (→ Gewohnheit). Erst eine gesicherte Ereigniskette, in die sich die einzelne Lektüre einfügt, bedeutet Dauer (→ Kontinuität). Kanonisierung ist eine Praxis, in der durch die Sicherung von sich wiederholenden, aneinander anschließenden Einzellektüren Büchern der rhetorische Wert der Dauerhaftigkeit zugewiesen wird, um die Existenz der Literatur als Sonderexistenz von Texten zu sichern. Erkennt man Literatur als ein temporales Zeitablehnungsphänomen, das von Unterscheidungen wie ‹Gelegenheitsdichtung vs. Meisterwerk› abhängt, wird Kanonisierung als eine operationalisierte Realität der Bibliothek jenseits der Fragen nach Wert und Bedeutung transparent. Die Bibliothek als operatives Groß-Gedächtnis ist nur benutzbar, wenn die Menge der Bücher zuvor in solche Pfade übersetzt wird.

H. Cancik, Kanon, Ritus, Ritual – Religionsgeschichtliche Anmerkungen zu einem literaturwissenschaftlichen Diskurs, in: M. Moog-Grünewald (Hg.), Kanon und Theorie, Heidelberg 1997; A. Hölter, Kanon als Text, in: M. Moog-Grünewald (Hg.), Kanon und Theorie, Heidelberg 1997, S. 21–39; J. Guillory, Canon, in: F. Lentricchia/T. McLaughlin (Hg.), Critical terms for Literary Study, Chicago/London 1995, S. 233–249; J. Assmann, Das kulturelle Gedächtnis. Schrift, Erinnerung und politische Identität in frühen Hochkulturen, München 1992; A. Hahn, Kanonisierungsstile, in: A. Assmann/J. Assmann (Hg.), Kanon und Zensur, München 1987, S. 28–37.

Heiko Christians

Kapazität

(lat. *capacitas*: Fassungsvermögen, Raum). In einem → Gedächtnissystem speicherbare → Informationsmenge. Die umfangreichsten Befunde liegen für das → Kurzzeitgedächtnis vor. Seine K.s-Bestimmung erfolgt meist über die Ermittlung der → Gedächtnisspanne, wobei eine einmalig präsentierte Liste unmittelbar nach Darbietung in der vorgegebenen Reihenfolge reproduziert werden muss (→ Reproduktion). Dabei ermittelt man eine begrenzte K. von maximal sieben plus minus zwei Einheiten (*chunks*, → Chunking). Lassen sich Einzelelemente zu *chunks* zusammenfassen, kann die K. erweitert werden. Die jeweilige Definition einer Einheit bereitet jedoch Schwierigkeiten. Der hohen Speicher-K. des (visuellen) Ultrakurzzeitgedächtnisses (→ sensorische Register) steht eine extrem kurze Haltezeit gegenüber. Die empirisch nicht bestimmbare K. des → Langzeitgedächtnisses wird theoretisch als unbegrenzt angesehen.

F. J. Schermer, Lernen und Gedächtnis, Stuttgart 1998; R. Arbinger, Gedächtnis, Darmstadt 1984.

Franz J. Schermer

Katalog

(griech. *katálogos*: Aufzählung, Verzeichnis). → Organisation des → Wissens in einer äußerlichen mechanischen Ordnung, wie sie die erstmals im antiken Alexandria auftretenden bibliothekarischen K.e im Verbund mit → Lexika, Registern, Indices, Literaturübersichten und wissenschaftlichen Systemen darstellen. Mit Hilfe dieser Auslagerungen wird erreicht, dass dasjenige → Wissen, welches nicht unmittelbar im Gedächtnis aufbewahrt werden kann, jederzeit gefunden werden kann.

Das aufgezeichnete Wissen, betrachtet als Funktion seiner Speicher (→ Speichern), erreichte im 19. Jh. einen Umfang, der weder ein Individuum noch Bücherkataloge in die Lage versetzte, den Inhalt von → Bibliotheken und → Archiven zu memorieren, umzuordnen und zu prozessualisieren. Die daraus resultierende Umschaltung der Dokumentation auf variable Karteikarten entspricht dabei der Herausbildung eines äußeren Cortex (→ Großhirn), denn bereits eine einfache bibliographische Kartei eröffnet eine solche Menge von Anordnungs- und Kombinationsmöglichkeiten, dass sie eine manuelle Maschine bildet (Leroi-Gourhan 1988). In Kopplung mit der bibliothekarischen Dezimalklassifikation M. Deweys als Versuch, technische Einheitlichkeit in den systematischen Realkatalog zu bringen, wird Bücherwissen damit berechenbar.

Die Funktion des Gedächtnisses ist im K. auf die der Sortierung depotenziert, auf Zuordnung; in Form eines entsprechenden Zettelkatalogs (→ Zettelkasten), der neben der Nummer den Buchtitel erfasst, ist die Organisation des Wissens jenseits der Standorte seiner Module möglich – und mithin die Umschaltung von → Mnemotechnik als Gedächtnistopographie (→ Topographie) auf Numerik als Gedächtnis von Schaltungen. Denn verzifferte Zettel ihrerseits können nach beliebigen Gesichtspunkten zugeordnet werden. Verstellbarkeit wird damit eine ingenieurstechnische Aufgabe, und K.e werden zu *Apparaten*, buchstäblich zu Dispositiven des Gedächtnisses.

H. Petschar/E. Strouhal/H. Zobernig, Der Katalog. Ein historisches System geistiger Ordnung, Wien/New York 1999; A. Leroi-Gourhan, Hand und Wort. Die Evolution von Technik, Sprache und Kunst (1964/1965), Frankfurt/M. 1988; L. Buzás, Deutsche Bibliotheksgeschichte der Neuesten Zeit (1800–1945), Wiesbaden 1978.

Wolfgang Ernst

Kenotaph

(griech. *kenotáphion*: leeres Grab). Leer- bzw. Scheingrab, einem Grab nachgebildete Gedächtnisstätte für einen Verstorbenen, die dessen Gebeine jedoch nicht enthält. Dabei kann es sich zum einen um ein bereits zu Lebzeiten errichtetes Grab für den Verstorbenen handeln, in das der Leichnam nach dem → Tod überführt wird; zum anderen vermag das K. jedoch das Andenken eines Toten zu sichern, dessen Gebeine nicht nach den gebräuchlichen Regeln beigesetzt werden können. Das K. stimmt in seiner Grabausstattung mit sonst üblichen Bestattungsformen überein, um der tradierten Vorstellung Genüge zu tun, dass die Seelen unbestatteter Personen keinen Frieden finden.

Bereits in vorchristlicher Zeit errichtete man in Ägypten Scheingräber, deren Bedeutung im Kontext des Königskults (→ Grabmal) liegt: Der Besitzer des K.s hat so bereits zu Lebzeiten teil am Auferstehungsmythos und ewigen Gedächtnis des Osiris. Seit der griechischen Antike bis in die Neuzeit stehen die ehemals den Königen vorbehaltenen K.e auch im Dienst des Heroenkults. Wenn die Identifikationsfigur einer Gemeinschaft nicht am Ort begraben liegt, vermag das K. als Platzhalter diesen Mangel zu kompensieren und zum Bezugspunkt einer lokalen Tradition zu werden (so im Falle des K.s für den zuvor verbannten Dante in Florenz; vgl. → Reliquie).

J. Ganzert, Das Kenotaph für G. Caesar, Tübingen 1984.

Johanna Dahm

Kindheit

Zeitlich begrenzter Lebensabschnitt von der Geburt bis zum 14. Lebensjahr, der mit Attributen wie Natürlichkeit, Unverdorbenheit und Reinheit verbunden wird (→ Heimat, → Nostalgie, → Paradies). Als individuell zu erinnerndes Lebensalter (→ Reminiszenz) wird K. in der Belletristik oftmals als das eigentliche Reservoir schriftstellerischer Tätigkeit beschrieben (→ Autobiographie). Hier artikulieren sich zwei verschiedene Modi von Erinnerung an K., die auch für den außerliterarischen Umgang mit individuellen K.s-Erinnerungen kennzeichnend sind. Vertritt die eine Seite die Ansicht, sie besäße eine besondere Gabe der Erinnerung, die sie auch als Erwachsene befähige, K. zu beschreiben, so geht die andere Seite mit → M. Proust davon aus, dass es sich bei der K. um eine «verlorene Zeit» handle, die nicht willkürlich, sondern nur in kurzen Momenten unwillkürlicher Erinnerung aufgerufen werden könne (→ *mémoire involontaire*).

Als Gegenstand der Forschung wird K. seit P. Ariès' *Geschichte der Kindheit* als eine Erfindung des 18. Jh.s verstanden. In der Darstellung von Ariès erscheint K. als die Geschichte eines zunehmenden Verlusts von Rechten und selbstbestimmten Freiräumen für Kinder, die bis ins 18. Jh. hinein wie ‹kleine Erwachsene› behandelt worden seien. Ariès' Thesen sind inzwischen durch historische Forschungen relativiert worden, die einen spezifisch kindlichen Alltag von der Antike bis zum Mittelalter nachweisen. Anhand von Traktaten über Gedächtniskonzeptionen und → Bildung aus den Bereichen Philosophie, Theologie und Malerei lässt sich zudem belegen, dass bereits vor dem 18. Jh. von einer qualitativ anderen Verfasstheit der ‹kindlich›-weichen, besonders leicht formbaren Seele ausgegangen wird. Der psychohistorische Ansatz der K.s-Forschung (deMause 1977) versteht sich als ein dezidierter Gegenentwurf zu Ariès – nicht zuletzt deshalb, weil er die Geschichte der K. als die eines Fortschritts aus der Barbarei alltäglicher Kindesmisshandlungen begreift.

Die Rede von der *Mythologie der K.* (Lenzen 1985) verbindet den Blick auf die Geschichte der K. mit den historischen Konzeptionen des Kindgemäßen. Sie konstatiert gegen N. Postmans These vom «Verschwinden der Kindheit» eine umfassende Ausdehnung des Kindlichen in alle Lebensalter. Durch den Verlust von Transitionsriten (→ Ritus), die einstmals Lebensphasen deutlich voneinander unterschieden hatten, wird das Lebensalter K. zeitlich so sehr entgrenzt, dass von einer infantilisierten Gesellschaft gesprochen werden kann, in der K. keinen sinnvollen Bezugspunkt für Erinnerung mehr darstellt.

Der erinnernde Zugriff auf K. ist also in gleich dreifacher Hinsicht problematisch: als ‹unmittelbarer› individueller Rückblick auf die eigene K., als ahistorische wissenschaftliche Reflektion über ein nur historisch zu verstehendes Phänomen und schließlich als eine zunehmend fragwürdig erscheinende historisierende Hinwendung auf das ahistorische Phänomen, das K. in der (Post-)Moderne darstellt. Die pädagogische Praxis wird insofern von diesen Überlegungen berührt, als sich ihr Gegenstand zunehmend nicht mehr nur auf K. begrenzt, sondern in den verschiedensten Formen der Erwachsenenbildung auf das gesamte Leben ausweitet.

D. Lenzen, Mythologie der Kindheit, Reinbek 1985; N. Postman, Das Verschwinden der Kindheit, Frankfurt/M. 1983; L. deMause (Hg.), Hört ihr die Kinder weinen?, Frankfurt/M. 1977; P. Ariès, Geschichte der Kindheit (1960), München 1975.

Bettina Bannasch

Klassentreffen

Das periodische, jubiläumshafte Feiern des Schulabschlusses als gruppenbiographischer Gedenkritus (→ Ritus) hat in den letzten Jahrzehnten in dem Maß an Bedeutung gewonnen, in dem vergleichbare gesellschaftliche oder religiöse Anlässe (→ Jahrestage, → Feste bzw. Konfirmation/Kommunion, Namenstage usw.) ihre traditionelle Verbindlichkeit eingebüßt haben. Das K. ist weitgehend unkodifiziert und kann die Form aufwendiger Bälle oder zwangloser Zusammenkünfte annehmen. Die komplizierten Prozesse der kommunikativen Inszenierung von Lebensgeschichten und autobiographischen Erfolgsnarrativen (→ Autobiographie) auf K. mit allen ihren Konstruktions- und Manipulationselementen liefern ein faszinierendes Beispiel für → M. Halbwachs' These, individuelles Gedächtnis sei in Gruppenkontexten situiert: Gemeinsam Erlebtes (→ Erlebnis), zumal → Erfahrungen in der biographischen Übergangsphase Pubertät, kann in Vergessenheit geraten, sobald sich die ‹Erinnerungsgemeinschaft› Klassenverband auflöst, beim Wiedertreffen aber blitzartig und oftmals unter Irritation des inzwischen etablierten Selbstbildes zurückkehren (→ Identität, → Reminiszenz).

V. Vinitzky-Seroussi, After Pomp and Circumstance. High School Reunion as an Autobiographical Occasion, Chicago 1998; C. A. Hall, The High School Reunion. A Recounter with the Self, Missoula 1982.

Martin Saar

Klassik

(lat. *classis*: Kriegsflotte, Abteilung bzw. *classicus*: die höchste Steuerklasse betreffend, mustergültig). Bezeichnet in der abendländischen Kultur → Epochen und Zeiträume, die jeweils als Blütezeit angesehen werden und durch bestimmte Werke und Stile künstlerische Höhepunkte im Bereich der → Architektur, der Bildhauerei, der Malerei, der Musik, des Theaters und der Literatur markieren. Umgangssprachlich wird «klassisch» im Sinne von «mustergültig» und «formvollendet» verwendet. Das Modell der K. ist immer die Vorbildlichkeit der → Antike: «[I]m Bedürfnis von etwas Musterhaftem müssen wir immer zu den alten Griechen zurückgehen, in deren Werken stets der schöne Mensch dargestellt ist. Alles übrige müssen wir nur historisch betrachten und das Gute, so weit es gehen will, uns daraus aneignen» (J. W. v. Goethe, *Gespräche mit Eckermann*, 31.1.1827).

K.en bzw. klassische Epochen sind in den Gesellschaften des westlichen Abendlandes seit dem Altertum in verschiedenen Jahrhunderten beobachtet oder bestimmt worden. Die Etablierung von K.en ist verbunden mit der Intention, eine kollektive → Identität bzw. ein Nationalbewusstsein herauszubilden (→ Nation); sie wird im → kollektiven Gedächtnis durch die Kultur- und Literaturgeschichtsschreibung als erinnerungswürdige → Tradition begründet und durch die Rezeptionsgeschichte festgehalten. So hängt auf exemplarische Weise in der Geschichte Frankreichs die nationale Staatspolitik des absolutistischen Regimes des 17. Jh.s mit der Prosperität der französischen K. eng zusammen (C. Perrault, *Le siècle de Louis le Grand*, 1687). Ob französische, deutsche oder englische K., sie entstanden als eine jeweils repräsentative Kultur, die den nationalen Staat nach innen vereinen und ihn nach außen darstellen sollte.

Da das ursprüngliche Vorbild einer jeden K. die Antike (vgl. → Renaissance) darstellt, galten ursprünglich als K.er *(classici scriptores)* allein die Dichter des griechischen und des römischen Altertums (M. T. Cicero, Homer und Vergil). Die K. greift die Ideale des römisch-griechischen Altertums auf, indem sie diese entweder unmittelbar nachahmt oder indem sie neue poetische, dramatische und künstlerische Vorbilder zu schaffen versucht, die den hohen und absoluten Maßstab der Klassizität des Altertums ablösen könnten. Paradigmatisch wurde der Streit um die Gültigkeit der alten (antiken) oder der neuen (klassischen) Meister in der französischen *Querelle des anciens et des modernes* (1653–1714) ausgetragen. Mit zunehmendem historischem Abstand von der antiken Zeit wurde die

K. vor allem durch ihre Aktualisierung im Klassizismus des 18. Jh.s durch
J. J. Winckelmann (*Geschichte der Kunst des Altertums*, 1776) und
→ G. W. F. Hegel auch unabhängig von antiken Vorbildern gesehen.
Schließlich wird begriffsgeschichtlich von einem K.er nicht nur dann ge-
sprochen, wenn er die Prinzipien der K. vertritt, sondern auch, wenn sein
Werk literaturgeschichtlich allgemein anerkannt wird oder wenn er ei-
nen ‹epochemachenden› Stil entwickelte. Innerhalb der Hierarchie der
Künste dominierte in der Antike die Bildhauerei und Architektur; die
neuzeitlichen Künste beziehen die K. vornehmlich auf die Literatur-,
Theater- und Musikgeschichte.

Italien bildete durch das unmittelbare Erbe der römischen Kulturgeschichte keine K. als einen expliziten Rückgriff auf die römisch-griechi-
sche Antike aus. Bis ins 19. Jh. kannte die italienische Kultur jedoch neo-
klassizistische Bewegungen (z. B. U. Foscolo). Die heute als klassisch
bezeichneten Werke Dantes, T. Tassos und G. Boccaccios lösten die Vorherrschaft der lateinischen Sprache als Kultursprache ab und machten in
einer ersten innovativen Abgrenzung von der klassischen Philologie eine
Volkssprache literaturfähig; in Spanien kennzeichnet aus heutiger Sicht
das *siglo de oro* eine herausragende Zeit künstlerischer Entfaltung. In der
französischen K. dominierte das Theater am Hof Ludwigs XIV. (P. Cor-
neille, J. Racine, Molière); als ein verspätetes Phänomen gilt die deutsche
K. des frühen 19. Jh.s, die eine identitätsstiftende Funktion für eine zu
gründende Nation haben sollte. Diese Weimarer K. begann mit der ersten Reise Goethes nach Rom (1786) und seiner Hinwendung zur römischen Antike und endet mit dem Tod F. Schillers (1805).

Das ästhetische Prinzip der K. ordnet die Originalität und Individualität eines Werks der Regelhaftigkeit von Kunstgesetzen unter. Ergänzend
zu den klassischen Werken sind daher in Anlehnung an Horaz' *Ars poetica* eine Vielzahl von Gattungspoetiken und Regelpoetiken entstanden. Als
eine aktuelle ästhetische Praxis erscheint die K. als Würdigung und konstruktive Erinnerung einer vergangenen und nicht mehr erreichten
künstlerischen Spitzenleistung. Die kulturpolitisch weitreichende Bedeutung der K. besteht in der Formierung eines → Kanons, der durch Institutionen wie Schulen und Universitäten als kulturelles → Wissen festgelegt und weitergegeben wird und eine gewisse Fortdauer der klassischen
Werke garantiert (→ Bildung, → Kultur). Die K. beruht auf einer wertenden und hierarchischen Kunstauffassung und ist durch den langen Gang
ihrer historisch verfestigten Tradierung notwendigerweise konservativ,
durch ihre immanente Regelhaftigkeit dogmatisch.

Die Kritik der K. als eines ästhetischen Prinzips, das vor allem auf der

Nachahmung beruht, trifft ihre Epigonalität. Geschichtsphilosophisch bleibt die K. durch ihre Rückwendung zum Altertum, zur Klassischen Philologie und zum Klassizismus immer in der → Vergangenheit angesiedelt. Lediglich als vermeintliches, noch nicht eingelöstes Vorbild für spätere Generationen kann sie Zukünftiges berühren. «Das Klassische ist eine Kunst, die sich nicht so sehr durch sich selbst definiert, als vielmehr durch die voraufgegangene und die nachfolgende» (P. Valéry, *Cahiers*; → Zukunft). Der affirmative Vergangenheitsbezug der K. wird vor allem von den Avantgarden nicht geteilt (→ Futurismus), deren Streben nicht einem Ideal der Vollkommenheit, sondern der permanenten Erneuerung gilt. Das Modell der K. ist aber so persistent, dass zumindest der Kunstmarkt auch der explizit antiklassischen Kunst des 20. Jh.s das paradoxe Etikett einer ‹klassischen Moderne› angeheftet hat (vgl. → Retrospektive). Das Vorbildhafte *dieser* K. besteht aber nicht mehr im *Stil*, sondern in einer künstlerischen *Haltung*, die gegen das Konventionelle und Kanonische opponiert (vgl. → Pionier).

R. Baasner/G. Reichard, Sturm und Drang. Epochen der deutschen Klassik. Ein Hypertext-Informationssystem, CD-ROM, Stuttgart 1999; Die Deutschen Klassiker, CD-ROM, Stuttgart 1995; W. Voßkamp (Hg.), Klassik im Vergleich – Normativität und Historizität europäischer Klassiken, Stuttgart/Weimar 1993; M. Fumaroli, «Remarques sur les notions de ‹classiques› et de ‹classicisme›», in: Nouvelles de la république des lettres, Nr. 2, 1990, S. 7–20; H. J. Simm (Hg.), Literarische Klassik, Frankfurt/M. 1988.

Eva Erdmann

Kleinhirn

Auch: *cerebellum* (lat., Gehirnchen); liegt beim Menschen im hinteren Schädelbereich oberhalb vom Stammhirn. Es ist über drei paarige K.-Stiele mit dem → Großhirn, dem Hirnstamm, dem Gleichgewichtssystem im Innenohr und dem Rückenmark verbunden (→ Zentrales Nervensystem). Ebenso wie das → Großhirn besteht es aus zwei Hemisphären und hat zahlreiche, wenn auch sehr viel feinere Furchungen. Entwicklungsgeschichtlich unterteilt man das K. in das Archicerebellum (ältester Teil, zuständig für die Gleichgewichtskoordination), Paleocerebellum (zuständig für die Körperhaltung und den Streckmuskeltonus) und Neocerebellum (jüngster Teil, zuständig für willkürliche Feinmotorik, wie sie bei schnellen, koordinierten Bewegungen nötig ist). Das K.

enthält mehr → Nervenzellen als das → Großhirn, insgesamt schätzt man etwa 30 Milliarden, die meisten dieser Zellen sind Körnerzellen, ein anderer wichtiger Zelltyp sind die Purkinjezellen, die die Ausgangsstadien des K.s bilden. Das K. hat beim erwachsenen Menschen ein Gewicht von etwa 150 Gramm. Es ist das wichtigste Integrationsorgan für die Koordination und Feinabstimmung von Bewegungsabläufen und die Regulierung des Muskeltonus. Es ist daher entscheidend an → motorischen (prozeduralen) Lernvorgängen beteiligt (→ Lernen, → prozedurales Gedächtnis, → Routine).

E. R. Kandel/J. H. Schwartz/T. M. Jessell (Hg.), Neurowissenschaften – Eine Einführung, Heidelberg 1995.

Martin Korte

Knotenschnur

Medium der → Mnemotechnik bei schriftlosen Völkern, beispielsweise den Iatmul am Mittelsepik in Papua-Neuguinea. Dort dient die K. als ordnendes Prinzip der rituellen Aufführung, als Zeichen für Autorität und als Verkörperung der mythischen Vergangenheit. Die K., aus pflanzlichem Material angefertigt, ist dort sechs bis acht Meter lang und etwa drei Zentimeter dick. Kleine und große Knoten repräsentieren Etappen der mythischen Wanderung des ‹Urkrokodils›, dem die einzelnen Clangründer gefolgt sind. Die großen Knoten stehen für Ortsnamen, die kleinen für die → Namen der dort angesiedelten Clans. Die K. ist geheim und wird nur von Spezialisten bei einem besonderen Gesangszyklus anlässlich von Totenfesten und anderen bedeutsamen Ritualen verwendet: Gleich einem Rosenkranz gleitet die Schnur durch die Finger des Sängers und hilft ihm, die komplexe Mythologie wiederzugeben. Dabei werden die geheimen → Namen der Orte und Clans nicht genannt, sondern durch kurze Texte ersetzt. Für die Iatmul besteht eine semiotische Symbiose zwischen der K., dem ‹Urkrokodil› und dessen Wanderung, sie «sind dasselbe» (Wassmann 1982, S. 69).

J. Wassmann, Der Gesang an den fliegenden Hund, Basel 1982.

Susanne Kühling

Kognition

(lat. *cognoscere*: erkennen, kennen lernen). In Bezug auf die traditionelle Einteilung des Psychischen in die drei *facultates mentales* Erkenntnis, Gefühl und Wille entspricht K. dem Bereich Erkenntnis und wird auch heute noch vor allem von → Emotion und → Motivation abgegrenzt (die aus heutiger Sicht den anderen beiden *facultates* entsprechen). In der modernen Kognitionsforschung stellt K. einen Sammelbegriff für psychisches Geschehen und Leistungen in den Bereichen Wahrnehmung, → Aufmerksamkeit, Vorstellung, → Lernen, Gedächtnis und Denken dar. Diese Bereiche definieren auch die wichtigsten Teildisziplinen der *kognitiven Psychologie*. Von der kognitiven Psychologie zu unterscheiden ist die noch relativ junge *Kognitionswissenschaft*, die sich als integratives interdisziplinäres Unternehmen der sich mit K. beschäftigenden Teile von Physiologie (Neuro- und Sinnesphysiologie), Psychologie (kognitive Psychologie), Linguistik und Informatik (→ Künstliche Intelligenz) versteht.

Entscheidend für die Entwicklung der kognitiven Psychologie und Kognitionswissenschaft, wie wir sie heute vorfinden, war die in den 1960er Jahren vor allem in der Linguistik (N. Chomsky) und Psychologie (L. Festinger, U. Neisser usw.) entstandene Strömung des *Kognitivismus*. Dieser richtete sich vor allem gegen den ab etwa der Jahrhundertwende bis in die 1950er Jahre vorherrschenden *Behaviorismus* und der ihm inhärenten Beschränkung des psychologischen Gegenstandsbereiches auf beobachtbares Verhalten. Der Kognitivismus propagierte demgegenüber eine erneute Hinwendung psychologischer Forschung zu ‹internen› mentalen Phänomenen, die sich nicht bzw. nicht *direkt* in Verhalten manifestieren. Um dabei gleichwohl die Probleme des *Introspektionismus* (W. Wundt, E. B. Titchener) hinsichtlich der intersubjektiven Prüfbarkeit von Aussagen über mentale Phänomene zu vermeiden, werden mittels kognitiver Terminologie formulierte Hypothesen über ‹unsichtbares› mentales Geschehen so operationalisiert, dass sie sich schließlich dennoch gleichwohl experimentell anhand beobachtbarer Leistungen (im Verhalten und Handeln) von Versuchspersonen bzw. Versuchstieren intersubjektiv prüfen lassen. Dieses ‹kognitivistische› Konzept der K. ermöglichte es wieder, Gedächtnisstrukturen und -vorgänge zu postulieren und zu untersuchen, die über den engen Rahmen der → Konditionierung und → Löschung von beobachtbarem Verhalten hinausreichen, z. B. die sog. «propositionalen Netze» (→ Netzwerk, → Proposition) und das sich an ihnen vollziehende Geschehen.

Das forschungsleitende Motto des Kognitivismus war: K. ist Symbol-

bzw. Informationsverarbeitung (→ Information). Demgemäß wurde versucht, den Geist ‹funktionalistisch› in Analogie zu einem programmierten → Computer zu beschreiben, und viele der heute in der Gedächtnispsychologie üblichen Termini wie ‹Speicher› oder → ‹Abruf› verdanken sich diesem Ansatz (→ Gedächtnismetaphern, → Speichern). Da es nach kognitivistischem Verständnis bei der Beschreibung und Erklärung von Gedächtnisphänomenen vor allem auf die abstrakte funktionale Ebene der ‹Programme› und weniger auf die konkrete Ebene der ‹Implementierung› ankommt (sei sie nun neuronal wie bei Lebewesen, elektronisch wie bei modernen Computern oder mechanisch wie bei althergebrachten Rechenmaschinen), führte der Kognitivismus auch zu einer Emanzipation der kognitiven Psychologie von der Sinnes- und Neurophysiologie. Als Konkurrenzprogramm zum mittlerweile ‹klassischen› Kognitivismus versteht sich der sog. Konnektionismus (→ Konnektivität). In zumindest partieller Abkehr von der Vorstellung, der Gedächtnisapparat lasse sich auf funktionaler Ebene als sequenziell arbeitendes Computerprogramm mit entsprechend computeranalogen → Speichermedien usw. verstehen, favorisiert diese Strömung eine Modellierung von Gedächtnisvorgängen in Analogie zu (mutmaßlich) zugrunde liegenden hirnphysiologischen Vorgängen (z. B. Parallelverarbeitung, neuronale Netze, → Netzwerk).

D. E. Rumelhart/J. L. McClelland, Parallel distributed Processing: Explorations in the Microstructure of Cognition, Bd. 1: Foundations, Cambridge MA 1986; J. R. Anderson, Cognitive Psychology and its Implications, 2. Aufl. San Francisco 1985; U. Neisser, Cognitive Psychology, New York 1967; G. A. Miller/E. Galanter/K. H. Pribram, Plans and the Structure of Behavior, New York 1960.

Dirk Hartmann, Walter Zitterbarth

Kollektives Gedächtnis

Von → M. Halbwachs eingeführter Begriff für das auf Langzeit angelegte Gedächtnis einer Körperschaft oder Gruppe, das mit Hilfe symbolischer → Zeichen und Praktiken konstruiert wird. Der Weg vom individuellen zum k. G. ist nicht der eines einfachen Analogieschlusses. Institutionen und Körperschaften verfügen nicht über ein Gedächtnis nach Art des individuellen Gedächtnisses, denn es gibt dort nichts, was der biologischen Grundlage und der anthropologischen Disposition des Erinnerns entspricht. Dennoch ist der Begriff nicht als reine Mystifikation abzutun. Er zielt auf Phänomene, die durchaus empirisch fassbar sind und die sich deutlich von den Bedingungen des individuellen Erinnerns abheben. Institutionen und Körperschaften wie → Nationen, Staaten, die Kirche oder eine Firma *haben* kein Gedächtnis, sie *machen* sich eines und bedienen sich dafür memorialer → Zeichen und Symbole, Texte, Bilder, → Riten, Praktiken, Orte (→ Gedächtnisorte) und → Denkmäler. Mit diesem Gedächtnis ‹machen› sich Institutionen und Körperschaften zugleich eine → Identität (→ Organisationsgedächtnis).

Für das individuelle wie das k. G. gilt, dass sie perspektivisch organisiert sind. Beide sind nicht auf größtmögliche Vollständigkeit eingestellt, sondern beruhen auf einer strikten Auswahl (→ Selektion). → F. Nietzsche bezeichnete diesen grundsätzlich perspektivischen Charakter des Gedächtnisses mit dem Begriff ‹Horizont› im Sinne einer standpunktgebundenen Eingrenzung des Sichtfeldes. Unter der ‹plastischen Kraft› des Gedächtnisses verstand Nietzsche die Fähigkeit, im Dienste der Identitätsbildung und Handlungsorientierung eine Grenze zwischen Erinnern und → Vergessen aufzubauen und damit zwischen Wichtigem und Unwichtigem, Lebensdienlichem und nicht Lebensdienlichem zu unterscheiden. Besonders bei der Konstruktion eines nationalen Gedächtnisses (→ Nation) geht es um jene Bezugspunkte in der → Geschichte, die das positive Selbstbild stärken und die im Einklang mit bestimmten Handlungszielen stehen. Siege lassen sich leichter erinnern als Niederlagen. Die Metrostationen in Paris kommemorieren die Siege Napoleons, aber keine seiner Niederlagen. In London dagegen, im Lande Wellingtons, gibt es einen Bahnhof mit Namen Waterloo, was ein deutlicher Beleg für den perspektivischen Charakter des k.n G.ses ist (→ Straßennamen). Aber auch Niederlagen können im nationalen Gedächtnis kommemoriert werden, wo eine Nation ihre → Identität martyriologisch definiert und auf ein Opfer-Bewusstsein gründet, das wachgehalten werden muss, um Widerstand zu legitimieren (→ Märtyrer). Ein Beispiel dafür sind die Serben, die die Niederlage im Kosovo im Jahre 1389 in ihren nationalen Heiligenkalender eingeschrieben haben. Was dagegen schwerlich Einlass ins Gedächtnis findet, sind Momente der Schuld und Scham, weil diese nicht in ein positives kollektives Selbstbild integriert werden können (vgl. → Trauma). Das gilt für die verfolgten und ausgerotteten Ureinwohner verschiedener Kontinente, die verschleppten afrikanischen Sklaven, die Opfer eines Genozids im Schatten des Ersten und Zweiten Weltkriegs (→ Shoah). Erst allmählich bilden sich neue Formen einer kollektiven Erinnerung, die nicht mehr in die Muster einer nachträglichen Heroisierung und Sinnstiftung fallen, sondern auf universale Anerkennung von Leiden und therapeutische Überwindung lähmender Nachwirkungen angelegt sind. Damit verbunden kommt es auch zu einer neuen Bearbeitung der Schuld der Täter in der Erinnerung der Nachkommen, die die dunklen Kapitel ihrer Geschichte nicht mehr mit Vergessen übergehen können, sondern sie im k.n G. stabilisieren und ins nationale Selbstbild integrieren (→ Ethik, → Mahnmal).

A. Assmann/U. Frevert, Geschichtsvergessenheit – Geschichtsversessenheit. Vom Umgang mit deutschen Vergangenheiten seit 1945, Stuttgart 1999; P. Connerton, How Societies Remember, Cambridge 1989; B. Lewis, History: Remembered, Recovered, Invented, Princeton 1975; M. Halbwachs, Das kollektive Gedächtnis (1950), Frankfurt/M. 1985.

Aleida Assmann

Kommunikation

(lat. *communicare*: sich besprechen, gemein machen). Sozialer Prozess der zielgerichteten Mitteilung einer → Information durch einen Sender an einen Empfänger, der die Mitteilungsintention des Senders bemerkt. Die empfängerseitige Unterscheidbarkeit zwischen dem Informationswert eines kommunizierten Inhalts und den Gründen seiner Mitteilung ist eine Voraussetzung dafür, K. von bloßer Wahrnehmung (einer physischen Aktivität des Senders) abgrenzen zu können (Luhmann 1995). Psychologische Forschung, die vom heute dominanten Paradigma der sozialen Informationsverarbeitung *(social cognition)* ausgeht, untersucht vor allem die – primär kognitiven (→ Kognition) – Prozesse, die Individuen zu einer Teilnahme an K., vor allem bei der Erzeugung und beim Verstehen von K.s-Beiträgen, befähigen. Die Sozialpsychologie der *nonverbalen* K. geht meist von einem Modell der Informationsübertragung mittels → Encodierung und Decodierung aus, während Forschungen zu intersubjektiven Sinnbildungs- und Verstehensprozessen sich eher auf Modelle der Perspektivenübernahme oder der kooperativ-dialogischen Gesprächsführung stützen (Krauss/Fussell 1996). Gedächtnis ist an K. stets konstitutiv beteiligt, da sowohl die Erzeugung als auch das Verstehen einer Mitteilung nur vor dem Hintergrund bereits vorliegender → Erfahrungs- und Wissensbestände stattfinden kann (→ Zeichen).

K. setzt aber Gedächtnis nicht nur voraus, sondern kann es auch prägen und verändern; nachdem in der Soziologie → M. Halbwachs vor mehr als 50 Jahren das Konzept eines vor allem durch Gruppenzugehörigkeit vermittelten → kollektiven Gedächtnisses einführte, haben in jüngerer Zeit auch Psychologen die kommunikative Dimension von Erinnerungen betont: (1) Auf der Grundlage von Konzepten wie *Conversational Remembering* (W. Hirst) oder *Transactive Memory* (D. Wegner) wurde der Einfluss von Kommunikation in Dyaden oder Kleingruppen auf die Gedächtnisleistungen der einzelnen Beteiligten untersucht. Beispielsweise können durch die gemeinsame → Rekonstruktion vergangener → Erlebnisse die Erinnerungen der einzelnen Gruppenmitglieder Veränderungen erfahren, die mit den verschiedenen Gesprächsrollen der Mitglieder in der Gruppensituation zusammenhängen (Hirst/Manier/Apetroaia 1996). (2) Verschiedentlich wurde darauf hingewiesen, dass die Art der Erinnerung durch die Handlungsziele bedingt sein kann, die soziale Akteure mit der Bezugnahme auf Vergangenes verbinden. In diesem Sinne können Erinnerungen – etwa als rhetorische oder pragmatische Werkzeuge – für gegenwärtige Zwecke instrumentalisiert werden, wie u. a. die britische Diskurspsychologie hervorgehoben hat (Middleton/Edwards 1990). (3) Forschung zur Wirkung der adressatengerechten bzw. hörerspezifischen Formulierung (des sog. *Audience Design*, R. M. Krauss) von K.s-Beiträgen geht davon aus, dass schon die Äußerung von Erinnerungen die betreffenden Gedächtnisinhalte beeinflussen kann. In der kulturwissenschaftlich orientierten Psychologie wurden in diesem Sinn wiederholt gesellschaftlich geprägte (bzw. kollektive) Erinnerungsmuster analysiert, wie sie beispielsweise in der kommunikativen Vermittlung von → Geschichtsbewusstsein deutlich werden.

W. Hirst/D. Manier/I. Apetroaia, The Social Construction of the Remembered Self: Family Recounting, in: J. G. Snodgrass/R. L. Thompson (Hg.), The Self Across Psychology. Self-Recognition, Self-Awareness, and the Self Concept, New York 1997, S. 163–188; R. M. Krauss/S. R. Fussell, Social Psychological Models of Interpersonal Communication, in: E. T. Higgins/A. W. Kruglanski (Hg.), Social Psychology. Handbook of Basic Principles, New York 1996, S. 655–701; N. Luhmann, Was ist Kommunikation?, in: ders., Soziologische Aufklärung, Bd. 6, Opladen 1995, S. 113–124; D. Middleton/D. Edwards (Hg.), Collective Remembering, London 1990.

Gerald Echterhoff

Kommunikatives Gedächtnis → Kulturelles Gedächtnis

Konditionierung

(lat. *conditio*: Vereinbarung, Bedingung). Lernform, die in zwei verschiedenen Formen als klassische K. bzw. als operante K. beschrieben wird (→ Lernen). Beim *klassischen Konditionieren* lernt der Organismus eine neue → Assoziation zwischen zwei Reizen, einem *neutralen Reiz* und einem Reiz *(unkonditionierter Reiz)*, der bereits eine bestimmte Reaktion *(unkonditionierte Reaktion)* auslöst. Dabei wird wiederholt vor dem unkonditionierten Reiz ein neutraler Reiz dargeboten. Nach mehreren → Wiederholungen löst schließlich der neutrale Reiz eine Reaktion aus, die der unkonditionierten Reaktion ähnlich ist. Diese wird als *konditionierte Reaktion* bezeichnet. Der russische Physiologe I. P. Pawlow entdeckte als Erster, dass die beschriebene Prozedur zu einem Lernvorgang führt. Im Experiment mit Hunden (→ Tiere) fungierte Futter als unkonditionierter Reiz, der die unkonditionierte Reaktion ‹Speichelfluss› auslöste. Pawlow zeigte, dass ein Ton (neutraler Reiz), der normalerweise keinen Speichelfluss auslöst, wenn er ihn mehrfach vor der Futtervergabe präsentierte, zum Auslöser des Speichelflusses (konditionierte Reaktion) wurde. Auch Phobien können durch klassische K. erworben werden. Die an Wirbeltieren gewonnenen Ergebnisse sprechen dafür, dass → Erwartungen gelernt werden. Lässt der konditionierte Reiz den unkonditionierten Reiz erwarten, dann bildet sich eine konditionierte Reaktion aus. Eine → Löschung erfolgt, wenn der konditionierte Reiz mehrmals allein dargeboten wird (Extinktion; vgl. → Vergessen).

Bei der klassischen K. ist der Auslöser der unkonditionierten Reaktion bekannt. Soll die Häufigkeit eines Verhaltens verändert werden, dessen Auslöser nicht bekannt ist, dann spricht man von *operantem Konditionieren* (bzw. instrumentellem Lernen). Dazu wird dem Organismus als Konsequenz für die Ausführung eines bestimmten Verhaltens eine *Verstärkung* verabreicht. Wird z. B. eine Taube immer für das Picken auf einen roten Knopf mit Futter belohnt, dann wird sie dieses Verhalten häufiger zeigen. Eine Verstärkung kann nach B. F. Skinner (1953) *positiv* oder *negativ* sein. Positive Verstärker sind Reize, deren *Darbietung* die Häufigkeit eines Verhaltens erhöht *(Belohnungstraining)*. Negative Verstärker sind Reize, deren *Entfernung* die Häufigkeit eines vorangegangenen Verhaltens erhöht *(Fluchttraining;* → Hemmung). Der Missbrauch von Schmerzmitteln kann das Ergebnis eines Fluchttrainings sein: Der Tabletteneinnahme folgt die Schmerzreduktion, die sich negativ verstärkend auf die weitere Tabletteneinnahme auswirkt (→ Schmerz). Eine andere Form der operanten K. ist das *Bestrafungstraining* (→ Strafe). Hier wird entweder ein negativer Verstärker nach einer Verhaltensweise präsentiert, oder ein positiver Verstärker, der einem Verhalten eine Zeit lang gefolgt ist, wird nicht mehr gewährt. Klassische und operante K. sind die zentralen Bausteine der Verhaltenstherapie. K.s-Erfolge können auch als Belege für → implizites Gedächtnis aufgefasst werden (vgl. → Gewohnheit). In beiden K.s-Paradigmen kann das → Lernen sowohl bewusst (intentional, Anwendung von Lern- bzw. Gedächtnisstrategien) als auch unbewusst (inzidentell, unbeabsichtigt) erfolgen. Intentionales Lernen liegt bei der operanten K. z. B. dann vor, wenn die Versuchsperson die Beziehung von Verhalten und Verstärker erkennt und das Verhalten häufig ausführt, um den Verstärker zu erhalten (→ Erwartung). Dasselbe gilt für die klassische K., wenn gezeigt wird, dass sie von der Bewusstheit der Beziehung zwischen beiden Reizen abhängig ist. Unbestritten ist allerdings, dass in beiden K.s-Paradigmen auch unbewusste Lernvorgänge auftreten.

J. Bredenkamp, Lernen, Erinnern, Vergessen, München 1998; B. F. Skinner, Science and Human Behavior, New York 1953.

Bianca Vaterrodt-Plünnecke

Konnektivität

(lat. *conectere*: verknüpfen, verbinden). Verknüpfungsstruktur in künstlichen neuronalen (konnektionistischen) → Netzwerken. Konnektionistische Netze bestehen aus einer großen Zahl einfacher Verarbeitungseinheiten (Knoten), die in Analogie zu synaptischen Verbindungen (→ Synapsen) zwischen → Nervenzellen untereinander über gewichtete Konnektionen verknüpft sind (→ Assoziation). Die K. bestimmt das dynamische Verhalten des Netzes, d. h., mit welchen Aktivierungszuständen das Netz auf bestimmte Eingabemuster reagiert. Die K. stellt insofern das in einem Netzwerk gespeicherte → Wissen (sein → Langzeitgedächtnis) dar, während der momentane Aktivierungszustand den aktivierten Gedächtnisinhalten entspricht (→ Arbeitsgedächtnis). Die K. kann als Matrix der Verbindungsgewichte zwischen den Knoten des Netzes dargestellt werden, wobei je nach → Struktur dieser Gewichtsmatrix unterschiedliche Netzarchitekturen resultieren. Während es in vorwärts gekoppelten *(feedforward)* Netzen keine zyklischen Verbindungen gibt, enthalten rekurrente Netze Rückkoppelungen, über die Knoten direkt oder indirekt auf sich selbst zurückwirken (vgl. → Rekursivität). Rekurrente Netze weisen eine komplexere Dynamik auf und sind gedächtnistheoretisch in Zusammenhang mit dem Konzept der → Attraktoren in verteilten Assoziativspeichern (→ Distributivität) von Bedeutung.

R. Rojas, Theorie der neuronalen Netze – eine systematische Einführung, Berlin 1993.

Thomas Goschke

Konservierung

Prozess, der materiellen Objekten durch Strukturveränderung → Dauer verleiht. Auf Dauer gestellt werden dabei die Effekte dieses Prozesses, nicht jedoch die Beschaffenheit eines ihm vorausgegangenen ‹ursprünglichen› Objekts. Prototypische Objekte dieser Kulturtechnik sind Nahrungsmittel und Leichen, an denen sich zwei wesentliche Funktionen der K. verwirklichen: Aufschub zu späterem Gebrauch und Herstellung von Gedächtnis. Dabei sind stets Verfahren der Umwandlung bedeutsam. Wie Nahrung oft durch Haltbarmachung allererst hergestellt wird, so zielten alte Praktiken der Leichen-K. wie etwa die Mumifizierung der Ägypter durch transformierende Eingriffe (Entfernung des Gehirns, der Eingeweide usw.) auf die Herstellung einer Ewigkeitsgestalt (→ Tod). Erst im 19. Jh. wurden Technologien entwickelt, die auf immer unscheinbarere Weise in die Struktur des zu Konservierenden eingreifen. In diesem Zusammenhang zu nennen sind neben der Entdeckung des hohen Alters versteinerter, aufgrund natürlicher Einflüsse erhalten gebliebener organischer Körper (→ Fossilien) neue Methoden der Bewahrung von Lebensmitteln – chemisch durch Zusatz von K.s-Stoffen, physikalisch durch Einmachen in Gläsern (später Dosen) und durch Gefrieren (ab 1850 Erfindung von Eismaschinen) – sowie gleichzeitige Bestrebungen, kulturelle Artefakte als Monumente zu erhalten (→ Zeitkapsel). Die moderne → Denkmalpflege hat dabei die K. (als ein vermeintlich nicht veränderndes Bewahren) zur → Restaurierung (als Verfahren transformierenden Erneuerns) in einen (missverständlichen) Gegensatz gebracht.

J. Assmann, Der Tod als Thema der Kulturtheorie, Frankfurt/M. 2000; C. F. Hellbrügge, «Konservieren, nicht restaurieren». Bedeutungswandel und Anwendungspraxis eines Prinzips der Denkmalpflege im 20. Jh. in Deutschland, Bonn 1991.

Dietmar Schmidt

Konsolidierung

Stabilisierung von Gedächtnisinhalten. Innerhalb der Neurowissenschaften gibt es verschiedene Konzepte zur K. von Gedächtnisinhalten. Die eine K.s-Art verwandelt (konsolidiert) Kurzzeit- in Langzeiterinnerungen und beruht auf der dauerhaften Verstärkung von → Synapsen, wahrscheinlich im Zusammenhang mit der Entstehung neuer Synapsen und einer veränderten Proteinsynthese der beteiligten Neurone (→ Nervenzelle). Die REM-Schlafphase (→ Schlaf) ist von größter Wichtigkeit für den Vorgang der K. im → Gehirn. Es ist empfindlich gegen Kopfverletzungen – wahrscheinlich werden Ereignisse vor einem entsprechenden Unfall vom → Kurzzeit- ins → Arbeitsgedächtnis überführt, aber finden nie Eingang ins → Langzeitgedächtnis. Auf zellulärer Ebene könnte man unter einer K. also den Übergang von einem prozessgestützten zu einem strukturgestützten Gedächtnis verstehen (→ Struktur).

Ein anderes K.s-Konzept zieht sich über Zeiträume von Monaten und Jahren hin. Hierbei ist unter Konsolidierung zu verstehen, dass einige → Engramme im Laufe der Jahre immer widerstandsfähiger gegen Störungen durch Hirnschädigungen werden. Sie werden vergessensresistenter. Im Endeffekt scheinen sich also bestimmte Erinnerungen mit der Zeit, anstatt zu verblassen, immer deutlicher herauszuschälen.

D. Schacter, Wir sind Erinnerung, Reinbek 1999.

Martin Korte

Konstruktion

(lat. *constructio*: Verbindung, Bau). K. bezieht sich sowohl auf Produkte als auch auf Prozesse des Erinnerns. Schon in der frühen → Gestaltpsychologie ist darauf hingewiesen worden, dass jede Vorstellung von der Welt eine K. sei. In Übertragung der Gestaltgesetze auf das Gedächtnis wurden Veränderungen wiedergegebener im → Vergleich zu vorgegebenen visuellen Vorlagen auf eine dem Organismus innewohnende Tendenz zu regelmäßigen, symmetrischen und einfachen Formen zurückgeführt. In der kognitiven Gedächtnispsychologie (→ Kognition), als deren Vorläufer → F. C. Bartlett (1932) gelten kann, der bereits einen (dynamischen) → Schema-Begriff verwendete, ist das Erkenntnisinteresse auf die Wahrheit bzw. Genauigkeit des Gedächtnisses gerichtet. Informationsaufnahme (→ Information) und → Abruf werden experimentell kontrolliert. Aus Abweichungen des Erinnerten im Vergleich zum Vorgegebenen wird auf zugrunde liegende Strukturen und Prozesse geschlossen. Im Rahmen des *Misinformation*-Paradigmas haben E. F. Loftus und andere in den 1970er Jahren gezeigt, dass Augenzeugenberichte durch im Nachhinein gereichte falsche Informationen verzerrt werden können (→ *false memory*, → Zeugenaussage). Menschen, die ein → Video eines Autounfalls beobachteten, ‹erinnerten› sich, anschließend entsprechend befragt, an höhere Geschwindigkeiten der betroffenen Fahrzeuge («wie schnell sind die Autos gefahren, bevor sie ineinander *krachten*?») oder an nicht so hohe Geschwindigkeiten («wie schnell sind die beiden Autos gefahren, bevor sie *zusammenstießen*?»). Versuchspersonen ‹erinnerten› sich, entsprechend suggestiv befragt, an Glassplitter, die sie im Video zuvor nicht gesehen hatten (vgl. → Falschinformationseffekt). Zwei Wochen nach der Darbietung von Filmepisoden über einen Bankraub, einen Einbruch in ein Lagerhaus und einen Überfall auf ein Spirituosengeschäft ‹erinnerten› sich Versuchspersonen an eine weitere Episode über eine Schießerei mit Drogendealern.

Auch beim → autobiographischen Gedächtnis wurden K.en demonstriert: Legt man Versuchspersonen zu Forschungszwecken erstellte → Tagebücher oder Erinnerungsprotokolle vor, in denen ‹wahre Geschichten› und plausibel konstruierte ‹falsche Ereignisse› vorkommen, erkennen sie bei späteren Befragungen Erlebnisse wieder, die sie nie hatten, wie im Alter von fünf Jahren in einem Einkaufszentrum verloren gegangen zu sein (→ Gedächtnistäuschungen). Als Erklärung wurde vorgeschlagen, falsche Erinnerungen kämen durch → Schemata zustande: Menschen rufen schemabasiertes Wissen auf, das mit dem konstruierten → Ereignis zusammenhängt, denken über neue (nachgereichte) Information in Zusammenhang mit dem Schema nach und speichern sie damit zusammen. Erinnern sie sich später an das ‹Ereignis›, rufen sie gleichzeitig mit dem Schema, das thematische Vorannahmen importiert, die falsche Information ab. Um → Verzerrungen durch suggestive Fragen und nachgereichte Informationen zu vermeiden, wird empfohlen, Augenzeugen zunächst ihre Beobachtungen in ihren eigenen Worten berichten zu lassen. Mit einer Weiterführung, dem *False-feedback*-Paradigma, bei dem Versuchspersonen erklärt wird, ein angeblich vom Computer ausgewertetes Persönlichkeitsprofil lasse auf bestimmte Kindheitserfahrungen schließen, wurde gezeigt, dass auch falsche frühkindliche Erinnerungen suggeriert werden können (→ Erfahrung, → Kindheit). Dies ist von Bedeutung für klinische und therapeutische Vorgehensweisen im Zusammenhang mit Vermutungen sexuellen Missbrauchs und der Aufdeckung verdrängter (→ Verdrängung) Erinnerungen daran. Hypnotische Suggestibilität (→ Hypnose), Lebhaftigkeit der visuellen Vorstellung und Tiefe der Inanspruchnahme (Absorptionstiefe) wurden als individuelle Charakteristika vorgeschlagen, die das Auseinanderhalten von Erinnerung und K. erschweren, insbesondere, wenn sie auf therapeutische Techniken wie Hypnose, angeleitete Phantasiereisen und Führen von Erinnerungstagebüchern treffen (Destun/Kuiper 1996). Ein Ereignis, das man sich lebhaft vorgestellt hat, kann man leichter wieder abrufen, ob es wirklich geschehen ist oder nicht. Möglicherweise führen genau die Mechanismen, die Erinnerungsprozesse unterstützen, zu Verzerrungen.

Ein sozialpsychologisches Erkenntnisinteresse ist auf soziale Kontexte und Interaktionen gerichtet, in denen Erinnerungen gemeinsam (re-)konstruiert werden. Wenn gemeinsam erzählend erinnert wird (→ Narration), werden Erinnerungen mittels sprachlicher → Kommunikation erarbeitet. Dann werden narrative Strukturen wirksam, die vorgeben, wie eine Geschichte zu erzählen ist, es wird ausgehandelt, was wiederzugeben ist und was man vergessen kann (Graumann 1997; → Selektion). Die Forderung nach einer stärkeren Beachtung sozialer und motivationaler Aspekte des Erinnerns (→ Motivation) hat zu einer heftigen Kontroverse geführt, in der die ökologische Validität der Erforschung des Gedächtnisses im Alltag und die wissenschaftliche Objektivität der Laborforschung gegeneinander ausgespielt wurden. Diskutiert wird darüber, welche Kriterien für Wahrheit bzw. Genauigkeit auf welcher Abstraktionsebene anzulegen seien. Beispielsweise gilt als erwiesen, dass Menschen sich an die wesentlichen Inhalte (*gist*) einer Konversation oder eines Ereignisses korrekt erinnern können, auch wenn sie Einzelheiten falsch wiedergeben. Mittlerweile wird auch aus kognitionspsychologischer Perspektive dafür plädiert, Gedächtnisleistungen und Erinnerungsfehler im Kontext der persönlichen und sozialen Anliegen der erinnernden Person zu untersuchen und ‹Wahrheit› nicht als etwas Absolutes zu betrachten, sondern als zielgebunden (Koriat/Goldsmith/Pansky 2000). Dabei wird angenommen, dass Verzerrungen Details betreffen, die abhängig von aktuellen sozialen, emotionalen und direktiven Funktionen in einem jeweiligen Erzählkontext unterschiedlich gestaltet werden (→ Emotion), während zentrale Inhalte erhalten bleiben. Im Rahmen eines kognitiven Konstruktivismus bleibt der Vergleich von Ereignis und Erinnerung bzw. unterschiedlicher Wiedergaben des gleichen Ereignisses (d. h. der Konsistenz des Gedächtnisses) wichtig, um unterschiedliche K.en und ihre Funktionen zu erforschen. Die aktive K. nicht nur persönlicher Erinnerungen, sondern auch historischer Wirklichkeiten diskutieren vor allem diskurstheoretische oder narrative Ansätze (Straub 1998). Insbesondere aus konstruktivistischen Perspektiven wird dabei die soziale Verfasstheit des Erinnerns auf den kulturellen Kontext von Erinnerungsgestaltung ausgedehnt. Damit wird die Funktion des Erinnerns für die → Gegenwart wie für → Identitäts- oder Orientierungsbildung zentral.

Eine bislang ungelöste Problematik betrifft den Stellenwert der *narrativen, konsensuellen* in Relation zur *empirischen* Wahrheit oder Richtigkeit. Aus einer radikal konstruktivistischen Perspektive kann Erinnern als aktuelle Sinnproduktion im Kontext wahrgenommener oder empfundener Handlungsnotwendigkeiten aufgefasst und vom Wahrheitspostulat abgekoppelt werden (Schmidt 1991). Subjektive Wirklichkeitskonstruktionen können hinsichtlich ihres → Sinns und ihrer Bedeutung untersucht werden, ohne dass ihre Richtigkeit oder Wahrhaftigkeit geprüft werden muss. Gegeneinwände beziehen sich darauf, dass allen Äußerungen Ansprüche auf Wahrheit und Richtigkeit innewohnen, sodass es problematisch sein kann, darauf nicht zu reagieren. Grundsätzlich wird eingewendet, dass auf einer rein funktionalen oder pragmatischen Basis – und abseits von Wahrheit und Objektivität – Geltungsansprüche von persönlichen Erinnerungen wie von historischen Wissensbeständen kaum rational verhandelt werden können, dass jedoch in Forschung und Praxis weiterhin zwischen Fakten und K.en unterschieden werden muss (vgl. → Realitätsüberwachung).

A. Koriat/M. Goldsmith/A. Pansky, Toward a psychology of memory accuracy, in: Annual Review of Psychology, Bd. 51, 2000, S. 481–537; J. Straub, Geschichten erzählen, Geschichte bilden. Grundzüge einer narrativen Psychologie historischer Sinnbildung, in: ders. (Hg.), Erzählung, Identität und historisches Bewußtsein. Die psychologische Konstruktion von Zeit und Geschichte. Erinnerung, Geschichte, Identität 1, Frankfurt/M. 1998, S. 81–169; C. F. Graumann, Zur Ökologie des Gedächtnisses, in: G. Lüer/U. Lass (Hg.), Erinnern und Behalten. Wege zur Erforschung des menschlichen Gedächtnisses, Göttingen 1997, S. 269–286; E. F. Loftus, Dispatch from the (un)civil memory wars, in: J. D. Read/D. S. Lindsay (Hg.), Recollections of trauma – Scientific evidence and clinical practice, New York 1997, S. 171–198; L. M. Destun/N. A. Kuiper, Autobiographical memory and recovered memory therapy: Integrating cognitive, clinical, and individual difference perspectives, in: Clinical Psychology Review, Bd. 16, 1996, S. 421–450; S. J. Schmidt, Gedächtnisforschungen: Positionen, Probleme, Perspektiven, in: ders., Gedächtnis. Probleme und Perspektiven der interdisziplinären Gedächtnisforschung, Frankfurt/M. 1991, S. 9–55; F. C. Bartlett, Remembering: A study in experimental and social psychology, Cambridge 1932.

Barbara Keller

Kontext → Abruf, → Autobiographisches Gedächtnis, → F. C. Bartlett, → Basalganglien, → Encodierung/Decodierung, → Episodisches Gedächtnis, → Ereignis, → Gedächtnisentwicklung, → Gedächtnistäuschungen, → Konstruktion, → Netzwerk, → Quellengedächtnis, → Recycling, → Reproduktion, → Schema, → Semantisches Gedächtnis, → Sinn, → Skript, → Souvenir, → Spur, → Transfer, → Vergessen

Kontingenz → Erwartung, → Gesetz, → Kultur, → Struktur, → Zukunft

Kontinuität

(lat. *continuitas*: Stetigkeit). Zusammenhänge relativer Konstanz in Raum und → Zeit; in der Geschichtstheorie Zeitverlaufsvorstellung, die anhand der Unterstellung von Kausalität, Ganzheitlichkeit und Lückenlosigkeit *(natura non facit saltus)* eine Anbindung der Gegenwart an die → Vergangenheit garantiert. K. ist stets das Ergebnis retrospektiver → Konstruktion. Die den geschichtlichen Verläufen unterstellte K. bedarf eines Mediums, in dem diese K. konstruiert und erfahren werden kann: des Mediums der → Narration. Im Rückblick werden alltägliche, biographische, kulturelle oder geschichtliche Ereignisfolgen von einem Anfangspunkt aus (Geburt, Passageriten, Entdeckung) in einen Zusammenhang gebracht, in dem sich der Beobachter somit als vorläufig letztes Glied der Kette selbst verorten kann (→ Genealogie, → Identität, → Stammbaum). Allerdings erfordert gerade eine solche geschichtliche Reflexion eine Zäsur, d. h. einen Bruch mit dem kontinuierlichen, aber strukturlosen Fluss des Geschehens. Um diesen zu strukturieren, werden bestimmte → Ereignisse als ‹bedeutsame› herausgelöst und zu Sinnkomplexen verbunden, die die → Selektion weiterer Anschlussereignisse steuern (→ Sinn, → Struktur).

Von dieser durch eine *lineare* Geschichtsvorstellung geprägten *genetischen Erzählung* von K. lässt sich die *traditionale Erzählung* unterscheiden (Rüsen 1990): Die *zyklisch geschlossene Verlaufsform* behandelt zeitliche Abläufe als regelmäßige «Wiederkehr des Immergleichen» (→ F. Nietzsche, → Wiederholung), idealtypisch verkörpert in den Jahreszeiten. Hieran angelehnt dient die symbolische Wiederholung mythischer Ursprungsereignisse (→ Mythos, → Ursprung) in antiken → Riten dazu, eine Gemeinschaft die Gültigkeit ihrer Herkunft durch deren zyklische

Reaktualisierung erfahren zu lassen. In → Riten wird die zeitliche → Differenz historischer Abläufe aufgehoben und «Kontinuität als Dauer dieses Ursprungs» (Rüsen 1990, S. 179; → Dauer) erfahrbar *hergestellt* bzw. in narrativer Form als sinnhaft *dargestellt* und als normatives Orientierungsmuster perpetuiert.

Im 20. Jh. mehrt sich in Anschluss an Nietzsches Polemik gegen die Geschichtswissenschaft die Kritik am Denken der K. → W. Benjamin sieht die K.s-Entwürfe des → Historismus in Komplizenschaft mit der herrschenden Klasse, deren Ideologie des Fortschritts sich in der narrativen Geschlossenheit ihrer Geschichtsentwürfe spiegelt. Die Herstellung dieser Geschlossenheit beruht auf Selektionen, die widerständiges Material (→ Brüche) ausschließen und den Opfern der Geschichte keine Stimme geben (vgl. → Eingedenken). Diese ideologischen Implikationen des K.s-Denkens kritisiert auch M. Foucault, der im Rekurs auf Nietzsche die traditionell kontinuitätsstiftenden Konzepte des Subjekts, des → Ursprungs und der historischen Wahrheit verwirft. Foucaults genealogischer Historie geht es gerade um die «Einmaligkeit der Ereignisse unter Verzicht auf eine monotone Finalität» (1987, S. 69). Durch die Einsicht in die Diskontinuität und Kontingenz dieser Ereignisse kann «aus der Historie ein Gegen-Gedächtnis» (ebd., S. 85) zum offiziellen Narrativ der K. werden.

J. Rüsen, Die vier Typen des historischen Erzählens, in: ders., Zeit und Sinn. Strategien historischen Denkens, Frankfurt/M. 1990, S. 153–230; M. Foucault, Nietzsche, die Genealogie, die Historie, in: ders., Von der Subversion des Wissens, Frankfurt/M. 1987, S. 69–90; W. Benjamin, Über den Begriff der Geschichte (1940), in: Gesammelte Schriften, Bd. 1, Frankfurt/M. 1974, S. 691–706.

Ingo Uhlig, Jens Ruchatz

Körper

Bezeichnet in der Gedächtnisforschung zum einen den memorialen K., in den sich Markierungen einschreiben (vgl. → Falte, → Schmerz), zum andern den monumentalen K., ein grundlegendes Schema für die Organisation kultureller Orientierung und Erinnerung (vgl. → Politik). In der Geschichte der abendländischen Philosophie bildet der K. eine Seite von basalen Unterscheidungen: K. vs. Geist, Seele, personale → Identität usw. Die Unterscheidung zwischen (körperlichem) Gedächtnis und (geistiger)

Erinnerung, die der Idealismus (→ G. W. F. Hegel) formuliert und der christliche Platonismus (→ Augustinus) vorbereitet hat, steht bereits im Bann dieser Basisunterscheidungen. Darin liegt ein grundlegendes Problem für die Auffassung des K.s in der Gedächtnisforschung.

Die Vorstellung, wonach die Außenwelt im → Gehirn Markierungen oder → Spuren zurücklässt, die dann einerseits in Wahrnehmung und Erkenntnis verarbeitet, andererseits als dauerhaftes Gedächtnis gespeichert werden, geht auf Aristoteles zurück. Im 17. und 18. Jh. entwickeln sich entsprechende physiologische Inskriptionshypothesen (R. Descartes, D. Hartley; → Einprägen) für Gedächtnisspuren im Gehirn, die für die Neurologie im 19. Jh., zum Teil auch noch im 20. Jh. modellbildend waren (→ Engramm, → R. W. Semon). Für die neuere Kulturtheorie wurde eine weitere Verwendung der Einschreibungsmetaphorik wichtig. → F. Nietzsche hatte, ausgehend von der Physiologie, die Theorie einer Einschreibung kultureller Verfahrensweisen in den Körper entwickelt. Danach lagern sich durch Strafpraktiken und rituelle Versehrungen im Körper Markierungen an, die die → Genealogie von Verhaltensweisen und Wertbildungen modellieren (→ Narbe, → Strafe). Besonders M. Foucault (1976) hat diesen Entwurf einer Kulturgeschichte ‹am Leitfaden des Leibes› weitergeführt. In dieser Kulturgeschichte des memorialen K.s tritt als weiteres Modell die Gedächtnis- und Sozialisationstheorie → S. Freuds hinzu, der seinerseits die Tradition des memorialen K.s der perzeptiven Einschreibung weiterführte (→ Bahnung). In Teilen der Geschlechterforschung wird *gender* als kulturisierende Beschriftung des K.s im Gegensatz zum biologischen *sex* verstanden (J. Butler; → Sozialisation).

Ein Topos in der Geschichte der K.-Metaphorik ist seit der Antike die Darstellung staatlicher Institution im Schema des K.s. Insofern Institutionen Versuche zur Dauerstellung sozialer und politischer Formationen sind, gibt das K.-Schema in ihrer Symbolisierung ein prägendes Memorialmuster an. Indem mittelalterliche und frühmoderne Theoretiker der Souveränität dem sterblichen K. des Königs einen unsterblichen K. der Institution gegenüberstellten, schufen sie, den rechtsgeschichtlichen Forschungen E. Kantorowicz' (1957/1990) zufolge, eine die Moderne prägende Tradition des ‹monumentalen› K.s. Nach P. Legendres psychoanalytischer Ausdeutung von Kantorowicz' rechtsgeschichtlicher These wird in der Emblematik des monumentalen K.s die Institution als Ermöglichung kultureller Erinnerung und → Dauer überhaupt vorgestellt.

M. Hagner (Hg.), Ecce Cortex. Beiträge zur Geschichte des modernen Gehirns, Darmstadt 1999; M. Foucault, Überwachen und Strafen. Die Geburt des Gefängnisses, Frankfurt/M. 1976; E. H. Kantorowicz, Die zwei Körper des Königs. Eine Studie zur politischen Theorie des Mittelalters, München 1990.

Rüdiger Campe

Korsakow-Syndrom

Dr. S. S. Korsakow, «Privatdocent der Kaiserlichen Universität zu Moskau», beschrieb 1889 zum ersten Mal in seinem Aufsatz *Ueber eine besondere Form psychischer Störung, combinirt mit multipler Neuritis* das später nach ihm benannte Krankheitsbild, welches er selbst zunächst als *Cerebropathia psychica toxaemica* bezeichnete. Beobachtungen aus seinem Bericht: «[...] ich sah ihn [den Patienten] also am 13. September zum ersten Mal und fand die Orientirung und das Gedächtnis des Kranken tief gestört.» Und aus einem anderen Krankenbericht: «Entlegener Ereignisse erinnert sie sich gut: was aber in der letzten Zeit passirt, vergisst sie fast augenblicklich.»

Tatsächlich ist bei der betroffenen Personengruppe meist die Erinnerung an weiter zurückliegende Ereignisse nicht beeinträchtigt, während die Fähigkeit zur Aufnahme neuer Gedächtnisinhalte und zum Neulernen meist gravierend beeinträchtigt ist (anterograde → Amnesie). Die typischen Gedächtnisstörungen sind jedoch keineswegs global. Bestimmte Gedächtnisfunktionen (räumlich-visuelle Gedächtnisfunktionen, Gesichtererkennen, → episodisches Gedächtnis usw.) sind beeinträchtigt, andere (→ semantisches Gedächtnis, → prozedurales Gedächtnis) weitgehend intakt (Steingass u. a. 1994). Andere kognitive Funktionen, auch → Intelligenzfunktionen, sind nicht notwendigerweise beeinträchtigt. Entgegen früheren eher pessimistischen therapeutischen Einschätzungen, die von einer Irreversibilität der mnestischen Störungen ausgingen, konnten in verschiedenen Studien mit neuen gedächtnisrehabilitativen Ansätzen, bei denen die Nutzung der erhaltenen und intakten Funktionen der Patienten im Vordergrund steht, deutliche Funktionsverbesserungen nachgewiesen werden (Mann 1992, Steingass 1999; → Gedächtnisrehabilitation).

Die Bezeichnung K.- S. wird in neueren Klassifikations- und Diagnosesystemen (ICD-10/DSM III) jedoch immer seltener benutzt. Dies hat zwei Gründe: Es ist auch heute noch üblich, das K.- S. als eine durch exzessiven Alkoholmissbrauch (→ Alkohol) bedingte Hirnschädigung anzusehen. Erstens kann aber Alkoholmissbrauch auch zu ganz anderen Hirnschädigungen führen (etwa alkoholische → Demenz), zweitens können korsakowähnliche Zustände auch durch andere Ursachen (u. a. Tuberkulose, Diabetes mellitus, Tumorerkrankungen, Vergiftungen mit Kohlenmonoxid, Lacken und Lösungsmitteln sowie Arteriosklerose, Hypoxien, Hirnverletzungen und ernährungsbedingte Krankheitsbilder wie Anorexien, langes Fasten oder Beriberipolyneuritis) bedingt sein. Insofern ist der Beschreibung des Krankheitsbildes als «durch Alkohol bedingtes amnestisches Syndrom» (ICD-10) der Vorzug zu geben, da sie das Kardinalsymptom Gedächtnisstörungen in den Vordergrund stellt, die alkoholbedingte Genese voraussetzt und andere körperliche Ursachen ausschließt. Für die alkoholbedingten pathologischen Gehirnveränderungen sind offensichtlich eine Vielzahl von Faktoren verantwortlich; sicher scheint aber zu sein, dass die Hauptursachen für die Störungen neben einem Thiamin-Mangel andere, durch Ernährungsmängel bzw. einseitige Ernährung verursachte Defizite von Vitaminen wie Nikotinsäureamid und Folsäure sind.

H.-P. Steingass, Neuropsychologie und Sucht, in: Fachverband Sucht e. V., Entscheidungen und Notwendigkeiten, Geesthacht 1999; ders./G. Sartory/A. G. M. Canavan, Chronic alcoholism and cognitive function: General decline or patterned impairment? Personality and Individual Differences, Bd. 17, Nr. 1, S. 97–109, Oxford 1994; K. Mann, Alkohol und Gehirn, Berlin 1992.

Hans-Peter Steingass

Kreativität → H. Bergson, → Gedächtniskünstler, → Interferenz, → Phantasie, → Rhetorik

Kritische Phase

Auch: kritische Periode; Zeitraum in der frühen Entwicklung, in dem die Entfaltung und Ausprägung bestimmter funktioneller Eigenschaften des → Gehirns besonders stark von Umwelteinflüssen geprägt wird und die dadurch in enger Verbindung zu Lernvorgängen steht. Eine der ältesten Kontroversen in der Biologie wird zumeist mit dem Schlagwort *nature versus nurture* (Anlage vs. Umwelt) gekennzeichnet: die Frage nämlich, inwieweit unser Aussehen und unsere Fähigkeiten durch intrinsische

Faktoren, z. B. die genetische Ausstattung des Individuums, oder durch Umwelteinflüsse, z. B. während der → Kindheit gemachte → Erfahrungen, bestimmt werden. So befasste sich bereits der Philosoph → J. Locke mit dem Gedankenexperiment, ob ein Blinder, dem die Sehfähigkeit zurückgegeben wird, eine Kugel von einem Würfel durch Anschauen allein unterscheiden könne (sog. Molyneux-Problem). Locke und die Empiristen beantworteten die Frage mit *Nein*, da diese Fertigkeit durch Erfahrung erlernt werden müsse. Für I. Kant und die Nativisten lautete die Antwort dagegen *Ja*, da solche Erkenntnisse *a priori* vorhanden, also angeboren seien.

Auch die Versuche, die Bedeutung von äußeren Faktoren, also → Lernen für die normale Entwicklung des Gehirns, empirisch zu erfassen, beruhen vor allem auf Deprivationsstudien, d. h. auf Fällen völliger Abwesenheit einer bestimmten Kategorie von Erfahrung. Dabei waren und sind die Folgen des Mangels einer Sinnesmodalität sowie eines Aufwachsens (fast) ohne jegliche soziale Interaktion von besonderem Interesse. Für Letzteres sind die bekanntesten Beispiele der von J.-M. Itard Anfang des 19. Jh.s untersuchte V. de l'Aveyron, Kaspar Hauser und die 1970 in Kalifornien im Alter von 13 Jahren aufgefundene Genie. Ihr Studium erwies sich als aufschlussreich, wenngleich umstritten. Genie hatte mehr als zehn Jahre angekettet in einem kleinen Raum verbracht. Sie ging unsicher, konnte nicht mehr als vier Meter weit scharf sehen und nur zwei Worte sprechen. Ein Team von Wissenschaftlern beschäftigte sich fünf Jahre intensiv mit Genie, deren Wortschatz in dieser Zeit ständig wuchs, die die Regeln der Syntax aber nur teilweise beherrschen lernte. Der Spracherwerb des ‹Wolfskinds› Victor hatte sich dagegen gar auf einige wenige Wörter beschränkt. Trotz einer bleibenden Unsicherheit, ob und inwieweit die Entwicklung von Genies (und Victors) Gehirn bis zum Beginn der langjährigen Deprivation normal verlaufen war, bestätigen diese Befunde die von E. H. Lenneberg vertretene These, dass es für das Erlernen der Primärsprache eine kritische Periode (Zeitfenster) gibt, die ungefähr den Zeitraum vom zweiten bis zum 13. Lebensjahr umfasst. Sie beginnt mit dem Einsetzen der Artikulationsfähigkeit und geht mit der Lateralisation des Gehirns einher, die im Laufe der Pubertät abgeschlossen wird. Das Broca'sche und das Wernicke'sche Sprachzentrum entwickeln sich dabei normalerweise in der linken Hemisphäre (→ Gehirn). Erleiden Säuglinge oder Neugeborene dort jedoch Schädigungen, so können sich diese Regionen auch in der rechten Hemisphäre ausbilden. Mit fortschreitendem → Alter geht diese Plastizität jedoch verloren, sodass mit Erreichen der Pubertät die Sprachlateralisation irreversibel ist. Ein normaler Spracherwerb im natürlichen Lernkontext ist nach der Pubertät nicht mehr möglich. Damit kann das → Lernen von Sprache, vor allem von Fremdsprachen, nur in einem engen zeitlichen Fenster erfolgen, wenn man diese akzentfrei beherrschen will.

In Bezug auf den Gebrauch der Sinne fiel bei Genie auf, dass sie Gegenstände oft durch Berühren mit Lippen und Fingerspitzen anstelle durch Betrachten erforschte, fast so, als sei sie blind. Wie der Spracherwerb ist offensichtlich auch normale visuelle Wahrnehmung nicht nur von intakten Netzhäuten abhängig, sondern insbesondere von normaler visueller Stimulation während einer kritischen Phase der Entwicklung. Experimentell wurde dies zuerst von D. H. Hubel und T. N. Wiesel (1970) in ihren bahnbrechenden Arbeiten an jungen Katzen belegt. Sie untersuchten die Antworten von Neuronen (→ Nervenzellen) in der Sehrinde auf verschiedene Lichtreize, die beiden Augen getrennt gezeigt wurden. In → Tieren, die normal aufgewachsen waren, antworteten ungefähr gleich viele Zellen auf die Stimulation des rechten wie des linken Auges. Dagegen fanden sich in der Sehrinde von Kätzchen, die nie Sehreize auf einem Auge empfangen konnten, kaum → Nervenzellen, die auf visuelle Reizung dieses deprivierten Auges reagierten. Hat die Deprivation eine gewisse Zeit angedauert, so kann auch monatelanges normales Sehen die Binokularität der Sehrinde nicht wiederherstellen. Wird dagegen noch während der kritischen Phase das zuvor verschlossene Auge geöffnet und das andere verschlossen, so kehrt sich die Antwort der meisten Neuronen auf Reizung der beiden Augen um, und das zuvor deprivierte Auge gewinnt ein deutliches Übergewicht in der → Repräsentation in der Sehrinde. Weitere Versuche ergaben, dass die k. P. bei der Katze kurz nach dem Öffnen der Augen einsetzt, in der fünften Woche ihren Höhepunkt erreicht und nach etwa zwölf Wochen zu Ende geht. Bei Menschen beginnt die k. P. des Sehens unmittelbar nach der Geburt; nach etwa zwei Jahren nimmt die Empfindlichkeit gegen Störungen der normalen Seherfahrung langsam ab. Nicht nur Einflüsse wie die zeitweilige Abdeckung eines Auges wirken sich in dieser Zeit auf die Sehfähigkeit aus. So kann auch das Aufwachsen in einer Umwelt, in der alle Konturen dieselbe Orientierung im Raum haben, dazu führen, dass mehr Neuronen auf diese Orientierung antworten als auf andere. Ähnlich dem Gesichtssinn sind k. P.n auch für Gehör und Tastsinn identifiziert worden. Für das Gehör beginnt diese Periode wahrscheinlich schon im Mutterleib (→ intrauterines Gedächtnis), da bereits im fünften Monat der Schwangerschaft elektrische Signale auf akustische Reize hin gemessen werden können. Allgemein beginnt die k. P. ungefähr zu dem Zeitpunkt, an dem der jeweilige Sinn funktionsfähig wird. Die Frage nach dem Ende der k.n P. hängt eng mit der Suche nach den Faktoren zusammen, die die k. P. gegenüber der Folgezeit auszeichnen, in welcher Umwelteinflüsse keine oder nur noch eine sehr geringe Rolle für grundlegende Hirnfunktionen spielen. Inzwischen wird weitgehend akzeptiert, dass die Häufigkeit des NMDA-Rezeptors, eines bestimmten Rezeptors für den → Neurotransmitter Glutamat, zum Ende der k.n P. hin stetig abnimmt, bzw. dass sich die Zusammensetzung des Rezeptors verändert; dieser Rezeptor wird allgemein als für Lernen und Plastizität auf zellulärer Ebene kritisch erachtet. Für die Ausbildung und den Erhalt von → Synapsen (→ D. O. Hebb) spielen außerdem Nervenwachstumsfaktoren wie BDNF *(brain-derived neurotrophic factor)* eine wichtige Rolle. Die Grundlagen neuronaler Plastizität in der k.n P. sind Gegenstand intensiver Forschung, da man annimmt, dass die gleichen Mechanismen, die zu einer richtigen Verschaltung des sich entwickelnden Gehirns führen, auch für Lernvorgänge in erwachsenen Gehirnen von Menschen und Tieren von großer Bedeutung sind.

L. C. Katz, What's critical for the critical period in visual cortex?, in: Cell, Bd. 99, 1999, S. 673–676; A. J. Doupe/P. K. Kuhl, Birdsong and human speech: common themes and mechanisms, in: Annual Review of Neuroscience, Bd. 22, 1999, S. 567–631; J. P. Rauschecker, Mechanisms of visual plasticity: Hebb Synapses, NMDA receptors and beyond, in: Physiological Reviews, Bd. 71, 1991, S. 587–615; S. Curtiss, Genie: a psycholinguistic study of a modern-day «wild child», New York 1977; E. H. Lenneberg, Biologische Grundlagen der Sprache, Frankfurt/M. 1972; D. H. Hubel/ T. N. Wiesel, The period of susceptibility to the physiological effects of unilateral eye closure in kittens, in: Journal of Physiology, Bd. 206, 1970, S. 419–436.

Frank Sengpiel

Krypta

(griech. *krýptos*: verborgen, geheim). *In der Architektur:* Unter dem Altarraum gelegene gewölbte Kammer, die als Grab oder Aufbewahrungsort für → Reliquien dient. Die K. enthält die Gebeine eines → Märtyrers oder Heiligen, dem die Kirche geweiht ist, und ist Ort der Reliquienverehrung. Die K. ist ein nicht offen zugänglicher Schutzort des kostbaren Gebeins. Allerdings ist sie nicht versteckt, sondern meist eindeutig lokalisiert und gelegentlich durch kleine Öffnungen oder Fenster mit dem Altarraum verbunden, um den verehrten Heiligen im Kultraum der Kirche präsent zu halten. Die K. ist so der architektonische Ausdruck eines reliquienge-

stützten Totenkults, der im Zentrum vor allem der mittelalterlichen
→ Liturgie stand (Grabar 1946).

In der Psychoanalyse: intrapsychisches Geheimnis, dessen ‹Inhalt› ein
→ Toter ist und das dem Subjekt selbst nicht zugänglich ist. Sie entsteht
im Augenblick eines Verlusts, der nicht anerkannt und darum auch nicht
betrauert werden kann. Statt die an das verlorene Objekt geheftete Libido ins Ich zurückzuziehen und den Verlust so zu bearbeiten (→ Melancholie, → Trauer), wird der tote andere selbst phantasmatisch ins Ich inkorporiert. Er bleibt dort als psychischer Fremdkörper mit seiner eigenen
psychischen Topik, seinem → Unbewussten und seiner Sprache, als wäre
er lebendig und präsent. Die K. ist damit kein Gedächtnistyp, sondern
‹Aufbewahrungsort› eines unverfügbaren Restes, der im Inneren des Subjekts vom anderen geblieben ist. Die K. ist damit ein Grenzkonzept der
psychoanalytischen Theoriebildung, das zuerst von N. Abraham und M.
Torok (1979) in einer Relektüre des Falles von Freuds *Wolfsmann* entwickelt wurde.

Seine metapsychologischen Konsequenzen betreffen drei Ebenen: die
Topik des Subjekts, die Möglichkeit sprachlicher Symbolisierung, die
Konservierung oder Verabschiedung eines verlorenen Liebesobjekts. (1)
Die Vorstellung einer integralen, in → Bewusstsein und Unbewusstes differenzierten Subjektivität mit klaren Grenzen von Ich und anderem, Innen und Außen wird zerstört durch die Annahme eines «im Inneren des
Innen ausgeschlossenen Außen» (Derrida 1979, S. 10), das wie ein Innen-
hof im Ich einen Raum des anderen (vgl. → Gewissen) schafft. (2) Die K.
unterliegt einer sprachlichen «Anasémie» (J. Derrida), d. h., sie verbirgt
sich in der Materialität von → Zeichen jenseits ihrer semantischen Bedeutung, etwa in Homonymien und → Reimen. (3) Die K. ist ein Modell
konservierender Aufbewahrung von → Spuren des anderen (Worten,
Affekten, Bildern; → Konservierung). Darin ist es weder möglich, den
Verlust als solchen zu realisieren, das Verlorene aufzugeben, noch den anderen erinnernd zu vergegenwärtigen (→ Vergegenwärtigung). Die K. gewährleistet dagegen seine unantastbare → Präsenz. Indem die Spuren
und Reste nicht verinnerlicht und darum auch weder bearbeitet noch
verändert, noch vergessen werden, hat die intrapsychische K. strukturelle
Gemeinsamkeit mit externen Gedächtnisspeichern.

A. Haverkamp, Kryptische Subjektivität. Archäologie des Lyrisch-Individuellen, in:
ders., Laub voll Trauer, München 1991, S. 15–29; N. Abraham/M. Torok, La crypte
au sein du moi. Nouvelles perspectives métapsychologiques, in: dies, L'écorce et le
noyau, Paris 1987; J. Derrida, Fors. Einleitung zu: N. Abraham/M. Torok, Kryp-

tonymie. Das Verbarium des Wolfsmanns, Frankfurt/M./Berlin/Wien 1979, S. 5–58; A. Grabar, Martyrium. Recherches sur le culte des reliques et l'art chrétien antique, Bd. 1, Paris 1946.

Eva Horn

Kultur

(lat. *cultura*: Ackerbau, Pflege). In der modernen Gesellschaft operiert die K. als eine Art ‹Gedächtnis› der Gesellschaft. Mit dem Blick auf seinen K.-Zustand beschreibt der Mensch das «Glück» (S. Pufendorf) oder «Unglück» (J.-J. Rousseau), seinem Naturzustand entronnen zu sein. K. ist das spätestens mit dem → Buchdruck nicht mehr von der Hand zu weisende → Wissen, dass andere Menschen anders gelebt haben, an anderen Orten anders leben und in der → Zukunft anders leben werden. Die K. nimmt das Gedächtnis in Anspruch, um einige dieser Möglichkeiten präsent zu halten und andere zu vergessen. Wer «K.» sagt, meint daher auch immer die Aufwertung oder Abwertung sei es der eigenen, sei es der fremden Möglichkeiten (→ Vergleich). Je nach gegenwärtigem Deutungsbedarf gegenüber einer unbekannten → Zukunft werden vergangene → Erfahrungen entweder erinnert oder → vergessen. Am Maßstab von → Identität oder → Differenz verschiedener Sitten, Gebräuche, Glaubensvorstellungen und Erkenntnishaltungen wird aufgewertet oder abgewertet, was sich jeweils bewährt oder nicht bewährt.

Gegen den vorherrschenden Eindruck, dass K. etwas mit Identität und Authentizität zu tun hat, muss daher unter dem Gesichtspunkt der K. als Gedächtnis daran erinnert werden, dass mit jeder K. die Möglichkeit des Wechsels zwischen den Werten gegeben ist. Sie ist eine, wie J. M. Lotman gesagt hat, «Zeichensprache zweiter Ordnung», mit deren Hilfe wir uns darüber verständigen, welche von den unterschiedlich gewichteten und bewerteten Möglichkeiten des Verhaltens, an die wir uns erinnern, gegenwärtig präferiert werden. Jede Sub-K. macht für diesen Zweck einen anderen Gebrauch vom → kulturellen Gedächtnis der Menschheit.

Heute kann man den Eindruck gewinnen, dass in der Weltgesellschaft eine globale Metakultur entsteht, die kontingent geltende Werte anbietet, mit denen sich Milieus unterschiedlicher Art eine temporäre Identität und Authentizität aufbauen und untereinander nach Bedarf sowohl konfliktfähig als auch gesprächsfähig verhalten können. Man erkennt sich an den Werten, die man akzeptiert, obwohl man sie für sich nicht

gelten lassen würde. Die alte Gleichsetzung von Sitten (lat. *mores*) und
→ Moral wird zunächst zu einem Streit darüber, was als korrektes und
was als inkorrektes Verhalten gelten muss, und weicht schließlich dem
Bewusstsein, dass jede kulturelle Leistung eine unwahrscheinliche und
prekäre Leistung der Selbsterfindung eines Milieus ist. Das Gedächtnis
wird dabei zunehmend für Leistungen des Vergessens, nicht des Erinnerns in Anspruch genommen, sodass spätestens mit dem Blick auf K.
auffällt, dass ein Gedächtnis in der Tat über beide Möglichkeiten verfügt.

D. Baecker, Kultur, in: K. Barck u. a. (Hg.), Historisches Wörterbuch ästhetischer
Grundbegriffe, Stuttgart 2001; N. Luhmann, Kultur als historischer Begriff, in:
ders., Gesellschaftsstruktur und Semantik: Studien zur Wissenssoziologie der modernen Gesellschaft, Bd. 4, Frankfurt/M. 1995, S. 31–54; J. M. Lotman/B. A. Uspen-
sky, On the Semiotic Mechanism of Culture, in: New Literary History, Bd. 9, 1978,
S. 211–232.

Dirk Baecker

Kulturelles Gedächtnis

Für eine Gruppe identitätsstiftende Wissensbestände, die in → Speichermedien oder symbolischen Formen bzw. Praktiken externalisiert werden
(→ Externalisierung, → Wissen). Die auf diesem Konzept basierende
Kulturtheorie setzt sich von anderen kulturgeschichtlichen Denkmodel-
len ab: Sie steht (1) im Kontrast zu universellen ‹ideologischen› Konzeptionen, die die Formierung von Gesellschaften aus Zukunftsentwürfen
ableiten (z. B. Aufklärung, Marxismus); sie ist (2) zu unterscheiden von
Auffassungen, die wie der → Historismus alles Vergangene gleich gewich-
ten; sie macht (3) Front gegen biologistische Versuche, ein vererbbares
‹Rassengedächtnis› zu konstruieren. Beim k.n G. geht es um Kollektives,
das ausschließlich in der → Vergangenheit seinen Wurzelgrund hat und
erst von da auf die → Zukunft ausstrahlt. Grundlage der entsprechenden
Theorien ist → M. Halbwachs' Konzept der sozialen Prägung des vermeintlich rein individuellen Gedächtnisses. Nur weil sie in soziale (Sinn-)
Rahmen fallen, werden vergangene Ereignisse überhaupt auffällig; der
→ Zerfall dieser Rahmen zieht folgerichtig → Vergessen nach sich, denn
er zerstört den → Sinn der Erinnerung.

   Zwei Formen dieses → kollektiven Gedächtnisses lassen sich kulturgeschichtlich nachweisen: Das *kommunikative Gedächtnis* hat bestimmte

→ Quellen, eine bestimmte Reichweite und eine bestimmte → Struktur. Es fußt auf mündlicher Alltagskommunikation (→ Oral History), es reicht höchstens drei Generationen zurück (ein *saeculum*) und stößt dann auf eine immer im gleichen Abstand mitwandernde Trennlinie *(floating gap)*, hinter der auf undifferenziert einheitlicher Linie die ‹graue Vorzeit› liegt (Vansina 1985). Obzwar gesellschaftlich nach Gruppen geformt (Familie, Vereine, Parteien usw.), ist das kommunikative Gedächtnis doch wenig durchstrukturiert und hierarchisiert (alle Teilhaber haben ähnliche Rechte). Diesem kommunikativen das *k. G.* entgegengesetzt zu haben, ist das Verdienst von A. und J. Assmann: Schafft ein historisches Faktum aus jenem durchs *floating gap* abgetrennten Raum den Sprung aus dem Vergessen ins dann kulturell genannte Gedächtnis, ändern sich die Seinsformen vollkommen. Erinnertes verfestigt sich nun zu objektivierter → Kultur. Jetzt geht es um die Fragen: Was war in der Vergangenheit so wichtig, dass es für alle Zeit im Gedächtnis bleiben muss? In welchen Erinnerungen liegen die Fundamente unserer → Identität beschlossen (→ Kanon)? So wird der beängstigenden Tatsache dauernden Wandels (→ Vergänglichkeit) Bleibendes, Verpflichtendes entgegengestellt, das es den Kollektiven und seinen Mitgliedern ermöglicht, sich als Einheit zu empfinden. Auch das k. G. konstituiert sich durch *Quellen*: Es schöpft mittels eines von Schamanen, Priestern, Philosophen usw. professionell betriebenen Spezialistentums aus der gesamten Vergangenheit eines Kollektivs, besonders gern aus archaischen Frühzeiten (→ Mythos, → Ursprung). Die Aneignung läuft über intensives, schulmäßig betriebenes Training der Kollektivmitglieder (→ Lernen, → Übung). Das Kondensat des in der Geschichte als ‹wertvoll›, ‹verpflichtend›, ‹musterhaft› Erachteten (→ Kanon) und seine systematische Pflege ist vor allem in alten Kulturen vom Alltag geschieden und hat eher sakralen, feierlichen Charakter (→ Fest). Hinsichtlich seiner *Reichweite* wird das k. G. meist als seit langer Zeit bestehend und für alle Zeit verpflichtendes und unveränderliches Muster hingestellt (Rettung Israels bei der Flucht aus Ägypten, Einheit des französischen Volkes am Tag der Bastille). *Strukturiert* ist das k. G. durch folgende Merkmale: Es ist *identitätskonkret*, d. h., es ist nicht universell, sondern auf das Identitätskonzept bestimmter Kollektive bezogen (Völker, Staaten, Kommunen, Familien, Parteien). Es ist *rekonstruktiv* (→ Rekonstruktion), indem es nicht wahrheitsorientiert, voraussetzungs- und interesselos die Vergangenheit durchforscht, sondern ausgehend vom aktuellen Identitätsbedürfnis die Vergangenheit nach Stabilisierendem durchsucht. Diese rekonstruktive Potenz formt dann ein wirkliches historisches Faktum (Massada) oder ein bloß angenommenes (Zug durchs Rote Meer) zu einem Mythos und versammelt das Wertvolle in einem Kanon. Es ist *organisiert*, indem es nicht dem Belieben des Einzelnen überlassen ist, hier Meinungen zu entwickeln; es gibt vielmehr Institutionen, professionelle Wächter und ‹Pfleger› des k.n G.ses. Es ist *verbindlich*, indem es eine klare Wertperspektive und ein deutliches Gefälle zum weniger Wichtigen hin etabliert. Es ist *geformt*, indem es in → Schriften, Bildern, → Riten oder → Topographien aggregiert und gerade dadurch tradierbar wird (→ Tradierung). Es ist *reflexiv*, indem es zum einen die Alltagspraxis deutet (z. B. Riten die Praxis der Jagd), zum anderen sich selbst kontrolliert durch Auslegung, Abgrenzung, → Zensur und indem es zum Dritten selbstreflexiv für die Ichbewusstheit der Gruppe sorgt.

Auf Basis des Konzepts des k.n G.ses hat man beispielsweise in Anlehnung an C. Lévi-Strauss zwischen ‹heißer› und ‹kalter› Erinnerung unterschieden. Kalte Gesellschaften konstruieren ihr k. G. so, dass es in der Lage ist, geschichtliche Veränderung von sich fern zu halten, kaltzustellen. Die Vergangenheit soll nur beweisen, dass wesentlich Neues nicht eintreten kann und nicht eingetreten ist. Heiße Erinnerung hingegen akzentuiert die Perspektiven setzende, Veränderung anreizende Kraft des k.n G.ses (→ Revolution). Kühl- und Heizsysteme können sich in Kulturen mischen. Heiße Erinnerung, die sich in Mythen verdichtet hat, kann fundierenden Charakter haben (z. B. der Troja-Mythos für Rom); sie kann aber auch «kontrapräsentisch» sein, d. h. einen schmerzlichen, zu überwindenden Kontrast zwischen dem im k.n G. aus der Vergangenheit Festgehaltenen und dem im Heute Anwesenden akzentuieren. So erzeugt das k. G. eine spezifische «Zweizeitigkeit», stellt ein ‹Denk mal!› in den Fluss des Alltags (→ Denkmal, → Straßennamen).

Des Weiteren hat man analog zwischen schriftlosen und Schriftkulturen, zwischen ritueller und textueller Kohärenz unterschieden (→ Oralität). Bei den ersten ist das Gedächtnis in Riten hinterlegt, die nur durch dauernde, präzise → Wiederholung gepflegt und erhalten werden können. Die textuelle Kohärenz kann die Einheit des historischen Bewusstseins durch Ausrichtung auf spezielle kanonische Schriftwerke erreichen. Ihre Pflege ist nicht auf pure Wiederholung angewiesen. Hier werden Interpretation und Kommentar möglich (→ Hermeneutik). J. Assmann (1992) erkannte die ägyptische Kultur als Beispiel für kalte Erinnerung und rituelle Kohärenz, Israel als Beispiel für textuelle Kohärenz, allerdings bezogen auf einen *einzigen* (den biblischen) Text, in dem die ganze Wahrheit und mit ihr die gesamte Schicksalsdeutung beschlossen liegt (→ Tradition). Für die abendländische Geschichte hat der Fall Griechenland eine vergleichbare Bedeutung, wo allerdings in einem *hypoleptischen* Textzusammenhang eine große Anzahl von Texten gemeinsam um die Wahrheit ringen und sie immer nur annäherungsweise erreichen.

J. Assmann, Das kulturelle Gedächtnis. Schrift, Erinnerung und politische Identität in frühen Hochkulturen, München 1992; A. Assmann/D. Harth (Hg.), Mnemosyne. Formen und Funktionen der kulturellen Erinnerung, Frankfurt/M. 1991; J. Assmann/T. Hölscher (Hg.), Kultur und Gedächtnis, Frankfurt/M. 1988; J. Vansina, Oral Tradition as History, Madison 1985; O. G. Oexle/O. Gerhard, Die Gegenwart der Toten, in: H. Braet/W. Verbeke (Hg.), Death in the Middle Ages, Leuven 1983, S. 19–77; R. Koselleck, Kriegerdenkmale als Identitätsstiftungen der Überlebenden, in: O. Marquard/K. Stierle (Hg.), Identität, München 1979, S. 255–276.

Dietz Bering

Kunst

Über Jahrhunderte fungiert das Bild neben dem Text als eigenständiges Medium der Gedächtniskultur. Mit seiner Prägekraft hat es an der Formierung des bildhaften Denkens im Ganzen und der Erinnerung im Besonderen entscheidend mitgewirkt. Einerseits produzieren Künstler für private und öffentliche kommemorative Funktionen Bildwerke (→ Denkmäler, → Grabmäler, → Porträts). Andererseits leisten Kunstwerke Vermittlung und Veranschaulichung abstrakter Glaubensinhalte (z. B. Kreuzweg, *Biblia pauperum*), aber auch konkreter historischer oder quasihistorischer → Ereignisse, die dem → kollektiven Gedächtnis ein visuelles Archiv bereitstellen (Peil u. a. 1998). Durch die gesamte Geschichte der K. hindurch speichert und vergegenwärtigt (→ Speichermedien, → Vergegenwärtigung) die Historienmalerei mit ihrem Spektrum an profaner (Mythologien, Genremalerei, Geschichtsereignisse) und sakraler (Bibellegenden) Motivik zu überliefernde Inhalte (→ Tradierung). Darüber hinaus verarbeitet die K. stets ihre eigene Geschichte (→ Historismus, → Renaissance) in Form von → Zitaten und Wiederaufnahmen von → Ikonographie, Motiven, Stilrichtungen oder ganzen Kunstgattungen. Im Rahmen eines umfassenden Denkmalbooms hat im Besonderen das 19. Jh. solche Rückgriffe auf die Geschichte der K. und → Architektur genutzt, um nicht nur das Alte zu bewahren (→ Denkmalpflege), sondern exzessiv einen eigenen Denkmalsbestand aufzubauen.

In der K. des 20. Jh.s tritt die visuelle Präsentation von Gedächtnisinhalten hinter die Reflexion über das Thema der Erinnerung selbst zurück. Diese findet sich quer zu den K.-Richtungen und künstlerischen Ausdrucksmedien. Von besonderer Bedeutung sind jedoch die Medien → Fotografie und Installation. Erstere dient als Dokumentationstechnik, deren Fähigkeit zu fixieren den raschen Wandlungsprozessen im Industriezeitalter (→ Beschleunigung) einen Widerhalt zu bieten scheint. Letztere kommt ins Spiel, wenn es um eine Visualisierung von Gedächtnisorten wie → Archiv, → Museum oder → Bibliothek geht. Die Einrichtung von (Pseudo-)Archiven oder Bibliotheken in der Kunst verfolgt eine metaphorische oder tatsächlich ‹funktionierende› Imitation dieser Gedächtnisorte, sodass die künstlerische Ausdrucksform ‹Installation› zwangsläufig Verwendung findet (Schaffner/Winzen 1997).

Thematisch lassen sich folgende Schwerpunkte unterscheiden: Eine Reihe von Projekten bezieht sich auf die → Geschichte als abstrakte Größe oder ‹erörtert› geschichtliche Ereignisse wie den Zweiten Weltkrieg, die → Shoah oder den Vietnam-Krieg. Künstler wie W. Voth oder A. Kiefer begreifen Geschichte als autonome Kategorie, wenn sie sich an Mythologien orientieren oder die deutsche Geschichte aus einem mehr oder weniger anthropologischem Blickwinkel betrachten. An die klassische Historienmalerei knüpfen die Auftragsarbeiten von W. Tübke (Bauernkriegs-Panorama) und J. Grützke (Ausmalung der Paulskirche, Frankfurt/M.) an. In der Tradition von P. Picasso *(Guernica)* oder M. Beckmann *(Die Nacht)* haben u. a. C. Boltanski, F. Droese, A. Rainer versucht, das unvorstellbare Leid geschichtlicher Katastrophen erfahrbar zu machen (→ Eingedenken), indem sie sakral anmutende Installationen einrichten, sich fiktiv mit den Tätern identifizieren oder fotografische → Dokumente aggressiv überarbeiten.

Eine zweite Themengruppe archiviert und veranschaulicht Zeitkultur (→ Gegenwart). Konzeptionell vergleichbar mit den Dadaisten, K. Schwitters u. a. erwachsen die Künstler der Pop-Art in den USA, England und Deutschland, des Neuen Realismus, des Happening und Fluxus oder punktuell die Neuen Wilden zu Chronisten ihrer Zeit (→ Chronik).

Jüngere Projekte (C. Boltanski, N. Lang, A. Oppermann, S. Sigurdsson) problematisieren Gedächtnisprozesse als solche. Nicht selten gehen sie autobiographisch vor (→ Autobiographie), wobei sie ihre eigene Geschichte als repräsentativ setzen. Dabei werden Grundsatzfragen wie → Zeit, → Tod, → Identität oder die Fremd- und Selbstbestimmung von Erinnern erörtert. Mit den sog. ‹Spurensicherern› der 1970er Jahre (N. Lang, A. und P. Poirier; → Spur) wird hier eine bis heute fortlebende Programmatik begründet, die die Wechselwirkung der individuellen mit der kollektiven Erinnerung zum Gegenstand hat.

Eine weitere Gruppe von Künstlern adressiert und kritisiert direkt die öffentliche Erinnerungspraxis (→ Kultur). Zielpunkte sind Institutionen wie → Museen, → Archive oder das Ausstellungswesen (A. Haacke, S. Sigurdsson, A. Kiefer), die Wissenschaften, die Massenmedien sowie die ‹kollektiven› Memorialriten, die besonders in Zusammmenhang mit der Denkmalkultur stehen (J. Gerz, R. Herz, A. Hrdlicka, O. Metzel, M. Odenbach, W. Vostell). Nicht selten werden dabei Mechanismen, Inhalte und Kontexte der Erinnerungspolitik problematisiert, wie Haacke mit der Gestaltung des deutschen Pavillons auf der Biennale in Venedig (1993) oder Gerz/Shalev-Gerz mit ihren Projekten ‹EXIT/Dachau› (1974) oder in Hamburg-Harburg (1986) aufzeigen. Dabei werden die Instrumentalisierung des öffentlichen Raumes durch Staat und Wirtschaft markiert und Freiräume der individuellen Selbstbestimmung eröffnet. Die Rationalität wissenschaftlicher Erinnerungsarbeit thematisieren Werke von H. Darboven, S. Sigurdsson, H. P. Feldmann und B. und H. Becher. Ist für Darboven die auf Linearität und Homogenität basierende Zeitvorstellung der Ausgangspunkt der Kritik, so ist es für Sigurdsson das wissenschaftliche Verständnis der Geschichtsrekonstruktion. Das Schaffen von Feldmann oder Becher/Becher ist konzeptionell dem (schein-)wissenschaftlichen, fotografischen Dokumentieren gewidmet. Ist der eine auf eine zensurfreie Wiedergabe der Alltagsmotivik konzentriert, so zielen die anderen auf eine Typologie von Industriebauten. Dabei referieren sie auf Vorbilder des 19. und beginnenden 20. Jh.s, die außerkünstlerisch (Denkmalpflege, Medizin) die → Fotografie zu Dokumentationszwecken eingesetzt hatten. Bereits A. Sander und → A. M. Warburg (→ Mnemosyne-Atlas) hatten mittels Fotografien in den 1920er Jahren Archive angelegt, die mit unterschiedlicher Aufgabenstellung die → Tradition und → Gegenwart der Kultur befragen.

Trotz der Verschiedenheit der ‹Gedächtnis-K.› im 20. Jh. lassen sich gemeinsame ästhetische wie konzeptionelle Merkmale erkennen. Grundsätzlich versucht sie, einer Eindeutigkeit von Erinnerung Ambivalenz entgegenzusetzen. Dabei fordert sie die Partizipation des Betrachters ein, was die Rezeption der Werke in die Nähe des Umgangs mit ‹Speichersystemen› wie → Bibliotheken, Depots oder Archive treten lässt, insofern diese prozessual, a-hierachisch und unabgeschlossen angelegt sind. Die Gedächtnis-K. des 20. Jh.s zielt nicht mehr auf Wissensspeicherung oder Traditionsbildung. In aufklärerischer Absicht fordert sie reflexive Partizipation, die nicht Kenntnis, sondern Erkenntnis im Sinn hat. Die Gedächtnis-K. formuliert somit die Utopie eines nicht-instrumentellen Gedächtnisses. Sie strebt nach einer ständigen Initialzündung für (Selbst-)

Reflexionen im Bewusstsein der eigenen Geschichtlichkeit, sodass Erkenntnisse und → Erfahrungen in (massen-)kommunikative Prozesse eingebracht werden, um schließlich als mögliche, stets zu aktualisierende Handlungsorientierungen zu dienen.

U. Borsdorf/H. T. Grütter (Hg.), Orte der Erinnerung. Denkmal, Gedenkstätte, Museum, Frankfurt/M. 1999; D. Peil u. a. (Hg.), Erkennen und Erinnern in Kunst und Literatur, Tübingen 1998; M. Fehr (Hg.), open box. Künstlerische und wissenschaftliche Reflexionen des Museumsbegriffs, Köln 1998; I. Schaffner/M. Winzen (Hg.), Deep Storage. Arsenale der Erinnerung. Sammeln, Speichern, Archivieren in der Kunst, München/New York 1997; K.-U. Hemken (Hg.), Gedächtnisbilder. Vergessen und Erinnern in der Gegenwartskunst, Leipzig 1996.

Kai-Uwe Hemken

Künstliche Intelligenz

Teilgebiet der Informatik (→ Computer), das sich mit dem Erzeugen und dem Verstehen intelligenter Einheiten befasst. Intelligente Einheiten sollen nach verschiedenen Auffassungen der KI *rational* denken/handeln (weiche KI) oder *menschlich* denken/handeln (harte KI). Nach G. Strube und C. Schlieder (1995) artikuliert sich die wechselseitige Modellierung von Mensch und Maschine im Verhältnis der Disziplinen KI und Kognitionswissenschaft, und zwar hauptsächlich in zwei → Gedächtnismetaphern: dem → Gehirn als symbolverarbeitende Maschine (Reduktionismus) oder als neuronales Netz (Konnektionismus; → Konnektivität, → Netzwerk). Reduktionistisch wird Erinnerung als heuristische Suche in einer Wissensbasis modelliert, konnektionistisch als Gewichtung von Verbindungen zwischen Neuronen (→ Kognition).

Die Entstehung der Disziplin KI wird auf eine von J. McCarthy 1956 am Darthmouth College durchgeführte Konferenz zurückgeführt. KI-Forscher wie A. Newell und H. A. Simon untersuchen in den folgenden Jahre kognitive Spitzenleistungen wie das intelligente Problemlösen und propagieren, dass die Fähigkeit zur Symbolverarbeitung die notwendige und hinreichende Vorraussetzung intelligenten Handelns sei (Reduktionismus). Der Ernüchterung der frühen 1970er Jahre, die vom Streit zwischen reduktionistischen und konnektionistischen Ansätzen geprägt war, folgt eine Phase, in der eine Reihe von sog. Expertsystemen entwickelt wird, die bereichsspezifisches Wissen reduktionistisch, d. h. regelbasiert, speichern und erinnern (Richter 1992). Erst Mitte der 1980er

Jahre kehren mit dem Modell neuronaler Netze konnektionistische Ansätze zurück. Ein wichtiges, aber auch problematisches Forschungsfeld der KI ist die Repräsentation von → Wissen. Wissensrepräsentation als Grundlage von Gedächtnisentwürfen muss die Frage nach der kognitiven Adäquatheit beantworten. Diese empirische Frage wirft in Folge das Problem der kognitiven Modellierung empirischer Daten auf (Strube/ Schlieder 1995). *Reduktionistische Ansätze* modellieren das Gedächtnis mit Regeln, die mittels eines gewählten logischen Formalismus repräsentiert werden. Eine explizite Wissensbasis wird durch die Formulierung von bekannten Fakten und allgemeinen Regeln erzeugt. Die implizite Wissensbasis (Lernprozess) wird durch die Anwendung eines Inferenzmechanismus (Beweistheorie) erzeugt. Beim fallbasierten Schließen, einer anderen Sparte reduktionistischer KI, wird Wissen in Form von Fällen gespeichert und durch die Bildung von semantischen Ähnlichkeitsmaßen wiedererinnert. Ein Fall ist kontextualisiertes Wissen, das eine → Erfahrung repräsentiert, die eine für das Erreichen eines Ziels fundamentale Lektion bildet (Kolodner 1993). Die Fallrückgewinnung geschieht durch Erinnerung vorangegangener Fälle in Verbindung mit der Auswahl einer passenden Untermenge durch Bewertung der Ähnlichkeit (→ Abruf, → Reproduktion). In *konnektionistischen Ansätzen* wird Wissen in dem menschlichen Gehirn nachgebildeten neuronalen Netzen abgespeichert (→ Externalisierung). Das Verhalten der Netze hängt von der Topologie und die Gestaltung der einzelnen Komponenten (→ Nervenzellen) ab. Es existiert keine zentrale Kontrolle. Die Verbindungen zwischen den Komponenten werden numerisch gewichtet. Diese Gewichte bilden den Langzeitspeicher (→ Langzeitgedächtnis). Je nach Komplexität der Topologie können verschiedene Lernverfahren angewendet werden, um das neuronale Netz zu trainieren, d. h. normalerweise, die Gewichte zu modifizieren (→ Lernen, → Übung).

G. Strube/C. Schlieder, Kognition und Künstliche Intelligenz, in: Künstliche Intelligenz, Bd. 9, Nr. 6, 1995, S. 8–11; J. Siekmann, Künstliche Intelligenz, in: S. Krämer (Hg.), Geist – Gehirn – Künstliche Intelligenz, Berlin/New York 1994; J. Kolodner, Case-based Reasoning, San Mateo 1993; M. Richter, Prinzipien der künstlichen Intelligenz, Stuttgart 1992.

Ralf Klamma

Kurzzeitgedächtnis

Gedächtnis für → Informationen und → Ereignisse der letzten Sekunden. Das K.-Konzept geht zurück auf W. James' (1898) Unterscheidung von primärem und sekundärem Gedächtnis. Ersteres umfasst → Informationen, die seit ihrer → Encodierung ununterbrochen im → Bewusstsein präsent waren (psychologische Gegenwart; → Präsenzzeit), während letzteres Informationen beinhaltet, die nach ihrer Verarbeitung aus dem Bewusstsein verschwanden, jedoch nach einiger Zeit (Sekunden oder auch Jahrzehnten) eventuell wieder abgerufen werden können (psychologische Vergangenheit).

Eine zentrale Rolle spielt das K. im Mehrspeichermodell von R. C. Atkinson und R. M. Shiffrin (1968; vgl. → Zwei-Komponenten-Theorie). Das K., von ihnen Kurzzeitspeicher (KZS) genannt, fungiert als Bindeglied zwischen den Ultra-Kurzzeitspeichern (UKZS, auch → sensorisches Register), die sinnesmodalitätsspezifische Informationen kontinuierlich aufnehmen, und dem Langzeitspeicher (LZS), in dem Information langfristig abgelegt wird (→ Langzeitgedächtnis). Die visuellen und akustischen UKZS (→ ikonisches Gedächtnis, → Echogedächtnis) sind durch große Speicherkapazität und kurze Speicherlatenz (ca. 0,5 bis max. 4 s) gekennzeichnet. Nur UKZS-Informationen, denen → Aufmerksamkeit geschenkt wird (→ Kanalisierung), werden in den KZS überführt und dort durch Kontrollprozesse wie Codierung (coding) weiterverarbeitet. Durch Memorieren (rehearsal) werden die Informationen dabei im KZS präsent gehalten oder ansonsten vergessen. Ob Information vom KZS in den LZS gelangt (→ Konsolidierung), hängt nach Atkinson und Shiffrin primär von der → Dauer des Memorierens ab. Ist Information einmal in den LZS überführt, so kann sie nur über Abrufstrategien (retrieval strategies) und Entscheidungsprozesse (decision processes) des KZS reproduziert (→ Reproduktion) oder rekognosziert werden (→ Wiedererkennen).

Die Speicherlatenz des KZS ist anders die der UKZS durch ungestörtes Memorieren prinzipiell beliebig dehnbar, während die → Kapazität auf 7 ± 2 Informationseinheiten (chunks; → Chunking) begrenzt ist (Miller 1956). Diese Auffassung stützt sich auf Untersuchungen der → Gedächtnisspanne, bei denen zufällige Folgen von Informationen unmittelbar in korrekter Reihenfolge zu reproduzieren sind. Typischerweise werden etwa sieben Informationen bewältigt, unabhängig davon, ob jede Information eine Ziffer, ein Wort oder ein ganzer Satz ist. Die Begrenzung scheint also in der Anzahl verfügbarer Speicherplätze zu bestehen, weniger in der Informationsmenge pro Speicherplatz. Letztere kann durch geeignete Codierung optimiert werden.

Abgesehen von der relativen Konstanz der Gedächtnisspanne lassen sich viele Phänomene anhand der KZS-LZS-Unterscheidung gut erklären. Hierzu zählt der Recency-Effekt in der freien Reproduktion, d. h. die besonders gute → Abrufbarkeit der jeweils zuletzt gelernten Informationen (vgl. → Positionseffekt, → Primacy-Effekt). Diese befinden sich noch im KZS und sind entsprechend leicht abrufbar. Lässt man zwischen Informationsdarbietung und Reproduktionstest jedoch etwas Zeit verstreichen, so sollte der Recency-Effekt verschwinden, sofern Memorieren verhindert wird. Umgekehrt sollten Maßnahmen, welche die Überführung von Informationen in den LZS forcieren (z. B. → Übung, langsame Darbietungsrate) oder den Abruf aus dem LZS fördern (z. B. Verwendung häufiger statt seltener Wörter), den Recency-Effekt nicht beeinflussen, die Reproduzierbarkeit zuvor gelernter Informationen dagegen erleichtern. Diese Vorhersagen wurden wiederholt bestätigt.

Beim → Vergessen im KZS spielen vermutlich spontaner Spurenzerfall (→ Spur) und → Interferenz (→ Hemmung) eine Rolle. Für die Spurenzerfallstheorie spricht, dass ablenkende Tätigkeit, die das Memorieren verhindert, auch dann zu schnellem Vergessen führt, wenn sie keine Ähnlichkeit mit der zu erinnernden Information aufweist. Für die sog. proaktive Interferenztheorie spricht, dass Anzahl und Art zuvor gelernter Informationen das Vergessen von Zielinformationen erheblich beeinflussen können (Keppel/Underwood 1962).

Trotz unbestreitbarer Erfolge häuften sich in den letzten 30 Jahren belastende Befunde für das Mehrspeichermodell. So hängt z. B. langfristige Speicherung weniger von der Dauer als von der Art des Memorierens ab (→ Verarbeitungstiefe), Recency-Effekte tauchen auch im Langzeitgedächtnis auf, und es gibt klare Hinweise auf separate K.-Systeme für phonologische und visuell-räumliche Informationen. Außerdem wurden hirngeschädigte Patienten mit gestörtem K. (Gedächtnisspanne für akustisch dargebotene Ziffern: 2–3) bei gleichzeitig weitgehend intakten Langzeitgedächtnisfunktionen nachgewiesen (→ Amnesie) – ein Störungsbild, das nach dem Mehrspeichermodell eigentlich nicht vorkommen sollte. Derartige Anomalien führten dazu, dass man heute das → Arbeitsgedächtnis-Konzept dem KZS-Konzept vorzieht. Eine Alternative hierzu ist das Einspeichermodell, welches im K. nicht einen eigenständigen, separaten Gedächtnisspeicher, sondern vielmehr den gerade aktivierten Teil des → Langzeitgedächtnisses sieht (vgl. → sensorisches Gedächtnis).

R. C. Atkinson/R. M. Shiffrin, Human memory: A proposed system and its control processes, in: K. W. Spence/J. T. Spence (Hg.), The psychology of learning and motivation, Bd. 2, London 1968, S. 89–195; G. Keppel/B. J. Underwood, Proactive inhibition in short-term retention of single items, in: Journal of Verbal Learning and Verbal Behavior, Bd. 1, 1962, S. 153–161; G. A. Miller, The magical number seven, plus or minus two: Some limits on our capacity for processing information, in: Psychological Review, Bd. 63, 1956, S. 81–93; W. James, Principles of psychology, New York 1890.

Edgar Erdfelder

Landschaft

In der Ethnologie: die Beziehung zwischen Mensch und Umwelt, die von mnemonischen, symbolischen und kognitiven Elementen geprägt wird. Kulturspezifische und individuelle Erinnerungen sowie Vorstellungen (Abstammungsideologien, Kosmologie, Sprachfamilie, → Geschichte usw.) sind vielfach an Orte geknüpft (→ Gedächtnisort, → Mnemotop, → Topographie). Die englische Sprache unterscheidet zwischen dem abstrakten Konzept von ‹Raum› *(space)* und der konkreten Verwirklichung in Form von L. *(place).* Diese Dichotomie impliziert die im Westen geläufige Unterscheidung zwischen objektivem, geometrischem Raum und subjektiv erlebter, im ständigen Wandel befindlicher L. Diese Unterscheidung zwischen *space* und *place*, etwa zwischen in Höhenlinien und Küstenverläufen festgelegten Charakteristika einer Landkarte und subjektiver Raumwahrnehmung, etwa von ‹bedrohlichen› Bergen oder ‹freundlichen› Stränden, ermöglicht es Ethnologen, L. als *place*, als dynamischen Prozess zu analysieren, als Inskription von Erinnerung, die sich im Laufe der Zeit zu verändern vermag, da sie von individueller Geschichte und zugleich von kulturellen Zuschreibungen geprägt wird.

M. Kahn berichtet von Wamira (Südost-Papua-Neuguinea), dass dort ein → Mythos von einem Geschwisterpaar existiert, das sich bei der Ankunft in Wamira in Steine verwandelt hat. Diese Steine bezeugen die Reise der → Ahnen, die sich in Wamira niederließen, sie ‹sind› die Ahnen und bilden daher eine wichtige Grundlage für die Identifikation der Menschen mit ihrer mythischen → Vergangenheit und ihrem Land. Diese Steine sind für die Wamira lebendig, denn es wird angenommen, dass sie nachts herumwandern können. Der männliche Stein, genannt Tauribariba, wurde 1936 von den in Wamira ansässigen Missionaren in die Kanzel eingemauert, um die ‹heidnische Anbetung› zu beenden und zugleich eine Synthese von Alt und Neu im Licht des Evangeliums zu zementieren. In der ersten Nacht, so ist es sowohl in Missionarsquellen als auch in oralen Traditionen (→ Oralität) belegt, flüchtete Tauribariba (man möchte vermuten, dass es einen Fluchthelfer gab), und erst nachdem er nochmals aus Wamira abgeholt und ‹mit dem Gesicht nach innen› eingemauert worden war, verblieb er dort in der Kirche, wo er noch heute zu sehen ist (Kahn 1990).

Wie in diesem Beispiel erkennbar, sind landschaftliche Merkmale dynamisch; Ahnen verwandeln sich in Steine, Steine können umherwandern und werden zu «landmarks of experience and sentiment» (Kahn 1990, S. 59). Die Missionare nutzten die Symbolik des Steines für ihre Zwecke und wirkten so aktiv an der Veränderung der L. mit. L. ist Ausdruck für die Dynamik der sozialen Realität von Beziehungen, Kosmologie und → Genealogie, eine Sinnverbindung, die sich auch in der Äußerung «L. ist Verwandtschaft» (P. Gow in: Hirsch/O'Hanlon 1995) spiegelt.

Ein weiteres Untersuchungsfeld von L. ergibt sich aus sinnlichen Wahrnehmungen. Gerüche, Geräusche, sensorische Erlebnisse (→ Geschmack) stehen in direkter Verbindung mit L. und determinieren in unterschiedlichem Maß das kulturelle Erleben sowie die Definition von L. So untersucht S. Feld *soundscape* (1982) und zeigt, wie wichtig Umweltgeräusche, etwa plätschernde Bäche und Vogelstimmen, für die Kaluli in Papua-Neuguinea sind, deren Gesänge und Rituale ohne die Berücksichtigung dieser Aspekte nicht verstanden werden können. Orte sind für die Kaluli untrennbar mit ihren Geräuschen verbunden und manifestieren zugleich Geschehnisse der Vergangenheit, sodass etwa in der Poesie die Anspielung auf bestimmte Geräusche ausreicht, um einen Ort zu bezeichnen, an dem etwa ein Angehöriger verstorben ist oder eine mythisch bedeutsame Handlung stattgefunden hat.

J. Fox (Hg.), The Poetic Power of Place: Comparative Perspectives on Austronesian Ideas of Locality, Canberra 1997; S. Feld/K. Basso (Hg.), Senses of Place, Santa Fe 1996; E. Hirsch/M. O'Hanlon (Hg.), The Anthropology of Landscape. Perspectives on Place and Space, Oxford 1995; M. Kahn, Stone-faced Ancestors: The spatial anchoring of myth in Wamira, Papua New Guinea, in: Ethnology, Jg. 29, 1990, S. 51–66; S. Feld, Sound and Sentiment: Birds, Weeping, Poetics, and Song in Kaluli Expression, Philadelphia 1982.

Susanne Kühling

Langzeitgedächtnis

Sammelbegriff für verschiedene → Gedächtnissysteme zur langfristigen, d. h. die Latenz des → Kurzzeitgedächtnisses bzw. → Arbeitsgedächtnisses überschreitenden Speicherung von → Informationen, Gedanken, → Ereignissen, → Wissen und Fähigkeiten (→ Lernen). Die Lern- bzw. Einprägungsphase kann unter Umständen weniger als eine Minute oder auch viele Jahre zurückliegen (→ Dauer, → Zeit). Man unterscheidet ein L. für Informationen und Ereignisse mit direktem Bezug zu bestimmten Episoden im eigenen Leben (→ autobiographisches Gedächtnis, → episodisches Gedächtnis), ein L. für allgemeines Wissen ohne Bezug zu Episoden im eigenen Leben (→ semantisches Gedächtnis) sowie ein nicht notwendig verbalisierbares L. für prozedurales Wissen verschiedener Art, z. B. motorische Fähigkeiten (→ prozedurales Gedächtnis). Das Gedächtnis für eigene Pläne und Vorhaben (→ prospektives Gedächtnis) und das Gedächtnis für die Quelle oder Kontextmerkmale einer Information (→ Quellengedächtnis) sind ebenfalls Varianten des L.ses.

Edgar Erdfelder

Leib → Körper

Leitmotiv

Mehrfach wiederkehrende, thematische Komplexe bezeichnende Figur, ursprünglich in der → Musik. Zunächst Erinnerungsmotiv genannt, wurde der Begriff L. zur Analyse thematisch prägnanter, sog. «Gefühlswegweiser» in den Opern R. Wagners eingeführt und später von der Literatur- und Filmwissenschaft übernommen. Die Funktion der L.e setzt sich zusammen aus «Erinnerung» und «Ahnung» (R. Wagner 1984; → Erwartung). Als wiedererkennbare Chiffre ruft das L. im Sinne Wagners die Bedeutung des Vergangenen für das gegenwärtige Bühnengeschehen in Erinnerung und deutet seine Auswirkungen auf das Zukünftige an. Dabei spielt das L. primär auf affektive Konflikte an. L.e reflektieren und forcieren dramatische Veränderungen durch Verschiebungen ihrer Bedeutung. Diese strategische Variabilität der L.-Bedeutungen verfehlt die lange üblichen Katalogisierungen (z. B. ‹Fluchmotiv›). Aus der Vielfalt der heute mit L. bezeichneten, mit Wagners Technik nur noch sehr allgemein verbundenen Phänomene resultiert eine begriffliche Unschärfe.

H. M. Brown, Leitmotiv and Drama. Wagner, Brecht, and the Limits of ‹Epic› Theater, Oxford 1991; R. Wagner, Oper und Drama, hg. v. K. Kropfinger, Stuttgart 1984.

Christian Bielefeldt

Lernen

Der Begriff L. ist wie der des Gedächtnisses zunächst eine als semantische Reduktion zu verstehende Bezeichnung, die auf die Deutung von Nichtbeobachtbarem verweist. So ist aus systemtheoretischer Perspektive Gedächtnis eine Bezeichnung dafür, dass man nicht beobachten kann, «wie der komplexe aktuelle Zustand eines Systems in den nächsten übergeht, so daß man statt dessen auf ausgewählte vergangene Inputs als Indikatoren zurückgreifen muß» (N. Luhmann, *Soziale Systeme*). L. wiederum ist die Bezeichnung dafür, dass sich nicht beobachten lässt, «wie Informationen dadurch weitreichende Konsequenzen auslösen, daß sie in einem System partielle Strukturänderungen bewirken, ohne dadurch die Selbstidentifikation des Systems zu unterbrechen» (ebd., → Rekursivität). Entsprechend gibt es unterschiedliche Theorien und disziplinäre Sichtweisen auf den Zusammenhang von L. und Gedächtnis. Beschäftigt sich etwa die Neurobiologie mit der physischen Struktur des L.s (→ D. O. Hebb) und dem dafür zuständigen Trägerorgan → Gehirn und untersucht man in der Psychologie die psychische Struktur von Lernvorgängen, so interessiert sich die Erziehungswissenschaft neben diesem Grundlagenwissen insbesondere für die *Optimierung* von Lernvorgängen. Abgegrenzt wird der Begriff gemeinhin von → Prägung und → Bildung. Prägung oder geprägtes Verhalten wird von L. beispielsweise hinsichtlich der Irreversibilität dieses Vorgangs unterschieden; Bildung wird als höherstufiger Transformationsprozess verstanden, der selbst Lernvoraussetzungen bzw. Modi der Informationsverarbeitung grundlegend verändern kann, wogegen L. als Informationsaneignungsprozess abgegrenzt wird. In einer ganz allgemeinen Definition wird L. definiert als: «alle nicht direkt zu beobachtenden Vorgänge in einem Organismus, vor allem in seinem zentralen Nervensystem (Gehirn), die durch Erfahrung (aber nicht durch Reifung, Ermüdung, Drogen usw.) bedingt sind und eine relativ dauerhafte Veränderung bzw. Erweiterung des Verhaltensrepertoires zur Folge haben» (Treml 1995, S. 97).

Die theoretische Reflexion über das L. beginnt in der griechischen Antike der Vorsokratiker und Sophisten, in der die Vorstellung populär wurde, dass der Lernende eine *Tabula rasa* sei, die im Laufe seines Lebens voll geschrieben würde. → Platon verstand L. dagegen als → Anamnesis der von Anfang an in der Seele eingeschriebenen Ideen. Auf den Zusammenhang von Gedächtnis und L. ist implizit wie explizit auch in der nachmetaphysischen Theorie des L.s hingewiesen worden, vor allem in der wissenschaftlichen Psychologie seit dem Ende des 19. Jh.s. Ausgehend von der Assoziationspsychologie von → H. Ebbinghaus wurden Anfang des 20. Jh.s vornehmlich behavioristische Modelle des L.s entwickelt. In diesem Ansatz wird L. als Aufbau vorher nicht vorhandener Reiz-Reaktionsverbindungen verstanden, die wiederum zu Verhaltensänderungen führen. B. F. Skinner begriff L. als Erhöhung der Auftretenswahrscheinlichkeit einer Reaktion durch Verstärkung (→ Konditionierung). Dieses *behavioristische* Modell des instrumentellen L.s ist von A. Bandura um das Konzept des Modell-L.s erweitert worden, in dem L. als Nachahmung oder Imitation definiert wird. In den späteren Arbeiten Banduras, in denen das sozial-kognitive Modell-L. thematisiert wird, lässt sich dann aber eine Abwendung von den vorhergehenden extremen und reinen behavioristischen Konzepten erkennen, da zwischen den Reiz und die Reaktion die kognitive Tätigkeit des lernenden Subjekts gestellt wird.

Als ein Vorläufer einer solchen *kognitiv* orientierten Lerntheorie gilt die in den 1920er und 1930er Jahren aufkommende → Gestaltpsychologie von M. Wertheimer, W. Köhler und K. Koffka, bei der Einsicht als zentrales Lernprinzip angenommen und L. als Erzeugung von Gedächtnisspuren verstanden wurde (→ Bahnung, → Engramm). Insbesondere die Entwicklungstheorie → J. Piagets gab wichtige Aufschlüsse für eine explizite kognitive Lerntheorie. Piaget geht von einem Individuum aus, welches «aktiv in Interaktion mit der Umwelt tritt, entsprechend seiner inneren Bedingungen gegenüber äußeren Bedingungen handelnd und dabei lernend agiert» (K. J. Tillmann, *Sozialisationstheorien*). L. ist bei Piaget deshalb ein aktiver Vorgang, der durch Prozesse der Äquilibration und der Akkommodation gekennzeichnet ist. Vor allem nach der ‹kognitiven Wende› der Psychologie (U. Neisser; → Kognition) in den 1960er und 1970er Jahren wurde L. dann unter Rückgriff auf die Theorie Piagets als aktive Auseinandersetzung der Person mit der Umwelt und als entsprechender Strukturaufbau verstanden.

An diese kognitiven Lerntheorien schließen auch die aktuellen *konstruktivistischen* Lerntheorien der 1990er Jahre an, in denen L. als individuelle Konstruktionsleistung verstanden wird (→ Konstruktion). Die konstruktivistischen Lerntheorien beziehen sich hierbei auch auf empirische Ergebnisse der Kognitionspsychologie und -biologie (Roth 1991). In konstruktivistischen Lernkonzepten wird weiterhin davon ausgegangen, dass L. sowohl biologische und gehirnphysiologische wie auch soziale Voraussetzungen hat. Die biologische Grundlage wird darin gesehen, dass der Mensch «mit seinem Gehirn innere biologische Chancen und Grenzen zur Informationsverarbeitung und Wissenskonstruktion mitbringt» (Mandl/Reinmann-Rothmeier 2000, S. 129); die soziale Grundlage ist darin zu sehen, «daß der Mensch in eine Kultur eingebunden ist und damit äußeren Situationsfaktoren gegenübersteht, die von seinem Denken, Lernen und Handeln nicht abzukoppeln sind» (ebd., S. 130). Diese Zusammenführung der biologischen und soziokulturellen Perspektive mit kognitiven Theorien wird als die entscheidende Trendwende in der aktuellen Lernforschung angesehen. Zu dieser haben insbesondere die neuesten Erkenntnisse der Neurobiologie und Kognitionspsychologie beigetragen, die davon ausgehen, dass L. und Gedächtnis ursächlich miteinander verbunden sind. L. und die Bildung neuer Gedächtnisinhalte sind diesen Ansätzen zufolge durch funktionale oder strukturelle Veränderungen im Gehirn gekennzeichnet (→ Konnektivität, → Netzwerk, → Synapse). Dabei sind «viele strukturelle und damit auch funktionale Eigenschaften der sensorischen Verarbeitungssysteme im Gehirn nicht strikt genetisch vorgegeben, sondern bilden sich in epigenetischer wie selbstorganisierender Weise während der Gehirnentwicklung aus» (Roth 1991, S. 143). Davon sind einige erfahrungsunabhängig, andere dagegen «durch Interaktionsprozesse zwischen Gehirn und Umwelt beeinflußt» und werden deshalb auch als Lernvorgänge bezeichnet (ebd., S. 127).

Im Kontext des konstruktivistischen Paradigmas wird L. neuerdings auch als «situierte Kognition» (Gerstenmaier/Mandl 1995, S. 873) begriffen. Dieses Konzept beruht auf der Annahme, dass jede kognitive Aktivität «aus den Interaktionen des Lernenden mit konkreten Situationen der jeweiligen Umgebung erwächst» (Seel 2000, S. 23). Solch konstruktivistisch orientierte Ansätze haben in der aktuellen Lehr-Lernforschung zu neuen Definitionen von Lernvorgängen geführt. Der Vorgang des L.s wird nun als Wissenskonstruktion verstanden, die sowohl «auf die individuelle und soziale Konstruiertheit des Wissens als auch auf die aktive und konstruktive Aktivität beim Wissenserwerb verweist. Eigenaktivität, Konstruiertheit, Selbststeuerung, soziale Interaktion und Kooperation sowie Situationsgebundenheit kristallisieren sich als zentrale Prozeßmerkmale des Lernens heraus» (Mandl/Reinmann-Rothmeier 2000,

S. 130). Insbesondere der Theorie des situierten L.s (Resnik 1996) kommt hier eine besondere Bedeutung zu. So hat sich ergeben, dass das Hauptproblem des Wissenstransfers in der Struktur des erlernten Wissens selbst liegt, insofern Wissenstransfer nicht *zusätzlich* zum erlernten Wissen hinzugelernt werden kann, sondern ein Anwendungszusammenhang bereits im Gelernten enthalten sein muss (→ Transfer). Ein ohne Anwendungszusammenhang erlerntes Wissen muss dabei als ‹träges Wissen› bezeichnet werden, das nur in den seltensten Fällen wirklich anwendungsbezogen aktiviert werden kann. Damit Wissen nicht nur erinnert, sondern auch angewendet werden kann, muss es bereits situiert sein: Wissen kann man nicht besitzen, sondern es ist stets relational definiert.

H. Mandl/S. Reinmann-Rothmeier, Neues Lernen mit neuen Medien, in: H. Hoffmann (Hg.), Deutsch Global, Köln 2000, S. 127–149; N. M. Seel, Psychologie des Lernens, München 2000; L. B. Resnik, Situated learning, in: E. DeCorte/F. E. Weinert (Hg.), International encyclopedia of developemental and instructional psychology, Oxford 1996, S. 341–347; J. Gerstenmaier/H. Mandl, Wissenserwerb unter konstruktivistischer Perspektive, in: Zeitschrift für Pädagogik, Jg. 41, Heft 6, 1995, S. 867–888; A. Treml, Lernen, in: H.-H. Krüger/W. Helsper (Hg.), Einführung in Grundbegriffe und Grundfragen der Erziehungswissenschaft, Opladen 1995, S. 93–102; G. Roth, Neuronale Grundlagen des Lernens und des Gedächtnisses, in: S. J. Schmidt, Gedächtnis. Probleme und Perspektiven der interdisziplinären Gedächtnisforschung, Frankfurt/M. 1991, S. 127–159.

Yvonne Ehrenspeck

Lesezeichen

Als erinnernde Markierung für den Zugriff und Fortgang im Lesen sind L. unscheinbare Institutionen des Mediums → Buch. ‹Buchreiter›, Bändchen, einzulegende Papiere und andere Materialien sind seit der Spätantike verbreitet. Man muss zwischen zwei Formen und Funktionen des L.s unterscheiden. (1) Die materielle Einlegung kennzeichnet Einsätze aktuellen Lektürezugriffs, hierin vergleichbar dem Cursor der → Computer. Links, *bookmarks* oder Favoritenverzeichnis sind immaterielle L. mit analoger Erinnerungsfunktion wie materiale Einlegungen. Temporär und variabel einsetzbar, markieren sie nicht mehr als den Anschluss, den geplanten Zugang zur Lektüre. Als Anlage von Erinnerungsspuren für das Gelesene eignen sich Links und Einlegungen nur bedingt (→ Internet). (2) Für eine konkret erinnernde und vernetzende Markierung ist die Lektüre mit dem Stift in der Hand zuständig. Sie produziert skripturale L. für Wiederholungslektüren (→ Kanon, → Wiederholung) und fungiert als Leserlenkung und → Gedächtnisstütze in Form von Marginalien und Anstreichungen. Sie steht dem Kommentar nahe, geht aber in ihrer idiosynkratischen Notation über diesen hinaus.

Matthias Bickenbach

Lethe

(griech. *léthe*: Vergessen). Der mythische Fluss des → Vergessens, über den die → Toten in die Unterwelt übersetzen. Als kaum merkliches Anagramm durchzieht L. die Mythologie und Metaphorik des Gedächtnisses (→ Gedächtnismetapher, → Mythos; vgl. → Mem), angefangen von der altgriechischen *alétheia*, in der die Wahrheit als ‹Unverborgenheit› – *a-letheia* – bedroht ist vom Vergessen. Ihre mythische Angewiesenheit auf das Werk der → Mnemosyne ist der Wahrheit mit dem Namen der L. auf den Leib geschrieben (Hesiod, *Theogonie*).

Die Anagrammatik der L. («lethargy» in J. Donnes *Valedictions*) weicht der Motivik der Gedächtniskrankheit → Melancholie, von R. Burtons *Anatomy of Melancholy* bis hin zu C. Baudelaires *Spleen*. J. Keats' *Ode on Melancholy* beginnt mit der hochdramatischen Distanzierung: «No, no go not to Lethe» – L. als äußerstem Rand einer selbstmordgefährdeten Endlichkeit (vgl. → Vergänglichkeit). → G. W. F. Hegels «Sandbank der Endlichkeit» zitiert wie Keats *Hamlet*: «Lethe's wharf», die Sandbank des Vergessens, die Hamlets Vatergeist als antikes Schreckbild der christlichen Hölle beschwört und die sein abschließendes «Remember me» motiviert (vgl. → Rache). Es verhallt am Ende von J. Joyces *Finnegans Wake*, dessen «mememormee» ein Werk der Leth-argie ist: der L. im Sprachfluss der ana-grammatisch wilden Anna Livia, des L.-Flusses Liffey.

A. Haverkamp, Hamlet. Hypothek der Macht, Berlin 2001; M. Detienne, Les maîtres de vérité dans la Grèce archaïque, Paris 1967.

Anselm Haverkamp

Lexikon

(griech. *lexikós*: das Wort betreffend). In der Sprachwissenschaft der Wortschatz einer Sprache, als Publikationsform eine alphabetisch geordnete Wissenssammlung (→ Buch). In diesem Sinn nimmt das L. eine Zwischenstellung ein zwischen dem *Wörterbuch* einerseits, dessen Organisationsform es übernimmt, und der *Enzyklopädie* andererseits, insofern es Sachwissen an die Begriffe knüpft. In seiner Geschichte wandelt sich das Verständnis des L.s von dem enzyklopädischen Anspruch, das *gesamte* zu einer Zeit verfügbare → Wissen zu speichern (→ Speichern), hin zur Bereitstellung von Wissen*ausschnitten*: entweder dem Fachwissen für eine eingeschränkte Benutzergruppe oder – in den Konversationslexika und modernen Enzyklopädien – das für den gesellschaftlichen Verkehr notwendige Allgemeinwissen. Um diese Funktion als externalisiertes Gedächtnis für kollektive Wissensbestände (→ Externalisierung) zu erfüllen, bedient sich das L. eines → Abrufmodus, der Wissenselemente nicht aufgrund ihres sachlichen Zusammenhangs, sondern allein aufgrund ihres Anfangsbuchstabens adressiert. Dieses erste alineare Strukturmerkmal des L.s erlaubt es dem Unkundigen, gezielt auf die gesellschaftlich bereitgestellten Wissensbestände zuzugreifen.

Von der Antike bis in die Neuzeit waren Nachschlagewerke wie Plinius' *Historia naturalis* noch systematisch gegliedert, wobei seit der Neuzeit häufig ein Sachregister auch alphabetischen Zugriff in den Fließtext erlaubt. Die seit dem 17. Jh. aufkommende alphabetische Gliederung realisiert sich dann nicht nur selbst in Form gedruckter Bücher, sondern reagiert vor allem auf eine unmittelbare Folge des Buchdrucks, die explosionsartig angewachsene Menge des Wissbaren, die nicht mehr in einen systematischen Zusammenhang integrierbar ist. Für die Nutzung der nationalsprachlich verfassten L.a, die seit der Wende zum Jahrhundert der Aufklärung erscheinen (L. Moréri, *Grand Dictionnaire historique*, 1674; P. Bayle, *Dictionnaire historique et critique*, 1695–97) und zu denen zunehmend auch ein nicht gelehrtes Publikum greift, ist außer der Kenntnis des Alphabets kein Vorwissen erforderlich. Die zergliederte Stichwortordnung des L.s erlaubt es zudem, umstandslos neue Erkenntnisse zu integrieren und so mit dem sich beschleunigenden Zuwachs des Wissens Schritt zu halten (→ Beschleunigung).

Die großen L.a des 18. Jh.s (z. B. *Zedlers Universallexicon*) treten noch einmal mit dem Ziel an, das *gesamte* Wissen ihrer Zeit zu versammeln, allerdings durch eine neue Produktionsform: Das Wissen liegt nun nicht mehr in der Verfügung einer einzigen Person, sondern kann nur noch von einem Autorenkollektiv dargestellt werden. Die Ausdifferenzierung der Wissenschaften im 19. Jh. steigert die Wissensproduktion dann aber in einem Maß, dass der Zug des L.s zur Verdichtung und → Selektion in den Vordergrund tritt. Dienen L.a auf der sozialen Ebene der Speicherung, Selektion und Kodifizierung kollektiver Wissensbestände (→ Kanon), die nicht mehr von einzelnen Individuen verwaltet werden können (→ kulturelles Gedächtnis), so entlasten sie als mehr oder minder handlicher → Thesaurus den einzelnen Benutzer. So preist sich die *Encyclopédie* (1751ff.) als Ersatz an, um «Berufsgelehrten als Bibliothek [zu] dienen für alle Fächer, die er nicht selbst betreibt» (D. Diderot). Schätzt Voltaire noch die Möglichkeit, sich in aller Kürze bereits Gewusstes in Erinnerung zu rufen (Mervaud 1994; → Gedächtnisstütze), so geben sich die Konversationslexika des 19. Jh.s als vollauf genügende Wissensaufbereitung. Diese Entkoppelung von Faktenwissen und seinen Zusammenhängen konnte entweder als Demokratisierung begrüßt oder als unzulässige Isolierung verurteilt werden.

Seit Mitte der 1980er Jahre tritt als neues Medium des L.s die CD-ROM hinzu, die in der hypermedialen Verknüpfung von Texten, Tönen und Bildern nicht mehr alphabetisch gegliedert ist, sondern das zweite alineare Strukturmerkmal des L.s, Einzelinformationen durch Querverweise untereinander zu verknüpfen, als Organisationsprinzip technisch umsetzt (→ Computer; vgl. → Netzwerk). Mit dem tendenziell unbegrenzten → Internet gewinnt das Phantasma, das gesamte verfügbare Wissen wiederzugeben, noch einmal an Aktualität. Zwar fehlen – aufs Ganze gesehen – institutionelle Garantien für die Auffindbarkeit, Verlässlichkeit und Vollständigkeit der versammelten → Informationen, doch die vertraute Institution L. bleibt auch im Internet erhalten: Die großen Enzyklopädien sind hier als → Datenbanken vertreten.

A. zum Hingst, Die Geschichte des Großen Brockhaus. Vom Conversationslexikon zur Enzyklopädie, Wiesbaden 1995; C. Mervaud, *Le Dictionnaire philosophique de Voltaire*, Paris/Oxford 1994; Kleine Geschichte großer Lexika, Gütersloh 1990.

Nicolas Pethes, Jens Ruchatz

Limbisches System

(lat. *limbus*: Saum, Gürtel). Das l. S. besteht aus phylogenetisch (stammesgeschichtlich) alten Gehirnanteilen im medialen Temporallappen und angrenzenden subcorticalen Bereichen sowie aus den Faserverbindungen zwischen diesen Arealen. Es umfasst Teile des → Großhirns, des Zwischenhirns und des Mittelhirns (vgl. → Zentrales Nervensystem). Das l. S. stellt eine Gruppe heterogener Areale dar, die man entwicklungsgeschichtlich und funktionell als Verbindungsglieder zwischen neocorticalen und Stammhirnfunktionen deuten kann. Das l. S. besteht aus einem mehr vegetativ-emotionalen Anteil mit der → Amygdala als Integrationsstruktur und dem → Hippocampus, der eher kognitive Funktionen, vor allem Gedächtnisvorgänge und Orientierung steuert. Limbische Strukturen sind an der Regulation vieler Verhaltens- und Denkprozesse entscheidend beteiligt (Birbaumer/Schmidt 1999).

Der Begriff limbischer Cortex («le grande lobe limbique») wurde erstmalig von P. Broca (1878) verwendet und sollte die medialen Rindenbereiche mit ihrer ovalen Form charakterisieren, die sich wie ein Saum um Zwischenhirn und Stammhirnanteile legen. Später wurde der limbische Cortex aufgrund seiner Beteiligung an der Geruchswahrnehmung als Riechhirn bezeichnet (→ olfaktorisches Gedächtnis). Die Geschichte des l.n S.s als «emotionales Gehirn» begann mit den Arbeiten von C. J. Herrick (1933), der feststellte, dass der Cortex in einen evolutionär älteren (medialer Cortex) und einen neueren Teil (lateraler Cortex) unterteilt werden kann. J. W. Papez (1937) griff Herricks Ideen vom evolutionären Unterschied zwischen medialem und lateralem Cortex auf und versuchte damit die Entstehung der → Emotionen zu erklären. Die Einbindung der medialen Rindenbereiche in einen «limbischen Kreis» stützte Papez auf die emotionalen Folgen von Schädigungen in diesen Regionen; die kreisartige Verbindung (Papez-Kreis) aus → Hippocampus – Mamillarkörper – Vicq-d'Azur'sches Bündel – N. anterior Thalamus – Cingulum – Hippocampus sah er als die Grundlage von Emotionen an. Die Beteiligung des Hypothalamus an der Steuerung emotionaler Reaktionen (z. B. Nahrungs-, Sexual- und Abwehrverhalten) war zu dieser Zeit schon aus tierexperimentellen Untersuchungen bekannt.

Der Begriff l. S. wurde erstmals von P. D. MacLean (1949) verwendet. Er war der Ansicht, dass das Riechhirn und der Hippocampus eine zentrale Bedeutung für Emotionen haben. Es setzt sich aus den Arealen des Papez-Kreises sowie der Amygdala, dem Septum und dem → präfrontalen Cortex zusammen. MacLean war der Ansicht, dass das l. S. und insbesondere der Hippocampus an primitiven emotionalen Funktionen, nicht aber an höheren kognitiven Prozessen beteiligt sind (→ Kognition). Heute wird das l. S. vornehmlich aus funktioneller Perspektive betrachtet. So ist das klassische l. s. nicht nur an emotionalen und autonomen Prozessen, sondern auch an kognitiven Funktionen beteiligt. Insbesondere der Hippocampus, der bei MacLean noch als die zentrale Schaltstelle für Emotionen angesehen wurde, wird heute vorwiegend mit räumlichem → Lernen und Gedächtnis in Verbindung gebracht. Schädigungen des Hippocampus führen zu erheblichen Beeinträchtigungen des → deklarativen Gedächtnisses ohne eine Störung emotionaler Funktionen. Die Betroffenen haben Schwierigkeiten, neue Inhalte zu lernen (anterograde → Amnesie). Ihre Fähigkeit, sich an → Ereignisse und Dinge zu erinnern, die vor der Schädigung gelernt wurden, ist hingegen kaum beeinträchtigt. Von besonderer Bedeutung ist dabei das Phänomen der Langzeitpotenzierung (vgl. → D. O. Hebb, → Synapse). Pyramidenzellen der CA1-Region (CA: Cornus ammonis) des Hippocampus zeigen bei wiederholter elektrischer Reizung ein verstärktes Antwortverhalten (Potenzierung), das Wochen anhalten kann. Dieses Phänomen wird vor allem mit den gesteigerten synaptischen Übertragungseigenschaften durch Lernen in Verbindung gebracht. Neben der hippocampalen Formation sind im l.n S. die Mamillarkörper, der enthorinale Cortex, das Cingulum und der vordere Thalamus in Lern- und Gedächtnisvorgänge eingebunden. Diese Areale sind weitgehend identisch mit dem Papez-Kreis.

Der übrige Bereich des l.n S.s ist für emotional-affektives Verhalten und viszerale Funktionen von Bedeutung. Er umfasst die → Amygdala, das Septum, das anteriore Cingulum, den orbitofrontalen Cortex sowie den Hypothalamus. Affen mit Läsionen im Temporalcortex (→ Großhirn) und der darunter liegenden Regionen zeigen einen Symptomkomplex, der als Klüver-Bucy-Syndrom (vgl. → Amygdala) bezeichnet wird. Sie sind unfähig, die emotionale Bedeutung eines Reizes zu erkennen (ein normalerweise bedrohlicher Reiz wie z. B. eine Schlange löst bei diesen Tieren keine Furcht aus).

Die Amygdala ist für emotionales Lernen, besonders die Furchtkonditionierung, wichtig (vgl. → Strafe). Das *corpus amygdaloideum* besteht aus mehreren Kernen. Sensorische Information gelangt in den lateralen Kern der Amygdala sowohl direkt vom sensorischen Thalamus (schnelle, aber grobe Reizeinschätzung bei potenziell gefährlichen Reizen) als auch über Bahnen, die vom Thalamus über corticale Areale in die Amygdala gelangen. Hier konvergiert die neuronale Aktivität, die durch einen konditionierten (vormals neutralen) und unkonditionierten (aversiven) Stimulus ausgelöst wurde, zu einer assoziativen Verbindung (→ Assoziation, → Konditionierung). Bei der einfachen Furchtkonditionierung ist der laterale Kern das Eingangstor zur Amygdala. Bei der kontextuellen Konditionierung ist zusätzlich der basolaterale Anteil involviert. Der zentrale Kern ist entscheidend am Ausdruck konditionierter Furcht beteiligt und moduliert unterschiedliche autonome (Blutdruckanstieg über den lateralen Hypothalamus), endokrine (Ausschüttung von Stresshormonen über den paraventrikulären Hypothalamus) und verhaltensbezogene Reaktionen (Starre, Schreckreflexpotenzierung). Eine komplette Schädigung des zentralen Kerns blockiert all diese Reaktionen.

Die Differenzierung des l.n S.s in einen emotionalen und einen kognitiven Anteil zeigt sich am besten bei Läsionen. Schädigungen, die auf das Gebiet der Amygdala beschränkt sind, beeinträchtigen den Erwerb konditionierter autonomer Furchtreaktionen, obwohl das deklarative Wissen bewusster Wissensinhalte und Episoden intakt bleibt. Der umgekehrte Effekt lässt sich bei Hippocampusschädigungen beobachten, es werden konditionierte Furchtreaktionen ausgelöst, ohne dass die Betroffenen darüber bewusst Auskunft geben können. Die enge Beziehung zwischen dem emotionalen und kognitiven (Hippocampus) Anteil des l.n S.s zeigt sich an den deklarativen Gedächtnisstörungen bei posttraumatischen Belastungsstörungen (PTSD): Durch das psychische → Trauma werden über die → Amygdala und den Hypothalamus (affektive Regionen) Stresshormone ausgeschüttet (→ Stress), die vermehrt Glukokortikoide an die Hippocampusregion bringen. Dadurch werden Zellfortsätze im Hippocampus zerstört, und Erinnerungslücken der traumatischen Erfahrung treten auf. Umgekehrt entsteht bei mangelnder Aktivierbarkeit des affektiven Anteils des l.n S.s, vor allem der für Furcht verantwortlichen Anteile, antisoziales Verhalten (Psychopathie) bei erhaltener kognitiver Leistungsfähigkeit.

N. Birbaumer/R. F. Schmidt, Biologische Psychologie, 4. Aufl. Berlin 1999; P. D. MacLean, Psychosomatic disease and the «visceral brain». Recent developments bearing on the Papez theory of emotion, in: Psychosomatic Medicine, Bd. 11, 1949, S. 338–353; J. W. Papez, A proposed mechanism of emotion, in: Archives of Neurology and Psychiatry, Bd. 79, 1937, S. 217–224; C. J. Herrick, The functions of the olfactory parts of the cerebral cortex, in: Proceedings of the National Academy of sciences USA, Bd. 19, 1933, S. 7–14; P. Broca, Anatomie comparée des circonvolutions cérébrales. Le grand lobe limbique et la scissure limbique dans le série des mammifères, in: Revue Anthropologique, Bd. 21, 1878, S. 385–498.

Niels Birbaumer, Ralf Veit

Literalität → Schrift

Liturgie

(griech. *leitourgía*: öffentlicher Dienst). Kirchlich geordnetes gottes-dienstliches Geschehen, dessen Zentrum, die → Eucharistie bzw. das Abendmahl, als Gedächtnisfeier für → Tod und Auferstehung Christi angelegt ist (→ Fest, → Märtyrer, → Ritus). Seit der Karolingerzeit (Amalar von Metz) überwiegt eine rememorative Deutung der Messe, nun als Darstellung der gesamten Christusvita, nicht nur der Passion, aufgefasst. Die Sonderform der Wander-L. erlaubt, heilige Orte mnemotechnisch aufzunehmen, wobei die → Topographie Roms und Jerusalems als Muster dient; teils ist ein Übergreifen liturgisch-kommemorativer Strukturen auf die Topographie gebauter Städte zu beobachten (Hildesheim; → Architektur). Die zweite wichtige L., das Stundengebet, normiert das christliche Gedächtnis entlang über den Tag verteilter, wiederholter Gebete. Ein Problem stellt das Auseinanderklaffen von offizieller Erinne-rungsordnung *(Canon Missae, Officium Divinum)* und volksfrommer Nachfrage dar; seither nähert sich die L. einer Arkandisziplin.

H. A. J. Wegman, Liturgie in der Geschichte des Christentums, Regensburg 1994; A. Jungmann, Missarum Sollemnia. Eine genetische Erklärung der römischen Messe, Wien 1948.

Andreas Köstler

Living History

(amerik., lebende Geschichte). Aktivitäten und Typen von → Inszenie-rung, die historische → Ereignisse, Lebensformen oder → Epochen ‹lebendig› machen sollen. Das Spektrum umfasst Ritterturniere und si-muliertes Dorfleben im Freilichtmuseum, Nachstellungen des ersten Thanksgiving-Fests (→ Kalender) und Reisen unter den ‹authentischen› Bedingungen Sindbads des Seefahrers sowie → Bücher und Zeitungen, die solche Aktivitäten fiktional entwerfen oder dokumentieren. Als Grün-dungsakt gilt ein 1891 eröffnetes Freilichtmuseum bei Stockholm (Skan-sen), seine weiteste Verbreitung hat L. H. gegenwärtig in den USA. Der *Time-Tunnel* als Reise in die Vergangenheit ist das Modell für die Bestrebungen der L. H., eine Illusion davon zu schaffen, ‹wie es wirklich war› (→ Zeitreise, → Historismus). Das Verfahren, um → Traditionen zu pflegen und Historisches zu erhalten, liegt eher in der Simulation als in der → Restaurierung. Obwohl man bereits viel Kritik an den ‹musealen Disneylands› geäußert hat, wird bislang noch wenig reflektiert, dass L. H. insofern zum Verständnis von Erinnerung beitragen kann, als sie herausstellt, dass Vergangenheit uneinholbar ist und in medialen Inszenierungsformen – zwischen → Schrift und Museumsdorf – *konstruiert* werden muss.

G. Böth, Vergnügungspark oder Bildungseinrichtung? Von der Schwierigkeit museumspädagogischer Arbeit im Freilichtmuseum, in: K. Fast (Hg.), Handbuch der museumspädagogischen Ansätze, Opladen 1995, S. 247–261; J. Anderson, The Living History Sourcebook, Nashville 1985.

Jutta Eming

Lochkarte → Speichern

Locitechnik

(lat. *locus*: Ort). Auch: Methode der Orte; eine → Mnemotechnik, bei der der Lernende zunächst das Lernmaterial an ein bereits verfügbares erlerntes Ordnungsschema mit Hilfe interagierender Vorstellungsbilder anbindet (→ Gedächtniskünstler, → Organisation). Die Reaktivierung des Ordnungsschemas dient als Abrufhilfe und fördert das Erinnern (→ Gedächtnisstrategie, → Gedächtnisstütze). Das Anknüpfen von Neuem an bereits Erlerntes, das Entwickeln der Vorstellungsbilder und der damit verfügbaren Abrufhilfen sind der Schlüssel des Erfolgs dieser Technik.

Vorgehensweise: (1) Eine gut bekannte Folge von markanten *Orten*, die an einer vertrauten Wegstrecke liegen, wird als Ordnungsschema gewählt (z. B. Tankstelle, Ampel, Kreuzung, Supermarkt). (2) Die zu lernenden Begriffe (z. B. Wasser, Affe, Milch, Flagge) werden in der Lernphase mit diesen verschiedenen Orten bildhaft verknüpft (z. B. Wasser überspült Tankstelle; Affe sitzt auf Ampel, Milch fließt über die Kreuzung, Flagge weht auf Supermarkt). (3) Will man die Begriffe erinnern, wird mental der Weg von Ort zu Ort abgegangen. Dabei werden die Vorstellungsbilder, die das Erinnern der Begriffe ermöglichen, ins Gedächtnis gerufen. Mit der L. konnten erstaunliche Gedächtnisleistungen auch bei älteren Menschen nachgewiesen werden. Ist das zu lernende Material abstrakt, dann ist die Wirkung der Technik allerdings beeinträchtigt.

Bianca Vaterrodt-Plünnecke

Locke, John

(1632–1704), englischer Philosoph. In der Forschung zum Problem von Gedächtnis und Erinnerung bei L. überwiegen insgesamt erkenntnistheoretische Fragestellungen (1). L.s Verknüpfung von Identität und Erinnerung hat indes medizinische Implikationen und forensische Konsequenzen (2). Für die Pädagogik ist die Frage des Gedächtnisses in L.s Erziehungslehre von Bedeutung (3).

1. L.s Hauptwerk *An Essay Concerning Human Understanding* (1690) wurde lange primär von der These her verstanden, dass *ideas* dem Menschen nicht angeboren sind, sondern von ihm erst allmählich durch → Erfahrung erworben werden müssen. Tatsächlich vergleicht L. den anfänglichen Zustand der Seele zunächst mit einer *Tabula rasa*, mit einem weißen Blatt Papier, das erst allmählich Schriftzeichen aufnimmt. Angeboren sind L. zufolge hingegen sehr wohl *faculties*, also natürliche Fähigkeiten, die es dem Kind – schon im Mutterleib – ermöglichen, im Verlauf der Zeit Ideen zu erwerben (→ intrauterines Gedächtnis). L. führt somit alle Ideen des Menschen zum einen auf die äußere Sinnlichkeit der *sensation* zurück, die als passive Perzeption der einzelnen Sinnesorgane gedacht wird; zum anderen bezieht er sie auf eine sich selbst beobachtende Tätigkeit des Geistes, die er *reflection* nennt. Weiterhin unterscheidet L. zwischen einfachen und komplexen Ideen. *Simple ideas* entstehen entweder durch *sensation* oder durch *reflection*. Was L. unter einfachen Ideen der *sensation*, also der sinnlichen Perzeption, versteht, veranschaulicht er, indem er vom Tastsinn ausgehend die Idee der *solidity* (Festigkeit) anführt. Für alle komplexen Ideen, z. B. für die Idee des Raums oder der → Dauer, aber auch schon für die Idee der Perzeption selbst, bedarf es L. zufolge der *reflection*, also einer aktiven, sich auf sich selbst zurückwendenden, sich selbst beobachtenden Operation des Geistes.

Gegenüber der cartesianischen Erkenntnislehre verzeitlicht L.s Erkenntnistheorie mithin den Erkenntnisakt, indem er Perzeptionen lediglich in der Zeit zustande kommen lässt und indem er alle komplexen

Ideen letztlich aus einfachen Ideen herleitet. Da diese Ideen nicht als Entitäten zu betrachten, sondern stets nur im Denkakt selbst gegeben sind, fallen Denkakt und Denkinhalt in L.s konzeptualistischem Begriff der Perzeption tendenziell in einer zeitgleichen Tätigkeit zusammen. Perzeption und Perzipiertes sind letztlich untrennbar im → Bewusstsein verknüpft: «consciousness […] is inseparable from thinking […] It being impossible for any one to perceive, without perceiving, that he does perceive» (Locke 1690/1975, S. 335).

Dem Gedächtnis und der Erinnerung kommen damit eine ebenso bedeutende wie problematische Rolle zu. Scheinbar hält L. zunächst an der → Architekturmetapher fest, dass das Gedächtnis als *Store-house* (S. 150), als Vorratskammer unserer Ideen zu gelten habe (→ Gedächtnismetapher). Doch wenn Sein nichts anderes als Wahrnehmen ist, dann stellt sich die Frage nach der Persistenz des Wahrgenommenen neu. L. wendet sich von der metaphysischen Speciestheorie ab, der zufolge in unserem Geist repräsentative Abbilder entstehen, die in einer räumlich vorgestellten und im Hinterhaupt angesiedelten Memoria deponierbar sind, von wo aus sie nach Belieben wieder hervorgeholt werden können. Er grenzt daher eine als Kraft *(power)* gedachte Erinnerung vergangener Perzeptionen *(memory)* von einer als Raum vorgestellten, dem Aufbewahren vorbehaltenen Memoria *(retention)* ab (S. 149; → Retention). Diese Erinnerung wird als aktiver Akt nach Art des Malens oder Zeichnens gedacht, der allerdings nicht immer gelingt: Die Rolle, die dem → Vergessen zukommt, erlangt besondere Brisanz, da L. den Rahmen der Erkenntnistheorie cartesianischer Provenienz überschreitet, wenn er explizit die Frage aufwirft, worin die *personal identity* des Menschen besteht. Allein auf Erinnerung beruht dem *Essay* zufolge die → Identität des «living organized Body» (S. 332), als welchen L. den Menschen gegen die cartesianische Substanzentrennung einer immateriellen Seele und eines materiellen → Körpers betrachtet. Diese Bestimmung wirft Folgeprobleme auf. So erscheint die → Bildung komplexer Ideen, wie derjenigen der Identität, bedroht von Ideenassoziationen, die Erinnerungen und Ideen unwillkürlich verknüpfen. L. fügt u. a. aus diesem Grund in die 4. Auflage des *Essay* das für die Theorie der → *mémoire involontaire* folgenreiche Kapitel *Of the Association of Ideas* ein, in dem er den Einfluss der Ideenassoziation auf die Erinnerung untersucht und der Assoziationsästhetik des 18. und 19. Jh.s den Weg bereitet (→ Assoziation).

2. Forensische Konsequenzen hat L.s Verknüpfung von Erinnerung und personaler Identität, insofern der Mensch für sein Handeln nur dann verantwortlich gemacht werden kann, wenn er eine Handlung bewusst

ausgeführt hat und sich dessen erinnern kann. Aufschlussreich ist, dass der philosophische Arzt L. auch in seinem vielfach medizinischen Beobachtungen gewidmeten Journal bemerkt, dass Identität auf Erinnerung beruht und mit ihr in Frage gestellt werden kann. L.s gegen R. Descartes gewendete Einführung einer auf Erinnerung beruhenden *personal identity* bedeutet auch, dass der *living organized Body* bei Gedächtnisverlust zwar noch als derselbe Mensch, aber nicht mehr als dieselbe Person angesehen und folglich nicht mehr für ein vorausliegendes Handeln verantwortlich gemacht werden kann (Thiel 1997). Die ethischen Konsequenzen dieser Einsicht wurden von L.s Zeitgenossen erkannt und diskutiert (u. a. G. Berkeley).

3. In seiner für die Aufklärung des 18. Jh.s folgenreichen Pädagogik *Some Thoughts Concerning Education* (1693) wendet L. sich gegen eine Erziehung, die im Memorieren von Merksätzen und im Auswendiglernen vorgegebener Texte besteht (→ Auswendigkeit, → Repetieren). Stattdessen befürwortet er spielerische, das eigene Nachdenken fördernde Formen des → Lernens, die nicht das Gedächtnis einseitig überfordern, sondern zu einer umfassenden und stabilen Bildung von Selbstbewusstsein und Identität führen sollen (Müller 1998).

J. Locke, An Essay Concerning Human Understanding (1690), Oxford 1975. – H. R. Müller, Ästhesiologie der Bildung, Würzburg 1998; U. Thiel (Hg.), John Lockes Essay über den menschlichen Verstand, Berlin 1997.

Harald Tausch

Löschung

Von L. wird sowohl im Hinblick auf Daten und Dateien gesprochen als auch, in der Verhaltenspsychologie, im Hinblick auf Erinnerungen und Verhalten (Extinktion; vgl. → Gehirnwäsche). Ebenso kann man davon sprechen, Feuer und Brände sowie den eigenen Durst zu löschen. Das Modell der L. scheint dabei entweder die Auslöschung zu sein, d. h. die Vernichtung von etwas (Feuer; → Zerstörung), die Rückkehr zu einem Ausgangszustand (Daten, Verhalten: *restitutio ad integrum*; → Restauration) oder eine Sättigung (Durst). Gemeinsam ist diesen unterschiedlichen Arten der L. die Aufhebung eines Unterschieds (→ Differenz). In der Gedächtnistheorie ist L. ein Spezialfall des → Vergessens. Die Art und Endgültigkeit der L. hängt von den → Speichermedien ab, seien es das menschliche Gedächtnis, Papier, → Fotografien, → Filme oder → Computerdateien. In Hinblick auf die verschiedenen Medien lassen sich drei Typen der L. unterscheiden: die L. als Auslöschung, als nicht wiederherstellbare Vernichtung von etwas, die L. als Transkription oder Umsemantisierung (R. Lachmann) und schließlich als → Interferenz oder Konfusion. Die L. als *Auslöschung* versucht, gegebene → Zeichen der → Schrift z. B. abzuschaben, zu übermalen, auszuschneiden, Bilder zu retuschieren, Papier zu verbrennen. Zurück bleiben Leerstellen, Unlesbarkeiten oder Asche. Die L. als *Transkription* versucht, gegebene Daten vollständig umzudeuten (→ Palimpsest). So beschreibt Bernhard von Clairvaux, wie die eigenen Sünden durch den Akt der Vergebung vergessen werden können (→ Buße): Durch die rituelle Formel ‹deine Sünden sind dir vergeben› kann der gläubige Sünder seine Sünden umschreiben und ausbleichen (Coleman 1991). → S. Freud hat beschrieben, wie unerträgliche Wahrnehmungen durch → Verdrängung übersetzt und unzugänglich gemacht werden können. In beiden Fällen bleibt das Gelöschte in umgedeuteter Form präsent. Bei der *Interferenz* schließlich entsteht die L. durch die Überlagerung von Referenzen: Die gesuchte Erinnerung geht in der Bibliothek des Gedächtnisses wie ein Buch ohne Signatur präferenzlos unter, ohne zu verschwinden, L. wird synonym mit Indifferenz.

F. J. Schermer, Lernen und Gedächtnis, 2. Aufl. Stuttgart u. a. 1998; R. Lachmann, Die Unlöschbarkeit der Zeichen: Das semiotische Unglück des Mnemonisten, in: A. Haverkamp/R. Lachmann (Hg.), Gedächtniskunst. Raum – Bild – Schrift. Studien zur Mnemotechnik, Frankfurt/M. 1991, S. 111–141; J. Coleman, Das Bleichen des Gedächtnisses. St. Bernhards monastische Mnemotechnik, in: A. Haverkamp/R. Lachmann (Hg.), Gedächtniskunst. Raum – Bild – Schrift. Studien zur Mnemotechnik, Frankfurt/M. 1991, S. 207–227; J. Derrida, Feuer und Asche, Berlin 1988.

Stefan Hesper

Lügendetektor

(lat. *detegere*: aufdecken, enthüllen). Auch: Polygraph; Verbundschaltung zur Zeugenbefragung nach dem Psychotechniker H. Münsterberg. Der L. integriert unterschiedliche Zugriffsweisen auf die Physiologie des menschlichen Körpers, so den Sphygmographen für die Messung der Pulsfrequenz und das Sphygmoskop für die Bestimmung des Blutdrucks (Münsterberg 1912). In Weiterentwicklungen des L.s gelangen auch noch die Atmungsschwankungen und der galvanische Hautreflex zur Anschrift.

Mit dem Polygraphen und seinem Ansetzen an der Unhintergehbarkeit des → Körpers wird ein Grundphänomen der modernen Episteme geradezu personifiziert (→ Indiz). Der Mensch ist in der Moderne so sehr unter einen Generalverdacht geraten, dass ihm – was immer er tut, sagt oder bloß wahrnimmt – genau dabei nicht zu trauen ist. Gerade die Forschungen über Erinnerung, Gedächtnis und die Psychologie der Aussage (→ Zeugenaussage) haben diesen Verdacht nachhaltig erhärtet. Dieser Verdacht konnte bis zur Hypertrophie allgegenwärtig werden, weil er sich nicht nur auf gezielte Simulation oder strategische Täuschung stützt. Wie die Aussagepsychologie immer wieder bestätigt, unterliegt der Mensch, ohne es zu wollen und ohne es selbst zu wissen, Täuschungen oder Verfälschungen (→ Gedächtnistäuschungen, → Konstruktion, → Verzerrung). Jener Befund des Psychologen W. Stern, dass die fehlerlose Erinnerung nicht die Ausnahme, sondern die Regel ist, zwingt die Wissenschaften zu Alternativen, um zwischen Wahrheiten und Lügen zu unterscheiden. Eine von ihnen wird darin bestehen, die Aufrichtigkeit von der Intention zu entkoppeln. Konjunktur haben daher unterschiedliche Dispositive, die den Menschen unterlaufen, um von ihm wissen zu können. Die Verwendung von Unsinnssilben in der experimentellen Gedächtnisforschung bei → H. Ebbinghaus oder die → Beschleunigung von Expositionszeiten in der Wahrnehmungsforschung in Bereiche, die dem menschlichen → Bewusstsein und damit der Täuschung entzogen bleiben, sind die Folge.

Der L. setzt zur Beglaubigung von Aussagen auf ein altes kulturelles Phantasma: auf einen Körper, der zur Aufrichtigkeit verdammt ist, dessen Physiologie alles, nur nicht lügen kann und nicht lügen können soll. Mittels avancierter technischer Verfahren soll dieser Körper zur Artikulation seiner Wahrheit gezwungen werden. Doch diese Wahrheit ist selbst Effekt von Encodierungen (→ Code), mit denen physiologische Daten allererst mit → Sinn versehen und damit interpretierbar werden. Als kriminologisches Mittel nach wie vor umstritten, konnte der L. zum Requisit für Verbrechen, Spionage, Militär und ihre populären Aufarbeitungen werden.

U. Raulff, Münsterbergs Erfindung oder Der elektrifizierte Zeuge, in: Freibeuter, Nr. 24, 1985, S. 33–42; H. Münsterberg, On this witness stand: essays on psychology and crime, Garden City 1912; W. Stern, Angewandte Psychologie, in: Beiträge zur Psychologie der Aussage. Mit besonderer Berücksichtigung von Problemen der Rechtspflege, Pädagogik, Psychiatrie und Geschichtsforschung, Leipzig 1903 f.

Stefan Rieger

Lukasa

(ki-lubisch, lange Hand, Klaue). Erinnerungstafel, die im Luba-Königtum in Zentralafrika neben Perlenketten, Holzstäben und Stühlen als → Speichermedium eingesetzt wurde, um genealogisches, historisches und esoterisches → Wissen zu evozieren. L. bezeichnet auch einen hohen sozialen Rang im Mbudye-Geheimbund, einer nur Männer umfassenden politischen Organisation, die eine Gegenmacht zum Königtum bildete und kulturelles Wissen kontrollierte, denn der Gebrauch von L. konnte nur im Rahmen der Initiation in die höheren Ränge dieses Geheimbundes erlernt werden.

L. ist eine 20 bis 30 cm hohe und etwa 13 cm breite Holztafel, die auf einer Seite mit Perlen, Muscheln und Piktogrammen ausgestattet ist. Ihre rechteckige Form wiederholt die räumliche Ordnung des Königshofs, der menschlichen Anatomie sowie der Luba-Kosmologie. Die unterschiedlichen Perlen, Muscheln und Piktogramme stellen Personen, → Ereignisse sowie ‹Wege› (vgl. → Songlines) dar; sie bilden ein semantisches System, das das Evozieren von Sprichwörtern, Preisgesängen, Geschichte(n), Genealogien, → Ritualen des Geheimbundes, der sozialen Organisation des Königtums und seines komplexen Ursprungsmythos erlaubte und somit das offizielle → kulturelle Gedächtnis organisierte. Trotz der Standardisierung der → Zeichen provozierten sie eine Vielfalt von Bedeutungen und lokal je unterschiedliche Lesarten. Einige der in das L. geritzten Zeichen waren mit magischen Ingredienzen gefüllt, die diesen Ort des Gedächtnisses auf besondere Weise ‹aufluden›, sodass er eine normative Kraft (→ Gesetz) entwickeln konnte, um auf die Gegenwart aktiv einzuwirken.

M. Nooter Roberts/A. F. Roberts (Hg.), Memory. Luba Art and the Making of History, München/New York 1996; T. Reefe, Lukasa: A Luba Memory Device, in: African Arts, Bd. 10, Nr. 4, 1977, S. 49–50.

Heike Behrend

Mahnmal

M.e lassen sich als eine bestimmte Unterklasse von offiziellen Gedenksymbolen und -zeichen wie → Denkmälern und Ehrenmalen (→ Gedenkstätte, Denkmal des unbekannten Soldaten) verstehen. Diesen ist die

Funktion gemeinsam, im Namen eines Kollektivs (und zwar fast immer der → Nation im Ganzen) an schmerzhafte historische → Ereignisse (meistens militärische Verluste und Niederlagen) und an deren Opfer (fast immer Angehörige ebendieses Kollektivs) zu erinnern. Sie liegen so genau an der Schnittstelle von Totenkult (→ Tod) und Erinnerungspolitik (→ Politik). M.e unterscheiden sich von anderen Gedenkzeichen durch einen zusätzlichen, moralisch weitergehenden Anspruch. Sie richten an ihre Adressaten nicht nur die Aufforderung, der Opfer dieser Ereignisse zu gedenken, sondern auch die Ereignisse selbst als Mahnung oder Appell aufzufassen, die sich im Prinzip an die Menschheit als Ganzes richten. Vor allem nach dem Zweiten Weltkrieg kann das M. auch als ein historisches Schuldbekenntnis seiner Errichter angesehen werden (→ Buße, → Eingedenken, → Gerechtigkeit).

Im Verlauf der Geschichte des 20. Jh.s lässt sich in Europa eine deutliche Ablösung der vor allem noch nach dem Ersten Weltkrieg in großer Zahl entstehenden Kriegerdenkmäler durch in der Form abstraktere und in der Rhetorik universalisierende M.e zur Erinnerung an die Katastrophen des Zweiten Weltkriegs feststellen. Das *Vietnam War Memorial* in Washington D. C. ist eine interessante Zwischenform, bei der die alten, stärker nationalistischen → Codes des politischen Totenkults um die eigenen Opfer mit einer → Trauer um das Ereignis als solches verbunden werden, auch wenn diese Dimension von verschiedenen Adressatengruppen (Hinterbliebenen, Veteranenverbänden, Pazifisten usw.) völlig verschieden interpretiert wird. Da die (fast immer noch von den offiziellen, nationalstaatlichen Organen in Auftrag gegebenen) M.e zumindest eine mehrheitliche Repräsentation des Willens und der moralischen Maßstäbe der Bevölkerung in Anspruch nehmen, sind die Kontroversen um die richtigen Formen des Gedenkens Streitfälle um kollektive → Identität. Dass die zeitgenössischen M.e als bewusst gestaltete → Gedächtnisorte mehr denn je die Formensprache abstrakter oder minimalistischer Kunstwerke annehmen, verschärft diese Interpretationsvielfalt noch (→ Kunst).

Die deutsche Erinnerungskultur und -politik der Nachkriegszeit steht (von Ausnahmen abgesehen) ganz im Zeichen der umstrittenen Erinnerung an den Holocaust (→ Shoah). Dass dieser Streit spätestens nach seiner Verschärfung Ende der 1960er Jahre die Öffentlichkeit polarisiert hat, liegt genau an dieser, in demokratischen Gesellschaften nicht mehr politisch vorentschiedenen, interpretationsoffenen Dimension eines symbolischen Schuldbekenntnisses (→ Moral). Dass die Adressaten der M.e in diesem Fall die Errichter selber sind, die selbst oder deren Vorfahren für die historische Katastrophe verantwortlich sind und dies eingestehen, ist eine geschichtspolitische Implikation jedes in Deutschland errichteten Holocaust-M.s, und dies gab und gibt weiterhin Anlass zu heftigen Auseinandersetzungen um historische Verantwortung und Schuld, die von keinem noch so offiziellen Mahnmal ersetzt oder fixiert werden können (vgl. → Schlussstrich).

U. Heimrod/G. Schlusche/H. Seferens (Hg.), Der Denkmalstreit – das Denkmal? Die Debatte um das ‹Denkmal für die ermordeten Juden Europas›, Berlin 1999; M. Sturken, Tangled Memories: The Vietnam War, the AIDS Epidemic, and the Politics of Remembering, Los Angeles 1997; J. E. Young, Formen des Erinnerns. Gedenkstätten des Holocaust, Wien 1997; R. Koselleck/M. Jeismann (Hg.), Der politische Totenkult. Kriegerdenkmäler in der Moderne, München 1994.

Martin Saar

Märtyrer

(griech. *martýr*: Zeuge). Person, die in religiösen oder pseudo-religiösen Systemen dafür verehrt wird, dass sie für das gemeinsame Bekenntnis körperlich gelitten hat oder gestorben ist (→ Tod) und durch dieses Blutzeugnis einen Beweis für ihren Glauben bietet (→ Zeugnis). Im Christentum werden Martyrien bereits mit Stephanus und anderen frühchristlichen M.n in Beziehung zu Christus und der Kreuzesnachfolge gestellt. Seit Mitte des 3. Jh.s gelten als M. nicht mehr alle Personen, die sich grundsätzlich zum Christentum bekannten und sich den entsprechenden Gefahren aussetzten, sondern nur diejenigen, die aufgrund der Glaubensverfolgung auch den Tod erlitten. Der M. wurde zum Prototyp des Heiligen. Während die → Eucharistie die Rememoration der Leiden Christi darstellt, werden dem M. Erinnerungskulte – etwa im Rahmen der Heiligenverehrung des katholischen Kirchenjahrs – gewidmet (→ Fest, → Name). Diese Kulte bedienen sich der Heiligenviten, → Reliquien, Bildprogramme, in frühchristlicher Zeit auch spezieller Stätten: Martyrien-Bauten, welche Christus als Erlöser der M. und Schwachen repräsentierten, waren Orte zur Bestattung von Christen und zugleich Orte individuellerer religiöser Erfahrung und Kontemplation (→ Architektur, → Gedächtnisort, → Mnemotop).

Die Struktur der M.-Verehrung, ‹für die Sache› Gestorbene als Leitfiguren und Anregung zum Nachleben zu verstehen, findet sich auch in außerreligiösen Systemen, etwa bei Sokrates (Zeugnis für die Wahrheit), japanischen Kamikazefliegern (Sterben für den Tenno) oder in der stark pseudo-religiös aufgeladenen NS-Propaganda. Der 1930 getötete SA-Sturmführer H. Wessel wurde von J. Goebbels als nationalsozialistische M.-Figur aufgebaut und das Horst-Wessel-Lied zur zweiten National-hymne des Dritten Reichs. Auch die Heroisierung des H. Norkus als ‹HJ-Märtyrer›, propagandistisch überhöht durch den Film *Hitlerjunge Quex*, führte zu strukturell ähnlichen Gedächtnisformen (Feiern, → Ritualen, Zeremonien) wie in der Religion. Beide M.-Begriffe, religiöse wie quasi-religiöse, vereinen Vorbildfunktion und rememorative Verehrung und tragen damit zur Ausbildung einer Gruppenidentität bei.

S. Behrenbeck, Der Kult um die toten Helden. Nationalsozialistische Mythen, Riten und Symbole, Vierow 1996; R. Sennett, Fleisch und Stein. Der Körper und die Stadt in der westlichen Zivilisation, Berlin 1995; Artikel Märtyrer, in: Theologische Real-enzyklopädie, Bd. 22, Berlin/New York 1992, S. 196–220.

Dirk Müller

Mausoleum

Ursprünglich Bezeichnung für die Grablege des persischen Satrapen und Karien-Königs Mausolos (377–353 v. Chr.), welche in Halikarnassos er-richtet wurde und als eines der sieben Weltwunder fester Bestandteil weltweiten Kulturgedächtnisses ist (→ Erbe); heute zudem allgemein Be-griff für Grabanlagen in Form monumentaler Repräsentationsbauten, die häufig gar nicht für die Aufnahme eines Sarkophags vorgesehen wa-ren (vgl. → Kenotaph, → Ruhm). Nach dem Prototyp von Halikarnassos und späteren etruskischen Vorbildern werden in römischer Zeit Fami-lien- und Kaisergrabstätten gebaut (z. B. Engelsburg, Rom), deren palast-artige → Architektur bei den Zeitgenossen Ehrerbietung und Respekt ga-rantierten, unintendiert aber bis heute den Namen ihrer Erbauer bei Generationen von Touristen in Erinnerung hält. In frühchristlicher und byzantinischer Zeit werden M.en in Form von Grab- bzw. Zentralkirchen errichtet, in der weiteren Entwicklung seit dem 18. Jh. und vor allem im 19. Jh. als Monumentalbauten über Familiengrüften, wie sie auf großen städtischen → Friedhöfen noch heute zu finden sind (→ Grabmal). Der Personenkult des Sozialismus bediente sich der Form des M.s, um die Er-innerung an die revolutionäre Staatsgründung in Form einer nationalen Pilgerstätte zu gewährleisten (Lenin-Mausoleum, Moskau; → Konservie-rung).

J. J. Rasch, Das Mausoleum bei Tor de' Sciari in Rom, Mainz 1993; E. Buschor, Mausolos und Alexander, o. O. 1950.

Johanna Dahm

Melancholie

I. (griech. *melancholía*: Schwarzgalligkeit). *In der Psychoanalyse:* psychogen verursachtes, pathologisches → Trauern infolge Objektverlusts. Die Trauerpathologie wird wirksam als Leiden an → Reminiszenzen: «Der Schatten des Objekts fiel [...] auf das Ich» (Freud 1916/1946, S. 435). Es handelt sich um die unbewusste Weigerung, eine Objektreminiszenz zu etablieren, die das unwiderruflich Vergangene als abgeschlossen befriedet. Die psychische Welt ist bevölkert von solchen Revenants (→ Gespenster). Verknüpft mit dieser → Abwehr von psychischem → Schmerz infolge der Intoleranz für Kränkung oder Enttäuschung nach erlebtem Verlassenwerden durch das Objekt ergeben sich auf motivationaler Ebene Apathie und Abkehr von den Ansprüchen der → Gegenwart, auf affektiver Ebene Dysphorie, Leere und Anhedonie, im Bereich des Kommunikativen sozialer Rückzug und passives Fordern.

Nicht-pathologisch Trauernde erleben die Welt nur anfänglich als entleert. Sie stellen sich der psychischen Herausforderung der Historisierung des Erlebten (→ Autobiographie, → Erlebnis) als in der → Vergangenheit abgeschlossen mit der imperativen inneren Forderung nach → Kontinuität und Fortdauer entgegen. Die Idealisierungs- und Verklärungsleistung des Wünschens (Boothe 1998) verleiht der Erinnerung an das hochbesetzte Objekt in dem Maße den Charakter des Unersetzlichen, als der nicht-pathologisch Trauernde Trost in Reminiszenzen zu suchen genötigt ist. Die fortschreitende «Trauerarbeit» (Freud 1916/1946, S. 430) schafft schließlich die Bereitschaft, sich der aktuellen Lebenswirklichkeit zuzuwenden, bei freundlicher affektiver Färbung der Erinnerungswelt. Nicht-pathologisch Trauernde zentrieren das Objekt: Sie erleben den Entzug hochbewerteter Liebesbedingungen. Die melancholische Verlustverarbeitung zentriert das Ich: Das Ich erfährt sich als gekränkt und enttäuscht und repariert diese Erfahrung narzisstischer Demontage durch Identifikation (→ Identität) mit dem enttäuschenden Objekt, das, im Innern aufgerichtet, als Vergeltung Attacke und Anklage erfährt: Klagen sind Anklagen.

B. Boothe, Einige Bemerkungen zum Konzept des Wünschens in der Psychoanalyse, in: dies./R. Wepfer/A. v. Wyl (Hg.), Über das Wünschen, Göttingen 1998, S. 203–
249; S. Freud, Trauer und Melancholie (1916), in: ders., Gesammelte Werke, Bd. 10,
London/Frankfurt/M. 1946, S. 427–447.

Brigitte Boothe

II. *In der Kulturwissenschaft:* M. wird in der Antike als körperlich indu-
ziertes Temperament begriffen, das sich durch Schwermut und Nieder-
geschlagenheit auszeichnet. Auch die diesem Temperament eigene Abkehr von der Außenwelt, meist mit innerer Unruhe gekoppelt, bestimmt
das Verhältnis zu Gedächtnis und Erinnerung. Wird der Rückzug ins Innere einerseits wie in Aristoteles' *De memoria et reminiscentia* mit der unwillkürlichen, dynamischen Produktivität von Erinnerungs- und Vorstellungsbildern verbunden, so erscheint dieser andererseits als eine
Bedingung der guten Leistungsfähigkeit des melancholischen Gedächtnisses. Nach der mittelalterlichen Abwertung der M. zur Todsünde der
acedia (Trägheit) avanciert das produktive Verständnis der M. mit M.
Ficino zum Kennzeichen des Litteratus, Künstler und Gelehrten in einem
(→ Wissen). Spätestens aber mit A. Dürers Kupferstich *Melencolia I* erscheint die M. als allegorische Figur der → Vergänglichkeit von → Zeit.
→ W. Benjamin (1928/1974) setzt auf diese Grundfigur der Allegorie,
wenn er → Trauer – von der M. ungeschieden – nicht psychologisch, sondern als Darstellungstheorem fasst. M. bezeichnet einen Gestus, der um
die Substanzlosigkeit aller Bewahrensversuche und um die Disparatheit,
in der die Zeit die Objekte zurücklässt, weiß, aber in der Kontemplation
die Dinge aufzunehmen sucht: «Die Melancholie verrät die Welt um des
Wissens willen. Aber ihre ausdauernde Versunkenheit nimmt die toten
Dinge in ihre Kontemplation auf, um sie zu retten» (S. 334).

M. Wagner-Egelhaaf, Die Melancholie der Literatur. Diskursgeschichte und Textfi-
guration, Stuttgart/Weimar 1997; W. Benjamin, Ursprung des deutschen Trauerspiels (1928), in: Gesammelte Schriften, Bd. 1, Frankfurt/M. 1974, S. 203–430.

Annette Keck

Mem

Sich replizierende Einheit der kulturellen Evolution, Äquivalent des Gens
als sich replizierender Einheit der biologischen Evolution. M.e sind alle

Arten von Informationsmustern, die in der menschlichen Kultur überliefert werden, z. B. Schlagwörter, Erfindungen, Überzeugungen, Melodien (→ Ohrwurm) oder → Geschichten. Diese → Tradierung vollzieht sich als Replikation der Einheiten: Die M.e sind als Replikatoren ihre eigentlichen Akteure, Menschen erscheinen lediglich als ihre Vehikel (vgl. → unsichtbare Hand). Erfolgreiche M.e modifizieren das Verhalten ihrer Vehikel dergestalt, dass sie repliziert werden. Eine gute Geschichte wird weitererzählt, eine eingängige Melodie wird im Radio gespielt und auf der Straße gepfiffen, der Handschlag setzt sich als Begrüßungsform in einer Kultur durch. Da Erinnerung eine Voraussetzung der Replikation ist, ist das menschliche Gedächtnis ein Speicher für M.e. In ihrer Distribution wechseln M.e beständig den Aggregatzustand und nutzen verschiedenste Speicher- und Verbreitungsformen (Sprache, → Buchdruck, Telefon, Radio, → Internet) als Trägermedien. Sich gegenseitig stützende Co-M.e finden sich zu M.-Komplexen zusammen, die gemeinsam überliefert werden. Sprachen, Religionen oder Kunststile sind in diesem Sinne M.-Komplexe.

Entwickelt wurde dieses Konzept zuerst vom Evolutionstheoretiker R. Dawkins. Zur → Etymologie des Ausdrucks M. gibt Dawkins an, es handele sich um eine an ‹Gen› angeglichene Kurzform von ‹Mimem› (von griech. *mímesis*), zieht aber auch lat. *memoria* und franz. *même* zur Erklärung heran. Ähnlich wie er die Vielfalt der biologischen Evolution aus dem einfachen Prinzip des ‹egoistischen› Gens erklärt, das nichts weiter betreibt als seine eigene Replikation, findet Dawkins im Replikationswettbewerb ‹egoistischer› M.e den Mechanismus hinter der Vielfalt der kulturellen Entwicklung. Da M.e sich um ihrer selbst, nicht um der Gene willen reproduzieren, sind biologische und kulturelle Evolution bei Dawkins strikt getrennt. Auch wenn Dawkins keine Theorie der menschlichen → Kultur beabsichtigte, ist in seiner Nachfolge mit der Memetik eine solche entstanden. Sie beschäftigt sich mit memetischen Erklärungen des Sprachursprungs oder der Evolution des menschlichen Neocortex (→ Cortex; Blackmore 1999) oder mit Fragen nach der neuronalen Hardware eines M.s (Delius 1989). Im Internet finden sich zahlreiche Publikationen, darunter mit dem *Journal of Memetics* auch eine seit 1997 erscheinende wissenschaftliche Zeitschrift (vgl. Brodie 1996). Kulturelle Phänomene als sich replizierende Einheiten zu betrachten und ihnen die Faktoren, die ihre Replikation fördern, als Strategien zuzuschreiben, kann eine fruchtbare Perspektive für Einzelfragen etwa nach der Konstitution eines → kollektiven Gedächtnisses sein. Als Universaltheorie hat die Memetik aber auch in Disziplinen, die ihr nahe liegen müssten, wie

Psychologie oder Paläoanthropologie, kaum Eingang gefunden. Das hängt weniger mit der Abwehr einer memetischen Kränkung zusammen, die in der Erkenntnis bestehen soll, keinen freien Willen zu haben, sondern Produkt und Instrument von M.en zu sein (Blackmore 1999), als mit theoretischen Problemen (Materialität und Identität der M.e, Medium ihrer Konkurrenz) und mit der Anmaßung von Generalkompetenz, die etwa dazu führt, die Verabschiedung des freien Willens für eine ureigene Leistung der Memetik zu halten. Von der Theorie des freien Willens hat immerhin schon → F. Nietzsche behauptet, dass sie «hundertfach widerlegt» sei und ihre Existenz nur noch dem Reiz verdanke, widerlegbar zu sein *(Jenseits von gut und böse)*. Es scheint, als sei die Memetik der erfolgreichen Replikationsstrategie dieses M.s auf den Leim gegangen.

S. Blackmore, The Meme Machine, Oxford 1999; R. Brodie, Meme Central, <http://memecentral.com>, 1996; J. D. Delius, Of Mind Memes and Brain Bugs: A Natural History of Culture, in: W. A. Koch (Hg.), The Nature of Culture, Bochum 1989, S. 26–79; R. Dawkins, Das egoistische Gen (1976/89), Heidelberg u. a. 1994.

Björn Laser

Memento mori

(lat. Gedenke des Todes!). Da die Theologie des christlichen Mittelalters dem → Tod zentrale Bedeutung für das Seelenheil zumisst, entwickelt sie Techniken, um im alltäglichen Lebensvollzug, der die Endlichkeit vergisst, die Gerichtetheit des Daseins auf sein Ende in Erinnerung zu halten. Entsprechend entstehen in Latein und den Volkssprachen Texte, die in Form von Bußspiegeln und Sittenkritik das Thema systematisieren (→ Buße). Besonders sinnfällige Wirkung entfalten in der Verbindung von Bild- und Textprogramm seit dem 14. Jh. die ‹Totentänze›, die als Wandzyklen (Paris, Lübeck, Basel u. a.) oder Druck (u. a. H. Holbein) verbreitet waren. Das Spätmittelalter bildet Sterbeanleitungen *(artes moriendi)* als Gattung aus, die, insofern das Leben als Vorbereitung auf den Tod begriffen wird, eine normative Lebenskunst *(ars bene vivendi)* umfassen. Reformatorischem Impuls verdankt sich eine barocke, überkonfessionell akzeptierte Todesideologie, die sich solcher Todes-Didaktik verweigert und an ihre Stelle Weltverachtung *(vanitas)* setzt. Unterschiedliche Bild- und Textgenres variieren im 17. Jh. kunstvoll den schließlich formelhaft erstarrten M.-m.-Gedanken, der ins → Zitat (etwa auf Zifferblättern) ausblutet.

M. Auer, Bedenke das Ende, Tübingen 1997; G. Scholz-Williams, The Vision of Death, Göppingen 1976.

Erich Kleinschmidt

mémoire involontaire

(franz., unwillkürliche Erinnerung). Mechanismus des spontanen und individuellen Erinnerns, der auf → M. Prousts Roman *À la recherche du temps perdu* (1913–1927) zurückgeht. Die *m. i.* nimmt dort die Schlüsselrolle in der Suche des jungen Helden Marcel nach der verlorenen → Zeit ein und ermöglicht das glückliche Ende des Romans in *Le temps retrouvé*. Die von der *m. i.* ausgehende Recherche wird zu einem kreativen Akt und leistet in der Erzählung zweierlei: Sie ermöglicht dem Icherzähler die → Rekonstruktion verschütteter Vergangenheitssegmente, die den einzelnen Teilen des Romanwerks entsprechen, und sie schafft die Voraussetzungen für die schöpferische Arbeit. Ein erstes → Erlebnis der *m. i.*, das der Erzähler am Beginn der *Recherche* durch den Geschmack eines in Tee getauchten Gebäckstücks erfährt, öffnet den Zugang zur vollständigen Erinnerung an die → Kindheit in Combray. Die darauf folgenden → Erlebnisse der *m. i.* initiieren schrittweise die Arbeit des zukünftigen Schriftstellers, bis er sich am Ende des Romans entschließt, mit seinem Werk zu beginnen. Die *m. i.* verbindet damit Beginn und Ende des über 3000 Druckseiten umfassenden Epos zu einem Zyklus.

Proust unterscheidet in der *Recherche* eine willkürliche, ‹intelligente› Erinnerung *(mémoire volontaire)* von der *m. i.*, die allein den Zugang zur Wahrheit einer vergangenen und zugleich verlebendigten Zeit eröffnen kann. Anders als eine willentliche Erinnerung, wie sie z. B. durch das Betrachten von → Fotoalben und → Souvenirs jederzeit aufgerufen werden kann, unterliegt die von Proust beschriebene *m. i.* der sensiblen Wahrnehmung, die sich gänzlich *zufällig* an einen materiellen Erinnerungsträger heftet: Der → Geschmack der Madeleine, das Geräusch einer klirrenden Gabel oder das Stolpern auf unebenem Straßenpflaster löst jene schockhafte Irritation aus, die mit der *m. i.* einhergeht, stellt jedoch noch kein Erinnerungsbild her. Obwohl sich also der Ausgangspunkt der *m. i.* der Kontrolle des sich erinnernden Subjekts entzieht, muss die Erinnerung im eigentlichen Sinn, die auf den Augenblick des unwillkürlichen Erinnerns folgt und die eine vergangene Zeit in ihrer Gesamtheit wiederherzustellen vermag, mittels der Vernunft in einer mühsamen Erinnerungsarbeit vom Subjekt selbst bewältigt werden. Die *m. i.* öffnet den Zugang zu einem Erinnern, das sich als ein kreativer Akt sogleich von ihrer ursprünglichen Unwillkürlichkeit unterscheidet.

Proust bezieht den Mechanismus der *m. i.* seiner *Recherche* auf eine ähnlich unwillkürliche Erinnerungs-Sensation, wie sie in den *Mémoires d'outre-tombe* von F. R. de Chateaubriand (1849) dargestellt wurde. → W. Benjamin (1934/1977) und S. Beckett verwiesen in ihren Proust-Lektüren auf die konstitutive Zugehörigkeit der *m. i.* zum → Vergessen. Als Bedingung der Möglichkeit des schöpferischen Erinnerns wird eine «mehr oder weniger langanhaltende Vergessenheit» (Proust 1913–1927/1979, Bd. 2, S. 286) zugrunde gelegt (→ strukturelle Amnesie). Dementsprechend konstatiert Beckett: «Proust had a bad memory» (1931, S. 29).

I. Knips, Eingedenken und ‹mémoire involontaire›. Über Walter Benjamin und Marcel Proust, in: Weimarer Beiträge, Bd. 40, 1994, S. 128–134; W. Benjamin, Zum Bilde Prousts (1934), in: ders, Gesammelte Schriften, Bd. 2, Frankfurt/M. 1977, S. 310–324; S. Beckett, Proust (1931), London 1965; M. Proust, Auf der Suche nach der verlorenen Zeit (1913–1927), 10 Bde., Frankfurt/M. 1979.

Eva Erdmann

Memoiren → Autobiographie

Memory

(engl. *memory*: Gedächtnis). 1959 entwickeltes Gesellschaftsspiel, das in der westlichen Kultur zur Grundausstattung jedes Kinderzimmers gehört. Die Wurzeln des M. reichen bis ins Japan des 16. Jh.s zurück, als unmittelbare Vorläufer gelten verschiedene europäische Merkspiele des 19. Jh.s, besonders das in England verbreitete Spiel *Concentration* und das schweizerische *Zwillingsspiel*. Die Spielregeln sind denkbar einfach: Die Spielkarten werden verdeckt und ohne Ordnung ausgelegt und sollen im Verlauf des Spiels paarweise zusammengefügt werden, indem zu einer aufgedeckten Karte die Position ihres Pendants identifiziert wird. Gleichwohl lässt sich selbst bei diesem einfachen Regelspiel eine Differenz zwischen ‹perfektem› und ‹optimalem› Spielverhalten, zwischen lückenlos funktionierendem Gedächtnis und Anpassung der Strategie an den Spielstand geltend machen, vergleichbar mit der in der Spieltheorie versuchten Unterscheidung in *game* und *play* (→ Spiel). Auch wenn inzwischen ein eigens gegründeter Verein in seiner Satzung die «weltweite Anerkennung von Memory als ernstzunehmende Gedächtnis-Sportart» zu seinem Ziel erklärt hat, soll im M. vorzugsweise die Gedächtnisleistung von Kindern geübt werden (→ Übung). Damit allerdings fällt die erklärte didaktische Intention des M. – wie auch im Fall des beidseitig bedruckten *Twist*-M.s für Erwachsene, das als besonders kompliziert gilt – hinter die Erkenntnisse zurück, die eine empirische Beobachtung des Spielverlaufs im Hinblick auf die bildliche und räumliche → Merkfähigkeit von Kindern erbringt (→ Gedächtnisentwicklung). Denn M. gilt nicht zuletzt deshalb als ein so außerordentlich erfolgreiches Spiel, weil sich hier die kindliche der erwachsenen Merkfähigkeit als durchaus überlegen erweist.

Bettina Bannasch

Mengenrepräsentation

Modellvorstellung zur → Repräsentation von Begriffen im → semantischen Gedächtnis, der zufolge ein Begriff durch alle seine möglichen Verwirklichungsformen abgebildet wird. Der Ansatz sieht keine Speicherung von → Informationen vor, welche die Gesamtmenge der unter einem Begriff zusammengefassten Objekte charakterisieren, und verlangt deshalb einen erheblichen Bedarf an Speicherplatz. Um ein bestimmtes Objekt als Vertreter eines Begriffs zu erkennen (→ Wiedererkennen), muss eine sequenzielle Durchmusterung der zu diesem Begriff gespeicherten Elemente erfolgen (→ Scanning). Bislang noch nicht bekannte Begriffsvertreter können nicht sinnvoll zugeordnet werden. Trotz partieller empirischer Bestätigungen kommt der M. nur dort eine Bedeutung zu, wo sehr heterogene und untereinander kaum verbundene Objekte begrifflich zusammengefasst werden. Als grundlegende Vorstellung zur Repräsentation von natürlichen Begriffen erscheint die M. nicht geeignet (vgl. → Prototypenrepräsentation).

F. J. Schermer, Lernen und Gedächtnis, Stuttgart 1998.

Franz J. Schermer

Merkfähigkeit

Auch: Immediat-, Primär- und Puffergedächtnis; bisweilen wird auch angenommen, das Konzept der M. sei im Begriff des → Kurzzeitgedächtnisses aufgehoben. Im Unterschied zum Gedächtnis im engeren Sinne die Fähigkeit, jüngste Eindrücke kurzfristig zu behalten und zu reproduzieren (→ Reproduktion). Damit stellt die M. eine fundamentale Voraussetzung für die → Informationsaufnahme und -verarbeitung dar (vgl. → Lernen). Reversible Störungen der M. erfolgen etwa bei Ablenkung oder emotionaler Beanspruchung (→ Emotion), irreversible bei organischen Hirnerkrankungen (→ Gehirn). Eine Beeinträchtigung der M. muss nicht mit einer Störung der Erinnerungsfähigkeit für weiter zurückliegende Erlebnisse einhergehen (→ Langzeitgedächtnis, → autobiographisches Gedächtnis, → episodisches Gedächtnis). Gehirnphysiologisch betrachtet ist das Zentrum des Thalamus (→ Basalganglien) an der M. entscheidend beteiligt.

Carlos Kölbl

Metagedächtnis

(griech. *méta*: inmitten, zwischen). 1971 von J. H. Flavell eingeführter Begriff, der das Wissen über das eigene Gedächtnis, seine Funktionsweise und Inhalte sowie die Effizienz von → Gedächtnisstrategien u. Ä. bezeichnet. Heute wird zwischen einem deklarativen und prozeduralen Wissen über das (eigene) Gedächtnis unterschieden (→ deklaratives Gedächtnis, → prozedurales Gedächtnis). Im Mittelpunkt des Interesses steht dabei der Zusammenhang zwischen dem systemischen Wissen über die Funktion des Gedächtnisses und der Gedächtnisleistung, im Besonderen hinsichtlich der Entwicklung des M.ses über die Lebensspanne (→ Gedächtnisentwicklung). Beim interindividuellen Vergleich gehören Maße des M.ses zu den besten Prädiktoren für die Gedächtnisleistung. So zeigte sich, dass der Nachteil jüngerer gegenüber älteren Kindern bei Erinnerungsaufgaben auch auf die Nichtanwendung eigentlich verfügbarer Gedächtnisstrategien beruht (These des Produktionsdefizits). Oft reicht ein kleiner Hinweis, damit auch die jüngeren Kinder diese Strategien nutzen und vergleichbare Leistungen zeigen. Trotz je nach Lernbereich intraindividueller Leistungsunterschiede nimmt bei Kindern grundsätzlich mit zunehmendem Alter, besonders in den ersten Grundschuljahren, die

Bedeutung des M.ses messbar zu. Der typische Abfall der Gedächtnisleistung im → Alter hingegen wird zumeist auf eine niedrigere Effizienz der angewandten Strategien aufgrund reduzierter Verarbeitungskapazität zurückgeführt (These des Wirksamkeitsdefizits).

Im Kontext der allgemeineren Metakognitionsforschung sind Modelle entwickelt worden, in denen das M. integriert ist. Eine empirische Überprüfung der Modelle steht jedoch noch aus, und nicht immer gelingt eine exakte Trennung zwischen → Kognition und Metakognition: Auch das Wissen um die Wirkung des eigenen Gedächtnisses ist ein (spezieller) Wissensbereich – und damit wiederum Teil des Gedächtnisses. Ein weiteres Problem liegt in den vielfältigen Maßen des M.ses. Die Erfassung des M.ses kann in Zusammenhang mit einer konkreten Gedächtnisaufgabe oder unabhängig davon erfolgen. So kann ein Proband sowohl *vor* dem Memorieren (Prädiktionsverfahren) als auch *nach* dem Lernen um die Einschätzung gebeten werden, ob er das Material behalten bzw. reproduzieren können wird (→ Reproduktion). Die Übereinstimmung zwischen eingeschätzter und tatsächlich erbrachter Leistung ist ein Maß für die Qualität des M.ses. Dabei kann eine prädiktive Überschätzung auf fehlende Kenntnis der eigenen Gedächtnisleistung, jedoch auch auf motivationale Faktoren (→ Motivation) wie ein höheres Anspruchsniveau hindeuten. Als weiteres Maß für das M. kann die Fähigkeit dienen, unabhängig von einer konkreten Aufgabe den Einfluss einzelner Variablen auf die Gedächtnisleistung zu reflektieren. Allerdings ist nicht alles (prozedurale) Wissen in jeder aktuellen Situation abrufbar und explizierbar. Außerdem wird das (deklarative) Wissen nicht immer praktisch umgesetzt. Die theoretisch plausible Annahme, dass der Einsatz metakognitiver Strategien je nach Schwierigkeit der Merkaufgaben variiert, dass also bei leichten Aufgaben das M. kaum einbezogen wird, konnte empirisch nicht zweifelsfrei bestätigt werden.

W. Schneider, Zur Entwicklung des Meta-Gedächtnisses bei Kindern, Bern 1989; F. E. Weinert/R. H. Kluwe (Hg.), Metakognition, Motivation und Lernen, Stuttgart 1984.

Thomas Krüger

Metapher

(griech. *metaphérein*: hinübertragen). Sprachlicher Ausdruck, der eine konventionelle Wortbedeutung in einen fremden Vorstellungsbereich überträgt (→ Trope). M.n veranschaulichen nicht nur die Funktionsweise des Erinnerungsvermögens, wie die lange Tradition von → Gedächtnismetaphern zeigt, und prägen sich auf besondere Weise im Gedächtnis ein (vgl. Cicero, *De oratore*, III. 161; Yates 1966/1990; Draaisma 1999; → Mnemotechnik), sondern schon die Sprachform der M. selbst lässt sich in verschiedener Hinsicht als eine eigene Form der Gedächtnispraxis und der → Tradierung kulturellen → Wissens auffassen. Denn indem die metaphorische Übertragung zwei Vorstellungsbereiche verbindet, stiftet sie nicht selten auch eine zeitliche Relation zwischen ihnen. In einem sehr allgemeinen Sinn bereits, insofern die übertragene Bedeutung eines metaphorischen Ausdrucks immer auch den vorhergehenden, ‹eigentlichen› Wortsinn bewahrt (Stählin 1914), wie etwa der Ausdruck ‹Netz› zur Kennzeichnung weltweiter digitaler Datenströme an die eigentliche Bedeutung des Verknüpftseins erinnern lässt (vgl. → Internet, → Netzwerk). M.n sind in dieser Hinsicht ein Teil des Sprachgedächtnisses (→ Etymologie). In anderer Weise verbinden die M.n → Vergangenheit und → Gegenwart, die der psychoanalytischen Traumtheorie → S. Freuds (→ Traum) zufolge als Erinnerungsspuren ins → Unbewusste führen (→ Spur). Sie dienen in der Form der metaphorischen ‹Entstellung› der nachträglichen Verarbeitung von Erinnerungen (vgl. Freud, *Die Traumdeutung*, Kap. VI).

Jenseits dieser gedächtnisbildenden bzw. -strukturierenden Funktion weist das metaphorisch-bildhafte Sprechen im Kontext kulturhistorischer Theoriebildung – etwa in G. Vicos *Neuer Wissenschaft* (1725) oder J. G. Herders *Über den Ursprung der menschlichen Sprache* (1770) – als Ausdrucksform einer ‹poetischen Logik› in ein frühes Stadium der Menschheitsgeschichte zurück. Insofern das menschliche Denken zu immer abstrakterer Begriffsbildung voranschreitet, bewahren demnach die M.n als Residuum eines ursprünglichen Weltverhältnisses das → Erbe sinnlich gesättigter bildhafter Anschauung, so noch in → F. Nietzsches *Über Wahrheit und Lüge im außermoralischen Sinne* (1873). In einem umfassenderen Sinn werden M.n schließlich zu Formen des → kulturellen Gedächtnisses im Kontext historischer Bedeutungsforschung (R. Koselleck). So lässt sich nach H. Blumenberg (*Paradigmen zu einer Metaphorologie*, 1960) an der Geschichte von M.n und insbesondere dem Bedeutungswandel, dem diese in fortlaufenden ‹Umbesetzungen› unter-

Method 373

worfen sind, die Tradierung und Bearbeitung grundlegender philosophischer Probleme und menschlicher Wissensbedürfnisse ablesen. Sind hier M.n Gegenstand einer Geschichte menschlicher Wissenshorizonte und Sinnerwartungen, hat demgegenüber H. White die Frage aufgeworfen, inwieweit sich die M. in die → Historiographie selbst eingeschrieben hat und als eine der «Tiefenstrukturen der historischen Einbildungskraft» das Denken der Geschichte immer schon präfiguriert (White 1973/1994, S. 50).

D. Draaisma, Die Metaphernmaschine. Eine Geschichte des Gedächtnisses, Darmstadt 1999; F. A. Yates, Gedächtnis und Erinnern. Mnemonik von Aristoteles bis Shakespeare (1966), Weinheim 1990; H. White, Metahistory. Die historische Einbildungskraft im 19. Jahrhundert in Europa (1973), Frankfurt/M. 1994; W. Stählin, Zur Psychologie und Statistik der Metaphern, in: Archiv für die gesamte Psychologie, Bd. 31, 1914, S. 297–425.

Joachim Jacob

Method

(engl., Methode). Von L. Strasberg seit den 1920er Jahren entwickelte und bis heute gebräuchliche Methode des Schauspiels und Schauspieltrainings. Im Kontext einer naturalistischen Auffassung des Schauspiels zielt die M. darauf ab, den Schauspieler eins mit der von ihm verkörperten Figur werden zu lassen: Handlungen sind nicht äußerlich nachzuahmen, sondern sollen dem Denken und Fühlen der Figur respektive des Schauspielers entspringen. In diesem Zusammenhang leitet die M. an, bestimmte Bestände des Gedächtnisses auszublenden, andere verfügbar zu machen. *Einerseits* kann die genaue Kenntnis eines Stücks (→ Auswendigkeit) den Schauspieler daran hindern, seine Rolle zu ‹leben›, weil für ihn anders als für die von ihm gespielte Figur alle Abläufe von vornherein erwartbar sind (→ Erwartung, → Routine). Improvisationsübungen sollen daher den Schauspieler anregen, das mechanische Spiel zu durchbrechen, um seine Rolle bei jeder Aufführung von neuem als Handlungs- und Erlebenskontinuum zu entwickeln. Um eine Rolle überzeugend zu verkörpern, d. h., sich auf die Ebene der Figur zu begeben, ist es demnach erforderlich, für die Dauer der Aufführung das meiste Wissen über das Stück zu ‹vergessen›.

Andererseits stellt der Erfahrungsschatz des sog. affektiven Gedächtnisses den notwendigen Fundus dar, um das emotionale Leben einer

Rolle ausfüllen zu können. Der verkörperten Figur nachzufühlen bedeutet, sich an ähnliche eigene emotionale → Erfahrungen zu erinnern (vgl. → autobiographisches Gedächtnis) und diese auf der Bühne wiederzubeleben. Den Terminus des affektiven Gedächtnisses übernimmt Strasberg von K. S. Stanislawski, der sich – um eine wissenschaftliche Fundierung bemüht – auf die Forschungen des französischen Psychologen T. Ribot bezieht: Die große Mühe, die damit verbunden ist, erlebte → Emotionen wieder aufzurufen (vgl. → M. Proust), bezeugt, dass sie anders als Faktenwissen oder Körperkontrolle (→ prozedurales Gedächtnis) nicht nach Belieben verfügbar sind. Die M. sieht daher vor, durch → Übungen den intendierten → Abruf zu erlernen (→ Lernen). Aufgabe der Schauspieler ist es hierbei, sich möglichst genau an die physischen Rahmenbedingungen zu erinnern, unter denen die zu erinnernde Emotion erlebt wurde. Der nur imaginierte ‹bedingte› Abrufreiz (vgl. → Konditionierung) soll durch wiederholte Übung so stabil mit der Emotion assoziiert werden (→ Assoziation), dass es über die Kontrolle der Abrufbedingungen möglich wird, erinnerte Emotionen gezielt aufsteigen zu lassen. Neben diesem biographisch gefüllten *emotionalen* Gedächtnis unterscheidet Strasberg innerhalb des *affektiven* Gedächtnisses noch ein → *sensorisches* Gedächtnis. Analog zum emotionalen Gedächtnis soll hier trainiert werden, die innerhalb der fiktionalen Bühnenwelt nicht gegebenen realen Sinneswahrnehmungen durch erinnerte zu ersetzen. Nach Strasbergs M. beruht eine authentische Darstellungsleistung folglich auf der Fähigkeit, gespeicherte Emotionen und Sinneswahrnehmungen kontrolliert abzurufen und die physische Aktion dem psychischen Geschehen entwachsen zu lassen.

L. Strasberg, Schauspielen und das Training des Schauspielers. Beiträge zur ‹Method›, Berlin 1988; ders., Ein Traum der Leidenschaft. Die Entwicklung der Methode, München 1988.

Jens Ruchatz

Mnemonik → Mnemotechnik

Mnemopath

(griech: *mnéme*: Gedächtnis, *páthos*: Leiden, Krankheit). Von entscheidender Bedeutung für die Erforschung menschlicher Gedächtnisfunktionen sind neben tierexperimentellen Untersuchungen und den modernen → bildgegebenen Verfahren vor allem die Analyse von neurologischen Patienten mit defiziten oder auffälligen Gedächtnisleistungen (vgl. → Gedächtniskünstler). Die Neurobiologie gewinnt positives → Wissen über das Gedächtnis zum großen Teil aus der Beobachtung seiner Fehlfunktionen. Denn die physiologischen Grundlagen von Lern- und Gedächtnisvorgängen können zwar tierexperimentell sehr gut untersucht werden, die Bedeutung des Gedächtnisses für Menschen wird aber erst an Patienten verdeutlicht; oder wie E. Hering es Anfang des 20. Jh.s formulierte: «Das Gedächtnis verbindet die zahllosen Einzelphänomene zu einem Ganzen, und wie unser Leib in unzählige Atome zerstieben müßte, wenn nicht die Attraktion der Materie ihn zusammenhielte, so zerfiele ohne die bindende Macht des Gedächtnisses unser Bewußtsein in so viele Splitter, als es Augenblicke zählt». In der Tradition der besonders prägnanten und lehrreichen neurologischen Patienten, begründet von A. Luria und populär fortgeführt von O. Sacks, erhielten einige Fallbeispiele die Bedeutung von Paradigmen (Schulbeispielen), da sie in besonderer Weise über menschliche Gedächtnisfunktionen Aufschluss gaben.

1. Beginnend 1920 untersuchte der Psychologe Luria (1965/1991) über viele Jahrzehnte einen Hypermnemotiker namens Schereschewsky (= S.). S. konnte schon in der ersten Sitzung 70 Wörter in beliebiger Reihenfolge wiederholen, wenn sie ihm einmal präsentiert wurden. S. wurde anschließend 30 Jahre lang mit allen nur erdenklichen → Gedächtnistests von Luria untersucht. Er war Synästhetiker (sensorische Reize führen zu Wahrnehmungen, die normalerweise mit anderen Sinnessystemen verbunden sind, so können z. B. Töne gehört und gleichzeitig als Farben gesehen werden). So konnte S. 50 oder mehr Zahlen wiederholen, indem er in seinem Gedächtnis einfach ein Bild der Tafel abrief. Die seltenen Fehler, die er machte, resultierten zumeist nicht aus Gedächtnislücken, sondern aus ‹Lesefehlern› beim → *Abrufen* der Bilder. Daneben verwendete er eine andere alte → Mnemotechnik: Er legte sich Begriffe, Worte oder unsinnige Silben entlang eines Wegs, den er kannte, ab (→ Locitechnik). Wenn ihm eine zu memorierende Liste vorgelesen wurde, ordnete er jedes Wort oder jede Zahl entlang dieses Wegs an (→ Encodierung); musste er diese Gedächtnisinhalte später wieder abrufen, schritt er in Gedanken den Weg wieder ab und betrachtete die imaginierten Gegenstände

am Rande des Wegs (→ Abruf). Lesefehler beruhten z. B. darauf, dass S. versehentlich einen weißen Gegenstand vor eine weiße Wand gelegt hatte. In den vielen Jahren, in denen Luria S. untersuchte, fand er nie ein Limit seines Gedächtnisses (→ Kapazität). Auch 15 Jahre nach der ersten Sitzung konnte er noch sämtliche Wörter, Buchstaben- und Zahlenfolgen aller Sitzungen wiedergeben. Er hatte aber Probleme, Inhalte zu abstrakten Begriffen zusammenzufassen oder komplexe Zusammenhänge abzuspeichern (vgl. → Sinn). Er konnte auch nicht gut einer vorgelesenen Geschichte folgen, da er dabei eine wahre Explosion von sensorischen → Erlebnissen hatte. S. konnte nichts vergessen (Hypermnemotiker, → Hypermnesie) und musste sich Strategien ausdenken, um etwas aus seinem Gedächtnis zu löschen (→ Löschung, → Vergessen). Er versuchte z. B., Tafelanschriften geistig wegzuwischen. S. brauchte den gleichen Aufwand, um etwas zu vergessen, den normale Menschen brauchen, um sich an etwas zu erinnern.

Damit diese Art von Mnemotechnik funktioniert, müssen die Orte und Wege klar und gut erkennbar, deutlich voneinander abgegrenzt und leicht veränderbar sein. Da viele Worte öfter vorkommen, hatte S. ein Wörterbuch mit Bildern *(pictionary)*. Ohne dass er die antike Gedächtniskunst kannte, gleichen die Merkmale von S.s → ‹Gedächtnisstrategie› den Lehrregeln der antiken → Rhetorik: Orte, Anordnung der Orte, durch → Assoziation hervorgerufene Bilder und eine → Assoziation zwischen Orten und Bildern sowie zwischen Bildern und Gedanken sind Motive, die sowohl bei S. als auch in der antiken und neuzeitlichen (vgl. → F. A. Yates) Gedächtniskunst eine wichtige Rolle gespielt haben. Es kann leider nicht mehr geklärt werden, ob S.s Hypermnesie in seiner Synästhesie allein begründet lag oder ob er → Synapsen hatte, die ihn in besonderer Art und Weise befähigten, Informationen in unglaublichen Mengen zu speichern (→ Speichern).

2. Dem Patienten H. M. wurden wegen unbehandelbarer epileptischer Anfälle und anderer psychiatrischer Störungen im Jahre 1953 Teile der beiden Temporallappen (→ Großhirn) zusammen mit dem → Hippocampus und der → Amygdala entfernt – alles Hirnstrukturen, von denen die moderne Neurobiologie seither weiß, dass sie an Gedächtnisprozessen maßgeblich beteiligt sind. Unmittelbar nach der Operation traten bei H. M. irreversible Gedächtnisstörungen auf. Wie man heute weiß, war das eigentlich Fatale an der Operation, dass beide Hippocampi (einer in jeder Hemisphäre) entfernt wurden. Die Probleme von H. M. beschränkten sich fast ausschließlich darauf, dass er sich neue Fakten, Gesichter, Umstände oder Episoden nicht mehr merken konnte (anterograde

→ Amnesie), während sein IQ (→ Intelligenz) sogar etwas über dem Durchschnitt lag, auch seine Wahrnehmungsleistungen und sein → Kurzzeitgedächtnis (bis zu drei Minuten) waren nicht beeinträchtigt. Erstaunlicherweise war seine motorische Lernfähigkeit (→ prozedurales Gedächtnis) vollständig intakt, ebenso sein Sprachvermögen.

Weil man durch die vorangegangene Operation genau weiß, welche Strukturen entfernt wurden und der Gedächtnisausfall spezifisch war, wurde H. M. zu einem der bestuntersuchtesten neurologischen Patienten. Außerdem zeigt sein Fall auf dramatische Weise, wie eng wir als Person, als ‹Icherzähler›, von unserem Gedächtnis abhängen (→ Identität, → Narration). Die Untersuchung von H. M. war ein wichtiger Schritt, um zum einem den → Hippocampus als eine der entscheidenden Gedächtnisstrukturen für → episodisches und → semantisches Gedächtnis zu identifizieren; zum anderen, um zwischen neuronalen Strukturen zu unterscheiden, die für das → Kurzzeitgedächtnis und solchen, die für das → Langzeitgedächtnis wichtig sind. Der Fall H. M. lieferte erste Anhaltspunkte, dass es *das* Gedächtnis im → Gehirn nicht gibt, sondern verschiedene Gedächtnisformen (→ prozedurales und → deklaratives Gedächtnis, → Priming), die mit verschiedenen Gehirnarealen verknüpft sind.

3. Wie spezifisch und fatal Gedächtnisverluste sein können, zeigt auch der Fall E. D., der nach einem Reitunfall beidseitige Verletzungen im Bereich des Schläfenlappens (vgl. → Gehirn, → Großhirn) erlitten hatte. Nach diesem Unfall hatte er sein komplettes persönliches Gedächtnis verloren, er hatte weder eine Vorstellung von seiner früheren beruflichen Tätigkeit, noch konnte er Verwandte oder persönliche Besitztümer erkennen (→ autobiographisches Gedächtnis). Erstaunlicherweise blieben sein Faktenwissen und sein → prozedurales Gedächtnis für Bewegungsabläufe jedoch intakt: Er konnte weiter Auto fahren, und obwohl er vergessen hatte, dass er Italienisch gelernt hatte, befolgte er zu seiner eigenen Überraschung italienische Anweisungen richtig. Auch neues Wissen konnte er sich mühelos aneignen. E. D. hatte eine rein retrograde → Amnesie. Bei der Erinnerung an autobiographische Erlebnisse *nach* dem Unfall wirken seine Berichte darüber allerdings seltsam unbeteiligt, so als würde er über neutrale Fakten berichten (→ Emotion).

H. J. Markowitsch, Neuropsychologie des menschlichen Gedächtnisses, in: Spektrum der Wissenschaft, 1996, Nr. 9, S. 52–61; P. J. Hilts, Memory's Ghost – The Strange Tale of Mr. M. and the Nature of Memory, New York 1995; H. J. Markowitsch, Der Fall H. M. im Dienste der Hirnforschung, in: Naturwissenschaftliche

Rundschau, Bd. 38, 1985, S. 410–416; A. Luria, Kleines Porträt eines großen Gedächtnisses (1965), in: ders., Der Mann, dessen Welt in Scherben ging, Reinbek 1991, S. 147–249.

Martin Korte

Mnemosyne

(griech. *mnemosýne*: Erinnerung, Besonnenheit). Die griechische Göttin, deren Name bereits auf ihre Gabe des Sich-Innewerdens verweist, wird erstmals bei Hesiod erwähnt. Schon dieser früheste Beleg rückt sie in einen deutlichen Gegensatz zum späteren Gedächtnisbegriff der antiken → Mnemotechnik: Nachdem Zeus sich mit M. verbunden hatte, gebar sie ihm die Musen, «damit sie», wie es in der *Theogonie* ausdrücklich heißt, «Vergessenheit brächten der Leiden und Ende der Sorgen» (v. 55). Dieser scheinbar paradoxe Zusammenhang von M. und Lesmosyne klärt sich auf, wenn man sich die Funktion des Musenanrufs in der frühgriechischen Dichtung vor Augen führt. Schon Homer ruft in der *Ilias* die Musen an, um sich an etwas erinnern zu können, wovon wir «nur eine Kunde», aber selbst «nichts gesehen haben» (v. 468). Es geht hierbei weniger um die Befestigung des Vergangenen als vielmehr dessen lebendige → Vergegenwärtigung, und dabei unterstützen den Dichter die Musen mit ihrer Fähigkeit, die Sorge, die den Blick auf das Wesentliche verstellt, vergessen zu machen. Auch Pindar verbindet seine Musenanrufe mit der Hoffnung, M. und ihre Töchter mögen ihm helfen, zu Einsichten vorzudringen, die vom menschlichen Alltagsgedächtnis überlagert werden. Die Erinnerungsgabe der M. reicht also über den Fokus der personalen → Identität hinaus. Möglich erscheint dies im Kontext des pythagoreischen und orphischen Glaubens an die Seelenwanderung (→ Wiedergeburt). Beim Inkubationszeremoniell von Lebadeia etwa musste der Knabe «das sogenannte ‹Wasser der *lethe*› [des Vergessens] trinken, damit er alles vergesse, womit er bisher beschäftigt war, daraufhin ein anderes Wasser, das der *mnemosyne* [der Erinnerung], und dadurch erinnert er sich an das, was er bei seinem Abstieg geschaut hat» (Pausanias, *Beschreibung Griechenlands* X 39, 8; → Lethe, → Vergessen). → Platon, dessen → Anamnesis-Lehre diese Vorstellungen philosophisch rationalisiert, vergleicht im *Theaitetos* (191d) das «Geschenk von der Mutter der Musen» dem mehr oder weniger tiefen Abdruck eines Siegelrings in einer Wachstafel, womit er den zeitgebundenen Charakter des Erinnerns gegenüber dem räumlich-invarianten des Magazins hervorhebt (→ Gedächtnismetapher).

Der musische Charakter der M. als Kriterium eines dynamisch-erlebnisorientierten Erinnerungsbegriffes wird vor allem in der spätaufklärerischen Kritik an den statisch-summarischen Formen der neuzeitlichen Wissensorganisation erneut akzentuiert. F. Hölderlins lyrische Verarbeitung des M.-Motivs bildet den dichterischen Angelpunkt für diese Wiederaneignung, → M. Heidegger, der sich auf ihn bezieht, den philosophischen. Insbesondere → A. M. Warburg aber ist es, der M. als Leitfigur einer kulturhistorischen Physiognomik reaktualisiert. Sein → *M.-Atlas* – eine konstellative Anordnung von Bildmotiven zum Nachleben der Antike, die den in «Pathosformeln» aufbewahrten «Prozeß [...] der Einverseelung vorgeprägter Ausdruckswerte» *(Einleitung zum Mnemosyne-Atlas)* energetisch erfahrbar machen wollte – findet im Kontext der jüngsten Mediendebatte erneute Beachtung als Paradigma einer speicherkritischen Erinnerungsarbeit.

Das generelle Anliegen, «Geschichtsschreibung in eine ‹retrospektive Besonnenheit› zu verwandeln, in welcher der menschliche Geist im begreifenden Akt der Mnemosyne zu sich selbst kommt» (Kany 1987, S. 185), bleibt freilich stets auf ihr anderes, die mnemonische Fixierung, angewiesen. Wie → J. Derrida gezeigt hat, ist M. dialektisch eingebunden in die «wesentliche Zusammengehörigkeit des Denkens mit dem, was die Tradition als das ‹schlechte Gedächtnis›, als Mnemotechnik, Schrift, abstraktes Zeichen [...] definiert» (1988, S. 99). So ist die «Technik immer der Parasit für die wahre Mnemosyne, die Mutter aller Musen und die lebendige Quelle aller Inspirationen» (S. 64).

M. Koos u. a. (Hg.), Begleitmaterial zur Ausstellung «Mnemosyne», Hamburg 1994; J. Derrida, Mémoires. Für Paul de Man, Wien 1988; R. Kany, Mnemosyne als Programm, Tübingen 1987.

Peter Matussek

Mnemosyne-Atlas

Heute gebräuchlicher Name für einen Bildatlas des Kunstwissenschaftlers → A. M. Warburg. Ein anderer überlieferter Titelentwurf – *Denkraumschöpfung als Kulturfunktion. Versuch einer Psychologie menschlicher Orientierung auf universeller bildergeschichtlicher Grundlage* – stellt den

Atlas in den Zusammenhang von Warburgs Forschungen über «die Funktion des persönlichen und sozialen Gedächtnisses» (*Vor dem Kuratorium*, 1929). Der M.-A. versucht auf 63 Bildtafeln mit ungefähr 1000 Einzelabbildungen das abendländische «Fortleben» der in der Antike etablierten → «Engramme leidenschaftlicher Erfahrung als gedächtnisbewahrtes Erbgut» (Koos u. a. 1994, Tafel 5) vor Augen zu führen; die angekündigten Erläuterungen hat Warburg bis auf wenige Begleittexte nicht mehr verfasst. Während einesteils so verdeckte Zusammenhänge des → kulturellen Gedächtnisses sichtbar gemacht werden, ist der M.-A. zugleich resümierende Erinnerung Warburgs an alle von ihm je behandelten Sujets, sodass er – in für Warburg typischer Weise – auch das unhintergehbare Zusammenspiel von individuellem Erinnern und kulturellem Gedächtnis zeigt. Inzwischen ist der M.-A. unter der Adresse www.db.dyabola.de im → Internet abzurufen.

M. Koos u. a. (Hg.), Begleitmaterial zur Ausstellung «Mnemosyne», Hamburg 1994; D. Bauerle, Gespenstergeschichten für ganz Erwachsene. Ein Kommentar zu Aby Warburgs Bildatlas Mnemosyne, Münster 1988.

Manfred Weinberg

Mnemotechnik

(griech. *mnéme*: Gedächtnis, *téchne*: Technik, Kunst). Auch: *ars memoriae*, Mnemonik; Methode, die als Gedächtnisübung oder Lernhilfe die Ordnung und die Abrufbarkeit von → Wissen unterstützt (→ Lernen, → Übung). Während der Gebrauch von → Speichermedien heute in einem weiten Sinn als *externe* M. bezeichnet wird (→ Externalisierung), entwickelt sich die *interne* M. in der antiken → Rhetorik als Unterstützung der → Auswendigkeit und schließt dabei an Merktechniken oraler Kulturen an (→ Oralität). Anhand der Legende des griechischen Dichters Simonides, der nach Einsturz einer Festhalle die → Toten anhand der Erinnerung an die Sitzordnung identifizieren konnte, entwickeln Cicero, Quintilian sowie die anonyme *Rhetorica ad Herennium* die *memoria* als viertes Lehrstück der Rhetorik: Die Lehrbücher empfehlen für das Memorieren einer Rede, sich diese als ein Haus vorzustellen, innerhalb dessen verschiedene Zimmer die Themenblöcke, Gegenstände in diesen Zimmern die einzelnen Argumente repräsentieren (→ Architektur). Dieses Anheften von Bildern *(imagines)* an Orte *(loci)* sowie ihr virtuelles Abgehen und Einsammeln beim Memorieren der Rede kann in zweierlei Weise geschehen: Die *memoria rerum* versinnbildlicht die konkreten Gegenstände der Rede in kleinen Szenen, die *memoria verborum* hingegen versucht, den Wortlaut (z. B. eines Verses) über Homophonien (vgl. → Reim) oder – von der Semantik des Textes völlig entfremdeten – → Eselsbrücken in ein Bild zu übersetzen. Hierbei ist eine Tendenz zur Arbitrarisierung der gewählten → Zeichen zu beobachten, deren Auffälligkeit und Exzentrik die Merkbarkeit erhöhen soll: Die Merkbilder werden als *imagines agentes* begriffen, also als aktive, die Erinnerung anregende → Gedächtnisstützen; die Raumstrukturen werden zugunsten einer pragmatischen Optimierung weitestgehend von realarchitektonischen Vorbildern entfernt und als imaginäre Konstrukte gebildet (Pethes 2002).

Die M. wurde schon in der Antike als wenig ökonomisch kritisiert. Quintilian beklagt in seiner *Institutio Oratoria* die «doppelte Belastung des Gedächtnisses» durch den zusätzlichen → Code und empfiehlt, die Buchseite selbst als zugrunde liegende ‹Architektur› mit den Absätzen als Räumen und den Buchstaben als Bildern zu memorieren. Dieser Vorschlag bedeutet nicht nur eine Abstraktion des Verfahrens, sondern verweist in direkter Linie auf den Paradigmenwechsel vom Bild- zum Schriftraum in der M.-Rezeption: Zwar folgen mittelalterliche und frühneuzeitliche Erinnerungssysteme – etwa die → Gedächtnistheater bei G. Camillo und R. Fludd – den rhetorischen Anweisungen (Yates 1966/ 1990), in der frühen Buchkunst wird dann aber die Buchseite selbst zum mnemotechnischen Gedächtnisraum (M. Carruthers, *The book of memory*). Mit der Etablierung des → Buchdrucks erleidet das Ansehen der Auswendigkeit dann einen zunehmenden Kursverlust, da sie als bloße Reproduktionstechnik keinen verstehenden Nachvollzug des gespeicherten Wissens vorsehe. Noch → G. W. F. Hegel kritisiert die «schale[n], alberne[n], ganz zufällige[n] Zusammenhänge» der arbiträren Merkbilder. Ihre Wiederentdeckung erlebte die M. durch die Arbeiten von → F. A. Yates, deren Rezeption Anfang der 1990er Jahre zu einer → Renaissance des Modells führte, die am Beginn der jüngeren kulturwissenschaftlichen Gedächtnisforschung stand. Dabei wurde zunächst das Fortleben der M. in der literalen Kultur untersucht: Wenn in → Autobiographien die einzelnen Erinnerungsbilder mit der jeweiligen → Topographie verbunden werden (Hutton 1987) oder → S. Freud die Dynamik der Verdichtung und Verschiebung zwischen Wort- und Sachvorstellungen im → Unbewussten beschreibt (Antoine 1988), so scheint das zu belegen, dass die M. unintentional tradiert wird (→ Mem) und sich als Tiefenstruktur in modernen Wissensordnungen durchhält (Rieger 1997). A. Haverkamp und

R. Lachmann (1991) gehen von einem «Gedächtnis der Texte» aus, das die rhetorische M. als notwendiges Raster *jeder* Erinnerungsartikulation in der Struktur der Texte aufbewahrt (→ Intertextualität): Nicht nur die Reproduktion von bewusst auswendig Gelerntem, sondern jede auf die Vergangenheit bezogene Äußerung ist durch die Relation von Bildern und Orten strukturiert. Auf diese Weise affirmieren Erinnerungstexte die rhetorische Methode, ohne sie explizit zu benennen, und machen so die M. zu ihrem impliziten Gegenstand, der die inhaltliche Referenz der Texte auf Vergangenes überlagern kann.

Die Struktur der M. findet sich aber auch in der Erinnerungstechnik von → Mnemopathen, → Gedächtniskünstlern oder literarischen Figuren (J. L. Borges, *Das unerbittliche Gedächtnis*) wieder. Angesichts solcher Strukturhomologien, die das mnemotechnische System zum Teil ohne Kenntnis der rhetorischen Vorlage zur Perfektion treiben, kann die Beschreibung der M. als reine Kulturtechnik kaum aufrechterhalten werden. Konzepte wie die psychologische → Eidetik, neurobiologische Analysen zur → Repräsentation des Gedächtnisses (→ neuronale Karten), kognitionswissenschaftliche Beschreibungen von Erinnerungsprozessen (→ Locitechnik) oder pädagogische → Gedächtnisstrategien lassen die M. eher als eine Methode erscheinen, die sich aufgrund der kognitiven Disposition des → Gehirns zu verschiedenen Zeiten auf immer ähnliche Weise ausgebildet hat. Solche Dispositionen zeichneten dann in gleicher Weise für die Struktur von Alltagserinnerungen (→ Reminiszenz), die rhetorische M. oder die Organisation des → kulturellen Gedächtnisses durch → Denkmäler an → Gedächtnisorten verantwortlich. Sie haben jedoch auch zur Folge, dass mittlerweile alle Formen der Gedächtnisorganisation, wenn sie sich auf metaphorische Weise an Räumen und Bildern ausrichten oder an konkreten → Topographien orientieren, unter dem Titel M. versammelt werden. Der pragmatische Lernkontext, die Präferenz *imaginärer* Gedächtnisräume und die ursprüngliche Frontstellung der rhetorischen M. *gegen* externe Speichermedien gehen bei dieser Generalisierung zwangsläufig verloren.

N. Pethes, Die Geburt der Mnemotechnik aus dem Zusammenbruch der Architektur. Karriere und Grenzen einer Gedächtnismetapher, in: G. Oesterle/H. Tausch (Hg.), Gehäuse der Mnemosyne. Architektur als Schriftform der Erinnerung, Göttingen 2002; S. Rieger, Speichern/Merken. Die künstlichen Intelligenzen des Barock, München 1997; A. Haverkamp/R. Lachmann (Hg.), Gedächtniskunst. Raum – Bild – Schrift. Studien zur Mnemotechnik, Frankfurt/M. 1991; J. P. Antoine, The Art of Memory and its Relation to the Unconscious, in: Comparative Civilizations Review,

Bd. 18, 1988, S. 1–21; P. H. Hutton, The Art of Memory Reconceived: From Rhetoric to Psychoanalysis, in: Journal of the History of Ideas, Bd. 48, 1987, S. 371–392; F. A. Yates, Gedächtnis und Erinnerung (1966), Weinheim 1990.

Nicolas Pethes

Mnemotop

(griech. *mnéme*: Gedächtnis, *tópos*: Ort). «Topographische ‹Texte›» (Assmann 1992, S. 60), die als großflächige Räume – ganze Städte (z. B. Rom, Jerusalem) oder → Landschaften (z. B. Palästina, Mesopotamien) – kollektiver bzw. kultureller Erinnerung dienen. Ihre Textstruktur wird konstituiert, indem in einer gegebenen → Topographie kulturelle → Codes so angewendet werden, dass dieser Raum als Einschreibung von Gedächtnissignaturen lesbar wird. M.e heben sich sowohl von dem Konzept singulärer → Gedächtnisorte als auch von Modellen verräumlichter → Mnemotechnik, die ihre Inhalte im *imaginären* Raum hinterlegen, ab. Im Gegensatz zum Gedächtnisort, der sich auch auf profane Erinnerungsinhalte (z. B. Schlachtengedenken) beziehen kann, zeichnen sich M.e vor allem durch ihren magischen, mythischen oder religiösen Charakter aus. Von profaner Topographie unterscheiden sie sich dadurch, dass in ihnen bevorzugt die Begegnung von Mensch und Transzendenz stattfindet. Sie nehmen folglich eine Zwischenstellung zwischen Himmel und Erde ein. M.e erinnern an das Wirken transzendenter Kräfte (vgl. → Songlines), das Leben von Religionsstiftern und das Martyrium früher Glaubensanhänger (→ Märtyrer). M.e gelten als vorbildliche Stätten der Weissagung (→ Vorausschau), Offenbarung und Läuterung; vor Ort ermöglicht die Dichte von sakralen Bereichen dem Pilger die Appräsentierung kollektiver, kultureller bzw. religiöser Erinnerungsinhalte (→ Präsenz). Landschaften und Städte werden als M.e ausgewiesen durch (1) konkrete Erinnerungsträger (z. B. Gedächtniskirche) und (2) die spezifische Codierung durch die Glaubensgemeinschaft, deren Wissensbestände über das Leben des Religionsstifters oder einzelner Heiliger dazu dient, ganze Landstriche, Gärten, Berge (Horeb), Seen (Genezareth), Wege (Kreuzweg), Plätze (Golgatha) usw. mit Bedeutung aufzuladen. Auf diese Weise wurde etwa das zum *Heiligen Land* semiotisierte Palästina von → M. Halbwachs als kommemorative Landschaft beschrieben. In jüngerer Zeit hat G. Jonker (1995) Mesopotamien als *topography of remembrance* analysiert.

Erinnerung hat in M.en einen realen (topographischen) Ort. Sie können gestalterische Überformung auszeichnen, aber auch naturbelassen – jedoch stets über einen Code wahrgenommen – kollektive Erinnerung wachhalten. Städte avancieren zu M.en durch die Differenzierung von heiligen und profanen Räumen. Besonders frequentiert werden Erinnerungslandschaften an bestimmten Gedenktagen (Geburt, Tod des Religionsstifters; → Jahrestag), an denen hier zur zeitlichen auch eine räumliche Koinzidenz hinzutritt. Aufgrund der Dauerhaftigkeit des Raumes umgreifen M.e groß dimensionierte Zeithorizonte. Ihre Dauerhaftigkeit vermittelt Erinnerungsgemeinschaften die identitätssichernde Illusion, Vor- und Nachfahren vergleichbar zu sein (Halbwachs 1941; → Ahnen, → Erbe). In der Moderne finden sich Ansätze, Städte als profane M.e zu gestalten (→ Hauptstadt). Ein Beispiel hierfür ist die Berliner *Topographie des Terrors* (Rürup 1997), die auf das stadtumspannende Netz ehemaliger Stätten nationalsozialistischer Verbrechen hinweist.

R. Rürup (Hg.), Topographie des Terrors. Gestapo, SS und Reichssicherheitshauptamt auf dem «Prinz-Albrecht-Gelände». Eine Dokumentation, 11. Aufl. Berlin 1997; G. Jonker, The Topography of Remembrance. The dead, tradition and collective memory in Mesopotamia, Leiden/New York/Köln 1995; J. Assmann, Das kulturelle Gedächtnis. Schrift, Erinnerung und politische Identität in frühen Hochkulturen, München 1992; M. Halbwachs, La topographie légendaire des évangiles en terre sainte. Étude de mémoire collective, Paris 1941.

Peter Glasner

Monument → Denkmal, → Dokument

Moral

(lat. *mos*: Sitte, Brauch). Allgemein die verbindlichen Regeln, persönlichen Rechte und intersubjektiven Ansprüche, d. h. das System von Normen, dem eine Gemeinschaft folgt. Für moralische Fragestellungen sind Gedächtnis und Erinnerung nicht nur als subjektiv-psychologische Leistungen, sondern als identitätsstiftende soziale Funktionen wichtig: Da sich kollektive → Identität u. a. in einem geteilten Vergangenheitsentwurf – in der kollektiven Verpflichtung zum Gedenken (oder → Verdrängen) zentraler mythischer oder historischer Ereignisse sowie in der generationsübergreifenden → Tradierung von → Wissen, → Bräuchen und → Ritualen – herstellt und stabilisiert, geraten auch die Objekte, Formen und Anlässe des Erinnerns in die Dynamik stetiger sozialer Regulierung, normativer Bestreitung und machtvoller Durchsetzung (→ Kanon). Diese kulturbegründenden Prozesse sind als produktiv (Assmann 1992) wie auch als repressiv beschrieben worden: So hält → F. Nietzsche die Tatsache, dass sich der Mensch, «dieses notwendig vergessliche Tier […] nun ein Gegenvermögen angezüchtet [hat], ein Gedächtnis, mit Hülfe dessen die Vergesslichkeit ausgehängt wird» (F. Nietzsche 1887/1988, S. 292), für den Beginn einer domestizierenden Sozialisierung. Diese «Züchtung» eines die sozialen Sanktionen (→ Schmerz, → Strafe) erinnernden → Gewissens ist die Voraussetzung für die in Nietzsches Augen verheerende Moralisierung und Psychologisierung der ‹starken› Individuen. Die Verbindung von M. und Erinnerung kann aber stärker als nur im Sinne einer Verpflichtung der Individuen interpretiert werden, sich ihres Gedächtnisses auf eine bestimmte Weise zu bedienen. Die Verbindung zwischen Erinnerungsvermögen und moralischer Verantwortlichkeit ist konstitutiv und lässt sich über den Anteil beider an der individuellen Identitätsbildung erläutern (vgl. Herrmann 1995, → Identität).

Ganz andere Konsequenzen ergeben sich durch die Frage, in welchem Sinn Erinnern für das Individuum auf moralisch gerechtfertigte Weise verbindlich werden kann. Gibt es eine allgemeine, partikulare Gruppeninteressen transzendierende Pflicht zu erinnern? Gibt es Dinge, die nicht vergessen werden dürfen? Denn anders als die personengebundene *ethische* Verpflichtung, im Rahmen von Sorge und Anteilnahme einen verstorbenen Freund oder eine abwesende Angehörige nicht zu vergessen (→ Ethik), würde sich eine allgemeine *moralische* Pflicht zu erinnern an jeden einzelnen als Menschen richten (jenseits seiner Funktion als Freund oder Angehöriger). Eine Moral des Gedenkens wäre eine Forderung nach → Gerechtigkeit in einem allgemein verbindlichen Sinn. Aber die meisten Versuche, «Solidarität durch → Eingedenken» (→ W. Benjamin), «anamnetische Solidarität» (J. Habermas) oder «liturgische Erinnerung» (M. Brumlik; → Liturgie) mit moralischen Intentionen zu begründen, verweisen jeweils auf spezifische und historisch-politische Situationen – auf bestimmte Gewalt, auf bestimmtes Unrecht, auf das Singuläre geschichtlicher Bruchstellen –, ohne dass das Exemplarische der Fälle die Abstraktheit eines moralischen Gebots ganz erreichen könnte. Es scheint, als ob sich in jedem normativen Streit um das richtige Gedenken ein Rechts- und Machtkampf um Gedächtnis und «Gegengedächtnis» (M. Foucault) abspielt, der mit rein moralischen Argumenten nicht beizulegen ist.

A. Margalit, Ethik der Erinnerung, Frankfurt/M. 2000; J. Assmann, Das kulturelle Gedächtnis. Schrift, Erinnerung und politische Identität in frühen Hochkulturen, München 1992; M. Herrmann, Identität und Moral. Zur Zuständigkeit von Personen für ihre Vergangenheit, Berlin 1995; F. Nietzsche, Zur Genealogie der Moral. Eine Streitschrift (1887), in: ders., Kritische Studienausgabe, Bd. 5, 2. Aufl. Berlin/New York 1988, S. 245–412.

Martin Saar

Motivation

(mittellat. *motivum*: Bewegung, Antrieb). Hypothetisches Konstrukt zur Erklärung der Verschiedenartigkeit individuellen Handelns. Gemeinsamer Ausgangspunkt der klassischen Theoriebildungsversuche auf dem Gebiet der M. war ein homöostatisches Modell, das mit ‹Motiv› die Reaktionsbildung auf einen Mangelzustand des Organismus zu erfassen sucht. Das ein Verhalten auslösende Motiv wird durch Abweichung von einem als optimal angesehenen internen Milieu ins Leben gerufen und dient der Wiederherstellung eines physiologischen Gleichgewichts. Mit Abschluss der Verhaltenssequenz erlöscht auch das Motiv. Weniger physiologisch orientiert, aber dem gleichen Denkmodell verpflichtet ist die Feldtheorie K. Lewins, der die Spannungsmehrung und damit die Motivationsgenese in das Verhältnis von Person und erlebter Umwelt verlegt. Auch hier ist die Wiederherstellung des Gleichgewichts und die Beseitigung des spannungsbedingten M.s-Zustands (Lewin spricht von «Bedürfnissen») das Ziel.

Kritikpunkte am so gefassten M.s-Begriff ergaben sich aus Entwicklungen in der Neurophysiologie. Nach → D. O. Hebb ist das → Gehirn ohne Einschränkung darauf angelegt, Aktivität zu entwickeln, sodass die Vorstellung, nur *Mangelzustände* führten zu einer als M. erfassbaren Aktivität im Organismus, durch die Annahme eines ständig aktiven Organismus ersetzt wurde. Dem sollte die Einführung des Begriffs der ‹intrinsischen M.› Rechnung tragen, die nicht durch Defizite im Wohlbefinden ausgelöst wird, sondern durch anregende Qualitäten der Umgebung mit Überraschungs- oder Neuigkeitswert, denen sich ein als kompetent und selbstbestimmt gefasstes Individuum explorierend zuwendet. Andererseits diente die im Yerkes-Dodson-Gesetz formulierte Entdeckung des Zusammenhangs zwischen einem mittleren zentralnervösen Erregungsgrad (→ Aktivierung, → Zentrales Nervensystem) und optimaler Lern-

und Leistungsfähigkeit (→ Lernen) als Anlass, die Nützlichkeit des M.s-Begriffs überhaupt in Frage zu stellen. Auch die zunehmende Einsicht, dass im Verhalten nicht auf die objektive Situation, sondern auf ihre kognitive → Repräsentation reagiert wird, hat zu einem Bedeutungsverlust des M.s-Begriffs geführt. Doch auch wenn der M.s-Begriff nicht länger benötigt wird, um die Auslösung von Verhalten zu erklären, so werden M.s-Vorgänge noch immer angenommen, um Verhaltensänderungen hinsichtlich Intensität und Richtung zu erklären.

Führen zwei Personen, von denen nur die eine zu lernen beabsichtigt, die gleichen geistigen Aufgaben aus, so werden sich im Wesentlichen gleiche Gedächtnisleistungen ergeben. Die Lernabsicht oder das Ausmaß der M. haben also keine direkten Auswirkungen auf die → Reproduktion des gelernten Materials. Entscheidend ist vielmehr die Verarbeitung des dargebotenen Materials (vgl. → Elaboration, → Organisation). Von motiviertem → Vergessen negativer → Erlebnisse spricht man, wenn die Erinnerung an sie unterdrückt erscheint. In diesem Kontext ist → S. Freuds → Abwehrmechanismus der → Verdrängung zu nennen, der durch uneingestandene Triebansprüche gekennzeichnete Situationen der Erinnerung entzieht.

H. Heckhausen, Motivation und Handeln. Lehrbuch der Motivationspsychologie, Berlin 1980; H. Thomae, Motivationsbegriffe und Motivationstheorien, in: H. Thomae (Hg.), Theorien und Formen der Motivation, Göttingen 1983; K. B. Madsen, Theories of motivation, Kopenhagen 1968.

Dirk Hartmann, Walter Zitterbarth

Museum

(lat. *museum*: Ort für gelehrte Beschäftigung, von griech. *museion*: Musensitz). Nach der Definition des Internationalen Museumsrats (ICOM) eine «gemeinnützige ständige Einrichtung, die der Gesellschaft und ihrer Entwicklung dient, der Öffentlichkeit zugänglich ist und materielle Zeugnisse des Menschen und seiner Umwelt für Studien-, Bildungs- und Unterhaltungszwecke sammelt, bewahrt, erforscht, vermittelt und ausstellt.» Im Unterschied zu → Bibliotheken und → Archiven, die sich vornehmlich der Erhaltung der Schriftkultur widmen, sind Museen schützende → Speicher für Objekte (→ Speichern). Ihre in der Regel unveräußerlichen → Sammlungen bilden die materielle Grundlage gegenwärtiger und künftiger → kultureller Gedächtnisse. Die → Selektion dessen, was als kulturelles → Erbe der Nachwelt erhalten werden soll, richtet sich idealiter nach der Fähigkeit der Dinge, Sinnstiftungen zuzulassen (→ Sinn). Für ihre Erinnerungswürdigkeit ist maßgeblich, inwiefern solche Objekte für eine Nation oder Epoche als repräsentativ angesehen werden (Pomian 1998). Allerdings spiegelt die → Sammlung nicht eine außermuseale Wirklichkeit wider. Die Auswahl der bewahrenswerten Objekte wie auch deren Ausstellung sind Prozesse, die an der Konstruktion dessen beteiligt sind, was in einer Gesellschaft als → Kunst und → Kultur bezeichnet wird (→ Kanon). Nach B. Groys ermöglicht die historizistische Logik der musealen Kunstsammlung nicht nur die Produktion neuer Stile, sie fordert sie geradezu heraus. Da an → Wiederholungen kein Sammelinteresse besteht, werde eine Nachfrage nach Neuem erzeugt. Nur innerhalb dieser Logik seien die ausgewählten Kunstwerke repräsentativ, da jede Epoche mehr von Wiederholung als von Innovation geprägt sei.

Die Kriterien, nach denen in Museen gesammelt und geordnet wird, richten sich u. a. nach den Paradigmen der jeweils zuständigen Wissenschaft und unterliegen insofern deren Wandel. Daher lässt sich an den jeweiligen Sammlungs- und Ordnungsprinzipien oft mehr über eine Zeit ablesen als an den Objekten selbst. Der Status eines nicht als künstlerisch klassifizierten Objekts ist in den Museumswissenschaften umstritten. Die Debatte (vgl. W. Hochreiter, *Vom Musentempel zum Lernort*) bewegt sich zwischen zwei Polen: Zum einen wird vertreten, Objekte könnten ‹sprechen›, seien also unmittelbare Auskunftsinstanzen der → Vergangenheit (→ Relikt, → Überrest) und daher schriftlichen → Quellen in mancher Hinsicht überlegen; zum anderen, Objekte könnten zwar ihr Material und → Spuren ihres Gebrauchs zeigen und auch Ereignisse belegen, seien aber ansonsten ‹stumm›. Da die Gegenstände in jedem Fall aus ihrem ursprünglichen Kontext herausgerissen wurden und jede Sammlung fragmentarisch bleiben muss, ergibt sich als wesentliche Aufgabe des M.s die Notwendigkeit, sie zu rekontextualisieren und in einen Zusammenhang einzuordnen. Vor allem der sinnlich-konkreten Anschaulichkeit, der Aura und der (nicht unumstrittenen) Authentizität der Objekte wird das Potenzial zugesprochen, Kontakt mit dem Betrachter aufnehmen zu können, ihn anzurühren und – so der ernüchterte kleinste gemeinsame Nenner – zumindest Interesse für die im M. vermittelten Inhalte zu wecken.

M. Csaky/P. Stachel (Hg.), Speicher des Gedächtnisses. Bibliotheken, Museen, Archive, Wien 2000; K. Pomian, Der Ursprung des Museums: Vom Sammeln, Berlin

1998; B. Groys, Logik der Sammlung. Am Ende des musealen Zeitalters, München/
Wien 1997; G. Korff/M. Roth (Hg.), Das historische Museum: Labor, Schaubühne,
Identitätsfabrik, Frankfurt/M./New York 1990.

Christine Kopf

Musik

Als temporales Geschehen ist M. ein Medium, das, im einmaligen Erklin-
gen sich erschöpfend, weder ausgestellt oder gespeichert, noch auf andere Weise bewahrt werden kann (→ Vergänglichkeit); es sei denn in der
Erinnerung des Zuhörers. Zentral für M. ist daher neben Produktion und
Rezeption ihre → Wiederholung. Die Singularität jeder einzelnen Live-
Reproduktionssituation schreibt der Interpretation eine entscheidende,
als Live-Erlebnis hoch bewertete irreproduzible → Differenz ein (→ Erlebnis, → Reproduktion). Abhängig vom Hörkontext (Stimmung,
Umgebung) kann jedoch auch eine im technischen Sinn identische Wiedergabe durch Tonträger einmaligen Erlebnischarakter erhalten (→ Plat-
tensammlung). Produktion, Rezeption und Wiederholung erfordern als
Ebenen der musikalischen Praxis ein unterschiedliches Maß an Gedächtnisleistungen. Improvisierte wie komponierte M. konstituiert sich zwar
auf der Basis der jeweils internalisierten kulturellen Regelsysteme; da jede
Fähigkeit als prozedurales Wissen gelernt und erinnert werden muss,
bringt sich das im Gedächtnis Bewahrte als (unbewusster), bestimmte
Normen vorgebender Rahmen ins Spiel (→ prozedurales Gedächtnis).
Neue M. wird in der Regel aber gerade an ihrer Innovationsleistung bzw.
ihrer Originalität gemessen. Die Reproduktion von M. setzt Spielfähig-
keiten, → Auswendigkeit oder Notenkenntnis (→ Notation) und das
Umsetzen geprobter Interpretationsnuancen voraus.

Jenseits des populären Phänomens des hartnäckigen Weiterklingens
bestimmter Melodiefetzen (→ Ohrwurm) bestimmt Erinnerung schließlich jede aktuelle Rezeption von M. Indem das soeben Gehörte die Aufnahme des Gegenwärtigen verändert und in Beziehung zum Vergangenen setzt, löst sich die musikalische → Zeit von der reinen Sukzession der
empirischen (→ Dauer). Im Hören vollzieht sich damit eine tendenzielle
Aufhebung oder Verräumlichung bzw. Reduktion der Zeit. Erinnerndes
Hören ermöglicht nicht nur den Mitvollzug formaler Verläufe, sondern
schafft überhaupt erst die Voraussetzung, den Strom der Klänge als sinnvollen Zusammenhang aufzufassen (→ Sinn). In der Wiener Klassik wird

beispielsweise ein Formbegriff ausgebildet, der eine in jedem Moment zugleich erinnernde und antizipierende Rezeption erfordert. Solange sie sich gemäß des bei Beethoven zur Blüte gelangten Modells der Entwicklung entfaltet, nach dem das Frühe alles Spätere bereits keimhaft enthält, ist Erinnerung Garant für die Fassbarkeit der sukzessiv erscheinenden Totalität der Form; «Fortgang selber hat zur Bedingung ein rückläufiges Bewußtsein» (Adorno 1939, S. 366; → Erwartung, → Rekursivität). Schon der späte Beethoven stellt allerdings diese jedes radikal Neue ausschließende Totalität in Frage; das Prinzip der Diskontinuität tritt an die Stelle der Entwicklung (→ Bruch).

M. erfordert nicht nur Gedächtnisleistungen, sie wird auch selbst als Medium von Erinnerung erprobt und thematisiert, in der Instrumental-M. z. B. bei R. Schumann (*Erinnerung*, in: *Album für die Jugend* op. 68), vor allem aber in der → Leitmotiv-Technik in der Nachfolge R. Wagners und popularisiert im Musical (*Memory*-Song aus A. Lloyd Webbers *Cats*). Im 20. Jh. erhalten unterschiedlichste Formen des verfremdenden Stilzitats (→ Zitat, → Sample) als Modus einer distanzierenden musikalischen Erinnerung an M. Bedeutung (A. Berg, W. Rihm, A. Schnittke). Auch im Rahmen öffentlichen und privaten Gedenkens hat M. eine lange Tradition (Trauermusik, Lamento, Tombeau, Nänie, Threnodie, Requiem).

Psychologische Theorieansätze sprechen der M. die therapeutische Fähigkeit zu, verschüttete Erinnerungen wachzurufen (Luban-Plozza/Delli-Ponti/Dickhaut 1988). Der musik- und literaturtheoretisch äußerst bedeutsame → Topos der M. als Aufschreibesystem der Gefühle schließlich durchzieht die europäische Kunstgeschichte seit der → Antike. Wie jede → Tradition, konstituiert sich auch die der europäischen Kunst-M. in Wechselbeziehung mit bestimmten Überlieferungsmedien von → Wissen. Während sich in außereuropäischen → Kulturen auch Techniken oral-taktiler Aneignung und → Tradierung finden, etwa das durch Schlaginstrumente gestützte Erlernen (→ Lernen) einer Kombination rhythmischer und sprachlicher Muster, ist die europäische M. untrennbar verbunden mit der schriftlichen → Notation. Die Bewahrung im Medium der → Schrift diente allerdings ausdrücklich nicht der musikalischen Praxis, sondern einer theoretischen Durchdringung der *musica mundana* als Spiegel der kosmischen Harmonie (vgl. → Echo). Sie zielt damit von Beginn an auf eine das konkrete Klangphänomen unterschlagende symbolische Verarbeitung. In diesem Zusammenhang ist es interessant, dass die neuere Kognitionsforschung (→ Kognition) die Frage aufgeworfen hat, ob sich Musik nicht in entscheidenden Teilen zwar bewusst, aber zugleich unübersetzbar ins Gedächtnis einprägt (Raffman 1993). Die von der Romantik als Kunst des Unaussprechlichen verehrte M. wäre in diesem präzisen Sinn als nichtverbalisierbares Medium zu bezeichnen. Insgesamt bleiben umfänglichere Forschungen zur Gedächtnisfunktion in der M. weiter Desiderat (Bruhn/Oerter/Rösing 1993).

Auch neurobiologische Modelle des musikalischen Gedächtnisses lassen weiterhin Fragen offen. Entgegen der prominenten, durch jüngere Studien aber widerlegten These, nach der M. im Gegensatz zur Sprache von der rechten Gehirnhälfte verarbeitet und ‹erinnert› wird, gehen neuere Forschungsansätze – entsprechend dem Paradigmenwechsel von der Speicher- zur Netzmetapher (→ Netzwerk) – heute von einer komplexen Vernetzung beider Hirnregionen beim Musikhören aus. Diese Vernetzungsleistung ist übbar; daher wird das Extremphänomen des absoluten Gehörs, das die seltene Fähigkeit bezeichnet, ohne äußere Referenz eine bestimmte Tonhöhe angeben zu können, weniger durch genetische als durch soziale Prägung erklärt.

Trotz der Tendenz zur Parallelverarbeitungstheorie gilt der rechte Temporallappen (→ Großhirn) weiterhin als wichtigster Ort des auditivmusikalischen → Langzeitgedächtnisses; weitgehende Einigkeit herrscht auch in der Annahme, dass sich M. in Form von abstrahierenden Repräsentationsbildungen ins Gedächtnis einschreibt (Lerdahl/Jackendoff 1983). Umstritten ist allerdings die genaue Beschaffenheit dieser als ähnlich zur Struktur der musikalischen Impulse gedachten Verarbeitung; möglicherweise entgehen bestimmte musikalische Nuancen der kategorisierenden → Repräsentation (sog. *shallow representations*, Raffman 1993). Weiterhin unklar ist auch der neurobiologische Weg, auf dem die gehörte M. mit → Emotionen besetzt wird. Nach Pribham 1991 kann die Grundstruktur der M.-Wahrnehmung als eine emotionale Erinnerungen aktualisierende Bewertung des Gehörten aufgefasst werden.

H. Bruhn/R. Oerter/H. Rösing (Hg.), Musikpsychologie. Ein Handbuch, Reinbek 1993; D. Raffman, Language, Music, and Mind. Cambridge MA/London 1993; H. B. Pribham, Brain and Perception, Holonomy and Structure in Figural Processing, Hillsdale/New York 1991; B. Luban-Plozza/M. DelliPonti/H. H. Dickhaut, Musik und Psyche. Hören mit der Seele, Basel/Boston/Berlin 1988; F. Lerdahl/R. Jackendoff, A Generative Theory of Tonal Music, Cambridge 1983; T. W. Adorno, Drei Studien zu Hegel (1939), in: ders., Gesammelte Schriften, Bd. 5, Frankfurt/M. 1993.

Christian Bielefeldt

Mythos

(griech. *mýthos*: mündliche Rede, Wort). Seit einer antithetischen Positionierung zu *lógos* (als Rechenschaft gebender Erzählung) bei Pindar eine der mündlichen → Tradition (→ Oralität) entstammende erdichtete Fabel oder Erzählung (auch der Gegenstand einer → Narration), die *retrospektiv* M. genannt worden ist (→ Sage). In der Forschung wird der M. für die abendländische Tradition in seiner Form als *aítion*, als Ursprungs- und Gründungserzählung (→ Ursprung, → Gründung) untersucht, von der sich, vor allem durch das → Epos vermittelt, Geschichtsschreibung (→ Geschichte) und Philosophie abgesetzt und hervorgebildet haben. *Mnéme* und → Mnemosyne gelten dabei als tragender Sinn geschichtlicher Vergewisserung des kulturellen → Codes (W. Schadewaldt, *Die Anfänge der Geschichtsschreibung bei den Griechen*). Den Aufbau vorphilosophisch-religiöser Kulturwelten interpretativ mit konstituierend und ihre gewesene → Präsenz dokumentierend, wird bei → Platon gegen den M. als märchenhafte Götter- und Heldensage der *lógos* der Philosophie gesetzt.

Ob und *wie* der M. durch eine Verankerung im → kollektiven Gedächtnis menschlicher Bewusstseins- und Bedürfnisstruktur innerhalb einer mythogenen Situation in den abendländischen Kulturleistungen fortwirkt und deshalb ent- bzw. remythologisiert werden kann oder soll, wird auf verschiedene Weise argumentiert (L. Kołakowskxi, *Die Gegenwärtigkeit des Mythos*, H. Blumenberg, *Arbeit am Mythos*). M. wird dabei entweder in Verbindung mit einem real stattgehabten → Ereignis oder textuell als Rezeptionsphänomen beschrieben: Für Blumenberg fungiert der M. als rezeptionsgeschichtlicher Indikator, Wirklichkeit zu verstehen und im Verstehen zu bearbeiten (→ Hermeneutik). Seine Funktion wird dabei in einer zum Ästhetischen tendierenden, (ironisch-)reflektierten Distanznahme bestimmt, die einen von religiösem → Ritus und Tradition geforderten ‹Ernst› gegenüber dem, was als Übermacht ängstigt, poetisch zu ‹Spiel› depotenziert (Blumenberg 1971). Dagegen beansprucht die M.-Theorie R. Girards *(Das Heilige und die Gewalt)* und W. Burkerts *(Homo necans)*, den M. als religionsgeschichtliches Folge- und Begleitphänomen vom Ritus (als religiöser Kulthandlung) auf einen geschichtlichen → Ursprung zurückführen zu können. Im textuell überlieferten M., so Girard, ist ein durch kulturelle Codierung verdeckter, am Anfang der Anthropogenese geschehener und Gemeinschaft stiftender Gründungslynchmord rekonstruierbar. In einem das → kulturelle Gedächtnis generierenden Verdeckungsmechanismus dieser Gewalttat (Sakralisierung der Gewalttat im Opfer durch Apotheose des Geopferten; → Gesetz), mit der dann auch der jeweilige M. als Gründungserzählung dieses Geschehens einhergeht, sieht Girard dabei rituell-religiöse und infolge jedwedes normativ geregelte kulturelle Zusammenleben aus dem Opfer hervorgehen. Nach T. W. Adorno und M. Horkheimer *(Dialektik der Aufklärung)* soll eine begriffliche Selbstaufklärung über die genealogische Verflochtenheit abendländischer Rationalität mit dem M. im Sinne einer *aitiologischen ars memoriae* ein «Eingedenken der Natur im Subjekt» freisetzen. Aus interkultureller Sicht wird in allen M.-Theorien, die sich zur Bestimmung von M. einzig auf den griechisch-abendländischen Code beziehen, die Frage nach deren implizit mitformuliertem Anspruch «transkultureller Gültigkeit» vakant; ihm gegenüber wird eine interkulturelle, interreligiöse Perspektive von «Intermythizität» gefordert (Mohn 1998).

J. Mohn, Mythostheorien. Eine religionswissenschaftliche Untersuchung zu Mythos und Interkulturalität, München 1998; E. Angehrn, Die Überwindung des Chaos. Zur Philosophie des Mythos, Frankfurt/M. 1996; C. Jamme, «Gott an hat ein Gewand». Grenzen und Perspektiven philosophischer Mythos-Theorien der Gegenwart, Frankfurt/M. 1991; H. Blumenberg, Wirklichkeitsbegriff und Wirkungspotential des Mythos, in: M. Fuhrmann (Hg.), Terror und Spiel. Probleme der Mythenrezeption, München 1971, S. 11–66.

Rudolf Wansing

Nachruf

‹Letzte Worte›, die eine verstorbene Person in Rede oder → Schrift würdigen (→ Ruhm). Indem sie einen Rückblick auf die Lebensleistung geben (vgl. → Retrospektive), steuern sie den Eindruck, der von der verstorbenen Person bewahrt werden soll. Als öffentlicher und institutionalisierter Versuch, den → Tod und den Verlust zu kommunizieren (→ Trauer), finden sich frühe Formen des N.s als Texte in altägyptischen Gräbern (→ Pyramide), als Leichenreden *(laudatio funebris)* im antiken Rom und als Gedenkpredigten *(praedicationes de mortuis)* im Mittelalter. Heute versteht man unter N. – etwa im Gegensatz zu Todesanzeigen – das → Porträt eines Verstorbenen in Zeitungen und Zeitschriften, das durch Repetitivität, hohe Formalisierung, Suspension der Aufrichtigkeitsbedingung («de mortuis nihil nisi bene») sowie feierliche Ergriffenheit gekennzeichnet ist (Brunn 1999). Von dem gegenwärtigen Ereignis

Tod ausgehend überbrückt der N. den zeitlichen → Bruch, indem er einerseits eine biographische → Vergangenheit konstruiert, andererseits eine → Zukunft eröffnet, in der der Tote auch weiter im → kulturellen Gedächtnis der Gemeinschaft verankert ist (→ Tradierung).

S. Brunn, Abschiedsjournalismus. Die Nachrufkultur der Massenmedien, Münster 1999.

Alexandra Hausstein

Nachträglichkeit

Zeit- und gedächtnistheoretischer Grundbegriff der Psychoanalyse, der für → S. Freuds Konzeption psychischer Kausalität zentrale Bedeutung besitzt. Mit dem Begriff der N. werden Erinnerungen als kreative, retrospektive → Konstruktionen ausgelegt (→ autobiographisches Gedächtnis, → Narration). Erinnerungen basieren zwar auf Gedächtnis- und Erinnerungsspuren (→ Engramm, → Spur), die das erinnerte → Ereignis repräsentieren bzw. auf es verweisen (→ Repräsentation, → Zeichen), sind aber zugleich von späteren (psychosexuellen, sozialen, kognitiven) Entwicklungen und aktuellen → Erfahrungen des Subjekts abhängig. So wird z. B. der sexuelle Sinn von Verhaltensweisen, die Kleinkinder beobachtet haben mögen, diesen zwangsläufig erst nachträglich bewusst (→ Unbewusstes, → Urszene). Frühere Szenen werden im Lichte späterer gedeutet. Psychologisch betrachtet durchdringen sich → Vergangenheit und → Gegenwart (sowie der subjektive Entwurf der → Zukunft) im Sinne eines nicht-linearen, wechselseitigen Determinations- und Konstitutionsverhältnisses. Damit bricht → Freud mit der verbreiteten Vorstellung, dass psychische Vorgänge – analog zu physikalisch-materiellen Prozessen – in einem zeitlichen Kontinuum angesiedelt und als irreversible Abfolgen sukzessiver Ereignisse und Zustände gedacht werden können. Frühere Erfahrungen, insbesondere psychisch nicht integrierte Aspekte, erhalten im Zuge nachträglicher Umarbeitungen neue Bedeutungen und entfalten dadurch neue psychische (evtl. pathogene) Wirkungen. Freud verdeutlicht das Prinzip der N. häufig an → Erlebnissen, deren traumatisierender Charakter erst im Nachhinein entsteht (Freud 1895/1952, 1914/1947; → Trauma), nämlich in der Folge einer entwicklungs- bzw. erfahrungsabhängigen (unbewussten) Verarbeitung von Gedächtnisinhalten (z. B. im → Traum). Er betrachtet N. jedoch als allgemeine, keineswegs auf pathologische Phänomene beschränkte Struktur der psychischen Konstitution von Wirklichkeit und personaler, diachroner → Identität. Gedächtnis- und Erinnerungstätigkeiten stehen, psychoanalytisch betrachtet, stets im Kontext der an das Prinzip der N. gebundenen Erfahrungsgeschichte des Subjekts (Kettner 1998). Dem Begriff der N. partiell verwandte Überlegungen finden sich in C. G. Jungs analytischer Psychologie («Zurückphantasieren») und der Daseinsanalyse von M. Boss.

Der psychoanalytische Ansatz teilt gewisse zeit- und geschichtstheoretische Prämissen, durch die auch die qualitative Bestimmung und symbolische Repräsentation der kollektiven bzw. historischen Vergangenheit (→ Geschichtsbewusstsein) an das Prinzip der N. gebunden wird (Danto 1980, Kettner 1998). Die gedächtnis- und erinnerungstheoretische Denkfigur der N. unterläuft generell die Vorstellung, sinn- und bedeutungsstrukturierte Vergangenheiten (→ Sinn) könnten angemessen als qualitativ invariante Realitäten konzeptualisiert und erfasst werden.

M. Kettner, Nachträglichkeit. Freuds brisante Erinnerungstheorie, in: J. Rüsen/J. Straub (Hg.), Die dunkle Spur der Vergangenheit. Psychoanalytische Zugänge zum Geschichtsbewusstsein. Erinnerung, Geschichte, Identität 2, Frankfurt/M. 1998, S. 33–69; A. C. Danto, Analytische Philosophie der Geschichte, Frankfurt/M. 1980; S. Freud, Aus der Geschichte einer infantilen Neurose («Der Wolfsmann») (1914), in: Gesammelte Werke, Bd. 12, London/Frankfurt/M. 1947, S. 27–157; ders., Studien über Hysterie (1895), in: Gesammelte Werke, Bd. 1, London/Frankfurt/M. 1952, S. 75–312.

Jürgen Straub, Carlos Kölbl

Name

I. N.n haben eine Bezeichnungs- und Identifikationsfunktion. Stellvertretend für den N.ns-Träger gewinnt das Sprachzeichen N. (→ Zeichen) mnemische Potenz dadurch, dass es Persönlichkeit, Leistungen und → Epoche der N.ns-Träger in einer Erinnerungsgemeinschaft zu vergegenwärtigen vermag (→ Vergegenwärtigung). Erst der N. verleiht zu Lebzeiten Individualität wie Gruppenzugehörigkeit und ermöglicht nach dem → Tod ein Weiterleben im Gedächtnis sozialer und religiöser Gruppen. Vor allem die durch persönliche Leistungen erworbenen Beinamen (→ Ruhm) beanspruchen einen festen Platz im → kollektiven Gedächtnis. Epochenunabhängig ist Namenlosigkeit gleichbedeutend mit dem Verlust von → Identität, Ehre, Ruhm und der Zugehörigkeit zur sozialen Gruppe. Symbolisch für die Tilgung aus dem kollektiven Gedächtnis wird der N. z. B. im antiken Rom im Rahmen der → *damnatio memoriae* aus Inschriften und → Denkmälern entfernt. Da Personennamen als Chiffren, Symbole oder Symptome für die N.ns-Träger stehen, eignen sie sich in besonderer Weise für das Totengedenken und das kollektive Erinnern durch Nachbenennungen nach kanonisierten N.ns-Beständen von Vorbildfiguren.

1. Das christliche *Totengedenken* vollzieht sich seit dem Mittelalter über die N.ns-Nennung der Verstorbenen, die in der → Liturgie ihren festen Platz hat. Da es ohne N.n-Gedächtnis kein Totengedächtnis geben kann, wird N.n-Vergabe als ritualisierte Aufnahme in die Erinnerungsgemeinschaft (Familie, Kloster) begangen. Auch in profanen Gedenkfeiern wirkt die ritualisierte Verlesung von N.n (Opfer der → Shoah, Gefallener, jüngst Verstorbener) in doppelter Richtung identitätsbildend: Sie stiftet einerseits Verbindung zwischen Lebenden und Toten, andererseits verbindet sie die Angehörigen als Erinnerungsgemeinschaft.

2. Die → Tradierung von N.n durch Nachbenennung hat vergleichbare Funktionen. Die Erinnerung an den vorherigen N.ns-Träger bleibt nicht auf explizite Erinnerungsmedien (Gedenktage, -feste, -steine; → Epitaph, → Jahrestag) beschränkt. Da N.n in hohem Maß konnotativ mit Erinnerungen angereichert werden können (→ Assoziation), eignen sie sich besonders, an die für eine soziale Gruppe kanonisierten Personen (z. B. → Ahnen, Künstler, → Märtyrer, Militärs, → Pioniere, Staatsgründer) als N.ns-Träger zu erinnern. Der basale Zusammenhang von N. und Gedächtnis gilt auch für → Straßennamen. Als Sprachdenkmäler haben sie das Gedächtnismedium des klassischen Standbildes (→ Denkmal) weitestgehend abgelöst.

P. Glasner, Ein sprachhistorischer Beitrag zur Semiotik der Stadt: das Pilotprojekt «Kölner Straßennamen», in: Muttersprache, Nr. 109, 1999, S. 316–331; M. Mitterauer, Ahnen und Heilige. Namengebung in der europäischen Geschichte, München 1993.

Peter Glasner

II. *In der Ethnologie:* Durch N.ns-Gebung wird bei vielen Völkern mythische → Vergangenheit und → Gegenwart verknüpft sowie die soziale und kosmologische Einbindung von Personen gewährleistet. So führen etwa auf der matrilinear organisierten Insel Dobu im Südosten von Papua-Neuguinea die Menschen wenigstens zwei Eigennamen, von denen einer nur von Mitgliedern der mütterlichen Verwandtschaftsgruppe (Matrilinie) verwendet werden darf. Dieser N. wird weitervererbt und stellt eine direkte Verbindung mit → Ahnen gleichen N.ns her (→ Genealogie). Gleichnamigkeit *(waliesa)* ist auf Dobu eine wichtige Form der Bindung, die auf dem Prinzip beruht, dass Personen gleichen N.ns miteinander verwandt sind. Durch N.ns-Gebung kann darüber hinaus eine Flexibilität im Verwandtschaftssystem erreicht werden, die unserem Prinzip der Adoption nahe kommt: Personen erhalten einen bestimmten N.n und werden dadurch in eine Matrilinie aufgenommen. Gleichzeitig beinhaltet diese Art des Umgangs mit N.n die Abgrenzung zu anderen Verwandtschaftsgruppen, denen es nicht gestattet ist, die matrilinear weitergegebenen N.n auszusprechen. Auf Dobu geben Väter ihren Kindern einen zweiten, neutralen, heute oft englischen N.n, der frei verwendet werden kann, solange die Person lebt. Nach dem → Tod gilt ein grundsätzliches N.ns-Tabu, und anstelle des Eigen-N.s wird eine Umschreibung verwendet, z. B. ‹der mich getragen hat› (für den Vater) oder ‹die mich gestillt hat› (für die Mutter). Erst nach Jahren, während des letzten Totenerinnerungsfests *(sagali)*, wird durch öffentliche Nennung des N.ns das Verwendungsverbot aufgehoben. Dann erst darf der N. wieder ausgesprochen und für Neugeborene vergeben werden.

N.n können auf bedeutsame kulturelle Praxis verweisen: So ist es auf Dobu üblich, Neugeborene nach den wertvollen Muschelartefakten zu benennen, die im *kula*-Tauschring der Region zirkulieren. Wenn sich eine besonders kostbare *kula*-Muschel gerade in der Hand eines Elternteils befindet, gilt es als schicklich, diese Ehre durch Verwendung des N.ns der Muschel für ein Kind zu manifestieren und auf diese Weise ein Andenken an die *kula*-Transaktion zu bewahren. Auch Ortsbezeichnungen können in diesem Sinn als Eigen-N. Verwendung finden und auf bedeutsame Geschehnisse der Vergangenheit verweisen (→ Landschaft).

S. Kühling, The Name of the Gift, Diss. Canberra 1998; E. Eichler u. a. (Hg.), Namenforschung. Ein internationales Handbuch zur Onomastik, Bd. 2, Berlin 1996.

Susanne Kühling

Narbe

Sichtbare, bleibende Veränderung auf der Haut des menschlichen
→ Körpers, die sich durch Verletzungen oder Entzündungen bildet. Sie
kann auch bei ungestörter Heilung von Wunden (besonders nach Ver-
brennungen) sowie nach operativer Gewebedurchtrennung entstehen. In
kulturwissenschaftlicher Hinsicht ist die projektive Deutung von N.n interessant. Als sichtbare Körpermale verweisen sie auf Vergangenes, erinnern fortwährend an die Geschichte eines Individuums (→ Autobiographie). In der Ethnologie werden Körpermarkierungen hinsichtlich ihrer
Zeitlichkeit unterschieden: Während *permanente* Körperzeichen wie Tä-
towierungen oder N.n schmerzhafte, (quasi-)chirurgische Eingriffe erfordern, sind *temporäre* Körperzeichen (Körperbemalungen) abwasch-
bar und in der Regel schmerzfrei. Alle Formen dauerhafter, gewaltsamer
Modifikationen der Haut beinhalten Schmerzerfahrungen (→ Erfahrung, → Schmerz) und sind daher traditionell Teil von Initiationsriten
(→ Ritus). Nach V. Turner (1987) ist die *Skarifikation* – das Einritzen
oder Aufschlitzen der Haut mit dem Ziel, deutliche N.n zu produzieren –
aufgrund der Schnelligkeit und Kürze des Eingriffs in Übergangsritualen
(rites des passages) besonders prominent: Der Schnitt in die Haut markiert die Plötzlichkeit des Wandels vom vorhergehenden zum nachfolgenden gesellschaftlichen Status. Die Skarifikation ist in vorindustriellen
Gesellschaften an komplexe Praktiken und in zyklisch wiederkehrende
→ Rituale eingebunden. Das System der N.n markiert Alter, Geschlecht,
Status und soziale Herkunft. Es hält kulturell stereotyp wichtige indivi-
dualgeschichtliche → Ereignisse im Körpergedächtnis fest.

In westlichen Kulturen hat sich die Skarifikation – im Gegensatz zur
Tätowierung und zum Piercing – bisher nicht durchgesetzt. Eine Ausnahme bildet der sog. Schmiss, die bei einer Mensur erhaltene Hiebwunde
(meist auf der Wange) und die dadurch entstehende N. Als soziales
→ Zeichen können N.n – zumindest bei Männern – Stärke und Mut
symbolisieren, indem sie auf physische Auseinandersetzungen in der Vergangenheit oder gar den heldenhaften Kriegseinsatz hinweisen.

Bereits → F. Nietzsche weist auf die Bedeutung des Schmerzes für jede
Form der → Mnemotechnik hin: «Es ging niemals ohne Blut, Martern,
Opfer ab, wenn der Mensch es nötig hielt, sich ein Gedächtnis zu machen; die schauerlichsten Opfer und Pfänder [...], die wiederlichsten Ver-
stümmelungen [...], die grausamsten Ritualformen aller religiösen Kulte
[...] – alles hat in jenem Instinkte seinen Ursprung, welcher im Schmerz
das mächtigste Hilfsmittel der Mnemotechnik erriet» (1887/1988, S.

295). Die qualvolle Einschreibung des Sozialen in den Körper ist Gegenstand neuerer kulturwissenschaftlicher Studien, die den Ausgangspunkt in Arbeiten M. Foucaults nahmen. Im historischen Verlauf und dem Verschwinden der ‹peinlichen› → Strafen wird die vormals physische Ebene der Gewalteinwirkung und Folter ab dem 18. Jh. zunehmend auf die psychische übertragen. In diesem übertragenen Sinn spricht man dann von ‹seelischen N.n›. Es sind dies erlittene psychische Verwundungen oder → Traumata, die sich im Gedächtnis oder im → Unbewussten einprägen (→ Einprägen). Das Bild der Vernarbung kann dabei auch zum Symbol innerer Gesundung werden, so heißt es beispielhaft in H. v. Kleists *Käthchen von Heilbronn*: «Ich weiß, daß ich mich fassen und diese Wunde vernarben werde: denn welche Wunde vernarbte nicht der Mensch?»

C. Benthien, Haut. Literaturgeschichte – Körperbilder – Grenzdiskurse, Reinbek 1999; C. Ölschläger/B. Wiens (Hg.), Körper – Gedächtnis – Schrift. Der Körper als Medium kultureller Erinnerung, Berlin 1997; V. Turner, Bodily Marks, in: The Encyclopedia of Religion, Bd. 2, New York 1987, S. 269–275; F. Nietzsche, Zur Genealogie der Moral (1887), in: ders., Kritische Studienausgabe, Bd. 5, München 1988, S. 245–412.

Claudia Benthien

Narration

I. (lat. *narratio*: Erzählung). *In der Psychologie:* Die N. gilt als universale anthropologische Praxis. Sie ist seit mehreren Jahrzehnten Gegenstand verschiedener Disziplinen, die sich intensiv mit dem Erzählen von entweder literarischen oder alltäglichen, fiktiven oder ‹realistischen› Geschichten bzw. mit den ephemeren oder textuell objektivierten Resultaten dieser Praxis befassen (z. B. biographischen oder historischen Erzählungen; → Autobiographie, → autobiographisches Gedächtnis, → Geschichte, → Geschichtsbewusstsein, → Identität). Neben der Pragmatik, Syntax und Semantik von Erzählungen wurden die im philosophischen Begriff der Narrativität gefassten Voraussetzungen und Implikationen dieser Tätigkeit sowie ihre kulturellen, sozialen und psychischen Aspekte eingehend untersucht. Im Hinblick auf → Strukturen, Mechanismen, Funktionen und die Genese bzw. Veränderung des (individuellen und → kollektiven, kommunikativen und → kulturellen) Gedächtnisses sowie die gedächtnisbasierte Erinnerung sind insbesondere folgende Arbeitsbereiche relevant: Beiträge der sprachanalytischen Philosophie und der

Geschichtstheorie, die sich um grundlegende Klärungen des Zusammenhangs von → Zeit und Erzählung bemühen (Ricœur 1988, 1991); Arbeiten aus der transdisziplinären empirischen Erzählforschung, der Literaturwissenschaft und Textlinguistik (Ricœur 1989), die sich neben der Analyse pragmatisch-interaktiver Aspekte narrativer Kompetenz insbesondere auch um die theoretische Explikation der strukturellen Organisation eines Textes als kohärente Geschichte verdient gemacht haben; schließlich die teilweise mit textlinguistischen Ansätzen verwandten oder daran anknüpfenden Forschungen der kognitiven Psychologie (→ Kognition), die u. a. zeigen, dass bestimmte Funktionen und Bereiche des Gedächtnisses (bzw. einzelner → Gedächtnissysteme) narrativ strukturiert sind.

So wird z. B. dargelegt, dass nicht erst die Artikulation von Erinnerungen, sondern bereits deren kognitive → Elaboration, ja schon Teile unserer vom Gedächtnis ‹gespeicherten›, handlungsrelevanten Selbst- und Weltwahrnehmungen in Form kohärenter Erzähl- bzw. Geschichtenschemata organisiert sind (Rusch 1991, Stein/Trabasso 1982, Straub 1998, Straub 1999). Es sind die in Form von Geschichtenschemata mental repräsentierten → Erfahrungen und → Erwartungen, die das Erinnern in seinem Ablauf strukturell ordnen und dadurch auch inhaltlich bestimmen. Dies führt u. a. dazu, dass Erinnerungen – ganz im Sinne von → F. C. Bartletts Modell eines aktiven, kreativen Gedächtnisses – häufig ganz unwillkürlich nach der formalen Maßgabe eines vollständigen Geschichtenschemas ergänzt und komplettiert werden, indem ‹faktisch› nicht besetzte Leerstellen *(slots)* imaginativ ausgefüllt werden (→ Schema, → Skript). Auch die Fähigkeit, Erinnerungen in der Form zusammenfassender, also keineswegs detailgetreuer Geschichten wiederzugeben, kann mit Hilfe des narrativen Modells schematheoretisch erklärt werden. Wie etwa K. E. Nelson gezeigt hat, sind die hierzu erforderlichen *summarization skills* bereits in der frühen Adoleszenz voll ausgebildet. Generell lassen sich zahlreiche Gedächtnis- und Erinnerungstätigkeiten als narrative Sinnbildungsprozesse auffassen (→ Konstruktion, → Rekonstruktion, → Sinn). Dabei unterstellen einschlägige theoretische Modelle eine vom Subjekt internalisierte narrative Grammatik, die in konkurrierenden theoretischen Modellen idealtypisch beschrieben wird. Stets wird zu diesem Zweck von der Analyse struktureller Merkmale narrativer Texte ‹rekonstruktiv› auf ein korrespondierendes kognitives Geschichtenschema geschlossen. Dieses internalisierte Schema koppelt Gedächtnis- und Erinnerungsprozesse an ein strukturelles Ablaufmuster. Berühmt geworden und in zahlreichen kognitionspsychologischen Gedächtnis- und Erinnerungsmodellen berücksichtigt wurde etwa die von W. Labov und J. Waletzky beschriebene Prozessstruktur, die eine erzählte Geschichte in die Phasen Abstrakt, Orientierung, Komplikation, Evaluation, Auflösung und Coda gliedert und diesen Phasen die Funktionen Ankündigung und Legitimation, Schauplatzcharakteristik, Ereignisdarstellung, Bewertung, Ergebnisdarstellung und Beendigung der Erzählung zuordnet.

Die sprach- und kognitionswissenschaftliche Analyse von Erzählungen – ihrer pragmatischen, strukturellen und funktionalen Aspekte – sowie die theoretische Verarbeitung dieser Befunde in Form von triadischen Strukturmodellen oder alternativen Erzählgrammatiken (neben der sog. Highpoint-Analyse z. B. die Arbeiten von C. Bremond, D. E. Rumelhart, J. M. Mandler, U. Quasthoff) gelten dementsprechend als wichtige Methode zur empirischen Erforschung der kognitiven → Organisation des Gedächtnisses und mnestischer Tätigkeiten. Nicht zuletzt erlaubt der narrative Ansatz die theoretische Modellierung und empirische Untersuchung der Entwicklung des (insbesondere → episodischen und → autobiographischen) Gedächtnisses (→ Gedächtnisentwicklung), indem er nahe legt, dieselbe an den sozialisatorisch vermittelten Erwerb narrativer Kompetenz zu binden (→ Sozialisation). Narrative Kompetenzen und die damit verwobenen mnestischen Fähigkeiten bilden sich schrittweise aus: von prosodischen Wortspielen, dem bloßen Aufzählen isolierter → Ereignisse und sog. Thema-und-Variationen-Geschichten über die zunehmend elaborierte Verwendung temporaler Markierungen und Verknüpfungen sowie logischer, finaler (einschließlich intentionaler/ motivationaler) und kausaler Konnektoren bis hin zur Produktion von sequenziell kohärent geordneten Geschichten mit einem regelrechten Plot, in dessen Mittelpunkt eine Komplikation steht, die den oder die Protagonisten sowie den Erzähler/Rezipienten emotional berührt (→ Emotion).

Auch außerhalb der kognitiven Psychologie sind narrativ strukturierte Gedächtnis- und Erinnerungsleistungen häufig analysiert worden, unter anderem im Hinblick auf pragmatische, soziale und psychische Funktionen erzählerischer Sinnbildungsprozesse (Straub 1998), aber auch pathologische Störungen des Zeitbewusstseins (→ Zeit) und der narrativ vermittelten Orientierungs- und Handlungsfähigkeit. Nicht zuletzt sind speziell psychoanalytische Beiträge erwähnenswert (z. B. von B. Boothe), die vornehmlich → unbewusste Motive und Funktionen des Erzählens und Erinnerns untersuchen. Die psychologische Bedeutung narrativer Sinnbildung wird schließlich in jenen Auffassungen der Psychoanalyse hervorgehoben, die die *talking cure* als dialogisch-interaktive Modifikation von Selbst- oder Identitätserzählungen rekonstruieren (R. Schafer; → Identität) und damit das in der zeitgenössischen (Gedächtnis-)Psychologie weit verbreitete Bild des Menschen als *story teller* bestätigen und befördern (Bruner 1990).

J. Straub, Biographische Sozialisation und narrative Kompetenz. Zu einigen psychologischen Voraussetzungen lebensgeschichtlichen Denkens in der Sicht einer narrativen Psychologie, in: E. Hoerning (Hg.), Biographische Sozialisation, Stuttgart 1999, S. 137–163; ders., Geschichten erzählen, Geschichte bilden. Grundzüge einer narrativen Psychologie historischer Sinnbildung, in: ders. (Hg.), Erzählung, Identität und historisches Bewußtsein. Die psychologische Konstruktion von Zeit und Geschichte, Frankfurt/M. 1998, S. 81–169; G. Rusch, Erinnerungen aus der Gegenwart, in: S. J. Schmidt (Hg.), Gedächtnis. Probleme und Perspektiven der interdisziplinären Gedächtnisforschung, Frankfurt/M. 1991, S. 267–292; J. Bruner, Acts of Meaning, Cambridge MA/London 1990; P. Ricœur, Zeit und Erzählung. Band I: Zeit und historische Erzählung; Band II: Zeit und literarische Erzählung; Band III: Die erzählte Zeit, München 1988, 1989, 1991; N. L. Stein/T. Trabasso, What's in a Story: An Approach to Comprehension and Instruction, in: R. Glaser (Hg.), Advances in Instructional Psychology, Bd. 2, Hillsdale 1982, S. 213–267.

Jürgen Straub

II. *In der Kulturwissenschaft:* das klassische Medium, in dem Erinnerung zur Sprache kommt, kulminierend in der *talking cure* der Psychoanalyse. N. ist eine elementare Form der Strukturierung von → Ereignissen, die differenzielle Verteilung derselben auf einer Zeitachse. Die Bedeutung eines Anfangs ist dabei vom Fluchtpunkt des Endes bestimmt (White 1990). Die ‹Realität› einer solchen Sequenz liegt dabei nicht in der ‹natürlichen› Abfolge der Handlungen, aus denen sie zusammengesetzt ist, sondern in der Logik, die in ihr hervortritt und eingehalten wird (R. Barthes). Im Unterschied zu anderen, eher parataktischen denn syntaktischen Weisen des In-Beziehung-Setzens von → Vergangenheit und → Gegenwart ist die N. durch die operative Sinndimension strukturiert: Sinngebung meint den Zusammenhang für das Unzusammenhängende (→ Sinn). Erst die Kopplung an zeitliche Prozesse macht aus einer Aufzählung eine N. (Ricœur 1988ff.).

Damit stellt sich das Referenzproblem der N. als Medium der scheinbaren Selbstmitteilung des Vergangenen. Die aristotelische Differenz von *mimesis* und *diegesis* trennt zwischen dem Anspruch, in Geschichten Realität *nachzuahmen*, und der Vorstellung, Wirklichkeit werde in Form von

Geschichte(n) *modelliert*. Als selbst ernanntes Medium der → Geschichte hat die N. seit geraumer Zeit seine autorisierende Stimme (die Stimme des Autors) zu löschen gesucht, um wie viele moderne Medien als Effekt die Referenzillusion einer unmittelbar sprechenden, unmediatisierten Vergangenheit zu erzielen: zu zeigen, «wie es eigentlich gewesen» ist (L. v. Ranke; → Rekonstruktion).

Zum Jahr 2000 hatten endzeitliche Phantasien Konjunktur. Nicht aber so sehr Geschichte im philosophischen oder politischen Sinn stand auf dem Spiel, wie es die Denker des → Posthistoire seit dem 19. Jh. diagnostiziert hatten (G. W. F. Hegel, A. Cournot, A. Kojève, A. Gehlen, F. Fukuyama), sondern die Form des Geschichte(n)erzählens. Karriere und (Ver-)Fall der N. lassen sich ihrerseits nur bedingt narrativ beschreiben, denn nicht immer war N. das Medium der → Tradierung. Die antike und frühmittelalterliche Annalistik (→ Annalen) praktizierte keine notwendig narrative Verknüpfung zwischen den registrierten Ereignissen, denn ein göttlicher Heilsplan regierte als ‹Algorithmus› hinter den eingetragenen Phänomenen alternativ zum Sinnstiftungsmedium N. Historie tritt dann auf, wenn der Heilsplan seine Glaubwürdigkeit verliert: Das Reale erzählt keine Geschichten, nur der Mensch eignet sich das Reale in Form von Geschichten an; das Narrative ist dabei eine abgeschlossene Rede, die eine zeitliche Sequenz von Ereignissen *irrealisiert*. Die narrative Transformation von Unwahrscheinlichkeit in Wahrscheinlichkeit ist ein kulturelles Sinnverarbeitungsmuster zur Reduktion von Kontingenz auf eine symbolische Ordnung (J. Lacan); damit ist jede N. ideologisch affirmativ. Ohne tragendes ideologisches Anliegen gibt es keine konsequenten Geschichten (D. Buxton). Gerade in ihrer narrativen Konsequenz aber liegt die «Gewalt des Zusammenhangs» (A. Kluge).

In durch primär orale Kommunikationsformen definierten Gesellschaften (→ Oralität) erfolgt die Informationsübertragung im Medium der N. Um 1800 wird durch die nationalpädagogische Alphabetisierungskampagne in Deutschland die alltägliche Kunst des Erzählens allmählich anachronistisch (Benjamin 1936/1977). Eine beschleunigte Zeiterfahrung (→ Beschleunigung) und eine printmedieninduzierte größere Pluralität des → Wissens im Rahmen des politischen und ökonomischen Systemwandels lässt gegenüber der Pluralität regelloser Historien das Bedürfnis nach der *einen* übergeordneten Geistesentwicklung aufsteigen (→ Geschichtsphilosophie); aus N. wird der Kollektivsingular ‹Geschichte›, in dem seitdem Ereignis und N. semantisch konvergieren, bis dieses Kulturmodell an zwei Weltkriegen zerbricht.

N. in ihrer traditionellen Form unternahm es, die *Monumente* der Vergangenheit zu memorisieren, indem sie daraus → *Dokumente* eines unterstellten Zusammenhangs machte; demgegenüber plädiert M. Foucault mit der Pariser Historikerschule *Annales* für Alternativen zur N., nämlich für eine Geschichte, die *Dokumente* in *Monumente* transformiert und eine Masse von Elementen entfaltet, die es zu isolieren, zu gruppieren und in Beziehung zu setzen gilt (→ Archäologie, → Genealogie). Das bedeutet mithin, Daten nicht mehr narrativ einzufassen, sondern *das → Archiv zu schreiben* und mit Diskontinuitäten zu rechnen. J. G. Droysen hat Mitte des vergangenen Jahrhunderts in seiner Vorlesung über Methoden des Umgangs mit Daten der Vergangenheit unter dem Namen *Historik* ein wissensarchäologisches Verfahren vorgeschlagen, Befunde aus ihrer narrativen, historiographischen Umklammerung wieder zu befreien und historische Kritik als Dekonstruktion der N. zu betreiben: die neu kombinierten alten Nachrichten aus ihrer neuen Umgebung und Kombination herauszulösen und, soweit möglich, in ihre alte Atmosphäre zurückzubringen. Wenn *Erzählen* analytisch in seine *Bauformen* sezierbar ist (Lämmert 1955), sind alternativ zur N. modulare Schreibweisen denkbar.

Im 20. Jh. geriet die N. in verschiedene Krisen ihres Repräsentationsanspruchs. E. Wiesel weist auf die Unsagbarkeit von Fortschrittsgeschichte und Erinnerung nach Auschwitz hin (→ Shoah): «Einzig vermag ich noch zu erzählen, daß ich diese Geschichte nicht mehr erzählen kann.» Die millionenfache Stanzung von Lebensgeschichten in ein gleichförmiges Schicksal haben dem Ereignis jegliche Erzählstruktur genommen; an deren Stelle tritt – buchstäblich mit Lochkarten als Medium von Deportation und Aussonderung – eine Statistik, aber kein Narrativ (Diner 1995).

Die technischen Medien des vergangenen Jh.s haben die N. als kulturtechnische Praxis beharrlich unterminiert: filmische Darstellungsweisen (Montage, Kamerafahrten, → Flashback), Radio (Collage), Television und → Video (digitaler Schnitt), Computer(spiele) und Hypertext (Non-Linearität; → Internet); sie bleiben aber – quasi kompensatorisch – auf diskursiver Ebene weiterhin von einem narrativen Schema überlagert. Die Postmoderne sprengte zwar die Suprematie *eines* Mediums, der → Schrift und des → Buchs, und fügte Bilder und Töne, Rechner und → Zeichen hinzu, löste sich aber in ihrer Erinnerungsfunktion nicht von (wenngleich parzellierten) Formen narrativer Identitätsgarantie (→ Identität). Werden jedoch Geschichte und Zeitgeschehen von ihren Medien der Übertragung her begriffen, hört N. auf, zwangsläufig narrativ geschlossen zu sein; folglich ist auch das Gedächtnis der Medien nicht mehr narrativ, sondern wissensarchäologisch zu adressieren: als medien-kulturelle Verabschiedung des dominanten Modells der Geschichte(n) zugunsten einer signalorientierten Informationspolitik (→ Information).

In der Epoche des Digitalen ändern sich auch die Formen des bislang analog vertrauten Erzählens. Diese andere Form des Schreibens, d. h. die Anweisung zur Verknüpfung von Daten, steht dem Programmieren nahe, das damit nicht mehr die logistische Grundlage für narrative Textverarbeitung angibt, sondern mit ihr selbst zusammenfällt – eine Form des *transitiven* Schreibens. Sprechen wir also der N. ihren Schein ab, mit der Wirklichkeit zu konvergieren. Mag sie als kognitive Schnittstelle für Kinobesucher und Romanleser fortbestehen, doch im → Bewusstsein der ganz und gar non-narrativen Mechanismen, die ihr rhetorisch und technisch zugrunde liegen. Die N. dient der Illusion anthropomorpher Erinnerung, gegenüber dem Gedächtnis als Speicher einen Raum des Unmaschinisierbaren aufrechtzuerhalten. Der → Computer vermag allein in Zuständen zu kalkulieren; *er*zählen kann er nicht.

D. Diner, Gestaute Zeit. Massenvernichtung und jüdische Erzählstruktur, in: ders., Kreisläufe. Nationalsozialismus und Gedächtnis, Berlin 1995, S. 123–139; H. White, Die Bedeutung von Narrativität in der Darstellung der Wirklichkeit, in: ders., Die Bedeutung der Form. Erzählstrukturen in der Geschichtsschreibung, Frankfurt/M. 1990, S. 11–39; P. Ricœur, Zeit und Erzählung, 3 Bde., München 1988ff.; E. Lämmert, Bauformen des Erzählens, Stuttgart 1955; W. Benjamin, Der Erzähler (1936), in: ders., Gesammelte Schriften, Bd. 2, Frankfurt/M. 1977, S. 438–465.

Wolfgang Ernst

Nation

(franz. *nation* von lat. *natio*: Abstammung, Geburt). Der Wortstamm verweist auf die Fiktion des gemeinsamen → Ursprungs einer Gruppe, die sich als N. stets kollektiv an dieses → Ereignis des Ursprungs zu erinnern hat (→ kollektives Gedächtnis). Aufgrund seines normativen Erinnerungsgebots gehört das Modell der N. der Sphäre von Werten an und legt hierbei auch seine ideologischen Wurzeln offen. In der Französischen → Revolution wird der Term als «Zukunftsbegriff» (R. Koselleck) aktiviert. Erst im 19. Jh. wird er zum grundlegenden Signifikanten zur Organisation des Politischen (→ Politik) und meint die Einheit von Staatsvolk, Territorium und Sprache. Heute wird er grundsätzlich für die politische Normalform staatlicher Organisation gebraucht.

Im Rückblick ist das präskriptive Potenzial des Begriffs allerdings aufschlussreicher als seine deskriptive Nutzung. Aus rückwärts gewandten Fiktionen eines gemeinsamen Ursprungs wird die wirkungsmächtige Realität der N. geschaffen. Ein solcher Fall liegt paradigmatisch in der Mobilisierung von Tacitus' *Germania* durch nationalkonservative Kräfte in Deutschland vor. Der eigentlich die Dekadenz in Rom anprangernde Text wurde zu einer Gründungsakte der deutschen N. Die Figur Arminius (mit ideologischem Nutzen in «Hermann» übersetzt) wird umgedeutet zum «politische[n] Sinngenerator» (A. Dörner, *Politischer Mythos und symbolische Politik*) deutschen Nationalbewusstseins (→ Mythos). Die beschriebene Tat wird zum Teil des kollektiven Gedächtnisses gemacht, ihre bloße Anrufung kann metonymisch den Gesamtwert N. einbringen und den → Sinn dieses Gründungsakts für die politische Steuerung einsetzen. Das Erinnern der gemeinsamen historischen Herkunft verdeckt die Kontingenz politischer Entscheidungen und ermöglicht die ideologische Identifikation von N. und ‹Volk›. Diese Operation ist der eigentliche Grund des emphatischen Bezugs auf die → Vergangenheit, wie er in der Romantik, z. B. bei A. Müller, im starken Sinne eingefordert wird. ‹Volk› erscheint dort als «Bund», in dem «vergangene[…], jetzt lebende[…] und noch kommende[…] Geschlechter[…] alle in einem großen innigen Verbande zu Leben und Tod zusammenhängen» (*Elemente der Staatskunst*, 1810). Die Vergangenheit wird erinnert, um den → Sinn und die Notwendigkeit gegenwärtigen Handelns zu verbürgen.

Die vielfachen Substanzialisierungsversuche arbeiten jedoch gegen die Realität des Begriffs: Bei der N. handelt es sich um eine «imaginäre Einheit», «die dann noch mit Realität gefüllt werden muß» (N. Luhmann, *Gesellschaft der Gesellschaft*), einem verbindlichen Rechtssystem etwa (→ Gesetz). N.en sind trotz ihrer historisierenden Referenzen immer das Ziel und nie der Ausgangspunkt von → Identitätsbildungen: «Nationale Identität ist nicht gegeben, sie muß definiert, gewonnen und gesichert werden. Ihr Problem liegt nicht in der Vergangenheit, sondern in der Zukunft» (N. Luhmann, *Die Politik der Gesellschaft*). Die Gründungsmythen der N. (→ Gründung) sind daher meist verbunden mit einer «Legende von einer providentiellen ‹Mission›» (M. Weber, *Wirtschaft und Gesellschaft*), sodass das Konzept der N. die Erinnerung an eine heroische Vergangenheit (→ Pionier) und den Vorgriff auf die → Zukunft verbindet (→ Vorausschau). In den äußersten Prägungen des Nationalismus sind diese Elemente so stark, dass künftige Geschichte im Futur II erzählbar wird. Die Ursprungserzählung eliminiert auch die historische Kontingenz, die zur Situation des Zusammenschlusses in der N. führt. Das Konzept gehört der «Wertsphäre» (M. Weber, *Wirtschaft und Gesellschaft*) an: Es regelt Solidaritätszumutungen zwischen verschiedenen Gruppen und erhöht die Wahrscheinlichkeit, dass politische Entscheidungen angenommen werden.

Die in den Konzeptionen der N. oft zur mythischen Überformung tendierende Erinnerung wird in E. Renans Schrift *Qu'est-ce qu'une nation?* (1882) differenziert. Renan beschreibt das → Vergessen als dem Erinnern gleichwertige Aktivität: Jeder der N. Angehörige muss die gewaltsamen Gründungsakte seiner Erinnerungsgemeinschaft vergessen können, etwa die Franzosen das blutige Geschehen der Bartholomäusnacht. Erinnert werden müssen hingegen die → Codes, die das Gemeinsame der N. über die → Differenzen der Individuen hinweg stiften. Renan kommt ein besonderer Platz in der Theorie der N. zu, insofern er beide Seiten der Unterscheidung von Erinnern und Vergessen einbezieht. Ihm zufolge wäre vorrangig zu beobachten, was vergessen werden muss, damit das nationale Gedächtnis funktionieren kann. Die genannten Strategien der Übercodierung des symbolischen Verbunds bedienen sich literarischer Fiktionen und essenzialisieren deren rhetorisches Konstrukt. N.en beruhen somit auf einer Erzählung (→ Narration): «[W]e […] find narration at the centre of nation: storys of national origins, myths of founding fathers, genealogies of heroes. At the origin of the nation, we find a story of the nation's origin» (Bennington 1990, S. 121). Der Ursprung ist somit immer schon aufgeschoben und nicht fixierbar. Diesen Aufschub in der Gründungsakte der N. hebt vor allem die Dekonstruktion (→ J. Derrida) hervor; durch die Einsicht in die Dekonstruierbarkeit des Ursprungs lassen sich die Effekte des leeren Grundes umso deutlicher hervorheben und in ihrer bloßen ideologischen Setzung kennzeichnen. Dieser Aufweis kann als Strategie gegen die Verfahrensweisen einer Politik des Mythos wirken, denn bei N.en handelt es sich zunächst um nichts anderes als eine «vorgestellte politische Gemeinschaft – vorgestellt als begrenzt und souverän» (Anderson 1998, S. 14). Die faktische Unverbundenheit der Individuen wird durch kollektive Erinnerung und kollektives Vergessen strategisch in eine *imaginäre* Verbundenheit überführt.

B. Anderson, Die Erfindung der Nation. Zur Karriere eines folgenreichen Konzepts, Berlin 1998; B. Giesen, Die Intellektuellen und die Nation. Eine deutsche Achsenzeit, Frankfurt/M. 1993; A. Hahn, Identität und Nation in Europa, in: Berliner Journal für Soziologie, Bd. 3, 1993, S. 193–203; Artikel Volk, Nation, Nationalismus, Masse, in: Brunner u. a. (Hg.), Geschichtliche Grundbegriffe. Historisches Lexikon zur politisch-sozialen Sprache in Deutschland, Bd. 7, Stuttgart 1992, S. 141–431;

G. Bennington, Postal politics and the institution of the nation, in: H. K. Bhabha (Hg.), Nation and Narration, London 1990, S. 121–137; M. Foucault, In Verteidigung der Gesellschaft (1976), Frankfurt/M. 1999.

Torsten Hahn

Naturschutz

(lat. *natura*: Geburt, Wesen, Schöpfung). Kulturelle Praxis, Objekte und Ensembles der natürlichen Umwelt vor zivilisatorischen Zugriffen und materieller Nutzung zu schützen. Damit wird der Schutz der Natur, die in modernen Gesellschaften zunehmend technisch beherrscht wird, analog zur Kunst- und Kulturdenkmalpflege zu einer Erinnerungstechnik, die natürliche → Zeugnisse sichert: Die Praxis des Schützens einer Natur, die nicht mehr als bedrohende, sondern als bedrohte Größe erscheint, transformiert sie ins → kulturelle Gedächtnis. Wie moderne Staaten die Geschichte der → Nationen konstruierten, so entwarfen sie eine Natur (etwa den ‹deutschen Wald›), welcher deshalb der Status des Bewahrenswerten zuerkannt wurde, weil sie den → Ursprung und die Eigenart der Nation zu beglaubigen schien. Insofern ist N. wie die → Denkmalpflege ein Spross des → Historismus. In der Idee des N.es wird der Begriff der Denkmalwürdigkeit auf Natur übertragen. Vor dem Hintergrund beschleunigten technologischen und gesellschaftlichen Wandels wurden seit der Romantik vor allem vermeintlich unberührte Natur sowie traditional geprägte Kulturlandschaft als Repräsentantinnen untergegangener Zeiten wahrgenommen und als ‹Naturdenkmale› oder ‹Naturschutzgebiete› geschützt (→ Denkmal). Während der institutionalisierte N. seit 1900 anstrebte, nach diesem musealisierenden Prinzip Memorialinseln vergangener Naturzustände zu retten (→ Paradies), vollzog sich außerhalb dieser Enklaven ungebrochen die Entfaltung jenes industriellen Systems, das doch eigentlich als Verursacher der Natur- und Umweltschädigungen diagnostiziert wurde.

Mit der Erkenntnis, dass Natur dynamische Entwicklungsprozesse durchläuft und damit eine historische Kategorie darstellt, erschien die Denkfigur des Naturdenkmals in den Naturwissenschaften seit dem 18. Jh. für Zeugnisse abgeschlossener naturhistorischer Epochen, die – wie etwa erratische Blöcke – aus ihren Ursprungskontexten herausgelöst wurden und als deren → Dokumente überdauert haben (vgl. → Fossil). Bei A. v. Humboldt erhielt der Begriff des Naturdenkmals eine Bedeutungsverschiebung. In vermeintlich geschichtslosen sozialen Gruppen wies er als Ersatz für die kulturelle Gewordenheit natürlichen Phänomenen wie merkwürdigen Bäumen oder Bergen einen kollektiven identifikatorischen Wert zu (→ Landschaft).

Explizit berief sich H. Conwentz auf Humboldt, als er um 1900 im Auftrag des preußischen Staates ein Konzept der Naturdenkmalpflege systematisierte. Conwentz hielt fest, «daß unter Naturdenkmal etwa ein ursprünglicher, d. i. ein von kulturellen Einflüssen völlig oder nahezu unberührt gebliebener, lebloser oder belebter charakteristischer Naturkörper im Gelände, bezw. ein ursprünglicher charakteristischer Landschafts- oder Lebenszustand in der Natur, von hervorragendem, allgemeinem oder heimatlichem, wissenschaftlichem oder ästhetischem Interesse verstanden wird» (1904, S. 186f.). Damit bezog sich der Begriff auf Pflanzen und Tiere, auf geologische Phänomene, ökologische Systeme wie Moore und auf Landschaftsensembles. 1919 wurde der Schutz der Natur in § 150 der Weimarer Verfassung explizit als Angelegenheit staatlicher Fürsorge und des Allgemeinwohls anerkannt: «Die Denkmäler der Kunst, der Geschichte und der Natur sowie die Landschaft genießen den Schutz und die Pflege des Staates.»

Schon früh allerdings artikulierte sich in den bildungsbürgerlichen Vereinen des Natur- und Heimatschutzes Kritik am engeren Konzept der Naturdenkmalpflege, weil durch diese kein angemessenes Problembewusstsein gegenüber den ökologischen Belastungen und Veränderungen der natürlichen Umwelt in modernen Gesellschaften entwickelt werden könne. So ging der klassische N. seit den 1970er Jahren mehr und mehr in den neueren ökologischen Bewegungen auf. Heute legitimiert er seine Tätigkeit vor allem naturwissenschaftlich und setzt sich im Besonderen die Erhaltung natürlicher Ressourcen oder evolutiver Prozesse als Lebensgrundlage des Menschen zum Ziel.

J. Radkau, Natur und Macht. Eine Weltgeschichte der Umwelt, München 2000; H. Conwentz, Die Gefährdung der Naturdenkmäler und Vorschläge zu ihrer Erhaltung, Berlin 1904.

Friedemann Schmoll

Naturzustand → Paradies, → Ursprung

Nervenzelle

(lat. *nervus*: Sehne, Band). Auch: Neuron; neben den Gliazellen zellulärer Bestandteil des Nervensystems (→ Zentrales Nervensystem). Während die wenig verstandene Aufgabe von Gliazellen u. a. in Stütze und Ernährung von N.n, elektrischer Isolation des Axons und → Neurotransmitter-Verarbeitung gesucht wird, können N.n Signale empfangen, verarbeiten und speichern. Zwar galten seit T. Schwann und J. Schleiden (ca. 1830) Zellen als strukturelle Einheiten aller lebenden Materie, aufgrund der durch viele Zellfortsätze schwammartig wirkenden Struktur ist dies für das → Gehirn jedoch erst seit Einzelzellfärbungen von C. Golgi und S. Ramón y Cajal um 1900 allgemein akzeptiert *(Neurondoktrin)*.

Funktion der N.n ist die Signalverarbeitung: Ausgehend vom Zellkörper *(Soma)* erstrecken sich zwei Typen von N.n-Fortsätzen, *Dendriten*, die Informationen von anderen N.n erhalten und zum Soma weiterleiten, und ein *Axon*, das sich bis zu mehreren Metern erstreckt und Dendriten anderer N.n in bis zu 50 000 → Synapsen kontaktiert. Charakteristisch ist des Weiteren das starke elektrische Feld über der Membran, das durch Ionenpumpen und ionenselektive Membrankanäle aufrechterhalten wird. → Informationen können sich als Änderungen dieser Spannung über kurze Entfernungen passiv ausbreiten. Natrium- und Kaliumionen-Kanäle, deren Leitfähigkeiten spannungsabhängig sind, bewirken im Axonbeginn kurze (ca. 1 ms) Alles-oder-nichts-Ereignisse *(Aktionspotenziale)*, die sich ohne wesentliche Formänderung längs des Axons fortpflanzen. Entgegen früherer Annahmen sind auch in Dendriten spannungsabhängige Ionenkanäle von Bedeutung, die dort lokale Integration und die für Hebb'sches Lernen (→ D. O. Hebb) notwendige Rückpropagation von Aktionspotenzialen in den Dendriten ermöglichen. Die Klassifikation der Vielfalt an N.n erfolgt heute im Wesentlichen anhand synaptischer Eigenschaften und Morphologie.

E. R. Kandel/J. H. Schwartz/T. M. Jessell, Principals of Neural Science, 4. Aufl. New York 2000; S. Ramón y Cajal, La textura del sistema nerviosa del hombre y los vertebrados, Madrid 1904.

Andreas T. Schaefer

Netzwerk

Der Begriff des N.s gehört zu den am häufigsten verwendeten Metaphern zur Beschreibung der Struktur des Gedächtnisses (→ Gedächtnismetapher). Die Vorstellung des Gedächtnisses als eines N.s beruht auf dem auf Aristoteles zurückgehenden Konzept der → Assoziation, dem zufolge Gedächtnisinhalte gemäß ihrer Ähnlichkeit, Verschiedenheit oder Kontiguität miteinander verknüpft werden. In der neueren Kognitionswissenschaft wird dieser assoziationistische Grundgedanke in zwei großen Klassen von N.-Modellen weitergeführt: den *semantischen* oder *propositionalen N.en* und den *konnektionistischen N.en*. Konnektionistische oder künstliche neuronale N.e sind Modelle, mit denen (zumeist mit Hilfe von Computersimulationen; → Computer) versucht wird, Prozesse des → Lernens und der → Informationsverarbeitung in mehr oder weniger direkter Analogie zu den Funktionsprinzipien von N.en realer → Nervenzellen nachzubilden (→ Externalisierung). Konnektionistische N.e bestehen aus einer größeren Anzahl einfacher Verarbeitungseinheiten (Knoten), die als stark vereinfachte Modelle von Nervenzellen aufgefasst werden können (man spricht auch von *formalen Neuronen*). Knoten können mehr oder weniger stark aktiviert sein und sind untereinander durch gewichtete *Konnektionen* verbunden, wobei die Konnektionsgewichte die Stärke und Richtung des Einflusses bestimmen, den ein Knoten auf mit ihm verbundene Knoten hat (→ Konnektivität). Positive Gewichte entsprechen erregenden (exzitatorischen), negative Gewichte hemmenden (inhibitorischen) Verbindungen (→ Hemmung). Im Gegensatz zu semantischen N.en stellen Konnektionen keine semantischen Relationen zwischen symbolisch repräsentierten Konzepten dar, sondern dienen allein dem Austausch von Aktivierungswerten. Jeder Knoten summiert zunächst die → Aktivierung, die er von anderen Knoten erhält, wobei die einlaufenden Aktivierungswerte mit dem Gewicht der jeweiligen Konnektion multipliziert werden. Der sich daraus ergebende *Nettoeingabewert* wird gemäß einer (zumeist nichtlinearen) *Aktivierungsfunktion* in einen Ausgabewert transformiert, der von dem Knoten an alle mit ihm verknüpften Knoten gesendet wird. Diese Berechnungen werden von allen Knoten des N.s gleichzeitig ausgeführt *(Parallelverarbeitung)*.

Gedächtnistheoretisch bedeutsam ist insbesondere die Fähigkeit konnektionistischer N.e zu lernen, d. h. ihre Verbindungsgewichte als Folge der Verarbeitung von Eingabemustern gemäß bestimmter *Lernregeln* zu verändern (Hinton 1989; vgl. → Bahnung). Zwei generelle Klassen von

Lernproblemen lassen sich unterscheiden. Bei der *Musterassoziation* besteht die Aufgabe darin, eine Menge von Eingabemustern auf eine Menge von Ausgabemustern abzubilden (was den Spezialfall der Abbildung von Eingabemustern auf sich selbst einschließt; *Autoassoziation*). Ein Beispiel für eine komplexe Musterassoziation ist die Abbildung von geschriebener auf gesprochene Sprache, d. h. von Graphemen auf Phoneme (→ Schrift). Assoziatives Lernen erfolgt zumeist überwacht *(supervised)*, d. h., das N. erhält zusammen mit einem Eingabemuster jeweils das gewünschte Ausgabemuster *(teaching pattern)* oder zumindest eine Rückmeldung darüber, wie gut das Ausgabemuster dem gewünschten Zielmuster entspricht. Weicht das tatsächlich produzierte Ausgabemuster vom gewünschten Zielmuster ab, werden in Abhängigkeit vom Ausmaß des Fehlers die Verbindungsgewichte so modifiziert, dass bei erneuter Darbietung des Eingabemusters der Fehler geringfügig reduziert würde. Im Verlauf der zumeist wiederholten Darbietung aller Eingabe- und Zielmuster werden die Verbindungsgewichte graduell so modifiziert, dass der mittlere Fehler über alle Muster hinweg minimiert wird. N.e, die lediglich aus einer Eingabe- und einer Ausgabeschicht bestehen, können nur eine begrenzte Menge von Eingabe-Ausgabe-Funktionen berechnen. Daher werden für komplexere Berechnungen N.e verwendet, die zusätzlich über eine oder mehrere Schichten sog. verborgener Einheiten *(hidden units)* verfügen (eine häufig verwendete Lernregel für das überwachte Lernen in mehrschichtigen N.en ist der Back-Propagation-Algorithmus; Rumelhart/Hinton/Williams 1986). Im Verlauf des Lernens einer Eingabe-Ausgabe-Abbildung bilden sich in den verborgenen Schichten häufig selbstorganisierend Repräsentationen relevanter Merkmale oder Merkmalskonfigurationen aus. Beim *nicht überwachten (unsupervised)* Lernen erhält das N. keine Rückmeldung über das korrekte Ausgabemuster, sondern soll eigenständig statistische Regularitäten in einer Menge von Eingabemustern entdecken. Eine der einfachsten Lernregeln für nicht überwachtes Lernen wurde von → D. O. Hebb vorgeschlagen und besagt, dass die Verbindung zwischen zwei Knoten immer dann verstärkt wird, wenn diese gleichzeitig aktiv sind (→ Synapse). Neurobiologische Befunde sprechen dafür, dass in einigen für die Gedächtnisspeicherung relevanten → Gehirnregionen wie dem → Hippocampus tatsächlich Hebb'sches Lernen stattzufinden scheint.

Im Unterschied zu traditionellen Konzeptionen des Gedächtnisses als eines passiven Speichers, in dem symbolisch repräsentierte Inhalte so lange unverändert aufbewahrt werden, bis sie wieder abgerufen werden, ist das Wissen eines konnektionistischen N.s in dem *Muster seiner Verbin-*

dungsgewichte enthalten. Der Erwerb neuer Gedächtnisinhalte beruht auf Veränderungen der Konnektionsgewichte, die kontinuierlich als Nebenprodukt der Verarbeitung von Eingabemustern stattfinden (neuronale Plastizität). Die Funktionsweise konnektionistischer N.e weist eine Reihe von Analogien zu Eigenschaften des menschlichen Gedächtnisses auf. So beruht der → Abruf von Gedächtnisinhalten nicht auf einer sequenziellen Suche durch eine Liste oder dem Zugriff auf arbiträre Speicheradressen wie in traditionellen Computern, sondern erfolgt *inhaltsadressiert*, d. h., ein Eingabemuster oder Abrufhinweis führt direkt zur Aktivierung ähnlicher Muster (vgl. → Attraktor). Dies entspricht der Eigenschaft des menschlichen Gedächtnisses, gespeicherte Inhalte (z. B. die Erinnerung an eine Person) gemäß ihrer Ähnlichkeit oder Merkmalsüberlappung mit Abrufhinweisen zu aktivieren (vgl. → Wiedererkennen). Ferner sind N.e, bei denen Konzepte als distribuierte Aktivierungsmuster über mehreren Knoten repräsentiert werden (→ Distributivität), in der Lage, unvollständige Eingabemuster zu vervollständigen (Musterergänzung), was der Beobachtung entspricht, dass oft die Darbietung eines Reizfragments (z. B. eines Augenpaars, einer Stimme, eines Geruchs) zum Abruf einer Gedächtnisspur (eines vertrauten Gesichts) und assoziierter Inhalte (z. B. dem Inhalt eines Gesprächs) führt. Konnektionistische N.e neigen ferner zur *spontanen Generalisierung* auf neue ähnliche Muster und zur Extraktion von *Prototypen* (→ Prototypenrepräsentation) aus einer Menge von Exemplaren. Schließlich ist der Gedächtnisabruf in konnektionistischen N.en *kontextsensitiv*, d. h., ein Eingabemuster kann in Abhängigkeit vom Kontext zu mehr oder weniger unterschiedlichen Aktivierungszuständen führen. Dies steht in Einklang mit empirischen Belegen dafür, dass Gedächtnisinhalte keine fixen, invarianten → Strukturen sind, sondern dass es sich beim Erinnern um einen (re)konstruktiven Prozess (→ Konstruktion, → Rekonstruktion) handelt, bei dem ein früherer Zustand unter dem Einfluss aktueller Kontextbedingungen mehr oder weniger getreu reinstanziiert wird (Goschke/Koppelberg 1991).

Den Vorzügen konnektionistischer Gedächtnismodelle stehen eine Reihe ungelöster Probleme gegenüber. So erfordern konnektionistische Lernregeln oft eine unrealistisch große Zahl von Lerndurchgängen, wohingegen Menschen neue Episoden sehr schnell speichern können (*one-trial learning*; → episodisches Gedächtnis). Damit zusammen hängt das Problem der *katastrophalen Interferenz*, das darin besteht, dass N.e dazu neigen, als Folge des Lernens neuer Assoziationen bereits gelernte Assoziationen wieder zu ‹vergessen›, wenn die alten Muster nicht erneut zusammen mit den neuen Mustern dargeboten werden (→ Interferenz,

→ Vergessen). Ein interessanter Lösungsvorschlag besteht in der Annahme komplementärer → Gedächtnissysteme, von denen eines auf die langsame Extraktion von invarianten Strukturen aus einer Menge einzelner Muster und die Integration in bestehendes Wissen spezialisiert ist, während das andere die schnelle Speicherung einzelner Episoden vermittelt (McClelland/Naughton/O'Reilly 1995). Das sog. *Bindungsproblem* schließlich betrifft die Frage, wie in konnektionistischen N.en elementare Merkmalsknoten in flexibler Weise so miteinander verknüpft (‹gebunden›) werden können, dass eine prinzipiell unbegrenzte Zahl komplexer Konzepte repräsentiert werden kann (→ Bindung; Fodor/Pylyshyn 1988, Goschke/Koppelberg 1991).

R. C. O'Reilly/Y. Munakata, Computational explorations in cognitive neuroscience, Cambridge MA 2000; J. L. McClelland/B. L. Naughton/R. C. O'Reilly, Why there are complementary learning systems in the hippocampus and neocortex: Insights from the successes and failures of connectionist models of learning and memory, in: Psychological Review, Bd. 102, 1995, S. 419–457; T. Goschke/D. Koppelberg, The concept of representation and the representation of concepts in connectionist models, in: W. Ramsey/D. E. Rumelhart/S. Stich (Hg.), Philosophy and connectionist theory, Hillsdale 1991, S. 129–162; G. E. Hinton, Connectionist learning procedures, in: Artificial Intelligence, Bd. 40, 1989, S. 185–234; J. A. Fodor/Z. W. Pylyshyn, Connectionism and cognitive architecture: A critical analysis, in: Cognition, Bd. 28, 1988, S. 3–71; D. E. Rumelhart/G. E. Hinton/R. J. Williams, Learning internal representations by back-propagating errors, in: Nature, Bd. 323, 1986, S. 533–536; D. E. Rumelhart/J. L. McClelland/The PDP Research Group, Parallel distributed processing: Explorations in the microstructure of cognition, Bd. 1, Cambridge MA 1986.

Thomas Goschke

Neuron → Nervenzelle

Neuronale Karten

(griech. *neúron*: Sehne, Nerv). Räumlich geordnete → Repräsentationen sensorischer Eingänge oder motorischer Ausgänge im → Gehirn. Als grundlegendes Organisationsprinzip sind sie in vielen Teilen des Gehirns zu finden. Wichtige Eigenschaften n.r K. wurden vor allem am Beispiel des visuellen Cortex untersucht (→ Großhirn). In diesem für die Verarbeitung von Sehinformation zuständigen Teil der Hirnrinde gibt es mehrere n. K., darunter eine topographische Karte der visuellen Umwelt. Das bedeutet, dass benachbarte Punkte im visuellen Feld auch zur Erregung von benachbarten → Nervenzellen im visuellen Cortex führen. Die Erhaltung von Nachbarschaftsbeziehungen ist dabei ein fundamentales Prinzip n.r K. Im Unterschied zu den meisten Landkarten ist die topographische Karte im visuellen Cortex jedoch verzerrt und hat keinen einheitlichen Abbildungsmaßstab: Vielmehr findet sich eine deutliche Überrepräsentation der Fovea, also der Stelle des schärfsten Sehens in der Netzhaut des Auges.

Zusätzlich zur topographischen Karte enthält der visuelle Cortex weitere n. K., die Repräsentationen bestimmter Eigenschaften visueller Reize darstellen. So antworten Nervenzellen im visuellen Cortex spezifisch auf die räumliche Orientierung von Lichtreizen. Nahe beieinander liegende Nervenzellen werden durch ähnliche Orientierungen erregt, und die bevorzugte Orientierung ändert sich langsam und kontinuierlich von Zelle zu Zelle im visuellen Cortex. Neben dieser sog. Orientierungskarte gibt es im visuellen Cortex n. K. für andere Stimuluseigenschaften wie etwa Bewegungsrichtung und Farbe. Die verschiedenen n.n K. im visuellen Cortex sind einander überlagert, d. h., eine Nervenzelle ist gleichzeitig immer Teil von mehreren Karten. Die Anordnung der einzelnen Karten im visuellen Cortex folgt bestimmten Regeln, sodass eine vollständige Repräsentation aller Kombinationen von Stimuluseigenschaften an jedem Ort des visuellen Feldes gegeben ist. Auch andere sensorische Areale des Cortex enthalten n. K. So fand man im somatosensorischen Cortex eine topographische Repräsentation der Körperoberfläche. Berührung benachbarter Punkte der Haut führt zur Erregung nebeneinander liegender Nervenzellen im Cortex. Wie im visuellen Cortex sind auch hier wieder bestimmte, für den Tastsinn wichtige Regionen überrepräsentiert, etwa die Lippen und die Fingerspitzen. Neben solchen sensorischen Karten gibt es im Gehirn auch motorische Karten. Im motorischen Cortex aktivieren benachbarte Gruppen von Nervenzellen nahe beieinander liegende Muskeln in der Peripherie des Körpers. Auch die Größe und Richtung von Augenbewegungen sind in Form einer n.n K. im Mittelhirn repräsentiert.

Gegenstand intensiver Untersuchungen ist die Entstehung n.r K. im Verlauf der Entwicklung des Gehirns. Sicher ist, dass genetisch fixierte molekulare Erkennungsmechanismen zwischen auswachsenden Nervenzellen eine wichtige Rolle spielen. In einer Vielzahl von Experimenten konnte jedoch auch gezeigt werden, dass sensorische Erfahrung die Struktur n.r K. in einem bestimmten Zeitfenster modifizieren kann. Dies wird als ein Lernvorgang aufgefasst. Besonders stark ist der Einfluss von → Erfahrung während sog. → kritischer Phasen, aber Änderungen funktioneller Karten sind auch im erwachsenen Gehirn möglich. So führt Training einer bestimmten Bewegung zu einer Ausdehnung der dafür zuständigen Hirngebiete (→ Übung). Damit ist die → Struktur funktioneller Karten im weitesten Sinn auch das Ergebnis von Lernvorgängen (→ Lernen).

N. V. Swindale u. a., Visual cortex maps are optimized for uniform coverage, in: Nature Neuroscience, Bd. 3, 2000, S. 822–826; E. R. Kandel/J. H. Schwartz/T. M. Jessell (Hg.), Neurowissenschaften – Eine Einführung, Heidelberg 1995.

Mark Hübener

Neurotransmitter

(griech. *néuron*: Sehne, Nerv, lat. *transmittere*: hinüberschicken, übertragen). Chemische Überträgerstoffe, welche die gerichtete Signalübertragung an chemischen → Synapsen bewerkstelligen. Das Konzept der chemischen Signalübertragung stammt aus den ersten Jahrzehnten des 20. Jh.s und geht im Wesentlichen auf die Arbeiten von H. Dale und O. Loewi zurück. Heute hat man von diesen Abläufen eine detaillierte molekulare Vorstellung: N. sind niedermolekulare körpereigene Substanzen, die in der präsynaptischen Nervenendigung durch Enzyme synthetisiert und in membranumhüllten Vesikeln gespeichert werden. Auf einen elektrischen Reiz hin verschmelzen diese Vesikel mit der Zellmembran und schütten ihren Inhalt in den extrazellulären Raum aus (Exozytose). Der N. diffundiert dann zur postsynaptischen Seite, wo er an spezifischen Rezeptoren die Öffnung eines Ionenkanals und damit den Einstrom von Ionen in die Zelle bewirkt. In der Folge kommt es dort zu einer Änderung des Membranpotenzials, also wieder zu einem elektrischen Signal. Damit ein Stoff als N. gelten kann, müssen eine Reihe von Bedingungen erfüllt sein: (a) Der Stoff sowie seine metabolischen Vorläufer müssen in dem betreffenden Neuron enthalten und in der Nervenendigung angereichert sein; (b) die Maschinerie für seine Synthese, Speicherung und Freisetzung muss vorhanden sein; (c) er muss als Antwort auf eine Stimulierung des Neurons ausgeschüttet werden und dann extrazellulär nachweisbar sein; (d) es muss einen Mechanismus zu seiner Inaktivierung geben; (e) auf der postsynaptischen Seite müssen subsynaptisch spezifische Rezeptoren vorhanden sein; (f) die von außen zugefügte Substanz muss in derselben Konzentration denselben Effekt haben wie die aus dem Nerv freigesetzte Substanz.

Bis Mitte der 1970er Jahre wurde eine relativ kleine Anzahl von Substanzen beschrieben, für die diese Kriterien durchgehend erfüllt sind und die heute häufig als ‹klassische› N. bezeichnet werden. Dazu zählen: Azetylcholin, die Aminosäuren GABA (Gamma-Aminobuttersäure), Glutamat, Aspartat und Glycin sowie die biogenen Amine Serotonin (5-Hydroxy-Tryptamin), Dopamin und Noradrenalin. Diese strenge Definition wird oft nicht durchgehalten, wenn weitere Substanzen als N. bezeichnet werden, die bei der → Informationsübertragung zwischen Neuronen eine Rolle spielen, z. B. modulatorisch wirkende bioaktive Neuropeptide, retrograde Botenstoffe oder trophische Faktoren. Auch diese Stoffe wirken zwar als Signale, können für sich allein aber keine synaptische Übertragung bewirken, sondern diese bestenfalls modulieren und sollten darum nicht als N. bezeichnet werden. Die biochemische Spezialisierung der beteiligten Strukturen bewirkt, dass eine → Synapse immer nur einen N. benutzt. Das Dale'sche Prinzip (1957 von J. Eccles formuliert) besagt, dass ein Neuron an allen seinen Synapsen denselben N. benutzt. Dies wurde später – mit geringfügigen Ausnahmen vor allem während der Reifung von Neuronen – bestätigt. Die einzelnen → Nervenzellen sind so differenziert, dass sie jeweils nur noch die erforderliche Maschinerie zur Verwendung eines einzigen N.s enthalten. Es gibt nur relativ wenige N.-Substanzen. Die enorme Vielfalt bei der Signalübertragung kommt demnach nicht durch die Diversität der Überträgerstoffe, sondern durch eine Diversifizierung der Rezeptoren (Subtypen, Kombinatorik) und durch die neuronale Verschaltung zustande.

Transmitter wirken entweder erregend (exzitatorisch) oder hemmend (inhibitorisch; → Hemmung); vermittelt wird diese Wirkung durch die entsprechenden Rezeptoren, wobei ein N. mehrere Rezeptoren mit entgegengesetzten Wirkungen haben kann. Azetylcholin und Glutamat wirken zumeist erregend, während Glycin und GABA typischerweise hemmend wirken. N. binden an spezifische Rezeptoren und lösen dort als Agonisten einen spezifischen Effekt aus; es können aber auch andere Substanzen als Agonisten wirken, z. B. Nikotin am Azetylcholin-Rezeptor. Andere Stoffe, die an dieselben Rezeptoren binden, können dem Effekt des Agonisten entgegenwirken (Antagonisten). Bei den Rezeptoren handelt es sich um membranständige Eiweiße; ein Schwerpunkt der biochemischen Forschung liegt derzeit in der Aufklärung der Struktur dieser Schlüsselmoleküle, ihrer Bindungsbereiche und der genauen Funktionsweise ihrer Ionenkanäle. Eine weitere Regulationsebene stellt der Stoffwechsel der N. dar. Die Systeme zu N.-Synthese und -Inaktivierung (Abbau oder Wiederaufnahme in die präsynaptische Zelle) bieten in vielfältiger Hinsicht interessante Angriffspunkte für natürlich vorkommende oder künstliche Moleküle: Die Hemmung des Azetylcholin-abbauenden Enzyms führt zum sofortigen → Tod (Insektizide, Nervengase), kann aber – wohl dosiert – auch zur nicht-kausalen Therapie der → Alzheimer Demenz benutzt werden, indem ein Mangel an Azetylcholin durch einen verlangsamten Abbau ausgeglichen werden kann. Durch Gabe von DOPA, einem Zwischenprodukt des Dopamin-Stoffwechsels, wird die → Parkinson'sche Erkrankung behandelt; Kokain wirkt durch Hemmung der Wiederaufnahme von Noradrenalin in die Zelle (→ Drogen).

Beim Hebb'schen Lernen spielt der N. Glutamat eine entscheidende Rolle (vgl. → D. O. Hebb, → Synapse). Als zelluläre Grundlage für → Lernen und Gedächtnis dient dabei die sog. Langzeit-Potenzierung (LTP). Bei diesem Phänomen wird durch hochfrequente elektrische Reizung die Übertragung zwischen kommunizierenden Nervenzellen in bestimmten Nervenbahnen (z. B. im → Hippocampus) optimiert; die erhöhte Reaktion des Neurons hält für längere Zeit an – eine Voraussetzung für jeden Lernvorgang. Im Zentrum des LTP-Mechanismus steht ein Rezeptor-Subtyp für den erregenden N. Glutamat, der sog. NMDA-Rezeptor. Zur Öffnung der Rezeptorkanäle ist hier ein doppeltes Signal erforderlich: Ein elektrisches Signal (die Depolarisierung der Zellmembran) sowie ein chemisches Signal (das Vorhandensein des N.s Glutamat). Insofern kann der NMDA-Rezeptor als ein Koinzidenzdetektor aufgefasst werden, der eine gleichzeitige Aktivierung der postsynaptischen Membran und Aktivität der präsynaptischen Nervenendigung registriert. Durch Aktivierung des NMDA-Rezeptors kommt es zu einem Kalziumeinstrom und zu weiteren komplexen Reaktionen im Zellinneren, die zur Langzeitpotenzierung führen (dauerhafte Verstärkung der synaptischen Übertragung). Durch diese einfache → Assoziationsregel können zwei Informationsbahnen (Bahn A der vorgeschalteten Zelle und Bahn B, die die nachgeschaltete Zelle aktiviert hat) miteinander verknüpft werden. Ob die Langzeitpotenzierung die alleinige zelluläre Grundlage für Lernvorgänge ist, ist umstritten und wird intensiv erforscht.

A. Deutch/R. Roth, Neurotransmitters, in: M. Zigmond u. a. (Hg.), Fundamental Neuroscience, New York 1999; R. C. Malenka/R. A. Nicoll, Long-Term Potentiation – A Decade of Progress, in: Science, Bd. 285, 1999, S. 1870–1874; G. J. Siegel u. a. (Hg.), Basic Neurochemistry – Molecular, Cellular and Medical Aspects, Philadelphia/New York 1999, S. 1870–1874; F. A. Stephenson/A. J. Turner (Hg.), Amino Acid Neurotransmission, London 1998; R. F. Thompson, Das Gehirn, Heidelberg/Berlin/Oxford 1994.

Christoph Weise

Nietzsche, Friedrich

(1844–1900), deutscher Philosoph, kann ebenso sehr als Erneuerer des Erinnerungsbewusstseins angesehen werden wie als schärfster Kritiker der Erinnerung. Durch seine Ausbildung zum Altphilologen mit den Methoden antiker → Mnemotechnik vertraut, kommt er in seinen frühen Baseler Vorlesungen auf Erinnerung und Gedächtnis zunächst im Sinne der → Rhetorik der Antike zu sprechen. Er lobt die Leistungen der antiken Mnemoniker und geht explizit auf die Theorie der ‹Gedächtnisörter› ein. Zentral werden Erinnerung und Gedächtnis für N. paradoxerweise aber erst in der kritischen Wendung gegen die Erinnerung: «[E]s ist möglich, fast ohne Erinnerung zu leben, ja glücklicher zu leben, wie das Thier zeigt; es ist aber ganz und gar unmöglich, ohne Vergessen überhaupt zu leben» (1874/1988, S. 250; vgl. dagegen → Tiere). In dieser Gegenüberstellung von Erinnerung und → Vergessen vollzieht N. eine Abkehr vom Paradigma antiker Erinnerungstechniken und bezieht kritisch nicht nur gegen den geistigen und wissenschaftlichen → Historismus Position, sondern gegen jede philosophische Bevorzugung der Erinnerung gegenüber dem Vergessen. Auch gegenüber dem Gedächtnis des Individuums bleibt N. skeptisch: All das, «was wir von uns selber wissen und im Gedächtnis haben, ist für das Glück unseres Lebens nicht so entscheidend, wie man glaubt. Eines Tages stürzt Das, was *Andere* von uns wissen (oder zu wissen meinen) über uns her – und jetzt erkennen wir, daß es das Mächtigere ist» *(Die fröhliche Wissenschaft)*. Die Lebensrelevanz des Gedächtnisses, sein Nutzen zur Erfüllung und zur Steigerung des Lebens, erscheint N. fragwürdig und zweifelhaft. In seinen Schriften seit 1886 schränkt er die Bedeutung von Erinnerung und Gedächtnis zudem stark auf den Funktionskontext christlicher Moral ein. Er interpretiert die Erinnerung als Bestandteil einer von Gewalt geprägten und die Moral stabilisierenden abendländischen Psychologie: «‹[N]ur was nicht aufhört, *weh zu tun,* bleibt im Gedächtniss› – das ist ein Hauptsatz aus der allerältesten (leider auch allerlängsten) Psychologie auf Erden» (1887, S. 295). → Schmerz und Gewalt sind die unauswechselbaren und fatalen Instrumente des Gedächtnisses. Die Rolle von «Blut, Martern, Opfer» (ebd.) bei der Bildung des Gedächtnisses verweist für ihn daher auf die Schrittmacher- und Kontrollfunktion des Gedächtnisses im Dienste der → Moral. Die Psychologie als Lehre, die sich freiwillig unter die Herrschaft der Moral gestellt hat, macht sich den Mechanismus memorativer Einschärfungen zunutze, um damit einer Moral zu dienen, die N. als christlich verwirft. Das Gedächtnis verfällt daher als Repetitorium christlicher Moral einer Fundamentalkritik N.s. Als dritter Grund für N.s Erinnerungskritik lässt sich schließlich der Umstand bestimmen, dass die Erinnerung in seinen Augen als Motor unwillkürlicher Vorurteile fungiert. Eine wirkliche Ursachenforschung verhindert sie, indem sie vorgefertigte Erklärungsmuster mobilisiert und die «*Gewöhnung* an eine bestimmte Ursachen-Interpretation» entstehen lässt, «die in Wahrheit eine *Erforschung der Ursache* hemmt und selbst ausschließt» (*Götzen-Dämmerung*; → Genealogie, → Gewohnheit).

Wichtig für die heutige Diskussion und das Verständnis von Erinnerung und Gedächtnis ist N. vor allem unter folgenden Aspekten: (1) N.s lebensphilosophische Relativierung der Auffassung einer basalen, allgegenwärtigen Bedeutung der Erinnerung befreit den Erinnerungsbegriff aus dem erkenntnistheoretischen Kontext, in dem er seit → Platons → Anamnesis-Lehre den Anspruch einer philosophischen Fundamentalkonstante hatte anmelden können. (2) Durch die Umkehr des Verhältnisses von Erinnerung und Vergessen verschafft N. dem Anrecht des Gedächtnisses auf → Löschung seiner Inhalte Aufmerksamkeit und bereitet so die Rückkehr des Vergessens in den Erinnerungsdiskurs vor (G. Smith/ H. M. Emrich [Hg.], *Vom Nutzen des Vergessens*, 1996). (3) Indem er das Gedächtnis dem Zuständigkeitsbereich der Psychologie zurechnet und hierauf seine Kritik aufbaut, gehört N. zu den entschiedensten Wegbereitern einer Entpsychologisierung von Erinnerung und Gedächtnis, wie sie sich im Werk E. Husserls (*Vorlesungen zur Phänomenologie des inneren Zeitbewußtseins*, 1928) und L. Wittgensteins (*Bemerkungen über die Philosophie der Psychologie*, 1980) vollzogen hat. (4) Im Kontext seiner Kritik am Christentum macht N. Erinnerung und Gedächtnis als wirksame Träger von → Ethik und Moral geltend, durch die das atemporale Inventar überkommener Moralvorstellungen gleichsam verwaltet und aktualisiert wird.

F. Nietzsche, Vom Nutzen und Nachtheil der Historie für das Leben. Unzeitgemäße Betrachtungen II (1874), in: ders., Kritische Studienausgabe, Bd. 1, 2. Aufl. Berlin/ New York 1988, S. 423–434; ders., Zur Genealogie der Moral. Eine Streitschrift

(1887), in: ders., Kritische Studienausgabe, Bd. 5, 2. Aufl. Berlin/New York 1988, S. 245–412. – F. Hughes, Forgetful All Too Forgetful. Nietzsche and the Question of Measure, in: Journal of the British Society of Phenomenology, Bd. 29, 1998, S. 252 bis 267; C. E. Scott, The Time of Memory, Albany 1997; R. Comay, Redeeming Revenge: Nietzsche, Benjamin, Heidegger, and the Politics of Memory, in: C. Koelb (Hg.), Nietzsche as Postmodernist, Albany 1990; O. Schutte, The Place of History in Nietzsche's Thought, in: B. P. Dauenhauer (Hg.), At the Nexus of Philosophy and History, Athens 1987, S. 97–115.

Kai Luehrs-Kaiser

Nostalgie

(Neubildung des 17. Jh.s aus griech. *nóstos*: Rückkehr und *álgos*: Schmerz). Aus Unzufriedenheit mit der → Gegenwart hervorgehendes Sehnsuchtsgefühl nach Erfahrungsräumen vergangener Zeiten. Der Begriff N. wurde 1688 vom Schweizer Mediziner J. Hofer als Bezeichnung für einen als Folge von Heimatverlust und Klimawechsel veränderten psychischen (Unlust, Appetitlosigkeit) und körperlichen (Fieber, Tod) Zustand von Schweizer Söldnern im Dienste der französischen Armee geprägt. Die wissenschaftliche Erforschung des Phänomens im 18. Jh. verschob N. als pathologischen Zustand in die Nähe von Depression und → Melancholie. Zivilisationskritisch als ein Protest gegen die Unmenschlichkeit moderner rationalisierter Lebenswelt verstanden, galt N. gleichzeitig als Beweis für die moralische Überlegenheit ‹zivilisatorisch Rückständiger›. Während N. im 18. Jh. noch einem konkreten, *tatsächlich* verlorenen Objekt bzw. einer → Heimat galt, ist sie im 19. und 20. Jh. als ein unbestimmtes Sehnsuchtsgefühl nicht mehr geographisch gebunden, sondern rekurriert als synkretistisches Erinnern auf mehrere Zeiten und Orte. In diesen Wettbewerb der Bilder und Stimmen um → Repräsentation der → Vergangenheit dringen kulturelle und ästhetische Filter ein, die den Aufbau nostalgischer Images steuern und der Vergangenheit als zersplitterter Referenz Kohäsion geben. Diese Filter werden heute zunehmend vom Markt als N.-Wellen aufgebaut und kommerzialisiert.

Das nostalgische Paradigma basiert auf einem Verständnis von → Geschichte als Niedergang und Erfahrungen des Verlustes von Ganzheit (→ Paradies); es bedarf verfügbarer Objekte (→ Souvenir), über die Bezüge zu einer imaginären → Tradition möglich werden. N. bezieht sich weder auf eine genau definierte Vergangenheit, noch intendiert sie eine vollkommene Flucht aus der → Gegenwart. Vielmehr verändert sie die Gegenwart, indem sie Objekte, Klänge, Bilder, Gerüche und → Geschmäcker, die sie der Vergangenheit zurechnet, einfließen lässt. Die so evozierten → Reminiszenzen konstruieren eine diffuse Atmosphäre vergangener heiler Welt als Ruheraum, aus dem die fragmentierte Persönlichkeit ein Gefühl der Ich-Balance, → Kontinuität und ungebrochener → Identität bezieht. N. versucht, die bekannte Ordnung der Objekte zu erhalten und ihren Kontext als Erfahrungswissen zu sichern. Sie kann somit als Reaktion auf die Mobilität des Außen verstanden werden, die durch eine natürliche Performanz der Semantik etablierte Wissensordnungen und deren Eingang ins Gedächtnis in Frage stellt. Während nostalgische Phänomene des ausgehenden 19. Jh.s im Zusammenhang mit der Entstehung von Nationalstaaten (→ Nation), der Erfindung von Traditionen und Vorstellung von Gemeinschaft als «wilful synthetic nostalgia» (Nairn 1988, S. 168) und Kennzeichen von Modernität bezeichnet werden, erscheinen heutige Phänomene der N. als global institutionalisierte Produkte des transnationalen Kapitalismus, als «consumerist-simulational nostalgia» (Robertson 1990, S. 55). N. ist heute vor allem im Zusammenhang mit Prozessen der Globalisierung, Migrationserfahrung und gesellschaftlichen Umstrukturierungen, die erworbene Kompetenzen und Erfahrungswissen weitgehend entwerten (als Folge davon z.B. Ostalgie), zu beobachten.

J. Stern, L'immigration, la nostalgie, le deuil, in: International Journal of the Sociology of Language, Bd. 109, 1994, S. 57–65; R. Robertson, After Nostalgia? Wilful Nostalgia and the Phases of Globalization, in: B. S. Turner (Hg.), Theories of Modernity and Postmodernity, London u. a. 1990; C. Shaw/M. Chase (Hg.), The imagined past. History and Nostalgia, Manchester 1989; T. Nairn, The Enchanted Glass. Britain and its Monarchy, London 1988.

Alexandra Hausstein

Notation

(lat. *notare*: kennzeichnen, aufzeichnen). Graphische Chiffrierungstechnik, besonders der → Musik, die als → Gedächtnisstütze den Musiker unabhängig von → Auswendigkeit macht. Das Prima-vista-Spiel erlaubt die Aufführung einer dem Spielenden unbekannten Musik (→ Information). Das Verhältnis zwischen N. und erklingender Musik ist nicht weniger komplex als das zwischen oraler Sprache und Buchstabenschrift (Coulmas 1982, → Oralität, → Schrift): Die Visualisierung eines zeitlichen Klangphänomens bleibt unvollständig, auch wenn sie ikonischen Charakter hat wie in der Neumen-N. des Mittelalters. Umgekehrt bleibt der Verklanglichung immer ein Moment von Unbestimmbarkeit eigen. Grundsätzlich unterliegt notierte Musik der → Selektion und Rationalisierung. Insofern die Kompositionsidee schriftfähig werden muss, wirken die medialen Bedingungen der N. normierend auf den Kompositionsvorgang zurück (Zender 1996). Als Speichertechnik garantiert andererseits erst die N. eine beliebige Wiederholbarkeit (→ Wiederholung) sowie die → Tradierung eines Werks. Die sichernde und systematisierende Funktion der N. prägt sie dabei von Beginn an: Das erste vereinheitlichende N.s-System entsteht im 7. Jh. aus der Notwendigkeit, alterierende Stile in Einklang zu bringen.

H. Zender, Interpretation – Schrift – Komposition, in: ders., Wir steigen niemals in denselben Fluß. Wie Musikhören sich wandelt, Freiburg u. a. 1996, S. 59–82; F. Coulmas, Über Schrift, Frankfurt/M. 1982.

Christian Bielefeldt

Objektkonstanz

(lat. *obicere*: entgegenstellen, vorsetzen; *constare*: feststehen). Wenn man um ein Objekt – z. B. einen Tisch – herumgeht, stellt man fest, dass dessen wahrgenommene Form weitgehend konstant bleibt. Dies gilt nicht nur in Bezug auf die Orientierung, sondern auch für Entfernung und Position. Da aus der Veränderung der räumlichen Relation zwischen Beobachter und Objekt enorme Veränderungen des retinalen Bildes resultieren, ist die O. ein nicht-triviales Phänomen (→ Konstruktion). O. wird in der Regel im Zusammenhang mit der Frage diskutiert, wie das → Wiedererkennen von Objekten nach Rotationen, Größenskalierungen und Verschiebungen möglich ist. Man geht davon aus, dass O. durch einen Vergleich mit einer → Repräsentation aus dem → Langzeitgedächtnis hervorgebracht wird. Während in traditionellen Modellen versucht wurde, O. über Repräsentationen zu erklären, die gegenüber räumlichen Transformationen invariant sind, zeigt die neuere Forschung ein gegenläufiges Bild: Je größer die Abweichung von der typischen oder erwarteten Orientierung oder Größe, desto länger dauert das Erkennen und desto fehleranfälliger ist es. Dies legt nahe, O. durch bildhafte Repräsentationen in Verbindung mit Kompensationsprozessen zu konzeptualisieren. O. ist somit nicht gleichbedeutend mit Invarianz.

M. J. Tarr/H. H. Bülthoff, Object recognition in man, monkey, and machine, Cambridge MA 1998; V. Walsh/J. Kulikowski, Perceptual constancy. Why things look as they do, Cambridge 1998.

Markus Graf

Ohrwurm

Umgangssprachlich eine Melodie oder Teil einer solchen, die sich, meist für einen begrenzten Zeitraum, so in das Gedächtnis einprägt, dass man ständig an sie denkt (auch: sie repetiert durch Singen oder Summen). Die Metapher des Ins-Ohr-Kriechens (‹Eingängigkeit›; vgl. → Einprägen, → Mem) artikuliert das Phänomen, dass sich → Musik passiv einprägen kann. Daher steht die Erinnerung an einen O. jeder *bewussten* mnemotechnischen Erinnerungsstrategie diametral entgegen. Die negative Konnotation des Begriffs O. (in der Medizin: eitriger Ohrausfluss, in der Biologie: kriechendes Insekt) verweist auf die Tatsache, dass die Erinnerung an eine solche Melodie auch unerwünscht und lästig sein kann.

Ein O. wird durch wiederholtes Hören produziert (→ Wiederholung). Der Text spielt für das Memorieren eine untergeordnete Rolle, im Vordergrund steht die meist einfach strukturierte Melodie, deren prinzipiell gute Merkbarkeit notwendige, allerdings nicht hinreichende Bedingung der Eingängigkeit ist. Ein O. ist keinem bestimmten Genre zuzurechnen. Man findet ihn ebenso im Bereich der Klassik (z. B. W. A. Mozarts *Kleine Nachtmusik*) wie in der Populärmusik. Die Erinnerung an einen O. wird überwiegend durch subjektive Eindrücke, z. B. bestimmte → Ereignisse, ausgelöst. Umgekehrt besitzt der O. selbst einen Zeitindex und erinnert an bestimmte → Erlebnisse oder Lebensphasen (vgl. → *mémoire involontaire*) bzw. an bestimmte Konsumgüter (→ Reklame).

H. C. Worbs, Der Schlager. Bestandsaufnahme, Analyse, Dokumentation. Ein Leitfaden, Bremen 1963.

Martina Borgschulze

Olfaktorisches Gedächtnis

(lat. *olfacere*: riechen). Gedächtnis für Gerüche; von ihnen wird angenommen, dass sie – ebenso wie Fertigkeiten, die im → prozeduralen Gedächtnis gespeichert sind – nahezu nie vergessen werden (→ Vergessen).
Gerüche sind nicht einem → Gedächtnissystem allein zugeordnet. Wie-
wohl dieses Thema vielfach in der Belletristik verhandelt wird – man
denke etwa an → M. Proust (vgl. → Geschmack, → *mémoire involontaire*) –, ist die experimentalpsychologische Beschäftigung mit dem o. G.
eher jüngeren Datums (Engen/Kuisma/Eimas 1973).

T. Engen/J. E. Kuisma/P. D. Eimas, Short-term memory of odors, in: Journal of Experimental Psychology, Bd. 99, 1973, S. 222–225.

Carlos Kölbl

Oral History

I. (engl., mündliche Geschichte). Auf Mündlichkeit beruhende Organisation und → Tradierung geschichtlicher → Erfahrung (→ Geschichte,
→ Geschichtsbewusstsein). O. H. bezeichnet sowohl die erinnerte und
mündlich kommunizierte Geschichtserfahrung (1) als auch denjenigen
neueren Zweig der Geschichtswissenschaft (2), der jene gelebte Praxis erforscht bzw. als Quellenmaterial verwendet. O. H. gilt als ‹lebendige Erinnerung›; sie setzt sich aus persönlich verbürgten und kommunizierten Erfahrungen zusammen, die von den Angehörigen einer Generation oder
einer Gruppe von Zeitgenossen geteilt werden (→ kollektives Gedächtnis). Außerhalb von schriftlosen Kulturen, die ihr historisches und
mythologisches Wissen ausschließlich mündlich organisieren und überliefern (primäre → Oralität), existieren auch innerhalb von Schriftkulturen vielfältige Formen sekundärer mündlicher Tradierung (→ Schrift,
→ Wissen). Hier verändert O. H. ihren Stellenwert, insofern sie als kom-
munikatives Gedächtnis das jeweilige Geschichtsbild der (literarischen)
Historiographie ergänzt, erweitert oder korrigiert. Diese gelebte und
mündlich kommunizierte ‹unmittelbare› Erfahrung reicht nicht weiter
zurück als ca. 80 bis 100 Jahre (vgl. → kulturelles Gedächtnis).

Innerhalb der informellen Überlieferung der O. H. gibt es keinen privilegierten Beobachtungsstandpunkt wie denjenigen des spezialisierten
Historikers; das durch sie konstituierte → Wissen wird durch die Alltags-

kommunikation selbst vermittelt und entwirft eine ‹Geschichte von unten›, die durch soziale Interaktion zwischen den Individuen einer Gruppe zustande kommt. Die heutige Erforschung der O. H. basiert auf einem «dialogischen Forschungsverfahren[…]», auf Interviews und Tonbandaufnahmen von Informanten (Spuhler 1994, S. 9). Tritt O. H. als → Quelle und Gegenstand in den Bereich literaler Historiographie ein, stellt sich das Problem der Vermittlung zwischen Mikrohistorie und der Makroebene der Geschichte: Zeitgeschichte lässt sich ohne Berücksichtigung mündlicher → Quellen nicht adäquat erfassen. Aus der Sammlung mündlicher Quellen (→ Sammeln) erhofft sich die Geschichtsdisziplin der O. H. einerseits, abstrakte historische Daten an konkreten historischen Erfahrungen zu messen, andererseits die Erschließung einer ‹anderen› (gleichsam zentrifugalen) Geschichte neben der offiziellen Historiographie, die Entdeckung von anderen Stimmen der Vergangenheit (z. B. von unteren sozialen Schichten, Vertriebenen und Minderheiten), die übergangen oder verdrängt worden sind. Es geht also darum, mit Hilfe der ‹mündlich erfragten Geschichte› Lücken in der schriftlichen Überlieferung (→ Dokument, → Quelle) zu schließen durch die Aussagen derer, deren Erfahrungen ohne solche Protokolle langfristig keine Spuren hinterlassen würden. Wie jede Geschichtskonstruktion bildet allerdings auch die O. H. eine spezifische → Selektion bzw. Modellierung des Vergangenen. Trotz oder gerade wegen der Lebendigkeit dieser Geschichtserfahrung stellt sich bei der O. H. durchaus das Problem der Glaubwürdigkeit der Informanten bzw. der Verifizierbarkeit ihrer Aussagen (→ *false memory*, → Zeugnis). Eine neue Hochschätzung der O. H. lässt sich derzeit in der Frauenforschung und den *Gender Studies* beobachten, die darum bemüht sind, durch die Erschließung der mündlich tradierten historischen Erinnerungen von Frauen die vergessene andere Seite der Geschichte (im Schatten männlich dominierter Historiographie) sichtbar zu machen.

R. Perks, The Oral History Reader, London 1998; G. Spuhler u. a., Vielstimmiges Gedächtnis. Beiträge zur Oral History, Zürich 1994; E. Tonkin, Narrating Our Pasts. The social construction of oral history, Cambridge 1992; H. Vorländer (Hg.), Oral History. Mündlich erfragte Geschichte, Göttingen 1990; L. Niethammer (Hg.), Lebenserfahrung und Kollektives Gedächtnis. Die Praxis der ‹Oral History›, Frankfurt/M. 1980.

Annette Simonis

II. *In der jüdischen Kultur:* Das älteste Projekt der O. H. ist das *Pittsburgh Jewish O. H. Project* (http://trfn.clpgh.org/ncjw/oralhist.html), in dessen Rahmen seit 1968 rund 500 Interviews von Mitgliedern der jüdischen Gemeinde in Pittsburgh mitgeschnitten worden sind, um die Erfahrungen von zumeist aus Osteuropa in die USA eingewanderten Juden und die Entwicklung der Gemeinde zu dokumentieren. Der thematische Schwerpunkt der jüdischen O. H. liegt indessen darin, die persönlichen Berichte von Überlebenden der → Shoah zu dokumentieren. Der Grundstein dafür wurde Mitte der 1970er Jahre in New York gelegt, als Kinder von Überlebenden der Shoah anfingen, sich untereinander über ihr Leben mit ihren Eltern auszutauschen (→ transgenerationelle Tradierung). Seit 1988 hält die *Federation of Jewish Children Survivors of the Holocaust* jährlich eine Konferenz ab und veröffentlicht ihre Studien (www.fjcsh.org). Mittlerweile werden *Jewish O. H.s* von den Museen zur Shoah (z. B. *United States Holocaust Museum*: www.ushmm.org/) und allen größeren Universitäten in USA und Israel gesammelt, so auch vom *O. H. Department* des *Hebrew University's Institute of Contemporary Jewry*. 1994 gründete S. Spielberg die *Survivors of the Shoah Visual History Foundation*, die mehr als 50 000 Berichte von Zeitzeugen in Bild und Ton archiviert (→ Video; http://vhf.org/).

Dagmar Börner-Klein

Oral Poetry

(engl., mündliche Dichtung). Mündliche → Tradierung von Dichtung, die in schriftlosen oder halbschriftlichen Gesellschaften das → kulturelle Gedächtnis bildet (→ Oralität). Die mythischen Stoffe (→ Epos, → Mythos), die überliefert werden, sind durch → Reim, → Versmaß und Formelhaftigkeit strukturiert und so in erstaunlicher Konstanz memoriert worden. Während der performativen Aktualisierung der immateriell gespeicherten Stoffe kann der feste Bestand der Überlieferung jedoch modifiziert werden (→ Differenz). Die Aufführungssituation kann also gleichermaßen der → *Konservierung* wie der *Entwicklung* des kollektiven Wissens dienen. Zwei Überlieferungsformen sind zu unterscheiden: Improvisation des Stoffes und *transmission mémorielle* (auswendiger Vortrag schriftlicher Vorlagen), die jedoch nicht scharf zu trennen sind, weil gerade die Improvisation wiederkehrende Formeln erfordert und die auswendige Wiedergabe Variationen nicht ausschließt (→ Auswendigkeit). M. Parry und A. B. Lord etablieren in der ersten Hälfte des 20. Jh.s die O.-P.-Forschung: Parry untersuchte in Jugoslawien den bis zu 13 000 Verse umfassenden Vortrag schriftunkundiger epischer Sänger, sog. Guslaren, um durch strukturelle Analogien zu belegen, dass die homerischen → Epen als mündliche Dichtung aufzufassen seien. Als Kriterien für orale Überlieferung ergaben sich hierbei: Rhythmik und Reim, stereotypisierte Handlungsmuster und Motive, Formelhaftigkeit, die in der traditionsgebundenen Improvisation mosaikartig immer neue Varianten bildet, sowie die Wiederholungsdichte der Formeln. Stereotype Wendungen werden vom Sänger nicht nur als Memorierhilfe während des Vortrags benutzt, sondern erleichtern dem Publikum durch das → Wiedererkennen von Motiven auch die Aufnahme.

Diese Dialektik von Konstante und Variation impliziert für die Tradierung von O. P., dass sie an keinem ‹Original› gemessen werden kann, denn jede Aufführung performiert eine gültige Fassung des Textes und verlagert den → Ursprung des überlieferten Stoffs in das mythische → Ereignis, das er erzählend bezeugt und vergegenwärtigt (vgl. → Mnemosyne). Die Frage nach der authentischen Ursprungsfassung von Literatur stellt sich erst, wenn in Schriftkulturen verschiedene Textfassungen verglichen und textkritisch chronologisiert werden können. Schriftlich fixierte ‹Originalwerke›, die von ihren Varianten unterschieden werden können, entstehen, wenn Aufführung, Sänger und Publikum keine Einheit mehr bilden und durch → Speichermedien, vor allem durch den Buchdruck, eine wortwörtliche Überlieferung kein technisches Problem mehr darstellt und zur Norm wird (→ Schrift).

N. Voorwinden (Hg.), Oral Poetry. Das Problem der Mündlichkeit mittelalterlicher epischer Dichtung, Darmstadt 1979; M. Parry, The Making of Homeric Verse, Oxford 1971.

Silke-Katharina Philipowski

Oralität

I. Medialität mündlicher Sprache in Abgrenzung von → Schrift, im weiteren Sinn bestimmte Phasen innerhalb einer mediengeschichtlichen Entwicklung sowie die zugehörigen Überlieferungsformen kulturellen → Wissens. Nach W. J. Ong (1987) wird unterschieden zwischen primärer O., auf einer gesellschaftlichen Entwicklungsstufe vor jeder Schriftkenntnis, und sekundärer O. in modernen Gesellschaften, die *nach* Phasen dominanter Literalität von elektronischen Medien wie Telefon, Radio und → Fernsehen geprägt sind. Primäre O. ist gekennzeichnet durch einen zur → Tradierung episierter Geschichte (→ Oral History, → Epos) gebildeten spezifischen, formelhaften Sprachgebrauch, am deutlichsten in Versgenres (→ Oral Poetry). Zur poetischen Sprachgestaltung in → Reim, → Versmaß, Parallelismen sowie schematisierten Topoi als wichtigsten Hilfsmitteln des Erinnerns (→ Topos) tritt in der primären O. in narrativen Genres das räumlich-bildhafte, visuelle Gedächtnis. Mit zunehmender Verbreitung von Schriftlichkeit werden die narrativen Handlungskonzepte stärker linear organisiert (→ Narration). Forschungslogisch lässt sich eine kulturgeschichtliche Phase reiner, primärer O. nur mittels eines Schriftbegriffs, der eine deutliche Grenzziehung erlaubt, ansetzen. Denn primäre O. kann nur noch über Textzeugnisse aus den Anfangsstadien der Schriftlichkeit rekonstruiert bzw. ausgehend von Situationen erschlossen werden, die schon von der Verwendung der Schrift beeinflusst sind. So macht die Eigenschaft des griechischen Alphabets, die gesprochene Sprache in kleinstmögliche phonemische Einheiten einzuteilen, antike griechische Dokumente zur aufschlussreichsten Schriftquelle für orale Sprachstrukturen.

Durch die Notwendigkeit direkter persönlicher Weitergabe von Wissen in gemeinschaftlichen, performativ ritualisierten Zusammenkünften kommt in vielen oralen Kulturen einzelnen Personen eine besondere Bedeutung als Hüter der → Tradition zu (z. B. → Griot). Die Versammlungen zu unterschiedlichen Anlässen, in denen mündliche Überlieferung stattfindet, schaffen eine enge Gruppenbindung und haben gesellschaftskonstituierende Wirkung (vgl. → Fest, → Ritual). Wenn für das antike Griechenland angenommen wird, dass eine solche Sozialstruktur das Patriarchat und eine Hierarchie der Generationen begünstigt hat, so kann für die Einführung der Schrift ein Liberalisierungsschritt angesetzt werden (Havelock 1990). Schrift gestattet es, tradiertes Wissen zu kommentieren und zu interpretieren, ohne es zu verlieren. Orale Tradierung beruht zwar nicht auf → Auswendigkeit, sondern geht immer mit formaler Variation und Aktualisierung des Wissens unter den Erfordernissen der Gegenwart einher, ist zur Sicherung ihres inhaltlichen Bestandes aber auf → Wiederholung bekannter Information angewiesen. Der ‹Kern› der Überlieferung liegt nach J. Goody (1987) nicht in mythologischen Tiefenstrukturen, sondern in der Wieder- und Weitererzählung sozialer Ereignisse.

Seit → Platons *Phaidros* wird die inwendige, von schriftlichen → Gedächtnisstützen unabhängige Erinnerungskraft gelobt. Elaboriertere

→ Mnemotechniken entstehen denn auch erst als Reaktion auf Schrift, also nach primärer O. Während die inwendige Erinnerung analog zu einer gesprochenen Äußerung die Gegenwart des Sprechers impliziert, ist im Falle der Schrift die Ablösbarkeit des Geschriebenen vom Schreiber möglich. Deshalb wird traditionell Schrift mit dem → Tod und Mündlichkeit mit dem Leben assoziiert, woran → J. Derridas These eines Phonozentrismus in der westlichen Kultur anschließt. Die → Konservierung der Stimme in Tondokumenten in sekundärer O. (→ Phonograph) stellt diesen Unterschied jedoch in Frage. Zudem wird seit der Neuzeit die Reflexion oralen Wissens im Medium der Schrift möglich (Goetsch 1990), wenn literarische Texte mündliche Sprachmuster aufgreifen oder darstellen. Die Erforschung von O. in durchgehend alphabetisierten und technisierten Gesellschaften wird sich kaum mehr allein auf eine Unterscheidung von der Schrift verlassen können.

P. Goetsch (Hg.), Mündliches Wissen in neuzeitlicher Literatur, Tübingen 1990; E. A. Havelock, Schriftlichkeit. Das griechische Alphabet als kulturelle Revolution, Weinheim 1990; J. Goody, The interface between the written and the oral, Cambridge 1987; W. J. Ong, Oralität und Literalität. Die Technologisierung des Wortes, Opladen 1987.

Michael Eggers

II. *In der Ethnologie:* ‹Texte› der mündlichen Überlieferung können nach Aufbau und Form klassifiziert werden. Gesänge und Rezitationen, bei denen eine wechselnd modulierte Singstimme als Hauptmedium eingesetzt wird; Gedichte, bei denen der Vortrag durch spezifische Rhythmen und Modulierungen der Sprechstimme strukturiert wird; → Epen und andere narrative Erzählformen, die reale oder imaginäre → Ereignisse der → Vergangenheit in Erinnerung rufen; dramatische und musikalische Formen, bei denen Ideen, Symbole und Ereignisse durch Körpersprache vermittelt werden und oft an spezielle Rhythmen und Melodien gebunden sind (→ Inszenierung, → Musik, → Versmaß). Neben der rhythmischen und melodischen Strukturierung werden auch Schlüsselwörter und → Metaphern eingesetzt, die häufig an nichtverbale → Zeichen (bleibende Markierung der → Landschaft oder des → Körpers ; vgl. → Narbe) gekoppelt sind. Durch eine breite Palette von stilistischen Techniken werden bestimmte Einzelheiten des memorisierten Textes hervorgehoben: parallele Satzkonstruktionen, Chiasmen, Alliterationen, die → Wiederholung von Schlüsselwörtern oder -sätzen, so etwa die persönlichen Qualifikationen eines Protagonisten oder die Modulation von Vokalen und Tonhöhen, um tonale Spannungsbögen zu schaffen.

Die Rolle von oralen Formen der Erinnerung variiert von Gesellschaft zu Gesellschaft, je nach Stellung des Vortragenden innerhalb des gesellschaftlichen Machtgefüges und in wessen Dienst der öffentliche Vortrag gestellt wird. In vielen Gesellschaften ist der Vortrag bestimmter oraler und historischer Genres einigen Spezialisten vorbehalten, die dank ihrer Abstammung und besonderer Ausbildung die Befugnis haben, geschichtliche Ereignisse bei öffentlichen Anlässen vorzutragen (vgl. → Griot). Diese Spezialisten werden als ein ‹lebendes → Archiv› der gemeinschaftlichen Geschichte angesehen und sind oft eng mit den Repräsentanten der politischen Macht verbunden, in deren Dienst sie ihre Fähigkeiten der Memorierung und des öffentlichen Vortrags stellen. Dass diese Spezialisten nicht die Sichtweise ‹der› Gesellschaft widerspiegeln, sondern die Interessen und Traditionen spezifischer Gruppen vertreten, spricht gegen die verbreitete Annahme, dass orale Genres das → kollektive Gedächtnis von ‹traditionalen› Gesellschaften wiedergeben.

Auch orale Texte der Erinnerung sind in Ausgestaltung und Inhalt immer das Ergebnis selektiver Erinnerung und individueller künstlerischer Innovation (→ Selektion, → Konstruktion). Auf diese Weise können sie auf ihre jeweils aktuelle politische Gegenwart bezogen werden (→ Politik), sind aber auch der Manipulation geschichtlicher ‹Fakten› ausgesetzt: Mündliche Überlieferungen müssen mit Sorgfalt interpretiert werden, da historische Einzelheiten, die wiederholt vom Vortragenden ausgelassen werden, nicht den Prozess der Weitergabe überleben. Auch kann eine historische Erzählung auf mehreren, ursprünglich miteinander konkurrierenden Versionen der Vergangenheit beruhen, die im Lauf der Zeit miteinander verwoben wurden. Da viele historische Erzählungen der Chronologie von Ereignissen wenig Beachtung schenken, erschweren sie das Datieren und die Überprüfung von Überlieferungen durch andere orale → Quellen (→ Datum). Schließlich haben einige historische Genres eher eine symbolische als eine faktische Funktion: Sie tradieren weniger reale Ereignisse als vielmehr bestimmte Werte und Meinungen.

E. Tonkin, Narrating Our Pasts. The Social Construction of Oral History, Cambridge/New York 1992; J. Vansina, Oral Tradition. A Study in Historical Methodology, Madison 1985; B. Street, Literacy in Theory and Practice, Cambridge/New York 1984; J. Goody, The Domestication of the Savage Mind, Cambridge/New York 1977.

Dorothea E. Schulz

Organisation

(franz. *organisation*: Einrichtung, Gestaltung, Anordnung). O. dient der Komplexitätsreduktion beim → Einprägen neuer → Informationen. Dabei werden diese Informationen durch die Klassenbildung aufeinander verweisender bedeutungstragender oder bildhafter Elemente strukturiert. Somit kann – dies ist die starke Annahme mancher O.s-Theoretiker – die begrenzte Speicherkapazität des Gedächtnisses maximal ausgenutzt werden (→ Kapazität). Die Bildung von Einheiten höherer Ordnung im → Kurzzeitgedächtnis wird → Chunking genannt. Der Term O. im engeren Sinn wird für entsprechende Leistungen des → Langzeitgedächtnisses reserviert. Um ihre Aufklärung haben sich zuerst die Gestaltpsychologen bemüht (Katona 1940; → Gestalt). Durch das zeitweilige Vorherrschen der Assoziationstheorie (→ Assoziation) in der Gedächtnispsychologie wurden diese frühen Bemühungen jedoch kaum fortgeführt. Erst im Zuge der kognitiven Wende (→ Kognition) seit den 1950er Jahren erstarkte das gedächtnispsychologische Interesse am Thema O. (Postman 1972).

Es kann zwischen mehreren Arten der O. zu lernender Stimuli unterschieden werden (Hoffmann 1983). Dabei handelt es sich zunächst um die Unterscheidung einer räumlichen, zeitlichen und semantischen O. Bei der *räumlichen O.* werden die entsprechenden Stimuli etwa den Wahrnehmungsgesetzen der Gestaltpsychologie gemäß organisiert. *Zeitliche O.* ordnet temporal geschiedene Reize durch das wiederholte Aufeinanderfolgen von Ereignissen in Hierarchien und Teilhierarchien an (→ Zeit). Im Fall der *semantischen O.* werden Wortlisten bedeutungsvoll, werden Geschichten in ihrer Geschichtengrammatik eingeprägt (→ F. C. Bartlett, → Geschichtsbewusstsein, → Narration, → Schema, → Sinn, → Skript). Außerdem kann differenziert werden zwischen einer assoziativen und kategorialen sowie einer subjektiven O. beim → Speichern und Reproduzieren (→ Abruf, → Reproduktion). Dabei wird sowohl auf bereits vorhandene → Strukturen zur besseren → Encodierung zurückgegriffen als auch die Bildung neuer assoziativer oder kategorialer Beziehungen – durchaus auch idiosynkratischer Natur – vorgenommen. Es zeigt sich, dass Wörter, die in der kulturspezifischen Vorstellungswelt von Menschen miteinander assoziiert sind, und solche, die zu begrifflichen Kategorien zusammengefasst werden können, besser erinnert werden als solche, bei denen weder das eine noch das andere der Fall ist. Weiterhin kann demonstriert werden, dass auch dort, wo zu lernendes Reizmaterial zunächst nicht organisiert ist, der Lernende selbst eine O. vornimmt (→ Gedächtnisstrategie).

J. Hoffmann, Das aktive Gedächtnis. Psychologische Experimente und Theorien zur menschlichen Gedächtnistätigkeit, Berlin 1983; L. Postman, A pragmatic view of organization theory, in: E. Tulving/W. Donaldson (Hg.), Organization of memory, New York 1972, S. 3–48; G. Katona, Organizing and memorizing, New York 1940.

Carlos Kölbl

Organisationsgedächtnis

Gesamtheit aller Komponenten, Daten, → Dokumente, → Ereignisse, → Informationen, Funktionen, mentalen Konzepte und sonstigen Einheiten einer Organisation – z. B. einer Firma, einer Körperschaft –, welche das spezifische Verhalten oder die Verhaltendisposition der Organisationsmitglieder beeinflussen. Das O. ist interdisziplinärer Untersuchungsgegenstand einer Reihe betriebswirtschaftlicher, soziologischer, psychologischer und technischer Disziplinen. Das O. als Konzept versucht die Fragen zu beantworten, wie → Wissen in einer Organisation gespeichert und Abläufe dokumentiert werden, um auf Basis früherer Entscheidungen künftige Organisationsabläufe steuern zu können (→ Abruf, → Organisation, → Speichern, → Vorausschau).

Die Ursprünge des Begriffs finden sich in den soziologischen Kollektivitätskonzepten von É. Durkheim und → M. Halbwachs sowie in behavioristischen Verhaltenstheorien (vgl. → Konditionierung). Infolge der kognitiven Wende der Psychologie (→ Kognition) nimmt der Metaphernaustausch zwischen psychologisch-soziologischen Theorien und Informatik sowie Organisationstheorien zu. Damit verschiebt sich auch das Erkenntnisinteresse vom individuellen, routinisierten Verhalten der einzelnen Organisationsmitglieder (→ Routine) zur Beziehung zwischen Individuenwissen und materiell gespeichertem Wissen (z. B. Akten), zwischen explizitem und implizitem Wissen und den Transformationsprozessen zwischen ihnen. «In Organisationen wird so entschieden, wie schon immer entschieden wurde. Frühere Entscheidungen gehen in Form von Akten ins ‹Gedächtnis der Organisation› ein. Das persönliche Gedächtnis wird mittels Akten in Organisationsgedächtnis umgeformt» (N. Luhmann, *Organisation und Entscheidung*).

Die starke Durchdringung von individueller und organisatorischer Gedächtnistheorie bleibt auch in neueren Ansätzen sichtbar. Während E. Steins (1995) Konzept der «mnemonischen Funktionen» ein passives,

Prozesse des Speicherns, Bewahrens und Abrufens umfassendes, O. entwirft, betonen M. Ackerman und C. Halverson (2000), dass O.se gleichzeitig verteilte Prozesse und Objekte sind, und konzeptualisieren Erinnerung als die Transformation von Gedächtnis*objekten* in Gedächtnis*prozesse*. Im Gegensatz zu Gedächtnistheorien auf individueller Ebene ist für das O. zusätzlich der Verbreitungsgrad von Bedeutung: *Individualpsychologisch* gedacht würden Gedächtnisinhalte über einzelne Individuen hinaus keinen Bestand haben. Auf der *Gruppenebene* wird das O. als Kombination von individuellen Gedächtnissen, Artefakten und der → Kommunikation zwischen Gruppenmitgliedern aufgefasst. Auf der Ebene der gesamten Organisation ist die entscheidende Frage, wie Wissen unabhängig von Individualgedächtnissen verfügbar (vertikale Schichtung) und zugänglich (horizontale Schichtung) ist. Dabei ist das O. die Voraussetzung für die Lernfähigkeit der Organisation (→ Lernen), und es schafft eine von ihren einzelnen Mitgliedern unabhängige → Identität in Form eines höheren Auftrags oder einer dauerhaften Sendung.

M. Ackerman/C. Halverson, Reexamining Organizational Memories, in: Communications of the ACM, Jg. 43, Nr. 1, 2000, S. 59–64; F. Lehner, Organisational Memory, München 2000; E. Stein, Organizational Memory: Review of Concepts and Recommendations for Management, in: International Journal of Information Management, Jg. 15, Nr. 1, 1995, S. 17–32.

Ralf Klamma

Palimpsest

(griech. *palímpsistos*: das Wiedergeschabte). In Antike und Mittelalter verbreitete Methode der Überschreibung. Ein P. bezeichnet eine ‹zweite Schrift› auf Papyrus oder Pergament, von denen die vorgehende abgewaschen oder abgeschabt wurde. Die Knappheit der Trägermaterialien für → Schrift bedingt hier eine materiale Ökonomie der → Tradierung, die als → strukturelle Amnesie gedeutet werden kann: Neues kann nur auf Kosten von Altem eingespeichert werden (→ Selektion). In vielen Fällen wurde dabei der ursprüngliche Text nicht vollständig gelöscht, sodass er mit Hilfe moderner technischer Mittel wieder sichtbar gemacht werden konnte. Scheinbar verschollene Werke, etwa von Euripides oder Cicero, wurden auf diesem Weg überliefert.

Diese paradoxe Figur – P. ist Medium des → Speicherns und der → Löschung zugleich – hat T. De Quincey im 19. Jh. als Vergleich für die Erinnerungsfähigkeit des menschlichen → Gehirns gewählt (→ Gedächtnismetapher) aufgrund seiner Fähigkeit zur «resurrection for what had so long slept in the dust» (1890, S. 348). In der Literaturwissenschaft hat G. Genette P. als Titel für seine Theorie der → Intertextualität gewählt. In kulturtheoretischer Perspektive fungiert P. als → Spur einer verborgenen → Narration, in der sich das Verhältnis von Marginalisierung und Hegemonie, Anonymität und Autorisierung als eines der Überlieferung fassen lässt – schließlich transportiert im P. der manifeste Text *selbst* seinen Subtext, sodass die Erinnerung an das von der → Geschichte Verdrängte gerade im Medium seines scheinbaren → Vergessens möglich wird (→ Verdrängung).

G. Genette, Palimpseste. Die Literatur auf zweiter Stufe, Frankfurt/M. 1996; T. De Quincey, The Palimpsest of the Human Brain (1856), in: ders., The Collected Writings, Bd. 13, Edinburgh 1890, S. 340–349.

Manuela Günter

Paradies

(griech. *parádeisos*: Park). Als Vorstellung einer idealen Gegenwelt Bestandteil der meisten religiösen oder quasi-religiösen Symbolisierungskontexte, zumeist imaginiert als Garten, Insel, Berg oder kosmisches P. Ikonographisch dominant ist die Darstellung idealisierter, oftmals arkadischer Landschaften, die sich mit dem Motiv erfüllter Liebe oder andere Glückszustände verbinden. Erzählungen vom P. beschreiben das Verhältnis ihrer → Gegenwart zum jeweiligen P. als Verlusterfahrung (vgl. → Heimat), exemplarisch im biblischen Bericht über die Vertreibung der ersten Menschen aus dem Garten Eden (*Genesis* 2–3), und lokalisieren somit das P. als in der → Vergangenheit tatsächlich gegebenen Ort. Diese verlorene, ideale Wirklichkeit des P.es ist Anlass zu einer paradoxen Sehnsucht, die sich zugleich auf eine erhoffte → Vergangenheit und eine erinnerte → Zukunft richtet (Ebach 1986). Motive des paradiesischen → Ursprungs kehren als Visionen vom Endzustand der Menschheit wieder (→ Vorausschau): Vor allem monotheistische Religionen glauben an die endzeitliche Wiederkehr des urzeitlichen Glückszustands. Das Konzept des ‹verlorenen› P.es oder des goldenen Zeitalters wird hierbei – als Erinnerung getarnt – aus der jeweiligen Gegenwart heraus als deren positives Kehrbild entworfen (J. Milton, *Paradise Lost*, 1667).

Während Hinduismus und Buddhismus von der *zyklischen*, kosmologisch orientierten Wiederkehr eines paradiesischen Zeitalters ausgehen, ist in der monotheistischen Tradition, insbesondere im jüdischen Messianismus, die → Erwartung der Wiederkehr des P.es *eschatologisch* geprägt: Sie wird vorgestellt als Auferstehung der → Toten und heilsgeschichtliche Errettung der Gerechten der Völker (→ Eingedenken, → Gerechtigkeit). In säkularen, westlichen → Geschichtsphilosophien wird die Rückkehr ins P. verbunden mit utopischen Vorstellungen zivilisierter Gesellschaften, aber auch exotischer Landschaften. Zuweilen werden auch tatsächlich vergangene Zeiten als paradiesische Zustände verklärt (→ Nostalgie). In den ‹Künstlichen P.en› des Drogenrauschs (C. Baudelaire, *Les Paradis Artificiels*, 1860; → Drogen) wird die typische Zeitlogik des P.s ausgesetzt. Durch ekstatische Bewusstseinserweiterungen (→ Bewusstsein) wie Visionen, → Traum- und Rauschzustände werden paradiesische Zustände punktuell vergegenwärtigt (→ Präsenz).

J. Boyarin, Storm from Paradise: The Politics of Jewish Memory, Minneapolis, 1992; R. Heinberg, Memories and Visions of Paradise, New York 1990; J. Ebach, Ursprung und Ziel. Erinnerte Zukunft und erhoffte Vergangenheit, Neukirchen 1986.

Annette Jael Lehmann

Parkinson'sche Erkrankung

Medizinisch: Morbus Parkinson; fortschreitende Erkrankung des → Zentralen Nervensystems, die meist ab dem 5. Lebensjahrzehnt einsetzt; 1817 erstmalig beschrieben durch J. Parkinson. Charakteristisch für die Erkrankung sind Tremor (Zittern), Hypokinese (Bewegungsverlangsamung) und Rigor (Muskelsteifheit) sowie verminderte Körperhaltungsreflexe. Bei der P. E. kommt es durch die Degeneration von Zellen in der Substantia nigra (schwarz gefärbtes Zellbündel im Mesencephalon), die den → Neurotransmitter Dopamin produzieren, zu einem fortschreitenden Dopaminmangel im → Gehirn (insbesondere → Basalganglien und frontale Hirnrinde mit → präfrontalem Cortex) sowie zu einer Störung des Gleichgewichts anderer → Neurotransmitter (z. B. Acetylcholin, Glutamat). Die Krankheitsursache ist bislang unbekannt, untersucht werden zurzeit genetische Faktoren, Umwelt- oder körpereigene Giftstoffe sowie ein Mangel an nervenschützenden Substanzen. Neben motorischen Symptomen treten spezifische kognitive Beeinträchtigungen auf, die auf den Dopaminmangel in der frontalen Hirnrinde zurückgeführt werden. Sie betreffen vor allem die sog. exekutiven Funktionen, d. h. Planungsvermögen, Problemlösefähigkeit und Flexibilität (→ Intelligenz). Das → Arbeitsgedächtnis ist insbesondere unter → Interferenzbedingungen beeinträchtigt. Defizite im → Langzeitgedächtnis treten auf, sobald das zu lernende Material selbständig organisiert werden muss (→ Organisation). Das → implizite Gedächtnis (z. B. → Priming) ist unbeeinträchtigt, Beeinträchtigungen in Aufgaben zum motorikbasierten, → prozeduralen Gedächtnis sind bisher noch umstritten.

B. Dubois/B. Pillon, Cognitive deficits in Parkinson's disease, in: Journal of Neurology, Bd. 244, 1997, S. 2–8.

Katja Werheid

PET → Bildgebende Verfahren

Phantasie

(griech. *phantasía*: Erscheinung, Vorstellung). Vorstellungskraft, die als reproduktive eng mit der Erinnerung verbunden ist, als produktive jedoch über diese hinausgeht. Anknüpfend an Überlegungen → Platons, entwirft Aristoteles in seinem Werk *Über die Seele* (*De anima*, III, 3) eine funktionale Hierarchie der psychischen Vermögen, in der die P. zwischen Sinneswahrnehmung *(aísthesis)* und Denken *(diánoia)* angesiedelt ist. Sie ruft Wahrnehmungsbilder abwesender Gegenstände hervor und steht damit der Erinnerung nahe (→ Vergegenwärtigung). Sie kann aber auch diese Bilder neu kombinieren und dadurch Vorstellungen erzeugen, die kein Äquivalent in der Wahrnehmung besitzen. Diese die Erinnerung übersteigende Fähigkeit der P. führt zu ihrer zwiespältigen Beurteilung in der psychologischen Literatur der Antike und des Mittelalters (Bundy 1927). Die neuzeitliche Psychologie vollzieht eine allmähliche Aufwertung der P. Dabei wird jedoch bis ins 18. Jh. hinein unterschieden zwischen einer positiven, vom Verstand kontrollierten Imagination und einer freien P., die im Dienste der Leidenschaften verwirrende Trugbilder hervorbringt (Dürbeck 1998). Erst im deutschen Idealismus erfolgt die

Anerkennung der produktiven P. als grundlegendem Erkenntnisvermögen, demgegenüber die nunmehr mit der reproduktiven P. identifizierte
Erinnerung eine untergeordnete Rolle spielt. Dagegen schreibt die moderne Psychologie (→ S. Freud, → F. C. Bartlett) der Erinnerung selbst
synthetische und schöpferische Fähigkeiten zu, die traditionell der P. vorbehalten waren.

In der → Rhetorik wird die P. seit der Antike als herausragendes Vermögen der affektiven Bearbeitung der Rezipienten behandelt. Die pseudo-longinsche Schrift *Über das Erhabene* nennt P. die Macht der Rede,
den Zuhörer emotional zu überwältigen, sodass dieser völlig vom Gegenstand eingenommen ist (Beil 1993). Diese Auffassung geht zurück auf die
rhetorische Lehre von der Anschaulichkeit *(enárgeia, evidentia)*, die den
Eindruck der → Präsenz der behandelten Sache mit Hilfe sprachlicher
Mittel (Beschreibung) zu evozieren sucht (Quintilian, *Institutio oratoria*;
→ Rhetorik). Die Ende des 16. Jh.s einsetzende und im 18. Jh. kulminierende Longin-Rezeption in der Poetik trägt wesentlich zur Ablösung der
gedächtnisorientierten klassizistischen Nachahmungsdoktrin *(mímesis,
imitatio;* → Klassik) durch die phantasieorientierte Genie-Lehre bei (Rosenmeyer 1986). Die psychologische mit der ästhetischen Tradition verbindend, wird die P. von → S. Freud als künstlerisches Vermögen
schlechthin bestimmt, das er vom Tagtraum herleitet (→ Traum); beide
dienen der Erfüllung verdrängter, dem Realitätsprinzip zum Opfer gefallener Wünsche (→ Verdrängung). Gegenüber diesem Verständnis der P.
als vergangenheitsorientierter Kompensationserscheinung betont E.
Bloch mit seinem Konzept der ‹objektiven P.› das zukunftsgerichtete, utopische Potenzial des Begriffs (→ Zukunft). In der gegenwärtigen Medientheorie wird das Zusammenfallen von Imagination und Wirklichkeit
in der massenmedialen Simulation konstatiert, sodass das Konzept der P.
als überholt erscheint (Kamper 1990).

G. Dürbeck, Einbildungskraft und Aufklärung. Perspektiven der Philosophie, Anthropologie und Ästhetik um 1750, Tübingen 1998; U. J. Beil, Rhetorische «Phantasia». Ein Beitrag zur Archäologie des Erhabenen, in: arcadia, Bd. 28, 1993, S. 225–
255; D. Kamper, Zur Geschichte der Einbildungskraft, Reinbek 1990; T. G.
Rosenmeyer, FANTASIA und Einbildungskraft. Zur Vorgeschichte eines Leitbegriffs
der europäischen Ästhetik, in: Poetica, Bd. 18, 1986, S. 197–248; M. W. Bundy, The
Theory of Imagination in Classical and Medieval Thought, Urbana 1927.

Günter Butzer

Phonograph

(griech. *phoné*: Stimme, *gráphein*: schreiben). Vorrichtung zur analogen Speicherung und Wiedergabe akustischer Daten (→ Speichermedien, → Speichern), in der Grundform von T. A. Edison am 24. Dezember 1877 zum Patent angemeldet. Bei der phonographischen Schallaufzeichnung werden akustische Schwingungen auf eine Membran geleitet, diese ihrerseits in Schwingungen versetzt. Ein mit der Membran verbundener Stichel überträgt diese Schwingungen auf einen beschichteten Datenträger und hinterlässt auf diesem sog. *Glyphen* (Panconcelli-Calzia 1938; → Schrift, → Spur). Im Fall von Edisons P. ist der Datenträger eine mit einer dünnen Zinnfolie beschichtete Walze, die sich seitwärts verschiebt und eine Welle in Schraubenform hinterlässt (*Edison-* oder Tiefenschrift). Beim *Grammophon* seines Konkurrenten E. Berliner von 1887 werden statt Walzen plane, mit Wachs überzogene Zinkplatten verwendet und die Wellen in Form einer Spirallinie auf einer Fläche verzeichnet (*Berliner-* oder Seitenschrift). Im Gegensatz zu Edisons P.en ist mit dem Grammophon allerdings nur die Wiedergabe möglich. Bei der Wiedergabe wird umgekehrt zum Einschreiben eine Nadel, ein Stylus durch die Rillen, die erzeugten Spuren geführt, dadurch in Bewegung versetzt und mittels dieser Bewegung eine Membran zum Tönen gebracht (→ Abruf). Technische Weiterentwicklungen bei P.en wie Grammophonen gelten vordringlich der Steigerung der → Kapazität; zugleich wird die Verstetigung der Umlaufgeschwindigkeit bei Aufnahme und Wiedergabe durch Verwendung von Federantrieben oder Elektromotoren verbessert (Jüttemann 1979).

In unterschiedlichen Anwendungen soll der P. vor allem ein technisches Substitut für das menschliche Gedächtnis sein (→ Externalisierung). Die Applikationen reichen von der Bereitstellung und Wiederholbarkeit musikalischer Konserven (Grammophon; → Musik, → Wiederholung) bis zum Geschäftsleben, das der neuen Apparatur eine Karriere als Diktier-P. bescherte. Neben solchen Einsätzen in Unterhaltung und Bürokratie wird der P. zum Ermöglichungsgrund von Selbstbezugnahmen, die von der *Registrierung von Selbstbeobachtungen durch Diktierphonographen* (W. Baade) in der Psychologie bis zur Einlösung eines anthropologischen Phantasmas in der Philosophie reicht. Jenes Phantasma, das die Bestimmung des Menschen von den symbolischen → Codes der Buchstaben löst und an seine Stimme knüpft, wird endlich realisierbar: Erstmalig wird es dem Menschen möglich, sich selbst als sprechendes Wesen auch zu hören.

Neben Einsätzen in Unterhaltung, im Geschäftsleben oder in Fiktionen, die das Überleben toter Stimmen und damit die Quasipräsenz von → Gespenstern ausbuchstabieren (Mynona, *Goethe spricht in den Phonographen*), hat die analoge Tonaufzeichnung den Wissenschaften vom Menschen neue Felder erschlossen. Ob vergleichende Musikwissenschaft, Kolonialsprachenforschung (Stumpf 1908) oder Sprachwissenschaft (Auer 1993): Sie alle haben ihr technisches Apriori im P.en, der erstmalig akustische Daten aus unterschiedlichen Zeiten und Räumen zur Verfügung stellt, ohne auf symbolische → Notationen und deren Grenzen beschränkt zu sein (→ Schrift). Das Paradigma einer mechanischen Einschrift in eine Materie wird durch das Paradigma der magnetischen Tonaufzeichnung ersetzt, bei dem elektromagnetische Prozesse an die Stelle der mechanischen Einschrift treten. Damit werden zugleich neue Phantasmen, genauer ein neuer Typ des Phantasmas freigesetzt, bei dem Speicherung nicht mehr an Berührung gebunden ist, sondern durch das Prinzip der Nicht-Kontiguität einen Raum geschwundener Materialitäten und entsprechender Spekulationen freisetzt (vgl. → A. M. Warburg, → R. W. Semon).

P. Auer, Über ↵, in: Zeitschrift für Literaturwissenschaft und Linguistik, Bd. 90/91, 1993, S. 104–138; H. Jüttemann, Phonographen und Grammophone, Braunschweig 1979; G. Panconcelli-Calzia, Wilhelm Weber – als gedanklicher Urheber der glyphischen Fixierung von Schallvorgängen (1827), in: Archiv für die gesamte Phonetik, Bd. 2, 1. Abteilung, Heft 1, 1938, S. 1–11; C. Stumpf, Das Berliner Phonogrammarchiv, in: Internationale Wochenschrift für Wissenschaft, Kunst und Technik, 22. Februar 1908, S. 225–246.

Stefan Rieger

Piaget, Jean

(1896–1980), Schweizer Psychologe und Pädagoge, in dessen kognitiver Entwicklungspsychologie Gedächtnis nicht als Speicher, Erinnerung nicht als «gezielter Griff in das gespeicherte Material» (Kesselring 1999, S. 93) verstanden wird, sondern als in der Ontogenese entstandene → Konstruktion. P. unterscheidet «das Gedächtnis im weiten Sinne» und «das Gedächtnis im strengen Sinne» (vgl. Piaget/Inhelder 1974, S. 474). Das *Gedächtnis im weiten Sinne* ist die Erhaltung dessen, was das Individuum im Verlauf seiner Ontogenese bisher erworben hat. Darin sind auch verschiedene Systeme von → Schemata (z. B. → Gewohnheiten) enthalten, allerdings keine *vererbten* Schemata und Reflexe. Das *Gedächtnis im strengen Sinne* beinhaltet dagegen nur die Verhaltensweisen und → Kognitionen, die sich auf die Vergangenheit beziehen, wie → Wiedererkennen, Evokationen, → Reminiszenzen usw. Das Gedächtnis im weiten Sinne operiert durch die Schematik im Modus der Verallgemeinerung, wohingegen sich das Gedächtnis im strengen Sinne immer auf konkrete Dinge oder → Ereignisse bezieht. P. folgert aus seinen vielfältigen Experimenten über die kognitiven Funktionen des Gedächtnisses und der Intelligenz, dass das Gedächtnis im strengen Sinne mit seinen Wiedererkennungen und Evokationen «ein Sektor innerhalb der Gesamtheit der kognitiven Funktionen ist, deren höhere Ausgleichsform die Intelligenz darstellt», wobei die «Erhaltung der Erinnerungen, und zwar der Evokationen wie des Wiedererkennens» in bestimmten Fällen auf einer «verwandten Schematisierung, in anderen Fällen auf der gleichen Schematisierung wie der der Intelligenz» beruht (Piaget/Inhelder 1974, S. 478).

P. unterscheidet weiterhin drei Haupttypen des Gedächtnisses: Wiedererkennungsgedächtnis, Rekonstitutionsgedächtnis und Evokationsgedächtnis. Das *Wiedererkennungsgedächtnis* assimiliert Wahrgenommenes an Schemata verschiedenster Art und identifiziert es so als Wiedergefundenes oder Wiedererschienenes. Das *Rekonstitutionsgedächtnis* leistet die intentionale Wiedergabe von besonderen Handlungen oder Gedanken und ihrer Resultate. Es geht über das bloße Wiedererkennen hinaus und ermöglicht insofern auch die → Rekonstruktion eines in der aktuellen Wahrnehmung nicht vorhandenen Modells. Das Wiedererkennungsgedächtnis erlaubt dagegen nur ein Wiedererkennen in Gegenwart des Wiedererkannten. Das *Evokationsgedächtnis* schließlich ist ebenfalls von der Aktion und ihren Schemata abhängig. Das Werkzeug der Evokation ist dabei die Bild-Erinnerung (visuelles Bild oder verbale Erinnerung usw.). Das Evokationsgedächtnis konstruiert insofern Erinnerungsbilder einer schematisierten Aktion oder leistet die bildhafte Evokation aktionsunabhängiger Gegenstände oder Ereignisse.

Das Problem der Einheit bzw. der Heterogenität dieser drei Gedächtnisformen diskutiert P. im Zusammenhang seines Stufenmodells der Ontogenese. P. geht allgemein davon aus, dass sich im Laufe der Ontogenese, in der sich ein Individuum aktiv mit seiner Umwelt auseinander setzt, durch Prozesse der Akkomodation und Äquilibration die inneren Mechanismen und Ordnungsschemata der Kognition regelmäßig und gesetzmäßig aufbauen. Daraus entwickelt P. sein Stufenmodell der Entwicklung, das vier Stufen umfasst: die sensomotorische Stufe, die präoperationale Stufe, die Stufe des konkreten Operierens und die Stufe des formalen Operierens. Jede dieser Stufen differenziert ihre → Strukturen gegenüber der vorhergehenden, auf der sie aufbaut und die sie integriert. Auch in Bezug auf die Entwicklung von Gedächtnis und Erinnerung geht P. davon aus, dass aufeinander folgende Stufen erkennbar sind. Diese Stufen sind zwar nicht die gleichen wie bei der Entwicklung der → Intelligenz, aber sie sind vergleichbar und lassen sich in die Stufenabfolge integrieren. So entspricht das Wiedererkennen der sensomotorischen Stufe, die Rekonstitution vollzieht den Übergang vom Sensomotorischen zum Vorstellungsmäßigen, und die Evokation entspricht der Stufe der vorstellungsmäßigen, präoperativen und operativen Formen der Intelligenz. P. kommt deshalb zu dem Schluss, dass die funktionelle Einheit der verschiedenen Erinnerungsformen mit der Einheit der Intelligenz viel gemeinsam hat, sodass Gedächtnis und Intelligenz grundsätzlich als miteinander verbunden angesehen werden können und insofern «von Natur aus eine Gemeinschaft bilden». Es sind «dieselben Stadien, und die Entwicklung des Gedächtniscode ist mit der Konstruktion der operativen Strukturen direkt verbunden» (Piaget/Inhelder 1974, S. 502). Insofern entspricht dem intellektuellen Fortschritte ein Zuwachs von Erinnerungsmöglichkeiten. So setzt beispielsweise die Fähigkeit, Prozesse und Veränderungen im Gedächtnis zu rekonstruieren, das begriffliche Denken voraus, dasselbe gilt für das Erinnern an einfache Komplexe von Relationen (vgl. Kesselring 1999). Insofern P. Gedächtnisbildung als einen in der Ontogenese sich vollziehenden konstruktiven Prozess und Strukturaufbau konzipiert hat, bleibt seine Theorie für konstruktivistische, kognitionsbiologische wie kognitionspsychologische Ansätze bedeutsam (vgl. Schmidt 1991).

J. Piaget/B. Inhelder, Gedächtnis und Intelligenz, Olten 1974. – T. Kesselring, Jean Piaget, München 1999; S. J. Schmidt, Gedächtnisforschungen: Positionen, Probleme, Perspektiven, in: ders. (Hg.), Gedächtnis. Probleme und Perspektiven der interdisziplinären Gedächtnisforschung, Frankfurt/M. 1991, S. 9–56.

Yvonne Ehrenspeck

Pionier

(altfranz. *peonier*: Fußsoldat). Person, die den ersten Schritt in ein – geographisch oder gedanklich – noch nicht erschlossenes Gebiet unternimmt. Sowohl in der Kolonisations- als auch in der Wissenschafts- und

Technikgeschichte siedelt die Nachwelt die P.e als Wegbereiter oder Vor-
kämpfer am → Ursprung gegenwärtiger Lebens- oder Wissensformen an.
Während die *Folgen* ihrer bahnbrechenden Leistungen in Form von Sied-
lungsräumen oder Wissenschaftsparadigmen in der → Gegenwart unmittelbar präsent sind, ist ihre *Erstmaligkeit*, die den → Ruhm der P.e ausmacht, einmalig und unwiederholbar (→ Ereignis, → Mythos; vgl.
→ Ahnen, → Märtyrer). Die Erinnerung an die P.e gilt *retrospektiv* dem
Gedächtnis ihrer beispiellosen Taten; insofern diese jedoch auf die spezifischen *vorwärts gewandten* Tugenden der P.e (Erfindungsgeist, Innovation, Entscheidungsstärke) zurückgeführt werden, dient diese Erinnerung *prospektiv* dazu, einen Gründungsmythos des Fortschritts zu
etablieren: Im 20. Jh. eröffnen die Brüder Wright als P.e der Luftfahrt
gänzlich neue Lebens- und Fortbewegungsformen; E. Wöhler, der 1828
Harnstoff synthetisiert, bricht mit der jahrhundertealten Vorstellung einer allen organischen Stoffe zugrunde liegenden *vis vitalis* und ermöglicht so die moderne Chemie; D. Boone, der Ende des 18. Jh.s den Weg
nach Kentucky bahnt, definiert das Selbstverständnis der amerikanischen
→ Nation über die nach Westen hin offene und bewegliche *frontier*.

Die These von F. J. Turner aus dem Jahre 1893, diese Grenze sei unmittelbarer Ausdruck des offenen, demokratischen Nationalcharakters
der USA, belegt, wie die Erinnerung an den P. diesen als Vorbild für den
Weg in die → Zukunft konstruiert: «Ich rufe euch dazu auf, neue Pioniere der New Frontier zu sein.» (J. F. Kennedy, 1960). Insofern jedoch P.e
selbst niemals Nachahmer, sondern vielmehr stets ‹ihrer Zeit voraus›
waren und zeitgenössisch oft belächelt, wenn nicht bekämpft (G. Galilei) worden sind, ist der Versuch, sie als Vorbilder zu installieren, zwangsläufig paradox. Überdies mussten mit dem Erreichen des Pazifiks die
Ziele neu definiert werden. Die Raumfahrprojekte *Voyager* und *Pioneer*
galten aber weniger der Vermessung einer *final frontier* als der Markierung der Zukunftsorientiertheit der Gesellschaft, die sie auf den Weg
schickte. Diese Zukunft liegt jedoch, wie die Selbstdarstellung des US-
Bundesstaates Indiana im → Internet verdeutlicht, nach wie vor im 18.
Jh.: «The state's birthday is a wonderful occasion to think about Indiana's beginnings and about those people who created Indiana, those we
revere as pioneers. Going a step further, we can think even about the
connections between their lives and ours. Where are we in relation to
them as the twentieth century comes to an end? Can pioneers help us
live hopefully when there is so much pessimism around us? Can pioneers help us find optimism when so much seems ambiguous and complex?» (www.indianahistory.org/heritage/pioneer.html)

T. Hastreiter, First Steps. Pioneer Myths in History, Science and Literature, in: The Humanists' Review, Bd. 13, 1989, S. 18–28; D. Mogen/M. Busby/P. Bryant (Hg.), The Frontier Experience and the American Dream, College Station 1989.

Nicolas Pethes

Platon

(ca. 427 v. Chr.–ca. 347 v. Chr.), griechischer Philosoph, bei dem Erinnerung und Gedächtnis zum ersten Mal in der Philosophiegeschichte wichtige Themen geworden sind. Sie kommen bei seinen Versuchen ins Spiel zu klären, was → Wissen ist, wie Wissen zu begründen ist und wie Seelisches sich von Körperlichem unterscheidet. Ohne Erinnerungsleistungen kann kein Wissen erlangt werden. Erinnerung und Gedächtnis werden von P. in mehrfacher Hinsicht thematisiert: (1) im Hinblick auf ihren Beitrag zur Erkenntnisleistung des sinnlichen Wahrnehmens und der Meinung *(dóxa)*; (2) im Hinblick auf die Eigenart seelischen Lebens, sofern sich dieses vom bloß Körperlich-Leiblichen unterscheidet; (3) im Hinblick auf den Wissenserwerb, der zur Erkenntnis der zeitfreien, allem Wandel entzogenen Ideen führt (→ Anamnesis).

Im Dialog *Theaitetos*, der eine Definition des Wissens sucht, ohne zu einer Lösung zu gelangen, drängt sich P. das Problem der Erinnerung im folgenden Kontext auf: Wissen ist nicht mit Wahrnehmung zu identifizieren. Auch die Meinung ist kein Wissen. Zwar gibt es richtige Meinungen, aber es gibt auch falsche. Bei der Diskussion dieser → Differenz kommt die Erinnerung zur Sprache. Wie kommt es, dass die Erinnerung einmal täuschungsfrei ist und ein andermal zu einem falschen Ergebnis führt (→ Gedächtnistäuschung)? P. greift zu zwei bildhaften Modellen (→ Gedächtnismetapher): Er unterstellt in den Seelen zuerst eine wächserne Knetmasse und dann einen Taubenschlag. In der Knetmasse sollen sich Wahrnehmungen und Gedanken eingeprägt haben (→ Einprägung, → Spur). Sie bleiben aus der → Vergangenheit in der → Gegenwart aufbewahrt. Neu auftretende Wahrnehmungen und Gedanken können in die schon vorgeformten Eindrücke hineinpassen, sodass Vergangenes und Gegenwärtiges identifiziert werden kann, indem Gegenwärtiges die Erinnerung an ein vergangenes Gleiches hervorruft (→ Vergleich). Es bildet sich eine richtige Meinung. Aber im Bereich der Meinungen kann es zu Fehlern kommen. Ein in die Gegenwart hinein weiter wirksamer Eindruck schützt nicht davor, dass ihm eine nicht zu ihm passende Wahrnehmung oder Vorstellung zugeordnet wird, sodass das vergegenwärtigte Erinnerte und das Gegenwärtige auseinander klaffen. Gegenwärtiges wird fälschlich mit einem in der Erinnerung aufbewahrten vergegenwärtigten Wahrgenommenen identifiziert. → Wiedererkennen scheitert. Es kommt zu einer falschen Meinung.

Im Dialog *Philebos* entwickelt P. eine Konzeption von Erinnerung im Rahmen einer Diskussion der Entstehung von Lust und Unlust als seelischen Phänomenen, die nicht aus körperlichen erklärt werden können. Uns nur körperlich-leiblich Betreffendes verliert sich im Leib, ohne bis zur Seele zu gelangen (→ Körper). Wenn dagegen ein «Vorkommnis» Leib und Seele zugleich betrifft, dann lässt es eine «beiden gemeinschaftliche Erschütterung» (33d) zurück. Diese wird als Wahrnehmung und das «Bewahren der Wahrnehmung» (34a) als Gedächtnis bestimmt: «Wenn, was der Seele mit dem Leib zugleich begegnet ist, sie dieses ohne den Leib für sich allein soweit möglich zurückholt, dann sagen wir doch, daß sie sich erinnert» (34b).

Im Unterschied zum *Theaitetos*, der sich auf dem Weg zu einem seiner selbst gewissen ‹wahren› Wissen mit dem Problem der richtigen und falschen Vorstellung abmüht, wird der Erinnerung im *Philebos* in unproblematisierter Weise die Leistung zugesprochen, verlorene Wahrnehmungen und Kenntnisse ‹wieder-holen› zu können (→ Wiederholung). Es ist entscheidend, dass Gedächtnis und Erinnerung hier, als Wesensmerkmale der lebendigen, der begehrenden Seele, nicht dem Leib und nicht dem vernünftigen Wissen zugehören. Die begehrende Seele lebt aber in einer zeitlichen Erstreckung, in der sie durch Gedächtnis und Erinnerung eine gewisse Einheit aufrechterhält (→ Dauer).

Den Zugang zu dem von ihm gesuchten Ideenwissen vermittelt P. durch eine merkwürdige Erinnerung. Sofern diese in den Vorgang der Wissensgewinnung eingebaut ist, kann sie sich nicht vertun und ist sie nicht von einem endlich-fehlbaren Gedächtnis abhängig. Sie ist nicht in ihrer Leistungsfähigkeit beschränkt und angefochten, sondern erlaubt den Überstieg all dessen, was von dieser ‹menschlichen› Art ist. Diese Wiedererinnerung wird von P. mythologisch als Erinnerung an vorgeburtlich Geschautes gedeutet (vgl. → intrauterines Gedächtnis). Es ist kein Zufall, dass zeitfreies, dem Wandel überlegenes Apriorisches (Mathematisches) P. als Demonstrationsobjekt für das Fungieren der Wieder-Erinnerung dient. Diese wirkt als Gegenkraft gegen die gefährdete Leistungsschwäche des sinnlich-begehrenden Lebens, die an ihr gemessen minderwertig ist *(Phaidon)*.

P. verknüpft seine Lehre von der Erinnerung als eine Wieder-Erinnerung mit der für das Abendland bestimmend gewordenen Trennung des sinnlich-leiblichen Menschenlebens, das in der Welt des Werdens beheimatet ist, vom denkenden Überstieg dieses Lebens in einer zur Ideenschau führenden Erinnerung an eine intelligible Sphäre, zu der der vernünftige Teil der Seele Zugang hat. Anlässlich des sinnlich Schönen erinnert sich die Seele der Idee des Schönen so, dass sie von ihr angezogen wird und ihr zustrebt *(Phaidros)*. In einer dem Mythischen nahe stehenden Sprechweise kann diese Fassung der Erinnerung mit der Unsterblichkeit der Seele in Zusammenhang gebracht werden. Sie wird vom Christentum aufgegriffen und bildet lange Zeit hindurch das unangefochtene kulturelle → Erbe Europas.

Platon, Theaitetos, in: Werke, Bd. 4, Darmstadt 1972, S. 255–443; ders., Phaidros, in: Werke, Bd. 4, Darmstadt 1981, S. 1–194; ders., Philebos, in: Werke, Bd. 5, Darmstadt 1979, S. 1–218; ders., Phaidon, in: Werke, Bd. 3, Darmstadt 1958. – J.-N. Findlay, Plato und der Platonismus. Eine Einführung, Königstein/Ts. 1981; K. Bormann, Platon, Freiburg/München 1973.

Paul Janssen

Plattensammlung

Eine im Zuge der Digitalisierung des Tonträgermarktes (CD; → Internet) zunehmend marginalisierte Form der Musiksammlung (→ Musik, → Sammlung). Eine P. umfasst mindestens 100 Platten und wird von ihrem Besitzer (in der Regel männlich und in einem Alter zwischen 25 und 50) immer wieder nach alphabetischen, chronologischen oder autobiographischen Prinzipien sowie nach Musikrichtungen neu geordnet und diskographiert; vor allem Letzteres dokumentiert die vom passionierten Sammler vehement betonte *differentia specifica* der P. zur lediglich kontingenten und ob des ihr zugrunde liegenden unbeflissenen Auswahl- und Aufbewahrungsverhaltens gering geschätzten Platten*an*sammlung. P.en können sowohl kollektive als auch individuelle Erinnerungspotenziale freisetzen: Sie perpetuieren Erinnerungen an vergangene musikalische → Ereignisse und deren Produzenten, insofern in und mit ihnen jederzeit abspielbare Reproduktionen dieser Ereignisse (→ Wiederholung) archiviert werden (→ Phonograph, → Archiv). Insofern der einzelne Plattensammler meist mit bestimmten Objekten aus seiner Sammlung bedeutsame Hör- oder Erwerbssituationen verbinden kann, fungieren P.en als assoziations- und identitätsstiftende Privatarchive der eigenen

→ Vergangenheit (→ Identität, → Fotoalbum, → Reminiszenz). Jene psychoanalytischen Deutungen, die das → Sammeln als einen Trieb «phallisch-narzißtischer Persönlichkeiten» (Muensterberger 1995, S. 32) interpretieren, die die gesammelten Objekte «als kulturell akzeptierte Mittel einsetzen, um sich Geltung zu verschaffen» (Muensterberger 1995, S. 369), entbehren gerade im Hinblick auf den Plattensammler, wie N. Hornby zeigen kann, nicht einer gewissen Plausibilität: «‹You must have an enormous record collection›, Caroline says. ‹Yeah›, I say. ‹Do you want to come round and see it?›» (Hornby 1996, S. 241).

N. Hornby, High Fidelity, London 1996; W. Muensterberger, Sammeln. Eine unbändige Leidenschaft, Berlin 1995.

Gerhard Kaiser

Politik

(griech. *politiká*: Staatsgeschäfte). Tätigkeit, deren Ziel die Erlangung (Opposition) oder effektive Ausübung (Regierung) von Macht zur Produktion von gesellschaftlich bindenden Entscheidungen ist. Eine P. der Erinnerung setzt ein, wenn die Annahmewahrscheinlichkeit politischer Entscheidungen durch das Medium der Erinnerung erhöht werden soll, indem aktuelle politische Macht sich durch den Aufruf der → Vergangenheit invisibilisiert: Kontingente politische Entscheidungen können dann als Vollzug historischer Notwendigkeiten legitimiert und popularisiert werden. Solche P. fördert und benutzt zugleich Tendenzen der Nationalisierung. So entsteht ein Komplex «symbolischer Politik» (Dörner 1996), der über den politischen Mythos ‹Staat› und ‹Staatsvolk› zur → Nation verschmilzt, indem er einen fiktiven → Ursprung erfindet und immer wieder neu erzählt (→ Wiederholung), um aus dieser → Narration Mobilisierung zu generieren. Ein solcher politischer → Mythos mit Integrations- und militärischem Aktivierungspotenzial war in Deutschland etwa der Hermannmythos. Die mythische und politisch induzierte Erinnerung des Volks kann als «politischer Sinngenerator» (Dörner 1996) verstanden werden. In Bezug auf die jeweilige → Gegenwart kann die Funktion des politischen Mythos zwei Formen annehmen: Er ist entweder «fundierend», d. h., er zeigt, dass die Gegenwart nicht anders sein kann, als sie ist; oder er ist «kontrapräsentisch», d. h., er zeigt den Mangel der → Gegenwart gegenüber einem goldenen Zeitalter (→ Paradies) in der Vergangenheit auf (J. Assmann, *Das kulturelle Gedächtnis*). Die «kontrapräsentische» Form kann als revolutionäres Ferment wirken (→ Revolution).

O. Negt und A. Kluge heben die «vom Staat verordneten *kollektiven Trauerrituale*» (1993, S. 163) hervor, die in totalitären Regimen alle Formen der Kritik an den Repräsentanten der Macht, die nach einer Zeit der kollektiven Unordnung jetzt Ruhe und Ordnung zu garantieren vorgeben, unmöglich machen. Kollektive Daten der → Trauer sind immer ein politisches Phänomen, das vielfache Umcodierungen erfährt. Beispielhaft verläuft in dieser Beziehung die Geschichte des Volkstrauertags (→ Kalender): In der Bundesrepublik Deutschland soll dieser Tag an die Gefallenen der Weltkriege und die Opfer des Nationalsozialismus (→ Buße, → Mahnmal; Reichel 1995) erinnern. Er ist die Umformung des seit 1926 begangenen Gedenktags für die Opfer des Ersten Weltkriegs, der im Nationalsozialismus zum ‹Heldengedenktag› umcodiert wurde. Am politischen Umgang mit Erinnerungsbeständen lässt sich die Programmierung nationaler → Identität und Identifizierung paradigmatisch ablesen.

A. Dörner, Politischer Mythos und symbolische Politik. Der Hermannmythos: Zur Entstehung des Nationalbewußtseins der Deutschen, Reinbek 1996; P. Reichel, Politik mit der Erinnerung. Gedächtnisorte im Streit um die nationalsozialistische Vergangenheit, München/Wien 1995; O. Negt/A. Kluge, Maßverhältnisse des Politischen. 15 Vorschläge zum Unterscheidungsvermögen, Frankfurt/M. 1993; J. Assmann, Frühe Formen politischer Mythomotorik. Fundierende, kontrapräsentische und revolutionäre Mythen, in: D. Harth/J. Assmann (Hg.), Revolution und Mythos, Frankfurt/M. 1992, S. 39–61.

Torsten Hahn

Porträt

(lat. *portrahere*: hervorziehen). Auch: Bildnis oder Konterfei; Darstellung und Erinnerungsbild einer Person, im engeren Sinn individuelles Charakterporträt, im weiteren Sinn nahezu jede Gesichts- und Menschendarstellung. Zumeist als Gesichtsbild einer einzelnen Person realisiert, erinnert es an diese als abwesende und wird damit zu einem spannungsreichen Paradigma von Mimesis, → Repräsentation und Andenken im Bild.

Von seiner Herkunft und Anlage her ist das P. mit → Trauerarbeit und Verlusterfahrung verbunden. Gesichtsbilder etablieren sich seit der neolithischen Revolution (9. Jtsd.) im Zuge der entstehenden Grabkultur sesshafter Stämme (→ Tod). → Totenmasken und bemalte Schädel mögen die ersten P.s darstellen und den Sprung vom Mensch zum Bild markieren. Diese (Vor-)Geschichte des P.s rückt durch den kunsthistorischen Rang des ‹autonomen› P.s der → Renaissance in den Hintergrund. Die Kunst, individuelle Charaktere darzustellen, löst das P. aus seiner ständischen Repräsentationsfunktion und verbreitet dieses Bildgenre. Die Herkunft aus der Trauerarbeit wird jedoch seit dem 17. Jh. im Motiv eines Ursprungsmythos der Malerei wieder in Erinnerung gerufen. Die kanonische Quelle des Bildmotivs, Plinius d. Ä., erzählt in der *Naturgeschichte* von der Tochter des Töpfers Butades, «die aus Liebe zu einem jungen Mann, der in die Fremde ging, bei Lampenlicht an der Wand den Schatten seines Gesichts mit Linien umzog». Das P. und mit ihm die Malerei entsteht aus dem Ersatz des zukünftig Abwesenden, der im Bildnis erinnert wird (vgl. → Präsenz). Dass der Akt der → Zeichnung schon die Abwesenheit vorwegnimmt, ist bildlich oft inszeniert worden (etwa J. Sandrart 1673) und wird im aktuellen bildtheoretischen Diskurs u. a. von → J. Derrida angeführt.

Seit der → Fotografie zirkulieren P.s massenmedial. Als Gedächtnis der → Kultur bilden sie ein virtuelles → Archiv suggestiv wirkenden, aber doch bedeutungsarmen → Wissens über öffentlich oder persönlich bekannte Personen. In diesem Widerspruch von Überzeugung durch das Bild (‹Das ist x›) und der immer wieder thematisierten Unsicherheit des Wissens erzeugt das P. auch seinen ästhetischen Wert, insofern das gelungene P. den Betrachter von → Identität und Individualität des Gezeigten überzeugen kann. Lange ist (vergeblich) versucht worden, die Widersprüche mittels des Kriteriums der P.-Ähnlichkeit zu klären. Wurde die Bindung an die rein abbildende Ähnlichkeit vermieden, galt bis ins 19. Jh. die Entsprechung des Äußeren zum inneren Wesen als verbindliche Norm. Die kunsttheoretische Problematik entwickelt sich seit dem 17. Jh. geradezu als Versuch, dem Ähnlichkeitsparadigma zu entkommen (Lohmann-Siems 1972). Ähnlichkeit wird zum Paradox des unvergleichlichen Selbstbezugs («det Porträt is ähnlicher als sie», M. Liebermann). Der kunsthistorische Begriff sieht hier die Darstellung von Individualität (Boehm 1985). Doch in seinen kulturellen Funktionen geht das P. darüber hinaus. Als Form kultureller Erinnerung fungieren P.s grundsätzlich auf zweierlei Weise: (1) als genealogische Funktion eines (autoritativ präsentierten oder privaten) Gedächtnisses der → Ahnen, Familien und Herkunft (→ Genealogie); (2) als öffentliche Institution der Verbreitung von Ansehen und → Ruhm. Als Auszeichnung für Leben und Werk fungieren P.s als visuelle Erinnerung, indem Autorschaft (Zuschreibung auf Lebenswerk) oder Image (Zuschreibung auf Rollenbild) in sie projiziert werden.

R. Preimesberger/H. Baader/N. Suthor (Hg.), Porträt, Berlin 1999; G. Boehm, Bildnis und Individuum, München 1985; I. Lohmann-Siems, Die begriffliche Bestimmung des Porträts in der kunstwissenschaftlichen Literatur bis zur Mitte des 20. Jahrhunderts, Hamburg 1972.

Matthias Bickenbach

Positionseffekt

(lat. *positio*: Stellung, Lage). Bessere Behaltensleistung bei freien Reproduktionsleistungen für Ereignisse, die am Anfang und Ende einer zu merkenden Liste von mehreren Ereignissen dargeboten wurden. Dieses Phänomen bezeichnet man als serialen P. Hierbei unterscheidet man den primären oder → Primacy-Effekt (bessere Gedächtnisleistung für Ereignisse am Anfang gegenüber Ereignissen in der Mitte der Liste) und den sekundären, Rezenz- oder Recency-Effekt (bessere Gedächtnisleistung für die zuletzt präsentierten Ereignissen gegenüber den mittleren Ereignissen der Liste). Wird die → Reproduktion verzögert, entfällt der Rezenzeffekt. Verlängert man die Darbietungszeit der Wörter, erhöht sich die Reproduktionsleistung für Ereignisse am Anfang und in der Mitte der Liste, nicht aber am Ende der Liste. Daher wird die Auffassung vertreten, dass der Rezenzeffekt den unmittelbaren → Abruf aus dem → Kurzzeitgedächtnis widerspiegelt, während die anderen Teile der seriellen Positionskurve durch das → Langzeitgedächtnis bestimmt werden. Neuere Erklärungen führen den P. auf Abrufstrategien aus dem Langzeitgedächtnis zurück. Insbesondere der Rezenzeffekt wird dem direkten Zugriff wegen guter Diskriminierbarkeit der letzten Items zugeschrieben (Greene 1992).

R. Greene, Human Memory, Hillsdale 1992.

Axel Mecklinger

Posthistoire

(lat. *post*: nach; franz. *histoire*: Geschichte). In der Nachkriegszeit häufig verwendeter zeitdiagnostischer Begriff, der die historische Alternativlosigkeit der modernen Gesellschaft zum Ausdruck bringt. Er bestreitet daher die Möglichkeit, die zukünftige Entwicklung dieser Gesellschaft mit Hilfe der an kollektiven Akteuren und ihren weltanschaulichen «Schlüsselattitüden» (A. Gehlen) orientierten historiographischen Deutungs- und Erinnerungsmuster zu beschreiben (→ Geschichte). Von einer begrifflich wenig elaborierten, pamphletistischen Verwendung des Begriffs, die den kulturellen Hegemonieverlust bildungsbürgerlicher Schichten im Verlauf des 20. Jh.s beklagt und im Kern auf eine «elitär kulturpessimistische Umwertung des Fortschrittsoptimismus» (Niethammer 1989, S. 164) hinausläuft, sind Bemühungen zu unterscheiden, die dem Begriff eine wissenschaftliche, vor allem soziologische und geschichtswissenschaftliche Beschreibungskraft abgewinnen.

Im engen Anschluss an → G. W. F. Hegels Theorie der «Gegenwart unseres heutigen Weltzustandes» hat insbesondere Gehlen den sich nach dem Zweiten Weltkrieg global stabilisierenden wissenschaftlich-technischen Gesellschaftstyp als eine kulturell ‹kristallisierte› Ordnung beschrieben, weil die in ihm «angelegten Möglichkeiten in ihren grundsätzlichen Beständen alle entwickelt sind» und daher «Veränderungen in den Prämissen, in den Grundanschauungen zunehmend unwahrscheinlich werden» (1963, S. 321). Die im Kontext der international einflussreichen französischen *Annales*-Schule (→ Annalen) entwickelte «serielle Geschichte» (P. Chaunu) zieht radikale methodische und forschungspraktische Konsequenzen aus dem posthistorischen Bewusstsein der Nachkriegszeit, insofern sie an die Stelle des einzigartigen Ereignisses der politikzentrierten klassischen Geschichtsschreibung ein ausgewähltes und «nach seinem Wiederholungscharakter konstruiertes Phänomen» setzt (Furet 1977, S. 92), das so innerhalb einer typischerweise langen Zeiteinheit *(longue durée)* vergleichbar wird. Indem das → Ereignis bzw. seine dokumentierte → Spur zu einem bloßen Element innerhalb einer Serie wird, ist es dem Historiker möglich, statistisch validierte Entwicklungsverläufe und Trends zu ermitteln, die an die Stelle der vormaligen spekulativen Geschichtsteleologien aus dem ‹Geist der Archive› treten.

L. Niethammer, Posthistoire. Ist die Geschichte zu Ende?, Reinbek 1989; F. Furet, Die quantitative Geschichte und die Konstruktion der historischen Tatsache, in: M. Bloch/F. Braudel/L. Febvre u. a. (Hg.), Schrift und Materie der Geschichte. Vorschläge zur systematischen Aneignung historischer Prozesse, Frankfurt/M. 1977, S. 86–107; A. Gehlen, Ende der Geschichte, in: ders., Einblicke, Frankfurt/M. 1975, S. 115–133; ders., Über kulturelle Kristallisation, in: ders., Studien zur Anthropologie und Soziologie, Neuwied/Berlin 1963, S. 311–328.

Friedrich Balke

Präfrontaler Cortex

Der vor dem prämotorischen Cortex (→ Großhirn, → Gehirn) gelegene Teil des Frontallappens. Seine Rolle für Gedächtnisprozesse wurde zunächst aus den qualitativ spezifischen Gedächtnisproblemen von Patienten mit Läsionen des p.n C. abgeleitet. Es handelt sich um Störungen des strategischen → Abrufs, z. B. bei der Einordnung von → Informationen in den situativen (Quellenamnesie; → Amnesie, → Quellengedächtnis) oder zeitlichen *(recency judgments, frequency judgements)* Lernkontext sowie charakteristische Fehler wie Intrusionen (Nennen von Informationen, die nicht Lerninhalt waren; → Lernen) und Perseverationen (→ Wiederholung bereits genannter Informationen), die auf eine mangelnde Überwachung des Abrufprozesses hinweisen (*output monitoring;* → Metagedächtnis). Neuere Untersuchungen mit funktionell → bildgebenden Verfahren bei gesunden Versuchspersonen zeigten eine erhöhte Aktivierung des p.n C. bei Anforderungen an einen strategischen Abruf *(effortful retrieval)*, wobei der Abruf aus dem → episodischen Gedächtnis vor allem rechts frontale, der Abruf aus dem → semantischen Gedächtnis stärker links frontale Aktivierung hervorruft. Die zentrale Rolle des p.n C. für einen strategischen Abruf spiegelt sich im Alltag von Patienten besonders in Problemen beim selbstinitiierten Abruf verzögerter Intentionen (→ prospektives Gedächtnis) wider. Innerhalb des → Arbeitsgedächtnisses wird der p. C. mit der sog. ‹zentralen Exekutive› in Zusammenhang gebracht.

M. Moscovitch/B. Mello, Strategic retrieval and the frontal lobes: evidence from confabulation and amnesia; in: Neuropsychologia, Bd. 25, 1997, S. 1017–1034; M. Brandimonte/G. O. Einstein/M. A. McDaniel (Hg.), Prospective Memory. Theory and Application, Mahwah 1996.

Angelika Thöne-Otto

Prägung

Gruppe von Instinkthandlungen bei → Tieren (und in begrenztem Maß
auch beim Menschen), die sich dadurch auszeichnen, dass der motorische Ablauf, nicht aber das Auslöseschema (über das sog. P.s-Objekt; vgl.
dagegen → Schlüsselreiz) angeboren ist. Letzteres wird nur in seinen
überindividuellen Eigenschaften im Gedächtnis eingeprägt (→ Einprägen). Diese wissenschaftliche Begriffsdefinition geht auf K. Lorenz (1965)
zurück, der in seinen Studien die P. im Hinblick auf das Nachfolge- und
Sozialverhalten (z. B. Wahl des Gesellungspartners) am Beispiel von
Graugänsen untersucht hat. Als Phänomen ist P. allerdings seit Plinius
bekannt und seither in mehreren historischen Beschreibungen identifiziert worden. Der Begriff P. ist von → Bildung oder → Lernen deutlich
abzugrenzen, insbesondere hinsichtlich der Irreversibilität des Vorgangs,
insofern das Prägeobjekt im weiteren Verlauf der Entwicklung nicht
mehr vergessen wird. P. zeichnet sich durch die hohe Löschungsresistenz
des prägenden → Erlebnisses im Gedächtnis aus (Foppa 1965).

K. Foppa, Lernen, Gedächtnis, Verhalten, Köln 1965; K. Lorenz, Über tierisches und
menschliches Verhalten, 2 Bde., München 1965.

Yvonne Ehrenspeck

Prähistorie

Auch: Vorgeschichte; bezeichnet die früheste → Epoche der → Geschichte, für die keine schriftlichen → Quellen überliefert sind (→ Oralität).
Ausdruck des vormodernen Interesses für die früheste → Vergangenheit
ist der → Mythos. Der Begriff P. entstand im 19. Jh., nachdem das jü-
disch-christliche Modell der Geschichte, in dem der Beginn der Geschichte auf biblischer Grundlage mit Hilfe hermeneutischer Verfahrensweisen erschlossen wurde (→ Hermeneutik), seine Geltung und
Erklärungskraft eingebüßt hatte. Die Begriffsprägung verweist darauf,
dass P. zunächst als vor und daher (komplementär zu → Posthistoire)
außerhalb der Geschichte liegend aufgefasst wurde. Während die kritische Geschichte, die sich seit dem 18. Jh. weitgehend auf schriftliche
Quellen beschränkt, die schriftlose Vergangenheit aus ihrem Zuständigkeitsbereich (und bis in das 20. Jh. hinein eben auch von *der* Geschichte)
ausgrenzte, erschließt sie die im 19. Jh. entstehende Disziplin P. auf der

Grundlage nichtschriftlicher Quellen mit Hilfe eigener Methoden und Epochensignaturen. Die Ausgrenzung der P. von der allgemeinen Geschichte hatte Auswirkung auf die → Geschichtsphilosophie, in der im 18. und frühen 19. Jh. die Frage des → Ursprungs der Geschichte zum paradigmatischen Grenzfall der → Rekonstruktion des Ganzen der Geschichte wurde.

S. Cartier, Licht ins Dunkel des Anfangs: Studien zur Rezeption der Prähistorik in der deutschen Welt- und Kulturgeschichtsschreibung des 19. Jahrhunderts, Herdecke 2000; H. Zedelmaier, Die Marginalisierung der Historia sacra in der frühen Neuzeit, in: Storia della Storiografia, Bd. 35, 1999, S. 15–26; P. Rossi, The Dark Abyss of Time: The History of the Earth and the History of Nations from Hooke to Vico, Chicago/London 1984.

Helmut Zedelmaier

Präsenz

(lat. *praesentia*: Gegenwart, Anwesenheit). Zustand des Gegenwärtigseins von Wahrnehmungsinhalten im → Bewusstsein. P. bedeutet im zeitlichen Sinn die aktuelle Anwesenheit eines Bewusstseinsinhalts. Die → Dauer seiner Anwesenheit bezeichnet man als → Präsenzzeit (Verweilzeit, psychische → Gegenwart). Da P. in der Wahrnehmungsanalyse einen momentanen Zustand meint, der im nächsten Augenblick schon nicht mehr andauert, konstituiert sie sich wesentlich über Erinnerungs- und Gedächtnisleistungen: Diese bringen das, was gerade nicht gegenwärtig ist, das Abwesende, immer wieder zur P.

Die Vorstellung von P. hat die Funktion, der stets im Fluss der → Zeit befindlichen menschlichen Wahrnehmung Ordnungs- und Orientierungsmarken bereitzustellen. Diese Funktion erfüllt P. aber nur, wenn sie selbst nicht bzw. nicht nur als zeitlich und somit vergänglich begriffen wird. Antike und christliche Erkenntnistheorien erklären die im Begriff der P. mitgemeinte sinngebende Dauer durch die Annahme einer immer währenden, metaphysischen Instanz wie in der platonischen Ideenlehre (→ Platon, → Anamnesis) oder in → Augustinus' Illuminationslehre, der gemäß von einem göttlichen Sein auszugehen ist, das dem Menschen in einer «intelligiblen und unaussprechlichen Präsenz» aufscheint (Kobusch 1989). Die moderne Bewusstseinsphilosophie versucht hingegen, die Orientierungsfunktion von P. in die Wahrnehmungsleistungen des *Subjekts* zu verlegen. Die transzendentale Phänomenologie E. Husserls untersucht das Subjekt in seiner zeitlichen Verfasstheit und kommt zu dem Ergebnis, dass Selbstbewusstsein auf Selbst-P. beruht, P. aber aufgrund des *strömenden* Charakters zeitlich gebundener Wahrnehmung durch die Aktualisierung von Abwesendem konstituiert wird (Husserl 1893–1917/ 1966). Zur Selbst-P. kommt es nur über Gedächtnisleistungen, die Husserl in *frische Erinnerungen* (→ Retentionen) und *Wiedererinnerungen* (→ Repräsentationen) länger zurückliegender Erlebnisse unterteilt. Die Erinnerung des im Wahrnehmungsmoment selbst nicht Anwesenden wird allerdings strukturiert durch die Annahme einer aller zeitlichen Wahrnehmung vorausliegenden Urwahrnehmung des Subjekts von sich (Urimpression), die selbst nicht zeitlich ist, wenngleich sie nur über Erinnerung *erfahrbar* ist (Sommer 1990). Das Festhalten an der Vorstellung einer alle Zeitlichkeit fundierenden Selbst-P. kritisiert die dekonstruktive Philosophie → J. Derridas als *Metaphysik der P.* Dagegen setzt sie ein «Denken der Nicht-Präsenz», das die Zeitlichkeit *jeder* Wahrnehmung in Rechnung stellt (Derrida 1967/1979). Unter dieser Bedingung wird jeder P.-Zustand im Bewusstsein von vornherein durchzogen von → *Spuren* der Nicht-P.: Die jeder Wahrnehmung innewohnenden Erinnerungen erweisen sich nicht – wie noch in der Phänomenologie – als Leistungen eines selbstpräsenten Subjekts, sondern sie *ermöglichen* als abwesende Spuren vergangener Wahrnehmungsmomente allererst P. und Selbstidentität. In ihrer Angewiesenheit auf → Wiederholung und Wiederherstellung durch Erinnerung ist P. nie schlicht gegeben, sondern durch Absenz konstituiert.

M. Sommer, Lebenswelt und Zeitbewußtsein, Frankfurt/M. 1990; T. Kobusch, Präsenz, in: Historisches Wörterbuch der Philosophie, Bd. 7, Basel 1989, Sp. 1259–1265; J. Derrida, Die Stimme und das Phänomen (1967), Frankfurt/M. 1979; E. Husserl, Zur Phänomenologie des inneren Zeitbewußtseins (1893–1917), Husserliana X, Den Haag 1966.

Toni Tholen

Präsenzzeit

Von W. Stern (1911) eingeführter Begriff für ein Zeitintervall (→ Zeit) zwischen zwei Stimuli, das eben noch so groß ist, dass es eine einheitliche Empfindung und nicht schon zwei zeitlich trennbare Empfindungen hervorruft. Je nach experimenteller Bedingung und Reizbeschaffenheit schwanken die Angaben für das Zeitintervall zwischen 0,5 und 7 Sekunden. Die psychische P. ist ein Zustand absoluter Gegenwärtigkeit, in der weder ein Vor- noch ein Nachher, mithin keine Sukzession erlebt wird (vgl. → Dauer, → Gegenwart, → Präsenz). In Analogie zur Geometrie wird die P. mit einem Punkt auf einer Geraden verglichen, der die → Vergangenheit von der → Zukunft trennt, gleichsam ein ‹zeitloser Augenblick› ist. Die P. wird von Gedächtnis strikt unterschieden. Gedächtnisakte implizieren, dass Vorstellungsinhalte erst durch einen Akt der Erinnerung ins → Bewusstsein gebracht werden. Der Begriff der P. verweist dagegen auf eine ‹psychologische Gegenwart›, die ohne jegliche mnestische Anstrengung präsent und bewusst verfügbar ist.

W. Stern, Die differentielle Psychologie, Leipzig 1911.

Carlos Kölbl

Primacy-Effekt

(engl. *primacy*: Vorrang). Bietet man Personen Material, z. B. Wörter, Zahlen oder Silben (Items), nacheinander dar und lässt sie das Material frei reproduzieren, dann weisen die zuerst und zuletzt genannten Items eine erhöhte Wiedergabewahrscheinlichkeit auf (→ Reproduktion). Die erhöhte Reproduktionshäufigkeit für die zuerst genannten Items der Lernliste wird als P., die für die zuletzt genannten Wörter als Recency-Effekt bezeichnet. Beschreibt man die Reproduktionsleistung als Funktion der Listenposition eines jeden Worts, so resultiert die *seriale Positionskurve* mit charakteristischer U-Form (vgl. → Positionseffekt). Die Reproduktionswahrscheinlichkeit ist für Items, die in der Mitte der Liste dargeboten wurden, am geringsten. Die seriale Positionskurve wurde als Beleg für die Existenz unterschiedlicher Speichersysteme interpretiert. Der Recency-Effekt sollte dabei den mühelosen Abruf aus dem → *Kurzzeitgedächtnis* (vgl. → Gedächtnisspanne), der P. den Abruf aus den bereits im → *Langzeitgedächtnis* gelagerten Informationen reflektieren.

A. J. Parkin, Gedächtnis: Ein einführendes Lehrbuch, Weinheim 1996.

Bianca Vaterrodt-Plünnecke

Priming

(engl., Grundierung, Vorbereitung, Voraktivierung). Auch: implizites Gedächtnis (vgl. → explizites Gedächtnis). Verbesserung der Verarbeitung, Wahrnehmung oder Identifikation (→ Wiedererkennen) eines Reizes, die darauf beruht, dass der gleiche oder ein ähnlicher Reiz kurz zuvor verarbeitet wurde (→ Assoziation, → Bahnung, → Wiederholung). In einem typischen P.-Experiment wird einer Versuchsperson zunächst ein Vorreiz *(prime)* und nach einem definiertem Zeitintervall *(stimulus onset asynchrony,* SOA) ein Zielreiz *(target)* dargeboten. Die Vorgabe des *primes* löst eine Aktivierung von lexikalischen bzw. semantischen Einheiten im Gedächtnis aus, die eine Zeit lang anhält und sich rasch im → Netzwerk des kognitiven Systems ausbreitet (→ Kognition). Dabei dehnt sich die Aktivierung auf Einheiten aus, die direkt oder indirekt mit der ursprünglich aktivierten Einheit in Verbindung stehen. Stimmen *prime* und *target* überein *(repetition/identity priming)* oder besteht eine sensorische bzw. assoziative Ähnlichkeit *(associative priming)*, verkürzt sich die Reaktionszeit bzw. verbessert sich die Identifikationsgenauigkeit für das *target*. P. bedeutet also, dass sich Erinnerungen für Gedächtnisinhalte, die zu einem früheren Zeitpunkt neuronal aktiviert wurden, leichter einstellen. Je nach Relation zwischen *prime* und *target* unterscheidet man zwischen *form-based priming* (phonetische, phonologische oder orthographische Ähnlichkeit), *semantic priming* (bedeutungsverwandt), *affective priming* (evaluativ konsistent) und *negative priming* (→ Distraktorähnlichkeit).

J. H. Neely, Semantic priming effects in visual word recognition: A selective review of current findings and theories, in: D. Besner/G. W. Humphrey (Hg.), Basic Processes in Reading: Visual Word Recognition, Hillsdale 1991, S. 264–336.

Klaudia Grote

Prognose, Prophezeiung → Vorausschau

Proposition

(lat. *propositio*: Vorstellung, Angabe, Satz, Thema). Dieser für die moderne kognitive Gedächtnispsychologie wichtige Terminus entstammt ursprünglich der Logik und bezeichnet den Bedeutungsgehalt eines Aussagesatzes. Dabei lässt sich der Ausdruck P. genauer definieren: Wenn man über einen Aussagesatz S eine Aussage A(S) macht, die auch von allen zu S synonymen (analytisch äquivalenten) Aussagen S′ gilt, dann lässt sich diese Invarianz in der Rede dadurch andeuten, dass man sagt, die Aussage handele von der «durch S dargestellten P.». Es wird also von der Laut- bzw. Schriftgestalt der Aussage S abstrahiert.

In die Gedächtnispsychologie Eingang gefunden hat der Begriff der P. vor allem im Rahmen von Theorien propositionaler → Netzwerke, in welchen sog. *P.s-Knoten* als theoretische Konstrukte einzelne P.en repräsentieren (z. B. in der Fillmore-Grammatik). Die P.s-Knoten sind dabei über ‹Kanten› mit ‹Begriffsknoten› für diejenigen Begriffe verknüpft, die in den P.en auftauchen (vgl. → Konnektivität). Netze ergeben sich dadurch, dass ein Begriffsknoten mit mehreren P.s-Knoten verknüpft sein kann – derselbe Begriff bzw. dasselbe Wort kann ja in mehreren P.en bzw. Aussagen auftauchen. Durch propositionale Netze sollen sich Gedächtnisinhalte von Personen modellieren lassen, soweit es sich um ‹abstraktes› propositionales → Wissen *(know that)* bzw. Meinen handelt (→ semantisches Gedächtnis). Ausgenommen sind also die insbesondere für das → episodische Gedächtnis typischen konkreten Erinnerungsvorstellungen (z. B. in der Erinnerung den Kindheitsbesuch bei der verstorbenen Großmutter quasi ‹vor Augen› zu haben; → Reminiszenz) sowie Fähigkeiten *(know how)*.

Die Theorien propositionaler Netze stellen eine Ausdifferenzierung der Vorstellung von Gedächtnisspuren dar und sind insbesondere in der Lage, → Interferenzphänomene zu erklären, wo die Ausbildung eines neuen → Engramms die Aktivierung eines bereits ausgebildeten Engramms behindert und umgekehrt (→ Hemmung). Ein Beispiel bietet das Phänomen, dass eine gut gelernte Liste L von Wort*paaren* schlechter memoriert wird, wenn zusätzlich eine weitere Liste L′ gelernt wird, deren Paare so gebildet sind, dass sie die jeweils ersten Wörter der Paare von L mit anderen Wörtern verknüpfen (Fächerungseffekt). Zur Erklärung solcher Interferenzeffekte werden Annahmen darüber gemacht, wie die Engramme intern strukturiert und untereinander zu einem ‹Netz› verbunden sind, in welchen sich eine bestimmte, vorgegebene Menge von Aktivation ausbreitet. Die von einem Knoten des Netzes ausgehende Aktivation verteilt sich auf alle von diesem Knoten ausgehenden Kanten. Die Aufteilung der Aktivation auf die Kanten hängt dabei von der ‹Stärke› der einzelnen Kanten ab – stärkere Kanten erhalten einen höheren Aktivationsanteil (dies übernimmt in den Theorien propositionaler Netze die Rolle der Stärke von Gedächtnisspuren). Wegen der Aufteilung der

Aktivation nimmt die sich vom Knoten entlang einer einzelnen Kante ausbreitende Aktivation mit zunehmender Anzahl der vom Knoten ausgehenden Kanten ab. Dabei kann die Aktivation unter ein kritisches Maß fallen und gleichsam im Netz versickern. Ordnet man den Listenwörtern Knoten zu, die durch Kanten zu Paaren assoziiert werden, dann wird der oben geschilderte Interferenzeffekt dadurch erklärt, dass beim Erlernen der zweiten Liste zu den Knoten für die (bei beiden Listen gleichen) ersten Listenwörter weitere Kanten etabliert werden, sodass sich die für die einzelnen Kanten jeweils zur Verfügung stehende Aktivation verringert, was zu einer erschwerten → Reproduktion der Wortpaare führt.

Mit Hilfe von propositionalen Netzen lassen sich auch *Bahnungsphänomene* (→ Bahnung) – das Komplement zu den Interferenzphänomenen – theoretisch integrieren. Hier erleichtert die Aktivierung eines Engramms die Aktivierung gewisser anderer Engramme: Wenn etwa Versuchspersonen Paare von Ausdrücken daraufhin zu beurteilen haben, ob beide in einem Paar auftretenden Ausdrücke sinnvolle Substantive sind (z. B. Hund-Schaufel) oder ob wenigstens ein sinnfreier Ausdruck auftritt (z. B. Hammer-Kelpe), dann werden diejenigen Wortpaare am schnellsten positiv beurteilt, die in einem semantischen Zusammenhang stehen oder häufig zusammen gebraucht werden (z. B. Hund-Knochen). Das Phänomen wird folgendermaßen erklärt: Es wird angenommen, dass (im Gegensatz zu den nicht-sinnverwandten Wörtern) zwischen den sinnverwandten Wörtern direkte, assoziative Verknüpfungen (Kanten zwischen den Wortknoten) bestehen (→ Assoziation). Wird nun das erste Wort des Paars gelesen, breitet sich vom zugehörigen Knoten entlang des Netzes Aktivation aus. Ist das zweite Wort des Paars mit dem ersten sinnverwandt, so wird es schneller erkannt, da es bereits voraktiviert ist (→ Priming).

M. H. Ashcraft, Human Memory and Cognition, Glenview/Boston/London 1989; J. R. Anderson, The Architecture of Cognition, Cambridge MA/London 1983; K. F. Wender/H. Colonius/H. Schulze, Modelle des menschlichen Gedächtnisses, Stuttgart 1980; R. Stalnaker, Propositions, in: A. F. McKay/D. D. Merrill (Hg.), Issues in the Philosophy of Language, New Haven/London 1976, S. 79–91.

Dirk Hartmann, Walter Zitterbarth

Prospektives Gedächtnis

(lat. *prospectare*: in die Ferne schauen, etwas erwarten). Gedächtnis für eigene Pläne und Vorhaben (→ Erwartung). Im Gegensatz zu gewohnheitsmäßigen, automatisierten Handlungsabläufen (*habits*; → Gewohnheit) beinhaltet das p. G. *bewusste* Handlungsintentionen, die mit *habits* harmonieren oder auch im Konflikt stehen können. Es handelt sich um eine im Alltag sehr wichtige Form des → Langzeitgedächtnisses, die kürzere oder auch sehr lange Zeitspannen umfassen kann (z. B. sich erinnern, die Eier in 5 Min. aus dem Wasser zu nehmen, vs. jemandem in 11 Monaten zum Geburtstag zu gratulieren; vgl. → Gedächtnisstütze, → Terminkalender). Vom *zeitbasierten* p.n G. wird das im Allgemeinen weniger fehleranfällige *ereignisbasierte* p. G. unterschieden (z. B. Erinnern, eine Person zu benachrichtigen, falls ein bestimmtes → Ereignis eintritt). Beide Formen des p.n G.ses sind mit der Güte des *retrospektiven* Gedächtnisses für vergangene Ereignisse (→ episodisches Gedächtnis) weitgehend unkorreliert (Morris 1992), was dafür spricht, dass unterschiedliche Gedächtnisprozesse oder -systeme beteiligt sind. Das p. G. scheint primär durch sog. konzeptgetriebene *(top-down-)*Prozesse und nicht durch datengetriebene bzw. perzeptuelle *(bottom-up-)*Prozesse beeinflusst zu werden (McDaniel u. a. 1998).

M. A. McDaniel u. a., Prospective remembering: Perceptually driven or conceptually driven processes?, in: Memory & Cognition, Bd. 26, 1998, S. 121–134; P. E. Morris, Prospective memory: Remembering to do things, in: M. Gruneberg/P. E. Morris (Hg.), Aspects of memory, Bd. 1, London 1992, S.196–222.

Edgar Erdfelder

Prototypenrepräsentation

(griech. *próton*: erster, *týpos*: *Gestalt*). Modellvorstellung zur → Repräsentation von Begriffen im Gedächtnis, der zufolge ein Begriff nur durch eine einzige Einheit, den Prototyp, als beispielhaftes Exemplar repräsentiert ist. Die Zugehörigkeit eines Objekts zu einem Begriff wird auf der Grundlage seiner Ähnlichkeit mit dem Prototyp bestimmt. Das Modell geht von einer hierarchischen Struktur von Begriffssystemen aus und differenziert neben dem dem Prototypen entsprechenden Primärbegriff (z. B. Tisch) einen abstrakteren Oberbegriff (z. B. Möbel) sowie einen spezifischeren Unterbegriff (z. B. Küchentisch). Geringer Speicherbedarf, Erkennung bislang unbekannter Begriffsvertreter sowie die Möglichkeit der Zuordnung eines Objekts zu mehreren Begriffen sind wesentliche Merkmale der P. Schwierigkeiten entstehen dagegen bei der Bestimmung der Typikalität von Begriffen, welche sehr heterogene Objekte subsumieren, und bei der Voraussage des Abstraktionsniveaus, das zur Bestimmung des Primärbegriffs herangezogen wird (vgl. → Mengenrepräsentation).

F. J. Schermer, Lernen und Gedächtnis, Stuttgart 1998; E. Rosch, Principles of categorization, in: ders./B. B. Lloyd (Hg.), Cognition and categorization, Hillsdale 1978, S. 27–48.

Franz J. Schermer

Proust, Marcel

(1871–1922), französischer Schriftsteller, dessen Roman und Lebenswerk *À la recherche du temps perdu* (1913–1927) das Thema der → Zeit und ihrer individuellen → Erfahrung hochkomplex behandelt. Neben dem *Ulysses* (1922) von J. Joyce und *Der Mann ohne Eigenschaften* (1931–1943) von R. Musil gehört P.s *Recherche* zu den drei → Epen der klassischen Moderne (→ Klassik), in der die moderne Subjektivität vielschichtig, diskontinuierlich und fragmentiert erscheint. Obgleich P. die mondäne Welt aristokratischer und großbürgerlicher Salons der Jahrhundertwende in Paris ausführlich schildert, steht das Interesse an der Darstellung eines zeitgenössischen Sittengemäldes weit zurück hinter der Thematik der in dieser Gesellschaft verlorenen Zeit, einer auf den → Tod zugehenden produktiven Lebenszeit und einem die Todesgrenze revidierenden Erinnerungsgeschehen. Die Erzählzeit des siebenteiligen Romanzyklus umfasst die Jahre von 1879 bis 1919 und endet damit, dass der Icherzähler sich, nachdem er soeben unwillkürlich die verlorenen Erinnerungen an seine → Kindheit wiedergefunden hat (→ Reminiszenz), daranmacht, der Autor genau jenes Romans der Erinnerung zu werden, der bis zu diesem Augenblick für den Leser entfaltet wurde: «Man weiß, daß Proust nicht ein Leben wie es gewesen ist in seinem Werke beschrieben hat, sondern ein Leben, so wie der, der's erlebt hat, dieses Leben erinnert» (Benjamin 1934/ 1977, S. 311; → Autobiographie).

An der Schwelle zum Medienzeitalter entnimmt die *Recherche* mittels der Erinnerung noch einmal aus dem subjektiven Empfinden alle Möglichkeiten einer schöpferischen Imagination (→ Phantasie) und weist demgegenüber dem Gedächtnis als externem Speicher (→ Externalisierung, → Speichern), das nur habituelles und in seiner Aktualität erstarrtes Geschehen mimetisch abbildet (→ Gewohnheit), eine untergeordnete Bedeutung zu. P.s Erinnerungskonzept, das sich u. a. aus den Schriften → H. Bergsons speist, verschmäht die verfügbaren → Archive der Erinnerungsträger zugunsten des momentanen Glücks einer zufälligen Erinnerung. → Fotoalben, → Souvenirs und → Tagebücher dienen zwar der Aufzeichnung und Fixierung von Biographien und Lebensdaten, können jedoch keine *kreative* Erinnerung und Zeiterfahrung herstellen. Allein der durch das subjektive Empfinden dringenden Erinnerung und insbesondere der → *mémoire involontaire* gelingt es, vergangene und tote Zeit zu verlebendigen und die strenge Linearität der chronologischen Zeit aufzuheben. Die Erinnerung bildet als Motiv den Durchgang zur wiedergefundenen Zeit, sie trägt die Handlung und kann transformiert werden in ästhetische Erfahrung. Die Vorstellung von einer senso-materiellen Erinnerung ist in dem 1908 entstandenen und posthum erschienenen Essay P.s *Contre Sainte-Beuve* zugrunde gelegt: dass nämlich unsere Zeiterfahrung in den Gegenständen der materiellen Welt niedergelegt ist und wir vom Zufall abhängig sind, der sinnlichen Erfahrung dieser Gegenstände neu zu begegnen, um daraus den Beginn einer Erkenntnis entstehen zu lassen. «In Wirklichkeit […] inkarniert und verbirgt sich jede Stunde unseres Lebens, sobald sie tot ist, in irgendeinem materiellen Objekt. Sie bleibt darin gefangen, für immer gefangen, es sei denn, wir begegnen diesem Objekt» (1954/1997, S. 9f.).

Die durch die Erinnerung erfahrbare Diskontinuität von Zeit (→ Bruch) wirkt auf zwei Ebenen: Sie führt zu der Erfahrung der Ungleichzeitigkeit des Subjekts und bricht narrativ konsequent mit der → Kontinuität des linearen und abschließbaren Erzählens (→ Narration). «Mit diesem unendlichen Zirkel, in dem Erinnern, Erzählen, Schreiben und Lesen in einer ständigen, kreisförmigen Bewegung ineinander greifen; in dem alles, was schon erzählt wird, immer erst noch erinnert, erzählt, geschrieben oder gelesen werden muß, sprengt Proust die – bei allen Illusionsbrüchen – bis dahin herrschende Vorstellung des Romans als eines in sich abgeschlossenes Werkes» (Sprenger 1997, S. 165). Zeit wird von Marcel erfahren durch das disproportionale Verhältnis, in dem sich Augenblick und → Dauer zueinander verhalten und in dem die Plötzlichkeit der unwillkürlichen Erinnerung das Kontinuum der Dauer der Zeit durchbricht.

Auf P.s *Recherche* beziehen sich eine Vielzahl von Studien und philosophische Reflexionen zur Erinnerung und zur subjektiven Zeiterfahrung. Bezog sich P. selbst auf zeitgenössische philosophische Zeitvorstellungen, so bildet die *Recherche* ihrerseits die Grundlage subjekt- und geschichtsphilosophischer Werke. → W. Benjamin, der in den 1920er Jahren Teile der *Recherche* ins Deutsche übertragen hat, schließt die → Geschichtsphilosophie des Historischen Materialismus an die Zeitvorstellung von P. an. Die → Ereignishaftigkeit der *mémoire involontaire* kehrt in seinen Schriften in der Figur des «Chocks» wieder, in dem historische Erkenntnis möglich wird: «Das wahre Bild der Vergangenheit *huscht* vorbei. Nur als Bild, das auf Nimmerwiedersehen im Augenblick seiner Erkennbarkeit eben aufblitzt, ist die Vergangenheit festzuhalten» (*Über den Begriff der Geschichte*, V. These). Der subjektive Horizont der P.'schen Erinnerung erweitert sich damit zu einem kollektiven Bewusstsein.

S. Beckett stellte in seinem Theaterstück *Krapps last tape* (1965) das Gegenstück zum Glück der unwillkürlichen Erinnerung dar. Während des manisch wiederholten Abhörens seiner Aufzeichnungen auf Tonband (vgl. → Phonograph) windet sich der alte Krapp im Schmerz angesichts der medial nur äußerlich festgehaltenen und auf ewig vergangenen Glücksmomente seines Lebens (→ Melancholie).

M. Proust, Auf der Suche nach der verlorenen Zeit (1913–1927), 10 Bde., Frankfurt/M. 1979; ders., Gegen Sainte-Beuve (1954), Frankfurt/M. 1997. – U. Sprenger, Proust-ABC, Leipzig 1997; W. Benjamin, Zum Bilde Prousts (1934), in: ders., Gesammelte Schriften, Bd. 2, Frankfurt/M. 1977, S. 310–324; S. Beckett, Proust (1931), London 1965.

Eva Erdmann

Prozedurales Gedächtnis

(lat. *prozedere*: vorwärts schreiten, vonstatten gehen). Das p. G. wird vom → semantischen und → episodischen Gedächtnis, die als → deklaratives Gedächtnis zusammengefasst werden, unterschieden (Tulving 1985). Es wird auch – bereits von → H. Ebbinghaus und E. Hering – als habituelles oder als operatives Gedächtnis bezeichnet (→ Gewohnheit); gebräuchlicher ist jedoch – wie im Fall des deklarativen Gedächtnisses – die an die Terminologie der Programmiersprachen angelehnte Bezeichnung p. G. (→ Kognition, → Künstliche Intelligenz). Im Unterschied zum deklarativen umfasst das p. G. Inhalte, die als → Wissen im Sinne eines *knowing how* spezifischen Fähigkeiten und Fertigkeiten zugrunde liegen, dabei primär implizit (→ explizites/implizites Gedächtnis) fungieren und zum Teil nicht verbalisierbar sind. Das p. G. bezieht sich vor allem auf (motorische) Tätigkeiten (z. B. Fahrradfahren, Schwimmen, Tischtennisspielen), die durch → Übung und Beobachtung von Modellen eher langsam gelernt und noch langsamer – teilweise überhaupt nicht – vergessen werden (→ Vergessen). Was die phylogenetischen Voraussetzungen des p.n G.ses anbelangt, so wird angenommen, dass es an subcorticale Gebiete (→ Großhirn) gebunden ist und somit dem evolutionsgeschichtlich betrachtet ‹alten› Gedächtnis zugehört. Dies würde mit erklären, weshalb sowohl Babys als auch Tierjunge sich eher an Fertigkeiten denn an Fakten erinnern (→ Gedächtnisentwicklung, → Tiere). Entwicklungs- bzw. krankheitsbedingt können bestimmte Gedächtnisbereiche Abbau- und Zerfallsprozessen unterliegen, während andere erhalten bleiben. So ist bekannt, dass das p. G. bei vorliegender → Demenz noch intakt sein kann (bestimmte Tätigkeiten wie die exemplarisch genannten also weiterhin ausgeführt werden können), während das deklarative Gedächtnis bereits funktionsuntüchtig ist – also z. B. der eigene → Name, Geburtsort oder Wohnort nicht mehr erinnert wird (vgl. → Mnemopath).

E. Tulving, How many memory systems are there?, in: American Psychologist, Bd. 40, 1985, S. 385–398.

Carlos Kölbl

Prudentia

(lat. *prudentia*: Vorherwissen, Kenntnis, Wissenschaft). Klugheit, besonders auch Lebens- bzw. Staatsklugheit, die in *memoria*, *intelligentia* und *providentia* unterteilt bezüglich aller drei Zeitebenen (→ Vergangenheit, → Gegenwart, → Zukunft) das zentrale kognitive Vermögen darstellt (→ Intelligenz, → Vorausschau). Zentral ist seit der Antike die ethische Dimension (→ Ethik). Das praktische Situationswissen der Klugheit macht sie zur kognitiven Basis aller übrigen Tugenden (→ Wissen). Die Funktionalisierung der Klugheit rückt über unterschiedliche philosophische Diskurse hinweg die memoriale Schnittstelle zwischen Wissensaneignung und -aktivierung in den Mittelpunkt (→ Transfer). Nur wer sich auf die moralisch ‹richtige› Grundlage rückzubeziehen vermag, kann sich lebenspraktisch ‹richtig› entscheiden. Seit der frühen Neuzeit gibt es auch für die Klugheit die Möglichkeit moralischer Indifferenz (N. Machiavelli) bis hin zur völligen Umwertung als Unklugheit (→ F. Nietzsche). Neuere Handlungstheorien (Wright 1994) begründen Klugheit zweckrational und damit kalkulierend aus Erinnerung und Prognose.

H. G. v. Wright, Normen, Werte und Handlungen, Frankfurt/M.1994; W. Weber, Prudentia gubernatoria, Tübingen 1992.

Erich Kleinschmidt

Prüfung

Meist formalisiertes Verfahren, in dem eine oder mehrere Personen etwas tun, das andere daraufhin beurteilen, ob bestimmte, an das Tun gerichtete → Erwartungen erfüllt wurden; heute meist nur Messung einer Lernleistung (→ Lernen). Die Formalisierung des Tuns ist gesellschaftlich sanktioniert; Erfüllung oder Nichterfüllung der P.s-Aufgabe hat meist Folgen.

Die P. von Menschen im jüdisch-christlichen Weltbild beobachtet ursprünglich die Anstrengung auf ein Ziel (Erlösung) hin. Im 19. Jh. tritt das Erreichen einer normierten P.s-Leistung in den Vordergrund. Was und wie gelernt wird, orientiert sich jetzt an P.s-Ordnungen. Grundsätzlich werden unterschieden: Eignungs-P. *(aptitude)*; Leistungszuwachs-P. *(achievement)*; Leistungsstand-P. *(proficiency)* und Diagnose-P. (vgl. → Gedächtnisdiagnose). Gedächtnisrelevant sind vor allem Leistungsstand-P. und Leistungszuwachs-P., die z. B. in der Schule die Verfügbarkeit erworbenen → Wissens prüfen. Da der Tauschwert des Erlernten (P.s-Erfolg) meist wichtiger ist als sein Gebrauchswert (vgl. → Transfer) und → Reproduktion oft vor Verständnis geht (→ Auswendigkeit), herrschen Lerntechniken vor, die Gelerntes aus dem → Kurzzeitgedächtnis generieren (→ Gedächtnisstrategie). Hauptsächliche Funktionen von P. sind Stabilisierung von Hierarchien, Reproduktion eines Wissenskanons (→ Kanon), Formalisierung des Zugangs zu gesellschaftlichen Gruppen (vgl. → Ritus), → Motivation sowie Leistungsmessung. Ungeklärt ist allerdings die objektive Messbarkeit von Leistung.

W. Sacher, Prüfen – beurteilen – benoten. Grundlagen, Hilfen und Denkanstöße für alle Schularten, 2. Aufl. Bad Heilbrunn 1996.

Ulrich Bauer

Pyramide

Für die ägyptischen Könige des Alten Reichs (2670–2150 v.Chr.) entwickelte Form kolossaler → Grabmäler, die als Markierung von Gräbern und anderen → Gedächtnisorten sowohl inner- als außerhalb Ägyptens lebendig blieb. Die klassische Form der P. wurde über die Zwischenstufe der Stufen-P. unter König Djoser (2500 v. Chr.) unter Snofru (2600) gefunden und unter seinem Nachfolger Cheops (2550) zur Vollendung gebracht, dessen 144 Meter hohe P. im Altertum zu den Weltwundern zählte (→ Erbe, → Ruhm). Die Könige der 5. und 6. Dynastie (ab 2450) bauten deutlich kleinere P.n; im Mittleren Reich wurden die P.n nicht mehr aus Stein, sondern aus Lehmziegeln errichtet und später als Form des königlichen Grabmals ganz aufgegeben. Dafür gehörten kleine P.n im Neuen Reich zur Ausstattung vornehmer Gräber von Privatpersonen. Die P. veranschaulicht auf anikonische Weise den Himmelsaufstieg des verstorbenen Königs und seine Teilhabe am Lauf der Sonne. In ihrer präzisen astronomischen Orientierung fügt sie sich der Ordnung des Himmels ein, nicht der der Erde, die durch den Lauf des Nils bestimmt wird (→ Kalender).

Die Semantik der P.n-Form ergibt sich aus den P.n-Texten, die seit König Unas (um 2350 v. Chr.) in den inneren Kammern aufgezeichnet werden und die vom Gedanken des Himmelsaufstiegs und der Vereinigung mit dem Sonnenlauf beherrscht sind, sowie vor allem aus den dekorierten «Pyramidia» (steinerne Spitzen von Ziegelpyramiden) des Mittleren und Neuen Reichs, die auf den Sonnenlauf Bezug nehmen. Die P. ist daher als ein Symbol der Unsterblichkeit zu deuten, die ursprünglich nur dem König als Gott und Sohn des Sonnengottes zukommt und später zu einer Idee des allgemeinen Totenglaubens wird (→ Tod). Die P.n, insbesondere die P. des Cheops mit ihren ans Wunderbare grenzenden mathematischen Proportionen, provozieren in esoterischen Kreisen immer wieder ‹mystische› Deutungen, z.B. als Speicher von Weissagungen (→ Vorausschau) oder geheimen geometrischen bzw. kosmologischen → Wissens, denen zwar jede historische Grundlage fehlt, die aber auf die fortwirkende Faszinationskraft der P.n verweisen.

Außerhalb Ägyptens begegnen P.n als Grabdenkmäler zuerst im 7. bis 3. Jh. v. Chr. bei den Königen von Kusch und Meroe im südlichen Sudan und breiten sich im Hellenismus in der gesamten Mittelmeerwelt aus. Die bekannteste P. ist die des Cestius in Rom. Vom späten 18. Jh. bis in die Romantik werden P.n in fürstlichen Parks errichtet (→ Architektur), als Grabdenkmäler (→ Grabmal), aber auch als freimaurerische Einweihungsstätten und reine Symbolarchitektur (die u. U. als Eiskeller verwendet wurde). (Post-)Moderne Beispiele sind die Glaspyramide im Hof des Louvre und das Hotel Luxor in Las Vegas (→ Zitat). Zusammen mit Obelisken und Sphingen gehören P.n zu einem seit der Aufklärung als altägyptisch und damit vorbiblisch und universal-menschheitlich eingestuften Formenrepertoire.

C. Tietze (Hg.), Die Pyramide. Geschichte, Entdeckung, Faszination, Potsdam 1998; M. Verner, Die Pyramiden, Reinbek 1998; M. Lehner, The Complete Pyramids. Solving the Ancient Mysteries, London 1997; P. Tompkins, Secrets of the Great Pyramid, Harmondsworth 1978.

Jan Assmann

Quellen

Die romantisierende Metaphorik des Q.-Begriffs für → Datenbanken der → Vergangenheit (eine Fata Morgana von Wasserstellen in der Wüste des archivischen Gedächtnisses) ist mehr als ein Bild: Sie unterstellt zugleich das, was sich aus ihnen erst ableitet, die Historie. Aus geschichts*bildenden* Q. werden in einer rhetorischen Unterstellung Q. der → Geschichte.

Nicht die Große Erzählung der Geschichte (J.-F. Lyotard), sondern die → Sammlung von entsprechenden Q.-Schriften aus dem deutschen Mittelalter als Bedingung aller Historiographie war das Ziel des Editionsunternehmens *Monumenta Germaniae Historica* am Anfang des 19. Jh.s (vgl. → Annalen). Seitdem wird nicht schlicht ein Inventar der deutschen Historie erstellt; durch die Überführung von handschriftlichen Urkunden in kritisch edierten Buchdruck (→ Dokument, → Buch) findet eine folgenschwere Konzentration auf den Inhalt, den Informationsgehalt der Q. statt – unter weitgehender Missachtung der Aussagen des Trägermaterials (W. Struck). Demgegenüber hat die → Archäologie in der Tradition humanistischer Antiquare auch den Quellenwert von Realien erschlossen (→ Spur, → Relikt). Die Bezeichnung → Prähistorie etwa ist aus einer misslichen Anschauungsweise erwachsen, für die nur das geschriebene Wort als Geschichtsquelle galt. Wird den Realien, den Monumenten der Vergangenheit, der gleiche dokumentarische Wert zuerkannt wie den Schrift-Q., ist keine Zeit mehr ‹vorgeschichtlich›.

Wie J. G. Droysen es im Kapitel *Heuristik* seiner Historik-Vorlesung von 1857 differenziert, kann das, was zuhanden ist, Monument einer gegebenen Gegenwart oder → Dokument (Q.) sein. Wesentlich ist der Nachwelt an der letzteren, dass sie mit der Absicht, Nachricht von früheren Vorgängen oder Zuständen zu geben, überliefert wurde. Überreste dagegen werden nur durch die Art unserer Benutzung, mithin durch Forschung dazu. → Denkmäler haben neben der Eigenschaft, Überrest der Vergangenheit zu sein, noch die andere, zur Erinnerung bestimmt zu sein (vgl. → Überrest vs. → Tradition). Erst indem Objekte nachträglich mit einem Adressierungsvektor versehen werden, sind sie Q. «Genügt etwa, daß irgendetwas irgendwo noch jetzt vergraben liegt und niemand weiß davon? [...] Es ist vielmehr, als wäre es nicht» (Droysen 1977, S. 67). Q. sprechen nicht, sondern schweigen, solange sie nicht metaphorisch, hermeneutisch oder gewaltsam zum Sprechen gebracht werden; selbst das «Vetorecht der Quellen» (R. Koselleck) ist keines außerhalb der Institution und Autorität der Interpretation (→ Hermeneutik). Während Historiographie danach strebt, Q. zu inkorporieren, provozieren sie Literatur zu fiktionalen Gegenentwürfen: «Das literarische Werk entsteht als Antithese zur Vorlage» (G. Seidel).

→ S. Freud hat sich für die Psychoanalyse des Begriffs der Archäologie bedient, um zu den Q. des → Unbewussten zu gelangen – wohl wissend, dass das Gedächtnis der Psyche kein → Archiv ist. Aber auch das Archiv ist nicht der Grund, sondern der Abgrund der Historie. Einmal in informationswissenschaftlichen Begriffen gefasst, sind Q. Funktionen von medialen Techniken ihrer Sendung, Speicherung und Überlieferung (→ Speichern, → Tradierung). Somit gleichen Q. in Bezug auf die von ihnen repräsentierten Handlungen Telegrammen, die auf dem Übermittlungsweg gestört wurden. Überlieferungschance und -zufall eines → Datums unterliegen Wahrscheinlichkeiten, die von der Nachrichtentheorie auf berechenbare Maße gestellt wird (→ Information).

Das 20. Jh. war das erste, das sein Gedächtnis nicht allein schrift- und aktenbasiert, sondern in audiovisuellen Medien überlieferte. B. Matuszewski verfasst in Paris 1898 ein Plädoyer für den → Film als Hilfsquelle für das nationale Gedächtnis, der neben Schrift-Archiven, Buch-Bibliotheken und Objekt-Museen ein eigener Ort gegeben werden solle (→ Bibliothek, → Museum, → Schrift). Die Quellenkritik von Philologie und Historie, welche die Problematik verschiedener Fassungen eines ‹Textes› berücksichtigen, kommt mit dieser Archivlage immer noch kaum zurecht. Doch in der digitalen Epoche geraten Q. endgültig zum multimedialen Datenstrom.

M. Zimmermann, Quelle als Metapher. Überlegungen zur Historisierung einer historiographischen Selbstverständlichkeit, in: Historische Anthropologie, Jg. 5, 1997, S. 268–287; B. A. Rusinek/V. Ackermann/J. Engelbrecht (Hg.), Einführung in die Interpretation historischer Quellen, Paderborn u. a. 1992; A. Esch, Überlieferungs-Chance und Überlieferungs-Zufall als methodisches Problem des Historikers, in: Historische Zeitschrift, Bd. 240, 1985, S. 529–570; J. G. Droysen, Historik (1857), Historisch-kritische Ausgabe, hg. v. P. Leyh, Stuttgart-Bad Cannstatt 1977.

Wolfgang Ernst

Quellengedächtnis

Gedächtnis für die Herkunft oder Quelle einer erinnerten → Information, d. h. für den räumlichen, zeitlichen und sozialen *Kontext* eines → Ereignisses (wo?, wann?, mit wem?, durch wen?) sowie die Wahrnehmungsbedingungen bei der → Encodierung (z. B.: Habe ich es gehört oder gesehen?). Die Q.-Befragung bezeichnet man auch als Quellenüberwachung *(source monitoring)*. Ein Spezialfall ist die → Realitätsüberwachung, d. h. die Trennung zwischen realen und bloß imaginierten Ereignissen. Die Messung des Q.ses ist schwierig, vor allem weil schlechtes Q. durch strategisches Erraten der Quelle unter Umständen kompensiert werden kann (Bayen u. a. 1996).

Quellenverwechslungen zwischen Zeitpunkten, Personen, Orten und anderen Randbedingungen eines erinnerten Ereignisses dürften die häufigsten → Gedächtnistäuschungen im Alltag sein. Sie sind bei heuristischen, vertrautheitsbasierten Gedächtnisurteilen häufiger anzutreffen als bei zeitaufwendigeren systematischen Suchprozessen, die mit bewussten Erinnerungen perzeptueller Details einhergehen. Entsprechend leidet das Q. unter reduzierter → Aufmerksamkeit mehr als z. B. die Alt-Neu-Unterscheidungsfähigkeit (→ Rekognition). Insbesondere Dysfunktionen des Frontalhirns sind mit markanten Q.-Defiziten assoziiert (Johnson u. a. 1993; → präfrontaler Cortex).

U. J. Bayen u. a., Source discrimination, item detection, and multinomial models of source monitoring, in: Journal of Experimental Psychology: Learning, Memory, and Cognition, Bd. 22, 1996, S. 197–215; M. K. Johnson u. a., Source monitoring, in: Psychological Bulletin, Bd. 114, 1993, S. 3–28.

Edgar Erdfelder

Quiz

(amerik., Befragung, → Prüfung). Aus dem Kontext der amerikanischen
Schulprüfung *(schoolroom quiz)* übernommene Bezeichnung für Frage-
und-Antwort-Spiele (→ Spiel) zunächst seit den 1930er Jahren im Hör-
funk und dann seit den 1950er Jahren im → Fernsehen, in deren Verlauf
die Teilnehmer → Wissen innerhalb einer vorgeschriebenen Zeit abrufen müssen (→ Abruf, → Blockade, → Reproduktion). Die Attraktion
der Q.-Sendung ist die spektakuläre → Inszenierung menschlichen Spei-
chervermögens (→ Gedächtniskünstler, → Kapazität), indem das Faktenwissen der Kandidaten oft ohne sinnvollen Zusammenhang (→ H.
Ebbinghaus, → Sinn) abgefragt wird. Dabei misst sich der mitratende
Zuschauer an der präsentierten Gedächtnisleistung. Teil dieser Inszenierung ist allerdings, dass die Teilnehmer auch aufgrund ihrer Telegenität
ausgewählt und teilweise auf die Fragen vorbereitet werden. Anfänglich
vom Bildungswissen bestimmt und zum Zwecke der Volksbildung ver-
anstaltet, tritt ab den 1960er Jahren durch den Einbau von Spieleinlagen
zunehmend der Unterhaltungswert der Wissensabfrage in den Vordergrund, bis hin zur reinen Spielshow. In Deutschland stehen solche
Gameshows heute gleichberechtigt neben einem → Revival klassischer
Q.-Shows.

G. Hallenberger, Vom Quiz zur Game Show: Geschichte und Entwicklung der Wett-
bewerbsspiele des bundesrepublikanischen Fernsehens, in: Geschichte des Fernsehens in der Bundesrepublik Deutschland, Bd. 4, München 1994, S. 25–67; ders./J.
Kaps (Hg.), Hätten Sie's gewußt? Die Quizsendungen und Game Shows des deutschen Fernsehens, Marburg 1991.

Christina Bartz

Rache

Auch: Revanche, Vergeltung; Praxis, welche bezeugt, dass ein Vergehen
unvergessen und ungesühnt geblieben ist. Bei dem Vergehen kann es sich
um eine Ehrverletzung, einen Frevel oder eine Gewalttat handeln; unter
den Formen der R. gilt Mord als die typischste. Die R. gilt als unvereinbar
mit Achtung und Anwendung von Recht und → Gesetz, scheint aber in
bestehenden Rechtsordnungen nach wie vor virulent (Strafrecht, Todes-
strafe usw.; → Strafe). Das Phänomen R. ließe sich als juridisches, ethno-

logisches, psychologisches usw. untersuchen; die memoriale Dimension zeigt sich indes am deutlichsten in literarischen Verarbeitungen.

Seine erste Hochkonjunktur hat das Thema R. in den Tragödien der griechischen (Aischylos, Euripides) und der römischen Antike (Seneca); seine zweite in den sog. R.-Tragödien der elisabethanischen und der jakobinischen Zeit (Th. Kyd, J. Marston, W. Shakespeare u. a.). In all diesen Stücken verbindet sich der R. stets eine von drei temporalen und memorialen Strukturen. (1) *Verzögerung:* Die R. schließt nicht direkt an das Vergehen an; zwischen beiden liegt eine gewisse Zeitspanne, unter Umständen sogar Jahre oder Jahrzehnte. (2) *Repetition* und → Vergessen: Sind die Zeitspannen sehr groß und folgen auf einen ersten Akt der R. weitere (→ Rekursivität), so kann es geschehen, dass nicht die Verpflichtung zur R., wohl aber das initiale Vergehen in Vergessenheit gerät. Dies kennzeichnet insbesondere einzelne Fälle der Fehde. (3) *Ausdehnung:* Eine R. (etwa die der Götter in der griech. Tragödie) wird auf alle Nachkommen eines Geschlechts ausgedehnt, d. h. auf → Dauer gestellt, und damit die Erinnerung an das Vergehen zementiert.

In einer der ältesten R.-Tragödien, der *Orestie* des Aischylos, finden sich neben Dauer und Verzögerung auch andere memoriale Momente: R.-Akte werden eingeleitet, indem zunächst das jeweilige Vergehen durch Chor und Protagonisten rekapituliert wird. Die Erinnyen treten als Göttinnen der R. auf, bezeichnen sich selbst aber auch als ‹Zeugen› (→ Zeugnis); ihre Aufgabe ist das Erinnern der Tat ebenso wie deren Vergeltung, die Vergeltung als Praxis des Erinnerns. In der Gerichtsverhandlung im dritten Teil der *Orestie* wird ein → Schlussstrich unter die Geschichte der R.-Handlungen gezogen; zugleich wird, in Gestalt der domestizierten Erinnyen (nun: Eumeniden), die Erinnerung an die Schrecken der R. innerhalb der neuen Rechtsordnung wachgehalten. Die *Orestie* thematisiert damit sowohl den Widerstreit von R.- und Rechtsprinzip als auch das residuale Überdauern des einen im anderen, vor allem aber die Affinität von R. und Gedenken, die in W. Shakespeares *Hamlet* wiederaufgegriffen wird (vgl. → Lethe). Die Aufforderung des Geists von Hamlets Vater: «Gedenke mein!» *(«Remember me!»)* bedeutet nichts anderes als «Räche mich!» und wird von Hamlet unmittelbar in diesem Sinn verstanden (vgl. → Gespenster). R. erscheint hier nicht als eine oder einzig mögliche Form des Gedenkens, sondern als ein Synonym: Gedenken heißt rächen und vice versa. Neben dieser Idee entwickelt *Hamlet* den Zusammenhang von R. und Sukzession, → Erbe und → Genealogie – ein Thema, das auch anhand von Mafiafilmen (F. F. Coppola, M. Scorsese, A. Ferrara) studiert werden könnte.

J. Kerrigan, Revenge Tragedy: Aischylos to Armageddon, Oxford 1996; J. Kott, Orestes, Elektra, Hamlet, in: ders., Gott-Essen. Interpretationen griechischer Tragödien, München 1975; B. Heiderich, Genese und Funktion der Rache, Köln 1972; C. Schmitt, Hamlet oder Hekuba, Düsseldorf 1956.

Stefanie Diekmann

Raum → Architektur, → Gedächtnismetapher, → Gedächtnisort, → Gedenkstätte, → Hauptstadt, → Heimat, → Krypta, → Landschaft, → Locitechnik, → Mnemotechnik, → Mnemotop, → Museum, → Neuronale Karten, → Songlines, → Spur, → Topographie, → Topos

Realitätsüberwachung

(engl. *reality monitoring*). Beurteilung des Realitätsgehalts einer Erinnerung; Spezialfall des → Quellengedächtnisses, bei dem zwischen Fakten und Fiktionen, d. h. zwischen externen Quellen (realen → Ereignissen, die wahrgenommen wurden) und internen Quellen (Gedanken, Imaginationen, → Träumen, → Phantasien) zu diskriminieren ist. Fehler bei der Realitätsüberwachung sind bei bestimmten psychiatrischen Krankheitsbildern besonders häufig (z. B. Schizophrenie, → Alzheimer Demenz), aber auch sonst durchaus verbreitet: Verwechslungen zwischen bloß geplanten und tatsächlich ausgeführten Handlungen (→ prospektives Gedächtnis), zwischen eigenen Ideen und gelesenen oder gehörten Ideen anderer Personen (Kryptomnesie bzw. unabsichtliches Plagiat).

Nach M. K. Johnson und C. I. Raye (1981) werden Realitätsüberwachungsurteile primär durch (1) erinnerte perzeptuelle Details und (2) Plausibilität beeinflusst: Erinnerte Ereignisse, die sich durch Plausibilität, Klarheit und perzeptuelle Details auszeichnen, werden für real gehalten. Obwohl diese Kriterien im Alltag oft gut funktionieren, können sie auch zu → Gedächtnistäuschungen führen, wenn z. B. durch → Hypnose oder intensive wiederholte Imaginationen ein fiktives Ereignis mit perzeptuellen und kontextuellen Details angereichert wird (→ Scheinerinnerungen) oder eine reale Handlung automatisiert abläuft, sodass später keine perzeptuellen Details erinnerbar sind (→ Routine).

M. K. Johnson/C. I. Raye, Reality monitoring, in: Psychological Review, Bd. 114, 1981, S. 67–85.

Edgar Erdfelder

Recency-Effekt → Primacy-Effekt

Recycling

(engl., Rückführung). Wiederverwertung von gebrauchten Produkten oder Produktionsabfällen (→ Abfall), die in ihre Grundstoffe zerlegt oder durch Umformung in neue Produkte umgesetzt werden. In beiden Vorgängen werden Produkte höherer Komplexität unter Energieverlust in Produkte geringerer Komplexität verwandelt. Unter entropischem Gesichtspunkt (→ Zerfall) stellt sich R. daher zumeist als ‹Downcycling› dar. Die Rückführung von Stoffen gewinnt seit dem 18. Jh. in der Praxis des Lumpen- und Alteisensammelns an Bedeutung und wird ab Ende des 19. Jh.s etwa in der ‹Kuppelproduktion› der chemischen Industrie in die Produktionsabläufe selbst integriert. Von ökonomisch geprägten Formen der Abfallverwertung unterscheidet sich R. durch den Anspruch auf eine umfassende Steuerung von Stoffströmen nach ressourcenschonenden, umweltverträglichen Kriterien. Als Schlagwort populär wird R. in der Formel ‹reduce, reuse, recycle›, unter der sich Anfang der 1970er Jahre Subkulturen und Umweltschützer in den Vereinigten Staaten sammeln (Straßer 1999).

In den Kulturwissenschaften ist R. unter dem Begriff «recyclage culturel» als eine das 20. Jh. auszeichnende Ökonomie der kulturellen Praktiken und Objekte aufgegriffen worden (Dionne/Mariniello/Moser 1996). Verfahren wie Montage, Ready-Made, Pastiche, → Zitat, aber auch Plagiat, → Sampling oder Recombinant Art arbeiten einesteils mit der Dekontextualisierung, andernteils mit der Desemiotisierung der kurrenten Schriften, Bilder, Formensprachen oder Töne einer Kultur. Während im ersten Fall das Objekt in seinem Zeichencharakter unberührt bleibt, hingegen in seiner Rekontextualisierung eine andere oder zusätzliche Information gewinnt, wird dem Objekt im zweiten Fall der Charakter eines → Zeichens, das wiedererkannt werden kann, genommen und seine bloße Materialität wieder verwendet (Hauser 1996; → Schrott). Unter der Perspektive eines ‹kulturellen R.s› stellt sich eine ästhetische Produktion dieser Art zwiespältig dar: Insbesondere die Zirkulation von Artefakten und Zeichensystemen über Kulturgrenzen hinweg und ihre Verschmelzung in kulturellen Hybriden unterhält eine politische Debatte über kulturelle → Identität und Aneignung. Nicht weniger Aufmerksamkeit verdient das R. kultureller Hervorbringungen in Rücksicht auf die Möglichkeit der → Tradierung. Sortierung, Dekomposition und Reklassifikation als Grundoperationen von R. lösen die Überlieferungszusammenhänge von Objekten auf und lassen in der Streuung der Stoffreste in immer andere Kontexte deren Herkunft undeutlich werden (vgl. → Revival, → Sample). So erschwert oder verhindert gar zuletzt jeder Vorgang der Wiederverwendung die Erinnerbarkeit des verwerteten Objekts. Unfreiwillig geben dies die Werbeplakate einer Recyclingkampagne zu verstehen, die etwa dem abgebildeten Blechspielzeug mit dem Slogan ‹Ich war eine Dose› seine unkenntlich gewordene Gewesenheit nachtragen. Eine auf Gedächtnis gegründete → Kultur sieht sich hierdurch mehr noch als durch → Vergessen oder → Zerstörung von Überlieferungsträgern mit der Möglichkeit ihrer Entgeschichtlichung konfrontiert. Wenn R. «die Ent-Scheidung all dessen» ist, «was der Fall ist, in das, was uns zufällt und das, was von uns abfällt» (Grassmuck/Unverzagt 1991, S. 96), dann macht sich in dieser Entscheidung zumal im ‹kulturellen R.› die Strategie eines unhistorischen Empfindens im Sinne → F. Nietzsches gewärtig.

S. Straßer, Waste and want. A social history of trash, New York 1999; C. Dionne/ S. Mariniello/W. Moser (Hg.), Recyclages. Économies de l'appropriation culturelle, Montréal 1996; S. Hauser, «Die schönste Welt ist wie ein planlos aufgeschichteter Kehrichthaufen». Über Abfälle und Kunst, in: Paragrana, Bd. 5, 1996, S. 244–263; V. Grassmuck/Ch. Unverzagt, Das Müll-System. Eine meta-realistische Bestandsaufnahme, Frankfurt/M. 1991.

Christoph Hoffmann

Referenzgedächtnis

(lat. *referre*: zurücktragen, sich auf etwas beziehen). Begriff, der für dauerhaftere Gedächtnisspuren (→ Engramm) – also eine Art → Langzeitgedächtnis – bei → Tieren verwendet wird und auf die meisten lernfähigen Arten anwendbar ist (Delius/v. Fersen 1996). Das R. wird evolutionsbiologisch durch die sich aus längerfristigen Erinnerungsfähigkeiten ergebenden Selektionsvorteile erklärt. Forschungen in diesem Bereich beziehen sich u. a. auf die Beschaffenheit der Mechanismen, die steuern, welche Gedächtnisinhalte in das R. gelangen (→ Konsolidierung) oder bei welchen Läsionen tierischer Hirnstrukturen (→ Gehirn) das R. mitbetroffen ist.

J. D. Delius/L. v. Fersen, Gedächtnis bei Tieren, in: D. Albert/K.-H. Stapf (Hg.), Gedächtnis. Enzyklopädie der Psychologie, Themenbereich C, Serie II, Bd. 4, Göttingen u. a. 1996, S. 489–539.

Carlos Kölbl

Regression

(lat. *regressio*: Rückkehr). Kennzeichnung einer physischen, psychophysischen, psychischen oder psychosozialen Situation als rückwärtig gewendet im Vergleich zu einem zuvor erreichten höheren, als fortgeschrittener eingeschätzten Niveau. So ist etwa die → Halluzination visueller, akustischer oder anderer Sinnesreize im Nachttraum (→ Traum) das Ergebnis einer R.: Im → Schlaf taucht ein Gedanke auf; dieser kann sich infolge Stilllegung des motorischen Apparats und der Ausschaltung des Wachbewusstseins (→ Bewusstsein) wie auch der Orientierung im physischen und sozialen Raum nicht zu einem Handlungsimpuls entwickeln. Daher bleibt allein der regrediente Weg zurück zum Sinneseindruck, dem «System Wahrnehmung» (Freud 1900/1942, S. 538–555), sodass der Traum sich als Folge halluzinierter Eindrücke gestaltet (→ Phantasie). → S. Freud thematisiert diese Erklärung der Traumgenese und Traumbeschaffenheit als «topische Regression», d. h. als Rückwärtsbewegung von einem System oder psychischen Ort, hier dem der «Motilität», zu einem älteren, getrennt davon lokalisierten, dem ‹Wahrnehmung›. Sinneseindrücke legen sich als «Gedächtnisspur» (→ Spur) nieder; Erinnerungen werden auf regredientem Weg evoziert und haben eine umso größere Chance, aus dem → Vergessen aufzutauchen, je näher die psychophysische Verfassung der Person dem entspannten und motilitätsreduzierten Schlafzustand ist. Auf dieser Basis erklärt sich die Etablierung des psychoanalytischen Behandlungssettings, das ursprünglich die Induktion des künstlichen Schlafzustands per → Hypnose vorsah und im Dienst der R.s-Förderung zur Ermöglichung emotionalen Erinnerns die entspannte Couchlage des Patienten beibehält, mit der Grundregel, kein ziel- oder problemorientiertes Gespräch zu führen, sondern frei zu assoziieren (→ Assoziation), um entlang der Sequenz der Einfälle auf regredientem Weg zu den Erinnerungen mit pathogener Bedeutung zu gelangen (→ Ursprung).

S. Freud, Die Traumdeutung (1900), Gesammelte Werke, Bde. 2/3, London/Frank-
furt/M. 1942.

Brigitte Boothe

Reim

(ahd. *rim*: Reihe). Lautliche Übereinstimmung von Endsilben vom letzten voll betonten Vokal an. Seit M. Opitz im 17. Jh. den Begriff ‹Vers› einführte, bezeichnet R. nicht mehr ‹Verszeile› wie zuvor, sondern den uns
vertrauten ‹Endreim›. Die Memorierhilfe R. findet vor allem in Textarten
Verwendung, die im Gedächtnis haften bleiben sollen, wie → Eselsbrücken, Sprichwörtern («Was du nicht willst, das man dir tu …») und
→ Reklame-Slogans. Der R. strukturiert die Sprache durch Rhythmisierung, Akzentuierung und Bindung in der Versform, sodass der Sprachfluss durch den R. vorgegeben ist und leicht auswendig wiederholt werden kann (→ Auswendigkeit; vgl. → Versmaß).

R.e finden sich in allen Sprachen. Über die christlich-lateinische Hym-
nendichtung dringt der R. im Frühmittelalter, z. B. bei Otfried von Wei-
ßenburg (um 870), in die Volkssprache ein und ersetzt den germanischen
Stab-R., also die Alliteration (gleicher Anlaut aufeinander folgender
sinntragender Wörter: «Kind und Kegel», «Haus und Hof»), durch den
End-R. Auch die Alliteration wird wegen ihrer einprägsamen Form als
→ Gedächtnisstütze genutzt. Während der Stab-R. aber die sinntragen-
den Wörter exponiert, ist der End-R. ein sinnunabhängiges Lautspiel, das
den Text um eine zweite Struktur bereichert (M. Wehrli).

B. Nagel, Das Reimproblem in der deutschen Dichtung. Vom Otfriedvers zum frei-
en Vers, Berlin 1986; U. Ernst/P. E. Neuser (Hg.), Die Genese der europäischen End-
reimdichtung, Darmstadt 1977; W. Kayser, Kleine deutsche Versschule, München
1957.

Silke-Katharina Philipowski

Reizüberflutung

Entweder durch die Menge und Dichte (1) oder die Intensität (2) eines
Außenreizes bzw. mehrerer Außenreize ausgelöste krisenhafte Überfor-
derung eines Daten verarbeitenden physiologischen, technischen oder

soziokulturellen Systems mit gravierenden Auswirkungen auf die Memorierungsleistungen des jeweiligen Systems (vgl. → Stress).

1. *Quantitative* R.: exponentieller Anstieg von kognitiven oder sensuellen (Umwelt-)Daten bis zum kritischen Zustand drohender Perzeptions- und Speicherungsresistenz. Von quantitativer R. kann sowohl im Hinblick auf ein hiervon *konkret* betroffenes Wahrnehmungssystem (z. B. beim Autismus) oder Datenverarbeitungssystem (z. B. beim Overload; → Computer) als auch *metaphorisch*, bezogen auf die operativen Potenziale einer permanent neue → Informationen generierenden → Kultur (Klapp 1986) die Rede sein. Da Bemessungsgrundlage einer quantitativen R. immer nur die gegebene Verarbeitungskapazität eines Bezugssystems sein kann, welche sich jedoch nur in wenigen Kontexten überhaupt dergestalt quantifizieren lässt (→ Kapazität), bleibt der hiermit in Beschlag genommene Sachverhalt meist unscharf. In aller Regel diagnostiziert der Begriff daher weniger ein empirisches Faktum als einen krisenhaften Bewusstseinszustand, insofern hierin ein kollektives Überforderungssyndrom anlässlich nachhaltiger epistemischer, wahrnehmungshistorischer (Hoefer 1996) oder technologischer Umwälzungen zum Ausdruck kommt. Dass quantitative R. darüber hinaus rauschähnliche Genussmomente generieren kann, zeigt nicht zuletzt die postmoderne Medienkultur, in deren «flow of images» (R. Williams, *Television*) die mit quantitativer R. einhergehende Desemantisierung als Modus der Sinn-, Geschichts- und Gedächtnisfreiheit sehr wohl ästhetisch goutierbar ist. Ungeachtet ihrer potenziell mnemophoben Anteile kommen der quantitativen R. beträchtliche konstruktive Funktionen bei der Dynamisierung gesellschaftlicher Operationalität zu: So bewirkt quantitative R. periodische Restrukturierungen kollektiver Erinnerungsformationen und deren Instrumentarien, insofern die postulierte Informationsflut neue, meist abstraktere Systematiken bei der → Tradierung gegebener Wissensbestände oder aktueller Ereignisfolgen erzwingt (vgl. → Archiv, → strukturelle Amnesie, → Wissen).

2. *Qualitative* R.: heftiger oder plötzlicher Singulärreiz (Erregung), der im Extrem als Schock oder Traumatisierung den psychischen Reizschutz durchbricht und eine dem → Bewusstsein unzugängliche ‹Gedächtnisspur› (→ Engramm) hinterlässt (vgl. → Abwehr, → Unbewusstes, → Trauma). Der von → S. Freud beschriebene Mechanismus der Schockabwehr als Reaktion auf einen zu starken Außenreiz, einer der klassischen Eckpfeiler psychoanalytischer Gedächtnistheorien, wird heute von der psychologischen wie der kulturwissenschaftlichen Traumaforschung (Caruth 1995) eher als Resultat permanenter Reizschutzverletzungen be-

griffen und somit wieder stärker quantitativ verankert. Als Therapieform wird die gelenkte qualitative R. vor allem in der Verhaltenstherapie zur Umkonditionierung eingesetzt (Ullrich/Ullrich de Muynck 1974). Im kulturwissenschaftlichen Bereich ist Freuds Modell von → W. Benjamin als Grundmuster moderner Alltagserfahrung, «der das Chockerlebnis zur Norm geworden ist» (*Über einige Motive bei Baudelaire*; vgl. → Beschleunigung), fortgeschrieben und damit schon zeitgenössisch wieder in die Nähe zur quantitativen R. gerückt worden.

G. Hoefer, Eine Filmtheorie der Wahrnehmung. Wahrnehmungspathologie als Folge der Reizüberflutung. Ursachen, Folgen, Auswege, Alfeld/Leine 1996; C. Caruth (Hg.), Trauma. Explorations in Memory, Baltimore 1995; O. E. Klapp, Overload and Boredom. Essays in the Quality of Life in the Information Society, New York 1986; R. Ullrich/L. Ullrich de Muynck, Implosion, Reizüberflutung, Habituationstraining, in: Ch. Kraiker (Hg.), Handbuch der Verhaltenstherapie, München 1974, S. 369–400.

Kay Kirchmann

Reklame

(altfranz. *reclamer*: zurückrufen, ins Gedächtnis rufen). Ein bis über die Mitte des 20. Jh.s hinaus relevantes Werbekonzept, welches mittels verschiedener Werbeträger (Plakat, Anzeige) die → Repräsentation einer Ware für den Verbraucher ermöglicht. In der Konzeption von R.-Feldzügen wird zumeist von einem Reiz-Reaktions-Schema ausgegangen (Reinhardt 1993), gemäß dessen das beworbene Produkt durch ein einprägsames Erinnerungssymbol – z. B. Logo, Slogan, Emblem oder → Ohrwurm – zu markieren ist, welches sich dann latent im Gedächtnis ablagert (→ Einprägen) und dort über diverse Werbeträger wiederholt angepeilt werden kann (→ Wiedererkennen). Diese Annahme einer Okkupation von Erinnerung, die sich wesentlich unbewusst abspielt, hat besonders in den 1950er Jahren dazu geführt, R. im Kontext antiaufklärerischer Tendenzen zu begreifen. In diesem Sinn etwa gehen M. Horkheimer und T. W. Adorno in ihrer *Dialektik der Aufklärung* davon aus, dass eine profitorientierte Kulturindustrie sich der R. zur Erzeugung *falscher Bedürfnisse* bedient, um darin die Wünsche der Verbraucher in Abhängigkeit zu halten, d. h. diese für eine Fest- und Fortschreibung gesellschaftlicher Hegemonien zu missbrauchen. Aus kulturkritischer Sicht erscheinen Werbeträger damit als die *geheimen Verführer* (V. Packard), welche das

Erinnerungsvermögen kalkulativ unterwandern, um es direkt dem Warenkreislauf zuzuführen sowie in diesem zu fixieren.

Erst in den 1970er Jahren verändert sich dieses Paradigma zugunsten ergänzender Werbekonzepte, mit denen sich zugleich ein Übergang von der R. zum *Marketing* vollzieht. Im Vordergrund steht dort nicht mehr die Hypothese ungestörter Gegenseitigkeit von Stimulus und Response (→ Konditionierung), sondern deren Verschiebung und Erweiterung in der Annahme gesteigerter Konsumentensouveränität. Anstatt den Konsumenten als passives Ziel von Werbestrategien zu denken, rückt nun das *Vermögen* der Verbraucher in den Vordergrund, in der Erinnerung bestimmte Werbebotschaften zu privilegieren, andere zu ignorieren (→ Aufmerksamkeit, → Selektion). Zugleich erfährt die Möglichkeit des Gedächtnisses, Erinnerungssymbole maßgeblich über Identifikationsprozesse, also nicht-linear und imaginär (bildverhaftet, narzisstisch) zu bewerten, eine Aufwertung (Kroeber-Riel 1996). Fortan wird R. bzw. Marketing als kommunikative Schnittstelle innerhalb gesellschaftlich-massenmedialer Wandlungen konzipiert und gehandhabt, die als «Bildkommunikation» vor allem Identifikationsangebote bereitstellt. Der Konsument soll in einem Markenzeichen primär nicht ein Warensortiment, sondern ein ausgezeichnetes Produktimage auswählen und erinnern, das zu seiner angestrebten → Identität beiträgt. Werbeträger differenzieren nun weniger zwischen realen Produkten als zwischen *Produktimages*, d. h., es etabliert sich ein Marketing des Imaginären, welches die Erinnerungsarbeit nicht länger als direkt steuerbares Gedächtniselement auffasst. Stattdessen berücksichtigt es das Vermögen der Rezipienten, die anfängliche Kontingenz von Werbebotschaften gemäß einer Asynchronizität der Erinnerung – Identifikation – in eine Praxis der Geschmacksurteile (‹Lifestyle›) umzuwandeln.

W. Kroeber-Riel, Bildkommunikation. Imagerystrategien für die Werbung, München 1996; R. Gries/V. Ilgen/D. Schindelbeck, «Ins Gehirn der Masse kriechen». Werbung und Mentalitätsgeschichte, Darmstadt 1995; D. Reinhardt, Von der Reklame zum Marketing. Geschichte der Wirtschaftswerbung in Deutschland, Berlin 1993.

Gregor Schwering

Rekonstruktion

(lat. *reconstruere*: nachbilden, wiederherstellen). R. lässt sich als konstruktiv-kognitive → Sinnproduktion im Horizont nachzeichnender Erinnerung gewesener → Ereignisse verstehen (Aristoteles, *Parva naturalia*; → Vergangenheit). Bezüglich geschichtlicher Geschehnisse findet sich bereits bei Herodot ein narrativer Perspektivismus vorgebildet, der die R. dessen, was ‹wirklich gewesen ist›, nicht unmittelbar auf ein faktisches Geschehnis beziehen zu können glaubt, sondern dem Prinzip des *légein ta legómena* (dem *Sagen des Gesagten*) folgt und anhand bereits vorliegender Texte zu reformulieren beansprucht. Im Unterschied zu Thukydides' Maxime, durch Zeugenschaft einem Wahrheitsanspruch gemäß rekonstruieren zu können, wie ein Geschehen sich tatsächlich zugetragen hat (→ Zeugnis), veranschlagt Herodot, als ‹Wahrer der *mnéme*› nur interpretativ auf das Bezug nehmen zu wollen, was als Bericht oder Erzählung eines Geschehens vorliegt (Schadewaldt 1982; → Narration). Die sich daraus ergebende Problematik der Funktion historischer Einbildungskraft ist für eine gegenwärtige Sicht auf R. noch immer relevant.

Das → kulturelle Gedächtnis als Bestandstück von Geschichte *(res gestae)* wird hierbei durch einen symbolisch vermittelten und sozialen Sinn (re)konstruierenden Diskurs konstituiert, da es der Rekurs auf Texte ist, der das Gewesensein eines Geschehens setzt und damit die kulturelle Identität sozialer Welten bis in die Theoriebildung hinein fest- und fortschreibt (White 1991). Vollzieht sich aber Geschichtsbildung durch Ausdifferenzierung von Handlungseinheiten eines Sozialsystems, das sich in solcherart Sinnzuschreibungen zugleich begrifflich artikuliert, so entsteht hier eine R.s-Differenz zwischen der kulturell gebundenen Selbstartikulation der in Geschichte gegenwärtig Handelnden und der R.s-Perspektive des Historikers *auf* ihre geschichtliche Weltsicht (→ Differenz). R. im ersten Sinne trägt zum je aktuellen kulturellen Handlungssinn bei, letztere ist für die Konstitution von → Geschichte *(historia rerum gestarum)* konstitutiv und zeigt das Problem der Objektivität jedweder Geschichtsschreibung an (Koselleck 1979).

H. White, Auch Klio dichtet oder Die Fiktion des Faktischen. Studien zur Tropologie des historischen Diskurses, Stuttgart 1991; W. Schadewaldt, Die Anfänge der Geschichtsschreibung bei den Griechen, Frankfurt/M. 1982; R. Koselleck, Vergangene Zukunft. Zur Semantik geschichtlicher Zeiten, Frankfurt/M. 1979.

Rudolf Wansing

Rekursivität

(lat. *recurrere*: zurücklaufen, zurückkehren). Ein in Informatik, Logik und Mathematik entwickeltes Verfahren, das sich im Rückgriff auf *eigene* Operationselemente vollzieht. Es impliziert somit Selbstreferenzialität und, sofern es zwischen vorangegangenen und aktuellen Operationsereignissen unterscheidet, auch eine zeitliche → Differenz. N. Luhmann übernimmt das Konzept der R. in seine Theorie sozialer Systeme, um den Funktionsmodus eines Systemgedächtnisses zu beschreiben. Das Schema der rekursiven Prozessualität ermöglicht eine Zusammenführung der Prämisse autopoietischer Systemreproduktion mit der Beobachtung von Zeithorizonten. Da das autopoietisch fundierte Systemverständnis davon ausgeht, dass ein System zu seinem Selbsterhalt die eigenen → Strukturen verwendet, ist es schon auf der basalen Operationsebene selbstreferenziell, in diesem Sinne auch rekursiv, bestimmt. Das Gedächtnis aber überführt die operativen Rekursionen in die Beobachtung von temporalen Rekursionen, indem es die jeweilige systemische → Gegenwart als Ergebnis von Voraussetzungen erfahrbar macht, die sich im Rückgriff auf vergangene Systemzustände erklären. Zwar rekurriert jedes System auf eigene Operationselemente. Als hoch temporalisierte → Ereignisse jedoch, die bei ihrem Vorkommen bereits verschwinden, sodass sie sich nur als Differenz von vorher/nachher definieren lassen, können sie erst im Gedächtnis in eine zeitliche, netzförmig vergangene an aktuelle Zustände ankoppelnde Abfolge übersetzt werden. «Von Gedächtnis soll hier nicht im Sinne einer möglichen Rückkehr in die Vergangenheit, aber auch nicht im Sinne eines Speichers von Daten oder Informationen die Rede sein, auf die man bei Bedarf zurückgreifen kann. Vielmehr geht es um eine stets, aber immer nur gegenwärtig benutzte Funktion, die alle anlaufenden Operationen testet im Hinblick auf Konsistenz mit dem, was das System als Realität konstruiert» (Luhmann 1997, S. 578f.). Als eine systemische Funktion baut das Gedächtnis, wie das System auch, auf der Irreversibilität der → Zeit auf. Es muss sich daher mit den systemischen Operationsereignissen unaufhörlich aufs Neue (re)konstituieren, wozu es die Unterscheidung von Erinnern und Vergessen einsetzt (vgl. → Code). Erinnert wird jeweils das, was sich der Konsistenz des Systems fügt, vergessen hingegen, was sie gefährdet. Was als konsistent oder gefährdend eingeordnet wird, ist dabei vom jeweiligen Zeitpunkt der Beobachtung abhängig und also dem Wandel unterworfen. Rekursiv meint in dem Zusammenhang, dass die Bezugnahme auf zurückliegende Ereignisse eine → Konstruktion der jeweils *aktuellen* Beobachtung und ihrer spezifischen Rekurrenz ist. Diese Zeitlichkeit bedeutet für die moderne, in einzelne Funktionssysteme differenzierte Gesellschaft, dass sie sich weder auf ein statisches noch ein → kollektives Gedächtnis stützen kann, stellt sie doch ein Nebeneinander konkurrierender Systemgedächtnisse bereit.

N. Luhmann, Die Gesellschaft der Gesellschaft, Frankfurt/M. 1997; D. Baecker, Überlegungen zur Form des Gedächtnisses, in: S. J. Schmidt (Hg.), Gedächtnis. Probleme und Perspektiven der interdisziplinären Gedächtnisforschung, Frankfurt/M. 1991, S. 337–359.

Natalie Binczek

Relikt

(lat. *relinquere*: zurücklassen, übrig lassen). In der Gegenwart (meist materiell) präsente Hinterlassenschaft, → Überrest oder Rückstand von etwas Vergangenem (→ Spur, → Vergänglichkeit). Das R. verweist als Fragment, z. B. die → Reliquie, immer auf ein vergangenes Ganzes, unterscheidet sich jedoch von ihr darin, dass es seltener «geheiligtes Objekt», sondern zuallererst → Zeugnis, Beweisstück (→ Indiz) oder Asservat ist. So kann das R. potenziell Träger bzw. Auslöser eines Narrativs von → Zerstörung werden, die stattgefunden hat oder am Anfang einer Destruktionsmythologie steht (vgl. → Archäologie, → Ruine, → Zerfall). R.e kommen häufig zum Einsatz bei der → Rekonstruktion vergangener Zustände oder Ereignisse. So spielen R.e eine wichtige Rolle in der gegenwärtigen Forschung, die sich mit dem Einfluss von baulichen Überresten an den heutigen Orten ehemaliger Konzentrationslager befasst und untersucht, wie diese als bekannteste → Repräsentationen der → Shoah ins europäische Bildgedächtnis Eingang gefunden haben. Eine genaue Beschäftigung mit den R.en ermöglicht eine Verbindung von Technik- und Kunstgeschichte und erweitert die bisherige Debatte um → Denkmal, → kollektives Gedächtnis und → Gedächtnisorte um eine mediengeschichtliche Dimension.

D. Hoffmann (Hg.), Das Gedächtnis der Dinge. KZ-Relikte und KZ-Denkmäler 1945–55, Frankfurt/M. 1997.

Stefanie Peter

Reliquie

(lat. *relinquere*: zurücklassen, übrig lassen). Fragment, Überbleibsel, → Relikt einer verstorbenen oder abwesenden Person, dem eine besondere Bedeutung und Energie zugeschrieben wird. In den meisten Kulturen ist die R. religiös konnotiert, denn sie meint ursprünglich die unmittelbaren körperlichen Überreste «besonderer Toter» (Brown 1981), also derjenigen Verstorbenen, die, dem jeweiligen Glaubenssystem entsprechend, zu → Ahnen, Helden oder Heiligen verklärt werden (→ Märtyrer). Zu R.n rechnete man von jeher alle möglichen Materialien, insbesondere die Teile eines Leichnams, welche nach dessen Verwesung zurückbleiben, d. h. Knochen, Haare, Nägel oder Zähne (→ Konservierung). Doch auch Kleidungsstücke, persönliche Gegenstände oder andere Arten von Materiellem können zur R. werden, vorausgesetzt, man sagt ihm nach, es sei zu Lebzeiten mit diesem Menschen oder nach dessen → Tod mit seinem Leichnam oder seiner Grabstätte in Berührung gekommen (→ Schweißtuch, → Spur), beispielsweise Staubpartikel vom Fuße der Säule des hl. Symeon Stylites oder Öl, das man zuvor durch ein R.n-Kästchen hat rinnen lassen. R.n werden häufig in kostbaren, eigens für sie angefertigten Behältnissen, sog. Reliquiaren, aufbewahrt (vgl. auch → Krypta). Da sich der Objektstatus von R. nicht von dem eines Museumsstücks unterscheidet, gelten die umfangreichen kirchlichen R.n-Sammlungen zu Recht als Vorläufer musealer → Sammlungen (Pomian 1988; → Museum).

Allen Kulturen und Religionen gemeinsam ist die Auffassung der R. als Erinnerungszeichen. In seiner materiellen Präsenz und Sichtbarkeit kann dieser → Überrest niemals für sich, sondern immer nur als Teil von etwas stehen und verweist somit stets auf ein nicht mehr vorhandenes, vergangenes Ganzes, das nur mehr durch → Narration vervollständigt werden kann (→ Rekonstruktion). Die R. hält das Andenken an die abwesenden Verstorbenen lebendig, evoziert und fixiert die Erinnerung an sie durch und in diesem übrig gebliebenen, vorhandenen Rest. Somit lassen sich R.n zum einen als Strategien begreifen, Gedenken zu lokalisieren (→ Mnemotop, → Topographie). Zum anderen wird die Eigenschaft der R. als → Speicher- bzw. Aufzeichnungsmedium ersichtlich: Eine Heiligengeschichte oder ein Translationsbericht können die Voraussetzung dafür schaffen, dass aus Materialien R.n werden, umgekehrt machen die R.n diese Geschichten abrufbar (→ Abruf). Dass Erinnerungspolitiken immer auch Machtpolitiken sind (→ Politik), lässt sich am strategischen Gebrauch von R.n ablesen. So erwies sich die räumliche Streuung von Heiligen-R.n als entscheidend für die Durchsetzung des christlichen → Kalenders. Da diese R.n jeweils das Andenken eines bestimmten Heiligen an einen Kalendertag binden (→ Datum, → Jahrestag, → Kalender), bedeutet ihre systematische geographische Verteilung gleichzeitig die Eröffnung eines kalendarischen Raums (Mitterauer 1997). Die Psychoanalyse versteht die R. als kompromisshafte, substitutive Formation. Laut P. Fédida hat die R. in der Trauerarbeit eine Funktion des Haltmachens (→ Trauer), denn sie gewinnt ihren Sinn im Wunsch, etwas von dem zu bewahren, von dem man sich trennt, ohne deshalb darauf verzichten zu müssen, sich von ihm zu trennen (→ Melancholie). Indem sie das Verschwundene heiligt, erlaubt sie sein → Vergessen auf andere Weise (Pazzini 1995).

M. Mitterauer, Anniversarien und Jubiläen, in: E. Brix/H. Steckl (Hg.), Der Kampf um das Gedächtnis, Wien u. a. 1997, S. 23–89; K.-J. Pazzini, Reliquie – Ein Aufzeichnungsmedium?, in: E. Porath (Hg.), Aufzeichnung und Analyse, Würzburg 1995, S. 159–170; P. Brown, Die Heiligenverehrung (1981), Leipzig 1991; K. Pomian, Der Ursprung des Museums. Vom Sammeln, Berlin 1988.

Stefanie Peter

Reminiszenz

(spätlat. *reminiscentia*: Rückerinnerung). Persönliche, aktiv ins → Bewusstsein geholte oder spontan auftretende Erinnerung. Als persönlich gilt eine Erinnerung, wenn bestimmte Bedingungen erfüllt sind: Bezugnahme zur eigenen → Vergangenheit, bildhaftes Wiedererleben einer früheren → Erfahrung, Konfidenz in die Übereinstimmung von Erinnertem und ursprünglichem → Ereignis, Selbst-Relevanz (→ Identität). Quelle von R.en stellt die strukturierte autobiographische Wissensbasis (→ autobiographisches Gedächtnis, → episodisches Gedächtnis) dar. Dass Zweck und Ziel des Erinnerns die Perspektive und Ich-Nähe des Erinnerten beeinflussen, spricht für flexible Reorganisierbarkeit der Wissensbasis (→ Konstruktion).

Neben diesem weiten Verständnis von R. finden sich engere Bedeutungen: R. als Lebensrückblick (Besinnung), begrenzt durch ein Mindestalter und die besondere Aufgabe, die eigene → Vergangenheit nach → Sinnbezügen zu ordnen (das Individuum als Selbsthistoriker; → Autobiographie). Diese Form der R. soll zum erfolgreichen Meistern von → Altersproblemen beitragen, eine Auffassung, die zur Entwicklung von

R.-Therapien führte. Nachprüfungen ergaben jedoch ein komplexeres Bild: Nicht R. per se, sondern ihre Art – integrativ, eskapistisch, obsessiv – ist es, von der ihre jeweilige Wirkung abhängt. Zu den engeren Fassungen von R. gehört der R.-Effekt («Erinnerungshöcker»): Die Häufigkeiten altersdatierter autobiographischer Erinnerungen folgen nicht komplett einer Vergessenskurve (vgl. → H. Ebbinghaus), da sie im Bereich zwischen 15. und 30. Lebensjahr einen ‹Höcker› zeigen, der jedoch erst bei Personen über 40 zutage tritt. Erklärt wird dieser Effekt u. a. durch die besondere Relevanz des Lebensabschnitts zwischen 15 und 30 für die eigene Identitätsfindung, die mit einer elaborierteren Codierung im Gedächtnis einhergeht (→ Elaboration).

M. A. Conway/D. C. Rubin, The structure of autobiographical memory, in: A. F. Collins u. a. (Hg.), Theories of Memory, Hillsdale 1993, S. 103–137; P. G. Coleman, Ageing and reminiscence processes. Social and clinical implications, New York 1986.

Albert Spitznagel

Renaissance

(franz. Wiedergeburt). Aus der gedanklichen Konfiguration eines zyklischen Geschichtsmodells antiker Provenienz entwickelt sich seit dem 14. Jh. in Europa eine zugespitzte Idee von Erneuerung und → Wiedergeburt (vgl. → Revival). Auf der Basis von lat. *renasci* (wiedergeboren werden) konkretisiert sie sich auch in nominalen Begriffsbildungen (ital. *rinascimento, rinascità*). Erst seit dem 19. Jh. bezeichnet R. vor allem einen Kunststil, dann aber auch einen Epochenraum (für Italien ca. 1300–1600, nördlich der Alpen das 16. Jh.). Zeitgenössisch wird R. neben anderen verwandten Begriffen (Restitution, Renovation, Palingenesie) nur im Rückgriff auf spezielle kulturelle Felder der → Antike gebraucht (z. B. *renaissance des arts, des lettres* usw.). Nur mittelbar ergibt sich daraus auch die Weitung auf eine gesamtkulturelle Verfasstheit (→ Kultur). Philosophen, Wissenschaftler, Juristen, Dichter und Künstler eignen sich in der R.-Epoche produktiv das kodifizierte → Erbe der Antike ganzheitlich an und überführen es in eine neue Klassizität (→ Klassik), die vor allem auf eine – als hell metaphorisierte – Zäsur gegenüber dem – dunklen – Mittelalter Wert legt. Die historische Funktion von R. als eines über den Gedanken von Erneuerung definierten Kulturwandels besteht darin, sich zum einen einer autoritativen → Traditionslinie zu versichern, zum anderen aber dadurch die Gültigkeit eines eigenen, neuen Wirkungsanspruchs zu legitimieren. Einerseits wird an die vermeintlich vergessene Antike wiedererinnert, andererseits wird eine bestehende Gedächtniskontinuität (die Antikerezeption des Mittelalters) verdrängt.

Kulturtheoretisch systematisiert erfindet erst das 19. Jh. (J. Michelet, J. Burckhardt) die R. als dynamisch verfassten Kulturabschnitt gegenüber einem als statisch begriffenen Mittelalter. Die Mediävistik des 20. Jh.s hat daran anknüpfend schon mittelalterliche R.-Phasen für Karolinger- und Ottonenzeit sowie für das 12. Jh. behauptet. Sie haben als Kulturphase mit der eigentlichen R. gemeinsam, dass es stets um eine aneignende Auseinandersetzung mit der Antike und ihrer Überlieferung geht. Erst jedoch die italienische R. und ihre gelehrte humanistische Trägerschicht entwickelt in der vollen Breite von Wissenschaften und Künsten eine umfassende Reformulierung antiker Vorgaben und bewegt sich dabei zwischen den Polen Nachahmung und Weiterentwicklung, Wiederentdeckung und Erfindung. Der emphatisch postulierten ‹Wiedergeburt› geht dabei historisch wie sachlich das nüchternere Prinzip der ‹Wiederentdeckung› voraus. Erst G. Vasari, der die Entwicklung der Künste analog zu den zyklischen Phasen des organischen Lebens beschreibt, formuliert am Ende der R.-Epoche (1550) systematisch den Schritt der «Wiederherstellung oder besser gesagt Wiedergeburt» nach der klassischen «Vollendung» in der Antike und der nachfolgenden → «Zerstörung» dieser Vollkommenheit. Die Topik, mit der von ihm und anderen die R. metaphorisiert wird, bewegt sich in zumeist säkular verstandenen Allegorien der Erweckung aus dem Grab, der Wiederbelebung vom → Tode, des Aufweckens aus dem → Schlaf und der Heimkehr aus dem Exil (→ Heimat, → Topos).

Im Modus der R. begründen die wissenschaftlichen, dichterischen und künstlerischen Produktionen Europas ein neues, allseitiger → Bildung verpflichtetes Menschenbild *(uomo universale)*. Für das produktive Individuum geht es um den Gewinn eines fortlebenden (→ Ruhm), die eigene Subjektgeschichte repräsentativ reflektierenden ‹Werks› (→ Autobiographie, → Tagebuch). Über die Profilierung von Weltwissen und Selbstbewusstsein definiert sich das frühneuzeitliche Subjekt, das säkulare Lust an der → Gegenwart mit der antiken Leitidee für eine «neue Zeit» *(nova aetas)* zusammenführt. Derart konstituiert die R. den Typus des ‹modernen› Europäers. J. Burckhardts Versuch, die *Kultur der R.* systematisch als → Epoche zu erfassen (1860), schafft ein historisches Projektionsbild für das selbstbewusste Bürgertum des 19. Jh.s. Bei Burckhardt wird die R. zur ersten primär kulturell definierten → Epoche, weil in ihr der Mensch Mündigkeit erreicht und seine kulturellen Leistungen Vorrang vor den politischen Rahmenentwicklungen bekommen. Damit gewinnt die R. als Stellvertreterin der Antike *selbst* Vorbildcharakter für künftige R.en. Dadurch kann die R. zu einem vereinnahmbaren Idealtopos werden, auf den sich etwa der italienische Einigungsnationalismus des 19. und der Faschismus des 20. Jh.s beziehen, um einen völkischen Wiedergeburtsgedanken zu formulieren. Die R., die selbst ein klassisches Genesemodell ist, wird so zu einem bis in umgangssprachliche Wendungen hinein wirksamen Leitparadigma für andere ‹Renaissancen›. Im Unterschied zu Reformation und → Revolution reflektiert es weniger auf das Prinzip eines radikalen Neubeginns (→ Bruchs). Die intellektuelle Formierung von R. bietet die Möglichkeit, Erinnerungs- und Fortschrittsdenken in einem mentalen Tauschhorizont zu vernetzen. Die R. lässt sich als das Epochenmodell verstehen, das die Denkfigur der Alterität durch die der ‹Intensität› (G. Deleuze) ersetzt: Die (Neu-)Entdeckung der Antike in der R. bringt subtiles, prozesshaftes Auf- und Abblenden von → Traditionen ins Spiel.

P. Burke, Die europäische Renaissance, München 1998; E. Garin, Der Mensch der Renaissance, Frankfurt/M. 1996; R. Klein, Gestalt und Gedanke. Zur Kunst und Theorie der Renaissance, Berlin 1996; C. Farago, Reframing the Renaissance, New Haven 1995; P. O. Kristeller, Renaissance Thought, New York 1961; J. Burckhardt, Die Kultur der Renaissance in Italien (1860), 10. Aufl. Stuttgart 1976.

Erich Kleinschmidt

Repetieren

(lat. *repetare*: zurückholen, wiederholen, sich ins Gedächtnis zurückrufen). Wiederholen von zu Erlernendem und Gelerntem. Die → Wiederholung wurde bereits in den Lateinschulen des Mittelalters als wichtiges Prinzip des → Lernens angesehen (vgl. → Ruminatio) und hat bis heute eine Bedeutung in Lern- und Gedächtnistheorien sowie in Schule und Unterricht (→ Übung). Es wird davon ausgegangen, dass das R. dazu beiträgt, erworbenes → Wissen im Gedächtnis zu verankern (→ Auswendigkeit). Es wird deshalb empfohlen, jeden Lernstoff in Abständen wiederholt aufzunehmen. In der Lern- und Gedächtnisforschung wurde diesbezüglich festgestellt, dass eine → Information, wenn sie wiederholt über das Ultrakurzzeit-Gedächtnis (→ Arbeitsgedächtnis) aufgenommen wurde, mit weiteren vorhandenen Gedächtnisinhalten assoziiert werden kann (Vester 1996; → Assoziation). Bei ausreichender Wiederholung von Lerninhalten wird vermutet, dass das Repetierte nicht nur im Ultrakurzzeit-, sondern in der Folge auch im → Kurzzeit- und sogar im → Langzeitgedächtnis übernommen, erneuert bzw. ‹gespeichert› oder ‹konstruiert› werden kann (→ Konsolidierung). R. ist dabei ein Prozess, der selbst durch Wiederholung verkürzt und konzentriert werden kann. So muss beim erstmaligen R. der gesamte Wissensstoff auf seine Memorierbarkeit hin überprüft werden, bei späteren Wiederholungen genügt dagegen ein ‹Querlesen› des Stoffs, um Wissenslücken zu füllen und den Stoff im Ganzen erinnerbar zu machen (Dahmer 1993). Das R. dient zudem auch der Kontrolle, um feststellen zu können, inwieweit das Gelernte tatsächlich reproduziert werden kann (Rost 1997; → Prüfung, → Reproduktion).

F. Rost, Lern- und Arbeitstechniken für pädagogische Studiengänge, Opladen 1997; F. Vester, Denken, lernen, vergessen, München 1996; H. Dahmer, Effektives Lernen, Stuttgart 1993.

Yvonne Ehrenspeck

Repräsentation

I. (lat. *repraesentatio*: bildliche Darstellung). Alltagsrealistische Auffassung, der zufolge die Zeichenkomplexe einen Ähnlichkeitsbezug zu einem ihnen vorgängigen Referenten bewahren (externe R.; vgl. → Speichern, → Zeichen) bzw. Sinnesorgane ein exaktes Abbild der Außenwelt im Innern des → Gehirns erzeugen (interne R.). Für das alltägliche Verständnis *externer* R. ist charakteristisch, dass die Beziehungen zwischen Repräsentanten, dem verwendeten Medium, dem Referenzgegenstand und dem Beobachter (Produzent bzw. Rezipient) vornehmlich unter dem Aspekt der Semantik (R. von etwas) betrachtet werden. Die Frage nach der Pragmatik bzw. den Motiven von R.s-Prozessen (R. für etwas; Zwecke der R.) werden durch das dominante Ähnlichkeitsinteresse überlagert. Audiovisuelle Medien und ihre Weiterentwicklungen, deren Wahrnehmungen als besonders ‹authentisch› erlebt werden (→ Film, → Fotografie, → Phonograph), tendieren dazu, die → Erfahrung der R. als solcher durch die Simulation bzw. Immersion in eine Erlebnisumwelt zu verdrängen. Die Intensität des → Erlebnisses ist dabei an eine paradoxe, zeitmodale → Differenzerfahrung gebunden. Die Authentizitätserfahrung einer Simulation beruht nämlich darauf, dass ihre Qualität vor dem Hintergrund von anderen ‹Authentizitäten› (Erfahrungsumwelten) bewertet werden kann. R.en bewahren also nicht eine vorgängige Wirklichkeit, sondern sind aufgehoben in einer Kette weiterer R.en.

Die Beziehung von Abbild und Realität in Modellen der *internen* R. impliziert ein Weltbild, nach dem Gestalt und Bedeutung von Wahrnehmungsgegenständen als objektive Fakten der Außenwelt vorliegen und im → Kognitionsprozess ins Gehirn übertragen werden. Abweichungen von dieser Vorstellung einer exakten Kopie ontischer Strukturen werden als subjektive Aspekte von R.s-Leistungen angesehen, die durch unterschiedliche Intensitäten, durch Unaufmerksamkeit, → Vergessen usw. ‹verfälscht› bzw. moduliert werden können (→ Verzerrung). Folgt man diesem Modell, so müssten die Daten der Sinnesrezeptoren bereits alle verfügbaren → Informationen enthalten, die im Gehirn lediglich auszuwerten wären. Untersuchungen von Kognitionsprozessen haben allerdings gezeigt, dass die neuronale Aktivität, die z. B. visuelle Wahrnehmungen im Gehirn auslösen, ein Vielfaches der Quantität des Inputs der optischen Rezeptoren ausmacht.

Da die Ergebnisse der Hirnforschung – ebenso wie die der konstruktivistischen Erkenntnis- und Medientheorie (→ Konstruktion) – nicht mit dem Modell der Abbildrealität vereinbar sind, hat sie ein R.s-Modell entworfen, das von der semantischen Geschlossenheit des Gehirns ausgeht. Dessen Kernthese besagt, dass die Gestalt und die Bedeutung des Inputs von Sinnesrezeptoren *innerhalb* des Gehirns auf der Grundlage der eigenen Systemgeschichte selbstreferenziell erzeugt werden. Sowohl die vorbewussten Einzelaspekte der R. wie auch der bewusstseinsfähige Gesamteindruck bauen demnach auf rekursiv vernetzten Operationen von → Nervenzellen und Zellverbänden (→ Konnektivität) auf, die parallel in unterschiedlichen Zentren des Gehirns (→ Distributivität) stattfinden.

Gestaltaspekte der Wahrnehmung – Farbe, Bewegungsrichtung, Kontrast usw. – finden dabei getrennt von der Bedeutungszuweisung von Wahrnehmungen statt (→ Gestalt). Auf der Grundlage früherer interner Gestalt- und Bedeutungszuweisungen werden Aktivierungsmuster mit bereits gebahnten, d. h. ‹erinnerten› Mustern verglichen, die bevorzugt ausgewählt und im Sinne einer höheren Prägnanz von R.s-Erfahrungen verstärkt werden (→ neuronale Karten, → Synapse). Vorbewusst bleibende Erinnerungen z. B. aus frühen Entwicklungsphasen des individuellen Gehirns sind somit wesentlich für die R.s-Leistungen des einzelnen Individuums. Daraus ergibt sich das Folgeproblem der strukturellen Ähnlichkeit bzw. der Abweichung von individuellen und kollektiven R.s-Leistungen, das u. a. auf der Ebene der → Kommunikation und der medialen Wirklichkeitskonstruktion aufgegriffen werden muss. Auch wenn dies bei aktuell ablaufenden Prozessen der Gestalt- und Bedeutungszuweisung nicht bewusst ist, sind R.en somit stets mit der ‹Bahnungsgeschichte› des Gehirns verknüpft (→ Bahnung). Die orientierende Unterscheidung von R.en und Erinnerungen, die – im Gegensatz zum → Traum – im Zustand der hellen Wachheit als vollendete Handlungselemente bewusst werden, ist im Kontext dieser Überlegungen nicht als eine extern auferlegte Grundlage der → Erfahrung, sondern als die Konstitution und Externalisierung von → Zeit durch das → Bewusstsein anzusehen.

O. Breidbach, Das Anschauliche oder über die Anschauung von Welt, Wien/New York 2000; G. Roth, Das Gehirn und seine Wirklichkeit. Kognitive Neurobiologie und ihre philosophischen Konsequenzen, 4. Aufl. Frankfurt/M. 1996; S. J. Schmidt (Hg.), Gedächtnis. Probleme und Perspektiven der interdisziplinären Gedächtnisforschung, Frankfurt/M. 1991; Schönrich, G. (Hg.), Zeichenhandeln. Untersuchungen zum Begriff einer semiotischen Vernunft von Ch. S. Peirce, Frankfurt/M. 1990.

Peter M. Spangenberg

II. *In der Neurobiologie:* Aktivität von → Nervenzellen, die eine Sinneserfahrung, eine Erinnerung oder einen anderen mentalen Zustand oder Vorgang widerspiegelt. Unterschiedliche Empfindungen sind mit bestimmten Aktivitätsmustern in verschiedenen Hirnbereichen assoziiert. Benachbarte Zellen antworten meist auf ähnliche Reize (z. B. auf nahe beieinander liegende Lichtpunkte im Raum oder auf Töne ähnlicher Höhe); daher können verschiedene R.en in Form von → neuronalen Karten mit → bildgebenden Verfahren sichtbar gemacht werden.

Aufgrund der nahezu unendlichen Anzahl von möglichen Erinnerungen ist es sehr unwahrscheinlich, dass jede durch die Aktivität eines einzelnen, sog. Großmutter-Neurons repräsentiert wird; vielmehr dürfte es sich jeweils um kleine Gruppen von Zellen handeln, die jedoch nacheinander an einer Vielzahl von R.en beteiligt sind (→ Distributivität, → Engramm). Es ist noch offen, wie die Zellen zum jeweiligen Zeitpunkt als zu dem einen oder anderen Ensemble gehörig identifiziert werden. Eine zurzeit diskutierte Möglichkeit ist, dass die elektrischen Impulse aller Zellen in einem solchen Ensemble exakt synchronisiert sind (→ Bindung).

W. Singer, Neuronal synchrony: a versatile code for the definition of relations?, in: Neuron, Bd. 24, 1999, S. 49–65; H. B. Barlow, Single units and sensation: A neuron doctrine for perceptual psychology?, in: Perception, Bd. 1, 1972, S. 371–394.

Frank Sengpiel

Reproduktion

(lat. *re*: zurück, *producere*: hervorbringen, vorführen). Auch: *recall*; Methode des → Abrufs *(retrieval)* aus dem Gedächtnis, bei der → Information, die zuvor dargeboten wurde, im Unterschied zum → Wiedererkennen (das Versuchspersonen in der Regel leichter fällt) *aktiv* und *selbständig* wiedergegeben wird. Dadurch, dass die Wiedergabe durch keine vorgegebenen Kriterien strukturiert wird, können Strategien der Codierung und der → Organisation, die Menschen bei der → Encodierung und beim Abruf von Informationen einsetzen, erschlossen werden. Wir aktivieren z. B. begriffliche Kategorien oder *cluster* als *chunks* (→ Chunking) und nennen etwa, gefragt nach Autotypen, zunächst Autos, die wir in unserem Leben besessen haben, oder Autos unterschiedlicher Hersteller. Wir greifen auf standardisierte → Repräsentationen wie → Skripts oder → Schemata zurück, um erfragte Ereignisabläufe oder Wissensinhalte wiederzugeben.

Die Methode der freien R. von vorgelegten Wortlisten zeigt den seriellen → Positionseffekt, der besagt, dass die R.s-Leistung für die ersten und die letzten Items besser ist als für die im mittleren Bereich. Bei der hinweisgesteuerten R. *(cued recall)* werden Hinweisreize geboten, die das Erinnern in eine bestimmte Richtung lenken und erleichtern sollen. Beispielsweise erhalten Versuchspersonen, die sich Wortpaare eingeprägt haben, den jeweils ersten Paarling, um ihn zu ergänzen, oder sie bekommen Hinweise, dass die einzuprägenden Wörter einer bestimmten Kategorie angehören. Diese Methode wird z. B. zur experimentellen Untersuchung der Ähnlichkeit der Kontexte bei Codierung und Abruf (Encodierspezifität) eingesetzt. Gezeigt wurde, dass der Abruf dann mit größerer Wahrscheinlichkeit erfolgreich ist, wenn die Art und Weise, wie das Material beim Einprägen codiert worden ist, auch beim Abruf – durch entsprechende Hinweise – zum Tragen kommt.

Serielle R. *(serial recall)* bedeutet, dass eine vorgegebene Folge von Items in ebendieser Folge zu reproduzieren ist. Dabei wurde gezeigt, dass die Aufnahme und R. von Informationen erleichtert wird, wenn ihre Aufeinanderfolge einer hierarchischen Organisationsstruktur (z. B. Baum-Pflanze) folgt (Hoffmann 1995).

Davon zu unterscheiden ist die Methode der serialen oder seriellen R. *(serial reproduction)*, die → F. C. Bartlett (1932) anwendete, um die → Verzerrungen zu erforschen, die bei Nacherzählungen einer Geschichte im Vergleich zum Original auftraten (→ Narration). Bei der Methode der wiederholten Reproduktion *(repeated reproduction)* erinnert sich eine Person mehrmals an das gleiche Material, eine Geschichte von der Länge einer Druckseite. Bei der Methode der *serial reproduction* wird die Geschichte von Person zu Person weitergegeben.

J. Hoffmann, Gedächtnis- und Verhaltensorganisation, in: D. Dörner/E. van der Meer (Hg.), Das Gedächtnis. Probleme, Trends, Perspektiven, Göttingen 1995, S. 227–252; A. D. Baddeley, Die Psychologie des Gedächtnisses. Stuttgart 1979; F. C. Bartlett, Remembering: A study in experimental and social psychology, Cambridge 1932.

Barbara Keller

Restauration

(lat. *restauratio*: Erneuerung, Wiederherstellung). R. wird im Deutschen als Fremdwort zunächst direkt bezogen auf Gebäude und → Kunst übernommen und erst in jüngerer Zeit durch → Restaurierung ersetzt. Auf dieser semantischen Grundlage entsteht ein politischer Gebrauch des Begriffs für die Wiedereinsetzung einer vertriebenen Dynastie (z. B. die Rückkehr der Stuarts auf den britischen Thron nach O. Cromwells Tod 1660) oder die Wiederherstellung einer gewaltsam beseitigten Staatsverfassung (z. B. die 1814/15 erfolgte Wiedereinführung des monarchischen Königtums im nachrepublikanischen Frankreich nach Sturz Napoleons I.). Unter der → Epoche der R. versteht man den Zeitraum von 1815 bis 1848, der mit der politischen Zielsetzung der europäischen Mächte verbunden ist, die vorrevolutionären Zustände wiederherzustellen. Der Begriff R. knüpft begrifflich an die älteren Vorstellungen von Reformation und → Renaissance an und bündelt einen Bildkomplex, der Erinnern und → Vergessen, (Wieder-)Einsetzung und → Löschung koppelt. Als Gegenbegriff zu → Revolution konterkariert R. die Vorstellung eines radikalen, gesellschaftlichen und verfassungsrechtlichen → Bruchs, indem Zerstörtes als restituierbar und die revolutionären Kräfte als unwirksam erklärt werden. R. ist ein zeitgebundener politischer Kampfbegriff des 19. Jh.s, dessen Einführung und Durchsetzung entschieden auf eine publizistische Öffentlichkeit setzt. Mit dem Scheitern der Machtbemühungen, die ihn hervorgebracht haben, endet auch sein aktueller Gebrauch. Lediglich das Adjektiv *restaurativ* wird noch genutzt, um rückwärts gewandte politische Tendenzen zu charakterisieren.

R. Roggen, Restauration – Kampfruf und Schimpfwort, Fribourg 1999; J.-P. Chaline, La Restauration, Paris 1998; H. Stoddard, Restauration, Revolution, Liberale Ära 1806–1870, Frankfurt/M. 1994.

Erich Kleinschmidt

Restaurierung

(lat. *restaurare*: wiederherstellen). Tätigkeit an meist durch Verfall beschädigtem Kulturgut, die kein ‹Wieder-in den-früheren-Stand-Setzen› anstrebt, sondern annäherungsweise einen von verschiedenen Zuständen fixiert, die sich am Objekt als Produkt seiner historisch aufeinander folgenden Entwicklungsstufen abgelagert haben. Anders als die → Konservierung, die dem Erhalt vorhandener Substanz gilt, greift die R. in ein Kunstwerk ein, um einen früheren Zustand wiederherzustellen, der nicht mit dem – aufgrund von Materialalterung unwiederbringlich verlorenen – Urzustand zu verwechseln ist. Dabei zeigte das umstrittene Beispiel der Sixtinischen Kapelle, dass ein historisch gewachsenes Erscheinungsbild (das *Jüngste Gericht* mit dunkler Patina) mitunter ‹authentischer› wirkt als das restaurierte ‹Original›. Auf einer Meta-Ebene macht das Verfahren der R. damit deutlich, dass eine → Rekonstruktion von → Geschichte nicht nur objektiv unmöglich, sondern stets auch durch kulturelle Leitbilder, hier einer bestimmten Vorstellung von der Renaissance-Ästhetik, gefiltert ist. In der Praxis bedeutet R. einen Prozess der Kompromissbildung zwischen restaurierenden und konservierenden Maßnahmen; hierin liegt eine Parallele zur Politik der → Restauration, die den Einfluss der Französischen → Revolution auf die europäischen Staaten nicht völlig rückgängig machen konnte, sondern teils den *status quo* akzeptieren musste.

R. Buchholz/H. Homann, Ein Berufsbild im Wandel. Restaurieren heißt nicht wieder neu machen, Hannover 1994.

Jutta Eming

Retention

(lat. *retentio*: Zurückhalten, Anhalten). In der Philosophie die «primäre Erinnerung» (Husserl 1966), in welcher das soeben Vergangene vom → Bewusstsein noch festgehalten wird. Vermutlich angeregt durch W. James (*The Principles of Psychology*, 1890), bei dem sich der Begriff der *retention* findet (Wälde 1985), verwendet ihn E. Husserl in seinen Ausführungen *Zur Phänomenologie des inneren Zeitbewußtseins* (→ Zeit). Diese Analyse der subjektiven Zeiterfahrung (die von der chronometrischen Zeit zu unterscheiden ist; vgl. → H. Bergson) ist von der Auseinandersetzung mit → Augustinus und F. Brentano geprägt. Der Phänomenologie gilt das, was dem Bewusstsein jetzt gegenwärtig ist, als die Sphäre, aus der Evidenz zu gewinnen ist. Husserl zufolge erstreckt sich die ‹lebendige → Gegenwart› aber über die aktuelle ‹Urimpression› hinaus, da sich das momentan Gegenwärtige in einer ‹passiven Synthesis› mit dem soeben Vergangenen (der R.) und der unmittelbaren Vorerwartung (Protention) im Bewusstsein zu einem einheitlichen Zeithorizont verbindet. Über R.en erweitert sich der Raum des dem Bewusstseinsleben Präsenten, auf dessen ‹urquellende Gegenwart› die Reihe der R.en zurückführen soll. Am Beispiel des Hörens einer Melodie zeigt Husserl, wie ein eben gehörter Ton im Bewusstsein noch retentional festgehalten wird und so weiter bewusst ist (→ auditives Gedächtnis, → Musik). In Analogie zur Wahrnehmungstheorie, der zufolge sich ein Wahrgenommenes von verschiedenen Perspektiven aus zeigt, spricht man davon, dass sich ein zuvor gegenwärtiger Ton in der R. ‹abschattet›. Im «Zurücksehen auf das retentional Gegebene» (Husserl 1966, S. 37) ist dies verflossene ‹Retinierte› dem Blickfeld des Bewusstseins modifiziert weiter gegeben.

Gegenüber dem ‹absoluten Recht›, das der R. in Bezug auf den Grad an Evidenz eingeräumt wird, ist das der Wiedererinnerung ‹relativ›, man unterscheidet letztere als sekundäre Erinnerung phänomenologisch von der primären, der frischen Rückerinnerung (der R.). Während man den eben verflossenen Augenblick gleichsam automatisch in der R. im Blick behält, handelt es sich bei der ausdrücklichen Wiedererinnerung um einen Akt *bewusster* → Reproduktion, welcher das Vergangene wieder vergegenwärtigt (→ Vergegenwärtigung). Sekundäre Wiedererinnerung gilt als fundiert in der R.

Retention von → Unbewusstem ist für Husserl – anders als für die Psychoanalyse (→ S. Freud) – undenkbar. → Präsenz und Selbstgegenwärtigkeit, von welcher die R. zehren soll, sind nach → J. Derrida typisch metaphysische Figuren. Derrida zufolge ist Gegenwärtigkeit nichts Ursprüngliches, sondern Effekt der → Spur, die immer in Verzug und nie gegenwärtig ist; in diesem Sinn ist von einer «retentionalen Spur» (Derrida, *Die Stimme und das Phänomen*) auszugehen, die jeder erlebten Gegenwart vorhergeht (→ Erlebnis); das Bewusstsein eines Jetzt ist demzufolge der R., der → Nachträglichkeit geschuldet.

M. Wälde, Husserl und Schapp: Von der Phänomenologie des inneren Zeitbewußtseins zur Philosophie der Geschichten, Basel/Stuttgart 1985; R. Bernet, Die ungegenwärtige Gegenwart. Anwesenheit und Abwesenheit in Husserls Analyse des Zeitbewußtseins, in: E. W. Orth (Hg.), Zeit und Zeitlichkeit bei Husserl und Heidegger, München 1983, S. 16–57; E. Husserl, Zur Phänomenologie des inneren Zeitbewußtseins (1893–1917), Den Haag 1966.

Michael Schödlbauer

Retrospektive

(franz. *rétrospectif*: rückschauend von lat. *retro*: zurück, *spectare*: blicken). Begriff, der im Kulturbetrieb (→ Film, → Kunst) gebraucht wird: Im Spektrum verschiedener Ausstellungstypen stellt die R. in der Regel das Gesamtwerk eines Künstlers oder einer Künstlerin aus. Wurden Ausstellungen, die einen Überblick über gegenwärtige und vergangene Kunst verschaffen (z. B. Neue Sachlichkeit 1925, documenta I 1955), bereits in der ersten Hälfte des 20. Jh.s eingerichtet, so finden sich auf einzelne Künstler zentrierte R.n erst seit den 1960er Jahren, als das Interesse an der Geschichte der künstlerischen Avantgarde wuchs und eine ‹klassische Moderne› (→ Klassik) konstruiert wurde. Erst seit dem Kunstboom der 1980er Jahre werden biographisch orientierte Kunstausstellungen ausdrücklich mit dem Begriff der R. belegt. Die Konzeption von R.n folgt der Vorstellung einer homogenen künstlerischen Entwicklung über Jahrzehnte, die von einer relativen → Kontinuität des Individualstils ausgeht. Dem liegt eine biologistische Auffassung von einer Künstlerkarriere zugrunde, die sich autonom von gesellschaftlichen Prozessen und einer ‹inneren Berufung› folgend von der Geburt (Frühwerk) über die Blüte (Hauptwerk) zum → Alter (Spätwerk) entfaltet (→ Autobiographie; → Genealogie, → Kontinuität).

B. Klüser/K. Hegewisch (Hg.), Die Kunst der Ausstellung. Eine Dokumentation dreißig exemplarischer Kunstausstellungen dieses Jahrhunderts, Frankfurt/M.

1995; Stationen der Moderne, Die bedeutenden Kunstausstellungen des 20. Jahrhunderts in Deutschland, Berlin 1988.

Kai-Uwe Hemken

Revival

(engl. Wiederbelebung). Auch: Retro; → Renaissance historisch gewordener Musikstile vor allem im populärkulturellen Bereich, auch Wiederbelebung vergangener Mode-, Design- oder Ernährungsstile. Als eine innerhalb der Populärmusik seit den 1940er Jahren (R.-Jazz) ausgeübte Praxis der Rückbesinnung auf Musikstile, deren historisch prägende Vertreter wiederentdeckt oder imitiert werden, trägt die → Inszenierung von R.s zur → Konservierung und → Kanonisierung populärmusikalischer Bestände innerhalb des → kulturellen Gedächtnisses einer Gesellschaft bei. Zwar sind R.-Phänomene in der Popkultur ein konstantes Element (z. B. Folk-R. Ende der 1950er, Blues-R. Mitte der 1960er), jedoch entwickelt sich der Hang zur kulturellen Rückneigung erst in den 1990er Jahren mit einer Vielzahl rapide einander ablösender oder überlagernder Retro-Trends (Wiederaufleben der Musik-, Mode-, Design- und Ernährungsstile der 1960er, 1970er und 1980er) zu einem den popkulturellen Diskurs bestimmenden Phänomen: «Popgeschichte recycelt sich selbst, und das immer schneller» (Gross 1999, S. 276; → Recycling).

Die heterogenen Phänomene der R.- und Retro-Kultur der 1990er werden zwar von der Musik- und Modeindustrie forciert, perpetuiert (und bisweilen wohl auch mitinitiiert), sie sind jedoch in ihrer Komplexität durch den Verweis auf ökonomische Interessen allein nicht erklärbar. Poptheoretische und kulturwissenschaftliche Deutungsversuche stimmen in der sozialhistorischen Rahmenhypothese überein, der zufolge der in den 1960er/70er Jahren von den popkonsumierenden Mittelschichten verbreitete Anspruch, Pop sei im Hinblick auf die offizielle Kultur eine Gegenkultur der Authentizität und Dissidenz, seit den 1980er Jahren (nach der offensichtlichen Kommerzialisierung der Symbole der Punk-Bewegung) zunehmend zugunsten von Stilisierungen erodiert. Seit Beginn der 1990er Jahre, im Zuge der Auflösung eindeutiger politischer Zuordnungen, beginne die Popkultur (als dominanter Bestandteil der → Kultur überhaupt), ihre selbst geschaffenen Mythen zu reflektieren. Während Retro-Phänomene wie z. B. das *Woodstock*-R., das Schlager-R., die *Sex Pistols*-Reunion oder das *Beatles*-Pastiche *Oasis* kulturkritischen Betrachtern nicht nur als «musikalischer wie gehaltlicher Muzak des Vergangenen» (Büsser 1997, S. 9), sondern auch als Ausdruck einer allgegenwärtigen Entpolitisierung und einer unkritischen Selbstverkultung erscheinen, werden ironische Retro-Varianten (wie z. B. Disco-R., *Easy Listening*, Musiker und Bands wie *Beck, Tortoise* oder *Trans Am*) als Zeichen reflektierter «Strategien der Dekontextualisierung» (Holert 1999, S. 27; → Posthistoire) interpretiert. Im zunehmend autoreferenziell werdenden Bezugssystem Pop stellen solche zum hochflexiblen Spiel mit verschiedenen Stilen und Orientierungsmustern auffordernden Verfahren der historischen Um- und Neubewertung, der symbolischen Auf- und Entladung gänzlich neue Taktiken der (jugendlichen) Identitätsstiftung (→ Identität) und Differenzbestimmung dar. Eine bipolare Wertungsschemata vermeidende, theoretisch fundierte Phänomenologie populärkultureller Rückneigungstendenzen bleibt indes noch kulturwissenschaftliches Desiderat.

T. Gross, Pop Will Eat Itself. Retrotrends – Musik aus dem Zitat, in: P. Kemper (Hg.), «Alles so schön bunt hier»: die Geschichte der Popkultur von den Fünfzigern bis heute, Stuttgart 1999, S. 275–285; T. Holert, Abgrenzen und durchkreuzen – Jugendkultur und Popmusik im Zeichen des Zeichens, in: P. Kemper (Hg.), «Alles so schön bunt hier»: die Geschichte der Popkultur von den Fünfzigern bis heute, Stuttgart 1999, S. 21–34; M. Büsser, «Gimmie dat ole time religion», in: Testcard, 4, Beiträge zur Popgeschichte: Retrophänomene in den 90ern, Mainz 1997, S. 4–20.

Gerhard Kaiser

Revolution

(spätlat. *revolutio*: das Zurückwälzen). Inzwischen zum Schlagwort reduzierte Bezeichnung für jede radikal erscheinende, einschneidend empfundene Veränderung in Natur, Gesellschaft, Wissenschaft und Alltag; für den Gedächtnisdiskurs jedoch nur relevant hinsichtlich der Entstehung des politisch-sozialen R.s-Begriffs in der frühen Neuzeit. Ursprünglich als astronomische Bezeichnung für die regelmäßige Wiederkehr bekannter Gestirnskonstellationen gebräuchlich, wurde der Begriff im 17. und 18. Jh. zur Bezeichnung einer sozialen oder politischen Umwälzung, die durch den plötzlichen und gründlichen → Bruch mit den vorherigen Verhältnissen und die dauerhafte Etablierung einer neuen gesellschaftlichen Ordnung gekennzeichnet ist (im Gegensatz zu Evolution, Revolte bzw. Sezession und → Restauration). Er verband sich infolge der amerikanischen und französischen R.en am Ende des 18. Jh.s mit geschichtsteleologischem

Fortschrittsoptimismus, der R.en als «Lokomotiven der Geschichte» (K. Marx) begreift, sofern sie dem Einzelnen oder einer Gemeinschaft bzw. der Menschheit einen Zuwachs an Freiheit bringen (H. Arendt).

Die meisten Revolutionäre traten zunächst mit dem Anspruch auf, eine korrumpierte Ordnung im Sinne älterer Utopien zu reformieren (die R. als Erinnerung an eine bessere → Zukunft), woraus sich gelegentlich und gleichsam unter der Hand die Schaffung einer neuen Ordnung ergab. Dies wurde als historische Verblendung der revolutionären Akteure verbucht, ohne dass dies den Blick frei machte auf die strukturelle Schwierigkeit noch jeder R., die → Gegenwart unter (sei es auch ideologischem) Rekurs auf eine wie auch immer erinnerte → Vergangenheit zu einer qualitativ veränderten → Zukunft zu revolutionieren. Erst die Verabschiedung teleologischer Geschichtsmodelle ermöglichte die von D. Harth formulierte Einsicht: «Einschneidende oder gar plötzlich eintretende politische und soziale Veränderungen schaffen Sinndefizite», die nur durch den Rückgriff auf den Fundus kollektiver Erinnerungen ausgeglichen werden können, «so daß über dem Neuen das Alte erscheint wie die segnende Hand des Vaters über dem Scheitel des heimgekehrten Sohnes» (Harth/Assmann 1992, S. 17). Diese Erinnerungen können mythischer oder (pseudo-)historischer Art sein, stets aber bedurfte und bedarf offenbar das revolutionär Neue der vergewissernden Erinnerung an im → kollektiven Gedächtnis verankerte oder mindestens als Möglichkeit vorhandene Gegenstände, sei es positiv oder negativ. Das Scheitern revolutionärer Bewegungen dürfte regelmäßig auf den Verlust einer solchen Anbindung zurückzuführen sein (vgl. → Futurismus).

Im gegenwärtigen Erinnerungsdiskurs spielt der Begriff der R. kaum eine Rolle, weil man naturwissenschaftlich wie geistesgeschichtlich immer noch hauptsächlich mit der Erklärung sich mehr oder minder unwillkürlich einstellender Erinnerungen beschäftigt scheint (→ *mémoire involontaire*). Die R. verlangt hingegen nach einer integrierten und historisch fundierten Theorie gewollter Erinnerung und gewollten → Vergessens (→ Zerstörung), die einen subjektiven Freiheitsbegriff voraussetzt, der jenseits aller Existenzialismen auch in einer teleologischen Modellen abgeneigten Zeit bestehen kann.

C. Tilly, Die europäischen Revolutionen, München 1993; D. Harth/J. Assmann (Hg.), Revolution und Mythos, Frankfurt/M. 1992; K. Griewank, Der neuzeitliche Revolutionsbegriff (1955/69), Frankfurt/M. 1973.

Arnd Beise

Rhetorik

(griech. *rhétor*: Redner). Kunst, gut zu sprechen. Gedächtnis und Erinnerung werden vor allem in dreien der rhetorischen Aufgaben *(officia)* thematisiert: in der Merklehre *(memoria)*, in der Stofffindungslehre *(inventio)* und in der Formulierungslehre *(elocutio)*. Die prominenteste, von den großen römischen R.en *(Rhetorica ad Herennium*, Ciceros *De oratore*, Quintilians *Institutio oratoria)* tradierte Merktechnik stellt die *loci imagines*-Lehre dar (→ Mnemotechnik). Darüber hinaus wird durch den Vergleich des mnemonischen Verfahrens mit dem Schreibakt und des Vortrags *(pronunciatio)* mit der Lektüre (Cicero, *De partitione oratoria* 26; *Rhetorica ad Herennium*, III) auch die direkte → Einprägung des geschriebenen Textes über das visuelle Gedächtnis propagiert (Quintilian, *Institutio oratoria*, XI). Diese enge Verbindung von → Schrift und Gedächtnis verweist auf den Ursprung rhetorischer *memoria* in der Entstehung der Schriftkultur im Griechenland des 8. bis 5. Jh.s. Während in oralen Kulturen (→ Oralität) die Rede in gebundener Form (→ Versmaß, → Reim) bewahrt wird, stellt die ungebundene schriftliche Prosa vor neue Probleme des Memorierens, deren Lösung die R. mit den verschiedenen Typen der Mnemotechnik versucht. Neben den auf die Ausbildung eines künstlichen Gedächtnisses gerichteten Techniken werden jedoch auch Vorschriften zur Verbesserung des natürlichen Gedächtnisses gegeben (vgl. → Gedächtnisrehabilitation). Insbesondere Quintilian empfiehlt → Übung und Fleiß *(exercitatio et labor)*, um die angeborene Merkfähigkeit zu trainieren: täglich etwas auswendig lernen und darüber meditieren (→ Ruminatio) – das ist sein Patentrezept zur Gedächtnissteigerung (vgl. → Repetieren). In diesem Zusammenhang sind auch die Mittel der Gedächtnismedizin – z. B. sexuelle Enthaltsamkeit, Fußbäder mit speziellen Kräutermixturen, diätetische Vorschriften – zu erwähnen, die auf magische Quellen zurückgehen und bis in die Renaissance als Ergänzung der rhetorischen Gedächtnisübung überliefert werden. Das Mittelalter bewahrt zwar über die Herennius-R. auch die *loci imagines*-Lehre, praktiziert jedoch als Merktechniken einfachere Formen wie Merkwörter und Merkverse und nicht zuletzt die Einprägung durch mündliche Wiederholung (Hajdu 1936). Seit der Scholastik wieder stärker rezipiert, erfährt die antike Mnemotechnik im Humanismus eine Wiederbelebung im Rahmen der hermetischen Tradition, die die *loci imagines*-Lehre zur → Codierung geheimen Wissens verwendet (Yates 1966). Sie entfernt sich dadurch jedoch zunehmend von der R. In der heutigen Lernpsychologie wird sie als → Locitechnik weitergeführt.

Die rhetorische *inventio* arbeitet ebenso wie die Mnemotechnik mit einem Set von – allerdings abstrakten – Orten *(tópoi, loci)*, die als Leitfaden zur Stofffindung dienen und die sie der dialektischen Topik entlehnt (→ Topos). Aristoteles (*Rhetorik*, II) orientiert die *tópoi*-Liste seiner R. an der Kategorientafel und nennt etwa Gegensatz und Ähnlichkeit, Ursache und Wirkung, Gattung und Art, Teil und Ganzes als *tópoi*, die Argumente für die rhetorische Beweisführung liefern. Gegenüber diesem formalen *tópos*-Begriff stellt Cicero (*De oratore*, III) die inhaltlich bestimmten, gängige Ansichten wiedergebenden Gemeinplätze *(loci communes)* ins Zentrum seiner rhetorischen Topik. Durch den Funktionsverlust der Gerichts- und Beratungsrede und die Beschränkung der öffentlichen Bedeutung der R. auf die Lobrede seit der römischen Kaiserzeit wird die *inventio* dominiert von den *loci communes* als Reservoir wohlformulierter Gedanken, die immer wieder neu angewendet und variiert werden können – nicht zuletzt auch in der Poesie, deren rhetorische Regeln an der Lobrede orientiert sind (Bornscheuer 1976). Erst im 16. Jh. erfolgt im Rahmen der Neustrukturierung des gesamten Wissenschaftssystems eine Aktualisierung der formalen Topik. P. Ramus unternimmt den Versuch, auf der Grundlage der aristotelischen Kategorien eine für alle Disziplinen gültige Methode der topographischen Wissensordnung zur Verfügung zu stellen, die vor allem mit Diagrammen und anderen räumlichen Strukturierungsprinzipien arbeitet. Auch diese Entwicklung vollzieht sich jedoch, wie bereits bei der Renaissance der Mnemotechnik bemerkt, als Loslösung von der R. Im Anschluss an R. Agricola propagiert Ramus die Dialektik als Leitdisziplin aller Wissenschaften und weist ihr die aus der R. entlehnten Aufgaben der Stofffindung *(inventio)*, der Ordnung *(dispositio)* und des Gedächtnisses *(memoria)* zu. Die so entstehende ‹universale Topik› konzipiert den Raum des → Wissens als System von Orten, das alles bisherige, aber auch das künftig zu erlangende Wissen beinhalten soll (Schmidt-Biggemann 1983). Die Transformation von der bloßen Wissensspeicherung zur systematischen Wissenserweiterung erfolgt über die Verbindung der Topik mit der Kombinatorik, die schließlich bei G. W. Leibniz in die Erfindung des mathematischen Kalküls mündet. Seit der frühen Neuzeit bleiben der R. damit als genuine Aufgaben nur noch die sprachliche Formulierung *(elocutio)* und der Vortrag *(pronunciatio)*. Bewahrt wird die *inventio* hingegen in der Poetik, wobei sich jedoch ein Bedeutungswandel vom ‹Finden› zum ‹Erfinden› beobachten lässt. Der Übergang des *inventio*-Begriffs vom Aufrufen eines fixen Bestandes – als kategorial geordnete Frageliste oder als Sammlung von Gemeinplätzen – zur kreativen Neuschöpfung einprägsamer Bilder ist bereits für die rhetorisch fundierte religiöse Literatur des Mittelalters festgestellt worden (Carruthers 1998). Als Höhepunkt dieser allmählichen Transformation ist jedoch die frühe Neuzeit anzusehen. In den Renaissance-Poetiken des 16. Jh.s (etwa in P. Ronsards *Abbregé de l'Art poëtique françois*) vollzieht sich die Umwertung des reproduktiven *inventio*-Begriffs zu einem Konzept künstlerischer Produktivität, das dann in den Barock-Poetiken des 17. Jh.s (z. B. in E. Tesauros *Cannocchiale Aristotelico*) zu einem Programm autonomer Schöpfung ausgebaut wird. Als Zwischenglied dient dabei wiederum die Kombinatorik (etwa in G. P. Harsdörffers *Poetischem Trichter*), die die Verwendung von poetischen ‹Schatzkammern› (*thesauri*; → Thesaurus) mit dem Anspruch auf originelle Neuschöpfung verknüpft (Rieger 1997). Damit einher geht die Verschiebung des Prinzips künstlerischer Kreativität: Wurde in Antike und Mittelalter das Gedächtnis als Reservoir poetischer Stoff- und Bildfindung betrachtet, so mutiert nun die → Phantasie zum dichterischen Vermögen schlechthin.

Auch die *elocutio*, deren wichtigste Aufgabe im Schmuck *(ornatus)* der Rede mit sprachlichen Bildern und Figuren besteht, ist mit Gedächtnis und Erinnerung verbunden. Wenn es in der *loci imagines*-Lehre darum geht, durch besonders lebhafte Bilder *(→ imagines agentes)* die Merkleistung zu erhöhen, dann kann auch die sprachliche Bildgebung eine Memorialfunktion übernehmen (→ Metapher, → Allegorie, → Symbol, → Trope). Die Grundlage hierfür liefert die rhetorische Auffassung vom Wort als Bild des Gegenstands und von der Rede als Vergegenwärtigung der Dinge. Der Sprachschmuck dient dementsprechend dazu, die lebendige Anschaulichkeit *(enárgeia, evidentia)* zu steigern und die Illusion der Gegenwärtigkeit des Abwesenden zu erzeugen (Aristoteles, *Rhetorik*, III; Quintilian, *Institutio oratoria*, VIII). Zugleich fördert die sprachliche Ausgestaltung durch die lebhafte Eindringlichkeit ihrer Bilder auch die Merkfähigkeit des sprachlich Evozierten. Insofern sie Abwesendes als gegenwärtig darstellt, vollführt die *elocutio* eine Erinnerungsleistung (→ Präsenz). Aufgrund ihrer Wirkungsorientierung macht die rhetorische *evidentia*-Lehre jedoch keinen kategorialen Unterschied zwischen der bildhaften Repräsentation realer Gegenstände und der anschaulichen Präsentation fiktiver Gestalten, zwischen naturgetreuem Abbild *(eikón)* und erfundenem Trugbild *(phántasma)*. Deshalb ist in der Poetik neben der *inventio* die *elocutio* der wichtigste Ort, an dem sich im 16. bis 18. Jh. der Übergang von der gedächtnisorientierten Nachahmungs-Doktrin *(mímesis, imitatio)* zur phantasieorientierten Genie-Lehre ereignet (→ Phantasie).

M. J. Carruthers, The Craft of Thought: Meditation, Rhetoric, and the Making of Images, 400–1200, Cambridge MA 1998; S. Rieger, Speichern/Merken. Die künstlichen Intelligenzen des Barock, München 1997; W. Schmidt-Biggemann, Topica universalis. Eine Modellgeschichte humanistischer und barocker Wissenschaft, Hamburg 1983; L. Bornscheuer, Topik. Zur Struktur der gesellschaftlichen Einbildungskraft, Frankfurt/M. 1976; F. A. Yates, Gedächtnis und Erinnern. Mnemonik von Aristoteles bis Shakespeare (1966), Weinheim 1990; H. Hajdu, Das mnemotechnische Schrifttum des Mittelalters, Budapest 1936.

Günter Butzer

Ritual

(lat. *rituale* von *ritus*: festgeschriebene Form, Gebrauch, Sitte). Komplexer symbolischer Handlungstyp, der jeweils kulturspezifisch ausgeprägt universal identifiziert wird. R.en wird die Funktion zugeschrieben, die → Tradition und → Identität eines Kollektivs durch kontinuierliche Gedächtnispraktiken zu sichern. Als transdisziplinär verwendeter Begriff ist R. vor allem in seiner ethnologischen Prägung nur schwer von → Ritus und Zeremonie abzugrenzen: Alle drei Begriffe bezeichnen transitionale Prozesse. R. wird häufig als «Oberbegriff für Ritus und Zeremonie» verwendet (Wiedenmann 1991, S. 17).

In der R.-Forschung sind eine eher ethnologisch-anthropologische und eine eher soziologische Richtung zu unterscheiden. Für die erste umfasst das kultisch-religiöse R. als übergeordnete Kategorie mehrere Riten. Im rituellen Handlungsprozess wird die Erinnerung an den für das Kollektiv relevanten mythischen Heilsbereich und seine bis in die → Gegenwart wirksame Tradition institutionalisiert (→ Mythos). Verbunden mit der im rituellen Handeln vollzogenen → Vergegenwärtigung des für das eigene Kollektiv konstitutiven → Ursprungs – der Urzeit, des → Gründungs- oder Schöpfungsgeschehens (vgl. → Songlines) – ist der imperative Gestus, die Erinnerung an den Ursprung und die seitdem legitimen und heilsmäßig wirksamen Normen und Werte unverändert auch in die → Zukunft zu perpetuieren (→ kollektives Gedächtnis, → Kontinuität). Als privilegierte Erinnerungs*praxis* verpflichtet das R. die → Gegenwart als Transformationsstelle von → Vergangenheit und Zukunft. Als *symbolische* Praxis ist das R. alltagsenthoben, zumeist als → Fest inszeniert. Als *kontinuitätssichernde* Praxis beruht es auf einem festgelegten Ablauf (→ Inszenierung) wie auf einem regelmäßigen Vollzug (→ Kalender). Das identitätsstiftende Potenzial von R.en ist beson-

ders an der strategischen Wiederbelebung vergessener R.e zur Kontinui-
tätssicherung der eigenen Tradition gegen die drohende Dominanz fremder R.e und deren Traditionen abzulesen (→ Kultur).

Dagegen bezieht sich das soziologische Forschungsinteresse auf die
«im Alltag beinahe allgegenwärtigen habitualisierten Kleinformen rituellen Handelns» (Wiedenmann 1991, S. 177). Während der → Sozialisa-
tionsphase gelernte alltägliche Interaktionsrituale wie Begrüßung, Verabschiedung, Austausch von Geschenken, Gestaltung der Mahlzeiten in der
Familie usw. sind «ökonomisch und handlungs- bzw. entscheidungsent-
lastend» (Soeffner 1989, S. 14; → Gewohnheit). Es handelt sich um erprobte und erfolgssichere → Routinehandlungen, die spontan und unreflektiert erfolgen und die gegenwärtige Alltagspraxis strukturieren und
organisieren. Gedächtnisrelevant sind sie, da auch ihre internalisierte
Anwendung auf die allerdings implizite Erinnerung an die problemfreie
Anwendungsgeschichte fundiert ist und Neues dabei kaum als solches
wahrgenommen werden kann, sondern im Abgleich mit gedächtnisge-
speicherten R.-Formen zu traditionsgesichertem Bekannten harmoni-
siert wird. Ethnologischer und soziologischer R.-Begriff intendieren gleichermaßen die bruchlose Kontinuität einer kollektiven Tradition im Fest
wie im Alltag.

K.-P. Köpping/U. Rao (Hg.), Im Rausch des Rituals. Gestaltung und Transformation der Wirklichkeit in körperlicher Performanz, Münster u. a. 2000; R. E. Wiedenmann, Ritual und Sinntransformation. Ein Beitrag zur Semiotik soziokultureller
Interpenetrationsprozesse, Berlin 1991; H.-G. Soeffner, Auslegung des Alltags – Der
Alltag der Auslegung, Frankfurt/M. 1989.

Burckhard Dücker

Ritus

(lat. *ritus*: festgeschriebene Form, Gebrauch, Sitte; im engeren Sinn bezogen auf die religiöse Praxis). Epochen- und kulturunabhängig bilden religiöse, soziale oder politische Gemeinschaften R.en aus, die nach stren-
ger Regelhaftigkeit symbolische Handlungen vollziehen. Durch die
Eigenschaften Wiederholbarkeit und Alltagsenthobenheit sind R.en vielfach konstitutiver Bestandteil von → Festen. Sie sind aber von → Ritualen zu unterscheiden, die auch den alltäglichen Lebensvollzug strukturieren (→ Gewohnheit).

R.en zählen zu den «primäre[n] Organisationsformen des kulturellen Gedächtnisses» (Assmann 1992, S. 56) und können als symbolische Handlungen identitätsstiftend wirken, insofern sie wesentliche Gehalte des Gruppengedächtnisses vergegenwärtigen. Daher richten soziale Formationen wie Religionen, → Nationen, Kommunen sowie Familien und Vereine für ihr rituelles Handeln spezifische Orte ein (Synagoge, Kirche, Kapelle, → Gedenkstätte, Geburts-, Stamm- und Vereinshaus). Der hohe Geformtheitsgrad von R.en und der konstitutive Zwang, sie zu wiederholen (→ Wiederholung), garantieren die permanente → Identitätsstabilisierung der Partizipienten und die → Tradierung spezifischen Ritualwissens. Dessen Bewahrung, Pflege und Weitergabe liegt in den Händen spezieller Trägerschaften (Priesterkasten, gesellschaftlichen Eliten), hat aber auch – als Vorschrift wie als → Gedächtnisstütze – diverse Formen schriftlich fixierten Ritualwissens hervorgebracht (Ritualbücher, Zeremoniale, Pontifikale; → Schrift, → Wissen), die Form, Verlauf, Gegenstand und Partizipationsstruktur ritueller Akte festlegen.

Als multimediale → Inszenierungen konstituieren sich R.en durch ein komplexes Zusammenwirken von Sprache, → Musik (Chor, Litanei, Hymne, Lied) und Symbolhandlungen (Gesten, Tänze, Opfer, Mahl). Ihr Ablauf gründet auf der Interaktion der Träger des Ritualwissens und der Mitglieder der Erinnerungsgemeinschaft. In Sprechchören und Gesang erfahren sich die einzelnen Partizipienten als Erinnerungsgemeinschaft, deren kollektive Identität insbesondere durch den Anlass des jeweiligen R. (Toten-, Schlachten-, Sieges-, Befreiungs-, Widerstands-, Holocaustgedenken) gestiftet wird.

Identitätsstabilisierende Wirkung erzielen R.en, indem sie insbesondere Elemente fundierender Vergangenheit (Auszug aus Ägypten, Tod Jesu) thematisieren und durch Wiederholung (Pascha-Fest, → Eucharistie) im → kollektiven Gedächtnis festschreiben. Kollektive → Vergangenheit kulminiert im R. selbst zu symbolischen Figuren. So verknüpft das Vereidigungsritual der israelischen Rekruten an den → Ruinen der Felsenfestung von Massada mythisierte Geschichte (Verteidigungskampf gegen die Römer im sog. Jüdischen Krieg 72/73 v. Chr.) mit der Gegenwart im Modus von Auftrag, Warnung und Zukunftshoffnung. Rituelle Praktiken stellen Kulminationspunkte kollektiven Erinnerns dar und bilden aufgrund ihrer Wiederholung eine Form institutionalisierter → Mnemotechnik.

J. Assmann, Das kulturelle Gedächtnis. Schrift, Erinnerung und politische Identität in frühen Hochkulturen, München 1992; ders. (Hg.), Das Fest und das Heilige. Religiöse Kontrapunkte zur Alltagswelt, Gütersloh 1991, S. 37–105; W. Haug/R. Warning (Hg.), Das Fest, München 1989.

Peter Glasner

Routine

(franz. *routine*: ‹Gewohnheitsweg› von *route*: Weg). Allgemein durch → Übung erlangte Fertigkeit, → Erfahrung und Gewandtheit. Mit R. bezeichnet man eine mechanische → Wiederholung von Tätigkeiten, deren Vollzug zur → Gewohnheit geworden ist. Bei → S. Freud verweist R. auf den Begriff der → Bahnung, der die Gedächtnisbildung durch das ‹Einschleifen› neurophysiologischer Verbindungen erklärt. In der experimentellen Psychologie des frühen 20. Jh.s und ihrer Anwendung auf die Arbeitsabläufe von Büro- und Fabrikpersonal bezeichnen R.n Vorgänge und Fertigkeiten, die, in standardisierte Elemente zerlegt, automatisiert und mechanisch ablaufen. Die wissenschaftliche Betriebsführung von F. W. Taylor und F. B. Gilbreth verwendet R.n als Satz formalisierter Regeln, der Arbeits- und Dienstwege erfassbar, wiederholbar und optimierbar macht. Der Experimentalpsychologe H. Münsterberg definierte R.n als «Fertigkeit, […] die Gesamtbewegung ohne auf die Tätigkeit selbst gerichtete Aufmerksamkeit durchzuführen» (1914, S. 36). Mechanische Fertigkeiten optimieren Bewegungsabläufe, sie werden zu einer «Abkürzung einer erlernten bewußten aufmerksamen Beschäftigung». Was hier noch die Aufgabe der Pädagogik ist – die Einübung motorischer Fähigkeiten durch «die Zerlegung der Arbeit in einfachere motorische Funktionen, die langsam kombiniert werden können» (1914, S. 559) –, findet Münsterberg 1916 *(The Photoplay)* in der Funktionsweise der Filmkamera wieder. Die Schulung motorischer Fähigkeiten durch Wiederholung bis zur Gewohnheitsbildung wird im → Film *mechanisch* erzeugt. Die Filmaufnahme zerlegt die Bewegung in ihre Einzelteile. → Kontinuität und Bewegung wiederum sind das Produkt innerer psychischer Aktivität, die die separaten Phasen zur Vorstellung einer verbundenen Aktion vereint. Der Schnitt ist das Gedächtnis psychotechnischer R.n; → Flashback und Montage haben R.n technisch implementiert. Münsterbergs Filmstudie markiert damit genau jenes Relais zwischen Nervensystem und Maschine, das diskrete R.n aus Gedächtnissen in Maschinenspeicher auswandern lässt (→ Externalisierung).

Computer- und Technikwissenschaften benutzen den Begriff der R.

für Befehlslisten und die formalisierte ‹Anschreibung› von Maschinenprozessen (→ Code, → Computer). Die Optimierung von R.n setzt mit
der Entwicklung digitaler Computer ein. In den 1930er und 40er Jahren
müssen in den Bereichen der Ballistik und Kryptoanalyse große numerische Datenmengen in kürzester Zeit berechnet werden. Während J. v.
Neumann dabei die Analogie von Computer und Nervensystem verwendet, setzt der Mathematiker A. M. Turing nicht auf eine Strukturähnlich-
keit von Gedächtnis und R.n. Turingmaschinen referieren auf Geisteszustände *(states of mind)*. Diese Geisteszustände werden durch eine
Maschine simuliert, die ein Papierband mit Daten, Adressen und Befehlen versorgt. Mit den standardisierten Operationen Löschen (→ Löschung), Schreiben und Zeichenvorschub wird es möglich, die Arbeit jeder anderen Maschine durch die R.n der Turingmaschine zu imitieren.
R.n, der Verbund von Papierstreifen und Befehlslisten, ermöglichen es
dabei, die Arbeit jedes Rechnenden durch eine Maschine zu ersetzen.

S. Krämer, Symbolische Maschinen. Die Idee der Formalisierung in geschichtlichem
Abriß. Darmstadt 1988; H. H. Goldstine, The Computer. From Pascal to von Neumann, Princeton 1972; A. M. Turing, On Computable Numbers, with an Application to the Entscheidungsproblem, in: Proceedings of the London Mathematical
Society, Jg. 42, Nr. 2, 1937, S. 230–265; H. Münsterberg, Grundzüge der Psycho-
technik, Leipzig 1914.

Gloria Meynen

Rückschaufehler

(engl. *hindsight bias*, *I-knew-it-all-along effect*). Systematische → Verzerrung von Erinnerungen an eigene Zukunftsprognosen (→ Vorausschau,
→ Zukunft). Erinnert man sich nach Eintritt eines → Ereignisses (z. B.
nach einer Bundestagswahl) an eigene Vorhersagen zu diesem Ereignis,
so sind die Erinnerungen in der Regel in Richtung auf das faktisch eingetretene Ereignis verzerrt. Der R. ist sehr robust und kann mit dem sog.
hypothetischen Design (Vergleich der Urteile von Personen mit vs. ohne
Kenntnis des Ereignisausgangs) und mit dem sog. *Gedächtnisdesign* (Vergleich der Erinnerungsurteile mit den faktischen Prognosen vor dem
fraglichen Ereignis) nachgewiesen werden. Ebenso wie der → Falschinformationseffekt ist der R. eine interferenzbedingte → Gedächtnistäuschung (→ Interferenz, → Hemmung), die auf einer Beeinträchtigung
des Gedächtnisses für vergangene Prognosen oder auch auf einer Beein-

flussung des Rate- bzw. Rekonstruktionsverhaltens im Falle vergessener Prognosen beruhen kann (Erdfelder/Buchner 1998). Die vorliegenden Befunde favorisieren die zuletzt genannte Hypothese: Die → Rekonstruktion vergessener Prognosen wird durch die Kenntnis des Ereignisausgangs massiv beeinflusst, die Erinnerbarkeit eigener Prognosen dagegen kaum (Stahlberg/Maass 1998).

E. Erdfelder/A. Buchner, Decomposing the hindsight bias: A multinomial processing tree model for separating recollection and reconstruction in hindsight, in: Journal of Experimental Psychology: Learning, Memory, and Cognition, Bd. 24, 1998, S. 387–414; D. Stahlberg/A. Maass, Hindsight bias: Impaired memory or biased reconstruction?, in: European Review of Social Psychology, Bd. 8, 1998, S. 105–132.

Edgar Erdfelder

Rückwirkende Maskierung

Bei der r.n M. kann ein zweiter Reiz (Maske), der einem ersten Reiz unmittelbar nachfolgt, die Verarbeitung dieses ersten Reizes dahin gehend beeinflussen, dass dieser nicht mehr bewusst wahrgenommen wird. Die r. M. wirkt nur bei kurzem Präsentationsabstand (50 bis 200 ms) zwischen beiden Reizen. Als Maskierungsreize werden visuelle Zufallsmuster, Lichtblitze oder auch Reize mit einer bestimmten Form verwendet. Grenzt die Form einer Maske an die Konturen des ersten Reizes, spricht man von Metakontrast-Maskierung. Anwendung findet die r. M. u. a. auf dem Gebiet des subliminalen → Primings (→ implizites Gedächtnis). Hier wird das Verfahren dazu benutzt, eine Dissoziation von Wahrnehmung und Verhalten zu belegen, d. h., Reize, die von Personen nicht bewusst wahrgenommen werden können, führen dennoch in unterschiedlichen Bedingungen zu einer Beschleunigung oder Verlangsamung motorischer Reaktionen (Dixon 1971).

N. F. Dixon, Subliminal perception, London 1971.

Axel Mecklinger

Ruhm

Anerkennung einer Person durch die Zeitgenossen und insbesondere das Fortleben der Taten, Werke und Eigenschaften einer Person im Gedächtnis der Nachwelt. Neben der religiösen Vorstellung von der Unsterblichkeit der Seele existiert die säkulare Vorstellung von der Unsterblichkeit des → Namens. Diese säkulare Form der Unsterblichkeit, die wir R. nennen, wird nicht dem Zufall überlassen, sondern bedarf bestimmter kultureller Vorkehrungen, von aufwendigen Bauwerken und Monumenten bis zu literarischen → Inszenierungen. Auch die Gegenseite der Verewigung des Namens, seine Tilgung (→ *damnatio memoriae)*, bedarf aktiver Maßnahmen, wie die → Zerstörung von → Denkmälern und die → Löschung von Inschriften. R. ist ein hierarchisches, elitäres und in vielen Kulturen männliches Privileg, das nur wenigen zusteht. In den frühen Hochkulturen steht öffentliches Ansehen und Fortleben im Gedächtnis der Nachwelt ausschließlich den Herrschenden zu. Neben den Pharaonen, die ihren R. durch Statuen und → Pyramiden sichern, treffen in Ägypten bereits die höheren Beamten Anstalten zur Selbstvorsorge durch Verewigung ihres Namens in ihren Gräbern (→ Grabmal, vgl. → Zeitkapsel). Mit dem Nationalismus ist eine Demokratisierung des R.s entstanden, der allen im Krieg für die Sache des Vaterlandes gefallenen Soldaten versprochen wird (Mosse 1993; → Nation).

Neben den Unsterblichkeitshoffnungen, die in Totenkult und Kriegswesen verankert sind, entstand im Griechenland des 5. Jh.s v. Chr. bereits ein säkularer und ziviler R.es-Kult. Mit seinen Oden, in denen Pindar Sieger in sportlichen Wettkämpfen besungen hat, hat er ihnen Zugang zu einer säkularen Form von Unsterblichkeit verschafft. Seit Horaz ist es zu einem → Topos geworden, dass Dichtung das beste Antidot gegen den zweiten → Tod, das soziale → Vergessen ist. Im Rahmen eines säkularen Personenkults wuchsen den Dichtern damit neue Aufgaben zu. Der Mäzen zahlte dem Dichter seinen Unterhalt, dieser zahlte ihm dies mit der Verheißung von Unsterblichkeit zurück (vgl. → Griot, → Vergänglichkeit). Der Schritt vom Dichter als R.es-Produzenten zum Gegenstand von R. war jedoch nur ein kleiner, denn mit seinen Oden hat Pindar bekanntlich weniger die griechischen Athleten als sich selbst unsterblich gemacht.

Die Legitimität von R. als säkulare Form von Unsterblichkeit ist nicht in allen → Kulturen gleichermaßen anerkannt worden. Im Kontext christlicher Werte war das Streben nach R. unter dem Namen *ambitio* als ein Laster der Eitelkeit und Überheblichkeit geächtet. Die weltlichen Formen von Unsterblichkeit standen jener anderen Unsterblichkeit im Wege, die erst im Jenseits zu erlangen ist (→ Memento mori). Im Gedächtnis der Nachwelt sah man einen illegitimen Rivalen des göttlichen Gedächtnisses. Im Informations- und Medienzeitalter haben sich die Bedingungen für R. noch einmal nachhaltig verändert. An die Stelle einer schrift- und buchgestützten Gedächtniskultur ist eine Medienkultur mit einer neuen Ökonomie der → Aufmerksamkeit getreten. Heute kämpfen ‹Promis› unter den Bedingungen der → Beschleunigung und Inflationierung multimedialer → Zeichen und verschärfter Konkurrenz um Beachtung. R. dauert unter solchen Bedingungen nach A. Warhol gerade noch fünfzehn Minuten.

G. Franck, Ökonomie der Aufmerksamkeit, München 1998; H. J. Neubauer, Fama: Eine Geschichte des Gerüchts, Berlin 1998; G. L. Mosse, Sterben für das Vaterland, Stuttgart 1993.

Aleida Assmann

Ruine

I. (lat. *ruina*: Einsturz, Zusammenbruch, Ruine). Ein durch Naturkatastrophen, Krieg oder natürlichen → Zerfall zerstörtes Bauwerk (→ Zerstörung). In der Antike dokumentierten R.n die Vernichtung, den Ruin anderer Völker und Metropolen (→ Hauptstadt). Achtlos blieben die Trümmer zurück (→ Relikt, → Überrest), oder sie wurden von den Siegern im Akt der → *damnatio memoriae* beseitigt. Im Mittelalter dienten viele R.n des Altertums als Steinbruch zur Gewinnung von Baumaterialien (→ Recycling). Im frühen christlichen Rom konnte es keine Elegie der R.n geben, solange das antike Rom typologisch als Voraussetzung für den göttlichen Heilsplan gedeutet wurde (→ Typologie, → Topographie). Erst mit dem Beginn der italienischen Renaissance erhielt die R. die Bedeutung eines historischen → Denkmals und wurde ästhetisches Mittel der elegischen Vergangenheits- und Zukunftsbetrachtung. In der R.n-Dichtung (Petrarca) werden die R.n Roms zu → Gedächtnisorten der antiken und christlichen Historie. Anschaulich markiert die bruchstückhafte Form der R. die Komplementarität von Erinnerung und → Vergessen. So bietet die Aura des Orts einerseits die Möglichkeit, mit Hilfe der Einbildungskraft Vergangenes im Gedächtnis zu memorieren, andererseits bleiben Einzelteile unlesbar oder verloren (→ Gedächtnisort; Assmann 1994). Stand zunächst die Vorstellung einer Fortdauer des antiken und

päpstlichen Roms im Vordergrund, so wurde mit zunehmender historischer Distanz die R. zum Zeichen der Diskontinuität von Geschichte
(→ Bruch). Rückwärts gewandt thematisieren die R.n einerseits arkadi-
sche Wunschbilder, andererseits als → Memento mori die → Melancholie
und Nichtigkeit der menschlichen Existenz. Sie werden aber auch als
Kontrastfolie zur Demonstration stabiler säkularer Herrschaft benutzt
und sogar künstlich angelegt. Das Revolutionszeitalter erlebt einen wahren Ruinenkult. Mit der Romantik setzt ein Prozess ein, der die R. nicht
länger als Chiffre des Verfalls einer idealen Ganzheit begreift, sondern
ihre fragmentarische Gestalt zum zentralen Medium der kurzlebigen
Moderne werden lässt.

A. Assmann, Das Gedächtnis der Orte, in: Deutsche Vierteljahresschrift für Literaturwissenschaft und Geistesgeschichte, Sonderheft 1994, S. 17–35.

Ute Klostermann

II. Als Erinnerungs*zeichen*, das als Original konserviert wird (→ Konservierung), gehört die R. in die → Narration, die retrospektiv über einen vergangenen kulturellen Kontext entwickelt wird. Die R. objektiviert
das historische Bewusstsein einer Zeit als kulturellen Wert gegenüber einem gegenwartsbezogenen Interesse am Materialwert (R. als Steinbruch); als Symbol der → Vergänglichkeit enthüllt sie die dialektische
Beziehung von → Vergangenheit und → Zukunft, Altem und Neuem,
→ Tod und Leben, Niederlage und Sieg. Nach dem Muster biblischer
Zerstörungsprophetien (Mk. 13,1–2; Joh. 2,19) und Naturkreislaufmo-
delle trägt alles Seiende schon den Keim der R. in sich. Andererseits sind
R.n als Elemente identitätsstiftender Traditionserfindung (um eine Bil-
dungstradition zu inszenieren, in Landschaftsgärten des 18. Jh.s sogar in
Form von künstlichen R.n verschiedener Epochen) für jede → Kultur
konstitutiv. Ihren Ort haben sie in deren Ursprungsmythos (→ Ursprung). Dabei markieren R.n Diskontinuitäten und → Kontinuitäten,
historische → Brüche und Neuanfänge (→ Renaissancen). Sie widerlegen die auf Sicherheit und → Dauer basierende Fortschrittsideologie
und Geschichtsgewissheit – die sich nicht zuletzt in der → Architek-
tur- und Konstruktionsmetaphorik ausdrückt –, indem sie deren andere
Seite – Verfall, Untergang und → Zerstörung – erfahrbar machen. R.n
vergegenwärtigen die → Zukunft des Vergangenen, die auch die des Eigenen ist: Sie bilden die «Gegenwartsform der Vergangenheit» (G. Simmel, *Die Ruine*). Für → W. Benjamin *(Ursprung des Deutschen Trauer-*

spiels) drückt die R. als «Wahrheitsgehalt» der Geschichte den stetigen Verfallsprozess aus (→ Melancholie).

Als Erinnerungszeichen ist die R. mehrdeutig (Vergeblichkeit, Unabgeschlossenheit, Offenheit); in Zeiten literarischen und bildkünstlerischen R.n-Kults wie dem Barock oder der Romantik wird sie Symbol des Übergangs von der Lebenseitelkeit *(vanitas)* zur noch verborgenen zukünftigen wahren Zeit. Wenn die R. Herkunft und Bestimmung vergegenwärtigt, wird sie zum Fluchtpunkt für das Unbehagen an der Gegenwart, zur Verheißung einer → Heimat, die nur als Erinnerungskonstruktion aufscheint (E. Bloch). Die Gegenwart wird zur zeitlichen Diaspora dieser durch die R. vermittelten Heimat. Beim Wiederaufbau einer R. würde deren erinnerungspraktische Funktion zugunsten der Gebäudenutzung verloren gehen (vgl. → Konservierung, → Restaurierung).

W. Lipp/M. Petzet (Hg.), Vom modernen zum postmodernen Denkmalkultus?, München 1994; H. Böhme, Die Ästhetik der Ruinen, in: D. Kamper/C. Wulf (Hg.), Der Schein des Schönen, Göttingen 1989, S. 287–304.

Burckhard Dücker

Ruminatio

(lat. *ruminatio*: Wiederkäuen). Technik des Merkens (→ Merkfähigkeit), die die inhaltliche Aneignung des → Wissens gegenüber der möglichst getreuen Speicherung in den Vordergrund stellt (→ Speichern). Zugrunde liegt eine komplexe Metaphorik, die das Gedächtnis als Magen, Merken als Essen und verdauendes Wiederkäuen, → Vergessen als Ausscheidung vorstellt (→ Gedächtnismetapher). In der antiken → Rhetorik wird das ruminatorische Merken als Gegenentwurf zur von Cicero und der *Herennius*-Rhetorik propagierten *loci imagines*-Lehre (→ Mnemotechnik) favorisiert. Im Gegensatz zu dieser entwirft die R. keine künstliche Gedächtnisordnung, sondern konzentriert sich auf die Verbesserung des natürlichen Gedächtnisses durch wiederholende → Übung. Die Methode setzt die Internalisierung des Schrift-Bildes voraus, welche nicht, wie in der *loci imagines*-Lehre, durch die Zerlegung der Rede in eine temporalisierte Raum-Narration erfolgt, sondern durch das Meditieren über dem Text. Im murmelnden Vor-sich-hin-Sprechen wird er visuell, artikulatorisch und auditiv angeeignet. Im frühmittelalterlichen Mönchtum wird diese Merktechnik mit der individuellen Aneignung des Textsinnes in der Lektüre des göttlichen Worts *(lectio divina)* in Verbindung gebracht. Anstelle der Speicherung der wörtlichen Bedeutung *(sensus litteralis)* tritt hier die Auffindung und Applikation des geistigen Schriftsinns *(sensus spiritualis)*, der durch wiederholte Meditation dem Gläubigen in Fleisch und Blut übergehen (→ Gewohnheit, → Repetieren, → Routine) und sich schließlich als gottgefällige Lebenspraxis auswirken soll.

Mediengeschichtlich betrachtet, ist die R. ein intermediales Modell, das orale Merktechniken auf schriftliche Texte anwendet (→ Oralität). Das orale Gedächtnis wird von den Schriftethnologen J. Goody und I. Watt als mnemonische Homöostase, als Gleichgewicht von Informationsaufnahme, Verarbeitung und Aussonderung beschrieben, das nichts Überflüssiges behält und immer den jeweils aktuellen Bedürfnissen der Gesellschaft angepasst ist. Durch die Erfindung der → Schrift und vor allem des → Buchdrucks entstehen dauernde Gedächtnisspuren, die immer tiefer in die Vergangenheit zurückreichen und auch das veraltete bzw. nicht benötigte Wissen aufbewahren. Diese Verselbständigung des Wissens wird bereits von M. de Montaigne, verstärkt dann aber im 19. Jh. von → F. Nietzsche als lebensfeindlich kritisiert. Beide greifen bei der Aufwertung des Vergessens gegenüber der Erinnerung auf das Modell der R. zurück: Das Wissen soll nicht einfach in Büchern angehäuft, sondern angeeignet, gründlich verdaut und in Praxis überführt werden (→ Transfer); alles Überflüssige hingegen ist auszuscheiden. Dass die R. als Text-Diätetik von einem kulturkritischen Konzept zu einem Disziplinierungsinstrument im Sinn der Lektüreregulierung und → Kanonbildung avancieren kann, wird besonders in der Lesesucht-Debatte der Aufklärungszeit deutlich.

G. Butzer, Pac-man und seine Freunde. Szenen aus der Geschichte der Grammatophagie, in: Deutsche Vierteljahrsschrift für Literaturwissenschaft und Geistesgeschichte, Sonderheft 1998, S. 228–244; H. Wenzel, Die «fließende» Rede und der «gefrorene» Text. Metaphern der Medialität, in: G. Neumann (Hg.), Poststrukturalismus. Herausforderung an die Literaturwissenschaft, Stuttgart 1996, S. 481–503; J. Goody/I. Watt, Konsequenzen der Literalität, in: dies./K. Gough, Entstehung und Folgen der Schriftkultur, Frankfurt/M. 1986, S. 63–122; F. Ruppert, Meditatio – Ruminatio. Zu einem Grundbegriff christlicher Meditation, in: Erbe und Auftrag, Bd. 53, 1977, S. 83–93.

Günter Butzer

Sage

Gattung der mündlichen Erzählung (→ Narration, → Oralität) von ‹historischen›, heldenhaften oder naturphantastischen Ereignissen (z. B. Griechische Sagen, Nibelungenlied), die dem Märchen und der Legende nahe steht. Durch ihre weite Verbreitung gehören S.n zum → kollektiven Gedächtnis einer Gemeinschaft und gelten besonders für das Mittelalter und hauptsächlich für orale Kulturen durch ihren Bezug auf eine historische Begebenheit (z. B. die Zerstörung Trojas) als wichtiges Element einer Erinnerungskultur. In Laufe der mündlichen Überlieferung (→ Oral Poetry), d. h. in der wiederholten Weitergabe durch das ‹Sagen›, verändern sich über die Jahrhunderte Inhalte und Formen einer jeweiligen Erzählung. Als an den → Ursprung der → Nation projiziertes Kulturerbe (→ Erbe, → Gründung, → Mythos) werden S.n im 19. Jh. unter stark romantisierenden Aspekten insbesondere durch die Volkskunde erforscht, schriftlich fixiert und somit aus ihrem eigentlichen Tradierungszusammenhang gelöst: S.n werden fortan gelesen. Nach den Brüdern Grimm (1893), die eine Vielzahl von S.en in dichterische Form gebracht haben, bezeichnet die S. folglich «die gesprochene Geschichtserzählung im Gegensatz zum gesungenen historischen liede, dann auch die festgefügte litterarisch verarbeitete erzählung».

A. Jolles, Einfache Formen. Legende, Sage, Mythe, Rätsel, Spruch, Kasus, Memorabile, Märchen, Witz, 7. Aufl. Tübingen 1999; J. und W. Grimm, Artikel Sage, in: Deutsches Wörterbuch, Band 11, Leipzig 1893, Sp. 1644.

Eva Erdmann

Sammeln

Meist nach Ordnungsprinzipien vorgehende Tätigkeit des Zusammenstellens von Objekten im eigentlichen und übertragenen Sinn (S. von → Erfahrungen, Eindrücken), die als anthropologische Konstante oder Kulturtechnik diskutiert wird. Das frühneuzeitliche S. vermittelt im Rahmen der Kunst- und Wunderkammern als Repräsentationen obrigkeitlicher Macht eine enzyklopädische Weltsicht. Das Nebeneinander von *Naturalia*, *Artificialia* und *Scientifica* führt dem Betrachter das → Wissen der Menschheit plastisch vor Augen und konstituiert ein optisch erfassbares → Lexikon (S. Quiccheberg, *Inscriptiones vel tituli theatri am-*

plissimi, 1565). Auch das im 16. Jh. berühmte → Gedächtnistheater G. Camillos (*L'Idea del Theatro*, 1550) entspricht einem enzyklopädischen Universalmuseum. Es kombiniert die Raumstruktur des Theaters mit der rhetorischen → Mnemotechnik und koppelt dadurch Wissen und Erinnern an die dort versammelten Bilder. Im 17. und 18. Jh. entsteht ein neues Ordnungsdenken mit dem Bedürfnis, sich des Gesammelten historisch und systematisch zu bemächtigen. Das klassifizierende Denken – etwa bei C. v. Linné – ordnet Gegenstände in «Tableaus», also allgemeinen Übersichtstafeln aller möglichen Unterschiede innerhalb einer Vergleichsebene (M. Foucault, *Die Ordnung der Dinge*). Darauf folgt die staatliche Institutionalisierung des S.s in öffentlichen → Sammlungen als Orten kollektiven Wissens: Mit den → Museen wird S. im 19. Jh. zum nationalen Kulturauftrag. Demgegenüber begegnet im 19. Jh. auch ein affektives und emotionales S., das die neuen ‹privaten› Erinnerungstechniken des Bürgertums spiegelt und persönliche Erinnerungen an Gegenstände bindet (→ Antiquitäten, → Plattensammlung). Den Impuls solcher Privatsammler oder ‹Liebhaber› umreißt → W. Benjamin: «Zeitalter, Landschaft, Handwerk, Besitzer, von denen es stammt – sie alle rücken für den wahren Sammler in jedem einzelnen seiner Besitztümer zu einer magischen Enzyklopädie zusammen, deren Inbegriff das Schicksal des Gegenstandes ist» (*Ich packe meine Bibliothek aus*). Die Nähe zwischen Objekt und Sammler subjektiviert auch den Gegenstand: S. wird, kraft der magischen Aura der Objekte, zum Umgang mit der Vergangenheit selbst. Insofern ist «Sammeln […] eine Form des praktischen Erinnerns und unter den profanen Manifestationen der ‹Nähe› die bündigste» (*Das Passagen-Werk*).

In den 1990er Jahren häufen sich neue Ansätze zur Erklärung des S.s. Phänomenologische Ansätze (Sommer 1999) betonen die Relevanz lebensweltlicher Situationen. Nach dem Muster von Jägern und Sammlern auf der einen, Ackerbauern und Viehzüchtern auf der anderen Seite präge die jeweilige Lebensweise die Gedächtnisstruktur entscheidend mit: Erstere gehen, wie beim ‹umherschweifenden› S. von Gegenständen, stärker assoziativ vor, Letztere verwalten, analog zur planvollen Bodenbearbeitung, Erinnerungen durch aktiv eingesetzte Ordnungsstrukturen. Demgegenüber setzen psychologische Theorien des S.s (Muensterberger 1995) auf seine triebhaft strukturierte Funktion: S. kompensiert mittels Ordnungsstrukturen die Angst vor der Kontingenz der Welt. Gleichzeitig wird im lustvollen S. von Kulturobjekten das prähistorische Jagd- und Finderglück fortgeführt. Als ‹materialisierte Gedächtnisse› (→ Externalisierung) erfüllen Sammlungen eine wichtige identitätsbildende Funktion, da die gesammelten Objekte sinnvolle Weltbezüge konstituieren, in die auch das sammelnde Subjekt eingegliedert ist. Kulturtheoretische Analysen interpretieren S. als Kulturtechnik, die in Wechselwirkung mit der jeweiligen aktuellen Vorstellung von Gedächtnis steht (Assmann 1998).

M. Sommer, Sammeln. Ein philosophischer Versuch, Frankfurt/M. 1999; A. Assmann u. a. (Hg.), Sammler – Bibliophile – Exzentriker, Tübingen 1998; W. Muensterberger, Sammeln, eine unbändige Leidenschaft. Psychologische Perspektiven, Berlin 1995; A. Grote (Hg.), Macrocosmos in Microcosmo. Die Welt in der Stube: Zur Geschichte des Sammelns 1450–1800, Opladen 1994.

Jutta Person

Sammlung

Jede Zusammenstellung natürlicher oder künstlicher Gegenstände, die zeitweise oder endgültig aus dem Kreislauf ökonomischer Aktivitäten herausgehalten werden. Ungeachtet ihres potenziellen Gebrauchswerts werden die Objekte darauf reduziert, an einem ausgezeichneten Ort ausschließlich zur Betrachtung da zu sein. Als Bedeutungsträger («Semiophoren», K. Pomian) unterscheiden sie sich von → Abfall. Mit der S. wird häufig ein eigenes Wertsystem oder eine spezifische Ordnung ausgebildet, in diesem Kontext gewinnt das Einzelobjekt erst seine Bedeutung (→ Plattensammlung).

S.en dienen als Erkenntnisinstrument (z. B. Naturalienkabinette), liefern ästhetische Vorbilder, symbolisieren Macht bzw. sozialen Aufstieg oder fungieren als Geldanlage; zeitweilig sollten S.en die Vielfalt des Kosmos darstellen (Kunst- und Wunderkammer). Seit dem 19. Jh. werden die Artefakte verstärkt für das historistische Projekt in Dienst genommen, eine verschwundene Vergangenheit zu evozieren (→ Historismus, → Museum). L. Bolzoni (1994) stellt im 16. und 17. Jh. auf metaphorischer Ebene Berührungspunkte zwischen der → *ars memoriae* und der S. fest: Das Gedächtnis wird als geschlossener, endlicher Raum dargestellt, in dem nach einer bestimmten Ordnung Kostbarkeiten abgelegt und so verfügbar gehalten werden (→ Gedächtnismetapher).

L. Bolzoni, Das Sammeln und die ars memoriae, in: A. Grote (Hg.), Macrocosmos in Microcosmo: Die Welt in der Stube. Zur Geschichte des Sammelns 1450–1800,

Opladen 1994, S. 129–168; J. Clifford, Sich selbst sammeln, in: G. Korff/M. Roth (Hg.), Das historische Museum: Labor, Schaubühne, Identitätsfabrik, Frankfurt/ M./New York 1990, S. 86–106.

Christine Kopf

Sample

(engl., Muster). Digital abgespeicherte und abrufbare musikalische Einheit (→ Musik) entweder von Umweltgeräuschen oder von bereits auf Tonträgern gespeicherten Rhythmus-, Melodie- oder Harmonie-Teilen (→ Phonograph, → Speichern). Zwar werden bereits Ende der 1970er Jahre S.s vor allem zur Simulation traditioneller Instrumente verwendet, diskursiv etabliert sich der Begriff indes erst seit den späten 1980ern in Verbindung mit der wachsenden Medienresonanz der Rap- und Hip-Hop-Stile. Die von Bands wie *De La Soul, Public Enemy, US 3* eingesetzten S.s reichen von Klangfetzen (James-Brown-Schrei) über Tonausschnitte aus Filmen bis zu bekannten Melodiesequenzen (*Cantaloupe Island*; → Ohrwurm). Während die in ihrer Funktion dem → Zitat verwandte Technik auf juristischer Ebene diffizile Plagiatsdiskussionen provoziert, wird die auf S.s gestützte Musik innerhalb des ästhetischen Felds zunehmend zu einer der musikalischen Kunstformen der Postmoderne schlechthin geadelt: «als Antwort auf ein fragwürdig gewordenes Authentizitätsstreben» (Kemper 1997, S. 255), das zur Dekonstruktion der Idee einer künstlerischen Original-Schöpfung beitrage (vgl. → Intertextualität). Den S.s wird darüber hinaus die Funktion zugesprochen, Musiker der Vergangenheit zu würdigen sowie vergangene Musikstile und die mit diesen verknüpften Erinnerungen im Gedächtnis des Hörers wiederzubeleben; so fungieren S.s vor allem im Hip-Hop auch als Medium der → Tradierung und → Kanonisierung afroamerikanischer Kulturtradition.

A. Goodwin, Sample and Hold. Popmusik im Zeitalter ihrer digitalen Reproduktion, in: P. Kemper/T. Langenhoff/U. Sonnenschein (Hg.), «but I like it». Jugendkultur und Popmusik, Stuttgart 1998, S. 105–116; P. Kemper, Hip-Hop, Postrock and all that Jazz, in: K. Wolbert (Hg.), That's Jazz. Der Sound des 20. Jahrhunderts, Darmstadt 1997, S. 255–268.

Gerhard Kaiser

Scanning

(engl., überfliegen, durchsehen). S. Sternberg (1966) führte die Methode der Reaktionszeitmessung in die bis dahin vom Assoziationismus (→ Assoziation) geprägte Gedächtnisforschung ein. Die von ihm entwickelte Additive-Faktoren-Methode war eine Weiterentwicklung der Subtraktionsmethode, die auf der Annahme beruht, dass Antwortzeiten in Reaktionszeitexperimenten ausschließlich dadurch zustande kommen, dass Teilprozesse hinzugefügt werden oder entfallen. Sternbergs Additive-Faktoren-Methode beruht darauf, dass Antwortzeiten nicht durch die Anzahl der Teilprozesse, sondern durch deren Zeitbedarf determiniert werden. Die Methode wurde auf Antwortzeiten beim → Abruf aus dem → Kurzzeitgedächtnis angewendet: In einer sog. Gedächtnissuchaufgabe prägen sich Versuchsteilnehmer Gedächtnissets, bestehend aus zwei bis sieben Elementen, ein. In einer nachfolgenden Testphase werden Elemente des Gedächtnissets (positive Durchgänge) und → Distraktoren (negative Durchgänge) präsentiert. Die Versuchsteilnehmer geben per Alt-/Neu-Entscheidung an, ob es sich um ein Element des Gedächtnissets handelt oder nicht (→ explizites Gedächtnis). Die Teilprozesse, die zum Bearbeiten dieser Aufgabe durchlaufen werden müssen, umfassen nach Sternberg die Reizcodierung, die serielle Abtastung des Gedächtnissets, die Entscheidung und die Antwortrealisierung. Zur Ermittlung des Zeitbedarfs der einzelnen Teilprozesse und der Aufgabenanforderungen, durch die sie beeinflusst werden, erhob Sternberg Variablen, wie die Größe des Gedächtnissets oder die Darbietungsqualität eines Stimulus, von denen bekannt ist, dass sie die Antwortzeiten als Ganzes beeinflussen können. Wirken zwei Faktoren auf unterschiedliche Verarbeitungsstufen (→ Verarbeitungstiefe), so sollten sie sich in ihrer Wirkung auf die Antwortzeiten addieren. Wirken sie hingegen auf dieselbe Verarbeitungsstufe, so sollte es zu einer nichtadditiven Wirkung beider Faktoren kommen.

Das besondere Interesse Sternbergs galt der seriellen Durchmusterung des Gedächtnissets. Durch systematische Variation des Umfangs des Gedächtnissets ermittelte er für Buchstaben eine mittlere Abtastrate *(scan rate)* von 38 ms pro Item. Interessanterweise waren in Sternbergs Experimenten die Abtastzeiten in positiven und negativen Durchgängen gleich lang, obwohl in positiven Durchgängen mit einem Abbrechen der Gedächtnissuche für den Fall, dass eine Übereinstimmung zwischen Gedächtnisset und Test-Item gefunden wird, zu rechnen wäre. Sternberg führt die identischen Abtastzeiten in positiven und negativen Durchgängen auf einen seriellen erschöpfenden Suchmodus zurück, bei dem mit hoher Geschwindigkeit alle Gedächtnissetelemente in allen Durchgängen abgetastet werden und der willentlich nicht gestoppt werden kann. Andere Autoren (Ratcliff 1978) zeigten, dass Sternbergs Befunde nicht unbedingt für ein serielles Abtasten der Gedächtniselemente sprechen, sondern auch durch die Annahme parallel arbeitender Abtastmechanismen erklärt werden können.

R. Ratcliff, A theory of mental retrieval, in: Psychological Review, Bd. 85, 1978, S. 59–108; S. Sternberg, High speed scanning in human memory, in: Science, Bd. 153, 1966, S. 652–654.

Axel Mecklinger

Schallplatte → Phonograph, → Plattensammlung, → Sample

Schauspiel → Inszenierung, → Method

Scheinerinnerungen

(engl. → *false memories*). Auch: falsche Rekognitionen (*false recognitions*); Erinnerungen an → Ereignisse, die faktisch nicht stattgefunden haben, typischerweise assoziiert mit einem Gefühl der bewussten Erinnerung bzw. der Erinnerungsgewissheit (insofern abzugrenzen vom → Déjà vu). S. sind → Gedächtnistäuschungen, die relativ zuverlässig im sog. Deese-Roediger-McDermott-Paradigma ausgelöst werden können: Personen lernen z. B. eine Liste von Wörtern derselben semantischen Kategorie (z. B. Möbelstücke), in der jedoch die Prototypen fehlen (z. B. Tisch, Stuhl; → Prototypenrepräsentation). Anschließend führt man einen Rekognitionstest für alte Listenwörter und neue Wörter durch (→ Wiedererkennen). Die (faktisch neu eingeführten) Prototypen werden in der Regel mit sehr hoher Wahrscheinlichkeit ‹wiedererkannt›, d. h. fälschlich für alt gehalten (Roediger/McDermott 1995). Ein verwandtes Phänomen sind sog. *illusorische Konjunktionen* im Gedächtnis: Sind in einer gelernten Wortliste z. B. die Wörter ‹Handtuch› und ‹Aktentasche› enthalten, so neigt man dazu, auch das neue Wort ‹Handtasche› als zur Liste gehörig zu erinnern.

S. können auch das → autobiographische Gedächtnis betreffen. E. F.

Loftus (2000) bat erwachsene Personen, sich an vier Kindheitserlebnisse zu erinnern (→ Erlebnis, → Kindheit), von denen drei real und eins fiktiv, d. h. experimentell konstruiert war. Die Personen ‹erinnerten› sich zu ca. 25 Prozent an das fiktive → Ereignis. Andere Forschergruppen bestätigten diesen Befund und zeigten, dass bei der Entstehung von S. neben der Plausibilität des Ereignisses vor allem wiederholte Imaginationen und → Phantasietätigkeiten (z. B. im Kontext einer → Hypnose) von zentraler Bedeutung sind (→ Realitätsüberwachung). Vermutet wird, dass eine unbekannte Zahl sog. → wiederbelebter Erinnerungen in Wirklichkeit S. sind.

E. F. Loftus, Remembering what never happened, in: E. Tulving (Hg.), Memory, consciousness, and the brain. The Tallinn conference, Hove 2000, S. 106–118; H. L. Roediger/K. B. McDermott, Creating false memories: Remembering words not presented in lists, in: Journal of Experimental Psychology: Learning, Memory, and Cognition, Bd. 21, 1995, S. 803–814.

Edgar Erdfelder

Schema

(griech.-lat. *schema*: Figur, Form). O. Selz, → F. C. Bartlett und → J. Piaget trugen auf je eigene Weise maßgeblich zur Verbreitung des psychologischen Begriffs des S.s bei. In der Kognitionspsychologie (→ Kognition) der zweiten Hälfte des 20. Jh.s wird S. zu einem wichtigen Grundbegriff für die theoretische Modellierung bedeutungsstrukturierter mnestischer Leistungen, nicht zuletzt durch das Interesse der → Künstliche-Intelligenz-Forschung an diesem Konstrukt (Minsky 1975). Nach Bartlett (1932), der sein S.-Konzept unter Rekurs auf Arbeiten des Neurologen H. Head entwickelte, beruht ein S. auf der «aktiven Organisation vergangener Reaktionen oder vergangener Erfahrungen» (S. 201). Damit steht der S.-Ansatz in einem diametralen Gegensatz zu Vorstellungen, in denen das Gedächtnis als *Tabula rasa* oder Wachstafel (→ Einprägen, → Gedächtnismetapher, → J. Locke), jedenfalls aber als etwas rein Passives konzipiert wird. Neuere Ansätze (z. B. Rumelhart 1980) definieren ein S. – in Präzisierung von Bartletts wegweisenden Überlegungen – als komplexe und hierarchische kognitive → Struktur, die Teil eines semantischen → Netzwerks ist und in der typisierte Annahmen über unterschiedlichste Sachverhalte – Menschen, Situationen, Gegenstände, Orte oder → Ereignisse – sinnhaft organisiert sind (→ Organisation). Sie vermitteln Subjekten z. B. eine Vorstellung davon, was ein Polizist, eine → Prüfung, eine Steckdose, ein Dorf oder der 1. Advent (vgl. → Kalender) ist.

S.ta sind (mehr oder minder) abstrakte, relativ stark dekontextualisierte und generalisierte kognitive (Erwartungs-)Strukturen mit variablem Komplexitätsgrad. Sie bestehen aus Leerstellen *(slots)* und Bedingungen darüber, was diese Leerstellen besetzen (und demgemäß im Sinne des S.s erfasst, wahrgenommen, erinnert oder antizipiert werden) kann. Dadurch haben sie eine *ökonomische* Funktion für das Gedächtnis, da nicht mehr alle Einzelheiten erinnert werden müssen, sondern nur die jeweiligen Leerstellen des jeweiligen S.s, das gerade aktiviert ist, konkret aufgefüllt werden müssen (→ Aktivierung). Im Unterschied etwa zu den einfacheren → Propositionen erlauben sie es, verschiedene → Informationen *sinnhaft* (→ Sinn) aufeinander zu beziehen und zu organisieren. Der Erwerb von S.ta läuft in der Regel empraktisch und nicht bewusst ab (→ Gedächtnisentwicklung). Ein erworbenes S. ist eine relativ stabile, gegen Vergessensprozesse (→ Vergessen) vergleichsweise resistente Wissensstruktur (→ Wissen), die Wahrnehmungen und Handlungen leitet und es gestattet, Bekanntes und Unbekanntes, Erwartetes und Unerwartetes kognitiv zu integrieren (→ Erwartung). Das beinhaltet allerdings auch die Gefahr, dass Ereignisse und komplexe Geschehensabläufe im Sinne eines bestimmten, z. B. kulturspezifischen S.s verzerrt und somit nicht mehr realitätsadäquat erinnert werden (→ Konstruktion, → Verzerrung). Insbesondere E. F. Loftus hat in einer Vielzahl von Studien untersucht, was dies für die Befragung von Zeugen vor Gericht bedeutet (→ *false memory*, → Zeugenaussage). Darüber hinaus ist der S.-Ansatz auf die soziale Kognitionsforschung ausgedehnt worden, in der etwa Selbst-S.ta, Personen-S.ta und Stereotype untersucht werden (→ Identität), sowie für die Analyse des Geschichtenverstehens fruchtbar gemacht worden (→ Geschichtsbewusstsein, → Narration; Mandler 1984).

J. M. Mandler, Stories, scripts and scenes: Aspects of schema theory, Hillsdale/London 1984; D. E. Rumelhart, Schemata: The building blocks of cognition, in: R. J. Spiro/B. C. Bruce/W. F. Brewer (Hg.), Theoretical issues in reading comprehension, Hillsdale 1980, S. 33–58; M. Minsky, A framework for representing knowledge, in: P. H. Winston (Hg.), The psychology of computer vision, New York 1975, S. 211–277; F. C. Bartlett, Remembering: A study in experimental and social Psychology, Cambridge 1932.

Carlos Kölbl, Jürgen Straub

Schlaf

Regelmäßig wiederkehrender physiologischer Erholungszustand, der einhergeht mit einer Veränderung des → Bewusstseins (verzögerte Reaktionszeit, verminderte Wahrnehmungsfähigkeit) und der Körperfunktionen (verminderter Muskeltonus, Überwiegen der Parasympathikusaktivität). Der Schlaf-wach-Rhythmus beruht auf endogenen Aktivitätsveränderungen mit neuronalen Schrittmachern vor allem im Hypothalamus (→ Gehirn). Man unterscheidet zwei im S. alternierende Phasen: einerseits den Nicht-REM-S., oder auch SWS *(slow-wave sleep)*, der charakterisiert ist durch eine Verlangsamung aller Körperfunktionen, erniedrigte Reaktion auf sensorische Stimuli und sich in EEG-Aufnahmen durch langsame, hochamplitudige Wellen auszeichnet; andererseits den REM-S. mit raschen Augenbewegungen *(rapid eye movement)*, erhöhter Herz- und Atemfrequenz, hochfrequenten und niedrigen EEG-Oszillationen. Der REM-S. ist die S.-Phase, die von → Träumen begleitet wird. Sie ist im Tierreich beschränkt auf Säugetiere und eventuell eingeschränkt bei Vögeln, sie fehlt bei Amphibien und Fischen.

Jeder erwachsene Mensch hat drei bis sechs REM-Phasen pro Nacht. Die erste REM-Phase beginnt meist nach 90 Minuten SWS und dauert im Durchschnitt zehn Minuten, während die zweite und dritte REM-Phase nach kürzeren Intervallen von SWS folgen und länger andauern. Die vierte REM-Phase dauert 20 bis 30 Minuten und wird meist gefolgt vom Aufwachen. Wenn ein Traum überhaupt erinnert wird, ist es meist der, der in der letzten REM-Phase erfolgte. Der REM-S. wird kontrolliert von Kernen im Hirnstamm, die zu neuronalen Wellen vom Hirnstamm (→ Zentrales Nervensystem) in den Sehcortex führen und auch zu einer sinusförmigen Aktivierung des → Hippocampus (Theta-Rhythmus mit fünf bis sieben Zyklen pro Sekunde). Neugeborene verbringen acht Stunden am Tag im REM-S., und der S. beginnt mit einer REM-Phase und nicht mit einer SWS-Phase, wie dies bei Erwachsenen der Fall ist. Im Alter von etwa zwei Jahren ist der REM-S. auf zwei bis drei Stunden reduziert, und erst ab diesem Alter entspricht der S.-Rhythmus dem eines Erwachsenen.

Es wird vermutet, dass der REM-S. auch der S.-Abschnitt ist, der von großer Bedeutung ist für die → Konsolidierung und Erhaltung von → Informationen, die am Tage aufgenommen wurden. So konnte mit Hilfe einer PET-Scan-Studie (→ bildgebende Verfahren) gezeigt werden, dass Hirngebiete, die während eines bestimmten Lernvorganges aktiv sind, auch besonders in REM-Phasen aktiviert werden, während sie im SWS-S.

in ihrem Aktivitätsmuster unverändert bleiben. Auch zeigen wache → Tiere in einer Lernsituation einen Theta-Rhythmus im EEG, genau wie dies bei schlafenden Menschen und Tieren im REM-S. der Fall ist. Dieser Theorie zufolge wird das tägliche Gelernte im REM-S. erst konsolidiert, indem es nochmal ‹durchgespielt› und dann auf verschiedene → Großhirnareale für das → Langzeitgedächtnis abgelegt wird. So sollen synaptische Strukturen stabilisiert und erhalten bleiben in neuronalen → Netzwerken, die neu erworbenes → Wissen speichern (→ D. O. Hebb). So behalten Menschen tagsüber gelernte Aufgaben schlechter, wenn sie im REM-S. geweckt werden, im Unterschied zu Menschen, die im SWS-S. geweckt werden.

Des Weiteren wurde vorgeschlagen, dass die S.-Phasen der Erholung des → Gehirns dienen, dem Körper eine Pause geben, um Energie zu sparen, oder dem → Vergessen oder der Neuordnung von Gedächtnisinhalten dienen. Es bleibt festzuhalten, dass es momentan weder eine überzeugende und allgemein akzeptierte Vorstellung davon gibt, warum wir schlafen, noch welche Bedeutung der REM-S. im Speziellen hat.

P. Maquet u. a., Experience-dependent changes in cerebral activation during human REM sleep, in: Nature Neuroscience, Bd. 3, 2000, S. 931–936; J. Winson, The meaning of dreams, in: Scientific American, Nr. 11, 1990, S. 86–96; J. A. Hobson, Schlaf – Gehirnaktivität im Ruhezustand, Heidelberg 1990.

Martin Korte

Schlaganfall

Auch: Gehirnschlag, Apoplexie; Krankheit, die auf einer Durchblutungsstörung (durch Embolie oder Thrombose) des → Gehirns oder intracerebraler Massenblutung beruht und so zu Schädigungen zum Teil großer Gehirnbereiche führen kann. Durch die Ausschaltung unterschiedlich großer Gehirnareale kommt es meist zum plötzlichen Bewusstseinsverlust (→ Bewusstsein) mit Lähmungen und oft zum Sprachverlust (Aphasie) oder zu einer → Amnesie. Viele Fallbeispiele von neurologischen Patienten (→ Mnemopath) stammen von S.-Patienten, bei denen nur bestimmte Gehirnareale betroffen waren. Diese Patienten und ihre Schädigungen (→ Löschung) werden dann als Beispiele für die Bedeutung dieser, bei ihnen geschädigter Gehirnareale genommen. Hierbei ist Vorsicht geboten, da die Interpretation anhand bestimmter Läsionen im Gehirn überzogen sein kann. J. H. Jackson (1835–1911) hat diesen Umstand so ausgedrückt: «Den Schaden zu lokalisieren, der zu einem Sprachverlust führt und Sprache zu lokalisieren, können zwei sehr unterschiedliche Dinge sein.» Es könnten an vielen verschiedenen Stellen des Gehirns Schädigungen auftreten, die gemeinsam das Sprachvermögen beeinflussen.

R. F. Schmidt/G. Thews, Physiologie des Menschen, 27. Aufl. Heidelberg 1997.

Martin Korte

Schlüsselreiz

Zentrales Konzept der Ethologie: Reizmuster, das eine spezifische, meist angeborene Reaktion (Instinkthandlung) auslöst *(trigger)*. Derartige Reize und die durch sie ausgelösten Reaktionen werden nicht durch einen Lernprozess (z. B. → Konditionierung) erworben. Man kann sagen, dass sie im Gedächtnis der gesamten Art ‹vorprogrammiert› sind (vgl. → Information). Die Bestandteile des S.es, die die Reaktionen auslösen, werden experimentell mit Attrappen untersucht. N. Tinbergen (1966) hat z. B. die Reize ermittelt, die bei Möwenküken Bettelbewegungen (Picken auf den Schnabel des Elternvogels) auslösen. Bei Pappattrappen, die unterschiedliche Schnabelformen und -farben sowie unterschiedliche Schnabelflecke aufweisen, zeigt sich, dass rote Attrappen am häufigsten das Betteln auslösen. Auch bei Menschen können emotionale Reaktionen oder Verhaltensweisen durch S.e ausgelöst werden. Das ‹Kindchenschema› (Pausbacken, große Augen, rundliches Gesicht) ruft schon bei Kleinkindern Sympathiereaktionen hervor. Auch bei Erwachsenen wird emotionale Zuwendung oft durch äußere S.e (z. B. bestimmte Schönheitsideale) ausgelöst, die vermutlich nicht alle erlernt worden sind (→ Emotion).

N. Tinbergen, Instinktlehre, Berlin/Hamburg 1966.

Bianca Vaterrodt-Plünnecke

Schlussstrich

Wörtlich Strich am Ende eines Schriftstücks, seit der Nachkriegszeit Schlüsselwort der öffentlichen Diskussion über den Umgang mit der nationalsozialistischen Vergangenheit. Bereits T. W. Adorno spricht 1955 unter der Überschrift «Strich darunter» von dem in der deutschen Gesellschaft der 1950er Jahre anzutreffenden «Wunsch, überhaupt nicht mehr von Schuld sprechen zu müssen» (1975, S. 261). Die sog. S.-Auffassung bezeichnet daher die Position, «es müsse endlich einmal Schluß sein», man «dürfe diese schreckliche Last [der deutschen Geschichte] […] nicht auf unbegrenzte Zeit fortführen» (Jaspers 1966, S. 75). Bei der bis in die 1970er Jahre hinein verbreiteten Auffassung ging es weder um die Frage einer juristischen, → politischen oder → moralischen Verjährung, noch um den Wunsch einer → Löschung des → kollektiven Gedächtnisses, sondern eher darum, der *Forderung*, die Verbrechen der NS-Zeit zu erinnern, zu widersprechen. Der Begriff S. ist daher vom Wunsch nach politischer und historischer → Verdrängung nicht zu trennen. Erneute Aktualität erhielt er im Zusammenhang mit der Problematik der Vertriebenen (Th. Veiter, *Kein Schlußstrich. Die Sudetendeutschen und die Tschechen in Geschichte und Gegenwart*, 1994) und der Debatte um die Rede zur Verleihung des Friedenspreises des deutschen Buchhandels im Jahre 1998 an den Schriftsteller M. Walser (vgl. → Gewissen).

J. Böhme (Hg.), Walser und die Folgen. Zur Debatte um die Rede Martin Walsers anläßlich der Verleihung des Friedenspreises des Deutschen Buchhandels, Schwalbach/Ts. 1999; Geschichtswerkstatt Tübingen (Hg.), Erinnern gegen den Schlußstrich. Zum Umgang mit dem Nationalsozialismus, Freiburg 1997; T. W. Adorno, Strich darunter (1955), in: ders., Gesammelte Schriften, Bd. 9.2, Frankfurt/M. 1975; K. Jaspers, Wohin treibt die Bundesrepublik? Tatsachen, Gefahren, Chancen, München 1966.

Kai Luehrs-Kaiser

Schmerz

In der naturwissenschaftlich orientierten S.-Forschung gilt der S. heute zumeist als ein Wahrnehmungseindruck, bei dem psychische und somatische Faktoren zusammenwirken. Das war nicht immer so. Von Aristoteles beginnend bis ins Mittelalter wurde S. als reine → Emotion, d. h. als durchweg psychisches Phänomen aufgefasst. Erst mit der Entwicklung der Sinnesphysiologie im 18. Jh. wird eine Wende zur sensorischen Konzeption der Sinneserfahrung eingeleitet. Die sog. Spezifitätstheorie des S.es beherrschte bis weit ins 20. Jh. das Feld. Sie unterstellt ein spezielles sensorisches System, vergleichbar dem optischen oder akustischen, durch den der S. wahrgenommen wird. Schädliche Reize werden demnach von spezifischen S.-Rezeptoren über spezifische S.-Fasern direkt zu einem S.-Zentrum im Gehirn geleitet, in dem dann eine schmerzvolle Empfindung ausgelöst wird. Kennzeichnend für diese Theorie ist einmal die Annahme, dass die Stärke des S.-Reizes dem subjektiv erlebten S. direkt proportional ist, d. h., je größer die Verletzung, desto größer der S. Zum anderen ist in dieser Theorie kein Platz für → Emotionen.

Doch diese ausschließlich somato-sensorische Orientierung konnte die Vielfalt alltäglicher und klinischer Beobachtungen nicht erklären, nach denen ähnliche Verletzungen zu höchst unterschiedlichen S.-Wahrnehmungen führen. Auch erwies sich die Annahme als Trugschluss, S. sei immer an eine Aktivierung der spezifischen S.-Rezeptoren bzw. eine Schädigung innerhalb des S.-Leitungssystems gebunden. Experimentell konnte gezeigt werden, dass durch klassische → Konditionierung S. als Antwort auf neutrale Reize gelernt werden kann. Vermutlich können höhere zentralnervöse Strukturen überhaupt nicht mehr unterscheiden, ob die S.-Information von einem S.-Rezeptor kommt oder über Konditionierungsvorgänge entstanden ist. Es fand daher eine Ablösung der eindimensionalen Spezifitätstheorie durch ein multidimensionales Konzept des S.es statt, in dem auch Emotionen eine entscheidende Rolle spielen. Die S.-Erfahrung ist demnach das Ergebnis verschiedener neuronaler Prozesse, die sich auf allen Ebenen des → Zentralen Nervensystems gegenseitig hemmen oder verstärken können. Weil schon an der ersten neuronalen Schaltstelle im Rückenmark je nach Öffnungsgrad mehr oder weniger S.-Information zur Weiterleitung durchgelassen wird, spricht man von einer «gate control theory».

Akute S.en können sich zu chronischen S.en entwickeln, wenn sie nicht ausreichend gelindert werden. Im Mittelpunkt des Chronifizierungsprozesses steht das S.-Gedächtnis, das darauf beruht, dass sich sensible → Nervenzellen als genauso lernfähig erweisen wie das → Großhirn (→ D. O. Hebb, → Synapse). Werden sie immer wieder S.-Impulsen ausgesetzt, so verändern sie ihre Aktivität. Jetzt reicht schon ein leichter, sensibler Reiz wie eine Berührung, Wärme oder Dehnung aus, um als S.-Impuls registriert und als unangenehm empfunden zu werden. Aus dem akuten S. ist dabei ein chronischer S. geworden, d. h., auch bei Fehlen des eigentlichen Auslösers bleibt der S. Durch präventive S.-Betäubung (Analgesie) lässt sich die Entstehung eines S.-Gedächtnisses verhindern.

H. O. Handwerker, Einführung in die Pathophysiologie des Schmerzes, Berlin/Heidelberg 1998; W. Keeser/E. Pöppel/P. Mitterhusen (Hg.), Schmerz, München 1982; R. Melzack, Das Rätsel des Schmerzes, Stuttgart 1978.

Dirk Hartmann, Walter Zitterbarth

Schrift

Unterschiedlich organisierte Notationssysteme, die sowohl als → Gedächtnisstütze als auch zur interaktionsfreien → Kommunikation und Archivierung von → Information eingesetzt werden können (→ Speichermedien). Unter S. wird in der Regel ein der Sprache nachgeordnetes, sekundäres Kommunikationsmedium verstanden (→ Oralität). Ebenso wie die Sprache (nach Aristoteles) das, was in der Seele ist, codiert, codiert die S. die Sprache (→ Code). Dieser nachträgliche Charakter von S. ist von → J. Derrida jedoch energisch bestritten worden. Insofern auch die → Zeichen der gesprochenen Sprache durch den Aufschub der Verweisung konstituiert werden, ist für Derrida (1974) jegliche Artikulation schriftgeprägt (→ Spur); erst diese → Differenz öffnet den Spielraum für Sprache, → Bewusstsein und Gedächtnis.

Nach ihrer Technik lassen sich zwei Grundformen von S. unterscheiden: solche, die Sprache, und solche, die an der Sprache vorbei Inhalte codieren. Zur ersten Sorte gehören die Wort-, Silben-, Konsonant- und Alphabet-S.en, zur zweiten die Symbol-, Begriffs- und Bild-S.en. Unbestritten ist, dass mit Hilfe von Sprach-S.en der menschliche Denk-, Handlungs- und Artikulationsraum enorm erweitert worden ist. Die These, dass nur die Alphabet-S.en ein kulturevolutionäres Potenzial freisetzen, ist jedoch problematisch, weil sie einerseits von einem reinen Mediendeterminismus ausgeht, andererseits den europäischen Sonderweg zu einer universalen Norm erhebt (Goody 1968, Havelock 1986). Ob S. in der Ökonomie der → Tradierung zur Stabilisierung und Erweiterung oder zur → Zerstörung des Gedächtnisses führt, ist umstritten. In schriftlosen Gesellschaften kann nur so viel → Wissen ‹gespeichert› werden, wie von der Gruppe gebraucht und tradiert wird. Aber auch dort stehen andere Notationssysteme im Dienst eines Gedächtnisses, das → Identität, → Kontinuität und Zusammenhang der Gruppe stützt (→ Lukasa,

→ Knotenschnur, → Songlines). Der für Gedächtniskulturen charakteristische Zustand der ‹Homöostase› zwischen Speicherkapazität und Gebrauchsfunktion des Gedächtnisses wird durch die S. zerstört, die auch Neues und Irrelevantes aufzeichnet und nicht mehr Gebrauchtes konserviert. Mit Übernahme der S. in das Leben einer Gesellschaft ändert sich die Organisationsform des → kulturellen Gedächtnisses grundlegend; die Überlieferung, die zuvor in Formen der rituellen Wiederholung und festlichen, multimedialen → Inszenierung (→ Fest, → Ritual) periodisch erneuert wurde, weicht im Zuge der Niederschrift einer abstrakten Kodifizierung in schwarz auf weiß. Was durch periodische → Wiederholung gesichert wurde, wird durch Verschriftlichung in die Sicherungsform der materiellen → Dauer überführt.

Die möglichen problematischen Folgen dieser medialen Transformation sind bereits von → Platon ausführlich diskutiert worden. Im *Phaidros* stellt der Gott Theuth dem ägyptischen König Thamus seine Erfindung der Buchstaben vor, mit denen er beansprucht, zugleich ein Heilmittel für das Gedächtnis gefunden zu haben. Der König bringt zwei Einwände vor, um zu beweisen, dass S. im Gegenteil das Gedächtnis zerstören werde: (1) das Problem des Autoritätsverlusts und der Streuung: S. trennt den Wissenden von seinem Wissen, das dadurch vaterlos wird und an falsche Adressaten gelangen kann; (2) das Problem der Fixierung und → Externalisierung: S. fixiert ein Wissen, das der lebendigen Kommunikation entzogen wird und damit erstarrt. Sie ist kein zuverlässiger Wissensspeicher, weil sie die lebendige Wahrheit verfehlt. In diesem Sinn bemühten sich viele Kulturen, die immanente Evolutionsdynamik der S. durch Aufrechterhaltung mündlicher Institutionen zu bändigen: Im Judentum konnte durch Verschriftlichung des heiligen Textes der Thora der Traditionsbruch der Babylonischen Gefangenschaft und jedes weiteren Exils überbrückt werden (→ Bruch). Die Schließung, Fixierung und Materialisierung der schriftlichen Thora, die damit einherging, wurde durch regelmäßige Rezitation, Memorierung und vor allem die Öffnung ihres Sinns in Gestalt einer ‹mündlichen Thora› kompensiert, die sich erst im offenen zeitlichen Verlauf ihrer mündlichen Deutungsgeschichte erschließt (vgl. → Tradition). Dieses Beispiel zeigt, dass sich schriftliche *Bewahrung* und mündliche *Erneuerung* der Tradition keineswegs ausschließen, sondern wechselseitig aufeinander bezogen sein können.

Erst mit dem Eintritt ins Druckzeitalter entstand in Europa eine ‹vollständige S.-Kultur›, die die Allianz zwischen S. und Gedächtnis in ein Verhältnis der Rivalität und Verdrängung brachte. Gleichzeitig mit dem enormen Anwachsen der Speicherkapazität durch die neue Technologie des → Buchdrucks kam es zu einer kritischen Revision des Wissens und einer Umstellung der → Kultur auf Innovation. Begleitet wurde diese Entwicklung durch einen «kulturellen Relevanzverlust des Gedächtnisses» (H. Weinrich, *Lethe*), dem überbietende Gegenbegriffe wie ‹Geist› oder ‹Vernunft› gegenübergestellt wurden. Mit der Aufklärung, die eine kritische Prüfung und Erneuerung des Wissens betrieb, ging eine Ächtung von Gedächtnis und Tradition einher. Gleichzeitig entstanden die historischen Wissenschaften, die eine Fülle an nicht mehr unmittelbar brauchbaren und verarbeitbaren → Informationen generierten und archivierten (→ Historismus). Angesichts dieser Entwicklung sprach G. Simmel angesichts eines «ins Unabsehbare wachsenden Vorrats des objektiven Geistes», der nicht mehr in Subjektivität rückverwandelt werden kann, gar von einer «Tragödie der Kultur» (*Der Begriff und die Tragödie der Kultur*; vgl. → F. Nietzsche, → Historismus).

Ein Teil des Wissens, das seine Relevanz und Lebensdienlichkeit verloren hat, wird in → Archiven gespeichert (→ Bibliothek). Das in Archiven ausgelagerte Wissen bildet ein ‹Speichergedächtnis›, aus dem sich ein aktuelles ‹Funktionsgedächtnis› durch identitätsrelevante → Selektion und Wertsetzung bildet und das den Hintergrund für seine Korrekturen und Veränderungen bereitstellt. Insofern sind Archive nicht nur Widersacher des kulturellen Gedächtnisses, sondern auch sein Nährboden. Das Speichergedächtnis ist die Bedingung der Kritik und des Wandels des Funktionsgedächtnisses, denn nicht alles, was in Regalen und Kästen lagert, ist dem Gedächtnis für immer entzogen und bleibt dauerhaft im Status des → Vergessens. Das Vergessene kann aus der Latenz, in der es sich dank seiner Materialisierung und → Konservierung befindet, unter entsprechenden Bedingungen wieder recycelt und reaktiviert werden (→ Recycling). Kulturelle → Renaissancen, in denen Texte und Autoren nach einer Zwischenzeit des Vergessens wiederentdeckt werden, sind nur in S.-Kulturen möglich, in denen sich Schichten einer früheren Kulturstufe ablagern und auch zerstörte → Spuren die Chance haben, noch einmal lesbar zu werden.

Im Rahmen der digitalen S. fallen dagegen keine materialen Rückstände mehr an, die von einer späteren Zeit neu gedeutet werden können; die Tilgung der elektronischen S. hinterlässt keine Spuren. Diese S. ist weder eine Inhalts- noch eine Sprach-S., sondern eine rein technische ‹Struktur-S.›, deren äußerster Abstraktionsgrad die menschlichen Sinne und Verarbeitungsmöglichkeiten hinter sich lässt. Während die Speicherkapazität auf dieser Stufe noch einmal radikal ausgedehnt wurde, ist die Langzeitstabilität und dauerhafte Lesbarkeit der neuen Datenträger gleichzeitig in Frage gestellt (vgl. → Zeitkapsel). Die Kommunikationsräume, die sich über die neuen → Netzwerke öffnen, fördern eher flüchtige und fragmentierte Bewusstseinsformen als langfristige → Aufmerksamkeit. Mit den beschleunigten Datenströmen des Informationszeitalters hat sich das kulturelle Gedächtnis vollständig externalisiert (→ Beschleunigung).

M. Wetzel, Die Enden des Buches oder die Wiederkehr der Schrift, Weinheim 1991; H. Haarmann, Universalgeschichte der Schrift, Frankfurt/M./New York 1990; D. F. Krell, On Memory, Reminiscence and Writing. On the Verge, Bloomington 1990; E. Havelock, The Muse Learns to Write. Reflections on Orality and Literacy from Antiquity to the Present, New Haven 1986; J. Derrida, Grammatologie, Frankfurt/M. 1974; Jack Goody (Hg.), Literacy in Traditional Societies, Cambridge 1968.

Aleida Assmann

Schrott

Bezeichnung für funktionsuntaugliches Industriegut, durch Unfall oder Abnutzung deformiertes Gerät. Die Industriegesellschaft hat mit dem Problem S. das Prinzip der Wiedereinspeisung des Produzierten in die Produktion entdeckt (→ Recycling). Im weiteren Sinn stellt S. damit eine Figur der Ökonomie und der Erinnerung dar, ein kulturelles und industrielles Gedächtnis der Evolution von Funktionssystemen, ihren Grenzen und überholten Zuständen. Das Etym ‹Schrot› (abgeschnittenes Stück) wahrt den Bezug zum Metall (vgl. → Etymologie). Im Unterschied zum bloßen Rest handelt es sich bei S. aber nicht um ein Abfallprodukt der Produktion, sondern um Produktion selbst (→ Abfall, → Relikt). Beim Schroten wird Material zu unregelmäßigen Stücken zerrieben. Diese Irregularität durch unkontrollierbare Kräfte bildet den terminologischen Nexus zum Unfall, insbesondere beim Automobil. S. fließt als durch Unfälle gewonnenes → Wissen *(crash tests)* in die Herstellung wieder ein (Bickenbach/Stolzke 1996). Zugleich speichert S. die deformierenden Kräfte und kann so als → Information betrachtet werden, aus der das → Ereignis der S.-Werdung (etwa ein Flugzeugabsturz) rekonstruierbar ist (→ Rekonstruktion, → Überrest).

M. Bickenbach/M. Stolzke, Bilder aus der Geschwindigkeitsfabrik. Eine fragmentarische Kulturgeschichte des Autounfalls (1996): http://www.textur.com/schrott; V. Grassmuck/C. Unverzagt, Das Müll-System, Frankfurt/M. 1991.

Matthias Bickenbach

Schweigeminute

Gemeinsames, ritualisiertes Schweigen von festgelegter zeitlicher → Dauer, das soziale oder religiöse Funktionen besitzt. Die S. dient dem Ausdruck der → Trauer oder des Gedenkens an → Tote und soll durch den gemeinschaftlichen Akt diese Person(en) im → kollektiven Gedächtnis verankern. In der S. verharren die Teilnehmenden in Stille und besinnen sich eines Geschehens oder einer verstorbenen Person. S.n finden an einem spezifischen öffentlichen Ort statt, zuweilen versammeln sich die Teilnehmenden auch in Gruppen an verschiedenen Orten und bilden zu einem festgelegten Zeitpunkt eine überräumliche Gemeinschaft. Kollektives Schweigen wird in derartigen Gedächtnispraktiken zum performativen → Zeichen für die Abwesenheit einer Person (→ Inszenierung). In der als leer thematisierten Mitte kann der oder die Tote evokativ erscheinen. Durch das «einende Schweigen» (Mensching 1926, S. 97) wird eine Atmosphäre produziert, wie sie ähnlich aus religiösen Kontexten bekannt ist, wo das kontemplative Schweigen als Vorbereitung zum Kontakt mit dem Göttlichen dient (→ Ritus).

E. McCumsey, Silence, in: The Encyclopedia of Religion, Bd. 13, New York 1987, S. 321–324; G. Mensching, Das heilige Schweigen. Eine religionsgeschichtliche Untersuchung, Gießen 1926.

Claudia Benthien

Schweißtuch der Veronika

Auch nur «Veronika». Einer seit dem 13. Jh. sich weit verbreitenden Legende zufolge begegnet Christus auf seinem Weg zum Golgatha der Israelitin Veronika. Sie reicht ihm ihr Schweißtuch *(sudarium)*, dem Christus den Abdruck seines Antlitzes einprägt (→ Einprägen). Dieses Bild, zugleich eine Berührungsreliquie (→ Reliquie), ist eine der Hauptattraktionen und eines der wichtigsten Pilgerziele der päpstlichen Basilika von St. Peter (vgl. → Topographie).

Frau und Tuch tragen signifikanterweise denselben Namen, den die mittelalterlichen Etymologen von *vera icon* (wahres Bild) ableiten. Dieses ist ein sog. *acheiropoieton*, ein nicht von Menschenhand geschaffenes Bild (→ Fotografie). Wenn nach offizieller kirchlicher Lehrmeinung in der abendländischen Tradition Bilder der Belehrung, der *memoria* und der emotionalen Stimulierung dienen, so werden insbesondere im Fall des gnadenvermittelnden S.s d. V. diese drei Dimensionen überschritten. Die Memorialfunktion wird immer wieder beschworen, angefangen von einem seit 1240 kursierenden, Innozenz III. zugeschriebenen Ablassgebet. Denn das Abdruckbild bewahrt (→ Konservieren) die authentischen Züge des inkarnierten Gottes und macht sie den Nachgeborenen anschaulich (→ Präsenz). Zugleich tritt zu diesem retrospektiven Moment aber ein prospektives. Die Erinnerung (an ein der individuellen wie kollektiven Erfahrung vorgängiges und nur in Bild und Wort zugängliches Geschehen) transformiert sich in → Erwartung.

Die *vera icon* ist Garant der Parusie, ermöglicht ein Vorerleben endzeitlicher Gottesschau *(facie ad faciem)* unter den Bedingungen irdischer Optik, d. h. (nach Kor. 13, 12) im Spiegel und Gleichnis *(in speculo et in enigmate)*. Erinnerung ist unter diesen Prämissen stets auch eine Erinnerung an die Zukunft als Erwartung der Einlösung eines gegebenen göttlichen Versprechens (→ Vorausschau). Der Bildkult des S.es d. V. ist in der katholischen → Tradition ein Pendant zur → Eucharistie, eine visuelle «Wegzehrung» in der Geschichtsepoche zwischen Himmelfahrt und Wiederkunft, die von Absenz und Gnade gekennzeichnet ist.

Das S. d. V. ist – ihrem Bildkonzept zufolge – ein hybrides Amalgam aus → Spur und Aura (im Benjamin'schen Sinn), die Nähe soll mit der Ferne vermählt werden. In der Tat ist das S. d. V. kaum ein sichtbares Objekt, sie wird mal als gleißend hell, mal als schwarzdunkel beschrieben. Theologische Grundlage ist die Inkarnation selbst, das Eingehen des Wortes in den Schleier des Fleisches (Hebr. 10, 20). In diesem Sinn ist die Veronika ein bedeutendes Moment in der abendländischen Mediengeschichte, sie gehört zur Vorgeschichte des → Porträts. Symptomatisch ist ihr großer Erfolg in der frühen Druckgraphik, die in gewissem Sinn ein nicht von Menschenhand gemachtes Abdruckbild erzeugt. Sie steht ein für den aporetischen → ‹Ursprung› des Bildes im Diskurs von Erinnerung und Absenz, für die Macht der Evokation und zugleich die Grenzen der Darstellbarkeit (in Malerei, Fotografie) bzw. für das Streben nach Selbsttranszendierung des künstlerischen Schaffens.

G. Wolf, Schleier und Spiegel. Traditionen des Christusbildes und die Bildkonzepte der Renaissance, München 2001; H. L. Kessler/G. Wolf, The Holy Face and the Paradox of Representation, Bologna 1998; H. Belting, Bild und Kult. Eine Geschichte des Bildes vor dem Zeitalter der Kunst, München 1990; R. Musil, Vereinigungen. Zwei Erzählungen, Frankfurt/M. 1990.

Gerhard Wolf

Selektion

(lat. *selectio*: Auslese, Auswahl). Auswahl aus einer Gesamtheit, Leitbegriff der biologischen Evolutionstheorie, der auch auf soziale Auslese sowie die Aussonderung und Eliminierung ethnisch designierter Personen übertragen wurde. Bezogen auf das individuelle und → kulturelle Gedächtnis meint S., dass Individuen und → Kulturen nur auswählend erinnern können. Individuelle und kulturelle Gedächtnisse speichern nicht beliebig Fakten, sondern nach Maßgabe der → Kapazität und des jeweiligen Bezugsrahmens nur das, was wichtig, brauchbar und gut erscheint (vgl. → Abfall). Während das kulturelle Gedächtnis technisch und ‹bewusst› selegieren kann (Kassation, vgl. → Archiv), gibt es für das individuelle Gedächtnis keine bewusst steuerbare Strategie (vgl. aber → Abwehr, → Verdrängung). Nicht nur → Speichern, auch Erinnern (→ Rekonstruktion) setzt Auswahl und damit → Vergessen voraus (→ Kanalisierung, → strukturelle Amnesie). Überhaupt gründet jede Art von Sinnbildung auf S. (→ Sinn).

Im alteuropäischen Kultur- und Bildungsmodell wurde S. vor allem im Blick auf die Auswahl von Lektüre erörtert. Nach Cicero und Quintilian verarbeitet und speichert die *memoria* als → *thesaurus* die Lektüre, während das *iudicium* als Urteilskompetenz ihre Auswahl *(delectus)* nach dem Gesichtspunkt des Nutzens für die diskursive und gesellschaftliche Praxis reguliert (Zedelmaier 1992). Wie die moderne Forschung zur Mikrostruktur des Lesens herausgefunden hat, ist Lesen schon hinsichtlich seiner psychophysiologischen Basis notwendig selektiv (Gross 1994). Nicht erst die individuelle und kulturelle Sinnkonstruktion, schon das sozusagen bloße Lesen einzelner Texte geht selektiv vor, erinnert und verbindet nur das «in Blitzen Gelesene» (E. Canetti, *Die Provinz des Menschen*).

S. wurde und wird vor allem unter den Bedingungen von Medienrevolutionen als Problem deutlich. So führte der Übergang von der Handschrift zum → Buchdruck und der damit einhergehende erweiterte und verbesserte Zugang zum schriftlichen Wissen nicht nur zu verstärkten Anstrengungen seitens der Obrigkeiten, die S. zu regulieren, u. a. durch → Zensur und → Zerstörung (Verbrennung) von Büchern, sondern auch zu einem stärkeren Nachdenken über S. Seit dem 16. Jh. wird die ‹rechte› Auswahl während der Lektüre zudem mit Hilfe pädagogischer Anleitungen eingeübt, die S. nicht mehr nur als → Kanon von Texten vorschreiben, sondern als Auswahl für den individuellen Gebrauch, als Technik des Exzerpierens und Verzeichnens der Lektüre vermitteln (→ Lesezeichen). Mit dem Zeitalter der Aufklärung werden *iudicium* (als Auswahlkompetenz) und *critica* (als Urteilskompetenz) zu Leitbegriffen. Gegen einen unreflektierten, als bloße *memoria* abgewerteten Umgang mit Texten (→ Auswendigkeit) steht die nicht autoritär vorgegebene, individuelle Auswahl, die sich an der als ‹selbständiges› Denken propagierten Vernunft orientiert.

M. Bickenbach, Von den Möglichkeiten einer ‹inneren› Geschichte des Lesens, Tübingen 1999; S. Gross, Lesezeichen: Kognition, Medium und Materialität im Leseprozess, Darmstadt 1994; J. Assmann, Das kulturelle Gedächtnis. Schrift, Erinnerung und politische Identität in frühen Hochkulturen, München 1992; H. Zedelmaier, Bibliotheca universalis und Bibliotheca selecta: Das Problem der Ordnung des gelehrten Wissens in der frühen Neuzeit, Köln u. a. 1992.

Helmut Zedelmaier

Semantisches Gedächtnis

(griech. *semaion*: Zeichen). Von E. Tulving (1972) eingeführter Begriff zur Kennzeichnung jenes Teils des → Langzeitgedächtnisses, der für das Verständnis und den Gebrauch der Sprache notwendig ist. Es enthält u. a. Bedeutungen von Wörtern und sprachlichen Symbolen (→ Thesaurus, → Zeichen), linguistische und andere Regeln sowie unser allgemeines → Wissen über Fakten in der Welt (→ Lexikon). Das s. G. bildet zusammen mit dem → episodischen Gedächtnis das → deklarative Gedächtnis, worunter man jenen Teil des Langzeitgedächtnisses versteht, der dem Individuum bewusst über die Sprache zugänglich ist. Im Unterschied zum auf zeitlich-räumliche Einordnung beruhenden episodischen Gedächtnis sollen die Inhalte des s.n G.ses ohne einen räumlich-zeitlichen Bezug gespeichert sein (→ Struktur).

Da die übliche Gedächtnisprüfung im Paradigma des s.n G.ses keine Validität besitzt, wurden eigene Versuchsanordnungen, z. B. die Verifikationsaufgabe, entwickelt, bei der die Versuchsperson die Richtigkeit einer Aussage beurteilen muss. Aus der zu dieser Entscheidung benötigten → Zeit werden Schlüsse über Struktur und → Organisation des s.n G.ses gezogen (→ Scanning). Die Beschäftigung mit dem s.n G. stellte in den ausgehenden 1970er Jahren eine dominante Forschungsperspektive der Gedächtnispsychologie dar. Sie führte intradisziplinär zu einer Annäherung von Gedächtnis- und Denkpsychologie und regte interdisziplinär die Zusammenarbeit von Linguistik, Computerwissenschaft und Psychologie an (→ Kognition).

Forschungsschwerpunkt bildet die Entwicklung von Modellvorstellungen zur → Repräsentation und Organisation von Wissen auf unterschiedlicher Komplexitätsebene. Studien zur gedächtnismäßigen Repräsentation einfacher Begriffe führten zu den Modellvorstellungen der → Mengen-, → Prototypen- und Merkmalsrepräsentation. Für einfache Begriffsrelationen wurde das *Merkmalsvergleichsmodell* vorgeschlagen. Es nimmt an, dass bei Verifikationsaufgaben die gespeicherten Merkmalslisten der zu prüfenden Begriffe miteinander verglichen und auf das Ausmaß ihrer Übereinstimmung geprüft werden (→ Vergleich). Zur Analyse komplexerer Relationen wurden semantische → Netzwerkmodelle entworfen, die zum Teil von einer propositionalen Repräsentation ausgehen (→ Proposition) und eine netzartige Verbindung der Wissensstrukturen postulieren. Begriffe werden dabei durch die Knoten und ihre Beziehungen durch die Kanten (Fäden) des Netzes symbolisiert. Um die Organisation und Repräsentation umfangreicher Wissensbereiche bemühen sich schließlich schematheoretische (→ Schema) Ansätze wie die Skripttheorie (→ Skript). Bislang ist es nicht gelungen, die vielfältigen Befunde zu einem einheitlichen Bild des s.n G.ses zusammenzufügen. Darüber hinaus konnte der Nachweis seiner funktionalen Unabhängigkeit vom und Inkompatibilität zum episodischen Gedächtnis nicht hinreichend erbracht werden.

F. J. Schermer, Lernen und Gedächtnis, 2. Aufl. Stuttgart 1998; A. D. Baddeley, Human memory: theory and practice, Hove 1997; E. Tulving, Episodic and semantic memory, in: ders./W. Donaldson (Hg.), Organization of memory, New York 1972, S. 381–403.

Franz J. Schermer

Semon, Richard Wolfgang

(1859–1918), Anatom und Zoologe. Vertreter eines radikalen Monismus, der an einer Verbindung von entwicklungsgeschichtlichen, zoogeographischen, geologischen, paläontologischen, völkerpsychologischen, anthropologischen und sprachvergleichenden Gegenständen interessiert ist (Rieger 1998). S.s populäre Bücher *Die Mneme als erhaltendes Prinzip im Wechsel des organischen Geschehens* (1904) und *Die Mnemischen Empfindungen in ihren Beziehungen zu den Originalempfindungen* (1909) behaupten die Vererbbarkeit individuell wie kollektiv erworbener Eigenschaften und ziehen dazu die organisierte Materie als Gedächtnisträger heran (→ Erbe). Die Hypertrophie dieses Ansatzes, bei dem alles Organische als gedächtnisfähig gilt, ermöglicht eine Universalität, die ihrerseits allen möglichen Beleihungen und Bezugnahmen Vorschub leistet. Im Gegensatz zur experimentellen Gedächtnisforschung (→ H. Ebbinghaus) greift S. dabei auf sämtliche Äußerungsformen der Natur zurück. Ab 1901 steht S. mit seiner *Mneme-Theorie* im Zentrum einer Diskussion, die hart umkämpft und nicht frei von persönlichen Angriffen ist.

S.s Ausgang bildet die Theorie von der Reizempfänglichkeit des Organismus und ein Gedächtniskonzept, das auf der Basis von → *Engrammen* arbeitet. Als Datenträger für diese Engramme benutzt S. eine organisierte Materie. Diese wird zum Apriori seiner ganzen Theorie und erlaubt die Beschreibung von Überlieferungsprozessen, die jenseits von Subjektivität und bewusster Steuerung stattfinden (vgl. → Mem). Dabei macht er konzeptuelle Anleihen bei E. Hering, dessen Abhandlung *Über das Gedächtnis als eine allgemeine Funktion der organisierten Materie* (1905) zum Gründungstext analoger Bestrebungen wurde. Neben einer der → Schrift geschuldeten Beschreibungssprache (Engramm; → Gedächtnismetaphern) verwendet S., hier in großer Nähe zur zeitgleichen Nervenphysiologie, den elektrischen Strom als technische Anleihe, wodurch die seinem Modell eigene Mathematisierung bedingt wird – etwa in Formalisierungen der Reizsummation (→ Nervenzelle, → Neurotransmitter, → Spur). Die Wirkung der Reize auf den Organismus fasst S. terminologisch als *Engraphie*, weil sie sich in die organische Substanz sozusagen *eingräbt* oder *einschreibt* (→ Einprägen). Die *Mneme* gilt S. als Summe aller vorhandenen Engramme, wobei ein ererbter von einem erworbenen Engrammschatz zu unterscheiden ist. S. differenziert außerdem zwischen zwei basalen Mechanismen, mit denen die organische Substanz verändert wird. Zum einen gibt es den Originalreiz, der eine Originalerregung unmittelbar zur Folge hat und als Engramm im Organismus präsent ist. Ankunft wie Weiterverarbeitung der Reize unterliegen dabei den jeweiligen Assoziationsgesetzen und ihren Berechenbarkeiten (→ Assoziation). Zum anderen soll die Mneme auch unabhängig von neu ankommenden Außenreizen und deren Speicherung operieren können. Dafür steht der Begriff der *Ekphorie*, den S. zur Beschreibung von unkontrolliert ablaufenden Prozessen benutzt. Diese versieht das System mit einer Eigendynamik, die Entsprechungen zum → Unbewussten ermöglicht. Die Ekphorie wird so zur Schaltstelle zwischen Latenz und Manifestation. «Unter Ekphorie eines Engramms verstehen wir die Versetzung eines Engramms aus einem latenten in seinen manifesten Zustand oder, anders ausgedrückt, die Aktivierung einer Erregungsdisposition, die als bleibende, aber für gewöhnlich latente Veränderung im Organismus zurückgeblieben ist» (Semon 1904/1920, S. 187).

Engraphie und Ekphorie werden Gegenstand der beiden mnemischen Hauptsätze: Dabei behauptet der *Satz der Engraphie*, dass alle gleichzeitigen Erregungen einen Erregungskomplex mit engraphischer Wirkung und somit einen Engrammkomplex hinterlassen, während der *Satz der Ekphorie* vor allem der Eigendynamik der Mneme Rechnung trägt: Ekphorisch auf einen Engrammkomplex wirkt nämlich schon die partielle Wiederkehr der Erregungen sowohl in Gestalt von Originalerregungen als auch in Gestalt der mnemischen Erregungen. Es gibt in S.s Modell somit keinen Verlust von → Information (→ Vergessen), sondern nur den Status einer Latenz, aus der durch die entsprechenden Konstellationen wieder bestimmte Manifestationen herzustellen sind oder genauer: diese sich selbst und unter Umgehung bewusster Steuerung einstellen.

S.s Gedächtnisengrammatik formalisiert die Gesetzmäßigkeiten, die zwischen den beteiligten Größen herrschen. Anschreibbar werden sie in Form von Graphen, mit denen die Übergänge von Erregungsphasen für originale wie mnemische Abläufe minuziös beobachtbar werden. S.s Mneme ist somit ein topischer Prozess, der in der Lage ist, sich selbst zu schreiben (vgl. → Rekursivität). Wie ein kybernetischer Automat vermag er es, Wissen oder Daten als Funktion der → Zeit so zu verarbeiten, dass bestimmte Dispositionen nach angebbaren Regeln verstärkt oder geschwächt werden, aus Phasen einer kalkulierbaren Latenz in solche einer ebenfalls kalkulierbaren Manifestation übergehen. S.s Mneme ist lernfähig, abstraktionsfähig und damit in der Lage – nach Maßgabe seiner Engrammatik –, flexibel zu reagieren. Die Mneme wird zu einem virtuellen Raum einer universalen Datenpolitik, gültig für individuelle wie für → kollektive Gedächtnisse. Es sind gerade die Aspekte der Universalisierung, der Formalisierung sowie das Umgehen bewusster Steuerungen, die zur Aufnahme von S.s Mneme in die Gedächtnistheorie → A. M. Warburgs führen.

R. Semon, Die Mnemischen Empfindungen in ihren Beziehungen zu den Originalempfindungen. Erste Fortsetzung der Mneme, Leipzig 1909; ders., Die Mneme als erhaltendes Prinzip im Wechsel des organischen Geschehens (1904), 5. Aufl. Leipzig 1920. – S. Rieger, Richard Semon und/oder Aby Warburg: Mneme und/oder Mnemosyne, in: Deutsche Vierteljahresschrift für Literaturwissenschaft und Geistesgeschichte, Jg. 72, Sonderheft 1998, S. 245–263; O. Lubarsch, Bewusstseinsvorgang und Gehirnprozess. Eine Studie über die energetischen Korrelate der Eigenschaften der

Empfindungen von Richard Semon, Wiesbaden 1920; E. Hering, Über das Gedächtnis als eine allgemeine Funktion der organisierten Materie, Leipzig 1905.

Stefan Rieger

Sensorische Register

Auch: Ultrakurzzeitgedächtnis; erste Stufe der meisten Modelle der Informationsverarbeitung. Der Begriff wurde von R. C. Atkinson und R. M. Shiffrin (1968) geprägt, die dem bis dahin geltenden Zwei-Speicher-Modell (→ Kurzzeitgedächtnis, KZG, → Langzeitgedächtnis, LZG) einen dritten vorgeschalteten Speicher (SR) hinzufügten (vgl. → sensorisches Gedächtnis; → Zwei-Komponenten-Theorie). Man nimmt an, dass ein Register für jede Sinnesmodalität die einlaufenden Informationen für kurze Zeit präsent hält. Weitere Analysen erfolgen im KZG. Die Aufmerksamkeitszuwendung (→ Aufmerksamkeit) entscheidet darüber, welche Informationen in das KZG übertragen werden (→ Kanalisierung). Gut belegt sind die SR für die visuelle Modalität (→ ikonisches Gedächtnis) und für die auditive Modalität (→ Echogedächtnis). Die → Encodierung im SR erfolgt, bevor der Reiz einer Kategorie zugeordnet wird (z. B. → Wiedererkennen eines Musters als Vogel). Das Behalten sensorischer Erinnerungen wird deshalb auch als präkategorial bezeichnet.

Die Funktion und Arbeitsweise des SR für die visuelle Modalität lässt sich anhand der Untersuchungen, die G. Sperling (1960) durchgeführt hat, gut erläutern. Sperling setzte für seine Versuche ein Tachistoskop ein, das es erlaubt, visuelle Reize für wenige Millisekunden zu präsentieren. Das Reizmaterial bildeten z. B. Buchstaben-Matrizen, die aus drei Reihen mit je drei Buchstaben bestanden. Diese Buchstaben-Matrizen wurden den Versuchspersonen sehr kurzfristig (50 Millisekunden) dargeboten. Unmittelbar nach der Präsentation sollten die Versuchspersonen so viele Buchstaben wie möglich erinnern. Bei diesem Vorgehen (Ganzberichtmethode) konnten die Versuchspersonen vier bis fünf Buchstaben reproduzieren. Die Anzahl der abgerufenen Buchstaben ist jedoch kein Indikator für die Anzahl der Elemente, die ins SR gelangt waren. So forderte Sperling seine Versuchspersonen auf, nur eine Reihe wiederzugeben. Um welche Reihe es sich handelte, kündigte ein akustisches Signal an, das sofort nach Präsentation des Reizes gegeben wurde. Bei einem hohen Ton sollte die obere, bei einem mittleren die mittlere und bei einem tiefen Ton die untere Reihe reproduziert werden (Teilberichtmethode). Unabhängig davon, welche Reihe erfragt wurde, war die Leistung der Versuchspersonen bei dieser Methode nahezu perfekt. Für den sofortigen Abruf standen etwa neun Buchstaben zur Verfügung. Das gesamte Muster ist den Versuchspersonen für kurze Zeit präsent. Die Reproduktionsleistung nimmt mit zeitlicher Verzögerung des Signals kontinuierlich ab. Bei einer Verzögerung von einer Sekunde bietet die Teilberichtsmethode keinen Vorteil mehr. Das ikonische Gedächtnis hat eine sehr hohe → Kapazität. Die Gedächtnisspur (→ Engramm, → Spur) zerfällt allerdings schon nach wenigen Sekunden und ist sehr störanfällig (→ rückwirkende Maskierung). Praktisch trägt es dazu bei, dass kurzzeitige Wahrnehmungsausfälle während der sakkadischen Augenbewegungen nicht bemerkt werden (vgl. → Selektion). Auch für auditive Informationen gibt es SR. Untersucht wurden z. B. Reaktionszeiten von Versuchspersonen, die entscheiden sollten, ob zwei sukzessiv dargebotene Phoneme identisch sind. Die Phoneme waren entweder identisch oder geringfügig unterschiedlich. Für identische Töne waren die Reaktionszeiten dann schneller, wenn das Intervall zwischen den Phonemen nicht länger als 800 ms betrug. Die SR können große Informationsmengen detailliert speichern, jedoch nur für kurze Zeitspannen.

A. Baddeley, Human Memory: Theory and Practice, Hove 1997; R. C. Atkinson/R. M. Shiffrin, Human memory: A proposed system and its control processes, in: K. W. Spence/J. T. Spence (Hg.), The Psychology of Learning and Motivation, Bd. 2, New York 1968, S. 89–195; G. Sperling, The information available in brief visual presentations, in: Psychological Monographs, Bd. 74, 1960, S. 1–29.

Bianca Vaterrodt-Plünnecke

Sensorisches Gedächtnis

(lat. *sensus*: Sinn). Sammelbegriff für modalitätsspezifische Gedächtnisphänomene im Zeitbereich von bis zu einigen Sekunden. U. Neisser (1967) führte zunächst den Begriff der → sensorischen Register ein, wobei er sich hauptsächlich auf den visuellen Fall, auf das → ikonische Gedächtnis bezog. Dieses ermögliche demzufolge z. B. das Erinnern des vollständigen Netzhautbildes für ca. eine Viertelsekunde. Ähnliche Register sollten auch für andere Sinnesmodalitäten existieren. Die Befunde in der auditiven Modalität zum → Echogedächtnis ließen sich allerdings nicht in diese Vorstellungen integrieren. Stattdessen schlug N. Cowan (1995) eine Einteilung in lange und kurze sensorische Speicher vor. Die kurzen sensorischen Speicher entsprechen dabei den sensorischen Registern, während die langen sensorischen Speicher eher Ähnlichkeit mit dem → Kurzzeitgedächtnis aufweisen. Cowan fand Belege für eine derartige Einteilung auch in der visuellen und der taktilen Modalität.

Die Gedächtnis- und Aufmerksamkeitstheorie von Cowan basiert auf dem Einspeichermodell von R. M. Shiffrin und W. Schneider (1977). Hierbei wird im Gegensatz zum Mehrspeichermodell von R. C. Atkinson und Shiffrin (1968; vgl. → Zwei-Komponenten-Theorie) keine Einteilung des → Langzeitgedächtnisses in sensorische und semantische Strukturkomponenten angenommen. Stattdessen wird von einer Verarbeitung auf verschiedenen Ebenen (→ Verarbeitungstiefe) ausgegangen. Auch das Kurzzeitgedächtnis wird nicht als eigene Strukturkomponente gesehen, sondern prozesshaft definiert als derjenige Teil des Langzeitgedächtnisses, der gerade aktiviert ist. Nach Cowan sind nun die langen sensorischen Speicher ebenfalls aktiviertes Langzeitgedächtnis, nämlich aktivierte sensorische Verarbeitungsebenenen desselben. Es ist diese → Aktivierung, die den klassischen Beschränkungen des Kurzzeitgedächtnisses (geringe → Kapazität, eingeschränkte Lebensdauer) unterliegt und damit das phänomenologische Bild des Kurzzeitgedächtnisses bzw. der langen sensorischen Speicher nach außen prägt. Welche Inhalte aktiviert werden bzw. bleiben, wird von der → Aufmerksamkeit bestimmt. Die kurzen sensorischen Speicher, von Cowan noch als eigene Strukturkomponente dem Langzeitgedächtnis vorangestellt, lassen sich ebenfalls als Prozesskomponente auffassen. Es sind Zweifel angebracht, ob ihre Kapazität wirklich so unbegrenzt ist, wie dies beim Konzept der sensorischen Register unterstellt wurde, doch ist sie deutlich größer als bei den langen sensorischen Speichern bzw. beim Kurzzeitgedächtnis. Für eine Viertelsekunde stehen demnach sehr viele sensorische Informationen für eine nachträgliche Aufmerksamkeitszuwendung bereit. Dann reduziert sich die Menge erinnerbarer sensorischer Information auf eine geringe Anzahl (ca. vier) von unterschiedlichen Merkmalen, die ähnlich wie semantische Kurzzeitgedächtnisinhalte noch für eine → Dauer von einigen Sekunden zur Verfügung stehen. Während semantische Inhalte durch inneres Wiederholen *(rehearsal)* aufrechterhalten werden können, steht diese Möglichkeit bei rein sensorischen Informationen nicht zur Verfügung.

Die ursprünglich am s.n G. entwickelten Modellvorstellungen haben zu einem Fortschritt des Verständnisses kurzzeitigen Behaltens geführt. Sie erlauben, weite Bereiche der Befundlage zum Gedächtnis und zur

Aufmerksamkeit in eine einheitliche Interpretation zu integrieren. Unbefriedigend bleibt, dass für viele der dabei unterstellten Prozesse noch keine genauen Mechanismen angegeben werden können.

N. Cowan, Attention and memory: An integrated framework, Oxford 1995; R. M. Shiffrin/W. Schneider, Controlled and automatic human information processing: II. Perceptual learning, automatic attending, and a general theory, in: Psychological Review, Nr. 84, 1977, S. 127–190; R. C. Atkinson/R. M. Shiffrin, Human memory: a proposed system and its control processes, in: K. W. Spence/J. T. Spence (Hg.), The psychology of learning and motivation: Advances in research and theory, Bd. 2, New York 1968, S. 89–195; U. Neisser, Cognitive psychology, New York 1967.

Christian Kaernbach

Shoah

(hebr., Verwüstung, Vernichtung). Anders als die Bezeichnung Holocaust (griech.: *hólos*: ganz, total, *káutein*: verbrennen), die auf das religiöse Ritual des Brandopfers verweist und durch die Fernsehserie *Holocaust* jüngst eingedeutscht wurde, bezieht sich das hebräische S. auf die Leiden des jüdischen Volks durch Vertreibung und Krieg. Beide implizieren Verallgemeinerungen und stellen insofern nur unzureichende Chiffren für den 1941 bis 1945 bürokratisch organisierten und industriell durchgeführten Mord an sechs Millionen europäischen Juden im nationalsozialistischen Machtbereich dar.

Die Nachkriegsjahre sind in der Bundesrepublik Deutschland gekennzeichnet von einer beispiellosen → Verdrängung der historischen Ereignisse, die sich bis in das Gebaren der deutschen Repräsentanten hinsichtlich der Entschädigung ehemaliger Zwangsarbeiter sowie im Gezänk um ein → *Mahnmal für die Opfer des Holocaust* in das neue Jahrhundert fortsetzt. Seit den 1970er Jahren grassiert parallel dazu eine wahre «Epidemie des Gedenkens» (Bodemann 1996, S. 85), in der die bundesdeutsche Gesellschaft sich ritualistisch ihrer Läuterung versichert. Wenn I. Kertész feststellt, dass der S. «vom ersten Augenblick an [...] eine entsetzliche Angst [anhaftete]: die Angst vor dem Vergessen» (1994, S. 562), so wird heute zugleich gewarnt vor den deutschen ‹Erinnerungsspezialisten›, die das Gedenken an die S. zum Gründungsmythos der Berliner Republik umfunktionieren (→ Gründung, → Nation, → Politik). Die theoretische Diskussion folgte in der Bundesrepublik zunächst zwei sehr unterschiedlichen Paradigmen: Das von A. und M. Mitscherlich in den 1960er Jahren

entwickelte Modell der → Trauerarbeit orientierte sich an einem individualpsychologischen Erinnerungsbegriff, der auf die Bewusstmachung
von Verdrängtem durch die «Integration des historischen Bruches in die
Identität eines sozialen Kollektivs» (Butzer 1998, S. 49) zielte. Diesem auf
→ Kontinuität und → Identität des zu Erinnernden ausgerichteten Konzept wurde u. a. von T. W. Adorno widersprochen: Im Anschluss an → W.
Benjamins Begriff des → Eingedenkens betont er das Inkommensurable
dieses historischen → Ereignisses, das sich der diskursiven Einordnung
wie auch der ästhetischen Sinngebung entzieht und vor Vereinnahmun-
gen im → kulturellen Gedächtnis der Deutschen im Sinne einer Norma-
lisierung geschützt werden muss (→ Schlussstrich).

Die aktuelle Diskussion kreist zum einen um die Struktur des Ereignisses. Nach D. Diner zerfällt diese in Monstrosität auf der Opfer- und
Banalität auf der Täterseite, sodass es eine gemeinsame Erinnerung an
die S. nicht geben kann. Zum anderen geht es um die Frage der Erinnerbarkeit einer Auslöschung, die sich den Formen sprachlicher und bild-
licher → Repräsentation verweigert. Neuere Ansätze versuchen, das Dilemma von Singularität des Ereignisses und Kontinuität der historischen
→ Narration zu reflektieren: Die Unmöglichkeit der Darstellung, die Dis-
krepanz von → Zeichen und → Sinn bei gleichzeitiger Verpflichtung zur
Darstellung und Erinnerung ist dann nicht nur symptomatisch für das
Ereignis selbst, sondern zugleich «die Voraussetzung, dieses entziffern zu
können – im Sinne einer nicht vollständigen Lesbarkeit» (G. C. Tholen
in: Weber/Tholen 1997, S. 231). J.-F. Lyotard hat im Anschluss an Adorno
die S. als ‹anästhetische Zäsur› gefasst und zum Ausgangspunkt einer
→ ‹Ethik des Undarstellbaren› gemacht. Zu erinnern ist danach nur noch
das → Vergessen selbst, während das Vergessene dem Gedächtnis unzugänglich bleibt.

Die Vernichtung der europäischen Juden bedeutet eine bleibende
Mahnung für das → kollektive Gedächtnis; gleichzeitig wird die Erinnerung daran im wachsenden historischen Abstand und dem damit ein-
hergehenden Verschwinden der Augenzeugen nicht einfacher, sondern
schwieriger. Das zeigen nicht zuletzt die neueren Versuche, in Video-Ar-
chiven die Zeugnisse der letzten Überlebenden für die Nachwelt zu
sichern (→ Archiv, → Video). In der multimedialen Aufbereitung der
vielen → Oral Historys, die beispielsweise S. Spielbergs *Shoah-Founda-
tion* versammelt, droht das Wissen um den gesellschaftlichen Kontext allerdings aufgelöst zu werden, um dessen Herstellung engagierte Historiker immer noch bemüht sind.

G. Butzer, Fehlende Trauer. Verfahren epischen Erinnerns in der deutschsprachigen Gegenwartsliteratur, München 1998; E. Weber/G. C. Tholen (Hg.), Das Vergessen(e). Anamnesen des Undarstellbaren, Wien 1997; N. Berg/J. Jochimsen/B. Stiegler (Hg.), Shoah – Formen der Erinnerung. Geschichte, Philosophie, Literatur, Kunst, München 1996; Y. A. Bodemann, Gedächtnistheater. Die jüdische Gemeinschaft und ihre deutsche Erfindung, Hamburg 1996; I. Kertész, Der Holocaust als Kultur, in: Sinn und Form, Jg. 46, Nr. 4, 1994, S. 240–247.

Manuela Günter

Sinn

Einbindung eines Phänomens, einer Handlung oder eines Vorkommnisses in einen umfassenderen Horizont, Verweis über das Einzelne, über Zwecke und Ziele hinaus, Stiftung kausalen, modalen und temporalen Zusammenhangs als eines «‹Und-so-weiter› des Erlebens und Handelns» (Luhmann 1984, S. 93), → Erfahrung eines größeren Ganzen im begrenzten, gegebenen Einzelnen. Erinnern und Gedenken sind wichtige S.-Gebungstechniken.

Als wissenschaftliche Methode der S.-Analyse hat sich die moderne → Hermeneutik herausgebildet. Danach ist der S. insbesondere der Texte und anderer Kulturzeugnisse (‹Werke›) nur einem besonderen Verfahren des S.-Verstehens, der S.-Auslegung zugänglich, die das Werk in kultur- und kunsthistorische Entstehungsgefüge, epistemologische Kontexte und geschichtliche Erfahrungszusammenhänge einrückt. S. bleibt jedoch auch bestimmt von den gegenwärtigen, ihrerseits sinngeschichtlich prädisponierten Horizonten der hermeneutischen Analyse selbst. S. ist damit grundsätzlich unabschließbar; einen endgültigen S. kann es nicht geben. S. ist für die Hermeneutik eine Gemengelage, in die Erinnertes bzw. zu Erinnerndes und Gegenwärtiges eingehen. Werke der Kunst wie historische → Dokumente, selbst Vorkommnisse können so als jeweils in spezifischer Formgebung auskristallisierte Erfahrungen von S. gedeutet werden, in denen sich ein kulturelles, überpersönliches S.-Gedächtnis ausbildet, das einer im Verfahren anamneseähnlichen Analyse zugänglich wird.

In aktuellen funktionalistischen Theoriekontexten wird → Vergangenheit nicht mehr als Voraussetzung der S.-Geltung und ihrer Erfassung, sondern vielmehr als Dimensionen der S.-Produktion und des S.-Geschehens selbst angesehen (N. Luhmann, Y. Barel, P. Bourdieu, G. Deleuze). S. realisiert sich demnach u. a. als Vergangenheit. Der Verankerung eines → Ereignisses im S.-Kontext dient die Ausbildung sowohl der individuellen wie der sozialen Erinnerung und ganzer Systeme der Gedächtnisverwaltung und der Historisierung (→ Geschichtsbewusstsein). Ihre Aufgabe ist es, den S.-Gehalt gegenwärtiger Vorkommnisse zu sichern und zu steigern, indem sie mit einer Vergangenheit, d. h. mit einer Bezugnahme auf frühere Ereignisse ausgestattet werden. Neben der Erinnerung gewinnt die zukunftsgerichtete → Erwartung in der Zeitstruktur S. generierender Systeme entscheidende Wichtigkeit. Nach Bourdieu dient der → Habitus, d. h. die tradierte, aus der Vergangenheit überkommene und oftmals ritualähnlich (→ Ritual) formierte Festlegung von Handlungs- und Rollensequenzen, als Regelungs- und Selektionsschema (→ Selektion) bei der Strukturierung des Handelns und des Erlebens (→ Erlebnis). Er stellt damit zugleich S.-Erfahrung und gesellschaftliche Funktionalität sicher. Zu einer Variablen des S.s, wie alle Zeitfiguren, wird die Vergangenheit auch im S.-Konzept Deleuzes.

P. Bourdieu, Sozialer Sinn. Kritik der theoretischen Vernunft, Frankfurt/M. 1987; N. Luhmann, Soziale Systeme, Frankfurt/M. 1984; G. Deleuze, Logik des Sinns (1969), Frankfurt/M. 1993; H. G. Gadamer, Wahrheit und Methode, Frankfurt/M. 1964.

Lorenz Engell

Sinne → Echogedächtnis, → Eidetik, → Geschmack, → Ikonisches Gedächtnis, → Körper, → Olfaktorisches Gedächtnis, → Schmerz, → Sensorisches Gedächtnis

Skizze → Zeichnung

Skript

(lat. *scribere*: schreiben). Mentale → Repräsentation einer Abfolge spezifischer → Ereignisse oder Handlungen. Gegenüber dem verwandten Begriff → Schema ist S. ein vergleichsweise neuer Terminus. Anders als jener taucht die mit S. bezeichnete kognitive → Struktur als wissenschaftliches Konstrukt erst im Zuge der kognitiven Wende der 1950er Jahre (→ Kognition) in der psychologischen Fachliteratur auf, wobei S. und Schema vielfach synonym verwendet werden. Bisweilen werden S.s als spezielle Schemata angesehen und als *Ereignisschemata* bezeichnet. Von Interesse ist dieses Konstrukt nicht allein für die kognitive Psychologie im engeren Sinn, sondern auch für die → Künstliche-Intelligenz-Forschung und die Sozialpsychologie.

Eines der auch in der Gedächtnispsychologie am meisten gebrauchten Beispiele zur Veranschaulichung der Struktur eines S.s ist der zuerst von R. C. Schank und R. Abelson (1977) in ihrer klassischen Arbeit analysierte Restaurantbesuch. Als beispielhafte konstitutive Merkmale eines solchen Besuchs können das Betreten des Lokals, die Bestellung beim Kellner, das Essen der gewünschten Speisen und das Begleichen der Rechnung gelten. Dabei können die angeführten Konstituenten ihrerseits beliebig komplex hierarchisch und sequenziell untergliedert werden. Das S.-Konzept ist im Kontext der Forschungen zum Textverstehen entstanden. Daher rührt auch seine Attraktivität für die → Künstliche-Intelligenz-Forschung, die unter Rekurs auf dieses Konzept Programme zu entwickeln suchte, die Texte ‹verstehen› sollten. Zu diesen Programmen zählen SAM *(Script Applier Mechanism)* oder FRUMP *(Fast Reading, Understanding and Memory Program)* (Abelson 1981). S.s sind ähnlich wie Drehbücher zu denken, da beide mehr oder weniger umgrenzte variable Leerstellen *(slots)* aufweisen. Werden diese ‹Drehbücher in unseren Köpfen› durch das Auftauchen von Schlüsselkonzepten instanziiert, so sind die genannten Leerstellen fallspezifisch aufzufüllen bzw. zu besetzen. Gedächtnispsychologisch bzw. funktional betrachtet weisen S.s den Vorteil auf, dass sie in die Lage versetzen, sich in neuen Situationen oder neuen Texten rasch orientieren zu können. S.s erleichtern und routinisieren das eigene Verhalten bzw. Verständnis von Situationen und Texten (→ Routine). Die normalerweise unterstellte Antizipierbarkeit von Ereignissen oder Handlungen (→ Erwartung) erklärt das Erstaunen, wenn – gemessen an einem bestimmten S. – Atypisches geschieht.

Gedächtnispsychologische Arbeiten haben sich intensiv damit beschäftigt, inwiefern atypische oder typische → Informationen relativ zu einem bestimmten Referenz-S. besser erinnert werden und warum dies so ist (Vaterrodt 1992). Weitere experimentelle Studien betreffen Fragen nach der internen Repräsentationsstruktur von S.s und deren Einfluss auf das Erinnern und Verarbeiten neuer Informationen – auch unabhängig von «Typikalitätsbewertungen» – sowie zur Normierung kulturspezifischer S.s. Dysfunktionalen Charakter können S.s immer dann erlangen, wenn sie entweder zu starr oder aber konturlos angelegt sind. In beiden Fällen kann Neuartiges nicht mehr in die kognitive Struktur des Betreffenden integriert werden, und die S.s verlieren ihren orientierenden Charakter. Wenn solche Extremfälle auftreten, kann das mit Ausfällen neurobiologischer Grundlagen des Gedächtnisses zusammenhängen, beispielsweise im Rahmen einer demenziellen Erkrankung (→ Demenz).

B. Vaterrodt, Skripts und Gedächtnis, Frankfurt/M. 1992; R. Abelson, Psychological status of the script concept, in: American Psychologist, Bd. 36, 1981, S. 715–729; R. C. Schank/R. Abelson, Scripts, plans, goals and understanding: An inquiry into human knowledge and structures, Hillsdale 1977.

Carlos Kölbl

Songlines

(engl. *song*: Lied, *line*: Linie). In der Kosmologie der australischen Aborigines die Wanderwege der mythischen Vorfahren, die ihre → Spuren in der → Landschaft hinterlassen haben. Berge, Felsen, Wasserstellen, aber auch Bäume entlang dieser Pfade erinnern an die → Ahnen, ihre Taten und Leistungen, deren Wirkungen bis in die → Gegenwart fortdauern (→ Dreamtime). Entsprechend den traditionellen Vorstellungen der Aborigines war die Erde (d. h. der australische Kontinent) ursprünglich flach, einförmig und scheinbar ohne jegliches Leben. Im ihrem Inneren jedoch ruhten Wesen, die schließlich nach und nach an die Oberfläche kamen. Sie hatten meist tierische Gestalt, in ihrem Verhalten waren sie jedoch ihren menschlichen Nachfahren ähnlich. Auch heute noch leitet die indigene Bevölkerung Australiens ihre Abstammung von jenen Ahnen her, die als Jäger und Sammler durch den Kontinent zogen und dabei ihre Spuren hinterließen. Ihre Wanderungen und ‹Heldentaten› sind seither in der Landschaft verewigt.

Einer der beeindruckendsten und weit über die Landesgrenzen hinaus bekanntesten Orte von solch mythisch-religiöser Bedeutung ist der Monolith *Uluru* (Ayers Rock) in Zentralaustralien. Seine spektakulären Oberflächenformationen, Höhlen, Wasserlöcher sowie angrenzende kleinere Felsblöcke sind nach Ansicht der lokalen Aboriginal-Bevölkerung nicht bloß das Ergebnis extremer klimatischer Bedingungen und geologischer Prozesse, sondern reale Zeichen für die Macht und das Wirken der Ahnen. So gilt ein aufrechter Fels im Nordosten des Monoliths als versteinerter Grabstock der Känguru-Frauen *(Mala)*. An der Südwestseite kann der Kampf zwischen verschiedenen Schlangen nachvollzogen werden, wobei beide Opponenten, Python *(Kunya)* und Giftschlangen *(Liru)*, im Stein verewigt sind.

Die → Mythen, welche das Leben und Treiben dieser Kulturheroen erzählen und Anleitungen für den menschlichen Alltag und die Erfüllung ihrer religiösen Pflichten geben, werden zumeist in Form von Liedern und Tänzen tradiert (vgl. → Inszenierung, → Oralität, → Oral Poetry). Die wiederholte namentliche Erwähnung der bedeutsamen Orte, an denen die Ahnen gewirkt haben und die durch Pfade miteinander verbunden sind, ist eine wesentliche Komponente der Lieder. Die urzeitlichen Begebenheiten und das Leben der Ahnen werden somit immer in Relation zu bestimmten Lokalitäten und Landstrichen gesehen (vgl. → Gedächtnisort). Diese sind häufig nicht nur von religiöser, sondern auch ökonomischer Bedeutung für die lokale Bevölkerung. Dabei kann es sich zum Beispiel um eine ständig wasserführende Quelle im trockenen Landesinneren Australiens oder allgemein um ein besonders fruchtbares Gebiet handeln. Die Fähigkeit, sich dieser Orte im Bedarfsfall zu erinnern, konnte in der Vergangenheit mitunter entscheidend für das Überleben einer ganzen Gruppe sein. Dieses → Wissen wurde – meist eingebettet in einen rituellen Kontext – von Generation zu Generation weitergegeben (→ Erbe).

Die Wanderwege der Ahnen sind von unterschiedlicher Länge. Manche erstrecken sich über Hunderte von Kilometern. Dementsprechend verstehen sich auch mehrere Aboriginal-Gruppen in weit voneinander entfernten Regionen als Nachkommen ein und desselben Ahnen. Das rituelle Wissen jeder Gruppe ist jedoch lokal geprägt. Gelegentliche überregionale Zusammenkünfte ermöglichen eine gemeinsame Aufführung und eventuellen Austausch von Liedern und Tänzen (→ Inszenierung). Die Tatsache, dass die Wanderpfade der Ahnen in Liedern besungen werden und die einzelnen Stationen darin Erwähnung finden, führte schließlich zur Bezeichnung S., welche vor allem durch B. Chatwins Roman *Songlines* (dt. *Traumpfade*) einem breiten Publikum bekannt wurde.

I. Keen, Knowledge and Secrecy in an Aboriginal Religion, Oxford 1994; P. Rockman Napaljarri/L. Cataldi (Hg.), Yimikirli. Warlpiri Dreamings and Histories, San Francisco u. a. 1994; R. Berndt/C. Berndt, The Speaking Land. Myth and Story in Aboriginal Australia, Ringwood 1989.

Gabriele Weichart

Soundscape → Landschaft

Souvenir

(franz., Erinnerung). Auch: Andenken; Objekte, die als Erinnerungsträger für authentische Erlebnisse fungieren – besonders für nicht wiederholbare → Erfahrungen (→ Reminiszenz), wie z. B. Reisen (Reiseandenken). Die Entstehung von S.s, die letztlich auf der Dingen eigenen «mnemetischen Energie» (J. Assmann im Anschluss an → A. M. Warburg) basieren, ist eng verbunden mit der in Westeuropa seit dem 17. Jh. sich entwickelnden Konzeption von Individuen als Besitzern.

Da ein S. zwar die *Erinnerung* an ein → Erlebnis, nicht jedoch dieses selbst wiederherstellen kann, sind S.s immer unvollständig: Sie sind metonymische Referenz auf etwas anderes, entweder im Sinn einer «partiellen Reproduktion» (U. Eco, *Semiotik*) oder eines Musters. Aus seinem Entstehungskontext gelöst, wird das S. erst mittels Erinnerungserzählungen (→ Narration), die nur dem Besitzer des Objekts eignen, ‹vollständig› und mit seiner Herkunft verbunden, wodurch auch massenhafte Objekte einmalig werden. Im Unterschied zu → Relikten markieren S.s den Leerraum, der zwischen → Gegenwart und → Vergangenheit radikal trennt. Laut S. Stewart (1993) überführen S.s historische in private → Zeit und authentifizieren die Erfahrung des Besitzers. In der Gegenwart des S.s ist dessen Vergangenheit eingeschlossen, weshalb der Herkunftsmythos des S.s zum Ausgangspunkt → nostalgischer Rückblicke werden kann (→ Sammeln).

Unterschieden werden können *erstens* käuflich erwerbbare, meist massenindustriell gefertigte S.s, die Repräsentationen von kollektiv als Touristenattraktion bzw. → Gedächtnisort benannten Orten darstellen. Mittels dieser (Reise-)Andenken können private Erinnerungen in die kollektiv als Sehenswürdigkeiten klassifizierten Orte eingeschrieben werden (MacCannell 1976). Die Reduktion der physischen Dimensionen des S.s (Miniaturisierung) wird durch die Aufladung mit individuellen Geschichten kompensiert. *Zweitens* gibt es nicht käuflich erwerbbare S.s, wobei diese meist eng mit lebensgeschichtlichen Übergängen (*rites de passage*, → autobiographisches Gedächtnis) verbundenen S.s abstrakte Vorgänge (Taufen, Konfirmationen, Hochzeiten usw.) in ein materielles → Zeichen transformieren.

Gegenüber diesen zeichentheoretischen Überlegungen rückt eine kulturwissenschaftlich-empirische Perspektive die sozio-kulturellen Kontexte von S.s in den Mittelpunkt. Werden etwa die von Migranten bewahrten bzw. mitgebrachten, häufig national stereotypisierten Erinnerungsobjekte betrachtet, die in der Diaspora die Erinnerung an das Herkunftsland bewahren helfen sollen, kann die Re-Kontextualisierung dieser Objekte in den Lebensvollzug Aufschluss über → Identitätskonzeptionen geben (S. Boym). Eine solche Perspektive auf S.s könnte auch klären, warum einige S.s die ihnen eigene Anspielung auf vergangene Zeiten auf → Dauer bewahren können, andere hingegen abstumpfen.

S. Boym, On Diasporic Intimacy, in: Critical Inquiry, Jg. 24, 1998, S. 498–524; S. Stewart, On Longing: Narratives of the Miniature, the Gigantic, the Souvenir, the Collection, Durham 1993; D. MacCannell, The Tourist: a new theory of the leisure class, London 1976.

Beate Binder

Sozialisation

(lat. *societas*: Gemeinschaft). Denkmodell, das den Prozess der Entstehung und Entwicklung der menschlichen Persönlichkeit «in Abhängigkeit von und in Auseinandersetzung mit den sozialen und dinglich-materialen Lebensbedingungen» (Hurrelmann 1986, S. 14), also den Prozess der Sozialwerdung, Sozialmachung bzw. die Ich-Werdung (→ Identität) in der und durch die Gesellschaft beschreibt. S. bezeichnet damit den «Gesamtzusammenhang der kognitiven, sprachlichen, emotionalen und motivationalen Entstehung und lebenslangen Veränderung der Person im Rahmen sozialer, interaktiver und gegenständlicher Einflüsse» (Helsper 1995, S. 72).

Als historische Reflexionsformen der → Erfahrung moderner Vergesellschaftung sind in den Disziplinen Soziologie und Psychologie seit Beginn des 20. Jh.s zahlreiche S.s-Theorien wie Strukturfunktionalismus, Symbolischer Interaktionismus, Psychoanalyse (→ S. Freud), behavioristische Lerntheorie oder kognitive Entwicklungstheorie (→ Kognition) entstanden, die in je unterschiedlicher Weise Aspekte der S. wie soziale Integration, Interaktion, → Moralentwicklung oder → Lernen behandeln (Veith 1996).

Obgleich in der S.s-Forschung nur vermittelt auf Begriffe wie Erinnerung oder Gedächtnis reflektiert wird, lässt sich S. ebenso wohl als Gedächtnisbildung beschreiben, wie umgekehrt S.s-Prozesse Implikationen für die Operationsweise von Gedächtnis und Erinnerung haben. Qualität und Funktionen des Gedächtnisses stellen nicht nur das Ergebnis von biochemischen oder kognitionspsychologischen Prozessen dar, sondern sind auch von S.s-Bedingungen und -faktoren abhängig (Geulen 1989). Bereits die Kriterien, nach denen das Individuum das zu lernende oder zu behaltende Material sortiert (→ Organisation, → Selektion), werden vom Individuum je spezifisch und abhängig von S.s-Erfahrungen konstruiert (vgl. → Schema, → Skript). Die je individuelle Gedächtnisleistung ist insofern im Zusammenhang der sozialisierten Verfügung über Kategorien der kognitiven Strukturierung zu beurteilen. Dies hat gleichermaßen Implikationen für die kognitive Entwicklung, den Erwerb von → Wissen bzw. der Sprachkompetenz. Umgekehrt lassen sich wiederum S.s-Effekte wie die Entwicklung von Deutungsmustern und Selbstkonzepten, Moralentwicklung oder der Erwerb der Geschlechtsidentität usw. als Lernprozesse, als Einübung von Regeln und → Strukturen oder auch als → Habituserwerb beschreiben.

Auch für die Methodologie der empirischen S.s-Forschung, in der die Implikationen der Ebenen, Instanzen, Phasen und Dimensionen der S. für den lebenslangen S.s-Prozess des Individuums mit quantitativen und qualitativen Methoden untersucht werden, sind Begriffe wie Erinnerung und Gedächtnis bedeutsam. Denn insofern S.s-Forschung sich auf Identitätsvorstellungen, Biographien und Lebensgeschichten im Sinne temporalisierter Selbst- und Fremdbeschreibungen (→ Autobiographie) bezieht, muss sie auch methodisch die temporale Struktur der Identitätsentwicklung und Personwerdung des Individuums und damit die je sozial vermittelte Konstitution, Transformation und → Narration von Erfahrungen, → Erwartungen und Erinnerungen beachten (→ Zeit).

H. Veith, Theorien der Sozialisation, Frankfurt/M. 1996; W. Helsper, Sozialisation, in: H.-H. Krüger/W. Helsper (Hg.), Einführung in Grundbegriffe und Grundfragen der Erziehungswissenschaft, Opladen 1995, S. 71–81; D. Geulen, Das vergesellschaftete Subjekt. Zur Grundlegung der Sozialisationstheorie, Frankfurt/M. 1989; K.-J. Tillmann, Sozialisationstheorie. Eine Einführung in den Zusammenhang von Gesellschaft, Institution und Subjektwerdung (1989), 10. Aufl. Reinbek 2000; K. Hurrelmann, Einführung in die Sozialisationstheorie, Weinheim 1986.

Yvonne Ehrenspeck

Speicher → Computer, → Dachboden, → Speichermedien, → Speichern

Speichermedien

(lat. *medius*: in der Mitte befindlich). Dispositive zur Informationsüber-
mittlung in der und durch die → Zeit (→ Dauer, → Vergänglichkeit). Neben internen → Speichern etwa in Form natürlicher (→ Auswendigkeit)
oder künstlicher Gedächtnisse, die durch Techniken und Strategien der
Gedächtnisoptimierung (→ Gedächtnisstrategien, → Mnemotechnik)
vermittelt sind, werden S. vor allem in Form externer Speicher manifest
und kulturell wirkmächtig (→ Externalisierung). Externe Speicher, allen
voran solche, die der → Schrift geschuldet sind, werden zur Voraussetzung für unterschiedliche Formen der kulturellen → Tradierung. Zugleich werden mit der Vervielfältigung der speicherbaren Daten Fragen
nach ihrer Verarbeitung virulent. Die Explosion des → Wissens geht in
der Konsequenz mit Überlegungen einher, die dem Subjekt dieses Wissens gelten (→ Beschleunigung, → Reizüberflutung). Gleichgültig, ob in
der Romantik anhand exponentieller Zuwachsraten auf dem Buchmarkt
oder in der Gegenwart anhand digitaler S. – immer wieder wird die Frage
laut, wer denn überhaupt liest, was in Bibliotheken gespeichert ist, wer
hört, was in Musik-Konserven archiviert ist, und wer jenes Wissen weiß,
das in → Netzwerken zirkuliert (→ Kanon, → Selektion).

Jede Form materialer Speicherung setzt einen Datenträger, einen
→ Code und eine zu speichernde Nachricht voraus (vgl. → Information).
Diese stehen in einem Wechselverhältnis und sind Gegenstand unter-
schiedlicher Umsetzungen (→ Encodierung). Die Entwicklung der S. ist
bis zum Aufkommen analoger Verfahren (→ Phonograph, → Fotografie,
→ Film) ausschließlich an symbolische Notationssysteme und deren
→ Codes gebunden (→ Notation). Alphabetische oder andere Notatio-
nen sind also die Voraussetzung, um Datenträger wie Steine, Papier oder
Pergament mit codierten → Zeichen zu versehen, die nach der physischen
Beschaffenheit des Datenträgers und der Kenntnis des zugrunde liegenden → Codes eine entsprechende Halbwertszeit haben und damit eine
bestimmte Datendauer ermöglichen (→ Vergänglichkeit). Vor allem
technische Inventionen im Bereich symbolischer Notationen, etwa der
Übergang von der Handschrift (Manuskript) zur Drucktechnik
(→ Buch), haben ihren S. zu Konjunkturen und → Revolutionen verhol-
fen, deren kulturelle Folgen unabsehbar sind (vgl. M. McLuhans ‹Guten-
berggalaxis›).

Neben rein technischen Aspekten ist der Umgang mit S. zugleich an
institutionelle Bedingungen geknüpft, sind doch die Materialitäten der
Datenspeicherung selbst Teil einer diskursiven Ordnung und ihrer viel-

fältigen Regularien. Wie vor allem Arbeiten im Anschluss an M. Foucault (1973) und F. Kittler (*Aufschreibsysteme 1800/1900*, 1985) deutlich machen, sind S. das technische Apriori jeglicher Archivierung (→ Archiv) – ein Befund, der die Speicherung aus naiven und das heißt in der Regel auch gegenüber Machtzusammenhängen blinden Vorstellungen von Archivierung löst und sie zunehmend in den Blick gerade auch der Epistemologie und der Wissenschaftsgeschichte gerückt hat (Rheinberger u. a. 1997). Weil die Ordnung des → Wissens und die → Organisation der diese Ordnung tragenden Medien selbst eine unhintergehbare Einheit bilden, sind S. für die historischen Wissenssysteme konstitutiv (Rieger 2001).

Als Speicher taugt prinzipiell alles, was einen Code ermöglicht, was also eine → Differenz zulässt und diese über die Zeit behält (→ Konservierung): Ob diese Differenzen Grapheme, elektrische Spannungsunterschiede, die Anordnung von Knoten auf einer Schnur (→ Knotenschnur), Einkerbungen in einen Baumstamm (→ Lukasa), Buchstaben, Aussparungen in Lochkarten oder die taktil wahrnehmbaren Differenzen wie in der Blindenschrift L. Brailles sind, tritt zunächst hinter der grundlegenden Differenzfähigkeit zurück. Wenn neben der Semiotik die Pragmatik der Speicherung in den Blick gerät, drängen die gewählten Materialitäten und ihre jeweiligen Unterschiede in den Vordergrund. Damit wird es zugleich möglich, bestimmte Ordnungskriterien anzugeben, die innerhalb dieses Chaos möglicher Differenzen und Materialitäten erste Sortierungen schaffen: Als solche Kriterien taugen Funktionsbestimmungen (von wem wird wo in welcher Form und wofür gespeichert), Bestimmungen der Effizienz (wie wird für wen der Zugriff organisiert oder verweigert), der Ökonomie (was kostet die Speicherung welcher Daten) oder der Dauer für die Speicherung. Neben einer solchen Pragmatik im Umgang mit Daten treten technische Gesichtspunkte, etwa die Frage nach Erhöhung der Taktraten und der Beschleunigung der Zugriffszeiten oder nach Formen der Flüchtigkeit und der → Löschung (→ Vergessen).

Die Dominanz symbolischer Notationssysteme und die Vorherrschaft schriftlicher Archive wird gebrochen durch das Aufkommen von analogen S., die wie die Phonographie akustische und wie die Fotografie optische Daten aus ihrer Flüchtigkeit lösen und durch unterschiedliche physikalische und chemische Prozesse fixieren – somit Verfahren darstellen, für die keine Sinnkriterien und damit keine Filter angegeben werden können, nach denen selektiert wird. Das setzt sie in den Ruf einer bis dahin grenzenlosen Objektivität, bei der die Speicherung weder durch die Intention des Aufschreibers noch durch die Willkür des verwendeten Codes eingeschränkt ist – stattdessen soll es die Natur selbst sein, die dabei zur Selbstanschrift gelangt (vgl. → Schweißtuch der Veronika).

Im Gegensatz zu schriftlichen Notationen, die bestimmte Geräusche unnotiert lassen oder ihren Code entsprechend erweitern müssten, um neu auftretende Phänomene dennoch speichern zu können, entscheiden in der analogen Speicherung ausschließlich physikalische Gegebenheiten über das Faktum der Aufzeichnung. Weil keine → Selektion etwa nach → Sinn und Unsinn stattfindet, werden Daten erhebbar, die bisher aus dem Raster der Aufzeichnung und damit auch aus dem Raster der kulturellen Wahrnehmung fielen. Im Fall der Phonographie werden → Fehlleistungen wie die Sprachstörung, performative Aspekte der Stimmführung (Stammeln, Stocken) u. a. Gegenstand gerade auch der wissenschaftlichen Beschäftigung. So geraten mit der Störung, dem Unfall nicht homogenisierte, nicht gefilterte Daten in das Zentrum der Aufmerksamkeit, so tritt ein *Akustisch-Unbewusstes* zutage (→ Unbewusstes). Das gilt selbstredend nicht nur für die Sprache, sondern für alle Formen menschlichen Ausdrucks. In *Das Kunstwerk im Zeitalter seiner technischen Reproduzierbarkeit* hat → W. Benjamin genau auf diesen Aspekt hingewiesen und den optischen Medien eine präzise Funktion in der und für die Episteme zugewiesen: Diese sind nicht auf die Verdopplung einer ersten Natur eingeschränkt, sondern sie erschließen, wie Benjamin am Beispiel des *Optisch-Unbewussten* und in unmittelbarer Nähe zur Theorie → S. Freuds ausführt, neue Räume des Wissens. Deren Vermessung wird zur Sache der Wissenschaften vom Menschen, die im Zuge ihrer eigenen Systemlogik nichts unregistriert lassen können. Archivierungsphantasmen sind die Folge, die wie das Phonogrammarchiv (O. Abraham, E. v. Hornbostel) oder das kinematographische Bewegungsarchiv (H. Hennes) neue Vergleichsfelder ermöglichen, mit denen der Prozess der Individualisierung *und* Kodifizierung am Laufen gehalten wird.

Mit der Digitalisierung analoger Ausgangsdaten ist ein Zustand erreicht, in dem alles auf ein Medium hinausläuft oder alles in ein Medium mündet: den → Computer. Dieser annulliert das hypertrophe Reich der Differenzen, indem er an die Stelle der vielen Differenzen nur noch eine Differenz setzt – sehr zum Vorteil der Datenverarbeitung: «In den Computern dagegen ist alles Zahl: bild-, ton- und wortlose Quantität […] – ein totaler Medienverbund auf Digitalbasis wird den Begriff Medium selbst kassieren» (Kittler 1986, S. 8).

S. Rieger, Die Individualität der Medien. Eine Geschichte der Wissenschaften vom Menschen, Frankfurt/M. 2001; H.-J. Rheinberger/M. Hagner/B. Wahrig-Schmidt, Räume des Wissens. Repräsentation, Codierung, Spur, Berlin 1997; F. Kittler, Grammophon – Film – Typewriter, Berlin 1986; M. Foucault, Die Archäologie des Wissens, Frankfurt/M. 1973; H. Hennes, Die Kinematographie im Dienst der Neurologie und Psychiatrie, nebst Beschreibung einiger selteneren Bewegungsstörungen, in: Medizinische Klinik, Jg. 6, 1910, S. 2010–2014; E. Stransky, Über Sprachverwirrtheit. Beiträge zur Kenntnis derselben bei Geisteskranken und Geistesgesunden, Halle 1905.

Stefan Rieger

Speichern

I. (lat. *spicarium*: Kornhaus). *In den Medienwissenschaften:* Operation, die im Unterschied zu Prozessen der Erinnerung den medienarchäologischen Blick auf Technik verlangt. Der Beitrag der Medienarchäologie zur Gedächtnisforschung ist das Wissen vom S. Was auch immer einen Ort der Inskription gefunden hat, vermag in Speichern (→ Archiv) zu verschwinden und einer – unwahrscheinlichen – Ausgrabung zu harren (→ Archäologie). Bildspeicher, Textbanken und Objektdepots (→ Museum, → Sammlung, → Zeitkapsel) halten damit Gedächtnis nicht als Redundanz, sondern als → Information, als das Unerwartete (→ Erwartung), bereit. Gedächtnis als Information entsteht nur dort, wo sich die Materialität der Dinge ihrer kulturellen, also hermeneutischen Zirkularität entzieht; das Wesen des Speichers ist damit katechontisch, Zeit aufhaltend (→ Konservierung, → Vergänglichkeit). Etwas zu speichern heißt es abzulegen und wiederauffindbar zu halten. Speicherung stellt die aufbewahrte Gegenwart auf → Abruf zur Verfügung und garantiert im Unterschied zu Prozessen der Umarbeitung die identische Wiedergabe archivierter Wirklichkeit. Was wir auslesen, ist keine Funktion von Vergangenheit, sondern radikal gegenwärtig. Erst das Aussetzen von Zeit ermöglicht es, später unerwartetes Wissen als Information zu generieren.

In → Augustinus' *Confessiones* ist Gedächtnis keine Funktion der Erinnerung, sondern ein ungeheurer Speicher. Zum Gedächtnis wird dieser Speicher erst, wenn er adressierbar ist. Keine → Bibliothek, kein Archiv, keine Mediathek ist ohne Adresse, ohne Metadaten, ohne *Adressspeicher* (→ Datum, → Katalog, → Name, → Zettelkasten) operabel. Die Gelehrsamkeit der frühen Neuzeit operierte nach dem Prinzip der polyhistorischen Speicherung und Klassifikation von überliefertem → Wissen in Karteien und Exzerpten; rhetorische Topik und die Apparate des Archivs waren hier miteinander gekoppelt (→ Topos). Das Gedächtnis gibt sich lediglich als Maschine, die ihren Objekten keinen Zusammenhang verleiht, sondern nur einen Speicherplatz zuschreibt. Für → G. W. F. Hegel, der zwischen menschlicher Erinnerung und technischem Gedächtnis trennt, ist Gedächtnis eine Zugangstechnik für Erinnerung. Erinnerung rechnet damit, dass zwischen Sender und Empfänger die → Zeichen sich verschieben – eine kognitive, prozedurale Konstruktion auf der Grundlage neuronaler Muster (→ Konstruktion).

Pausenlos erfinden Kulturtechniken Gefäße zur Speicherung und Weitergabe von Wissen (→ Tradierung), doch die technische Form dieser Gefäße schreibt an dem Gespeicherten mit. A. Leroi-Gourhan hat die → Externalisierung des Gedächtnisses als dessen fortschreitende Mechanisierung über die → Speichermedien → Schrift, Druck, Register, Enzyklopädien (→ Lexikon, → Thesaurus), Karteisysteme bis hin zum → Computer beschrieben. Die Kultursemiotik (J. Lotman) widerspricht der reinen Speicheranalogie, der zufolge die → Kultur als Gedächtnis mit archivarischen Einlagerungen übereinstimmt; erst die konstruktive, generative Leistung der Aktivierung von gespeicherten Daten im Medium der → Narration (und anderen Medien der Codierung, Speicherung und Zirkulation von *kulturellem Sinn*), welche die Zeithorizonte einer gegebenen Gesellschaft synchronisiert, macht aus ihnen das → kulturelle Gedächtnis. Auch → M. Halbwachs hat in seinen Schriften über das → kollektive Gedächtnis gegenüber der Technizität von Speichern auf die Sozialität des Gedächtnisses hingewiesen. Individuelles Gedächtnis organisiert und rekonstruiert sich sozial, also nicht nur *in*, sondern auch *zwischen* den Speichern. In der Epoche audiovisueller Speicher aber wird die Differenz zwischen technischem und kollektivem Gedächtnis unterlaufen; sie konvergieren im Gebrauch der Massenmedien. Einschneidend haben die Techniken der Informationsübertragung die Techniken der Speicherung verändert. Die medienwissenschaftliche Toronto-Schule (H. Innis, E. Havelock, M. McLuhan) präzisiert, dass Kulturen durch die → Kapazität ihrer Aufzeichnungs-, Speicherungs- und Übertragungstechnologien definiert sind. Die Speicherkapazität von Mikrochips beispielsweise verdoppelt sich Moores Gesetz zufolge alle 18 Monate.

Fraglich ist allerdings, inwieweit unter Bedingung digitalen S.s die Gedächtnismetaphorik noch trägt. Im technischen Speicher geht es nicht um diskursive Erinnerung, sondern um jeweils radikal non-diskursiv gegenwärtige Zustände, gebunden an die jeweilige Materialität des Speichers. Als triviale Maschine ist der technische Speicher nicht mehr anthropomorph als Gedächtnis fassbar, sondern als Automat, der in Abhängigkeit von einem äußeren Impuls digital einen von zwei diskreten Zuständen annehmen kann. Mag sein, dass wir es nur noch mit Informationsspeichern zu tun haben, sodass der geschichtsemphatische Begriff *memory* für digitale Speicher nur noch eine → Metapher, eine Art Rückübersetzung in vertraute Kategorien des humanen *users* darstellt. An die Stelle der Speicher*orte* treten Vektoren, Zeiger, Richtungsweiser, der dynamische (Zwischen-)Speicher. Mit dem digitalen Zugriff auf Speicher ist dessen Virtualisierung eingeleitet; das Gedächtnis im Cyberspace ist keine Vergangenheit, sondern ein Latenzraum der Gegenwart.

K. Hickethier, Die Ordnung der Speicher, in: J. Paech u. a. (Hg.), Strukturwandel medialer Programme: Vom Fernsehen zu Multimedia, Konstanz 1999, S. 67–84; S. J. Schmidt (Hg.), Gedächtnis. Probleme und Perspektiven der interdisziplinären Gedächtnisforschung, Frankfurt/M. 1991; H. v. Foerster, Memory without Record, in: D. B. Kimble (Hg.), Learning, Remembering, Forgetting, Bd. 1: The Anatomy of Memory, Palo Alto 1965, S. 388–433.

Wolfgang Ernst

II. *In der Informatik:* Vorgang der Übertragung von digitalen → Zeichen (Daten) auf Datenträger (→ Computer, → Speichermedien) einer Rechenanlage. Die Speicherung wird durchgeführt, um flüchtige Daten persistent zu erhalten, zu transportieren und wieder aufzurufen. Die Geschichte des S.s im engeren Sinn beginnt 1805, als J.-M. Jacquard einen mechanischen Webstuhl baut, der die Musterung des Stoffs über Lochkarten steuert. 1833 konzipiert Ch. Babbage die *Analytical Engine*, eine Rechenmaschine, der die Befehle und Werte durch Lochkarten eingegeben werden. Eine weitere Zählmaschine auf Lochkartenbasis entwickelt H. Hollerith 1886 für die 11. amerikanische Volkszählung. Noch 1938 werden die Programme für die Z1, den ersten Computer der Welt, von K. Zuse auf Filmstreifen gelocht. Der Übergang zu magnetischen Speichern vollzieht sich mit der Entwicklung von Ferrit-Ringkernspeichern, in denen sich kreuzende Kupferdrähte einen Kontakt bilden, wenn sie von Strom durchflossen werden. Der entstandene Kontakt kann ein Bit speichern und wird durch einen Magnetring um den Kreuzungspunkt erhalten. Erst 1970 werden solche Speicher langsam von elektronischen Halbleiterspeichern (Chips) abgelöst, die als integrierte Schaltungen produziert werden und auch heute noch die primäre Speicherung von Daten und Programmen in Rechenanlagen beherrschen.

Speichermedien lassen sich laut H. R. Hansen (1996) in bedruckte bzw. handbeschriftete, magnetische, optische und elektronische Datenträger einteilen. In systematischer Hinsicht lassen sich je nach der zu speichernden Datenmenge und der Zugriffszeit der Rechenanlage auf die Daten drei Stufen des S.s differenzieren. Zu den *Primärspeichern* gehört nach W. Oberschelp und G. Vossen (2000) die Prozessor-Hardware selbst, z. B. *Field Programmable Gate Arrays* (FPGA) zur Aufnahme von Programmen und die Zwischenspeicher (Caches) zur Aufnahme von Werten. Der Hauptspeicher einer Rechenanlage besteht aus beschreibbaren (RAM) und nur lesbaren (ROM) elektronischen Speichern. *Sekundär- oder Hintergrundspeicher* erlauben einen randomisierten Zugriff auf Daten, sind aber wesentlich langsamer im Zugriff bei höherer Speichermenge. Nach Hansen kann man sie in feste und Wechselspeicher unterteilen: Zu den festen Speichern gehören verschiedene Arten magnetischer Medien wie Festplattensysteme; zu den Wechselspeichern zählen magnetische Datenträger wie Floppy Disk, Magnetstreifenkarte sowie optische Medien wie CD-ROM und CD-R(W). *Tertiärspeicher* ermöglichen einen sequenziellen und damit langsameren Zugriff auf Daten bei nochmals erhöhter Speichermenge. Hier gibt es optische und magnetische Datenträger, z. B. → Video- oder Bandarchive. Zukünftig werden beim S. biologische Medien (z. B. Moleküle und DNA) und quantenphysikalische Effekte (Quantencomputer) zum Einsatz kommen.

W. Oberschelp/G. Vossen, Rechneraufbau und Rechnerstrukturen, 8. Aufl. München/Wien 2000; H. R. Hansen, Wirtschaftsinformatik I, 7. Aufl. Stuttgart 1996.

Ralf Klamma

Spiel

Im Unterschied zum Regel-S. *(game)* gilt das freie S. *(play)* als die unbeabsichtigte Selbstausbildung des Menschen, in der Sinnlichkeit und Vernunft in ein harmonisches Verhältnis zueinander treten (→ Bildung). Da der deutsche Begriff des S.s nicht zwischen *play* und *game* (vgl. → Memory) unterscheidet, ist in der Forschung immer wieder versucht worden, eine pädagogisch-funktionalistische S.-Auffassung von der des freien S.s abzuheben. Diese Unterscheidung ist jedoch kaum tragfähig.

Vielmehr verweist die jeder S.-Theorie zugrunde liegende – offen erklärte oder implizierte – Zielsetzung einer ‹Erziehung zur Autonomie› darauf, dass beide S.-Auffassungen dasselbe paradoxale Dilemma aufweisen: *Jede* S.-Theorie ist in letzter Konsequenz immer auch eine Theorie der (Ein-) → Übung. Sinnvoll kann eine Differenzierung der S.-Begriffe daher nur im Sinne einer Akzentsetzung aufgefasst werden: Entweder wird das S. im Anschluss an → J. Piaget als der Ausdruck einer Stufe innerhalb der kindlichen Denkentwicklung betrachtet, oder aber das S. wird im Anschluss an J. Huizingas ‹homo ludens› als eine kulturelle Leistung verstanden.

In einem lebensaltergebundenen dynamischen Drei-Stufen-Modell verbindet Piaget verschiedene S.-Theorien und macht sie für eine pädagogische Praxis des Einübens nutzbar. Nach Piaget entspricht der Entwicklung des Kindes die seines S.-Verhaltens, das von zwei dynamischen Prinzipien vorangetrieben wird. Dem Mechanismus einer stetig abnehmenden Assimilation – der Angleichung der Dinge an bestimmte kindliche Vorstellungen – auf der einen Seite entspricht die zunehmende Akkommodation – die Angleichung der kindlichen Vorstellungen und Reaktionsgewohnheiten an die Gegebenheiten der Umwelt – auf der anderen Seite. Die erste S.-Phase gilt mit dem Übungs-S., in dem Bewegungsabläufe aus «reiner Funktionslust» beständig wiederholt werden, der geistigen Entwicklung des Kleinkindes (→ Wiederholung). Daran anschließend ermöglicht das bis etwa zum siebten Lebensjahr gespielte Rollen-S. dem Kind das Einüben vorgegebener Verhaltensmuster. In dem psychotherapeutischen Verfahren des Psychodramas, in dem der Erwachsene Beziehungskonstellationen seiner → Kindheit erinnert, (schau-)spielerisch aktualisiert und aufarbeitet (→ Inszenierung, → Wiederholung), spiegelt sich die Annahme der persönlichkeitsbildenden Leistung dieser S.-Phase wieder. Die dritte S.-Phase beschreibt mit dem Regel-S. die Einübung des Kindes in ein angemessenes Sozialverhalten. Dem S. im Sport, in dem der Gegenspieler zugleich immer auch als Mitspieler erfahren wird und in dem damit die Einübung in soziale Verhaltensweisen positiv besetzt wird (Buytendijk 1937), kommt hier eine entscheidende Bedeutung zu (→ Sozialisation).

Im Unterschied zu diesen Einübungskonzeptionen ergeben sich im Anschluss an Huizinga über die Verbindung des S.s mit Kult und → Ritual S.-Theorien, die den Akzent stärker auf die Erinnerungsleistung des S.s setzen. So sucht E. Fink (1960) in seiner Bestimmung des S.s als Weltsymbol den Ursprung des S.s in der Erinnerungsarbeit, die im kultischen S. des Rituals geleistet wird: «Der Kult ist der Versuch einer Wiederherstellung des ursprünglichen Weltlichts auf allen vereinzelten, endlichen Dingen» (S. 130).

Ch. Wulf/G. Gebauer (Hg.), Spiel, Ritual, Geste: mimetisches Handeln in der sozialen Welt, Reinbek 1998; J. Piaget, Die Entstehung des Spiels, in: ders., Nachahmung, Spiel und Traum. Gesammelte Werke, Bd. 5, Stuttgart 1975, S. 119–138; E. Fink, Das Spiel als Weltsymbol, Stuttgart 1960; F. J. J. Buytendijk, Wesen und Sinn des Spiels, Berlin 1937.

Bettina Bannasch

Sprache → Code, → Encodierung, → Etymologie, → Kommunikation, → Kritische Phase, → Narration, → Proposition, → Rhetorik, → Schrift, → Semantisches Gedächtnis, → Sozialisation

Spur

I. *In der Medien- und Zeichentheorie:* Materielles – im weiteren Sinn auch mentales oder psychisches – Phänomen, das als → Zeichen einer vergangenen → Präsenz gedeutet wird, die dieses Phänomen durch Kontiguität hervorgebracht haben soll. Als S. wird dabei allerdings nicht die Materie selbst angesehen, sondern die ihr im Akt der Berührung verliehene Formung. Von der Jägersprache ausgehend, die unter S.en Fußabdrücke versteht, wurde der Begriff auf Sachverhalte übertragen, die in analoger Weise als Zeichen interpretiert werden. In einer weiteren Verschiebung ist die ‹Einschreibung› von Erlebnis-S.en zu einer der erfolgreichsten → Gedächtnismetaphern geworden (Gawoll 1986–1989).

Dass S.en im engeren Sinn dagegen kaum als semiotisches Phänomen untersucht worden sind, liegt vermutlich an ihrem prekären Zeichenstatus. Konstitutiv für die S. ist, dass sie als unintentional hervorgebracht angesehen wird und erst nachträglich durch einen → Code zum Zeichen umgelesen wird. Dieses grundlegende Paradox, dass eine S. – obwohl nicht codiert – de-codiert werden kann, hat die Frage aufgeworfen, inwiefern S.en überhaupt als Zeichen anzusehen sind. Schon → Augustinus und R. Bacon schließen die S. *(vestigium)* unter die – nicht intentional ausgesandten, ‹natürlichen› – Zeichen ein, insofern auch sie hinter ihrer sinnlich wahrnehmbaren Seite auf etwas anderes verweist (Meier-Oeser 1997). In der neueren Semiotik werden S.en besonders überzeugend in Theorien integriert, die in der Nachfolge von C. S. Peirce den Gebrauch *als* Zeichen in den Mittelpunkt stellen. Der von Peirce vorgeschlagenen Kategorisierung zufolge zählen S.en zu den Indexzeichen, die durch eine physische Beziehung zu ihrem Bezugsobjekt bedeuten. Innerhalb dieser Kategorie zeichnen sie sich im Besonderen dadurch aus, dass diese Beziehung – anders etwa als bei Symptomen – «zeitlich gedehnt» (Eco 1977, S. 61) ist. Die Berührung, die zu einer S. geführt hat, ist also nicht aktuell. Der materiellen Anwesenheit der S. steht die Abwesenheit derjenigen Kraft gegenüber, die sie einst hervorbrachte: Der Fußabdruck wird erst als S. sichtbar, wenn der Fuß ihn verlassen hat. Während die S. also einerseits Vergangenes festhält und in materieller Evidenz präsentiert, zeigt sie andererseits die Uneinholbarkeit der Vergangenheit und das Voranschreiten der → Zeit an (→ Vergänglichkeit). Die Verschränkung von Präsenz und Absenz belegt die Bewegung der Geschichte. Zwar verweist jede einzelne S. auf den eindeutigen Zeitpunkt ihrer Entstehung (→ Datum); insofern sie jedoch einer Aktivität entspringt, die wiederum Teil einer andauernden Existenz ist (→ Dauer), integriert sich jede S. in eine Kette von S.en. Der Fußabdruck verweist nicht allein auf die vorübergehende Berührung, sondern zugleich auf eine Aktivität: «das Vorübergegangensein lebendiger Wesen» (Ricœur 1991, S. 192). Jede S. hat ihre eigene Vergangenheit und Zukunft. Sich auf jemandes S. zu begeben, bedeutet, diese Dimensionen zu verfolgen.

Weil S.en unwillkürlich hervorgebracht werden, gelten sie – abgesetzt von der intendierten → Tradierung – als besonders authentische, verräterische Mitteilungen der → Vergangenheit (vgl. → Überrest vs. → Tradition): Die S. *berichtet* nicht über die Vergangenheit, sondern *bezeugt* sie qua Selbsteinschreibung. Der referenzielle Anspruch historischer Erzählung resultiert daraus, dass es sich bei den zur Geschichte verknüpften Elementen um S.en, also → Relikte, der Vergangenheit handelt. Die authentische Zeugenschaft der S. wird allerdings durch drei beim S.en-Lesen auftretende Probleme relativiert:

1. Auch wenn eine S. tatsächlich Produkt einer Vergangenheit ist, so ist doch unklar, von welcher: Gerade, weil die S. nicht absichtsvoll produziert ist, ist sie semantisch arm und in ihrer Bedeutung schwer festzulegen. S.en zu lesen, sie auf ihre Ursache – Zeit und Ereignis ihres → Ursprungs – zurückzuführen, erfordert einen erheblichen Aufwand an → Rekonstruktion. Um ihr Geheimnis preiszugeben und als → Zeugnis für ein bestimmtes Vergangenes lesbar zu werden, muss die S. also wieder in einen sinnhaften Kontext eingerückt werden. Das hierzu mobilisierte Wissen beruht grundsätzlich auf uncodierter → Erfahrung und Intuition.

Allerdings gibt es Anstrengungen, dieses implizite Wissen zu kodifizieren, sodass heute Jägerwissen bereits aus Lehrbüchern gelernt werden kann. Dabei wird freilich der Verweis auf das konkrete und singuläre Ereignis auf typische Faktoren reduziert.

2. Nur was → Aufmerksamkeit erregt, kann zur S. werden, insofern S.en zuallererst als solche identifiziert werden müssen. Nur wenige Phänomene sind so eindeutig als S.en codiert wie Fußabdrücke. S.en-Lesen beruht also nicht allein auf der Fähigkeit, von einer S. auf ihre Ursache zu schließen, sondern ebenso auf derjenigen, sie erst von ihrem Grund abzuheben und aus einem Überangebot möglicher S.en auszuwählen. Je nach dem Zusammenhang der Interpretation kann ein und dasselbe Phänomen nicht nur als S. signifizieren. Etwas als S. zu betrachten, bedeutet dabei oft, hinter die augenscheinliche Bedeutung zu sehen: einen Roman nicht als Geschichte, sondern als S. der psychischen Verfassung des Autors zu lesen; ein → Dokument nicht als Beschreibung, sondern als S. seiner Entstehungszeit zu analysieren; eine → Fotografie oder das → Schweißtuch der Veronika als getreue Darstellung oder aber als S. der Vergangenheit zu betrachten. Von der Antike bis ins Mittelalter rät eine prominente philosophische Tradition (z. B. → Platon, Plotin, → Augustinus, Thomas von Aquin), das Diesseits als S. der Schöpfung und somit als Zugang zum Transzendenten zu erkunden (vgl. → Dreamtime, → Landschaft).

3. Als Variante der Erkennbarkeit von S.en überhaupt stellt sich das Problem, ‹falsche› von ‹echten› S.en zu trennen. Besonders die in Roman *(Sherlock Holmes)*, Film und Fernsehen *(Columbo)* dargestellte Kriminalistik beschäftigt sich damit, S.en auszusondern, die vom Täter absichtsvoll produziert worden sind, um in die Irre zu führen. Sind diese als solche entlarvt, können sie wiederum als → Indizien für den tatsächlichen Hergang dienen. Die Kriminalistik ist vor allem bemüht, Klassen von S.en zu entwickeln, die wie der – neuerdings auch ‹genetische› – Fingerabdruck nicht manipulierbar und eindeutig sind.

Die Authentizität der S. erweist sich mithin als prekäres Konstrukt, da spurtaugliche Phänomene erst durch diverse kulturelle Raster hindurchgehen müssen, um letztlich als S. fungieren zu können. Insofern S.en erst im Akt ihrer Interpretation überhaupt konstituiert werden, stehen sie nicht außerhalb, sondern inmitten der Kultur. In diesem Sinn hat C. Ginzburg (1983/1995) spekuliert, dass die Kulturtechnik der → Narration aus dem S.en-Lesen entstanden sei: «Vielleicht entstand die Idee der Erzählung selbst [...] zuerst in einer Gesellschaft von Jägern und aus der Erfahrung des Spurenlesens» (S. 16). Sich auf die S. von jemand oder etwas zu begeben, bedeutet, sowohl den synchronen als auch den diachronen Kontext zu rekonstruieren, in den das spurverursachende Ereignis eingelagert war. Jüngere Versuche, die Widerständigkeit der S. erfahrbar zu machen, setzen darauf, den kulturellen Prozess der Kontextualisierung abzuschneiden. So reduziert R. Barthes, wenn er die Fotografie als S. ansieht, die Botschaft des Mediums auf die gespenstische Wiederkehr der Vergangenheit (→ Gespenster): Die Fotografie sei «falsch auf der Ebene der Wahrnehmung, wahr auf der Ebene der Zeit» (1985, S. 126). Demnach wären S.en nichts weiter als die erschreckende Bestätigung, dass die in sie eingeschriebene Vergangenheit tatsächlich stattgefunden hat, eine temporale Ex-Zentrierung.

S. Meier-Oeser, Die Spur des Zeichens. Das Zeichen und seine Funktion in der Philosophie des Mittelalters und der frühen Neuzeit, Berlin/New York 1997; P. Ricœur, Zeit und Erzählung, Bd. 3: Die erzählte Zeit, München 1991; H.-J. Gawoll, Spur: Gedächtnis und Andersheit, in: Archiv für Begriffsgeschichte, 30. Jg., 1986/87, S. 44–69, und 32. Jg., 1989, S. 269–296; R. Barthes, Die helle Kammer, Bemerkungen zur Photographie, Frankfurt/M. 1985; C. Ginzburg, Spurensicherung. Der Jäger entziffert die Fährte, Sherlock Holmes nimmt die Lupe, Freud liest Morelli – Die Wissenschaft auf der Suche nach sich selbst, in: ders., Spurensicherung. Die Wissenschaft auf der Suche nach sich selbst (1983), Berlin 1995, S. 7–44; U. Eco, Zeichen. Einführung in einen Begriff und seine Geschichte, Frankfurt/M. 1977.

Jens Ruchatz

II. *In der Psychologie:* Die Metapsychologie → S. Freuds stellt die Gedächtnisfunktion in einem System psychischer S.en dar. Die Vorstellung von *traces cérébrales* findet sich u. a. bei → H. Bergson und → R. W. Semon. Freud nimmt 1895 *(Entwurf einer Psychologie)* an, dass sich → Erfahrungen energetisch in materiellen Veränderungen an ‹Kontaktschranken› – die an die später gefundenen → Synapsen (vgl. → D. O. Hebb) denken lassen – niederschlagen, über die jede → Nervenzelle mit anderen Neuronen verbunden ist. Eine im Psychischen sich vollziehende → Bahnung lässt eine Einprägung (S.) zurück. Dem Modell zufolge basiert das Gedächtnis auf den Unterschieden der Bahnungen. Dabei ist eine Erinnerungs-S. kein Abbild eines Objekts (→ Reproduktion), sondern partieller Rückstand eines Ereignisses. Das → Unbewusste als «Reich der sachlichen Erinnerungsspuren» (Freud, *Trauer und Melancholie*) hat J. Lacan später als Symbolisches, als System materieller Signifikanten reformuliert.

Die Verhältnisse zwischen dem immer aufnahmebereiten Wahrnehmungs-Bewusstsein, das keine Speicherung erlaubt, und den daran angeschlossenen → Gedächtnissystemen, deren Inhalte deskriptiv unbewusst sind, findet Freud im → Wunderblock modelliert. Zwischen den in mehreren funktional differenzierten Erinnerungssystemen (Anordnung nach Gleichzeitigkeit, assoziativer, kausaler Verknüpfung, vorbewusster Verfügbarkeit usw.) niedergelegten S.en soll sich eine «*Umordnung* nach neuen Beziehungen, eine *Umschrift*» (S. Freud, *Briefe an Wilhelm Fließ*) vollziehen. Vermöge der «Nachträglichkeit von unbewußten psychischen Spuren» (S. Freud, *Die Sexualität in der Ätiologie der Neurosen*; → Nachträglichkeit) kann ein frühes Kindheitserlebnis (→ Kindheit, → Erlebnis, → Urszene) im Nachhinein eine pathogene traumatische Wirkung entfalten (→ Trauma).

Der psychoanalytische Begriff von S. ist für die dekonstruktive Philosophie prägend. → J. Derrida betont an der S. das verräumlichende und verzeitlichende Moment. Ur-S. *(archi-trace)* meint eine «absolute Vergangenheit» *(Grammatologie)*, die nie vom → Bewusstsein einholbar ist. In der S. ist die quasi-transzendentale Ermöglichung jeder Erinnerung zu sehen, deren Innerlichkeit der Äußerlichkeit der S., der → ‹Schrift› nicht entraten kann. Bewusste Erinnerung von etwas ist Effekt differenter S.en. Die *différance* (→ Differenz) als «Spiel der Spur» (Derrida 1972) zeigt die S. in einer Bewegung von Aufschub und Verschiebung (z. B. in Form assoziativer Verweise; → Assoziation) begriffen: Jenseits jeder Selbstidentität zeigt sich die S. immer als auf andere S.en verweisend, und erst diese Bewegung macht dergleichen wie → Vergegenwärtigung von Vergangenem möglich. Derrida erklärt dabei die Auslöschbarkeit als konstitutiv für die S., die Freud als beinahe unverwüstlich bezeichnet. In seiner intensiven Auseinandersetzung mit der Psychoanalyse, der Linguistik und der Philosophie wendet Derrida seinen Gedanken der S. kritisch gegen das, was er die ‹Metaphysik der → Präsenz› nennt. Seiner differenziellen Auffassung zufolge ist die S. nicht positiv auf etwas bezogen, das in der S. repräsentiert wäre; in einer S. ist nicht ein vergangenes Erlebnis aufbewahrt, um als solches vergegenwärtigt zu werden, Erinnerung ereignet sich vielmehr zwischen den S.en. Die S. der S. verliert sich.

J. Derrida, Die différance (1968), in: ders.: Randgänge der Philosophie, Wien 1988, S. 29–52; ders., Freud und der Schauplatz der Schrift, in: ders., Die Schrift und die Differenz, Frankfurt/M. 1972, S. 302–350; S. Freud, Jenseits des Lustprinzips (1920), in: ders., Gesammelte Werke, Bd. 13, Frankfurt/M./London 1940, S. 1–69; S. Freud, Die Traumdeutung (1900), Gesammelte Werke, Bde. 2/3, Frankfurt/M./London 1942.

Michael Schödlbauer

Städtelob

(lat. *laus urbium*). Texte oder Teile von Texten, die die lobende Beschreibung einer einzelnen Stadt zum Gegenstand haben. Das S. ist von der Antike bis in die Neuzeit verbreitet und steht von Beginn an in einer rhetorischen Tradition, die auch theoretisch reflektiert wird (→ Rhetorik). Das S. kann als eines der Medien des → kulturellen Gedächtnisses der Stadt betrachtet werden (vgl. → Altstadt, → Straßennamen). Hierbei ist eine Stereotypisierung auf zwei Ebenen zu beobachten (→ Topos): Zum einen enthält jedes S. Aussagen zu Stadtgründung (→ Gründung), Leistungen der Bürger (→ Ruhm), geographischer Lage, Befestigung und zu öffentlichen Bauten. Auf dieser Ebene spiegelt das S. kollektive Vorstellungen von der idealen Stadt. Zum anderen bildet sich auf der Ebene der Konkretisierung des rhetorischen Schemas ein verbindliches Bild der einzelnen Stadt heraus. Untersuchungen des S.s decken die Genese und die Durchsetzung verpflichtender Städtebilder auf, die einerseits Niederschlag des kollektiven Selbstbewusstseins der Stadtbewohner sind, andererseits auf dieses zurückwirken.

H. Kugler, Die Vorstellung der Stadt in der Literatur des deutschen Mittelalters. München 1986; C. J. Classen, Die Stadt im Spiegel der Descriptiones und Laudes urbium in der antiken und mittelalterlichen Literatur bis zum Ende des 12. Jahrhunderts, Hildesheim/New York 1980.

Marc von der Höh

Stammbaum

Schematische Aufzeichnung von Verwandtschaftsverhältnissen, die die Herkunft und Einheit einer Familie in Generationsschritten bis zu ihrem bekannten → ‹Ursprung› zurückführt. Eine solche Darstellung reicht zurück bis auf Jesaja 11,1 sowie auf die Rekonstruktion der Vorfahren Christi bei Matthäus 1,1–16. Ein häufiger Typ dieses *Jessebaums* zeigt einen aus der Brust des Jesse (Isai, Vater Davids) wachsenden mächtigen Baum, dessen Äste die Vorfahren Christi tragen, darüber Maria mit dem Kind. Säkulare → Genealogien dienen der Darstellung des Verwandtschaftsverhältnisses aller Mitglieder einer Familie, meist in Form der Nachfahren- oder Ahnentafel (→ Ahnen). Seit der frühen Neuzeit finden sich diese Darstellungen in reich ausgeschmückter Form: Nicht allein der

→ Name, auch Wappen oder → Porträts bebildern das Gedenken an die einzelnen Stationen der Familiengeschichte, was vor allem beim Adel dem Zweck eigener Selbstvergewisserung diente. Die Biologie bedient sich des S.-Modells zur Fixierung systematischer Einheiten von Flora und Fauna bzw. der Darstellung der Entwicklung des Menschen in Form eines sich verzweigenden Baums (Haeckel 1894–96). In der imaginären Erinnerung an die geteilte Evolutionsgeschichte von Mensch und Affe produziert der S. im Bemühen, das *anthropologische* Adelsprädikat zu garantieren, jedoch schwere Identitätskrisen der Gattung.

K. Frankenfeld, Genealogie der Bibel. Ein biblischer Stammbaum, Frankfurt/M. 1997; E. Haeckel, Systematische Phylogenie, 3 Bde., Leipzig 1894–1896; ders., Anthropogenie oder Entwicklungsgeschichte des Menschen, Leipzig 1874.

Johanna Dahm

Stammbuch

Ursprünglich Abstammungsverzeichnis von Zuchttieren (Herdebuch), später Verzeichnis von Familienangehörigen von Stand. Gelehrte Mönche zeichneten Stamm- und Geschlechtsregister höherer Häuser auf (→ Genealogie, → Stammbaum). Erst seit der zweiten Hälfte des 16. Jh.s als Bezeichnung für ein Erinnerungsbuch gebräuchlich, in das sich Verwandte und Freunde des Besitzers eintragen. Das S. wird dynamisiert, insofern es nun nicht mehr unveränderliche Abstammungslinien darstellt, sondern das Leben ihres Besitzers anhand konkreter → Daten als → Tagebuch von Begegnungen aufzeichnet. Aus dieser Praxis leitet sich auch die Redewendung ab, ‹jemandem etwas ins Stammbuch schreiben› (→ Gedächtnismetapher), d. h., etwas so seinem Gedächtnis einzuprägen, dass es unvergesslich bleibt. Das S. wurde häufig mit → Zitaten, Sinnsprüchen, → Zeichnungen u. Ä. geschmückt. Zunächst in gelehrten und Studentenkreisen gebräuchlich, erfreute es sich später (bis ins 19. Jh.) allgemeiner Popularität. Heute lebt das S. im Gästebuch oder im Poesiealbum fort.

W. Klose, Corpus alborum amicorum, Stuttgart 1988; L. Kuras (Hg.), Zu gutem Gedenken, München 1987.

Kirsten von Hagen

Strafe

Negative Sanktionierung eines Regel- oder Gesetzesverstoßes durch den Entzug eines wertvollen Guts wie der Freiheit, materiellen Besitzes, der körperlichen Unversehrtheit oder des Lebens selbst. Stärker vergangenheitsorientiert betonen ältere, absolute Straftheorien die Wiederherstellung der Autorität des → Gesetzes durch eine gerechte Vergeltung für den Gesetzesverstoß (→ Schlussstrich, → Gerechtigkeit); eher zukunftsgerichtet besteht nach neueren, relativen Straftheorien ein Hauptzweck der S. darin, sowohl im Kollektiv als auch im Individuum die Erinnerung an die drohende Sanktionsgewalt aufrechtzuerhalten und damit weiteren Gesetzesübertretungen vorzubeugen (General- und Spezialprävention).

Schon in den frühen menschlichen Gemeinschaften wurde der Gedanke eines Verstoßes gegen die göttliche Ordnung mit einer Sanktionsgewalt der höheren Mächte verbunden. Die Erzählungen von Katastrophen, welche als Akte göttlicher S. interpretiert wurden, verbürgten die Mächtigkeit der Gottheit und aktualisierten die Erinnerung an sie. Im Verlauf der Rechtsgeschichte wandeln sich dann die Formen und Funktionen der S.n (v. Hentig 1954, 1955). Aufschlussreich für die Gedächtnisforschung sind insbesondere die Strafzwecke und die mit ihnen verbundenen Inszenierungen des Strafens. Mit der Rezeption des römischen Rechts, vollends mit der *Carolina* (1532), setzte sich der Grundsatz durch, dass die S. peinlich, an ‹Haut und Haar›, zu vollziehen seien. Der Täter sollte im selben Maß geschädigt werden wie das Opfer (Talionsprinzip); die S. spiegelte symbolisch die Tat wider (spiegelnde S.), die durch sie vergolten wurde. Im System der peinlichen S. diente der geschundene → Körper des Verurteilten als Zeichen für die waltende Gerechtigkeit. Hatte die Tat sowohl die göttliche als auch die weltliche Ordnung untergraben, sollten durch die Sichtbarkeit der S. beide Ordnungen triumphieren. Somit umfasste die S. Momente eines gesellschaftlichen Reinigungsrituals. Mit → F. Nietzsche kann sie auch als eine Praxis der Gedächtnisbildung aufgefasst werden, die durch eine ‹Mnemotechnik des Schmerzes› funktioniert: «nur was nicht aufhört, *weh zu thun*, bleibt im Gedächtnis» (Nietzsche 1968, S. 295). Wie das schlechte → Gewissen bewirke S. eine Zähmung des Menschen, im Sinne Nietzsches aber nicht als seine Besserung, sondern als Unterjochung der Lebenskraft.

In der frühen Neuzeit wurde die öffentliche Darbietung des Strafens zu einem regelrechten ‹Straftheater› ausgebaut. Ehrenstrafen verabreichte man häufig am Pranger, verstümmelnde Körperstrafen und Praktiken wie das Brandmarken kennzeichneten den Verurteilten vor aller Augen;

Hinrichtungen fanden an eigens angelegten Örtlichkeiten statt und waren gesellschaftliche Ereignisse, die z. T. wie Volksfeste begangen wurden. Die massenhafte Beteiligung und die mediale Begleitung durch Flugblätter verankerten die Hinrichtungen im öffentlichen Bewusstsein und förderten die Angst vor den Folgen eines Gesetzesverstoßes. So diente das «Theater des Schreckens» (v. Dülmen 1985) der Generalprävention. Nachdem im Fehderecht die Wiederherstellung der Ordnung überwiegend bei den Parteien lag, ging die Strafgewalt mit der Herausbildung des neuzeitliche Staates auf diesen über.

Mit der Aufklärung des 18. Jh.s wurde die S. stärker an ihrer vernünftig begründbaren Nützlichkeit für das Gemeinwesen gemessen. Spätestens seit C. Beccaria galt das System der peinlichen S. als grausam und inhuman. Man entwickelte neue Arten des Strafens, insbesondere den Freiheitsentzug durch Haft; Exekutionen wurden durch ‹humane›, wenig schmerzvolle Methoden vollzogen (Guillotine). M. Foucault (1976) hat allerdings nachgewiesen, dass die Etablierung des modernen Gefängnisses faktisch ebenfalls dem Interesse der Macht dient, indem diese die Verurteilten überwacht und deren abweichendes Verhalten durch erzieherische und disziplinierende Maßnahmen in ein normenkonformes zu überführen sucht.

Arbeitete das Strafrecht um 1800 mit der Theorie des psychologischen Zwanges (P. J. A. v. Feuerbach), so setzte man in der Kindererziehung analog die Strafandrohung als Mittel ein, während die Körperstrafen stetig zurückgedrängt wurden. Die antiautoritäre Erziehung im 20. Jh. machte schließlich Front gegen jegliche S. Die Erforschung der Misshandlung von Kindern hat gezeigt, wie die Praxis des gewaltsamen S.ns kulturell tradiert wird (→ transgenerationelle Tradierung). Wer Gewalt erfuhr, neigt stärker zur Gewalttätigkeit als andere. Was unter die kindliche → Amnesie fiel, bleibt vorbewusst als Erbschaft des kulturell bestimmten Körpergedächtnisses erhalten.

R. v. Dülmen, Theater des Schreckens, München 1985; M. Foucault, Überwachen und Strafen, Frankfurt/M. 1976; H. v. Hentig, Die Strafe, 2 Bde., Berlin/Göttingen/Heidelberg 1954, 1955; F. Nietzsche, Zur Genealogie der Moral (1887), in: Kritische Studienausgabe Bd. 5, Berlin/New York 1968, S. 245–412.

Sven Kramer

Straßennamen

Nicht nur wichtig wegen der zielklaren Lenkung von Post, Rettungswagen und Kundenströmen, sind S. zentrale Gelenkstellen im öffentlichen Gedächtnis. Das Namenkorpus einer Gemeinde ist genetisch zweigeteilt: Die → Namen *vor* der napoleonischen Sattelzeit entstammen einem mündlichen Diskurs, der sich ohne öffentlich-staatliche Lenkung anund fortspann. Ins alltagsorientierte S.-Gedächtnis konnte als → *Zeichen* nur aufgenommen werden, was als Bezugsgegenstand unmittelbar ‹sichtbar› («Fischmarkt»), was für die Gemeinschaft objektiv ‹relevant› («Brückenstraße») und für die Bewohner überdies ohne Umschweife ‹evident› («Fleischmengergasse») ist. Diese → Struktur des S.s innerhalb des *kommunikativen Gedächtnisses* erfährt ihre erste Verformung in Richtung Erinnerung, wenn der Bezugsgegenstand («Am alten Graben») nicht mehr vorhanden ist. Jetzt fungiert das alte Zeichen als → *Spur*, die zu Ehemaligem führt und so den ‹alten Graben› im Gedächtnis behält. Der Proporz zwischen solchen Zeichen und Spuren ist für die mittelalterlich-frühneuzeitliche Stadt prägend.

Mit dem Aufzug der ‹ideologischen› Zeitalter treten die S. auf den Plan, die dem → *kulturellen Gedächtnis* entstammen. In langen, verwaltungstechnischen, oft heiß umkämpften Prozeduren werden S. festgelegt, die über die topographische Orientierung hinausreichen. In ihnen wird festgeschrieben, was künftig für die Kommune als verpflichtendes → Erbe und damit als Identitätsaufhänger gelten soll: vor allem Personen (Künstler, Politiker, Generäle, Wissenschaftler, → Pioniere) und historische Ereignisse (→ Revolutionen, Schlachten, Staatsgründungen). Die S. werden als → Denkmäler gesetzt, und eine kontrastive Analyse der Schicht des S.-Korpus gibt nicht weniger her als eine Geschichte des Selbstbildes einer Kommune (→ Städtelob; vgl. → Hauptstadt). Die akkumulierende Erforschung der S. gibt den Blick frei auf den Grundbestand deutscher Selbstkonstitution (J. W. v. Goethe, K. Adenauer), auf die regionalen Unterschiede (F.-J. Strauß) und auf die Umbrüche der deutschen Geschichte (statt «Republik-Platz» «Adolf-Hitler-Platz», statt «Wilhelmstr.» «Otto-Grotewohl-Straße»).

Lässt sich der Kampf um S. – etwa im Fall der globalen Umstrukturierungen anlässlich des Zusammenbruchs der östlichen Welt nach 1989 – zunächst erklären aus ihrer allerorten genutzten Potenz als Ideologieträger, so tritt ihre besondere, bisher noch nicht erkannte, Sonderposition innerhalb der Formen → kollektiven Gedächtnisses hinzu: Nach Quelle (→ Geschichte), Funktion (wertorientiert), Herkunft (debattengeboren) und Installation (feierliche Taufen) eindeutig dem kulturellen Gedächtnis zugehörig, bedarf es doch nicht der sonst üblichen Anstrengungen (kulturstabilisierender Unterricht, → Lernen), um ihren Inhalt in aller Munde zu bringen; das alltägliche, immer wiederholte ‹Benutzen› der Stadt erzwingt die Gravur auch ins kollektive, kommunikative Alltagsgedächtnis (→ Gewohnheit, → Routine). Diese strukturelle Doppelheit sorgt für den mehr oder minder bewussten, aber alle Mal heftigen Kampf um die mnemische Potenz der scheinbaren Nebensächlichkeit S.

D. Bering/K. Großsteinbeck/M. Werner, Wegbeschreibungen. Entwurf eines Kategorienrasters zur Erforschung synchroner und diachroner Straßennamenkorpora, in: Zeitschrift für Germanistische Linguistik, Bd. 27, 1999, S. 135–166; E. Fuchshuber-Weiß, Straßennamen, in: E. Eichler u. a. (Hg.), Namenforschung. Ein internationales Handbuch, Bd. 2, Berlin/New York 1996, S. 1468–1475.

Dietz Bering

Stress

(engl. *stress*: Druck, Anspannung). Das S.-Konzept wurde von H. Selye (1956) entwickelt. S. ist eine Reaktion des Organismus auf erhöhte Anforderungen der Umwelt (vgl. → Reizüberflutung). Die Grundreaktionen sind eine (vermehrte) Ausschüttung von S.-Hormonen (Glukokortikoiden), eine Erhöhung von Pulsfrequenz, Atemfrequenz, Blutdruck und eine Verengung der Pupillen. S.-Reaktionen dienen der Abwehr körperlicher Gefahren (→ Schmerz) oder dem Erreichen eines Leistungshochs (→ Quiz, → Prüfung), gleichzeitig engen sie meist die kognitive Flexibilität und damit auch die Breite von Erinnerungsfähigkeit und Informationsaufnahme ein. Dies insbesondere dann, wenn S.-Reaktionen eng aufeinander folgen oder wenn sie belastend sind (posttraumatische Belastungsstörung; → Trauma). S. wird über die Hypothalamo-Hypophysen-Nebennierenachse gesteuert, die die Ausschüttung von S.-Hormonen reguliert. S. und S.-Hormonausschüttungen werden als Mechanismen der Hirnalterung (→ Gedächtnisentwicklung) angesehen, die die neuronale → Kommunikation bis hin zu einer toxisch-zerstörenden Wirkung beeinflussen. Es kann ein mnestisches Blockadesyndrom (→ Blockade) ausgelöst werden.

H. Selye, The Stress of Life, New York 1956.

Hans J. Markowitsch

Struktur

(lat. *structura*: Zusammenfassung, Ordnung, Bau). Der S.-Begriff wird in der Wissenschaft und hier insbesondere in der Mathematik in der Regel verwendet, um den Zusammenhang einer Menge nicht spezifizierter Elemente zu beschreiben, ohne diesem Zusammenhang eine bestimmte Identität oder einen symbolischen Inhalt unterstellen zu wollen. Es handelt sich um einen Abstraktionsbegriff, der auf Relation, Artikulation, → Differenz, Übersetzung und → Spiel zielt und damit Abstinenz gegenüber essenzialistischen Beschreibungen eines Phänomens übt. Der S.-Begriff motiviert die Formulierung von Modellen, denen die erkenntnistheoretische Prämisse eingebaut ist, dass ein Modell nicht die Sache selbst ist (→ Repräsentation).

Man hat dem S.-Begriff häufig eine gewisse Statik unterstellt. Tatsächlich beschreibt er die Artikulation von Elementen oder die → Rekursivität von Operationen unter der Bedingung dynamischer Verhältnisse. Er ist ein Begriff, der auf das Problem abstellt, das gelöst werden muss, wenn Systeme ihren Bestand sichern, Phänomene ihre Einheit aufrechterhalten und → Identitäten sich in ihren Umwelten bewähren. Er hält die Frage danach fest, wie dieses Problem jeweils gelöst wird, und gibt zu erkennen, dass Antworten, die auf ein Wesen oder einen Grund zielen, nicht akzeptiert werden, weil sie die Lösung auf einer anderen Ebene postulieren als das Problem.

Dem S.-Begriff eignet eine gleichsam strukturelle Affinität zum Gedächtnisbegriff, weil auch dem Gedächtnis unterstellt werden muss, Kontinuitäten zu liefern, die das Heterogene übergreifen. Wir haben es in beiden Fällen mit der Gewinnung von → Kontinuität aus der Diskontinuierung des Kontinuierlichen (→ Bruch), oder anders gesagt: aus der digitalen Recodierung analoger Verhältnisse, zu tun. Diese Operationsweise scheint so riskant zu sein, dass sowohl für das Gedächtnis (in der Form der ‹Erinnerung›) wie für die S. (in der Form eines ‹Zentrums›) eine Korrespondenz zwischen der vorliegenden und der produzierten Kontinuität angenommen wird. Obwohl sich für diese Korrespondenzannahme keine anderen Anhaltspunkte finden lassen als das Gelingen ihrer Unterstellung, wird sie für die weiter gehende Annahme in Anspruch genommen, dass S. und Gedächtnis ‹Funktionen› in der Reproduktion der Phänomene erfüllen bzw. dass ihnen ein ‹kontrollierender›, mögliche Zustände untereinander vergleichender Zugriff auf diese Phänomene eignet (→ Vergleich). Interessant ist diese weiter gehende Annahme auch deswegen, weil sie nicht darauf angewiesen ist, temporal spezifiziert zu werden, geschweige denn die gängige Unterscheidung in → Vergangenheit, → Gegenwart und → Zukunft mitzuvollziehen. Das gilt auch dann, wenn man S.en von → Ereignissen unterscheidet, wie dies nicht nur in der Geschichtswissenschaft (→ Geschichte) üblich ist. ‹Ereignisse› dramatisieren eine → Differenz zwischen Vorher und Nachher, die von ‹S.en› zugunsten der andersartigen Differenz zwischen der *Verknüpfung* von Ereignissen einerseits und allem anderen andererseits wieder abgekühlt wird. Eine «methodische Aporie» (Koselleck 1979) trennt S.en und Ereignisse, doch beide sind hypothetischen, d. h. darstellenden Charakters.

Vielleicht muss man aus dieser Paradoxie, dass S. und Gedächtnis die methodische Einsicht in ihre Differenz gegenüber dem Gegenstand dazu nutzen, selbst Gegenständlichkeit zu gewinnen, als Beleg dafür nehmen, dass wir es in beiden Fällen mit Emergenzphänomenen zu tun haben. Die Referenzen, die beiden Begriffen eignen, wären dann nicht aus dem Referierten, sondern aus dem Referierenden heraus motiviert und die Referenz selbst nichts anderes als ein Motiv, von dieser Einsicht wieder abzusehen. Dann wäre jede S. insofern eine dissipative S., als sie den Durchlauf der einen Kontinuität (Energie) nur organisiert, um eine andere Kontinuität (→ Information) zu gewinnen. Offen bliebe dann nur, wie spielerisch oder wie zwanghaft die Differenz zwischen der Organisation und der S. jeweils strukturiert wird.

H. C. White, Identity and Control: A Structural Theory of Action, Princeton 1992; R. Koselleck, Vergangene Zukunft: Zur Semantik geschichtlicher Zeiten, Frankfurt/ M. 1979; A. Wilden, System and Structure: Essays in Communication and Exchange, London 1972; A. Korzybski, Science and Sanity: An Introduction to Non-Aristotelian Systems and General Semantics, 4. Aufl. Lakeville 1958.

Dirk Baecker

Strukturelle Amnesie

Von J. A. Barnes (1947/1990) geprägter Begriff, der im Gegensatz zur *pathologischen* Vorstellung einer → Amnesie die *Notwendigkeit* des → Vergessens angesichts der begrenzten Speicherkapazitäten individueller und kollektiver Gedächtnisse bezeichnet (→ Kapazität, → Speichern). Barnes bezeichnete mit s.r A. das Phänomen, dass in schriftlosen Kulturen allein die sozial relevanten Aspekte der Stammesgeschichte –

z. B. nur die männliche Linie der → Ahnen – erinnert werden. Dies ist prinzipiell damit zu begründen, dass der Wert von Gedächtnisinhalten nicht in ihrer bloßen Existenz, sondern in ihrer durch soziale und pragmatische Einbindung (→ M. Halbwachs) garantierten Abrufbarkeit liegt. Die → Organisation eines Gedächtnisses verlangt Überschaubarkeit und damit angesichts der steten Neuaufnahme von → Informationen eine mitlaufende Aussortierung veralteter Daten (→ Löschung, vgl. → Palimpsest).

Das *individuelle Gedächtnis* vermag nur auf diese Weise den Zusammenhalt des eigenen → autobiographischen Gedächtnisses zu gewährleisten (→ Identität), wie das Schicksal von Patienten zeigt, die aufgrund der Unfähigkeit zu vergessen die abgespeicherten Datenmassen weder hierarchisieren noch kontextualisieren können (→ Mnemopath, → Reizüberflutung). Auf der Ebene des → *kollektiven* und → *kulturellen Gedächtnisses* betrifft das Problem der s.n A. die Frage der → Tradierung: Insofern alle Formen der Überlieferung auf → Selektion angewiesen sind (→ Erbe, → Kanon, → Klassik, → Museum), wird deutlich, wie sehr «die Hauptfunktion des Gedächtnisses […] im Vergessen [liegt], im Verhindern der Selbstblockierung des Systems» (N. Luhmann, *Die Gesellschaft der Gesellschaft*). Das → Organisationsgedächtnis von Verwaltungen praktiziert diese s. A. in Form der Kassation von Akten (→ Archiv). Kulturhistorisch hingegen scheint der Wechsel zur schriftlichen Speicherbarkeit von → Wissen das Ende der s.n A. und damit das Ende einer selbstregulierenden Ökonomie der Erinnerung darzustellen (→ Schrift, → Speichermedien): «Die bloße Tatsache, daß die literale Gesellschaft über kein System der Eliminierung, über keine ‹strukturelle Amnesie› verfügt, macht es unmöglich, daß die Individuen so umfassend an der kulturellen Tradition partizipieren, wie es in einer nicht-literalen Gesellschaft möglich ist» (Goody/Watt 1986, S. 107). Tatsächlich bleibt aber auch die schriftliche Überlieferung von der s.n A. geprägt. Sowohl in Handschriftenkulturen, in denen die Verfügbarkeit der materiellen Träger beschränkt ist, zumal aber nach dem Ende dieser Einschränkung, im Zeitalter des → Buchdrucks und seiner stetig expandierenden Wissensproduktion, ist es unerlässlich, einen selektiven Gebrauch von Überlieferungsangeboten zu machen (→ Beschleunigung). Die Form der s.n A. verschiebt sich hier von der Unterscheidung Bewahren/Löschen zur Unterscheidung Gebrauchen/Nicht-Gebrauchen und somit vom Problem der Wissen*tradierung* zum Problem der Wissen*organisation*. Mit der globalen Etablierung des → Internets scheint sich allerdings die Möglichkeit einer *virtuell* vollständigen Speicherung

des → Wissens der Menschheit zu eröffnen (Grassmuck 1999). Auf der
Seite des Umgangs mit dem Gespeicherten allerdings wird die Gedächtnisbildung nach wie vor auf das Vergessen der Nutzer angewiesen bleiben.

V. Grassmuck, Das lebende Museum im Netz, in: S. Schade/G. C. Tholen (Hg.),
Konfigurationen. Zwischen Kunst und Medien, München 1999, S. 231–251; J. Goo-
dy/I. Watt, Konsequenzen der Literalität, in: dies./K. Gough, Entstehung und Folgen der Schriftkultur, Frankfurt/M. 1986, S. 63–122; J. A. Barnes, Structural Amnesia (1947), in: ders., Models and Interpretations. Selected Essays, Cambridge MA
1990, S. 227–228.

Nicolas Pethes

Symbol → Trope

Synapse

(griech. *synápsis*: Berührung). Verbindung zwischen → Nervenzellen,
manchmal durch direkte elektrische Kopplung *(gap junctions)*, meist jedoch chemisch über Ausschüttung von → Neurotransmittern; die Modifikation von S.n wird oft als zelluläres Korrelat zu → Lernen und Gedächtnis angesehen (→ D. O. Hebb). Der Begriff S. wurde um 1900 von
C. Sherrington zur Beschreibung der durch S. Ramón y Cajal charakteri-
sierten Verbindungen zwischen Nervenzellen eingeführt. O. Loewi zeigte
1920, dass die → Informationsübertragung an S.n des Herzmuskels mittels Neurotransmitter erreicht wird. Im Gegensatz zur schnellen, direkten elektrischen Kopplung ist diese chemische Übertragung zwar langsamer, aber flexibler.

Ein ins Axonendköpfchen (Axonterminal) der präsynaptischen Nervenzelle einlaufendes Aktionspotenzial löst mittels eines Calcium-Ein-
stroms auf noch ungeklärte Weise die Fusion einzelner synaptischer Vesikel mit der präsynaptischen Membran und damit die Ausschüttung des
Neurotransmitters in den synaptischen Spalt aus. Die Wirkung des Neurotransmitters auf die postsynaptische Zelle wird durch die Rezeptoren
dieser Zelle bestimmt und kann entweder indirekt mittels intrazellulärer
Signalmoleküle oder direkt über das Öffnen transmittergesteuerter Ionenkanäle Spannungsänderungen hervorrufen. Wird die postsynaptische
Zelle dadurch dem Auslösen eines Aktionspotenzials näher gebracht, so

spricht man von einer *exzitatorischen*, ansonsten von einer *inhibitorischen* Verbindung (→ Hemmung). Variabilität in der Stärke dieser Spannungsänderung (Plastizität) wird seit Sherrington, Ramón Cajal und insbesondere Hebb, der eine Verstärkung der S.n bei korrelierter Aktivität der prä- und postsynaptischen Zelle postulierte, als zelluläres Modell für → Bahnung, → Konnektivität sowie für Lern- und Gedächtnisvorgänge angesehen. → Assoziationen z. B. werden demnach so gespeichert, dass ein vormals schwacher Input auf eine → Nervenzelle verstärkt wird, sodass sowohl Reiz A als auch Reiz B die Zelle aktivieren können. Tatsächlich wurde in allen Hirnregionen (insbesondere im → Hippocampus) diese sog. Hebb'sche Langzeitpotenzierung gefunden.

Inzwischen hat sich herausgestellt, dass u. a. die genaue zeitliche Abfolge der prä- und postsynaptischen Aktivität Verstärkung oder Abschwächung der S. bewirken kann. Auch die Dynamik der Verbindung, das Verhältnis der Spannungsänderungen bei wiederholter präsynaptischer Aktivität, wird dabei moduliert. Der genaue Mechanismus ist umstritten; es wird davon ausgegangen, dass ein postsynaptischer Ca^{2+}-Einfluss u. a. biochemische Veränderungen bewirkt, die zu Umverteilung, Modifikation und Neusynthese von postsynaptischen Rezeptoren und letztlich möglicherweise zur Neubildung von S.n, Formveränderungen und Wachstum von Dendritenästen führen. Fraglich ist auch der genaue Zusammenhang zwischen synaptischer Plastizität und Gedächtnisprozessen. Genetisch veränderte Mäuse mit modifizierter synaptischer Plastizität zeigen widersprüchliche Ergebnisse bezüglich ihres Lernverhaltens.

J. G. Nicholls/A. R. Martin/B. G. Wallace, From Neuron to Brain: A Cellular & Molecular Approach to the Function of the Nervous System, Sunderland 2000; D. Zamanillo u. a., Importance of AMPA receptors for hippocampal synaptic plasticity but not for spatial learning, in: Science, Bd. 284, 1999, S. 1805–1811; T. Bliss/T. Lomo, Long-lasting potentiation of synaptic transmission in the dentate area of the anaesthetized rabbit following stimulation of the perforant path, Journal of Physiology, Bd. 232, 1973, S. 331–356.

Andreas T. Schaefer

System → Code, → Gedächtnissystem, → Rekursivität, → Struktur

Tagebuch

Meist täglich verfasste, datierte und chronologisch geordnete Aufzeichnungen (→ Datum, → Schrift), in denen der Autor → Erfahrungen mit sich und seiner Umwelt aus subjektiver Sicht festhält. In Abgrenzung von der → Autobiographie im strengen Sinn folgt die Aufzeichnung des T.s nicht ausschließlich dem Prinzip der → Kontinuität, sondern versammelt – wie die → Chronik – erinnerungswürdig erscheinende → Ereignisse unter einem Datum. Im Unterschied zur → Narration können die Einträge isoliert und stichwortartig bleiben. Jeder Eintrag setzt neu an, Kontinuität und → Identität müssen gleichsam erst im Nachhinein konstruiert werden. Die durchbrochene Narration des T.s wirft deshalb zentral auch das Problem des gespaltenen Ich auf (→ Bruch). Man kann stichwortartig und ohne Sinnangebote T. führen, nicht aber eine Autobiographie schreiben (→ Sinn).

T.-ähnliche Formen sind seit der → Antike bekannt. Seit dem späten 17. Jh. besonders in bürgerlichen Schichten beliebt, avanciert das Schreiben und Lesen von T.ern erst in der zweiten Hälfte des 18. Jh.s zu einem integralen Bestandteil des kulturellen und literarischen Lebens. Die → Erwartungen der T.-Schreiber an den Text sind von dem Bedürfnis bestimmt, die eigene Entwicklung zu dokumentieren und verfügbar zu halten sowie das eigene Leben zu ordnen und zu strukturieren. Aber auch Dissoziationserfahrungen des eigenen → Bewusstseins werden an den T.-Text herangetragen. Dem liegt die Einsicht zugrunde, dass nur in der schriftlichen Fixierung → Dauer, Kontinuität und Wandel sowie der Prozess der Ich-Entwicklung konserviert werden können. Dagegen bleibt der mündliche Diskurs (→ Oralität) immer flüchtig und fällt dem → Vergessen anheim (→ Vergänglichkeit). Erst im Schreiben entwickelt der Schreibende ein Bewusstsein von der eigenen Geschichte. Das T. ist zugleich Ausdruck zweier Entwicklungen des 18. Jh.s, der Alphabetisierung und der Individualisierung. Um 1800 ist das T. wie die ihm verwandte Gattung Brief nichts anderes als die Überführung eines mündlichen Diskurses in das Medium der Schrift. Es funktioniert als situatives Kommunikationsmedium (→ Kommunikation), das im Freundeskreis vorgelesen wird und ohne potenzielle Leserschaft nicht denkbar ist. Seine Textstruktur ist dialogisch geprägt. Die Konstitution einer eigenen Lebens- und Entwicklungsgeschichte wird im 18. Jh. an einen zunehmend ausdifferenzierten Erziehungsprozess gekoppelt. T.-Schreiber empfehlen das T.-Führen als eine Form der Selbstbeobachtung und -erfahrung, Pädagogen setzen es bewusst für ihre Arbeit ein. Mit J. C. Lavaters *Geheimem Tagebuch* (1771) wird durch die Publikation die Grenze der Halböffentlichkeit überschritten und das T. als eigenständige literarische Gattung eingeführt. Erst im 19. Jh. etabliert sich das T. als Aufzeichnungs- und → Speichermedium intimer Gedanken, → Erlebnisse und Gefühle (→ Gedächtnisstütze, → Reminiszenz). Neben die sog. authentischen T.r treten die fingierten oder fiktiven T.r eines R. M. Rilke (*Die Aufzeichnungen des Malte Laurids Brigge*, 1910) oder M. Frisch (*Stiller*, 1954).

S. Schönborn, Das Buch der Seele. Tagebuchliteratur zwischen Aufklärung und Kunstperiode, Tübingen 1999; R. R. Wuthenow, Europäische Tagebücher. Eigenart. Formen. Entwicklungen, Darmstadt 1990.

Kirsten von Hagen

Taktiles Gedächtnis → Sensorisches Gedächtnis

Temporallappen → Großhirn

Terminkalender

Auch: Terminplaner; schriftliche Fixierung von Zeitpunkten in der → Zukunft, die für geschäftliche oder private Aufgaben vorgesehen sind (→ Gedächtnisstütze). Der T. erinnert an Verpflichtungen und Abmachungen und entlastet das individuelle Gedächtnis. Er hält → Informationen wie Uhrzeiten und Orte geplanter → Ereignisse fest (→ prospektives Gedächtnis), die auswendig durch die gegebene Vielzahl und Stereotypie der Termine schwer zu memorieren sind (→ Auswendigkeit, → Vergessen). Der T. erstellt im Unterschied zum Jahreskalender (→ Kalender) einen individuellen Zeitplan. Im Gegensatz zum → Tagebuch, in dem das Gewesene eines Tages festgehalten wird, verliert der T. nach Ablauf des jeweiligen → Datums gewöhnlich seinen Wert, kann aber nachträglich als – unter Umständen verfängliches – → Indiz genutzt werden, um vergangene Abläufe zu rekonstruieren (→ Rekonstruktion, → Zeugenaussage). Da der T. eine planmäßige Ausführung und Erfüllung von Aufgaben und Abläufen bezweckt, ist er ein wichtiges Instrument in der rationalen Organisation von Arbeits- und Alltagsprozessen. Damit steht er symbolisch für die Programmierbarkeit und Automation des modernen Menschen, der sich zu keiner Zeit spontaner Zufälligkeit überlässt. Elektronische T. (z. B. Palmpilot) lösen heute schriftlich notierte Stunden- und Wochenpläne (z. B. Filofax) ab; sie gehören zu den Standardprogrammen von Personal → Computern und werden in sog. Organizern mit Adressbüchern, Datenverarbeitung sowie Telefon und → Internet verbunden.

Eva Erdmann

Testament → Dokument, → Erbe

Thalamus → Gehirn, → Großhirn, → Zentrales Nervensystem

Thesaurus

(griech. *thesaurós*: Schatz, Schatzhaus). Systematisch geordnete Sammlung von Wissensnotaten. In der Geschichte der → Gedächtnismetaphorik fand T., analog zum griechischen Doppelsinn des Worts, sowohl für die Memorabilia als auch für deren Merkorte (→ Loci-Methode, → Mnemotechnik) Verwendung. Seit dem Mittelalter nannte man den in einem Wörterbuch niedergelegten «Sprachschatz» T., was beide Bedeutungsaspekte des Begriffs vereint (→ Lexikon). Auch der universalwissenschaftliche Anspruch der lullistischen *ars combinatoria* und der → Gedächtnistheater der Renaissance, das gesamte Weltwissen nicht nur zu indizieren, sondern zugleich auch zu repräsentieren, hielt am Doppelcharakter des T.-Begriffs fest (→ Repräsentation, → Wissen). Der frühneuzeitliche Nominalismus ließ das metaphysische Fundament der Einheit von Begriff und Sache wegbrechen. Zwar glaubte noch Leibniz an die Möglichkeit eines *T. omnis humane cognitionis*, doch war dieser nur mehr als Fundstellenverzeichnis gedacht (→ Katalog). Der Erfahrungsdruck der neuzeitlichen Wissensakkumulation sprengte zunehmend auch diese topologisch reduzierte Fassung des T.-Prinzips zugunsten temporaler Darstellungsformen (→ Topos). Mit der Einführung rechnergestützter Informationssysteme allerdings kam das Wort wieder in Gebrauch: als Terminus für ein thematisch spezifiziertes, klassifikatorisches Verzeichnis von Sachwörtern, die durch sog. Deskriptoren normiert sind, um eindeutige Strategien für das → Speichern und Wiedereinschalten *(storage and retrieval)* zu gewährleisten (→ Computer). Die explosionsartige Vermehrung der Datenmengen im → Internet (→ Beschleunigung) lässt alle Versuche einer Anwendung des T.-Prinzips als aussichtsloses Unterfangen erscheinen. Der Trend geht deshalb zu ‹intelligenten› Suchmaschinen (→ Künstliche Intelligenz, → Selektion), die ohne Vorab-Klassifikation des Datenpools die jeweils gewünschten → Informationen ausfiltern sollen – mit entsprechenden Ambiguitätsproblemen.

G. Wersig, Thesaurus-Leitfaden. Eine Einführung in das Thesaurus-Prinzip in Theorie und Praxis, München/New York 1978.

Peter Matussek

Tiere

Bei T.n lassen sich Verhaltensweisen beobachten, die → Spuren vergangener → ‹Erfahrungen› aufweisen. T. kehren z. B. zielstrebig zu Futter- und Brutplätzen zurück, lernen den ‹Dialekt› ihrer Eltern oder erkennen Sippenmitglieder wieder, von denen sie länger getrennt waren (→ Prägung). Durch solche Beobachtungen wurde der Gedächtnisbegriff allmählich auch auf T. ausgedehnt. Im Hinblick auf die Funktion des → deklarativen Gedächtnisses kann man z. B. einem Affen beibringen, eine bestimmte Taste zu drücken, wenn eine Weile zuvor ein Farbfleck auf einem Computer-Bildschirm erschienen ist, womit der Affe zu erkennen gibt, dass er sich an das Ereignis erinnert. Im Hinblick auf das → prozedurale Gedächtnis lässt sich z. B. feststellen, dass T. (wie etwa Hunde oder Ratten) Nahrung meiden, deren früherer Verzehr zu Unwohlsein geführt hat (→ Geschmack).

Spezifische Gedächtnisleistungen von T.n lassen sich durch Manipulationen in bestimmten → Gehirnregionen stören. Schäden im → Hippocampus beeinträchtigen das Orientierungs-Gedächtnis, lassen so einfache → Konditionierungsvorgänge jedoch wie die Futtervermeidung unbeeinflusst. Dagegen kann man durch Schäden in einer benachbarten Region, der → Amygdala, die Konditionierung von Angst blockieren, ohne gleichzeitig das deklarative Gedächtnis zu stören. Auch im Insektengehirn lassen sich Gedächtnisleistungen mit Gehirnregionen in Verbindung bringen. Lokale Kühlung der sog. Pilzkörper *(corpora pedunculata)* im Bienengehirn oder deren genetische Manipulation in der Fliege

Drosophila unterdrücken das Erinnerungsvermögen für Gerüche (→ olfaktorisches Gedächtnis), während visuelle und motorische Gedächtnisleistungen in der Fliege unbeeinträchtigt bleiben. Umgekehrt ist es mit Eingriffen im sog. Zentralkomplex. Sie stören das visuelle (→ ikonische, → sensorische) und motorische Gedächtnis, nicht aber das olfaktorische. Mit genetischen Methoden ließ sich sogar zeigen, dass drei Minuten nach dem → Lernen ein wesentlicher Teil des → Engramms für Gerüche in den Pilzkörpern liegt.

Die moderne Gedächtnisforschung stützt sich in hohem Maß auf Tierexperimente (vgl. → Kritische Phase). In den letzten Jahrzehnten wurde begonnen, die molekularen und zellulären Grundlagen von Gedächtnisleistungen aufzuklären. Viele davon gelten bisher ohne Ausnahme im ganzen Tierreich. Als physiologisches Korrelat des Gedächtnisses werden heute allgemein die nachhaltigen Veränderungen in der Signalübertragung zwischen → Nervenzellen angesehen. Die Meeresschnecke Aplysia mit ihren besonders großen Nervenzellen, deren elektrische Eigenschaften man über lange Zeit messen kann, erlaubt es, diese Veränderungen unmittelbar zu verfolgen. Aplysia lernt rasch, bei einer leichten mechanischen Berührung ihre Kiemen einzuziehen, sofern dieser Reiz einige Male gepaart mit einem gefährlichen elektrischen Schlag auftritt. In den Nervenzellen, in denen gleichzeitig die Erregungen vom mechanischen Reiz und vom Elektroschock eintreffen, werden über den intrazellulären Botenstoff cAMP Phosphorsäure-Reste an Ionenkanäle und andere Eiweißmoleküle geheftet, was kurz- und mittelfristig zu einer erhöhten Kalzium-Konzentration in der → Synapse und dadurch zu verstärkter Transmitterausschüttung führt (→ Neurotransmitter). Nach mehreren solchen gepaarten Reizen, die in längeren Abständen geboten werden, können die Nervenzellen die entsprechenden Synapsen auch langfristig durch wachstumsähnliche Prozesse verstärken und sogar zusätzliche Synapsen ausbilden. Schon lange ist bekannt, dass das Gedächtnis seine Eigenschaften in der ersten Zeit nach dem Lernvorgang verändert. Zunächst kann es noch durch Betäubungsmittel, Kälte oder Schock gelöscht werden. Später wird es gegen diese Einwirkungen unempfindlich. Wie bei Wachstumsprozessen zu erwarten, ist für das → Langzeitgedächtnis in der Regel Eiweiß-Synthese notwendig (→ Referenzgedächtnis). Auch im Säugerhirn kann geeignete Reizung die Übertragungseigenschaften von Nervenzellen dauerhaft verändern. Dort hat man einen Mechanismus gefunden, der die Synapse besonders dann moduliert, wenn die beiden Zellen, die durch die Synapse verbunden sind, gleichzeitig erregt werden. Hierbei spielen spezielle Sensoren für den → Neurotransmitter Glutamat, die sog. NMDA-Rezeptoren, eine wichtige Rolle.

Lernen und Gedächtnis sind ein Grundelement kognitiver Leistungen (→ Kognition). Auch T. mit vergleichsweise einfachen Gehirnen wie die Insekten können generalisieren, Kategorien und Konzepte bilden, Konfigurationen von Reizen lernen, den relevanten Lernreiz vom Kontext unterscheiden und vieles andere. Damit zeichnet sich ab, dass die → Netzwerke und zellulären Mechanismen im Gehirn erforscht werden können, die diesen Prozessen zugrunde liegen.

M. Heisenberg/R. Wolf/B. Brembs, Flexibility in a single behavioral variable of Drosophila, in: Learning & Memory, Bd. 8, 2001, S. 1–10; L. R. Squire/E. R. Kandel, Gedächtnis – Die Natur des Erinnerns, Heidelberg 1999; J. D. Delius/L. v. Fersen, Gedächtnis bei Tieren, in: D. Albert/K.-H. Stapf (Hg.), Gedächtnis. Enzyklopädie der Psychologie, Themenbereich C, Serie II, Bd. 4, Göttingen u. a. 1996, S. 489–539.

Martin Heisenberg

time capsule → Zeitkapsel

Tod, Tote

Der T. ist das Paradigma eines unwiederbringlichen Verlusts und damit der Auslöser jeder Gedächtnispraxis (→ Bruch, → Vergänglichkeit). Die Tt.n sind der Inbegriff dessen, was erinnert werden muss. Dabei hat das Totengedenken einen zweifachen, nur scheinbar widersprüchlichen Impuls: Es ist einerseits Andenken, das Präsent-Halten der Verstorbenen (→ Präsenz), andererseits Abwehr gegen die unheimliche Wiederkehr der Tt.n im Raum der Lebenden.

Den Lebenden erscheinen die Tt.n entweder als → Ahnen und Heroen oder als → Gespenster. Als Ahnen sind die Tt.n hilfreich, gemeinschafts- und identitätsstiftend, als Heroen sind sie Vorbilder (→ Märtyrer, → Pionier), konstituieren → Tradition in der Fortschreibung ihrer Geschichte oder sind Kernfigur von Gründungsmythen (→ Gründung). Das Gedenken an diesen Typus des ‹wohlwollenden› Tt.n ist integraler Bestandteil einer Gemeinschaft; nur in dem Maß, wie es gemeinsame Ahnen gibt, kann sich die Gemeinschaft ihrer Vergangenheit versichern. Diese Tt.n haben ihre festen kulturellen *Orte* – Ahnenschreine, geweihte Plätze,

→ Denkmäler, → Mnemotope – und *Zeiten* – wiederkehrende → Riten, → Jahrestage, → Feste. Die Tt.n können aufgesucht und angerufen, zitiert und in Erzählungen erinnert werden. Häufig haben Ahnen eine Mittlerrolle zwischen Menschen und Göttern, immer aber eine zwischen den Mitgliedern einer Gemeinschaft, sofern sie Werte und Normen verkörpern. In säkularen wie in sakralen Totenkulten gelten ihnen (und nur ihnen) spezifische kulturelle Praktiken der Kommemoration: Totenopfer, Gedenkfeiern und Reliquienverehrung, Anrufung oder Gebet, mündliche oder schriftliche Narrative, Inschriften, Bilder, Denkmäler und → Museen. Wohlwollende und vorbildliche Tt. sind zugleich Matrix eines nicht nur retrospektiven, sondern auch prospektiven Gedächtnisses (Assmann 1992; → Ruhm): Sie verkörpern eine Unsterblichkeit, die durch beispielhaftes Verhalten, aber auch entsprechende Vorkehrungen (Mumifikation, → Mausoleum, testamentarische Stiftungen) bereits im Leben angestrebt werden kann.

Die bedrohliche und unheimliche Erscheinungsweise der Tt.n ist das Gespenst (Wiedergänger, Zombie, Vampir). Es sind die mit den Lebenden unversöhnten, → Rache oder Vergebung suchenden Tt.n. Das Unheimliche, zugleich Vertraute und zutiefst Fremde dieser Tt.n ist ihre Ort- und Zeitlosigkeit. Sie folgen nicht den → Ritualen und Anrufungen der Lebenden, sie sind nicht zitierbar, sondern kommen und gehen nach ihrer eigenen Logik. Die Logik ihres Erscheinens folgt einem Erinnerungs- oder → Wiederholungszwang, der in ihrem Fall gerade nicht die Gemeinschaft affirmiert, sondern Pathologien des Sozialen (Feindschaften, Schuld, Vergessen) markiert und als → Trauma der Gemeinschaft oder Einzelner weiterwirken lässt.

Die Ordnung der Lebenden und der Tt.n ist als solche immer fragil und bedroht. Hier setzen Gedächtnis- und → Trauerpraktiken an: Sie sollen den Tt.n versöhnen, ihm seinen Ort anweisen, die Ordnung stabilisieren. Der Ursprungsmythos der → Mnemotechnik, die Geschichte des Simonides von Keos, der bei einem Festmahl verschüttete und verstümmelte Tt. durch Erinnerung an ihre Sitzordnung identifiziert, macht diesen Zusammenhang sinnfällig. Gedächtnis als *Technik* von universaler Anwendbarkeit entsteht im Augenblick des Todesfalls und der Notwendigkeit von Trauerriten: Die Leistung des Simonides besteht darin, in der Memorierung der Sitzordnung den unkenntlichen Körpern → Namen und → Identitäten zuzuordnen, um sie nunmehr individuell bestatten zu können.

Die Individualität der Tt.n ist in der Geschichte der Trauerpraktiken gleichermaßen die Bedingung wie die Krux des Trauerns. Wo es nicht mehr genügt, einen Tt.n nach den Regeln zu bestatten und Namen und Taten zu verzeichnen, wird der Tt. *als anderer* virulent und mit ihm die individuelle Verbindung zwischen Trauerndem und Verstorbenen. Der «Tod des Anderen» (Ariès 1980) seit der Neuzeit ist weniger die Angelegenheit der Gemeinschaft als die Aufgabe des einzelnen Hinterbliebenen. Das Gedächtnis der Tt.n wird zum → Eingedenken ihrer Singularität, Trauer zur Untröstlichkeit – das Ritual des Gedenkens dehnt und entortet sich zu einem psychischen Prozess, der tendenziell kein Ende nehmen darf. Steht in der neuzeitlichen Trauerkultur das Individuum im Vordergrund, so muss die kulturanthropologische Unterscheidung von wohlwollenden und unheimlichen Tt.n als innerpsychischer «Ambivalenzkonflikt» (→ S. Freud) beschrieben werden. Diese Ambivalenz zwischen latenter Schuld, den anderen überlebt zu haben, und dem Verlust eines Liebesobjekts ist das Risiko jeder Trauerarbeit und jeden Totengedenkens (→ Melancholie).

Kulturell entsprechen dieser modernen Psychologisierung der Trauer zwei diskursgeschichtliche Transformationen, die ihren Ursprung im 18. Jh. haben: (1) die *Unsagbarkeit* des T.es, die ihn einerseits als Thema von Literatur und Kunst verbietet (nur noch als «Bruder des Schlafs», G. E. Lessing), andererseits eine intensive (philosophische, literarische und wissenschaftliche) Diskursproduktion über T. und Tt. mit sich bringt; (2) die *Medikalisierung* des T.es, die mit der Suche nach einer evidenten biologischen Grenze zwischen Leben und T. diese zunehmend unbestimmbar hat werden lassen. Die Schwierigkeit, den T. zweifelsfrei festzustellen, führt zu tief greifenden Reformen des Bestattungswesens (vgl. → Friedhof).

Die Formen eines Totengedenkens, das diesem Zustand Rechnung trägt, lassen sich nach ihrer semiotischen Struktur (vgl. → Zeichen) in drei Typen gliedern: Ikon (1), Index (2) und Text (3). (1) *Bilder* streben eine → Repräsentation des Tt.n, eine → Vergegenwärtigung in ihrer physischen Erscheinungsweise an (→ Porträt). Sie memorieren den Zustand des Lebens und verdecken darin die Abwesenheit wie den Zerfall des abgebildeten Körpers. (2) Grabstein, Gedenktafel (→ Epitaph), → Totenmaske oder → Reliquie sind Formen indexikalischen Verweisens (vgl. → Spur) auf den Tt.n, die gerade nicht seine → Vergegenwärtigung leisten, sondern auf seiner «Gewesenheit» (Barthes 1985) insistieren. Der Index verweist – paradigmatisch im Grabstein – auf ein paradoxes Dagewesen-Sein, das «Hier ruht» deutet auf die physische → Präsenz des Leichnams (mitsamt seinem Verfalls- und Verschwindensprozess), aber auch auf die Abwesenheit der Person. Als einen für modernes Totengedenken zentralen Zwitter zwischen Index und Ikon, Licht-Spur und Abbildung hat R. Barthes die → Fotografie beschrieben. (3) Texte strukturieren das Totengedenken als → Narration (Biographien, Lyrik, Leichenrede, Epitaph, → Nachruf usw.). In diese Narration geht stets die Doppelstelligkeit des Verhältnisses zwischen Überlebendem und Tt.n ein (Horn 1998). In der Moderne wird diese Doppelstelligkeit zum → Topos einer immer neu formulierten Aporie: Es ist gleichermaßen unumgänglich und unmöglich, über den Tt.n zu sprechen, wo jede Rede das Faktum des T.es wie die Singularität des Tt.n nur verfehlen kann (Derrida 1988).

E. Horn, Trauer schreiben, München 1998; J. Assmann, Das kulturelle Gedächtnis, München 1992; J. Derrida, Mémoires. Für Paul de Man, Wien 1988; R. Barthes, Die helle Kammer, Frankfurt/M. 1985; P. Ariès, Geschichte des Todes, München 1980; S. Freud, Totem und Tabu (1912/13), Gesammelte Werke, Bd. 9, London/Frankfurt/M. 1940.

Eva Horn

Topik → Rhetorik, → Topos

Topographie

(griech. *tópos*: Ort, *gráphein*: schreiben). Raum, der kollektive Gedächtnisinhalte erfahrbar macht. Gründet sich die → Mnemotechnik auf die → Gedächtnisstrategie, Bilder in räumlichen Konfigurationen zu speichern (→ Locitechnik), so gibt es Beziehungen zwischen T. und Erinnerung, bei denen es nicht um ‹technische› Konstruktionen und Hilfsmittel geht, sondern um eine Verbindung von tatsächlich gegebenen Orten oder → Landschaften mit dem individuellen oder → kollektiven Gedächtnis. → M. Halbwachs (1941) hat die Bedeutung einer relativen ‹Stabilität› von Straßen, Gebäuden und Interieurs für das kollektive Gedächtnis betont (→ Architektur, → Straßennamen). Cicero handelt in *De finibus bonorum et malorum* seinerseits von der Evokationskraft von Orten, ihrer «vis admonitionis», die «uns von der Natur oder durch Täuschung gegeben ist». Orte vermögen mehr als Worte große Menschen und ihr Wirken vor dem inneren Auge lebendig werden zu lassen (→ Phantasie, → Vergegenwärtigung). Cicero bezieht sich auf die Säulenhallen der Peripatetiker in Athen und beschwört die Gestalt → Platons.

Als Gedächtnis-T., also als Ensembles erinnerungsträchtiger Orte, gelten vor allem die → Mnemotope Rom und Jerusalem (→ Hauptstadt). Das antike Rom mit seinen Tempeln, Hallen und Plätzen, die im zyklischen Vollzug der Riten sich zu einer sakralen T. verbinden, ist ein → Palimpsest der Erinnerung an → Mythos und → Geschichte, an dem über Jahrhunderte forterzählt und fortgeschrieben wird. Die Christianisierung bedeutet die Überlagerung (und Unterminierung) des klassischen Roms mit einer neuen T., wie sie im mittelalterlichen Stationswesen zelebriert wird. Die *Roma christiana* ist ein exzeptionelles Beispiel für die Verbindung einer Erinnerung an das heroische Wirken der frühen Gemeinde und → Märtyrer, die an diesem Ort ihren Schauplatz hatten, mit der Translatio Jerusalems nach Rom in → Ritus, → Reliquie oder monumentaler Kopie. Jerusalem ist in allen drei monotheistischen Religionen ein Ort der Erinnerung wie der eschatologischen Erwartung: der zerstörte Tempel der Juden, das leere Grab der Christen, der Hufabdruck vom Reittier des Propheten im Felsendom des Islam.

Zu analysieren wäre, wie es Halbwachs begonnen hat, die Ausbildung einer legendären Topographie unter christlichen Vorzeichen, die bald in der im 2. Jh. wiederaufgebauten Stadt einsetzt und nach der konstantinischen Wende in Monumenten sich materialisiert; die Pilger aus Ost und West fanden auf ihrer Suche nach → Spuren und Schauplätzen ein reiches Angebot an Lokalisierungen des Erlösungsgeschehens vor. Mit einem Stein des Heiligen Landes konnten sie dann auch ein Stück Erinnerung nach Hause tragen. Die örtliche → Liturgie arbeitete einerseits an der rituellen Vergegenwärtigung dieses Geschehens, ermöglichte andererseits, wie J. Smith (1987) postuliert hat, die Transformation von Orten in zyklische Zeit und wurde damit potenziell transportabel (bzw. nachstellbar), ohne dass die Anziehungskraft Jerusalems dadurch nachgelassen hätte. Im Übrigen war Jerusalem das Zentrum einer weitgefassten Sakraltopographie, die die jüdischen topographischen → Traditionen der christlichen → Konstruktion einverleibte, so wie das jüdische Schriftkorpus zum *Alten Testament* erklärt und typologisch mit dem Neuen verbunden wurde (→ Typologie). Diese Aspekte sind in eine vergleichende Anthropologie der Konstruktionen, Funktionen und Überlagerungen mnemischer Topographien in religiösen bzw. sozialen Ordnungen einzuordnen, insbesondere der kulturellen ‹Verschlingungen› von Natur und Monument, Materie und Gedächtnis.

J. N. Rosovsky (Hg.), City of the Great King. Jerusalem from David to the Great King, Cambridge/London 1996; J. Assmann, Das kulturelle Gedächtnis. Schrift, Erinnerung und politische Identität in frühen Hochkulturen, München 1992; J.

Smith, To Take Place. Toward Theory in Ritual, Chicago 1987; W. Pohlkamp, Papst Sylvester und der Drachen vom Forum Romanum, in: Römische Quartalschrift, Bd. 78, 1983, S. 1–100; M. Halbwachs, La topographie légendaire des évangiles en Terre Sainte, Paris 1941.

Gerhard Wolf

Topos

(griech. *tópos*: Ort). In der → Rhetorik Bezeichnung für konventionalisiertes Argumentationsverfahren bzw. eine formelhafte Wendung. Hintergrund des Begriffs ist die Topik als Erinnerungstechnik im Rahmen der rhetorischen Findelehre *(inventio)*. Sie befähigt den Redner, Argumente und Erläuterungen für ein abzuhandelndes Thema zu finden. Aristoteles unterscheidet in den *Topika* zwischen den verschiedenen logischen Argumentationsformen *(tópoi)* und ihrer konkreten Anwendung innerhalb einer Beweisführung. In den römischen Rhetoriklehrbüchern kommt es zu einer Ausweitung des bloß formalen Argumentations-T.: Die Topoi werden inhaltlich gefüllt und als Gemeinplätze *(loci communes)* selbst zu den gesuchten Argumenten (Cicero, *De inventione*). Zudem wird die Raummetaphorik von Aristoteles' kategorialem Modell konkretisiert, insofern die Argumente innerhalb eines imaginierten Raums verteilt werden *(sedes argumentorum*; B. Emrich in: Jehn 1972). Die römische Lehre vom T. verbindet so zwei Erinnerungsaspekte im System der Rhetorik: Zum einen sichern Topoi für die *inventio* den konstanten → Abruf bestimmter Gegenstände (z. B. Blumen, Vögel, Quelle usw.) zu einem Thema (z. B. *locus amoenus*: lieblicher Ort). Zum anderen wird die Verfügbarkeit der Topoi analog zur → Mnemotechnik der rhetorischen Gedächtnislehre *(memoria)* gedacht: An die Stelle der formalen *Topik* tritt die Imagination (→ Phantasie) einer vertrauten Lokalität (z. B. Wohnung), in die konkrete *Topoi* als Gedächtnisbilder *(imagines)* abgelegt und bei Bedarf wiedergefunden werden können. Als inhaltlich habitualisierte und räumlich geordnete Wissenselemente bilden Topoi eine zentrale Konstante der kulturellen → Tradierung. Die formale topische Ordnung stellt bis in die Renaissance (P. Ramus) das Prinzip der «Wissensverwaltung» und «enzyklopädische[n] Ressourcenbildung» dar (Schmidt-Biggemann 2000, S. 389; → Lexikon, → Thesaurus, → Wissen). In der Geschichte der Literatur sichern die inhaltlich gefüllten Topoi die Lesbarkeit und Überzeugungskraft von Bildbeständen (→ Metapher). Ihre Konventionalisierung führte jedoch trotz gegebener Variationsmöglichkeiten auf Dauer zu funktionaler Erstarrung: Mit der Durchsetzung genieästhetischer Originalität im 18. Jh. wird die auf Topoi aufbauende Darstellung kritisch gesehen. Das strikte System der Topik zerfällt in der Folge, wenn auch gestalterisch topische Situationen und Motive weiterhin, vor allem auch über intertextuelle Rezeption, auftauchen (→ Intertextualität). Mit Blick auf derartige → Kontinuitäten der rhetorischen und literarischen → Tradition hat E. R. Curtius das T.-Konzept zum ‹Klischee› ausgeweitet und die entsprechenden, von Aristoteles' Modell denkbar weit entfernten Topoi als Medien literarischer Traditionsbildung zwischen Norm und Variation definiert.

W. Schmidt-Biggemann, Was ist eine probable Argumentation? Beobachtungen über Topik, in: J. Kopperschmidt (Hg.), Rhetorische Anthropologie. Studien zum Homo Rhetoricus, München 2000, S. 383–397; Claude Anscombre, Théorie des topoi, Paris 1995; P. Jehn (Hg.), Toposforschung, Frankfurt/M. 1972; E. R. Curtius, Europäische Literatur und lateinisches Mittelalter (1948), Bern/München 11. Aufl. 1993.

Nicolas Pethes

Totenmaske

Positiver Abdruck, der aus flüssigem Gips, Wachs oder Ton kurz nach Eintritt des → Todes, also *bevor* der Verfall einsetzt, vom Gesicht genommen wird. Die Geschichte dieser Bildform reicht bis in die → Antike zurück, wo T.n aus Gold den Gräbern (→ Grabmal) von Königen beilagen. Dem *privaten* Ahnenkult (→ Ahnen) diente sie dagegen in römischer Zeit (Plinius d. Ä., *Naturalis historia*) und fand auch als Vorlage für → Porträts Verwendung. Die T. erfüllt als Abdruck, der durch die direkte Berührung mit dem → Körper entsteht, zugleich zwei Bedürfnisse: das nach Ähnlichkeit und das nach → Repräsentation – somit ist sie wie später die → Fotografie zugleich Index und Ikon (→ Zeichen).

Aufgrund ihrer Doppelfunktion in kultischem und privatem Totengedenken (vgl. → Trauer) überdauerte die T. monarchische Bestattungszeremonien, wo sie den Kopf der *Effigies*, der anstelle des Leichnams öffentlich ausgestellten Wachspuppe, schmückte. Dieser repäsentative Totenkult (→ Ritus) verlor seit der Aufklärung an Bedeutung. T.n wurden nun vor allem von bedeutenden Persönlichkeiten wie G. E. Lessing gefertigt, dem 1781 als erstem Bürgerlichen eine T. als Ausdruck der Verehrung abgenommen wurde (→ Ruhm).

Die T. diente seit J. C. Lavater auch als Gegenstand physiognomischer

Deutung, insofern sie als materielle → Spur individueller Gesichtszüge angesehen wurde. Gleichzeitig fand sie Eingang in anatomische → Sammlungen und erlangte wissenschaftliche Weihen etwa in der Phrenologie F. J. Galls. Als Objekt naturwissenschaftlicher Forschung konnte die T. ihren kultischen Status allerdings nicht mehr behaupten. Kriminalanthropologische → Kataloge von T.n verfolgten vielmehr das Ziel, Verbrechertypen zu generieren. Auf der Faszination der T. als authentischem Stellvertreter gründete dagegen die Popularität der Wachsfigurenkabinette der Mme. Tussaud (→ Museum): In ihrem *Chamber of Horrors* zeigte sie 1804 angeblich die T.n guillotinierter Revolutionäre, darunter J. P. Marat und M. Robespierre. In der lebensgroßen Panoptikumsfigur verkehrt sich die kultische Funktion der *Effigies*. An ihre Stelle tritt die Faszination für die Lebensechtheit der Figuren aus Wachs, die wie Schaustücke in einem Kunstkabinett präsentiert wurden. Vom Anfang des 20. Jh.s datieren eine Reihe von Sammelbänden mit → Fotografien von T.n, die im Sog einer populärwissenschaftlich argumentierenden Physiognomik erneut → Genealogien vorbildlicher Ahnen als fotografische Serie präsentieren (→ Fotoalbum). Kaum eines dieser verbreiteten Kompendien kam ohne die Abbildung der T. der sog. *Inconnue de la Seine* aus. Berühmtheit erlangte die schöne Unbekannte, weil sie – so lautet die Legende – im Moment des Todes ein Lächeln auf den Lippen getragen habe. Bis heute wird ihre T. nach der Negativform des Abdrucks vervielfältigt, als Kitschobjekt vertrieben und der einstige Kultstatus der T. in säkularisierter Form wiederbelebt (vgl. → Souvenir).

G. Didi-Huberman, Ähnlichkeit und Berührung. Archäologie, Anachronismus und Modernität des Abdrucks, Köln 1999; C. Schmölders, Das Gesicht der Toten. Eine Erinnerung, in: Kursbuch, Nr. 114, 1993, S. 19–32; E. Benkard, Das ewige Antlitz. Eine Sammlung von Totenmasken, mit einem Geleitwort von Georg Kolbe, Berlin 1926.

Petra Löffler

Tradierung

(lat. *tradere*: übergeben, anvertrauen, vererben). Auch: Überlieferung; gezielte Weitergabe kultureller Wissensbestände – im weiteren Sinne auch von Kulturgütern – an künftige Generationen (vgl. → Erbe). Im Gegensatz zum verwandten Begriff → Tradition akzentuiert T. den *Vermittlungsprozess*. Für die alltäglichen Vollzüge erforderliches → Wissen wie

Werte oder Sprache wird bereits in der → Sozialisation vermittelt; speziellere, etwa die soziokulturelle → Identität einer Gesellschaft betreffende kulturelle Bestände (→ kulturelles Gedächtnis) werden oft nur in bestimmten Situationen (→ Fest, → Ritus), nur über bestimmte Personenkreise (z. B. → Griots) und vor allem nicht samt und sonders an jedes Gruppenmitglied tradiert. Durch die → Selektion des Weiterzugebenden vermag eine Generation zu beeinflussen, wie sie künftig erinnert wird.

Was überliefert wird, bestimmen einerseits kulturelle und individuelle Festlegungen dessen, was bewahrenswert ist (→ Kanon). Was kulturelle Artefakte anbelangt, so verfügen moderne Staaten über spezifische Institutionen, die → Selektion und → Konservierung verwalten: → Archive, → Bibliotheken, → Museen und → Denkmalpflege. Als materielle Voraussetzungen limitieren andererseits die in der jeweiligen Kultur verfügbaren → Speichermedien, was für die Nachwelt aufbewahrt werden kann. Besteht lediglich die Möglichkeit oraler T. (→ Oralität), so beschränkt dies, wie viel, aber auch was weitergegeben werden kann. Ohne die mündliche Überlieferung je abzulösen, steigern Speichermedien wie → Schrift, → Buch, → Fotografie, → Phonograph, → Film, → Video, → Computer nicht nur die Menge, sondern erweitern auch das Spektrum des Überlieferbaren. → Zeitkapseln sollen ausgewählte Artefakte ‹direkt› über größere Zeiträume hinweg transportieren. Dass die Menge des Tradierten heute ins Unüberschaubare steigt, ist nicht allein der Entwicklung der Speichermedien geschuldet, sondern auch der fundamentalen Unsicherheit, was überhaupt der T. wert ist. Der Übergang zwischen → Abfall und Bewahrenswertem (→ Sammeln, → Sammlung) ist fließend. Geradezu obsessiv ist man bemüht, Verluste an alten wie neueren Kulturgütern zu vermeiden, sodass das Erscheinungsbild der heutigen → Kultur durch eine stetige Zunahme von Ungleichzeitigkeiten gekennzeichnet ist.

U. Raulff/G. Smith (Hg.), Wissensbilder. Strategien der Überlieferung, Berlin 1999; W. Kullmann/J. Althoff (Hg.), Vermittlung und Tradierung von Wissen in der griechischen Kultur, Tübingen 1993.

Jens Ruchatz

Tradition

I. (lat. *traditio*: Übergabe, Überlieferung). Kulturelles → Erbe einer Gesellschaft, einer sozialen oder ethnischen Gruppe bzw. religiösen Gemeinschaft. T. ist ein Schlüsselbegriff der ethnologischen Wissenschaften

Kultur- und Sozialanthropologie, Volkskunde und Völkerkunde und wird international in zahlreichen Sprach-, Kultur- und Sozialwissenschaften verwendet. T. kann sowohl die Gesamtheit der aus der Vergangenheit einer Gesellschaft überlieferten Praxen, Wertorientierungen und Artefakte (auch Texte) meinen als auch eingeschränkt werden auf diejenigen symbolischen Formen, die – wie → Brauchtum, → Musik- und Erzählkultur – die kulturelle Besonderheit und historische → Kontinuität der traditionstragenden Gruppe oder Gesellschaft performativ behaupten und bestätigen.

Als Kategorie zur Klassifizierung von Gesellschaftstypen in den Sozialwissenschaften steht ‹traditional› im Gegensatz zu ‹modern›. Als traditional gelten Gesellschaften, in denen das soziale Leben überlieferten Ordnungen folgt und die aus eigenem Anstoß keine große Veränderungsdynamik entwickeln. Diese werden u. a. historisch in den bäuerlichen Gesellschaften des vorindustriellen Europa lokalisiert sowie in der → Gegenwart in zeitgenössischen nichtwestlichen Gruppen und Gesellschaften, die nicht oder unvollständig modernisiert sind, gefunden. Ideengeschichtlich und wissenschaftshistorisch ist die Aufmerksamkeit für und die Aufwertung von T. ein Produkt der Moderne. Sie erstarkte im 19. Jh. als kritische und abwehrende Reaktion auf Modernisierungsprozesse (Bausinger 1961) und erlangte Bedeutung als ideologisches Fundament von Nationalismen (→ Nation), die nationale → Identität aus der T. vormoderner Volkskultur(en) konstruierten und damit zugleich das Fach Volkskunde zunächst als Forschungsprogramm, dann als Wissenschaftsdisziplin in zahlreichen europäischen Staaten und in Nordamerika etablierten (Bendix 1997). Umgekehrt diente T. im Zuge der kolonialen Expansion der Etikettierung von einfachen nichtwestlichen Gesellschaften als rückständig und damit zugleich der Selbstvergewisserung moderner Gesellschaften als fortschrittlich und überlegen; diese Hierarchisierung ging in der zweiten Hälfte des 19. Jh.s einher mit Annahmen des Evolutionismus, die die sog. primitiven Kulturen als am wenigsten entwickelte Stufe der Menschheitsgeschichte begriffen (→ Ursprung, → Genealogie).

T. ist ein Persistenzphänomen: Durch T.en ragt die erinnerte bzw. in → Speichermedien festgehaltene → Kultur der → Vergangenheit in die → Gegenwart hinein und wird aktuell für sie relevant. Der Sozialwissenschaftler A. Giddens bezeichnet T. als eines der «organisierenden Medien» des → kollektiven Gedächtnisses. Die Soziologie unterscheidet nach E. Shils (1971, 1981) drei Definitionsmerkmale von T.en: *Strukturell* basiert T. auf einer sequenziellen → Wiederholung, d. h., T.en sind kulturelle Muster, die nachweisbar von aufeinander folgenden Generationen einer Gesellschaft praktiziert werden; *formal* erfordert T.s-Bildung die Weitergabe von kulturellem Material und deren Rezeption durch soziale Akteure (→ Tradierung); *inhaltlich* definieren sich T.en durch ihre ausdrückliche Orientierung an der Vergangenheit und den Glauben an die Höherwertigkeit und Vorbildhaftigkeit aus der → Geschichte überlieferter kultureller Formen. Durch T. wird gesellschaftlich ein überzeitlicher Konsens hergestellt; T.en wohnt eine normative Bindungskraft inne, die durch → Routinisierung und → Ritualisierung verstärkt wird.

Volkskunde und Geschichtswissenschaft, vor allem in Deutschland und Großbritannien, legen seit den 1960er Jahren Forschungsergebnisse vor, die nachweisen, dass zahlreiche T.en, denen hohes Alter und eine ununterbrochene Tradierung nachgesagt wird, tatsächlich historisch jüngeren Datums sind, erhebliche Lücken in der zeitlichen Kontinuität aufweisen und häufig von Einzelpersonen oder Institutionen zu politischen Legitimationszwecken erfunden und installiert worden sind (→ Politik). Seit den 1980er Jahren hat sich ein Begriff von T. durchgesetzt, der derartige «erfundene Traditionen» (Hobsbawm/Ranger 1983) nicht als Sonder- oder Grenzfall der T.s-Bildung versteht, sondern vielmehr die soziale Konstruiertheit jeglicher T. betont, die immer – auch in traditionalen Gesellschaften – der permanenten Veränderung und aktiven Umdeutung durch die Traditionsträger unterliegen. T. verliert damit seine kulturbewahrende Funktion als Definitionsmerkmal und wird zu einem Begriff, der auf jede soziale Praxis angewendet werden kann, die die Vergangenheit nach den Bedürfnissen gegenwärtiger Menschen aufbereitet und neu gestaltet: «Die ‹Integrität› von Traditionen, ihr Charakter des Ehrwürdigen, erwächst nicht aus ihrer zeitlichen Dauer und Invarianz, sondern aus der fortlaufenden ‹Arbeit› der Interpretation, durch die Anknüpfungspunkte für die Gegenwart aus der Vergangenheit präpariert werden» (Giddens 1993, S. 451). Der sozialkonstruktivistische Begriff von T. geht davon aus, dass nur solche Handlungsformen, Wertvorstellungen oder Artefakte als T. gelten können, die für das soziale Leben in der Gegenwart bedeutungsvoll gemacht werden (→ Selektion). Dies geschieht in Prozessen der Traditionalisierung. Bei der in den aktuellen Diskussionen um den T.s-Begriff deutlichen Betonung des innovativen Charakters von Traditionalisierungsprozessen, die überlieferte Kulturelemente aus alten Bedeutungskontexten lösen und sie in neue stellen, wird allerdings die Tatsache in den Hintergrund gedrängt, dass die hierfür genutzten Elemente oft eine Materialität von großer historischer Tiefe und Unveränderlichkeit aufweisen (vgl. → Relikt), die es nicht zulässt, sie ausschließlich als zeitgenössische ‹Erfindung› zu bezeichnen.

R. Bendix, In Search of Authenticity. The Formation of Folklore Studies, Madison 1997; A. Giddens, Tradition in der post-traditionalen Gesellschaft, in: Soziale Welt, Jg. 44, Nr. 4, 1993, S. 445–483; E. Hobsbawm/T. Ranger (Hg.), The Invention of Tradition, Cambridge 1983; E. Shils, Tradition, Chicago 1981; ders., Tradition, in: Comparative Studies in Society and History, Bd. 13, 1971, S. 122–159; H. Bausinger, Volkskultur in der technischen Welt (1961), Frankfurt/New York 1986.

Gisela Welz

II. *In der jüdischen Kultur:* Das hebräische Wort für T., *masoret,* findet sich bereits in der Bibel (Ez. 20,37) in der Bedeutung das ‹Bindende›, ‹Verpflichtende›. In der rabbinischen Literatur erfährt *masoret* eine Erweiterung. Es umfasst nicht nur die Bibel (die schriftliche Thora; → Schrift), sondern auch alle außerhalb der biblischen Schriften überlieferten, von den Rabbinen für verbindlich erklärten Gebote, → Bräuche und Sitten (die mündliche Thora; → Oralität). Schriftliche und mündliche Thora sind, so die Darstellung in der rabbinischen Literatur, von Gott Mose am Sinai geoffenbart und unter den rabbinischen Gelehrten von Generation zu Generation authentisch überliefert worden. Der Prozess der Überlieferung besteht darin, dass der rabbinische Gelehrte die Inhalte der mündlichen und schriftlichen Thora seinen Schülern vermittelt und diese wiederum die Lehre an ihre Schüler weitergeben (→ Tradierung). Dabei geht es sowohl um das Erlernen der überlieferten Lehre als auch um das Erlernen des regelgerechten Deduzierens neuer Lehren aus der schriftlichen Thora. Ziel des → Lernens ist es, das Gelernte zu leben, die Lehre im praktischen und religiösen Alltag anzuwenden (→ Transfer). Die Inhalte der rabbinischen T. bieten, von traditionellem jüdischem Standpunkt aus betrachtet, das Wissen, unabhängig von Ort und Zeit ein Gott wohlgefälliges Leben führen zu können.

Diese Vorstellung blieb bis ins 18. Jh. richtungsweisend, bis in Deutschland lebende Juden eine Reformbewegung ins Leben riefen und Autorität und Verbindlichkeit bestimmter T.en in Frage stellten. Reformgemeinden, in denen das traditionelle Zeremonialgesetz nicht mehr verbindlich ist, finden sich heute vorwiegend in den USA (z. B. *Union of American Hebrew Congregations*: www.rj.org/rj.html). Als Gegenbewegung zu dem *Reform Judaism* entstand 1913 in den USA die konservative Bewegung (*Conservative Judaism:* www.uscj.org/index.html), die sich als ein Zusammenschluss von Gemeinden zur Förderung des traditionellen Judentums versteht.

W. Dosick, W. D. Dosick, Living Judaism: The Complete Guide to Jewish Belief, Tradition, and Practice, San Francisco 1998.

Dagmar Börner-Klein

III. *In der Geschichtswissenschaft:* heuristische Kategorie, mit der → Quellen bezeichnet werden, die im Gegensatz zum → Überrest in der Absicht verfasst wurden, Zustände für die Nachwelt zu dokumentieren. Die T.s-Quelle «will geradezu historisches Material sein» (Bernheim 1889/1903, S. 232; → Dokument). Zu T.en werden historiographische Quellen (z. B. → Chroniken, → Annalen, → Autobiographien) und publizistische Quellen (z. B. Flugblätter, Zeitungsartikel) gezählt. T.s-Quellen sind durch *doppelte* Subjektivität des Verfassers gekennzeichnet: → Ereignisse werden zum einen stets in Auswahl wiedergegeben (→ Selektion), zum anderen subjektiv dargestellt und gewertet (→ Konstruktion).

E. Bernheim, Lehrbuch der historischen Methode und der Geschichtsphilosophie (1889), 3. Aufl. Leipzig 1903; J. G. Droysen, Historik. Vorlesungen über Enzyklopädie und Methodologie der Geschichte (1858), 6. Aufl. München 1971.

Simone Derix

Transfer

(lat. *transferre*: hinübertragen, versetzen, übertragen). In der Lernforschung die Übertragung von → Wissen, das in einer Situation gelernt wurde, auf einen anderen Problem- oder Aufgabenzusammenhang (→ Intelligenz, → Lernen). Der Vorgang des T.s kann sich sowohl auf die Übertragung von Wissen als auch auf die Übertragung von Fähigkeiten beziehen (→ prozedurales Gedächtnis). Wenn ein Lernender das Wissen oder die Fähigkeiten genau erinnert und auf eine andere Situation übertragen kann, spricht man von einem *positiven* T. Als *negativer* T. wird hingegen bezeichnet, wenn eine Person für einen Aufgabentypus eine bestimmte Verfahrensweise gelernt hat und diese auf andere, dem ersten Aufgabentypus ähnliche Aufgabenklassen *nicht* zu übertragen in der Lage ist. Darüber hinaus wird zwischen lateralem, sequenziellem und vertikalem T. unterschieden (Seel 2000). Die neue Lehr-Lernforschung hat empirisch nachweisen können, dass Wissen und Fähigkeiten immer kontext-

und situationsgebunden erworben werden. Es wird deshalb davon ausgegangen, dass Wissen, damit es erinnert, angewendet und ‹transferiert›
werden kann, bereits *situiertes* Wissen sein muss. Um in Lernprozessen
T.s zu ermöglichen, ist Lernen deshalb als *problem-based-learning* zu
konzipieren. In diesem Lernkonzept werden Lernsettings konstruiert,
über die für erfolgreiches Lernen und Erinnern sowie positiven T. relevante Elemente wie Problemorientierung, Wirklichkeitsbezug, Situativi-
tät und Personalität im Sinne des sozialen Lernens mit Personen verknüpft werden können (Gruber u. a. 1996).

N. Seel, Psychologie des Lernens, München 2000; H. Gruber u. a., Situated learning
and transfer, in: P. Reimann/H. Spada (Hg.), Learning in humans and machines.
Towards an interdisciplinary learning science, Oxford 1996, S. 168–188; M. K. Sin-
gley/J. R. Anderson, The transfer of cognitive skill, Cambridge 1989.

Yvonne Ehrenspeck

Transgenerationelle Tradierung

(lat. *trans*: über, hinüber, *generatio*: Zeugungsfähigkeit, Menschenalter).
Der Begriff bezieht sich vorrangig auf die empirische Beobachtung, dass
Eltern (evtl. auch Großeltern) insbesondere traumatische → Erfahrungen und deren psychosoziale, häufig pathogene Folgen an ihre Kinder
(bzw. Enkel) ‹weitergeben›. Verwandte, nicht synonyme und einheitlich
verwendete Termini sind u. a. transgenerationelle Weitergabe oder Übertragung, Transmission oder Transposition, das Ineinanderrücken *(tele-
scoping)* bzw. die Verklammerung der Generationen. Seine aktuellen
Konturen bekam dieser Zweig der Traumaforschung primär im Rahmen
psychoanalytischer Untersuchungen, die unmittelbar an klinische Erfahrungen mit Nachkommen der Opfer der → Shoah anschlossen. An den
Angehörigen der sog. zweiten Generation ließ sich vielfach zeigen, dass
deren Gedächtnis die kollektive Erfahrung der Shoah als ein von den
überlebenden Eltern und Großeltern weitergegebenes → Trauma aufgenommen, in die eigene Bilder- und Phantasiewelt integriert und dem eigenen Selbst ‹eingeschrieben› hat (Bar-On 1997; Bergmann/Jukovy/Kes-
tenberg 1995, Grünberg/Straub 2001).

Was die Modi der t.n T. angeht, ist nicht allein die direkte, bewusste
und verbale → Kommunikation von Bedeutung (→ Oral History). Als
besonders wirkungsmächtige → Tradierungsmodi gelten unbewusste,

habitualisierte Praktiken der leiblich-interaktiven Reinszenierung, des → Agierens bzw. *Enactment*, interaktiv relevante → Fehlleistungen und klinisch-symptomatische Äußerungen (wie Zwangssymptome), das mitteilsame Schweigen, beiläufige Ausdrücke oder auch die figurative, indirekte Rede, z. B. mittels → Metaphern (→ Habitus, → Inszenierung, → Unbewusstes). T. T.en können als Bestandteil einer ‹konjunktiven›, gemeinschaftlichen und vergemeinschaftenden Praxis betrachtet werden. Die Familie ist in aller Regel der erste, sie bleibt aber nicht der einzige Ort für die transgenerationellen, generationsverbindenden Tradierungsprozesse. Von → S. Freuds (1939/1950) Annahme einer biologisch-hereditär verankerten Erbschaft – die in Freuds spekulativer Menschheitsgeschichte als «archaische Erbschaft» kulturprägende Bedeutung besitzt – hat sich bereits die damalige Biologie distanziert. Erst recht gilt dies für (neuere) Ansätze in der Psychologie, welche gemeinhin alle Konzeptionen, die eine biologische Vererbung von konkreten Gedächtnisinhalten und Erinnerungsspuren annehmen, z. B. C. G. Jungs → Archetypenlehre, skeptisch beurteilen.

Der Begriff der t.n T. ist an das Konzept eines leiblichen Gedächtnisses (→ Körper) mit weitgehend unbewussten Operationsmodi gekoppelt, eines Gedächtnisses, das nicht ohne weiteres wahrnehmbare und verstehbare Wirkungsgeschichten im Seelenleben der Angehörigen verschiedener Generationen ermöglicht (B. Rauschenbach in: Rüsen/Straub 1998). Dieses Gedächtnis bindet das gegenwärtige Denken, Fühlen und Handeln eines Subjekts an die einstigen → Erlebnisse anderer, speziell der eigenen Eltern. T. T.en münden selbstverständlich in keine reproduktive Übernahme des weitergegebenen Traumas. Dieses wird vielmehr im Zuge der sequenziellen oder kumulativen Belastungen transformiert, denen die mit ihren Eltern unbewusst identifizierten Kinder im Horizont der intergenerationell vermittelten Erfahrung der Shoah ausgesetzt *sind* – und durch das zwar unbewusste, aber dennoch aktive und häufig ambivalente Tun der Eltern auch ausgesetzt *werden*. Als ein von den Eltern übertragenes und von den Kindern übernommenes → Erbe fungieren auf manifester Ebene jene Erinnerungen an die realen Verfolgungserfahrungen der Eltern, die so oft im Zentrum des Phantasielebens der Nachkommen stehen und in latenter Form deren Gefühle und Verhaltensweisen (z. B. in Gestalt von → Wiederholungszwängen) bestimmen. Besonders hervorgehoben werden gemeinhin die psychisch destruktiven, das Gefühlsleben (→ Emotion) und Handlungspotenzial beeinträchtigenden Folgen t.r T.en, im Falle der Kinder jüdischer Überlebender z. B. ein unter Umständen massiv eingeschränktes Selbst- und

Weltvertrauen, wiederkehrende Ängste, depressive Verstimmungen und lang anhaltende Trauerzustände (→ Trauer), ein fragmentiertes Selbstgefühl und Zeitbewusstsein, symbiotische Beziehungen zu den Eltern (und später zu eigenen Partnern), Barrieren in der Ablösung von den Eltern und daraus resultierende Probleme in der Autonomieentwicklung, zwanghafte Verhaltensweisen, die Erfahrungen der Eltern repetitiv agieren usw.

T. T.en bzw. entsprechende Verwandtschaften und Ligaturen in den Gedächtnisinhalten, Erinnerungen und gedächtnisbasierten Orientierungen und Praktiken der Angehörigen verschiedener Generationen wurden nun nicht allein bei Nachkommen extrem traumatisierter Opfer der Shoah festgestellt, sondern auch bei den Kindern und Enkeln von Tätern, Mitläufern und Zuschauern (W. Bohleber in: Rüsen/Straub 1998). Auch diese Studien belegen Freuds allgemeine, wegweisende Einsicht, «daß keine Generation imstande ist, bedeutsamere seelische Vorgänge vor der nächsten zu verbergen» (1912–13/1940, S. 191). Gedächtnis und Erinnerung sowie die damit verwobenen Handlungspotenziale und psychischen Verhaltensrestriktionen, nicht zuletzt die sozialen → Erwartungen und Beziehungsstrukturen, beruhen stets auch auf t.n T.en. Diese Vorgänge verknüpfen nicht zuletzt das auf individuelle Erlebnisse in der (familialen und außerfamiliären) Alltagspraxis bezogene → autobiographische Gedächtnis einer Person mit deren auf kollektive historische Erfahrungen gestützten → Geschichtsbewusstsein bzw. historischen Selbstbewusstsein (vgl. → kollektives Gedächtnis).

K. Grünberg/J. Straub (Hg.), Unverlierbare Zeit. Psychosoziale Spätfolgen bei Nachkommen von Opfern und Tätern des Nationalsozialismus, Tübingen 2001; J. Rüsen/J. Straub (Hg.), Die dunkle Spur der Vergangenheit. Psychoanalytische Zugänge zum Geschichtsbewußtsein, Frankfurt/M. 1998; D. Bar-On, Furcht und Hoffnung. Von den Überlebenden zu den Enkeln – Drei Generationen des Holocaust, Hamburg 1997; M. S. Bergmann/M. E. Jucovy/J. S. Kestenberg (Hg.), Kinder der Opfer, Kinder der Täter. Psychoanalyse und Holocaust, Frankfurt/M. 1995; S. Freud, Totem und Tabu (1912/13), Gesammelte Werke, Bd. 9, London/Frankfurt/M. 1940; ders., Der Mann Moses und die monotheistische Religion (1939), in: ders., Gesammelte Werke, Bd. 16, London 1950, S. 103–246.

Jürgen Straub

Trauer

Gesellschaftlich institutionalisierte oder individuelle Verarbeitung einer Verlusterfahrung. Die Forschung zur institutionalisierten T. behandelt vor allem das Totengedenken (→ Tod) als «Urform kultureller Erinnerung» (J. Assmann, *Das kulturelle Gedächtnis*), die enge Beziehungen zum religiösen Kultus unterhält. Es wurde auf den Zusammenhang der griechischen Begräbnisrituale mit der *loci imagines*-Methode der → Rhetorik hingewiesen (Goldmann 1989; → Locitechnik, → Mnemotechnik). Die Beziehung von räumlich geordneten *imagines* und Totenkult belegt auch der römische Leichenzug *(pompa funebris)*, bei dem die Prozession der Ahnenbilder *(agmen imaginum*; → Ahnen, → Porträt) sowohl der → Vergegenwärtigung der Verstorbenen als auch der Manifestation sozialer Ordnung dient. Von geschichtswissenschaftlicher Seite wurde insbesondere die Memorialleistung des antiken und mittelalterlichen kollektiven Totengedenkens untersucht, dessen Ziel die Stiftung einer Gemeinschaft zwischen den Lebenden und den Toten darstellt (Oexle 1995). Die zentrale Institution zur Herstellung dieser Gemeinschaft bildet das gemeinsame Mahl. Nicht nur das antike und frühchristliche Totenmahl, das am Grab des Verstorbenen abgehalten wurde, geht aus von der Anwesenheit des Toten während der Mahlzeit. Auch die → Eucharistie hat ihre Grundlage in der im rituellen Gedächtnismahl herbeigeführten Gegenwart Christi (→ Präsenz). Die sinnlich-konkreten Formen der Gemeinschaft werden hier jedoch durch eine symbolische Memorialform ersetzt. Eine grundlegende Einrichtung des mittelalterlichen Totengedenkens ist die Fürbitte, die Gebete und Messen für Tote und Abwesende, deren theologische Basis die Vorstellung einer direkten Einwirkung des Gebets auf den Heilsstand der Verstorbenen im Sinne einer stellvertretenden → Bußableistung bildet. Aus dieser liturgischen Praxis der Totenmessen, der Gebetsbünde und der Gedächtnistage geht die literarische Form des Gedenkbuchs *(liber memorialis)* hervor, das – neben Grabinschriften (→ Epitaph), Gedenksteinen (→ Grabmal) und Altarplatten – ein wichtiges Medium der Gedenksicherung darstellt. Als Liste von Namen, die bei der Fürbitte verlesen werden, wird der *liber memorialis* in unmittelbare Beziehung gesetzt zum ‹Lebensbuch› Gottes *(liber vitae)*, das die Namen der zum ewigen Leben Bestimmten enthält (→ Name, → Liturgie): Wer im irdischen Gedenkbuch verzeichnet ist, wird auch im himmlischen Buch des Lebens nicht vergessen werden.

Einen Bruch mit der mittelalterlichen Tradition der Totenmemoria vollzieht die Reformation im 16. Jh., indem sie auf die Trennung der Lebenden von den Toten abzielt. Die Formen kirchlicher Fürbitte verfallen einer radikalen Kritik, die ihr theologisches Fundament in der Lehre von der Erlösung allein durch den Glauben und der daraus folgenden Ablehnung des Fegefeuers hat. So war M. Luthers Todesauffassung stark endzeitlich bestimmt und damit zukunftsgerichtet; die Totenerinnerung blieb demgegenüber sekundär. Konkret fassbar wird dieser Vorgang in der Auseinandersetzung um die Verlegung der Kirchhöfe außerhalb der Gemeindegrenzen. Während die innerstädtische Bestattung auf dem Kirchhof von der Gemeinschaft der Lebenden und der Toten ausging, wird durch die Verlagerung der → Friedhöfe außerhalb der Gemeinden ihre theologische Trennung auch topographisch vollzogen; damit einher geht eine Tendenz zur Individualisierung der T., die zunehmend auf institutionelle Vermittlungen verzichtet. Im 19. Jh. entstehen mit den Nationalstaaten auch neue Formen des weltlichen Totengedenkens, die sich vor allem im Denkmalkult artikulieren (→ Denkmal, → Historismus). Ein Phänomen des 20. Jh.s bilden schließlich die → Mahnmale, die erstmals in der abendländischen Geschichte auch das Gedächtnis der Opfer eigener nationaler Gewalt einbeziehen (vgl. auch → Schweigeminute).

In den Psychowissenschaften wird T. sowohl als kollektive als auch als individuelle Aktivität untersucht. Dabei spielt insbesondere in der psychiatrischen und psychoanalytischen Forschung die Pathologisierung der T. zunächst als → Melancholie, später als Depression oder als ‹pathologische Trauerreaktion› eine zentrale Rolle. Seit der antik-mittelalterlichen Humoralpathologie und Temperamentenlehre als chronische T. vorgestellt und aus dem neuzeitlichen Erinnerungsdiskurs als defiziente, weil vergangenheitsfixierte Erinnerungsform ausgegrenzt, bildet die Melancholie auch in der neueren Forschung das ‹kranke› Komplement zur ‹gesunden› T. (Butzer 1998). → S. Freud liefert um die Jahrhundertwende eine bis heute wirkmächtige Differenzierung von T. und Melancholie, die die Pathologisierung der Letzteren festschreibt. Beide werden als Reaktionen auf eine Verlusterfahrung definiert, doch während der Trauernde in einem sukzessiven Prozess, den Freud als Dreischritt von *Erinnern, Wiederholen und Durcharbeiten* bestimmt, das Verlorene allmählich in sein Leben integriert und sich befreit der → Zukunft zuwendet, bleibt der Melancholiker auf das Liebesobjekt fixiert, identifiziert sich mit ihm und weigert sich, seinen Tod anzuerkennen (Freud 1916/1946). Freuds Konzeption der T. ist insofern typisch für die Neuzeit, als sie auf der Trennung von Toten und Lebenden basiert, wie sie in der Reformation vollzogen wurde – die Durchsetzung des ‹Realitätsprinzips› ist ihr wesentliches Ziel. Dies gilt gleichermaßen für die von A. und M. Mitscherlich (1967) entwickelte sozialpsychologische Theorie der T.-Arbeit, die die Auseinandersetzung von sozialen Kollektiven mit den schuldhaften Verstrickungen ihrer → Vergangenheit analog zu Freud als Erinnerung und Durcharbeitung mit dem Ziel der Befreiung auffasst. Erst in jüngerer Zeit wurde die Rehabilitierung der Melancholie gegenüber der T. eingeleitet. Vor allem P. de Man und im Anschluss an ihn J. Derrida und K. H. Bohrer haben die Unmöglichkeit einer gelingenden T. hervorgehoben, sofern sie sich nicht auf Kosten des Toten vollzieht und damit letztlich auf einer narzisstisch-imaginären Selbstbespiegelung beruht. Statt der erinnernden Vereinnahmung des Toten für die Bedürfnisse der Lebenden wird die «Achtung vor dem anderen als anderen» im Sinne einer «Bewegung der Entsagung» (J. Derrida, *Mémoires*) gefordert, die keinen Abschluss der Erinnerung und damit auch keine letztgültige Trennung von Lebenden und Toten kennt. Dass diese Auffassung, die stark von der → Traumaforschung beeinflusst ist, auch von sozialpsychologischer und damit politischer Relevanz ist, hat T. W. Adorno bereits in den 1960er Jahren deutlich gemacht: Im Gegensatz zur Theorie der T.-Arbeit der Mitscherlichs soll für Adorno T. nicht auf die Befreiung des Kollektivs von der Vergangenheit orientiert sein, sondern dem Anspruch der Toten auf → Eingedenken gerecht werden (Adorno 1963; vgl. → Gerechtigkeit, → Schlussstrich).

G. Butzer, Fehlende Trauer. Verfahren epischen Erinnerns in der deutschsprachigen Gegenwartsliteratur, München 1998; O. G. Oexle (Hg.), Memoria als Kultur, Göttingen 1995; S. Goldmann, Statt Totenklage Gedächtnis – Zur Erfindung der Mnemotechnik durch Simonides von Keos, in: Poetica, Jg. 21, 1989, S. 43–66; A. u. M. Mitscherlich, Die Unfähigkeit zu trauern. Grundlagen kollektiven Verhaltens, München 1967; T. W. Adorno, Was bedeutet: Aufarbeitung der Vergangenheit, in: ders., Eingriffe, Frankfurt/M. 1963, S. 125–146; S. Freud, Trauer und Melancholie (1916), in: ders., Gesammelte Werke, London/Frankfurt/M. 1946, Bd. 10, S. 427–447.

Günter Butzer

Traum

I. Wiederkehrender, aber nicht immer bzw. nur selektiv erinnerter psycho-physischer Zustand mit gesteigertem, spezifisch a-logischem bzw. fragmentarischem Wahrnehmungserleben. Während des Nachtschlafs (→ Schlaf) erfolgen zyklisch vier- bis sechsmal REM-Phasen *(rapid eye movements)*. Erinnert wird gewöhnlich nur das T.-Erleben der letzten, bis zu einer Stunde andauernden REM-Phase.

Die Theoriegeschichte des T.s wird bereits lange vor den Entdeckungen → S. Freuds von einem engen Zusammenhang zwischen T. und Gedächtnis begleitet, wobei die memorativen Aspekte einerseits eine traum*genetische*, andererseits eine traum*deutende* Perspektive besitzen. Zwischen Antike und früher Neuzeit ist der T. vornehmlich Gegenstand einer oneiromantischen, in aller Regel vierteiligen *genera*-Lehre, die hinsichtlich ihrer unterschiedlichen (somatischen, astralen, memorativen oder divinatorischen) Entstehungsursachen natürliche, weissagende, göttliche und teuflische T.e unterscheidet. Außer bei dem aus einer ‹mischenden› Interaktion von imaginativ eingespeisten Erinnerungsfragmenten bzw. Tagesresten und humoral-somatischen Einflüssen hervorgehenden natürlichen T. spielen Fragen der Erinnerung vor allem dort eine Rolle, wo diese ‹vermischten› Datenkomplexe eine Differenzierung von unbedeutenden (agnostischen) und bedeutenden (allegorischen) Zeichensegmenten erforderlich machen. Die T.-Bücher der frühen Neuzeit empfehlen hierzu eine sog. *admiratio*-Theorie, die die T.-Bilder nach dem Erwachen auf jene «Verwunderung» erregenden, affektgenetischen Bildkomplexe hin rekonstruiert, die dann Gegenstand einer prophetisch-allegorischen Auslegung werden (vgl. → Vorausschau). Das Problem unvollständig erinnerter T.-Bilder löst die rhetorisch-mantische T.-Tradition, indem sie eine analoge Supplementierung bzw. ‹Auffüllung› der unvollständigen Syntagmen mit semantisch ‹passenden› Zeichen nahe legt.

R. Descartes löst das Problem der Unterscheidbarkeit von T. und Wachbewusstsein mit dem Argument, dass die T.-Bilder im Gedächtnis grundsätzlich weniger kohärent verknüpft erscheinen als im Wachzustand. Dagegen diskutieren im 18. Jh. Anthropologie, moralische Wochenschriften und Erfahrungsseelenkunde u. a. das Verhältnis von Wachgedächtnis und sexuellen (Kompensations-)T.en sowie die → Rekonstruktionsleistung des Gedächtnisses für eine überkomplexe, weil a-logische und assoziative T.-Imagination (→ Assoziation). Obgleich das 19. Jh. vor Freud keine eigenständige T.-Theorie hervorgebracht hat, berühren sich die wenigen vor-freudianischen Perspektiven mit der späteren *Traumdeutung* zumindest in der Frage, ob die erinnernde T.-Narration des Wachzustandes noch in der Kontinuität der traumhaften Psychodynamik erfolgt und insofern Teil einer «sekundären Bearbeitung» ist (→ Narration) oder ob sie nicht vielmehr eine notwendige, freilich nicht mehr der T.-Dynamik unterliegende Kompensation von Erinnerungslücken bildet. Neben die ungebrochene Kontinuität psychoanalytischer Perspektiven ist im Verlauf des 20. Jh.s eine neuro- und kognitionspsychologische Forschung getreten, vor deren Hintergrund insbesondere J. A. Hobson und R. W. McCarley (1977) den T.-Prozess als periodisch erfolgendes, synthetisierendes Umschichten von Erinnerungsdaten ins → Langzeitgedächtnis definierten. In der aktuellen Neuropsychologie besteht Konsens darüber, dass T.e einerseits Erinnerungen im Sinne orientierender → Informationen reproduktiv ‹speichern›, andererseits die im Verlauf des Tages angesammelten, gleichwohl nicht benötigten Daten aussortieren und damit ‹vergessen› (→ Löschung vs. → Konsolidierung).

E. Marsch (Hg.), Der Traum. Beiträge zu einem interdisziplinärem Gespräch, Fribourg 1996; T. Rahn, Traum und Gedächtnis. Memoriale Affizierungspotentiale und Ordnungsgrade der Traumgenera in der Frühen Neuzeit, in: J. J. Berns/W. Neuber (Hg.), Ars memorativa. Zur kulturgeschichtlichen Bedeutung der Gedächtniskunst 1400–1750, Tübingen 1993, S. 331–350; J. A. Hobson/R. W. McCarley: The Brain as a Dream State Generator: An Activation-Synthesis-Hypothesis of the Dream Process, in: The American Journal of Psychiatry, Nr. 134, 1977, S. 1335–1348.

Ingo Stöckmann

II. *In der Psychoanalyse:* Leistung des Sich-Erinnerns im Interesse nachträglicher Integration destabilisierender Erfahrungsmomente. Nach → S. Freud vollzieht sich als halluzinatorische Folge von Bildern und anderen Sinneseindrücken im Schlafzustand eine Reorganisation von Erinnerungsmaterial unter motivationalem Vorzeichen (→ Halluzination). Der halluzinatorische Charakter des T.s ist Ergebnis eines Prozesses, der mentale Vorgänge während des → Schlafs über die Verwendung bereitliegender Gedächtnisinhalte in Wahrnehmungseindrücke überführt. Freud (1900) stellt diesen rückläufigen oder «regredienten» Weg vom mentalen Vorgang oder Gedankeninhalt zurück zum Wahrnehmungseindruck als Modell eines erweiterten «Reflexapparates» dar. Dabei begreift er den Wahrnehmungsvorgang als charakteristisch rezeptiv-resonanten Vorgang der Erregungsaufnahme. Die Wahrnehmungseindrücke des Wachlebens weisen das ganze Spektrum sinnlicher Qualitäten auf, haben selbst aber keine Funktionen der Bewahrung. Erst die Verwandlung der Erregungen des Wahrnehmungssystems in verschiedenen mnestischen Systemen schafft Dauerspuren (→ Bahnung, → Spur). Diese Erinnerungsspuren bleiben erhalten, sind gewöhnlich wirksam, ohne bewusst zu werden, und schaffen Orientierung für die Ausführung der Aktion (Beispiel: Ich nehme eine Person wahr, erkenne sie als Herrn X und grüße).

T.e entstehen nach Freud im Schlafzustand durch die Mobilisierung von Erlebnisinhalten, die im Wachleben den Zutritt zum → Bewusstsein und zur bewusst vergegenwärtigenden Verarbeitung nicht erlangt haben (→ Unbewusstes). Die psychische Entspannung ermöglicht einen Prozess der T.-Bildung, der die Umkehrung des Wegs von der Wahrnehmung über Erinnerung und → Zensur bis zum Handeln darstellt. Der Erlebnisinhalt überwindet die Zensurschranke – die die Zugänglichkeit von Gedächtnisinhalten nach Maßgabe der emotionalen Verträglichkeit steuert (→ Emotion) –, durchschreitet die mnestischen Systeme und gelangt zum «Wahrnehmungsende», wird folglich zum halluzinierten Bild oder Sinneseindruck. Freud bezeichnet diesen Prozess als «Traumarbeit», um deutlich zu machen, wie jener Erlebnisinhalt oder «Traumgedanke» beim Durchschreiten der mnestischen Systeme in das bereitliegende Gedächtnismaterial eingebunden und dabei durch nachträgliche reparative Einflüsse der Zensur ‹entstellt› und ‹verdichtet› wird. Ergebnis ist ein Sinneseindruck oder vielmehr meist eine Sequenz von Sinneseindrücken, die den Verweis auf den unbewussten T.-Gedanken verschleiern.

Freud bestimmt diese Überblendungstechnik der von ihm so bezeichneten halluzinatorischen Wunscherfüllung zum Grundbaustein der T.-Gestaltung. Die muskuläre Erschlaffung und das Ausbleiben der Orientierung während des Schlafzustands berauben den Betroffenen vorübergehend jener Lebenstechniken effizienter Praxis, die er im Umgang mit inneren und äußeren Störreizen einzusetzen gelernt hat. Er überblendet daher einen Störreiz im Schlafzustand durch die Methode der Evokation des Hedonischen, durch den Schein einer Realbefriedigung, freilich so kaschiert, dass der Person, sofern sie den T. erinnernd reproduziert, der infantil-regressive Wunscherfüllungscharakter gewöhnlich entgeht. «Wunscherfüllung» ist bei Freud ein psychophysisches Ereignis, ein Regulativ für unlustvolle Spannungen. Fungiert dieses Regulativ im Dienst der Schlaferhaltung, dann kommt es zur T.-Bildung, oft auch zur T.-Erinnerung, wobei – zum Schaden theoretischer Transparenz – offen bleiben muss, ob die halluzinatorische Wunscherfüllung immer oder nur partiell traumbildend ist und unter welchen Umständen spontane T.-Erinnerung stattfindet.

Wenn auch das Wunschthema bei Freud die Schlüsselstellung einnimmt, macht er selbst auf Ausnahmen von seiner Regel aufmerksam; besonders wichtig sind die «Traumatischen Träume» (1920; → Trauma): T.e, in denen traumatisch Erlebtes reproduziert wird, stehen unter dem Einfluss einer Schädigung der Ich-Integration, die eine Umgestaltung des invasiv Zerstörerischen nicht gestattet und nur dessen Evokation als Gedächtnisinhalt zulässt, der sich als → Flashback der Kontrolle entzieht. Daneben existieren T.-Erfahrungen mit ausgeprägtem Wiederholungscharakter, die auf persönliche oder überindividuelle Grundmuster der Erfahrungsorganisation, die sich nicht beeinflussen oder transzendieren lasssen, verweisen (Winson 1986). T.e, in denen unbewusste Schuldgefühle zur Wirkung kommen, haben ebenfalls eine machtvolle Tendenz zur → Wiederholung und inszenieren Bestrafung und Desintegration des T.-Ich (→ Gewissen, → Strafe). Die Anknüpfung an autobiographisches Erinnerungsmaterial (→ autobiographisches Gedächtnis) scheitert hier häufig, weil das Bestrafungs-, Beeinträchtigungs- und Schädigungsmotiv jeder Zunahme an Selbstverfügung – wie auch der Zugang zu erinnertem Leben sie ermöglicht – → Blockaden auferlegt. Hier versagt die wunscherfüllende Tendenz, oder, anders formuliert, hier realisiert sich nach der revidierten T.-Theorie Freuds (1920) eine ältere seelische Funktion: der → Wiederholungszwang.

Die Regulierung der Erregung im Schlafzustand auf dem Weg der halluzinatorischen Wunscherfüllung erfolgt vorzugsweise stumm. Die Schlaffunktion bleibt erhalten, und der Erwachende erinnert sich nicht an Träume. Wenn der Erwachende sich an Träume erinnert, die ‹reine Wunscherfüllungen› sprachlich nachbilden, wie etwa die von Freud häufig erwähnten Kinderträume, so zeigt sich durch die Bewahrung des T.s als Gedächtnisleistung ein Artikulationsinteresse. Zu unterscheiden ist damit die Funktionsweise der halluzinatorischen Wunscherfüllung vom Artikulationsinteresse des Erwachten. Was der Träumer erzählt, ist in der Perspektive seines Artikulationsinteresses zu begreifen (→ Narration); was sich im Schlafzustand ereignet hat, gehört zu den Formen psychophysischer Spannungsregulation. Die Mehrzahl der T.-Berichte erfüllen nicht die Merkmale ‹reiner Wunscherfüllung›. Sie haben eher den Charakter rätselhafter Geschichten und sind in Bezug auf die Wunscherfüllung verhüllt. Im T. findet die verwandelnde und verhüllende T.-Arbeit der «Verdichtung», «Verschiebung», «Rücksicht auf Darstellbarkeit» und «sekundäre Bearbeitung» statt (Freud 1900, S. 510) – Operationen, die im Vergleich zum sach- und faktenbezogenen Denken einer regressiven Stufe der Denktätigkeit, dem «Primärvorgang», angehören (→ Regression).

Das Verhüllte bedarf der Entschlüsselung. Die Methode der Entschlüsselung muss eine Verknüpfung zwischen der T.-Artikulation (dem manifesten T.) und der halluzinatorischen Wunscherfüllung (dem latenten T.-Gedanken) herstellen. Dies geschieht im klassischen Verständnis mittels freier → Assoziation, d. h. einer Methode der Aktualisierung von Erinnerungsinhalten, die von der Hypothese ausgeht, dass diese Inhalte vom wunscherfüllenden Motiv getragen sind. Die Entschlüsselungsarbeit hat ein zentrales Ziel: Ausgehend vom ich-dystonen T.-Bericht, der den T. als Widerfahrnis präsentiert, findet eine Verständigung zwischen Analytiker und Analysand statt, die die Ich-Dystonie aufheben will.

B. Boothe/B. Meier (Hg.), Der Traum. Phänomen – Prozess – Funktion, Zürich 2000; S. Mertens, Traum und Traumdeutung, München 1999; J. A. Hobson, Verdrängte infantile Wünsche als Traumerreger, in: A. Grünbaum (Hg.), Kritische Betrachtungen zur Psychoanalyse, Heidelberg 1991, S. 83–88; J. Winson, Auf dem Boden der Träume. Die Biologie des Unbewußten, Weinheim 1986; S. Freud, Jenseits des Lustprinzips (1920), in: ders., Gesammelte Werke, Bd. 13, London/Frankfurt/ M. 1940, S. 1–70; S. Freud, Die Traumdeutung (1900), Gesammelte Werke, Bde. 2/3, London/Frankfurt/M. 1942.

Brigitte Boothe

Trauma

(griech.: *traúma*: Wunde, Verletzung). Verletzung, die durch die Wirkung einer von außen kommenden Kraft entsteht. Ist dies im medizinischen Sinn zunächst auf den → Körper bezogen (vgl. → Narbe), so versteht man unter einem seelischen T. eine extreme → Erfahrung psychischer, physischer oder sexueller Gewalt, die vom Einzelnen nicht sofort hinreichend verarbeitet werden kann und symptomatische Leiden nach sich zieht (psychotraumatisches Belastungssyndrom, → Stress; vgl. Fischer/ Riedesser 1998). Die spezifischen Gedächtnisabläufe sind vorwiegend in der Psychoanalyse beschrieben worden.

Beim T. ist das psychische System einer Reizung von weit überdurchschnittlicher Intensität ausgesetzt (→ Reizüberflutung). Der gewöhnliche Speicherungsvorgang der Eindrücke in der Erinnerung kann dabei in unterschiedlichem Maß ausbleiben. Es bleibt eine Erinnerungslücke, die – bislang ohne definitorisch eindeutige Differenzierung – als Resultat einer Dissoziation des Gedächtnisses oder eines → Verdrängungsvorgangs beschrieben wird. Die das T. auslösenden Geschehnisse werden jedoch oft nachträglich in Albträumen, sog. → Flashbacks, → Halluzinationen und zwanghaften schematischen Verhaltensweisen (→ Agieren) reproduziert und bleiben also gespeichert. Traumatische Erinnerungen stellen sich ein, ohne intentional hervorgerufen zu werden, und entziehen sich in unterschiedlichem Maß der sprachlichen Wiedergabe. Wenn solche unfreiwillig wiederkehrenden Erinnerungen anfangs in immer identischer Form erscheinen und daher den Eindruck inhaltlicher Zuverlässigkeit erwecken, so verändern sie sich zunehmend, je mehr sie in die dem → Bewusstsein zugängliche Codierung des Gedächtnisses integriert werden (Caruth 1995).

Die somatischen Auswirkungen des Zusammenbruchs der Subjekt-Objekt-Grenze werden oft auch als Gefühl eines Fremdkörpers im eigenen Körper oder ‹verkörperte Erinnerung› beschrieben. Diese lässt sich nur in körperlichen Reaktionen wiederfinden und verarbeiten, die unter geeigneten, der fraglichen Situation gleichenden physiologischen Bedingungen hervorgerufen werden (zustandsabhängige Erinnerung), wobei sich der Verweis auf ältere Heilmethoden (P. Janet) gegen ein Primat der sprachlichen Ordnung richten kann (Leys 1994). Sind traumatische psychische Strukturen von Betroffenen nicht ausreichend verarbeitet worden, so können sie in symptomatisch veränderter Form an deren Nachkommen weitergegeben werden, selbst wenn diese zur Zeit des Geschehens nicht anwesend waren (→ transgenerationelle Tradierung). Auch in einer umfassenderen und historischen Perspektive auf das T. zeigen sich formale Konvergenzen von individuellen zu kollektiven T.ta (→ kollektives Gedächtnis). So ist in der Aufarbeitung der während des Dritten Reichs begangenen Gewaltakte die Struktur der → Nachträglichkeit hervorgehoben worden, die auf einen durch das T. verursachten Zusammenbruch der Fähigkeit zur → Zeugenschaft zurückführbar ist (D. Laub in: Caruth 1995).

Die Schwierigkeit einer zuverlässigen und heilsamen Wiederherstellung traumatischer Erinnerungen wirft nicht nur klinische, sondern auch sozialpolitische, ethische und juristische Probleme auf (→ *false memory*; → wiederbelebte Erinnerungen). Indessen ist eine weitere Ausdifferenzierung der T.-Forschung, die individuelle Interessen einem Dienst an der Sache und damit an den Betroffenen unterordnet, auf allen Untersuchungsebenen geboten. So schafft die in den 1990er Jahren stark zunehmende Beanspruchung des T.-Begriffs für kulturwissenschaftliche Fragestellungen zwar eine begrüßenswerte Öffentlichkeit für tabuisierte Themen, setzt den Begriff selbst aber zugleich der Gefahr aus, universalisiert zu werden und an Aussagekraft zu verlieren. Auch die Kategorien von Täter und Opfer bedürfen einer deutlichen Unterscheidung sowohl hinsichtlich psychischer Erinnerungsstrukturen als auch in gängigen Sprachwendungen wie der vom Holocaust als ‹deutsches T.› (A. Assmann 1999; → Shoah). Die weiterhin rasch anwachsende kontroverse Forschungsliteratur kann selbst als symptomatisch für die Schwierigkeit gelten, T.-Erfahrung angemessen sprachlich und begrifflich darzustellen.

A. Assmann, Ein deutsches Trauma? Die Kollektivschuldthese zwischen Erinnern und Vergessen, in: Merkur, Bd. 53, 1999, S. 1142–1154; G. Fischer/P. Riedesser, Lehrbuch der Psychotraumatologie, München/Basel 1998; C. Caruth, Trauma: Explorations in Memory, Baltimore/London 1995; R. Leys, Traumatic Cures: Shell Shock, Janet, and the Question of Memory, in: Critical Inquiry, Bd. 20, 1994, S. 623–662.

Michael Eggers

Trope

(griech. *trópos*: Wendung). In der → Rhetorik das sprachliche Verfahren, Wörter und Phrasen in übertragener Bedeutung zu verwenden. In den antiken Redelehren gehören T.n – → Metapher, Metonymie usw. – zur Lehre vom sprachlichen Ausdruck. Sie stehen also in keinem Zusammenhang mit der rhetorischen Gedächtnisübung, dem Memorieren der Rede (→ Mnemotechnik). Seit den Reformen im 17. Jh. konzentrierte sich die Diskussion in der Rhetorik und über die Rhetorik weitgehend auf die T.n-Lehre. Im Zuge dieser Konzentration – unterstützt vom Vorrang des gedruckten Textes in der Gutenberg-Ära (→ Buch) – wurde die Lehre von den T.n zu impliziter oder expliziter Sprachtheorie. Damit trat die Frage nach der kognitiven oder memorialen Matrix der Übertragung oder äquivalenter Konzepte der T. ins Zentrum.

Die klassische Form erhält die Debatte in der goethezeitlichen Gegenüberstellung von Symbol und Allegorie (K. P. Moritz, J. W. v. Goethe, F. W. J. v. Schelling), an die in der Romantik (S. Coleridge, H. Heine, C. Baudelaire) und in Sprach- und Kulturtheorien im 20. Jh. angeknüpft wird. Die Symboltheorie betrachtet die Übertragung kognitiv: Im *Symbol* ist die bildliche Darstellung Grundlage für die Explikation des Begriffs, oder sie greift als unmittelbare → Vergegenwärtigung über das begrifflich zu Explizierende hinaus. Die *Allegorie* ist dagegen memorial gedacht (im Sinne des → Abrufs von Gespeichertem). In der Tat setzen Renaissance- und Barockallegorien einen umfangreichen Gedächtnisapparat zu ihrer Entzifferung voraus (Mythologie, Personifikationen u. Ä.). Die Gegenüberstellung von Symbol und Allegorie verbindet sich oft mit gegensätzlichen Sprachkonzepten. Symboltheoretiker sehen die Sprache als Ausdrucksfeld, das Erkenntnis vorbereitet oder von Erkenntnis aufgeklärt werden kann. Die Theorie der Allegorie – besonders seit ihrer Aufwertung in der Romantik – denkt die Sprache (der Literatur) als ein der Erkenntnis gegenüber eigenständiges oder sogar fremdes System, das sich nach

internen Maßstäben reproduziert und damit sein eigenes Gedächtnis ausbildet. Auf dieser Grundlage argumentieren alle ‹nach-rhetorischen›
Theorien der T. in der Sprach-, Literatur- und Kulturtheorie des 20. Jh.s.
Dabei setzen Phänomenologen (R. Jakobson) und Strukturalisten (Gruppe ı) in der Regel die Linie der Symboltheorie fort; antiklassische Sprach-
und Literaturtheorien (→ W. Benjamin) und ein wichtiger Teil der post-
strukturalen und dekonstruktiven Lektüretheorien (P. de Man) knüpfen
an die allegorische und memoriale Auffassung der T. an. Seit → F. Nietzsches ‹Rückkehr› zur Rhetorik und seit dem Interesse an Nietzsches Beschäftigung mit der T. in Poststrukturalismus und Neopragmatismus (P.
Lacoue-Labarthe, → J. Derrida, R. Rorty), z. T. auch in der Systemtheorie
(P. Fuchs) wird allerdings die Unterscheidung von Symbol und Allegorie,
kognitiver und memorialer Auffassung der T. selbst fraglich.

A. Haverkamp (Hg.), Die paradoxe Metapher, Frankfurt/M. 1998; B. A. Sørensen,
Allegorie und Symbol. Texte zur Theorie des dichterischen Bildes im 18. und frühen 19. Jahrhundert, Frankfurt/M. 1972; E. Cassirer, Wesen und Wirkung des Sym-
bolbegriffs, Darmstadt 1956.

Rüdiger Campe

Typologie

(griech. *týpos*: *Gestalt*). Vor allem in der christlichen Theologie entwickelte Form der Bibelexegese, nach der historische → Ereignisse, Personen
oder Dinge des *Alten Testaments* als ‹Typen› oder ‹Vorbilder› auf entsprechende ‹Anti-Typen› im *Neuen Testament* vorausweisen, durch die sie erfüllt und überboten werden (→ Erwartung). So weist der Typus Adam
auf den Anti-Typus Jesus Christus, die Arche Noah ‹präfiguriert› die Taufe. Finden sich schon in den biblischen Texten des *Neuen Testaments*
selbst typologische Deutungen (Mt. 5,17, Röm. 5,12ff. u. a.), wird die T.
in der Patristik, u. a. bei Tertullian und Origenes, zu einer wichtigen apo-
logetischen Argumentationsform für die Selbstbegründung des Christentums, die sich bis in die Bibelauslegung des 18. Jh.s durchhält (Lubac
1999). Über den biblischen Rahmen hinaus ist vor allem die heidnisch-
mythologische → Antike Gegenstand christlicher T. geworden, etwa in
der frühchristlichen Deutung des gefesselten Odysseus am Mastbaum
(*Odyssee* XII) als Präfiguration Jesu am Kreuz. Die T. prägt auch das
christliche, insbesondere mittelalterliche Geschichtsdenken selbst. So

etwa bei Joachim v. Fiore, der die Weltalter vor und nach Christi Geburt in typologischer Spiegelung zueinander ordnet (vgl. Ohly, in: Bohn 1988). Entsprechend findet sich die T. auch als Gliederungsprinzip in den Weltchroniken (→ Chronik).

Die T. überführt auf diese Weise die zyklische Vorstellung eines Neuen als bloßer → Wiederholung des Alten, wie sie etwa die antike Stoa ausgebildet hatte, in ein Modell heilsgeschichtlicher Steigerung und Vervollkommnung mit dem Ziel, die jüdische und die außerbiblische Geschichte und Kultur in die christliche Heilsökonomie zu integrieren. Als Erinnerungsform ist die christliche T. dabei einerseits durch ein Bewusstsein der Überlegenheit gegenüber den vergangenen Typen charakterisiert und insofern kulturrelativistischen Geschichtskonzeptionen wie dem → Historismus entgegengesetzt. Andererseits weiß sich das typologische Gedächtnis normativ auf die ‹vorbildlichen› Ereignisse der → Vergangenheit bezogen und hält diese präsent, wie etwa die zahlreichen Bildzeugnisse belegen, die Darstellungen aus Mythologie, Altem und Neuem Testament vereinigen.

In der neueren Forschung ist die typologische Denkform inzwischen über ihre engere exegetische Funktion hinaus als weitreichendes Strukturmodell der Aneignung von → Tradition erkannt worden (Bohn 1988). Typologische Deutungsmuster sind erkennbar in Diskursen der Legitimation politischer Herrschaft (wie etwa der welthistorischen Bestimmung Amerikas im bis heute fortwirkenden amerikanischen Puritanismus), in epochenübergreifenden historischen Analogiebildungen nach dem Muster von Vorbild und Erfüllung (→ Geschichte), schließlich auch in der → Geschichtsphilosophie (J. G. Herder, F. Hölderlin, R. W. Emerson). Als eine spezifische Variante von → Intertextualität ist die T. schließlich als poetisches Gedächtnismodell in der Literatur von Mittelalter und → Renaissance an bis ins 19. Jh. hinein wirksam geworden (vgl. Bloom 1991).

H. de Lubac, Typologie, Allegorie, geistiger Sinn. Studien zur Geschichte der christlichen Schriftauslegung, Einsiedeln 1999; H. Bloom, Die heiligen Wahrheiten stürzen. Dichtung und Glaube von der Bibel bis zur Gegenwart, Frankfurt/M. 1991; V. Bohn (Hg.), Typologie. Internationale Beiträge zur Poetik, Frankfurt/M. 1988; E. Auerbach, Figura, in: Archivum Romanicum, Jg. 22, 1938, S. 436–489.

Joachim Jacob

Überlieferung → Tradierung

Überrest

In der Geschichtswissenschaft → Quellen, die im Gegensatz zur → Tradition für zeitgenössische Verwendungszwecke geschaffen wurden und zufällig überliefert sind (→ Relikt, → Spur). Die Unterscheidung von Quellen nach dem Zweck der historischen Überlieferung geht auf J. G. Droysen (1858) zurück und wurde von E. Bernheim (1889) weitergeführt. Unter Ü.en werden Sach-Ü.e (z. B. Bauwerke), abstrakte (z. B. Institutionen) und schriftliche Ü.e (z. B. Urkunden, Akten, Briefe, → Tagebücher) subsumiert. Der besondere Wert von Ü.-Quellen wird darin gesehen, dass sie zwar gegenwartsbezogene, aber keine auf historische Überlieferung ausgerichtete Tendenzen aufweisen und somit scheinbar einen unverstellten Blick auf die → Vergangenheit gewähren. Freilich kommt auch in Ü.-Quellen – etwa in Briefen und Tagebüchern – die Subjektivität des Verfassers zum Vorschein. Die Unterscheidung zwischen Tradition und Ü. ist nicht trennscharf, insofern die Zuordnung der jeweiligen Quelle sowohl von ihrer ursprünglichen Funktion als auch vom Erkenntnisinteresse des Historikers abhängt.

E. Bernheim, Lehrbuch der historischen Methode und der Geschichtsphilosophie (1889), 3. Aufl. Leipzig 1903; J. G. Droysen, Historik. Vorlesungen über Enzyklopädie und Methodologie der Geschichte (1858), 6. Aufl. München 1971.

Simone Derix

Übung

Lernverfahren (→ Lernen), das die → Einprägung bzw. Verarbeitung von kognitivem → Wissen und den Erwerb motorischer Fertigkeiten behandelt. Ü. ist *erstens* in der antiken und christlichen Ethik die geistig-affektive Durchdringung moralischer Lehrsätze (→ Moral). Das Exerzitium stellt einen Akt der Selbstbeeinflussung dar, der mit der bewussten Absicht eines bestimmten sittlichen Effekts ausgeübt wird. Er wird entweder selbst wiederholt oder mit anderen, gleichgerichteten Akten zu einem planvollen Ganzen verbunden (Rabbow 1954). Das Ziel bildet nicht die exakte Reproduktion des gelernten → Wissens, sondern dessen inhalt-

liche Aneignung und Überführung in die Lebenspraxis (vgl. → Ruminatio). In ihrer elaboriertesten Form bei J. Mauburnus *(Rosetum exerci-
tiorum spiritualium)* und Ignatius von Loyola *(Exercitia spiritualia)* umfasst diese Ü. den gesamten seelischen Apparat: Die Erinnerung ruft
einen Gegenstand (z. B. das Passionsgeschehen) auf, die → Phantasie
stellt ihn bildlich vor Augen, der Intellekt zergliedert und betrachtet ihn,
und der Wille transformiert ihn in eine affektive Disposition. Die Methode steht in enger Beziehung zur → Rhetorik. Vor allem die Mittel der
Anschaulichkeit *(evidentia)* und der Ausdruckssteigerung *(amplificatio)*
werden angewandt zur sinnlichen → Vergegenwärtigung und emotionalen Vertiefung der gedanklichen Gehalte.

Ü. ist *zweitens* eine das natürliche Gedächtnis trainierende → Mnemotechnik, die im Unterschied zur assoziativ und bildlich verfahrenden
→ Locitechnik auf der regelmäßigen Wiederholung des Lerngegenstands
basiert. Bereits die antike Pädagogik empfiehlt hierfür die Gliederung des
Stoffes in kleine Einheiten sowie die motorisch-sensorische Mehrfachco-
dierung (→ Code) etwa im lauten Lesen, das die visuellen und akustischen Systeme mit dem Artikulationsapparat verknüpft. Die heutige
Lernpsychologie untersucht die unterschiedlichen Faktoren, die Einfluss
auf den Erfolg der Ü. nehmen, um deren Reproduktionsleistung zu optimieren. Zu diesen Faktoren zählen die Ü.s-Bedingungen (Verteilung der
Ü., Darbietungsrate und Wiederholungshäufigkeit), der Einfluss des
Lernmaterials (Stoffmenge, Schwierigkeit, Differenziertheit, logische
Ordnung, Sinnhaftigkeit) und dessen Darbietungsweise (Gesamt-/Teil-
darbietung), die Rolle allgemeiner Einstellungen (vorgegebener Repro-
duktionstermin, ‹Aufwärmeffekt›, ‹zufälliges Lernen›) sowie die Bedeutung von Motivation und Bekräftigung (Foppa 1965). Gegenüber dem
auf möglichst exakte → Reproduktion gerichteten Ü.s-Begriff der traditionellen Lernpsychologie betont die Pädagogik die Rolle der Einsicht
und der daraus resultierenden Übertragungspotenziale des Gelernten auf
andere Bereiche im Sinne der «Mitübung» (Correll 1961; → Transfer).

Ü. ist *drittens* das Erlernen von instrumentellen Handlungsverläufen
durch → Wiederholung, das entweder als geistig-sinnliche Einheit oder
als körperlicher Mechanismus verstanden wird (→ Routine). Die produ-
zierenden Künste, wie das Handwerk, beruhen auf der geistigen Aneignung und sinnlichen Inkorporation von manuellen Fertigkeiten durch
wiederholende Ü. Demgegenüber sind die neuzeitlichen Techniken der
Disziplinierung auf die körperliche Dressur zum Zweck motorischer Reproduktion ausgerichtet (→ Körper). Hierfür werden Handlungsverläu-
fe in kleinste Einheiten zerlegt, isoliert trainiert und anschließend wieder

zusammengesetzt (Foucault 1976). Im Unterschied zur zielorientierten, das Ergebnis geistig antizipierenden Ü. handelt es sich bei den institutionalisierten Disziplinierungstechniken um den Versuch, Ü. auf körperliche Mechanik zu reduzieren.

M. Foucault, Überwachen und Strafen. Die Geburt des Gefängnisses, Frankfurt/M. 1976; K. Foppa, Lernen, Gedächtnis, Verhalten. Ergebnisse und Probleme der Lernpsychologie, Köln 1965; W. Correll, Lernpsychologie. Grundfragen und pädagogische Konsequenzen, Donauwörth 1961; P. Rabbow, Seelenführung. Methodik der Exerzitien in der Antike, München 1954.

Günter Butzer

Ultra-Kurzzeitgedächtnis, Ultra-Kurzzeitspeicher → Sensorische Register, → Sensorisches Gedächtnis

Unbewusstes

→ S. Freud unterscheidet das U. in topologischer, ökonomisch-energetischer und dynamischer Hinsicht vom Vorbewussten und Bewussten. Er begreift das U. dabei nicht einfach als Gegensatz zum Bewussten, d. h. nicht als ‹Unterbewusstes›. Gedächtnistheoretisch fasst er das U. als Ort der «Erinnerungsspuren» (1925/1948, S. 4), an deren Stelle das → Bewusstsein entsteht. Das U. ist genetisch früher als das Bewusstsein. In dieser Verwiesenheit des Bewusstseins auf einen *anderen Schauplatz* wird das U. zum Merkmal einer Subjektteilung, mit der Gedächtnis und Erinnerung allererst beginnen bzw. notwendig werden.

In den Anfängen der Psychoanalyse ist der Status dieses Orts für Freud durch die Einprägung einer zwar verdrängten, aber dennoch manifesten → Traumatisierung des Individuums in der Kindheit gekennzeichnet. Indem das Kind zum Opfer einer Verführung durch Erwachsene wird, erleidet es seine Sexualisierung in rein passiver und vorzeitiger Form. Dieses erste → Ereignis wird aber nicht sofort verdrängt (→ Abwehr, → Verdrängung); vielmehr bedarf es einer zweiten, subjektiv ähnlich empfundenen Szene, welche, obwohl an sich nicht zwingend sexuell konnotiert, dennoch rückwirkend die Erinnerung an das erste Erleben wachruft. Letzteres kann dann zum Objekt einer Verdrängung werden und als solches seine symptomatischen Effekte entfalten. In diesem Sinn geht

Freud in seiner *Verführungstheorie* davon aus, dass die Erinnerung an einen realen Missbrauch in der Kindheit spätere psychoneurotische Entwicklungen entscheidend bestimmt.

Im Laufe des Jahres 1897 gelangt Freud jedoch im Zuge weiterer Forschungen an einen Wendepunkt (Brief an W. Fließ vom 21. September), der seinen Glauben an die Erinnerungen der Analysanden erschüttert. Freud beobachtet, dass die in der psychoanalytischen Anamnese zutage geförderten Verführungsszenen nicht grundsätzlich einem äußeren Ereignis, sondern zumeist einer psychischen Realität geschuldet sind, also maßgeblich auf phantasmatische → Konstruktionen deuten. Mit dieser Einsicht in ein fehlendes Realitätszeichen im U.n stellt sich zugleich die Frage nach der Gedächtnisleistung des U.n neu. Vorgabe ist jetzt, dass man hier die «Wahrheit und die mit Affekt besetzte Fiktion nicht unterscheiden kann» (Freud, zit.: Laplanche/Pontalis 1992, S. 25). Fortan legt Freud verstärkt den Akzent auf den zeitlichen Modus der → *Nachträglichkeit*. Das U. ist Erinnerung, insofern seine spezifische Gedächtnisleistung die Erzählung bloßer Ereignisgeschichte übertrifft (→ Narration). Indem nämlich erst nachträglich verstanden werden kann, was zuvor erlebt wurde, und dieses Verstehen sich zudem mit dazwischen liegenden, anderen (latenten) Erinnerungsschichten verknüpft, ist eine phantasmatische Schematisierung des Gedächtnisses für dieses konstitutiv. Dabei resultiert das → Schema wesentlich aus einer ungleichmäßigen Ausbreitung der Erinnerungsspuren, d. h. daraus, dass jene sich im U.n nicht sukzessive sowie ihrem Realwert gemäß ablagern, sondern stattdessen aufeinander verweisen bzw. sich miteinander verschränken: An die Stelle des im Geflecht der Erinnerung immer schon unmöglich gewordenen, eindeutigen Ereignisses tritt die nachträgliche Zuspitzung des Phantasmas. Diesbezüglich funktioniert Erinnerung nicht im Rahmen expliziter und linearer Folgerichtigkeit, vielmehr unterliegt das Gedächtnis im U.n einer Diskontinuität, die – als Erinnerungsspur – zwar Zäsur ist, als solche aber keine strikte Trennung von Realität und → Phantasie ermöglicht. Im Augenblick des Erinnerns (re-)konstruiert sich → Geschichte aus einem Verständnis der → Gegenwart, sie wird nachträglich zu dem Erinnerungsbild, welches sie als zukünftiges bereits durchzieht: «Was sich in meiner Geschichte verwirklicht, ist nicht die abgeschlossene Vergangenheit [...] dessen, was war, weil es nicht mehr ist, auch nicht das Perfekt dessen, der in dem gewesen ist, was ich bin, sondern das zweite Futur [...] dessen, was ich gewesen sein werde für das, was zu werden ich im Begriff stehe» (Lacan 1966/1986, S. 143; Übers. modifiziert).

Mit dieser Akzentuierung J. Lacans betrifft die Einkleidung des Gewesenen im unbewussten Gedächtnis nicht nur die Vergangenheit des Subjekts. Vielmehr erscheint das U. damit als → Archiv *und* Medium von Erinnerung; es siedelt zwischen den Zeitzonen (→ Zeit), insofern es deren klare Unterscheidung in die Schwebe bringt. Diese bereits bei Freud eingeführte Position lässt sich nun mittels des «Begriff[s] einer Niederschrift in einen Signifikanten, der die Aufzeichnung beherrscht» und insofern «wesentlich für die Theorie des Gedächtnisses [ist]» (J. Lacan, *Das Seminar Buch III*), nochmals präzisieren. Insofern Lacan hier die Niederschrift von Erinnerung im Subjekt mit einer allgemein unhintergehbaren Sprachlichkeit des unbewussten Begehrens verkoppelt, erweist Erstere sich als Bruch bereits der Möglichkeitsbedingungen ihrer Selbstpräsenz. Dennoch hält sie das Feld des Begehrens aufrecht, da sie mittels der Funktion ihrer Nachträglichkeit eine partielle Überbrückung des Zeitverlusts, d. h. Rückbesinnung innerhalb der schematisch-kombinatorischen Struktur des Phantasmas erlaubt. Somit realisiert sich das unbewusste Gedächtnis in seinem Begehren gerade als Nicht-Erfüllbarkeit desselben, es verdankt sich einem *strukturellen* Mangel an Authentizität: Mit der Gleichursprünglichkeit von Begehren und Erinnerung wird diese weder zyklisch noch linear fassbar, sondern am *Unheimlichen* (Freud) im Diskurs des Anderen orientiert. Davon ausgehend tendiert die Zwiespältigkeit der Erinnerungsspur im U.n zu einem Text – Freud spricht von *Dichtungen* –, der sich im Innersten seiner → Schrift jedweder positiven wie negativen Einstellung von Erinnerung widersetzt. «Die Spur als Gedächtnis ist keine reine Bahnung, die man sich stets wieder in einer einfachen Präsenz aneignen könnte. Sie ist die unfaßbare und unsichtbare Differenz zwischen den Bahnungen» (Derrida 1976, S. 308f.; → Bahnung). Mit diesem Konzept einer permanent aufschiebenden Nachträglichkeit verschärft sich das Freud'sche Misstrauen gegenüber den Gedächtnisleistungen des U.n, da über den Zweifel am Realwert der Erinnerung hinaus auch noch das → Zeichen der → Spur problematisch wird. Denn insofern jene nicht mit sich selbst identisch ist, geht sie nicht restlos in einer unbewussten Struktur (Ödipuskomplex) auf, sondern verweist darüber hinaus auf das Bild einer in sich bereits entkernten → Urszene.

Knapp zusammengefasst, lässt sich die Gedächtnisfunktion des U.n wie folgt skizzieren: Zunächst erscheint sie nachträglich in der Form eines Bilderrätsels, d. h. als Emergenz der Erinnerungsspur in und vermittels einer Zäsur. Darin fungiert das U. als Kehrseite und Stütze jedweder Gedächtnisleistung und ebenso als Ort eines strukturellen Mangels, der eine komplette Lösung des Rätsels unmöglich macht. In dieser Hinsicht ist das Gedächtnis nicht allein Stätte einer retrospektiven Anordnung des

Gewesenen, sondern gleichzeitig von einer radikalen Flüchtigkeit betroffen, welche die Erinnerung auch sog. Tatsachen in jedem Moment fragwürdig (nicht: in jeder Hinsicht nivellierbar) macht.

J. Rüsen/J. Straub (Hg.), Die dunkle Spur der Vergangenheit. Psychoanalytische Zugänge zum Geschichtsbewußtsein, Frankfurt/M. 1998; J. Laplanche/J.-B. Pontalis, Urphantasie. Phantasien über den Ursprung, Ursprünge der Phantasie, Frankfurt/M. 1992; J. Derrida, Freud und der Schauplatz der Schrift (1966), in: ders., Die Schrift und die Differenz, Frankfurt/M. 1976, S. 302–350; J. Lacan, Funktion und Feld des Sprechens und der Sprache in der Psychoanalyse (1966), in: ders., Schriften, Bd. I, Weinheim/Berlin 1986, S. 71–169; S. Freud, Notiz über den «Wunderblock» (1925), in: ders., Gesammelte Werke, Bd. 14, London/Frankfurt/M. 1948, S. 1–8.

Gregor Schwering

Ungleichzeitigkeit → Epoche, → Gegenwart, → Gespenster, → Tradition

Unsichtbare Hand

Von A. Smith 1776 in seiner Schrift über den *Reichtum der Nationen* in die politische Ökonomie eingeführte wirkungsmächtige Denkfigur, nach der ein Händler, der lediglich nach eigenem Gewinn strebt, gleichzeitig das Wohl der Gemeinschaft befördert: «Indem er es vorzieht, die einheimische anstelle einer ausländischen Wirtschaft zu unterstützen, strebt er nur nach der eigenen Sicherheit [...], und er wird in diesem, wie in vielen anderen Fällen, von einer unsichtbaren Hand dazu geführt, einen Zweck zu verwirklichen, den zu erfüllen nicht in seiner Absicht lag.» Ein soziales System wie die kapitalistische Wirtschaft, in der voneinander unabhängige Akteure ihre individuellen Ziele verfolgen, ist demnach aufgrund seiner Selbstregulation auf einen Gleichgewichtszustand ausgerichtet, der sich hinter dem Rücken der Handelnden einstellt. Die gleiche Figur taucht jedoch auch in zeitgenössischen Schauerromanen wie H. Walpoles *The Castle of Otranto* (1764) oder C. Reeves *The Old English Baron* (1778) auf, in denen der Eingriff einer u.n H. unentdeckte Verbrechen der → Vergangenheit ans Licht bringt (→ Indiz) und so die selbstsüchtigen Intentionen der Handelnden in ihr Gegenteil verkehrt.

Von Vorstellungen eines bruchlos funktionierenden Bewahrungswillens unterscheidet sich die überindividuelle Form der Gedächtnisfunktion der u.n H. insofern, als sie nicht von den individuellen Intentionen der Akteure gesteuert wird (vgl. → Mem). Gleichzeitig antizipiert die Temporalisierung, die auf diese Weise in die narrative Darstellung selbst-regulierender Prozesse eingeführt wird, geschichtsphilosophische Entwürfe (→ Geschichtsphilosophie) wie → G. W. F. Hegels «List der Vernunft», welche «im Hintergrund» bleibt und die Leidenschaften des «weltgeschichtlichen», zum Untergang bestimmten Individuums einsetzt, um ihren eigenen Fortschritt zu verwirklichen. Neben K. Marx' teleologischer Geschichtsdeutung prägt die Gedankenfigur einer u.n H. auch → S. Freuds Modell der Sublimierung wie seine Annahme einer tiefer liegenden psychischen Intentionalität hinter Versprechen, → Vergessen oder → Verdrängen.

S. Andriopoulos, The Invisible Hand: Supernatural Agency in Political Economy and the Gothic Novel, in: English Literary History, Bd. 66, 1999, S. 739–758; J. B. Davis, Smith's Invisible Hand and Hegel's Cunning of Reason, in: International Journal of Social Economics, Bd. 16, 1989, S. 50–66; A. O. Hirschman, The Passions and the Interests: Political Arguments for Capitalism before Its Triumph, Princeton 1977.

Stefan Andriopoulos

Urkunde → Datum, → Dokument

Ursprung

Quelle eines Wasserlaufs, in übertragenem Sinn jeder zeitliche Anfang oder Ausgangspunkt, z. B. die Geburt. Als Denkfigur ist U. eine Konstruktion der → Geschichtsschreibung, um eine bestimmte → Kultur an die ihr eigene Entstehung zurückzubinden. Das auf der historischen Zeitachse Frühere ist dabei diskursiv Produkt des Späteren, die Wirkung konstruiert ihre eigene Ursache: «Der Ursprung ist nicht ein Zustand, sondern eine Tat» (Givone 2000, S. 193; vgl. → Konstruktion, → Narration, → Sinn).

U.s- oder Schöpfungsmythen (→ Mythos) erzählen Kulturentstehung in der Regel als Konflikt oder Katastrophe, als qualitativen Sprung aus mehreren Ursachen in *eine* produktive → Geschichte (U. im Sinn von *origenes*, nicht von *principia*), als deren zeitliche Ausfaltung die je eigene Kultur erscheint. Im Gegensatz zu diesem organizistischen Entwicklungsmodell kann der vorkulturelle Zustand (→ Prähistorie) auch Projektionsraum für Gegen- und Sehnsuchtsbilder der eigenen Kultur (→ Nostalgie) werden; J. Böhme prägte für dieses nicht auflösbare erste Geheimnis einer Kulturentstehung das Wort ‹Ungrund› (Schmidt-Biggemann 1998). In Analogie zur → Quelle repräsentiert der U. die Vorstellung von Reinheit, Einheit, Möglichkeitsfülle und Konfliktlosigkeit der eigenkulturellen Normativität und erhält deshalb Orientierungsfunktion für die → Gegenwart, d. h., U. und Telos bzw. Erfüllung werden identisch (→ Paradies).

Die Möglichkeit, den U. zu definieren, ist ein Zeichen von Macht. Aus dem Wunsch nach → Wissen über die eigene Herkunft und Bestimmung erklärt sich das Interesse am U., das aber auch als Flucht aus der Gegenwart erscheinen kann. Kulturelle Wirksamkeit entfaltet der U. als Ausdruck des ‹Gleichbleibens› (Schottlaender 1968, S. 46) gegen alle Veränderungen. Wird die erinnerungsabhängige → Kontinuität des U.s unterbrochen, kommt es zur → Konstruktion eines neuen U.s. Zu einem U.s- oder Gründungsmythos (→ Gründung, → Mythos) verdichtet, hat der U. politisch und individualpsychologisch eine identitätsstiftende Funktion (→ Identität). Ihren symbolischen Ausdruck findet die Erinnerung an den U. in dessen → Vergegenwärtigung als → Denkmal oder als → Fest zum → Jahrestag (Sturm auf die Bastille, Boston Tea Party). Aktualisierung und Bestätigung des geschichtsmächtigen U.s und seiner → Tradition sind mit einer Wirkung für die → Gegenwart ausgelegt, die auf die Sicherung von → Kontinuität und Einheit des Kollektivs verpflichtet werden.

Kritik erfuhr dieses Modell, alles Geschehen in einem historischen Anfang zu verankern, durch → J. Derridas dekonstruktive Einsicht, dass man angesichts der unhintergehbaren Zeichenhaftigkeit aller Gedächtnispraxis anstelle eines verfügbaren U.s nur auf ein «Spiel von Spuren» stoße, auf «eine Schrift *avant la lettre* [...], eine Urschrift ohne anwesenden Ursprung, ohne *arché*» (1988, S. 41; vgl. → Präsenz, → Schrift, → Zeichen). Insofern jeder U. stets als → Spur von etwas Vorgängigem zu denken und daher niemals mit sich selbst identisch rekonstruierbar sei, bleibe die Erinnerung an eine «Vergangenheit, die nie präsent war» *(Mémoires. Für Paul de Man)* verwiesen.

S. Givone, Metaphysik der Intoleranz, in: R. Kloepfer/B. Dücker (Hg.), Kritik und Geschichte der Intoleranz, Heidelberg 2000, S. 189–199; W. Schmidt-Biggemann: Das Geheimnis des Anfangs. Einige spekulative Betrachtungen im Hinblick auf Böhme, in: A. u. J. Assmann (Hg.), Archäologie der literarischen Kommunikation

V, Bd. 2: Geheimnis und Offenbarung, München 1998, S. 43–56; J. Derrida, Die différance, in: ders., Randgänge der Philosophie, Wien 1988, S. 29–52; T. W. Adorno, Theorien über den Ursprung der Kunst, in: ders., Ästhetische Theorie, Frankfurt/M. 1970, S. 480–490; R. Schottlaender, Das Interesse an ‹Ursache und ‹Ursprung›, in: Wiener Jahrbuch für Philosophie, 1. Jg., 1968, S. 46–65.

Burckhard Dücker

Urszene

(griech. *skené*: Hütte, Bühne). Konzept der psychoanalytischen Trieb- und Objektbeziehungstheorie (→ S. Freud). Das drei- bis fünfjährige Kind entwickelt in der ödipalen Phase ein spezifisches Sexualmotiv, gespeist aus dem phallischen Partialtrieb. Die U. ist die erregte, von infantilen Sexualphantasien gespeiste, nachträgliche Gedächtnisverarbeitung der Beobachtung eines Liebesaktes (→ Nachträglichkeit). Die U.-Phantasie ist damit das nachträgliche erinnernde und gestaltete Verarbeitungsprodukt des Erlebten (Mertens/Haubl 1996). Retrospektive U.-Phantasien können im Rahmen nachträglicher Verarbeitung ödipaler Konflikte auftreten, etwa als plötzliche oder scheinbar plötzliche Erinnerung, als Vermutung oder Zweifel, im Dienst eines Triumphes oder als Gegenstand der Beschämung usw. Die Projektion eines Ursprungsmythos des Subjekts gewinnt ihre identitätsstiftende Bedeutung gerade aus der nachträglichen, imaginären → Konstruktion der U., niemals aus einem realen Ereignis: «[E]ine reine Phantasie wird in eine echte Erinnerung umgewandelt» (Laplanche/Pontalis 1992, S. 28; vgl. → *false memory*, → Realitätsüberwachung).

W. Mertens/W. Haubl, Der Psychoanalytiker als Archäologe, Stuttgart 1996; J. Laplanche/J.-B. Pontalis, Urphantasie. Phantasien über den Ursprung, Ursprünge der Phantasie, Frankfurt/M. 1992; S. Freud, Drei Abhandlungen zur Sexualtheorie (1905), Gesammelte Werke, Bd. 5, London/Frankfurt/M. 1942, S. 27–136.

Brigitte Boothe

Variation → Wiederholung

Verarbeitungstiefe

Zentrales Charakteristikum des Verarbeitungsebenen-Ansatzes *(levels of processing)* von F. I. M. Craik und R. S. Lockhart (1972). Er geht davon aus, dass ein dargebotener Stimulus eine Hierarchie von Analyseebenen durchläuft. Der Analyse physikalischer und sensorischer Merkmale folgt eine phonemische und eine semantische Verarbeitungsebene. Je tiefer ein Stimulus verarbeitet wird, desto stärker und dauerhafter ist seine Gedächtnisspur, und desto besser kann er erinnert werden (→ Engramm, → Spur). Man erinnert sich an phonemisch verarbeitete Stimuli nur über einen beschränkten Zeitraum, da diese in nur geringer Tiefe verarbeitet werden. An semantische → Information (→ Sinn) erinnern wir uns über lange Perioden, da diese auf einer tiefen Ebene elaboriert verarbeitet wurde.

Im Rahmen des Verarbeitungsebenen-Ansatzes wird zwischen Verarbeitungstyp I und II unterschieden. Beim Verarbeitungstyp I wird Information auf geringer Verarbeitungsebene gehalten und verfällt dort, wenn ihr die → Aufmerksamkeit entzogen wird (→ Vergessen). Verarbeitungstyp II tritt ein, wenn Information auf einer tieferen Stufe unter Einbezug anderer Wissensstrukturen verarbeitet wird und längerfristig behalten wird. Der Einfluss der V. auf das Behalten wird in inzidentellen Lernexperimenten untersucht. Kritisiert wird dieser Ansatz dahin gehend, dass V. nicht unabhängig von der Behaltensleistung definiert werden kann (Engelkamp 1990).

J. Engelkamp, Das menschliche Gedächtnis, Göttingen 1990; F. I. M. Craik/R. S. Lockhart, Levels of processing: A framework for memory research, in: Journal of Verbal Learning and Verbal Behavior, Bd. 11, 1972, S. 671–684.

Axel Mecklinger

Verdrängung

Die Erwachsenen beeinträchtigen das Kind in der Gestaltung seines Trieblebens und Phantasielebens durch Eingriff, Verweigerung und Lenkung, «um seine Libido aus ihren infantilen Bindungen in die endgültig erwünschten sozialen überzuleiten» (Freud 1928/1940, S. 426; → S. Freud). So erfährt es seine soziale, physische und psychische Abhängigkeit von den Garanten seiner Sicherheit, der Elternmacht (→ Kindheit).

Sein Denken und Handeln soll im Einklang mit den Forderungen des parentalen Souveräns stehen. Das psychische System des Kindes entzieht unerwünschte Wunschregungen und Handlungsimpulse der bewussten → Vergegenwärtigung, vermeidet die Kenntnisnahme und unterdrückt die zielgerichtete Aktion. Diese Maßnahmen der V. ins → Unbewusste (Freud 1905/1942) führen indessen nicht zur Befreiung von den verpönten psychischen Regungen; diese bleiben im Handlungsgedächtnis wirksam, setzen sich jenseits willentlicher Kontrolle durch, beispielsweise in Gestalt von Symptomen oder → Fehlleistungen und kommen in Interaktionsszenen fragmentarisch, entstellt, verhüllt zum Ausdruck (→ Agieren).

S. Freud, Drei Abhandlungen zur Sexualtheorie (1905), in: Gesammelte Werke, Bd. 5, London/Frankfurt/M. 1942, S. 27–136; ders., Kurzer Abriss der Psychoanalyse (1928), in: ders., Gesammelte Werke, Bd. 13, London/Frankfurt/M. 1940, S. 403–428.

Brigitte Boothe

Verewigung → Ruhm

Vergangenheit

Grundelement der → Zeit (neben → Gegenwart und → Zukunft), sofern diese als gerichtete, lineare Zeit, die aus der V. durch die Gegenwart in die Zukunft fließt, betrachtet wird. Aus dieser Perspektive erscheint Gegenwart als der Wendepunkt, an dem der Prozess der Zeit von V. in Zukunft umschaltet (Luhmann 1990). Als Gesamtheit der bis zu einem bestimmten als Gegenwart erlebten Zeitpunkt abgelaufenen Vollzüge und ausgelösten Zustände bildet V. ein unmittelbares Korrelat zu Erinnerung und Gedächtnis: Als V. erscheint all das, woran wir uns erinnern und woraus wir mit Hilfe des Gedächtnisses unser gegenwärtiges und zukünftiges Handeln orientieren können. «Den Begriff des Vergangenen lernt ja der Mensch, indem er sich erinnert», definiert L. Wittgenstein *(Philosophische Untersuchungen II)*. Dabei sind drei Formen von V. zu unterscheiden: (1) V. als Gesamtheit einer ‹objektiven› Reihe chronologischer → Daten, (2) V. als Gesamtheit der Prozesse und Zustände, die implizit oder explizit gegenwärtiges individuelles oder kollektives Handeln durch Gedächtnisspuren beeinflussen, (3) V. als bewusst aus Formen der (individuellen

oder kollektiven) Erinnerung oder des Gedächtnisses rekonstruierte
→ *Geschichte* (→ Rekonstruktion). Die letzten beiden Formen machen
deutlich, dass es keinen Zugriff auf eine ‹V. an sich› gibt, sondern dass V.
immer selektiv konstruierte, «gegenwärtige Vergangenheit» (R. Koselleck) bzw. «Vergangenheit der Gegenwart» (N. Luhmann) ist (→ Konstruktion, → Selektion). Als solche bildet sie den *Erfahrungsraum*, der das
gegenwärtige, auf die Zukunft gerichtete Handeln bestimmt (→ Erwartung).

Als Zeithorizonte der Gegenwart sind V. und Zukunft daher untrennbar aufeinander bezogen. So definiert Koselleck (1979, S. 354) Erfahrung
als gegenwärtige V., deren → Ereignisse einverleibt worden sind und bewusst als → Wissen oder unbewusst durch eingeprägte Verhaltensweisen
‹erinnert› werden können. Ähnlich definierte bereits W. Stern Gedächtnis als Vergangenheitsbedingtheit des Erlebens *(Allgemeine Psychologie
auf personalistischer Grundlage)*. V. prägt daher die jeweilige Gegenwart
durch das Gedächtnis, d. h. durch die Summe der im Gedächtnis gespeicherten, individuell oder kollektiv erworbenen Dispositionen und
→ Traditionen oder Habitualitäten (→ Gewohnheit) und Möglichkeiten
der Wahrnehmung, → Erfahrung und des Verhaltens; sie wird also mittels des Vermögens der Erinnerung als Erfahrung für die Gegenwart wirksam. Aus dieser Definition wird ersichtlich, wieso in der neueren Diskussion eine Tendenz besteht, V. zu pluralisieren: Individuen wie Kollektive
haben historisch variable V.en (→ autobiographisches Gedächtnis,
→ Identität, → kollektives Gedächtnis, → kulturelles Gedächtnis).

Die jüngere zeitphilosophische und -soziologische Diskussion hat jedoch deutlich gemacht, dass die Zeit- und Welterfahrung historisch und
kulturell sehr variabel ist, insofern sich nicht nur die jeweilige Konzeptualisierung und Gewichtung von V., Gegenwart und Zukunft zwischen
Individuen, → Kulturen und → Epochen erheblich unterscheidet, sondern die zugrunde liegende Dreiteilung der Zeiterfahrung selbst nicht
universell, sondern kulturell und sozialstrukturell bedingt ist. So postuliert etwa O. Rammstedt (1975) vier sich in Abhängigkeit von der Sozialstruktur evolutionär entfaltende Formen der Zeiterfahrung, die mit je
spezifischen Formen auch des Sich-Erinnerns einhergehen: Einfache, un-
differenzierte Gesellschaften verfügen über ein *occasionales* Zeitbewusstsein, dessen Zeiterfahrung überwiegend nur zwischen ‹Jetzt› und ‹Nicht-
Jetzt› differenziert, sodass V. und Zukunft als das (mythologisch gefasste)
Andere der Gegenwart verschmelzen. Segmentäre und frühe, ständisch
differenzierte Gesellschaften folgen einem *zyklischen* Zeitbewusstsein, in
dem Zeit als Kreislauf immer wiederkehrender Prozesse und Zustände

erfahren wird (vgl. → Kontinuität). Die primäre Form der Zeiterfahrung differenziert daher zwischen ‹Vorher› und ‹Nachher›. V. und Zukunft sind darin strukturgleich; die Erinnerung an die Vergangenheit ist gleichbedeutend mit der Vorhersage (→ Vorausschau) der Zukunft, Erfahrungsraum und Erwartungshorizont sind deckungsgleich. In extremer Gestalt erscheint diese Zeiterfahrung als «ewige Wiederkehr des Gleichen» (→ F. Nietzsche), in der sich die Erinnerung auch auf die Zukunft erstreckt (→ Wiederholung). Demgegenüber setzte sich in der stärker ausdifferenzierten Gesellschaft der Neuzeit allmählich ein *lineares* Zeitbewusstsein durch, in dem der Zeit-Kreis durch eine irreversible Linie aus der V. durch die Gegenwart in die Zukunft ersetzt wird. Hier erst wird die an der → Differenz zwischen V., Gegenwart und Zukunft orientierte Zeiterfahrung dominant, insbesondere dann, wenn diese Zukunft als Telos der Geschichte feststehend bzw. geschlossen erscheint (etwa im Christentum oder im Marxismus; → Geschichtsphilosophie). In der funktional differenzierten Gesellschaft der Hochmoderne herrscht ein *lineares Zeitbewusstsein mit offener Zukunft* vor: Die Entwicklung wird nicht mehr als auf ein bestimmtes Ziel zulaufend verstanden, ihr Ausgang bleibt ungewiss. Dem entspricht nach Rammstedt die Zeiterfahrung einer kontinuierlichen Bewegung oder → Beschleunigung. In dem Maß, wie Erfahrungsraum und Erwartungshorizont auseinander treten, verliert V. ihre kognitiv und normativ orientierende und verpflichtende Bedeutung für die Zukunft. Indem die Geschichte nicht mehr als statischer Ereignishorizont aufgefasst wird, in dem sich gleichsam *Geschichten* unter den immer gleichen Bedingungen ereignen, sodass die Geschichte als ‹Lehrmeisterin des Lebens› auftreten kann, sondern selbst dynamisiert bzw. ‹verzeitlicht› wird und schließlich als gestaltbar erscheint (Koselleck 1979), reduziert sich die V. zu einem «Bündel von Tatsachen, für die gilt, daß wir sie nicht mehr daran hindern können, zu werden oder zu existieren» (Luhmann 1990, S. 132). Erfahrung und Erinnerung werden dabei progressiv entwertet, V. wird zur Belastung, und die Fähigkeit zu → vergessen, um neu zu lernen (→ strukturelle Amnesie), wird immer wichtiger. Die rasch anwachsenden Bestände einer funktionslos gewordenen V. werden dann nur noch durch Musealisierung (H. Lübbe, *Im Zug der Zeit*) im kulturellen Gedächtnis bewahrt (→ Archiv, → Denkmalpflege, → Museum).

A. Assmann, Erinnerungsräume. Formen und Wandlungen des kulturellen Gedächtnisses, München 1999; P. Ricœur, Das Rätsel der Vergangenheit: Erinnern – Vergessen – Verzeihen, Göttingen 1998; N. Luhmann, Die Zukunft kann nicht beginnen: Temporalstrukturen der modernen Gesellschaft, in: P. Sloterdijk (Hg.), Vor der Jahrtausendwende. Berichte zur Lage der Zukunft, Bd.1, Frankfurt/M. 1990, S. 119–150; R. Koselleck, Vergangene Zukunft. Zur Semantik geschichtlicher Zeiten, Frankfurt/M. 1979; O. Rammstedt, Alltagsbewußtsein von Zeit, in: Kölner Zeitschrift für Soziologie und Sozialphilosophie, Bd. 27, 1975, S. 46–63.

Hartmut Rosa

Vergänglichkeit

Allem Lebendigen ist (als Einzelhaftem) zeitliches Werden und Vergehen eigentümlich. Zugleich wahrt es aber auch zur Sicherung seiner Bestandsfähigkeit eine gewisse → Kontinuität und → Identität. Schon in einem naturwissenschaftlich-biologischen Sinn findet sich daher bei allen Organismen so etwas wie ein Gedächtnis (vgl. → Tiere). Einem Identität verhindernden Dahinschwinden ist also bereits von der biologischen Evolution vorgebeugt. Die biologischen Grundlagen des menschlichen Gedächtnisses, die Gegenstand naturwissenschaftlicher Forschung sind (→ Gehirn), erfassen es allerdings nicht in seiner *für den Menschen* bedeutsamen Eigenart. Erst diese, nicht das abstraktiv-methodisch fassbare ‹Vergehen› von Lebewesen lässt die V. zum Thema und Problem werden. Der Begriff der V. gewinnt also seine zentrale Bedeutung aufgrund der Erfahrung und Erkenntnis einer je meinigen wie der allgemeinen Lebens-V. (→ Tod).

Vergehen ist zeitlich (→ Zeit). In einem radikal gefassten Sinn zu vergehen bedeutet, dass das Vergehende dem Zeitfluss gegenüber nicht über einen gewissen Abstand verfügt. Ein solcher Abstand besagt, dass derjenige, der das Vergehen an sich erfährt und erkennt, der Art und Weise von Zeitlichkeit, die das radikal gefasste Vergehen beherrscht, bis zu einem gewissen Ausmaß entzogen ist. Indem in der Erinnerung z. B. Vergangenes wiederholt und vergegenwärtigt wird (→ Vergegenwärtigung, → Wiederholung), dokumentiert sich in der → Präsenz des Absenten eine gewisse Zeitüberlegenheit. Gewesenes Gegenwärtiges ist nicht im Zeitfluss ausgelöscht worden. Der Fall einer für die Zukunft auswirkungslosen Löschung ist vom → Vergessen zu unterscheiden, für das die Rückbezugsmöglichkeit auf eine jeweilige → Gegenwart nicht völlig abgeschnitten ist. Die grundsätzliche Notwendigkeit des Vergessens für das menschliche Leben wird seit → F. Nietzsche betont. Das Vergessen gehört mit der selektierend wertenden Leistungseigenart des Gedächtnisses (als eines Lebensvermögens) zusammen (→ Selektion, → strukturelle Amnesie). Diese ist in Anbetracht der Gesamtheit dessen erforderlich, was sich in die → Vergangenheit entzieht und von dem nicht alles in eine jeweilige Gegenwart hinein weiter wirkt, weil das Leben nur in ihm dienlichen endlichen Zeithorizonten gedeihen kann.

Für die Beurteilung der Bedeutsamkeit der V. ist die Differenzierung von individuellem und → kollektivem Gedächtnis wesentlich. Die Erforschung der Funktionsweise des individuellen Gedächtnisses ist vornehmlich eine Aufgabe der Psychologie. Seine philosophischen Grundlagen lassen sich in ihrer existenziellen Bedeutsamkeit im Anschluss an die Zeitanalysen E. Husserls folgendermaßen angeben: Das Gedächtnis, wie es für isoliert betrachtete Individuen in ihrer Selbstbehauptung gegen die am je eigenen Leib (→ Falte) und Leben (→ Alter) erfahrene V. relevant ist, ist ihrer Weise, zeitlich zu sein, eingebaut. Es kann nach passiver → Retention und aktiv getätigter Wiedererinnerung ausdifferenziert werden. Wiedererinnerungsleistungen haben die präreflexiven, passiven Aufbewahrungsleistungen des in die Vergangenheit abgesunkenen Gegenwärtigen zur Voraussetzung. Diese Sachlage hat ihre formal-strukturelle und inhaltliche Seite. Formal-strukturell betrachtet besagt sie, dass der sog. Zeitfluss in sich selber die Vorgaben für die Ausbildung von so etwas wie Gedächtnis bereitstellt und also keineswegs → Dauer und Bestand ständig verhindert. Unter dem Gesichtspunkt der → Erfahrung der V. kommt dem kollektiven Gedächtnis gegenüber dem individuellen der Vorrang zu, dient es doch den Individuen dazu, sich in langfristige Lebenszusammenhänge einzuordnen und in ihnen Lebenssinn zu finden (→ Geschichtsbewusstsein). Man denke an → Nationen, Ideologien, Religionen und Philosophien. V. kann im kollektiven Gedächtnis in verschiedener Weise ins Spiel kommen. Ihr gegenüber ist der Spielraum seiner Wirkfähigkeit geschichtlich variabel. Zwar lässt sich das individuelle Gedächtnis isoliert betrachten, sofern jedoch die V.s-Erfahrung bedeutsam wird, pflegen Individuen auf Angebote zurückzugreifen, die im kollektiven Gedächtnis verfügbar gehalten werden.

Sofern → Mythen und Religionen zur Einheit von Leben und Tod Stellung nehmen, pflegen sie auch der V. Rechnung zu tragen. In vielen Fällen verankern → Kulturen ihre stiftenden → Ursprünge so im Gedächtnis, dass deren Vergessen und Vergehen verhindert wird. Konzeptionen von Kreisläufen des Werdens können dabei die Last der V. erleichtern. Im Falle des alten Ägypten lässt sich beispielsweise studieren, wie Menschen sich so in den «Gedächtnisraum der Fortdauer» (Assmann 2000) hineinstellen, dass ihnen individuelle Unsterblichkeit gesichert wird. Im Alten

Testament kommt es zu einem Bund zwischen Gott und seinem auserwählten Volk, zu dem die göttliche Verheißung einer künftigen Inbesitznahme eines Gelobten Landes durch das Volk gehört, ohne dass Aussicht auf individuelle Un-Vergänglichkeit eröffnet würde. Urchristlich-paulinisch ist die dem Tod angelastete V. erst durch die Sünde in die Welt gekommen. Sie bedarf daher eines ihr gemäßen ‹Gegengiftes›: der in Tod und Auferstehung kulminierenden Erlösung durch einen Mensch gewordenen Gott (→ Eucharistie).

Es liegt nahe, die abendländische Philosophie, welche als Metaphysik die Zeit, die Herrscherin über die Sphäre des Werdens und Vergehens, zu den zeitfreien Ideen und Formen hin transzendiert hat, als Kampf gegen die V. zu interpretieren. Dagegen ist zu bedenken, dass, wenn erst einmal das eigentlich Seiende als zeitfrei eingesetzt ist, die V. auf einen untergeordneten Platz im Gesamt dessen, was ist, abgeschoben werden kann. Dabei können den metaphysischen Theoremen immanente Gedächtniskonstruktionen, die dem Menschen Zeitüberlegenheit sichern, eine Rolle spielen (→ Anamnesis).

J. Assmann, Herrschaft und Heil, München/Wien 2000; P. Ricœur, Das Rätsel der Vergangenheit: Erinnern – Vergessen – Verzeihen, Göttingen 1998; M. Theunissen, Negative Theologie der Zeit, Frankfurt/M. 1991; M. Halbwachs, Das Gedächtnis und seine sozialen Bedingungen (1925), Frankfurt/M. 1985.

Paul Janssen

Vergegenwärtigung

Der Vorgang der V. stellt die in die Seele des Menschen eingelassenen inneren → Bilder dem inneren Auge zur eingehenderen Betrachtung vor. Diesen inneren Bildern wird ein höherer Wert zugesprochen als äußeren Eindrücken – unabhängig davon, ob sie immer schon vorhandene Urbilder (→ Anamnesis) sind oder erst durch den Vorgang der → Bildung oder des → Einprägens erworben und verarbeitet werden. Dem Auge kommt hierbei die Funktion einer «Schaltstelle» (Belting 1990) zwischen innerer und äußerer Wahrnehmung zu. Mit → Augustinus wird der Vorgang der inneren Betrachtung theologisch gewendet: Erst die V. gilt nun als die eigentliche Bilderschau. Damit wird die Differenz zwischen visuellen und imaginär erfahrenen Eindrücken nivelliert. Die Rückwendung zu den inneren Bildern im Vorgang der V. wird dabei zugleich als zukunftsgerichtet verstanden. Aus dem Bildervorrat der *memoria interior*, so heißt es in den *Confessiones* (Buch X), «verknüpfe ich mir selber auch immer neue Bilder erlebter oder fremden Erlebens – weil es meinem eigenen entsprach – geglaubter Dinge mit vergangenen zu einem Gefüge und erwäge aufgrund dessen auch schon künftiges Tun, wie es ausgehen mag, was sich hoffen läßt, und wiederum ist dies alles wie gegenwärtig in meinem Geiste».

H. Belting, Bild und Kult. Eine Geschichte des Bildes vor dem Zeitalter der Kunst, München 1990.

Bettina Bannasch

Vergessen

I. *In der Psychologie:* V. setzt voraus, dass → Informationen encodiert wurden (→ Encodierung). Ob diese Informationen später abrufbar sind (→ Abruf), ist von verschiedenen Faktoren abhängig. Die fehlende → Reproduktionsfähigkeit bedeutet nicht, dass die Informationen nicht mehr im Gedächtnis vorhanden sind (vgl. → Löschung). Eine andere Testsituation (z. B. Wiedererkennungstest oder ein indirektes Verfahren der Gedächtnisprüfung) oder auch einfach die Herstellung anderer Kontextbedingungen können scheinbar vergessene Informationen doch noch ans Tageslicht befördern. Einen Beweis dafür, dass irgendetwas komplett vergessen wurde, gibt es daher nicht. Als Erster setzte sich → H. Ebbinghaus (1885) systematisch mit dem V. auseinander. Ihn interessierte, wie viel schneller das zweite → Lernen einer Liste im Vergleich zum ersten Lernen erfolgt. Die Erinnerungsleistung wurde über die prozentuale Ersparnis, bezüglich der Anzahl der Lerndurchgänge oder der Zeit, gemessen. Variiert wurde die nach dem ersten Lernen verstrichene Zeit (20 Minuten bis 31 Tage) bis zur Reproduktion und dem Wiederlernen. Der sog. Vergessenskurve lässt sich entnehmen, dass in den ersten Stunden nach dem → Einprägen der größte Erinnerungsverlust eintritt. Die Geschwindigkeit des V.s verlangsamt sich mit zunehmender Zeit. Während Ebbinghaus sich vorwiegend mit dem V. sinnloser Silben beschäftigte und auf exakte experimentelle Analysen Wert legte, befasste sich → F. C. Bartlett mit dem V. von Texten. Auf ihn geht die heutige → Schema- und → Skriptforschung zurück. V. bedeutet hier nicht allein den Verlust von Informationen. Im Gedächtnis laufen auch Prozesse der → Konstruktion und → Rekonstruktion ab, die zur *Veränderung* der ursprünglichen Informationen auf der Basis von vorhandenem → Wissen und → Erfahrungen führen (→ Verzerrung). Bezüglich der Ursachen des V.s werden verschiedene Theorien diskutiert:

1. *Spurenzerfall:* Die seit dem Lernen vergangene → Zeit gilt hier als der entscheidende Faktor für den Umfang des V.s. Die Stärke der Gedächtnisspur (→ Spur) zerfällt kontinuierlich mit der Zeit, falls nicht versucht wird, das Gelernte z. B. durch Wiederholung zu festigen (→ Repetieren). Die empirische Überprüfung dieser Theorie ist problematisch: Will man beweisen, dass Erinnerungsverlust allein durch Spurenzerfall zustande kommt, dann ist sicherzustellen, dass einerseits zwischen dem Lernen und dem Abruf keine kognitiven Aktivitäten auftreten, die mit dem Lernstoff interferieren, dass andererseits die Erinnerungen wirklich aus dem → Gehirn verschwunden sind und nicht einfach nur unzugänglich sind. Einige Erinnerungen scheinen sich im Laufe der Zeit nicht abzuschwächen. Bestimmte Aktivitäten wie Schwimmen oder Radfahren, die die Erinnerung an ‹motorische Abläufe› erfordern, kann man – wenn sie einmal gelernt worden sind – auch noch nach Jahren ausüben, auch wenn sie zwischenzeitlich nicht geübt wurden (→ prozedurales Gedächtnis, → Übung). Einige ‹irrelevante› Informationen, wie Werbespots oder Melodien, scheinen ebenfalls nicht dem Spurenzerfall zu unterliegen (→ Ohrwurm, → Reklame). Spurenzerfall ist vermutlich mit verantwortlich für das V., oft wird dieser Prozess jedoch durch andere Prozesse verdeckt.

2. → *Interferenz* (→ Hemmung): Man lernt nicht im luftleeren Raum. Faktisch strömen ständig Informationen ein, die das Gedächtnis stören. Nach der Interferenztheorie ist V. ein Prozess, der durch Erfahrungen, die einer Lernaufgabe vorausgehen oder ihr folgen, ausgelöst wird. Man unterscheidet zwischen proaktiver und retroaktiver Interferenz. Allgemein bedeutet proaktive Interferenz die Beeinträchtigung einer Gedächtnisspur durch vorher stattgefundenes Lernen (z. B.: Man will die neue Telefonnummer eines Bekannten erinnern, aber es fällt einem nur die alte Nummer ein). Retroaktive Interferenz bedeutet, dass später Erlerntes die Gedächtnisspur für früher Erlerntes stört (z. B. wenn einem nur die neue Telefonnummer einer Person einfällt und die alte nicht mehr abrufbar ist). Je größer die Ähnlichkeit des Lernmaterials, desto größer ist die Interferenz. Zahlen interferieren stärker mit Zahlen als mit Buchstaben und umgekehrt. Zwei Vokabellisten derselben Sprache würden stärker miteinander interferieren als eine Vokabelliste mit einer Liste chemischer Formeln.

3. *Abrufprobleme:* Etwas Behaltenes kann nicht in jedem Fall erinnert

werden. Es ist möglich, dass die passenden Abrufhilfen fehlen. Dissoziationen in der Form, dass ein Test die Erinnerung an bestimmte Ereignisse aufweist, während ein anderer Test auf keinerlei Erinnerung schließen lässt, zeugen von derartigen Abrufproblemen (vgl. → explizites Gedächtnis). Die Erinnerung hängt von der Art der Gedächtnisprüfung ab. Das Prinzip der Encodierspezifität betont die Bedeutung des externen Kontextes beim Lernen und beim Abruf. So lassen sich Informationen, die in einem bestimmten Raum erlernt wurden, auch am besten in diesem Raum reproduzieren (vgl. → Prüfung, → Quiz). In diesem Fall wird der räumliche Kontext mit encodiert und dient als Abrufhilfe beim Erinnern. Solche Kontexteffekte können sich auch auf Stimmungen und Zustände (z. B. durch → Drogen) beziehen, in denen Informationen gelernt und abgerufen werden. Der starke Einfluss des Kontextes wird z. B. dort offensichtlich, wo es uns nur mit Mühe gelingt, eine Person zu identifizieren, die wir in einer anderen Umgebung treffen, als dies üblicherweise der Fall ist.

4. *Motiviertes V.:* Negative Erfahrungen wie persönliche Misserfolge, eine Blamage oder schlechtes Verhalten können möglicherweise so unterdrückt werden, dass sie nicht mehr erinnert werden. Dieser Mechanismus kann auch die Ursache dafür sein, dass negative (→ Kindheits-)Erlebnisse weniger gut erinnert werden als positive → Erlebnisse. V. wird in der klassischen psychoanalytischen Theorie als Schutzmechanismus aufgefasst, der dafür sorgt, dass Ereignisse aus dem Gedächtnis einer Person ausgeschlossen werden, die zu furchterregend, zu demütigend oder zu beschämend sind. → S. Freud bezeichnete den Prozess, bei dem eine Person nicht annehmbare Informationen aus dem → Bewusstsein verbannt, als → Verdrängung (vgl. → Abwehr, → Unbewusstes). Verdrängte Informationen sind nicht verloren, sondern lediglich nicht verfügbar. Sie können sich in → Fehlleistungen äußern. Experimentell kann V. auch im Forschungsparadigma des motivierten oder instruierten V.s erzeugt werden, indem man Versuchspersonen auffordert, Informationen zu ‹vergessen› (vgl. → Mnemopath). Sehr negative und belastende Lebensereignisse (z. B. → Tod einer nahe stehenden Person, Vergewaltigung, → Trauma) können ebenfalls einen Gedächtnisverlust hervorrufen, der als psychogene → Amnesie bezeichnet wird. Ein solcher Gedächtnisverlust kann zeitlich auf das spezielle Ereignis begrenzt sein oder sich auf die gesamte Persönlichkeit beziehen (Fugen). Im Zustand der Fuge nimmt die Person – unter Umständen – eine ganz neue Persönlichkeit an. Solche Gedächtnisverluste sind normalerweise reversibel (→ Identität).

5. *Prospektives V.:* V. von Ereignissen, die in der → Zukunft liegen (Ter-

mine, Verabredungen, Fristen; vgl. → prospektives Gedächtnis). Im Gegensatz zum retrospektiven V. geht es hier häufig um das Erinnern des «Wann?» (etwas zu tun ist) und weniger um das Erinnern des «Was?». Beim prospektiven V. spielt die → Motivation eine wichtige Rolle. Sind Personen involviert oder ist das Erinnern mit positiven → Erwartungen verknüpft, dann tritt diese Form des V.s seltener auf, als wenn Fristen oder Termine einzuhalten sind, die keine direkte soziale Komponente aufweisen oder mit einer negativen Erwartung verknüpft sind.

J. Bredenkamp, Lernen, Erinnern, Vergessen, München 1998; A.D. Baddeley, Human memory: Theory and practice, 2. Aufl. Hove 1997; F.J. Schermer, Lernen und Gedächtnis, Stuttgart 1991; S. Freud, Zur Psychopathologie des Alltagslebens (1904), Gesammelte Werke, Bd. 4, Frankfurt/M. 1941; H. Ebbinghaus, Über das Gedächtnis, Leipzig 1885.

Bianca Vaterrodt-Plünnecke

II. *In der Kulturwissenschaft:* In der abendländischen Tradition wurde V. zumeist als bloßes Gegenteil des Erinnerns verstanden. So bestimmt schon → Platon im *Philebos* das V. als «Vergehen der Erinnerung». In solcher Opposition ist aber das Verständnis des V.s abhängig von der jeweiligen Fassung des Erinnerns; wird dieses als Möglichkeit der (imaginativen) → Wiederholung eines Vergangenen verstanden, erscheint V. notwendig als dessen Unverfügbarkeit. Im Rahmen dieser Opposition gerät im Übrigen auch in Platons traditionsbildender Gegenüberstellung eines mündlichen, inneren und damit angemessenen Erinnerns *(mnéme)* und eines schriftlichen, äußerlichen und von daher unangemessenen Gedächtnisses *(hypomnésis)* die → Schrift auf die Seite des V.s, insofern sie der «Seele der Lernenden vielmehr Vergessenheit einflößen [wird] aus Vernachlässigung der Erinnerung» *(Phaidros)*. Allerdings lässt sich vor Platon in Hesiods *Theogonie* ein noch nicht dichotomisches und von daher widersprüchlicheres Verhältnis von Erinnern und V. aufweisen. Die Musen als Töchter der Göttin → Mnemosyne etwa zeichnet Hesiod vor allem durch einen «sorgenfreien Sinn» aus; der von ihnen inspirierte Gesang soll bei den Menschen aber zu einem V. der Sorgen führen, sodass in der menschlichen Sphäre als Effekt des V.s erscheint, was in der göttlichen Sphäre mit dem Erinnern identifiziert wird. Im platonischen *Symposion* wird V. zwar wiederum als «Entschwinden der Erkenntnis» bezeichnet, die im Horizont seiner → Anamnesis-Lehre ein Erinnern meint; Nachsinnen hingegen setze «eine *neue* Erinnerung an die Stelle der abgegangenen und erhält so die Erkenntnis, so daß sie dieselbe zu bleiben *scheint*». Damit sieht sich die Identität des V.en und später wieder Erinnerten – und damit der einfache Gegensatz des Erinnerns und V.s – auch bei Platon in Frage gestellt.

Cicero überliefert im Verweis auf die → Mnemotechnik die Aussage des Themistokles, dass ihm die Kunst zu vergessen lieber wäre, da er sich auch dessen erinnere, was er nicht möge, aber eben nicht vergessen könne, was er möge (→ Mnemopath). Dies beschreibt das Erinnern als ein entweder vorsätzliches oder assoziativ hervorgerufenes, das V. aber in jedem Fall als ein unwillkürliches, womit eine ‹V.s-Kunst› als Widerspruch in sich erscheint (U. Eco, *An ars oblivionalis – forget it*). Solche Unwillkürlichkeit des V.s findet sich im Übrigen oft einem Körper-Geist-Dualismus eingeordnet, so etwa in Plotins Aussage, dass «die bewegliche und fließende Natur des Körpers der Grund des Vergessens, aber nicht der Erinnerung» sei (*Enneaden*; → Körper). Die dichotomische Gegenüberstellung von Gedächtnis und V. hat → Augustinus im Zehnten Buch seiner *Bekenntnisse* kritisch befragt, indem er die notwendig unter der Bedingung des Gedächtnisses stehende Erkenntnis von etwas auf das Gedächtnis selbst, aber eben auch auf das V. anwendete: Wie kann das V. erinnernd erkannt werden, wenn es eben ein «Ermangeln des Gedächtnisses» meint? Dabei geht es nicht um die alltägliche Erfahrung der Erinnerung eines konkreten V.en, sondern um die grundsätzliche Erinner- und Erkennbarkeit der Vergessenheit, die Augustinus als gegeben vorstellt und daraus die Unmöglichkeit, das Gedächtnis angemessen zu beschreiben, ableitet.

Die bloß negative Bewertung des V.s stellt schließlich → F. Nietzsche – allerdings unter Beibehaltung der Dichotomisierung – in Frage, wenn er in *Vom Nutzen und Nachteil der Historie für das Leben* das V. als notwendig für das Leben bestimmt: «Zu allem Handeln gehört Vergessen: wie zum Leben alles Organischen nicht nur Licht, sondern auch Dunkel gehört.» Wenn sich dagegen sowohl bei → S. Freud als auch in der naturwissenschaftlichen Gedächtnisforschung die These findet, nichts werde vergessen, so meint dies nicht, dass hier das V. grundsätzlich geleugnet wird, sondern vielmehr, dass auch das V.e noch als ‹anwesend›, wenn auch nicht notwendig als verfügbar gedacht wird (Latenz). Strukturell ist somit zwischen einem V. als jedem Erinnern notwendig vorangehender ‹Akt› der De-Aktualisierung eines Erfahrenen und der Unverfügbarkeit des im Gedächtnis ‹Gespeicherten› zu unterscheiden. In diesem Zusammenhang lässt sich auch die psychoanalytische Kategorie des → Traumas einordnen, das für die adäquate Bewahrung einer → Erfahrung steht, die jedoch gerade nur deshalb zustande kommt, weil das Erfahrene die Wahrnehmungsfähigkeit des Traumatisierten übersteigt und sich eben nicht als bewusst Erinnerbares festsetzt (→ Unbewusstes). Dies behauptet im durchaus fragwürdigen Anspruch auf ein von keinem V. entstelltes traumatisches *reenactment* allerdings die Unhaltbarkeit des mit jedem bewussten Erinnern gegebenen Versprechens einer adäquaten → Repräsentation, was sich wiederum als Auswirkung eines jedem einzelnen Erinnerungsakt eingeschriebenen V.s verstehen lässt.

F. G. Jünger hat in *Gedächtnis und Erinnerung* (1957) den Versuch unternommen, das Gedächtnis grundsätzlich vom V. her zu denken. Dabei unterscheidet er ein von ihm «Ausbleiben» genanntes V. (im Sinne der Unverfügbarkeit) von einem «Verwahrens-Vergessen», das er mit dem Gedächtnis im Ganzen gleichsetzt. Erfahrenes gehe in dieses Verwahrens-V. ein und kehre unverändert aus ihm wieder ins → Bewusstsein zurück, wobei allerdings solcher Rückruf – als Re-Integration des Erinnerten in einen inzwischen veränderten Bewusstseinsstand – eine Veränderung bewirke, sodass hier gerade nicht das V., sondern das Erinnern für die *inadaequatio* von Erinnertem und zu Erinnerndem verantwortlich gemacht wird. Vom Verwahrens-V. setzt Jünger schließlich noch einmal ein «Wahrnehmungs-Vergessen» ab, in dem «das Verwahrte untergeht und untergehen muß», weil es bedeutungslos geworden sei.

In der jüngsten kulturwissenschaftlichen Forschung finden sich vermehrt Versuche, das V. nicht mehr als einfaches Gegenteil des Erinnerns zu denken. E. Weber und G. C. Tholen sehen etwa «noch das tiefste Vergessen mit Spuren des Vergessenen und zu-Erinnernden, noch das wachste Erinnern mit Spuren des Vergessens, der Unmöglichkeit des Erinnerns» gezeichnet (1997, S. 7). Ein besonderes Problem zeigt sich, wenn man nach dem V. nicht nur als einem individuellen, sondern im Horizont des → kulturellen Gedächtnisses fragt. Meint kulturelles Gedächtnis das in einer → Kultur vorsätzlich Tradierte, dann bleibt näher zu bestimmen, wie ein Rückbezug auf zwischenzeitlich nicht ausdrücklich Erinnertes (als V.es) möglich sein soll. Zu berücksichtigen bleibt dabei vor allem auch ein (inzwischen) kulturell Selbstverständliches, das zwar ‹an sich› vergessen, dennoch aber wirksam ist, wobei sich ein entsprechendes Phänomen auch individuell etwa in Hinsicht auf vergessene, dennoch verhaltensprägende → Kindheitserfahrungen postulieren lässt. In der Auseinandersetzung mit den neuen Medien begegnet schließlich die Behauptung, etwa mit dem weltweiten → Internet endlich ein → Speichermedium gefunden zu haben, das – indem es alles jederzeit zur Verfügung hält – der von Platon der Schrift zugeschriebenen Vergesslichkeit entgeht.

H. Weinrich, Lethe. Kunst und Kritik des Vergessens, München 1997; E. Weber/
G. C. Tholen (Hg.), Das Vergessen(e). Anamnesen des Undarstellbaren, Wien 1997;
S. Grätzel, Organische Zeit. Zur Einheit von Erinnerung und Vergessen, Freiburg/
München 1993; G. Treusch-Dieter/W. Pircher/H. Hrachovec (Hg.), Denkzettel An-
tike. Texte zum kulturellen Vergessen, Berlin 1989; Y. H. Yerushalmi, Réflexions sur
l'oubli, in: Usages de l'oubli – Colloque de Royaumont, Paris 1988, S. 7–21; F. Kitt-
ler, Vergessen, in: U. Nassen (Hg.), Texthermeneutik. Aktualität, Geschichte, Kritik,
Paderborn u. a. 1979, S. 195–221.

Manfred Weinberg

III. *In der Medienwissenschaft:* Die lange Kette von ‹Aufschreibesyste-
men› (vgl. → Speichermedien), die die Mediengeschichte hervorgebracht
hat, kann als Reaktion auf die Bedrohung des V.s verstanden werden. V.
wird dabei wie selbstverständlich negativ bestimmt: Es wird gleichgesetzt
mit dem Verlieren dessen, was bereits Besitz zu sein schien, mit einer Entropie, die tragisch-unabwendbar das mühsam Erarbeitete zersetzt und
aller Schulung als stummer Widerstand entgegensteht; mit dem Abreißen kultureller → Tradition und der Drohung der Orientierungslosig-
keit. Das Gedächtnis umgekehrt steht – ähnlich wie das Kapital – für Ak-
kumulation und Sicherheit, → Kontinuität, Berechenbarkeit, Soziabilität
und Verantwortung.

Zumindest experimentell sei im Folgenden eine völlig andere Auffassung vorgeführt. Nicht das Gedächtnis nämlich, sondern – paradox – das
V. stellt die hauptsächliche Leistung des Gedächtnisses dar. Dass unser
Gedächtnis selektiv verfährt, ist Gemeinplatz (→ Selektion). Aus der
überwältigenden Fülle aktueller Wahrnehmungen geht nur ein bestimmter Teil in das → Kurzzeitgedächtnis und ein noch geringerer in das
→ Langzeitgedächtnis ein (→ Kanalisierung, → Konsolidierung); der
ganz überwiegende Teil unserer Wahrnehmungen wird vergessen. Dies
bedeutet zunächst, dass das V. uns gegen eine bedrohliche Überfülle
schützt (→ strukturelle Amnesie). Dass dieser Auswahlprozess ohne bewusste Kontrolle verläuft und dass selbst vollständig vergessene Inhalte
überraschend (und traumatisierend) wieder auftauchen können, macht
den dämonischen Charakter dieses Vermögens aus (→ *mémoire involontaire*, → Trauma). Möglicherweise aber ist ‹Selektion› eine irreführende
Vorstellung. Keineswegs nämlich werden, wie eine mechanistische Auffassung unterstellen würde, vergessene Inhalte einfach ausgeblendet oder
‹gelöscht›. Wenn der überwiegende Teil unserer Wahrnehmungen im V.
untergeht, so ist augenfällig, dass jede Wahrnehmung uns dennoch – wie
geringfügig auch immer – verändert. Auch vergessene Wahrnehmungen

also hinterlassen eine → Spur, wie → S. Freud (1925/1948) dies in der → Gedächtnismetapher des → Wunderblocks plastisch beschrieben hat; es verändert sich die Erwartungsstruktur (→ Erwartung), mit deren Hilfe wir uns in der Welt orientieren, die Struktur unserer Subjektivität und unserer impliziten Wissensbestände. Das Gedächtnis ‹selektiert› also nicht, sondern es arbeitet Wahrnehmungen in Subjektstrukturen um. Wir vergessen – dies ist die Formel, die hier vorgeschlagen werden soll – ‹hinein in die Struktur›. Die konkreten Wahrnehmungen unwiederbringlich zu verabschieden, um das, was an ihnen → Struktur ist, zu bewahren, ist ein Kompromiss mit den knappen mentalen Ressourcen und eine ungeheuer ökonomische Art der → Repräsentation; jene ‹Verdichtung›, die Freud der → Traumarbeit vorbehalten hatte, scheint für die Interaktion von Wahrnehmung und Gedächtnis insgesamt bestimmend zu sein.

Auf intersubjektiver Ebene ist das Gesagte an sehr unterschiedliche Fragestellungen anschlussfähig: an den Begriff des → Zeichens, das in ähnlicher Weise als das Produkt einer ‹Verdichtung› beschrieben werden kann; an ein Verständnis der Sprache als einer Struktur, in der die konkreten Äußerungsakte untergehen und die in diesem V. ihre Form erhält; im Feld der visuellen Medien an die Theorie der Gestalterkennung und die Stereotypentheorie (→ Gestalt), und allgemeiner an eine Medientheorie, die → Wiederholung und technische Reproduktion als einen strukturgenerierenden Mechanismus begreift; schließlich an eine allgemeine Theorie der *Technik*. Technik muss, wie die Sprache, als eine Strukturbildung auf gesellschaftlicher Ebene verstanden werden; als ein Konglomerat reifizierter Objekte, in denen gesellschaftliche Arbeit verdichtet sich niederschlägt. Und gerade für die Technik scheint in besonderer Weise zu gelten, was K. Marx als den → ‹Fetischcharakter› der Ware beschreibt: Wenn der Glanz des fertigen Produkts die gesellschaftlichen Umstände seiner Hervorbringung verdeckt, so bedeutet dies, dass der Prozess der Produktion in der Ware untergegangen, in die Ware hinein also ‹vergessen› worden ist. Das Produkt hat die Kraft, an die Stelle einer Praxis zu treten, sodass die Praxis hinter der Ware wie einem Blendschirm verschwindet. Für die Technik bedeutet dies, dass möglicherweise auch hier eine Praxis in die Dingwelt hinein ‹vergessen› wird. Konfrontiert allein mit einer vorfindlichen Technik, ist es nahezu unmöglich, den gesellschaftlichen Hintergrund, die Entscheidungen und Wertsetzungen, die in die → Konstruktion eingegangen sind, zu rekonstruieren.

H. Winkler, Docuverse. Zur Medientheorie der Computer, München 1997; S. Freud, Notiz über den «Wunderblock» (1925), in: ders., Gesammelte Werke, Bd. 14, London/Frankfurt/M. 1948, S. 1–8; ders., Die Traumdeutung (1900), Gesammelte Werke, Bde. 2/3, London 1942.

Hartmut Winkler

IV. *In der Neurobiologie:* → Amnesie

Vergessenskurve → H. Ebbinghaus, → Vergessen

Vergleich

Dreistellige Operation, die zwei Dinge im Hinblick auf ein V.s-Kriterium daraufhin unterscheidet, wie ähnlich oder unähnlich sie sich sind. Sowohl die Ähnlichkeit als auch die Unähnlichkeit verdanken sich nicht den verglichenen Dingen, sondern dem eingebrachten V.s-Kriterium (vgl. → Differenz, → Wiedererkennen). Dabei wird typischerweise ein Gedächtnis in Anspruch genommen, um bei der Beobachtung des einen Dings das andere nicht aus den Augen zu verlieren. Vielleicht kann man sogar sagen, dass sich erst daran, dass der V. operativ durchgeführt werden muss, ein Gedächtnis herausbildet. Andererseits fällt auf, dass das V.s-Kriterium dem Gedächtnis typischerweise nicht zur Verfügung steht, sondern zum Teil erst mühsam identifiziert werden muss. Wer Menschen mit → Tieren vergleicht, muss sich an Menschen und an Tiere erinnern, aber er muss nicht wissen, dass das V.s-Kriterium zwischen Humanität, Animalität und Göttlichkeit unfixierbar oszilliert.

Für die moderne Epistemologie ist der V.s-Begriff in drei Hinsichten von Bedeutung. Der V. steigert das Kontingenzbewusstsein, weil man sehen kann, dass das, was man vergleicht, auch anders sein könnte, als es ist. Vom V.s-Begriff hängt ein Funktionsbegriff ab, der Unterschiedliches als «funktionale Äquivalente» daraufhin vergleicht, welcher Beitrag zur Bestimmung oder Lösung eines Problems jeweils geleistet wird. Und der V. liegt der Möglichkeit einer Kontrolle zugrunde, die Istzustände mit Sollzuständen vergleicht, Abweichungen feststellt und darauf korrigierend oder verstärkend reagiert. Alle drei Bedeutungen nehmen Gedächtnis in Anspruch. Ohne Gedächtnis gäbe es keine Kontingenz, sondern nur Zufälle. Ohne Gedächtnis gäbe es keine Funktion, sondern nur Faktizität. Und ohne Gedächtnis wäre keine Kontrolle möglich, sondern nur Fatalität.

G. Bateson, Geist und Natur: Eine notwendige Einheit, Frankfurt/M. 1982; N. Luhmann, Funktion und Kausalität, in: Kölner Zeitschrift für Soziologie und Sozialpsychologie, Bd. 14, 1962, S. 617–644.

Dirk Baecker

Vermächtnis → Erbe

Versmaß

(lat. *versus*: Wendung des Pflugs). Die feste Binnenstruktur – eine Endpause und regelmäßige Wiederkehr hervorgehobener Verselemente in stets gleichen Abständen –, durch die Dichtung von Prosa abgegrenzt wird. Das V. unterstützt die auswendige mündliche → Tradierung (→ Oral Poetry) durch Gliederung, Formalisierung und Rhythmisierung der Sprache in der gebundenen Rede (→ Auswendigkeit, → Reim). Der Hexameter, der längste antike Sprechvers, ist z. B. bis ins Mittelalter V. vieler → Epen, Lieder *(Carmina Burana)* und Merksprüche (vgl. → Eselsbrücke). Allerdings bedient sich mündliche Dichtung der Versform nicht allein, um einfacher memoriert und vorgetragen werden zu können: Der Vers ist nicht nur ein Strukturmerkmal, sondern auch ein religiöses oder ästhetisches Kennzeichen von Sprache bzw. → Schrift. Noch der Humanismus kennt die pythagoreische und christliche Auffassung, dass sich im V. die kosmische Ur-Ordnung ausdrücke (vgl. → Echo). Für J. G. Hamann und J. G. Herder ist der Vers die «Muttersprache des menschlichen Geschlechts». Rhythmik und V. erleichtern also nicht nur die Erinnerung im Medium der Sprache, sondern werden zugleich als Aktualisierung eines menschlichen Urzustandes selbst verstanden (→ Paradies).

A. Behrmann, Einführung in den neueren deutschen Vers vom Barock bis zur Gegenwart, Stuttgart 1989; P. Klopsch, Prosa und Vers in der mittelalterlichen Literatur, in: Mittellateinisches Jahrbuch, Bd. 3, 1966, S. 9–24.

Silke-Katharina Philipowski

Verstärkung → Konditionierung

Verwerfung

Der Begriff geht auf → S. Freud zurück, wo er u. a. im Sinn einer oberflächlichen, d. h. *bewussten* Ablehnung und Verurteilung von Vorstellungen verwendet wird. V. wird darüber hinaus als eine Form der → Abwehr verstanden, «die darin besteht, daß das Ich die unerträgliche Vorstellung mitsamt ihrem Affekt verwirft und sich so benimmt, als ob die Vorstellung nie an das Ich herangetreten wäre» (Freud, *Die Abwehr-Neuropsychosen*). J. Lacan hat in seiner Freud-Lektüre die V. *(forclusion)* von der → Verdrängung insofern geschieden, als Erstere einen spezifischen Abwehrmechanismus der Psychose bezeichnet. Artikuliert sich das Verdrängte als → Unbewusstes in den Symptomen der Neurose, also als in das Subjekt integriert, so erscheint das Verworfene aus dem Subjekt ausgestoßen. Folglich kehrt es auch nicht aus dessen ‹Innerem› zurück, sondern äußert sich vor allem im Phänomen der → Halluzination (Lacan 1997).

J. Lacan, Das Seminar III, Weinheim/Berlin 1997; S. Freud, Die Verneinung (1925), in: ders., Gesammelte Werke, Bd. 14, London/Frankfurt/M. 1948, S. 9–16.

Annette Keck

Verzerrung

Unterschied zwischen dargebotener und wiedergegebener → Information (→ Reproduktion). → F. C. Bartlett (1932) fand in seinen Studien Vereinfachungen, Transformationen von Einzelheiten sowie Akzentuierungen. V.en kommen durch den Einfluss konstruktiver Prozesse (→ Konstruktion), z. B. durch die Bereitstellung bestimmter → Schemata zustande. Nachgewiesen wurden V.en von Augenzeugenberichten durch nachgereichte Information und suggestive Befragungen (→ Falschinformationseffekt, → *false memory*, → Zeugenaussage). Persönliche Erinnerungen (→ autobiographisches Gedächtnis) wurden als anfällig für V.en beschrieben hinsichtlich: Egozentrizität – vorhandenes Wissen wird um das Selbst herum organisiert, Selbstwertdienlichkeit *(beneffectance)* –, Wahrnehmung von Verantwortung für erwünschte Ergebnisse (nicht jedoch für unerwünschte) und kognitivem Konservatismus, d. h. Widerstand gegenüber kognitiven Veränderungen (Greenwald 1980).

A. G. Greenwald, The totalitarian ego: Fabrication and revision of personal history, in: American Psychologist, Bd. 35, Nr. 7, 1980, S. 603–618; F. C. Bartlett, Remembering: A study in experimental and social psychology, Cambridge 1932.

Barbara Keller

Verzierung

In der Musik die im Rahmen stilistischer Vorgaben gehaltene Anreicherung des Notentextes (→ Notation) beim Spielen. Die Praxis der V. zeigt exemplarisch, welche unterschiedlichen Gedächtnisleistungen für die Aufführung von → Musik notwendig sind. Das aus fachlicher Reflexion (Kenntnis historischer Traktate und V.s-Lehren) gewonnene lexikalische → Wissen (Stilsicherheit) muss im Augenblick des Spiels unbewusst abrufbar sein. Dazu erfordert das Erlernen der V.s-Technik auch motorische → Übung und Nachahmung (→ Lernen, → prozedurales Gedächtnis, → Repetieren). Die V. ist andererseits prinzipiell nicht reproduzierbar, sofern in ihr Einfall und Erinnerung je besonders vermittelt sind. Historisch integriert der Barock die seit dem Mittelalter erwähnte V. als «Decoratio» (Matteson) in die barocke Klangrede. Im 17. u. 18. Jh. ist zu unterscheiden zwischen «willkürlicher» und durch V.s-Symbole angezeigter «wesentlicher Manier» (J. J. Quantz). Als Zeichen des Augenblicks erklärt die Musikästhetik des 18. Jh.s die V. zum Garant einer ‹belebten› Musik (C. Ph. E. Bach).

D. Gutknecht, Studie zur Geschichte der Aufführungspraxis Alter Musik, Köln 1997; C. Zimmermann, Untersuchung zur Verzierungslehre in der Musik des 16. und Anfang des 17. Jahrhunderts, Freiburg 1986.

Christian Bielefeldt

Video

(lat. *video*: ich sehe). Apparatur zur elektromagnetischen Aufzeichnung und Wiedergabe bewegter Bilder (→ Speichermedium); ab 1952 in der Fernsehproduktion eingesetzt (→ Fernsehen), seit 1970 für den Konsumentenmarkt zugänglich. V. dehnt die Reproduzierbarkeit und Verfügbarkeit des bewegten Bildes auf alle Lebens- und Gesellschaftsbereiche aus. Früh als Gegenöffentlichkeit eingesetzt, findet V. in der Dokumentation des Privat-, insbesondere des Familienlebens flächendeckend Anwendung (vgl. → Fotoalbum); daneben Aufzeichnung von Fernsehsendungen, Vertriebsweg für Spielfilme und Medium der → Kunst. Hier zunächst zur → Dokumentation ephemerer Kunst (Performance) genutzt, verselbständigt sich V. rasch zur eigenen Kunstform (Installation, Skulptur, Kunst-V.), häufig mit engem Bezug auf seine spezifische Temporalität (Zeitachsen-Manipulation, Wiederholbarkeit).

S. Zielinski, Zur Geschichte des Videorecorders, Berlin 1986; B. Gruber/M. Vedder, Kunst und Video. Internationale Entwicklung und Künstler, Köln 1985.

Lorenz Engell

Visuelles Gedächtnis → Film, → Fotografie, → Ikonisches Gedächtnis, → Speichermedien, → Video

Vorausschau

Der Ausdruck V. steht zu den Begriffen Gedächtnis und Erinnerung in komplementärer Beziehung. Er bezeichnet als ein Universalphänomen jede Art der Einsichtnahme in zukünftige Entwicklungen und Geschehnisse (→ Erwartung, → Zukunft). Die evolutiv gegebene und kulturell ausgestaltete Kompetenz der V. erfüllt grundlegende Aufgaben der Lebensbewältigung (z. B. Gefahrenabschätzung, Nahrungsbeschaffung, Planung, Vorsorge) und nutzt dabei gedächtnismäßig gegebenes → Wissen. Insofern hat sie an der anthropologischen Begründung von Gedächtnis, Erinnerung und → Lernen entscheidenden Anteil. Die Prämissen, Techniken und Äußerungsformen der V. sind vielfältig. Ihre Prämissen können z. B. der traditionellen Mikrokosmos-Makrokosmos-Analogie oder dem modernen naturwissenschaftlichen Kausalitätsdenken verpflichtet sein; ihre Techniken können sich z. B. in Zuordnung zur magisch-divinatorischen Sphäre aller Arten der Mantik (Wahrsagerei) oder, unter Berufung auf mathematisch-physikalische Vorhersagemodelle, der Wahrscheinlichkeitsrechnung bedienen; ihre Äußerungen reichen von Orakel und Prophezeiung über Vision und Utopie bis zu den unterschiedlichsten Spielarten der wissenschaftlichen Prognose (z. B. in Ökonomie, Politik, Meteorologie, Physik; vgl. → Rückschaufehler). Populäre

Bereiche der V. sind neben dem Wetter z. B. Gesundheit, Liebe, beruflicher Erfolg oder wirtschaftliche Zukunft. Dabei sind Formen der V. zu differenzieren, die unmittelbar auf Erfahrungswissen bezogen sind (z. B. Wetterprognosen; → Erfahrung), von solchen, die ohne unmittelbaren Gedächtnisrückgriff funktionieren (z. B. Orakel). Im populären meteorologischen Vorhersagewissen finden häufig verschiedene Typen der V. gleichzeitig Akzeptanz, die auf unterschiedlichen Wissensformen – Naturwissenschaft, Astrologie, erfahrungsgeleitete Beobachtung, Volksweisheit, z. B. Bauernregeln – beruhen. Vorhersagbarkeit als ein (durch die sog. Chaostheorie später entzaubertes) modernes wissenschaftliches Credo hat sich exemplarisch in der sog. Futurologie artikuliert. Aus anthropologischer Sicht lässt sich Gedächtnis in allen diesen Feldern als Funktion der V. und damit als ihr Sekundärphänomen betrachten.

G. Minois, Geschichte der Zukunft. Orakel. Prophezeiungen, Utopien, Prognosen, Düsseldorf/Zürich 1998; R. Koselleck, Vergangene Zukunft. Zur Semantik geschichtlicher Zeiten, Frankfurt/M. 1979.

Andreas Hartmann

Vorfahren → Ahnen, → Fotoalbum, → Genealogie, → Stammbaum

Wahrheit → *false memory*, → Gedächtnistäuschung, → Konstruktion, → Lügendetektor, → Nachträglichkeit, → Platon, → Realitätsüberwachung, → Rekonstruktion, → Repräsentation, → Verzerrung, → Wiederholung, → Zeugenaussage, → Zeugnis

Wahrnehmung → Aktives Formgedächtnis, → Aufmerksamkeit, → Bahnung, → H. Bergson, → Halluzination, → Kanalisierung, → Kognition, → Kritische Phase, → J. Locke, → Phantasie, → Platon, → Präsenz, → Reizüberflutung, → Repräsentation, → Sensorische Register, → Sensorisches Gedächtnis, → Traum, → Vergessen

Warburg, Aby M.

(1866–1929), Kunsthistoriker und Kulturwissenschaftler. Schon in seiner Dissertation (1893) fragt W. nach den «Vorstellungen von der Antike in der italienischen Renaissance» (1992, S. 11) und findet somit zu seinem Thema – dem Nachleben der → Antike in der abendländischen (Kunst-) Geschichte (→ Renaissance) –, aber auch schon zu seiner Methode, Bilder nicht ohne den sie mitbestimmenden Kontext von Kunsttheorie und zeitgleicher Literatur zu betrachten. W.s Antikebild war dabei ein entscheidend anderes als etwa das J. J. Winckelmanns von der «edlen Einfalt und stillen Größe» (→ Klassik). Die «klassisch-veredelte, antike Götterwelt» sei eine «Neuschöpfung der gelehrten humanistischen Kultur»; diese «‹olympische› Seite der Antike» aber habe erst der «althergebrachten ‹dämonischen› Seite abgerungen» werden müssen (ebd., S. 202). Von daher insistiert W. auf einem Janusgesicht der Antike in Hinsicht auf «Magie und Logos» (Kany 1987, S. 174) bzw. «kultische [...] Praktik» und «mathematische Kontemplation» (Gombrich 1992, S. 351).

Somit dient die Antike zur Orientierung aller späteren Zeiten, insofern in ihr der Ausgleich zwischen diesen beiden Polen erstmals erreicht worden sei, den W. als grundsätzliche menschliche Aufgabe versteht: «Athen will eben immer wieder neu aus Alexandrien zurückerobert sein» (Warburg 1992, S. 267). Das ‹immer wieder› deutet an, dass es für W. kein endgültig erreichbares Ziel der Menschheitsgeschichte gibt, sondern dass sein Geschichtsdenken zwar eine Entwicklung voraussetzt, aber gerade keinen eindeutigen Fortschritt unterstellt. W. nennt von daher, Jean Paul zitierend, die «Epoche, wo Logik und Magie wie Tropus und Metapher [...] ‹auf einem Stamme geimpft blühen›, [...] eigentlich zeitlos» (ebd., S. 203; → Metapher, → Trope). Der unhintergehbare Bezug auf die Antike wird auch damit gerechtfertigt, dass in der «Region orgiastischer Massenergriffenheit» das «Prägewerk» zu suchen sei, «das dem Gedächtnis die Ausdrucksformen des maximalen inneren Ergriffenseins, soweit es sich gebärdensprachlich ausdrücken läßt, in solcher Intensität einhämmert, daß diese Engramme leidenschaftlicher Erfahrung als gedächtnisbewahrtes Erbgut überleben» (M. Koos u. a., *Mnemosyne*). Den Begriff des → Engramms übernimmt W. vom Physiologen → R. W. Semon, bringt ihn allerdings in der Übertragung aus der ‹natürlichen› in die kulturelle Sphäre unbedenklich mit dem der Ästhetik F. T. Vischers entliehenen Begriff des Symbols zusammen. Der Leitgedanke des «Einflusses der heidnischen Antike auf die europäische Geistesgestaltung» ist für W. der → «Ariadnefaden», «an dem wir uns durchzufinden versuchen durch das

Labyrinth aller Gestaltung, die Auseinandersetzung mit der gedächtnismäßig überlieferten Vorprägung bedeutet» (Warburg 1992, S. 308). La-
byrinthisch ist alle Gestaltung auch insofern, als W. für die in der Antike
vorgeprägten «Pathosformeln» eine – in Bezug auf die Pole ‹Magie› und
‹Logos› – ‹unpolarisierte› → Tradierung voraussetzt und erst der Kontakt
mit der sie erneut verwendenden Zeit zu einer Entpolarisierung führt,
womit sich die Pathosformeln den je anderen historischen Verhältnissen
einfügen; so hat jede Zeit «die Renaissance der Antike, die sie verdient»
(Koos u. a., *Mnemosyne*). Den stets gleichen Ausdrucksformen kommen
also historisch durchaus unterschiedliche Funktionen zu.

In dieser Hinsicht verstand W. auch seine zunächst als Privatbibliothek
begründete, schließlich zur öffentlichen Forschungseinrichtung ausge-
baute *Kulturwissenschaftliche Bibliothek Warburg* (KBW) als Instrument,
«das vielleicht letzten Endes dazu beitragen wird, die Funktion des persönlichen und sozialen Gedächtnisses zu ergründen» (ebd.). Wenn W.
von einer anderen → Bibliothek als «Bücherstall» spricht, dann zielt der
Vorwurf auf deren unfruchtbare, rein formale und statische Ordnung
(vgl. → Katalog). Demgegenüber führte in der KBW jede neue Einsicht
und jede neue Themenstellung zu einer Umgruppierung der Bücher. Dadurch fungierte diese eben nicht bloß als Bücherfundus, sondern wurde
zum genauen Abbild des von W. erforschten → kulturellen Gedächtnisses – im unhintergehbaren Zusammenspiel mit seinem eigenen Erinnern –, wie dies auch für sein letztes großes Projekt, den → Mnemosyne-
Atlas, vorauszusetzen ist.

Sein Ideal der Kunstwissenschaft im Horizont einer Erkundung des
«Rätsel[s] der Gedächtnisfunktion» (Koos u. a., *Mnemosyne*) fasst W.
1925 in dem Diktum: «Ueber die Kunstwerkgeschichte zur Wissenschaft
von der bildhaften Gestaltung» (M. Diers, *Porträt aus Büchern*) zusammen. Er entwickelt von daher eine «Ikonologie des Zwischenraumes»
(Gombrich 1992, S. 343), die er näherhin als Sammlung kunsthistorischen Materials «zu einer Entwicklungspsychologie des Pendelganges
zwischen bildhafter und zeichenmäßiger Ursachensetzung» (D. Bauerle,
Gespenstergeschichten) bestimmt.

Während sich bei den unmittelbaren Schülern und Nachfolgern (F.
Saxl, E. Wind, E. Panofsky) im Versuch einer Systematisierung eher ein
Rückfall hinter die Komplexität von W.s Denken beobachten lässt, ist W.
in der Kulturwissenschaft der letzten Jahre zu einem der prominentesten
Bezugspunkte avanciert, obwohl sich auch hier immer wieder Versuche
beobachten lassen, die konstitutive Widersprüchlichkeit seiner Fassung
des Gedächtnisses zu glätten. Unter der Voraussetzung, dass sich ‹das› Ge-

dächtnis nun einmal nicht theoretisch widerspruchsfrei fassen lässt, verdient W.s Versuch, dessen Widersprüche im ‹Medium› der Bibliothek oder seines Bilderatlasses vor Augen zu führen, weiterhin Aufmerksamkeit.

A. M. Warburg, Ausgewählte Schriften und Würdigungen, hg. v. D. Wuttke, Baden-Baden 1992. – E. H. Gombrich, Aby Warburg. Eine intellektuelle Biographie, Hamburg 1992; T. v. Stockhausen, Die Kulturwissenschaftliche Bibliothek Warburg. Architektur, Einrichtung und Organisation, Hamburg 1992; R. Kany, Mnemosyne als Programm. Geschichte, Erinnerung und die Andacht zum Unbedeutenden im Werk von Usener, Warburg und Benjamin, Tübingen 1987.

Manfred Weinberg

Wiederbelebte Erinnerungen

(engl. *recovered memories*). Wiedereinsetzende Erinnerungen an traumatische → Ereignisse, die in einer amnestischen Phase zuvor nicht erinnert werden konnten (→ Trauma), wobei körperliche Ursachen für die → Amnesie ausgeschlossen werden können. Die psychogen-amnestische Phase im Anschluss an das betreffende Ereignis kann wenige Tage oder auch Jahre dauern. Die Unterscheidung zwischen w.n E. und → Scheinerinnerungen ist oftmals sehr schwierig, vor allem wenn die Erinnerung im Kontext einer Psychotherapie einsetzt, in der mit → Hypnose oder mit anderen imaginativen Techniken gearbeitet wurde (→ *false memory*, → Realitätsüberwachung). Ebenso wie es verifizierte Fälle w.r E. gibt, existieren auch verifizierte Fälle *scheinbarer* w.r E., die sich nachträglich als → Scheinerinnerungen herausgestellt haben. Neuere Befunde zeigen, dass Personen, die w. E. berichten, durchschnittlich vermehrt zu falschen Rekognitionen im Deese-Roediger-McDermott-Paradigma neigen (Clancy u. a. 2000; zusammenfassend: Pezdek/Banks 1996; → Déjà vu, → Gedächtnistäuschung, → Wiedererkennen).

S. A. Clancy u. a., False recognition in women reporting recovered memories of sexual abuse, in: Psychological Science, Bd. 11, 2000, S. 26–31; K. Pezdek/W. H. Banks (Hg.), The recovered memory/false memory debate, San Diego 1996.

Edgar Erdfelder

Wiedererkennen

Auch: Rekognition; Fähigkeit des Gedächtnisses, einen Reiz oder eine Empfindung als ‹bekannt› zu erkennen. Im Unterschied zur → Reproduktion muss beim W. die → Information nicht aktiv aus dem Gedächtnis abgerufen werden, weshalb eine W.s-Aufgabe in der Regel als die leichtere Aufgabe betrachtet wird (vgl. → Abruf, → explizites Gedächtnis). Im dafür typischen Experiment lernen die Untersuchungsteilnehmer zunächst eine Liste von Wörtern. Im Anschluss daran wird ihnen sukzessive immer ein Wort präsentiert, und sie werden gefragt, ob es sich um ein Wort aus der gelernten Liste handelt oder nicht («Ja-Nein-Aufgabe»). Oder es werden jeweils zwei Wörter dargeboten, und es soll entschieden werden, welches der beiden Wörter aus der Lernliste stammt («Erzwungene-Wahl-Aufgabe»). W. stellt eine → episodische Gedächtnisleistung dar. W.s-Maße sind in der Regel sensiblere Gedächtnisindikatoren als Reproduktionsmaße, da eine W.s-Leistung oft noch nachweisbar ist, wenn aktives Erinnern nicht mehr gelingt. Die Fähigkeit des W.s tritt in der Entwicklung schon sehr früh auf (Habituationsparadigma bei Neugeborenen; → Gedächtnisentwicklung) und ist im höheren Erwachsenenalter kaum einem Altersabbau unterworfen (→ Alter).

J. R. Anderson, Learning and memory, 2. Aufl. New York 2000; A. Parkin, Erinnern und Vergessen. Wie das Gedächtnis funktioniert, Bern 1996.

Angelika Weber

Wiedergeburt

Auch: Metempsychose, Palingenese, Reinkarnation oder Seelenwanderung; Geburtenkreislauf, innerhalb dessen eine ‹Seele› in verschiedenen Existenzweisen (tierisch, pflanzlich oder menschlich) wiederholt auf der Erde lebt. Der Glaube an die W. basiert auf verschiedenen → Erfahrungen und weltanschaulichen Positionen: der ‹Erinnerung› an frühere Existenzen, die oft durch Reinkarnationstherapien mittels → Hypnose aufgerufen werden können (Stevenson 1966; → wiederbelebte Erinnerungen); der auffallenden Ähnlichkeit mit einem → Ahnen; auf → Déjà-vu-Erlebnissen, bei denen unbekannte Dinge oder Personen ein lebhaftes Bekanntheitsgefühl auslösen. Zudem wird W. postuliert, um Anlagen eines Menschen herleiten zu können, die sich bei seinen unmittelbaren Vorfahren nicht finden; um Gelegenheit zu geben, individuelle Anlagen und Talente zu verwirklichen, für die ein Leben nicht ausreicht; um der → Gerechtigkeit Genüge zu tun.

Der Vorstellung solcher postmortaler Existenzformen wird im Christentum die Idee der *Auferstehung* entgegengesetzt und die → Wiederholung individueller Biographien dogmatisch negiert. An die Auferstehung geknüpft sind die zentralen Lehrmeinungen von der Leib-Seele-Dichotomie (→ Körper), der Kontrastierung von Diesseits und Jenseits sowie des teleologisch-eschatologischen Zeit- und Geschichtskonzepts, das die Einmaligkeit und Unwiederbringlichkeit menschlichen Lebens in der diesseitigen Existenz impliziert. Dagegen bekannten sich in der Antike u. a. Pythagoras, → Platon oder Herodot zur Seelenwanderung, die als individuelle Erneuerung des Eingeweihten in einem Kontext von → Strafe, Bewährung und Erlösung steht (→ Buße). Der Hinduismus nennt W. *Samsara* (Umherwanderung) und meint damit, dass jede neue Existenz durch die Vergeltungskausalität der Tat *(Karma)*, d. h. durch das Verhalten in der → Vergangenheit, bestimmt werde. Diese Bußfunktion kommt auch im Buddhismus zum Ausdruck, der den Austritt aus dem leidvollen Kreislauf der W. im Heilsziel *Nirwana* sieht: Der Aufstieg in das *Nirwana* setzt dabei die Erinnerung an die früheren Leben voraus. Der Lamaismus sieht die immer wiederholte Inkarnation der Gottheit in einem Kind vor; der Glaube an das Wiedererscheinen eines verstorbenen Kindes oder auch eines Vorfahren (→ Ahnen) in einem neugeborenen Kind ist Bestandteil vieler weiterer → Kulturen (z. B. der Papua, der Maori).

In Westeuropa und in den USA erlebte die W.s-Lehre, die aus indischen Traditionen von der Theosophie und der Anthroposophie (R. Steiner) übernommen wurde, in jüngerer Zeit eine Hochblüte. Hier stehen weniger die Wiederkehr oder gar → Rache der → Toten im Zentrum (→ Gespenster), sondern der Versuch, durch Aussicht auf ein besseres Dasein im nächsten Leben Orientierung im Leben und Kontrolle über den → Tod zu gewinnen.

H. Zander, Reinkarnation und Christentum. Rudolf Steiners Theorie der Wiederverkörperung im Dialog mit der Theologie, Paderborn u. a. 1995; H. Kochanek (Hg.), Reinkarnation oder Auferstehung. Konsequenzen für das Leben, Freiburg u. a. 1994; U. Topper, Wiedergeburt. Das Wissen der Völker, Reinbek 1988; I. Stevenson, Der Mensch im Wandel von Tod und Wiedergeburt. 20 überzeugende wissenschaftlich bewiesene Fälle, Freiburg 1966.

Hyunseon Lee

Wiederholung

I. *In der Philosophie:* Zu einer grundsätzlichen Problematisierung der W. kommt es in der europäischen Philosophie erstmals bei → Platon im Zusammenhang seiner Theorie der Wiedererinnerung (→ Anamnesis) sowie seinem Konzept der Mimesis, das ihm dazu dient, die kognitive und moralische Insuffizienz der Künste, insbesondere der Dichtung zu begründen. Während die Mimesis die Dinge im Medium des künstlerischen Scheins wiederholt und damit, moralisch gesprochen, der Lüge preisgibt, verwandelt die philosophische Anamnesis die Arbeit der Erinnerung in eine Technik zur Ermittlung der Wahrheit. Die poetische Mimesis verfällt der rigorosen Kritik Platons aus zwei Gründen: Sie ahmt die Gegenstände, die sie beschreibt, auf eine nur unvollkommene Weise nach, weil sie nicht das Seiende erfasst, wie es sich wirklich verhält, sondern bloß so, wie es dem Künstler erscheint. Statt wahre Abbilder der Ideen zu geben, die allen Dingen zugrunde liegen, liefern die Dichter Trugbilder, die keinerlei Wissen über das Nachgebildete enthalten und daher auch niemandem als eine nützliche Anleitung für die Herstellung solcher Dinge dienen können. Aber nicht nur, weil die Dichtung täuscht, verfällt sie der Kritik des Philosophen, sondern weil ihre Präsentation unter den kulturellen Bedingungen primärer → Oralität das Publikum zu einer totalen Identifikation mit der poetisierten Botschaft verführt. Weil Platon die kulturelle Lehrfunktion der Dichtung (→ Oral Poetry) auf die Philosophie übertragen möchte, muss er ihr jede Fähigkeit zur Aufbewahrung und Weitergabe (→ Tradierung) sozial und kulturell relevanter, ‹wahrer› Information rundheraus absprechen.

Eine Gesellschaft, die auf einem gänzlich oralen Kommunikationssystem basiert, verfügt in Gestalt der Poesie über ein Ensemble von Techniken, mit deren Hilfe es ihr gelingt, die lebenden Gedächtnisse ihrer Mitglieder so zu ‹imprägnieren›, dass → Informationen für den wiederholten Gebrauch zur Verfügung stehen, also nicht in jeder Situation, in der sie benötigt werden, erst wieder erzeugt werden müssen. In diesem Sinn dienen die Künste der Erinnerung: Hesiod nennt die Musen Töchter der → Mnemosyne. Die Poesie ist z. B. eine Technik zur Memorierung bewahrenswerter → Kommunikation, «eine Methode der wiederholbaren Sprache (d. h. akustisch identischer Lautmuster), die ihren Inhalt gleichwohl ändern kann, um Verschiedenes zu bedeuten» (Havelock 1992, S. 120f.). Die sprachliche Rhythmisierung der Information (→ Versmaß) wird durch → Musik und Tanz ergänzt, um auf diese Weise alle Kräfte des → Körpers für die Aufgabe der Erinnerung nutzbar zu machen.

→ Wissen wird unter solchen Bedingungen nicht über Ideen und Prinzipien, sondern über die Erinnerung an exemplarische Handlungen erworben und tradiert. Wie schwer es Platon auch fällt, die Wahrheit völlig von der (Arbeit der) Erinnerung zu trennen und sie einzig an das Element der zeitlosen Kontemplation der Ideen zu binden, beweist seine Anamnesislehre: Wenn alles → Lernen seinem Wesen nach Wiedererinnerung an etwas ist, das man im Grunde schon gewusst hat, und wenn die Kunst des philosophischen Pädagogen darin besteht, dieses latente Wissen seines Zöglings durch eine geeignete Fragetechnik zu reaktivieren, dann kann man diese Lehre als den Versuch verstehen, die Wahrheit von jenen Instanzen der ‹Muse› zu trennen, die unter den Bedingungen einer primären Oralität kontinuierlich für ihre Regeneration sorgen mussten. Die Wahrheit muss der neuen Lehre zufolge den Seelen nicht erst eingepflanzt werden, weil sie immer schon über sie verfügen. Es obliegt nicht länger der Affektmobilisierung der Dichter, das → kulturelle Gedächtnis mündlich allererst herzustellen, sondern der Seelenerkundung der Philosophen, die Menschen an die zwischenzeitlich vergessene (aber niemals effektiv abwesende) Wahrheit zu erinnern.

Spätestens seit der Technologisierung des Worts (W. J. Ong) durch den → Buchdruck zu Beginn der Neuzeit treten W. und Mimesis unter dem Druck der sozialen Privilegierung des Neuen in ein Spannungsverhältnis, das schließlich all jenen Versuchen Raum gibt, die die W. nicht länger auf die Technik der identischen → Reproduktion des Gleichen, sondern auf die Verstärkung von Unterschieden und Abweichungen verpflichten (→ Differenz). Die Welt der → Repräsentation, die durch den Vorrang der → Identität gekennzeichnet war, vermag nicht länger all die Trugbilder und Simulacren niederzuhalten, die sich der mimetischen Logik von Urbild und Abbild entziehen: «Alle Identitäten sind nur simuliert und wie ein optischer ‹Effekt› durch ein tieferliegendes Spiel erzeugt, durch das Spiel von Differenz und Wiederholung» (Deleuze 1968/1992, S. 11). Nicht der Tausch, sofern er der Reziprozität, der Symmetrie und einem gemeinsamen Maß verpflichtet ist, ist das Kriterium der «komplexen Wiederholung», die Deleuze von den stereotypen oder «vollendet mechanischen» W.en unterscheidet, sondern Diebstahl, Entwendung und Gabe. Die W. vollzieht zwar eine Zirkulationsbewegung, sie kehrt stets zu ihrem Ausgangspunkt zurück (vgl. → Rekursivität), aber nicht, um das Wiederholte in seiner → Identität zu befestigen, sondern um seine Singularität zu verstärken und seine unabsehbaren Möglichkeiten zu entbinden. Hatte Hesiod den Musen die Aufgabe zugewiesen «in harmonischem Sang [zu] verkünden, was ist, was sein wird und was zuvor war», also die Anfertigung eines umfassenden ‹Gedächtnisses›, das alle drei Zeitdimensionen umfasst, kann G. Deleuze unter mediengeschichtlich radikal gewandelten Bedingungen die Befreiung vom Gedächtnis und seinen stereotypen Erlebniscodierungen als die eigentliche Intention der künstlerischen W. ausgeben – oder wie er am Beispiel → M. Proust formuliert: «Combray, wie es niemals erlebt wurde, wie es nicht ist und nicht sein wird».

Die komplexe W. bricht mit dem linearen Modell von Zeitlichkeit – der innerlich erlebten ebenso wie der chronometrischen → Zeit – und bringt eine spezifische → Nachträglichkeit ins Spiel (→ Unbewusstes), deren paradoxe Logik zuerst im Rahmen der Psychoanalyse ausbuchstabiert worden ist. Die W. erzeugt die Bedeutung eines → Ereignisses (→ Sinn), das sie wiederholt, retroaktiv, statt es als fixen Referenzpunkt vorauszusetzen. Ein traumatisches Ereignis (→ Trauma) kann lange, nachdem es unbemerkt passiert ist, eine Wirkung entfalten, die in keinem Zusammenhang mehr mit den Umständen steht, die es ‹ursprünglich› hervorgebracht haben. Erschöpft sich ein Affekt ursprünglich in einer reinen Erregungsquantität, in seinem bloßen Sosein, abgesperrt von jedem Zugang zum → Bewusstsein und daher nicht darstellbar, nicht den Substitutionen durch Ding- oder Wortvorstellungen unterworfen, können Umstände eintreten, die dieses im Latenzzustand verharrende Ereignis (re-)aktivieren und schließlich sogar als ein erinnerbares, bewusstseinsfähiges Ereignis konstituieren. Die W. kommt niemals ‹zu spät›, weil es außerhalb ihrer nichts gibt, worauf referiert werden könnte oder: weil das, was es außerhalb der W. gibt, sich nur als Leerstelle bzw. als ein energetisches Übermaß manifestiert, das jeder Symbolisierung entzogen ist: «Alles fängt mit der Reproduktion an. Immer schon, das heißt Niederschlag eines Sinns, der nie gegenwärtig war, dessen bedeutete Präsenz immer ‹nachträglich›, im Nachhinein und zusätzlich *(supplémentairement)* rekonstituiert wird» (Derrida 1974, S. 323; vgl. → Spur). Aus dieser Sicht des W.s-Problems wird ein Gedächtnis stets nur gegenwartsbezogen erzeugt – und das heißt: Seine Inhalte werden einer laufenden Revision bzw. «Umschrift» (S. Freud) unterzogen, die jede Frage nach einem ursprünglichen Sinn des Ereignisses erübrigt. Die W. wird nötig und unvermeidlich, weil sich der präsente → Ursprung als ein Mythos erweist: Es gibt kein ‹erstes Mal›, die W. ist ursprünglich (Deleuze 1968/1992). Die entscheidende Einsicht in die spezifische Temporalität der W. findet sich bei S. Kierkegaard: Während die – griechische – Erinnerung «rückwärts wiederholt», also vom Grenzfall einer identischen Reproduktion her konzipiert ist, besteht die «eigentliche Wiederholung» darin, «nach vorwärts zu erinnern», also das bereits eingetretene Ereignis auf sein zukünftiges Vermögen hin auszulegen (1843/1984, S. 7; → Vorausschau).

E. A. Havelock, Als die Muse schreiben lernte, Frankfurt/M. 1992; G. Deleuze, Differenz und Wiederholung (1968), München 1992; J. Derrida, Freud und der Schauplatz der Schrift, in: ders., Die Schrift und die Differenz, Frankfurt/M. 1974, S. 302–350; S. Kierkegaard, Die Wiederholung. Ein Versuch in der experimentierenden Psychologie von Constantin Constantius (1843), Frankfurt/M. 1984.

Friedrich Balke

II. *In der Musik:* Zentrales Strukturelement der → Musik, zum einen als Bedingung für Reproduktion und Rezeption von Musik (hier liegt ihre Nähe zum → Ritual), zum anderen als inner- bzw. intermusikalisches Strukturmodell.

Musik erklingt in der Regel als Reaktualisierung bestimmter → Strukturen bzw. Kompositionsideen. Jede Aufführung einer fixierten Komposition stellt eine auf → Speichermedien (→ Notation) oder dem Gedächtnis der Spieler basierende Reproduktion dar (→ Auswendigkeit). Signifikant für akustisch reproduzierte Musik ist allerdings eine Abweichung im Moment des Spiels; die Reproduktion von Musik lässt sich daher als notwendig modifizierende Verarbeitung von Erinnertem auffassen (vgl. → Verzierung). Dies gilt auch für improvisierte Musikformen, die auf einer Gesamtheit von gelernten musikalischen Ordnungsmöglichkeiten basieren. Einer Aufführung voraus gehen in der Regel zahlreiche W.en in der Probenphase; repetitive Üb- und Lernverfahren ergänzen sich hier mit analytischen Merktechniken (→ Mnemotechnik, → Repetieren). Charakteristisch für Musikrezeption, besonders im Popbereich, ist die Tendenz zu extremer → Kanonbildung (häufige W. weniger Songs, Hitparaden und *playlists*). Technische Reproduktionsmedien materialisieren die Praxis, favorisierte Musikstücke in Endlosschleife zu hören (‹W.s-Taste›). Eine verbreitete *nicht-intentionale* W.s-Form stellt das Phänomen der permanenten Präsenz einer bestimmten musikalischen Sequenz im Gedächtnis dar (→ Ohrwurm).

Neben Variation und Kontrastierung stellt die W. zweifellos eines der grundlegenden formbildenden Prinzipien von Musik überhaupt dar. Zu unterscheiden sind Repetitionen einzelner Töne (a); kleinerer Strukturzusammenhänge (b), z. B. Motive, rhythmische Modelle, harmonische Wendungen; und großflächiger Teile (c). Meist wirken (b) und (c) erinnerungsstützend (Refrain, Dacapo, Reprise). Einen Sonderfall stellen ‹intertextuelle› Referenzen zwischen Musikstücken dar, welche die Kenntnis bekannter Musik aufrufen (Allusion, → Intertextualität, → Sample, → Zitat). Die Identifikation des aktuell Gehörten mit erinnerten Klängen innerhalb eines Werkes generiert musikalischen Zusammenhang, rückt die wiederholten Strukturen in den Vordergrund (Themen, Melodien) und ermöglicht nachfolgend Variationsbildung. Wird ein aktueller Klang als W. eines bereits Gehörten identifiziert, erhält er allerdings, insofern er in neuem strukturellen oder semantischen Kontext erscheint, zugleich auch neue Zuschreibungen. Daher manifestiert sich im Wiederholten immer auch Alterität und Entwicklung.

Historisch lassen sich in der europäischen Kunstmusik schon seit dem Mittelalter diverse vokale wie instrumentale W.s-Formen nachweisen (Antiphon, Refrain). Zentrale formbildende Funktion für Oper und Instrumentalmusik erhält im frühen 17. Jh. z. B. das Ritornell. Die wirkungsstarke Idee der klassischen Reprise (W. des ersten Themas in der Grundtonart) präsentiert die W. als Ereignis der Rückkehr des Identischen aus dem Nichtidentischen der Durchführungsmodulationen. Die Dodekaphonie in der Nachfolge A. Schönbergs basiert auf der W. bzw. seriellen Verarbeitung zwölftöniger Reihen. Die W.s-Formen (b) und (c) werden weitgehend vermieden; damit sind klassische erinnerungsstützende Ebenen suspendiert. Die vom Jazz beeinflusste *minimal-music* tendiert zu einer vollständigen Aufhebung der Unterscheidbarkeit von W. und → Differenz. Sie nähert sich damit transkulturell anzutreffenden Trance-Musikformen (Ritual).

E. Aubry, The Music of the Troubadours, Bloomington/Indianapolis 1996; F. R. Lovisa, minimal-music. Entwicklung, Komponisten, Werke, Darmstadt 1996; E. K. Wolf, Art. Sonata form, in: The New Harvard Dictionary of Music, Cambridge MA 1986.

Christian Bielefeldt

III. *In der Pädagogik:* → Repetieren, → Übung

Wiederholungszwang

Begriff aus der Psychoanalyse, der Tendenzen eines Menschen bezeichnet, sich, zumeist unbewusst, gleichartigen Situationen, Erlebnissen und Handlungen auszusetzen und damit vergangene leidvolle → Erfahrungen wieder zu erleben (→ Abwehr, → Unbewusstes). → S. Freud beschrieb in seiner ersten Erläuterung des Begriffs in den *Vorlesungen zur Einführung in die Psychoanalyse*, etwas werde nicht als Erinnerung reproduziert, sondern als Tat wiederholt. Als Ursache des Phänomens postulierte er in *Jenseits des Lustprinzips* (1920/1940) den «Todestrieb»; dieses Konzept blieb umstritten. Zur gedächtnispsychologischen Fragestellung, weshalb bestimmte zugrunde liegende Erfahrungen stets aktiv werden können, wobei sie nicht erinnert, sondern wiederholt werden, gibt es neuere Ansätze aus der Säuglingsforschung und der Cognitive Science (→ Kognition). Der W. wird als eine Art Handlungsgedächtnis verstanden: Auslösereize aktualisieren unbewusste → Schemata gespeicherter Aspekte wichtiger Beziehungserfahrungen in der → Kindheit. Nicht die «konservative Natur der Triebe» (Freud 1920/1940, S. 39), sondern die «konservative Natur mentaler Repräsentationen» (M. Dornes, *Der kompetente Säugling*; → Repräsentation) ist für den W. verantwortlich.

S. Reichard, Wiederholungszwang. Ein psychoanalytisches Konzept im Wandel, Stuttgart 1997; S. Freud, Jenseits des Lustprinzips (1920), in: ders., Gesammelte Werke, Bd. 13, London 1940, S. 1–69.

Agnes von Wyl

Wissen

Gesamtheit von Kenntnissen, die durch Mitteilung, → Erfahrung oder → Lernprozesse erworben wurden und einen reproduzierbaren Bestand an Denk-, Orientierungs- und Handlungsmöglichkeiten bereitstellen. Der Zusammenhang von W. und Gedächtnis lässt sich nach drei Kriterien historisch wie systematisch bestimmen: (1) nach der Art der Überlieferung und Speicherung; (2) nach der Qualifikation verschiedener Wissensformen; (3) nach unterschiedlichen Konstruktions- und Darstellungsmodi des W.s.

1. Im Umkreis neuerer medienhistorischer Forschungen werden nicht nur diverse → Tradierungswege des W.s differenziert – Überlieferung durch einen materiellen Fundus, Weitergabe von Handlungsmustern, Reproduktion durch sprachliche Mittel und symbolische Formen allgemein –, es lassen sich vor allem markante Schwellen ausmachen, an denen sich der Zusammenhang von W. und Gedächtnis jeweils neu organisiert. Hat schon → Platon im *Phaidros* die Pädagogik mündlicher

Vermittlung gegen die defizitäre Form der schriftlichen Fixierung und damit eine lebendige Erinnerung (als Einschreibung in die Seele) gegen die äußere und mortifizierende Speicherung gestellt, so lässt sich darin der Verweis auf den problematischen Übergang von mündlichen zu schriftlichen → Kulturen erkennen (→ Oralität, → Schrift). Während sich in oralen Kulturen eine mnemotechnische Tradierung des W.s – durch formalisierte Sprechmuster etwa – nachweisen lässt (→ Mnemotechnik, → Oral Poetry, → Versmaß) und das erinnerte W. selbst sich einer «homöostatischen Organisation» und somit den Anforderungen einer je gegenwärtigen Verwendbarkeit fügt (Goody/Watt 1986), hat man mehrfache Konsequenzen der Schriftlichkeit für die Struktur kulturellen W.s skizziert: Schriftlichkeit ermöglicht politische Zentralisierung und die Entstehung eines politischen Arkan-W.s (→ Politik); sie ermöglicht – insbesondere seit den phonetischen Schriftsystemen der griechischen Antike – eine Sondierung überlieferter → Dokumente und damit die Genese eines historischen W.s (→ Geschichte); und sie führt in der griechischen Philosophie zu einer Unterscheidung zwischen überprüfbaren Wahrheiten *(epistéme)* und bloßer Meinung *(dóxa)* und stellt die Bedingung für die methodische Ausarbeitung komplexer Argumentationswege, mithin für die Systematisierung und Kategorisierung des W.s dar.

Kann damit der Zusammenhang von phonetischer Schrift, Linearität und der abgeschlossenen Rahmung des → Buchs als ein grundlegendes Ordnungsmuster abendländischen W.s angesehen werden (→ J. Derrida, *Grammatologie*), so schafft gerade die Reproduktionstechnik des Buchdrucks in der Neuzeit veränderte Voraussetzungen für die Weitergabe und Zirkulation von Kenntnissen: nicht nur durch größere Verbreitung und Standardisierung des W.s, durch die Verfügbarkeit von W.s-Speichern in Kompendien, Handbüchern und Nachschlagewerken (→ Lexikon); es lässt sich im Zeichen «typographischer Persistenz» vielmehr eine zunehmende Spannung zwischen Bewahrung und kumulativer Veränderung und damit eine Situation verzeichnen, in der die Differenz zwischen überliefertem W.s-Bestand und fortschreitender Erneuerung zum Gegenstand der Beobachtung wird (Eisenstein 1997). Die Ordnung von → Bibliotheken und → Archiven gibt nun die → Struktur und die Funktionsweise von W.s-Speichern vor. Mit der Etablierung des Pressewesens im 19. Jh. und den elektronischen Massenmedien im 20. Jh. allerdings konstituiert sich ein Zusammenhang von W. und → Information, der im Zeichen von Aktualität und Neuigkeit ein verändertes – kurzes – Zeitmaß für das Erscheinen und den Verfall des Wissenswerten diktiert. Überdies verliert mit neuen Aufzeichnungstechniken (→ Fotografie,

→ Phonograph) das Buch seine Rolle als privilegiertes → Speichermedium. Gerade im Umkreis moderner Informationstechnologien kann man schließlich nicht nur eine gewisse Privatisierung und Kapitalisierung des W.s erkennen, die durch das Verhältnis von Datenspeichern (→ Datenbank) und elektronischer Vernetzung (→ Internet) das Monopol von staatlichen Bildungsanstalten unterlaufen; man mag die Bedingung eines «postmodernen Wissens» (Lyotard 1986) am Ende des 20. Jh.s auch darin erkennen, dass sich seine konsequente Veräußerung der Wiederaneignung durch subjektive Bildungsgeschichten oder legitimierende Großerzählungen widersetzt (→ Bildung, → Narration).

2. Obwohl der Begriff des W.s in der griechischen Antike noch die verschiedenen Bereiche von praktischen, technischen und poietischen Tätigkeiten umschließt, wird bereits seit den Vorsokratikern eine Einengung auf den spekulativen Gebrauch bemerkbar. Die Ausgrenzung von Meinen und Glauben aus der Reichweite der *epistéme* führt bei Platon zu einer Verschmelzung von W. und Erkenntnislehre, die den Erscheinungen der Sinneswelt eine theoretische Schau gegenüberstellt, in der sich das W. durch die Wiedererinnerung (→ Anamnesis) invarianter Ideen vollendet. Auch bei Aristoteles nimmt die Unterscheidung von Erkenntnis und Sinneswahrnehmung bzw. Meinung einen Weg, der den Erkenntnisprozess nach der Vorgabe eines Allgemeinen und Notwendigen ausrichtet und somit jedes W. auf das *Vorherwissen* unbeweisbarer Begriffsbestimmungen bezieht. Damit ist eine normative und normalisierende Beschränkung des W.s-Begriffs vollzogen, deren Variationen sich bis weit in die Neuzeit hinein verfolgen lassen. So hat sich einerseits – spätestens seit G. Galilei – eine Konjunktion von W. und wissenschaftlicher Erkenntnis ergeben, die eine befragende, ‹inquisitorische› Tätigkeit freisetzt und sich auf jenen verborgenen Text bezieht, in dem die Natur sich selbst und ihre Gesetzmäßigkeiten bewahrt: eine epistemologische Konstellation, die den engen Zusammenhang von W., Wissenschaftlichkeit und Experimentalkultur begründet. Andererseits dokumentiert sich die Einheit von W. und Erkenntnis auch dort, wo man – über den aufklärerischen Streit um die Bedeutung von angeborenen oder erworbenen Ideen hinweg – die Rationalität des Erkenntnissubjekts durch begriffliche Tätigkeit bestimmt. So versteht I. Kant etwa das W. (wiederum im Unterschied zu Glauben und Meinen) als objektives wie subjektives «Fürwahrhalten», d. h. als apodiktisches Urteil, das der Maßgabe logischer Notwendigkeit folgt und der empirischen Erfahrung vorausliegt *(Kritik der reinen Vernunft)*. Und in → G. W. F. Hegels «absolutem W.» schließlich zeigt sich die letzte Gestalt in der Entwicklung des Geistes, jener «sich als Geist wis-

sende Geist», der als selbstreferenzielle W.s-Form die Kontingenz des historischen Werdens in «begriffene Geschichte», in die unverlierbare Erinnerung seiner eigenen Bewegung aufhebt *(Phänomenologie des Geistes)*.

3. Seit dem 19. Jh. allerdings kann man eine Auflösung dieser Einheit von W., → Bewusstsein und Erkenntnis bemerken. Sei es der Marx'sche Begriff von Ideologie, sei es → F. Nietzsches genealogisches Interesse an Wert- und Wahrheitsbegriffen: In beiden Fällen wird eine → Differenz zwischen Bewusstsein und jenem ungewussten W. gezogen, das sich in der langen Geschichte sozialer Formationen, aber auch von gewordenen Instinkten, Physiologien und Körperzuständen zu einer notwendigen Illusion verdichtet hat und eine historische Entzifferungsarbeit verlangt. Damit taucht die Figur eines *unverfügbaren* W.s auf, das sich der epistemologischen Klärung wie der Arbeit des Begriffs konsequent entzieht. Sowohl in der W.s-Soziologie M. Schelers und K. Mannheims wie in der historischen Epistemologie (G. Bachelard, L. Fleck, G. Canguilhem) werden seit Anfang des 20. Jh.s Problemstellungen virulent, die eine Relativierung des Wissenschaftsbegriffs mit der Frage nach der sozialen Konstruktion von W.s-Formen und «Denkstilen» verknüpfen. W. muss damit ganz allgemein als Voraussetzung für soziale Kommunikation überhaupt angesehen werden (→ kollektives Gedächtnis), kann weder Subjekten noch Menschen zugerechnet werden und erscheint bestenfalls als eine «in der Kommunikation praktizierte Zurechnungskonvention» (Luhmann 1990, S. 142). Seine schärfste methodische Wendung hat dieser nicht-epistemologische W.s-Begriff wohl in der Diskursanalyse M. Foucaults genommen. Seine → *Archäologie* bzw. → *Genealogie* des W.s bezieht sich einerseits auf verschüttete oder unterworfene W.s-Formen, in denen sich – unterhalb von → Kanonisierung und Systematisierung – eine Erinnerung an konkrete Kämpfe, Kräfteverhältnisse und Praktiken erhalten hat. Andererseits geht es um jene «diskursiven Formationen» (Foucault 1973), die den Disziplinen, Fachgebieten und Wissenschaften vorausliegen und als implizites W. oder «positives Unbewusstes» doch ein historisches Apriori für deren jeweilige Objekterfahrung darstellen. Insgesamt hat sich damit eine Perspektive eingestellt, die den «Willen zum W.» aus der Rationalitätsform von Wissenschaft und Erkenntnistheorie löst und eine historische Forschung eröffnet, die den Zusammenhang von W., Macht und Subjektivierungsweisen verfolgt und damit zugleich eine Ontologie der Gegenwart in Aussicht stellt.

C. L. van Doren, Geschichte des Wissens, München 2000; E. L. Eisenstein, Die Druckerpresse. Kulturrevolutionen im frühen modernen Europa, Wien/New York 1997;

N. Luhmann, Die Wissenschaft der Gesellschaft, Frankfurt/M. 1990; J. Goody/
I. Watt, Konsequenzen der Literalität, in: dies./K. Gough, Entstehung und Folgen der
Schriftkultur, Frankfurt/M. 1986; J.-F. Lyotard, Das postmoderne Wissen. Ein Be-
richt, Graz/Wien 1986; M. Foucault, Archäologie des Wissens, Frankfurt/M. 1973;
M. Scheler, Die Wissensformen und die Gesellschaft (1926), 2. Aufl. Bern 1960.

Joseph Vogl

Wunderblock

Auch: Zaubertafel; Kinderspielzeug, das bei → S. Freud zur zentralen
→ Gedächtnismetapher wird. Der W. besteht aus einer Wachstafel sowie
zwei dieser aufliegenden, übereinander gespannten Zellophanfolien. Bei
Druckeinwirkung durch einen Stift berührt die untere Folie das Wachs,
sodass auf der oberen eine sichtbare → Spur entsteht. Bei erneuter Trennung der Schichten verschwindet die Aufschrift und gibt so auf der Oberfläche Raum für neue → Zeichnungen (vgl. → Interferenz). Während in
der Praxis des → Spiels der Reiz des W.s besonders in der → Vergänglichkeit seiner Aufschriften besteht, sieht Freud in diesem Apparat ein
Modell, das die bislang mediengeschichtlich wie erinnerungstheoretisch
unmöglich erscheinende Kombination von «unbegrenzte[r] Aufnahmsfähigkeit» im Wahrnehmungssystem des → Bewusstseins und Erhaltung
«dauerhafte[r] Erinnerungsspur[en]» im Erinnerungssystem des → Unbewussten leistet: Anders als → Platons Wachstafelmetapher *(Theaitetos)*,
die ein Modell additiver → Einprägungen anbietet, kann beim W. einerseits die Folie ohne Einschränkung neu beschrieben werden, andererseits
bleiben sämtliche Schreibvorgänge als Vertiefungen in der Wachstafel
aufbewahrt: «Der Block liefert also nicht nur eine immer von neuem ver-
wendbare Aufnahmsfläche wie die Schiefertafel, sondern auch Dauerspuren der Aufschreibung wie der gewöhnliche Papierblock; er löst das Problem, die beiden Leistungen zu vereinigen, indem er sie *auf zwei gesonderte,
miteinander verbundene Bestandteile – Systeme – verteilt*» (Freud 1925/
1948, S. 7). Für → J. Derrida (1972) ist diese Doppelstruktur Beleg dafür,
dass aktuelle Wahrnehmungen grundsätzlich von vergangenen Spuren
(→ Schrift) geprägt sind. Auf diese Weise belegen der W. und die Geschichte seiner theoretischen Lesarten, wie heuristisch erstellte Strukturanalogien zwischen technischen Apparaturen und Gedächtnisprozessen
(→ Externalisierung) dazu führen können, dass Erinnerung erklärt wird,
indem man diese Apparate und ihre immanente, letztlich gedächtnis-

unabhängige Logik befragt. So ist der W. in der Geschichte der Gedächtnismetaphern ein besonders augenfälliges Beispiel dafür, wie in der theoretischen Betrachtung das apparative Modell zunehmend mit seinem Gegenstand zusammenfällt.

J. Derrida, Freud und der Schauplatz der Schrift, in: ders., Die Schrift und die Differenz, Frankfurt/M. 1972, S. 302–350; S. Freud, Notiz über den «Wunderblock»
(1925), in: ders., Gesammelte Werke, Bd. 14, London/Frankfurt/M. 1948, S. 1–8.

Nicolas Pethes

Yates, Frances A.

(1899–1981), englische Literaturhistorikerin und Kulturwissenschaft-
lerin. Y.' bedeutende Vorschläge zu einer Neuinterpretation von Kultur
und Wissenschaft der → Renaissance entstanden in Auseinandersetzung
mit den Mitgliedern des emigrierten *Warburg Institute* in London seit den
frühen 1950er Jahren. Neben Arbeiten zu R. Lullus, G. Bruno und den
verschlungenen Traditionen von Neuplatonismus, hermetischer und ok-
kulter Philosophie, den Wechselbeziehungen von Magie und entstehen-
der rationalistischer Wissenschaft, begründete vor allem die 1966 er-
schienene Monographie *The Art of Memory* ihre wissenschaftliche
Reputation.

In diesem Werk entwirft Y. in einem kühnen epochenüberspannenden
Bogen die Geschichte des Fortlebens der antiken *ars memoriae* (→ Antike, → Mnemotechnik) bis zu den hermetischen Kosmologien und
Gedächtnislehren des 17. Jh.s. Sie rekonstruiert die Ursprünge der klassischen Gedächtniskunst in der römischen → Rhetorik, die ein systemati-
sches Einüben eines künstlichen Gedächtnisses empfiehlt (→ Übung),
das auf einer Zuordnung von Orten und Dingen beruht. Im Hintergrund
dieser Techniken steht eine instrumentelle Auffassung vom Gedächtnis,
wie sie auch von Aristoteles vertreten wird. Diese hatte direkten Einfluss
auf die scholastischen Philosophen, die ihr allerdings eine stärker moralische Interpretation geben. Im Mittelalter entsteht zusätzlich zum alten
Fundus der mnemotechnisch einschlägigen → *imagines agentes* eine
neue, religiös codierte Bilderwelt, die an die Freuden des → Paradieses
und die Qualen der Hölle (→ Strafe) erinnern soll. Neben diesem kulturgeschichtlichen Strang stellt Y. aber die platonische Gedächtniskonzeption (→ Platon), die im Neuplatonismus des 16. Jh.s, verschränkt mit her-

metischem und kabbalistischem Gedankengut (→ Kabbala), erneut wirksam wird. Dieser Tradition zufolge liefert die Gedächtniskunst nicht nur ein technisches Hilfsmittel für Redner oder ein Instrument zur mnemonischen Disziplinierung der Gläubigen, sondern ein Abbildungssystem für höhere Wahrheiten und kosmische Beziehungen.

Entscheidend für das Wiederaufblühen der antiken Gedächtniskunst war die Wiederbelebung der klassischen Rhetorik durch Philosophen wie M. Ficino oder G. Pico della Mirandola. Y. interessiert sich aber für die etwas abseitigeren Manifestationen dieses Einflusses. Sie weist nach, dass das im 16. Jh. berühmte → Gedächtnistheater des G. Camillo auf einer okkulten, auf die Aktivierung magischer Effekte zielenden Reinterpretation der antiken rhetorischen → Topoi beruht. R. Lullus' kabbalistisch und astrologisch inspirierte Buchstaben- und Symbolsysteme sind ähnliche Umdeutungen der rhetorischen *artificiosa memoria* in ein magisches und verschlüsseltes Geheimgedächtnis. Als eigentlichen Heroen dieser Geheimgeschichte des Gedächtnisbegriffs stellt Y. aber G. Bruno dar, dessen in der Forschung bisher vernachlässigte okkulte Schriften einen hochkomplizierten Gedächtnisapparat aus Symbolen, Elementen, Buchstaben und Sternbildern entwickeln, der einen magischen Aufstieg zum göttlich-okkulten ‹Einen› ermöglichen soll. Y.' verblüffende These, man könne den mutmaßlichen Aufbau von Shakespeares Londoner *Globe Theatre* als architektonisch umgesetztes Memorialsystem aus der Gedächtnislehre des englischen Hermetikers R. Fludd ableiten, wartet allerdings bis heute auf ihre Bestätigung. Selbst bei den anerkanntermaßen rationalistischen Protagonisten der wissenschaftlichen Methode im 17. Jh. wie F. Bacon, R. Descartes und G. W. v. Leibniz wird Y. fündig und kann nachweisen, wie auch sie in direkter Reaktion und teilweiser Konkurrenz zu den mnemonischen Entwürfen eines geheimen Wissens standen.

Die Bedeutung von *The Art of Memory* für die kulturwissenschaftliche Diskussion ist kaum zu überschätzen. Auch wenn ihm detailgenauere Einzeluntersuchungen gefolgt sind und einige der globaleren Thesen wie die Einschätzung der Gedächtniskunst im Mittelalter inzwischen bestritten oder relativiert werden (vgl. M. Carruthers, *The Book of Memory*), hat es doch das Thema Gedächtniskunst zum ersten Mal als Thema kulturgeschichtlicher Forschung erschlossen. Dass Y. im Anschluss an die → Warburg-Schule der rein ideengeschichtlichen Interpretation der europäischen Renaissance eine symbol- und kulturgeschichtliche Deutung entgegensetzt, die neben den Theorien auch den technischen und intellektuellen Gebrauch des Gedächtnisses einbezieht, hat ihre Forschungen auch für allgemeine kulturanthropologische Fragestellungen anschlussfähig gemacht. Entscheidend war ihre Vorarbeit für den *rhetorical turn* in den Kulturwissenschaften, für den der Nachweis der Entstehung der Gedächtniskunst aus der antiken Rhetorik eine entscheidende Weichenstellung gab. Schließlich legt Y.' Werk ein kulturgeschichtliches Fundament für den inzwischen im Anschluss an → M. Halbwachs diskutierten Zusammenhang zwischen Gedächtnis und → Topographie (→ Gedächtnisort, → Mnemotop). Denn was könnte es plausibel machen, dass Orte Erinnerung prägen und tragen, wenn nicht die Tatsache, dass im westlichen Denken von früh an das Gedächtnis in den Zentralmetaphern (→ Gedächtnismetapher) von Ort und Raum begriffen wurde?

F. A. Yates, Gedächtnis und Erinnern. Mnemonik von Aristoteles bis Shakespeare (1966), Weinheim 1990; dies., Die okkulte Philosophie im elisabethanischen Zeitalter (1979), Amsterdam 1991; dies., Collected Essays, 3 Bde., London 1982–84. – P. H. Hutton, History as an Art of Memory, Hanover/London 1993.

Martin Saar

Zeichen

I. Sinnlich wahrnehmbare Objekte oder Prozesse, die für den deutend Wahrnehmenden in einem entsprechenden Zusammenhang *für etwas* stehen. Zeichenhaftigkeit lässt sich jedoch nicht aus dem Z. selbst ableiten, sondern wird deutend entworfen. Kulturhistorisch haben sich die Z. vom menschlichen Körper abgelöst (Geste, → Oralität vs. Bild, → Schrift) und können auf einem Z.-Träger getrennt vom Z.-Geber kursieren. Erst unter diesen Voraussetzungen entsteht die memoriale Funktion von Z., welche deren Bedeutung über den Augenblick der Äußerung hinaus festhält, indem sie diese in Systemen der → Notation dauerhaft macht. Z. organisieren → Informationen zum Wiedergebrauch synchron (Kollektivbildung) und diachron (Traditionsbildung). Z. sind Wissensträger, die gelernte Bedeutungen komprimiert in idiosynkratisch oder gemeinschaftlich lesbarer Form zugänglich machen, während Verdinglichung (z. B. → Denkmäler, → Bücher) sie überdies über längere Zeiten zur immer neuen Erinnerung verfügbar hält (vgl. → kulturelles Gedächtnis). Da verdinglichte Z. sozial kursieren, können ihre Bedeutungen strittig werden (Religion, Recht), worauf Anleitungen zur Z.-Deutung reagieren (→ Hermeneutik).

Erst mit C. S. Peirce wird Z.-Kunde (Semiotik) um 1900 eine eigenständige Theorie; der Bezug zu den ‹Sachen› wird ausgeblendet und die Beziehung der Z. untereinander untersucht; Z.-Gebung (Semiose) wird nun als unabgeschlossener Prozess gesehen. Peirce klassifiziert *Ikon*, eine ähnliche Abbildung der ‹bezeichneten Sache›, *Index*, einen Hinweis auf diese bzw. ein Symptom oder eine → Spur derselben und *Symbol*, ein durch Konvention festgelegter Stellvertreter derselben. Die Entwicklung der Z. tendiert zu zunehmender Arbitrarität, schwindender Gegenständlichkeit zugunsten klarerer Decodierbarkeit sowie wachsender Ausdifferenzierung voneinander unabhängiger Z.-Systeme. Im Rahmen der Ersetzungslogik bei R. Carnap löst sich das Bedeutende (Signifikant) vom realen Bezug (Referent), der durch das Bedeutete (Signifikat) ersetzt und damit überflüssig wird. Informationsaustausch setzt also nur noch voraus, dass die Z. aller Beteiligten sowohl Gemeinsamkeiten in der Übersetzung von Signifikat nach Signifikant als auch ausreichende semantische Unschärfen ihrer Signifikate aufweisen, damit alle Kommunizierenden glauben können, sie sprächen von demselben.

In unserem Alltagsverständnis erinnern Z. vermeintlich immer an ihre Referenten (besonders deutlich bei der → Fotografie, Onomatopöie), und so, wie die Referenten erlebt und erinnert wurden, können sie später *verstanden* werden. Während dieses Bemühen um das *Verstehen* der Z. die Kulturwissenschaften hervorbringt, werden im Strukturalismus Z. *erklärt*, indem die Willkürlichkeit der Beziehung Signifikant – Signifikat betont wird. In den Naturwissenschaften einer technozentrischen Welt sind Z. nur noch codierte Information; beim immer effizienteren *Erklären* der Z. wird das sinnstiftende Subjekt überflüssig: Verstehensabstinenz wird Kriterium für Objektivität. Andererseits verweist die Dauerhaftigkeit nicht verdinglichter, erinnerter Z. darauf, dass diese nicht nur Folge, sondern auch Voraussetzung von → Kommunikation und somit dynamisch und sozialer Natur sind. Die Gedächtnisfunktion von Z., einst Erfahrenes erinnerbar zu machen, verleitet zur Verdinglichung der Z. Diese lebensweltliche Ontologisierung der Z. geht selbst bei kommunizierten und gar nicht selbst erfahrenen Z.-Inhalten beharrlich von der Adressierbarkeit des Referenten aus (→ Repräsentation). Die Kluft zwischen theoretischer Fassbarkeit der Z. und Lebenswelt klafft immer weiter, wo postmoderne Überlegungen die Verbindlichkeit von Z. bezweifeln und die Unmöglichkeit, Z. an den Dingen zu eichen, betonen: Z. können nur durch Z. verdeutlicht werden; nicht nur Signifikat, sondern auch Referent sind konstruiert. Der Z.-Wandel beschleunigt sich (Mode; → Beschleunigung); ultimative Abstraktion (Informatik) führt gleichzeitig zur

Entdifferenzierung aller Z. im binären Code (→ Computer). Damit wird scheinbar jede Subjektzentriertheit aufgegeben und die Welt in Z. fassbar, deren ‹Außenseite› der Rationalisierung zum Opfer fällt (Computersprachen), deren ‹Innenseite› (Signifikat) letztlich aber vom Subjekt erinnert werden muss, um gedeutet werden zu können.

W. Nöth (Hg.), Handbuch der Semiotik, 2. Aufl. Stuttgart 2000; R. Posner (Hg.), Semiotik. Ein Handbuch zu den zeichentheoretischen Grundlagen von Natur und Kultur, Berlin 1997; T. Sebeok, Encyclopedic Dictionary of Semiotics, 2. Aufl. Berlin 1994; U. Eco, Zeichen. Einführung in einen Begriff und seine Geschichte, Frankfurt/M. 1977.

Ulrich Bauer

II. *In der Medienwissenschaft:* Zumindest im Alltag sind Medien als ‹Z.-Maschinen› bestimmt; dennoch ist es bislang nicht gelungen, einen Z.-Begriff zu entwickeln, der medienübergreifend Gültigkeit beanspruchen könnte. Im Licht der Gedächtnis-Problematik aber scheint tatsächlich eine allgemeine Aussage möglich zu sein. Denn Z. sind – vor allem anderen – Maschinen des → kollektiven und individuellen Gedächtnisses. Z. verweisen immer zurück auf den → Code, dem das Z. seine Bedeutung verdankt, und damit auf den historischen Prozess, der diesen Code als eine historisch gewachsene → Struktur hervorgebracht hat. Schlüssel zum Verständnis des Z.s ist insofern die *Konvention.* Wir lernen sprechen, indem wir Sprache hören und selbst zu sprechen beginnen, neue Worte werden manchmal definiert, meist aber allein vom Kontext getragen; auf diese Weise werden wir in einen bestehenden Code hineinsozialisiert (→ Sozialisation). Das Vokabular und das Regelsystem dieses Codes schlägt sich in unserem Gedächtnis nieder und gibt ihm seine Form und Struktur; umgekehrt hat der Code seinen unheimlich-verteilten Ort im Gedächtnis von Millionen Sprachbenutzern.

Codes und Z.-Systeme gehen nicht auf ‹Verabredung›, sondern weit eher auf → Wiederholung zurück. Es ist das konkrete Sprechen der Vielen, das der Sprache ihre Form verleiht; und so stabil, träge und beharrend diese Struktur gegenüber Veränderungen ist, so klar ist auch, dass jedes Sprechen am Code der Sprache weiterarbeitet. Ein veränderter Z.-Gebrauch wird sich im System der Sprache niederschlagen. In der Konsequenz bedeutet dies, dass die Z.-Systeme selbst eine Art Kollektivgedächtnis bilden. Die Millionen Sprechakte, die in der Sprache untergegangen sind, bleiben in kondensierter Form in der Sprache enthalten; sie werden ‹vergessen hinein in die Struktur› (→ Vergessen). Auf diese Weise stellt die Sprache Wissensbestände der → Vergangenheit in kondensierter Form für die → Gegenwart zur Verfügung.

Der Ansatz, den Z.-Begriff über die Konvention zu bestimmen, eröffnet die Möglichkeit, auch andere Z.-Systeme vom Modell der Sprache her zu begreifen. Im Feld der Bildmedien ist der Z.-Begriff strittig; evident aber dürfte sein, dass in → Fotografie, → Film und → Fernsehen *Stereotypen* eine herausragende Rolle spielen; bei Stereotypen ist klar, dass sie sich historisch verfestigen, in einer unendlichen Zahl von Wiederholungszyklen herausbilden; Wiederholung ist hier, offen sichtbar, Basis der Konvention, und die Herausbildung fixierter ‹Z.› erscheint als der mögliche Extrem- und Endpunkt eines historischen Verhärtungsprozesses. Z.-System und Z.-Gebrauch, Wiederholung, Konvention, Gedächtnisproblematik und Traditionsbildung sind – verdichtet – im Z.-Begriff miteinander verknüpft.

H. Winkler, Docuverse. Zur Medientheorie der Computer, München 1997; J. Lyons, Semantik, München 1980; J. Lacan, Das Drängen des Buchstabens im Unbewußten oder die Vernunft seit Freud (1957), in: ders., Schriften, Bd. 2, Olten 1975, S. 15–59.

Hartmut Winkler

Zeichnung

Manuelles, vortechnisches → Speichermedium für visuelle → Information: Schon bevor die Option bestand, Wahrgenommenes und Gedachtes sprachlich formiert aufzu*schreiben* (→ Schrift), war es möglich, Gesehenes und Imaginiertes aufzu*zeichnen*. Auf technische Medien übertragen benennt ‹Aufzeichnen› die Speicherung (→ Speichern) vornehmlich von zeitlichen Abläufen in Ton und → Bild (auf → Film, → Video, → Phonograph, Tonband). Aber auch Handgeschriebenes wird gelegentlich ‹Aufzeichnung› genannt (→ Tagebuch, → Autobiographie). Darin kommt der beiden Darstellungsweisen gemeinsame Zug des Gestischen, wie auch die Nähe von Zeichen- und Schreibinstrumentarium zum Ausdruck.

Die Z. reduziert die visuelle Information um die Farbigkeit auf die räumliche Gliederung, die in Strichkonturen wiedergegeben wird, häufig erweitert durch plastische Modellierung. Über weite Strecken der Kunstgeschichte wurden Z.en nicht als eigenwertige Produktion, sondern lediglich als Arbeitshilfe angesehen. Im Verein mit der reduzierten, graphischen Darstellung machten zur schnellen Arbeit geeignete Materialien wie Kohle, Graphit oder Tusche die Z. zum idealen Medium, um Seheindrücke oder Gestaltungseinfälle rasch zu fixieren und für die Ausarbeitung in Gemälden, Skulptur und Architektur bereitzuhalten. In dieser Funktion unterscheidet man zwischen der *Skizze*, der verstärkt Flüchtigkeit und Subjektivität eingeschrieben sind, und der *Studie*, die auf detailgenaue und exakte Wiedergabe Wert legt. Insofern im 19. Jh. das Flüchtige, die Fixierung eines zeitlich und räumlich spezifischen Ausschnitts immer stärker zu einem Anliegen der bildenden Kunst wird, gerät parallel das Skizzenhafte – nun auch als *Ausdruck* des Momentanen (→ Gegenwart) – in den Mittelpunkt der künstlerischen Praxis, zunächst in den Ölskizzen, später im Besonderen im Impressionismus. Die Z. erfordert freilich noch ein gewisses Maß an Ausbildung und Geschick. Mit Camera obscura, Camera lucida, aber auch dem Schattenriss stehen noch vor der im engeren Sinne technischen Aufzeichnung Hilfsmittel zur Verfügung, die den Laien das Festhalten visueller Information erleichtern. Hierbei objektiviert sich die Darstellung in dem Maße, in dem sich die Tätigkeit auf *Nach*zeichnen beschränkt (vgl. → Porträt). Die ‹Selbstabbildung› der Natur als Endpunkt der Mechanisierung, auch die Hypertrophie des Momentanen, findet letztlich in der technischen Speicherung der → Fotografie ihren Ausdruck. Als künstlerische Alternative, die Speichern mit dezidierter Subjektivität und Selektivität verbindet, bleibt die manuelle Aufzeichnung jedoch weiterhin relevant.

P. Galassi, Before Photography. Painting and the Invention of Photography, New York 1981; J. Leymarie/G. Monnier/B. Rose, Die Zeichnung. Entwicklung, Stilformen, Funktionen, Genf 1980; J. Meder, Die Handzeichnung, ihre Technik und Entwicklung, 2. Aufl. Wien 1923.

Jens Ruchatz

Zeit

I. *In der Philosophie:* Oberbegriff der drei Z.-*Dimensionen* → Vergangenheit, → Gegenwart und → Zukunft sowie der linearen Reihe früher/später/gleichzeitig (sog. McTaggart'sche A- und B-Reihe); einer der Hauptbegriffe der abendländischen Philosophie. Die Hauptvertreter der genuinen Z.-Philosophie sind Aristoteles, Plotin, → Augustinus, I. Kant, → H. Bergson, E. Husserl, → M. Heidegger, J. M. E. McTaggart und → J. Derrida.

In der Diskussion des 20. Jh.s ist der Zusammenhang von Erinnerung und Zeit infolge einer Infragestellung des Präsenz- und Gegenwartsbegriffes neu interpretiert worden (→ Präsenz). Heidegger versteht in seinen späteren Schriften Gegenwart als *Anwesenheit* und die Moderne insgesamt als einen Prozess, der dazu tendiert, die Wirklichkeit auf pure Gegenwart und Anwesenheit (Bestand) zu reduzieren. Aus dieser Perspektive her betrachtet, ist es von besonderem philosophischen Interesse, einen alternativen Begriff der Gegenwart zu entwickeln. Dafür bietet sich der Begriff → *Nachträglichkeit* an, der die Z.-Philosophie mit der Erinnerungstheorie verknüpft. Gegenwart wird hier als etwas begriffen, das nicht *als* sie selbst *in* ihr selbst erfahren werden kann, sondern stattdessen immer erst ‹später›. Die sich dabei abzeichnende Abwesenheit, die sich in die Gegenwart einschreibt, wird traditionell mit der → Vergegenwärtigung (Erinnerung) in Verbindung gebracht, sodass Gegenwart selbst immer nur im Modus der *erinnerten* Gegenwart erscheint.

Diese Überlegungen führen zu einer generellen philosophischen *Aufwertung der Erinnerung* und der Vergangenheit gegenüber der Gegenwart. Paradoxes Ergebnis ist, dass Erinnerung, verstanden im Sinne der Erinnerung an ein → Ereignis, das Gegenwart *war*, durch die Annahme, dass die Gegenwart selbst *niemals* Gegenwart war und – aufgrund der Abwesenheit eines eindeutigen Bezugspunkts – das zu Erinnernde verfehlen muss. Angesichts dieser Überlegung haben insbesondere Derridas Diskussionen des Zeit- und Erinnerungsbegriffes dazu geführt, Zeit und Erinnerung als unendlichen *Aufschub* und Differenzierungsprozess zu denken (vgl. → Differenz, → Spur). Die Z. läuft sich sozusagen immer selbst hinterher und kann nie *im Original* erfahren werden. Diese Abwesenheit kann durch Sprache (Abwesenheit des Signifikats) und die Erzählung (Abwesenheit des Referenten) nur verdoppelt, aber nicht mehr eingeholt werden.

Ein besonderes Problem der Z.-Philosophie ist die Abfolge der Z.-Dimensionen, wenn man von der ursprünglichen Annahme ausgeht, dass jedes Jetzt sich von seinem Nicht-Jetzt qualitativ unterscheidet, anstatt wiederum ein neues Jetzt zu sein. So meint Heidegger in *Sein und Zeit*, dass die unmittelbare Vergangenheit (Husserl: → Retention, das Soeben-Gewesen) und die unmittelbare Zukunft (Husserl: Protention, das Soeben-Kommen) nicht ihrerseits über die Struktur des Vorher und Nachher begriffen werden können. Die unmittelbare Zukunft kann nicht *nach* der unmittelbaren Vergangenheit kommen, wie sie auch nicht gleichzeitig sein können, denn das würde die Zeitlichkeit schon voraussetzen. Aufgrund dieser Überlegung kommt Heidegger zu der Einführung seiner sog. Ekstasenlehre, nach der sich jede der drei Z.-Dimensionen jeweils nur mit Hilfe der anderen *gleichursprünglich* konstituiert.

Infolge dieser Überlegungen innerhalb der Z.-Theorie wäre Erinnerung nicht mehr zu begreifen als ein Rückgriff auf Nichtgegenwärtiges wie auf einen toten → Speicher, sondern als eine spezifische Weise, das Nichtgegenwärtige allererst zu konstituieren. Den Gebrauch des Begriffes ‹Vergangenheit›, so auch die These von L. Wittgenstein, lernen wir nur, *indem* wir uns erinnern *(Philosophische Untersuchungen)*. Es gibt Vergangenheit nicht *vor* oder *unabhängig* von der Erinnerung. Im Anschluss an Wittgenstein und Husserl lässt sich festhalten, dass die meisten Theorien in ihrer begrifflichen Schärfe bezüglich des repräsentativen oder *vergegenwärtigenden* Momentes nicht klar genug verfahren. Man sollte zunächst die *Erinnerung* im Sinne eines psychologischen oder eines Sprechaktes verstehen, dem das *Erinnerte* bzw. der erinnerte Sachverhalt als Korrelat gegenübersteht. Von diesem getrennt können dann die Z.-Momente beschrieben werden. Es ist daher nicht präzise genug, wenn wir umgangssprachlich sagen, dass wir uns ‹an die Vergangenheit› erinnern. Die Z. wird, wie Husserl in seinen Z.- und Erinnerungsmanuskripten herausgehoben hat, *am* Erinnerten erfahren. Das führt zu der These, dass wir auf der primär zeitlichen Ebene der Interpretation der Erinnerung nicht von einem ‹Rückgriff› auf ‹die› Vergangenheit sprechen können, sondern wir immer nur etwas *als* vergangen verstehen können. Daher kann man in Analogie zur Unterscheidung eines subjektiven und objektiven Zeitbegriffes, wie er etwa in den Naturwissenschaften zur Anwendung kommt, einen subjektiven und objektiven Erinnerungsbegriff unterscheiden. Während Theorien des letzteren Typs davon ausgehen, dass das Erinnerte eine → *Repräsentation* von etwas anderem als es selbst ist, gehen Theorien des ersten Typs davon aus, dass wir einen *direkten* Bezug zur erinnerten Sache haben.

S. Kierkegaard, Heidegger und H. Arendt verknüpfen ihren Z.- und Erinnerungsbegriff mit einer *praktisch-willentlichen* Komponente. In der *Handlung* etwa wird die Vergangenheit in einem anderen Sinne konstituiert als in der reinen Vergegenwärtigung eines Erlebnisses. Man kann daher von *praktischer Erinnerung* oder auch → *Wiederholung* sprechen. Davon können wir einen weiteren Modus der Erinnerung unterscheiden, der durch Gefühle und → Emotionen konstituiert wird. So hat etwa L. Binswanger im Anschluss an Husserl und Heidegger gezeigt, wie sich in der Depression (vgl. → Melancholie) die Z.-Erfahrung und Gewichtung von Vergangenheit und Zukunft verändert. Stimmungen im Allgemeinen bestimmen in entscheidender Weise unsere Z.-Erfahrung mit. So erfahren wir Zukunft und Vergangenheit in Hoffnung, Gleichmut, Angst oder Langeweile jeweils in einer anderen Weise, und Ereignisse mit besonderem affektiven Bezug werden in einer anderen Weise festgehalten als ‹neutrale› Erlebnisse.

Der Zusammenhang von Z.-Theorie und Erinnerung hat in neueren Debatten zu verschiedenen Ansätzen einer Theorie der Lebensgeschichte und Theorie *narrativer Identität* geführt (P. Ricœur, D. Carr, H. White, L. Tengelyi, D. Thomä; → Geschichtsbewusstsein, → Narration). Erzählung und Erinnerung verknüpfen die Z.-Dimensionen in entscheidender Weise miteinander. Nicht nur werden erzählte Z. und Z. der Erzählung unterschieden, sondern beide darüber hinaus im Zusammenhang der Imagination betrachtet. So strukturiert sich die Z.-Erfahrung z. B. dadurch, dass wir → Geschichte durch imaginative und hypothetische Überlegungen verstehen, indem wir uns fragen, wie es gewesen *wäre*, wenn etwas nicht so oder *anders* geschehen wäre. Dieser Sinn des *Andersseins* des Faktischen schreibt sich neben der Z.-Erfahrung in die Gegenwart und → Identität ein. Das setzt einen intersubjektiven Z.-Begriff voraus, der erlaubt, von einer *gemeinsamen* Vergangenheit, Gegenwart und Zukunft durch gemeinsame Erzählung von Geschichte(n) zu sprechen (→ kollektives Gedächtnis). Das individuell Erinnerte ist durch die *Erinnerung des Anderen* strukturiert und geleitet (vgl. → Ethik). Darauf aufbauend kann man von einem interkulturellen Begriff von Zeit, Erinnerung und Erzählung sprechen.

Ein spezielles Phänomen, das Z.-Theorie, Erinnerungstheorie und Theorie personaler Identität miteinander verbindet, stellt das Phänomen der *Alterung* dar. *Lebensalter* werden durch kulturelle und gesellschaftliche Unterschiede verschieden interpretiert. Wir erinnern uns z. B. in einem anderen Sinne an unsere ‹Jugend› als an unsere → ‹Kindheit›, und im → ‹Alter› erfahren wir durch die *Verkürzung der Zukunft* einen Wechsel bezüglich der vorhergegangenen Z.-Abschnitte unseres Lebens. Z. und Erinnerung sind daher ohne Bezug zu Geburt und → Tod und die zwischen ihnen *lebendig* konstituierte Z. nicht zu verstehen (→ Vergänglichkeit).

M. Sandbothe/W. Ch. Zimmerli (Hg.), Klassiker der modernen Zeitphilosophie, Darmstadt 1993; M. Theunissen, Negative Theologie der Zeit, Frankfurt/M. 1991; P. Ricœur, Zeit und Erzählung, 3 Bde., München 1988ff.; E. Casey, Remembering. A Phenomenological Study, Bloomington 1987; D. Carr, Time, Narrative and History, Bloomington 1986; L. Binswanger, Melancholie und Manie, Pfullingen 1960.

Christian Lotz

II. *In der Psychologie:* Eine Grunddimension des → Erlebens und → Bewusstseins. Obwohl die wissenschaftliche Psychologie seit ihren Anfängen den Aspekt der Z. immer wieder als Rahmenbedingung des Erlebens – unter anderem für den «Bewußtseinsstrom» (W. James) – vorausgesetzt oder impliziert hat, liegt bis heute eine eigenständige psychologische Theorie der Zeit nicht vor. Z. ist auf grundlegende Weise allen Erscheinungsformen von Gedächtnis und Erinnerung immanent, insofern diese stets einen Bezug zur → Vergangenheit aufweisen. Ebenso wie andere sinn- und bedeutungsstiftende psychische Prozesse wie Wahrnehmung, Denken oder Verstehen sind auch Erinnerungen auf vergangene, durch das Gedächtnis verfügbare → Erfahrungen angewiesen; von einem kognitiv-konstruktivistischen Standpunkt (→ Konstruktion), der sich u. a. den Arbeiten → F. C. Bartletts verdankt, entstammen Erinnerungen indes nicht der Vergangenheit, sondern *erzeugen* diese erst in der → Gegenwart (Rusch 1991). Angesichts solcher (Re-)Konstruktionsspielräume, aufgrund deren der Wahrheitsgehalt von Erinnerungen bis zu einem bestimmten Grad ungewiss bleiben muss, erscheint ein angemessener Zugriff auf die Vergangenheit darin zu liegen, alternative Möglichkeiten und Perspektiven der → Rekonstruktion mitzudenken (Johnson/Sherman 1990).

Sieht man von der konstitutiven Funktion des Vergangenheitsbezugs für sinnhafte psychische Prozesse ab, so hat der Bezug von Z. und Gedächtnis in der Psychologie auf sehr unterschiedliche Weise und in unterschiedlichen Forschungsfeldern eine Rolle gespielt. (1) Z. wird in der Allgemeinen Psychologie als Bedingung (qua unabhängige Variable) für Gedächtnis- und Erinnerungsprozesse aufgefasst. Seit Beginn der experimentellen Gedächtnispsychologie (→ H. Ebbinghaus) wurde die Abhängigkeit der Erinnerungsleistung vom Behaltensintervall untersucht, in der jüngeren kognitiven Forschung etwa auch im Zusammenhang mit dem Ausmaß von Gedächtnisfehlern (→ Gedächtnistäuschung). (2) Zudem wird das Erleben von Z. – wie beispielsweise die subjektive Einschätzung zeitlicher → Dauer – auch als Funktion (qua abhängige Variable) der im Gedächtnis gespeicherten Referenz- und Veränderungsinformationen beschrieben, u. a. mit Hilfe kognitiver Modelle (Helfrich 1996). (3) Z. und zeitbezogene → Informationen werden in der kognitiven Psychologie spezifischen → Gedächtnissystemen, vor allem dem → episodischen oder → autobiographischen Gedächtnis, zugewiesen.

Nicht zuletzt beschäftigen sich Psychoanalyse und Psychopathologie mit Fragen von Z. und Erinnerung. Nach → S. Freud sind verdrängte Gedächtnisinhalte insofern zeitlos, als sie den Bedingungen der → Gegenwart nicht angepasst und im → Unbewussten konstant präsent sind, unablässig nach einem Zugang zum Bewusstsein strebend. Erinnerungen an ein → Trauma besitzen dabei eine so große Persistenz, dass sie wiederholt und ohne erkennbaren Anlass ins bewusste Erleben einzudringen vermögen. Zudem sind eine Reihe spezifischer klinischer Phänomene, darunter manische Abwehr, Nostalgie sowie psychopathisch-impulsive Verhaltensmuster, mit auffälligen Veränderungen des Z.-Bezugs in Verbindung gebracht worden (Modell 1990).

H. Helfrich (Hg.), Time and Mind, Seattle 1996; G. Rusch, Erinnerungen aus der Gegenwart, in: S. J. Schmidt (Hg.), Gedächtnis. Probleme und Perspektiven der interdisziplinären Gedächtnisforschung, Frankfurt/M. 1991, S. 267–292; M. K. Johnson/S. J. Sherman, Constructing and Reconstructing the Past and the Future in the Present, in: E. T. Higgins/R. M. Sorrentino (Hg.), Handbook of Motivation and Cognition, Bd. 2, New York 1990, S. 482–526; A. H. Modell, Other Times, Other Realities. Toward a Theory of Psychoanalytic Treatment, Cambridge MA 1990.

Gerald Echterhoff

Zeitfenster → Kritische Phase

Zeitkapsel

(engl. *time capsule*). Form der → Tradierung, bei der materielle Zeitzeugnisse (Texte, Bilder, Tonträger, Gebrauchsgegenstände usw.) in einem Behältnis verschlossen hinterlegt werden. Öffnungszeitpunkt und Adressaten einer Z. können vorbestimmt sein oder offen bleiben. Z.n sollen ihren Inhalt zum einen materiell konservieren (→ Konservierung), zum anderen zeitweilig dem Zugriff entziehen und die Kette lebendiger Tradierung unterbrechen. Die Einsiegelung erhält der Objektkonstellation ihre ursprüngliche Selektivität und vermag künftige Generationen so relativ unvermittelt mit einem Selbstbild der Zeit zu konfrontieren, zu der die Z. abgesandt wurde (→ Speichern). Damit Z.n nicht verloren gehen, müssen ihre Datierung und ihr Aufbewahrungsort allerdings offen mittradiert werden.

Der → Brauch, zur Tradierung Bestimmtes abgeschlossen für die Zukunft zu bewahren, wird bis nach Babylon und ins alte Ägypten zurückgeführt, als zeitgenössische Artefakte in Tempelfundamente eingemauert wurden (Jarvis 1988). Inwieweit diese Objektgaben vorrangig zur Überlieferung vorgesehen waren, bleibt allerdings fraglich. In Europa ist es spätestens seit dem 15. Jh. üblich, im Rahmen der Zeremonie der Grundsteinlegung – primär bei öffentlichen Gebäuden und → Denkmälern – in einem ausgehöhlten Stein Münzen, Urkunden oder andere für die Bauzeit typische Objekte zu deponieren. Die neue Konjunktur der Z. im 20. Jh. resultiert aus dem Wunsch, der → Archäologie einer weit entfernten Zukunft ein komplettes Bild der aktuellen Kultur zu vermitteln. In diesem Rahmen entstand der Begriff *time capsule*, als die Firma Westinghouse anlässlich der Weltausstellung 1939 ein Sortiment moderner Industrieprodukte in einem eigens dafür entwickelten Behälter für 5000 Jahre einkapselte. Den höchsten Anspruch an Repräsentativität stellt die 1936 projektierte *Crypt of Civilization* der *Oglethorpe University* in Atlanta, die für die im Jahr 8113 vorgesehene Öffnung auf 57 qm neben → Fotografien, Tondokumenten und mikroverfilmten → Büchern auch Alltagsgegenstände wie eine Mickey-Mouse-Figur und einen Golfball bereithält. In bescheidenerem Maßstab ist die Z. demokratisiert, individualisiert und dezentralisiert worden. Besonders im Schwange des Jahrtausendwechsels offerierten zahlreiche kommerzielle Anbieter individuelle Behälter oder die Beteiligung an kollektiven Z.-Projekten.

Was tradiert wird, hängt freilich nicht allein von kulturellen oder individuellen Selektionskriterien ab, sondern ebenso von der materiellen Haltbarkeit einerseits, der zukünftigen Decodierbarkeit andererseits. Während schriftliche Zeugnisse immerhin lesbar, wenn nicht unbedingt verständlich geblieben sind, erfordern die elektronischen → Speichermedien zudem die Tradierung ihrer Lesetechnologien. Im → Internet abgelegte Z.n setzen auf den keineswegs gesicherten Fortbestand des Mediums. Eine von der MIT Sloan School noch vor dem Jahr 2000 ins Internet gestellte Zeitkapsel (mit Prognosen zur Zukunft dieses Mediums) deutet auf die Kurzlebigkeit des Computergedächtnisses: Sie soll bereits in fünf Jahren geöffnet werden (Rötzer 1999).

F. Rötzer, Monument und Zeitkapsel, in: Telepolis, 7.2.1999 (www.ix.de/tp/deutsch/inhalt/glosse/2631/1.html), W. E. Jarvis, Time Capsules, in: Encyclopedia of Library and Information Science, Bd. 43, New York/Basel 1988, S. 331–355.

Jens Ruchatz

Zeitreise

Auch: *Chronomotion*; Sammelbezeichnung für alle Bewegungen in der → Zeit, die asynchron zu einem konventionell gedachten, d. h. sowohl gleichmäßig linearen als auch irreversibel progressiven, Zeitablauf angenommen werden. Unterschieden wird generell zwischen Z.n in die → Zukunft und in die → Vergangenheit, wobei letztere wegen drohender Paradoxien (Reisender ermordet eigenen Vorfahr usw.) als besonders problematisch oder auch unmöglich gelten. Theoretische Voraussetzungen und vor allem praktische Möglichkeiten, eine Z. mittels Zeitsprung, Zeitriss, Zeitmaschine, Wurmloch, Hyperraum usw. objektiv physikalisch zu realisieren – im Gegensatz zur bloßen Erinnerung, Planung oder Phantasterei –, sind umstritten, werden aber von Mathematikern und Physikern wie von Schriftstellern durchaus ernsthaft diskutiert. Wissenschaftler wie K. Gödel, F. J. Tipler, in jüngerer Zeit J.-R. Gott und L.-X. Li vertreten eine unterschiedlich akzentuierte, eher bejahende Haltung zur theoretischen Möglichkeit von Z. n. Prominenter und vehementer Gegner ist S. Hawking, der eine «Mutmaßung zum Schutz der Chronologie» formuliert hat, die, so Hawking, «das Universum sicher für Historiker macht». Außerdem deutet er das Fehlen von «Touristenhorden aus der Zukunft» als Beleg gegen die Existenz von Zeitmaschinen (S. Hawking, *Black Holes and Baby Universes and Other Essays*, zit.: Nahin 1998, S. 361). Sein Kollege K. S. Thorne bilanzierte nach einer Auseinandersetzung mit Hawking in den frühen 1990er Jahren, dass der endgültige Beweis gegen Zeitreisen erst noch erbracht werden muss (vgl. Nahin 1998, S. 359).

Trotz des Mangels an praktischen Erfahrungen mit Z.n sind sie Gegenstand zahlreicher Erzählungen. Bereits in Märchen und Legenden verschiedener Kulturen findet sich das Motiv vom Verschlafen oder Verträumen der Zeit, was zum Auftauchen der Protagonisten in einer ‹späteren› Zeit als der eigenen führt (z. B. Europa: *Dornröschen, Kyffhäusersage*; China: *Die vermoderte Axt*; → Sage). In diesem Sinn ist der → Topos der Z. in die Zukunft in der Literatur seit dem 18. Jh. gängig (L.-S. Mercier, *L'an deux mille cent quatre cent quarante*, 1770/1771; W. Irving, *Rip van Winkle*, 1819) und wird in Romanen und Filmen bis heute – meist plausibilisiert durch sog. Kälteschlaf – verwendet (z. B. R. A. Heinlein, *The Door into Summer*, 1959; W. Allen, *Sleeper*, 1973; M. Brambilla, *Demolition Man*, 1993).

Als Klassiker der genuinen Z.-Literatur gilt H. G. Wells' Roman *The Time Machine* (1895), der als erster die Z. mit Hilfe technischen Geräts thematisierte. In der Folge gab es verschiedenste Varianten von Z.-Geschichten, die gemeinhin als Subgenre der Science-Fiction gelten. Von ‹herkömmlichen› utopischen oder dystopischen Zukunftsgeschichten sind Z.n in die Zukunft meist kaum zu unterscheiden: Die Konfrontation des Lesers mit dem Zukunftsentwurf des Autors wird als Handlungselement in die Erzählung integriert, indem die fiktiven Reisenden diese Konfrontation stellvertretend erleben.

Komplexer sind Konzeption und Verlauf von Z.-Geschichten in die historische (d. h. nicht nur der Protagonisten) Vergangenheit, die eine Genregrenze von historischem und Zukunftsroman markieren. Insofern dabei Variationen und alternative bzw. multiple Wege der Geschichte (sog. Parallelwelten) diskutiert werden, zeigt sich hier oft ein unbewältigtes Verhältnis zur kollektiven Vergangenheit und Gegenwart (z. B. W. Moore, *Bring the Jubilee*, 1953). Aus dem *Status quo* der Ausgangsgegenwart(en) des Lesers und des Protagonisten wird durch unterstellte Kausalketten retrograd ein *Status quo* der Vergangenheit hergeleitet. Durch den Verlauf der Erzählung kann die ‹Gegenwart› neu arrangiert werden (z. B. J. Brunner, *Times without number*, 1974; H. Waldrop, *Them Bones*, 1984). Erzählungen von Reisen aus ‹der Zukunft› in eine Gegenwart spielen ebenfalls mit dieser Variante der Z., gehören aber vom Material eher zu den klassischen Zukunftsgeschichten (→ Vorausschau).

Das doppelte Faszinosum der praktischen Unveränderbarkeit der Vergangenheit (→ Erfahrung) und der Unsicherheit der Zukunft (→ Erwartung) kristallisiert sich in den Z.-Geschichten. Das Verlangen nach → Wissen um die Zukunft einerseits, nach Verstehen und (Neu-)Gestalten der – nun aber mit dem Index der ‹Authentizität› versehenen – Vergangenheit andererseits klingt in allen Erzählungen an. Daher sind Z.-Geschichten ein → Archiv von Geschichtsbildern, Zukunftsentwürfen und Gegenwartsängsten.

E. C. Barksdale, Enchanted Paths and Magic Words. The Quantum Mind and Time Travel in Science and Literary Myth, New York 1998; P. J. Nahin, Time Machines. Time Travel in Physics, Metaphysics, and Science Fiction, 2. Aufl. New York 1998; M. Heller/M. Scholl/G. C. Tholen (Hg.), Zeitreise. Bilder, Maschinen, Strategien, Rätsel, Basel/Frankfurt/M. 1993; G. Lehnert-Rodiek, Zeitreisen. Untersuchungen zu einem Motiv der erzählenden Literatur des 19. und 20. Jahrhunderts, Rheinbach-Merzbach 1987; M. Salewski, Zeitgeist und Zeitmaschine. Science-Fiction und Geschichte, München 1986.

Marc Fabian Erdl

Zensur

(lat. *censere*: taxieren, abschätzen, beschließen). Verfahren, das die Weitergabe von kulturellen Produkten regulieren soll. Gestützt auf eine breite Palette von Operationen – Beschlagnahme, Bann, Verbrennung, Verstümmelung bis hin zu den sog. kosmetischen Veränderungen – soll die Proliferation von → Büchern, → Filmen, Bildern, → Musik oder Aufführungen unterbunden bzw. nach den Vorgaben einer weltlichen oder kirchlichen Obrigkeit gesteuert werden. Verbreitet und überliefert werden soll nur das, was die Z. im Namen einer Gefahrenabwendung von Staat und Kirche, Sitte und Moral geprüft hat und von ihr als unbedenklich freigegeben worden ist.

Als ein Konzept der Kontrolle kultureller Produktion, Distribution und → Kommunikation ist die Z. zunehmend ausgeweitet worden. Stehen am Anfang der Geschichte der Z. direkte Bannsprüche mehr oder minder berühmter Herrscher über einzelne Autoren – etwa die Verbannung Ovids durch Augustus –, so kennt das 20. Jh. ganze ‹Z.-Gesellschaften›. In der DDR oder in der UdSSR vor Glasnost war der gesamte kulturelle Bereich von einem immensen bürokratischen Z.-Apparat durchdrungen. Hier hat die Z. nicht erst das fertige Produkt überprüft, sondern als Vor-Z. bereits die Produktion z. B. in Gestalt eines «Themenplans» aktiv mitbestimmt. Lange Zeit hat man die Z. als eine allein negative, dem kulturellen Fortschritt widersprechende Größe eingeschätzt. Vor allem in liberalen Gesellschaften war die Beschäftigung mit der Z. stets begleitet von einem Kampf *gegen* die Z. und *für* die freie Meinungsäußerung, *für* die Freiheit von Kunst und Wissenschaft. Mindestens seit dem 18. Jh. wusste man jedoch, dass ein Platz auf dem Index keineswegs zwangsläufig das angeordnete → Vergessen (→ *damnatio memoriae*) bedeutet. Als negative Auszeichnung konnte die Indizierung erst recht – oder allererst – die → Aufmerksamkeit des Publikums auf ein ansonsten in der Fülle der Produkte untergegangenes Werk lenken. Was als Verbot geplant war, konnte zur werbenden Empfehlung werden und so – wider die Intention der Z. – die Aufnahme in das → kulturelle Gedächtnis erreichen. Der produktive Beitrag der Z. für den Prozess der Kanonisierung (→ Kanon) sowie ihre Funktion bei der allgemeinen Politisierung einer → Kultur (→ Politik) ist bisher unterschätzt.

E. Wichner/H. Wiesner, Zensur in der DDR. Geschichte, Praxis und ‹Ästhetik› der Behinderung von Literatur, Berlin 1991; A. Biermann: ‹Gefährliche Literatur› – Skizze einer Theorie literarischer Zensur, in: Wolfenbütteler Notizen zur Buchgeschichte, Jg. 13, Nr. 1, 1988, S. 1–28; A. Assmann/J. Assmann (Hg.), Kanon und Zensur. Archäologie der literarischen Kommunikation II, München 1987.

Heiko Christians, Nikolaus Wegmann

Zentrales Nervensystem

Rückenmark und → Gehirn bilden das ZNS der Wirbeltiere, Bauchmark und Gehirn das ZNS der meisten Wirbellosen. Neben → Nervenzellen tragen Gliazellen und Blutgefäße zum Aufbau des ZNS bei. Mehrere Hirnhäute schützen das ZNS. Zu- und abführende Nerven des Wirbeltiergehirns sind in zwölf Hirnnerven gebündelt, die zu- und abführenden Nerven des Rückenmarks sind die Spinalnerven. Das Gehirn der Wirbeltiere besteht aus (von vorn nach hinten): (1) Telencephalon (Endhirn; → Großhirn), (2) Diencephalon (Zwischenhirn), (3) Mesencephalon (Mittelhirn), (4) Rhombencephalon (Nach- plus Endhirn). (1) und (2) werden oft als Prosencephalon, die ventralen (bauchseitigen) Teile von (3) und (4) als Hirnstamm zusammengefasst.

Gebiete mit überwiegend ableitenden Fortsätzen der → Nervenzellen erscheinen weiß. Die Zellkörper der Nervenzelle sind entweder in ‹Kernen› (Nuclei) kondensiert oder in Schichten angeordnet (Cortizes). Cortizes liegen stets dorsal (rückenwärts): Großhirnrinde (Pallium), Mittelhirndach (Tectum), → Kleinhirn (Cerebellum). Gebiete mit überwiegend Zellkörpern und zuführenden Fortsätzen erscheinen grau. Mit der im Laufe der Evolution zunehmenden Bedeutung paariger Sinnesorgane ging eine zunehmende Konzentration von Nervenzellen einher. Bei einfachen Vielzellern sind die Nervenzellen diffus verteilt, und ein großer Teil steht in direktem Kontakt mit Sinneszellen oder Effektororganen (Muskeln, Drüsen usw.). Bei höheren Organismen machen Interneuronen, d. h. Nervenzellen, deren Fortsätze weder mit Sinneszellen noch mit Effektororganen in Verbindung stehen und deren Fortsätze das ZNS nicht verlassen, mehr als 99 Prozent aller Nervenzellen aus. Sie bilden, vor allem bei → Tieren, die zu komplexeren Verhaltensleistungen imstande sind, in den dorsalen Bereichen des Gehirns große Gebiete aus, die nicht direkt mit der Verarbeitung sensorischer oder motorischer Information beschäftigt sind, sog. Assoziationszentren (→ Assoziation). Sie sind vor allem im Endhirn ausgeprägt, bei Säugern im zunehmend dominierenden Neocortex (dem phylogenetisch jüngsten Teil des Palliums), bei Reptilien und Vögeln vor allem in einer bei Säugern nicht auftretenden

Struktur, dem DVR *(dorsoventricular ridge).* Reizung von Assoziations-
arealen ruft kontextunabhängig Gedächtnisinhalte wach. Neben diesen
Gebieten spielt die corticale → Hippocampusformation eine wichtige
Rolle bei der Gedächtniskonsolidierung (→ Konsolidierung) und beim
→ Abruf von Gedächtnisinhalten. Auch sie gehört zum Pallium und ist
meist cortical aufgebaut. Die dorsale Struktur des Hinterhirndachs, das
→ Kleinhirn, ist bei allen Wirbeltieren cortical aufgebaut und ist vor al-
lem wichtig für motorisches Lernen (→ prozedurales Gedächtnis).

Bei ‹Bauchmarkstieren› (den meisten Wirbellosen wie Insekten,
Krebstieren und Weichtieren) liegt das ZNS bauchseits. Das Bauchmark
ist segmentiert, die Zellkörper liegen in paarigen, miteinander verbundenen Ganglien (je ein Paar pro Körpersegment). Die vordersten Segmente
sind meist zu einem Gehirn verschmolzen. Die Kontrolle des Gehirns
über das Bauchmark ist bei Bauchmarkstieren vergleichsweise geringer
ausgeprägt. Das Gehirn der Insekten besteht aus Ober- und Unter-
schlundganglion (Proto- und Deuterocerebrum), wobei Assoziationszentren in erster Linie im vorderen Teil des Oberschlundganglions liegen.
Vor allem die Pilzkörper (Corpora pedunculata) integrieren unterschiedliche sensorische Informationen und stellen das Hauptassoziationszen-
trum dar. Sie sind auch für die Etablierung von → Kurz- und → Langzeitgedächtnis essenziell. Bei Bienen und Ameisen sind die Pilzkörper der
Arbeiterinnen, die komplexe Verhaltensweisen zeigen und die ein gutes
Gedächtnis benötigen, besonders gut entwickelt. Die genetische Steuerung der Gehirnentwicklung ist weitgehend mit der des Wirbeltiergehirns vergleichbar, was auf einen gemeinsamen, phylogenetischen Ursprung des ZNS aller Tiere hinweist.

A. B. Butler/W. Hodos, Comparative vertebrate neuroanatomy – Evolution and
Adaptation, New York 1996.

Benedikt Grothe

Zerfall

Begreift man → Vergessen als Bedingung für Erinnerung, so lässt sich im
Z. die naturgesetzlich-materiale Voraussetzung für Speicherungs- und
Erinnerungsvorgänge sehen. Dem 2. Hauptsatz der Thermodynamik zufolge ist jedes Geschehen mit einer Entropiezunahme verbunden, d. h.
mit einer Veränderung der Ordnungsstruktur, die makroskopisch als Z.
beobachtet und bezeichnet werden kann. Dieser sog. Entropiesatz besagt

C. F. v. Weizsäcker zufolge, dass jeder Z. ein → Dokument für die → Vergangenheit, nicht aber für die → Zukunft darstellt, bzw. dass Aussagen ohne Zeitindex keinen Theoriewert besitzen können. Z. bedeutet insofern – im Gegensatz zur aktiven → Zerstörung – nicht bloße → Löschung von Information, sondern stellt als Voraussetzung für Kommunikationsvorgänge allgemein wie für Erinnerungsvorgänge im Besonderen Zeitlichkeit allererst her (vgl. → Ruine, → Zeit). So lassen sich z. B. mit Hilfe der Radiokarbonmethode, welche die radioaktive Zerfallskurve von ^{14}C-Atomen im gestorbenen Organismus analysiert, wesentliche Informationen zur geologischen und prähistorischen Datierung und Chronologie gewinnen (→ Datum).

C. F. v. Weizsäcker, Aufbau der Physik, München 1988, v. a. S. 119–162.

Christian Kassung

Zerstörung

Prozess, der irreversibel den Verlust zentraler Eigenschaften eines Gegenstands bewirkt, bis hin zu dessen Vernichtung (→ Ruine, → Schrott). Bezogen auf kulturelle Artefakte können drei Modi der Z. unterschieden werden: der vorsätzliche Akt (z. B. Bildersturm, Bücherverbrennung), das zufällige Ereignis (z. B. der Bibliotheksbrand) sowie die (quasi-) natürlichen Vorgänge → Zerfall und Entropie. Während → Kultur im Allgemeinen dazu tendiert, ihren Fortbestand zu sichern, indem sie ihre materiellen und immateriellen Bestände bewahrt und überliefert (→ Konservierung, → Tradierung), stellt die Z. eine gegenläufige Kraft des → Vergessens und der → Löschung dar. Als strategisches Mittel zum → Bruch mit einer → Tradition (→ Kontinuität) wird Z. – z. B. in revolutionären Bewegungen (→ Futurismus, → Revolution) – aktiv herbeigeführt und positiv konnotiert. In diesem Sinn wird die Beseitigung des Überkommenen als notwendige Voraussetzung aufgefasst, die Freiräume zu schaffen, die das Entstehen von Neuem erst ermöglichen.

K. H. Bohrer, Erinnerung an die Zerstörungsmetapher, in: Merkur, Nr. 9/10, 1995, S. 725–733; W. Benjamin, Der destruktive Charakter, in: ders., Gesammelte Schriften, Bd. 4, Frankfurt/M. 1972, S. 396–398.

Ingo Uhlig, Nicolas Pethes

Zettelkasten

Behältnis, in das auf Zettel geschriebene Notizen nach bestimmten, gewöhnlich durch Stellregister angezeigten Ordnungskriterien einsortiert werden. Ein häufig mit nach vorne ausziehbaren Fächern ausgestatteter Z. dient dem → Speichern und dem Auffinden von → Wissen (→ Externalisierung, → Speichermedien). Z. repräsentieren Wissen für unterschiedliche pragmatische Kontexte. Individuell angelegte, frei disponible Z., die es ermöglichen, lose Zettel je nach Bedarf einzusortieren, zu entnehmen und umzusortieren, sind Instrumente zum Erstellen (→ Lernen) und Verwalten von Wissen; Karteikastenkataloge (→ Katalog) verweisen auf Wissen in Form von → Büchern. Mit Hilfe von internen Verzweigungen und Verweisungen können Z. zu komplexen Wissenssystemen ausgebaut werden (→ Archiv, → Datenbank, → Netzwerk). Z. sind seit dem 17. Jh. nachweisbar (Meinel 1995). Zwar wurden schon im 16. Jh. Techniken beschrieben, den Wissensbestand von Büchern zu verzetteln, doch diente dabei die Verzettelung nur als Mittel zum Zweck der auf das Buch bezogenen Wissensverwaltung, in der einzelne Zettel nicht einem Z., sondern einem speziell dafür eingerichteten Zettel-Buch inseriert wurden (Zedelmaier 1992).

Die Geburt des Z.s markiert den Übergang zu einer neuen → Epoche der Wissensverarbeitung. Im Unterschied zu früheren Speichermedien sind Z. praxisbezogene und flexible, für zukünftige Vervollständigung offene sowie vom Buch losgelöste Verwaltungssysteme von Wissen. Im Z. fand das Postulat der Vorläufigkeit und permanenten Revisionsbedürftigkeit allen Wissens seinen Ort in der Praxis, zugleich ist der Z. Indikator der Entwertung von Gedächtnistechniken der → Auswendigkeit (→ Mnemotechnik). Auf breiter Front durchgesetzt hat sich der Z. in Arbeitszimmern und Büros von Literaten und Wissenschaftlern, in Ämtern und → Bibliotheken im Laufe des 19. Jh.s. Bis zur Umstellung auf das Speichermedium → Computer war der Z. das gewöhnliche Medium zur transitorischen Speicherung und zur Verwaltung von wissenschaftlichem und bürokratischem Wissen (→ Organisationsgedächtnis). Im umgekehrten Verhältnis zur Bedeutung für die Wissensproduktion im 19. und 20. Jh. steht die historische und wissenschaftliche Aufmerksamkeit für den Z. Auch Erfahrungsberichte wie der von N. Luhmann sind selten, der seinen Z. als «eine Art Zweitgedächtnis» beschrieb, das es ermöglicht, dass Texte gleichsam automatisch entstehen: Man muss nur mit dem Z. ins Gespräch kommen, mit Hilfe einer Frage «das interne Verweisungsnetz in Betrieb» setzen (1981, S. 225f.).

Seitdem der Computer zur Speicherung und Verwaltung von Wissen eingesetzt wird, ist der Z. ein Auslaufmodell. Die ‹Zettel› werden jetzt in Computerdateien realisiert, geordnet und verschoben, Online-Kataloge ersetzen die Karteikastenkataloge öffentlicher Bibliotheken (vgl. → Datenbank). In den USA wurde die Umstellung auf das neue Speichermedium in den 1980er und 1990er Jahren medienwirksam in Szene gesetzt, indem man Z. symbolisch (anschließend meist auch tatsächlich) zerstörte (Baker 1998; → Zerstörung). Da Z. in Bibliotheken als bloße Findsysteme nicht selbst verzeichnet sind, damit keinen Ort im Gedächtnissystem Bibliothek haben, ist ihre Überführung in das historische Gedächtnis gefährdet, wie überhaupt Z. deshalb leicht vergessen werden können, weil gewöhnlich nur erinnert wird, was Speichermedien verwalten, nicht aber die Verwaltung selbst.

N. Baker, Verzettelt, in: ders., U & I/Wie groß sind die Gedanken, Reinbek 1998, S. 353–428; C. Meinel, Enzyklopädie der Welt und Verzettelung des Wissens: Aporien der Empirie bei Joachim Jungius, in: F. M. Eybl u. a. (Hg.), Enzyklopädien der Frühen Neuzeit. Beiträge zu ihrer Erforschung, Tübingen 1995, S. 162–187; H. Zedelmaier, Bibliotheca universalis und Bibliotheca selecta: Das Problem der Ordnung des gelehrten Wissens in der frühen Neuzeit, Köln u. a. 1992; N. Luhmann, Kommunikation mit Zettelkästen: Ein Erfahrungsbericht, in: H. Baier u. a. (Hg.), Öffentliche Meinung und sozialer Wandel, Opladen 1981, S. 222–228.

Helmut Zedelmaier

Zeugenaussage

Die Mitteilung von Erinnerungen an ein → Ereignis durch eine Person, die dieses selbst – alltagssprachlich also: ‹mit eigenen Augen› – wahrnehmen und erleben konnte (→ Zeugnis). Es stellt sich dabei vorrangig die Frage, inwiefern aus einer Z. auf Merkmale des betreffenden Ereignisses geschlossen werden kann, inwiefern eine Z. also *glaubhaft* ist (→ Lügendetektor). Was die zugrunde liegenden Gedächtnisprozesse angeht, ist das gesamte Spektrum möglicher Veränderungen, die zwischen dem Zeitpunkt der → Encodierung (qua Wahrnehmung und Einspeicherung der Ereignisinformationen) und dem der Erinnerung (→ Abruf) auftreten können (vgl. → *false memory*, → Konstruktion, → Verzerrung), von Bedeutung für die Beurteilung und Verwendung einer Z. Nachdem Z.n seit der Antike – etwa im römisch-kanonischen Recht – in der Gerichtsbarkeit bekannt waren, setzte eine erste psychologische Beschäftigung mit dem Thema zu Beginn des 20. Jh.s ein, seinerzeit vorrangig motiviert durch die juristische Frage nach der Aussagefähigkeit von Kindern und jungen Frauen. In der daraufhin beginnenden (auch experimentellen) Erforschung der kindlichen Suggestibilität (der Empfänglichkeit für nachträgliche Suggestionen) vor allem durch A. Binet in Frankreich und W. Stern in Deutschland zeichneten sich bereits Ansätze ab, die auch für die aktuelle Forschung eine Rolle spielen (Ceci/Bruck 1995); diese betreffen in erster Linie die Untersuchung der verschiedenen (kognitiven, sozialen oder motivationalen) Prozesse, die die Erzeugung sowie Formulierung einer Z. begleiten.

Unter den Faktoren, die die ursprüngliche Wahrnehmung sowie die spätere Erinnerbarkeit eines Ereignisses bedingen, hat vor allem der Einfluss der emotionalen Beteiligung bzw. Belastung Beachtung gefunden (→ Emotion, → Trauma). Gemäß dem Yerkes-Dodson-Gesetz, nach dem anspruchsvollere kognitive Aufgaben bei sehr hoher physischer Erregung weniger erfolgreich bewältigt werden, wurde bisweilen behauptet, emotionaler → Stress beeinträchtige die Erinnerungsleistung. Dies gilt jedoch offenbar nur für periphere Informationen, nicht für die zentralen und charakteristischen Merkmale des emotional belastenden Ereignisses (Christianson 1992). Der psychiatrisch orientierte Traumaforscher B. v. d. Kolk hat zudem argumentiert, dass hoher emotionaler Stress zu einer Minderung der bewusst kontrollierbaren, narrativen Erinnerungsfähigkeit führt, sodass traumatisch geprägte Gedächtnisinhalte eher ungewollt und jenseits sprachlicher Zugriffsmöglichkeit verhaltens- und erlebenswirksam werden (→ Narration, → Trauma).

Die Produktion einer Z. setzt voraus, dass in der sozialen Umwelt des potenziellen Zeugen ein Interesse sowie ein Anlass besteht, → Informationen zu einem vergangenen → Ereignis zu erhalten. Dieses Interesse muss nicht forensisch-kriminologisch motiviert sein, sondern kann auch journalistisch oder historiographisch motiviert sein. Sofern die Z. nicht allein durch die Benutzung nonverbaler, gestischer Signale – wie es Personenidentifizierung oder Gegenüberstellung zulassen – erfolgt, kann der Prozess der Aussagenproduktion mit Hilfe gängiger Modelle der Spracherzeugung beschrieben werden. Dass dabei nicht nur der Sprecher (also der Zeuge) allein, sondern auch der Interaktions- und Kommunikationszusammenhang (→ Kommunikation) zu berücksichtigen sind, ist eine elementare Annahme neuerer psychologischer Ansätze (Gräuel/Fabian/Stadler 1997). Obwohl meist die Beeinflussbarkeit von Kindern – etwa durch Gesprächsdynamik und Interviewtechniken – im Mittelpunkt des Forschungsinteresses stand, wurden seit den paradigmatischen Experimenten E. F. Loftus' zur Formbarkeit *(malleability)* von Augenzeugenberichten gelegentlich auch die sozialen und kommunikativen Bedingungen der Z.n von Erwachsenen erforscht (Ross/Read/ Toglia 1994).

L. Gräuel/T. Fabian/M. Stadler (Hg.), Psychologie der Zeugenaussage. Ergebnisse der rechtspsychologischen Forschung, Weinheim 1997; S. J. Ceci/M. Bruck, Jeopardy in the Courtroom. A Scientific Analysis of Children's Testimony, Washington DC 1995; D. F. Ross/J. D. Read/M. P. Toglia (Hg.), Adult Eyewitness Testimony. Current Trends and Developments, Cambridge 1994; S.-Å. Christianson, Emotional Stress and Eyewitness Testimony. A Critical Review, in: Psychological Bulletin, Bd. 112, 1992, S. 284–309.

Gerald Echterhoff

Zeugnis

Im Gegensatz zu einem Begriff des Z.es (griech. *tekmérion*) als eines → Zeichens oder → Relikts, aus dem sich auf vergangene Wirklichkeit schließen lässt (→ Rekonstruktion), bezieht sich der Begriff auch auf Produkte einer *Bezeugung*, die auf der eigenen → Erfahrung von *Zeugen* beruht (→ Zeugenaussage). Der Zeuge ist befugt, beispielsweise selbst Gesehenes zu bezeugen (Autopsie). Die eigene Erfahrung garantiert aber nicht die Wahrheit des *Bezeugten* (und auch nicht die Richtigkeit oder Angemessenheit der Beschreibung, die der Zeuge gibt; vgl. → *false memory*; → Oral History). Unter dieser Voraussetzung gelten in der Historiographie nicht beliebige → ‹Überreste›, sondern nur → ‹Quellen› (J. G. Droysen; vgl. → Dokument, → Tradition), die Zeugen hinterlassen haben, als Z. im engeren Sinn, die geschichtliche Wahrheit auch dann noch verbürgen, wenn der Zeuge tot ist. So kann sich das Z. vom Zeugen ablösen. Als Gesagtes und Geschriebenes (→ Schrift) lässt es das Z.-Geben, dessen Sediment es ist, vergessen. Am überlieferten Z. setzt eine *epistemologische Kritik* seines Beweiswertes zum Zweck historischer Erkenntnis an. Diese Kritik stellt besonders die Glaubwürdigkeit der Zeugen in Frage. Hier berührt sie sich mit einer *Ontologie des Z.ses*, die auf das bezeugte Selbst-Sein des Zeugen reflektiert, und mit einer → *Ethik des Z.ses*, die in der Frage nach dem Anderen als dem ‹Grund› und Adressaten des Z.ses kulminiert.

B. Liebsch, Vom Anderen her, Freiburg/München 1997; S. Felman/D. Laub, Testimony, New York/London 1992.

Burkhard Liebsch

Zitat

(lat. *ciere*: anregen, *citare*: aufrufen). Aus einem fremden Zusammenhang entnommenes und als solches erkennbar in einen aktuellen Kontext eingefügtes sprachliches, bildliches oder tonales Motiv. Z. ist einer der konventionellen Begriffe, unter dem das intertextuelle Gedächtnis der Texte in der traditionellen Literaturwissenschaft gefasst wird (→ Intertextualität). Auf- und angerufen ist ein anderer abwesender ‹Sprecher›, der in der eigenen ‹Rede› auftritt. Wurde im Mittelalter und in der Antike nur dem Sinn nach, nicht wörtlich – also eigentlich ‹falsch› – zitiert, so markieren seit dem 16. Jh. Anführungszeichen wörtlich Übernommenes. Zitierend sagt der Text, dass er sich auf die Autorität eines anderen beruft, und behauptet eine vergangene Gegenwart als jetzt wirksame. Z. ist Modus einer Gedächtnisbildung durch → Wiederholung; diese ist belegt und ausgestellt in Z.en-Sammlungen oder Blütenlesen, den ‹Örtern›, in denen der Umlauf der Z.e innehält und sich in der Spannung zwischen Wiederholtheit und Erlesenheit manifestiert. Insofern das Z. Vergangenes durch Neukontextualisierung gegenwärtig werden lässt, kann es als paradigmatischer Fall, womöglich sogar als Modell für Erinnerung überhaupt gelten.

Durch Zitierbarkeit und Zitierfähigkeit sind zwei Aspekte des Z.s als Modus der → Tradierung benannt. *Zitierbarkeit* heißt die Form, in der etwas ins Gedächtnis eingeht. Bezeichnet ist damit eine → Nachträglichkeit des Erinnerten: Zitierbarkeit ist nicht die Voraussetzung von, sondern erst Effekt der Zitation. *Zitierfähigkeit* ist ein Modus der *auctoritas*, jener Autorität, die zitierend in Anspruch genommen und damit dem Zitierten zugeschrieben wird. Der Akt des Zitierens erweist und bringt hervor, was er voraussetzt: die Gegebenheit dessen, was wiederholend aufgerufen wird, und die Instanz der zitierten Rede. Was zitierend vergegenwärtigt wird, erhält eine Gegenwart, die erst im Z. gewonnen wurde, die vor ihrer Wiederholtheit nicht gegeben ist: eine nachträgliche, eine posthume Gegebenheit (→ Präsenz, → Vergegenwärtigung).

Im Z. wird erinnert, indem ‹fehlgelesen› wird, der Kontext des Zitierten aufgebrochen und dieses aus ihm abgewendet wird, um bewahrt werden, d. h. wiederkehren zu können. Für diesen Zusammenhang von → Zerstörung und Überdauern hat → W. Benjamin die Formel gegeben, «einige überliefern die Dinge, indem sie sie unantastbar machen und konservieren, andere die Situationen, indem sie sie handlich machen und liquidieren» *(Der destruktive Charakter)*. Als Z.e sind Worte oder Sätze aus dem Kontext, in dem sie → Sinn machen, gelöst. Versetzt und eingesetzt in eine andere Konstellation, wird das Zitierte im Medium des zitierenden Textes lesbar, indem es neue Verbindungen anknüpft, einen neuen Kontext gewinnt. So lässt sich – in einem weiteren Sinn – das Schreiben von → Geschichte als «*Zitieren*» bestimmen, durch das «der jeweilige historische Gegenstand aus seinem Zusammenhang gerissen» (W. Benjamin, *Das Passagen-Werk*) und dadurch konserviert und erst lesbar wird.

Zitierfähigkeit und Zitierbarkeit eröffnen die Spanne zwischen zitationeller Etablierung eines → Namens und der Anonymität des Z.s als → Topos, die Spanne von *Autorisierung* durch den vorangehenden Sprecher und *Anonymität* des Wiederholten. Was oft genug zitiert wird, beruft keine Autorität der Autorschaft mehr, sondern die Wiederholtheit, die es zum Gemeinplatz macht, und dessen Wiederholbarkeit (→ Mem). Das ‹geflügelte Wort› mag zwar im Z.en-Lexikon die Anbindung an die ursprüngliche → Quelle erhalten haben (→ Ursprung), es ist aber umso geflügelter, je weniger es diese Anbindung noch hat. Das Z. ist eine Kippfigur zwischen → Vergangenheit und → Gegenwart, insofern es den gegenwärtigen Diskurs unterbricht, um Vergangenes aufzurufen und als Fragment einzufügen; es geschieht dies zu den Bedingungen gegenwärtigen Sprechens und präsentiert doch die gespenstische Möglichkeit einer Heimsuchung des Textes durch andere Reden (→ Gespenster).

A. Gutenberg/R. Poole (Hg.), Zitierfähigkeit, Berlin 2001; S. Benninghoff-Lühl, Figuren des Zitats, Stuttgart/Weimar 1998; B. Menke, Das Nach-Leben im Zitat. Benjamins Gedächtnis der Texte, in: A. Haverkamp/R. Lachmann (Hg.), Gedächtniskunst. Raum – Bild – Schrift. Studien zur Mnemotechnik, Frankfurt/M. 1991, S. 74–110; A. Compagnon, La seconde main ou le travail de la citation, Paris 1979.

Bettine Menke

Zukunft

Grundelement der linearen → Zeit (neben → Vergangenheit und → Gegenwart). Die in die Z. projizierte → Erwartung (→ Vorausschau) wird dabei oft als Korrelat zu der in die Vergangenheit gerichteten Erinnerung behandelt (→ Augustinus, → Retention und Protention bei E. Husserl), wodurch die grundsätzliche Offenheit bzw. Kontingenz der Z. aus dem Blick zu geraten droht. Dies gilt insbesondere für eine Perspektive, die den Aspekt der → Konstruktion von Vergangenheit und Z. als Horizonte der Gegenwart betont: Wie die Erinnerung die Vergangenheit aus der Gegenwart konstruiert, so konstruiert die Erwartung die Z. In ihr erscheint Z. stets als Z. der Gegenwart. Als solche behält sie den Charakter eines (utopischen) Horizonts und einer Projektionsfläche (vgl. → Zeitreise); Z. in dieser Form «kann nicht beginnen» (N. Luhmann in: Sloterdijk 1990). Von dieser gegenwärtigen Z. zu unterscheiden ist die zukünftige Gegenwart, die stets nicht vorhersagbare Kontingenzen birgt. Mit Sicherheit kann von ihr nur gesagt werden, dass ihre Vergangenheit die jetzige Gegenwart als Erinnerung enthält.

Z. ist dabei eine historisch-kulturell variable Größe: Wo nur zwischen *Jetzt* und *Nicht-Jetzt* unterschieden wird, fällt sie tendenziell mit der Vergangenheit zusammen; Erinnerung und Erwartung verschmelzen nahezu. Auch in einer zyklischen, an Kreisläufen orientierten Zeitauffassung sind Erwartung und Erinnerung weitgehend deckungsgleich, was gleichsam eine ‹Erinnerung an die Zukunft› ermöglicht (→ Recycling, → Revival, → Wiedergeburt, → Wiederholung). Erst vor dem Hintergrund eines linearen Zeitkonzeptes, nach dem Zeit irreversibel aus der Vergangenheit in die Z. fortschreitet, treten Erfahrungs- bzw. Erinnerungsraum und Erwartungshorizont potenziell auseinander: Die Z. lässt sich nicht aus dem in Gedächtnis und Erinnerung Gespeicherten rekonstruieren (→ Rekonstruktion). Dabei wird unterschieden zwischen Konzepten einer ‹geschlossenen Z.›, deren Gestalt aus religiösen Überlieferungen oder geschichtsphilosophischen Annahmen abgeleitet wird und als vorgegeben erscheint, und einer (neuzeitlich) ‹offenen Z.› als Raum breiter, nicht vorhersagbarer Kontingenz. Z. wird hier nicht erkannt oder vorhergesagt, sondern im Handeln geschaffen; der Mensch erscheint als Subjekt, nicht mehr als Objekt der → Geschichte. In einer linearen Zeitauffassung mit offener Z. treten Erfahrungsraum und Erwartungshorizont maximal auseinander; die in Erinnerung und Gedächtnis konstruierte Vergangenheit verliert ihren orientierenden Einfluss für Gegenwart und Z., die gerade aufgrund ihrer Offenheit zum dominanten Zeithorizont wird. Erinnerung und Gedächtnis nehmen dabei die Form einer funktionslos oder hinderlich gewordenen ‹Musealisierung› an (→ Nostalgie, → Museum).

Dennoch setzt auch dieses Konzept der Z. die Einheit von Vergangenheit, Gegenwart und Z. in der Konstruktion aus einem ‹Jetzt› und damit eine minimale → Kontinuität zwischen Erinnerung und Erwartung voraus, insofern auch hier die Konstruktion der Z. sowohl in der Projektion als auch im Handeln aus den → Erfahrungen der Vergangenheit und der Wahrnehmung der Gegenwart bestimmt bleibt. Je nachdem, ob die → Geschichte von Vergangenheit und Gegenwart in der Erinnerung als Fortschritts- oder Verfallsgeschichte konstruiert wird, wird die Z. mit Hoffnungen oder Befürchtungen erwartet (vgl. → Geschichtsphilosophie). In diesem Sinn hat jede Z. eine Geschichte, und mit der steigenden Zahl der kulturell erzählbaren Geschichten kommt es zu einer Pluralisierung nicht nur der Vergangenheiten und Gegenwarten, sondern auch der Z.e.

P. Sloterdijk (Hg.), Vor der Jahrtausendwende: Berichte zur Lage der Zukunft, 2 Bde., Frankfurt/M. 1990; R. Koselleck, Vergangene Zukunft. Zur Semantik geschichtlicher Zeiten, Frankfurt/M. 1979.

Hartmut Rosa

Zwei-Komponenten-Theorie

Zu den einflussreichsten Modellen, die informationstheoretische Konzepte (→ Information) auf gedächtnispsychologische Fragestellungen anwenden, zählt der Ansatz von R. C. Atkinson und R. M. Shiffrin (1968), der zwei Komponenten des Gedächtnisses – statisch-strukturelle und prozessuale Merkmale – unterscheidet. Unter *prozessualen Merkmalen* versteht man gezielt ausgeführte Schritte der Informationsverarbeitung. Diese sog. Kontrollprozesse (z. B. Reiz-Analyse, inneres Wiederholen, Gedächtnissuche) gelten als abhängig vom jeweiligen Behaltensmaterial und der Behaltenssituation. Als *strukturelle Gedächtnisbereiche* werden → sensorische Register von einem → Kurzzeitgedächtnis und einem → Langzeitgedächtnis abgegrenzt (→ Gedächtnissysteme). Im Gegensatz zu der Z.-K.-T., insbesondere zur Annahme struktureller Gedächtnisbereiche, steht der *levels of processing*-Ansatz von F. I. M. Craik und R. S. Lockhart (1972) (→ Verarbeitungstiefe). Die Überlegenheit der Z.-K.-T.

gegenüber diesem Modell ist u. a. unter Rekurs auf den seriellen → Positionseffekt und Studien an amnestischen Patienten behauptet worden (→ Amnesie).

F. I. M. Craik/R. S. Lockhart, Levels of processing: A framework for memory research, Journal of Verbal Learning and Verbal Behavior, Bd. 11, 1972, S. 671–684; R. C. Atkinson/R. M. Shiffrin, Human memory: A proposed system and its control processes, in: K. W. Spence/J. T. Spence (Hg.), The psychology of learning and motivation: Advances in research and theory, Bd. 2, New York 1968, S. 89–195.

Ulrich M. Fleischmann

Zyklus → Kontinuität, → Zukunft

Auswahlbibliographie

Kulturwissenschaften

Assmann, A., Erinnerungsräume. Formen und Wandlungen des kulturellen Gedächtnisses, München 1999

Assmann, A./D. Harth (Hg.), Mnemosyne. Formen und Funktionen der kulturellen Erinnerung, Frankfurt/M. 1991

Assmann, J., Das kulturelle Gedächtnis. Schrift, Erinnerung und politische Identität in frühen Hochkulturen, München 1992

Assmann, J./T. Hölscher (Hg.), Kultur und Gedächtnis, Frankfurt/M. 1988

Berns, J. J./W. Neuber (Hg.), Ars memorativa. Zur kulturgeschichtlichen Bedeutung der Gedächtniskunst 1400–1750, Tübingen 1993

Blum, H., Die antike Mnemotechnik, Hildesheim/New York 1969

Butler, T. (Hg.), Memory, History, Culture and the Mind, Oxford 1989

Connerton, P., How Societies Remember, Cambridge 1989

Draaisma, D., Die Metaphernmaschine. Eine Geschichte des Gedächtnisses, Darmstadt 1999

Goldmann, S., Statt Totenklage Gedächtnis. Zur Erfindung der Mnemotechnik durch Simonides von Keon, in: Poetica, Bd. 21, 1989, S. 43–66

Greary, P. J., Phantoms of Remembrance. Memory and Oblivion at the End of the First Millennium, Princeton 1994

Harth, D., Das Gedächtnis der Kulturwissenschaften, Dresden 1998

Haverkamp, A./R. Lachmann (Hg.), Gedächtniskunst. Raum – Bild – Schrift. Studien zur Mnemotechnik, Frankfurt/M. 1991

Haverkamp, A./R. Lachmann (Hg.), Memoria. Vergessen und Erinnern, München 1993

Lachmann, R., Gedächtnis und Literatur. Intertextualität in der russischen Moderne, Frankfurt/M. 1990

LeGoff, J., Geschichte und Gedächtnis, 3. Aufl. Frankfurt/New York 1993

Müller, K. E./J. Rüsen (Hg.), Historische Sinnbildung. Problemstellungen, Zeitkonzepte, Wahrnehmungshorizonte, Darstellungsstrategien, Reinbek 1997

Niethammer, L. (Hg.), Lebenserfahrung und kollektives Gedächtnis. Die Praxis der ‹Oral History›, Frankfurt/M. 1985

Niethammer, L., Kollektive Identität. Heimliche Quellen einer unheimlichen Kultur, Reinbek 2000

Oexle, O. G. (Hg.), Memoria als Kultur, Göttingen 1995

Öhlschläger, C./B. Wiens (Hg.), Körper – Gedächtnis – Schrift. Der Körper als Medium kultureller Erinnerung, Berlin 1997

Platt, K./M. Dabag (Hg.), Generation und Gedächtnis. Erinnerungen und kollektive Identitäten, Opladen 1995

Schmidt, K./J. Wollach (Hg.), Memoria. Der geschichtliche Zeugniswert des liturgischen Gedenkens im Mittelalter, München 1984

Smith, G./H. M. Emrich (Hg.), Vom Nutzen des Vergessens, Berlin 1996

Tholen, G. C./E. Weber (Hg.), Das Vergessen(e). Anamnesen des Undarstellbaren, Wien 1997

Weinrich, H., Lethe. Kunst und Kritik des Vergessens, München 1997

Wischermann, C. (Hg.), Die Legitimität der Erinnerung und die Geschichtswissenschaft, Stuttgart 1996

Yates, F. A., Gedächtnis und Erinnerung. Mnemotik von Aristoteles bis Shakespeare, Weinheim 1990

Yerushalmi, Y. Ch., Zachor: Erinnere Dich! Jüdische Geschichte und jüdisches Gedächtnis, Berlin 1988

Young, J. E., Formen des Erinnerns. Gedenkstätten des Holocaust, Wien 1997

Medienwissenschaft

Assmann, A. u. J., Das Gestern im Heute. Medien und soziales Gedächtnis, in: Merten, K./S. J. Schmidt/S. Weischenberg (Hg.), Die Wirklichkeit der Medien. Eine Einführung in die Kommunikationswissenschaft, Opladen 1994, S. 114–141

Assmann, A./M. Weinberg/M. Windisch (Hg.), Medien des Gedächtnisses. Deutsche Vierteljahresschrift für Literaturwissenschaft und Geistesgeschichte, Sonderheft 1998

Brennen, B./H. Hardt (Hg.), Picturing the Past. Media, History & Photography, Urbana/Chicago 1999

Budde, H./G. Sievernich (Hg.), Wissen. Verarbeiten, Speichern, Weitergeben: Von der Gelehrtenrepublik zur Wissensgesellschaft [= 7 Hügel. Bilder und Zeichen des 21. Jahrhunderts, Bd. 6], Berlin 2000

Carruthers, M., The Book of Memory. A Study of Memory in Medieval Culture, Cambridge MA 1990

Cinéma, souvenir, film/Memory in Cinema and Films, Iris, Nr. 19, 1995

Havelock, E. A., Schriftlichkeit. Das griechische Alphabet als kulturelle Revolution, Weinheim 1990

Karpf, E./D. Kiesel/K. Visarius, Once upon a time … Film und Gedächtnis, Marburg 1998

Kittler, F., Aufschreibesysteme 1800/1900, 3. Aufl. München 1995

Klippel, H., Gedächtnis und Kino, Basel/Frankfurt/M. 1997

Koch, P./S. Krämer (Hg.), Schrift, Medien, Kognition, Tübingen 1997

Lury, C., Prothetic Culture. Photography, Memory and Identity, London/New York 1998

Mittig, H.-E./V. Plagemann (Hg.), Denkmäler im 19. Jahrhundert. Deutung und Kritik, München 1972

Ong, W. J., Oralität und Literalität. Die Technologisierung des Wortes, Opladen 1987

Panofsky, E., Grabplastik. Vom alten Ägypten bis Bernini, Köln 1993

Raulff, U./G. Smith (Hg.), Wissensbilder. Strategien der Überlieferung, Berlin 1999

Reck, H.-U. (Hg.), Zur Zukunft des Erinnerns in der Medienkultur, Wien 1992

Rieger, S., Speichern/Merken. Die künstlichen Intelligenzen des Barock, München 1997

Rosenstone, R. A. (Hg.), Revisioning History. Film and the Construction of a New Past, Princeton 1995

Rother, R. (Hg.), Bilder schreiben Geschichte: Der Historiker im Kino, Berlin 1991

Schaffner, I./A. Winzen (Hg.), Deep Storage. Arsenale der Erinnerung. Sammeln, Speichern, Archivieren in der Kunst, München/New York 1997

Winkler, H., Docuverse. Zur Medientheorie der Computer, München 1997

Zwischen Erinnern und Vergessen, Kunstforum International, Bd. 128, 12/1994

Neurobiologie

Calvin, H./G. A. Ojeman, Einsicht ins Gehirn – Wie Denken und Sprache entstehen, München 1995

Elsner, N./G. Lüer (Hg.), Das Gehirn und sein Geist, Göttingen 2000

Engert, F./T. Bonhoeffer, Verschwommene Erinnerungen – Synaptische Verstärkung und ihre lokalen Effekte, in: Neuroforum, Bd. 1, 2000, S. 157–164

Florey, E., MEMORIA: Geschichte der Konzepte über die Natur des Gedächtnisses, in: ders./ O. Breidbach (Hg.), Das Gehirn – Organ der Seele? Zur Ideengeschichte der Neurobiologie, Berlin 1993, S. 151–216

Frackowiak, R. S. J., Functional mapping of verbal memory and language, in: Trends in Neuroscience, Bd. 17, Nr. 3, 1994, S. 109–115

Hagner, M. (Hg.), Ecce Cortex – Beiträge zur Geschichte des modernen Gehirns, Göttingen 1999

Hilts, P. J., Memory's ghost – The Strange Tale of Mr. M. and the Nature of Memory, New York 1995

Johnson, G., In den Palästen der Erinnerung, München 1991

Kandel, E. R./J. H. Schwartz/T. M. Jessell, Neurowissenschaften – Eine Einführung, Heidelberg 1995

Korte, M., Die funktionelle Architektur des Gehirns, in: Widerspruch, Jg. 16, Nr. 1, 1996, S. 37–55

Kotre, J., Weiße Handschuhe – Wie das Gedächtnis Lebensgeschichten schreibt, 1996

Luria, A. R., Der Mann, dessen Welt in Scherben bricht – Zwei neurologische Geschichten, Reinbek 1991

Markowitsch, H. J., Neuropsychologie des menschlichen Gedächtnisses, in: Spektrum der Wissenschaft, Nr. 9, 1996, S. 52–61

Maturana, H. R./F. J. Varela, Der Baum der Erkenntnis, Basel 1987

Milner, B./L. R. Squire/E. R. Kandel, Cognitive neuroscience and the study of memory, in: Neuron, Bd. 20, Nr. 3, 1998, S. 445–468

Reichert, H., Neurobiologie, 2. Aufl. Stuttgart 2000

Rosenfield, I., The Invention of Memory. A new View of the Brain, New York 1988

Roth, G., Das Gehirn und seine Wirklichkeit, Frankfurt/M. 1995

Schmidt, S. J. (Hg.), Gedächtnis. Probleme und Perspektiven der interdisziplinären Gedächtnisforschung, Frankfurt/M. 1991

Squire, L. R./E. R. Kandel, Gedächtnis – Die Natur des Erinnerns, Heidelberg 1999

Tulving, E./H. J. Markowitsch, Memory beyond the hippocampus, in: Current Opinion in Neurobiology, Bd. 7, 1997, S. 209–216

Zigmond, M. u. a. (Hg.), Fundamental Neuroscience, New York 1999

Zola-Morgan, S./L. R. Squire, Neuroanatomy of memory, in: Annual Review of Neuroscience, Bd. 16, 1993, S. 547–563

Pädagogik

Anderson, J. R., Learning and Memory. An integrated approach, New York 1995

Anderson, J. R./G. H. Bower, Human Associative Memory, Washington/New York 1974

Bredenkamp, J., Lernen, Erinnern, Vergessen, München 1998

Dieckmann, B./S. Sting/J. Zirfas (Hg.), Gedächtnis und Bildung. Pädagogisch-anthropologische Zusammenhänge, Weinheim 1998

Foppa, K., Lernen, Gedächtnis, Verhalten. Ergebnisse und Probleme der Lernpsychologie, Köln 1965

Gruneberg, M./E. Morris (Hg.), Aspects of memory, Bd. 1: The practical aspects, London 1992

Hoffmann, J., Das aktive Gedächtnis. Psychologische Experimente und Theorien zur menschlichen Gedächtnistätigkeit, Berlin 1983

Seel, N. M., Psychologie des Lernens, München 2000

Shors, T. J./L. D. Matzel, Long-term potentiation: What's learning got to do with it?, in: Behaviouristic Brain Science, Bd. 20, 1997, H. 4, S. 597

Squire, L. R. (Hg.), Encyclopedia of learning and memory, London 1992

Wippich, W., Lehrbuch der angewandten Gedächtnispsychologie, 2 Bde., Stuttgart 1984f.

Wyer, R. S. (Hg.), Knowledge and memory. The real story, Hillsdale 1995

Philosophie

Fleckner, U. (Hg.), Die Schatzkammern der Mnemosyne. Ein Lesebuch zur Gedächtnistheorie, Dresden 1995

Fulda, H.-F., Vom Gedächtnis zum Denken, in: Hespe, F./B. Tuschling (Hg.), Psychologie und Anthropologie oder Philosophie des Geistes, Stuttgart 1991, S. 321–360

García Düttmann, A., Das Gedächtnis des Denkens, Frankfurt/M. 1991

Gawoll, H. J., Spur: Gedächtnis, Andersheit. Teil I: Geschichte des Aufbewahrens, in: Archiv für Begriffsgeschichte, Bd. 30, 1986/87, S. 44–69; Teil II: Das Sein und die Differenzen – Heidegger, Levinas und Derrida, in: Archiv für Begriffsgeschichte, Bd. 32, 1988/89, S. 269–296

Harth, D., Die Erfindung des Gedächtnisses, Frankfurt/M. 1991

Hong, S.-H., Phänomenologie der Erinnerung, Würzburg 1993

Kany, R., Mnemosyne als Programm. Geschichte, Erinnerung und die Andacht zu Unbedeutenden im Werk von Usener, Warburg und Benjamin, Tübingen 1987

Krell, D. F., Of Memory, Reminiscence and Writing. On the Verge, Bloomington 1990

Liebsch, B., Geschichte als Antwort und Versprechen, Freiburg 1998

Ramsey, W./D. E. Rumelhart/S. Stich (Hg.), Philosophy and connectionist theory, Hillsdale 1991

Ricœur, P., Zeit und Erzählung, 3 Bde., München 1988–1991

Ricœur, P., Das Rätsel der Vergangenheit: Erinnern – Vergessen – Verzeihen, Göttingen 1998

Simon, R., Das Gedächtnis der Interpretation. Gedächtnistheorie als Fundament für Hermeneutik, Ästhetik und Interpretation für Johann Gottfried Herder, Hamburg 1998

Thüring, H., Geschichte des Gedächtnisses. Friedrich Nietzsche und das 19. Jahrhundert, München 2001

Psychologie

Albert, D./K.-H. Stapf (Hg.), Gedächtnis. Enzyklopädie der Psychologie, Themenbereich C, Serie II, Bd. 4, Göttingen u. a. 1996

Arlinger, R., Gedächtnis, Darmstadt 1984

Baddeley, A. D., Human memory: Theory and practice, 2. Aufl. Hove 1997

Baddeley, A. D., Essentials of human memory, Hove 1999

Bjork, E. L./R. A. Bjork (Hg.), Memory, San Diego u. a. 1996

Calabrese, P. (Hg.), Gedächtnis und Gedächtnisstörungen: klinisch-neuropsychologische Aspekte aus Forschung und Praxis, Lengerich 1999

Collins, A. F. u. a. (Hg.), Theories of Memory, Hove 1993

Conway, M. A. (Hg.), Cognitive Models of memory, Hove 1997

Conway, M. A. u. a. (Hg.), Theoretical perspectives on autobiographical memory, Dordrecht 1992

Cowan, N. (Hg.), The development of memory in childhood, Hove 1997

Dörner, D./E. v. d. Meer (Hg.), Das Gedächtnis. Probleme – Trends – Perspektiven, Göttingen 1995

Engel, S., Context is everything: The nature of memory, New York 1999

Engelkamp, J., Das menschliche Gedächtnis, Göttingen 1990

Engelkamp, J., Das Erinnern eigener Handlungen, Göttingen 1997

Flechtner, H. J., Memoria und Mneme, 3 Bde., Stuttgart 1974–1979

Foster, J. K./M. Jelicic (Hg.), Memory: Systems, Process, or Function, New York 1999

Greene, R., Human Memory, Hillsdale 1992

Hüppe, M., Emotion und Gedächtnis im Alter, Göttingen 1998

Kintsch, W., Gedächtnis und Kognition, Berlin 1982

Koukkou, M./M. Leuzinger-Bohleber/W. Mertens (Hg.), Erinnerung von Wirklichkeiten, 2 Bde., Stuttgart 1998

Morris, P. E./M. A. Conway, The psychology of memory, 3 Bde., Cambridge MA 1993

Neisser, U., Memory observed. Remembering in natural contexts, New York 1982

Oesterreich, R., Das Netz erinnerbaren Handelns. Ein Gedächtnismodell, Heidelberg 1994

Parkin, A., Erinnern und Vergessen. Wie das Gedächtnis funktioniert, Bern 1996

Parkin, A., Gedächtnis: Ein einführendes Lehrbuch, Weinheim 1996

Psychoanalyse und Neurowissenschaften im Dialog, 2 Bde., Stuttgart 1998

Rüsen, J./J. Straub (Hg.), Die dunkle Spur der Vergangenheit. Psychoanalytische Zugänge zum Geschichtsbewußtsein, Frankfurt/M. 1998

Schacter, D. L. (Hg.), Memory Systems 1994, Cambridge 1994

Schacter, D. L., Wir sind Erinnerung. Gedächtnis und Persönlichkeit, Reinbek 1999

Schank, R. C., Dynamic memory revisited, 2. Aufl. Cambridge 1999

Schermer, F. J., Lernen und Gedächtnis, 2. Aufl. Stuttgart 1998

Straub, J. (Hg.), Erzählung, Identität und historisches Bewußtsein. Die psychologische Konstruktion von Zeit und Geschichte, Frankfurt/M. 1998

Thompson, P. u. a. (Hg.), Autobiographical Memory. Theoretical and applied perspectives, Mahwah 1998

Tulving, E./F. I. M. Craik (Hg.), The Oxford Handbook of Memory, New York 2000

Tulving, E./W. Donaldson (Hg.), Organization of memory, New York 1972

Vaterrodt, B., Skripts und Gedächtnis, Frankfurt/M. 1992

Stichwortverzeichnis

Dieses Register verzeichnet sämtliche im Lexikon enthaltenen Stichwörter gemäß den ihnen heuristisch zuzuordnenden Fächern und Disziplinen. Reine Verweislemmata – ohne eigenen Texteintrag – sind mit einem Stern (*) gekennzeichnet.

Autorenverzeichnis

Andriopoulos, Stefan: *Hypnose, Unsichtbare Hand*
Assmann, Aleida: *Kollektives Gedächtnis, Ruhm, Schrift*
Assmann, Jan: *M. Halbwachs, Pyramide*
Baecker, Dirk: *Erwartung, Kultur, Struktur, Vergleich*
Balke, Friedrich: *Differenz, Genealogie, G. W. F. Hegel, Posthistoire, Wiederholung*
Bannasch, Bettina: *Bildung, Einprägen, Kindheit, Memory, Spiel, Vergegenwärtigung*
Bartz, Christina: *Flashback, Quiz*
Bauer, Ulrich: *Prüfung, Zeichen*
Behrend, Heike: *Geistmedien, Lukasa*
Beise, Arnd: *Geschichte, Revolution*
Benthien, Claudia: *Falten, Narbe, Schweigeminute*
Bering, Dietz: *Kulturelles Gedächtnis, Straßennamen*
Bickenbach, Matthias: *Buch, Fotoalbum, Lesezeichen, Porträt, Schrott*
Bielefeldt, Christian: *Auswendigkeit, Echo, Leitmotiv, Musik, Notation, Verzierung, Wiederholung*
Binczek, Natalie: *Gespenster, Rekursivität*
Binder, Beate: *Denkmal, Gedächtnisort, Hauptstadt, Jahrestag, Souvenir*
Birbaumer, Niels: *Limbisches System*
Boothe, Brigitte: *Abwehr, S. Freud, Melancholie, Regression, Traum, Urszene, Verdrängung*
Borgschulze, Martina: *Heimat, Ohrwurm*
Börner-Klein, Dagmar: *Kabbala, Oral History, Tradition*
Butzer, Günter: *Phantasie, Rhetorik, Ruminatio, Trauer, Übung*
Campe, Rüdiger: *Körper, Trope*
Christians, Heiko: *Kanon, Zensur*
Cohen, Clemens: *Alzheimer Demenz, Demenz*
Dahm, Johanna: *Epitaph, Grabmal, Kenotaph, Mausoleum, Stammbaum*
Derix, Simone: *Gedenkstätte, Tradition, Überrest*
Diekmann, Stefanie: *Gehirnwäsche, Rache*
Dücker, Burckhard: *Gründung, Ritual, Ruine, Ursprung*
Echterhoff, Gerald: *Encodierung/Decodierung,* false memory, *Kommunikation, Zeit, Zeugenaussage*
Eggers, Michael: *Gewissen, Oralität, Trauma*
Ehrenspeck, Yvonne: *Auswendigkeit, Gewohnheit, Habitus, Lernen, J. Piaget, Prägung, Repetieren, Sozialisation, Transfer*
Eming, Jutta: *Inszenierung, Living History, Restaurierung*
Engell, Lorenz: *H. Bergson, Ereignis, Fernsehen, Sinn, Video*
Erdfelder, Edgar: *Arbeitsgedächtnis, Déjà vu, Falschinformationseffekt, Gedächtnistäuschungen, Kurzzeitgedächtnis, Langzeitgedächtnis, Prospektives Gedächtnis, Quellengedächtnis, Realitätsüberwachung, Rückschaufehler, Scheinerinnerungen, Wiederbelebte Erinnerungen*
Erdl, Marc Fabian: *Zeitreise*

Krüger, Thomas: *Elaboration, Eselsbrücke, Gedächtnisstrategie, Metagedächtnis*
Kühling, Susanne: *Ahnen, Knotenschnur, Landschaft, Name*
Lachmann, Renate: *Intertextualität*
Langbein, Ulrike: *Erbe*
Laser, Björn: *Etymologie, Mem*
Lee, Hyunseon: *Wiedergeburt*
Lehmann, Annette Jael: *Paradies*
Liebsch, Burkhard: *Ethik, Zeugnis*
Linz, Erika: *Bindung*
Löffler, Petra: *Indiz, Totenmaske*
Lotz, Christian: *Zeit*
Luehrs-Kaiser, Kai: *Filmriss, F. Nietzsche, Schlussstrich*
Markowitsch, Hans J.: *Amnesie, Amygdala, Blockade, Gedächtnisentwicklung, Geschmack, Hippocampus, Stress*
Matussek, Peter: *Aufmerksamkeit, Gedächtnistheater, Mnemosyne, Thesaurus*
Mecklinger, Axel: *Abruf, Aktivierung, Chunking, Distraktor, Explizites/Implizites Gedächtnis, Positionseffekt, Rückwirkende Maskierung, Scanning, Verarbeitungstiefe*
Menke, Bettine: *Eucharistie, Zitat*
Meynen, Gloria: *Routine*
Müller, Dirk: *Buße, Märtyrer*
Neubert, Christoph: *Code, Datenbank, Geschichtsphilosophie*
Person, Jutta: *Antiquitäten, Elefant, Sammeln*
Peter, Stefanie: *Ahnen, Relikt, Reliquie*
Pethes, Nicolas: *W. Benjamin, Gedächtniskünstler, Gedächtnismetapher, Gedächtnisstütze, Intrauterines Gedächtnis, Lexikon, Mnemotechnik, Pionier, Strukturelle Amnesie, Topos, Wunderblock, Zerstörung*
Philipowski, Silke-Katharina: *Epos, Oral Poetry, Reim, Versmaß*
Quante, Michael: *Identität*
Rieger, Stefan: *H. Ebbinghaus, Eidetik, Information, Lügendetektor, Phonograph, R. W. Semon, Speichermedien*
Risthaus, Peter: *Code, Dokument, Drogen*
Rosa, Hartmut: *Gegenwart, Vergangenheit, Zukunft*
Roth, Gerhard: *Bewusstsein*
Ruchatz, Jens: *Externalisierung, Fotografie, Gedächtniskünstler, Historismus, Intrauterines Gedächtnis, Kontinuität, Lexikon, Method, Spur, Tradierung, Zeichnung, Zeitkapsel*
Rüsen, Jörn: *Geschichtsbewusstsein*
Saar, Martin: *Augustinus, Gerechtigkeit, Klassentreffen, Mahnmal, Moral, Frances A. Yates*
Schabacher, Gabriele: *Autobiographie, Bahnung*
Schaefer, Andreas T.: *Nervenzelle, Synapse*
Schermer, Franz J.: *Kapazität, Mengenrepräsentation, Prototypenrepräsentation, Semantisches Gedächtnis*
Schmidt, Dietmar: *Archäologie, Fossil, Konservierung*
Schmidt, Thomas: *Kalender*
Schmoll, Friedemann: *Brauch, Naturschutz*
Schneider, Irmela: *Film*
Schödlbauer, Michael: *Agieren, Halluzination, Retention, Spur*
Schulz, Dorothea E.: *Griot, Oralität*

Personenregister

Inhalt

Eine Auswahl

Claudia Benthien / Christoph Wulf (Hg.)
Körperteile
Eine kulturelle Anatomie (55642)

Hartmut Böhme / Peter Matussek / Lothar Müller
Orientierung Kulturwissenschaft
Was sie kann, was sie will (55608)

Hartmut Böhme / Klaus R. Scherpe (Hg.)
Literatur und Kulturwissenschaften
Positionen, Theorien, Modelle (55575)

Helmut Brackert / Jörn Stückrath (Hg.)
Literaturwissenschaft
Ein Grundkurs (55523)

Herbert Bruhn / Rolf Oerter / Helmut Rösing (Hg.)
Musikpsychologie
Ein Handbuch (55526)

Herbert Bruhn / Helmut Rösing (Hg.)
Musikwissenschaft
Ein Grundkurs (55582)

Ferdinand Fellmann
Orientierung Philosophie
Was sie kann, was sie will (55601)

Uwe Flick / Ernst von Kardorff / Ines Steinke (Hg.)
Qualitative Forschung
Ein Handbuch (55628)

James George Frazer
Der Goldene Zweig
Das Geheimnis von Glauben und Sitten der Völker
(kulturen und ideen 55483)

10 / 2001